长沙市地方志编纂委员会　编

图书在版编目（CIP）数据

长沙年鉴．2020 / 长沙市地方志编纂委员会编．—北京：方志出版社，2020. 12
ISBN 978-7-5144-4628-9

Ⅰ. ①长… Ⅱ. ①长… Ⅲ. ①长沙—2020—年鉴
Ⅳ. ① Z526.41

中国版本图书馆 CIP 数据核字（2020）第 264432 号

长沙年鉴（2020）

编　　者：长沙市地方志编纂委员会
责任编辑：齐　笑

出 版 者：方志出版社
地址　北京市朝阳区潘家园东里 9 号（国家方志馆 4 层）
邮编　100021
网址　http//www.fzph.org
发　　行：方志出版社图书馆经销中心
电话　（010）67110500
经　　销：各地新华书店
印　　刷：长沙市雅高彩印有限公司

开　　本：889 × 1194　1/16
印　　张：41.75
字　　数：1362 千字
版　　次：2020 年 12 月第 1 版　2020 年 12 月第 1 次印刷
印　　数：0001~2000 册

ISBN 978-7-5144-4628-9　定价：260.00 元

《长沙年鉴（2020）》编纂委员会

《长沙年鉴》编辑部

序一

国务院办公厅2015年8月印发的《全国地方志事业发展规划纲要（2015—2020年）》（以下简称《规划纲要》）要求，到2020年要做到地方综合年鉴一年一鉴，公开出版，实现省、市、县三级综合年鉴全覆盖。《规划纲要》还要求，坚持存真求实，正确处理质量与进度的关系，将精品意识贯穿于年鉴编纂出版工作全过程。2015年12月，中国地方志指导小组办公室启动中国年鉴精品工程，将其与先期实施的中国志书精品工程视为姊妹工程，一道作为加强地方志质量建设的重要抓手。

实施中国年鉴精品工程有助于推动中华优秀传统文化传承发展。近年来，在党中央、国务院的高度重视和关心支持下，全国地方志事业发展迎来最好的发展时期。年鉴编纂发端于欧洲，鸦片战争后被引入我国，在我国走过了100多年的发展历史。在长期的编纂中，年鉴在内容和形式上不断发展，逐渐演变成为适合反映中国国情、具有鲜明中国特色的一种文化载体，并在改革开放后出现了快速发展的局面。2006年5月，国务院《地方志工作条例》颁布施行，明确将地方综合年鉴纳入地方志工作范畴，年鉴工作走上了有法可依的轨道。《规划纲要》出台，为从依法编鉴转变到依法治鉴指明了方向。2016年12月，中国地方志指导小组印发《全国年鉴事业发展规划（2016—2020年）》，更进一步明确了到2020年全国年鉴事业的任务书、时间表、路线图。经过多年的发展，年鉴工作已经成为地方志工作的重要组成部分，成为中华民族优秀文化传统的有机组成部分，其存史、育人、资政作用日益彰显。实施中国年鉴精品工程，是年鉴工作者紧扣时代脉搏、坚持创新发展的一项重要举措，对于坚定文化自信，传承弘扬好中华优秀传统文化意义重大。

实施中国年鉴精品工程有助于为全面建成小康社会提供更多智力支持和历史借鉴。党的十八大作出全面建成小康社会的战略部署。党的十八届五中全会提出到2020年如期实现全面建成小康社会的目标要求。完成《规划纲要》确定的目标任务是年鉴工作者的神圣使命，更是年鉴工作者以自身力量为全面建成小康社会献上的厚礼。一方面，可以更好地利用年鉴这种年度资料性文献，及时记录各地区在全面建成小康社会伟大征程中每年取得的新成绩和新经验、出现的新情况和新问题、涌现的优秀人物和典型事迹等；另一方面，可以更好地积累地情、国情资料，为推动经济社会发展和深化改革提供智力支持，为推进国家治理体系和治理能力现代化提供历史借鉴。

实施中国年鉴精品工程有助于全面推进地方志事业转型升级。地方志不是单纯修志编鉴工作，而是全体方志人“修志问道，以启未来”的一项事业，这项事业包含着巨大的时代担当与使命追求。地方志工作要在“五大建设”总体布局和“四个全面”战略布局中发挥与其自身价值、功能相匹配的作用，就要因时而谋、乘势而上、顺势而为，全面推进地方志事业转型升级。转型升级，当下最重要的目标就是完成“两全”目标，包括“年鉴全覆盖”目标；长远的目标就是基本形成地方志编修体系、理论研究和学科建设体系、质量保障体系、资源开发利用体系、工作保障体系“五位一体”的地方志事业发展综合体系，包括“五位一体”的年鉴事业发展综合体系。中国年鉴精品工程是一项探索工程，也是一项创新工程，是推进地方志事业转型升级的重要内容。通过实施中国年鉴精品工程，不仅有助于确保年鉴质量，不断编纂出版具有鲜明时代特征、年度特点和地域特色的精品年鉴，也有助于推动年鉴工作适应经济社会发展形势和时代需要，不断改革创新，与时俱进。

多年来，在中国地方志指导小组办公室的指导和全国各级地方志工作机构的共同努力下，年鉴种类数量快速增长，年鉴成果粲然可观，为实施中国年鉴精品工程奠定了坚实的基础。实施中国年鉴精品工程，就是要在全国地方志系统起到示范作用，进一步培育精品意识，打造精品年鉴，以点带面，在提高年鉴质量方面探索出一条切实可行之路，使这项探索工程和创新工程能够积累经验，发挥引领作用。

“万山磅礴，必有主峰；龙衮九章，但挈一领。”实施中国年鉴精品工程，是筑牢地方志事业特别是年鉴事业发展根基之举，其意义与价值不言而喻。但编修出年鉴精品佳作，绝非朝夕之功，需要付出长期艰辛的努力。希望通过实施中国年鉴精品工程，能够进一步推进年鉴质量建设，使年鉴真正成为传承中华民族优秀传统文化的重要载体，成为展示中国国情、地情的重要窗口，成为“为当代提供资政辅治之参考、为后世留下堪存堪鉴之记述”的资源宝库，在全面建成小康社会过程中作出更大贡献。

是为序。

中国社会科学院原副院长
中国地方志指导小组原常务副组长　李培林

序二

地方志是中华优秀传统文化的根与魂，积淀着中华优秀传统文化最深层的精神追求，代表着中华民族独特的精神标识。新时代坚持和发展中国特色社会主义，更加需要深刻把握人类发展历史规律，更加需要编修出传承不辍的精品志鉴，才能使后代在对历史的深入思考中汲取智慧、走向未来。伟大的时代，为地方志发展提供了取之不尽、用之不竭的源泉，同时也为全国年鉴工作提供了极大的机遇。

党的十九大报告中明确提出“质量强国”，“努力实现更高质量、更有效率、更加公平、更可持续的发展”，这为年鉴事业高质量发展指明了方向。按时、保质完成《全国地方志事业发展规划纲要（2015—2020年）》规定的“两全目标”任务，打造一批资辅当前、存鉴后世、经得起历史检验的精品佳作，不仅是一种法定职责，而且具有重要的政治意义、现实意义和历史意义。中国特色社会主义进入新时代，年鉴事业也进入新时代，呈现快速、稳步发展态势，在各方面都取得了新的显著成绩，包括年鉴编纂进度大大加快，年鉴编纂范围不断扩大，年鉴资源优势得到充分发挥，年鉴开发利用水平全面提升，而且年鉴质量保障机制逐步完善、质量持续提升。因此，在全社会关注质量发展的黄金时期，尤其是在完成“两全目标”任务的关键期，在狠抓进度的时候，实施中国年鉴精品工程更是恰当其时。年鉴工作者要投身于时代，为时代放歌，书写复兴华章，把出品更多的精品年鉴使命落实在实现中国梦的恢宏大业中。

习近平总书记说，精品之所以“精”，就在于其思想精深、艺术精湛、制作精良。中国年鉴精品工程紧扣时代脉搏，拓宽视野，围绕人民群众的美好生活，用精品记录新时代，为新时代新气象新作为留下真实、鲜活、生动、翔实的记录。实施中国年鉴精品工程，既是全面贯彻落实《全国地方志事业发展规划纲要（2015—2020年）》的重要举措，也是培育精品意识和精品年鉴、提高年鉴质量的重要手段；既是发挥年鉴存史、资治、教化功能的根基所在，也是年鉴工作者坚持创新发展、传承弘扬中华优秀传统文化的关键步骤。这不仅有助于坚定文化自信，讲述好中国故事，传播好中国声音，更有助于为决胜全面建成小康社会提供更多智力支持和更大精神动力。

实施中国年鉴精品工程顺应地方志进入新时代的历史潮流。“充实之谓美，充实而有光辉之谓大。”党的十九大报告指出，我国的社会主要矛盾已经转化为人民日益增长的美好生活需要和不平衡不充分的发展之间的矛盾。党章修正案、宪法修正案把习近平新时代中国特色社会主义思想确立为我们党和国家的行动指南，我国的发展进入到新的历史方位。为适应这些重大变化，党和国家随之出台更多重大的举措、推出更多有力的措施。年鉴如何全方位地、开创性地记述这些历史性变化，如何充分记述我们党领导人民进行的伟大斗争、建设的伟大工程、推进的伟大事业、实现的伟大梦想，是新时代地方志工作需要深入思考探究的问题。中国年鉴精品工程正是呼应新时代新变化新要求，致力于在全国地方志系统进一步培育精品意识、打造精品年鉴，从而以点带面，在提高年鉴质量方面探索出一条切实可行之路，充分发挥中国精品年鉴的辐射效应，引领带动全国范围内年鉴质量的全面提高，切实推动年鉴事业转型升级。

实施中国年鉴精品工程要全面把握以人民为中心的发展理念。以人民为中心，贯穿于改革开放以来我们党推进中国特色社会主义文化建设的全过程。新时代把握新机遇，年鉴作为记录新时代地方年度历史的重要载体，应当以习近平新时代中国特色社会主义思想为指导，牢固确立以人民为中心的理念。中国年鉴精品工程始终坚持人民是历史的创造者和改革开放事业的实践主体，始终坚持文化发展为人民服务、为社会主义服务，充分记录人民的首创精神，凸显人民在文化建设中的主体作用，不断满足人民的精神文化需求。年鉴工作要深深扎根于人民之中，坚持以事系人，记载人民群众中的先进典型，内容充分体现社会民生和为民服务的举措。在此基础上，实施中国年鉴精品工程还要建立精品长效机制，逐步推进精品年鉴传播最优化和效益最大化，使精品年鉴能够不断满足人民群众对美好生活的新需要新期待，在铸就中华文化新辉煌的过程中更好地构筑中国精神、中国价值、中国力量的方向上不断努力。

实施中国年鉴精品工程是坚定文化自信的体现。习近平总书记说，文化兴国运兴，文化强民族强。没有高度的文化自信，没有文化的繁荣兴盛，就没有中华民族的伟大复兴。中华优秀传统文化是中华民族的文化根脉，其蕴含的思想观念、人文精神、道德规范，不仅是我们中国人思想和精神的内核，对解决人类问题也有重要价值。地方志是中华优秀传统文化的精神之脉，是中华优秀传统文化基因的真正传承者和发展者。精品年鉴正是从中华民族世世代代形成和积累的优秀传统文化中汲取营养和智慧，记录传承的文化基因，记录思想精华，展现精神魅力。实施中国年鉴精品工程，以时代精神激活中华优秀传统文化的生命力，推进中华优秀传统文化创造性转化、创新性发展，把传承和弘扬中华优秀传统文化同坚定文化自信统一起来，有助于引导人民树立和坚持正确的历史观、民族观、国家观、文化观，不断增强中华民族的归属感、认同感、尊严感、荣誉感。

用精品记录新时代，用奋斗铸就新辉煌。地方志植根于历史，内涵于历史，镌刻于历史之上，是中华民族在漫长历史中形成的区别于其他民族的独特精神标识，精品年鉴是地方志的“守护者”“传承者”，是地方志成果创造性转化创新性发展的“探路者”“先行者”。习近平总书记强调，凡是传世之作、千古名篇，必然是笃定恒心、倾注心血的作品。希望全国年鉴工作者齐心协力，坚持历史唯物主义立场、观点、方法，立足中国、放眼世界，立时代之潮头，通古今之变化，发思想之先声，推出一批有思想穿透力的精品力作，培养一批年鉴专家，充分发挥存史、育人、资政作用，为推动全国年鉴事业转型升级作出新的更大贡献。

是为序。

中国地方志指导小组秘书长
中国地方志指导小组办公室主任

编辑说明

一、《长沙年鉴》是长沙市人民政府主办、长沙市地方志编纂委员会编纂的年度资料性文献，1987年创刊，每年出版一卷，本卷为第34卷。

二、《长沙年鉴（2020）》以马克思列宁主义、毛泽东思想、邓小平理论、“三个代表”重要思想、科学发展观、习近平新时代中国特色社会主义思想为指导，坚持辩证唯物主义和历史唯物主义的立场、观点和方法，围绕中共长沙市委、长沙市人民政府的决策部署，全面、客观、系统地记载长沙市自然、政治、经济、文化、社会和生态建设等方面概貌和发展情况。记述时限为2019年1月1日至12月31日。

三、本年鉴采用分类编辑法，设类目、分目、条目3个层次，部分分目下设子目，条目为记述基本层次。全书设有36个类目、232个分目、41个子目、1701个条目。专题图片设《70年长沙》《产业项目建设年》《营商环境优化年》《长沙夜经济》《2019年度事件》，全书选用图片228副，表格76份。

四、本年鉴对框架结构进行适当调整：将“市纪委·市监委”“医疗卫生”“交通运输”类目更名为“中共长沙市纪律检查委员会 长沙市监察委员会”“卫生健康”“交通”；增设“应急管理”类目，下设“防灾减灾”“安全生产”“卫生应急”“消防”4个分目；将“商贸服务业”类目中的“邮政通信”分目拆分为“邮政”与“通信”2个分目，“石油经营”子目改为“成品油经营”；“教育”类目下的“学前教育”“特殊教育”分目归入“基础教育”分目；“人民生活”类目增设“退役军人事务”分目；将“长沙市人民政府”类目下的“扶贫工作”分目更名为“脱贫攻坚”，调至“人民生活”类目。将“城乡建设”类目中的“重点工程”“市政建设”“公用事业”“市容管理”4个分目合并为“城市建设”分目。

五、由于统计数据的来源、口径、方式、时间的不同，所载数据存在不一致，请读者以统计局提供的统计资料为准。

六、本年鉴全书内容在长沙方志网和“方志长沙”微信公众号推出。

长沙市政区图

湖南省第三测绘院制作　　湖南省自然资源厅监制

审图号：湘S（2019）110号　二〇一九年十月

长沙市文化地图

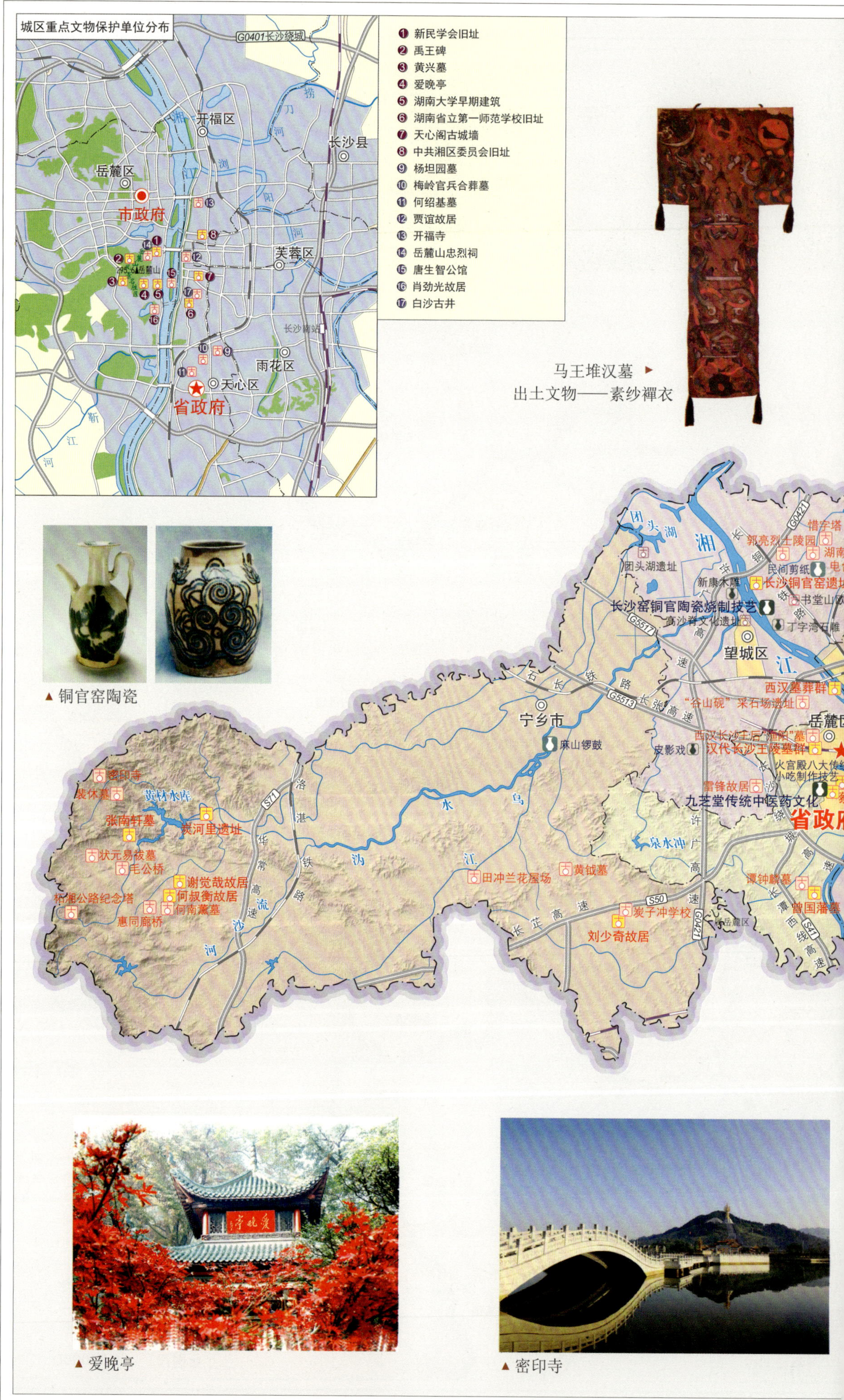

▲ 马王堆汉墓出土文物——素纱襌衣

▲ 铜官窑陶瓷

▲ 爱晚亭

▲ 密印寺

湖南省自然资源厅监制　湖南省第三测绘院编制

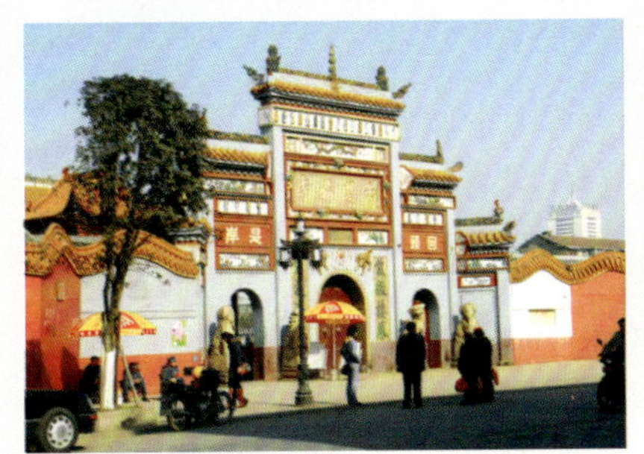

▲ 开福寺

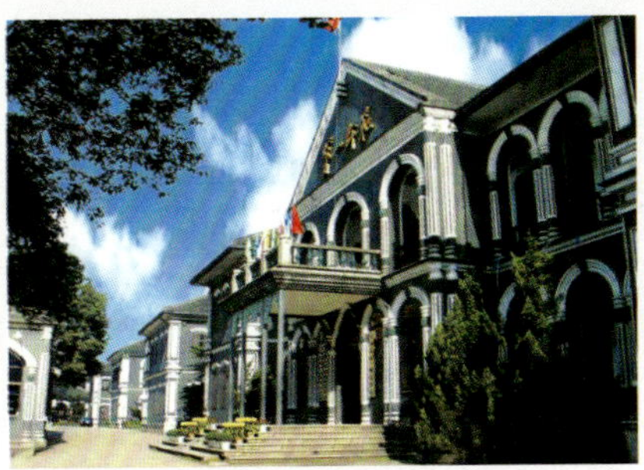

▲ 湖南省立第一师范学校旧址

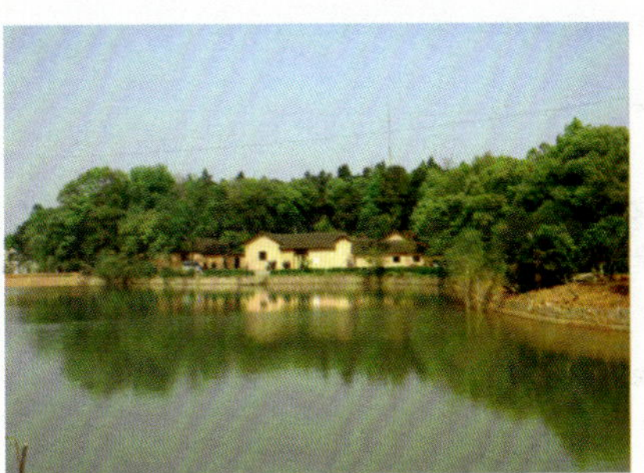

▲ 刘少奇故居

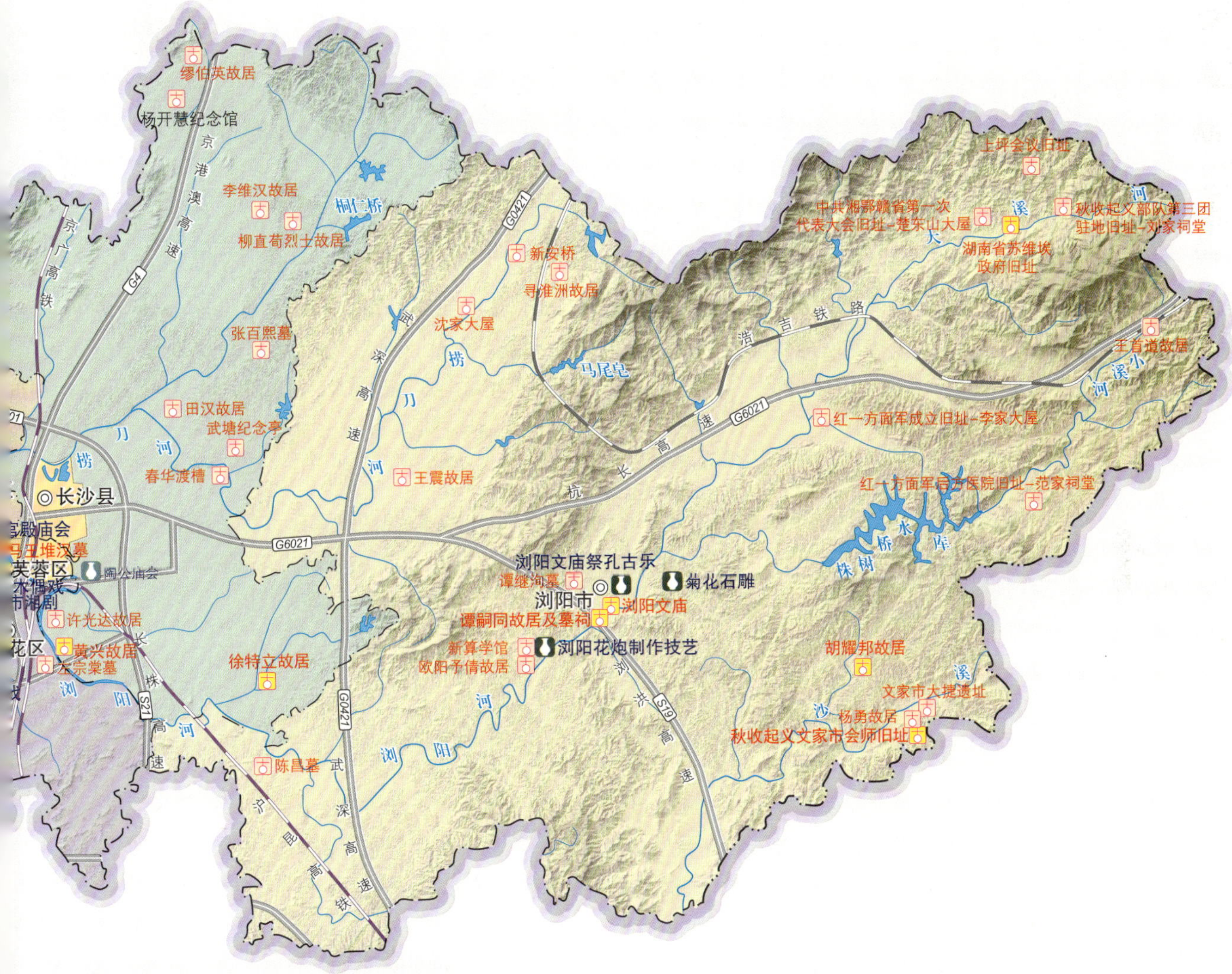

缪伯英故居
杨开慧纪念馆
京港澳高速
G4
京广高铁
李维汉故居
柳直荀烈士故居
桐仁桥
张百熙墓
田汉故居
武塘纪念亭
春华渡槽
捞刀河
长沙县
马王堆汉墓
芙蓉区
陶公庙会
许光达故居
黄兴故居
左宗棠墓
浏阳河
徐特立故居
G0421
武深高速
新安桥
寻淮洲故居
沈家大屋
马尾皂
王震故居
G6021
杭长高速
浏阳文庙祭孔古乐
谭继洵墓
浏阳市
菊花石雕
浏阳文庙
谭嗣同故居及墓祠
新算学馆
欧阳予倩故居
浏阳花炮制作技艺
陈昌墓
沪昆高铁
S19
S21
上坪会议旧址
中共湘鄂赣省第一次代表大会旧址-楚东山大屋
秋收起义部队第三团驻地旧址-刘家祠堂
湖南省苏维埃政府旧址
大溪河
浩吉铁路
王首道故居
小溪河
红一方面军成立旧址-李家大屋
红一方面军后方医院旧址-范家祠堂
株树桥水库
胡耀邦故居
文家市大塘遗址
杨勇故居
秋收起义文家市会师旧址

▲ 岳麓书院

图　　例

- ★ 省政府驻地
- ★ 市（州）政府驻地
- ◎ 县（市、区）政府驻地
- 省界
- 市（州）界
- 县（市、区）界
- 铁路（高速、城际；普通）
- 高速公路及编号（S30）
- 全国重点文物保护单位
- 省级文物保护单位
- 市级文物保护单位
- 县级文物保护单位
- 国家级非物质文化遗产
- 省级非物质文化遗产
- 市级非物质文化遗产

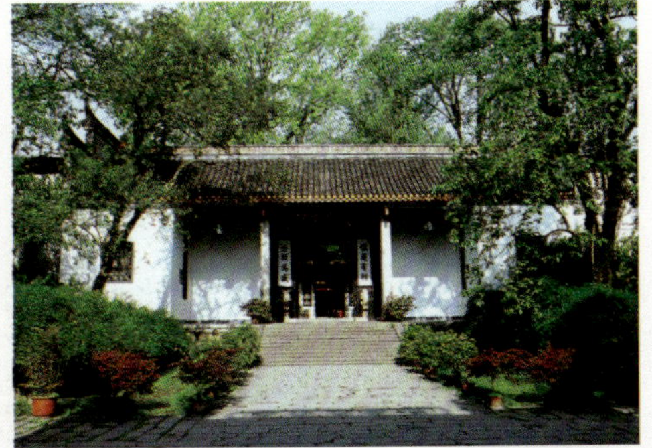

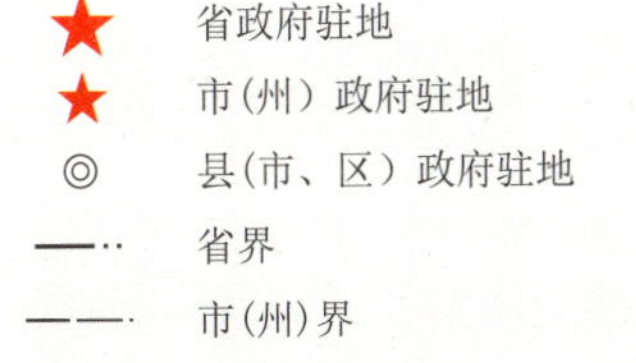

比例尺 1 : 640 000　　审图号：湘S（2020）135号　二〇二〇年十二月

2019 · 长沙荣誉

2019 · Changsha Honors

1月23日　长沙市入选2018年中国旅游影响力城市TOP10。

2月22日　中央广播电视总台《中国经济生活大调查》发布2018—2019年度“美好生活指数”最高的10个省会城市和直辖市榜单，长沙上榜。

3月20日　中央文明办公布2018年文明城市年度测评结果，对2018年测评成绩排名前十位的城市给予通报表扬，长沙位列第十位。

5月　长沙市入选工信部发布的2018年工业稳增长和转型升级成效明显的14个城市名单。

5月24日　第一财经旗下城市数据研究项目新一线城市研究所在上海发布《2019城市商业魅力排行榜》，长沙位列“新一线”城市第九位。

6月24日　中国社会科学院（财经院）与经济日报社共同发布《中国城市竞争力第17次报告》。长沙的城市层级被定为一、二线城市，综合经济竞争力排名进入全国前20位，可持续竞争力和宜居竞争力排名分别为第22位和第14位。其中，长沙的宜居竞争力在中部城市中排名第一位。

7月2日　长沙市被评为“中国国际化营商环境建设标杆城市”。

9月　国家发展改革委、交通运输部联合印发《关于做好2019年国家物流枢纽建设工作的通知》，23个物流枢纽入选2019年国家物流枢纽建设名单，其中长沙入选陆港型国家物流枢纽城市。

9月25日　《全球城市竞争力报告2018—2019——全球产业链：塑造群网化城市星球》发布，长沙市入选全球百强城市，排名第71位。

11月2日　全国工商联发布《2019万家民营企业评价营商环境报告》，长沙市入选“全国营商环境十佳的城市”。

11月12日　中国社会科学院（财经院）与联合国人居署联合发布《全球城市竞争力报告2019—2020：跨入城市的世界300年变局》，长沙进入全球城市经济竞争力指数100强，在中西部位居第二位。长沙全球排名第68位。在全球城市分级中，长沙被评为国际门户城市。

11月25日　长沙市入选“中国最具幸福感城市”，并被评为2019中国最具幸福感城市单项奖“活力之城”。

12月6日　《中国城市夜经济影响力报告》和“中国十大夜经济影响力城市”评选结果发布，长沙市被评为“中国十大夜经济影响力城市”。

12月28日　长沙市被评为“2019中国招商引资最具国际竞争力城市”和“2019中国最佳投资创业城市”。

2019·长沙数字

2019 · Changsha Datas

区域总面积：11815.96 平方千米
市区面积：2150.9 平方千米
年末户籍人口总数：738.24 万人
市区人口总数：364.38 万人
全年新增城镇就业人员：14.77 万人

地区生产总值：11574.22 亿元
第一产业增加值：359.69 亿元
第二产业增加值：4439.32 亿元
第三产业增加值：6775.21 亿元
人均地区生产总值：139877 元

全市一般公共预算收入：1592.74 亿元
全市一般公共预算支出：1425.98 亿元

全市农林牧渔业增加值：380.17 亿元
农业增加值：254.19 亿元
林业增加值：23.48 亿元
牧业增加值：69.44 亿元
渔业增加值：12.58 亿元
农林牧渔服务业增加值：20.48 亿元
全年粮食播种面积：32.45 万公顷

社会消费品零售总额：4589.4 亿元
全市进出口总额：2002.03 亿元

全社会运输周转量：671.18 亿吨千米
全年公共交通客运总量：127872 万人次
国际互联网用户：379.1 万户
国际国内旅游总收入：2028.97 亿元

普通高校：51 所
在校学生：66.59 万人

普通高中：91 所
在校学生：14.74 万人
普通初中：250 所
在校学生：27.03 万人
普通小学：944 所
在校学生：66.65 万人
幼儿园：2150 所
在园幼儿：35.46 万人

全市公共图书馆：12 个
博物馆（纪念馆）：20 个
公共体育场地：2013 个
全市卫生机构数：4633 个
医疗卫生技术人员：8.59 万人

全市用电总量：3959312 万千瓦小时
城市日供水量：240 万吨 / 日
全市天然气供气总量：88998 万立方米
全市液化气供气总量：73572 吨
城市生活垃圾无害处理量：285.5 万吨

园林绿化地面积：13324 公顷
自然保护区面积：0.67 万公顷

金融机构存款余额（本外币合计）：21048.45 亿元
金融机构贷款余额（本外币合计）：21248.71 亿元

城镇居民人均可支配收入：55211 元
城镇居民人均消费性支出：39516 元
农村居民人均可支配收入：32329 元
农村居民人均生活消费支出：23090 元

城镇居民人均住房面积：41.3 平方米
农村居民人均住房面积：58 平方米

为充分反映长沙人民在建设现代化长沙的奋斗目标中涌现的典型人物、事件，长沙市地方志编纂委员会决定组织开展《长沙年鉴》2019年度人物、年度事件评选活动（以下简称“双评”活动），发挥地方志“存史、育人、资政”作用，传播正能量。评选2019年度长沙市域范围内涌现的对推动全市经济社会发展有突出贡献和典型意义的人物和事件。

“双评”活动于2020年3月启动，截至8月31日，各区县（市）及全市各行业经过遴选后向长沙年鉴编辑部推荐年度人物53名，年度事件66件。

年度人物

●甘厚美　1927年生　中共党员　原浏阳文家市煤矿离休干部

1948年7月，他入伍成为解放军55师某机枪连的一名战士，先后参加李士楼战斗、关垭子战斗、牛蹄岭战斗、川北火天岗战斗等等，荣立一等功1次、二等功1次、三等功5次，屡获荣誉勋章。从一名普通的战士成长为副连长，随后被师团保送到兰州进修学习。1958年5月，因伤病复发复员回乡，先后在文家市搬运队、清江水库、文家市粮站、秋收起义会师纪念馆、文家市煤矿工作。2019年9月，表彰成为“湖南省模范退役军人”。2019年10月，湖南省委授予他“湖南省优秀共产党员”称号。

●刘仲华　1965年生　中共党员　国家植物功能成分利用工程技术研究中心主任、教育部茶学重点实验室主任、湖南农业大学教授、茶学学科带头人

他长期从事茶叶深加工与功能成分利用、茶叶加工理论与技术、饮茶与健康等方向的研究与教学工作。截至2019年11月，他先后主持国家和部省级项目30余项，制定国家标准5项，发表关于茶的学术论文400余篇，获国家发明专利40余项。他有关茶叶的理论和技术、标准，多次获外经贸部、商业部、湖南省科技进步奖，2008年、2016年两次获国家科技进步二等奖（均排名第一位）。2019年11月22日，他当选中国工程院院士，为湖南茶业界首位院士。

●龙继红　女　1962年生　中共党员　长沙市芙蓉区大同小学校长

她先后担任芙蓉区8所小学校长24年，所带学校连续22年获教育局年终绩效考核一等奖。策划“纪念抗战胜利70周年”活动成为中央电视台《开学第一课》展播。创建全国文明校园经验作为全国唯一一所中小学被《焦点访谈》专题报道。她获湖南省正高级教师，主持研究课题33个，撰写著作3本，发表论文39篇，专题讲座136场。2019年，被全国总工会授予“全国五一劳动奖章”，湖南省委、省政府授予“湖南省先进工作者”称号。

●伍国强　1978生　中共党员　浏阳市农业农村局干部

他被当地群众亲切地称为“藏族同胞的好兄弟”，多次被评为“优秀援藏干部”“优秀共产党员”，多次获山南市委市政府嘉奖、贡嘎县委县政府通报表彰，2019年4月被山南市委市政府授予“山南市第二届优秀人才”荣誉称号。1997年，他成为驻藏部队中的一员，曾三次立“三等功”，多次被评为“优秀士兵”和“优秀共产党员”。2018年9月，他在贡嘎县农牧局组织举办贡嘎县首届养蜂技能培训班。共发放《蜜蜂饲养原理与方法》学习资料30册、养蜂护具30套。2019年11月入选“中国好人榜之敬业奉献好人”。

●刘焕林　1982年生　亚欣环境科技（湖南）有限公司工程部高级技工、维修组长

他助力公司研发部研发出擦拭机器人并申请专利，成倍提高中央空调清洗作业效率。他参与湖南省地方标准《集中空调通风系统清洗消毒规范》《医院洁净手术部空气净化系统清洗消毒规范》的前期调研、标准撰写工作。2017年6月，被省总工会授予“湖南省五一劳动奖章”。2019年4月，被湖南省委、省政府授予“湖南省劳动模范”称号，并获“全国五一劳动奖章”。2019年9月，被评为敬业奉献类“湖南好人”。

●杨士泉　1972年生　中共党员　长沙市天心区暮云小蜜蜂志愿者协会会长

他2005年开始从事慈善公益事业并成立暮云小蜜蜂志愿者协会。14年来，他自掏300万余元做公益，长期帮扶100余人。常态长效开展“微心愿”志愿服务活动，已帮助山区21所小学600余名孩子实现微心愿，为56名特困家庭孩子解决小学到大学的学费，开展扶贫帮困活动帮助辖区农户销售产品。2015年他被评为助人为乐“中国好人”，2016年被评为全国“百姓学习之星”，2018年被评为全国“最美志愿者”，2019年10月被评为2018年度CCTV感动中国之感动湖南人物。

●张　双　1986年生　中共党员　雨花区同升街道同升湖社区副主任

他曾在2017年黄金“四分钟”紧急救助过药店昏厥老人，获2017年度“长沙好人身边雷锋”第三季度长沙“见义勇为”好人、2017年度“最美志愿者”（长沙市）。2019年2月22日，他在义务巡逻时，紧急救助栽倒在路边的老人。此次见义勇为事迹被长沙市文明网、飞梦雨花等宣传和报道，并被评为2019年度湖南好人。2019年11月，同升湖发生人员投湖事件，他不顾自身安危，主动请缨进行打捞。

●孟德良　1980年生　中共党员　湖南海通建设有限公司泥工班班长

他是一位在平凡岗位上书写闪亮人生的普通工人。曾获全国技术能手、湖南省技术能手、湖南省五一劳动奖章、全国住房城乡建设系统劳动模范等荣誉称号。他代表湖南省参加中国技能大赛第六届全国职工职业技能大赛，获全国砌筑工决赛第三名，为湖南代表团夺得一等奖。2019年，被授予“全国技术能手”称号。在全市“十行状元、百优工匠”砌筑工竞赛中，他担任宁乡代表队技术指导，宁乡10名选手参赛，9人分获第一至第九名的好成绩，成为有口皆碑的“孟大师”。

●王小艳　女　1970年生　长沙县黄花镇谷塘村叶家铺组村民

她是黄花镇谷塘村村民，丈夫高位截瘫，她十几年如一日照顾瘫痪丈夫与病弱公婆。1995年，她与本村居民盛红兵恋爱结婚。婚后第9年，丈夫务工时从7米多的施工平台摔下致头骨塌陷，下肢瘫痪并严重智障。婆婆一病不起，半身不遂，公公也因此引发耳聋和间歇性失眠。面对老弱病残，她毅然挑起生活的重担，十几年坚持不懈，始终如此，堪称模范媳妇。2017年7月，她入选“中国好人榜”；2019年，王小艳家庭当选“全国最美家庭”。

●邓星伟　1966年生　中共党员　长沙市住房和城乡建设局地下管线管理处副处长

他身为综合管廊PPP项目试点工作基层一线干部，刻苦钻研综合管廊PPP专业知识。3年时间里，他先后组织各类协调120余次，起草相关政策文件30余份。截至2019年12月底，长沙市已建成地下综合管廊57.3千米，完成投资46亿元，已开展管线入廊36千米，管线运营的管廊长度17千米。长沙市地下综合管廊项目被财政部评选为国家PPP示范项目，获2018—2019年度“国家优质投资项目奖”，先后在CCTV发现之旅频道《纪录东方》栏目、新华社直播网、湖南卫视、《中国建设报》等媒体进行宣传报道。

人物、年度事件评选活动

9 月 8 日，“双评”活动召开初评会议，通过 17 位评委现场投票，评选出候选人物、候选事件各 20 名（件）。

9 月 10—24 日，“双评”活动在“方志长沙”微信公众号开通网络投票。

9 月 29 日，召开终评会议，由专家学者、媒体工作者和部分单位代表组成评审委员会。终评的最终结果按照初评会议投票、网络投票与终评评委投票分别占总票选的 40%、20% 和 40% 的比例计综合得分，按分值高低最终评选出年度人物、年度事件各 10 名（件）。

年度事件

●袁隆平获颁“共和国勋章”

2019 年 9 月 29 日，中华人民共和国国家勋章和国家荣誉称号颁授仪式在北京人民大会堂举行。中共中央总书记、国家主席、中央军委主席习近平向国家勋章和国家荣誉称号获得者分别授予“共和国勋章”“友谊勋章”和国家荣誉称号奖章，袁隆平等 8 人被授予“共和国勋章”。长期工作、生活在长沙的袁隆平，是杂交水稻研究的开创者，一生致力于杂交水稻技术的研究、应用与推广，为中国粮食安全、农业科学发展和世界粮食供给做出巨大贡献。

●长沙出台“制造业高质量发展 20 条”

2019 年 9 月 24 日，《中共长沙市委关于深入贯彻落实习近平总书记在推动中部地区崛起工作座谈会上的重要讲话精神大力推动制造业高质量发展的若干意见》经长沙市委第八次全体会议审议通过。该份被称为“长沙制造业高质量发展 20 条”的文件，部署开展新旧动能转换工程、科技创新引领工程、市场主体培育工程、开放高地构筑工程、优秀人才集聚工程、营商环境优化工程、载体提质升级工程 7 大工程，提出 20 条具体措施，为长沙未来一个时期制造业的发展明确了愿景图和路线图。

●长沙磁浮快线工程获詹天佑奖和国家优质工程金奖

长沙磁浮快线是中国第一条中低速磁浮商业运营线，是世界上 4 条运营线中最长的一条，它的建成和运营标志着中国自主知识产权的中低速磁浮系统实现工程化应用。截至 2019 年年底，长沙磁浮快线已安全运营 3 年多，跟进的城市项目有 10 余个，推动了新产业体系的形成和经济增长。2019 年 4 月，长沙磁浮快线工程获第 16 届中国土木工程詹天佑奖；2019 年 12 月，获 2018—2019 年度国家优质工程金奖。

●长沙营商环境优化年活动获广泛好评

2019 年 7 月 2 日，2019 中国国际化营商环境高峰论坛暨《中国城市营商环境投资评估报告》发布会，长沙被评为中国国际化营商环境建设标杆城市。11 月 2 日，全国工商联发布报告，长沙入选全国万家民企评价营商环境十佳城市。2019 年，长沙市开展营商环境优化年活动，营造“尊重企业家、优待投资者、服务纳税人”的浓厚氛围。天心区出台“天心营商环境 30 条”，望城区“极省”营商环境建设获赞，宁乡市被评为“中国营商环境百佳试点县市”，为经济社会持续健康发展提供支撑。

●夜经济成为长沙经济影响力亮点

2019 年 12 月 6 日，“腾讯·中国十大夜经济影响力城市颁奖典礼”发布“中国十大夜经济影响力城市榜单”，长沙名列第三位。夜经济是衡量城市生活质量、消费水平、开放度、活跃度、投资软环境及经济与文化发展活力的重要指标。在长沙夜经济最活跃的五一商圈，拥有商业街 20 余条、商业网点 2 万余个，大批本地人和外地游客聚此消费。2019 年 11 月 11 日，文化和旅游部 2019 年全国文化和旅游消费工作推进暨培训会在长沙召开，对长沙推进文旅消费工作的举措和成效给予肯定。

●“最具幸福感城市”成为长沙人民获得感的标志性符号

2019 年 11 月 25 日，在广州举行的中国幸福城市论坛上，长沙连续第 12 年被评为“中国最具幸福感城市”，并首次获中国最具幸福感城市单项奖“活力之城”称号。2019 年，长沙完成以“一圈两场三道”建设为重点的 10 件民生实事，围绕“菜食住行购、教科文卫体、老幼站厕园”等 15 个要素，配齐公共服务产品，坚持优化营商环境，实施最严房地产调控政策，全面推进人行道、自行车道、历史文化步道和健身步道建设，深化“平安长沙”建设等，增强群众幸福感、获得感和安全感。

●三一集团成为长沙首家千亿元级企业

2019 年 12 月 12 日，三一集团装备板块 2019 年终端销售额逾 1000 亿元，三一集团成为长沙首家千亿元级企业。2019 年，长沙工程机械产业链总产值逾 2000 亿元，占中国工程机械行业产值的 23%。在《2019 全球工程机械制造商 50 强排行榜》公布的 12 家上榜中国企业中，就有三一重工、中联重科、铁建重工、山河智能 4 家企业来自长沙，长沙成为全球唯一一个同时拥有 4 个世界工程机械 50 强企业的城市，为名副其实的“工程机械之都”。

●国产首台新型千米级水平取芯钻机下线

2019 年 7 月 26 日，中国铁建重工集团有限公司自主研制的国产首台新型千米级水平取芯钻机下线，该设备具有完全自主知识产权，填补国内千米级水平取芯钻探领域的空白。该设备钻探距离逾 1000 米，综合效率 2 米/小时，可实施快速钻孔和高效取芯，满足大埋深、长距离和极端复合地质取芯钻探需求，解决破岩效率低、定位定向精度差、长距离钻孔易塌孔卡钻等工程问题，有助于解决高原高寒高风险隧道工程复杂地质探测难题。

●开放道路智能驾驶长沙示范区启用

2019 年 9 月 26 日，湖南湘江新区建设的开放道路智能驾驶长沙示范区启用，长沙迈入智能驾驶 2.0 时代。在同类型开放的测试道路中，长沙 100 平方千米范围的城市开放道路是全国范围最大、场景最丰富、道路类型最全面的自动驾驶城市开放道路；100 千米智慧高速则是国内首条 5G+V2X 智慧高速公路，部分路段布局 5G 网络，路侧设备全息感知高速环境，与车内设备和云控中心形成 V2X 系统，有助车辆安全行驶。

●长沙 A 股上市公司数量居中部省会城市第一位

2019 年 11 月 6 日，力合科技（湖南）股份有限公司和长沙远大住宅工业集团股份有限公司挂牌上市，长沙市上市公司总数 68 家，A 股上市公司数量居中部省会城市第一位。2019 年，长沙市围绕“产业项目建设年”和“营商环境优化年”主题，按照“入规、升高、上市、扩面”工作要求，紧跟资本市场深化改革形势，始终坚持把鼓励上市、推进上市、服务上市作为一项重要工作推动。12 月成立长沙市企业上市服务中心，开展企业上市服务工作。

◇ 1949 年 8 月 5 日，人民解放军进入长沙，上万名群众夹道欢迎，两万面红旗飘扬在长沙上空，正式宣告湖南和平解放

中华人民共和国成立的 70 年，是国家走向富强的 70 年，是长沙快速发展的 70 年。70 年来，一代代摄影爱好者，用镜头对准长沙这座城市，将宏大的历史叙事，浓缩于一幅幅照片。透过一个个经典场景、一个个动人表情、一个个生活细节，人们可以穿越时空，领略浩荡奔腾历史大潮的同时，重温一个个温暖的瞬间，见证长沙 70 年的伟大变革和发展

◇ 1950 年 7 月，长沙市建设局测量人员正在进行三角点测量

◇ 1951 年，沿江大道建设工地上挑土的工人们

◇ 1952 年 7 月 11 日，修建完成后的长沙沿江大道长沙港段，变成了交通通畅的宽大马路，成为当时南北交通的主干道

◇ 1953 年 10 月 31 日，靖港高级农业社的双季晚稻丰收，社员们快打细收，收割丰收的喜悦

◇ 1954 年 4 月 25 日，公私合营后的八角亭江浙绸布店，增加经营品种，设立花布专柜，陈设了 150 余种新艳花布。图为营业员热忱服务，帮顾客挑选衣料

◇ 1955 年 9 月 18 日，公私合营九如斋食品店的工作人员 正在赶制月饼

◇ 1956 年 8 月 5 日，2690 名运动员和市民参加横渡湘江游泳活动

◇ 1957 年 8 月 30 日，银星电影院的放映员骑车拉着影片回影院

◇ 1957 年 11 月 22 日，市曲艺队组织曲

◇ 1958 年 12 月 16 日，湖南制药厂干部、工人一起用板车拖运生产原材料。板车在当时是主要的短途运输工具

锋厅的街口表演山歌对唱“下农村”

◇ 1958 年 9 月 28 日，长沙东风炼钢轧钢厂开始生产出高品质的轧钢

◇ 1959 年 7 月 7 日，农业机械厂的青年职工走过操场准备文化补习。这一年，长沙市青年职工教育实现了基本无文盲的目标。全市工厂、企业的业余学校发展到 321 所，参加文化学习的职工 7 万人次

◇ 1960 年 3 月 31 日，居民在黄兴南路上进行大扫除

◇ 1960 年 11 月 6 日，大圫人民公社的“赤脚医生”到社员家上门提供医疗服务

◇ 1962 年 4 月 20 日，陈列在湖南人民广播电台服务部窗柜内的半导体收音机。在那个物质比较紧缺的年代，听广播是获得信息的主要方式，半导体收音机是当时的“奢侈品”

◇ 1962 年 12 月 8 日，市蔬菜公司从外地调进大批白菜、黄芽白、萝卜等蔬菜，除保证每天生活供应外，还可供居民储备冬菜

◇ 1963 年 6 月 7 日，黄兴路旁书社里看小人书的孩子们

◇ 1963 年 7 月 26 日，北山区各人民公社早稻获丰收，赵家湾生产队妇女队长赵德富（中）和社员李淑纯在抢收早稻

◇ 1963 年 9 月 29 日的南门口是当时长沙城最为热闹的地段

◇ 1964 年 4 月 6 日，南区回龙山脚下的白沙井，经过修缮，面貌一新。图为附近居民担着木桶在取井水

◇ 1964 年 5 月 1 日，长沙湘剧团在黄兴路上为群众演出，庆祝“五一”国际劳动节

◇ 1964 年 10 月 3 日，全省第一届民兵比武大会、第二届体育运动大会在长沙市劳动人民体育场举行

◇ 1965 年 9 月 4 日，长沙市首批“上山下乡”的知识青年陆续启程到郴县、桂阳、浏阳、江永、零陵、道县等地。图为到郴州专区参加农业生产的知识青年同送行的家人告别

◇ 1966 年 7 月 1 日，5000 余名参与建设的干部群众在堤上欢呼庆祝乌川水库建成蓄水。乌川水库是当时长沙农村最大的水库，最大蓄水面积 133.33 公顷，能够保障周边 3 个公社的 590 余个生产队稻田的灌溉

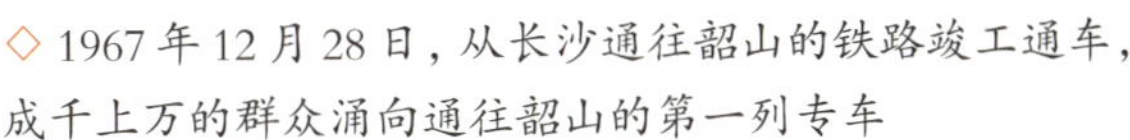

◇ 1967 年 12 月 28 日，从长沙通往韶山的铁路竣工通车，成千上万的群众涌向通往韶山的第一列专车

◇ 1968 年 5 月 29 日，太平街粮店的职工为了方便群众，推着车子在街上卖粮卖油

◇ 1969 年 11 月 1 日清晨，长沙市邮电局投递第一班出发了，投递员们骑车从这里出发，将报刊信件以最快的速度送到各家各户

◇ 1970 年 9 月 15 日，府后街小学的体育课堂上，学生们在投掷手榴弹造型的运动器械

◇ 1971 年 3 月 24 日，学生们在课堂上阅读“雷锋日记”

◇ 1972 年 9 月 20 日，东区修配服务站蔡锷中路的三林车行，修理工张国文正在为顾客校正车轮

◇ 1972—1974 年，考古工作者在长沙马王堆先后发掘了 3 座西汉时期墓葬

◇ 1972 年，湘江一桥建设工地上，长沙市民义务帮忙挑土运石。该桥于 1971 年 9 月开工修建，1972 年国庆竣工通车

◇ 1973 年 3 月 2 日，靖港公社的社员们担着肥料紧张地进行春耕生产

◇ 1974 年 4 月 21 日，暮云小学的学生利用课余时间大积土杂肥，支援春耕生产

◇ 1975 年 11 月 28 日，火车北站女子扳道组的郭秀正在进行扳道作业

◇ 1976 年 5 月 1 日，省会青年聚集在岳麓山爱晚亭下庆祝“五一”国际劳动节

◇ 1977 年 6 月 30 日下午 3 时，长沙火车新站开站运行，高度到达 63.1 米的钟楼成为当时长沙的最高建筑地标

◇ 1978 年 1 月 16 日，长沙市一中的图书馆里，青年学子们正在抓紧补习

◇ 1979 年 6 月 21 日，长沙县开慧公社竹山大队张家塝生产队的居民在为稻田引水抗旱。竹山大队是湖南第一个实行“包干到户”的生产队

◇ 1979 年 9 月，改造后的五一广场东北角是交电大楼，凯旋门位于东南角。当年市民出行以公共汽车和自行车为主

◇ 1980 年 1 月 12 日，长沙市青年婚姻服务所成立

◇ 1980 年 4 月 1 日，市民在南门口储蓄所办理活期存折

◇ 1981 年 11 月 16 日，五一路百货商店的进口商品橱窗前，围满了观看中国女排对战日本女排直播的市民

◇ 1982 年 9 月，开慧公社粮食大丰收，缴纳的公粮堆成小山坡。那个年代，国家把粮食上升到战略高度，交公粮成为广大农民的自觉行动，每个丰收的季节，一张张溢满汗水的笑脸和一筐筐见证辛勤

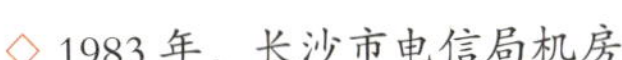

◇ 1983 年，长沙市电信局机房

◇ 1984 年 7 月 1 日，国风副食品自选商场营业，全部商品都成包计件，标明价格，实行开架陈列，自由选购。这是长沙第一家具有超市性质的自选商场

◇ 1984 年 10 月 1 日，新开业的银河商场里，排队购买电视机的市民围满了五金交电柜台

◇ 1985 年 4 月 30 日，省外文书店新楼落成开业

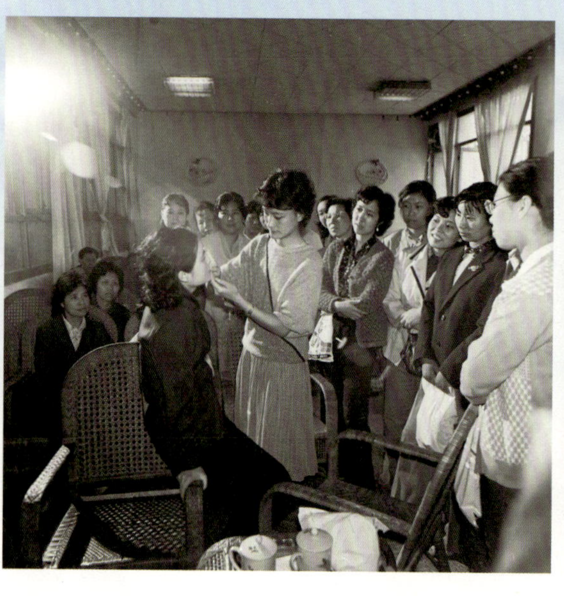

◇ 1985 年 5 月 28 日，市青少年宫化妆品化妆学习班上，众人目不转睛地观看化妆师的演示

◇ 1985 年 7 月 9 日，
版车间里，工人们正
技术开始出现，印刷

◇ 1988 年 11 月 1 日，由著名慈善家彭立珊捐赠的火车站广场喷泉竣工开放。当年，彭立珊捐赠的 20 台公交车，被投入到长沙火车站到湖南大学的公交线路运营中，这条线路被命名为立珊专线

◇ 1988 年 11 月 8 日，航拍镜头中
包括朝阳一村和朝阳二村

土印刷厂铅字排
一年，激光照排
字印刷

◇ 1986 年 10 月 6 日，世界首届杂交水稻国际学术讨论会在长沙召开。袁隆平在会上作了《杂交水稻研究和发展现状》的专题学术报告。图为袁隆平在试验田边，用英语给各国的同行专家讲解杂交水稻

◇ 1987 年，无线寻呼机开始出现，那个时候，BP 机还是比较贵重的消费品

寸。朝阳新村是当年长沙成片开发的居民区，

◇ 1989 年 8 月 29 日，长沙黄花国际机场通航

◇ 1990 年 12 月，长沙拆除从长沙城区贯穿而过的京广铁路老线铁轨

◇ 1990 年 9 月 7 日，“亚运之光”火炬交接仪式在长沙举行

◇ 1991 年 6 月 27 日，由雕塑家雷宜锌设计的

参加揭幕仪式

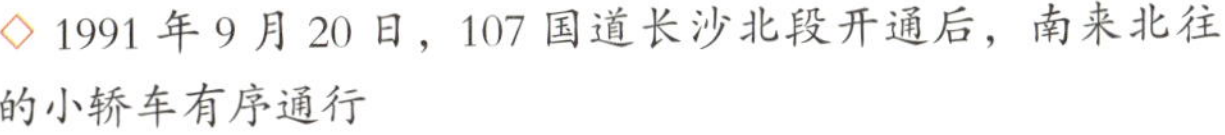

◇ 1991 年 9 月 20 日，107 国道长沙北段开通后，南来北往的小轿车有序通行

◇ 1992 年 2 月 13 日，迎来春运高峰的长沙火车站广场

◇ 1992 年 2 月 13 日，12 路公共汽车上，售票员在向乘客发售车票

长沙市青少年宫落成，众多青少年

◇ 1993 年 5 月 18 日，一名企业管理人员在用“大哥大”打电话

◇ 1993 年 6 月 22 日，为了表达对北京申办 2000 年奥运会的支持，长沙人以自行车集体骑行这种活动形式来纪念这个国际奥林匹克日

◇ 1994 年 9 月 26 日，在五一文南方机器公司多媒体电脑培训会现场，挤满了观看的市民

◇ 1995 年 9 月 17 日，全省首条游乐滑道在岳麓山公园试运行

◇ 1995 年 5 月 18 日，省展览馆举行的人才招聘会上，挤满了求职的大学生和知识青年

◇ 1997 年，一对沈阳小夫妻开着带“1997”车牌号微型面包车全国旅游结婚，途径长沙留影

◇ 1996 年 5 月 11 日，湘江风光带第一期工程完工，成为湘江两岸居民休闲游玩的首选

◇ 1998 年 5 月，在长沙留芳宾馆的证券大户室内看盘的股民

◇ 1999 年 5 月 26 日，一批的 1C 卡电话亭落户长沙火车站前广场

◇ 2000 年 10 月 15 日，长沙市民在火车站欢迎湘籍奥运健儿载誉归来

◇ 2000 年 10 月 21 日，首届中国金鹰电视艺术节颁奖晚会在长沙五洲大剧场举行，陆毅（左）、周迅（右）分获最受欢迎男女演员奖

◇ 2001 年 1 月 1 日，伴随着 20 世纪的零点钟声，五一广场万众欢腾

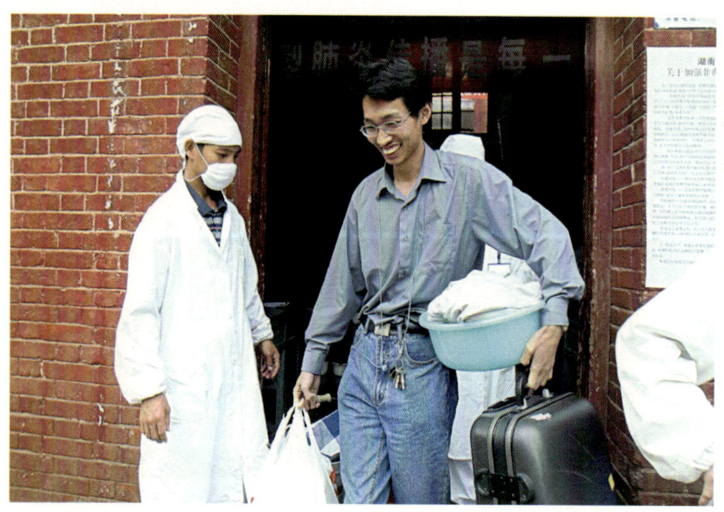

◇ 2003 年 5 月 6 日，湖南大学计算机系研究生张光建经过 7 天的隔离观察后，终于走出非典隔离区，他是第 34 位平安走出隔离区的人

◇ 2003 年 8 月 30 日，黄兴北路的公用电话亭下站满了打电话的市民

◇ 2004 年 7 月 18 日，美国新郎卡尔（左）按中国传统方式在长沙迎娶了他的中国新娘

◇ 2004 年 10 月 22 日，近 50 辆甲壳虫汽车从五一大道到芙蓉中路巡游而过

◇ 2005 年 2 月 2 日，天心区白沙花园社区 56 岁的退休工人时江英（前），在拿到增发的养老金后笑得合不拢嘴

◇ 2006 年 9 月 1 日，湘江三汊矶大桥通车

◇ 2007 年 7 月 20 日，历经两个多月的 2007“快乐男声”落下帷幕，陈楚生（右三）成为首个“快男”冠军

◇ 2008 年 6 月 4 日，北京 2008 年奥林匹克火炬接力湖南长沙站传递活动举行，208 名火炬手参加传递

◇ 2008 年 5 月 19 日，长沙黄兴南路商业步行街中心广场，市民在为汶川地震中的逝者举办哀悼活动

◇ 2009 年 7 月 2 日，长沙火车站，“小候鸟”坐上火车去往父母打工的城市，与他们团圆

◇ 2009 年 9 月 17 日，国际一线品牌 LV 进驻长沙，图为郭晶晶（右三）为美美百货代言

◇ 2009 年 12 月 26 日，长沙火车南站，长沙乘客登上即将出发的首趟武广客运高铁。从这一天开始，长沙迈入高铁时代

◇ 2010 年 1 月 1 日，武广长沙南站迎来客流小高峰，人们纷纷选择乘坐高速列车出行

◇ 2011 年 7 月 19 日，黄花机场新航站楼启用。该航站楼是中部地区最大的航站楼

◇ 2012 年 5 月 15 日，雨花区东塘街道在全省首创的农民工“幸福婚房”迎来一周岁生日

◇ 2013 年 12 月 25 日，长沙南湖路湘江隧道建成通车

◇ 2014 年 4 月 29 日，地铁 2 号线启动试运营

◇ 2014 年 1 月 11 日，袁隆平（前左）和他的团队捧回国家科技进步特等奖返回长沙

◇ 2015 年 6 月 18 日，中南大学毕业典礼结束后，毕业生们举着自拍杆，摆出最萌的表情合影

◇ 2015 年 10 月 1 日，长沙首条高标准城市快速化道路——万家丽路快速高架主线通车

◇ 2016 年 6 月 28 日，长沙地铁 1 号线开通试运营

◇ 2016 年 5 月 6 日，长沙磁浮快线开通载客

◇ 2017 年 9 月 19 日，19 对一线建设者新人在橘子洲头举行集体婚礼

◇ 2018 年 5 月 22 日，“一带一

◇ 2018 年 11 月 12 日，长沙邮区中心局南、北两个车间，工作人员在紧张有序地处理包裹

◇ 2018 年 12 月 5 日，长沙黄兴路步行街建起一道特殊的二维码隧道，创意十足

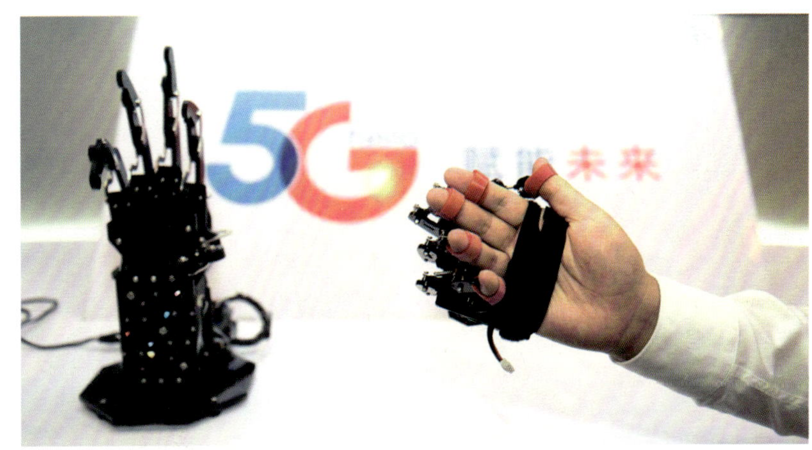

◇ 2019 年 5 月 21 日，5G 场景演示现场，工作人员通过智能设备展示最新通信方式

焰火晚会在橘子洲上空上演

◇ 2019 年 9 月 12 日，在知识讲座结束后，孩子们现学现用，把垃圾分类投入红、绿、蓝、黑四色垃圾箱里

长沙 CHANGSHA

产业项目建设年

Product project construction year

◇ 2019 年，浔龙河生态艺术小镇（二期）竣工

◇ 2019 年 5 月 26 日，长沙地铁 4 号线载客试运营

◇ 2019 年 2 月 19 日，三一重起 SAC16000S 全地面起重机下线

◇ 2019 年 2 月，苏宁云商湖南电商产业园竣工投产

◇ 2019 年 7 月 10 日，中南源品生物科技园启用

◇ 2019 年 10 月，格力电器智能装备产业园竣工投产

◇ 2019 年 9 月，坐落于长沙市金霞经济开发区的老百姓大药房医药健康产业园（医药物流中心）竣工投产

◇ 2019 年 9 月 9 日，比亚迪电子长沙工厂首批华为手机下线

★ 说明：该彩页专题图片由市发展改革委提供

长沙

CHANGSHA

Business environment optimization year

营商环境优化年

◇ 2019 年 2 月 13 日，长沙市产业项目建设年暨营商环境优化年工作推进大会在市会议中心召开

◇ 2019 年 4 月 29 日，全市行政审批服务工作会议暨推进“一件事一次办”改革动员会在市会议中心召开

◇ 2019 年 5 月 14 日，长沙市经理进修学院第四期培训班暨长沙市营商环境特约监督员专题培训班在市委党校开班

★ 说明：该彩页专题图片由市发展改革委提供

◇ 2019 年 10 月 29 日，全国优化营商环境经验交流现场会在北京召开，长沙就营商环境优化特别是包容普惠创新的经验作典型发言

◇ 2019 年，长沙市召开民营企业家座谈会，倾听企业诉求和意见

◇ 2019 年 7 月 2 日，2019 中国国际化营商环境高峰论坛暨《中国城市营商环境投资评估报告》发布会在北京举行，长沙被评为中国国际化营商环境建设标杆城市。图为长沙市副市长邱继兴（右二）参加颁奖典礼

长沙
CHANGSHA
Business environment optimization year

夜经济

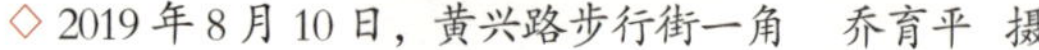

◇ 2019 年 8 月 10 日，黄兴路步行街一角　乔育平　摄

◇ 2019 年 8 月 20 日，在都正

◇ 2019 年 7 月 25 日，夜游新华联铜官窑古镇景区的人们　乔育平　摄

品茶的人们　　　　　　乔育平　摄

◇ 2019 年 10 月 20 日，长沙五一路正在排队购买茶颜悦色（奶茶）的人们　　乔育平　摄

◇ 2019 年 11 月 20 日，德思勤城市广场夜购物一角　　　乔育平　摄

◇ 2019 年 7 月 15 日，文和友老长沙龙虾馆
长沙市文化旅游广电局　供图

◇ 2019 年 12 月 10 日，太平历史文化街区电影放映，图为正在观影的人们
乔育平　摄

◇ 2019 年 8 月 20 日，长沙火宫殿坡子街总店夜宵一角　长沙市文化旅游广电局　供图

◇ 2019 年，长沙杜甫江阁烟花夜景
长沙市文化旅游广电局　供图

◇ 2019 年 9 月 26 日，长沙文化旅游推介会暨“点亮中国夜经济版图”长沙首发仪式在铜官窑古镇举行
长沙市文化旅游广电局　供图

◇ 2019 年 8 月 15 日，长沙国金中心
长沙市文化旅游广电局　供图

◇ 2019年12月6日，长沙入选“中国十大夜经济影响力城市”
长沙市文化旅游广电局 供图

◇ 2019年10月12日，德思勤24小时书店 长沙市文化旅游广电局 供图

长沙

CHANGSHA

Business environment optimization year

2019 年度事件

◇ 2019 年 9 月 29 日，中华人民共和国国家勋章和国家荣誉称号颁授仪式在人民大会堂举行，袁隆平等 8 人被授予“共和国勋章”。图为“共和国勋章”获得者袁隆平　　市委宣传部　供图

◇ 2019 年 9 月 26 日，湖南湘江新区建设的开放道路智能驾驶长沙示范区启用，长沙迈入智能驾驶 2.0 时代。图为 9 月 26 日，百度自动驾驶出租车队 Robotaxi 在长沙试运营　　市委宣传部　供图

◇ 2019 年，长沙磁浮快线工程获詹天佑奖和国家优质工程金奖。图为 4 月 12 日，长沙市轨道交通集团有限公司党委副书记、总经理，湖南磁浮交通发展股份有限公司党委书记、董事长周晓明（右三）出席中国土木工程詹天佑奖二十周年庆典暨第十六届颁奖典礼并上台领奖　　长沙市轨道交通集团　供图

◇ 2019 年 12 月 12 日，三一集团装备板块 2019 年终端销售额逾 1000 亿元，三一集团成为长沙首家千亿元级企业。图为三一集团生产的重型卡车

市委宣传部　供图

◇ 2019 年 7 月 26 日，中国铁建重工集团有限公司自主研制的国产首台新型千米级水平取芯钻机下线，该设备具有完全自主知识产权，填补了国内千米级水平取芯钻探领域的空白

长沙市经开区　供图

◇ 2019 年 9 月 24 日，《中共长沙市委关于深入贯彻落实习近平总书记在推动中部地区崛起工作座谈会上的重要讲话精神大力推动制造业高质量发展的若干意见》经长沙市委第八次全体会议审议通过。该份被称为"长沙制造业高质量发展 20 条"的文件，为长沙制造业发展明确了愿景图和路线图

市委宣传部　供图

◇ 2019 年，长沙 A 股上市公司总数 68 家，数量居中部省会城市第一位。图为 11 月 6 日，力合科技与深圳证券交易所签署《证券上市协议》

市委宣传部　供图

◇ 2019 年，长沙营商环境优化年活动获广泛好评。图为 11 月 2 日，全国工商联党组成员、副主席李兆前代表全国工商联在温州发布《2019 万家民营企业评价营商环境报告》，长沙入选全国万家民企评价营商环境十佳城市

市委宣传部　供图

◇ 2019 年，“最具幸福感城市”成为长沙人民获得感的标志性符号。图为 11 月 25 日，在广州举行的中国幸福城市论坛上，长沙被评为“中国最具幸福感城市”

市委宣传部　供图

◇ 2019 年 12 月 6 日，“腾讯 · 中国十大夜经济影响力城市颁奖典礼”发布“中国十大夜经济影响力城市榜单”，长沙名列第三位。图为长沙文和友夜市

市委宣传部　供图

总　目

目录页码/正文页码	类　目
001 / 001	特　载
001 / 011	大事记
001 / 026	长沙概览
001 / 037	中国共产党长沙市委员会
003 / 061	长沙市人民代表大会
003 / 069	长沙市人民政府
004/ 082	中国人民政治协商会议长沙市委员会
004 / 088	中共长沙市纪律检查委员会 长沙市监察委员会
004 / 093	民主党派·工商联
005 / 104	群众团体
007 / 125	法　治
007 / 139	军　事
008 / 145	经济管理
009 / 167	农　业
010 / 180	工业·建筑业
011 / 198	商贸服务业
013 / 219	金　融
013 / 235	旅　游
013 / 243	房地产业

目录页码/正文页码	类　目
014 / 246	交　通
014 / 255	经贸合作
015 / 265	开发区
016 / 294	湖南湘江新区
017 / 299	城乡建设
018 / 320	生态环境
018 / 329	长株潭“两型社会”试验区
018 / 334	科学技术
019 / 365	教　育
020 / 383	文　化
022 / 417	卫生健康
022 / 430	体　育
023 / 434	人民生活
024 / 455	应急管理
024 / 462	区县概况
026 / 494	人　物
026 / 498	附　录
026 / 562	索　引

<<< 目　录

特　载

002　中华人民共和国成立70周年长沙市经济社会发展成就综述
005　长沙市乡村振兴战略工作纪实
006　长沙市开展“蓝天保卫战”工作纪实
008　长沙市“产业项目建设年”工作纪实
009　长沙市“营商环境优化年”工作纪实

大事记

012　1月
013　2月
013　3月
014　4月
015　5月
017　6月
019　7月
020　8月
021　9月
022　10月
023　11月
025　12月

长沙概览

027　**自然地理**
027　区域位置
027　地质地貌
027　水　文
027　气　候
028　自然资源
028　**建置区划**
028　建置沿革
030　行政区划
032　**历史文化**
032　史迹遗存
032　传统文化
033　长沙方言
033　**人口和民族宗教**
033　人口分布
033　人口自然变动
033　人口密度
033　民　族
033　宗　教
033　**经济社会发展**
033　概　况
034　农　业
034　工业和建筑业
034　固定资产投资
034　国内贸易
034　交通和邮电
034　对外经济
034　旅　游
034　金　融
035　教育和科学技术
035　文化、卫生和体育
035　人民生活和社会保障

中国共产党长沙市委员会

038　**综　述**
038　**决策部署**
038　长沙市机构改革动员大会
038　市委全面深化改革委员会第一次会议
039　长株潭城市群一体化发展市长联席会议
039　“产业项目建设年”“营商环境优化年”工作推进讲评会
039　全市“不忘初心、牢记使命”主题教育工作会议
039　市委十三届八次全体会议

039 市委十三届九次全体会议暨经济工作会议
039 推动制造业高质量发展
039 关于学前教育深化改革规范发展的实施意见
040 关于加强党的政治建设十条措施
040 **体制改革**
040 概　况
040 纪检监察体制改革
040 经济体制改革
040 农村改革
041 文化事业管理体制改革
041 司法改革
041 重点领域体制改革
041 综合行政执法改革
041 **组　织**
041 党组织及党员队伍状况
042 基层党建工作
042 “不忘初心、牢记使命”主题教育
042 干部队伍建设
042 人才工作
042 公务员管理
043 **宣　传**
043 宣传部机构改革
043 服务中心
043 主题宣传
043 改革创新
043 亮点品牌
044 理论武装
044 新闻宣传
044 文明创建
045 媒体融合
045 意识形态工作
045 庆祝中华人民共和国成立 70 周年系列活动
045 2019 中国新媒体大会“县级融媒体中心建设与发展专题研讨”
046 第三届“一带一路”青年创意与遗产论坛
046 《长沙市文明行为促进条例》施行
046 **统　战**
046 概　况
046 新的社会阶层人士统战工作
047 助力营商环境优化
047 侨　务
047 多党合作事业发展
047 服务非公经济发展
047 党外代表人士队伍建设
047 民族宗教工作
047 党外知识分子工作
048 **政策研究**
048 市委政研究室机构改革
048 资政信息
048 调查研究
049 **机关党建**
049 市直机关工委机构改革
049 机关党组织和党员队伍状况
049 机关政治建设
050 机关基层党建
050 机关党风廉政建设
051 **外事·中国港澳地区事务**
051 市委外事工作委员会成立
051 服务国家总体外交重要部署
051 城市开放发展新形象塑造
051 外事及中国港澳事务管理服务
051 与香港、澳门地区的交流合作
052 **机构编制**
052 概　况
052 党政机构改革
052 事业单位改革
054 市委编办机构改革
054 机构编制信息化建设
054 事业单位法人监管
054 机构编制监督检查
055 市级机构改革人员转隶及部门“三定”工作业务培训会
055 **引才引智**
055 人才人事
055 长株潭城市群人力资源市场一体化
055 紧缺急需人才需求目录编制
056 高层次人才分类认定
056 长沙市 2019 年高技能人才项目配套支持
056 中国长沙人力资源服务产业园授牌
056 长沙企业参加“海交会”揽才
056 院士专家长沙行
057 参加第 17 届中国国际人才交流大会
057 长沙首批重点人才工程入选人才代表座谈会
057 **对台事务**
057 “同等待遇”落实
057 经济服务

057 台胞服务
057 两岸交流平台建设
058 对台交流
058 “民心桥”建设
059 **老干部工作**
059 老干部队伍概况
059 党建引领
059 服务中心
059 老干部文化养老建设
059 离退休干部待遇落实
059 “五老”助力垃圾分类
060 长沙市老干部文学艺术联合会成立
060 “银耀星城”展示馆建成开馆
060 **党校教育**
060 党校培训
060 党校科研
060 教学管理

长沙市人民代表大会

062 **综　述**
062 概　况
062 机构调整
062 人大常委会建设
063 **重要会议**
063 市第十五届人民代表大会第四次会议
063 市十五届人大常委会第二十二次会议
063 市十五届人大常委会第二十三次会议
064 市十五届人大常委会第二十四次会议
064 市十五届人大常委会第二十五次会议
064 市十五届人大常委会第二十六次会议
065 市十五届人大常委会第二十七次会议
065 市十五届人大常委会第二十八次会议
066 **人大立法工作**
066 概　况
066 立法机制完善
066 立法调研
066 **依法监督**
066 概　况
067 聚焦经济高质量发展开展监督
067 聚焦保障和改善民生开展监督
067 聚焦城市品质提档升级开展监督
067 **依法履职**
067 服务代表履职
067 强化履职保障
067 人事任免
067 代表建议

长沙市人民政府

070 **综　述**
071 **重要会议**
071 市政府全体（扩大）会议
071 市政府常务会议
073 市长办公会议
076 **民生实事**
076 概　况
076 省级民生实事项目
076 市级民生实事项目
076 “一圈两场三道”建设项目
077 **政务服务**
077 政务公开
078 “放管服”改革
078 “一件事一次办”改革
078 “12345”市民服务热线
079 政府网站建设
079 **电子政务**
079 市数据资源管理局成立
079 智慧城市建设
079 数据资源管理
080 政务云建设
080 “互联网＋政务服务”一体化平台上线运行
080 “我的长沙”APP 上线
080 电子政务服务标准化试点项目通过国家标准委评估
080 **政策研究**
080 调研成果
080 决策部署研究
080 信息服务
081 **信　访**
081 概　况
081 信访服务
081 网上信访和信访信息化工作
081 信访法治建设

中国人民政治协商会议长沙市委员会

083 **综　述**
083 市政协委员构成
083 服务中心工作
083 庆祝人民政协成立 70 周年系列活动
083 政协宣传
083 **重要会议**
083 政协全体会议
083 政协常委会议
084 市委政协工作会议
084 **政治协商**
084 概　况
084 专题协商
084 对口协商
084 **民主监督**
084 集中委派民主监督员
084 民主评议“最多跑一次”改革
084 **提案工作**
084 概　况
085 重点提案办理
085 社情民意信息工作
085 **调研交流**
085 经济社会发展调研
085 港澳委员交流

中共长沙市纪律检查委员会 长沙市监察委员会

089 **重要会议**
089 中国共产党长沙市第十三届纪律检查委员会第四次全体会议
089 党员领导干部廉洁从政警示教育大会
089 **监督执纪**
089 政治监督
089 日常监督
089 违反中央八项规定精神问题查处
089 惩治腐败
089 办结案件纪律处分执行情况专项检查
090 扫黑除恶专项斗争工作推进会
090 整治形式主义官僚主义 8 条措施出台
090 向特约监察员通报半年度工作情况
090 贯彻《中国共产党纪律检查机关监督执纪工作规则》《监察机关监督执法工作规定》培训班
090 中央扫黑除恶小组进驻长沙实地督导
090 **巡察工作**
090 概　况
090 第七轮巡察工作启动
091 第八轮巡察全部进驻
091 第九轮巡察工作动员部署会
091 市委巡察工作领导小组会议
091 **党风廉政建设**
091 市纪委市监委派驻机构述职述廉述责会议
091 党风政风监督员和特约监察员聘任（请）会议
091 全市党风廉政建设和反腐败工作情况通报会
091 全市纪检监察干部参加全员培训专项测试
091 “激扬青春　放飞梦想”纪念五四运动 100 周年主题演讲会
092 长沙市纪检监察系统领导干部工作实务培训班
092 长沙市首个廉洁文化示范点——秧田耕读文化园挂牌
092 长沙市基层纪检监察领导干部工作实务培训班

民主党派·工商联

094 **中国国民党革命委员会长沙市委员会**
094 概　况
094 参政议政
094 组织建设
094 思想建设
095 社会服务
095 促进祖国和平统一工作
095 **中国民主同盟长沙市委员会**
095 概　况
095 参政议政
096 组织建设
096 思想建设
096 社会服务
096 首个民盟传统教育基地挂牌
096 首个民盟中央传统教育基地挂牌
097 **中国民主建国会长沙市委员会**
097 概　况
097 参政议政
097 组织建设

097 思想建设
097 社会服务
098 **中国民主促进会长沙市委员会**
098 概 况
098 参政议政
098 组织建设
098 思想建设
098 社会服务
098 **中国农工民主党长沙市委员会**
098 概 况
098 参政议政
099 组织建设
099 思想建设
099 社会服务
099 **中国致公党长沙市委员会**
099 概 况
099 参政议政
100 组织建设
100 思想建设
100 社会服务
100 侨海工作
101 “致公·云畅班”开班
101 **九三学社长沙市委员会**
101 概 况
101 参政议政
101 组织建设
101 思想建设
101 社会服务
102 湖南省第四届物联网行业峰会
102 “九三青训营”第一期主题培训班启动
102 **长沙市工商业联合会（总商会）**
102 概 况
102 参政议政
102 组织建设
102 营商环境优化
103 金融服务
103 招商引资
103 精准扶贫
103 第三届全国异地长沙商会联席会议暨长沙招商推介会举行
103 长沙民营经济改革创新发展示范区申报
103 “洞见5G，布局未来”智能制造产业融合峰会在长沙举办

群众团体

105 **长沙市总工会**
105 概 况
105 和谐劳动关系构建
105 职工合法权益维护
105 困难职工帮扶
106 工会基层组织建设
106 劳动模范表彰
106 长沙市总工会被评为全国2019年春运“情满旅途”活动先进集体
106 女职工培训学校新址揭牌
106 长沙市2019年“十行状元·百优工匠”技能竞赛活动
106 **中国共产主义青年团长沙市委员会**
106 概 况
107 长沙市首个社区少工委成立
108 长沙青年麓山论坛
108 “向日葵”青少年思想引领计划进校园活动
108 “新丝路”行动计划走进港澳
108 长沙农村青年人才“领头雁”台湾培训学习活动
108 “长沙蓝”青少年生活垃圾分类志愿服务夏令营
108 2019年长沙农民丰收节主体活动
109 “点赞祖国·祝福香港”主题快闪活动
109 “岳麓·创讲堂”开讲
109 长沙市青年志愿者联合会第三次会员代表大会
109 长沙青年志愿者参与社会治理推进大会
109 长沙市第七次少代会
109 长沙共青团青年讲师团示范宣讲活动
110 **长沙市妇女联合会**
110 概 况
110 妇女儿童维权服务
110 组团参加第十三次省妇代会
110 推动长沙儿童友好型城市建设
110 妇女儿童公益服务项目
110 妇联改革任务
111 市妇女儿童社会组织服务中心
111 基层妇联组织建设
111 联谊活动
111 妇联主题活动
111 “传家训·立家规·扬家风”宣传
111 家家幸福安康工程

111 第二届 FUE 时尚文化节暨 2019 女性创新创业（长沙）发展论坛
112 “垃圾分类我先行 美家美妇在行动”巾帼志愿者服务队授旗仪式
112 长沙市巾帼创新创业大赛
112 适龄妇女“两癌”免费检查民生实事项目
112 新型职业女农民培育
112 市级“巾帼文明岗”创建
113 关爱女性系列公益项目
113 妇女儿童合法权益维护
113 联合国儿童基金会官员考察长沙市妇女儿童之家
113 **长沙市科学技术协会**
113 概 况
114 科协系统改革
114 科技社团发展
114 全民科学服务
114 长沙市科协十二届二次全委会
114 2019 年院士专家工作站评审
114 “服务发展年”主题活动
114 力合科技挂牌成立院士专家工作站
114 2019 年全国科普日长沙主场活动
115 长沙市第三个全国科技工作日活动
115 2018—2019 年度长沙市优秀青少年科技创新人才奖
115 2019 年长沙市青少年机器人竞赛
115 全市科协系统深化改革
115 2019 年长沙市科学技术学术年会
115 长沙市企事业科协联合会成立
115 **长沙市社会科学界联合会**
115 概 况
116 2019 年长沙市社会科学普及主题活动周启动式
116 华夏印记——砖瓦 · 简牍 · 钱币展
116 “培根铸魂、明德引领”岳麓区社科普及主题活动
116 社科普及进高校活动暨天心区社科理论教育服务中心基地挂牌仪式
116 2019 夏铎铺石仑关社科普及乡村行
116 基层社科联和社科普及基地骨干培训会
116 长沙市社会科学界联合会社会组织行业委员会成立大会
117 市社科联参加全国城市智库联盟第五届年会
117 全市社科工作会议
117 2019 中国伦理学大会在长沙召开
117 **长沙市归国华侨联合会**
117 概 况
117 海外联谊活动
118 侨益维护
118 参政议政
118 长沙市侨联第十届四次全委（扩大）会议
118 全市优化侨资企业营商环境座谈会
118 “寻根之旅”海外华裔青少年夏令营
119 市侨联承办第五届侨商侨智聚三湘活动
119 辉煌 70 年侨与祖国共成长座谈会
119 “送法上门”服务座谈会
119 “侨胞之家”授牌仪式
119 **长沙市台湾同胞联谊会**
119 概 况
119 走访慰问台胞
119 接待到访台胞
119 帮扶困难台胞
120 台胞联谊活动
120 **长沙市文学艺术界联合会**
120 概 况
120 文艺名家建设
120 文艺交流活动
120 文艺工作成果
121 文艺活动开展
121 文艺惠民工程
121 第一届长沙市优秀网络文艺作品评选
121 长沙首批文艺名家工作室评选
122 长沙市文联设立会员服务中心
122 何立伟作品展在北京举行
122 曹汝龙从艺 60 周年研讨会在北京举行
122 **长沙市残疾人联合会**
122 概 况
122 残疾人康复服务
123 残疾人环境改善
123 长沙市在全国第十届残运会暨第七届特奥会获奖
123 2019 年长沙市新时代学雷锋扶残助残“善行四十佳”评选活动
123 长沙市残联第六届主席团第三次会议
124 **长沙市红十字会**
124 概 况
124 公益项目
124 救护培训“百千万”工程
124 遗体器官捐献与造血干细胞捐献工作
124 市红十字会组织建设

法　治

126 **地方立法**
126 概　况
126 《长沙市湿地保护条例》颁布
126 《长沙市安全生产监督管理办法》修订
126 **政法委与综治**
126 概　况
126 “平安长沙”建设
126 执法监督
127 企业家权益保护
127 司法体制改革
127 **法治政府建设**
127 概　况
127 依法治市
128 规范性文件管理
128 政治合同审查管理
128 行政复议与应诉
128 行政执法指导监督
128 **公　安**
128 概　况
129 基层治理创新
129 “互联网＋群防群治”平台搭建
129 公安大数据智能化建设
129 二维码标准地址门牌推行
129 智能网联与智慧交通融合
129 “云剑”行动
129 扫黑除恶
130 首列扫黑除恶宣传地铁专列投入运营
130 华尔街之路国际公司股权诈骗案
130 跨境网络犯罪第一案“部924专案”
130 知识产权犯罪侦查支队成立
131 “星城园丁”APP启用，首次抓获网上逃犯
131 **检　察**
131 概　况
131 社会监督
131 监所检察
131 刑事检察
132 民事行政检察
132 公益诉讼
132 知识产权检察
132 控告申诉检察
133 **法　院**
133 概　况
133 接受监督
133 扫黑除恶
133 刑事审判
133 民商事审判
134 知识产权审判
134 行政审判
134 司法服务
134 执行工作
134 司法综合配套改革
134 “闪信＋”送达模式使用
134 跨域立案改革
135 智能“云柜”启用
135 湘江流域环境公益诉讼案
135 湖南首例以村民委员会为被告的行政诉讼案
135 行政诉讼集中管辖改革
135 特赦案件
135 **司法行政**
135 概　况
135 公共法律服务
136 律师工作
136 依法治理与普法宣传
136 人民调解
136 监狱管理
136 戒毒工作
137 社区矫正
137 第二届长沙律师节
137 长沙市司法局挂牌
138 **仲　裁**
138 概　况
138 劳动仲裁
138 企业人力资源管理专干暨调解员培训
138 长沙仲裁委员会互联网仲裁平台上线
138 长沙仲裁委员会影视文化仲裁院揭牌
138 2019年仲裁员大会

军　事

140 **长沙警备区**
140 概　况
141 民兵训练
141 预建基干民兵党组织

141 市图书馆长沙警备区分馆开馆
142 专职人民武装干部训练
142 军史编研工作推进暨业务培训会
142 第 19 个“全民国防教育日”主题实践活动
142 **武警长沙支队**
142 概　况
143 实战训练
143 基层建设
143 部队日常管理
143 后勤保障建设
143 双拥活动
144 安全保卫工作
144 武警湖南省总队工作组考核预选标兵中队
144 **人民防空**
144 概　况
144 人防工程建设与维护管理
144 人防宣传教育
144 人防行政执法
144 长沙市首个人防安全教室挂牌

经济管理

146 **宏观经济管理**
146 宏观经济谋划
146 产业发展推进
146 政府投资管理
146 经济政策调研
146 重点领域改革
146 上级支持
146 区域合作
146 能源保障
146 区域粮食安全保障系统建设
148 **国有资产监督管理**
148 概　况
148 国资监管机制创新
148 国有企业改革
148 轨道集团实现“去平台、市场化”
148 “2019 湖南与央企对接合作活动”长沙专场活动
148 **土地资源管理**
148 概　况
149 权籍工作
149 用地保障
149 矿政管理
149 执法监督
149 审批流程与制度改革
149 **财　政**
149 ·财政收支·
149 概　况
149 支持经济发展
150 预算执行
150 收入征管
151 财政管理
151 防范化解重大风险
151 ·财政统发工资·
151 概　况
151 落实重大改革任务
151 ·国库集中支付·
151 概　况
151 资金管理
151 预算执行
151 绿色通道支付
151 深化区县（市）国库集中支付改革
152 ·非税收入管理·
152 概　况
152 财政票据管理
152 完善征管系统
152 落实降费减负政策
152 ·政府采购监督管理·
152 概　况
152 政府采购管理
152 政府采购信息化建设
152 采购监管执法
152 **税　务**
152 概　况
153 减税降费
153 深化增值税改革
153 个人所得税改革
153 社保非税征管职责划转
153 征管转型
154 纳税服务
154 优化税收营商环境
154 打击骗取出口退税和虚开增值税专用发票违法行为
154 全国首个“税务小蓝帽”汽车办税服务通道启用
154 全国首创一手房办税“一次不用跑”
154 **审　计**
154 概　况

155 国家重大政策措施落实情况跟踪审计
155 财政审计
155 经济责任审计
155 政府投资审计
155 民生及专项资金审计
155 国资国企审计
155 资源环保审计
155 审计成果运用
155 审计能力建设
156 **统　计**
156 概　况
156 经济普查
156 统计方法创新
156 统计基层基础建设
157 依法统计
157 **价格管理**
157 概　况
157 价格改革
157 价格监测
157 价格服务
158 **市场监督管理**
158 概　况
158 长沙市市场监督管理局挂牌成立
159 营商环境优化
159 监管机制创新
159 食药安全风险管控
159 食药安全监管执法
160 特种设备、重点工业产品监察
160 市场公平竞争维护
160 打击传销
160 质量强市建设
160 价格监督执法
161 维护消费者权益
161 推进智能制造聚力食品安全现场观摩会
161 全国食品安全宣传周湖南启动仪式在浏阳举行
161 长沙市 2019 年检验检测产业链质量提升行动
161 “服务产业发展工作站”成立
162 长沙市食品药品检验所新址投入使用
162 **知识产权管理**
162 概　况
162 机构改革
162 知识产权保护
162 知识产权运营
162 知识产权综合执法
163 知识产权服务
163 长沙市知识产权质押融资风险补偿资金启动
163 高校知识产权转化
163 长沙居知识产权运营服务体系建设获评优秀
163 金芒果地理标志产品国际博览会
164 全国首例专利快速确权维权远程联合审理在长沙开庭
164 2019 年国家知识产权示范城市工作培训班在长沙举行
164 **口岸管理**
164 概　况
164 口岸基础设施建设
164 通道建设
165 口岸营商环境优化
165 跨境电子商务综合试验区线上综合服务平台上线
165 与中国外运股份有限公司达成战略合作
165 国际贸易“单一窗口”应用全覆盖
165 **海　关**
165 概　况
165 进口货物“两步申报”
165 原产地签证书自助打印
166 工作流程简化
166 口岸检疫监测
166 综合治税
166 服务企业发展
166 助推中欧班列提速增效
166 新型贸易业态发展
166 开放型平台建设

农　业

168 **综　述**
168 概　况
170 长沙市农业农村局挂牌
170 农产品质量建设
171 现代农民培训
171 农技推广
171 **种植业**
171 粮食生产
171 油料生产
171 蔬　菜
171 茶　叶
172 水　果
172 中药材

172 烟　叶
172 经济作物结构调整
172 绿色化发展
172 测土配方施肥
172 “长沙·中国隆平种业硅谷”发展规划及政策发布会
173 首届国际（长沙）农田生态种养发展论坛
173 2019 年国家长江中下游（长沙）水稻新品种展示示范观摩会
173 第五届中国果业品牌大会
173 **林　业**
173 概　况
174 林业系统机构改革
174 林业产业发展
174 集体林权制度改革调研
174 木材进口与销售
175 2019 中国森林旅游节第 11 届中国（浏阳）大围山国际杜鹃花节推介会
175 2019 北京世园会“湖南日”长沙绿色产业推介会活动
175 市林木种苗基地和市生态动物园被评为“湖南省生态文明教育基地”
175 长沙组队参加 2019 年湖南技能大赛·全省国有林场职业技能竞赛
175 石燕湖森林公园被评为“全国森林康养基地试点建设单位”
176 浏阳永安苗圃红花檵木盆栽获银奖
176 2019 年中国动物园协会中南、西北协作区年会
176 首批 241 名林业科技人才信息库（专家库）建设完成
176 全市 44 个乡村被评为“国家森林乡村”
176 宁乡“亚热带地区映山红种质资源收集及优良变异品种选择与繁育技术研究”获评省级科研成果
176 **畜牧业**
176 概　况
176 畜禽养殖禁养区管理
176 宁乡花猪产业发展
177 “非洲猪瘟”防控
177 **水产业**
177 概　况
177 水产种业工程
177 品牌提升工程
177 **农产品质量监管**
177 概　况
178 农产品质量安全整治
178 农产品质量安全追溯体系构建
178 农产品品牌建设
178 **农机管理**
178 概　况
178 农机培训
178 农机专业化合作组织
178 全省经作林果业生产机械化现场演示会
178 **农田水利**
178 长沙市水利局挂牌成立
179 水利建设
179 水利监管
179 水利民生工程

工业·建筑业

181 **工业经济运行**
181 概　况
181 智能制造业快速推进
181 产业链建设
181 工业园区转型提质
182 企业服务
185 **工程机械工业**
185 概　况
185 铁建重工盾构机首次出口南美
185 三一智联重卡项目开工暨道依茨发动机项目签约开工动员活动
185 长沙市工程机械行业协会成立
185 2019 中国（长沙）国际工程机械展览会
186 2019 中国（长沙）国际工程机械设计大赛
186 2019 中国国际轨道交通和装备制作产业博览会在长沙举办
186 “中国产业地标”系列节目之《长沙：从工程机械到智能制造》播出
186 **汽车及零部件工业**
186 概　况
186 首列长沙产有轨电车下线
186 中国新能源及智能汽车产业投资联盟项目对接会在长沙举行
187 人工智能政策和智能联网汽车测试规则体系发布
187 **食品工业**
187 概　况
187 荷兰夸特纳斯（长沙）国际食材集采集配加工中心项目开工

187 湖南农业大学优卓牧业奶牛特色产业基地授牌仪式举行
187 娃哈哈桶装水生产基地投产
187 **烟草工业**
187 长沙卷烟厂
188 卷烟生产
188 卷烟质量控制
188 白沙品牌合作生产
188 推进“三大基地”建设
188 **生物医药产业**
188 概　况
189 中南源品干细胞科技园开园
189 “神经修复学与干细胞研究中心”成立
189 长沙入选生物医药 20 强城市
189 **材料工业**
189 概　况
189 第二届中国新材料产业发展大会暨 2019 长沙新材料产业博览会在长沙举行
190 2019 固态电池技术、智能装备与市场应用研讨会在宁乡举办
190 **电子信息产业**
190 概　况
190 工业互联网
190 5G 建设
190 第二个国家网络安全产业园区落户长沙
190 2019 世界计算机大会在长沙举办
191 2019 互联网岳麓峰会
191 2019 湖南（长沙）网络安全·智能制造大会
191 长沙市与华为签署共建鲲鹏计算产业合作协议
191 长沙“PK”体系与 40 余家企业、机构集中签约
192 **烟花爆竹业**
192 概　况
192 政策调控
192 科技创新
192 质量建设
193 文化创意
193 市场开拓
193 传统小产品扶持
193 优化出口
193 融资扶持
193 第 14 届中国（浏阳）国际花炮文化节
194 《浏阳市推动花炮产业高质量发展十条》实施
194 浏阳花炮传统小型产品团体标准发布
194 第三届浏阳花炮“技艺匠人”评选活动
194 2019 中国（浏阳）烟花爆竹交易展示会
195 首届城市烟花发展论坛在大瑶镇举行
195 浏阳烟花献礼国庆 70 周年
195 首届烟花小产品新品发布会暨艳阳天烟花之夜活动
195 **电力工业**
195 电力供应
195 电网建设
196 电力服务
196 “建设现代化长沙智慧电网三年行动计划”合作协议签订
196 **建筑业**
196 概　况
196 施工许可管理
196 施工招投标管理
196 建筑工程扬尘防治
196 建筑工程安全管理
197 建筑工程质量管理
197 建筑企业优化转型
197 农民工工资实名制
197 建筑市场监管
197 建筑行业执法
197 建筑行业诚信体系建设

商贸服务业

199 **商贸流通**
199 概　况
200 黄兴南路步行街创建国家级试点步行街
200 再生资源回收
200 肉菜追溯体系建设
200 便民生鲜农产品供应体系建设
200 品牌建设
200 长沙高铁片区首个大型农贸市场开张
200 7-ELEVEn 湖南省特许经营签约仪式
201 长沙市第 12 届“福满星城”购物消费节
201 宜家长沙商场开业
201 长沙市被评为“中国十大夜经济影响力城市”
201 **电子商务**
201 概　况
202 龙头企业
202 电子商务示范基地建设
202 跨境电商

202 农村电商
202 长沙新增78家跨境电商试点企业
202 eBay与长沙高新区战略合作备忘录签约仪式
202 中国（长沙）跨境电子商务综合试验区启动仪式
203 湖南跨境电商体验中心在长沙启动
203 “一乡一品”全球采购商专项对接会
203 长沙市“一县一特”电商消费扶贫和农产品产销对接活动
203 **物流业**
203 概 况
203 快递产业
204 物流产业招商
204 物流产业链构建
204 长沙市入选第一批陆港型国家物流枢纽
204 中南汽车世界、黄兴海吉星国际农产品物流园入选“中国商品市场综合百强”
204 长沙市被评为“中国快递示范城市”
204 **供销合作**
204 供销合作社综合改革
205 为农服务
205 供销企业改革
205 **粮油购销**
205 概 况
205 粮食仓储设施建设
205 粮油经营
206 区域粮油品牌建设
206 粮食经营业态创新
206 粮食质量安全监管
206 粮食应急保障
206 **专项经营**
206 ·烟草专卖·
206 卷烟营销
206 专卖监管
206 重大项目建设
206 ·成品油经营·
206 概 况
207 “中国石化公众开放日”（湖南石油站）活动
207 “1+3”区域联动环保应急演练
207 **会展业**
207 概 况
207 年度重要会展
208 会议品牌发展
208 会展合作交流
208 第21届中国中部（湖南）农业博览会
210 **邮 政**
210 概 况
211 业务发展
211 邮政企业管理
211 邮政服务能力建设
211 **通 信**
211 ·中国电信股份有限公司长沙分公司·
211 市场经营
212 网络建设
213 网络安全
213 客户服务
213 长沙市“政务云”一期建设项目验收大会
213 中国电信5G商用发布会
214 中国电信2019新兴ICT生态圈合作伙伴峰会
214 长沙市酒店行业安全WiFi专项宣贯暨酒店个性化电视推介会
214 ·中国移动通信集团湖南有限公司长沙分公司·
214 市场经营
214 网络建设
214 客户服务
214 长沙移动配合天心区政府开通智慧街区5G网络
214 长沙移动与九龙仓签订5G智慧商场战略合作协议
215 湖南移动5G数字化产业联盟暨5G启动会
215 长沙移动开通第一批5G试商用站点
215 长沙移动发售省内首批5G商用手机
215 长沙移动与湖南运达签订5G战略合作协议
215 ·中国联合网络通信有限公司长沙市分公司·
215 概 况
215 全省首个5G及人工智能应用场景示范街区建成
216 首批客户感知体验师
216 地铁4号线全覆盖
216 联通电信双线机房建成
216 全国首家5G新时代文明实践基地揭牌
216 **居民服务业**
216 ·住宿餐饮·
216 住 宿
216 餐饮业发展
216 长沙米粉
217 中国国际食品餐饮博览会
217 大众点评必吃街落地
217 ·家政服务·
217 概 况

217 家政服务业信用体系建设
217 长沙市入选全国家政服务业提质扩容“领跑者”行动重点推进城市
217 ·养老服务·
217 概　况
218 老龄健康
218 安宁疗护试点
218 养老顾问服务签约仪式暨集市嘉年华活动
218 社区养老“雨花模式”被《新闻联播》推介

金　融

220 **综　述**
220 概　况
220 金融服务经济
220 优化营商金融环境
221 “金融风险”防范和化解
221 长沙市银行业保险业支持制造业发展
222 **银　行**
222 概　况
222 “百行进万企”融资对接工作
222 长沙银行与华融湘江银行理财业务“净值化”转型
222 中国人民银行长沙中心支行
224 中国农业发展银行湖南省分行营业部
224 中国工商银行长沙分行
226 中国农业银行长沙分行
226 中国银行湖南省分行
227 中国建设银行湖南省分行
228 交通银行湖南省分行
229 中国民生银行长沙分行
229 长沙银行
230 长沙农商银行
231 **保　险**
231 概　况
231 中国人民财产保险股份有限公司长沙市分公司
232 中国人寿保险股份有限公司长沙市分公司
233 中国太平洋财产保险股份有限公司长沙中心支公司
234 **证　券**
234 概　况
234 防范非法集资宣传教育活动
234 长沙市防范非法集资咨询服务工作站揭牌
234 长沙企业科创板上市培训班
234 全市企业上市（挂）牌联席会议

旅　游

236 **综　述**
236 概　况
236 长沙——香港文化旅游交流
236 《沩水流域休闲度假旅游带总体规划》编制出台
236 **旅游资源**
236 概　况
236 岳麓山风景名胜区
236 大围山国家森林公园
236 长沙灰汤温泉国家级旅游度假区
236 长沙方特东方神画开园
236 市域精品旅游景区线
339 **旅游业态**
339 红色旅游
339 乡村旅游
339 浔龙河村入选首批全国乡村旅游重点村
240 **旅游推介**
240 “点亮中国夜经济版图”长沙首发仪式
240 文旅夜经济体验活动
240 2019北京世园会“山水洲城、快乐长沙”文化旅游推介会
240 长沙新华联铜官窑景区参加2019亚洲文化旅游展
240 长沙参加2019山东（济南）国际旅游交易会
240 长沙组团参加2019年首尔国际旅游产业博览会
241 2019中国休闲旅游博览会在长沙举办
241 **旅游管理**
241 长沙市智慧文旅“旅游业统计”系统在全省推广
241 旅游厕所建设与改造
241 长沙在全国旅游厕所革命工作现场推进会作典型发言
241 市文化旅游市场管理工作会议
242 市文化旅游产业人才培训班
242 全国文化和旅游消费工作推进暨培训会在长沙召开
242 长沙导游在省导游大赛中获奖

房地产业

244 **房地产开发**
244 概　况
244 土地供应
244 征地拆迁

244 交房交证改革

244 **房地产市场管理**

244 房地产市场政策调控

244 房地产开发企业诚信体系建设

244 二手房交易

245 住房贷款业务

245 房屋安全管理

245 **物业服务**

245 概　况

245 既有多层住宅增设电梯

245 物业小区生活垃圾分类

交　通

247 **综　述**

247 交通建设投资

247 客货运输

247 春节运输

247 交通行业事业单位改革

248 **公　路**

248 公路建设

248 公路养护

248 路政执法

248 交通行政执法

248 客货运输

248 货运物流

248 城市绿色货运配送

248 交通运输信息化

249 驾培管理

249 **铁　路**

249 概　况

249 浩吉铁路建设

250 长株潭城际铁路与石长铁路联络线建设

250 常益长铁路建设

250 长赣铁路建设

250 长株潭城际铁路建设

250 长沙西站

251 涉铁项目

251 铁路安全隐患整治

251 铁路建设协调服务

252 铁路春运服务

253 **航　空**

253 概　况

253 长沙黄花国际机场被评为民航打赢“蓝天保卫战”示范机场

254 长沙黄花国际机场中转服务转型升级

254 **水　路**

254 概　况

254 水运安全保障

254 水政管理

254 湖南省首个汽车滚装码头试运行

经贸合作

256 **招商引资**

256 概　况

256 产业链招商

256 招商活动

256 片区招商

257 营商环境

257 格力电器长沙冰箱洗衣机项目签约

257 首台“长沙产”格力大型中央空调机组在宁乡经开区下线

257 大湾区企业走进金霞跨境电商重大项目签约活动

257 长沙市获“2019 中国招商引资最具国际竞争力城市”等大奖

258 **对外贸易**

258 货物贸易

259 服务外包

259 高桥大市场市场采购贸易方式试点通过联合验收

259 2019 年湖南—粤港澳大湾区投资贸易洽谈周——市场采购贸易广州对接会

259 长沙组团参加 2019 中国国际服务贸易交易会

260 高桥大市场市场采购贸易方式试点推介会

260 **境外经济技术合作**

260 概　况

260 “一带一路”投资合作

260 跨国并购

260 对外投资结构

261 境外经贸园区建设

261 对外承包工程

261 对外劳务合作

261 首届中国—非洲经贸博览会

261 阿治曼中国城被认定为首批国家级国际营销服务公共平台

262 湖南（长沙）装备与制造走进柬埔寨展览展示活动

262 **经贸促进**
262 概 况
263 “对非合作三年行动计划”落实
263 “长沙市企业海外利益保护促进会”成立
263 “律回网”总部落户长沙
264 中日韩企业交流中心长沙分中心入驻挂牌市贸促会
264 2019 国际商事法律合作论坛

开发区

266 **综 述**
266 概 况
266 园区改革发展
266 长沙市重大产业项目建设流动观摩会
266 **国家级开发区**
266 ·长沙高新技术产业开发区·
266 概 况
267 中联智慧产业城项目建设
268 2019 首场长沙高新区中意技术合作推介会
268 在全省率先试点推行个体工商户全程电子化登记
268 首届廉政法治微电影评选
268 园区 23 家企业入选首届全省互联网企业 50 强榜单
268 高新技术企业数量逾 1100 家
268 长沙高新区获批国家级网络安全产业园区
269 ·长沙经济技术开发区·
269 概 况
270 星沙产业基地划转长沙经开区
271 中国（长沙）—日本（名古屋）汽车零部件供应商投资说明会
271 中国工业与应用数学学会总部办公基地揭牌
271 中国信息通信研究院中南基地揭牌
271 长沙市汽车产业链暨德系汽车零部件招商推介会
271 长沙经开区营商环境指数位居中部第一位
272 长沙工程机械、商用车后市场博览会
272 三一云谷项目签约仪式
272 上汽大众长沙工厂 100 万辆车下线
272 金融集市新场地启用及上市服务工作站揭牌
272 ·宁乡经济技术开发区·
272 概 况
273 农科园获批国家农村产业融合发展示范园
273 大型食品生产企业体检式预警检查
273 南雅蓝月谷学校竣工交付
273 湖南欧标化妆品有限公司投产
273 宁乡市食品及农产品加工制造产业专家指导委员会成立
273 获长沙市年度项目观摩双第一
273 园区第七届运动会
273 ·浏阳经济技术开发区·
273 概 况
274 湖南省首块中大尺寸液晶显示屏下线
274 “潇湘信用”供应链金融平台上线
275 浏阳经开区入选中国生物医药 20 强园区
275 ·望城经济技术开发区·
275 概 况
276 华为 HUB 仓项目、京东湖南亚洲一号两大项目开工
276 德赛电池（长沙）有限公司投产
276 2019 年重大产业项目招商
276 比亚迪电子长沙工厂首批华为手机下线
276 获 5 项国家级荣誉
276 ·长沙黄花综合保税区·
276 概 况
277 12 个优质加工贸易项目落户黄花综保区
277 黄花综保区实现“1210”保税备货模式常态运营
277 长沙黄花综保区获批为进境食用水生动物指定监管场地
277 宝能黄花智慧保税供应链中心及华中区域总部项目开工
278 首个跨境电商“双 11”启动
278 **省级开发区**
278 ·长沙高新技术产业开发区隆平高科技园·
278 概 况
279 长沙市隆平高科技园企业联合会成立
279 “长沙·中国隆平种业硅谷”专项政策发布
279 “长沙·中国隆平种业硅谷”发展规划制订
279 隆平高科技园入选 2019 年国家现代农业产业园创建名单
280 隆平生物种业产业园项目签约
280 国家水稻分子育种研发基地一期工程投入使用
280 隆平高科技园应急救援队授旗成立
280 刘仲华成为湖南茶业界首位中国工程院院士
280 ·长沙天心经济开发区·
280 概 况
281 2019 中国航天大会在长沙举行
282 获批中国长沙人力资源服务产业园
282 湖南首个健康管理研发中心落户

282 “企业产销对接服务中心”成立
282 第19期钱学森论坛暨2019长沙空间信息产业国际博览会
282 获授牌湖南省人工智能产业园
283 绿心地区工业企业退出任务完成
283 ·长沙金霞经济开发区·
283 概 况
283 中国（长沙）跨境电子商务综合试验区启动
283 荷兰夸特纳斯·长沙国际食材集采集配加工中心项目启动
283 大飞机地面动力学联合实验室签约暨湖南飞机起降系统研发平台项目启动
284 ·长沙雨花经济开发区·
284 概 况
285 公司运营
285 大气污染监控平台投入使用
285 长步道机器视觉光电产业生产基地项目落户
285 《关于振兴工业实体经济扶植奖励办法政策兑现实施细则》施行
285 “奋战六十天 项目大攻坚”重点产业项目系列开工
285 湘能楚天电力产业园项目开工
286 湖南最大特种机器人综合产业基地落户
286 2019年湖南工业4.0创新中心投入运营暨人工智能及机器人产业链交流对接会
286 “2019海外创新人才长沙行”合作对接大会
286 长沙雨花经开区（韶山）智能制造产业园开工建设
286 《长沙雨花经开区知识产权托管工作方案》发布
287 国内首批全国产化激光切割机下线
287 比亚迪e3下线
287 长沙市机器人与传感器产业技术创新战略联盟大会
287 ·浏阳高新技术产业开发区·
287 概 况
288 中南爱晚家居材料城招商发布会
288 首笔1900万元信贷风险补偿基金贷款发放
288 职业卫生技术服务中心成立
288 企业组团亮相国际性工程机械盛会
288 鼎盛投公司与湖南教建集团签署战略合作协议
288 金阳新城公交线路全线开通
288 园区首所十二年一贯制学校奠基
289 4家企业获批2019全省“上云上平台”标杆企业认定
289 华域视觉项目接受长沙观摩团检阅
289 首批86套公租房交付使用
289 ·宁乡高新技术产业园区·
289 概 况
291 三一重起SAC16000S全地面起重机下线
291 星邦重工GT ZZ46J曲臂式高空作业平台下线
291 比亚迪宁乡动力电池生产基地项目开工建设
291 族兴新材获“湖南省科学技术进步奖”
291 国测生物获“创客中国”湖南省中小微企业创业创新大赛二等奖
291 ·岳麓高新技术产业开发区·
291 概 况
292 四大项目集中签约
292 与省标准院签订共建国家技术标准创新基地（长株潭）战略合作协议
293 湘江智谷·人工智能科技城项目建设
293 国网湖南电科院电网设备检测中心项目开工
293 “2019年检验检测产业链质量提升行动暨产销对接会”活动
293 2019首届“湘智论坛”暨中德人工智能学术交流会在长沙举行
293 两项目获国家技术发明奖
293 第11届中国第三方检测实验室发展论坛暨展览会在长沙举办

湖南湘江新区

295 **综 述**
295 概 况
295 项目建设
295 城市建设
296 环境优化
296 改革创新
296 **产业招商**
296 湖南湘江地平线人工智能研究院揭牌
296 “智汇湘江·筑梦启航”湘江基金小镇开园
297 湖南湘江智能科技创新中心与腾讯达成战略合作
297 舍弗勒大中华区第二研发中心落户
297 2019湘江金融发展峰会在湘江新区举办
297 中德智能制造合作企业对话活动在湘江新区举办
297 **重大项目建设**
297 潭州大道快速化改造工程（连塘路—莲坪大道段）开工
298 开放道路智能驾驶长沙示范区启用

298 “智涌潇湘”2019 AI Cloud 生态大会在梅溪湖国际文化艺术中心举行
298 “院士专家长沙行”暨中国工程院“互联网”+行动计划（2035）项目中期研讨会

城乡建设

300 **规划设计**
300 长沙市自然资源和规划局挂牌
300 国土空间规划编制
300 国土空间规划管控
300 重点片区规划实施
301 乡村规划
301 城市规划设计
301 设计审查
301 消防设计审查
301 **城市建设**
301 ·综　述·
301 长沙市住房和城乡建设局挂牌
302 海绵城市建设
302 城建重大项目建设
302 地下管线管廊建设
302 市政基础设施建设
302 城建行政审批
303 ·道　路·
303 概　况
309 市政道路建设与改造
309 消火栓管理
309 道路景观亮化
309 ·公共交通·
309 公交都市建设
309 城市公交
310 城市出租汽车
310 城市网约出租车
310 城市地铁运营
310 城市磁浮运营
310 轨道交通建设
310 地铁经营开发
310 地铁筹资融资
311 地铁4号线一期工程试运营
311 地铁3号线、5号线一期工程试运行
311 首个“轨道+物业”上盖项目开工
311 ·供　气·
311 概　况
311 燃气安全检查
311 燃气安全宣传
311 ·供　水·
311 概　况
312 供水基础设施建设
312 二次供水管理
312 ·排水与污水处理·
312 概　况
312 管网清淤
312 56万吨花桥污水处理厂改扩建
312 长沙市城区排水事务中心挂牌
312 ·垃圾处理·
312 垃圾分类
313 生活垃圾焚烧发电
313 首批新能源环卫车投入使用
313 ·园林绿化·
313 概　况
313 绿色城市建设
313 洋湖湿地公园晋升国家级
313 大围山森林公园获“全省十佳森林公园”
313 洋湖、金洲湖国家湿地公园获全省湿地公园质量管理优秀单位
314 ·市容管理·
314 概　况
314 城区市容秩序管控
314 蓝天保卫战
314 “一圈两场三道”执法
314 拆违控违整治攻坚
314 城管综合业务执法
314 “清洁长沙”行动
315 橘洲智能洁净项目
315 户外广告管理
315 长沙市城市管理和综合执法局挂牌
315 长沙市城管执法局所属3家事业单位挂牌
315 **美丽乡村建设**
315 乡村产业调度
317 乡村产业建设
317 乡村产业发展
317 乡村振兴
318 新型城镇化试点

318 特色小（城）镇
318 乡村振兴示范镇村
318 农村危房改造
318 农村人居环境改善
319 乡镇污水处理
319 长沙县果园镇浔龙河村评为全国美丽宜居示范村、五星级“两型”示范村
319 长沙县开慧镇慧润民宿获 2018 中国旅游影响力乡村民宿 TOP10

生态环境

321 **环境状况**
321 环境质量
321 空气质量
321 水环境质量
321 声环境质量
322 **生态建设**
322 自然资源调查
322 耕地保护
322 土地节约集约利用
322 国土生态修复
322 国家生态园林城市创建
322 水质治理
323 水生态建设
323 水域生态环境保护
323 渔业水域生态环境保护
323 长沙市举行第 17 届“世界水日”纪念活动
323 2019 年全国“美丽河湖”网络主题采访活动
323 农村生态建设
324 环保宣传
324 《关于推进生态廊道建设的意见》出台
324 长株潭生态绿心区(长沙部分)生态公益林补偿标准
324 《长沙市陆生野生动物放归管理办法试行》出台
324 浏阳河入选全国示范河湖建设名单
324 **节能减排**
324 节能管理
324 控制燃煤污染
324 能源项目建设
325 2019 年亚太绿色低碳发展高峰论坛在长沙召开
325 建筑节能
325 可再生能源建筑应用
325 绿色建筑
325 建筑垃圾治理试点
325 《长沙市民用建筑节能（65% 设计标准）保温材料（墙体、楼面）推荐构造做法》发布
326 **污染防治**
326 水污染防治
326 重点流域水环境整治
326 大气污染防治
326 土壤污染防治
326 噪声污染防治
327 生态系统保护和修复
327 核与辐射和固体废弃物污染防治
327 首张非道路移动机械号牌发出
327 环保督察问题整改
328 **环境监管**
328 环境执法检查
328 环境监测
328 行政审批与政务服务
328 长沙市生态环境局挂牌
328 长沙市生态环境保护行业协会成立

长株潭“两型社会”试验区

330 **综　述**
330 概　况
330 长株潭一体化建设
330 长沙“两型社会”建设
331 **改革试验**
331 绿色发展促进政策制定
331 区域生态环境共治体制机制建设
331 科技和产业体系创新
332 长株潭生态绿心保护
332 **“两型”建设**
332 “两型”标准认证
332 清洁低碳技术推广
332 “两型”示范创建
333 “两型”教育宣传
333 长沙儿童友好型城市建设

科学技术

335 **综　述**
335 概　况
335 科技政策体系

336 科技与“营商环境年”建设
336 科技与金融融合
336 境外高层次人才引进
336 培育科技创新创业人才
336 中美创投大会
336 境外科技合作
336 区域科技合作
339 **科技平台**
339 技术研发平台
339 企业孵化平台
339 新型研发机构
352 **科技成果**
352 产业技术创新战略联盟建设
353 科技奖励
353 技术市场
353 科技成果对接活动
358 **科技创新**
358 高新技术企业培育
358 重大科技创新项目建设
358 生态与民生科技创新
360 **科技服务**
360 科技特派员
360 农业新技术开发
360 农业科技服务体系建设
360 科技精准扶贫
361 **科学技术普及**
361 科技活动周
361 科技创新创业大赛
361 科普阵地建设
364 **气　象**
364 气象现代化建设
364 气象服务和保障
364 防雷安全监管
364 全市气象防灾减灾应急联席会议
364 高温天气新闻发布会

教　育

366 **综　述**
366 概　况
366 机构职能调整
367 教育督导
367 教育资助
367 教育民生服务
367 高考录取
367 大中专毕业生就业创业
367 地方课程编制
367 语言文字达标验收工作
367 省级普通话抽测工作
368 网上档案服务
368 境外交流与合作
368 **基础教育**
368 概　况
368 特殊教育
369 普惠性幼儿园发展
369 优质中小学建设
369 学校安全
369 学前师资能力建设
369 城镇小区配套幼儿园整治
369 课后服务推行
369 长沙市实验小学新校区投入使用
369 中小学生减负措施
370 普通高中大班额消除
370 长沙城区中小学幼儿园整治工作总结会
370 城区“小升初”民办初中首次实行微机派位
370 智慧校园“一卡通”项目合作伙伴签约仪式
370 长沙市创建全国智慧教育示范区工作研讨会
371 湖南省中小学体育美育现场推进会
371 长沙市义务教育质量监测结果应用经验全国推介
371 长沙入选全国首批“智慧教育示范区”创建区域
371 长沙市中小学中华经典诵写讲系列大赛活动
371 **职业教育**
371 概　况
371 职业院校发展
371 深化产教融合成立职教集团
371 规范中等职业学校办学行为
372 职业院校竞赛成绩
372 职业院校教师培训
372 2019年长沙市“黄炎培职业教育奖”创业规划大赛
372 2019年湖南省职业教育宣传活动周启动仪式
372 **高等教育**
372 概　况
372 长沙学院
373 长沙商贸旅游职业技术学院
374 长沙职业技术学院
374 长沙卫生职业学院

375 两所市属高职院校搬迁新校区
375 市属高职院校入围省级一流专业群建设
375 市属高职院校入围教育部高等职业教育创新发展行动计划
375 长沙市高校参加全国职业院校赛事
375 长沙市高校参加全国“互联网+”大学生创新创业大赛
375 长沙市大中专学生模拟职场系列活动
375 “长沙市哲学社会科学研究基地——雷锋职业精神研究中心”授牌
378 **社会教育**
378 概　况
378 居民线上学习资源拓展
378 全民终身学习活动周
379 社区教育课程资源开发 w
379 项目建设和品牌培育
379 **民办教育**
379 概　况
379 校外培训机构专项治理工作在教育部会议交流
379 对义务教育民办学校开展专项审计
379 民办学校“法治体检”
379 规范民办学校办学行为
379 民办学校分类登记
379 长沙市民办学校审批信息发布及政策吹风会
380 **师资建设**
380 概　况
380 教职工备案制管理改革
380 优秀教育人才引进绿色通道开通
380 在职中小学教师违规补课专项整治
380 教师政策性待遇落实
380 长沙市遴选出第二批市级卓越教师
381 组织全国中小学教师资格考试面试
381 农村教师公费定向培养师范生招生
381 长沙市命名第四届第一批名师工作室
381 长沙市设立第四批名师农村中小学工作站
381 第五届“感动星城·十大魅力教师”评选
381 长沙市教育系统“星城杯”教师教学竞赛
382 长望浏宁开展中小学教师高级职称评审权下放试点
382 长沙市庆祝第 35 个教师节
382 “三区”支教征文活动
382 教师资格认定全程网办
382 《关于全面深化新时代教师队伍建设改革的实施意见》出台

文　化

384 **公共文化**
384 概　况
384 长沙市文化旅游广电局挂牌成立
384 “祖国颂”庆祝中华人民共和国成立 70 周年群众合唱比赛
384 我和我的祖国——省会大学生文艺会演
384 中小学红色经典表演大赛
385 第七届长沙阳关娱乐节
385 长沙群众文艺走基层活动
385 长沙全民艺术普及活动
386 长沙简读博物馆举办志愿者风采大赛
386 群众文艺轻骑队走进跳马镇
386 程潜 47 件遗物入藏长沙博物馆
386 “皇家气象——沈阳故宫清代宫廷生活用品展”在长沙开展
386 “霍金与乔治的宇宙”科普展
386 中国艺术新视界巡展
386 第二批非国有博物馆授牌仪式
387 缅怀田汉系列活动
387 长沙推进基层综合文化服务中心建设做法在全国作典型经验交流
387 中华优秀地方剧目展演
387 书香长沙·2019 世界读书日活动
387 全民阅读图书馆服务
388 “阅天下·邂逅图书馆之美”活动
388 “和阅”联盟成立
388 **文化场馆**
388 长沙图书馆
389 长沙博物馆
390 长沙简牍博物馆
390 长沙音乐厅
391 长沙市群众艺术馆
391 隆平水稻博物馆
391 湖南美术馆
391 长沙市首家农安小区自助图书馆入驻坪塘街道
391 **艺术创作与展示**
391 概　况
391 湘剧《田老大》获省“五个一工程”奖
391 新年音乐会
392 花鼓戏《瓜子红》演出

392 谭盾《敦煌·慈悲颂》2019 中国巡演登陆长沙
392 全国第 12 届书法篆刻作品展
392 2019 年长沙市中小学生艺术展
392 第七届“艺术长沙”双年展
394 “我和我的祖国·夏之恋”长沙市艺术惠民文艺晚会首演
394 “我和我的祖国·秋之颂”长沙市艺术惠民音乐会
394 长沙交响乐团 2019 年度重大活动
394 长沙市杜鹃花艺术月
395 冬之韵·长沙第四届国际音乐艺术季
395 红色主题交响音乐会
395 群众文艺优秀节目展演
395 **文化遗产保护**
395 概 况
396 阅读延伸：雨花非遗馆“非遗 + 旅游”融合优秀案例
399 “非你莫属”长沙市优秀青年非遗传承人评选活动
399 “非遗大师面对面”活动
399 贾谊故居开展“文化遗产日”活动
399 长沙 2 项目入选 2019“文化和自然遗产日”优秀案例
399 芙蓉区举行文化和自然遗产日活动
400 长沙举办文化和自然遗产日系列活动
400 长沙市第六批 28 个市级非遗代表性项目获授牌
401 长沙加入海上丝绸之路申遗城市联盟
401 国际博物馆日长沙主题活动
402 第三届“一带一路”青年创意与遗产论坛
402 中国博物馆协会城市专委会第十一届年会在市博物馆举办
402 湘城讲坛系列讲座
407 **新闻出版**
407 全民阅读活动
407 版权保护
407 印刷企业入园发展
407 第 26 届长沙图书交易会
407 农家书屋
407 **广播影视**
407 概 况
407 “庆祝中华人民共和国成立 70 周年”主题电视剧展播
408 公益广告集中展播
408 广播电视宣传管理
408 电影放映
408 全国市县媒体融合发展研讨会在浏阳举行
408 **史志档案**
408 ·党史研究·
408 概 况
409 中国共产党长沙历史馆开馆
409 管理职能拓展
410 党史联络工作
410 《中共长沙长沙市委工作纪事》（2019 卷）编撰出版
410 《长沙重点工程建设项目纪实（2019）》编撰出版
410 围绕重大主题开展系列活动
410 党史文化讲堂
410 党史题材文学作品《半条被子》推出
410 ·地方志工作·
410 概 况
411 机构改革
411 市志编修
411 年鉴编纂
411 资料年报工作
411 特色志书编纂
412 地情资源开发利用
412 方志文化宣传
412 ·档案工作·
412 概 况
412 “全国示范数字档案馆”创建
412 档案接收征集
412 档案编研展览
413 档案查阅利用
413 档案安全
413 长沙市档案馆数字档案库房建设项目通过验收
413 《长沙市档案馆藏日军罪行与惩治战犯档案汇编》编纂出版
413 人民的胜利——纪念中华人民共和国成立 70 周年暨长沙和平解放 70 周年专题展
413 **文化交流**
413 第三届“中国福”城市文化交流活动在长沙举办
414 韩国龟尾市代表团到长沙市图书馆参观
414 中俄首次联袂演出《黄河大合唱》
414 唐代长沙窑瓷器南京展出
414 长沙简牍博物馆与故宫研究院等单位展开深度合作
415 2019 年中外著名城市交响乐团“长沙峰会”
415 **文旅产业**
415 概 况

415 第五届湖湘动漫月在长沙启动
416 《关于进一步激发文化和旅游消费潜力的意见》学习贯彻专题会议
416 文旅融合发展
416 **文化市场管理**
416 概　况
416 2019 年文物保护暨消防安全培训班
416 长沙市文化市场综合行政执法局挂牌成立

卫生健康

418 **医疗机构**
418 概　况
418 机构改革
418 公立医院改革
419 分级诊疗
419 医改配套改革举措
419 “健康长沙”建设 PPP 项目协议签约仪式
420 安全可控技术区域智慧医疗建设
420 **疾病预防控制**
420 概　况
420 急性传染病及重点疾病防控
420 免疫规划
421 职业病防控
421 精神卫生与心理卫生服务
421 血吸虫病及地方病防控
421 慢病防控与健康教育
421 **基层卫生**
421 概　况
421 基层卫生服务能力建设
422 基本公共卫生服务
422 健康扶贫
422 **妇幼保健**
422 概　况
422 妇幼健康体系建设
423 妇幼健康管理
423 妇幼公共卫生服务
423 “两癌”检查及产前筛查
423 出生缺陷综合防控
424 **卫生监督执法**
424 概　况
424 监督执法体系建设
424 医疗执业监督
424 传染病防治监督
424 公共场所和学校卫生监管
425 食品安全保障
425 饮水安全保障
425 **中医药事业**
425 概　况
425 基层中医药建设
425 中医药内涵建设
426 中医药人才培养
426 **医政管理**
426 概　况
426 医疗服务体系建设
427 医疗机构行业监管
427 “平安医院”建设
427 血液管理
427 实验室生物安全管理
427 **药政管理**
427 概　况
427 基本药物制度
427 药品采购管理
428 医用耗材管理
428 药学人员培养
428 **医学科研教育**
428 概　况
428 医学科研
428 医学教育
429 境外研修
429 **健康促进**
429 概　况
429 卫生创建
429 病媒生物防制
429 爱国卫生运动系列活动

体　育

431 **场馆建设**
431 概　况
431 长沙国际体育中心项目建设
431 222 所中小学体育场馆暑假免费开放
431 **群众体育**
431 概　况
431 首届智力运动会
431 纪念“五四”运动 100 周年活力跑
431 中国传统体育国际锦标赛
431 第五次国民体质监测走进幼儿园

432 湖南省首个游泳进校园试点项目启动
432 **竞技体育**
432 概 况
432 第 29 届全国体育舞蹈锦标赛
432 第 27 届中日韩青少年运动会
432 首届空手道公开赛
432 2019 国际篮联三人篮球亚洲杯
432 拳击协会成立
433 **体育产业**
433 概 况
433 2019 长沙国际马拉松赛
433 ITF 世界女子网球巡回赛长沙望城站
433 望城国际铁人三项赛
433 长沙市篮协换届选举

人民生活

435 **人口家庭**
435 ·计划生育·
435 概 况
435 计划生育服务管理
435 计划生育技术服务
435 家庭发展能力
436 ·婚姻家庭·
436 概 况
436 “星城家事”婚调工作
436 湖南首届国潮集体婚礼
436 ·殡葬管理·
436 概 况
437 殡葬改革
437 长沙 6 个墓园被定为祭扫观测点
437 全省红白理事会会长师资培训班
437 **就业创业**
437 概 况
437 “创业服务三湘行”系列活动
437 参加第二届全国创业培训讲师大赛
438 2019 年“春风行动”专场招聘活动
438 2019 年“高校毕业季”就业服务专项活动
438 第七届全国大中城市联合招聘高校毕业生长沙巡回招聘活动
439 **脱贫攻坚**
439 贫困人口概况
439 精准扶贫
440 社会力量扶贫
440 扶贫对象动态调整
440 扶贫干部培训
440 **移民开发**
440 概 况
440 移民培训
440 移民资金监管
441 避险解困资金专项审计
441 移民美丽乡村建设
441 椒花水库移民集中安置区项目开工
441 **收入消费**
441 城镇居民生活状况分析
443 农村居民生活状况分析
445 **社会保险**
445 概 况
445 城乡居民基本养老保险基础养老金调整
445 企业退休人员基本养老金调整
445 医疗保障
446 长沙市本级补充工伤保险协议
446 长沙市电子社保卡
446 长沙市“千人帮千企·养老保险缴费费率过渡试点政策推进会”
446 2019 年长沙市“12333”全国统一咨询日活动
447 “工伤保险走进扶贫车间”主题宣传活动
447 长株潭城市群人社服务一体化社会保障卡专项工作
447 四市共同签署《四省会城市养老保险金异地重复领取协查处置合作协议》
447 **社会救助**
447 概 况
448 流浪救助
448 慈善救助
448 “百万爱心暖万家”公益救助活动
448 长沙市心理援助热线开通
448 长沙市首届大型“公益慈善嘉年华”活动
448 **社会福利**
448 概 况
449 福彩公益
449 芙蓉区举行区社会福利中心项目运营签约仪式
449 长沙市首个儿童福利院开工建设
449 **住房保障**
449 公租房和人才公寓建设
449 公租房运营管理
449 住房租赁试点

450 住房公积金管理
450 **退役军人事务**
450 机构改革
450 退役军人服务保障体系建设
451 接收安置
451 双拥工作
451 就业创业服务
451 优抚优待
451 帮扶解困
451 军休军供
451 优秀退役军人典型
452 首届“最美退役军人”发布仪式
452 **社区建设**
452 概　况
452 社工工作
452 第四届“三社联动”社区服务供需对接会
452 **社会组织管理**
452 概　况
452 全市社区社会组织“三基”建设观摩交流暨工作座谈会
453 社会组织精准扶贫活动
453 **民族宗教事务**
453 长沙市民族宗教事务局机构改革
453 少数民族群众服务
453 民族团结进步创建工作
453 宗教基础信息工作
454 民族宗教工作法治化建设

应急管理

456 **防灾减灾**
456 长沙市应急管理局挂牌成立
456 防汛抗旱
456 森林防火
456 地质灾害防治
456 地震监测
456 宁乡发生 2.5 级地震
456 地震应急救援
457 防震减灾示范点创建
457 防震减灾综合演练
457 防震减灾宣传
457 湖南省 2019 年“5·12”全国防灾减灾日集中宣传活动在长沙市举行
458 突发环境事件紧急预案编制与演练
458 全市防汛抗旱和森林防灭火工作会议
458 **安全生产**
458 概　况
458 安全执法检查
458 科学规划高危产业布局
458 安全宣教
458 安全事故调查
459 全市加油站双层罐改造安全生产警示教育会议
459 长沙市暨雨花区 2019 年安全宣传咨询日活动
459 **卫生应急**
459 概　况
459 突发公共卫生事件处置
459 卫生应急保障及紧急医学救援
459 卫生应急能力提升
460 **消　防**
460 概　况
460 长沙市消防救援支队挂牌成立
460 战训业务
461 防火监督
461 消防基础建设
461 消防宣传教育
461 典型案例

区县概况

463 **芙蓉区**
463 概　况
463 产业发展
463 城市建设
464 楼宇经济
464 社会事业
464 “三大攻坚战”
464 “一件事一次办”政务服务改革工作
464 芙蓉区政府与芬兰寒克雅奇公司签订合作协议
465 长沙 CBD 高端楼宇推介会
465 芙蓉区社会福利中心项目运营签约仪式举行
465 芙蓉区“红色 CEO”智享汇开班
465 国金中心楼宇服务站挂牌成立
466 2019“越夜越精彩 芙蓉我最红”颁奖典礼
466 **天心区**
466 概　况
467 机构改革

467 项目建设
467 产业发展
467 社会事业
468 “三大攻坚战”
468 天心优化营商环境 30 条
468 “绿心”工业企业全部退出
468 区长企业接待日
469 “夜间经济服务中心”成立
469 “有事好商量”被评为全国优秀案例
469 **岳麓区**
469 概　况
469 城乡建设
469 社会事业
470 社会保障
470 “三大攻坚战”
470 金茂梅溪湖国际广场获都市人居奖
470 湖南美术馆开馆
470 岳麓科创港运营
471 **开福区**
471 概　况
471 社会事业
472 社会保障
472 “三大攻坚战”
472 第三届“中国福”城市文化交流活动在开福区举行
472 开福区“幸福向北”马栏山上芒果汽车全民跑举行
472 农安小区朝正美苑竣工验收
473 马栏山众创园党群服务中心建设
473 “中华人民共和国的记忆”档案宣传活动
473 开福城投集团子公司城北投公司获全国“2018 年度中债优秀发行人奖”
473 **雨花区**
473 概　况
474 商事制度改革
474 优化营商环境
474 产业项目建设
475 城乡建设与管理
475 社会事业
475 社会保障
475 “三大攻坚战”
476 中国（雨花）创新设计战略联盟成立
476 （韶山）智能制造产业园开工建设
476 长沙湘府路快速路建成通车
477 长沙曙光路全线通车
477 首批全国产化激光切割机实现“雨花造”
477 克明面业成为全国粮食领域技术创新中心
478 “美好 70 年 · 雨花幸福‘视’”短视频大赛
478 **望城区**
478 概　况
478 城区环境建设
479 社会事业
479 乡村振兴
479 “三大攻坚战”
479 优化营商环境
480 51 个重大项目集中签约
480 湘江大道北延线二期开工建设
480 比亚迪长沙厂华为手机批量下线
480 庆祝中华人民共和国成立 70 周年系列主题宣传活动
480 “与雷锋同行”中国音协轻骑兵走进望城
480 望城荷花虾成长为扶贫特色产业
481 望城新的社会阶层人士联合会成立
481 望城区首个党建文化园开园
481 雷锋纪念馆被评为“全国学雷锋活动示范点”
481 **长沙县**
481 概　况
482 城乡建设
482 项目建设
483 社会事业
483 社会保障
483 “三大攻坚战”
483 15 个项目集中开工
484 索恩格新能源汽车技术全球研发中心开建
484 杨开慧故居入选“全国爱国主义教育示范基地”
484 陈树湘故居、杨立三故居、缪伯英故居集中开放
484 长沙县被评为“2019 中国最具幸福感城市（县级）”
485 县域经济与县域综合发展排名全国第四位
485 长沙县档案馆被评为全国档案系统先进集体
485 阳高社区被评为全国“书香社区”
485 数字长沙县地理空间框架建设项目获 2019 年地理信息产业优秀工程金奖
486 松雅湖被评为长江经济带美丽河流（湖泊）
486 **浏阳市**
486 概　况
486 社会事业
487 社会保障
487 “三大攻坚战”
487 浩吉铁路浏阳段建成通车

487 纪念欧阳予倩130周年诞辰系列活动
487 浏阳市入选第二批国家农业绿色发展先行区
487 沿溪镇沙龙村被评为全国第九批“一村一品”示范村
488 浏阳河入选全国示范河湖建设名单
488 沿溪镇沙龙村被评为全国乡村治理示范村
489 **宁乡市**
489 概　况
490 农村环境建设
490 城区建设
490 社会事业
490 民生保障
491 “三大攻坚战”
491 宁乡市创建“三无城市”
491 智慧城市建设
492 宁乡现代农业产业园升级为国家现代农业产业园
492 “宁乡花猪”品牌打造
492 新沩丰坝建成投入使用
493 宁乡市获“中国营商环境百佳试点县市”称号
493 宁乡获批全国新时代文明实践中心建设试点县
493 宁乡市被评为“中国县域旅游竞争力百强县”

人　物

495 **全国“五一劳动奖章”获得者**
495 龙继红
495 吴平辉
495 李完小
496 **全国优秀共青团员、共青团干部**
496 邓港华
496 彭弈韬
496 吴海芸
496 **全国最美退役军人、全国模范退役军人**
496 李剑川
497 徐佐林
497 **其他先进人物**
497 全国“人民满意的公务员”获得者于勇
497 2019年“中国好人榜”长沙地区获奖人物

附　录

499 **重要文献**
499 在市委十三届九次全体会议暨经济工作会议上的讲话
504 政府工作报告（摘要）——长沙市第十五届人民代表大会第五次会议通过
519 **统计资料**
542 **组织机构及负责人**
542 中国共产党长沙市委员会
543 长沙市人民代表大会
545 长沙市人民政府
552 中国人民政治协商会议长沙市委员会
553 湖南湘江新区
553 中共长沙市纪律检查委员会　长沙市监察委员会
553 长沙市中级人民法院
554 长沙市人民检察院
554 开发区
555 市属高校
556 群众团体
557 民主党派·工商联
558 区县（市）

索　引

562 **主题索引**
581 **表格索引**

Contents

Feature

An Overview of Changsha's Economic and Social Development Achievements over the Past 70 Years since the Founding of the People's Republic of China ········ 002
The Record of Changsha's Rural Revitalization ········ 005
The Record of Changsha's Blue Sky Protection Work········ 006
The Record of Changsha's Year of Industrial Project Construction ········ 008
The Record of Changsha's Year of Optimizing the Business Environment ········ 009

Chronicle of Events

Overview of Changsha

Nature and Geography ········ 027
Establishment of Administrative Division ········ 028
History and Culture ········ 032
Population Nationalities and Religions ········ 033
Economic and Social Development ········ 033

Changsha Municipal Committee of the Communist Party of China

Overview ········ 038
Decisions and Arrangements ········ 038
Structural Reforms ········ 040
Organization ········ 041
Publicity ········ 043
United Front ········ 046
Policy Research ········ 048
Party Construction in Government Departments ········ 049
Foreign Affairs and China Hong Kong China Macao Affairs ········ 051
Organization Establishment ········ 052
Talent Recruitment ········ 055
China Taiwan Affairs ········ 057
Veteran Cadre Work ········ 059
Party School Education ········ 060

Changsha Municipal People's Congress

Overview ········ 062
Significant Conferences ········ 063
Legislative Work of the People's Congress ········ 066
Supervising in Accordance with the Law ········ 066
Carrying out Duties in Accordance with the Law ········ 067

Changsha Municipal People's Government

Overview ········ 070
Significant Conferences ········ 071
People’s livelihood ········ 076
Public Service ········ 077
Electronic Government ········ 079
Policy Research ········ 080
Public Complaints and Proposals ········ 081

Changsha Municipal Committee of the Chinese People's Political Consultative Conference

Overview ········ 083
Significant Conferences ········ 083
Political Consultation ········ 084
Democratic Supervision ········ 084
Proposals ········ 084
Research and Communication ········ 085

Changsha Municipal Commission for Discipline Inspection of the Communist Party of China and Changsha Municipal Supervisory Commission

Significant Conferences ········ 089
Supervision and Discipline ········ 089
Inspect Work ········ 090
Building Good Conduct and Political Integrity ········ 091

Democratic Parties and Federation of Industry and Commerce

Changsha Municipal Committee of the Revolutionary Committee of the Chinese Kuomintang ········ 094
Changsha Municipal Committee of the China Democratic League ········ 095
Changsha Municipal Committee of the China National Democratic Construction Association ········ 097
Changsha Municipal Committee of the China Association for

Promoting Democracy ······ 098
Changsha Municipal Committee of the Chinese Peasants' and Workers' Democratic Party ······ 098
Changsha Municipal Committee of the China Zhi Gong Party ······ 099
Changsha Municipal Committee of the Jiu San Society 101
Changsha Federation of Industry and Commerce (General Chamber of Commerce) ······ 102

Mass Organizations

Changsha Federation of Trade Unions ······ 105
Changsha Municipal Committee of Communist Youth League of China ······ 106
Changsha Women's Federation ······ 110
Changsha Science and Technology Association ······ 113
Changsha Federation of Social Science Associations ······ 115
Changsha Federation of Returned Overseas Chinese ······ 117
Changsha Taiwan Compatriots Friendship Association 119
Changsha Federation of Literary and Art Circles ······ 120
Changsha Disabled Persons' Federation ······ 122
Changsha Red Cross ······ 124

Nomocracy

Local Legislation ······ 126
Changsha Committee of Political and Legislative and Committee for Comprehensive Management of Public Security ······ 126
Promoting the Rule of Law in Government ······ 127
Public Security ······ 128
Procuratorial Work ······ 131
People' s Courts ······ 133
Judicial Administration ······ 135
Arbitration ······ 138

Military Affairs

Changsha Garrison Area of the Chinese People' s Liberation Army ······ 140
Changsha Branch of Chinese People' s Armed Police Force ······ 142
Civil Air Defense ······ 144

Economic Management

Macroeconomic Management ······ 146
Supervision and Administration of State-owned Assets 148
Land and Resources Management ······ 148
Finance ······ 149
·Financial Revenues and Expenditures· ······ 149
· Unified Provision of Salary by Financial Organs · 151
· Treasury Centralized Payment · ······ 151
·Non-tax Revenue Management· ······ 152
· Supervision and Administration of Government Procuremen······ 152
Taxation ······ 152
Audit ······ 154
Statistics ······ 156
Price Control ······ 157
Market Supervision and Management ······ 158
Intellectual Property Management ······ 162
Port Management ······ 164
Customs ······ 165

Agriculture

Overview ······ 168
Crop Farming ······ 171
Forestry ······ 173
Animal Husbandry ······ 176
Aquaculture ······ 177
Agricultural Products Quality Supervision and Management ······ 177
Agricultural Machinery Management ······ 178
Irrigation and Water Conservancy ······ 179

Industry and Construction

Industrial Economic Operation ······ 181
Construction Machinery Industry ······ 185
Automobile and Auto Parts Industry ······ 186
Food Industry ······ 187
Tobacco Industry ······ 187
Biotechnology and Pharmaceutical Industry ······ 188
Material Industry ······ 189
Electronic Information Industry ······ 190
Fireworks and Firecrackers Industry ······ 192
Power Industry ······ 195
Construction Industry ······ 196

Trade and Service Industry

Commerce Distribution ······ 199
Electronic Commerce ······ 201
Logistics ······ 203
Supply and Marketing Cooperation ······ 204
Grain and Oil Trade ······ 205
Franchise Trade and Monopolies ······ 206
· Tobacco Monopoly · ······ 206
· Refined Oil Business · ······ 206
MICE Industry ······ 207
Post Service ······ 210
Communication ······ 211
· China Telecom Changsha Branch · ······ 211
· China Mobile Communications Group Hunan co. LTD Changsha Branch · ······ 214
· China United Network Communications co. LTD Changsha Branch · ······ 215
Residential Services ······ 216
· Accommodation and Catering · ······ 216
· Domestic Service · ······ 217
·Pension Service· ······ 217

Finance

Overview ············ 220
Bank ············ 222
Insurance ············ 231
Security ············ 234

Tourism

Overview ············ 236
Tourism Resource ············ 236
Types of Tourism ············ 239
Tourism Promotion ············ 240
Tourism Management ············ 241

Real Estate

Real Estate Development ············ 244
Real Estate Market Management ············ 244
Property Service ············ 245

Transportation

Overview ············ 247
Roads ············ 248
Railway ············ 249
Civil Aviation ············ 253
Waterway ············ 254

Economic and Trade Cooperation

Investment Seeking ············ 256
Foreign Trade ············ 258
Overseas Economic and Technological Cooperation ············ 260
Trade and Economy Promotion ············ 262

Development Zone

Overview ············ 266
National Development Zone ············ 266
· Changsha High-tech Industrial Development Zone · 266
· Changsha Economic and Technological Development Zone · ············ 269
· Ningxiang Economic and Technological Development Zone · ············ 272
· Liuyang Economic and Technological Development Zone · ············ 273
· Wangcheng Economic and Technological Development Zone · ············ 275
Changsha Huanghua Comprehensive Bonded Zone · ············ 276
Provincial-level Development Zone ············ 278
· Changsha High-tech Industrial Development Zone Longping High-tech Park · ············ 278
· Changsha Tianxin Economic Development Zone · ············ 280
· Changsha Jinxia Economic Development Zone · ············ 283
· Changsha Yuhua Economic Development Zone · ············ 284
· Liuyang High-tech Industrial Development Zone · ············ 287
· Ningxiang High-tech Industrial Park · ············ 289
· Yuelu High-tech Industrial Development Zone · ············ 291

Xiangjiang Newly Developed Zone of Hunan Province

Overview ············ 295
Industry Investment ············ 296
Major Project Construction ············ 297

Urban and Rural Development

Planning and Design ············ 300
Urban Construction ············ 301
· Overview · ············ 301
· Road · ············ 303
· Public Transportation · ············ 309
· Gas Supply · ············ 311
· Water Supply · ············ 311
· Urban Drainage and Sewage Treatment · ············ 312
· Refuse Disposal · ············ 312
· Landscaping · ············ 313
· Municipal Appearance Management · ············ 314
Development of Beautiful Countryside ············ 315

Ecological Environment

Environmental Condition ············ 321
Ecological Development ············ 322
Energy Conservation and Emission Reduction ············ 324
Pollution Prevention ············ 326
Environmental Regulation ············ 328

Chang-Zhu-Tan Two-oriented Society Pilot Zone

Overview ············ 330
Experimental Reforms ············ 331
Two-oriented Society Construction ············ 332

Science and Technology

Overview ············ 335
Technology Platform ············ 339
Scientific and Technological Achievements ············ 352
Scientific and Technological Innovation ············ 358
Scientific and Technological Service ············ 360
Popularization of Science and Technology ············ 361
Meteorology ············ 364

Education

Overview ············ 366
Elementary Education ············ 368
Vocational Training ············ 371
Higher Education ············ 372
Social Education ············ 378

Private Education ………… 379
Construction of Teaching Staff ………… 380

Culture

Public Culture ………… 384
Cultural Venues ………… 388
Art Creation and Exhibition ………… 391
Cultural Heritage Conservation ………… 395
Press and Publication ………… 407
Radio and Television ………… 407
Local Chronicles Records ………… 408
· Party History Research · ………… 408
· Local Chronicles Work · ………… 410
· Archival Work · ………… 412
Cultural Communication ………… 413
Cultural Tourism Industry ………… 415
Culture Market Management ………… 416

Hygiene and Health

Medical Establishment ………… 418
Disease Prevention and Control ………… 420
Primary Healthcare ………… 421
Maternity and Pediatrics ………… 422
Health Supervision and Law Enforcement ………… 424
Traditional Chinese Medicine ………… 425
Health Care Policy and Management ………… 426
Pharmacy Administration ………… 427
Medical Research and Education ………… 428
Health Promotion ………… 429

Sports

Sport Venue Construction ………… 431
Mass Sports ………… 431
Competitive Sports ………… 432
Sport Industry ………… 433

People's Life

Population and Family ………… 435
· Family Planning · ………… 435
· Marriage and Family · ………… 436
· Funeral Administration · ………… 436
Employment and Self-employment ………… 437
Poverty Alleviation ………… 439
Resettlement and Development ………… 440
Income and Consumption ………… 441
Social Insurance ………… 445
Social Assistance ………… 447
Social Welfare ………… 448
Housing Security ………… 449
Veteran affairs ………… 450
Community Building ………… 452
Social Organization Management ………… 452
Ethnic and Religious Affairs ………… 453

Emergency Management

Disaster Prevention and Reduction ………… 456
Safety Production ………… 458
Health Emergency ………… 459
Fire Protection ………… 460

Overview of Districts and Counties

Furong District ………… 463
Tianxin District ………… 466
Yuelu District ………… 469
Kaifu District ………… 471
Yuhua District ………… 473
Wangcheng District ………… 478
Changsha County ………… 481
Liuyang City ………… 486
Ningxiang City ………… 489

People

Winners of National "May 1st Labor Medal" ………… 495
National Outstanding Communist Youth League Members and Cadres ………… 496
Winners of Most Beautiful Veterans and National Model Veterans ………… 496
Other Advanced Figures ………… 497

Appendix

Important References ………… 499
Statistical Information ………… 519
Organization and Leadership ………… 542

Indexes

Subject Index ………… 562
Table Index ………… 581

特　载

FEATURE

编辑　陈晓红

中华人民共和国成立 70 周年
长沙市经济社会发展成就综述

2019 年，是中华人民共和国成立 70 周年。长沙市经济建设和各项社会事业取得巨大成就。特别是中共十八大以来，全市坚持新发展理念，坚持推动高质量发展，坚持以供给侧结构性改革为主线，坚持深化改革、坚持创新引领开放崛起，深入推进现代化长沙和“三个中心”（国家智能制造中心、国家创新创意中心、国家交通物流中心）建设，坚决打好“三大攻坚战”（防范化解重大风险、精准脱贫、污染防治），长沙经济社会迈出高质量发展新步伐。

一、国民经济快速增长，综合实力显著增强

（一）经济总量实现大飞跃。因饱受“文夕大火”和抗日战争中“长沙会战”的创痛，中华人民共和国成立初期的长沙，可谓一片破败，百废待兴。在中华人民共和国成立的新起点上，长沙人民用自己的智慧和汗水，开启了这座历史文化名城现代化建设的新征程。地区生产总值从 1952 年 2.87 亿元增加到 2018 年 11003.41 亿元，实现了量与质的蜕变。1952 年到 1978 年，全市地区生产总值以年均 4.7% 的增速，从不到 3 亿元增长到 16 亿元；改革开放之后，长沙步入发展的快车道，1979—2018 年地区生产总值年均增长 12.8%，高于 1949—1965 年均增速 8.5 个百分点，高于 1965—1978 年均增速 7.7 个百分点。全市经济总量不断实现跨越，1978 年到 1990 年，从 16.9 亿元到突破 100 亿元用了 12 年时间；1990 年到 2003 年，突破 1000 亿元用了 13 年时间；2003 年到 2017 年，突破万亿元大关用了 14 年时间；2018 年全市地区生产总值站上 1.1 万亿元新高点，经济总量居全国各大中城市第 14 位。

（二）地方财政实力显著增强。长沙一般公共预算收入在 1978 年时仅为 4.3 亿元，分别于 2003 年和 2014 年突破百亿元和千亿元大关，2018 年达到 1544.95 亿元。1979—2018 年，全市一般公共预算收入增长 358 倍，年均增长 15.8%。财力的增加对促进经济发展、切实改善民生、有效应对各种风险和自然灾害的冲击提供了有力的资金保障。

（三）金融市场不断发展壮大。1994 年末，全市金融机构各项存款余额为 235.31 亿元，到 2018 年末达到 18633.6 亿元，增长 78.2 倍；全市金融机构各项贷款余额由 1994 年 180.85 亿元增加至 18360.89 亿元，增长 100.5 倍。全市上市公司累计达到 67 家，其中 A 股上市公司 61 家，总市值 6577.9 亿元。新三板挂牌公司累计达到 119 家。

（四）全省龙头彰显大担当。长沙作为湖南省会，在全省的引领作用凸显，贡献不断提升，首位度不断提高。地区生产总值占全省的比重从 1952 年的 10.4% 提高到 2018 年的 30.2%，工业增加值占全省的比重从 1978 年的 12.3% 提高到 2018 年的 30.8%，社会消费品零售总额占全省的比重从 1965 年的 15.2% 提高到 2018 年的 30.5%，一般公共预算收入占全省的比重从 1978 年的 15.4% 提高到 2018 年的 31.9%。

（五）全面开放构建大合作。中华人民共和国成立后，特别是改革开放后，长沙抓住全球化发展机遇，对外开放水平取得历史性突破。在“创新引领 开放崛起”战略指引下，长沙市委、市政府全力推进开放型经济发展，积极融入“一带一路”，拓展对外通道，获批长沙临空经济示范区和国家跨境电商综合试验区。2018 年，长沙进出口总额为 193.8 亿美元，是 1995 年的 9.4 倍，年均增长 10.2%；全市实际利用外资 57.8 亿美元，是 1984 年的 1715 倍，年均增长 47.7%。

二、经济结构逐步优化，三次产业协同发展

（一）产业结构不断优化升级。中华人民共和国成立初期，长沙经济结构较为单一，农业占据了国民经济绝大部分，工业几乎空白，第三产业主要以低端商贸业为主，产业结构为典型的“一、二、三”结构。1960 年，全市积极推动工业经济的发展，农业比重有所下降，到 1978 年，三次产业比例调整为 33.3 ∶ 44.2 ∶ 22.5。改革开放后，长沙先后实施“兴工强市” “服务业倍增”的发展战略，加快产业调整步伐，到 2018 年，三次产业结构调整为 2.9 ∶ 42.4 ∶ 54.8，建立起以服务业为主体的现代产业结构。与 1978 年相比，全市第一产业比重下降 30.4 个百分点，第二产业比重下降 1.8 个百分点，第三产业比重上升 32.3 个百分点，三次产业结构更趋合理。1978—2018 年，全市一、二、三产业增加值年均分别增长 4.9%、14.2% 和 14.3%。中华人民共和国成立 70 年，三次产业结构实现了“一、二、三”到“二、一、三”到“二、三、一”再到“三、二、一”的转变。

（二）农业生产大步迈向现代化。中华人民共和

国成立初期，农林牧渔业总产值仅为1.7亿元，粮食产量74.3万吨，1950年全年出栏肉猪仅为31.14万头。中华人民共和国成立70年来，市委、市政府始终重视农业的基础产业地位，对农业的扶持力度不断增强，农业综合生产能力稳步提高，农业生产方式实现了由靠天吃饭到逐步建立完善的现代化生产保障体系的转变，农产品供给实现了由解决温饱到提供绿色健康产品的转变。2018年，全市农林牧渔业总产值526.92亿元，是1949年的310倍；粮食总产量215.52万吨，是1949年的2.9倍；油料总产量9.74万吨，是1949年的42.3倍；出栏肉猪438.53万头，是1950年的14.1倍。全市有187家市级以上农业龙头企业，2.7万家新型农业经营主体，全国“三品一标”（无公害农产品、绿色食品、有机农产品和农产品地理标志）总数逾600个，农民专业合作组织有11520个，入社农户24.33万户，参与农户39.61万户。全市机械总动力607.6万千瓦，是1978年的18.1倍，水稻耕种收综合机械化水平达到79.6%。

（三）工业攀登智能制造新高点。中华人民共和国成立时，长沙仅有985家生产企业，多为家庭手工作坊，其中100人以上的企业仅8家，全市工业总产值仅0.58亿元。中华人民共和国成立后，全市开展扶持民族工业、改造私营手工业的工作，1952年工业生产超过中华人民共和国成立前历史最高水平，国有工业企业增至75个。中共十一届三中全会以后，长沙重点发展轻纺工业，轻工业比重开始上升，工业内部比例得到改善。20世纪以来，工业结构调整取得明显成效，逐步从结构简单到门类齐全、从劳动密集型工业主导向劳动资本技术密集型工业共同发展转变。特别是中共十八大以来，在供给侧结构性改革和“中国制造2025”等国家重大战略措施推动下，全市重点打造22条工业新兴及优势产业链，工业规模不断壮大，高新产业迅速发展，发展质量得到有效提升。2018年，全部工业增加值3667.54亿元，是1978年578倍，年均增长14.3%。全市已建立起覆盖155个行业中类比较完备的工业生产体系，拥有规模以上工业企业2919家，是1998年的4.8倍；平均每家企业拥有资产总额3.44亿元，是1998年的4.8倍，其中大、中型企业383家，是1998年的3.4倍，占规模以上工业企业的13.1%；高技术产业增加值占规模以上工业增加值的比重为15.2%，比2011年提高9.9个百分点。

（四）服务业成长为增长新动能。从中华人民共和国成立初期到改革开放前期，服务业在全市经济中一直占比最低。近年，长沙市通过加快传统服务业转型升级，积极壮大培育现代服务业，形成一批各具特色、业态多样、功能完善的新兴服务业集聚区和产业集群，服务业逐渐成为拉动国民经济持续快速增长的重要力量。服务业增加值由1978年3.79亿元增加到2018年6024.49亿元，年均增长14.3%，增速高出第一产业9.4个百分点，与第二产业增速基本相当。从服务业内部结构来看，传统服务业占比降低、新兴服务业占比不断提高。2018年，全市批零住餐业增加值占服务业的比重达为18%，比2010年降低6.3个百分点；以营利性服务业为主的新兴服务业增加值占服务业的比重为30.8%，比2010年提高21.1个百分点。从服务业对经济增长的贡献率来看，2018年达到60.1%，比2010年提高24.5个百分点。

（五）投资持续扩大助推大发展。中华人民共和国成立以来，特别是改革开放以来，长沙不断调整优化投资结构，基础产业和基础设施建设取得重大进展，企业生产条件得到明显改善，一批重点建设项目建成投产，有力支撑了经济社会的发展。1952年，全市固定资产投资仅0.05亿元，1978年2.41亿元，1995年超百亿元，2006年逾千亿元大关，2014年逾5000亿元大关。1951—2018年，全市累计完成固定资产投资5.63万亿元，年均增长16%，投资对经济的拉动作用明显增强。随着投资体制改革深化，投资主体实现由单一的国家投资向国有、集体、个体和外资投资等多元主体的转变，投资渠道渐行渐宽，投资结构更趋合理。民间投资占全部投资比重由1979年的25.2%扩大到2018年的61.6%，三次产业投资结构由2001年的0.4∶14.4∶85.2调整为2018年的0.7∶31.4∶67.9。

（六）消费品市场日益壮大繁荣。中华人民共和国成立初期，长沙百业待兴。1949年，全市社会消费品零售总额仅0.92亿元。随着全市社会主义市场经济的逐步建立和不断发展，特别是改革开放以来，商贸行业经历了国有民营、改组改制等多轮次改革，非公有制经济发展繁荣，同时在市场经济体制改革的推动下，商品流通规模不断扩大，贸易市场持续繁荣，物质供应从短缺走向充足，消费品种类极大丰富，计划经济时代极具特色的吃、穿、用各类消费品“票证”逐渐退出历史舞台。截至2019年年底，长沙已建成门类齐全、城乡贯通的商业销售网络，专卖店、超级市场、便利店、百货店、购物中心等遍地开花。2018年长沙社会消费品零售总额4765.04亿元，是1949年的5206.6倍，年均增长13.2%。在“互联网+”的带动下，各种商业新业态不断涌现，网上消费迅速发展。2014—2018年长沙限额以上网上商品销售额增速分别为309.3%、67.3%、44.9%、120.8%、23.3%；限额以上网上商品零售额增速72%、87.1%、42.3%、33.9%、34.4%，远高于全市限额以上单位商品销售额、零售额增速。

三、城乡建设日新月异，历史名城焕然一新

（一）城市空间大幅拓展。中华人民共和国成立初期的长沙，城市破烂不堪，市区面积狭小，仅有6.7平方千米。随着经济社会不断发展，长沙城市空间大幅拓展，城市功能不断丰富。全市建成区面积从1949年的不到7

平方千米增加到2018年的567.32平方千米。城市集聚程度不断提高，2018年长沙城镇人口达到645.2万人，比2002年增加351.22万人，城镇化率79.12%，比2002年提高32.22百分点。市政设施日益完善，从中华人民共和国成立初期的既无水厂又无煤气，公共汽车仅有11辆以木炭为燃料的老爷车，到现在城区供水普及率100%；城市燃气普及率100%；邮政网点遍布城乡，邮路四通八达，电信、移动、联通等通信机构覆盖城乡；创建成为国家公交都市示范城市，公交分担率54.2%，社区公交直达地铁站；“一圈两场三道”建设进一步提升城市品质，“15分钟生活圈”在全市星罗棋布。

（二）美丽乡村建设纵深推进。中华人民共和国成立后，长沙不断加大对农村建设的投入，农村基础设施不断完善，全市农村实现村村通公路，公路逐步连接到户，实现市到县、县到乡镇“一小时交通圈”。特别是中共十九大以后，深入实施美丽宜居乡村示范建设行动，推动美丽乡村实现提标提质，加快农村公路、供水、电网、信息等基础设施改造升级，城乡教育、医疗服务和社会保障体系一体化水平持续提高。截至2019年年底，全市所有行政村均已通公路、电、电话、有线电视和宽带互联网，78.4%的行政村已通自来水；旱厕改造、垃圾处理、规范农村建房、黑臭水体整治、移风易俗全面深入推进，垃圾分类减量行政村覆盖率超过50%。

（三）交通架构日臻完善。中华人民共和国成立初期，长沙城区道路以背街小巷为主，1949年长沙的市区道路只有224千米，1990年全市公路里程484千米，1994年长沙市长永高速公路通车，实现湖南高速公路“零”的突破。随后，京港澳、长常、长浏、长韶娄、绕城等高速相继建成通车，高速公路四通八达。截至2019年年底，长沙城市过江通道有10条，京广、沪昆高铁在长沙“十字交汇”，地铁1号、2号、4号线及磁浮快线、长株潭城际铁路相继开通，地铁3号、5号、6号线加快建设，长沙进入“地铁时代”“磁浮时代”“城际铁路时代”。黄花国际机场迈入“双跑道、双航站楼”时代，进入全球百强；2003年长沙霞凝新港投入运行，成为湘江流域最深的内河港口之一。2018年，全市货物周转量487.42亿吨千米，是1978年的57.8倍；旅客周转量300.37亿人千米，是1978年的30.9倍。

四、科教文卫全面进步，民生福祉大幅增进

（一）科技创新成就令人瞩目。中华人民共和国成立之初，长沙的科技水平极低，研发投入几乎为零。近年，全市实施创新驱动发展战略，科技实力稳步提升。2018年，全市拥有科学研发机构95个；研究与试验发展经费支出265.9亿元，是2010年的30.5倍；研究与试验发展经费支出占GDP比重由2010年的1.22%提高到2018年的2.42%；科技成果丰硕，专利授权量从1998年的450件发展到2018年的21188件，年均增长21.2%；2018年长沙市每万人口发明专利拥有量达到30.3件。

（二）教育事业发展欣欣向荣。1949年，长沙仅有在校小学生14.71万人，教职工7810人，2所高等院校。中华人民共和国成立后，长沙加快推进教育现代化和教育强市建设，以办好人民满意的教育，培育德智体美劳全面发展的社会主义建设者和接班人为目标，已基本建立优质、特色、和谐、活力、公平的区域现代教育体系。2018年，全市拥有高等学校51所，比1949年增加49所；在校学生数达到70.35万人，是1949年的262倍。全市中等职业教育学校57所，在校学生11.16万人，是1949年的48.6倍。全市高中阶段教育在校学生14.03万人，高中阶段教育毛入学率95.6%。全市幼儿园1876所，是1952年的72.1倍，公办幼儿园和普惠性民办幼儿园占幼儿园总数的80.2%；在园幼儿31.1万人，是1952年的199.6倍；学前三年毛入园率达93.7%。

（三）医疗卫生建设惠及全民。1949年，全市仅有14所医院、卫生院。中华人民共和国成立后，长沙把人民健康放在优先发展的战略地位，全方位、全周期保障人民健康，不断满足人民群众卫生健康需求，建设与中心城市相匹配的区域医疗卫生中心、与省会城市相匹配的公共卫计服务网络，健康长沙深入推进。2018年，全市拥有卫生机构数4523个，是1949年的133倍，其中医院、卫生院331个；卫生防疫、防治机构14个；妇幼保健机构11个。卫生机构床位7.73万张，是1949年的103.4倍，其中医院、卫生院6.99万张。卫生技术人员8.15万人，是1949年的65倍，其中执业医师、执业助理医师3.08万人。

（四）人民生活变化翻天覆地。中华人民共和国成立后，长沙坚持以人为本的发展理念，促就业、增收入、强保障、惠民生，生活质量显著提高，幸福感明显增强。全市城镇居民人均可支配收入由1978年的327元增加到2018年的50792元；农村居民人均可支配收入由1978年的127元增加到2018年的29714元。城乡居民生活水平显著提高。人们吃的已从过去填饱肚子为满足，发展到讲究膳食平衡；穿的不再是为了单纯遮体御寒，也不是单一的黄、蓝、灰三色，而是讲究舒适、新潮、美观；用的不再是简单的必需品，手机、空调、彩电、洗衣机等已经普及。城镇居民人均居住面积从1980年不到7.67平方米增加到42.7平方米。城镇居民家庭平均每百户拥有空调机239.1台、计算机91.5台、汽车69.2辆，农村家庭平均每百户拥有空调机172.1台、计算机47台、汽车57.1辆。从追求“吃饱穿暖”到“缝纫机、手表、自行车”到“电视机、洗衣机、电冰箱”再到如今“手机电脑年年换，私家小车到处跑”，长沙市民对美好生活的设想不断转化为现实。

（王成亮）

长沙市乡村振兴战略工作纪实

2019 年，长沙市贯彻习近平总书记关于“三农”工作的重要论述，坚持把实施乡村振兴战略作为“三农”工作的总抓手，推进农业农村优先发展，推动农业农村现代化，得到中央文明办、中央网信办、农业农村部、水利部等国家部委的肯定，被《人民日报》、《农民日报》、新华网、中国网、央视网等中央主要媒体多次报道和推介，乡村振兴工作取得初步成效。

一、加强组织领导，落实发展方针

严格落实“五级书记抓乡村振兴”责任制。党政主要领导定期召开市委常委会议、市政府常务会议、专题会议、办公会议对重点工作亲自谋划、亲自部署、亲自协调，10 月 26 日，组织各级党组织书记召开全市农村人居环境整治和新型村级集体经济发展观摩推进会，加强对实施乡村振兴战略的统筹领导。各市直部门明确“一把手”负责，县、乡两级均成立由党委书记任组长的农村工作领导机构，为贯彻落实乡村振兴战略提供组织保障。坚定不移落实“四个优先”原则。在干部配备上优先考虑，择优调任市直农口部门负责人到区县（市）党政班子，将 17 名优秀村党支部书记破格提拔为乡镇班子成员。在要素配备上优先满足，对引进的农林领域高精尖领军人才给予 100 万元资金奖励，安排年度建设用地计划的 15% 保障农业用地需求。在资金投入上优先保障，2019 年，市级安排财政资金 21.88 亿元支持乡村振兴，比 2018 年增长 23.8%；启动全省首支市场化运作的农业投资基金，落实股权投资 1 亿元；联合蚂蚁金服实施农村惠金融项目，累计发放贷款约 15 亿元。

二、出台规划政策、建立考核机制

出台《长沙市乡村振兴战略规划（2018—2022 年）》，加强实施乡村振兴战略的顶层设计。突出抓好村庄规划修编提质，制定《长沙市村庄规划编制技术导则（试行）》，启动镇村国土空间规划全覆盖两年行动计划，按照“多规合一”的思路在 3 个乡镇、61 个村开展乡镇国土空间总体规划和村庄规划编制试点，到 2020 年年底可实现村庄规划管理全覆盖。贯彻落实中央、省委关于开展实施乡村振兴战略实绩考核的要求，出台《长沙市实施乡村振兴战略实绩考核办法》，建立对各区县（市）党委政府和市直相关部门实施乡村振兴战略的实绩考核体系。将落实乡村振兴战略对接到各级绩效考核，列入市委、市政府重点督查清单，组建 11 个专项推进组开展常态化督导，采取评优、奖补、通报、约谈、问责等多种方式，强化考核结果运用，有力推动乡村振兴战略落实落地。

三、脱贫攻坚全面推进

统筹推进本市脱贫和对口帮扶“两个战场”脱贫攻坚战，脱贫建档立卡贫困人口 6764 人，帮扶的 8 个贫困县 2019 年有望脱贫摘帽。聚焦“两不愁三保障”（即到 2020 年稳定实现农村贫困人口不愁吃、不愁穿，农村贫困人口义务教育、基本医疗、住房安全有保障）。深入整改中央巡视和督查考核发现问题，落实贫困学生资助 2067.3 万元，累计救助大病患者 4.4 万人次，落实 1578 户存量危房改造，每月发放 29825 名兜底保障对象补助资金 897 万元。推进“两业”扶贫（就业扶贫和产业扶贫）。铺排产业扶贫项目 553 个，认定就业扶贫车间 95 家，新增贫困劳动力转移就业 1360 人。担当省会扶贫责任。落实对口帮扶龙山县项目 305 个，投入帮扶资金 2.33 亿元；组织 7 个区县（市）实施“携手奔小康行动”帮扶项目 77 个。

四、现代都市农业全面发展

以“一县一特”产业为抓手，深入贯彻落实“六大强农行动”。发展乡村特色产业。打造长沙绿茶、宁乡花猪、浏阳油茶、望城蔬菜、小龙虾和花卉苗木 6 大“一县一特”产业链，新改建万头宁乡花猪养殖场 7 家、标准化长沙绿茶优质茶园 1333.33 公顷、望城蔬菜基地 1333.33 公顷和小龙虾养殖基地 4533.33 公顷。稳定发展基础产业。实施高标准农田建设 13.8 千公顷，全市高标准农田总面积超过 166.67 千公顷；落实促进生猪生产的政策措施，规范禁养区划定，加大财政、金融支持力度，全力恢复生猪产能。加快发展融合产业。推进一、二、三产业深度融合，农产品加工业销售总收入超过 2549 亿元；累计创建星级农庄 187 家，长沙县浔龙河村被评为全国美丽休闲乡村，全市乡村旅游年接待旅客量超过 3000 万人次。

五、农村人居环境全面改善

以“五治”为切入点，推进农村人居环境整治。聚焦力量“治厕”。完成无害化厕所改造 22 万户，改厕数量居全省第一位。宁乡市改厕五统一、四不准、三必改、两底线、一原则的“54321”工作标准在全省推介。分类减量“治垃圾”。行政村垃圾分类减量覆盖率达到92.8%。长沙县被评为2018年全国农村人居环境整治激励县，在全国农村生活垃圾治理工作推进会上作典型发言。疏堵结合“治房”。推进“一户多宅”“空心房”清理拆除，2018年累计拆除27263户，拆除复垦面积384.46公顷。综合施策“治水”。实施生活污水、小微水体、江河流域“三水同治”，全面推广三格化粪池+堆沤池+隔油池+人工湿地的“三池一地”治理模式。人民网、新华网、中国网、央视网等14家中央网络媒体对长沙“治水”工作成效进行全方位报道。全民参与“治风”。把精神文明建设贯穿农村人居环境建设全过程，浏阳市书香村传承弘扬传统文化、望城区静慎村“九贤治村”成为全国农村精神文明建设典型。

六、新型村级集体经济全面壮大

铺排土地合作型、资源开发型、物业经营型、乡村服务型“四型”项目352个，消除“薄弱村”291个。夯实发展新基础。全面开展集体资产清产核资，清理核实集体资产279.79亿元，清查经营性资产81.69亿元、建设用地108.19千公顷；基本完成集体经济组织成员身份确认。完善发展新组织。有序开展集体经济组织登记赋码，推动村党组织书记通过法定程序担任集体经济组织负责人，开展集体经济组织负责人专项培训，“带头人”经营管理能力得到有效提升。探索发展新路径。长沙县探索形成物业经营型的“抱团”等6种新型村级集体经济发展新模式；浏阳市沙市镇东门村以村级经营性资产入股企业发展体育运动休闲农庄，实现村集体经济收入180万元；宁乡市大成桥镇鹊山村发展土地合作型集体经济，集体经济收入逾100万元；望城区乔口镇盘龙岭村采取“龙头企业+土地合作社+农户”模式发展“荷花虾”养殖，增加集体经济收入40万元，带动83户贫困户全部脱贫。

七、乡村治理全面加强

加快推进乡村治理体系和治理能力现代化，宁乡市大成桥镇、望城区茶亭镇静慎村、浏阳市沿溪镇沙龙村被认定为全国乡村治理示范镇村。加强基层组织建设。创新基层党组织“堡垒指数”、党小组“活力指数”星级管理，推行农村党员“先锋指数”星级管理，推进农村基层党组织“五化”建设。加强农村精神文明建设。成立新时代文明实践中心9个，创建省级新时代文明实践试点中心2个、所112个，建设标准化村（社区）综合文化中心100个，持续开展“文明家庭”“文明村镇（乡）”等创建活动，打造形成浏阳市“幸福屋场”、长沙县“乐和乡村”、望城区“时代乡贤”和“十美”乡村、宁乡县“善行楚沩·幸福宁乡”等农村精神文明建设品牌。加强平安乡村建设。建立健全农村治安防控体系，配备专职驻村辅警，实现“一村一辅警”全覆盖，有效巩固农村地区扫黑除恶专项斗争成果。

八、城乡融合全面深化

城乡要素自由流动制度性通道初步打通，城乡发展差距逐渐缩小。融合发展体制机制不断健全。全面推广农村土地“三权分置”的土地合作经营模式，建立村级土地合作社463家。稳慎开展农村宅基地自愿退出、有偿使用、跨村跨镇流转。探索建立集体经营性建设用地入市制度，浏阳市累计完成集体经营性建设用地入市169宗、174公顷，成交总价款3.82亿元，农村集体和农民获得收益11260万元。农村基础设施建设加快提质。新增农村通自来水人口11.91万人，完成自然村通水泥（沥青）路936千米，新改建农村公路1500千米，实现行政村客运班线通达率100%、光纤宽带通达率100%。农村公共服务水平持续提升。建成义务教育标准化学校176所，新（改）建乡镇卫生院16家、村卫生室83家，建设60个标准化村（社区）综合文化服务中心，建成702个农村居家养老服务中心。（岳娴雯）

长沙市开展“蓝天保卫战”工作纪实

2019年是长沙市“蓝天保卫战”开展的第二年，市蓝天办统筹协调全市各级各有关部门，在污染防治、监管巡查执法等方面积极作为、攻坚克难、竭诚奉献，推动蓝天保卫战持续深入开展。

一、全市空气质量治理状况

整治“散乱污”企业1037家，完成1218家企业（单位）挥发性有机物治理；完成663台燃气锅炉低氮改造（不含浏阳市、宁乡市），完成294台燃煤锅炉的淘汰改烧或提标；近5万台超标车辆得到维修整改；建成10套固定遥感监测设备，检测发现超标机动车近5万辆次；全市非道路移动机械编码登记工作完成，12月30日发放全省第一块非道路移动机械号牌；建成162个空气质量小微

站和4个组分站，开展大气污染源清单、达标规划、源解析工作；组织修编重污染天气应急预案，适时启动和解除预警级别和响应措施，有效应对重污染天气过程；统筹开展督巡查535次，汇总负面清单10990起。推动建立四级环保网格责任体系，上报、交办处置生态环境问题6822个，常态化开展专项执法行动1173次，出动执法人员7.56万余人次，检查企业22132家次，办理环境违法案件2116起，处罚金额9223.76万元，移送环境污染犯罪案件35起。完成VOCs治理项目21个，建立臭氧雷达垂直监测系统，建成全省首套秸秆禁烧监控平台。引导工业涂装、家具制造、包装印刷、化工行业等建设末端的治理设施，加强无组织排放的收集与治理。全年空气质量优良天数275天，优良率75.3%，在省内14个地市（州）中排名第11位，较2018年上升2位。

二、2019年“蓝天保卫战”工作情况

（一）强化统筹调度，着力提升整体服务效能

1. 做好文稿会务。组织“蓝天保卫战”讲评会、市委书记专题调研会等会议活动。召开全市性工作调度会11次，平均每月专题调度一次。深入学习、宣传、贯彻市委、市政府关于“蓝天保卫战”的相关会议及有关指示批示精神，有效推动工作落实。做好文稿服务，撰写了在全市“蓝天保卫战”工作推进会上的情况汇报、在全市“蓝天保卫战”季度讲评会上的情况汇报等一批综合性材料。收集汇总成效统计、特色亮点、典型案例。

2. 做好协调服务。坚持周例会、办公会议、专项小组会议、工作调度会议、督查工作、信息报送、空气质量状况预警预报、公文办理等制度，做到事务处置有人负责、有章可循、有据可查。坚持工作日报制度，每天编发工作日报。每周编发工作简报，共印发简报47期。围绕臭氧、工地和渣土扬尘污染防治等难题，到外地考察学习4批次。出台《长沙市臭氧污染管控指南》《长沙市轻微污染天气应对方案》《长沙市关于划定禁止使用高排放非道路移动机械区域的通告》等系列文件，指导全市“蓝天保卫战”工作开展。

3. 做好预警研判。每周召开空气质量形势分析会，提前铺排力量在污染高发时段强化督查巡查，在突发性重污染天气或持续污染天气时，加密会商频次，力争精准精确。精准调度应急管控，进入特护期后每天按小时倒排污染余量，通报各国控站点空气质量排名，对污染问题突出的站点实时预警。

（二）强化宣传报道，着力营造良好社会氛围

在新闻报道方面，邀请中央、省、市媒体集中宣传报道，形成强大的宣传效应，全市“蓝天保卫战”中央媒体报道共141条，省、市报道3901条，共4042条。在社会宣传方面，倡导绿色环保的生活方式，利用海报、橱窗、电子显示屏等多种户外广告形式，把“蓝天保卫战”的宣传做到大街小巷，入楼栋、进家庭。在春节、清明节和中元节等重点节点时段禁限烟花鞭炮燃放，号召绿色过节、文明祭祀。在农作物收割季，加大政策法规宣传力度，提高群众禁烧秸秆知晓率和参与度。在典型曝光方面，邀请媒体记者进行“伴随式”采访，直击执法现场，深入报道执法细节，让环境执法走入公众视线，提升政府公信力。坚持用好媒体宣传的曝光利器，在《长沙晚报》开设“蓝天保卫战”曝光台，收到查处一起、教育一片的效果，共曝光典型案例84个。

（三）强化责任落实，着力解决重点难点问题

1. 突出严管重罚，保持高压态势。综合运用夜查、暗查、突击检查，在重点时段、重点行业、重点区域开展巡查，并适时开展问题整改“回头看”，做到日日有行动，周周有进展。全市“六控十严禁”共立案处罚12万余起，罚款金额2.25亿元，移送行政拘留360人。

2. 突出问题导向，实施负面清单。坚持“三级执法、两级巡查”机制，每周7天均安排负责人带队督查。开展市级巡查行动299次，出动执法人员5164人次，检查单位数1124家次，发现环境问题524个，其中524个问题纳入负面清单管理。

3. 突出督查履职，确保工作成效。采取“四不两直”方式开展各类督查巡查，确保情况在一线掌握、问题在一线发现、工作在一线推进。对工作开展不力、责任落实不到位的单位和人员，从严追究责任。在特护期开展部门联合执法，发现问题现场交办。全年印发督查通报6期，书面交办问题87个，现场交办问题122个。全市各级问责干部62人，市本级问责干部33人，其中，就裸露黄土、城区露天焚烧垃圾等问题，启动3次集中约谈，共约谈干部21人；就扬尘管控突出问题，共给予党纪政纪处分12人。

（张　茜）

长沙市“产业项目建设年”工作纪实

2019年，长沙市围绕“产业项目建设年”主题活动，紧扣项目招商、开工建设和创新投入三大关键，加快推动效能提速、实体经济降成本、企业家权益保护、政策落地四大专项行动。市发展改革委发挥牵头抓总作用，集中力量、集聚资源、集约服务，推进产业项目建设各项工作取得良好成效，为全市经济高质量发展提供有力支撑。

一、主要工作成效

1. 重大项目超额完成。1—12月，全市1220个重大项目累计完成投资4047.5亿元（数据来源于重大项目信息系统，下同），占年度计划的120.5%。其中782个重大产业项目累计完成投资2570亿元，占年度计划的121%。287个产业链重大项目累计完成投资907亿元，占年度计划的115.2%。

2. “五个100”成绩优秀。长沙市省“五个100”工程项目任务全面完成，获2019年全省产业项目建设年市州综合评价第一名，在省政府2019年度真抓实干督查激励中受到表扬。1—12月，全市28个省重大产业项目累计完成投资462亿元，占年度投资计划的128.7%。45个省重大科技创新项目累计完成投资40.81亿元，研发投入12.5亿元，分别占年度计划的120.88%和144.08%。29个省重大产品创新项目累计完成投资19.58亿元，占年度计划的128.23%，实现销售收入124.84亿元。全市引进500强项目40个，总投资额726.3亿元，其中世界500强企业24个，首次在全省落户项目7个。年度引进科技创新人才任务40人，引进已到岗科技创新人才74人。

3. 省重点建设项目任务完成。1—12月累计完成投资847.74亿元，占年计划134.1%，比2018年提高27.9个百分点，高出全省平均水平9.6个百分点。其中，苏宁云商湖南电商产业园、动力电池资源化循环利用扩建项目、老百姓医药健康产业园（医药物流中心）、浔龙河生态艺术小镇（二期）等，全部实现竣工投产；格力智能装备产业园、中南源品生物科技园（一期）等续建项目提前实现竣工投产；46个项目均超额完成投资计划。

二、工作推进情况

围绕市委、市政府“产业项目建设年”的决策部署，市发展改革委切实履行职能，狠抓调度，完善机制，优化服务，督促落实，把市委、市政府“项目为王”的要求压紧落实。

（一）通过强有力的科学调度，凝聚大抓产业项目合力

坚决贯彻市委、市政府“抓项目就是抓发展，抓项目就是抓机遇”的要求，将产业项目作为重点，加大统筹管理力度，不断提升项目调度的效用和效率。

1. 搭建合理有效的制度。持续推进“五个一”调度机制，建立健全“新开工”“未开工”“已复工”“未复工”“应竣工”“问题交办”共“六张清单”台账管理、分级调度和分类协调等机制。强化招商项目“三率”的跟踪督促。建立新引进重大招商项目三率“一月一调度”的常态化工作机制，及时了解争资引项情况。围绕“产业项目建设年”总体要求，制定下发《长沙市推进“产业项目建设年”实施方案》《关于进一步加强重大项目调度工作的通知》等文件，明确2019年的工作目标、工作重点、工作举措以及责任分工，制定重大产业项目建设清晰的“路线图”和“时间表”。

2. 把“五个100”项目建设摆在突出位置。把“五个100”项目建设作为“一把手工程”来抓，逐月组织市工信局、市商务局、市人社局、市科技局等“五个100”牵头部门进行会商，对项目的资金投入、建设进度、存在的困难问题建立分类台账，协调项目单位解决项目实施中存在的困难，确保项目稳步推进。

3. 把项目攻坚的氛围切实营造好。开展关键环节攻坚行动，切实推进项目提速提效。为确保全年项目建设任务顺利完成，市发展改革委牵头于2019年10月启动全市重大项目建设“攻坚季”行动，聚焦重大项目储备、履约、开工、建设、投产等关键环节，通过高位推进、高频调度、高压督导等措施，开展“规划储备一批、签约履约一批、开工落地一批、提速提效一批、竣工投产一批、督促指导一批、重点宣传一批、观摩讲评一批”8大攻坚行动。组织召开2019年度产业项目建设年联席办主任会议，统筹研究全市“产业项目建设年”具体工作。先后开展3轮18场次重大项目集中开工、产业项目建设年活动专项督查、在建重大项目抽样调研、开工即停工项目专项督导等活动。建立全市年度观摩项目库完成观摩讲评，联合市委宣传部组织15家省、市媒体开展了产业项目建设年竣工项目的集中采访宣传。

（二）通过实打实的帮扶服务，加快重大项目落

地达效

按照全周期、全链条的理念服务产业项目建设，以“店小二”精神为产业项目协调解决建设过程中的突出问题。

1. 实施“专项小组”这一新模式。成立由市发展改革委、市自然资源规划局、市行政审批局牵头的投融资保障、征拆腾地、审批服务 3 个要素保障工作小组，2019 年先后对中国通号、中兴通讯、中通物流产业园等多个项目的产业落地、施工环境等重大问题进行专题协调调度，切实为项目和企业排忧解难。

2. 抓好联点帮扶这个老法宝。共服务安排 23 位市领导联点重大产业项目 95 个，制订市领导联点帮扶项目计划，对相关市直单位的对口帮扶工作进行了部署。市领导多次现场实地调研督查项目，召开项目现场办公会、专题协调会，牵头协调解决项目建设困难问题。

3. 破解要素保障这一大难题。做好债券融资，积极发行企业债券。优化审批服务。印发《关于进一步规范和优化企业投资项目核准备案工作的通知》，实现企业办理投资项目备案全程“零跑腿”；完成工程建设项目审批流程图优化，将涉及工程建设项目的审批事项从 71 项精简至 59 项。强化水电气等要素保障。进一步简化企业报装流程。强化施工配套环境保障。对项目产业落地、施工环境等重大问题进行专题协调，切实为项目和企业排忧解难。

（三）通过精细化的真督实导，压实项目主体工作责任

把加强督查、抓好落实作为推动项目建设的重要举措，以科学机制传导压力、压实责任，推动市委、市政府相关决策的落实。

1. 坚持“导向”思维。坚持目标导向、问题导向、效果导向，根据各区县（市）、园区和市直部门重大项目申报的实际情况，对全市重大项目建设任务进行全面分解。对市领导联点项目，分发工作手册和帮扶指南，明确对口帮扶单位责任到人到事。对交办的问题，建立问题清单和工作台账，明确具体责任人、工作时限和工作要求。

2. 坚持“实地”思维。坚持到项目一线指导产业项目建设，一般采取“四不两直”方式（不发通知、不打招呼、不听汇报、不用陪同接待，直奔基层、直插现场），比对进度过程照片，比照进度铺排计划，比较项目形象进度，全面真实了解项目建设进展。建立产业链项目建设进度管理机制，对全市 260 个重大产业项目的进度管理进行重点关注，分土地情况、前期手续、报规报建、建设投产 4 个阶段共 28 个节点逐项目明确进度计划。开展密集调研核查，层层传导和压实市委、市政府的要求。组织调研组对全市计划新开工项目进行多次重点核查，主要对各项经济指标运行和重大项目引进、开工、推进等工作进行调研分析，对进一步加快项目履约落地和开工建设提出了具体要求，了解存在的困难问题并进行帮促。

3. 坚持“问效”思维。突出跟踪问效，强化市领导批示事项、督导交办问题等工作的日常跟踪力度，对落实过程中存在的问题及时反馈，办结事项及时销号，实现督查方式由一次性督查向跟踪督查转变，确保督查工作不走过场。发挥绩效考核指挥棒作用，将产业项目建设纳入全市绩效考核范围，助推项目建设发展。（张科琪）

长沙市“营商环境优化年”工作纪实

2019 年，长沙市委、市政府把优化营商环境摆在事关发展全局的重要位置，作为推进高质量发展的“头号工程”，把 2019 年确定为“营商环境优化年”，以便利化、可预期为导向，以切实增强企业和群众获得感为出发点，推进实施效能提速、实体经济降成本、企业家权益保护、政策落地四大专项行动，打造具有吸引力、创造力和竞争力的营商环境高地。

一、主要工作成效

2019 年 7 月，长沙被评为中国国际化营商环境建设标杆城市；10 月，在国家发展改革委组织的全国优化营商环境经验交流现场会上作典型发言；11 月，在全国工商联发布的 2019 万家民营企业评价营商环境报告中，成为唯一入选全国营商环境十佳的中西部城市；在 2019 年赛迪县域营商环境百强县榜单中，长沙县、浏阳市、宁乡市入选全国县域营商环境前 50 强；在全国营商环境评价中被评为包容普惠创新标杆城市，在全省营商环境试评价中名列第一位；在省政府工作报告中省长许达哲充分肯定“长沙营商环境改善得到社会高度认可”。

二、工作推进情况

坚持将营商环境优化和产业项目建设一起抓、协同发

力，组织实施效能提速、实体经济降成本、企业家权益保护、政策落地四大专项行动，推进“营商环境优化年”各项工作，组织接受国家、省营商环境评价，组织开展市对区县（市）、园区营商环境评价等相关工作。

（一）强化统筹协调，凝聚工作合力

1. 高处着眼。立足战略和全局的高度，结合国家营商环境试评价情况和前期调研成果，全面对标杭州和指标标杆城市，研究制定长沙专门的政策体系、考核体系和评价体系；贯彻落实市委十三届八次全会上通过的关于推动制造业高质量发展若干意见，紧扣制造业高质量发展有关要求推进营商环境优化。

2. 高位推动。成立以省委常委、市委书记任组长，市委副书记、市长任副组长，市委、市人大常委会、市政府、市政协主管领导为成员的全市“营商环境优化年”工作推进领导小组，由市委常委、统战部部长兼任办公室主任负责日常工作统筹，同时明确一名牵头市领导和一个总牵头单位负责4大专项行动统筹推进。市发展改革委作为领导小组办公室，安排4名班子成员专门对接联系四大专项行动，协助做好各专项行动的统筹协调和服务保障工作。

3. 高频调度。市委、市政府主要领导坚持“一月一调度、一季一讲评”，及时总结通报工作推进成效和不足，研究解决有关重大问题；领导小组办公室按照先调研后调度的工作方式，组织“一周一调度”，重在解决实际问题，对铺排工作任务切实加强统筹协调，督促各级各部门特别是各牵头、责任单位压实工作责任，确保各项改革优化任务顺利推进。

4. 高阶宣传。积极筹备参加2019中国国际化营商环境高峰论坛，在新华社客户端、环球网、国际在线、中国日报网等推介长沙市典型经验和创新举措；积极对接香港经济导报社，邀请粤港澳大湾区媒体开展《聚焦长沙优化营商环境》主题采访推介；对接《湖南日报》、《长沙晚报》、长沙电视台等各大媒体，全方位展示全市系列举措和经验做法，讲述推进营商环境优化的生动故事，营造“人人都是营商环境、处处都是营商环境”的浓厚氛围，提升了长沙在全国甚至全球范围的影响力和美誉度。

（二）紧盯专项行动，狠抓任务落实

围绕企业反映突出的痛点、难点、堵点问题，推进效能提速、实体经济降成本、企业家权益保护和政策落地四大专项行动。

1. 推进效能提速。下放、取消市级权限204项；全市政务服务事项目录发布，编制6张事项清单；“一网通办”系统上线试运行，依申请类政务服务事项网上办、一次办比例分别达到98.09%、98.49%；组织推进企业开办、水电气综合窗改革，工程建设项目、水电气报装、市场准入“一件事一次办”综合窗运行良好，水电气办理时限平均压缩40%以上；“一件事”实施后，流程、时限、材料、跑动次数等平均提速60%，可办套餐项目和办件量位列全省第一位；“3545”改革目标全面实现，全市市场主体总数突破105万个，市场主体密度居中部省会城市第一位。

2. 推进实体经济降成本。全年为市场主体共减税217亿元，取消、减免、降低市本级行政事业性和服务性收费2.9亿元，为企业降低社保成本31.5亿元，为企业返还补贴失业保险3亿元左右，累计为61.3万人次发放各类奖补资金7.38亿元；为电力用户减少电费支出10.41亿元；试行工业用地“弹性年期出让”，为企业减少前期土地投入成本50%；累计为企业转贷超30亿元。

3. 推进企业家权益保护。制定长沙市政企常态化沟通制度、非公有制经济领域维权联席会议制度、政法机关与工商联协作维护民营企业权益联系机制等工作机制，发布企业合法权益保护十大保护举措，建立民营企业诉求定期梳理、研究、回应与反馈机制，组织召开全市民营企业家座谈会，倾听企业诉求和意见。

4. 推进政策落地。开展“新官不理旧账”专项整治，梳理问题299个，解决问题194个，解决率达64%，部分区县（市）、园区实现清零；加快推进拖欠民营企业中小企业账款清理进度，清欠率93%。搭建长沙市涉企政策发布平台，为企业提供政策信息和资金申报的全方位、“一站式”服务，全年兑现奖补政策资金30.4亿元；创办长沙经理进修学院，举办10期企业中高层管理人员培训班，培训学员1039人。

（三）严格监督考评，确保群众满意

1. 选聘监督员。从2018年开始从各行业遴选聘请100名思想素质高、责任心强的企业家担任营商环境特约监督员，对优化长沙营商环境提出意见和建议，对重要涉企政策出台提供咨询，对各部门形成常态化监督。

2. 建立监测点。统筹考虑重点项目、招商项目、产业链项目、专业市场项目、专业街区、功能集聚区以及不同层级、规模企业（含中小微企业），构建200个固定、200个随机的营商环境监测点，定期进行监测分析，对发现的各类问题，及时抓好整改落实。

3. 强化问题整改。市优化办和各指标牵头单位坚持将“改”字贯穿始终，对上级和领导交办的具体问题、第三方评估指出的问题、国家和省评价中发现的问题及企业反映的突出问题进行全面梳理、集中交办，并实行台账管理，一项一项抓好落实。

4. 严格绩效考评。结合各级各部门职能职责，严格制定区县（市）、园区、市直部门营商环境绩效考核指标和目标任务，强化刚性的考核制度，确保各项工作落实到位。

（吴　慧）

大事记

CHRONICLE OF EVENTS

编辑　吴丫丫

1月

1日 中华人民共和国湖南出入境边防检查总站在长沙挂牌成立。

是日 由友阿股份投资6亿元打造的2751 YOLO城市广场开业，成为长沙首个开放式地铁商业项目。

是日 《长沙市住房保障家庭收入认定办法》1月起实施。根据该办法，长沙市住房保障低收入标准为家庭人均可支配收入每月不高于1893元（含），中等偏低收入标准为家庭人均可支配收入每月1893元（不含）至2524元（含）。

是日 根据《长沙市人民政府办公厅关于提高城乡居民基本养老保险基础养老金和给予城乡低保人员缴费补助的通知》要求，从2019年1月1日起，长沙城乡居民基本养老保险基础养老金增加10元，由每人每月188元调整为每人每月198元。

2日 新一代海关通关系统（H2018）综合业务功能在长沙海关关区启动。

3日 市政府领导出席市第十五届人民政府第四次全体（扩大）会议，审议并原则通过《政府工作报告（审议稿）》。

7—10日 政协长沙市第十二届委员会第三次会议在长沙人民会堂召开。省委常委、市委书记胡衡华出席会议。市政协主席文树勋代表政协长沙市第十二届委员会常务委员会作工作报告。市政协副主席文丽霞代表政协长沙市第十二届委员会常务委员会作十二届二次会议以来提案工作情况报告。

8日 在北京举行的2018年度国家科技奖励大会上。中南大学有10项科研成果获2018年度国家科学技术奖。

8—11日 长沙市第十五届人民代表大会第四次会议在长沙人民会堂召开，省委常委、市委书记胡衡华出席，市委副书记、市长胡忠雄作政府工作报告，长沙各条战线的市人大代表参加会议。

10日 以拥有百年历史的长沙关税务司公馆为载体的“长沙关近代历史陈列馆”向社会公众免费开放。

11日 省自然资源厅在长沙举行不动产登记“最多跑一次”改革汇报会和不动产在线申请及信息共享交换系统启动仪式。

12日 《长沙市国有建设用地使用权二级市场交易管理实施细则（试行）》实施。

14日 《长沙晚报》报道，国家发展改革委发布第25批新认定国家企业技术中心名单，确认111家技术中心和7家分中心具有国家企业技术中心及分中心资格，长沙企业航天凯天环保科技股份有限公司和湖南邦普循环科技有限公司获批。

16日 Skytrax星级机场颁奖仪式在长沙黄花国际机场T2航站楼到达层举行。黄花机场成为国内第五家、中部首家获该评定的千万级客流量机场。

是日 国内首条具有完全自主知识产权的压敏芯片生产线在浏阳高新区启用。

17日 以长沙市中心医院加挂“南华大学附属长沙中心医院”为标志，长沙市人民政府与南华大学达成医教协同战略合作。长沙首次尝试将地方的医疗卫生资源与高校的科教资源跨地区深度融合。

18日 长沙市教育局对外发布《长沙市城区民办学校初中招生工作方案》，从2019年开始，凡与公办学校合作办学的民办学校，其招生计划的50%采用微机派位的方式招生；凡没有与公办学校合作自主办学的民办学校，其招生计划的20%采用微机派位的方式招生。

19日 九元航空开通首条长沙直飞缅甸曼德勒国际航线。

是日 湖南图书馆打造的全新的少儿图书室开放并接待读者。原位于湖南图书馆阅览大楼负一楼的未成年人图书借阅室已经停止使用，并整体搬迁至湖南图书馆阅览大楼后的培训楼一楼，更名为少儿图书室。

20日 湖南省食品安全公共服务平台暨湖南食品安全云在长沙启动，监管人员和生产企业通过扫描云平台上的一个二维码，便能查看到整个生产和监管的过程。

21日 机构改革后新组建的市司法局举行挂牌仪式。市司法局和市政府法制办的职责整合重新组建市司法局，市委全面依法治市委员会办公室设在市司法局。

22日 市行政审批服务局、市数据资源管理局、市应急管理局、市医疗保障局、市文化旅游广电局、市卫生健康委员会、市农业农村局、市市场监督管理局、市物流与口岸办公室、市自然资源和规划局、市城市人居环境局举行挂牌仪式。

23日 市生态环境局、市城市管理和综合执法局举行挂牌仪式。

是日 中国（长沙）跨境电子商务综合试验区启动仪式在长沙金霞保税物流中心举行。《长沙市跨境电子商务产业资金管理办法》对外发布，从支持跨境电商平台建设等7个方面提出资金扶持政策。

是日 “2018湖南政务V影响力峰会”在长沙国际会展中心举行，现场发布2018湖南政务微博城市竞争力奖、2018湖南十大政务机构微博、2018湖南省十大政务发布微博等奖项。其中，长沙获得2018湖南政务微博城市竞争力前五，@中国—长沙、@长沙发布、@长沙县发布等获得2018湖南省十大政务发布微博称号。

是日 2019中国旅游产业发展年会在北京举行，会上公布“2018中国旅游产业影响力风云榜”评选结果，湖南文化和旅游系统有10个项目（单位）入选，成为获奖最多的省份。其中，长沙入选2018中国旅游影响力城

市TOP10，湖南师范大学旅游学院入选2018中国旅游影响力院校社会实践项目TOP10。

24日　市工业和信息化局举行挂牌仪式。

28日　长沙召开“千人帮千企·养老保险缴费费率过渡试点政策推进会”，印发《长沙市养老保险缴费费率过渡试点实施细则》，只要是园区（基地）内的正常参保企业，都可享受到养老保险缴费费率过渡试点政策。

29日　抖音发布《2018抖音大数据报告》，长沙以年度10亿次的点赞量位居全国2018“抖音之城”排行榜第九位。

是日　长株潭“两型社会”展览馆进入开馆试运行阶段。该馆是全国首个以资源节约型、环境友好型社会建设为主题的展览馆。

30日　省发展改革委在长沙举行降低岳麓书院（含中国书院博物馆陈列馆）门票价格听证会。根据听证方案，拟将其普通门票价格从每人次50元降低为每人次40元，降价幅度20%，其他优惠价格按照有关法律法规和政策执行，并且降价不降质。

2月

1日　《长沙市现役军人和残疾军人有关优待暂行办法》实施，对长沙市现役军人和残疾军人给予优先优待服务，对获荣誉称号与立功受奖的现役军人给予奖励。

2日　长沙市委下发《关于市委教育工作领导小组组成人员任职的通知》，明确由市委副书记朱健担任领导小组组长，市委宣传部部长高山、统战部部长谭小平、组织部部长张宏益担任副组长，相关职能部门主要负责人为成员。领导小组秘书组设在市教育局，由市教育局党委书记、局长卢鸿鸣任秘书组组长。

13日　长沙市产业项目建设年暨营商环境优化年工作推进大会召开，会上印发《长沙市“营商环境优化年”实施方案》。

21日　中南大学湘雅医院启动“紫飘带”干细胞公益储存及临床研究项目合作。湘雅医院是全国第一批、湖南省首家干细胞临床研究机构。

22日　中央广播电视总台《中国经济生活大调查》发布2018—2019年度“美好生活指数”最高的10个省会城市和直辖市榜单，长沙上榜。

25日　芙蓉区政府与上海人寿堂养老服务（集团）有限公司举办芙蓉区社会福利中心委托运营项目签约仪式。

26日　凌晨2时30分，长沙黄花国际机场首条跨境电商出口全货运包机航线开通。该航线由长沙飞曼谷，一周3班。

27日　长沙31个“星城快警”平台运行。它们是在2018年12月26日试运行的10个试点平台的基础上，根据城区街面治安、道路交通状况，按照“1、3、5分钟”的处置原则，进一步优化布点而设立的。

28日　由人工智能领域“独角兽”企业——北京地平线信息技术有限公司与湖南湘江新区共同打造的湘江地平线研究院揭牌，湖南湘江地平线信息技术有限公司同期成立。

是日　中国文明网公布全国2018年学雷锋志愿服务“四个100”先进典型名单，长沙一位志愿者和一个志愿服务组织上榜，分别是芙蓉区荷花园街道德政园社区志愿者池凤英和长沙市雨花区群英公益发展促进中心。

是月　长沙市政府印发《关于做好促进就业工作的实施意见》，出台22条措施促进就业。

是月　国家知识产权局办公室和教育部办公厅联合公布首批全国中小学知识产权教育示范学校，全国25所中小学入围，其中长郡芙蓉中学是湖南唯一一所。

3月

1日　教育部基础教育课程教材发展中心、课程教材研究所普通高中生物学科（长沙）教研基地在长沙市教育科学研究院揭牌，是全国继北京市海淀区之后的第二个市级教育基地。

2日　长沙火车南站首次开通始发到大连的高铁。

4日　长沙市举行“雷锋家乡学雷锋　雷锋精神代代传”系列活动启动式，现场发布首届“雷锋传人　长沙榜样”名单，省委常委、市委书记胡衡华宣布活动启动。

5日　湖南省首届社区文化节启动仪式在长沙举办。

6日　中南大学湘雅三医院推出湖南省首个医院三维实景导航系统。

是日　湖南全路通网络科技有限公司在星沙区块链产业园揭牌成立，该企业推出湖南省高速公路不停车手机移动支付系统项目，是国内唯一一个在全省范围内实施的高速公路不停车手机移动支付项目。

7日　市政府办公厅发布《关于印发长沙市林业生物灾害应急预案的通知》，面向社会公布长沙林业生物灾害应急组织机构及职责划分、指挥体系，林业生物灾害预警级别分为一般（Ⅳ级）、较大（Ⅲ级）、重大（Ⅱ级）和特别重大（Ⅰ级）四级，并分别用蓝色、黄色、橙色和红色标示。预案自公布之日起实施。

是日　长沙市举行普通国省道交通标志调整工程项目开工仪式，调整工程涉及全市范围内的普通国省道1180千米，将根据国省道线路变化对相关标志做相应调整，合理设置交通标志，进一步提高公路网的服务效率、质量和水平，6月底工程全部完成。

11日　2018中国田径协会马拉松年度新闻发布会在厦门召开。2018长沙国际马拉松赛被授予“中国田径协会金牌赛事”称号。

13 日　新组建的开福区物流与口岸服务中心挂牌成立，是长沙首个物流与口岸服务中心。

14 日　一列满载俄罗斯木材的专列抵达长沙铁路北站，标志着中欧班列（俄罗斯—长沙）首列俄罗斯木材进口班列进入湖南，并进入常态化运营。

18 日　市发展改革委官网公布《关于提升服务业规模与质量的若干措施》，4 月 1 日起生效。

20 日　中央文明办公布 2018 年文明城市年度测评结果，对 2018 年测评成绩排名靠前的 10 个城市给予通报表扬，长沙位列第十位。

24 日　在中国通号长沙产业园，首列长沙产有轨电车下线，首批 17 列电车将发往甘肃天水。

27 日　湖南省出版物发行业协会、长沙市出版物发行业协会发布 2018 年度“长沙人最喜爱的 10 本书”评选结果，《习近平新时代中国特色社会主义思想三十讲》等图书入选。

28 日　长沙市首届“雷锋传人 长沙榜样”先进事迹首场报告会在岳麓区举行，介绍刘习明、朱豫刚、池凤英、彭友良、周美玲 5 位“长沙榜样”的故事。

是日　长沙市公安局与长沙市群防群治联合会共同举行新闻发布会，宣布“互联网＋群防群治”平台暨“星城园丁”APP 上线运行。

31 日　湖南移动与三一重工、中兴通讯在长沙签署数字化服务领域战略合作协议，共同打造湖南省首个 5G 智能制造产业园区。

3 月 31 日—4 月 3 日　2019 长沙媒体艺术节暨“一带一路”青年创意与遗产论坛在长沙铜官窑举行。85 个国家的 124 名青年代表共同讨论、撰写，通过了《长沙倡议》，该倡议被纳入第二届“一带一路”国际合作高峰论坛成果清单。

4月

1 日　长沙与华为签署合作框架协议，共建先进智慧城市。省委常委、市委书记胡衡华会见华为技术有限公司副董事长、轮值董事长徐直军一行，并共同见证签约。

是日　市政府办公厅印发的《关于促进园区改革和创新发展的实施意见》施行。

是日　湖南阿波罗智行科技有限公司举行揭牌仪式，百度集团人工智能——智能驾驶项目落地长沙。

1—3 日　2019 互联网岳麓峰会在长沙举行。市移动互联网产业链推进办公室联合亿欧智库编写的《2019 长沙互联网发展白皮书》发布。2018 年长沙互联网发展指数为 223，在全国直辖市及省会城市中排名第六位，在中部地区排名第一位。

2 日　长沙市人民政府与中国移动通信集团有限公司签订战略合作框架协议。双方以中国移动和包支付为核心，将长沙打造成“移动支付第三城”。

是日　长沙市人民政府与腾讯签署战略合作协议，共同打造城市运行管理的“超级大脑”。

3 日　中国首台中低速磁浮智能巡检车在中国铁建重工集团长沙第二产业园下线。

是日　湖南师范大学县级融媒体建设研究中心挂牌成立，是国内高校设立的首家县级融媒体建设研究机构。

11 日　位于长沙月亮岛片区的汉长沙国考古遗址公园开工建设。

12 日　中国土木工程詹天佑奖 20 周年庆典暨第 16 届颁奖典礼在北京举行。由长沙轨道公司建设的长沙磁浮快线工程和营盘路湘江隧道工程获第 16 届中国土木工程詹天佑奖。

16 日　2019 湖南（长沙）—粤港澳大湾区加工贸易招商推介会在深圳举办。12 个优质加工贸易项目签约落户长沙。

是日　2019 湖南—粤港澳大湾区投资贸易洽谈周跨境电商合作对接会在深圳举行。7 个优质跨境电商项目现场签约，网易考拉、亚非同盟、东莞市斑鹿供应链、深圳递四方等一批优质项目落户长沙。

是日　德国 Romaco 集团在中国设立的首家实验室——诺脉科（中国）固体制剂工艺中心在宁乡举行揭幕仪式。

17 日　在 2019 年湖南—粤港澳大湾区投资贸易洽谈周的“湖南对接大湾区·推动港湘科技创新融合发展专题对接会”上，湖南湘江智能科技创新中心与长沙北斗产业安全技术研

2019 年 3 月 28 日，长沙市首届“雷锋传人 长沙榜样”先进事迹首场报告会在岳麓区举行

市地方志编纂室　供图

究院有限公司、香港理工大学签订合作意向协议，联合共建北斗智能可信导航（香港）研究院。

18日　中央扫黑除恶第16督导组第3小组从4月18日起进驻长沙市开展为期一周的实地督导。长沙市扫黑除恶专项斗争工作汇报会召开，中央扫黑除恶第16督导组副组长马瑞民出席并讲话，省委常委、市委书记胡衡华汇报长沙市扫黑除恶专项斗争工作开展情况。

20日　长株潭城市群一体化发展市长联席会议在长沙召开。会议聚焦市民最为关注的基础设施和公共服务一体化领域，三市在长株潭一卡通建设、信用体系建设、城际轨道交通建设和物流枢纽建设4个方面达成框架合作协议。

23日　联合国教科文组织数字图书馆收录经过审定后的《长沙倡议》，并在丝绸之路在线平台网站公布《长沙倡议》的中英文版。

20—21日　2019年中华龙舟大赛（长沙·芙蓉站）在浏阳河芙蓉区段东屯渡大桥与人民东路浏阳河大桥间水域举行。

22日　长沙企业国科微与龙芯中科战略合作签约暨国内首款全国产固态硬盘控制芯片发布仪式在北京人民大会堂举行。

是日　马栏山（长沙）视频文创园与华为技术有限公司、湖南联通、芒果TV四方签约战略合作，湖南联通万人邀约体验5G大行动同步启动。

24日　2019年“中国航天日”主场活动在长沙开幕。主体活动包括2019年中国航天大会等30余场系列活动。

24—27日　“院士专家长沙行”暨中国工程院“互联网+”行动计划（2035）项目中期研讨会在长沙举行。

28—30日　中央宣传部组织中央媒体到长沙开展“壮丽70年 奋斗新时代——推动高质量发展调研行”主题采访活动。

29日　铁建重工自主研制的全国首台煤矿大断面快速掘锚成套装备在长沙下线。

是日　长沙首个本地龙虾交易平台——望联小龙虾专业交易市场开市。

是月　长沙市享受失业保险待遇人员不需要再按月到社区签到，失业保险金按月由代发银行直接发放至个人社会保障卡或个人银行账户。

是月　教育部公示2019年度“智慧教育示范区”建设项目名单，全国有8个地市和区县入选创建区域名单，长沙市成为创建区域之一。

是月　长沙市政府办公厅发布《关于支持“长沙·中国隆平种业硅谷”加快建设发展的意见》，从科技、人才、用地、融资、企业集聚等方面出台一系列支持政策，支持种业硅谷发展。意见自4月起施行，有效期5年。

5月

1日　《长沙市文明行为促进条例》经长沙市第十五届人民代表大会第四次会议通过，湖南省第十三届人民代表大会常务委员会第十次会议批准，是32年来长沙第一部提请人民代表大会审议的与经济社会生活相关的地方性法规，也是湖南首部关于文明行为促进的专项法规。5月1日起实施。

是日　《长沙市养犬管理条例》经长沙市第十五届人民代表大会常务委员会第十八次会议通过，湖南省第十三届人民代表大会常务委员会第六次会议批准，5月1日起实施。

是日　《关于支持工业互联网平台建设和应用的若干政策》实施，有效期至2021年12月31日。

是日　长沙移动与长沙IFS达成战略合作，共同打造中国第一个规模部署的5G智慧商业综合体。

6日　长沙城市形象标识、宣传口号、歌曲征集活动公布入围作品名单，包括8件城市形象标识、10条城市形象宣传口号、6首城市形象歌曲。

8日　总投资额近10亿元的索恩格新能源汽车技术全球研发中心和索恩格工业园二期项目在长沙经开区开工建设。省委常委、市委书记胡衡华宣布项目开工。

是日　省委常委、市委书记胡衡华主持召开市委人才工作领导小组2019年第一次会议。会议听取全市人才工作情况汇报，审议通过2019年全市人才工作要点、长沙市高层次人才分类认定目录，研究“长沙人才政策22条”相关细则办法修改完善事宜。

是日　国务院办公厅印发《关于对2018年落实有关重大政策措施真抓实干成效明显地方予以督查激励的通报》，其中，长沙5项工作上榜（市一级2项、浏阳市2项、长沙县1项）。

9日　第三届“中国福”城市文化交流活动在开福区开幕，节会持续两天，国内外福文化研究专家学者和全国8个以“福”命名的城市嘉宾代表汇聚，深入挖掘“中国福”文化内涵，弘扬和传承福文化，搭建以“福”命名的城市间的交流平台，实现各城经济与文旅融合发展。

10日　5G数字化产业联盟暨5G+计划启动仪式在长沙举行，湖南移动与湖南湘江新区、华为技术有限公司、湖南大学等合作伙伴签署战略协议，成立5G数字化产业联盟，共同加快5G应用创新发展。

是日　湖南省首个5G网络全域覆盖区AI应用发布会在天心区举行，标志着天心区作为全省首个完成5G基础网络全覆盖的城区。

是日　长沙市城市建设院士专家工作站授牌成立，中国工程院院士、清华大学学术委员会主任聂建国作为首位院士入站。“城建大讲堂”城市建设可持续发展论坛在长沙举行，聂建国和中国工程院院士陈湘生、联合国人居环境署中国项目主任张振山等10名专家进行报告讲座。副市长廖建华为院士专家工作站授牌并参加论坛。

11日 校企产学研合作“同济—三友人才联合培养基地”签约暨揭牌仪式在长沙举行。同济大学、湖南三友环保科技股份有限公司共同签署《人才联合培养基地合作协议》和《产学研课题合作协议》。

是日 “幸福长沙 健康生活”长沙首届健康生活节在湖南烈士公园举行。省会多家大医院的30位名医受聘为首批长沙晚报社“三湘名医智库”专家，其中15位名医现场义诊。

13日 2019海上丝绸之路保护和联合申报世界文化遗产城市联盟联席会议在南京召开。长沙市签署《海上丝绸之路保护和联合申报世界文化遗产城市联盟章程》，标志着长沙加入海丝申遗城市联盟。

14日 2019全球高端制造业大会在长沙开幕，现场发布《全球高端制造业长沙宣言》。60余个国家和地区的全球重要企业领导人、政府官员、国际知名专家学者、著名投资家、金融家参加大会。

是日 2019中国—东盟媒体合作论坛在北京举办。论坛期间，长沙市人大常委会副主任张智勇与泰国清迈市市长沈泰安进行交流。长沙和泰国清迈作为主宾城市举行“长沙遇见清迈”互动推介会。

15—18日 2019长沙国际工程机械展览会在长沙国际会展中心举办，以“智能化新一代工程机械”为主题。总展示面积21.3万平方米，设混凝土机械、起重机械等14个展区，国际标准展位约6000个，1150家中外工程机械企业参展。

是日 全国妇联“家家幸福安康工程”启动部署暨2019年度全国最美家庭揭晓会在北京举行，999户家庭获“全国最美家庭”称号，湖南30户家庭名列其中，其中有6户长沙家庭。

16日 澳门濠江中学与长沙市长郡中学缔结姊妹学校签约仪式在长郡中学举行。

是日 长沙海关对免予办理强制性产品认证（3C免办）的进口汽车零部件试点实施“先声明后验证”的便利化措施。

是日 第18届全国群星奖舞蹈类决赛第二场比赛在上海东方艺术中心上演。长沙市特殊教育学校“翼之梦”艺术团听障女子群舞节目《呼唤》入围前21强，作为湖南省唯一一部舞蹈作品进入决赛。

17日 2019国际工程机械主机企业采购对接暨新技术、新产品推广大会在长沙国际会展中心召开。包括三一重工、中联重科、山河智能、中国铁建等主机企业及众多国内外配套件企业参加，签约金额94.1亿元。

是日 湖南联通在全省14个市州同时开展万人邀约体验5G大行动暨首届公众开放日活动。在开福区万达广场，湖南联通负责人通过5G网络拨通长沙到岳阳的第一个5G视频电话，实现跨市州间的5G视频电话互通。

是日 全国教科文体系统工会思想政治工作会议在长沙召开，市教育局党委书记、局长卢鸿鸣在会上作“让教育工会成为教师思想政治工作的生力军”经验交流。

18日 中国工业与应用数学学会总部办公基地落户长沙经开区星沙区块链产业园。省委常委、市委书记胡衡华，中国科学院院士、中国工业与应用数学学会理事长张平文共同为总部基地揭牌。

是日 2019年“5·18”国际博物馆日中国主会场活动开幕式在湖南省博物馆举行，展览持续到7月18日，主题是“作为文化中枢的博物馆：传统的未来”。

是日 以“科技强国 科普惠民”为主题的2019年湖南科技活动周在湖南农业大学启幕。活动现场颁发全国科技管理系统先进集体和先进工作者奖，2018年全国优秀科普作品奖、第八届湖南省优秀科普作品奖，表彰2019年全省科普讲解大赛优胜者奖。

20日 为期5天的第15届中国（深圳）国际文化产业博览交易会落幕。长沙市委宣传部获优秀组织奖，长沙市展团获优秀展示奖，长沙馆展品在文博会“中国工艺美术文化创意奖”评选中取得3金1银3铜的成绩，金奖数量刷新长沙获奖纪录。

是日 现当代艺术研究中心在湖南师范大学挂牌成立，为湖南首家以“现当代艺术”为研究对象的学术机构。

21日 长沙举行全市“产业项目建设年”“营商环境优化年”工作推进讲评会，落实省委“以产业比实力、以项目论英雄”导向要求，对全市“两个年”工作进行回头看、再部署。省委常委、市委书记胡衡华出席并讲话。

是日 第12届中国艺术节全国优秀美术书法篆刻作品展览在中华艺术宫开幕，长沙9件美术、书法、篆刻作品入展。

是日 “国防万映”2019年度重点工作发布会在北京举行，会上发布中华人民共和国成立70周年爱国主义题材影片展映片目，由潇湘电影集团、湖南湘绣城集团联合出品的电影《国礼》，入选将在全国公映的优秀国产影片名录。

22日 《长沙·中国隆平种业硅谷发展规划（2019—2025年）》《长沙市人民政府办公厅关于支持“长沙·中国隆平种业硅谷”加快建设发展的意见》发布，长沙出台21条新政，支持以隆平高科技园为核心区加快“种业硅谷”建设。

是日 长沙市首批28台环卫新能源纯电动车交车，月底全部上路运行。

23日 “金融科技 湘江赋能”

湖南金融中心金融科技专项政策发布暨湘江金融科技孵化器揭牌仪式举行。为中部地区首个金融科技孵化器，有6000余平方米空间。

23—24日 2019中德智能制造合作高峰论坛暨中德智能制造合作企业对话工作组全会在长沙举行。以“创新引领 智造未来”为主题，包括实地考察、专家会议、科技讲堂、主旨演讲、高峰对话等环节。

24日 第一财经旗下城市数据研究项目新一线城市研究所在上海发布《2019城市商业魅力排行榜》。长沙位列“新一线”城市第九位，比2018年上升一位。

是日 长沙和佛罗伦萨双城经济文化深入合作项目启动，两座历史文化名城将举办一系列艺术、文化、商贸等活动。

是日 湖南商用密码产业示范基地授牌及建设推进会在长沙高新区中电软件园举行。

26日 长沙地铁4号线一期工程载客试运营。

是日 2019年长沙市城区小升初微机派位进行志愿填报，城区民办和公办初中学校招生同步进行，实行微机派位和自主招生相结合的方式录取，实行多校划片的小学毕业生，可同时填报公办、民办学校志愿。

26—27日 中央电视台新闻联播“壮丽70年奋斗新时代——推动高质量发展调研行”栏目，分别以《湖南长沙：全力打造“智造”之城》《湖南长沙：全力构筑营商环境新高地》为题报道长沙。

28日 “长沙市雷锋学校室外显示屏”“湖南湘江新区国土规划局倾斜摄影模型制作”两宗政府采购电子化试点项目完成交易，标志着长沙市政府采购交易进入全流程电子化的新阶段。

30日 省委常委、市委书记胡衡华会见美国驻华大使泰里·布兰斯塔德一行，双方就企业合作、人员互访、教育文化等领域交流意见。

是日 长沙黄花国际机场（简称长沙机场）在2号航站楼举办主题为“我们‘经长飞’‘湘’约在长沙”的中转服务品质提升启动仪式。长沙机场公布缩短MCT时间（中转衔接最短时长）和中转延伸服务产品等重要信息。

是月 市自然资源和规划局、市教育局、市妇联联合出台《长沙市创建儿童友好型城市三年行动计划（2018—2020年）》。

6月

2日 长沙市张家界商会成立暨招商引资推介会在华天大酒店总店举行，300余位张家界籍企业负责人及各界嘉宾参加。杨秀当选长沙市张家界商会首届会长。

3日 由意大利驻广州总领事馆主办的意大利国庆招待会在长沙举行，意、中嘉宾共庆意大利共和国成立73周年。活动现场，长沙华谊兄弟电影小镇获授牌“中意文化交流平台”。

是日 泰国先皇技术学院（KMITL）与三一重机签署合作备忘录，双方在人才培养、技能认证等领域开展深度合作。

6日 长沙市首个“养老顾问”服务站服务签约仪式举行，市第一社会福利院和雨花区芙蓉南路社区就今后的服务项目、服务人群、合作方式等达成共识并签订合作协议。该服务站是全省乃至中部地区设立的首个“养老顾问”服务站。

是日 湖南大学公共管理学院与长沙市城市管理和综合执法局签署战略合作协议，成立“湖南大学—长沙市城市管理和综合执法局城市管理联合研究基地”。

7日 长沙国际马拉松赛被授予“国际田联路跑铜标赛事”称号。

8日 文化和旅游部非遗司及相关机构在广州召开2019年“文化和自然遗产日”优秀案例发布会，集中发布“非遗”与旅游融合、国家级“非遗”代表性项目保护实践、传统工艺振兴3个方面的优秀案例。2个长沙项目入选，分别是“湖南长沙：非遗馆让非遗项目活态发展”入选“非遗”与旅游融合优秀案例，传统中医药文化（九芝堂传统中药文化）入选国家级“非遗”代表性项目保护实践优秀案例。

10日 在中国生物产业大会上，火石研究院、中国生物工程学会面向全球首发“中国生物医药产业发展指数”（China Biomedical Industry Barometer，简称CBIB），同时公布首批成分机构名单，长沙成为20个成分城市之一，长沙高新技术产业开发区、浏阳经济技术开发区入选20个成分园区名单。

11日 由教育部主办的2019年全国职业院校技能大赛中职组“现代模具制造技术·注塑模具技术”赛项中，长沙县职业中专学生王唯、谢栋两名选手获全国团体一等奖，创湖南省参加该赛项历史最好成绩。

12日 在智慧眼总部落户长沙高新区签约仪式上，智慧眼与华为技术有限公司签订战略合作协议，双方在人工智能等领域展开深度合作。

是日 在农业农村部、财政部共同公布的2019年国家现代农业产业园创建名单中，长沙市芙蓉区现代农业产业园入选。

13日 湖南广电主办的大型直播报道《连线红土地》在长沙清水塘的中共湘区委员会旧址暨毛泽东杨开慧故居启动。

是日 湖南省储能产业链知识产权公共服务平台一期启动仪式在宁乡高新区举行，宁乡高新区依托湖南省高等院校知识产权运营服务中心，建设湖南省先进储能产业知识产权公共服务平台。

15日 2019年长沙市小学毕业

生升初中城区联合微机派位在天心区长郡外国语实验学校举行。民办、子弟学校首次同步参加派位。

16日　长沙市新一代半导体产业发展合作交流会在北京召开。市工信局介绍长沙新一代半导体产业发展情况，湖南湘江新区、长沙高新区、望城经开区、浏阳高新区分别推介园区半导体产业承接情况。

20日　住房和城乡建设部、文化和旅游部、国家文物局、财政部、自然资源部、农业农村部6部门，联合公布《第五批列入中国传统村落名录的村落名单》，长沙县开慧镇开慧村和浏阳市小河乡潭湾村入选。

21日　市政府召开新闻发布会，发布《长沙市关于进一步促进人工智能产业发展的意见》和以《长沙市智能网联汽车道路测试管理实施细则（试行）V2.0》为核心的6项涉及智能网联汽车公共道路测试的管理规程，并一次性为5家企业发放49张测试牌照。

是日　全国残疾人脱贫先进事迹巡回报告会湖南报告会在长沙举行，7位全国残疾人脱贫攻坚优秀代表现场分享他们的感人经历。

22日　中国信息通信研究院中南基地在长沙经开区揭牌成立。工信部总经济师王新哲，省委常委、市委书记胡衡华共同揭牌。

24日　中国社会科学院（财经院）与经济日报社共同发布《中国城市竞争力第17次报告》。长沙的城市层级被定为一、二线城市，综合经济竞争力排名进入全国前20位，可持续竞争力和宜居竞争力排名分别为第22位和第14位。其中，长沙的宜居竞争力在中部城市中排名第一位。

25日　长沙简牍博物馆举行简博最新合作成果新闻发布会，发布会上进行“故宫研究院长沙简牍研究中心”揭牌、长沙简牍博物馆与北京师范大学签署战略合作备忘录并授牌、《长沙走马楼吴简书法研究》新书发布3项活动。

26日　《中非经贸合作案例方案集》新书首发暨“网上中非经贸博览会”上线启动仪式在长沙举行。以中、英、法3种语言推出《中非经贸合作案例方案集》，全套书籍共6册。

是日　为期7天的2019年发展中国家粮食安全部长级研讨班暨发展中国家粮食安全高级别论坛在长沙举办。中国工程院院士袁隆平、世界粮食计划署驻华代表屈四喜、中国商务部国际商务官员研修学院副院长何定等嘉宾出席论坛。

27日　2019湖南与央企对接合作大会在长沙举行，56家中央企业和部分驻湖南央企共400余人参加。大会举行项目签约仪式，现场签约项目56个。签约项目涵盖41家单位，涉及13个市州，投资总额约5222.46亿元。

是日　长株潭城市群人力资源市场一体化专项小组会商会在长沙市人力资源服务中心召开。长沙、株洲和湘潭三市人力资源公共服务中心共同签署《长株潭城市群人力资源市场一体化建设一致行动书》，并发布《长株潭城市群人力资源市场一体化行动方案》《长株潭城市群人力资源市场一体化建设方案》，会议明确，三市将建立联席会议制度和联合招聘活动制度。

是日　中乌（中国—乌干达）经济合作暨中乌现代经济开发特区招商推介会在长沙举行，一批中乌经贸合作项目在会上签约。

27—29日　第一届中国—非洲经贸博览会暨中非经贸合作论坛在长沙举行。博览会以“合作共赢，务实推进中非经贸关系”为主题。中共中央政治局委员、国务院副总理胡春华出席开幕式，宣读习近平主席贺信并致辞。该届博览会签署84项合作文件，涉及金额208亿美元。外宾1600余名、内宾5000余名以及3500余名境内外参展商、采购商和专业观众参加，规模逾1万人。博览会举办14场活动和五大板块的展览展示。

27—29日　2019（长沙）国际稻作发展论坛——中非稻作发展研讨会举行，进行9场大会报告和4个分论坛报告。马达加斯加、埃及、马里、肯尼亚等9个非洲国家及越南、柬埔寨、美国、多米尼加等国家的500余名专家围绕稻作学术研讨及杂交水稻技术在非洲地区的推广应用等共同“论稻”。

28日　2019湖南与央企对接合作活动长沙专场启动。长沙签约项目19个，总投资额283亿元。

是日　2019中非民营经济合作论坛在长沙举行。现场签约11个合作项目。中非民营经济合作论坛是中非合作论坛的14个分论坛之一。民营企业和非洲政府部门的10位嘉宾分别围绕“聚焦宏观层面中非制造业合作潜力、机遇，助力非洲工业化建设”和“聚焦环保、电子产品、高端制造等细分领域中非制造业合作新趋势，助力非洲民生改善”话题进行互动交流。

是日　中非经贸合作磋商会举办。现场签约9个重大项目，涉及基建、电力、金融合作等多个领域，签约额总计62.85亿美元。磋商环节达成意向合作项目（协议）29个。会上，非洲政府部门和企业的230余位代表，以及中国政府部门和企业的490余位代表面对面沟通交流，共商合作。

29日　湖南（高桥）非洲商品展销馆开馆，是中非经贸博览会下唯一、长期性线下展示展销平台，总建筑面积2000平方米，融合非洲文化特色，全方位展示非洲特色产品，为非洲优质商品进入中国流通市场搭建展示贸易大平台。湖南高桥大市场建设的湖南出口产品集聚区对外营业，总面积2.4万平方米，汇聚众多湖南出口优势产业。

30日　中南源品干细胞科技园开园，标志着湖南首个干细胞与再生医学科技园启用。

7月

1日　中国共产党长沙历史馆开馆，省委常委、市委书记胡衡华宣布开馆，该馆位于长沙市八一路538号。

是日　位于望城经开区的长沙智能终端产业双创孵化基地项目通过竣工预验收，标志着湖南省最大电子类厂房工业园完成交付。

是日　“中国工农红军湖南长沙陈树湘红军小学”授旗、授牌仪式在长沙县福临镇举行。

是日　位于长沙市政务服务中心1楼A区的长沙市工程建设项目审批综合服务窗口启用。涉及工程建设项目的报建审批，办事人员在一个窗口就能解决。

2日　2019中国国际化营商环境高峰论坛暨《中国城市营商环境投资评估报告》发布会在北京举行，长沙市被评为“中国国际化营商环境建设标杆城市”，浏阳市被评为“中国国际化营商环境建设示范县（市、区）”。

是日　腾讯云以5.2亿元中标长沙市城市超级大脑项目。该项目是腾讯城市发展解决方案“We City未来城市”的首个落地项目。

是日　《长沙市促进快递业高质量发展三年行动计划（2019—2021年）》出台。以争创“中国快递示范城市”为目标，计划通过实施“九大工程”推动全市快递业高质量发展。

4日　2019全国政法智能化建设研讨会在北京召开。长沙市公安局的“互联网＋群防群治”平台获全国智慧警务“十大创新案例”。

6日　长沙举办新一代半导体产业链建设合作交流暨集中签约活动。20个材料、芯片器件、智能制造和应用等项目现场签约。由清华大学等20家国内一流高校、行业龙头企业联合筹建的长沙新一代半导体研究院揭牌运行。

是日　长沙方特东方神画主题乐园举行开园仪式。

是日　由长沙和湘潭两市共同组建的湖南长株潭轨道交通西环线建设有限责任公司挂牌成立。

7—8日　主题为“智汇宁乡　引领未来”的2019宁乡英才大会之装备制造专家对接会举行，宁乡装备制造产业专家指导委员会成立。

7—9日　2019中国北京世界园艺博览会开展“湖南日”主题活动。7日，世园会“湖南日”长沙专场推介活动举行，以“山水洲城·魅力长沙”为主题，通过文化旅游、绿色产业推介等环节，展现长沙生态文明建设和绿色产业发展成果。

10日　长沙市人民政府与国家信息中心战略合作签约仪式在长沙举行。

2019年7月1日，中国共产党长沙历史馆开馆　　市地方志编纂室　供图

是日　2019第八届长沙金融服务节暨金融助力“两个年”活动开幕。以“服务实体经济　践行普惠金融”为主题，该届金融服务节策划“三大板块、十大主题活动”，包括大型银企对接会、金融服务长沙“两个年”活动论坛等一系列特色活动。

12日　宁乡经开区管委会与长沙市南雅中学签约合作办学。9月，位于宁乡经开区的南雅·宁乡蓝月谷学校对外招生。

17日　省委常委、市委书记胡衡华主持召开市委常委会2019年第17次会议，传达学习习近平总书记在中央政治局第十五次集体学习时的重要讲话精神及省委常委会会议有关精神，传达学习省委十一届八次全会精神，研究部署相关工作。

是日　住房和城乡建设部在长沙召开全国城市体检试点工作经验交流会，长沙、广州、南京、厦门、成都等11个全国首批城市体检试点城市相关负责人，以及城市体检工作专家学者共同交流城市体检试点工作。

18日　财政部、住建部对2019年中央财政支持住房租赁市场发展试点入围城市名单进行公示，长沙成为16个入选城市之一。

19日　人工智能制造业产业联盟成果发布会暨中电互联周年庆祝会在长沙举行。活动发布“中电SMTOS工业互联网平台”“基于工业互联网的数字零售云平台”“运用稳健设计技术优化波峰焊工艺成果”“科技金融服务支撑体系”4项成果。

20日　由长沙市牵头负责、助推长株潭加快融城步伐的“三干两轨”项目进入全面实施阶段。“三干两轨”项目即芙蓉大道、洞株路、潭州大道快速化改造项目和长株潭城际铁路“四完善两加快”、长株潭轨道交通西环线项目。

23日　潭州大道快速化改造工程（连塘路—莲坪大道段）开工建设。该项目北起长沙西二环，南至湘潭北二环，全长约30.9千米，其中长沙段约 16.2 千米，湘潭段约 14.7 千米。

是日 “2019 年湖南工业 4.0 创新中心投入运营暨人工智能及机器人产业链交流对接会”在湖南省机器人产业集聚区（长沙雨花经济开发区）举行。活动现场，高端零部件智能制造生产基地项目、小型千兆以太网智能车载相机合作项目等 9 个智能制造产业项目签约。

26 日 中国铁建重工集团有限公司自主研制的国产首台新型千米级水平取芯钻机下线。

27 日 国家农副产品质量监督检验中心（湖南）长沙酒类分中心通过国家市场监管总局验收，成为中南地区又一个综合性酒类检验检测中心。

28 日 长沙县果园镇浔龙河村入选文化和旅游部公布的第一批全国乡村旅游重点村名单。

29 日 《关于加快推进长沙教育现代化的实施方案（2019—2022 年）》出台。

31 日 省政府新闻办公室召开新闻发布会，发布湖南首批十个农业特色小镇，浏阳市花木小镇入围。

是月 从 7 月开始，湖南 15 条高速公路进行命名编号调整。调整后，湖南的国家高速公路由更名前的 9 条增加至 15 条，另外有 9 条高速公路的编号将进行调整。

是月 国家知识产权局发布通知，宣布全国 19 个园区为国家知识产权示范园区，望城经开区获批。

是月 长沙市完成企业退休人员基本养老金调整工作，调待政策惠及 33.6 万企业退休人员，其中市本级 25.1 万人。人均增加养老金 145 元，调整后全市企业退休人员月人均基本养老金 2600 元，市本级企业退休人员月人均基本养老金 2870 元。

是月 市政府办公厅印发《长沙市进一步扩大利用外资促进经济高质量发展的若干措施（试行）》，明确鼓励外资投向先进制造业，扩大服务业利用外资范围。

8 月

1 日 长株潭城市群一体化发展常务副市长联席会议在长沙举行。会议研究长株潭城市群一体化发展推进情况、下步打算等。长沙市委常委、常务副市长夏建平主持会议。株洲市委常委、常务副市长何剑波，湘潭市副市长向敏出席。

是日 5 时 32 分，中国首款按照最新国际适航标准、具有自主知识产权的干线民用飞机——C919 大型客机第四架试飞飞机 104 架机完成其首次试验飞行任务。104 架机使用的起落架，产自长沙航空工业起落架航空园，起落架实现首次国内的总装和交付。

2 日 “创业中华·兴业湖南·智汇星城”——第五届侨商侨智聚三湘（长沙）活动开幕式暨高层次人才论坛在长沙举行。设置宣传片展示、主题论坛、人才签约、高层次人才与项目对接洽谈会、创新创业示范园区考察参观等板块，英、德、美等 10 余个国家和地区的 140 余名海外博士及侨领侨商、30 余位长沙市侨商会企业代表、43 家长沙相关企业参加。

6 日 腾讯（长沙）智慧产业总部在长沙揭牌成立。

是日 市政府办公厅印发《关于着力构建长沙四小时航空经济圈的通知》。

8 日 2019 年全国政务热线发展高峰论坛系列活动在北京举行，长沙市“12345”市民服务热线获 2019 年度全国政务热线“最佳管理效率奖”。

13 日 湖南省首家以生活垃圾科学处置为核心研究领域的院士专家企业工作站在长沙成立。

16 日 长沙举行庆祝 2019 年中国医师节暨优秀医师颁奖活动，100 名优秀医师（含 10 名德艺双馨优秀医师）受到表彰。由长沙市卫生健康委、长沙晚报社联合举办的“暖医·1949—2019”摄影比赛同步启动。

是日 长沙市人民政府与浙江网商银行股份有限公司签署县域普惠金融合作框架协议。蚂蚁金服集团旗下浙江网商银行将依托“互联网 + 大数据”技术，建立区域专属数据库和行业特色的授信模型，为长沙农户、个体商户和小微企业提供 1000 元至 20 万元不等额度的免担保、无抵押信用贷款服务。

19 日 中宣部第 15 届精神文明建设“五个一工程”表彰座谈会在北京举行。长沙选送的图书《乡村国是》获特别奖（全国仅 13 件）、电视剧《共产党人刘少奇》获优秀作品奖。

22 日 长沙市人民政府与中软国际签署战略合作协议，共同推动长沙传统企业数字化转型，构建长沙软件新生态，推动数字经济新发展。中软国际移动互联网产业总部落户长沙高新区。

26 日 长沙市人民政府与满帮集团举行满帮华中物联港项目签约仪式。市委副书记、市长、湖南湘江新区党工委书记胡忠雄，胜利者同盟创始人王刚出席并见证签约。

29 日 市十五届人大常委会第二十五次会议，听取市人民政府关于《长沙市湿地保护条例（草案）》起草情况的说明，并进行审议。

31 日 荷文（荷花至文家市）公路首条客车营运线路开通，全长 36 千米，有“湖南最美乡村公路”之称，新班线起点站在文家市农村客运站，终点站为浏阳汽车南站，途经秋收起义文家市会师纪念馆、胡耀邦故里旅游区。

是日 中国国际经济交流中心等机构共同发布《可持续发展蓝皮书：中国可持续发展评价报告（2019）》，并发布全国省级可持续发展综合排名和 100 个大中城市可持续发展综合排名。其中，长沙 2018 年度可持续发展排名位居全国第七位。

是月 商务部公布 2019 年新认定的国家外贸转型升级基地名单，湖南新增 2 家国家级外贸基地，分别是长沙经济技术开发区国家外贸转型升级基地（工程机械）和宁远县国家外贸转型升级基地（鞋类）。

是月 《长沙市加快网络安全产业发展三年（2019—2021 年）行动计

划》《长沙市加快网络安全产业发展的若干政策》出台为长沙网络安全产业的未来发展提出具体的扶持政策。

是月　人力资源和社会保障部复函湖南省政府，批准长沙设立国家级人力资源服务产业园。长沙人力资源服务产业园成为全国第16家国家级人力资源服务产业园。

9月

1日　省委常委、市委书记胡衡华带队到珠海格力电器股份有限公司考察并见证格力电器长沙冰箱洗衣机项目签约仪式，格力电器董事长、总裁董明珠参加活动。

4日　第一财经旗下数据机构DT财经（DTcaijing）发布《2019中国青年理想城报告》。长沙“青和力”总体排名靠前，在“最吸引年轻人生活”这一项指标上，长沙排名第九位。

6日　湖南湘江新区管理委员会与舍弗勒集团在北京人民大会堂签署合作框架协议。双方将依托长沙产业集群优势，结合舍弗勒技术专长和研发实力，助力中国智能网联汽车产业生态系统建设。

是日　三一集团与长沙经开区管委会举行三一智联重卡项目签约仪式。该项目总投资220亿元。

是日　“中西创投岳麓中心”揭牌和签约仪式举行。岳麓山国家大学科技城推进委员会与西班牙上海交通大学校友会将以中心为依托，推进科技成果转化落地、促进中国和西班牙科创合作、提升交流合作水平。

是日　2019年长沙临空经济示范区京企对接会在北京举行，10个重点项目上台签约，产业类型涵盖通用航空、医疗健康、智能制造、总部经济、文化创意等类别。

7日　中华人民共和国成立70年来“优秀电影剧本和典型人物形象”评选表彰大会在兰州大学举行，70部优秀电影剧本和其典型人物形象入选。其中，湖南省政协原副主席、省文联原主席谭仲池和骆炬编剧的《袁隆平》入选。

9日　在位于望城经开区的长沙智能终端产业园，由长沙比亚迪电子有限公司生产的首批华为手机下线。

是日　宁乡高新区与湖南国天电子签约，三航（湖南）融合发展促进中心落户园区。

10日　长沙市政府、华为技术有限公司、湖南湘江新区管委会举行鲲鹏计算产业、智能网联产业示范合作区项目签约仪式。

是日　全市“不忘初心、牢记使命”主题教育工作会议召开。

10—11日　2019世界计算机大会在长沙梅溪湖国际文化艺术中心举办。全球计算机行业企业、政府部门和非政府机构共2500余人参会，共同探讨计算机发展的未来之路，创造智能时代的美好前景。举行9场主题论坛。

11日　下一代互联网宽带业务应用国家工程实验室马栏山研究院揭牌成立。马栏山研究院下设大数据研发中心、视频应用研发中心、智慧园区研发中心，旨在打造国内大数据、视频业务、人工智能、智慧城市的战略高地，助力“中国V谷”加快打造数字视频产业发展集聚区、文化创意企业生态示范区、文化科技融合发展新高地。

12日　百胜中国长沙物流中心开仓。该物流中心配送范围覆盖湖南、江西中西部93个城市430余家餐厅。

16日　长沙高新区管委会与上海证券交易所签订战略合作协议，双方合力建设上交所在湖南首家工作站——长沙高新区上市工作站。

17日　市发展改革委发布关于优化景区门票结构及降低部分景区门票价格的通知。从10月1日起，长沙靖港古镇景区门票下调13元，长沙光明蝴蝶文化主题公园门票下调10元；长沙天心阁阁楼门票、长沙生态动物园门票将增设普通门票，给游客更多选择权。

18日　长沙市退役军人事务局在赤岗村军休所举行“庆祝中华人民共和国成立70周年”纪念章颁发仪式，为中华人民共和国成立前参加革命工作的老战士、因参战立一等功以上奖励的老军人，颁发“庆祝中华人民共和国成立70周年”纪念章。

19—21日　2019中国国际食品餐饮博览会在长沙举办。全国人大常委会原副委员长周铁农宣布开幕，省委副书记、省长许达哲出席开幕式。以“创新融合，品质消费”为主题，展览总面积8.1万平方米，设国际标准展位约4000个，海内外1600余家企业参展。同期举办2019中国国际食品餐饮业创新发展峰会、2019中国餐饮大数据大会暨大众点评必吃榜颁奖盛典等近30场专业活动和重点活动。

20日　2019中国长沙智慧城市发展研讨会暨拇时代社交新零售拇信发布会在长沙举办。

21日　2019年长沙农民丰收节主体活动在田汉文化园举行。活动以“新青年、新农村、新梦想”为主题，旨在献礼中华人民共和国成立70周年，展现乡村振兴的成果。农创联金融服务顾问团成立，并意向授信长沙市农业创业者联合会5亿元。

23日　长沙高新区举行5G战略合作签约仪式暨和包支付推进工作调度会，长沙高新区与中国移动长沙分公司签署《建设“智慧高新”和“5G麓谷”合作框架协议》。

24日　隆平生物种业产业园项目签约。隆平生物种业产业园项目位于芙蓉区隆平高科技园，是“长沙·中国隆平种业硅谷”核心区的重点招商项目，总投资约120亿元，总建筑面积约120万平方米。

是日　农业农村部公布第九批“一村一品”示范村镇名单。认定全国442个村镇为第九批全国“一村一品”示范村镇，其中湖南16个村镇，长沙有浏阳市沿溪镇沙龙村入选。

是日　《中共长沙市委关于深入贯彻落实习近平总书记在推动中部地

区崛起工作座谈会上的重要讲话精神大力推动制造业高质量发展的若干意见》经长沙市第十三届委员会第八次全体会议审议通过。该份文件被称为“长沙制造业高质量发展 20 条”。

25 日　湖南省庆祝中华人民共和国成立 70 周年大会在省人民会堂举行，全面回顾总结 70 年来中华人民共和国及全省发展走过的光辉历程、取得的伟大成就，展望伟大祖国的美好未来，进一步动员全省上下深入学习贯彻习近平新时代中国特色社会主义思想，不忘初心、牢记使命，加快建设富饶美丽幸福新湖南，共同为实现中华民族伟大复兴的中国梦而努力奋斗。省委书记杜家毫在会上发表讲话。

是日　长沙城市发展集团有限公司成立大会在洋湖总部经济区举行。其由长沙市政府出资，注册资本 500 亿元。市委常委、常务副市长夏建平，市委常委、市委组织部部长张宏益出席。副市长廖建华主持成立大会。

是日　《全球城市竞争力报告 2018—2019——全球产业链：塑造群网化城市星球》发布，长沙在榜单中排在第 71 位，入选全球百强城市行列。

26 日　开放道路智能驾驶长沙示范区在梅溪湖国际文化艺术中心南广场举行启用仪式，标志着湖南湘江新区“两个 100 公里”项目启用。启用仪式上，市领导和 5 位长沙市荣誉市民代表一起体验百度的自动驾驶乘用车 Robotaxi 批量载人测试，是全国范围内首次基于车路协同的自动驾驶乘用车批量载人测试。

是日　长沙文化旅游推介会暨“点亮中国夜经济版图”长沙首发仪式在铜官窑古镇举行。长沙站系列主题活动从 9 月 26 日持续到 11 月底，由启动仪式、闭幕式及“夜游”“夜赏”“夜娱”“夜购”4 场线下直播和长沙文旅夜游体验活动组成。

27 日　长株潭城际轨道交通西环线一期巡抚站交通疏解工程和北津停车场进出场道路工程开工仪式分别在长沙、湘潭举行。

是日　长沙市庆祝人民政协成立 70 周年暨市委政协工作会议召开。省委常委、市委书记胡衡华强调，要认真学习贯彻习近平总书记关于政协工作的重要讲话精神，不忘初心、牢记使命，把人民政协制度坚持好，把人民政协事业发展好，团结一切可以团结的力量，调动一切积极因素，为推动长沙现代化建设和高质量发展而共同奋斗。市长胡忠雄主持会议。

是日　总投资 320 亿元的第 8.6 代超高清新型显示器件生产线项目在浏阳经开区（高新区）开工建设。

是日　世界首个以水稻为主题的博物馆——隆平水稻博物馆开馆。

28 日　庆祝中华人民共和国成立 70 周年湖南美术馆开馆首展、第六届全国画院美术作品展开幕式在湖南美术馆举行，湖南美术馆对公众开放。

是日　长沙北盛收费站开通首批 ETC 专用车道，是湖南省取消高速公路省界收费站项目首批新增 ETC 专用车道。

29 日　中华人民共和国国家勋章和国家荣誉称号颁授仪式在北京人民大会堂举行。中共中央总书记、国家主席、中央军委主席习近平向国家勋章和国家荣誉称号获得者分别授予“共和国勋章”“友谊勋章”和国家荣誉称号奖章，袁隆平等 8 人被授予“共和国勋章"。

是月　国家发展改革委、交通运输部联合印发《关于做好 2019 年国家物流枢纽建设工作的通知》，23 个物流枢纽入选 2019 年国家物流枢纽建设名单，其中长沙入选陆港型国家物流枢纽城市。

10 月

1 日　庆祝中华人民共和国成立 70 周年阅兵式和群众游行在北京举行。作为行业内唯一一家助力中央电视台直播的装备制造企业，中联重科出动汽车起重机、泵车、消防机械、高空作业平台等近 20 台高端装备，承担天鹰座、万向鹰眼索道的支撑搭建，高机位支撑，以及特殊机位拍摄等相关工作。10 月 1 日晚上 8 时 8 分，北京天安门广场升起一面 90 米长、60 米宽的巨幅国旗。举起这面巨幅国旗的，是 6 台中国起重机，来自长沙企业三一集团。浏阳全球首创的“3D 立体动感烟花画卷”成为国庆联欢晚会看点。

2 日　新建路—芙蓉路交叉口跨线桥工程（简称“新建西路跨线桥”）通车。

9 日　由校企联合攻关的长沙第一套 AI 校车智能监管平台在开福区上线，首批 30 台覆盖 17 所小学和幼儿园。

10 日　湖南省互联网协会、工业和信息化部网络安全产业发展中心在长沙高新区联合举办发布会。评出的湖南省互联网 50 强企业中，46 家在长沙。

是日　湖南省公安厅举行“经侦总队情报导侦联勤中心”揭牌仪式，公安部经侦局党委委员、副局长王志广，湖南省公安厅党委副书记、常务副厅长袁友方等揭牌。标志着“一平台两中心”即以“神鹰”实战平台、经侦特色大数据中心、情报导侦联勤中心为核心的湖南“智慧新经侦”初步成型。

10—13 日　国际海底管理局第三届承包者大会在长沙举行。该大会是首次在中国举行。

13—15 日　亚洲城市 2050：高质量建造与可持续城市国际学术会议暨中国建造 4.0 国际创新论坛在长沙召开。国内外专家围绕面向建造 4.0 时代装配式建筑、绿色建筑（零能耗建筑）和数字化机遇和挑战，从教育、研究到产业转型升级，展开演讲和探讨。

14 日　长沙市市场监督管理局启动制定 3 项便利店团体标准。

14—16 日　博鳌亚洲论坛理事

会在长沙举行工作会议。博鳌亚洲论坛理事长、联合国第八任秘书长潘基文，博鳌亚洲论坛副理事长、十二届全国政协副主席周小川等出席。省委常委、市委书记胡衡华出席并致辞，市长胡忠雄主持仪式。

15日　大飞机地面动力学联合实验室在长沙金霞经开区签约揭牌，湖南飞机起降系统研发平台同步启动，打造国内领先的航空装备制造基地。

15—17日　2019湖南（长沙）装配式建筑与工程技术博览会在长沙举办。展览规模6万平方米，远大住工、三一筑工、筑友智造等400余家知名企业参会。

16日　湖南第一师范学院星沙实验学校项目签约仪式在长沙经开区举行，签订《长沙县人民政府、湖南第一师范学院、长沙经济技术开发区管理委员会产学研合作办学协议书》。

是日　国务院印发《关于核定并公布第八批全国重点文物保护单位的通知》。其中，长沙有5处（共19个点）入选。

18日　省委常委、市委书记胡衡华会见到长沙参加2019中国国际轨道交通和装备制造产业博览会的缅甸联邦共和国驻华大使苗丹佩。

是日　第四届天心阁峰会暨首届中国·长沙文化创意设计大赛颁奖典礼在长沙天心文化（广告）产业园举行。文和友龙虾馆延伸图形设计、雷锋形象文创设计等4个获奖作品作者分别与长沙文和友潮流坐标文化传播有限公司等4家企业代表签约。

是日　长沙海关"两步申报"改革首票货物在长沙黄花机场海关试点成功：该票货物为蓝思科技有限公司加工贸易进口传感器，从企业申报到准予提离整个流程仅用时52秒。

是日　2019中国国际轨道交通与装备制造产业人才峰会在长沙国际会展中心启幕。会上发布《2019—2020年湖南轨道交通和装备制造产业高端人才需求目录》。

18—20日　2019中国国际轨道交通和装备制造产业博览会在长沙举办。总展示面积5.4万平方米，设10个展区。包含20余项配套活动，406家轨道交通行业龙头企业及上下游配套企业参展，19个国家的行业部门主管、驻华使领馆官员、行业商协会代表参会。

21日　长沙城市品牌塑造及国际形象传播研讨会举行。专家们从长沙"中国工程机械之都"和世界"媒体艺术之都"这"两都"展开解读，为长沙城市品牌进行注解。

23日　《人民日报》报道长沙市在主题教育中"俯下身子搞调研，深入基层解难题"的工作经验。

25日　长沙市城区排水事务中心、长沙市建设工程质量安全监督站挂牌，两家机构均为长沙市住房和城乡建设局所属副处级一类事业单位。

25—29日　第21届中国中部（湖南）农业博览会在长沙举办。博览会以"绿色与品牌·交流与合作"为主题，其间举行"大国朋友圈·大使逛农博"、湘赣边区优质农产品产销对接、脱贫攻坚公益营销等活动，38个国家、11个省级展团的数千家知名企业参展。

27日　长沙直飞澳门航班开通。

是日　湖南首个智慧环卫示范区启用仪式在天心区举行。天心区与长沙酷哇人工智能及大数据产业技术研究院有限公司，签订天心区车联网大数据及电子地图研发运营总部项目合作协议。

是日　由湖南省国防教育办公室选送，潇影集团与湖南湘绣城影业有限公司出品的电影《国礼》获"2019年国防军事电影盛典优秀影片奖"。

28日　湖南省特色文旅小镇授牌仪式暨促进文化和旅游消费工作座谈会举行。其中长沙有3个镇获授牌，分别是浏阳市文家市镇、望城区铜官小镇和长沙县果园镇。

28—29日　全国优化营商环境经验交流现场会在北京召开，长沙市就长沙营商环境优化特别是包容普惠创新的经验作典型发言。

29日　市长胡忠雄会见韩国晋州市市长曺圭逸一行。

11月

1日　2020年城乡居民基本医疗保险参保缴费启动。根据国家、省、市机构改革总体部署，社会保险征收缴费工作划归税务部门负责，缴费途径和参保办理方式等有变化。

2日　全国工商联发布2019万家民营企业评价营商环境报告。长沙是中西部唯一入选全国营商环境十佳的城市。

4日　由湖南未来集团投资、康德教育集团整体运营的长沙康礼·克雷格公学签约仪式暨新闻发布会举行，标志着华中首家英国百年名校的海外分校落户长沙。

6日　长沙市国土资源交易中心更名为长沙市自然资源交易事务中心，举行挂牌仪式。

是日　力合科技（湖南）股份有限公司和长沙远大住宅工业集团股份有限公司挂牌上市，长沙市上市公司总数68家，A股上市公司数量居中部省会城市第一位。

7日　长沙第12届"福满星城"购物消费节举办，持续到12月底。包括七大主题活动，全城18个超市、百货、餐饮等商业零售品牌的700余家门店共同参与，通过和包支付APP主界面"福满星城"专区送出700万元的红包。

是日　长沙市政府与国家开发银行湖南分行签订《全面建设现代化长沙开发性金融合作备忘录》。

12日　中国社会科学院（财经院）与联合国人居署联合发布《全球城市竞争力报告2019—2020：跨入城市的世界300年变局》，长沙进入全球城市经济竞争力指数100强，在中西部位居第二位。长沙全球排名第68位。在全球城市分级中，长沙被评为国际门户城市。

13日 长沙市电子政务服务标准化试点项目以94.5分通过国家标准化管理委员会专家组评估。该试点项目是国家第三批社会管理和公共服务综合标准化项目之一，是全国首个电子政务服务标准化试点项目。

14—15日 第二届中国新材料产业发展大会暨2019长沙新材料产业博览会在长沙举办。设置9个板块，展览展示面积2万平方米，30余位院士及专家出席展会开幕式和论坛活动，400余家参展商参展。

15—17日 2019“一乡一品”国际商品博览会首次在长沙举行。同期举办第四届全国民族地区发展大会。主会场设在长沙国际会展中心，涵盖八大展馆。

15—17日 第19期钱学森论坛暨2019长沙空间信息产业国际博览会在长沙举办。汇聚国内外相关领域权威专家、龙头企业、创新理念和重大成果，通过现场展示和交流研讨，助推卫星通信、导航定位、遥感应用、地理测绘等空间信息产业发展。

16—17日 “一乡一品”全球采购商专项对接会（“一乡一品”电子商务发展论坛）在长沙举行。诸多社交电商企业共同探讨为“一乡一品”赋新能的可行性方案及中国民族品牌在国内外流通当中如何保证商品质量。现场与会参展商与600余家国内外知名采购商进行专项对接洽谈。

18日 长沙公共资源交易中心发布《长沙公共资源交易中心服务标准（2019年本）》，是湖南省首个公共资源交易平台服务标准。

19日 首台“长沙产”格力大型中央空调机组在宁乡经开区下线。举行长沙格力电器冰箱洗衣机生产基地项目开工动员活动。

是日 “2019年智慧文博论坛”在长沙召开。与会代表讨论并通过旨在共建智慧文博的《长沙宣言》。

19—21日 湖南（长沙）装备与制造走进柬埔寨展览展示活动在柬埔寨金边举行。

22—24日 2019第五届中国果业品牌大会在长沙举行，同期举行第三届中国（长沙）果品产业博览会、第三届全国果业扶贫大会暨贫困地区果品产销对接会。全国20余个水果主产省、200余家知名水果企业参展。

25日 长沙入选“2019中国最具幸福感城市”，并被评为2019中国最具幸福感城市单项奖“活力之城”。

26—28日 “2019国际商事法律合作论坛”在长沙举行。汇集商界领袖和司法、行政、仲裁等各行各业嘉宾。论坛突出服务企业、服务地方经济发展的功能，专门设置日本、墨西哥和非洲国家营商环境推介及交流对接会，增加企业考察对接。

27日 长沙市教育局对外公布长沙市首批未来学校创建校评审结果，认定长沙市第十一中学等15所学校为首批长沙市未来学校创建校。

是日 工信部网站公布第四批制造业单项冠军企业、单项冠军产品及通过复核的第一批制造业单项冠军企业名单，三一重工旋挖钻机等4家长沙企业产品入选“制造业单项冠军产品”。

是日 全国家政服务业提质扩容“领跑者”行动重点推进城市（区）现场经验交流会在上海举办，长沙入选全国32个家政服务业提质扩容“领跑者”行动重点推进城市（区）名单。

28日 市发展改革委对出台的《关于加快推进夜间经济发展的实施意见》进行解读。实施意见从消费体验、特色场景平台、业态创新等方面进行部署和细化，从12月1日起实行。

是日 位于河西洋湖片区的宜家长沙商场开业，是宜家在中国的第30家商场、湖南省的首家商场。

是日 “国家级创业孵化示范基地”——智慧浏阳河文化创意孵化基地揭牌，是浏阳首个“国字号”，是湖南省县市级唯一的国家级创业孵化示范基地。

是日 在浙江省衢州市举行的“全国乡村绿化美化系列宣传活动暨绿色中国行”大型系列主题公益活动上，浏阳市达浒镇书香村被绿色中国行活动组委会授予“国家森林乡村创建工作样板村”称号。

28—30日 2019湖南（长沙）网络安全·智能制造大会在长沙举办。大会以“全球视野、中国方案、湖南实践、长沙模式”为主线，涵盖开幕峰会、主题论坛、专项活动、“湖湘杯”网络安全技能大赛、展览展示5个主要板块。参展企业近400家。

30日 2019中国新媒体大会·“看见马栏山”分享盛典在长沙马栏山视频文创产业园举行。现场进行马栏山视频文创产业园产业发展和政策优势推介，并通过直播连线的方式直观展示园区发展变化。

2019年11月15—17日，2019“一乡一品”国际商品博览会首次在长沙举行

市地方志编纂室　供图

是月　水利部在全国范围内启动示范河湖建设，浏阳河入围全国17个示范河湖建设名单，示范河湖建设时间从2019年11月延续至2020年12月。

12月

2日　湖南省人工智能产业园（长沙天心）授牌。该园区是全省首家授牌的人工智能产业园。

4日　长沙市公安局在湖南省大中专学校学生信息咨询与就业指导中心开设大学生毕业落户专窗。有落户长沙意愿的高校毕业生在该中心办理完报到证后，无须再到公安部门，就可以直接办理落户。大学毕业生可直接通过“便民服务桥”公众号进行全流程网上办理落户。

是日　长江中游城市群省会城市第七届会商会在合肥举行，武汉、长沙、合肥、南昌4个省会城市联合签署《长江中游城市群省会城市高质量协同发展行动方案》。

6日　“腾讯·中国十大夜经济影响力城市颁奖典礼”在青岛举行，发布《中国城市夜经济影响力报告》和“中国十大夜经济影响力城市”评选结果，长沙市被评为“中国十大夜经济影响力城市”。

8日　2019年国家优质工程奖总结表彰大会在国家会议中心举行。长沙有长沙磁浮工程、南湖路湘江隧道工程、长善垸污水处理厂二期改扩建工程、开福万达广场等14项工程获“国家优质工程奖”，其中长沙磁浮快线获“国家优质工程金奖”。

10日　农业农村部公布第二批29个国家现代农业产业园认定名单，宁乡市现代农业产业园入围。

11日　即日起，长沙市主城区儿童免费乘坐常规公交身高标准由1.2米提高至1.3米。

12日　《长沙市湿地保护条例》由长沙市第十五届人民代表大会常务委员会第二十六次会议2019年10月23日通过，湖南省第十三届人民代表大会常务委员会第十四次会议2019年11月28日批准，2020年5月1日起施行。

是日　三一集团装备板块2019年终端销售额逾1000亿元，三一集团成为长沙首家千亿元级企业。

14日　湖南省首届青少年机器人与人工智能科技创新后备人才培养工作会议在长沙举行。

17日　马栏山版权服务中心揭牌运行，标志着全市集版权登记、版权服务、版权维权、版权公证、版权交易为一体的公共服务平台搭建完成。

19日　长沙市政府与国网湖南省电力有限公司举行加快建设现代化长沙智慧电网会谈会议，并签署合作协议。

是日　市交通运输局公示第四批公交线网优化方案。新增公交线路6条、调整线路17条。

20日　中国会奖产业发展峰会暨2019中国会奖专业委员会年会在长沙举行。中国会奖专业委员会与长沙市会展工作管理办公室达成《战略合作框架协议》。

是日　“点亮中国夜经济版图”长沙站活动闭幕式暨2019长沙文旅消费品牌榜颁奖典礼在梅溪湖国际文化艺术中心举行。携程旅行网旅游大数据研究院专家发布《长沙文旅夜经济大数据报告》，长沙位列国内夜游人气目的地城市第四名。

21日　第一届“马栏山杯”文化创意设计大赛在长沙举行颁奖典礼。用影像记录故土美好、传播村落文明的纪录片《了不起的村落》获大赛特等奖。

24日　长沙市委十三届九次全体会议暨经济工作会议在市会议中心举行。会议总结2019年经济工作，部署2020年经济工作。胡衡华向全会作工作报告并就学习贯彻中共十九届四中全会精神、做好2020年经济工作作出要求。市委副书记朱健主持会议。

25日　省森林植物园“省市共建免费开放”新闻发布会举行，2020年1月1日起，湖南省森林植物园免费开放，免费开放区域覆盖全园。

是日　国家林业和草原局下发《关于2019年试点国家湿地公园验收情况的通知》，洋湖湿地公园通过验收，获批成为国家湿地公园。

26日　岳麓区望城坡南家塘社区公共服务中心，湖南首个公益遗嘱预约点——中华遗嘱库长沙服务中心南家塘社区预约点启动服务。

28日　2019中国国际化招商引资合作与发展论坛暨“第九届环球总评榜”发布典礼在北京举行。长沙市被评为“2019中国招商引资最具国际竞争力城市”和“2019中国最佳投资创业城市”。望城经济技术开发区被评为“2019中国（区域）最具投资价值园区”。

30日　“字述湖湘 祝福祖国”2019湖南年度字、公益新闻事件发布活动在长沙火宫殿举行。活动现场宣布“治”字当选2019湖南年度榜首字，“年、初、质、链、减、稳、融、网、荣”9个字入选年度字榜单前十位。

是日　长沙地铁3号线、5号线通车试运行。

是日　长沙新港（三期）铁路专用线项目动工。

是日　长沙市消防救援支队举行挂牌仪式。

是日　省政府新闻办召开新闻发布会，宣布国家网络安全产业园区（长沙）获批。

31日　长沙首批2家青年人才驿站开通，为到长沙求职青年人才提供免费住宿、就业指导、城市融入等相关服务。

是月　《长沙市安全生产监督管理办法》已经市人民政府第34次常务会议审议通过，2020年2月1日起施行。

长沙概览

OVERVIEW OF CHANGSHA

编辑　陈晓红

自然地理

【区域位置】 长沙市为湖南省省会，是湖南省政治、经济、文化、交通、科技、金融、信息中心。位于湖南省东部偏北，湘江下游和长浏盆地西缘。地域范围为北纬 27° 51′ ~ 28° 40′，东经 111° 53′ ~ 114° 15′。东邻江西省宜春市和萍乡市，南接株洲、湘潭两市，西连娄底、益阳两市，北抵岳阳、益阳两市。东西长约 230 千米，南北宽约 88 千米。2019 年，全市土地面积 11815.96 平方千米，其中市区面积 2150.9 平方千米，建成区面积 483.8 平方千米。

【地质地貌】 长沙的总体地质特征是：地层出露齐全，花岗岩体广布，地质构造复杂，矿产资源丰富。各个地质历史时期的地层在长沙市均有出露，最古老的地层大约是 10 亿年以前形成的。总体地貌特征是：地势起伏较大，地貌类型多样，地表水系发达。长沙的东北是幕阜—罗霄山系的北段，西北是雪峰山余脉的东缘，中部是长衡丘陵盆地向洞庭湖平原过渡地带。东北、西北两端山地环绕，地势相对高峻，中部递降趋于平缓，略似马鞍形，南部丘岗起伏，北部平坦开阔，地势由南向北倾斜，形如一个向北开口的漏斗。长沙城区为多级阶地组成的坡度较缓的平岗地带，地势南高北低，湘江由南向北流经中部，穿贯市区，江中的橘子洲长 5 千米。湘江两岸形成地势低平的冲积平原，其东西侧及东南面为地势较高的低山、丘陵。东有属于湘赣边雁阵式山系的大围山，海拔 800 米以上山峰有 50 余座，其主峰七星岭，海拔 1607.9 米，为全市最高处；西有海拔 800 米以上的山峰 13 座，望城区乔口湛湖的海拔 23.5 米，为全市最低点。

【水文】 长沙水文特征：水系完整，河网密布；水量较多，水能资源丰富；冬不结冰，含沙量少。长沙市的河流大都属湘江水系，支流河长 5 千米以上的有 302 条，其中湘江流域 289 条。湘江自湘潭昭山流经长沙县西南边境，然后由南向北纵贯市区，经望城区乔口出境。经过市境的长度有 74 千米，其间流入湘江的支流有 15 条，其中较大的有浏阳河、捞刀河、靳江、沩水。年平均地表径流量 82.65 亿立方米，径流深 550 毫米~ 850 毫米。湘江流经长沙市的常年径流量年均 692.5 亿立方米，全年可通航。全市水能蕴藏量 24.53 万千瓦，地下水总储量 9.35 亿立方米 / 年。

【气候】 长沙地处中国东南部，属亚热带季风气候。由于位居盆地内部，且距海较远，受冬夏季风转换、地势向北倾斜等因素的影响，春温变化大，夏初雨水多，伏秋高温久，冬季严寒少。长沙市气候有两个主要特征：1. 水热充足，生长期长。1981—2010 年，长沙市年平均气温 17.4℃，年平均降水量 1475.8 毫米，年平均日照 1583.3 小时。热量条件比较优越，降水多集中在春夏两季，多雨期与高温期一致，生长期长，对农业生产有利。2. 气候温和，四季分明，夏冬季长，春秋季短。春季从 3 月中旬到 5 月中下旬，为期约 70 天，其间气温升高很快，对春播有利。春季天气阴雨潮湿，降水量占全年的 40% 以上。夏季从 5 月中下旬到 9 月下旬，为期约 132 天，季节长，天气热，是夏季的突出特点。夏季温高暑热，常连晴数日，骄阳似火，蒸发强盛，在降雨集中期易发生洪涝灾害。秋季从 9 月下旬到 11 月中旬，将近 60 天，是全年最短的一季。冬季从 11 月下旬到次年 3 月上旬，为期 3 个半月，月平均气温大都在 6.1℃以上，冬季气温虽不很低，但比较湿冷，降雪较少，有时会发生冰冻天气，冬季的降水量仅占全年的 16%，是一年中降水量最少的季节。

2019 年长沙市平均气温 18.2℃，其中秋季平均气温异常偏高，为有气象记录以来历史最高值，年最高气温 39.1℃，年最低气温 -1.5℃，年降水量 1368.8 毫米。全年全市空气优良天数 275 天，优良率 75.3%。年平均降水冬季偏多，春、夏季正常，秋季显著减少；日照正常偏少，秋季日照偏多，冬季日照时数突破历史最低值。全年长沙主要天气气候事件有连阴雨、雷暴大风、冰雹、大风、暴雨、洪涝、高温热害、夏秋冬连旱、寒潮、冰冻、霜冻、雾等。全年自然灾害直接经济损失 20272.2 万元。

连阴雨 2018 年 12 月下旬至 2019 年 2 月，长沙出现历史罕见的连阴雨天气。1 月 1—16 日，全市各地持续阴雨天气，其中长沙县连续 16 天出现降水，达“重度连阴雨”标准；宁乡 1 月 1—11 日连续 11 天出现降水，长沙 1 月 6—16 日连续 11 天出现降水，且无日照，达“中度连阴雨”标准；浏阳 1 月 8—16 日连续 9 天持续阴雨天气，为“轻度连阴雨”。2 月 4—24 日，宁乡连续 21 天、长沙连续 21 天、长沙县连续 20 天、浏阳连续 20 天持续出现降水，无日照，均达“重度连阴雨”标准。长沙连续降雨日数为有气象记录以来历史最高值；宁乡、长沙县、浏阳连续降雨日数为有气象记录以来历史第二高值。

雷暴大风 3 月 21—22 日，全市大部地区出现强对流天气；21 日东部地区出现雷暴大风，极大风速 7~8 级，其中浏阳极大风速 16 米 / 秒，长沙县极大风速 17.6 米 / 秒；22 日全市大部地区出现 7~9 级雷暴大风，长沙极大风速 19 米 / 秒，城郊极大风速 22 米 / 秒，宁乡极大风速 14.6 米 / 秒；6 月 8—10 日，全市中到大雨，并伴有雷暴大风，其中 8 日 16—19 时，全市自西向东出现雷暴大风，浏阳普迹镇金江村极大风速达 24.9 米 / 秒；7 月 7 日，长沙、宁乡出现雷暴大风，极大风速 18.3 米 / 秒（芙蓉区马王堆）；13 日，长沙市区、望城区、宁乡出现雷暴大风，极大风速 16.9 米 / 秒（芙蓉区马坡岭）；15 日，望城区、长沙县、浏阳出现雷暴大风，极大风速

19.1 米 / 秒（望城茶亭慎家桥）；21 日，全市部分地区出现雷暴大风，极大风速 23.6 米 / 秒（宁乡白马桥）；8 月 7 日，长沙、宁乡午后出现雷暴大风，极大风速 18.3 米 / 秒（芙蓉区马王堆）；13 日，长沙、望城区、宁乡出现雷暴大风，极大风速 16.9 米 / 秒（芙蓉区马坡岭）；15 日，望城区、长沙县、浏阳出现雷暴大风，极大风速 19.1 米 / 秒（望城茶亭慎家桥）；21 日，全市部分地区午后出现雷暴大风，极大风速 23.6 米 / 秒（宁乡白马桥）；9 月 10 日午后到傍晚长沙地区出现热对流降水，并伴有雷暴大风，极大风速值 15.1 米 / 秒，出现在青竹湖金盆丘。

暴雨洪涝　2019 年长沙出现 12 次区域性或局地暴雨过程，分别出现在“3 月 21—22 日”“3 月 28 日”“4 月 10—11 日”“4 月 29 日”“5 月 12—13 日”“5 月 16 日”“5 月 18—19 日”“6 月 8—9 日”“6 月 21—23 日”“7 月 4—5 日”“7 月 7—8 日”“7 月 12—13 日”。6 月 21—23 日，全市普降暴雨，部分地区大暴雨，是 2019 年降水强度最大、影响范围最广的区域性暴雨过程。全年 24 小时最大雨量为浏阳常丰村 231.6 毫米（6 月 21 日 08 时—22 日 08 时），1 小时最大雨量为浏阳常丰村 77 毫米（6 月 21 日 16—17 时）。

高温热害　2019 年各地≥ 35℃的高温日数为 46 天（宁乡）至 51 天（长沙市、浏阳），主要集中在 7 月下旬至 8 月下旬。全年有 4 次全市性高温热害过程、1 次局地性高温热害过程（浏阳）。全年有 2 次全市性高温热害过程，出现在 7 月下旬中期至 8 月上旬，8 月中旬至 8 月下旬前期；9 月 6—13 日长沙县、浏阳出现历史同期罕见的高温热害过程。2019 年长沙地区高温天气主要表现出高温日数多、持续时间长、强度大、极端高温低的特点。

夏秋冬连旱　2019 年全市平均降水量 1368.8 毫米，较常年偏少 7%，属于降水正常年份。从时间分布看，前多后少，1—7 月全市平均降水量 1142.4 毫米，占全年总降水量的 83.5%；8—11 月全市平均降水量仅有 160.2 毫米，较历年同期显著偏少 53.6%；12 月降水较历年偏多 38.3%。特别是 8 月下旬至 10 月上旬，全市有效性降水少，气温偏高，日照充足，全市干旱发展；与历年同期相比，降水异常偏少 80.9%，日照偏多 79.0 小时。

寒潮及暴雪　2019 年长沙地区发生 19 次冷空气活动，其中 9 次冷空气过程达到冷空气等级评定标准，中等强度冷空气 4 次，强冷空气 4 次，寒潮 1 次。11 月 24—26 日，受强冷空气影响，除浏阳外，其他各地 24 小时最低气温下降 9.3℃（宁乡、长沙县）至 10.2℃（长沙市），且最低气温≤ 4℃，并伴有 4~5 级偏北风，达寒潮标准。

【自然资源】　长沙地下矿藏种类繁多，已查明的有锰、钒、铜、钨、金、银、磷、海泡石、重晶石、菊花石、石膏、煤等 50 余种，有全国独一无二的菊花石。其中大型矿床 10 处，小型矿床 16 处，矿点 300 余处。长沙土壤种类多样，可划分 9 个土类、21 个亚类、85 个土属、221 个土种，以红壤、水稻土为主，分别占土壤总面积的 70% 与 25%。其余还有菜园土、潮土、山地黄壤、黄棕壤、山地草甸土、石灰土、紫色土等，适宜多种农作物生长。长沙动物地理区划属东洋界华中区，生态地理区划属亚热带林灌、草地—农田动物群，野生动物多为适应耕地和居民点的类群，林栖鸟类已少见，田间捕食昆虫、鼠类和两栖爬行动物丰富。植被以亚热带常绿阔叶林为主，有自然生长和引进栽培的木本植物 102 科、977 种，其中常绿树 462 种，落叶树 515 种，乔木 457 种，灌木 414 种，竹藤类 106 种。主要林木有松、杉、栎、樟、楠、椿、茶、油茶、柑橘、毛竹等。1985 年长沙市第八届人大常委会通过，长沙市人民政府公布香樟为市树，杜鹃花为市花。

（卢晓晴）

建置区划

【建置沿革】　秦为长沙郡治临湘县。西汉为长沙国都城。东汉复为长沙郡治，隶属荆州。吴、晋、南朝，临湘析出湘西，临湘为长沙郡首邑，南朝宋开始，湘西为衡阳郡（长沙郡析出）首邑，上隶荆州或湘州（西晋怀帝永嘉元年即 307 年分荆、江二州置）。公元 589 年隋统一中国，废郡，行州、县二级制，临湘（省湘西）改称长沙县，为潭州州治〔大业三年（607），隋一度改潭州为长沙郡〕。唐武德三年（620）入唐版图。贞观元年（627）设 10 道，潭州（天宝元年即 742 年，潭州改为长沙郡，至德元年十二月十五日即 758 年 1 月 19 日复改为潭州）暨长沙县属江南道。开元二十一年（733）分 15 道，潭州属江南西道。唐后期设湖南道，观察使驻潭州。后唐天成二年六月十七日（927 年 7 月 18 日）马殷“以潭州为长沙府”，长沙为楚国都城。周太祖广顺二年（952），南唐边镐陷长沙，湖南政治中心移至朗州（常德）。宋太祖乾德元年（963）二月，入宋版图，至道三年（997）分全国为 15 路，潭州为荆湖南路路治。哲宗元符元年（1098）设善化县与长沙县同附廓，潭州辖长沙、善化、浏阳、宁乡、湘潭、湘乡、益阳、安化、湘阴、醴陵、茶陵、攸县 12 县。元世祖至元十三年正月初一（1276 年 1 月 18 日），长沙入元版图，设安抚司。十四年（1227）设潭州行省，十八年二月初九（1281 年 2 月 28 日）迁潭州行省于鄂州，称湖广等处行中书省，徙湖南道宣慰司治潭州路。天历二年三月初九（1329 年 4 月 8 日），文宗以“潜邸所幸”，改潭州路为天临路，辖 5 县 7 州。元顺帝至正二十四年（吴王朱元璋甲辰年九月二十四日，1364年10月19日），徐达领兵至潭州，改天临路为潭州府。洪武五年（1372）六月，潭州府更名长沙府，辖十二州县，上隶湖广布政使司。清顺治四年四月初八（1647年5月12日），高士俊领兵入长沙，长沙纳入清版图，沿明制设长沙府，上隶湖广，仍辖12州县。康熙三年（1664）湖广省设右布政使司、湖南按察使司于长沙，偏沅巡抚移驻长沙。清雍正元年（1723）改湖广右布政使司为湖南布政使司。清雍正二年（1724）改偏沅巡抚为湖南巡抚（仍隶湖广）。长沙（府）城自此为湖南省会。长沙府上有盐法长宝道。乾隆时长沙府城不仅为巡抚治，亦为布政、按察和学政及长宝、盐法、粮道治所。

1912年，湖南军政府执行特别议会颁行《湖南府厅州县暂行条例》："凡与府同城之一县或两县，均并于府。"4月，长沙、善化二县合并为长沙府直辖地，1913年9月改定。1914年6月2日，北京政府划湖南为四道，长沙县属湘江道（即原长宝道，1916年裁撤武陵道，其中11县划归湘江道）。1914年废都甲设乡镇，长沙县辖7乡11镇。1920年长沙设市政厅，年底设市政公所。省会警察厅设东、南、西、北、外东、外南、外北、商埠8个警察署（区）。当年废除"道"，县直属省。1930年7月27日，中国工农红军攻入长沙，成立长沙市苏维埃政府。年底，长沙城分设东、南、西、北、外东特、商埠6个区，下辖158街团，街团下辖甲、牌、联（结），5家为1联，2联为1牌，10牌为1甲。1931年5月，裁商埠入西区。1933年8月11日，国民政府行政院同意长沙设市，是全国第14个设为行政区划的市，也是第七个设市的省会，面积48.5平方千米（11月3日，废除街团制）。1934年4月29日，划全市为4个区（按东南西北顺序命名为一、二、三、四区），每区分4坊，每坊设2～4保，共58保，40～60户为一甲。1938年上属湖南省第一行政督察区。8月11日，改区坊保甲4级制为镇（乡）保甲三级制，原4区为8镇，市郊为4乡。"文夕大火"后缩编为城南、城北两镇及两乡。1939年8镇4乡改为4镇4乡。1945年12月，设城东、城南、城西、城北、文艺、金盆、岳麓、会春8区。1947年至1948年9月有83保1843甲。

1949年8月，长沙和平解放，共辖8区82保1838甲。1950年3月30日设郊区办事处领导外4区。1953年1月设水上区。1955年内4区建306居委会2909居民组。1956年5月撤销市郊外4区，辖乡并为7乡1镇。同年撤水上区。1957年内4区辖26街道275居委会2766居民组；郊区辖7个乡、镇。1958年9月，农村实行政社合一的人民公社体制，郊区建立万年红、东风、岳麓公社。城区辖4区25街道233居委会2731居民组。

1958年12月24日，湖南省调整县市行政区划，原属湘潭专区的长沙、望城二县划归长沙市管辖。1959年3月，长沙、望城二县合并称长沙县（1977年12月又分设）。2月撤销郊区，并入合并后的长沙县。长沙市辖4区1县，25街道5镇26公社，总面积3842.13平方千米，城区建成区20.93平方千米。1960年1月26日原属郊区的2公社划为3公社，从长沙县划属东、南、北区。3月31日以岳麓公社设岳麓区。4月实行城市人民公社体制。市辖5区改为5个公社，下设分社。1961年9月，撤销城市人民公社恢复5区。1962年1月12日，恢复郊区。1974年1月6日，岳麓区并入西区。1978年年底，长沙市辖5区2县，29街道84公社9镇，308居委会1132大队，3604居民组11321生产队，全市面积3754.4平方千米，市区面积352平方千米，建成区面积53平方千米，建域比为1：70.8。1983年2月8日，长沙市增辖浏阳、宁乡、湘阴（1983年7月13日湘阴回归恢复后的岳阳地区）。当年着手改变政社合一建制。1984年市辖5区4县，32街道15镇224乡，445居委会3017村，45811居民组39224村民组。1985年全市面积11818平方千米，建域比为1：206.08。1993年1月16日，浏阳撤县改市。1995年辖县（市）撤区并乡建镇，长沙市辖5区3县1市，38街道67镇53乡，648居委会3091村，市区面积367平方千米，建成区面积101平方千米，建域比1：117。1996年市辖区区划调整，撤销郊区，避免全国城区专名的重名，调整区划范围，新5区为芙蓉、天心、岳麓、开福、雨花。由此，长沙市辖5区3县1市，38街道66镇54乡，651居委会3011村。市区554.07平方千米；建成区110平方千米。2000年辖50街道75镇46乡，763居委会3111村，全市面积11819.5平方千米，市区面积556.33平方千米，建成区面积118.82平方千米，建域比为1：99.47。

国务院2001年10月10日国函〔2001〕131号批复：长沙市人民政府驻地由芙蓉区藩正街迁至岳麓区岳麓大道。

2011年5月20日经国务院批准，湖南省人民政府《关于撤销望城县设立长沙市望城区的通知》（湘政函〔2011〕67号）明确，撤销望城具，设立望城区。2014年4月8日，根据长沙市人民政府《关于撤销宁乡县资福乡设立资福镇的通知》（长政函〔2014〕78号），经省人民政府批准，《湖南省民政厅关于撤销宁乡县资福乡设立资福镇的批复》（湘民行发〔2014〕2号），同意撤销宁乡县资福乡，设立资福镇，以原资福乡的行政区域为新设资福镇的行政区域。行政区划调整后，资福镇辖12个建制村，总面积88.54平方千米，总人口3.9万人，镇人民政府驻资福（原资福乡人民政府驻地）。2014年6月9日，根据《湖南省人民政府关于长沙大河西先导区更名为湘江新区的批复》精神，经市委、市政府研究决定：长沙大河西先导区更名为湘江新区，其管理机构更名为"中共湘江新区工作委员会、湘江新区管理委员会"；中共湘江新区工作委员会、湘江新区管理委员会全面履行原中共大河西先导区工作委员会、长沙大河西先导区管理委员会的职能职责；湘江新区管理委员会继续履行原长沙大河西先导区管理委员会对外签订的协议、合同等；原中共长沙大河西先导区工作委员会、长沙大河西先导区管理委员会相关机构同步更名；原中共长沙大河西先导区工作委员会、长沙大河西先导区管理委员会干部职务按干部管理权限重新任命。

根据长沙市人民政府关于将长沙县跳马镇建制调整到雨花区的请示（长政〔2014〕93号），经省人民政府批准，2015年1月11日，湖南省民政厅《关于将长沙县跳马镇调入长沙市雨花区的批复》（湘民行发〔2015〕1号），同意将长沙县跳马镇调入长沙市雨花区。根据长沙市人民政府关于将长沙县暮云街道南托街道成建制调整到天心区的请示（长政〔2014〕92号），经省人民政府批准，2015年1月13日，湖南省民政厅《关于将长沙县暮云街道南托街道调入长沙市天心区的批复》（湘民行发〔2015〕2号），同意将长沙县暮云街道、南托街道调入到长沙市天心区。根据长沙市人民政府关于浏阳市部分乡镇行政区划调整的请示（长政〔2015〕83号），经省人民政府批准，2015年11月18日，湖南省民政厅《关于同意浏阳市部分乡镇行政区划调整方案的批复》（湘民行发〔2015〕25号）：同意将杨花乡和大瑶镇成建制合并设立大瑶镇。根据长沙市人民政府关于望城区部分乡镇行政区划调整的请示（长政〔2015〕78号），经省人民政府批准，2015年11月19日，湖南省民政厅《关于同意长沙市望城区部分乡镇行政区划调整方案的批复》（湘民行发〔2015〕39号）文件批复：1.同意长沙市望城区乡镇区划调整方案。2.同意将靖港镇和格塘镇成建制合并设立靖港镇；将新康乡和高塘岭街道成建制合并设立高塘岭街道；将茶亭镇和东城镇成建制合并设立茶亭镇；将东城镇慎家桥社区五杉片（含跃进、染匠、禾家、姚家、五杉、大官、鱼心7个居民小组）划入铜官镇华城村，将茶亭镇郭亮村划入铜官镇，将铜官镇和书堂山街道成建制合并设立铜官街道；将乌山镇和喻家坡街道成建制合并设立乌山街道；将雷锋镇和廖家坪街道成建制合并成立雷锋街道。根据长沙市人民政府关于宁乡县部分乡镇行政区划调整的请示（长政〔2015〕79号），经省人民政府批准，2015年11月19日，湖南省民政厅《关于同意宁乡县乡镇行政区划调整方案的批复》（湘民行发〔2015〕40号）：1.同意宁乡县乡镇区划调整方案。2.同意将枫木桥乡、偕乐桥镇和灰汤镇成建制合并设立灰汤镇；将坝塘镇和南田坪乡成建制合并设立坝塘镇；将双江口镇和朱良桥乡成建制合并设立双江口镇。根据长沙市人民政府关于开福区部分乡镇行政区划调整请示（长政〔2015〕80号），经省人民政府批准，2015年11月19日，湖南省民政厅《关于同意长沙市开福区乡镇行政区划调整方案的批复》（湘民行发〔2015〕41号）：1.同意长沙市开福区乡镇区划调整方案。2.同意将青竹湖镇和新港街道成建制合并设立青竹湖街道。根据长沙市人民政府关于岳麓区部分乡镇行政区划调整的请示（长政〔2015〕81号），经省人民政府批准，2015年11月19日，湖南省民政厅《关于同意长沙市岳麓区乡镇区划调整方案的批复》（湘民行发〔2015〕42号）；1.同意长沙市岳麓区乡镇区划调整方案。2.同意将东方红镇和麓谷街道成建制合并设立麓谷街道。根据长沙市人民政府长政〔2015〕82号文件请示，经省人民政府批准，2015年11月19日，以湘民行发〔2015〕43号文件批复：1.同意长沙县乡镇区划调整方案。2.同意将金井镇和双江镇成建制合并设立金井镇；将开慧镇和白沙镇成建制合并设立开慧镇；将黄兴镇和干杉镇成建制合并设立黄兴镇。

根据长沙市人民政府长政〔2016〕54号文件请示，经省人民政府批准，2016年6月10日，以湘民行发〔2016〕10号文件批复，同意撤销浏阳市葛家乡设立葛家镇，以原葛家乡的行政区域为新设葛家镇的行政区域。行政区划调整后，葛家镇辖5个建制村，总面积107平方千米，总人口2.01万人。镇人民政府驻地葛家园村（原葛家乡人民政府驻地）。

2017年5月3日经国务院批准，民政部以《关于同意湖南省撤销宁乡县设立县级宁乡市的批复》民函〔2017〕73号文件批复，湖南省民政厅以湘民函〔2017〕35号文件明确，撤销宁乡县，设立宁乡市。

2018年2月2日，根据长沙市人民政府关于析置望城区雷锋街道的通知（长政函〔2018〕12号），决定对望城区雷锋街道进行析置。将雷锋街道析置为雷锋和白马2个新的街道。析置后新的雷锋街道下辖7个村（社区），总面积59.86平方千米，总人口6万人，街道治所驻荷花塘社区文明路1号。新的白马街道下辖4个村（社区），总面积19.92平方千米，总人口5万人，街道治所驻原雷锋街道便民服务中心。

根据长沙市人民政府关于浏阳市蕉溪乡撤乡设镇的请示（长政〔2018〕21号），经省人民政府批准，2018年6月5日，湖南省民政厅《关于撤销浏阳市蕉溪乡设立蕉溪镇的批复》（湘民行发〔2018〕3号）：同意撤销蕉溪乡设立蕉溪镇，以原蕉溪乡的行政区域为蕉溪镇的行政区域。行政区划调整后，蕉溪镇辖6个建制村，总面积87平方千米，总人口297万人，镇人民政府驻高升建制村高升路1号（原蕉溪乡人民政府驻地）。

【行政区划】 2019年，长沙市辖6个区：芙蓉区、天心区、岳麓区、开福区、雨花区、望城区，3个县（市）：长沙县、宁乡市、浏阳市。各区县（市）辖96个街道、69个镇、5个乡。各街道、镇和乡辖村878个，社区705个。 （王成亮）

表 1　　长沙市行政区划变动统计表

指标	单位	1950 年	1978 年	1985 年	1990 年	1995 年	2000 年	2005 年	2010 年	2017 年	2018 年	2019 年
一、行政区划												
市辖区数	个	5	5	5	5	5	5	5	5	6	6	6
市辖（市）数	个	…	2	4	4	4	4	4	4	3	3	3
镇数	个	…	7	16	21	70	75	79	85	68	69	69
县辖区数	个	…	16	39	39	…	…	…	…	…	…	…
街道办事处数	个	6	39	32	35	50	50	55	59	95	96	96
居民委员会数	个	59	329	459	535	701	763	569	590	651	683	705
乡数	个	18	84	217	210	51	46	37	26	6	5	5
村民委员会数	个	11	1096	2996	2987	3121	3111	1281	1226	891	884	878
二、土地面积	平方千米	112.00	3995.00	11818.00	11818.00	11819.50	11819.50	11819.50	11815.96	11815.96	11815.96	11815.96
# 市区	平方千米	112.00	352.00	352.00	367.00	556.33	556.33	556.33	958.80	2150.90	2150.90	2150.9
# 建成区	平方千米	6.70	53.04	57.18	101.00	115.00	118.82	167.70	272.39	434.82	444.36	483.8
三、户籍总人口	万人	314.52	458.23	504.22	550.05	562.82	583.19	620.92	650.12	708.79	728.36	738.24
# 市区	万人	41.36	94.83	115.72	132.68	145.45	175.41	208.65	239.53	339.78	355.75	364.38

（资料来源：市统计局）

历史文化

【史迹遗存】 长沙历史悠久、名胜古迹众多，自新石器时代就有人类在长沙地区活动，长沙天心区暮云镇南托乡大塘遗址、鹿芝岭新石器遗址、苦竹山遗址、曾家山遗址等，长沙还是楚文明和湘楚文化的发源地，浏城桥等地发现楚墓等大量楚文化的遗迹和遗物。长沙约有2400年建城史，在春秋战国时期始建城，后经历代战乱遭毁，现仅存天心阁段古城墙，为明代长沙城墙，天心阁建筑群包括古城墙、古月城、古炮台、天心阁等设施，是一处功能齐备、保存相对完整的古代城池构成体系。此外，在长沙城市考古中万达广场发现宋代城墙。

长沙古墓葬较多，马王堆汉墓是汉代长沙国丞相利仓及其夫人、儿子的墓葬，长沙现存汉长沙国王及王后墓葬，张浚张栻墓、何绍基墓及明代吉藩王陵等众多古近代墓葬。长沙是旧民主主义革命与新民主主义革命的重要策源地之一，辛亥革命领袖黄兴出生于长沙黄兴镇，黄兴及蒋翊武、焦达峰、陈天华、姚宏业等一批革命先驱、护国运动的领导人蔡锷等葬岳麓山上。湖南第一师范学校旧址、新民学会旧址、爱晚亭、橘子洲头、秋收起义文家市会师旧址、中共湘区委员会旧址、刘少奇故居、胡耀邦故居等体现了党和国家领导人早期求学和革命活动的轨迹，湖南省苏维埃政府旧址、红一方面军成立会旧址则见证了红军早期发展壮大的历史，八路军驻湘通讯处旧址、影珠山抗战遗址群、第九战区长官司令部指挥所旧址等则是中华民族同仇敌忾、奋勇抗击侵略的历史证据。 （安国瑞）

【传统文化】 长沙市已建立起国家、省、市、区县（市）四级非物质文化遗产保护名录体系。截至2019年年底，全市普查登记非物质文化遗产项目1366个，其中湘绣、浏阳花炮制作技艺、湘剧、长沙弹词、庙会（火宫殿庙会）、石雕（菊花石雕）、长沙窑铜官陶瓷烧制技艺、浏阳文庙祭孔音乐8个项目入选国家级非物质文化遗产代表性名录。17个“非遗”项目入选省级“非遗”代表性名录、77个“非遗”项目入选市级“非遗”代表性名录、134个“非遗”项目入选区县（市）级“非遗”代表性名录；国家级、省级、市级“非遗”代表性传承人分别为9人、15人、88人；建有非物质文化遗产生产性保护基地25个、“非遗”专题博物馆23个。

长沙境内主要以湘菜为主。湘菜源远流长，战国时期，爱国诗人屈原在其著名诗篇《招魂》中，就记载了湖南的许多菜肴。在出土的走马楼简牍中有300余支汉代竹简专门记载了湘菜的烹饪方法。湘菜在《楚辞》里都有描写。西汉时期，湖南的菜肴品种有109个，烹调方法有九大类。六朝以后，湖南的饮食文化丰富、活跃。明、清两代，是湘菜发展的黄金时期，湘菜的独特风格基本定局。清朝末叶，在长沙先后出现轩帮和堂帮两种湘菜馆。民国初年，出现戴（杨明）派、盛（善斋）派、肖（麓松）派和祖庵派等多种流派，奠定了湘菜的历史地位。中华人民共和国成立以后，特别是改革开放后，得到更好发展。火宫殿八大小吃、长沙臭豆腐、糖油粑粑、德园包子、杨裕兴鸡蛋面、宁乡四碟（刀豆花、砂仁糕、紫苏梅、冰姜）、徐长兴烤鸭、浏阳油饼、沩山擂茶、靖港古镇的“八大碗”等这些“非遗”美食均深受长沙人的喜爱。

长沙过汉族的所有节日，其中一些节日有地方特色，也在一些日子有很多特有的民俗，陶公庙庙会为赶集的一大特色。农历三月三时，长沙人都有地菜煮鸡蛋的习俗。立夏时有吃立夏粳之习。惊蛰时农家于暗处点灯，用石灰撒房屋四周及潮湿暗角。

火宫殿庙会作为湖湘火庙文化的载体，延续着千百年来人与人、人与食的民俗情缘。长沙火宫殿既是星城一处古老火文化的遗迹，又是长沙民风、民俗、名食的汇集地。火宫殿庙会，历史悠久、源远流长、文化内涵丰富、文化底蕴深厚，是湖湘古老火文化历史的缩影。火宫殿庙会起源于上古时代人类对于“火”的崇拜，它是一种以敬火、拜火、用火、管火的祭祀礼仪。长沙的火宫殿庙会是一家餐饮店与一座火神庙紧紧联系在一起，形成一个多元文化载体的文化现象，在国内独具特色。这种文化现象与南京夫子庙、上海城隍庙的外在形式和文化内涵有着根本的区别。火宫殿已经成为长沙历史文化名城一个重要符号和不可缺少的文化元素。据清光绪《善化县志》记载：火神庙祭期，“每岁以季夏月下旬三日致祭”。即火神寿诞举行大祭。另每年立春、立秋之日举行小祭。火宫殿火神庙会有祭祀、社戏、民间小吃、说唱曲艺等内容。祭祀由长沙、善化县官员主祭，民间会团、绅商、民众数百人参加，礼仪隆重。近年，火宫殿庙会除了保留部分传统祭祀、祈福法会的形式外，同时进一步拓宽了传统风味小吃领域，恢复了原有的工艺面人、棉花糖、工艺糖画等小手工艺品展卖。庙会每年举办一届（7天），吸引国内外游客20万余人次。

湘绣、菊花石雕和棕叶编素有“长沙三绝”之称。湘绣的起源和发展都在长沙县（今开福区沙坪一带），为中国四大名绣之一。菊花石雕，其中重要的菊花石产于浏阳大溪河底岩石层中，天然生有白色的菊花图案，其雕品为长沙的一大特色。棕编艺术清光绪年间即广泛流传于长沙县高桥、金井一带。经过几十年的创新，棕叶编已经发展成不同以往只编小动物的棕编艺术，谓之全棕立体棕编，不仅有棕编动物，还有人物、山水、建筑等，构成全棕编的立体画，原材料不仅有棕叶，还有棕树的蔸、干、梢、籽等。

浏阳花炮（又称烟花，鞭炮，焰

火，花火）是驰名中外的湖南传统特产和主要出口商品之一。浏阳制作烟花鞭炮，久负盛名，素有“鞭炮之乡”誉称。浏阳花炮作为最具代表性的爆竹种类，产生于唐宋时期。据《中国实业志》记载：“湘省爆竹之制造，始于唐，盛于宋，发源于浏阳也。”清代康熙年间，浏阳花炮的生产已具相当规模，至光绪年间已销往南洋诸国，成为名牌产品。中华人民共和国成立后，浏阳花炮发展到外销五大洲100余个国家和地区，内销全国31个省份，其品种发展到现在的十三大类3000余个。

长沙最具代表性的地方戏剧为湘剧和花鼓戏。因长沙是湖南政治、经济、文化中心，湘剧与全国各大剧种交流频繁，故能得风气之先，充实丰富，在全国具有较大影响；长沙湘剧的剧目在清道先、咸丰时期已多达千余个。长沙花鼓戏形成于清朝，流行于湘中、湘东和洞庭湖滨，最初由歌舞形式的地花鼓发展为较有故事情节的对子花鼓；其后发展为“三小戏”（小旦、小生、小丑）逐渐具有戏剧性质的草台班演出阶段；后来汲取其他剧种的腔调、伴奏和表演等艺术表现手法成为戏曲剧种。它的产生和形成发展都在民间，而不像其他剧种那样先由宫廷、上层社会提倡然后再传到民间，是一个艺术风格独特、群众基础深厚、地方色彩鲜明、生活气息浓郁的湖南地方主要剧种。

（吕红绰）

【长沙方言】 长沙使用的方言有长沙话、浏阳话和宁乡话。长沙话为湘方言下面的次方言新湘方言的代表，使用范围为长沙城区及周边地区，内部分歧较小，且随着经济和交通的发达而逐步缩小，部分词汇有文、白二音，其中的文读有向普通话靠拢的倾向。与现代汉语普通话比较，其主要特点是有阴平、阳平、上声、阴去、阳去、入声6个声调，其中去声调分为阴去、阳去两个声调，入声调系古汉语入声调的保留，促声尾消失而自成一个声调。宁乡话以宁乡城区为代表，内部分歧较大，依地域向娄底、湘潭延伸和向长沙城区靠近而分别接近新湘方言和老湘方言，是介于新、老湘方言之间的一个方言分支。浏阳话亦以浏阳城区为代表，属赣方言的一个分支。长沙方言不同程度地保留了古代（上古和中古）汉语的一些痕迹。（贺孝武）

人口和民族宗教

【人口分布】 2019年年末，长沙市户籍人口7382401人，市区人口3643794人，其中芙蓉区426994人、天心区506621人、岳麓区803944人、开福区515391人、雨花区738450人、望城区652394人（含雷锋镇）。县（市）人口3738607人，其中长沙县818383人、宁乡市1428939人、浏阳市1491285人。全市总人口中，男性3669820人，女性3712581人，年末男女性别比为98.8 ：100。（王成亮）

【人口自然变动】 2019年，长沙市出生人口91202人，死亡57928人，年出生率12.43‰，年死亡率7.9‰，年自然增长率4.53‰。（王成亮）

【人口密度】 常住人口密度：2019年，长沙市人口密度每平方千米710.44人，其中市区每平方千米2126.18人。户籍人口密度：2019年，全市人口密度每平方千米624.78人，其中市区每平方千米1694.08人。

（王成亮）

【民族】 长沙是少数民族散居城市，2019年有55个少数民族，全市少数民族户籍人口约14.8万人，占比为2%，其中全市城镇少数民族户籍人口12.96万人，占比为2.56%，城镇少数民族流动人口24.38万人，占比为6.53%。（周红波）

【宗教】 2019年，长沙有佛教、道教、伊斯兰教、天主教和基督教五大宗教，登记赋码的宗教活动场所198处，经批准纳入管理的民间信仰活动场所497处，宗教教职人员500余人，皈依受洗的信徒4万余人，一般信众在50万人以上。（周红波）

经济社会发展

【概况】 2019年，长沙市地区生产总值11574.22亿元，比2018年增长8.1%。分产业看，第一产业实现增加值359.69亿元，增长3.2%；第二产业实现增加值4439.32亿元，增长7.9%；第三产业实现增加值6775.21亿元，增长8.4%。第一、二、三产业分别拉动GDP增长0.1个、3.5个、4.5个百分点，三次产业对GDP增长的贡献率分别为1.2%、43.6%、55.2%，农林牧渔业增加值380.17亿元，比2018年增长3.4%。工业增加值比2018年增长9.1%，其中规模以上工业增加值增长9.1%。固定资产投资比2018年增长10.1%。社会消费品零售总额4589.4亿元，比2018年增长10.1%。进出口总额（海关口径）2002.03亿元（折合289.87亿美元），比2018年增长56.4%。其中，出口总额1396.43亿元，增长69.9%；进口总额605.6亿元，增长32.1%。一般公共预算收入1592.74亿元，比2018年增长3.1%，其中地方一般公共预算收入950.23亿元，增长8%。一般公共预算支出1425.98亿元，增长9.6%。居民消费价格比2018年上涨2.9%，涨幅增加0.9个百分点。城镇居民人均可支配收入55211元，比2018年增长8.7%；农村居民人均可支配收入32329元，比2018年增长8.8%。全年全市新增城镇就业人员14.77万人，年末城镇登记失业率2.65%。

【农 业】 2019年，长沙市实现农林牧渔业增加值380.17亿元，比2018年增长3.4%。其中，农业增加值254.19亿元，增长3.7%；林业增加值23.48亿元，增长6.5%；牧业增加值69.44亿元，下降1.6%；渔业增加值12.58亿元，增长10.9%；农林牧渔服务业增加值20.48亿元，增长6.5%。

全年粮食播种面积32.45万公顷，比2018年下降0.3%。其中，稻谷播种面积28.96万公顷，下降1.2%，优质稻种植面积所占比重为77%；蔬菜播种面积15.14万公顷，增长3.5%；油料种植面积5.63万公顷，增长2.1%；出栏肉猪349.5万头，下降20.3%。

农业机械总动力607.6万千瓦，水稻耕种收综合机械化水平为80.9%。农村基础设施建设投入力度加大，全市开工各类水利工程1.79万处，水利工程投入资金20.73亿元，水利工程完成土石方0.13亿立方米。

【工业和建筑业】 2019年，长沙市全部工业增加值比上年增长9.1%，其中规模以上工业增加值增长9.1%。

全年园区规模以上工业增加值比2018年增长12.9%，占全市规模以上工业增加值的57.7%，对规模以上工业增长的贡献率为79.7%。

全年规模以上工业统计的234种主要工业产品中，产量比2018年增长的有136种，占产品总数量的比重为58.1%。

全年规模以上工业企业营业收入比2018年增长6.5%，营业成本增长4.7%，利润总额增长5.9%。

全年建筑业增加值1186.76亿元，比2018年增长3.7%。全年具有建筑业资质等级的独立核算企业完成建筑业总产值5469.21亿元，比2018年增长10.3%；房屋竣工面积7753.05万平方米，增长3.6%。

【固定资产投资】 2019年，长沙市固定资产投资比2018年增长10.1%。计划总投资超过5000万元的在建项目（不含房地产开发）1535个，完成投资占固定资产投资总额的45.7%。

在固定资产投资中，第一产业投资（不含水利建设投资）比2018年增长83.3%；第二产业投资增长10.1%，其中工业投资增长10.9%；第三产业投资增长6.1%。高技术产业投资增长5%，基础设施建设投资增长6.4%。

全年房地产开发投资1668.4亿元，比2018年增长11.2%。商品房销售面积2334.86万平方米，下降2.2%；商品房销售额2021.08亿元，增长3.6%。

【国内贸易】 2019年，长沙市社会消费品零售总额4589.4亿元，比2018年增长10.1%，剔除物价因素实际增长7.7%。按经营单位所在地分，城镇消费品零售额增长10.1%；乡村消费品零售额增长10%。按消费类型分，餐饮收入增长10.4%；商品零售增长10.1%。

限额以上单位商品零售额比2018年增长10.3%（全口径，下同，可比口径增速为7.6%），分类别看，粮油、食品类增长27.3%；服装、鞋帽、针纺织品类增长8%；化妆品类增长13.5%；金银珠宝类下降16.6%；日用品类增长21.4%；书报杂志类增长16%；家用电器和音像器材类增长2.1%；中西药品类增长21.5%；文化办公用品类增长31.8%；通信器材类增长51.9%；石油及制品类增长2.1%；汽车类增长6.6%。

【交通和邮电】 2019年，长沙市全社会运输周转量671.18亿吨千米，比2018年增长14%。其中，旅客周转量增长2%；货物周转量增长16.4%。

全市电信业务总量1006.38亿元（2015年不变价），比2018年增长55.5%。邮政业务总量155.21亿元（2010年不变价），增长37.5%；邮电业务收入187.33亿元，增长6.2%，其中电信业务收入112.56亿元，下降4.9%；邮政业务收入74.77亿元，增长28.8%。年末本地固定电话用户157.67万户，下降0.8%；移动电话用户1307.45万户，下降2.2%；互联网宽带用户379.1万户，增长15.5%。

【对外经济】 2019年，长沙市进出口总额（海关口径）2002.03亿元（折合289.87亿美元），比2018年增长56.4%。其中，出口总额1396.43亿元，增长69.9%；进口总额605.6亿元，增长32.1%。在出口总额中，机电产品689.89亿元，占比为49.4%；高新技术产品293.92亿元，占比为21.1%。在进口总额中，机电产品338.8亿元，占比为55.9%；高新技术产品199.08亿元，占比为32.9%。

全市利用外资项目281个，比2018年下降14.6%；合同外资金额98.42亿美元，下降7.7%；实际利用外资金额63.74亿美元，增长10.3%。实际到位省外境内资金1252.44亿元，增长18%。

【旅游】 2019年，长沙市接待国内外旅游者16832.61万人次，比2018年增长12.4%；旅游总收入2028.97亿元，增长12.2%。

【金融】 2019年，长沙市金融机构各项存款余额（本外币合计，下同）21048.45亿元，比年初增加2412.81亿元。其中，住户存款余额6600.39亿元，比年初增加906.53亿元。金融机构各项贷款余额21248.71亿元，比年初增加2854.01亿元，其中短期贷款余额4477.58亿元，比年初增加810.64亿元；中长期贷款15917.02亿元，比年初增加1719.14亿元。

全年保险公司原保险保费收入471.1亿元，比2018年增长14.4%，其中财产保险公司原保险保费收入165.44

亿元，增长 17.8%；人身保险公司原保险保费收入 305.66 亿元，增长 12.6%。赔付支出 126.05 亿元，增长 12.9%。

【教育和科学技术】 2019 年，长沙市有普通高校 51 所，普通高中 91 所，初中学校 250 所，普通小学 944 所。全年在学研究生 7.32 万人，比 2018 年增长 8.3%；普通高校在校学生 66.59 万人，增长 4.7%；普通高中在校学生 14.74 万人，增长 5.1%；普通初中在校学生 27.03 万人，增长 4.6%；普通小学在校学生 66.65 万人，增长 7.1%；幼儿园在园幼儿 35.46 万人，增长 13.9%。小学适龄儿童入学率 100%，小学升初中入学率 105.6%。全市投入学生免费入学和资助经费 15.54 亿元，所有义务教育阶段 182.16 万人次学生全部享受了免杂费入学，执行公办教育收费标准的 169.98 万人次学生全部享受“一费制”（含课本费、教辅资料费和作业本费）全免入学，在长沙市就读的 14.04 万名外来务工人员子女，全部享受免杂费、免“一费制”入学。全年补助 5.38 万人次农村家庭经济困难寄宿学生生活费。

全市有科学研究开发机构 95 个。全年取得省部级以上科技成果 157 项，专利申请 42087 件，比 2018 年增长 2.6%；授权专利 22504 件，增长 6.2%。签订技术合同 5225 项，成交金额 233.82 亿元。高新技术产业增加值增长 11.7%。

【文化、卫生和体育】 2019 年，长沙市有艺术表演团体 12 个，文化馆 10 个，公共图书馆 12 个，博物馆（纪念馆）20 个，档案馆 14 个。

全市有卫生机构（含村卫生室）4633 个。其中，医院、卫生院 336 个；卫生防疫、防治机构 14 个。妇幼保健机构 11 个。卫生技术人员 8.59 万人，比 2018 年增加 0.55 万人。其中，执业医师、执业助理医师 3.23 万人，增加 0.19 万人；注册护士 4.1 万人，增加 0.3 万人。卫生机构床位 8.12 万张，增加 0.39 万张。其中，医院、卫生院 7.37 万张，增加 0.38 万张。

全市开展全民健身项目 295 项次（市级、区县、乡镇街道三级），全民健身运动参加人数 681 万人。年末拥有各级健身辅导站 710 个，公共体育场地 2013 个。

【人民生活和社会保障】 2019 年，长沙市常住总人口 839.45 万人，比 2018 年增长 2.9%。按户籍人口计算，人口出生率 12.43‰，死亡率 7.9‰，自然增长率 4.53‰。城镇化率 79.56%，比 2018 年提高 0.44 个百分点。

全市城镇居民人均可支配收入 55211 元，比 2018 年增长 8.7%。其中，人均工资性收入 30505 元，增长 10.3%；人均经营净收入 7914 元，增长 11.6%；人均财产净收入 7096 元，增长 2.8%；人均转移净收入 9697 元，增长 6.2%；城镇居民人均消费支出 39516 元，增长 7.5%。在城镇居民消费分类中，食品烟酒人均消费 10188 元，增长 7%；衣着人均消费 2564 元，增长 6.9%；居住人均消费 7628 元，增长 8.4%；生活用品及服务人均消费 3049 元，增长 7.5%；交通通信人均消费 5037 元，增长 7%；教育文化娱乐人均消费 7361 元，增长 7%；医疗保健人均消费 2820 元，增长 9.8%；其他用品和服务人均消费 869 元，增长 5.1%。城镇居民平均每百户家庭拥有家用汽车 61.8 辆、空调 252.8 台、计算机 94 台。城镇居民人均有现住房建筑面积 41.3 平方米。

全市农村居民人均可支配收入 32329 元，比 2018 年增长 8.8%。农民人均消费支出 23090 元，增长 10.2%。农村居民平均每百户家庭拥有家用汽车 51.9 辆、计算机 39.7 台、移动电话机 295.5 部。农村居民人均有现住房建筑面积 58 平方米。

全市有社会福利院、敬老院、养老院、光荣院等 208 所。各类收养性社会福利单位收养人员 1.72 万人。城镇各种社区服务设施 4531 处，其中综合性社区服务中心 708 个。接受社会捐赠 22530 万元。发放居民最低生活保障金 6.73 亿元，居民得到政府最低生活保障人数 12.25 万人（包括城镇和农村）。

年末参加全市劳动保障部门城镇职工基本养老保险的人数354.84万人，基本养老金社会化发放率 100 %，参加城镇居民养老保险人数 9.05 万人，参加新型农村养老保险人数 251.78 万人，参加城镇职工基本医疗保险人数 265.86 万人，参加失业保险职工人数 165.97 万人，领取失业保险金人数 2.68 万人，参加工伤保险职工人数 157.6 万人，参加生育保险人数 188.07 万人，参加城乡居民医疗保险人数 506.16 万人。（本栏撰稿　王成亮）

说明：1. 部分数据因四舍五入的原因，存在与分项合计不等的情况；

2. 地区生产总值、三次产业及相关行业增加值绝对数按现价计算，增长速度按不变价计算；

3. 根据第四次全国经济普查结果，对地区生产总值、三次产业及相关行业增加值等相关指标的历史数据进行了修订

表2　　2019年长沙市主要经济指标占湖南省的比重统计表

指标	单位	湖南省	长沙市	长沙市占湖南省的比重（%）
一、地区生产总值	亿元	39752.12	11574.22	29.1
第一产业	亿元	3646.95	359.69	9.9
第二产业	亿元	14946.98	4439.32	29.7
第三产业	亿元	21158.19	6775.21	32.0
二、粮食产量	万吨	2974.84	215.68	7.3
三、社会消费品零售总额	亿元	16683.94	4589.4	27.5
四、地方一般公共预算收入	亿元	3007.15	950.23	31.6
五、进出口总额	亿元	4342.20	2002.03	46.1
#出口总额	亿元	3076.10	1396.43	45.4
六、实际使用外商直接投资	亿美元	181.01	63.74	35.2
七、年末金融机构存款余额	亿元	52660.36	21048.45	40.0
#住户存款	亿元	28410.30	6600.39	23.2
年末金融机构贷款余额	亿元	42415.43	21248.71	50.1
八、城镇居民人均可支配收入	元	39842	55211	15369*
城镇居民人均消费性支出	元	26924	39516	12592*
农村居民人均可支配收入	元	15395	32329	16934*
农村居民人均消费性支出	元	13969	23090	9121*

说明：带*为比全省高

（资料来源：市统计局）

中国共产党长沙市委员会

CHANGSHA MUNICIPAL COMMITTEE OF THE COMMUNIST PARTY OF CHINA

编辑　陈晓红

综　述

2019年，长沙市聚焦现代化长沙和“三个中心”（国家智能制造中心、国家创新创意中心、国家交通物流中心）建设目标，实施创新引领开放崛起战略，推动高质量发展，做好“六稳”工作（稳就业、稳金融、稳外贸、稳外资、稳投资、稳预期），推动长沙经济、政治、文化、社会、生态文明建设和党的建设取得重大进展。

政治建设　研究制定加强和改进党委（党组）理论学习中心组学习10条措施，开展市委理论学习中心组集体学习12次，市委常委会会议每次安排1~2个议题学习习近平新时代中国特色社会主义思想，在深学细悟、研机析理中坚定理想信念、强化使命担当。坚决做到“两个维护”。坚持以党的旗帜为旗帜、以党的方向为方向、以党的意志为意志，自觉在思想上、政治上、行动上同以习近平同志为核心的党中央保持高度一致，做到党中央提倡的坚决响应、党中央决定的坚决照办、党中央禁止的坚决杜绝。全力确保政令畅通。对中央和省委决策部署，坚持第一时间传达学习、贯彻落实，做到领会快、落实快、见效快。就贯彻落实习近平总书记在推动中部地区崛起工作座谈会上的重要讲话精神，召开市委十三届八次全会，出台“制造业高质量发展20条”。贯彻落实中央十九届四中全会和省委十一届八次、九次全会精神，加快推进治理体系和治理能力现代化，全面加强基层建设。加强党的全面领导。严格落实意识形态工作责任制，统筹做好宣传思想文化各项工作，为庆祝中华人民共和国成立70周年等重大活动营造良好氛围。支持人大、政府、政协和监察机关、审判机关、检察机关、群团组织依法依章程履行职能、开展工作，调动和发挥方方面面的积极性。支持各民主党派、工商联和无党派人士积极发挥作用，不断巩固和发展最广泛的爱国统一战线。

改革开放　中央和省委各项改革部署全面落实，机构改革全面完成，国资国企、基层治理等改革成效突出。开放通道、平台、机制建设不断提速，中非经贸博览会、长沙国际工程机械展等重大活动举办，长沙入选首批陆港型国家物流枢纽，进出口总额增速居全国省会城市前列。

“三大攻坚战”　精准脱贫。市内精准脱贫、市外对口帮扶年度任务全面完成，帮扶龙山等8个国家级贫困县投入资金3.1亿元。城市特殊困难群体帮扶全面启动。风险防控。沉淀资金、存量资产、可用资源盘活加速推进，3项债务之和持续压减，隐性债务化解任务超额完成，政府债务风险总体可控。平台公司“撤并转”加快推进，市轨道集团去平台、市场化转型成为全省样板。城发集团组建。坚决落实中央“房住不炒”要求，房地产市场保持平稳健康发展。污染防治。中央生态环保督察及“回头看”、省级环保督察反馈问题整改推进，蓝天、碧水、净土保卫战深度发力，“一江六河”（湘江长沙段及浏阳河、捞刀河、沩水、沙河、龙王港、靳江河）水质创有监测记录以来最好水平，浏阳河入选全国示范河湖建设名单。

经济发展　2019年，地区生产总值增长8.1%，规模以上工业增加值增长9.1%，地方一般公共预算收入增长8%，主要经济指标增速高于全国全省平均水平、好于预期。“产业项目建设年”“营商环境优化年”活动深入开展。省“五个100”项目（100个重大产业项目、100个重大科技创新项目、100个重大产品创新，引进100个500强企业，100个科技创新人才）任务超额实现，中联智慧产业城、三一智联重卡和道依茨发动机、惠科第8.6代超高清新型显示器件、比亚迪新能源动力电池、荷兰夸特纳斯（长沙）国际食材集采集配加工中心等一批战略项目开工建设，格力智能装备产业园、长沙智能终端产业园等一批重大项目竣工投产。减税降费、简政放权、“四到服务”（随叫随到、不叫不到、服务周到、说到做到）成效显著，长沙入选全国万家民企评价营商环境十佳城市，被评为中国国际化营商环境建设标杆城市。　（谭彦颐）

决策部署

【长沙市机构改革动员大会】　2019年1月3日召开。省委常委、市委书记胡衡华出席会议并讲话，市委常委、市委组织部部长张宏益介绍全市机构改革的主要内容。市直机关各单位及区县以（市）主要负责人共200余人参加。会上，市人力资源和社会保障局、原市文化广电新闻出版局、浏阳市主要负责人作表态发言。

（羊芬芬）

【市委全面深化改革委员会第一次会议】　2019年3月18日在市会议中心召开。会议由省委常委、市委书记胡衡华主持。会议传达学习中央和省委深改委有关会议精神，审议有关文件和改革方案，研究部署下阶段工作。会议强调，全市各级各部门要认真学习贯彻习近平总书记关于全面深化改革开放的重要论述，深入落实中央和省委的改革部署，以更强的省会担当把全面深化改革推向深入，以优异成绩迎接中华人民共和国成立70周年。会议审议通过《中共长沙市委全面深化改革委员会工作规则》《中共长沙市委全面深化改革委员会办公室工作细则》《中共长沙市委全面深化改革委员会2019年工作要点》，听取城市基层党建体制机制创新、农村集体产权制度改革、“最多跑一次”改革、园区体制综合改革四项重点改革情况汇报。市领导朱健、钟钢等出席。　（罗定豪）

2019年4月20日，长株潭城市群一体化发展市长联席会议在长沙召开

市委办公厅　供图

【长株潭城市群一体化发展市长联席会议】　2019年4月20日在长沙召开。会议由长沙市委副书记、市长、湖南湘江新区党工委书记胡忠雄主持，省委常委、长沙市委书记胡衡华，株洲市委副书记、市长阳卫国，湘潭市委副书记、市长张迎春出席。会议通报长株潭城市群一体化发展首届联席会议以来工作进展情况，审议通过《长株潭城市群一体化发展行动计划（2018—2019年）》相关调整内容，审议并签署《长株潭城市群一卡通建设合作框架协议》《长株潭城市群共建国家物流枢纽合作框架协议》《长株潭城市群推进信用激励和惩戒联动合作框架协议》《长株潭城际轨道交通西环线项目合作框架协议》。（罗定豪）

【"产业项目建设年""营商环境优化年"工作推进讲评会】　2019年5月21日在长沙市会议中心召开。落实省委"以产业比实力、以项目论英雄"导向要求，对全市"两个年"工作进行回头看、再部署。省委常委、市委书记胡衡华出席并讲话，要求将"产业项目建设年""营商环境优化年"作为推动经济工作特别是推动制造业高质量发展的重要抓手，抓到痛点、抓出亮点，形成比学赶超的浓厚氛围。市领导朱健、钟钢、夏建平等出席。（罗定豪）

【全市"不忘初心、牢记使命"主题教育工作会议】　2019年9月10日在长沙市会议中心召开。会议要求深入贯彻落实中央"不忘初心、牢记使命"主题教育工作会议精神特别是习近平总书记重要讲话精神，认真对标对表中央、省委的部署要求，将主题教育抓细抓牢、落实落地、见功见效，确保主题教育高标准高质量开展。省委常委、市委书记胡衡华作动员讲话。省委"不忘初心、牢记使命"主题教育第一巡回指导组组长罗海艳出席会议并讲话。市委副书记、市长胡忠雄主持会议。市委、市人大常委会、市政府、市政协领导班子成员参加。（罗定豪）

【市委十三届八次全体会议】　2019年9月24日在长沙市会议中心召开。会议听取市委常委会工作报告，审议通过《中共长沙市委关于深入贯彻落实习近平总书记在推动中部地区崛起工作座谈会上的重要讲话精神大力推动制造业高质量发展的若干意见》（以下简称《意见》），省委常委、市委书记胡衡华受市委常委会委托向全会报告工作并讲话，市委副书记、市长胡忠雄向全会说明《意见（审议稿）》的起草情况。市领导朱健、程水泉等出席。（罗定豪）

【市委十三届九次全体会议暨经济工作会议】　2019年12月24日在市会议中心举行。会议以习近平新时代中国特色社会主义思想为指导，全面贯彻落实中共十九届四中全会、中央经济工作会议和省委十一届九次全会、省委经济工作会议精神，总结2019年经济工作，部署2020年经济工作。省委常委、市委书记胡衡华向全会作工作报告并就学习贯彻中共十九届四中全会精神、做好2020年经济工作提出要求。市委副书记朱健主持会议。市领导胡忠雄等出席。（罗定豪）

【推动制造业高质量发展】　2019年9月30日，市委印发《中共长沙市委关于深入贯彻落实习近平总书记在推动中部地区崛起工作座谈会上的重要讲话精神大力推动制造业高质量发展的若干意见》（以下简称《意见》）。《意见》由总体要求；实施"新旧动能转换工程"，全面提升制造业集群实力；实施"科技创新引领工程"，加速提升制造业创新能力；实施"市场主体培育工程"，持续提升制造业品牌影响；实施"开放高地构筑工程"，显著提升制造业开放水平；实施"优秀人才集聚工程"，提升制造业智力支撑；实施"营商环境优化工程"，不断提升制造业服务效能；实施"载体提质升级工程"，切实提升制造业承载能力8个部分组成。《意见》的出台对长沙深度融入新一轮科技和产业革命，全面推进产业基础高级化、产业链现代化，全面建设一流创新生态、一流营商环境，率先打造国家智能制造中心具有重要意义。（黄　汀）

【关于学前教育深化改革规范发展的实施意见】　2019年1月8日，市委印发《中共长沙市委长沙市人民政府关于学前教育深化改革规范发展的实施意见》（以下简称《实施意见》）。《实施意见》由规范发展学前教育的总体要求、扩充学前教育资源、规范发展民

办学前教育、全面提升学前教育保教质量、健全学前教育成本分担机制、加强学前教育师资队伍建设、严格规范学前教育综合管理、完善学前教育推进机制8个部分组成。《实施意见》提出，到2020年，全市学前三年毛入园率94%，普惠性幼儿园覆盖率（公办园和普惠性民办园在园幼儿占比）80%以上，公办幼儿园占比50%。全市幼儿园按要求按标准补齐配足教职工并持证上岗。建成80所达到省、市示范园标准的公办幼儿园，300所一、二级普惠性民办幼儿园。学前教育投入水平显著提高，成本分担机制普遍建立，运行保障能力显著增强。幼儿园保教质量评估监管体系基本形成，“小学化”现象基本消除。到2035年，全面普及学前三年教育，建成覆盖城乡、布局合理的学前教育公共服务体系，形成完善的学前教育管理体制、办园体制和政策保障体系，为幼儿提供更加充裕、更加普惠、更加优质的学前教育。（黄 汀）

【关于加强党的政治建设十条措施】 2019年3月19日，市委出台关于加强党的政治建设十条措施（以下简称“措施”）。“措施”由推动政治信仰、政治领导、政治纪律、政治担当、政治能力、政治生态、政治标准、政治文化、政治巡察、政治本色过硬10个部分组成。“措施”的出台对防止和克服全市少数党组织和党员干部忽视政治、淡化政治、不讲政治的问题，推动全市各级党组织切实加强党的政治建设，坚持和加强党的全面领导，推进全面从严治党向纵深发展具有重要意义。（黄 汀）

体制改革

【概况】 2019年，长沙市全面深化改革，明确30项统筹实施改革、10项重点攻坚改革、41项持续深化改革、13项基层探索改革，实行清单化管理。

过程管理 依托改革过程管理信息平台，实现改革任务、进度和效果台账化、痕迹化、可视化、系统化管理，做到全链条责任传导、全过程进度监测、全周期成效评估。梳理中央全面深化改革委员会办公室423项改革方案在长沙落实情况，及市委常委会、市政府常务会审议通过的369项改革方案落实情况，查漏补缺成效显著。

重点督察 对市委、市政府主要领导关注的重点改革开展专项督察，逐项编撰专报。向15位改革任务责任市领导发提示函，每月发布重点事项进展成效，印发改革任务进展通报6期，第6期获市政府主要领导批示。对具体任务看成效、找问题、提建议，多次调度督导“优化营商环境机制创新”等改革，相关文件得到市政府主要领导批示。

推介推广 发掘整理全市改革亮点，印发长沙改革交流25期，包容普惠创新、“一统三化”（以党建为统领，推进党群服务标准化、城市管理网格化、社会治理协调化）基层治理改革等经验得到中央改革办、“学习强国”、全国优化营商环境经验交流会、湖南《新闻联播》等推介，《长沙用“改革锦囊”为高质量发展赋能》相关经验在全面践行新发展理念实现高质量发展高层研讨会上作专题发言。收集提升改革案例，长沙改革“案例库”案例增加到334个，《长沙市大力推进城市基层党建体制机制创新》等4篇案例被收录至《中国改革年鉴》，再次在中国改革年会上被评为年度十大案例，《实施“四项再造”，充分发挥街道社区党组织领导核心作用》等5个改革案例被评为全国城市基层党建创新最佳案例和优秀案例。（谭彦颐）

【纪检监察体制改革】 2019年，长沙市深化纪检监察体制改革，提高工作规范化法治化水平。加强纪检体制改革，梳理明确需要向上级纪委和同级党委请示报告的事项，落实案件查办、提名考察、履职考核以上级纪委监委为主要求，推动交流区县（市）纪委副书记8名，对31个派驻纪检监察组集中开展述职评议。深化监察体制改革，在线索管理、审查调查措施使用、与司法机关协作配合等环节建章立制，推进纪法贯通、法法衔接。市监委向6个园区派出监察机构。做好深化派驻机构改革基础工作，印发派驻监督指导手册。市级派驻纪检监察组立案186件，派驻监督效果明显提升。（侯小贝）

【经济体制改革】 2019年，长沙市统筹推进全市23项改革；深化民营经济发展改革创新，编制《长沙民营经济改革创新发展示范区总体方案》并由省人民政府上报国家发展改革委；出台《涉企政策听取企业家意见实施方案》；启动省直管县体制改革试点评估，并编制长沙市省直管县体制改革试点实施评估自评报告；完成全市事业单位公车改革；全面推进“全国一张清单”负面清单管理，长沙成为全国第三批“放宽负面清单”试点城市；放宽私募基金市场准入长沙试点。（邓 波）

【农村改革】 2019年，长沙市农村集体产权制度改革，集体经济组织建立颁发登记证书的比例超过80%。清查核实集体资产总额279.79亿元，清查资源性资产总面积63.42万公顷。确认集体经济组织成员376万人。建立健全新型农村集体经济组织，已经登记赋码865家，完成省定75%的任务。成立农村土地承包仲裁委员会，全年全市发生农村土地承包纠纷336件，调解率100%，其中乡村调解323件、仲裁委调解13件。完成全市农村土地承包经营权确权登记颁证工作，确权登记颁证数量86.98万户，颁证率94.6%。长沙晟农私募股权基金首次投资项目签约，重点投向长沙农业园区建设、农业龙头企业。完成普惠金融项目上线取数工作，全市农户数据90万余户，新增贷款人数13036人，新增贷款金额14.1亿元。（岳娴雯）

【文化事业管理体制改革】 2019年2月，市委办公厅、市政府办公厅印发《长沙市机构改革实施方案》，明确："将市文化广电新闻出版局的文化、广播电视管理职责，以及市旅游发展委员会的职责整合，组建市文化旅游广电局，作为市政府工作部门，对外使用市文物局名称。不再保留市文化广电新闻出版局、市旅游发展委员会。"3月，市委办公厅、市政府办公厅印发《长沙市文化旅游广电局职能配置、内设机构和人员编制规定》，核定机关行政编制为76名，内设机构24个，领导职数为：局长1名，副局长4名，总工程师1名；处长（主任、乡科级正职）领导职数24名（含机关党委专职副书记、离退休人员管理服务处处长各1名），副处长（副主任，乡科级副职）领导职数22名，机关后勤服务全额拨款事业编制8名，人员只出不进。长沙市文物局转隶10名在编人员、4名离退休人员至长沙市文化旅游广电局。整合长沙市文化市场综合执法局、内五区文化市场综合执法局、长沙市旅游质量监督管理所（长沙市旅游执法支队）和文物执法队伍，组建长沙市文化市场综合行政执法局，负责芙蓉区、天心区、岳麓区、开福区、雨花区和长沙市高新技术开发区范围内文化市场领域的行政执法。（何吉多）

【司法改革】 2019年，长沙市推进政法机构改革。完成市、区县（市）两级政法委机构改革，协调、指导推进法、检内设机构改革和公安、司法行政改革。深化司法责任制改革。指导法院、检察院推进司法人员分类管理、多元化纠纷解决机制、案件繁简分流、以审判为中心的刑事诉讼制度改革等工作。

开展司法综合配套改革，推进多元化纠纷解决机制改革，推广应用人民法院在线调解平台，汇聚435名在线调解员和121个行业性、专业性调解组织，诉前调解案件20133件，司法确认案件101件。推进案件繁简分流、轻重分离、快慢分道，出台《繁简分流简案快办指导意见（试行）》，成立快审团队，指导基层法院成立速裁中心，简易程序适用率提升至79.71%，当庭宣判率63.31%。持续推进以审判为中心的刑事诉讼制度改革，岳麓区法院被评为认罪认罚从宽制度试点改革全国先进单位。推进审判监督机制改革，探索立审合一，进行类案指导，统一裁判尺度。开展积案专项清理，一年以上未结案件由592件下降到36件，下降93.92%。加强员额法官绩效考核管理。严格审限管理，分级预警、天天通报、周周督办。开展专项评查，坚持主动纠错，审理各类再审案件307件，改判和发回重审139件，通过院长发现程序再审4件。（郭芳芳）

【重点领域体制改革】 2019年，长沙市持续深化重点领域改革。围绕园区发展，将长沙县空港城管委会整体并入长沙临空产业集聚区管委会，调整理顺长沙经开区相关管理体制，配合开展"向园区派出监察机构"改革，进一步发文理顺开发区（园区）应急管理体制。围绕民生改善，调整优化城区供排水管理体制，做好环保监测监察执法垂直管理体制改革，推进"多测合一"改革，进一步明确市房屋交易管理中心职能和体制，配合推动长沙晚报社和长沙晚报传媒集团、市广播电视台和广播电视集团"一体化运行"。围绕基层创新，指导长沙县黄花镇、浏阳市永安镇开展经济发达镇行政管理体制改革，并争取上级批复。推动审批服务便民化。在市县两级设置负责优化营商环境工作的专门机构。进一步明确权责清单职责分工，对市本级4840项权力清单和4807项责任清单提出审核意见。指导长沙高新区、长沙经开区开展相对集中行政许可权试点改革，完成机构编制调整和涉改人员划转。在乡镇（街道）统一设置行政审批服务办公室，实现"一枚印章管审批"。进一步巩固行政审批改革成果，指导部门设置行政审批和政务服务处。推进工程建设、市场准入、社会事务领域"综合窗"改革，促进政务服务提速增效。（颜睿康）

【综合行政执法改革】 2019年，长沙市印发深化5个领域综合行政执法改革的指导文件及《实施方案》，完成执法队伍的机构组建，推动落实人员划转。支持长沙县开展综合行政执法改革，调整优化运行体制；指导芙蓉区开展相对集中行政处罚权改革试点，协调省政府及时批复。对各区县（市）和长沙高新区执法机构领导职数进行统一规范，共撤销机构1个、核减正科级职数3名、副科级职数145名。结合乡镇（街道）机构改革，统一组建乡镇（街道）综合执法大队。（羊芬芬）

组　织

【党组织及党员队伍状况】 截至2019年年底，长沙市有地方党委10个，其中市委1个，区县（市）委9个，有各级党组497个，基层党组织20810个。城市街道96个，全部建立党工委；城市社区638个，建立168个党委、373个党总支、97个党支部；乡镇74个，全部建立党委；乡镇社区90个，建立86个党总支、4个党支部；建制村819个，建立10个党委、796个党总支、13个党支部；在全市10381家非公企业中，共建立3143个基层党组织，其中158个党委，90个党总支，2895个党支部。

全市有党员45.26万人，其中女性党员15.24万人，占33.67%；35岁及以下的12.46万人，占27.53%；60岁以上的13.48万人，占29.78%；具有大学专科及以上学历的24.86万人，占54.93%；具有高中及以上学历的34.35万人，占75.89%。

截至2019年年底，组织关系在

乡镇及行政村的党员16.11万人，占党员总数的35.59%。其中，35岁及以下的3.66万人，占农村党员总数的22.72%；60岁以上的6.08万人，占农村党员总数的37.74%；具有大学专科及以上学历的4.29万人，占农村党员总数的26.63%。组织关系在城市街道及城市社区的党员11.57万人，占党员总数的25.56%。其中，35岁及以下的3.02万人，占城市街道（社区）党员总数的26.1%；60岁以上的4.22万人，占城市街道（社区）党员总数的36.47%；具有大专及以上学历的5.59万人，占城市街道（社区）党员总数的48.31%。

2019年，全市发展党员7275人（含学生党员1362人），其中女性3406人，占46.82%；35岁及以下的5169人，占71.05%；具有高中及以上学历的7087人，占97.42%。

（黄　胜）

【基层党建工作】 2019年，长沙市贯彻落实省委基层建设“1+5”文件精神，将上级要求细化为128条具体工作任务逐条落细落实。部署推动城市基层党建6项重点工作，街道体制改革、“三零”（零上访、零事故、零发案）街道社区建设、区域化党建、小区党建等工作推进有力，市本级和长沙县、浏阳市、芙蓉区、天心区5个基层案例被评为全国城市基层党建最佳案例或优秀案例，《党员教育看基层》等3个专题入选“共产党员网”优秀作品。围绕增强基层活力，制定落实“加强村党组织书记队伍建设22条”，进一步规范社区专职工作人员管理，面向“四方面人员”比选乡镇（街道）班子成员121人。推进抓党建促脱贫攻坚，实现村集体经济“薄弱村”全面清零，承办的全国深度贫困县第一书记培训班得到中组部肯定。离退休干部党建工作取得新的成效，志愿服务和“百场报告下基层”等活动收到良好反响。在全省市州委书记党建述职评议考核中，长沙连续6年评价等次为“好”。

（黄　胜）

【“不忘初心、牢记使命”主题教育】 2019年9月5日起，长沙市开展“不忘初心、牢记使命”主题教育。市委带头贯彻落实中央精神和省委部署，切实增强“四个意识”、坚定“四个自信”、做到“两个维护”，全市掀起大学习、大调研、大检视、大整改、大改革热潮。突出深学细悟习近平新时代中国特色社会主义思想，思想素养和党性修养受到深刻洗礼；突出强化担当作为，改革发展稳定各项工作全面进步；突出群众满意标准，解决一批群众最急最忧最盼的紧迫问题；突出抓好专项整治，消除一批影响党的建设的突出问题；突出坚守清正廉洁，营造风清气正的政治生态，以高质量主题教育推动高质量发展。策划潇湘红色故事汇、道德模范先进事迹报告会、先进典型事迹巡回报告会、经典诵读等一批广受赞誉的主题活动，组织在中央、省市媒体推出报道1300余篇，中央电视台新闻联播“主题教育进行时”栏目点赞“长沙做法”。开展《我们的国歌》群众性主题宣讲活动，由指挥家于海主讲，各类代表800余人参加活动。按照市委“不忘初心、牢记使命”主题办的要求，9月17日在教育读书班期间进行革命传统教育《红色热土》活动，开展精品党课和潇湘红色故事专题宣讲，全市1000余人参加，累计开展宣讲近10场，受教人群近万人。“全市宣传文化系统调查研究践初心”主题活动形成调研报告72篇。

（贺明明　黄　胜）

【干部队伍建设】 2019年，长沙市贯彻中央和省委关于激励干部新时代新担当新作为的文件精神，持续推进市委《关于为敢于担当的干部担当为敢于负责的干部负责的若干意见》的文件落实，重担当、重实绩的用人导向更加鲜明，长沙“干部能干”得到省委书记杜家毫肯定。出台《加强班子政治建设考察和干部政治素质考察若干措施（试行）》，区县（市）法检班子和乡镇（街道）正职政治建设考察全面完成。着力推动落实市委《关于进一步加强和改进年轻干部培养选拔工作的实施意见》，召开全市培养选拔优秀年轻干部工作座谈会，建立优秀年轻干部库，动态调整、跟踪培养、分析研判、选任报告等工作机制进一步完善。完成机构改革党组织设置、班子配备、人员转隶等工作，获中央调研评估组肯定。组织市属医院党委班子集中换届，班子结构改善。同时，做好干部教育培训、管理监督、绩效考核及公务员职务职级并行等工作。

（黄　胜）

【人才工作】 2019年，长沙市全面修订“长沙人才政策22条”配套细则，牵头制订“制造业优秀人才集聚工程”三年行动计划，紧扣22条产业链需求编制发布年度紧缺急需人才需求目录，人才政策体系更加完备。评审认定高层次人才610名，人才奖补等各项政策措施顺利落实落地。成立高层次人才服务发展中心，牵头举办院士专家长沙行、长沙杰出校友创新创业对接座谈会、“十行状元、百优工匠”技能竞赛等活动，鼓励支持合作银行开展“优才贷”等服务，加快大学生实习实训基地、人才公寓、人才驿站建设，引才聚才载体不断创新，人才政治引领有效加强，人才集聚效应持续释放。长沙连续3年人才净流入率排名全国前三位，全市人才总量净增40万余人。

（黄　胜）

【公务员管理】 2019年，长沙市整合市委组织部和市人社局相关职能，在市委组织部组建公务员管理处室，实现市委对全市公务员工作的集中统一领导。抓好新《中华人民共和国公务员法》及配套法规的学习贯彻工作，通过公务员初任培训班、任职培训班和组工干部培训班等载体，积极宣讲解读相关政策。推进公务员职务与职级并行制度实施工作，下发指

导性文件和政策说明，分级组织人员培训，市直153家机关单位及各区县（市）均按要求完成职级职数核定、职级套转工作，职级晋升工作转入常态化管理。坚持“公开、平等、竞争、择优”原则，公开考录公务员183名，未出现一起违纪违规行为。深化公务员分类改革，完成相关人员工资套改审批工作。组织全国人民满意公务员评选推荐工作，市公安局特巡警支队于勇被评为“第九届全国人民满意的公务员”。牵头落实机关单位“带薪休假”制度，严格审批“应休未休公休假”情形。

公务员培训　继续抓好公务员初任培训、任职培训，优化公务员网络培训，不断提升长沙公务员服务地方经济建设和社会发展的本领能力。通过到沿海、进高校、访特区等方式，开展公务员专门业务培训和在职培训，不断开拓长沙公务员的视野，启迪他们的思维，为长沙高质量发展提供智力保障。9月22日，举办公务员初任培训班1期，培训174人；10月10日，举办公务员科职干部任职培训班1期，培训180人；11月，在中南大学、浙江大学、深圳继续教育学院举办以“守初心、担使命、强素能”为主题的公务员在职培训班4期，共培训247人。继续与清华大学继续教育学院联合举办“清华·长沙公务员远程学堂”网络教学培训，远程学堂课程内容涵盖政治理论、职业道德、知识更新、能力提高、依法行政等方面，培训公务员2004人。（李　蕙）

宣　传

【宣传部机构改革】　2019年3月，原市委讲师团、原市文广新局新闻出版、电影管理以及市知识产权局版权管理职责和相关人员划入市委宣传部，部机关增设宣讲处、电影处、印刷处、出版处（农家书屋办）、版权处以适应职能调整，转隶干部19人、雇员3名，转隶接收退休干部10名。原有的理教处（意识形态处）分开为单独的理论处和意识形态处两个处室，文创办（媒体艺术发展中心）事业单位变为文产处、市媒体艺术发展中心（事业单位）。5个原隶属于文明办的处室，不再挂文明办牌，变为宣传部内设处室。其中2个处室有名称变化：创建综合处改为创建指导处、督查督办处改为创建督查处；3个处室更改名称：原宣传处改为宣教处、原外宣处改为对外推广处、原研究室改为政策法规研究室；经宣处撤销。

【服务中心】　2019年，长沙市委宣传部围绕“中共十九届四中全会精神”“我和我的祖国”“产业项目建设年”等七大专题，举办“理论微宣讲”活动2600余场，推动党的创新理论飞入“寻常百姓家”。做好聚焦学习贯彻新思想、庆祝中华人民共和国成立70周年、“不忘初心、牢记使命”主题教育、产业项目建设年、营商环境优化年、高质量发展、智能制造等重点工作的宣传报道；做好国际工程机械展等重大活动的宣传报道；中宣部《新闻阅评》推介中非经贸博览会宣传报道。

【主题宣传】　2019年，长沙市委宣传部统筹推进庆祝中华人民共和国成立70周年各项工作，制定全市总体方案，开展“我和我的祖国”群众性主题宣传教育活动2万余场，惠及群众100万余人；做好“壮丽70年·奋斗新时代”系列主题报道，中央电视台新闻联播6次报道长沙；《人民记忆：70年70城·记住长沙》系列短视频成为网络爆款；省委宣传部长沙专场新闻发布会反响热烈；组织拍摄《共产党人刘少奇》《伟大的转折》等重大革命历史题材电视剧在中央电视台热播，2部电视剧入选国家广电总局庆祝中华人民共和国成立70周年推荐播出剧目名单；橘子洲大型音乐焰火晚会等重大活动开展，“省会大学生文艺会演”等七大群文活动举办，焕发市民强烈的爱国热情。服务“不忘初心、牢记使命”主题教育，潇湘红色故事汇、道德模范先进事迹报告会、先进典型事迹巡回报告会、经典诵读等主题活动获肯定，做好“全市宣传文化系统调查研究践初心”主题活动，中央电视台新闻联播点赞“长沙做法”。

【改革创新】　2019年，长沙市委宣传部探索推进“两中心一平台”（县级融媒体中心和新时代文明实践中心，学习强国学习平台）建设，“学习强国”下载率、覆盖度、供稿数居全省地州（市）第一位；投入1000万元支持县级融媒体中心建设和市属媒体移动优先融合发展，9个区县（市）融媒体中心全部挂牌运行。新时代文明实践中心试点画卷展开，全市成立实践中心、所、站770余个，望城区、宁乡市进入国家试点，宁乡市承办全省试点工作推进会并在会上介绍“宁乡经验”。推动组建《长沙晚报》和广电集团2个市管国有文化企业，文化体制改革取得新突破。在全国率先搭建政务新媒体巡查系统和属地网络监测平台，网络治理能力增强。

【亮点品牌】　2019年，长沙市完成全国文明城市测评任务，实现“保先进位”目标。第三届“一带一路”青年创意与遗产论坛暨长沙媒体艺术节举行，获习近平总书记肯定。图书《乡村国是》、电视剧《共产党人刘少奇》获中宣部精神文明建设“五个一工程”［一部好的戏剧作品，一部好的电视剧（片）作品，一部好的电影作品，一部好的图书（限社会科学方面），一部好的理论之章（限社会科学方面）］奖，长沙晚报社庄居湘入选中宣部“四个一批”（一批全面掌握邓小平理论和“三个代表”重要思想、学贯中西、联系实际的理论家；一批坚持正确导向、深入反映生活、受到群众喜爱的名记者、名编辑、名主持人；一批熟悉党和国家方针政策、社会责任感强、精通业务知识的出版家；一批紧跟时代步伐、热爱祖国和人民、艺术水平精湛的作家、艺术家）人才，湖南省作家协会纪红建入选“宣传思想文化青年英才”。长沙市再度蝉联、12次被评为“中国最具幸福感城市”。湖南雷锋纪念馆被评为“全国学雷锋活动示范点”，湖南巴士公司三分公司五车队驾驶员袁亮坤被评为全国“岗位学雷锋标兵”，长沙市先锋远征营志愿者协会负责人张建明被评为“最美志愿者”，浏阳市农业农村局干部伍国强被评为“最美支边人”。3家企业入选“全国文化企业30强”，全市规上文化企业营收近1600亿元，约占全省45%，文化产业发展取得新进展。

【理论武装】 2019年，长沙市宣传文化系统抓好党委（党组）理论学习中心组学习，出台“十条措施”予以规范并下发《学习重点内容安排》，组织市委理论学习中心组集体学习12次。做好“学习强国”学习平台推广使用工作，平台下载率、覆盖度、供稿数居全省地州（市）第一位，策划制作“‘学习强国’原来这么好玩”“听三好学习者说”等学习分享活动，获全国平台负责人点赞。理论宣讲。围绕“中共十九届四中全会精神”“我和我的祖国”“不忘初心、牢记使命”“产业项目建设年”“营商环境优化年”等7大专题，举办理论微宣讲比赛100余场、宣讲报告会500余场、巡讲2000余场，组织“寻找最美基层理论宣讲人”活动，组建学雷锋志愿服务队新时代“好声音”理论宣讲支队，开展“五老”金牌讲师团“百场报告进基层”“我们的国歌”等群众性宣讲活动，岳麓区开展“百人千场大宣讲”，开福区打造“双百宣讲”（百人宣讲团、百场宣讲活动）品牌，推动新思想飞入“寻常百姓家”。围绕“发展”抓理论研究。依托中特中心长沙市基地立项26个，基地被评为全省优秀基地。组织社科专家在市级以上报刊发表理论成果100余篇，推出《长沙对接粤港澳大湾区发展研究》等重大研究成果，有效服务长沙经济社会发展。扶持“四大平台”建设，支持《长沙晚报》、星辰在线紧贴全市中心工作，办好理论专版、专栏、频道。组织省会社科专家围绕学习贯彻中共十九届四中全会精神等进行专题研讨，支持举办2019中国伦理学大会。

【新闻宣传】 2019年，长沙市宣传系统紧扣打好“三大攻坚战”（防范化解重大风险、精贫脱贫、污染防治）、推动高质量发展、优化营商环境、产业项目建设、打造制造业新名片等中心工作，在中央和省级主流媒体推出重点报道1500余条；配合做好中央电视台媒体“壮丽70年·奋斗新时代·推动高质量发展调研行”大型集中采访活动；协同中央电视台财经频道制作《2019中国夜市全攻略：湖南长沙》专题片、《对话》栏目“中国产业地标”系列节目，全方位展示70年来全市经济社会发展成就；高质量做好互联网岳麓峰会、长沙国际工程机械展、中非经贸博览会等重大主场活动宣传，获省、市委主要领导肯定性批示；组织长沙市媒体开展全国和省市“两会”、基层减负年、扫黑除恶、整治形式主义官僚主义等主题宣传20余次，持续开设“壮丽70年·奋斗新时代”等专题专栏10余个，展现长沙高质量发展的成就，激发干部群众爱党爱国的真挚情感。加强改进社会宣传管理，围绕庆祝中华人民共和国成立70周年、“蓝天保卫战”、征兵和国防教育、垃圾分类、“最多跑一次”、房地产市场调控、城市人居环境工作、食品安全、大型会议活动等工作开展社会宣传30余次。长沙县建立“视觉星沙网”，打造社会宣传“内容库”，提高了社会宣传规范化、标准化、品质化水平。舆论引导。组织召开湖南省庆祝中华人民共和国成立70周年系列新闻发布会省会长沙专场、长株潭城市一体化发展成果、全球高端制造业大会、新型智慧城市建设等主题新闻发布会40余场，主动发布信息，回应社会关切。

【文明创建】 2019年，长沙市深入推进文明创建工作。市宣传文化系统突出价值引领，构筑道德高地。开展爱国主义教育和青少年思想道德教育，创排推出“特殊党课”“文艺党课”等主题活动。杨开慧故居获批全国爱国主义教育示范基地。组织开展“新时代好少年”学习宣传、清明祭英烈传承红色基因、文化志愿者走进乡村学校少年宫等活动。市文明办被评为全国维护妇女儿童权益先进集体。组织道德模范推荐评选，4人获全国道德模范提名奖，1人被评为“全国岗位学雷锋标兵”，179人被评为“中国好人”，数量居全国前列，2人入选全国“四个100”先进典型；湖南雷锋纪念馆被评为“全国学雷锋活动示范点”。开福区打造“开福好人馆”，全年接待市民25万人次，持续擦亮“厚德开福”品牌。浏阳市推出“人民功臣”甘厚美、全国“最美支边人”伍国强等重要典型，事迹感人至深、反响热烈。贯彻落实《中国共产党宣传工作条例》，提升文明程度。宣传贯彻《长沙市文明行为促进条例》，开展“百万市民排队礼让”线上线下践诺活动。开展“满天星”文明共建主题活动、“雷锋家乡学雷锋·雷锋精神代代传”、“认领微心愿，温暖身边人”、垃圾分类等志愿服务活动。推进文明实践，扩大创建影响。推动新时代文明实践中心试点建设，成立实践中心、所、站770余个，打造望城区“金种子行动”、浏阳市“五讲四美”（讲理论、讲政策、讲法律、讲科学、讲礼仪；美家园、美生活、美乡风、美心灵）、宁乡市“心星相印”等文明实践品牌，望城区、宁乡市入选国家试点，全省试点工作现场推进会推介“宁乡经验”。中央电视台《新闻联播》专题推介推进移风易俗专项行动；中央文明办权威刊物和相关培训会议7次推介长沙市文明创建相关工作经验；中国文明网专题推介长沙市公益广告经验；天心区“文明四季”系列网络传播活动被评为中国文明网“年度十大优秀网络传播活动”。坚持对表达标，完成国检测评。全面开展“让城市更文明 让生活更美好”文明创建百日提升行动，抓督查、补短板、强弱项，完成2019年度全国文明城市测评任务。

【媒体融合】 2019年，长沙市投入1000万元支持县级融媒体中心建设，9个区县（市）融媒体中心全部挂牌运行，全国全省媒体融合推进会推介“浏阳模式”，浏阳市融媒体中心入围全国广播电视媒体融合十大先导单位，中国新媒体大会分论坛推介“雨花经验”▲；新时代文明实践中心试点展开，望城区、宁乡市跻身国家试点，全省试点工作现场推进会推介“宁乡经验”。

▶ **延伸阅读：雨花区的融媒探索路径**

2017年以前，雨花区没有自己的电视台、报社、广播台，信息发布主要靠政务网、红网分站、红网手机报和微信公众号。2017年，雨花区开始筹建新媒体中心，在推行中遇到新闻资质、人员培训、薪酬管理等困难。2018年6月，雨花区与红网新媒体集团合作，在全省率先建立融媒体中心。在红网新媒体集团县级融媒体云平台的支撑下，通过建设机构阵地、配备人员队伍、创新管理机制，雨花区融媒体平台有序高效运转，实现省、市、区、部门（乡镇、街道）四级传播体系和管理体系。围绕整合建设，雨花区采取多元举措，除收编由其他部门管理和外包的宣传平台，收归融媒体中心统一采编管理，改版提升雨花新闻网，提升扩充自办平台。同时，合作增加外宣平台，与省市主流媒体合作，扩大宣传面。

雨花区融媒体中心拓展供稿渠道，除常规发动街镇、部门和驻区单位通讯员供稿之外，吸收微信公众号运维良好的单位，逐一挂牌成立雨花融媒体工作室；创新编发机制，依托红网云技术平台，把素材全部进入平台资料库，各平台根据自身需求进行整理、加工、整合；及时全网推送。将融媒体中心的产品自动投送到红网首页、头条号、百家号、企鹅号等二次传播平台，实现一稿多号、同步推送、多元传播，形成几何裂变式的传播效果，打造融媒体爆款产品；与省内10家高校达成联盟意向，实时“补血”充电。

2019年8月，雨花区融媒体中心推出集“新闻资信、政务办理、便民服务”于一体的综合性客户端——“开放雨花”APP，并不断创新举措，包括开设“雨花实说”移动问政系统，把政务服务“网上办”融入“掌上办”，“乐生活”板块实现交通违章、水电气等生活缴费，看病预约，车票预订等便民服务，把“开放雨花”APP与新时代文明实践中心建设融通，实现在APP上进行志愿服务“群众点单、平台派单、志愿接单”等。截至2019年年底，“开放雨花”APP总访问量逾1000万次，“雨花发布”微博热门话题阅读量830万次，政务事项“掌上办”610项，实现机构基础破旧立新、传播平台融合发展、机制体制日臻完善、服务群众高效便捷，初步达成引导群众、服务群众的目标。

（资料来源：市委宣传部）

【意识形态工作】 2019年，长沙市落实意识形态工作责任制，印发要点提示，督促指导各级党委（党组）制定责任清单、压实工作责任。组织意识形态工作述职评议考核，定期向省委、市委报告工作。联合市委网信办开展3轮专项巡察，发现问题隐患300余个并推动整改到位；组织“全覆盖”专项督查并向全市通报情况。印发风险防控工作预案，组织召开2次联席会议，分析研判形势，预防风险隐患。举办专题研讨班，提高“关键少数”防范化解网络意识形态风险的能力。制定十条措施强化社科理论类论坛管理。开展“扫黄打非”“阳光暑假”“利剑行动”等专项治理。加强教育、国资等系统意识形态阵地管理。强化巡视整改。就中央、省委专项巡视反馈的问题，制定48项具体举措，推动解决基层宣传文化队伍配备、县级融媒体中心建设等20余个突出问题；督促指导3个区县（市）完成省委专项巡视整改任务，基层意识形态工作队伍建设和阵地管控水平全面提高。

【庆祝中华人民共和国成立70周年系列活动】 2019年，长沙市开展庆祝中华人民共和国成立70周年系列活动。组织召开湖南省庆祝中华人民共和国成立70周年系列新闻发布会省会长沙专场。议定《长沙市庆祝中华人民共和国成立70周年活动总体方案》。协调落实湖南烈士纪念塔塔碑和塔内“毛泽东题字”等12处重新箔金工作。按照要求推荐先进典型代表袁隆平、段江华、孟繁英、余海燕等人在国庆期间到北京参加各类庆祝活动。承办在烈士公园举行的湖南各界向烈士敬献花篮仪式。部署各单位做好收看收听庆祝中华人民共和国成立70周年大会、阅兵和群众游行实况。协调推进橘子洲头举办的国庆焰火晚会。牵头协调组织市区20余个部门，使湖南彩车“潇湘今朝”在贺龙体育馆东广场展出，成为长沙新“网红”打卡地标。配合做好中央电视媒体“壮丽70年·奋斗新时代·推动高质量发展调研行”大型集中采访活动，10余家中央电视媒体密集发声，在全国掀起一股高质量发展“长沙热”，对标中央、省等有关文件精神，征求并采纳相关单位意见。谋划推出重大革命历史题材电视剧《共产党人刘少奇》《伟大的转折》《秋收起义》、图书《乡村国是》、湘剧《田老大》、广播剧《铜官窑》等优秀文艺作品。图书《乡村国是》、电视剧《共产党人刘少奇》分别获中宣部第15届精神文明建设“五个一工程”特别奖和优秀作品奖。《田老大》等9部作品被评为湖南省“五一个工程”奖，占全省获奖总数的近一半；组织长沙市第13届“五个一工程”奖，共评出包括电影《正正的世界》等34部优秀作品。谋划推出的电视剧《共产党人刘少奇》在中央电视台中文国际频道（CCTV-4）播出，获同时段收视率第一名。电视剧《伟大的转折》《越过山丘》2部电视剧入选国家广电总局庆祝中华人民共和国成立70周年“百日展播”剧。

【2019中国新媒体大会“县级融媒体中心建设与发展专题研讨”】 2019年11月29日在长沙举行。活动由主

题演讲和经验分享两项议程组成，旨在通过沟通交流、互相借鉴，共同探讨县级融媒体建设生态圈，助力县级融媒体中心建设可持续发展。会上，湖南师范大学新闻与传播学院院长尹韵公、中国人民大学教授宋建武、复旦大学新闻学院执行院长张涛甫、中国传媒大学电视学院教授顾洁、暨南大学新闻与传播学院副院长张晋升5位专家围绕县级融媒体中心建设的热点、亮点和难点作主题演讲，从思想认识、实际操作等方面对县级融媒体的建设现状、经验、问题与对策进行分享，长沙市雨花区委常委、宣传部部长余宏卿等7位区县代表分享经验。

【第三届“一带一路”青年创意与遗产论坛】 2019年3月31日在长沙开幕，2019长沙媒体艺术节同期举行。论坛旨在促进“一带一路”沿线国家媒体艺术城市与青年创意人才的交流合作。此次论坛由联合国教科文组织、联合国教科文组织协会世界联合会、中国联合国教科文组织全国委员会、长沙市人民政府、南京市人民政府共同主办。论坛围绕“一带一路”倡议和文化“走出去”战略，在长沙举办的主体活动包括开幕式、“原本长沙”媒体艺术展演、“一带一路”青年创意与遗产论坛、长沙加勒比电影展、中外青年联谊会、体验长沙媒体艺术驻留项目、长沙印象考察等。联合国教科文组织总部和驻华代表处官员，牙买加、巴哈马、巴巴多斯、特立尼达和多巴哥等国驻华大使，13座联合国教科文组织“创意城市网络”成员城市的代表和“一带一路”沿线国家等85个国家的124名青年代表出席。

【《长沙市文明行为促进条例》施行】 2019年5月1日，《长沙市文明行为促进条例》（以下简称《条例》）施行。《条例》是长沙市32年来第一部提请代表大会审议的与经济社会生活相关的地方性法规，共5章37条，从倡导、遵守与禁止3个方面对市民文明行为进行引导、规范和保障，旨在进一步培育和践行社会主义核心价值观，引导公民树立文明观念，促进文明行为，提升社会文明水平。《条例》还发挥“雷锋家乡”特点，倡导向雷锋等英雄模范学习，传承和弘扬英雄模范精神。

（本栏撰稿　贺明明　曾艳华）

2019年3月31日，第三届“一带一路”青年创意与遗产论坛在长沙铜官窑古镇开幕
市委宣传部　供图

统　战

【概况】 2019年，长沙市委统战部发挥统战工作领导小组职能作用，全年召开全体会议1次、专题会议1次，协调推动市社会主义学院、长沙中华职教社的发展，专题部署宗教工作自查整改“回头看”工作。依托市委党校、市行政学院、市社会主义学院设立长沙市经理进修学院，全年开培训班10期，培训学员1039人次。依托“一会一中心一基地”（市统战理论研究会、省部级高校联合研究中心、长沙学院研究基地）开展理论研究。连续15次召开统战宣传工作联席会议，研究部署年度统战宣传工作。组织开展“70年·70人”主题宣传活动，进一步发挥先进典型的示范引领作用。强化与“新湖南”、星辰在线的联系对接，加快推进和网（门户网站）、微信公众号和《长沙统一战线》内刊的升级改版。统战信息工作稳居全省领先地位。全面推进“凝心聚力新时代”行动，整合统战资源、市场资源和社会资源参与同心美丽乡村创建。参与“产业项目建设年”活动，为联点项目排忧解难。开展“迎老乡、回故乡、建家乡”活动，密切与异地长沙商会的联系交流。开展“百家商会、千户企业”招商大行动，聘请两批招商大使38名，各商协会、招商大使协助引进项目5个，提供招商引资信息25条。

【新的社会阶层人士统战工作】 2019年，长沙市委统战部制定出台《“百人会”工作规程》，优化组织运行模式，调整充实“百人会”成员。开展“百人同心耀星城”之新阶人士品“两会”·同心筑梦新时代、壮丽70年·奋进新时代、我与祖国共成长等系列主题实践活动。策划“重走红军路·永远跟党走”主题教育，“新湖南”和星辰头条对其进行相关报道获10万余人次的阅读点击量。注重发挥网络人士

在弘扬社会主旋律、传播社会正能量方面发挥示范引领作用，培养打造一支包括新媒体负责人、微博博主等26人在内的党外网络人士队伍，巩固壮大主流舆论阵地。推进新的社会阶层人士统战工作实践创新基地建设，制定基地建设参考标准，打造雨花非遗馆、浏阳和·星公益、马栏山众创园、巷子花开、雨花群英会5个新的社会阶层人士实践创新基地，雨花非遗馆和浏阳和·星公益被中央统战部列为2019年全国实践创新基地重点项目。

【助力营商环境优化】 2019年，长沙市委统战部协助市工商联建立营商环境特约监督员队伍，配套出台《长沙市营商环境特约监督员工作规则》。配合市发展改革委、工商联建立营商环境200个固定监测点和200个随机监测点，收集营商环境监测点及特约监督员意见建议。协调建立民营企业家代表列席经济工作会议制度，保障民营企业家对市委经济工作及重大安排部署的知情权。在全国工商联发布的2019万家民营企业评价营商环境报告中，长沙入选全国营商环境满意度十佳城市；在全国优化营商环境经验交流现场会上，市委统战部部长谭小平就营商环境优化特别是包容普惠创新的经验作典型发言，获国家发展改革委的肯定。

【侨务】 2019年，长沙市委统战部办理华侨归侨侨眷身份认定21人次。受理涉侨信访事件11件，办结10件，办结率91%。梳理侨务政务服务事项，将华侨回国定居审批、归侨侨眷身份认定、华侨身份证明、三侨考生身份确认4项事项纳入“一件事一次办”事项目录。

【多党合作事业发展】 2019年，长沙市统战系统把握大团结大联合主题，广泛凝聚共识，推动统一战线和多党合作事业向前发展。强化思想政治引领。组织各民主党派学习习近平新时代中国特色社会主义思想、中共十九届四中全会精神及《加强中国特色社会主义参政党建设的意见》等文件精神。出台15项举措支持各民主党派开展“不忘合作初心，继续携手前进”主题教育。组织各民主党派领导干部到郴州开展2019年暑期谈心活动。支持民主党派履职。连续27年坚持做好协商民主品牌“新春第一访”，省委常委、市委书记胡衡华与市四大班子领导面对面听取意见建议。围绕经济社会发展中的重大决策和重要人事任免，组织召开党外人士政情通报会、专题协商会、征求意见会。完善“党委出题、统战协调、党派牵头、部门参与、成果转化、结果反馈”专题调研长沙模式。各民主党派开展调研活动20余次，撰写调研报告16篇，向市人大政协会议提交议（提）案150余件。开展脱贫攻坚专项民主监督，重要问题和重要意见建议通过“直通车”等形式专报市委、市政府。对口联系工作实现涉及民生民意的政府部门全覆盖。夯实合作共事基础。新增138万元用于民主党派基层组织建设。推动各区县（市）为民主党派基层组织安排独立固定的综合办公场所。市内5区及浏阳市分别成立不同形式的民主党派服务中心，新增编制30人。规范日常工作，每季度召开1次党派工作联席会议暨民主党派工作座谈会。召开民主党派廉政建设专题会议，规范民主党派市委会机关财务管理制度。

【服务非公经济发展】 2019年，长沙市统战系统鼓励支持非公有制经济人士弘扬企业家精神，投身实体经济，促进非公有制经济健康发展和非公有制经济人士健康成长。出台《长沙市政企常态化沟通制度》，搭建起“政企恳谈会、涉企部门座谈会、涉企政策征求意见座谈会”常态沟通平台。协助市委组织3次民营企业家座谈会，市领导面对面听取企业家就如何做好产业项目建设、营商环境优化以及民营经济高质量发展方面的有益建议。梳理汇总各方面意见建议148条，积极对接相关部门，及时做好办理跟踪工作，做到件件有答复、事事有回音。同时，通过召开侨资企业营商环境座谈会、承办港澳与内地律师座谈交流会等方式多方面听取各界意见。

【党外代表人士队伍建设】 2019年，长沙市连续9年召开组织统战两部联席会议。抓好党外代表人士政治安排，全年市委研究提拔县处级党外干部10名，其中正县职2名，增补党外市政协委员8人，完成14名人大代表、政协委员初步建议人选的联审工作。召开党外干部工作座谈会。完善“湖南省党外代表人士队伍建设百千万党外人才计划”名录，构建长沙市党外代表人士队伍人才库。加强统战干部队伍建设，举行“对话初心，悦读有约”全市统一战线青年读书论坛（第四季）。联合市社会主义学院举办第12期少数民族干部培训班等4期主体班。全年调训党外干部及统战系统干部300余人。

【民族宗教工作】 2019年，长沙市出台《驻长高校民族宗教工作联席会议制度》，完善驻长沙高校与当地党委政府民族宗教工作联席会议制度。开展民族团结进步创建工作，健全少数民族流动人口流入地与流出地共建合作机制。市民宗局、雨花区牛角塘社区、浏阳市公安局、市公安局刑侦支队沈靖翔分别被国务院评为全国民族团结进步模范集体和模范个人。牵头完成中央宗教工作督查反馈问题的整改工作和“回头看”工作、省委第四巡视组巡视反馈问题和省委统战工作领导小组督查反馈问题的整改工作。推进宗教界“五进五好”（推动中共十九大精神、国旗国歌、社会主义核心价值观、政策法规、中华优秀文化进宗教活动场所，引导宗教教职人员做到政治引领好、遵规守法好、文明友善好、传承文化好、服务社会好）主题活动，表彰一批先进单位和先进个人。

【党外知识分子工作】 2019年，长

沙市统战系统组织无党派人士完成市委重大调研任务，到长沙县陈树湘文化广场、陈康白科教报国生平业绩陈列馆等地学习，追忆老一辈共产党员的初心使命，巩固“不忘合作初心，继续携手前进”的思想共识。召开“迎国庆忆初心，新时代共奋进”主题报告会，展示党外知识分子不忘桑梓、敬业奉献、报效祖国、团结一心跟党走的精神风貌。开展归国留学人员创新创业工作调研，服务企业健康成长。

（本栏撰稿　阳照烈）

政策研究

【市委政研室机构改革】　2019年，根据省委办公厅、省政府办公厅印发的《长沙市机构改革方案》，长沙市委全面深化改革领导小组改为市委全面深化改革委员会（简称“市委改革办”），办公室设在市委政策研究室；长沙市委财经领导小组改为市委财经委员会，市委财经委员会办公室（简称“市委财办”）设在市委政策研究室。长沙市委政研室（改革办、财办）有内设处室9个，行政编制33人，工勤编制2人，中级政府雇员编制3人，实有干部职工32人、退休干部4人，其中班子成员6人，二级调研员1人，四级调研员2人。

市委改革办负责处理市委深改委日常事务工作，主要职责是：组织开展全面深化改革重大问题的政策研究，统筹协调有关方面提出改革方案和举措，协调督促有关方面落实市委深改委决定事项、工作部署和要求。牵头制定全局性、长远性、基础性的重大改革方案，协调提出中长期改革规划建议并实施。收集汇总有关改革事项信息资料，研究评估有关重要改革事项并提出建议，协调开展有关督察，负责年度改革绩效考评。承担市委深改委的日常联络、会议组织、内刊编印、资料管理、信息平台运行管理维护等工作，负责全面深化改革工作的统筹、协调、推动、督促、检查，完成市委和市委深改委交办的其他事项。

市委财办承担市委财经委日常工作，负责市委财经委的值班联络、情况通报、资料管理、协调服务等工作。主要职责是：围绕全市经济社会发展重大问题，组织开展调查研究，分析研判全市经济社会发展形势。统筹协调有关方面提出经济工作方案和措施，对有关方面向市委财经委提出的有关事项，进行研究评估，提出建议。组织筹备市委经济工作会议。承担市委财经委会议相关工作，负责会议精神的传达落实，协调开展重大经济决策落实情况督查，督促有关部门和区县（市）整改落实，总结宣传推广经济工作经验。建立部门日常联络机制，建立专家咨询制度，为市委决策提供支撑。加强与省委财经办的汇报沟通，及时了解上级决策部署。完成省委财经办和市委、市委财经委交办的其他事项。

【资政信息】　2019年，市委政策研究室（改革办、财办）不断提升各类刊物平台的专业专精程度和质量效用，为参谋资政提供各具特色的高质量载体。《长沙通讯》广泛传播党委政府声音，推介基层典型经验，进一步提升刊物品质和特色，连续15年被评为“全国十佳城市党刊”。坚持每期一主题、一策划，推出《营商就是赢未来》《改革再出发》《奋力开创制造业高质量发展新局面》《不忘初心，牢记使命》等12个主题。《长沙调研》产生广泛影响。聚焦“两个年”（项目建设年、营商环境优化年）、培育新动能发展新经济、城乡公共服务、党的建设等领域，坚持自主调研和联合调研相结合，面向全市各级各部门、相关决策咨询机构征集优秀调研文稿，全年编发12期，为调研成果推介和转化提供有效渠道。《参谋“悦”读》彰显鲜明特色。立足学习交流平台定位，广邀干部职工积极投稿，在理论学习、专家建言、新书推荐、写作交流等方面精心策划组稿，全年出刊12期。《政策信息》实现有机更新。及时编录中央政策方针及上海、深圳等城市发展动态，全年出刊30期，第3期中《成都开年“总动员” 打造国际化营商环境》内容获市委主要领导批示，推荐阅读。

【调查研究】　2019年，市委政策研究室（改革办、财办）围绕市委重大决策和全市中心工作，坚持全员参与、质量优先，7篇调研成果获市委、市政府主要领导批示。扩大调研主题覆盖面。开展“全室搞调研”活动，坚持班子成员以上率下、所有处室认领任务、“四不两直”（不发通知、不打招呼、不听汇报、不用陪同接待，直奔基层、直插现场）开展课题，加强探索性调研和体验式调研，将课题延伸至政府化债、市属国企改革、产业基金、应用场景、“三资”（资金 、资产、资源）管理、视频文创产业发展、基层基础建设等方面。强化调研报告针对性。紧盯发展所需、改革所急、群众所盼，深入调查研究，提出改进思路。针对补短板工作，形成《关于加快打造区域性国际航空枢纽推进国家交通物流中心建设的调研》《关于长沙推进高水平开放的调研与思考》《“长沙现代物流业”课题研究报告》等报告；针对“营商环境优化年”活动，聚焦“放管服”改革、行政审批效率等重点，形成《2019年优化营商环境机制创新压缩企业开办时间的调研报告》；针对制造业高质量发展，组织开展应用场景、产业基金等专题调研，形成《关于设立长沙智能网联汽车产业基金的调研与思考》等报告。提升调研成果转化率。突出目标导向和结果导向，把成果转化为促进工作开展的具体举措。《以化解债务风险为底线，以提升效益为抓手，助推长沙经济高质量发展》调研报告有力促进“化债”“盘活三资”工作；四小时航空经济圈调研成果得到各方关注，将影响长沙“十四五”规划编制；《进

一步强化抓基层强基础的鲜明导向主题教育专题调研报告》相关经验，为创新开展城市特殊困难群体帮扶工作探索有效路径；《长沙加快培育新动能发展新经济研究报告》获市委主要领导批示，有效引领助推全市现代经济体系建设；《全力打造具有长沙特色的人工智能产业高地调研报告》刊发于《湖南工作》，为全市乃至全省智能制造发展提供重要参考。

（本栏撰稿　谭彦颐）

▶ 延伸阅读：《“长沙现代物流业”课题研究报告》

现代物流业是指以现代运输业为重点，以信息技术为支撑，以现代制造业和商业为基础，集系统化、信息化、仓储现代化为一体的综合性产业。2019 年，长沙市委政研室进园区、访企业，对全市现代物流业发展情况进行深入调研，一致认为，要把现代物流业打造成为长沙高质量发展的强大支撑。

一、发展现状

在最新的重点城市物流绩效评估中，长沙市经营成本和经营便利度两项指标均排名全国前十位。截至 2019 年 7 月底，长沙从事物流活动的企业 3.5 万家，注册资本在千万元以上的有 2300 余家，其中，规模物流企业 1000 余家，年收入逾 10 亿元企业 10 家。A 级物流企业 83 家。全市物流业总收入 1187.34 亿元，比 2018 年同期增长 9.1%。全市社会物流总费用 1643.91 亿元，比 2018 年增长 5%，低于中部省会城市平均水平。社会物流总费用与 GDP 的比率为 14.9%，低于全省平均水平 0.3 个百分点。长沙每年对物流基础设施建设投入超过 15 亿元。全市物流主要运输方式是公路，其他流通通道逐渐完善，其中黄花机场国际机场开通 36 条国际航线，吞吐量 3.1 万吨，比 2018 年增长 130%；湘欧快线全年发运 163 列，新开布达佩斯、德黑兰、明斯克、蒂尔堡等线路，物流服务实际覆盖国家 30 个。全市有 21 个主要物流园区，其中国家级物流示范区 1 家、国家优秀物流园区 5 家、省级优秀物流园区 3 家。

二、主要问题

1. 物流基础相对薄弱。运行质量较低，专业人才紧缺，信息化建设相对落后。

2. 物流供给相对不足。交通网络不完善，新兴物流发展较慢，运输结构不优，城市配送体系不健全。

3. 物流竞争力不强。布局散，规模小成本高。

三、几点建议

1. 以国家物流城市申报为契机做好顶层设计。实现“多规合一”，健全管理机制，统筹全域发展。

2. 打造智慧物流服务平台。培育引进一批智慧物流总部，打造物流公共信息交易平台，推进示范性物流园区智慧升级，提高物流为智能制造服务的能力。

3. 构建现代物流服务体系。完善物流综合运输通道，强化城市绿色货运配送，建设农村物流配送体系。

4. 建立政策支持体系。强化物流用地保障，拓宽物流融资渠道，注重物流人才培养。

5. 进一步优化营商环境。鼓励引导货运车辆落户，切实降低社会物流成本，完善物流基础设施网络。

（资料来源：市委政研室）

机关党建

【市直机关工委机构改革】 市直机关工委是市委派出机构，负责领导市直机关党的工作，承担市直机关政治建设、思想建设、组织建设、作风建设、纪律建设和党员教育管理的综合协调、分类指导等职责，领导市直各部门机关工会、共青团、妇联等群众组织的工作。根据《关于中共长沙市直属机关工作委员会机构编制调整有关事项的通知》文件，内设市直纪检监察工委、办公室（人事处）、组织部（市直机关党员干部教育办公室）、宣传部（市直机关精神文明建设办公室）、研究室、基层组织建设指导部等机构，同时按照有关章程，设有市直工会、市直团工委、市直妇工委等群团组织派出机构。2019 年有在职干部职工 40 人，其中班子成员 10 人，其他县级干部 4 人，科级以下干部职工 19 人，聘用人员 7 人。市直机关工委设机关党总支 1 个，3 个党支部（2 个在职党支部、1 个离退休干部党支部），共 53 名党员。

【机关党组织和党员队伍状况】 2019 年，长沙市直属机关工作委员会（以下简称“市直机关工委”）直接管理的市直单位机关党组织 100 个，管理的各级机关党组织 1622 个，其中党委 76 个、总支 95 个、支部 1451 个；管理党员 36817 名，其中在职党员 31248 名（机关事业单位 22292 名、非公有制单位 8956 名）、离退休党员 5569 名。2019 年预备党员转正 150 名，发展对象 343 名。

【机关政治建设】 2019 年，长沙市直机关工委加强机关政治建设，把深入学习贯彻习近平新时代中国特色社会主义思想作为首要政治任务，以部门党组（党委）理论学习中心组为载体，强化统筹安排和日常指导，着力提高学习教育的针对性和实效性。以党支部学习为基础，运用“学习强国”学习平台、“微理论·微宣讲”等有效载体，引导机关党员干部读原著、学原文、悟原理。加强对党忠诚教育，授牌湖南党史陈列馆等 12 家单位为“长沙市直机关党员教育基地”，引导广大党员传承红色基因。

贯彻管党治党要求　深入学习习近平总书记在中央和国家机关党的建设工作会议上的重要讲话精神，分层分类组织座谈交流。以《长沙市部门党组（党委）党建工作责任清单》为基本遵循，按要求完成 2018 年度党组（党委）书记抓基层党建和意识形态工作述职评议考核，述职对象综合评定“好”等次77名、“较好”等次19名，传导责任压力。督促引导党员领导干部严格落实双重组织生活制度，以普通党员身份参加“三会一课”、宣讲上级重大决策、开展批评与自我批评、列席指导支委工作，发挥示范表率作用。

落实意识形态责任　指导市直各单位研究制定领导班子意识形态工作主体责任、班子“一把手”第一责任、分管领导直接责任、其他班子成员“一岗双责”具体清单，做到责任到人、落实到岗。组织理论微宣讲和“我和我的祖国”征文活动，促进党的创新理论指导实践、推动工作。紧扣中华人民共和国成立70周年等重要时间节点，宣传在“三大攻坚战”（防范化解重大风险、精准脱贫、污染防治）、产业项目建设等中心工作中涌现出的“新时代新担当新作为”先进典型40个。发挥“一刊一网”作用，编发各类工作信息、经验文章等783条，做好正面宣传引导。《旗帜》、湖南《机关党建》等中央和省市媒体刊发工作经验或信息95篇，《“微理论·微宣讲”推动党的创新理论入脑入心》被评为全国“第二届党建创新成果展示交流活动”百优案例；《党员干部要做“三个表率”的忠实实践者》获中央和国家机关工委“学用新思想，笔谈千字文”征文活动三等奖。

【机关基层党建】　2019年，长沙市直机关工委坚持从严要求、从细组织、从实推进，注重发挥基层党支部的主体作用和内生动力，推动机关基层党组织全面进步、全面过硬。加强对市直各单位“不忘初心 牢记使命”主题教育工作的统筹协调，举办千名机关党支部书记读书培训班，开展发展党员违纪违规问题、党费工作排查等专项整治。聚焦机关党建工作短板和弱项，有针对性地确定推进新时代党支部标准化规范化建设、创新党员教育管理等8个方面的调研课题，研究破解问题的实招硬招。评定机关党支部优秀主题党日案例20个。

夯实基层基础　以“党的一切工作到支部”为导向，每季度编发重点工作提示，印发《机关党务干部工作手册》3000余册，组织党务干部到红色教育基地、改革发展前沿开展专题培训，强化实务指导和党性锻炼。注重发挥机关党组织对机构改革工作的保障作用，开展涉改单位专题调研25次、完成68个单位机关党组织成立选举等工作的指导和审批，在优化机构职能体系过程中同步优化完善党的组织体系和工作制度。持续推进机关党支部“五化”建设（支部设置标准化、组织生活正常化、管理服务精细化、工作制度体系化、阵地建设规范化），“五星”党支部达到877个，推荐7个党支部参评市级示范化“五化”党支部（支部设置标准化、组织生活正常化、管理服务精细化、工作制度体系化、阵地建设规范化）。加强党费管理使用，发动2.5万余名机关党员使用“和包支付”缴纳党费，慰问困难党员等950人次，发放慰问金116万元。

注重结合融合　聚焦现代化长沙和“三个中心”（国家智能制造中心、国家创新创意中心、国家交通物流中心）建设目标，引导全市各级机关党组织找准机关党建服务高质量发展的结合点融合点，“产业项目建设年”活动推进，长沙被评为中国国际化营商环境建设标杆城市，蓝天、碧水、净土保卫战深度发力，展现长沙机关党员干部“有定力、有担当、有韧劲，顶得上、扛得住、打得赢”的过硬作风。开展脱贫攻坚、对口帮扶，引导6000余名党员干部深入农村进行政策宣讲、矛盾化解等工作，推进625个产业扶贫项目，为长沙率先建成全面小康社会贡献力量。参与岳麓区域化党建工作，持续推进“双报到”（驻区单位党组织到街道社区报到、在职党员到居住地区社区报到）工作，围绕医疗健康、垃圾分类等方面开展“睦邻汇力”活动30余次，助力城市基层党建创新发展。以窗口单位和服务行业党员作为实践主体，统一制作党员公示牌、党员先锋岗、志愿者红袖章，开展延时服务7800余件次、预约服务2900余件次、上门服务510余件次，党员服务窗口成为群众办理业务的第一选择。

【机关党风廉政建设】　2019年，长沙市直机关工委坚持抓教育、抓规范、抓养成，着力强化机关党员干部的规矩意识和纪律意识，市直机关作风建设得到有效加强。

思想教育　组织党员干部通过观看教育警示片《代价》、参观市廉政警示教育基地、聆听监督执纪“四种形态”（经常开展批评和自我批评、约谈函询，让“红红脸、出出汗”成为常态；党纪轻处分、组织调整成为违纪处理的大多数；党纪重处分、重大职务调整的成为少数；严重违纪涉嫌违法立案审查的成为极少数）主题讲座等形式，增强廉洁自律意识和拒腐防变思想。印发《机关纪检监察工作实务手册》和《机关纪检监察工作法规选编》700册，进一步规范机关纪检监察工作。严格落实领导干部提醒（例行）谈话制度，工委班子成员共开展提醒谈话24次140人（次）。组织10名新任职干部廉政谈话，对新提拔和调整的干部提出廉政要求。

常态监督　制定下发《市直机关工委关于整治形式主义官僚主义的具体措施》，对党内政治生活不严肃、党员学习教育华而不实等问题提出明确的整改要求，对“聊天群”“留痕群”等“指尖上的形式主义”问题进行集中整改。严肃机构改革纪律，紧盯春节、端午等重大节日，针对上班工作纪律、违规公款吃请、公车使用管理等典型现象，开展集中式明察暗访15次，发现疑似问题7起，促进市直机关作风建设好转。

执纪问责　以“零容忍”的态度严格依规依纪审理违纪案件，先后召

开案件审理工作会议12次，审议通过违纪案件14起14人，做到量纪恰当、定性准确。市直机关立案85起，党纪处分65人，政务处分42人，双重处分22人，其中11人被开除党籍、10人被开除公职、8人被双开。建立纪律处分决定执行报告制度，明确处分决定宣布范围、有关职务职级调整等有关事项，更好地维护纪律的严肃性。

（本栏撰稿　肖　琼）

外事·中国港澳地区事务

【市委外事工作委员会成立】　2019年2月25日，长沙市印发《长沙市机构改革实施方面》的通知，市委外事工作领导小组改为市委外事工作委员会，组建市委外事工作委员会办公室为委员会的办事机构，作为市委工作机关，对外加挂市人民政府外事办公室、市人民政府港澳事务办公室牌子。不再保留市人民政府外事侨务办公室。市委外事工作委员会办公室内设综合处、涉外管理与领事处、国际交流（礼宾）处、港澳事务处4个处室，同时负责联系长沙市人民对外友好协会，指导全市对外交往工作。

【服务国家总体外交重要部署】　2019年，市委外事工作委员会办公室完成首届“中国—非洲经贸博览会”公共事务和接待服务任务。接待乌干达总统、佛得角副总理、索马里副总理、联合国前秘书长、美国驻华大使等70余批次重要外宾团组到访。主动响应中央和省委关于深化对日对美交往与合作的部署要求，4月，省委常委、市委书记胡衡华率团到日本开展经贸合作与友好交流专项活动；5月，组团到美国参加第四届中美创新与投资对接大会；11月，在长沙举办对日本招商引资系列活动、“创之星”中美创新创业大赛。做好博鳌亚洲论坛理事工作会议、第六届中俄“两河流域”青年论坛、第27届中日韩青少年运动会和外交部湖南全球推介会等重大活动有关承办工作。与毛里求斯博巴森·荷精市、美国奥斯汀市新建友好合作关系，长沙国际朋友圈增至31个国家的52个城市，国际和地区通航城市增至54个（客运47个、货运7个），6家签证代理机构可申办24国因私签证，在长沙（高新区）国际商务科技平台落户的国外机构达26家。

【城市开放发展新形象塑造】　2019年，长沙当选UCLG世界理事会及执行局成员。出席在休斯敦举行的第四届中美友城大会，分享推介长沙城市治理经验。友城交往更加密切，组织3批“我是文明小大使”青少年交流团访问友城，7批友城代表团到长沙开展经贸文化交流。举办国际工程机械展览会、全球高端制造业大会以及国际食餐展、轨博会、农博会、国际商事法律论坛、IEF马栏山国际数字娱乐嘉年华等20余场涉外活动，以高质量国际展会推动产业实质合作。在长沙举办中国（长沙）埃塞俄比亚工业（园区）经济管理研讨班。持续支持推进阿治曼中国城、东帝汶农业高新技术开发区等境外经贸园区建设，长沙企业“抱团出海”、开拓国际市场能力进一步增强。全市2019年外贸进出口额289.9亿美元，比2018年增长56.4%。其中，出口总额1396.43亿元，比2018年增长69.9%；进口总额605.6亿元，比2018年增长32.1%。办好2019长沙媒体艺术节暨“一带一路”青年创意与遗产论坛，接待“一带一路”主流媒体团、中东欧16国主流媒体团、缅甸主流媒体团等到长沙采访报道，支持举办中意文化风尚交流高峰论坛、法语戏剧大赛等活动，促进文明交流互鉴，向世界传递湖湘文化的魅力与自信。

【外事及中国港澳事务管理服务】　2019年，长沙市审核审批因公出国团组215批683人次，因公到港澳团组63批256人次，审核审批重要国际性活动14起。审核重点企业申办APEC商务旅行卡50批135人，签发外国人邀请核实单696份1418人次，支持园区和重点企业35批99人循因公途径到港澳，有效便利国（境）内外经贸、人员往来。建立因公出国（境）国安宣教及事后回访工作机制，及时对出访完成任务和执行纪律等情况进行回访评估。加强证照管理，证照及时收缴率100%。

【与香港、澳门的交流合作】　2019年，长沙参与湖南—粤港澳大湾区投

2019年4月1日，2019长沙媒体艺术节暨“一带一路”青年创意与遗产论坛高级别论坛在长沙举行　　市委外事工作委员会办公室　供图

资贸易洽谈周，签约38个重大项目，总投资额273.56亿元。与香港城市大学签订战略合作备忘录，与香港科技大学签署招才引智合作意向书。深化长沙与香港、澳门的各领域交流，接待香港企业家代表团、教育界交流团、青少年学生内地交流团等团组23批898人次。支持远大住工在香港上市，在香港举办推进外向型经济发展研修班、纪检监察干部研修班，取得良好效果。推动“长沙港澳科创园”建设，支持全国首批、长沙首家“内地与港澳联营律师事务所”建设，促成“长沙港澳法律大厦”项目落户雨花区。承办省政协重点提案《关于在湖南建设长沙—澳门街的建议》（第0289号提案），积极推进长沙“澳门街”选址建设。（本栏撰稿 骆颖哲）

机构编制

【概况】 2019年，长沙市委机构编制委员会办公室（简称“市委编办”）推进机构改革和各项体制改革，着力管好调优机构编制资源，为现代化长沙建设提供体制机制保障。

市委编办先后组织召开各类会议100余次，听取各方面意见。制定各部门机构编制框架、“三定”（定机构、定编制、定职能）规定模板、部门职责争议协商流程等文件，参与制定领导班子配备、办公用房调整、机构组建挂牌、印章刻制启用等工作方案，确保机构改革各个环节有序衔接、各项任务分工明确。对退役军人、生态环保等部门的69项职责进行划转；对自然灾害防救、物流口岸等方面的职责明确部门分工；对合并组建的单位，聚焦职能职责关系的理顺，综合设置内设机构，实现“物理整合”向“化学融合”的转变，减少职能交叉、推诿扯皮的问题，解决工商、质监等领域的人员编制遗留问题。1月3日，召开全市机构改革动员大会；1月13日前，全面完成涉改单位“班子”配备；1月25日前，完成39家单位集中挂牌及印章刻制，新组建或重新组建部门对外办公；春节前，完成45个党政部门831人、5家事业单位63人的转隶工作；3月底前，在绝大部分省直部门“三定”规定未正式印发时，在全省率先完成61家党政机关及市委市政府直属事业单位“三定”或机构编制调整文件制定印发；4月底前，指导各区县（市）完成党政机构组建挂牌、人员转隶、印章刻制、“三定”规定印发等工作；率先全省制定城区街道机构改革方案，获省委组织部认可并将全市方案作为典型材料转发各市州学习借鉴。2019年4月，长沙作为全省市州代表接受中央机构改革调研评估组检查，获肯定，并在12月的全省编办主任培训会议上作典型发言。

2019年，结合机构改革，市本级减少党政机构1个，降格副厅级事业单位1个，减少处级事业单位3个，清理限额外设置的行政机构10个；收回行政编制23名、事业编制120名；减少处级领导职数57名。区县（市）共降格副处级事业单位9个、减少科级事业单位10个、清理限额外设置的行政机构18个、减少处级领导职数9名、减少科级领导职数59名。全市乡镇（街道）共精简党政机构14个、事业单位177个，进一步实现简政提效。省委编办统筹调剂，补充长沙公办中小学教职工编制5966名、公办幼儿园教职工编制1758名；根据实际需要，重新核定市教育局所属38家公办学校教职工总额10092名。调研卫健系统机构编制问题，提出有针对性的工作建议。加强编制跨系统跨层级调整，市本级调剂行政编制241名保障新组建单位和职能加强部门的编制需求，在市公安局特巡警支队增设第一留置管理大队并增加辅警员额300名，增加轨道交通辅警员额200名，新设立市应急事务中心等机构，向乡镇（街道）调剂增加行政编制18名、事业编制242名，保障工作所需。

【党政机构改革】 2019年，长沙市调整优化市级党政机构设置和职能配置，市委工作机关和市政府工作部门及其职能总体上与省委、省政府机构职能基本对应。改革后，长沙市设置党政机构55个，其中，市委机构15个（纪检监察机关1个，工作机关14个），市政府工作部门40个。

市委机构15个，分别为纪律检查委员会监察委员会机关、市委办公厅、市委组织部、市委宣传部、市委统一战线工作部、市委政法委员会、市委政策研究室、市委外事工作委员会办公室、市委机构编制委员会办公室、市委台湾工作办公室、市委直属机关工作委员会、市委巡察工作领导小组办公室、市委老干部局、市委保密委员会办公室。

市政府工作部门40个，分别为市政府办公厅、市发展和改革委员会、市教育局、市科学技术局、市工业和信息化局、市民族宗教事务局、市公安局、市民政局、市司法局、市财政局、市人力资源和社会保障局、市自然资源和规划局、市生态环境局、市住房和城乡建设局、市交通运输局、市水利局、市农业农村局、市商务局、市文化旅游广电局、市卫生健康委员会、市审计局、市退役军人事务局、市应急管理局、市国有资产监督管理委员会、市林业局、市市场监督管理局、市体育局、市统计局、市城市管理和综合执法局、市机关事务管理局、市政府研究室、市金融工作办公室、市人民防空办公室、市信访局、市医疗保障局、市知识产权局、市行政审批服务局、市数据资源管理局、市物流与口岸办公室、市城市人居环境局。

【事业单位改革】 2019年，长沙市深化事业单位改革，对全市事业单位

承担的行政职能进行摸底，市本级27家处级、11家科级事业单位以及各区县（市）共198家科级事业单位承担的行政职能全部回归机关，除行政执法机构外不再保留承担行政职能的事业单位。加强事业单位规范管理，对市直涉改的35家部门所属事业单位重新制定“三定”（定部门职责、定内设机构、定人员编制）规定或机构编制调整文件，理顺与主管部门的关系。加大“小、散、弱”事业单位撤并力度，将市妇联、市工商联、市文联、团市委等部门所属职能弱化的事业单位撤销，优化重组，指导各区县（市）平均撤销1个以上科级事业单位。将长沙高新区、长沙经开区自收自支事业编制置换为全额拨款事业编制，实现单位分类与经费形式相匹配。

市委、市政府直属事业单位改革后，市委、市政府设置直属事业单位11个，分别为市委党校、市接待服务中心、市委党史研究室、长沙晚报社、市公共工程建设中心、市地方志编纂室、市供销合作总社、长沙公共资源交易中心、市广播电视台、长沙住房公积金管理中心、市优化营商环境协调事务中心。

部门所属承担行政职能的事业单位改革：1.市档案局（市档案馆）承担的行政职能划入市委办公厅，市委办公厅对外加挂市档案局牌子，市档案馆调整为市委办公厅所属正处级公益类事业单位。2.将市委理论教育讲师团的职责划入市委宣传部，不再保留市委理论教育讲师团。3.将市两型社会建设综合配套改革办公室承担的行政职能划入市发展和改革委员会，改为市两型社会建设服务中心，为市发展和改革委员会所属正处级公益类事业单位。4.市公路管理局更名为市公路建设养护中心，为市交通运输局所属正处级公益类事业单位。5.市地方海事局（市航务管理局、市船舶检验局）更名为市水运事务中心，对外加挂市船舶检验中心牌子，为市交通运输局所属正处级公益类事业单位。6.市地震局调整为市应急管理局所属正处级公益类事业单位。7.将市住房保障服务局的职责划入市住房和城乡建设局、市城市人居环境局。不再保留市住房保障服务局。8.将市公开选拔领导干部考试中心（长沙专家服务中心、市经营管理人才资源开发中心）承担的行政职能划入市委组织部，改为市领导干部考试测评中心，为市委组织部所属副处级公益类事业单位。9.将市政协经济建设促进会办公室承担的行政职能划入市政协办公厅，改为市政协委员联络服务中心，为市政协办公厅所属副处级公益类事业单位。10.将市政府电子政务管理办公室（市信息中心）承担的行政职能划入市数据资源管理局，改为市大数据中心，对外加挂市智慧城市建设事务中心牌子，为市数据资源管理局所属副处级公益类事业单位。11.将市殡葬事业管理处承担的行政职能划入市民政局，改为市殡葬事务中心，为市民政局所属副处级公益类事业单位。12.将市失业保险管理服务局承担的行政职能划入市人力资源和社会保障局，改为市失业保险服务中心，为市人力资源和社会保障局所属副处级公益类事业单位。13.将市工伤保险管理服务局承担的行政职能划入市人力资源和社会保障局，改为市工伤保险服务中心，为市人力资源和社会保障局所属副处级公益类事业单位。14.将市就业服务局承担的行政职能划入市人力资源和社会保障局，改为市就业服务中心，为市人力资源和社会保障局所属副处级公益类事业单位。15.将市国土资源交易中心（长沙农村土地流转交易中心）承担的行政职能划入市自然资源和规划局，改为市自然资源交易事务中心（长沙农村土地流转交易中心），为市自然资源和规划局所属副处级公益类事业单位。16.将市交通建设质量安全监督管理处承担的行政职能划入市交通运输局，改为市交通建设质量安全监督站，为市交通运输局所属副处级公益类事业单位。17.将市燃气热力管理局承担的行政职能划入市城市管理和综合执法局，改为市燃气热力事务中心，为市城市管理和综合执法局所属副处级公益类事业单位。18.将市城市桥梁隧道管理处承担的行政职能划入市城市管理和综合执法局，改为市城市桥梁隧道事务中心，为市城市管理和综合执法局所属副处级公益类事业单位。19.将市渣土管理处承担的行政职能划入市城市管理和综合执法局，改为市渣土事务中心，为市城市管理和综合执法局所属副处级公益类事业单位。20.将市医疗保险管理服务局承担的行政职能划入市医疗保障局，改为市医疗保障事务中心，为市医疗保障局所属副处级公益类事业单位。21.将高层次人才引进、保障以及服务发展等相关公益服务职能整合，组建市高层次人才服务发展中心，为市委组织部所属副处级公益类事业单位。22.将市事业单位登记管理局的职责划入市委机构编制委员会办公室，不再保留市事业单位登记管理局。将机构编制统计数据服务和信息化建设、政务和公益机构域名注册服务等公益服务职能整合，组建市机构编制事务中心，为市委机构编制委员会办公室所属副处级公益类事业单位。23.将市重点工程项目办公室承担的行政职能划入市发展和改革委员会，公益服务职能与市1121工程办公室的职责整合，组建市重点建设项目事务中心，为市发展和改革委员会所属副处级公益类事业单位。24.将市教育后勤产业管理处承担的行政职能划入市教育局，整合教育保障、校外教学指导等公益服务职能，组建市教育保障服务中心，为市教育局所属副处级公益类事业单位。不再保留市教育后勤产业管理处。25.将慈善救济等相关公益服务职能整合，组建市慈善事务中心，为市民政局所属副处级公益类事业单位。26.将市政府采购监督管理局承担的行政职能划入市财政局，市非税收入管理局承担的非税收入征管职能划入市税务部门，整合相关公益服务职能，组建市财政事务中心，为市财政局所属副处级公益类事业单位。不再保留市政府采购监督管理局、市非税收入管理局。27.将政府投资建设项目和部门预算项目的财政评审相关公益服务职能整合，重新组建市财政评审中心，为市财政局所属副处级公益类事业单位。28.将市机关事业单位社会保险工作局、市企业社会保险工作局承担的行政职能，以及原由事业单位承担的城乡居民养老保险管理服务职能划入市人力资源和社会保障局，整合相关公益服务职能，组建市社会保险服务中心，为市人力资源和社会保障局所属副处级公益类事业单位。不再保留市机关事业单位社会保险工作局、市企业社会保险工作局。29.将就业数据和社保数据采集、发布、应用和管理等方面的公益服务职能整合，组建市就业与社保数据服务中心，为市人力资源和社会保障局所属副处级公益类事业单位。30.将市排水管理处承担的行政职能划入市住房和城乡建设局，公益服务职能与市城区排水设施运行服务中心的职责整合，组建市城区排水事务中心，为市住房和城乡建设局所属副处级公益类事业单位。不再保留市排水管理处、市城区排水设施运行服务中心。31.将市建设工程质量监督站、市建筑工程安全监察站承担的行政职能划入市住房和城乡建设局，整合相关公益服务职能，组建市建设工程质量安全监督站，为市住房和城乡建设局所属副处级公益类事业单位。不再保留市建设工程质量监督站、市建筑工程安全监察站。32.将市投资促进事务局、市商业网点建设管理办公室（市黄兴南路步行商业街管理委员会办公室、市中小商贸流通企业服务中心）的职责整合，组建市投资促进事务中心，为市商务局所属副处级公益类事业单位。不再保留市投资促进事务局、市商业网点建设管理办公室（市黄兴南路步行商业街管理委员会办公室、市中小商贸流通企业服务中心）。33.市道路运输管理处更名为市城市公共交通事务中心，为市交通运输局所属副处级公益类事业单位。34.将市能源局（市能源执法支队）的职责划入市发展和改革委员会。不再保留市能源局（市能源执法支队）。35.将市文物局的职责划入市文化旅游广电局。不再保留市文物局。36.将市移民开发管理局的职责划入市水利局。不再保留市移民开发管理局。

【市委编办机构改革】 2019年3月31日，长沙市委办公厅印发《关于中共长沙市委机构编制委员会办公室机构编制调整有关事项的通知》，市委编办为市委机构编制委员会的办事机构，承担市委机构编制委员会日常工作，作为市委工作机关，对外使用市事业单位登记管理局名称，正处级，归口市委组织部管理。划出市行政审批制度改革工作领导小组办公室的日常工作职责；衔接落实国务院、省政府取消下放审批事项，推进向区县（市）、园区和经济发达镇赋权，清理规范市本级行政审批中介服务事项，调整管理市本级公共服务事项目录，调整管理市本级“四办”（马上办、网上办、就近办、一次办）目录，管理全市政务服务事项通用目录（全市政务服务一体化平台目录管理），指导政务服务事项目录清单发布工作等行政审批制度改革相关工作职责到市行政审批服务局。撤销原市事业单位登记管理局并入机关的内设机构受理科、审核科；新增实名制管理处、事业单位登记管理处，整合行政机构编制处、事业机构编制处、基层机构编制处职责，优化设置为机构编制一处、机构编制二处、机构编制三处；行政审批制度改革处（市行政体制改革专项小组办公室）更名为改革与政策法规处；机关党总支加挂人事处牌子。调整后，市委编办设内设机构8个：综合处、改革与政策法规处、机构编制一处、机构编制二处、机构编制三处、实名制管理处、事业单位登记管理处、监督检查处。另设机关党总支（人事处）。市委编办核定机关行政编制31名。

【机构编制信息化建设】 2019年，长沙市委编办推广使用综合管理平台，制定《实名制业务办事服务指南》，分类压缩工作时限，70%以上的进人用编事项实现“只跑一次”，并及时短信反馈；完成84家市直单位685人次的领导职数备案、1069人次上编、673人次销编。做好市直各部门单位编制使用计划批复，政策性安置使用编制以及职务与职级并行、公车改革等人员审核确认工作。加强机构编制“云平台”管理，完成59868条权责清单数据更新。指导市本级涉改的36家行政机关和69家事业单位做好中文域名注册和网站挂标工作。完成中文域名注册610个、网站挂标259个，实现中文域名注册和网站挂标“两个全覆盖”。

【事业单位法人监管】 2019年，长沙市委编办定期向市统计局报送登记管理信息统计报表，与市发展改革委“信用信息平台”、市行政审批服务局“电子证照系统”、市外事办等部门单位互通机关群团、事业单位统一社会信用代码信息。按规定完成市直8家事业单位法人公示信息抽查、问题整改和公示工作。协同各事业单位举办单位、市财政等部门受理并审核通过483家市直事业单位法人2018年度报告，年度报告率和审查通过率均100%，按规定在市政府门户网和市委机构编制网上同步公示。制定《关于加强全市机关、编办直接管理机构编制的群众团体和事业单位登记管理工作的通知》，进一步优化和规范登记管理业务。

【机构编制监督检查】 2019年，长沙市宣传贯彻《中国共产党机构编制工作条例》，市委常委会、市委编委会专门学习传达，《长沙晚报》专版宣传。开展副处级以上机关事业单位领导职数核查，完善管理台账。对区县（市）

党委、政协和群团机构设置和领导职数统一标准、统一设置、统一数量。开展机构编制信息公开公示和部门（单位）“三定”规定执行情况核查，对存在的政策性超编等问题，建立问题台账，明确整改措施和时限。及时办理“12310”举报件，对机构编制违规违纪问题严肃查处。

【市级机构改革人员转隶及部门“三定”工作业务培训会】 2019年1月17日在市会议中心召开。市委常委、组织部部长、市委深化机构改革领导小组成员、办公室主任张宏益出席会议并讲话，市委深化机构改革领导小组办公室副主任、市委编办主任彭民安主持会议。市直机关各单位组织人事部门负责人及市委编办机关干部共约200人参加。会上，讲解市本级机构改革人员转隶工作指导意见和省里确定的有关政策口径，部署“三定”规定拟订与审核等工作。

（本栏撰稿　羊芬芬）

引才引智

【人才人事】 2019年，长沙市强化高质量发展人才智力支撑，全市各类人才总量140万余人。加强人才引进选拔培养。修订完善长沙工匠铸造工程、扩大用人单位自主权优化人事管理服务等实施细则。编制2019—2020年紧缺急需人才需求目录及引才地图，发布紧缺急需岗位254个，评定全市首批高精尖人才31名、紧缺急需人才27名，认定高层次人才540人次，累计认定1257人次，发放奖补资金61.3万人次、7.38亿元。24名人才入选省科技创新人才，引才数量和质量在全省领先。组团参加轨道交通与装备制造产业人才峰会、广州海交会等系列活动，采取提前邀约模式精准现场揽才。成立职业技能鉴定中心，开展各类技能比赛8次。完成各类人事考试24场、12.6万人次。激发人才潜力、活力、能力。深化职称制度改革，下放中小学教师系列高级职称评审权限、卫生中级职称考试资格审核权限，成立4个中小学教师高级评审委员会。打通专技人才与高层次人才认定通道，高级工程师可直接申报制造业高层次人才。11人被评为省技能大师、省技术能手、省政府特殊津贴人员，新增国家级、省级技能大师工作室3家。加快人力资源产业发展。按照“一园多区”建设思路，推动长沙人力资源产业园获批国家级招牌，吸引150余家企业入园发展。整合国有人力资源机构，启动长沙人才集团组建工作，组建方案已经市政府发文批复同意。重新组建长沙人力资源服务协会，开展清理整顿人力资源市场秩序专项行动，人力资源市场秩序进一步规范。创新规范人事工资管理。规范事业单位专技人员创新创业工作，核准发布事业单位招聘计划1173名。实施部分“双一流”（世界一流大学和一流学科）高校现场全流程招聘，引进高层次教师153名。全面完成公立医院薪酬制度改革试点，落实义务教育教师年度一次性绩效工资增量保障，完成机关事业单位基本工资调标。配合开展全市整治形式主义、官僚主义，严格管理各类考核评定清单项目，保留创建示范活动15项、合并1项。　　（向庆冬）

3家享受技能大师工作室配套支持名单：

中联重科股份有限公司工程起重机分公司姜海波大师工作室（国家级，2018年获评）

长沙颐而康颈肩腰腿痛医院有限公司侯毅大师工作室（省级，2019年获评）

长沙市眼镜商会章亮明大师工作室（省级，2019年获评）

2名湖南省技能大师：

长沙县职业中专　赵　兵

中国电子科技集团公司第四十八研究所　谢　辉

6名湖南省技术能手：

湖南中大机械制造有限责任公司　贺舜君

三一汽车制造有限公司　刘　涛

长沙航天学校　董政明

中联重科股份有限公司　谭　勇

楚天科技股份有限公司　龙定华

广汽三菱汽车有限公司　邹传基

3名享受湖南省政府特殊津贴人员：

国网长沙供电公司　丁　俊

长沙县职业中专　周飞轮

湖南汽车城永通有限公司　邓集雄

【长株潭城市群人力资源市场一体化】 2019年6月27日，长株潭城市群人力资源市场一体化专项小组会商会议在长沙召开。长沙、株洲、湘潭人力资源和社会保障局负责人及相关部门负责人参加会议。会上，三市人资中心负责人共同签署《长株潭城市群人力资源市场一体化行动方案》（以下简称《行动方案》）一致行动书，与会人员围绕《长株潭城市群人力资源市场一体化建设方案》进行了讨论发言。长株潭城市群人力资源市场一体化是长株潭城市群人社服务一体化的重要组成部分，有利于推动三市的公共人力资源服务共享、平台共建。《行动方案》提出，通过建立联席会议制度和联合招聘活动制度，搭建统一共享的一体化信息平台，促进三市就业。会议要求，加强推进长株潭城市群人力资源市场一体化建设的力度，不断提高长沙、株洲、湘潭三市公共人力资源市场一体化服务水平。　　（向庆冬）

【紧缺急需人才需求目录编制】 2019年6月，长沙市全面启动2019—2020年度紧缺急需人才需求目录编制工作，依托专业机构，深入园区、各大产业链和重点企业集中调研，听取行业企业意见，广泛收集岗位信息，统筹分析岗位特征，组织专家筛选评定，从9678条样本岗位信息中综合确定254个紧缺急需人才岗位，其中237个岗位属于22条优势产业链，17个岗位归为其他类。2019年是长沙产业项目建设年，此次岗位信息主要聚焦22条优势及新兴产业链进行采集归类，确保紧缺急需人才符合各产业链实际需求，紧缺急需人才目录更具针对性。2019年，评定全市首批高精尖人才31名、紧缺急需人才27名，认定高层次人才540人次，累计认定1257人次，发放奖补资金61.3万人次、7.38亿元。24名人才入选省科技创新人才。（向庆冬）

【高层次人才分类认定】 2019年12月23日，长沙市第11批高层次人才分类认定名单挂网公示。根据长沙市委长沙市人民政府《关于印发〈长沙市建设创新创业人才高地的若干措施〉的通知》、长沙市委人才工作领导小组《关于印发〈长沙市高层次人才分类认定实施办法〉的通知》《关于印发〈2019年度长沙市高层次人才分类认定目录〉的通知》等文件要求，经用人单位自主申报、各区县（市）和园区初审、市高层次人才服务发展中心复审，报市委人才工作领导小组审定，2019年，完成高层次人才分类认定1227人次，并为所有人才发放人才绿卡。（向庆冬）

【长沙市2019年高技能人才项目配套支持】 根据《中共长沙市委 长沙市人民政府关于印发〈长沙市建设创新创业人才高地的若干措施〉的通知》《长沙市人民政府办公厅关于印发长沙市高精尖人才领跑工程实施细则等“长沙人才新政”配套细则（办法）的通知》有关要求，经用人单位自主申报，长沙市人社局集中审核了高技能人才项目配套支持申报资料，经市委人才办审定，2019年，审定高技能人才项目配套支持3家，其中国家级技能大师工作室1家、省级技能大师工作室2家，拨付资金30万元。（向庆冬）

【中国长沙人力资源服务产业园授牌】 2019年10月18日，2019中国国际轨道交通和装备制造产业人才峰会在长沙举办。会上，人社部人力资源流动管理司副司长李祥伟宣读人力资源和社会保障部关于同意建立中国长沙人力资源服务产业园的批复并授牌，市委常委、常务副市长夏建平代表市人民政府上台接牌。此次在长沙国际会展中心举办的人才峰会，是湖南省首次在国际经贸活动中举办的人才对接会。活动现场，省委常委、常务副省长谢建辉，省委组织部副部长、省人力资源和社会保障厅党组书记、厅长胡奇一行参观了长沙展区，市委组织部副部长、市人社局党委书记、局长张白云介绍了此次峰会上长沙展区参会企业情况以及人才新政相关情况。此次峰会长沙展区，共有三一重工、中联重科、铁建重工、中车时代等35家智能制造企业参会，提供2150个岗位。长沙展区展台上摆放长沙市2019—2020年度紧缺急需人才需求目录，集中展示轨道交通和装备制造产业人才需求，供人才随时对接，并将人才新政受理搬入展厅，参会人员扫描“长沙人才”APP即可了解“长沙人才新政”，现场申报长沙人才政策补贴。2019年，产业园与全省20条新兴产业链和6家龙头企业签订战略合作协议，搭建人才人力供需平台；与雨花经开区、株洲天元区等省市新兴优势产业链开展10场供需对接会；举办大型招聘会30场次，为比亚迪、蓝思科技、三一重工、中车集团、中国移动等重点企业解决“招工难”“稳工难”的问题；上海外服则为宜家、马瑞利、浩鲸云等服务性企业提供全方位一体化人力资源解决方案。（向庆冬）

【长沙企业参加“海交会”揽才】 2019年12月19日，广州海交会人才交流活动举行，长沙市组织三大国家级园区四大重点产业链10家企业参会揽才。通过政府购买服务、精准邀约人才方式，长沙市变现场待客为提前请客，提前一个月开始宣传发动和精准邀约，并提前就企业岗位和人才进行深度对接，将有意向的人才邀请到“海交会”现场直接面试，提高引才成功率。“海交会”上，长沙展位吸引500余名人才实地咨询，267名中高端人才进行企业面试，其中硕士47人，博士25人，留学外籍人才30人，97名人才与长沙企业达成初步就业意向。（向庆冬）

【院士专家长沙行】 2019年4月24—27日，院士专家长沙行暨中国工程院“互联网+”行动计划（2035）项目中期研讨活动在长沙举行。中国工程院副院长陈左宁,中国工程院院士李伯虎、李国杰、杨胜利、刘经南、王家耀、孙九

2019年4月24—27日，“院士专家长沙行”暨中国工程院“互联网+”行动计划（2035）项目中期研讨会在长沙举行
（市委组织部　供图）

林、王礼恒、李立涅、桂卫华、刘文清，中国工程院二局局长高中琪，省委组织部部务委员、省委“两新”工委书记、省委人才办主任梁平，市委常委、市委组织部部长张宏益及相关专家出席。会上，项目综合组、总体组以及“互联网+基础支撑”组、“互联网+智能制造”组、“互联网+现代农业”组、“互联网+智慧能源”组、“互联网+益民服务”组、“互联网+智能交通”组、“互联网+智慧环保”组作阶段成果汇报。长沙智能驾驶研究院、中联重科作交流发言。（黄 胜）

【参加第17届中国国际人才交流大会】 2019年4月14—15日，由科技部主办的第17届中国国际人才交流大会在深圳举行，市委常委、组织部部长张宏益率队参加会议，长沙组织4家国家级园区、16家企业的代表团参会，展开校友座谈、人才招聘、政策宣讲、科技成果展示等系列活动。长沙代表团举行了国际创新城市对接会暨长沙推介会，会上，张宏益介绍长沙创新创业环境及人才政策，积极为园区、企业引进科技创新人才、创新创业项目、科技高端服务平台，搭建科技成果转换供需平台。（黄 胜）

【长沙首批重点人才工程入选人才代表座谈会】 2019年10月18日，长沙市首批重点人才工程入选人才代表座谈会召开，市委常委、组织部部长张宏益，市委组织部副部长、市绩效办主任易敏华与人才代表面对面交流，问意见、听建议，激发高层人才建功立业热情，进一步推进长沙市“高精尖人才领跑工程”“紧缺急需人才集聚工程”（以下简称“两大人才工程”）。会上发布《2019—2020年度长沙市紧缺急需人才需求目录》。经过筛选评定，从9678条样本岗位信息中综合确定254个紧缺急需人才岗位，并围绕岗位所需人才绘制全国人才分布地图，为政府职能部门、园区、企业提供按图索骥、招揽人才的参考依据。会议就落实人才奖补、购房补贴情况进行说明，为长沙首批重点人才工程入选代表颁发人才入选证章，部署用人单位和中介组织引才奖励申报工作和2019年“两大人才工程”申报工作。

（黄 胜）

2019年10月18日，长沙市首批重点人才工程入选人才代表座谈会召开 市委组织部 供图

对台事务

【“同等待遇”落实】 2019年6月，长沙市委台办向市委常委会专题汇报全市对台工作情况，为台商在长沙发展营造良好营商环境。11月，经商30余家市直单位和部门，并提交全市对台领导小组会议审定，制订出台《长沙市深化长台经济文化交流合作的行动计划（2019—2020年）》（以下简称“长沙60条”），为台湾同胞在长沙学习、创业、就业、生活提供与长沙居民同等待遇。“长沙60条”是对中央和省惠台措施的具体细化，做好与市“人才新政22条”的结合文章，既立足长沙实际又有所突破。年内，引进湖南省百人计划专家、长沙人才新政C类人才台湾台胞张柏坚；妥善解决旺旺医院享受长沙市公立医院106种单病种同等级支付收费标准，引进10余名台湾医师到长沙行医和开设私人门诊等。

【经济服务】 2019年，长沙市结合“营商环境优化年”和“项目建设年”活动，新增台资项目和台资企业增资扩股位列全省第一位。新增台资项目26个，比2018年增长44.4%，投资总额5328.8万美元，巩固长沙与台湾在电子信息、现代农业、医养产业、文化创意等领域的合作成果。接待到长沙考察的台商24批242人次，签约坤锋科技有限公司、增亮膜生产基地、儿童友好型公园等重点项目。台资企业生产经营稳中向好，全年增资扩股6.52亿元，协调市直部门推进花之林总部、旺旺医院二期建设及旺旺医院地下医疗配套区、康师傅宁乡厂等项目建设。

【台胞服务】 2019年，长沙市委台办加强部门联动，6月，走访调研台资企业32家，在区县（市）召开台商座谈会8场，为法缇婚纱、罗莎食品、康师傅、统一企业等台资企业解决生产生活中遇到的实际困难和问题。妥善调处涉台案件，全年受理并办结投诉求助、来信来访案件8件（其中上级交办3件），办结率100%，案件数量比2018年下降33%。处置并办结涉台突发事件2起，有效维护台胞台属合法权益。健全投诉协调预防处理机制，加强与湖南弘一律师事务所的合作，推进台资企业法律服务平台建设，为台资企业提供法律保障。

【两岸交流平台建设】 2019年，长

沙市加强平台建设，推出一套行之有效的平台建设“组合拳”。探索青创基地的“长沙模式”。湖南省海峡两岸青年创新创业基地年内新增台资企业13家，截至2019年年底，有台资企业20家；接待台湾参访团42批681人次，基地不同于其他地区，走出一条“民办官助”的发展新模式，成为长沙市对台湾招商引资引智、青年创新创业、长沙与台湾交流联络、宣传推介长沙的重要平台。年内，国台办副主任龙明彪、市委副书记朱健等领导分别到省级海峡两岸青年创新创业基地调研，投入45万元用于基地配套项目台湾青年公寓装修改造。省委台办认定该基地具备创建为国家级青创基地的条件，并于10月去函国台办，助力其创建为国家级省级青创基地。打造交流交往的“长沙品牌”。加大对交流基地的指导力度，省市两级海峡两岸交流基地全年接待台胞136批4163人次，交流基地以历史文化资源优势为突破口，形成“长沙品牌”。10月，龙明彪一行对黄兴故居纪念馆创建为国家级基地进行考察验收，对其在两岸交流中发挥的积极作用给予肯定。10月，新增隆平水稻博物馆和长沙县黄兴海峡两岸青年农创基地为“市级海峡两岸交流基地”，成为台湾同胞了解农耕文明、杂交水稻科研成果和农创合作平台窗口。11月，影珠山抗战遗址公园获批为“省级海峡两岸交流基地”，基地年内接待游客10万余人次。形成涉台教育的“长沙经验”。涉台教育基地根据自身特点，开展征文比赛、文艺会演、诗歌朗诵、黑板报、知识竞赛等涉台教育活动。组织到区县和学校社区作台海形势报告10场。10月，市委台办组织对全市26家基地建设和运行情况进行全覆盖走访调研，提升全市涉台教育工作水平。

【对台交流】 2019年，长沙市加强对台交流联络，将“两岸一家亲”理念与亲情乡情优势有机结合，厚植长沙与台湾融合发展的民意基础。开展文化、教育、卫生等方面的双向交流活动13次，其中3个为国台办重点交流项目。根据区县（市）自身优势，指导开展特色交流活动，以雨花区全域旅游、宁乡休闲农业、长沙县观光农业等为主题有针对性地开展“一区县（市）一品牌，一特色”交流活动。年内，60批343人次到台湾交流。5月，组织涉台教育基地相关人员到台湾考察，增强长沙、台湾两地基层间的沟通交流。6月，在台北举办两岸（长沙）首届书法交流展，350余位台湾嘉宾到场观展，台湾中天新闻等10余家媒体报道，促进长沙、台湾两地文化的相互濡染。6月，完成联络工作入岛，拜会部分联络工作对象，拓展了联络工作资源。组织经贸团到台湾考察，拜会台湾知名企业，台湾光群集团应邀到长沙考察并落户宁乡经开区。

【“民心桥”建设】 2019年，长沙市抓住热点，推进“民心桥”建设。扩大与台湾青年间的交流互动。支持和鼓励台湾青年到长沙发展，全年新增到长沙实习、就业、创业台湾青年92人。发挥市台协青委会作用，组织在长沙的台湾大学生开展庆元旦、庆中秋、到雨花区参观考察等活动3次，促进台湾青年、台湾学生融入长沙、留在长沙。借助网络平台宣传推介长沙。“璀璨星城”网页上稿3315篇，在全国96个地级市（含副省级城市）对台湾的宣传网页中，信息发布量、点击数、页面浏览量、台湾网民浏览量等均排名全国第一位，成为台湾各界了解长沙及长沙与台湾交流合作的重要窗口。利用媒体扩大长沙影响，做好台湾“中国电视”大陆寻奇栏目记者、新华社记者、台湾旺旺中时媒体集团、中国台湾网4批台湾媒体和大陆媒体到长沙的采访工作。发挥市台协的桥梁纽带作用。加大对台协的指导，组织市台协分别与广州市台协会长王庆祥一行、广州市台协妇女会会长林彩霞一行交流座谈。增强市台协服务会员能力，举办长沙台商新春座谈会和长沙台商春酒联谊会，推动台协间的友好交流与合作。指导市台协组织台商到市委台办精准扶贫点开展慰问活动，指导区县台协开展扶贫济困活动，全年台商台胞捐赠物资80.86万元，积极参与全市各类公益事业活动。

（本栏撰稿　宋万能）

2019年11月，影珠山抗战遗址公园获批为“省级海峡两岸交流基地”　市委台办　供图

老干部工作

【老干部队伍概况】　截至2019年年底，长沙市有离休干部1131人。其中市本级639人，区县（市）492人；易地安置在长沙市的30人。退休干部50389人，其中副处级以上退休干部2563人。全市离退休干部中，老红军1人、担任过副市实职以上职务的116人、享受副市级待遇的82人。市老干部局被评为全市综治工作优秀等次单位。市关工委“青少年极端行为的预防和转化”典型经验获中国关工委主任顾秀莲批示肯定。市老干部大学成为全国老年教育理论研究基地，教学大纲被评为全国一等奖。市老干部活动中心获“长沙市公共机构生活垃圾分类示范单位”称号。《人民日报》等国家级媒体多次对长沙“五老”（老干部、老模范、老教师、老战士、老专家）事迹进行推介。

【党建引领】　2019年，长沙市组织全市离退休干部党员开展“不忘初心、牢记使命”主题教育，坚持打造“银发先锋大课堂”。举办“话初心、守初心、践初心”座谈会，组织老干部形势报告会，召开主题教育调研成果交流会。与市委组织部联合开展“百场报告进基层，携手奋进新时代”主题宣讲，共宣讲201场次，受众2万余人。开展“五化”（支部建设标准化、组织生活正常化、管理服务精细化、工作制度体系化、阵地建设规范化）离退休干部党支部示范点创建活动，在浏阳市召开党建工作现场推进会，推进基层离退休干部党组织标准化建设。在小区楼宇、涉老团体、网站微信等设置地缘型、趣缘型、网缘型离退休干部党组织。通过网络直播方式组织全市离退休党支部集中开展主题教育党日活动，全市5万余名离退休干部党员参加。举办全市离退休干部党建专干的业务培训，全面轮训全市1000余名离退休党组织书记，树立“银发党建”品牌。

【服务中心】　2019年，长沙市组织省、市级老领导视察长沙经济社会发展，召开“我看中华人民共和国成立70周年新成就”调研座谈会，组织发放“纪念中华人民共和国成立70周年”纪念章，组织银发专家助力产业扶贫。以“礼赞祖国，奋进新时代”为主题，引导涉老组织开展优秀讲稿征集评选、70周年书画展、“百名老干颂祖国”征文、科普报告团进基层、争做阳光老人系列活动。组建长沙市“五老红”志愿服务总队，首创《长沙市“五老”志愿者星级评定及礼遇办法》，打造“线上+线下”服务模式，探索志愿服务嘉许机制，引导全市广大“五老”积极投身公益宣讲、社会治理、移风易俗、垃圾分类等工作。全年各级“五老”开展宣讲3200余场次，受众29万余人次。组织开展“五老”元旦、春节“五讲”“传承雷锋精神，当好风范长者”“文明祭祀、绿色清明”等活动。《中国老年报》先后16次推介报道。市关工委开展“腾飞中国、辉煌70年”主题宣讲、“传承红色基因，争做时代新人”征文比赛、“祖国在我心中”文艺展演等活动。全市各级关工委共投入助学助困经费1300万余元，动员社会力量投入1600万余元，资助青少年4万余人。助力创建“儿童友好型城市”，编印出版《长沙市关工委创建“儿童友好型城市”关心下一代工作创新案例》。探索新形势下青少年极端行为预防和转化工作的“长沙经验”，在全国部分城市关心下一代工作座谈会上作为典型发言予以推广。

【老干部文化养老建设】　2019年，长沙市推进老干部文化养老建设，市老干部大学发挥“全国老年教育理论研究基地”功能，编写《老年教育课堂教学论》，建立全市老年教育师资库，举办基层老干部教育工作培训班。全年各级老干部（老年）大学开设课程277门，学员5.6万人次。其中，市老干部大学开设课程72门，学员2.2万人次。推动市老干部大学（党校）增点扩容，9月，新开办的市青少年宫分校正式开学，形成市老干部大学本部、市直机关分校和市青少年宫分校“一校三址”的办学格局。社区新增20个老年教育基层教学点。市老干部活动中心改造基础设施，优化场馆服务流程，建设“乐龄”志愿者服务站，举办迎春嘉年华、厅级老干部季度兴趣赛、爱国电影展播、乐龄风采展示、“红歌汇——我和我的祖国”快闪等活动，联合市一医院设立“院前急救及慢病管理服务”医务室，联合市图书馆进行图书室专业化改造，通过“红书签·爱满星城”活动为对口扶贫村捐赠图书，全年接待老干部活动12.47万人次。

【离退休干部待遇落实】　2019年，长沙市推进落实离退休干部各项待遇，全年组织市级老领导参加重要会议、重要活动10次；帮扶39名特困离休干部，29名离休干部遗孀（配偶），落实帮扶资金22.9万元；完成449名困难企事业单位离休干部7个节日慰问物资统一采购发放工作；走访易地安置在外离休干部18人（省外16人，省内2人）。将“精准精细”理念全面融入离休干部个性化服务机制，为离休干部的日常照料、生活服务、精神慰藉等需求提供服务。组织市委离退休工委委员上门慰问全市100名困难离退休党员。市老干部休养所积极构筑老干部“温情之家、舒适之家、快乐之家”。投入123万元培育一批“五化”离退休干部党支部示范点、“五老”志愿服务团队和老年教育网络课堂站点。

【“五老”助力垃圾分类】　2019年，长沙“五老”开展以垃圾减量、垃圾分类、垃圾资源化利用为主题的“一十百千”环保志愿服务活动（举办一次“零垃圾、我先行”主题活动，成立10支“五老”环保志愿服务团队，倡导一百场“当一天垃圾分类劝导员”志愿服务行动，组织1000名“五老”环保志愿者踊跃投身志愿服务活动）。在基层开展生活垃圾减量行动、垃圾分类知识宣讲、垃圾资源化利用课堂、垃圾分类漫画和分类监督等形式多样的活动，通过经验分享、拍照打卡、计分评选等方式带动小区居民响应参与。

【长沙市老干部文学艺术联合会成立】 2019 年 1 月，“长沙市老干部诗词楹联协会”更名为“长沙市老干部文学艺术联合会”。7 月 30 日，第一届会员大会在市老干部活动中心举行，会议通过了联合会章程，选举秦光国为长沙市老干部文学艺术联合会第一届理事会主席，邹明、刘绪甲、张克宣、姚进军为副主席，张克宣兼任秘书长，张利沙、李秀兰、杨建国为副秘书长。协会致力于发挥离退休老干部的文艺特长与优势，让老干部老有所乐、老有所为，服务社会，促进和谐。

【“银耀星城”展示馆建成开馆】 2019 年 12 月 27 日，长沙市“银耀星城”展示馆和政治生活馆建成开馆，湖南省委老干部局副局长、省委离退休干部工委专职副书记孔寅湘，长沙市委常委、组织部部长张宏益及董学生、范小新、刘耀杰等市级老领导出席开馆仪式。作为湖南首家集中展示“五老”志愿服务的展示馆，展示馆分为“党建引领”“志愿服务”“厚德育人”“精准规范”4 个篇章，通过触控、影像等技术，多维度介绍长沙老干部工作成果，展示长沙老干部在新时代的新气象、新作为，将打造为全市离退休干部党员的党性教育平台、“五老”志愿服务组织的孵化培育平台、“五老”发挥作用示范引领平台、关心下一代工作的资源整合平台、彰显老干部工作价值的展示交流平台。

（本栏撰稿　郁阳阳）

党校教育

【党校培训】 2019 年，长沙市委党校（行政学院）举办各类计划内培训班 30 期，培训学员 2350 人。承办各类计划外班 40 个，培训学员 3496 人。第一次承办中组部深度贫困县第一书记培训班。首次承办长沙职业经理人培训，共 10 期培训学员 1039 人。学制四周以上的主体班实现党的理论教育和党性教育课时占总课时 76.78%，党性教育课时占总课时的 31.81%，主体班测评优良率超过 95%。落实领导干部上讲台制度，年内市领导到校授课座谈 8 人次。有效更新教学专题库 105 个。接受媒体采访超过 20 人次。举办 2 次“科研论坛”，2 次省社科基金课题申报材料校内专家评议会。以湖南省中特中心长沙市基名义发表论文 17 篇，中特中心市委党校分基地研究成果考评获全市第一名。以中央重点决策部署为切入点，打造党性教育特色课程。年内 2 堂精品课入选省委组织部、省委党校第二批精品课程，2 堂入选全市“初心与使命”党性教育精品课程。承办全省党校（行政学院）系统第 13 次教学比赛及精品课评选活动，各有 1 名教师获一等奖、三等奖，2 人获长沙市“五一劳动奖章”。

【党校科研】 2019 年，长沙市委党校（行政学院）完成二类出版社出版学术专著 1 部，发表各类论文 90 篇，其中 D 类以上论文 21 篇（含 A 类论文 1 篇、C 类论文 15 篇、D 类论文 5 篇）。立项 10 项省级社科课题，结项省级以上课题 13 项。4 位教师立项 2020 年度湖南省社会科学成果评审委员会一般课题。3 项科研成果被评为长沙市第 20 届哲学社会科学优秀成果二等奖。12 篇论文在省级以上学术会议中获奖。纸质媒体发表宣传报道 12 篇。被评为全省党校系统科研工作先进单位。编印《呈阅件》38 期，获副市长以上级别领导签批 27 期，其中省政协主席李微微签批 1 期，市委书记胡衡华签批 2 期。《呈阅件》成果转化 2 期。组织起草校（院）“教科咨一体化创新工程”系列制度文件，报请市领导签批和市财政审批，教科咨一体化创新工程制度建设取得实质性进展。

【教学管理】 2019 年，长沙市委党校（行政学院）严格执行承诺制、督查制、考核制，举办班主任经验交流会，开班前班主任例会，把从严治党的要求贯彻到从严治校的全过程。年内主体班学员平均到课率 99% 以上，就餐率 98.5%，住校率 98.2%，结业考试考核优良率 100%。在职研究生教育 3 个毕业班平均论文过关率和毕业率为 94.16%，长沙学区位于全省党校第一名。　（本栏撰稿　殷　锟）

2019 年 12 月 27 日，长沙市“银耀星城”政治生活馆开馆暨“五老红”志愿服务总队成立大会召开

市委老干部局　供图

长沙市人民代表大会

CHANGSHA MUNICIPAL PEOPLE'S CONGRESS

编辑　江　雷

综 述

【概况】 截至2019年年底，长沙市有市人大代表490人，其中，男性327人，女性163人；中共党员268人，无党派人士52人，民主党派103人，群众67人；芙蓉区46人，天心区48人，岳麓区50人，开福区43人，雨花区52人，望城区45人，长沙县50人，浏阳市74人，宁乡市72人，解放军10人。2019年，长沙市人大常委会完成市十五届人大四次会议确定的各项目标任务。全年举行常委会会议7次、主任会议8次；听取和审议专项工作报告17个；作出决议、决定10项；制定2部地方性法规，修改6部、废止3部；开展执法检查4次、集中视察2次、专题调研6次、专题询问1次、专项工作评议1次、代表约见1次。

长沙市人大常委会坚持党的领导最高政治原则，深学笃用习近平新时代中国特色社会主义思想，始终把准政治方向。坚持党领导下的政治机关定位，以政治建设为统领，以理论清醒保证政治坚定，以思想自觉引领行动自觉。全面强化思想引领。深入学习贯彻习近平新时代中国特色社会主义思想，推动理论武装走深走实走心。巩固常委会专题讲座、理论学习中心组学习制度，贯彻习近平总书记关于坚持和完善人民代表大会制度的重要思想和对地方人大及其常委会工作的重要指示精神，深刻领会中共十九届四中全会精神和习近平总书记对湖南工作的重要指示精神，贯彻中共十八大以来中央、省委、市委关于人大工作的一系列部署要求，增强“四个意识”，坚定“四个自信”，做到“两个维护”。坚持党的领导。恪守政治原则，自觉在市委领导下开展工作，发挥市人大常委会党组把方向、管大局、抓落实的重要作用。坚持重大事项请示报告制度，常委会党组就贯彻党中央决策部署、落实省委、市委工作安排的重要情况及时向市委请示报告，关于工作要点、立法规划、监督手段运用等重要事项和重要问题及时提请市委研究，坚决按照市委意见执行。切实扛起政治责任。坚守政治机关定位，把坚持制度自信、发挥制度效能的政治责任牢牢放在心上、扛在肩上、抓在手上。不断扩大公民有序政治参与，支持和保证人民通过人民代表大会行使国家权力。坚决落实党委意图，确保党组织推荐的人选成为国家政权机关的领导人员，全年依法任免国家工作人员196人次。落实意识形态工作责任，联合市委宣传部出台《关于做好人大新闻宣传工作的意见》开展人大制度宣传、工作宣传，国家根本政治制度日益深入人心。

【机构调整】 2019年，根据《中共湖南省委办公厅湖南省人民政府办公厅关于印发〈长沙市机构改革方案〉的通知》，经研究并报市委批准，长沙市人民代表大会机关机构调整有关事项如下：整合市人大内务司法委员会、市人大财政经济委员会、市人大教育科学文化卫生委员会相关职责，组建市人大社会建设委员会，内设办公室；市人大内务司法委员会更名为市人大监察和司法委员会；市人大城乡建设环境与资源保护委员会更名为市人大环境与资源保护委员会；市人大常委会预算工作委员会由市人大常委会工作机构调整为与市人大财政经济委员会合署办公，原设在市人大常委会预算工作委员会的办公室更名为预算审查监督处；市人大常委会办公厅离退休人员管理服务办公室更名为离退休人员管理服务处。调整后，市人大常委会设办事机构、工作机构4个：市人大常委会办公厅（内设秘书一处、人事处、新闻宣传处、行政事务管理处、秘书二处、督查室、信息处，另设机关党委、离退休人员管理服务处）、市人大常委会研究室（以下简称“研究室”，内设办公室）、市人大常委会选举任免联络工作委员会（以下简称“联工委”，内设办公室、代表联络处）、市人大常委会信访办公室（以下简称“信访办”，内设综合处）。市人大设专门委员会8个：市人大民族华侨外事委员会（内设办公室）、市人大监察和司法委员会（内设办公室）、市人大财政经济委员会与市人大常委会预算工作委员会合署办公（内设办公室、预算审查监督处）、市人大教育科学文化卫生委员会（内设办公室）、市人大农业与农村委员会（内设办公室）、市人大环境与资源保护委员会（内设办公室）、市人大法制委员会与市人大常委会法制工作委员会合署办公（内设办公室、备案审查处）、市人大社会建设委员会（内设办公室）。

【人大常委会建设】 2019年，市人大常委会以“不忘初心、牢记使命”主题教育为主线，全面加强自身建设。机关党员干部聚焦学与研，注重查与改，开门搞教育，积极投入大学习、大调研、大检视和大整改，加强和改进人大机关党的建设。常委会领导围绕推动人大工作高质量发展带头开展调研，形成一批有理论深度和指导价值的研究成果；推进专项整治，制定关于公文运转、文风、会风、调研、立法、建议督办的具体措施；突出问题导向，边学边查、立行立改，增强机关党员干部明初心、守初心的思想意识，营造守纪律、讲规矩的政治生态，激发履职责、担使命的工作热情。全面夯实履职基础。常委会把握讲政治、循法治、为人民、强机关的要求，努力提高议事、决事、办事水平。加强制度建设，修订工作制度汇编，促进机关规范运行。加强学习培训，编发《审议参阅》《学习参考》，在人民大学举办全市人大系统法制建设培训班，选派干部参加各类学习班，机关干部工作能力进一步提升。办好《长沙人大》刊物、“长沙人大”网站和微信公众号，在中央电视台、《人民日报》推介长沙市立法工作经验，讲好长沙人大故事。完成人

大机关信息化升级改造，实现无纸化办公。新建长沙人大历史陈列室，再现长沙人民当家做主的发展历程，薪火相传、砥砺前行。有效增强工作合力。注重发挥各专门委员会和工作机构作用，支持派驻纪检监察组开展工作，努力提高常委会整体工作水平。积极参与省人大组织的有关活动，支持和指导县乡人大工作和建设。加强履职联动配合，组织全市人大系统开展理论交流、书画摄影展和球类比赛等活动，增进沟通、加强互动、密切合作，提升全市人大工作的整体水平。

重要会议

【市第十五届人民代表大会第四次会议】

2019年1月8—11日在长沙人民会堂举行。省委常委、长沙市委书记胡衡华出席，长沙市委副书记、市长胡忠雄作政府工作报告。大会听取和审查市人民政府市长胡忠雄作的《政府工作报告》、市第十五届人民代表大会常务委员会主任程水泉作的《长沙市人民代表大会常务委员会工作报告》、市中级人民法院院长肖新平作的《长沙市中级人民法院工作报告》、市人民检察院检察长王勋爵作的《长沙市人民检察院工作报告》；市发展和改革委员会《关于长沙市2018年国民经济和社会发展计划执行情况与2019年国民经济和社会发展计划草案的报告》；市财政局《关于2018年全市和市本级预算执行情况与2019年全市和市本级预算草案的报告》；审议并表决通过《长沙市文明行为促进条例(草案)》，此条例待报省人大常委会审查批准后公布实施；表决通过《长沙市第十五届人民代表大会第四次会议关于设立长沙市第十五届人民代表大会社会建设委员会的决定》，表决通过《长沙市第十五届人民代表大会社会建设委员会主任委员名单》，表决通过《长沙市第十五届人民代表大会第四次会议关于将长沙市第十五届人民代表大会内务司法委员会更名为长沙市第十五届人民代表大会监察和司法委员会的决定》，表决通过《长沙市第十五届人民代表大会城乡建设环境与资源保护委员会更名为长沙市第十五届人民代表大会环境与资源保护委员会的决定》。表决通过关于市人民政府、计划、财政和市人大常委会、市中级人民法院、市人民检察院6个报告的决议。大会补选凡志、刘汇（女）、周宏兆为市人大常委会委员。

【市十五届人大常委会第二十二次会议】

2019年1月21日召开。市委副书记、市长、湖南湘江新区党工委书记胡忠雄列席会议并作相关人事议案说明。市人大常委会主任程水泉，副主任赵建强、王国海、黄佳惠、芮英姿、罗衡宁、张智勇、袁黎明，秘书长柳美景出席会议，副市长邱继兴，市中级人民法院院长肖新平，市人民检察院检察长王勋爵列席会议。会议听取市人民检察院有关人事议案的说明，听取市人大常委会研究室关于市人大常委会2019年工作要点（草案）的起草说明，听取市人大常委会代表资格审查委员会关于暂时停止长沙市第十五届人民代表大会个别代表执行代表职务的报告，听取拟任人员陈词。会议举行分组和联组审议，表决通过有关人事事项、市人大常委会2019年工作要点。会上，22名市政府工作部门"一把手"获任命，程水泉向新任命的22名市政府工作部门负责人颁发任命书。新任命人员依法向宪法宣誓。会议按照法定程序，对机构改革后市政府更名和新组建的组成部门主要负责人进行任命，这是市机构改革的一项重要工作，也是履行法定程序、彰显法律权威的一个重要步骤。程水泉强调，会议审议通过市人大常委会2019年工作要点，新一年度工作的目标和任务已经确定，关键是对照目标、把握时序、抓好落实。要切实提高政治站位，牢牢把握人大工作正确政治方向，使党的领导贯穿到人大工作的全过程和各方面，要坚持推动依法治市实践，维护宪法和法律权威，为法治长沙建设做出新的贡献，要履行法定职责，推动全市各项事业高质量发展，找准人大工作服务全市大局的切入点、着力点，研究解决全局性、长远性、战略性问题，形成推动工作的强大合力，要全面加强自身建设，不断提高依法履职能力和水平，以抓铁有痕、踏石留印的精神，共同把工作做好。

【市十五届人大常委会第二十三次会议】

2019年4月29日召开。市人大常委会主任程水泉，副主任赵建强、王国海、黄佳惠、芮英姿、罗衡宁、张智勇、袁黎明，秘书长柳美景参加会议，副市长唐向阳、市中级人民法院院长肖新平，市人民检察院检察长王勋爵列席会议。会议听取市人民政府关于2018年市本级政府性债务资金管理使用绩效情况与2019年市本级政府性债务资金管理措施的报告，关于贯彻实施《长沙铜官窑遗址保护条例》情况的报告及市人大常委会执法检查组执法检查情况的报告，市人民检察院关于加强法律监督工作情况的报告，市人民政府关于落实《关于加强我市历史地名和历史文化街巷名称保护工作的决议》情况的报告及市人大常委会督查组的督查报告，市"一府两院"关于落实《关于进一步监督支持人民法院解决执行难工作的决议》情况的报告及市人大常委会督查组的督查报告，市人民政府关于贯彻实施《中华人民共和国防洪法》情况报告的审议意见办理情况的报告及市人大常委会督查组的督查报告，市人民政府关于全市招投标工作情况的报告的审议意见办理情况的报告及市人大常委会督查组的督查报告，市人大法制委关于市十五届人大四次会议代表议案处理的审议结果的报告，市十五届人大常委会代表资格审查委员会关于长沙市第十五届人民代表大会个别代表的代表资格的审查报告。听取市人大常委会主任会议、市人民政府、市中级人民法院、市人民检察院有关人事议案的说明，听取拟任人员陈词。会议对相关议题进行分组和联组审议，表决通过有关人事事项，表决通过《长沙市人民代表大会法制委员会关于市十五届人大四次会议代表议案审议结果的报告》《长沙市第十五届人民代表大会社会建设委员会委员名单》。程水泉为新任命人员颁发任命书，新任命人员依法进行宪法宣誓。

【市十五届人大常委会第二十四次会议】2019年6月25日召开。市人大常委会主任程水泉，副主任赵建强、王国海、黄佳惠、芮英姿、罗衡宁、张智勇、袁黎明，秘书长柳美景出席。副市长邱继兴、市中级人民法院院长肖新平、市人民检察院检察长王勋爵列席会议。会议听取市人民政府关于国有资产管理情况的报告，市人民政府关于贯彻实施《中华人民共和国中小企业促进法》情况的报告及市人大常委会执法检查组执法检查情况的报告，市中级人民法院“推动司法便民、打造智慧法院”工作情况的报告，市人民政府关于贯彻实施归侨侨眷权益保护“一法两办法”情况报告的审议意见办理情况的报告及市人大常委会督查组的督查报告，市人民政府关于贯彻实施《长沙市轨道交通管理条例》情况报告的审议意见办理情况的报告及市人大常委会督查组的督查报告，市人民政府关于全市智能制造工作情况的报告的审议意见办理情况的报告及市人大常委会督查组的督查报告，市人民政府关于长沙市“放管服”改革工作情况的报告的审议意见办理情况的报告及市人大常委会督查组的督查报告；听取市人大常委会主任会议关于提请审议《长沙市人民代表大会常务委员会关于修改和废止部分地方性法规的决定（草案）》的议案的说明；听取市人民政府关于提请决定夏建平等人职务任免的议案的说明，市中级人民法院有关人事议案的说明。会议审议并通过免职事项。会议听取拟任人员陈词。6月26日，市十五届人大常委会第二十四次会议进行分组审议并举行第二次全体会议。市人大常委会主任程水泉，副主任赵建强、王国海、黄佳惠、芮英姿、罗衡宁、张智勇、袁黎明，秘书长柳美景出席会议。市中级人民法院院长肖新平、市人民检察院检察长王勋爵等列席会议。会议对相关议题进行分组和联组审议。听取市人大法制委关于《长沙市人民代表大会常务委员会关于修改和废止部分地方性法规的决定（草案）》修改情况和审议结果的报告，表决通过《长沙市人民代表大会常务委员会关于修改和废止部分地方性法规的决定》，待省人大常委会审查批准后公布实施。表决通过有关人事事项，决定任命夏建平为长沙市人民政府副市长，肖正波为长沙市财政局局长，黄军其为长沙市信访局局长，程水泉为新任命人员颁发任命书，新任命人员依法进行宪法宣誓。程水泉指出，检查中小企业促进法实施情况、依法破除中小企业发展障碍，是市人大常委会围绕中心、服务大局的具体行动，全市各级相关部门要加大中小企业促进法具体规定的贯彻实施力度，形成合力，为长沙经济高质量发展注入动力。

【市十五届人大常委会第二十五次会议】2019年8月28日，市十五届人大常委会举行会议。市人大常委会主任程水泉，副主任赵建强、王国海、黄佳惠、芮英姿、罗衡宁、张智勇、袁黎明，秘书长柳美景出席会议。副市长唐向阳，市中级人民法院院长肖新平、市人民检察院检察长王勋爵列席会议。会议听取市人民政府关于《长沙市湿地保护条例（草案）》起草情况的说明；关于长沙市实施乡村振兴战略情况的报告及市人大常委会乡村振兴专题询问工作组的调研报告；关于长沙市“多规合一”改革实施情况的报告；关于全市环境治理“蓝天保卫战”十二个专项方案落实情况的报告；市“一府两院”关于市检察机关提起公益诉讼工作情况报告的审议意见办理情况的报告及市人大常委会督查组的督查报告；关于贯彻实施《中华人民共和国公共文化服务保障法》情况报告的审议意见办理情况的报告及市人大常委会督查组的督查报告；关于长沙市水污染防治工作情况报告的审议意见办理情况的报告及市人大常委会督查组的督查报告；市人大常委会主任会议关于提请修改《长沙市人民代表大会常务委员会人事任免办法》的决定（草案）的说明。听取市人民政府关于长沙市2019年1月至6月国民经济和社会发展计划执行情况的报告；关于2018年度市本级预算执行情况和其他财政收支情况的审计工作报告；关于2018年全市及市本级决算草案和2019年上半年预算执行情况的报告；市人大财经委关于2018年市本级决算草案初步审查结果的报告。听取市人大常委会主任会议、市人民政府、市中级人民法院有关人事议案的说明；市十五届人大常委会代表资格审查委员会关于长沙市第十五届人民代表大会个别代表的代表资格的审查报告。会议听取拟任人员陈词。8月29日，市十五届人大常委会举行全体会议，对长沙乡村振兴工作开展专题询问。市委副书记、市长、湖南湘江新区党工委书记胡忠雄列席会议并讲话，市人大常委会主任程水泉，副主任赵建强、王国海、黄佳惠、芮英姿、罗衡宁、张智勇、袁黎明，秘书长柳美景出席会议。副市长李蔚、刘明理，市中级人民法院院长肖新平，市人民检察院检察长王勋爵列席会议。市人民政府、市民政局、市财政局、市自然资源规划局、市水利局、市农业农村局、市卫生健康委员会、市交通运输局等部门负责人现场应询。会议进行分组和联组审议，胡忠雄就乡村振兴工作专题询问做回应讲话。

【市十五届人大常委会第二十六次会议】2019年10月22日，市十五届人大常委会举行第二十六次会议。市人大

常委会主任程水泉，副主任赵建强、王国海、黄佳惠、芮英姿、罗衡宁、张智勇、袁黎明出席会议。副市长刘明理列席会议。会议听取市人大法制委关于《长沙市湿地保护条例（草案）》修改情况的汇报；书面听取市人大农业与农村委关于《长沙市湿地保护条例（草案·一审修改稿）》审议意见的报告；听取市人民政府、市卫健委、市医保局、市人社局、市财政局、市发展改革委和市自然资源和规划局关于市基层卫生健康工作的报告及市人大常委会专项评议调查组关于市基层卫生健康工作的专项评议调查报告；听取市人民政府关于2019年市本级预算调整方案的报告及市人大财经委关于2019年市本级预算调整方案的审查报告；听取市人民政府、市人民检察院有关人事议案的说明，市人民政府关于贯彻实施大气污染防治“一法一条例”情况的报告及市人大常委会执法检查组关于长沙市贯彻实施大气污染防治“一法一条例”执法检查情况的报告，市人民政府关于贯彻实施《中华人民共和国反家庭暴力法》情况的报告及市人大常委会执法检查组关于长沙市贯彻实施《中华人民共和国反家庭暴力法》执法检查情况的报告；书面听取《长沙市人民代表大会常务委员会关于加强检察机关法律监督工作的决议（草案）》；听取市人民政府、市中级人民法院、市人民检察院关于市十五届人大四次会议代表建议、批评和意见的办理情况的报告；市人大常委会关于市十五届人大四次会议代表建议、批评和意见的办理与督办工作情况的报告；市十五届人大常委会代表资格审查委员会关于长沙市第十五届人民代表大会个别代表的代表资格的审查报告。会议听取拟任人员陈词。

10月23日，市十五届人大常委会第二十六次会议进行分组审议并举行全体会议。市人大常委会主任程水泉，副主任赵建强、王国海、黄佳惠、芮英姿、罗衡宁、张智勇、袁黎明出席会议。副市长李蔚、邱继兴，市中级人民法院院长肖新平，市人民检察院检察长王勋爵列席会议。会议听取市人大法制委关于《长沙市湿地保护条例（草案·一审修改稿）》审议结果的报告；对市卫健委、市医保局、市人社局、市财政局、市发展改革委、市自然资源和规划局的基层卫生健康工作履职情况进行满意度测评。会议对相关议题进行联组审议，表决通过《长沙市湿地保护条例（草案·一审修改稿）》，该条例报省人大常委会审查批准后再公布实施。通过《长沙市人民代表大会常务委员会关于加强检察机关法律监督工作的决议》《长沙市人民代表大会常务委员会关于批准2019年市本级预算调整方案的决议》，决定任命谭勇为长沙市人民政府副市长。程水泉为新任命人员颁发任命书，新任命人员依法进行宪法宣誓。

【市十五届人大常委会第二十七次会议】

2019年11月28日，市十五届人大常委会举行第二十七次会议。会议决定，市十五届人民代表大会第五次会议于2020年1月6日召开。市人大常委会主任程水泉，副主任王国海、黄佳惠、芮英姿、罗衡宁、张智勇、袁黎明，秘书长柳美景出席会议。会议书面听取《长沙市人民代表大会常务委员会关于召开长沙市第十五届人民代表大会第五次会议的决定（草案）》及《长沙市第十五届人民代表大会第五次会议议程（草案）》，市人大常委会主任会议关于周松波职务自行终止的备案报告；听取市十五届人大常委会代表资格审查委员会关于长沙市第十五届人民代表大会个别代表的代表资格审查报告。会议进行分组和联组审议，表决通过《长沙市人民代表大会常务委员会关于召开长沙市第十五届人民代表大会第五次会议的决定》。

【市十五届人大常委会第二十八次会议】

2019年12月25日，市十五届人大常委会第二十八次会议举行并进行分组审议。市人大常委会主任提名人选谢卫东参加会议，副主任王国海、黄佳惠、芮英姿、罗衡宁、张智勇、袁黎明，秘书长柳美景出席会议。副市长唐向阳、谭勇，市中级人民法院院长肖新平，市人民检察院检察长王勋爵列席会议。会议听取市人民政府关于提请审议长沙市城市原点规划选址的议案的说明；听取市人民政府关于2018年度市本级预算执行和其他财政收支的审计工作报告指出问题整改情况的报告；听取市财政局、市住建局、市农业农村局、市商务局、市城管局、市机关事务局关于审计发现有关问题整改情况的报告；听取市人民政府关于2019年度环境状况和环境保护目标完成情况的报告，市人大常委会研究室关于2019年市人大常委会工作报告（草稿）的起草说明，市人大常委会法规工作委员会关于备案审查工作情况的报告；听取市人大常委会主任会议、市人民政府、市中级人民法院有关人事议案的说明，市人大常委会代表资格审查委员会关于长沙市第十五届人民代表大会个别代表的代表资格的审查报告；书面听取长沙市人大常委会内设工作机构更名的说明，市十五届人大五次会议主席团和秘书长名单（草案），市十五届人大五次会议列席人员名单（草案）。12月26日，会议听取拟任人员陈词，并对相关议题进行分组和联组审议。对市财政局、市住建局、市农业农村局、市商务局、市城管局和市机关事务局审计查出问题整改情况进行满意度测评。表决通过《关于批准长沙市城市原点规划选址的决定》。原则通过《2019年市人大常委会工作报告（草稿）》。通过《长沙市第十五届人民代表大会第五次会议主席团和秘书长名单（草案）》，并将提请市十五届人大五次会议预备会议审议。通过《长沙市第十五届人民代表大会第五次会议列席人员名单（草案）》，并将报告市十五届人大五次会议主席团。通过《长沙市人大常委会关于内设工作机构更名的决定》。会议还表决通过有关人事事项，决定任命孔玉成、张建华为市人大常委会副秘书长，戴志敏为市人大常委会联工委主任，任命高晓宇为市十五届人大法制委（市人大常委会法工委）副主任委员（副主任），决定接受程水泉、符乔荫、赵建强、杜中塔辞去职务的请求，并向新任命人员颁发任命书，新任命人员依法进行宪法宣誓。

人大立法工作

【概况】 2019年，长沙市人大常委会坚持全面依法治国基本方略，依法履职行权，有力支撑社会治理体系和治理能力，着眼于加快建设更高水平、更高质量的法治长沙，创造性开展立法工作，助力打造全国一流法治城市。坚持依法治国和以德治国相结合，把社会主义核心价值观融入立法全过程，制定《长沙市文明行为促进条例》。坚持拾遗补缺和问题导向，制定《长沙市湿地保护条例》，以市急缺的湿地保护管理机制等问题作为规范重点，推进创建国际湿地城市，实现重点领域立法与地方特色立法的有机统一。坚持立、改、废、释并举，全面清理现行有效的44部地方性法规，修改6部、废止3部与上位法和现实情况不相衔接的法规；就《岳麓山风景名胜区保护条例》有关条款进行补充释义，为执法提供更明确具体的依据，确保地方立法和改革决策、现实所需相衔接。

【立法机制完善】 2019年，市人大常委会坚持人大主导立法，深化公民参与立法，建立决策咨询专家库，推动第三方评估常态化。全面实施宪法宣誓制度，组织常委会任命的40名国家工作人员进行宪法宣誓，增强任命人员的宪法意识，促进依法履职。常委会首次听取规范性文件备案审查工作情况的报告，推进规范性文件备案审查信息平台建设，提高备案审查工作效率和质量。创新监督工作形式，专题询问首次采用“四不两直”的暗查暗访方式、首次拍摄电视片在询问现场播放，做到问得精准、问出效果；充分发挥执法检查利剑作用，常委会主任担任执法检查组组长并向常委会作报告，全年4次执法检查列出4份整改问题清单、指出30余个问题督促整改。以问题清单、履职测评和整改测评为抓手开展专项工作评议，全程突出问题导向，评得精准，议得专业，更见立法工作实效。

【立法调研】 2019年，主任会议成员两次专题调研《长沙市养犬管理条例》实施情况，促进解决执法动力不足、犬只留检场所建设滞后等重点难点问题，保障条例落地见效。支持检察机关加强法律监督，作出《关于加强检察机关法律监督工作的决议》，促进严格执法、公正司法。听取审议市中院“推动司法便民、打造智慧法院”工作情况的报告，推动法院打造现代化诉讼服务体系，更好地满足人民群众的司法需求。督查《关于进一步监督支持人民法院解决执行难工作的决议》落实情况，推动建立执行联动机制、规范执行工作尺度和强化执行工作保障。督查关于检察公益诉讼工作情况审议意见的落实情况，推动深化部门协同、加大办案力度、夯实队伍建设，切实维护社会公共利益。以“推行刑事案件认罪认罚从宽制度”为主题，开展“司法公正长沙行”活动，推动提升人权司法保障水平、节约司法资源、化解社会矛盾。听取市公安局工作情况汇报，推动平安长沙建设。继续完善人大信访工作制度，多维度督促解决群众反映强烈的信访事项，全年共接待来信145件、来访314批次，有效维护群众权益。

依法监督

【概况】 2019年，市人大常委会坚持服从服务工作大局取向，履行监督职权，推动长沙高质量发展，提升监督工作的针对性、实效性，推动中央、省市委重大决策部署落地落实，助推全市经济社会发展和改革攻坚。贯彻党中央关于支持民营经济和中小企业发展的决策部署，集中视察长沙民营经济发展情况，就中小企业促进法的贯彻实 施情况开展执法检查，提出设立中小企业发展专项基金、设立公共服务机构等审议意见，推动纾解市中小企业困难，营造良好法治环境和营商环境，促进市民营经济和中小企业健康发展。落实省委部署，承办长株潭（长沙、株洲、湘潭）三市人大主要负责人座谈会，提出建立三市人大协同履职机制等建议。紧扣推动落实市委“产业项目建设年、营商环境优化年”部署，推动建链、延链、补链、强链取得实质进展。督办关于“放管服”改革的审议意见，督促政府突出简政放权、巩固改革成果、努力打造优良的营商环境。跟踪督办关于智能制造的审议意见，助推建设国家智能制造中心。听取市政府关于招投标工作的审议意见办理情况，督促依法监管，打造公平公正的交易环境。加强政府债务监督，听取关于市本级政府性债务资金管理使用情况报告，提出推进债务化解、强化项目管控，推进平台转型等建议，支持市政府守住不发生区域性系统性金融风险的底线。以农村人居环境整治和脱贫攻坚为重点开展乡村振兴专题询问，就农村环境五治、开展扶贫工作等集中发问、重点审议、提出审议意见并跟踪督办，推动决战脱贫攻坚。聚焦污染防治，开展大气污染防治“一法一条例”执法检查，听取水污染防治工作情况审议意见办理情况的报告，专题调研扬尘和挥发性有机物治理工作情况，听取关于全市环境治理12个专项方案落实情况的报告、年度全市环境状况和环境保护目标完成情况的报告，用法律的武器、法治的力量守护天蓝、地绿、水清的美丽长沙。

【聚焦经济高质量发展开展监督】 2019年，市人大常委会听取审议国民经济和社会发展计划执行情况报告，提出进一步落实新发展理念、提高经济发展质量等建议。听取审议关于国有资产管理情况的报告，听取审议关于全市文化企业国有资产管理情况的专项报告，支持政府推进市场化改革、优化国资布局，提升监管效能，实现国有资本保值增值。前移预算监督关口，介入预算编制，调研并推动园区预算编制工作。专题调研长沙预算绩效管理情况，重点监督城建、教育、工业发展等资金使用绩效情况，督促政府推进预算绩效管理全覆盖、提升财政支出绩效。发挥预算联网监督系统作用，实行预算联网实时监督，增强审查监督实效。强化预算执行监督，听取审议预算执行情况的报告，重点加强对公共项目预算及政府重大投资项目预算的审查监督，审查批准预算调整方案，督促政府优先安排民生项目，增强预算执行约束力，推进人大预算审查监督重点向支出预算和政策拓展。听取审议2019年预算执行及其他审计情况报告、审计查出问题整改情况报告，对6个市直部门审计整改情况进行满意度测评，督促整改到位。配合全国人大开展对渔业法的执法检查，推动建立现代渔业产业体系。

【聚焦保障和改善民生开展监督】 2019年，市人大常委会专题调研全市稳就业促创业工作，推动就业促进法和各项就业政策落实落地。开展基层卫生健康工作专项评议，列出推进乡村卫生服务一体化管理、提高财政投入标准等问题清单，提出深化“三医”联动等建议，推动全市基层卫生健康事业发展，促进健康长沙建设。开展反家庭暴力法执法检查，提出加强法律宣传、形成联动机制、确保执法效果等审议意见。调研工会法贯彻实施情况，促进构建和谐劳动关系，保障职工合法权益。开展“三湘农产品质量安全行”活动，督促健全农产品质量安全追溯管理体系。督查归侨侨眷权益保护法执法检查审议意见的办理情况，督促维护归侨侨眷合法权益。就“加快基础设施建设缓解出行难”开展代表约见，跟踪督办2018年代表约见事项，全市多层住宅增设电梯工作进展顺利。

【聚焦城市品质提档升级开展监督】 2019年，市人大常委会集中视察防洪工程建设和湿地保护工作，督查防洪法执法检查审议意见落实情况，督促健全防洪机制，提升治水能力。听取贯彻实施《长沙市轨道交通管理条例》审议意见办理情况的报告，促进轨道交通健康发展。督查公共文化服务保障法执法检查审议意见办理情况，助力提升市文化软实力和国家公共文化服务体系示范区建设水平。督查关于历史地名和历史文化保护工作决议的落实情况，留住地名乡愁、留下文化记忆。开展《长沙铜官窑遗址保护条例》执法检查，提出建立多元投入、促推文旅融合等审议意见，推动遗址保护“活”起来，助推长沙市作为内陆唯一城市加入“海丝”申遗城市联盟，强化长沙在“一带一路”沿线的历史地位。

依法履职

【服务代表履职】 2019年，市人大常委会坚持人民当家作主本质特征，发挥代表主体作用，激发代表工作活力，坚持人民主体地位，准确把握代表机关定位，遵循代表工作规律，提升代表工作水平。依托双联履职品牌，密切联系群众、积极服务群众，开展助学帮困、法律援助等一系列公益活动。加强代表活动平台建设，全市建成1019个代表活动室，实现全市五级人大代表全员进站，涌现出代表议事会、民声工作室、代表讲堂等多个品牌活动。组织市级领导干部中的市人大代表开展参加代表小组活动、密切联系人民群众主题活动，以普通代表身份深入群众、听取民声、解决民忧，起到示范引领效果。

【强化履职保障】 2019年，市人大常委会举办2期代表履职培训班，培训代表113人次。围绕重点项目建设、经济高质量发展、民生实事等开展代表小组活动50余次，邀请代表列席常委会会议，参加立法、专题询问、工作评议等活动28批177人次，深化代表对常委会工作的参与，保障代表更好知情知政。出台代表活动经费使用管理暂行办法，实施代表履职补贴制度和无固定收入代表误工补助制度，强化代表活动的经费保障。宣传优秀代表，展示代表风采，营造鼓励和支持代表更好履职的良好氛围。主体作用不断强化。支持和引导代表立足本职建功立业、依法履职建言立策、服务社会树德立身，代表履职呈现出政治站位高、联系群众紧、作用发挥好等特点。

【人事任免】 2019年，市人大常委会任免国家机关工作人员196人次，其中任免市人大专门委员会及常委会工作机构人员30人；决定任命市人民政府副市长2人，决定免去市人民政府副市长4人，决定任免市人民政府工作部门负责人29人次；任免“两院”法官、检察官131人次。

【代表建议】 2019年，市人大常委会组织“一府两院”到代表联组通报工作，代表们就全面深化改革、提高城市品质、推进乡村振兴、保障民生福祉等方面提出意见建议，经主任会议研究形成41条审议意见交“一府两院”办理。重点督办“推动长沙优秀企业备战科创板”等优质建议，跨年跟踪督办上年度代表不满意的4件建议。健全激励机制，表彰一批优秀建议和先进承办单位。全年收到建议390件，全部办结，代表对建议办理工作的态度满意率98%，对办理结果的满意率97%。

（本栏撰稿　唐剑宇）

表 3　　2019 年长沙市人大代表优秀建议一览表

案号	议 案	建议者
025	关于推动长沙优秀企业备战“科创板”的建议	周帅军
205	关于着力培育全国特色小镇产业发展的建议	刘胜祥、易金龙、李志兵
123	关于进一步优化营商环境，开展对民营企业人员的政策宣讲和培训的建议	陈　旷、卢中华
144	关于进一步改善长沙营商环境的建议	文志纯、龙凤舞
247	关于长沙市 2019 年进一步优化营商环境的建议	陈耘涛
292	关于优化营商环境严惩网络诽谤的建议	罗丽芬、周　璟
058	关于迅速启动高铁新城片区环卫设施规划与建设的建议	王　英、刘长奇、李　军
244	关于缓解市政府周边及八方小区居民出行难的建议	全裕高
065	关于加快对老长沙剧院进行保护性提质改造的建议	罗丽芬、刘　斌、李　志
149、297	关于将长沙建设成为国际商事法律合作产业之都的建议 关于进一步加强 12345 市民服务热线工单办理的建议	李　娜
023	关于充分利用市区闲置资产助推我市中华优秀传统文化传承发展工作的建议	杨　凡、洪也凡、罗勇锋
096	关于建议长沙市政府加强对临聘人员管理，提高临聘人员待遇的建议	李　勇
026	关于促进“共享停车”落地实施的建议	王雅敏
213	关于解决小学课后“三点半”难题的建议	刘金文、王　旭、颜　楗
282	关于实施乡村振兴战略相关建议	周探科
121	关于提高环卫工人工资待遇的建议	肖泽锦、毛冰花、李　航
167	关于简化登记程序提高商事登记效率的建议	李志员
302	关于绿心地区土地资源保护与利用的建议	陈旭荣、戴　煜、李世红
备注	2019 年长沙市人大代表建议办理先进单位：市公安局、市工业与信息化局、市卫生健康委员会、市城市管理和综合执法局、市水利局、市民政局	

说明：根据《长沙市人大代表优秀议案和建议及办理先进单位评选表彰办法》要求，长沙市第十五届人民代表大会常务委员会第 42 次主任会议研究决定，评定《关于推动长沙优秀企业备战“科创板”的建议》等建议为优秀代表建议，长沙市公安局等单位为建议办理先进单位

（资料来源：市人大）

长沙市人民政府

CHANGSHA MUNICIPAL PEOPLE'S GOVERNMENT

编辑　陈晓红

综　述

2019年，长沙市践行新发展理念，深入实施创新引领开放崛起战略，着力建设现代化长沙和“三个中心”（国家智能制造中心、国家创新创意中心、国家交通物流中心），以高质量的主题教育推动高质量发展，全市经济社会发展呈现稳中有进、稳中向好的态势。全市地区生产总值增长8.1%，规模以上工业增加值增长9.1%，固定资产投资增长10.1%，社会消费品零售总额增长10.1%，地方一般公共预算收入增长8%，城乡居民人均可支配收入分别增长8.7%、8.8%。

产业发展　以智能制造引领产业转型升级，推进“产业项目建设年”，22条产业链完成投资907亿元，省“五个100”项目任务超额完成，“三智一自主”（智能装备、智能网联汽车、智能终端、自主可控及信息安全）战略布局基本完成，全市智能制造试点企业668家，中联重科智慧城、三一智联重卡、惠科等一批“百亿元级”重大项目开工建设，长沙智能终端产业园等一批重大项目竣工投产，智能制造装备产业集群获批首批战略性新兴产业集群。加速推进现代服务业发展，服务业对经济增长贡献达55.2%，成为拉动经济增长主动力。新增上市公司2家、过会企业2家；快递业务量增长45%，社会物流总额3.6万亿元；楼宇经济持续壮大，亿元楼宇增至45栋；夜间经济发展走在全国前列，影响力位居全国城市第三位；会展业成交额超1100亿元；接待国内外游客1.7亿人次，旅游总收入逾2000亿元。着力构建现代农业“一县一特”产业格局，新型农业经营主体2.8万家，新增“三品一标”（无公害农产品、绿色食品、有机农产品和农产品地理标志）99个，农产品加工业总销售收入逾2500亿元。宁乡花猪全产业链产值超过30亿元，长沙绿茶、浏阳油茶、望城蔬菜、花卉苗木综合产值均实现较大幅度增长，小龙虾产业养殖面积和综合产值实现翻番。长沙县、浏阳市、宁乡市分别进位全国县域经济百强县第4位、第10位和第18位。

营商环境　纵深推进简政放权，再次向区县、园区下放市级权限137项，取消权力事项10项。编制公布权力清单、公共服务事项清单等6张清单，实现清单之外无权力、清单之外无审批。“一网通办”系统上线试运行，“三即承诺制”（“拿地即开工”“开户即开业”“交房即交证”）改革试点并在全市推广。开展“3545”改革，企业开办审批、不动产登记、工业投资房建项目审批分别控制在2个、5个、44个工作日以内，251项高频事项实现全链条“一件事一次办”。落实减税降费政策，为市场主体减税217亿元，减少电费支出105亿元，降低社保成本31.5亿元，为企业返还失业保险稳岗补贴3亿元，试行工业用地“弹性年期出让”，为企业降低前期土地投入成本50%。市场主体逾100万户，每万人拥有市场主体数居中部省会城市首位。入选全国万家民企评价营商环境十佳城市，被评为中国国际化营商环境建设标杆城市。

城乡品质　城市承载力、带动力、影响力进一步增强，地铁4号线试运营，3号线、5号线试运行，汽车南站综合交通枢纽试运营，电网建设“630攻坚”推进，供电能力提升至800万千瓦，城市“双修”（生态修复、城市修补）和新型城镇化综合试点取得阶段性成效；湖南湘江新区引领效应彰显，岳麓山大学科技城、马栏山视频文创园、临空经济示范区、高铁会展新城、湘江金融中心、南部融城片区六大片区功能布局日益完善，产业支撑持续增强；长株潭城市群一体化发展明显加快，20项合作实事推进。乡村振兴战略深入实施，全市铺排“四型”集体经济项目（土地合作型、资源开发型、物业经营型、乡村服务型村级集体经济项目）352个，年收入5万元以下的集体经济“薄弱村”实现全面清零；推进农村“五治”（治厕、治垃圾、治房、治水、治“风”）工作，农村旱厕全面清零，改造无害化厕所22万户，垃圾分类减量行政村覆盖率提高至92.8%，清理“一户多宅”“空心房”8784户，建成农民集中居住示范点10个，新改建乡镇污水处理厂39座，1542个村（社区）建立红白理事会、修订村规民约。

民生事业　省市民生实事全面完成。推进“一圈两场三道”建设，市民步行15分钟就能享受到“菜食住行购、教科文卫体、老幼站厕园”等

2019年5月26日，长沙地铁4号线试运营。图为汉王陵公园站　　市政府研究室　供图

20余项公共服务，老百姓幸福在家门口升级。城镇新增就业14.8万人，城镇登记失业率控制在3%以内。城乡低保标准提高至650元每人每月，居民养老保险基础养老金上调至198元每人每月，社会保障更加有力。坚决落实“房住不炒”，低房价优势转化为创新创业的竞争优势。教育事业蓬勃发展，完成小区配套幼儿园移交64所，新扩建义务教育学校32所，长沙成为全国“智慧教育示范区”首批试点。文体事业欣欣向荣，“健康长沙”“平安长沙”建设不断深化。连续12年蝉联中国最具幸福感城市。

（丁　林）

重要会议

【市政府全体（扩大）会议】 2019年，长沙市政府召开扩大会议2次。1月3日，召开第十五届人民政府第四次全体（扩大）会议，审议并原则通过《政府工作报告（审议稿）》。1月11日，召开第十五届人民政府第五次全体（扩大）会议，安排部署《政府工作报告》目标任务责任分解。（罗松明）

【市政府常务会议】 2019年，长沙市政府召开常务会12次。

1月25日，召开长沙市第十五届人民政府第25次常务会议。研究为民办实事工作（“一圈两场三道”规划建设）、“三大攻坚战”工作、“大棚房”整治工作、农村“五治”工作；研究“产业项目建设年”和“营商环境优化年”工作，审议《长沙市“营商环境优化年”实施方案（送审稿）》；传达学习全国、全省安全生产电视电话会议精神，研究全市安全生产工作；审议《长沙市现役军人和残疾军人有关优待实施办法（送审稿）》《长沙市关于做好促进就业工作的实施意见（送审稿）》《长沙市养老保险缴费费率过渡试点实施细则（送审稿）》《长沙市南部片区产业发展规划（送审稿）》。

2月18日，召开长沙市第十五届人民政府第26次常务会议。传达学习习近平总书记关于统计工作的重要思想论述和全国全省统计工作会议精神，研究全市统计工作［审议《关于统计问题整改方案（送审稿）》，研究全市第四次经济普查工作］；研究全市安全生产工作（与长沙市2019年第1次安全生产例会暨防范重特大事故会议套开）；研究湘江智谷、高新麓谷、中国V谷、种业硅谷“四谷”建设发展。

2月25日，召开长沙市第十五届人民政府第27次常务会议。研究全市绿心地区工业企业退出和违建地产项目整改工作、“一圈两场三道”建设工作、“最多跑一次”改革工作、全市2019年“扫黑除恶”工作；研究部署安排统计问题整改及省委第四巡视组巡视长沙市反馈问题整改等工作；研究22条产业链建设，审议《关于促进园区改革和创新发展的若干意见（送审稿）》；研究首届“长沙市功勋企业家”“长沙市卓越企业家”“长沙市优秀创新创业企业家”评选工作（与市加快推进新型工业化工作领导小组会套开）；研究全市2019年河长制湖长制工作，审议《长沙市小微水体管护示范片区创建工作实施方案（试行・送审稿）》《长沙市“一江一湖六河”2019年度综合治理任务清单（送审稿）》；审议《2019年长沙市生活垃圾分类工作方案（送审稿）》《长沙市提升服务业发展规模与质量的若干意见（送审稿）》《关于工程建设项目审批制度改革工作的实施方案（送审稿）》。

4月13日，召开长沙市第十五届人民政府第28次常务会议。传达学习习近平总书记关于脱贫攻坚专项巡视重要指示的主要精神、中央脱贫攻坚专项巡视整改工作电视电话会议精神、《中共湖南省委办公厅湖南省人民政府办公厅关于贯彻落实习近平总书记等中央领导对湖南脱贫攻坚工作重要指示批示精神的实施方案》精神、省委常委会2019年第7次会议暨省扶贫开发领导小组2019年第一次全体会议精神，研究全市精准脱贫攻坚战和农村“五治”工作；研究防范化解重大风险攻坚战、污染防治攻坚战工作（包括中央和省级环保督察反馈问题整改及中央生态环保督察“回头看”交办信访件办理工作）；研究部署统计问题整改及省委第四巡视组巡视长沙市反馈问题政府系统整改工作；研究“产业项目建设年”“营商环境优化年”工作［重点研究22条产业链建设、“五个100”项目、“最多跑一次”改革工作，审议《长沙市推进“一件事一次办”改革进一步提高行政审批服务效能实施方案（送审稿）》《长沙市推进“一件事一次办”改革督查考核办法（送审稿）》］；研究长沙市房地产调控“一城一策”长效机制［重点审议《长沙市建立和完善房地产市场平稳健康发展长效机制试点方案（送审稿）》《长沙市住房发展规划（2019—2022年）（送审稿）》《长沙市培育和发展住房租赁市场实施方案（送审稿）》］；研究全市民生实事工作（包括“一圈两场三道”建设）、全市信访工作、市政府系统建议提案办理工作；研究法治政府建设，审议2019年立法计划；传达学习习近平总书记、李克强总理关于安全生产重要指示批示精神、省委省政府有关安全生产工作会议精神，学习《湖南省党政领导干部安全生产责任制实施细则》，研究全市安全生产工作，审议《长沙烟花爆竹产业发展规划（2019—2025）（送审稿）》；审议《长沙经开区相对集中行政许可权改革试点工作方案（送审稿）》；审议成立长沙市深化民兵调整改革领导小组、长沙市培育和发展住房租赁市场工作领导小组。

5月18日，召开长沙市第十五届人民政府第29次常务会议。传达学习中央第四生态环境保护督察组对湖南省开展“回头看”情况反馈电视电话会议精神，审议《长沙市贯彻落实中央生态环境保护督察“回头看”及洞庭湖生态环境保护专项督察反馈意见整改方案（送审稿）》《长沙市生态环境机构监测监察执法垂直管理制度改革实施方案（草案·送审稿）》，研究中央生态环保督察“回头看”反馈意见整改和生态环境机构监测监察执法垂直管理制度改革工作；传达学习全国公安工作会议、中央扫黑除恶第16督导组下沉长沙市督导情况反馈会议和上级禁毒工作精神及省市相关工作精神，研究全市扫黑除恶和禁毒工作；传达学习全省市州长视频会议精神，研究防范化解重大风险工作；研究全市防汛抗旱工作、全市安全生产工作、岳麓山国家大学科技城和马栏山视频文创产业园建设；审议《关于加强乡镇政府服务能力建设的实施意见（送审稿）》《长沙市企业投资建设项目告知承诺制审批实施办法（试行·送审稿）》《长沙市建设项目区域评估评审告知实施方案（试行·送审稿）》《关于下放工业投资建设项目审批权限的决定（送审稿）》；传达学习全国违建别墅问题清查整治专项行动部署电视电话会议精神，研究部署全市违建别墅问题清查整治工作。

6月22日，召开长沙市第十五届人民政府第30次常务会议。传达学习贯彻习近平总书记关于垃圾分类工作重要指示批示精神，研究全市垃圾分类工作；传达学习贯彻习近平总书记关于民政工作的重要指示精神和第十四次全国民政会议精神，研究全市民政工作；传达学习贯彻5月9日杜家毫调研长沙市产业项目建设指示精神，研究“五个100”项目和22条产业链建设工作，审议《长沙市产业链工作评价办法（送审稿）》；研究长沙市轨道交通集团市场化转型工作［审议《关于进一步加强城市轨道交通建设发展的若干意见（送审稿）》《长沙市轨道交通集团“去平台、市场化”实施方案（送审稿）》《长沙市轨道交通乘客票价补贴暂行办法（送审稿）》《长沙市轨道交通项目资本金管理办法（送审稿）》《长沙市实施市属企业国有资本划转，创新国有资本投资运营工作方案（送审稿）》］；研究长沙四小时航空经济圈建设、长沙电力“630攻坚”工作；审议《长沙市促进快递业高质量发展三年行动计划（2019—2021年）（送审稿）》《长沙市六大片区综合考核办法（试行·送审稿）》《关于全面深化新时代教师队伍建设改革的实施意见（送审稿）》《加快推进长沙教育现代化实施方案（2019—2022年）（送审稿）》；研究全市招商引资工作，审议《长沙市进一步扩大利用外资促进经济高质量发展的若干措施（试行·送审稿）》《关于支持电子商务产业发展的若干措施（修订稿）》；研究驻长沙高校知识产权转化工作，审议《长沙市促进驻长高校知识产权在长转化若干措施（送审稿）》；传达学习贯彻上级减税降费和社保统筹工作精神，研究全市减税降费和社保统筹工作；传达学习贯彻全省违建别墅问题清查整治专项行动部署电视电话会议精神，审议《全市违建别墅问题清查整治专项行动工作方案（送审稿）》。

7月26日，召开长沙市第十五届人民政府第31次常务会议。传达学习贯彻《中央生态环境保护督察工作规定》，研究中央生态环保督察“回头看”反馈意见整改和全市污染防治攻坚战工作；传达学习贯彻《中共中央办公厅国务院办公厅关于做好地方政府专项债券发行及项目配套融资工作的通知》，研究全市防范化解重大风险攻坚战工作、全市重点民生实事和“一圈两场三道”建设工作、省级土地管理权限下放相关工作；研究成立有关议事协调机构［研究成立长沙市烟草市场综合治理工作领导小组、“长沙·中国隆平种业硅谷”建设工作领导小组、长沙市城市人居环境工作联席会议制度、长沙市快递业发展工作联席会议制度、国家网络安全产业园区（长沙）建设工作联席会议制度、长沙市违建别墅清查整治专项行动协调推进小组、三一智联重卡建设推进工作领导小组］。审议《长沙市规范工业地产发展管理办法（修订·送审稿）》《长沙市加快网络安全产业发展的若干政策（送审稿）》《长沙市加快网络安全产业发展三年行动计划（2019—2021年）（送审稿）》《长沙市湿地保护条例（草案·送审稿）》；传达学习贯彻习近平总书记关于安全生产工作的重要指示批示精神和全国、全省安全生产电视电话会议精神，研究全市安全生产工作，审议《长沙市安全生产和消防工作考核办法（修订·送审稿）》（与长沙市2019年第3次安委会例会暨防范重特大事故会议套开）。

8月30日，召开长沙市第十五届人民政府第32次常务会议。传达学习贯彻习近平总书记贺信指示精神，研究全市对非交流合作工作；研究全市“稳就业、稳金融、稳外贸、稳外资、稳投资、稳预期”工作；传达学习全省产业项目建设推进现场观摩会精神，研究全市产业项目建设工作和长宁轨道快线（有轨电车）一期项目工作；研究全市土地违法违规问题整治工作、全市信访稳定工作（部署安排中华人民共和国成立70周年大庆信访稳定工作）；传达学习贯彻《国务院办公厅关于加强非洲猪瘟防控工作的意见》精神，研究全市非洲猪瘟防控工作；审议《长沙城市发展集团有限公司（暂定名）组建实施方案（送审稿）》《关于修改和废止部分市政府规章的决定（送审稿）》；研究全市依法打击传销工作，审议《关于依法严厉打击传销活动的通告（送审稿）》；审议成立市级有关议事协调机构（长沙市创建城市绿色货运配送示范工程领导小组、长沙市自然资源卫片执法检查工作领导小组）。

9月29日，召开长沙市第十五届人民政府第33次常务会议。审议《关于进一步促进“四新”经济发展的意见（送审稿）》《长沙市关于促进北斗应用的若干政策（送审稿）》《关于

推进生态廊道建设的实施意见（送审稿）》《长沙市国际（地区）航空货运航线航班发展管理办法（试行·送审稿）》《关于审计发现问题的整改建议（送审稿）》《长沙市关于推行法律顾问制度和公职律师公司律师制度的实施办法（送审稿）》《关于进一步完善政府合同审查管理工作的通知（送审稿）》；研究全市重要民生商品保供稳价和"菜篮子"工作（与长沙市"菜篮子"工作领导小组会议套开）、全市为民办实事工作、绿心地区工业企业退出工作。

10月30日，召开长沙市第十五届人民政府第34次常务会议。市政府常务会议集中学法（《重大行政决策程序暂行条例》）；研究全市"三大攻坚战"工作、全市减税降费工作、"三干两轨"建设工作；传达学习贯彻中央扫黑除恶第16督导组"回头看"有关精神，研究全市扫黑除恶工作；审议《长沙市加快推进夜间经济发展实施方案（送审稿）》；研究全市安全生产工作，审议《长沙市安全生产监督管理办法（修订·草案）》；审议成立长沙市人民政府推进政府职能转变和"放管服"改革协调小组、长沙市城镇老旧小区改造工作领导小组、三安长沙第三代半导体产业园协调工作领导小组。

11月28日，召开长沙市第十五届人民政府第35次常务会议。研究全市新兴及优势产业链建设工作、全市土地违法违规问题整治工作；传达学习贯彻全国全省安全生产电视电话会议和全省马路市场安全隐患专项整治动员部署视频会议精神，研究全市安全生产和砂石产业发展工作，审议《长沙市砂石产业发展和安全监管实施意见（送审稿）》（与市安全生产委员会会议套开）；传达学习贯彻《中华人民共和国食品安全法实施条例》《中共中央国务院关于深化改革加强食品安全工作的意见》《中共中央办公厅国务院办公厅〈地方党政领导干部食品安全责任制规定〉》精神，研究全市食品安全工作，审议《关于深化改革加强食品安全工作的实施意见（修订·草案）》（与市食品安全委员会会议套开）；研究退役军人事务及双拥优抚工作，审议《2019年市级统筹由政府安排工作退役士兵安置计划（送审稿）》（与市双拥工作领导小组会议套开）；审议《长沙市残疾儿童康复救助实施办法（送审稿）》《政府工作报告（讨论稿）》；研究全市R&D投入工作，审议《加大全社会研发经费投入促进长沙经济社会高质量发展三年行动计划（2020—2022）（送审稿）》。

12月27日，召开长沙市第十五届人民政府第36次常务会议。传达中央、省委经济工作会议精神，审议《2020年全市重大项目投资计划（送审稿）》《长沙市政府投资建设项目管理办法（修订稿）》《长沙市政府投资信息化建设项目管理办法（试行·送审稿）》；审议《关于支持总部经济发展的若干意见（送审稿）》《关于加快推进食品产业转型升级的若干政策（送审稿）》《长沙市防治慢性病中长期规划（2020—2025年）（送审稿）》《关于长沙市"一江一湖六河"管理范围划界成果的公告（送审稿）》；研究污染防治攻坚战工作，审议《2020年度大气、水、土壤、噪声污染防治年度工作方案（送审稿）》；审议成立长沙市鲲鹏计算产业和智能网联汽车产业建设工作领导小组、长沙市促进中小企业发展工作领导小组（撤销长沙市非公有制经济工作领导小组、长沙市小微企业创业创新工作领导小组）。

（罗松明）

【市长办公会议】 2019年，市政府召开市长办公会69次。

1月4日，审议《关于深化审批制度改革鼓励药品医疗器械创新的实施意见（送审稿）》《市政府与三一集团长沙树根互联技术有限公司长沙市产业链工业互联网平台合作协议（送审稿）》《长沙市政府投资项目电力管线迁改工程实施细则（试行）（送审稿）》，研究民营经济改革创新发展示范区创建、市本级财政收入征管奖励、生活垃圾分类处理和《长沙市生活垃圾深度综合处理（清洁焚烧）项目飞灰临时处置补充合同》《〈长沙市固体废弃物处理场特许经营权及资产使用转让合同书〉项下污泥与生活垃圾清洁焚烧协同处置二期工程项目之补充合同》等有关问题。

1月5日，研究五一广场商圈综合整治提质工作、审议《长沙市政府投资建设项目维护管理移交办法（送审稿）》。

1月14日，研究长沙高铁会展新城建设工作。

1月16日，研究与苏商集团合作项目落地、与云南城投集团合作项目落地、京广铁路解放垸段改建、湖南省第一师范学院建设发展、长沙学院建设发展等有关工作。

1月18日，研究大工业用电、湖南科技创新中心暨长株潭国际自主创新示范区展示中心建设资金方案、工业技术研究院支持方式、老干部大学建设发展等有关问题。

1月31日，研究市轨道交通集团"去平台，市场化"转型相关工作，审议《关于开展"互联网+群防群治"工作的实施方案（送审稿）》《"长沙·中国隆平种业硅谷"发展规划（2018—2025年）（送审稿）》《关于支持"长沙·中国隆平种业硅谷"加快建设发展的若干意见（送审稿）》《关于进一步建立健全全科医生培养和使用激励机制的实施细则（送审稿）》《市级政府性融资担保公司组建方案（送审稿）》，2018年度市直机关工作人员福利待遇发放和调整公积金缴存基数有关工作（2019年1月23日市长办公会研究）。

2月3日，研究部署长沙县金井镇蒲塘村2019年精准扶贫及项目建设。

2月12日，研究长沙高新区发展有关问题。

2月20日，研究省政府重大政策措施落实精准施策、补齐短板，马栏山视频文创产业园标志性建筑及中运量（空轨）建设（2019年2月12日市长办公会研究）等问题。

2月23日，研究长沙港发展规划、新能源汽车推广应用和环形正负电子对撞机项目、财税工作等问题。

2月27日，研究长沙国际工程机械展览会筹备、红星农副产品、大市场迁建。

3月31日，研究长沙市与中国电子项目合作有关问题。

4月1日，传达学习习近平总书记及郭声琨关于扫黑除恶专项斗争重要讲话精神、市委常委会关于扫黑除恶的有关精神，研究部署全市的扫黑除恶相关工作。

4月7日，研究“三干两轨”建设和长株潭一体化项目建设、梅溪湖国际新城（二期）合作项目协议有关事项、全省推进城乡环境基础设施建设现场会筹备等工作。

4月27日，研究与中国外运开展深度合作交流有关问题。

5月25日，研究全市防范化解政府债务风险、“一圈两场三道”建设、“一件事一次办”改革、财政资金安排和2018年长沙市金融业发展专项资金及长沙市资本市场发展专项资金拨付、乡村振兴战略中农业产业振兴、禁毒（与市禁毒委员会会议套开）、长沙智能制造产业投资基金设立（与市产业投资基金管理委员会会议套开）、轨道交通6号线B部分PPP项目招标、1121工程韶山片区项目建设有关工作。

6月7日，研究全市“菜篮子”工作。

7月16日，研究全市减税降费工作。

7月18日，研究全市企业“入规、升高、上市、扩面”、既有多层住宅增设电梯、白蚁防治工作。

7月19日，研究全市重大项目推进工作，审议《全市重大项目绩效考核实施方案（送审稿）》；研究全市“放管服”工作，审议《长沙市深化“放管服”改革重点任务分解实施方案（送审稿）》《关于取消、承接一批行政审批事项的通知（送审稿）》；研究加强长沙产业投资基金发展工作。

7月22日，研究长沙县金井镇蒲塘村精准扶贫工作。

7月23日，调研全市扫黑除恶、禁毒工作，研究全市公安工作。

7月25日，研究全市行政执法工作并审议《长沙市全面推行行政执法公示制度执法全过程记录制度重大执法决定法制审核制度的实施方案（送审稿）》；研究全市打击非法集资工作并审议《长沙市举报涉嫌非法集资线索奖励办法（修订·送审稿）》；审议《长沙市工程建设施工现场非道路移动机械排气污染防治实施办法（送审稿）》《关于划定禁止使用高排放非道路移动机械区域的通告（送审稿）》。

7月27日，研究湖南大学发展建设有关工作。

8月1日，总结7月份工作，部署安排8月份工作。

8月2日，研究营商环境优化和减税降费等相关工作。

8月3日，调度22条产业链办公室工作。

8月6—7日，研究长沙市与中国民族贸易促进会合作项目推进、长沙四小时航空经济圈和长沙黄花机场改扩建、湖南师范大学建设发展等有关工作。

8月9日，研究步步高星城天地项目建设、胜利者同盟会员企业项目建设、城中村改造土地挂牌出让市级收益返还有关问题；审议《长沙市城市固体废弃物处理厂特许经营权及资产使用权转让合同书项下污泥与生活垃圾清洁焚烧协同处置二期工程项目之补充合同之主体变更补充协议（送审稿）》。

8月13—14日，研究全市违建别墅问题清查整治工作（与市违建别墅问题清查整治专项行动协调推进小组会套开）；研究建筑垃圾资源化综合利用工作，审议《长沙市建筑垃圾资源化利用特许经营工作方案（送审稿）》；研究城中村改造工作、财政部调减隐性债务基础清理核对工作、全市乡村振兴战略实施中“一县一特”产业发展和农村“五治”工作。

8月19日，研究两山、四谷建设工作。

8月20日，研究人大代表建议办理、“12345”市民服务热线和市长信箱管理工作。

8月23日，研究夜经济发展工作、特殊人群涉毒人员收治工作、全市R&D经费投入工作、房地产调控有关工作、重大项目资金和土地问题［智能交通管理系统（第三期）续建项目、高铁长沙西站站房建设、湖南航天有限责任公司本部土地处置］；研究人才落户和购房工作，审议《长沙人才集团有限公司组建实施方案（送审稿）》。

8月27日、29日，研究全市楼宇经济发展工作，审议《长沙市楼宇经济发展评价体系（试行·送审稿）》；研究全市地质灾害防治工作及长沙市一中炮后街征地补偿资金有关问题。研究全市建筑业发展工作，审议《关于优化建设领域营商环境促进建筑业高质量发展的实施意见（送审稿）》；研究全市引水工程设施保护工作，审议《关于保护长沙引水工程（株树桥水库引水工程）设施的通告（修订·送审稿）》。

9月2日，研究市轨道交通集团“去平台、市场化”转型工作；研究市民卡和1.4G政务专网建设工作，审议《长沙市国有资本投资运营集团有限公司章程（送审稿）》；审议《关于加快新一代半导体和集成电路产业发展的若干政策（送审稿）》。研究垃圾分类工作。

9月4日，研究中国长沙人力资源服务产业园建设有关工作、长沙市—中南大学全方位合作与高质量发展。

9月16日，市领导领办暨市政协重点提案办理协商会议。

9月19日，召开22条产业链选派干部座谈会；研究2020年度市本级预算编制方案、优化营商环境创新机制改革工作。

9月23日，市政府“不忘初心、牢记使命”主题教育国有企业发展暨征求意见座谈会。

10月8日，市政府“不忘初心、牢记使命”主题教育研究精准扶贫产业发展工作；审议《长沙市电动汽车充电基础设施建设与运营管理暂行办法（送审稿）》《关于进一步规范电动自行车和电动车管理的规定（送审稿）》；研究长沙联创公共安全科技有限公司组建有关工作、建设“三品长沙”工作、第13届园博会申办有关工作。

10月9日，市政府“不忘初心、牢记使命”主题教育研究民生问题暨征求意见座谈会。

10月16日，研究全市消防救援工作，审议《长沙市消防救援队伍职业保障机制若干措施（送审稿）》；研究省地质中学教学楼危房改建项目、长沙党史馆建设管理工作；研究全市排水体制改革工作，审议《长沙市城市污水处理提质增效三年行动工作方案（2019—2021年）（送审稿）》。

10月19日，市政府“不忘初心牢记使命”主题教育研究精准扶贫、新型村级集体经济发展和农村“五治”工作。

10月21日，研究市人民政府与三安集团合作框架协议。

10月23日，传达学习贯彻《国务院办公厅关于进一步激发文化和旅游消费潜力的意见》精神，审议《长沙进一步激发文化和旅游消费潜力、创建国家文化和旅游消费示范城市实施方案（送审稿）》；研究卫生职院老校区资产处置等工作、全市违建别墅问题清查整治工作（与市违建别墅问题清查整治专项行动协调推进小组第二次会议套开）；审议《长沙市智慧教育行动计划（2019—2022）（送审稿）》《关于建立数字教育资源共建共享机制的实施办法（送审稿）》。

9月30日、10月25日，研究万家丽国际MALL项目配套设施建设有关问题。

10月29日，研究长沙市与中南林业科技大学市校合作、高质量发展工作。

10月30日，“不忘初心、牢记使命”主题教育：研究全市“放管服”改革工作，审议《长沙市权力清单（送审稿）》等6个清单和《长沙市政务服务事项动态管理办法（送审稿）》；研究燃气行业发展及安全监管工作。研究蚂蚁金服项目推进有关问题、全市建筑业发展工作、长益常铁路建设资金分担问题、市本级干部职工福利待遇问题。

11月1日，研究全市物流业发展及陆港型物流枢纽城市建设工作、全市区块链技术及应用工作、全市垃圾分类工作、全市金融业发展工作［并专题研究长沙湘江资产管理公司组建、市联合产权交易所发展工作，审议《开发性金融服务现代化长沙建设十大工程工作方案（送审稿）》］。

10月28日、11月2日，研究鲲鹏计算产业发展有关事项、阿里巴巴集团在长沙发展有关事项、京东集团在长沙发展有关事项、百度集团在长沙发展有关事项、腾讯集团在长沙发展有关事项。

11月8日，传达学习上级有关专项整治行动精神，研究全市砂石产业发展有关工作；研究全市住房租赁市场发展工作，审议《长沙市租赁住房房源筹集实施办法（暂行）（送审稿）》《长沙市中央财政支持住房租赁市场发展试点资金分配方案（送审稿）》；研究全市农村宅基地和集体建设用地房地一体权籍调查工作，审议《关于开展农村宅基地和集体建设用地房地一体的权籍调查的通告（送审稿）》；研究长沙市与省财信金控集团项目合作有关工作。

11月9日，研究先进储能材料产业发展工作，审议《长沙市加快先进储能材料产业发展三年（2020—2022年）行动方案（送审稿）》；研究全市数据资源管理工作，审议《长沙市政务数据资源管理暂行办法（送审稿）》《长沙市数据营商集中攻坚行动方案（送审稿）》。

11月15日、18日，传达学习全国优化营商环境经验交流会精神，研究全市“营商环境优化年”活动推进工作，审议《长沙市涉企政策听取企业家意见实施方案（送审稿）》；研究全市控烟工作，审议《关于明确长沙市控烟执法主体的通知（送审稿）》；研究街区微改造工作、1121工程项目投资控制有关问题、IEF2019国际数字娱乐嘉年华活动筹备及电子竞技产业发展工作；研究南湖公司、棚改公司化债有关问题。

11月20日，研究长沙市与长沙理工大学市校合作相关工作。

11月26日，研究有关基金工作（与市产业投资基金管理委员会会议套开）（长沙临空产业发展基金、湖南玖玥金信诺创业投资基金设立工作；长沙市中小微企业发展基金设立工作；市产业支持基金投资组建三安电子项目基金设立工作）；研究共同筹办博鳌亚洲论坛全球经济发展与安全论坛大会有关问题、长沙经开区与旭天置业有关土地纠纷问题。

11月29日，研究长沙市与湖南中医药大学市校合作有关工作。

12月10日，研究2020年省重点建设项目申报工作、经济运行和统计工作、一件事一次办改革工作、承接省级税收收入下放工作。

12月14日，研究惠科项目建设工作、生活垃圾分类工作、总部经济发展政策和金融总部企业有关工作、全市棚户区改造和市级统筹棚改项目工作、雨花区“两保”用地指标落地工作。

12月19日，研究南部融城片区建设工作、省水利厅机关大院危旧房改造工作、园区土地收益返还政策有关问题；审议《长沙市科技项目管理办法（修订·送审稿）》《长沙市科技发展专项资金管理办法（修订·送审稿）》。

12月21日，审议《长沙市促进商贸流通高质量发展创建国际消费城市的实施意见（送审稿）》；研究2020年全市交通、市政基础设施项目建设计划、2020年市本级国有资本经营预算草案。审议《长沙市退休人员社会化管理服务办法（送审稿）》《长沙市关于优化获得信贷营商环境实施办法（试行·送审稿）》。

12月28日，审议《关于推进城市安全发展的实施意见（送审稿）》，研究长沙应急救援（湖南危险化学品应急）基地建设方案；审议《关于贯彻实施长沙市养犬管理条例工作方案（送审稿）》；研究工程建设项目审批制度改革工作、岳麓山国家大学科技城公交线路优化有关问题。（罗晨曦）

民生实事

【概况】 2019年，长沙市围绕解决好人民群众操心事、烦心事、困难事的主线，各级各部门发挥职能职责，提升重点民生实事工作实效，省市重点民生实事项目20项39个指标全面完成，其中22个指标超额完成任务。

【省级民生实事项目】 2019年，长沙市承担省级民生实事项目10项15个指标，11个指标超额完成任务，4个指标达到省考要求。新改建农村户用厕所206997座，完成计划的207%；孕产妇免费产前筛查7.06万人，完成计划的164.1%；自然村通水泥（沥青）路953.32千米，完成计划的136.2%；提质改造农村公路108.97千米，完成计划的134.5%；新增农村通自来水人口14.68万人，完成计划的123.3%；适龄妇女“两癌”免费检查103732人，完成计划的118.3%；减少义务教育大班额810个，完成计划的116.5%；配备“一村一辅警”，完成计划的113.8%；新增城镇就业14.77万人，完成计划的107.8%；农村低保标准达到7800元每人每年，高于省定标准1200元每人每年；农村低保救助水平达到330元每人每月，高于省定标准85元每人每月。完成困难残疾人生活补贴发放标准120元每人每月，重度残疾人护理补贴发放标准80元每人每月，10千伏及以下行政村配电网改造投资额2600万元，数字广播电视户户通工程2座台站开展省级节目数字化覆盖。

【市级民生实事项目】 2019年，长沙市开展市考项目9项16个指标，6个指标超额完成任务，10个指标达到市考要求。完成0~6岁儿童眼睛及视力筛查保健，并建档46.8万人，完成计划的187.2%；免费实施新生儿多种遗传代谢疾病筛查92572人，完成计划的185.1%；新改建农村公路1209.66千米，完成计划的121%；新增公园77个（其中体育公园2个），完成计划的110%；完成城镇棚户区改造和老城区有机更新13758户，完成计划的101.9%；提质改造小餐饮“透明厨房”4036家，完成计划的100.9%。新改扩建公办幼儿园30所，6~18岁青少年儿童视力筛查并建档95万人，全面启动区县（市）社会福利中心建设8个，完成社区居家养老服务中心建设30家，完成敬老院照料护理区建设30所，实现全市行政村（社区）小微水体管护全覆盖，建设小微水体管护示范片区20个，建设标准化村（社区）综合文化中心100个，新建健身工程600处，新建智慧健身驿站20个。

【“一圈两场三道”建设项目】 2019年，长沙市开展“一圈两场三道”（“一圈”即“15分钟生活圈”，“两场”即停车场、农贸市场，“三道”即人行道、自行车道、历史文化步道）建设1项8个指标，5个指标超额完成任务，3个指标达到市考要求。建设“15分钟生活圈”197个，新改建停车场151个，停车泊位54708个，新建健身步道69.5千米。新改建农贸市场58个，完成计划的107.4%；新建历史文化步道36.7千米，完成计划的105.2%；新改建社区生鲜门店57个，完成计划的103.6%；新改建人行道345.22千米，完成计划的101.3%；新改建自行车道425.6千米，完成计划的100.6%。

（本栏撰稿 文彤 李斌）

2019年12月，长沙市雨花区狮子山体育公园开园　市人力资源和社会保障局　供图

表 4　　**2019 年长沙市 10 件民生实事完成情况表**

序号	项　目	完成情况	完成率（%）
1	完成“一圈两场三道”建设任务	建成 15 分钟生活圈 197 个	100
		建成停车场 151 个、停车泊位 54708 个；新改建农贸市场 58 处、社区生鲜门店 57 个	100
		建成人行道 345.2 千米、自行车道 425.6 千米、健身步道 69.5 千米、历史文化步道 36.7 千米	100
2	新改扩建公办幼儿园 30 所	30 所	100
3	全面启动区县（市）社会福利中心建设	启动 8 个（长沙县已完成，其他 7 个均启动建设）	100
	建成社区居家养老服务中心 30 家	30 家	100
	建成敬老院照料护理区 30 所	30 所	100
4	新改建农村公路 1000 千米	1209.7 千米	121
5	实现全市行政村（社区）小微水体管护全覆盖，建设小微水体管护示范片区 20 个	20 个	100
6	建设标准化村（社区）综合文化中心 100 个	100 个	100
7	免费实施新生儿多种遗传代谢疾病筛查 5 万人	92572 人	185.1
	对 0~6 岁儿童视力筛查保健，建立健康电子档案 25 万人	467953 人	187.2
	对 6~18 岁青少年儿童视力筛查保健，建立健康电子档案 95 万人	95 万人	100
8	新建全民健身工程 600 处	600 处	100
	新建智慧健身驿站 20 个	20 个	100
	新增公园 70 个（其中体育公园 2 个）	77 个	110
9	提质改造小餐饮“透明厨房”4000 家	4036 家	100.9
10	完成城镇棚户区改造和老城区有机更新 1.35 万户	13758 户	101.9

（资料来源：市人力资源和社会保障局）

政务服务

【政务公开】 2019 年，长沙市严格按照“公开为常态、不公开为例外”的原则，落实党中央、国务院和省委、省政府关于全面推进政务公开工作的系列部署和《中华人民共和国政府信息公开条例》规定，围绕人民群众关注关切热点，建立健全政务公开制度体系，全面推进决策、执行、管理、服务、结果公开。在市政府门户网站开设“解读回应”栏目，对政策文件及解读材料进行梳理、分类、提炼、精简，通过数字化、图表图解、视频等形式予以展现，让群众“愿意看”“看得懂”“信得过”。全年发布政策解读类信息 737 篇，新闻发布会 18 场，回应社会关切 280 条。对全年 11 次市政府常务会议进行深度解读，在市政府门户网站“市政府常务会议专题”、《长沙晚报》、《长沙新闻》配发解读图表、图解、视频，增强市政府决策透明度。全年全市各级行政机关新受理政府信息公开申请 6108 件，上年结转 109 件，年度办理 6111 件，结转下年继续办理 106 件。在市级机关中，申请量列前5位的是市自然资源规划局、市公安局、市住房城乡建设局、市发展改革委、市财政局。在区县（市）政府中，申请量列前5位的是天心区、岳麓区、开福区、雨花区、芙蓉区。6111件政府信息公开申请答复中，予以公开3056件，部分公开424件，不予公开451件，无法提供1712件，不予处理235件，其他处理233件。政府信息公开行政复议276件，其中结果维持119件，结果纠正42件，其他结果81件，尚未审结34件；复议后起诉167件，其中结果维持76件，结果纠正2件，其他结果58件，尚未审结31件；未经复议直接起诉223件，其中结果维持157件，结果纠正9件，其他结果22件，尚未审结35件。

（李　晶）

【“放管服”改革】　2019年，长沙市持续深化“放管服”改革，制订《推进“一件事一次办”改革进一步提高行政审批服务效能实施方案》和《深化“放管服”改革重点任务分解工作方案》,作为全市“一件事一次办”和“放管服”改革的纲领性文件，就年度任务进行了系统铺排。把握“简政放权、放管结合、优化服务”改革主旨，强化调度协调，推动纵深突破，提速行政效能。全年新增下放市级权限136项，取消10项。先后两批次下放“一件事一次办”相关事项权限，工业建设项目审批权限全链条下放到位。制定《长沙市行政权力事项下放、承接和运行标准》，强化对基层业务指导和承接能力培养。推动143项涉税事项可即时办结，为市场主体减税217亿元。取消、减免、降低26项收费项目，全年为企业减负3230万元。推动望城区、宁乡市、浏阳市、长沙高新区等在园区实现工业建设项目行政事业性收费政府“全买单”。探索推行“领照即开业、交房即交证、交地即开工”的“三即承诺制”试点，推进“企业开办、不动产登记、工程建设项目”审批时限“3545”改革，完成年初既定的目标。全市实现企业开办“零成本”，大部分区县（市）实现企业开办1日办结，最快30分钟；不动产登记业务办理时限平均为2.5个工作日，最长5个工作日办结，部分业务“即来即办”；工业项目和中小型社会投资类工程建设项目审批44个工作日内办结。创新政务大厅效能督查模式，推进实施市本级大厅与分厅常态管理一体化，抓细抓实“七项检查”标准化制度，加强窗口人员的日常监管和考核，优化提升窗口形象。全年市本级政务大厅接待办事群众179.1万人次，受理各类业务事项168.6万件，办结事项167.25万件，办结率99.2%，行政事业性收费19.07亿元。推动个人办事事项下沉，各区县（市）实现280余个事项镇（街）、村（社区）就近可办。指导各区县（市）创新“就近办”“帮代办”服务模式，建立“楼宇服务站”“全岗通”“直通窗”以及无人值守自助政务服务区等大批有温度的服务模式。（李　晶）

【“一件事一次办”改革】　2019年，长沙市聚焦群众办事需求侧的“一件事”，实现行政审批供给侧“一次办”，以“办事者”的身份重新设计“一件事一次办”，产生了看得见、摸得着、感受得到的惠民实效，中国政府网、《湖南日报》、湖南卫视等20余家中央及省级重要新闻媒体多次进行宣传推介。以“一件事一次办”运行要求为基准，创新开展“四级九统”标准化梳理，对政务服务事项名称、类型、编码等9个要素，实行市、县、乡、村四级数据同源、规范统一。重新梳理机构改革后的部门权力事项，向社会发布市本级权力清单、公共服务等6张清单。市本级保留权力事项4786项，其中依申请类828项，依职权类3958项。出台《长沙市政务服务事项动态管理办法》，按照统一入口、统一发布、统一标准的原则，对全市的政务服务事项实行清单管理和动态监管。推动建成全市通用的“互联网＋政务服务”一体化平台，以及政务服务门户、微信小程序、“我的长沙APP”“好差评”等支撑系统，打造了四级全联通、事项全口径、内容全方位、服务全渠道、用户全参与、资源全共享、过程全监控的网上政务服务平台。以综合窗改革为契机推动审批流程再造，在市、区政务大厅设立“一件事一次办”专窗，在重点领域推行窗口“无差别受理”，推动工程建设项目、水电气报装、市场准入等综合窗改革落地，推进社会事务综合窗改革，改革后窗口人员及时间压缩40%以上，有效提高审批效率、减少体外循环，解决部门专窗忙闲不均的问题。全面落地省政府两批200件“一件事一次办”事项，并在区县（市）进一步拓展新增51件“一件事”套餐，基本实现与企业、群众生产生活密切相关的重点领域和办件量较大的高频事项“一件事一次办”全覆盖。全年全市“一件事一次办”事项办件量376万件。同时，制定《“一件事一次办”流程梳理及系统配置规范》，可在15分钟完成“一件事一次办”服务事项标准化配置上线，优化审批时限和办理环节。通过标准化梳理湖南省政府首批100件事，实现申请材料精减40%，办理环节精简71.2%，平均办理时限减少53.7%。（李　晶）

【“12345”市民服务热线】　2019年，长沙市“12345”市民服务热线中心按照“一号对外”的原则，推进政府职能部门热线和APP整合，完成31条非紧急类政府热线、我的长沙APP等平台的整合工作，基本实现“畅通诉求渠道，一个平台受理”的目标，将“12345”打造成融咨询、求助、建议、投诉、反馈等功能于一体的统一政务服务客服平台，位列2019年度全国副省级城市、省会城市第四位，获全国政务热线“最佳管理效率奖”，在全省14个地州市热线监测通报中8次获第一名。全年受理办理有效来电来信154.2万余件，其中“12345”

热线电话受理150.5万件、市长信箱31312件、人民网留言132件、政协微建议997件、省交办件（省长信箱、省人民网留言）138件、"国家政务服务平台"转办38件，较2018年增长45.5%，接通率95%。经回访，"12345"热线整体满意度99.98%，其中转办工单满意度94.5%。同时依托"12345"热线设立"优化营商环境""一件事一次办"专线，重点接办企业开办和经营发展中的咨询、求助、投诉和意见建议；依托"12345"热线建立"好差评"差评处置机制，发挥好督促整改作用，构建全市统一的"优化营商环境"服务和评价体系，助推优化办事流程，提升政务服务效能。全年受理营商环境相关咨询求助2.1万件，受理"一件事一次办"相关咨询建议1437件，企业服务件次比上年增长822%，提升企业群众办事获得感和满意度。（李　晶）

【政府网站建设】　2019年，长沙市加强政府网站管理，搭建集市政府中英文门户网站、区县（市）政府门户网站、部门网站、园区网站为一体的市政府网站集约化平台，实现省市政府网站信息资源的共享共用，提升了全市政府网站管理和服务水平。在2019年中国政府网站绩效评估中，市政府门户网站获省会城市政府网站第二名，市政府官方微信微博被评为"优秀政务新媒体"。完成各涉改单位做好本部门政府网站的调整或关停工作，对全市政府网站相关内容进行巡查。构建区县（市）、园区、市直部门自评自查、市级平台技术监测、人工核查"三位一体"的日常监测体系，每月对辖区内区县（市）、园区、市直部门等76家政府网站进行全面监测，合格率100%。开设"不忘初心、牢记使命"主题教育等各类专题专栏16个，主动公开政务信息9.6万余条，发布政府公报9期，长沙新闻联播337期，发布政策解读类信息737篇，开展"在线访谈"21期，新闻发布会18场，回应社会关切280条，"市长信箱"栏目收到有效信件29171封，处理29105封，回复率100%。

（周　妍）

电子政务

【市数据资源管理局成立】　2019年1月22日，长沙市数据资源管理局挂牌成立，为正处级市政府工作部门，是在整合原市经信委承担的政府投资信息化项目初步设计批复相关职能和市政府办公厅等部门与电子政务、智慧城市、数据资源建设有关的信息化职能的基础上新组建的部门，主要负责统筹推进全市新型智慧城市建设和数据资源管理、协同推进大数据产业发展。长沙市数据资源管理局机关设办公室、规划发展处、数据资源处、应用推广处、数据产业处5个内设机构，有行政编制20名。其中，局长1名，副局长2名。

原长沙市人民政府电子政务管理办公室整体转隶至长沙市数据资源管理局，并更名为长沙市大数据中心，为公益一类副处级事业单位，加挂长沙市智慧城市建设事务中心牌子。长沙市大数据中心设综合运行部、数据服务部、网站集约部、网络网格部、安全运维部、合约结算部、应用建设部、数据分析部8个内设机构，有全额拨款事业编制37名。其中，主任1名，副主任3名。

【智慧城市建设】　2019年，长沙市加强智慧城市建设，全面对接国家大数据发展战略，与国家信息中心签署战略合作协议，推进《长沙新型智慧城市示范城市顶层设计》编制等有关工作。借鉴上海、杭州、深圳等先进城市经验，研究出台《长沙市数据资源管理和新型智慧城市建设工作思路及行动计划（2019—2021）》。启动新型智慧城市专家库建设，探索全生命周期项目管理模式。市政府综合指挥中心投入试运行，已整合市政府视频会议系统和公安、交通部门近12万路视频数据，通过应急调度系统，可实时展示应急物资、场所、人员位置、气象等关联数据，有效实施应急预案，为领导决策提供辅助支持。"智慧交通"TOCC启动运行，搭建综合交通运行监测与协调联动框架，基本实现拥堵指数可视化、安全提醒自动化、出行规划智能化。"智慧医疗"初步实现区域医疗健康信息互联互通、应用协同，为居民提供全生命周期的健康医疗管理和公共卫生服务。

【数据资源管理】　2019年，长沙市出台《长沙市政务数据资源管理暂行办法》（以下简称《办法》），于2019年12月1日实施。《办法》是全省首部关于政务数据资源管理的综合性规范文件，分为总则、规划和建设、采集和治理、共享和开放、开发和利用、数据安全、保障和监督、附则等八章，共37条。着力从制度根源上解决"共享难、协同难、安全难、应用难"等问题，为政务数据集中汇聚、共享、开放提供依据。开展全市数据营商集中攻坚行动，归集共享142类政务关键数据资源，汇聚支撑111个政务服务高频事项，实现灵活就业人员养老保险参保登记等10项民生领域高频事项的全程网办，完成353类信息资源目录梳理和24家市直单位共243项数据需求调研。对接省政府相关部门，共同协调部、省业务系统下放49类核心数据，推进"最多跑一次""一件事一次办"落地见效。

指导湘江新区"湘信融"平台建设，探索运用政务大数据助力中小微企业融资。深化社会综合治税信息平台功能，综合治税拓展项目顺利竣工验收，完成25家市直单位、9个区县（市）的治税信息采集，2019年追缴入库税收83898.9万元，加收滞纳金1596.48万元。完善商事服务管理信息平台，开设企业开办服务专区，商事服务登记共归集企业和个人参保信息1亿余条，企业基本信息及坐标数据136.6万条，推送涉商事主体信息47.84万条，最多跑一次访问量540万人次，登记范本及模板下载量324万次。加强人才一体化服务项目、协同办公系统运行维护，完成人才一体化项目目绿卡附属卡、高层次人才的认定系统上线和税务接口的全新改造。

【政务云建设】 2019，长沙市政务云一期项目通过专家验收，政务云二期（底座）采用政府购买服务方式建设，有效解决云资源供给紧张现状，为新型智慧城市建设提供统一、灵活、安全、可靠的基础支撑服务，可提供计算能力6240核，存储资源804TB。30家市直单位的62个应用系统已迁移上云，建成人口库、法人库两大基础库和电子证照库、政务服务事项库、商事库、涉税库四大主题库。政务云信息共享交换平台汇聚超过100亿条数据，可有效支撑24个跨部门业务数据流的互通。

【"互联网+政务服务"一体化平台上线运行】 2019年10月18日，长沙市"互联网+政务服务"一体化平台上线运行并实现市本级、县（市区）、乡镇（街道）、村（社区）四级全覆盖。平台建成一网通办等16个核心业务系统和5个应用支撑系统，归集90个重点类型230余万电子证照。依申请6类政务服务事项网办率、一次办率均达到97%以上。"一件事一次办"办理环节由851个减少到245个，下降71.2%；办事材料从1201份减少到721份，下降40%；办理时间由1478.5个工作日减少到684.5个工作日，下降53.7%；跑动次数由268次减少到71次，下降73.5%。

【"我的长沙"APP上线】 2019年11月27日，"我的长沙"城市综合移动服务平台——"我的长沙"APP以及同名微信小程序、微信公众号上线，入选"2019数字政府服务能力优秀案例"。"我的长沙"APP以市民为中心，以解决市民生活需求为目标，构建了"我的办事""我的服务""我的生活""我的资讯"四大服务体系，截至2019年年底，共上线90项公共服务和个人服务，注册用户总数突破135万户，被评为"2019互联网+政务服务创新应用APP"和"全国市级十大优秀案例"。

【电子政务服务标准化试点项目通过国家标准委评估】 2019年11月13日，长沙市电子政务服务标准化试点项目以94.5分通过国家标准委专家组的评估。长沙市电子政务服务标准体系包括通用基础、服务保障、服务提供3个标准子体系，共包含102项标准，其中国家标准47项，行业标准5项，地方标准6项，自制定标准44项，有效促进信息互通、数据共享、资源整合、信息安全，为营商环境优化和"最多跑一次"改革提供技术保障。

（本栏撰稿　周　妍）

政策研究

【调研成果】 2019年，市政府研究室完成综合文稿500余篇，调研22次，推出调研成果20个，完成重大课题研究4个，在《调研参考》印发。其中《"一圈两场三道"建设的"基层样本"》《长沙离"中国人居环境奖"城市有多远——以创建"中国人居环境奖"城市建设"三品"长沙的调研与思考》转化为政府决策。完成自主课题7个，其中《破解"用工难"路在何方？——关于解决蓝思科技季节性用工问题的调查与思考》《主动引领垃圾分类"新时尚"——长沙市市区生活垃圾分类处理的调查与思考》《用系统化思维推进高质量治砂——关于宁乡市非法采砂洗砂整治工作的经验与启示》《大力保障改善民生，全面建设幸福长沙——长沙民生保障改善研究报告》等调研成果为领导决策和推进相关工作提供重要参考。完成合作课题5个，其中《着力打造"院士经济"发展高地——长沙聚力创新引领建设高品质院士产业园对策研究》《构建多元经济税源，确保税收增收提质——关于长沙经济税源发展情况的调查与思考》《深化集体林权改革，加快推动乡村振兴——关于集体林权制度改革的调研报告》《提升行政服务效能，打造一流营商环境——赴广州、上海、杭州、南京等地考察调研报告》等合作课题调研深入、分析问题精准，提出切合实际的建设性意见。调研报告《营造一流营商环境，激发市场活力》获2019年中国发展研究奖三等奖。

【决策部署研究】 2019年，市政府研究室联合部门共同起草重要政策文件3件。联合市知识产权局起草《关于促进驻长高校知识产权在长转化的若干措施》；联合市住建局起草《关于优化建设领域营商环境促进民营企业高质量发展的实施办法》；联合市教育局起草《长沙智慧教育行动计划（2019—2022年）》。协助部门修改《长沙市深化"最多跑一次"改革督查考核办法》《长沙市六大片区综合考核办法（试行）》《关于建立长沙市城市人居环境工作联席会议制度》《长沙市政务数据资源管理暂行办法》《长沙市政府信息公开实施办法》等10个文件。

【信息服务】 2019年，市政府研究室采编撰写《信息专报》10期，市领导批示8期。如《关于加强道路交通安全管理人性化执法的建议》促进交通执法更加人性化。《加油站加油区域手机支付安全隐患亟待重视》转化成了政府保障安全的决定，规定加油区域手机支付要距离3米。将长沙的做法和想法提升到理论高度向外推介，提升了长沙的知名度和美誉度。《在学思践悟中守初心担使命》《长沙释

放新型城镇化创新发展的内在动能》《细照修身要求 笃行自我修炼》《优化营商环境 推动长沙高质量发展》《建设绿色基础设施 改善城乡生态环境》等8篇领导署名文章在省级及以上媒体公开发表。《长沙晚报》发表的《在长沙的秋韵里幸福相约》一天之内网络点击量超过100万人次，并被各主流网络媒体转载，成为“网红长沙”的重要推动力。有5篇文章发表于“湖南蓝皮书”。智库信息宣传广。与中国智库网联系，长沙“产业项目建设年和营商环境优化年”经验以及“产业链建设”“区县发展”等经验受到广泛好评，提高了长沙美誉度。长沙决策咨询网管理维护及时，点击率增长20%；信息及时更新，网站年度考核居于同类单位前列；采编《鉴阅》24期，为领导科学决策提供了重要参考，特别是农村土地改革、产教融合、楼盘等专辑得到领导肯定。编辑《决策咨询》12期、《调研参考》13期。编印《观点长沙》《视点长沙》，促进了全市调研成果转化。上报的党委信息和政务信息排名均居全市部门第一位。被评为市政务信息先进集体。

（本栏撰稿　李　末）

信　访

【概况】　2019年，长沙市贯彻落实省委办公厅、省政府办公厅《关于进一步健全信访工作长效机制推动解决群众信访问题的意见》精神，区县（市）和乡镇（街道）党政领导全面公开接访，接访安排表公示公开，做到每个工作日都有党政领导全天候值班接访；重点时段，市、县、乡三级均有领导干部到人民来访接待场所或群众住地接待信访群众。

信访督查督办　开展信访积案化解和上级交办件办理专项督查，通过定点督查、联合督查、发函督办等方式，推动信访问题妥善解决、限期办结。在全国“两会”和中华人民共和国成立70周年庆典期间，市信访局到各县市区实地督查信访工作责任落实情况，推动落实领导接访包案、属地稳控、矛盾排查等工作。4月28日，省委常委、市委书记胡衡华在市信访局《关于群众给书记来信办理情况的汇报》呈报上签批：“注重办理质量，可直接抽查一些。”5月5—20日，市信访局分3个组，由3名副局长带队，通过听取汇报、查阅资料、实地查看、约谈信访人等方式，对各区县（市）办信工作进行详细了解，对24件群众来信办理情况进行抽查，并印发督查通报。

信息报告　及时向市委市政府报告信访工作，2次向市政府常务会报告信访工作，每月向市长办公会报告信访工作；年初向市委专题汇报信访工作，2次向市委书记专题汇报信访工作。结合“不忘初心、牢记使命”主题教育，开展信访工作专题调研，形成《全市信访形势分析报告》报市委主要领导和分管领导参阅。班子成员形成调研报告7篇；完成省信访局理论研究课题《长沙市化解信访老户问题实证研究》，评审“良好”。长沙市被省委省政府评为“2019年度全省信访工作责任目标管理考核先进单位”。

【信访服务】　2019年，市信访局按照市委市政府要求全部搬入新建信访大楼办公，并对办公条件进行了改造升级，制作完善接访大厅各项功能设施、文明标语、引导标牌等，新建或优化了视频会议系统、排队叫号系统、人脸识别系统和信访信息系统，改善接访条件，方便群众来信、到访和网上投诉。继续在全市推广“三天工作法”（即接待群众到访，要求第一天讲得出主要诉求，第二天还得原基本事实，第三天提得出合理建议）和信访事项首接首办、联合接访、信访事项简易办理等制度，提升基层初信初访办结率和办结质量。1—12月，全市信访部门和责任部门信访及时受理率分别达97.9%和93.9%，信访事项按期办结率97.7%，群众对信访部门和责任部门的满意率分别达98.6%和98%。

【网上信访和信访信息化工作】　2019年，长沙市开展网上信访工作宣传推广，5月，开展“网上信访集中宣传月”活动；组织开展网上信访工作座谈会，及时督查网上信访“五率”（及时受理率、按期办结率、群众满意率、参评率、网信占比率）情况。1—12月，全市网上信访占比率56.2%，完成50%以上的考核目标，网上信访主渠道作用显现。优化湖南省信访信息系统的运用，全市各部门、各乡镇（街道）全部接入信息系统，建成横向到边、纵向到底的工作网络，信访事项的受理、登记、转送、交办、督办、满意度评价、回访、信息统计等业务均在网上完成。完善视频会议系统，通过视频系统，完成领导接访督查、信访业务培训、信访工作会议等工作，信访信息化水平提升。

【信访法治建设】　2019年，长沙市开展“信访法治宣传月活动”，全市各级各部门通过宣传标语、宣传展板、宣传单、宣传册、漫画、手机报、送戏下乡等多种形式，在全市营造出法治信访浓厚氛围。落实诉访分离，对到信访部门上访的涉法涉诉信访群众，将其引导到政法机关反映问题。引入心理咨询、律师等第三方力量参与信访接待，全年律师接待群众146批249人次，心理咨询师接待群众155批621人次。

（本栏撰稿　袁　晶）

中国人民政治协商会议长沙市委员会

CHANGSHA MUNICIPAL COMMITTEE OF THE CHINESE PEOPLE’S POLITICAL CONSULTATIVE CONFERENCE

编辑　江　雷

综　述

【市政协委员构成】　截至2019年年底，第十二届长沙市政协委员有482名，来自31个界别。按界别分，中共15人，民革17人，民盟18人，民建17人，民进14人，农工党14人，致公党11人，九三学社12人，无党派9人，共青团6人，总工会13人，妇联14人，青联6人，工商联28人，科协12人，台联3人，侨联8人，文化艺术15人，科技35人，社科17人，经济22人，农业14人，教育32人，体育5人，新闻出版3人，医疗卫生16人，对外友好3人，社会福利4人，少数民族9人，宗教5人，特邀85人。

【服务中心工作】　2019年，政协长沙市委员会积极参与市委、市政府中心工作，市政协主席会议成员联系全市15个重大项目、20家非公企业、4条产业链建设工作，通过现场办公排忧解难、协调项目落实落地、带队开展精准招商等，为联系企业的发展提供有力支持。继续联系浏阳市小河乡乌石村等9个精准扶贫村，推动落实帮扶措施，协调解决实际困难，助推脱贫攻坚。2019中国（长沙）国际工程机械展览会在德国推介，市政协协助做好展会的活动策划、前期筹备、客商邀请、企业参展等工作，参与第一届中国—非洲经贸博览会、“一圈两场三道”建设、防汛备汛、巩固创建全国文明城市成果等工作。

【庆祝人民政协成立70周年系列活动】　2019年，市政协精心组织以凝心聚力为主题的庆祝人民政协成立70周年系列活动。召开长沙市庆祝人民政协成立70周年暨市委政协工作会议，省委常委、市委书记胡衡华作重要讲话；研究加强政协工作的重大问题，协助市委出台《关于加强新时代人民政协党的建设工作的实施意见》；编撰《长沙政协70年史实纪要》，全面回顾长沙政协70年光辉历程；编写优秀委员风采录，彰显新时代政协委员新形象；开展理论征文活动并编印理论文集，积极探讨新时代政协工作的特点和规律；举办摄影展，用影像形式反映长沙政协砥砺奋进的生动实践；组织“同心杯”篮球赛等文体活动，展示政协人蓬勃向上的精神风貌，营造了政协事业发展的良好氛围。

【政协宣传】　2019年，长沙市政协利用政协微信公众号、网站、杂志、《政协之声》电视专栏等阵地，深化全媒体矩阵宣传新格局，形成“一刊一站一微信一专栏一平台”五位一体的全媒体矩阵，中央和省市新闻媒体刊发市政协工作新闻报道2300余篇。

重要会议

【政协全体会议】　2019年1月7—10日，政协长沙市第十二届委员会第三次会议召开。会议期间，省委常委、市委书记胡衡华在会上讲话，市委副书记、市长、湖南湘江新区党工委书记胡忠雄等省、市领导出席会议并参加分组讨论，与委员们共商长沙发展大计。会议协商了市政府工作报告、市政协常委会工作报告、提案工作报告、市中级人民法院工作报告、市人民检察院工作报告以及其他报告。大会通过《政协长沙市第十二届委员会第三次会议关于市政协十二届常务委员会工作报告的决议》《政协长沙市第十二届委员会第三次会议关于市政协十二届二次会议以来提案工作情况报告的决议》《政协长沙市第十二届委员会第三次会议政治决议》。委员们针对长沙经济、政治、文化、社会和生态文明建设中的重大问题，积极协商议政，提出许多建设性的意见和建议。刘岳、曹蕊菲、黄锋、汪晓兵、黄逸强、阳芬、王俏、周平勇、王博文等9名委员作大会发言。胡衡华、胡忠雄对《落实我市构建“亲”“清”政商关系配套机制》等14个重点提案作出批示。

【政协常委会议】　2019年3月21日，政协长沙市第十二届委员会常务委员会召开第十九次会议，市政协主席会议成员、全体市政协常委出席。市政协党组副书记、副主席石长松就市政协民主评议长沙市“最多跑一次”改革工作进行了部署；市政协副主席邓自力就常委会重点调研“聚焦企业关切问题，营造一流营商环境，推动长沙实体经济高质量发展”进行了部署。会议审议通过《政协长沙市委员会提案工作条例》。会议指出，要精心组织评议长沙“最多跑一次”改革工作，确保民主评议评出质量、评出水平、评出实效。做好“营商环境”重点调研工作，为优化长沙营商环境贡献政协智慧和力量。

6月14日，政协长沙市第十二届委员会常务委员会召开第二十次会议。专题协商“聚焦企业关切问题，营造一流营商环境，推动长沙实体经济高质量发展”。市政协主席文树勋，市委常委、市委秘书长、市政府党组副书记夏建平，市政协副主席龚振湘、彭继球、邓自力、李平，市政协秘书长谭志出席。

2019年是长沙“营商环境优化年”和“产业项目建设年”。经市委同意，市政协将“聚焦企业关切问题，营造一流营商环境，推动长沙实体经济高质量发展”列为当年重点调研和专题协商课题。调研组选取社会投资工业建设项目的行政审批这条主线，聚焦企业关切的堵点、痛点，先后开展主席会议视察、园区和企业座谈等系列调研活动。专题协商会上，7名专家学者和政协委员围绕优化审批流程、“一网通办”、强化监管、全程代办、权限下放、水电气服务6个方面作专题发言，有关职能部门进行积极回应。

10月31日，政协长沙市第十二届委员会常务委员会召开第二十一次会议，市政协主席会议成员、全体市政协常委出席。大会审议通过《市政协民主评议我市“最多跑一次”改革工作的报告》，审议通过了有关人事事项和委员辞免、撤销事项。

12月3日，政协长沙市第十二届委员会常务委员会召开第二十二次会议，市政协主席会议成员、全体市政协常委出席。会议审议通过《政协长沙市第十二届委员会常务委员会工作报告（草案）》《政协长沙市第十二届委员会常务委员会关于十二届三次会议以来提案工作情况的报告（草案）》《关于召开政协长沙市第十二届委员会第四次会议的决定（草案）》；审议通过政协长沙市第十二届委员会第四次会议议程、日程（草案），大会执行主席、秘书长、副秘书长名单（草案）；审议通过《政协长沙市第十二届委员会第四次会议委员分组及小组召集人名单（草案）》。市人民政府副市长李蔚通报2019年提案办理情况。

【市委政协工作会议】 2019年9月27日，长沙市庆祝人民政协成立70周年暨市委政协工作会议召开。省委常委、市委书记胡衡华强调，要认真学习贯彻习近平总书记关于政协工作的重要讲话精神，把人民政协制度坚持好，把人民政协事业发展好，为推动长沙现代化建设和高质量发展而共同奋斗。市委副书记、市长、湖南湘江新区党工委书记胡忠雄主持会议。市领导朱健、程水泉、文树勋、蔡亭英、钟钢、夏建平、黎春秋、谭小平、张宏益出席，老干部臧宝山、张贤遵、简用超、董学生、范小新、谢树林等出席会议。会上，市政府办公厅、浏阳市委、开福区政协相关负责人作交流发言。

政治协商

【概况】 2019年，政协长沙市委员会聚焦市委、市政府中心任务，深入开展协商议政，共组织召开1次全会协商、1次常委会专题协商、18次主席会议视察、5次对口协商和界别协商、85次提案办理协商。

【专题协商】 2019年，政协长沙市委员会就“聚焦企业关切问题，营造一流营商环境，推动长沙实体经济高质量发展”，开展常委会重点调研和专题协商。建立“营商环境手机APP”专用平台，吸纳全体委员参政议政。紧扣社会投资工业建设项目审批流程这一主线，针对立项用地规划许可、工程建设许可、施工许可和竣工验收4个阶段，选取流程再造、涉审中介服务等6个重点环节，找出问题18个，提出解决问题的6条建议原则和22条具体建议。在专题协商会上，86名市政协常委与市政府有关部门和各工业园区领导充分互动，坦诚协商，形成共识。调研报告得到省委常委、市委书记胡衡华批示，要求相关部门逐一研究，积极吸收采纳。

【对口协商】 2019年，政协长沙市委员会就加快长沙临空经济示范区建设、浏阳河流域水环境改善、城区噪声污染防治、发展长沙职业教育、农业供给侧结构性改革、促进养老事业健康发展等问题开展对口协商，推动解决临空经济产业链、噪声污染防治、职业教育、养老等人民群众最关心、最直接、最现实的利益问题。市政协主席会议调研视察浏阳河流域水环境治理情况之后，专题向市委、市政府提交建议案，并督促市水务局、市环保局等积极办理落实，有效推动浏阳河流域水环境的改善。

民主监督

【集中委派民主监督员】 2019年，各委派民主监督小组落实《政协长沙市委员会集中委派民主监督员实施办法》，围绕中央和省委、市委重要决策部署的贯彻落实情况和市政府2019年重点办好的民生实事，开展专项监督活动40余次，推动长沙重点民生实事有效落实。围绕市政协全年重点工作和事关人民群众切身利益的问题，制作播出《政协之声》20期。

【民主评议“最多跑一次”改革】 2019年，长沙市政协对全市具有行政审批职能的35个市直单位“最多跑一次”改革进行民主评议。主席会议成员分率8个小组161余名委员历时半年，深入区县（市）、园区、企业，开展明察暗访、座谈交流、亲身体验、对比调查等活动40余次，发放网络问卷3万余份，累计收集各类意见建议千余条。评议报告从6个方面系统地分析阐述了改革工作中的问题和困难，并有针对性提出19条监督建议。市委副书记、市长胡忠雄出席评议大会，评价该次民主评议具有里程碑式的意义。会后，胡忠雄就评议中反映的问题，带队到相关部门进行督查，各级各部门积极对接整改，将整改情况纳入2019年度各级各部门年终综合督查考核内容，推动全市“放管服”改革，更好地服务全市“产业项目建设年”“营商环境优化年”活动。

提案工作

【概况】 2019年，长沙市政协提交提案479件，经审查立案453件，交92个单位具体承办，截至2019年年底已全部办复，其中所提问题或建议已解决或采纳的205件，占立案数的45%；正在解决或列入计划解决的

231件，占51%；短期内暂时难以采纳落实的17件，占4%。从反馈情况看，提案者对承办单位办理态度的满意率为98.7%，对办理结果的满意率98.5%。

【重点提案办理】 2019年，市委书记、市长分别批示《重要提案摘报》7期，领导督办政协重点提案。10月9日，省委常委、长沙市委书记胡衡华领办《协同创新驱动长沙民营企业高质量发展》重点提案，协商解决具体问题。市科技局会同湖南湘江新区管委会、市工信局、市财政局、市知识产权局等单位，多次研讨论证，针对提案所提各项建议一一进行落实推动，推进产业项目建设和营商环境优化。9月16日，市委副书记、市长、湖南湘江新区党工委书记胡忠雄领办《打造“一圈两场三道”》重点提案，市城市人居环境局牵头承办，21个单位会办，提案办理工作高效推进。

【社情民意信息工作】 2019年，市政协社情民意信息全国政协采用27条，省政协采用50条，市政协采用100条，其中国务院领导批示1条，省领导批示7条，市领导批示77条，对促进解决人民群众最关心、最直接、最现实的利益问题发挥了重要作用。反映社情民意信息工作继续领跑全省，排名全国政协信息联系点前列。

调研交流

【经济社会发展调研】 2019年，市政协主席会议就各区县（市）经济社会发展情况、市检察院公益诉讼工作、龙王港流域综合治理、优化园区土地政策促进工业地产发展、城北交通物流通道建设、商贸流通领域实体经济发展、“蓝天保卫战”情况、体育场馆设施建设、生活垃圾分类及中转处理等进行了调研视察，分类协商相关部门专题解决问题。主席会议视察浏阳河流域水环境治理情况之后，专题向市委、市政府提交建议案，有效推动浏阳河流域水环境的改善。

【港澳委员交流】 2019年，长沙市政协委员到香港地区、澳门地区看望港澳委员并拜访港澳知名政商人士，通报长沙经济社会发展和政协工作情况，积极为港澳委员在长沙的企业排忧解难；引导港澳委员拥护“一国两制”和基本法，团结爱国爱港力量旗帜鲜明支持止暴制乱；牵线港澳委员到长沙投资兴业、扶贫助学，邀请香港知名人士、青少年到长沙考察交流，推动长沙与港澳地区深度合作。

（本栏撰稿　刘忠诚）

表5　2019年长沙市政协优秀提案一览表

案号	案　由	提案者
038	关于协同创新驱动长沙民营企业高质量发展的提案	市工商业联合会
381	关于以群众视角打造“一圈两场三道”升级版的提案	周艳芳
001	关于加强城市地下管网建设 提升城市安全发展水平的提案	民革长沙市委员会
007	关于将长沙打造成为全国文化艺术高地的提案	市政协文化艺术界别小组
008	关于打造区域金融中心 促进我市金融产业高质量发展的提案	民盟长沙市委员会
013	关于落实长沙市构建“亲”“清”政商关系配套机制的提案	民建长沙市委员会
019	关于依托智能系统测试区平台攻关核心技术和关键零部件形成人工智能产业高地的提案	民进长沙市委员会
024	关于进一步提升网格化管理水平的提案	农工党长沙市委员会
028	关于长沙市地方政府融资平台债务风险防控的提案	致公党长沙市委员会
033	关于有效治理霾污染 打赢蓝天保卫战的提案	九三学社长沙市委员会

续表 5

案号	案　由	提案者
046	关于加快培育“独角兽”企业的提案	长沙市科学技术协会
051	关于帮助返乡创业大学毕业生发展的提案	共青团长沙市委员会
052	关于突破垃圾分类痛点 助力蓝天保卫战的提案	市政协妇联界别小组
054	关于促进长沙自驾房车露营基地有序发展的提案	长沙市侨联
055	关于加快推进城市有机更新的提案	市政协提案委员会
056	关于打造长沙智能制造转型升级的提案	市政协经济科技委员会
057	关于加大长沙市公办幼儿园建设力度的提案	市政协文教卫体和文史委员会
059	关于加强地下停车场管理的提案	市政协社会法制和民族宗教委员会
060	关于长沙临空经济示范区重点产业项目纳入市重点推进重大项目范畴的提案	市政协委员学习联络委员会（港澳台侨和外事委员会）
062	关于科学调节长沙市砂石市场供应的提案	市政协人口资源环境委员会
063	关于加强长沙市建筑垃圾资源化利用产业发展 促进生态文明建设的提案	市政协无党派界别小组
067	关于我市公共厕所和垃圾站规划建设的提案	熊建伟等 5 名委员
072	关于长沙市森林康养产业发展的提案	唐曙光、王文华、蒋集政
076	关于规范民营医疗的提案	陆前进
098	关于推进农村生活垃圾处理改善农村人居环境的提案	刘莉霞
099	关于加快营造国际一流营商环境 助推长沙经济社会高质量发展的提案	王习加
123	关于加快长沙市基层医疗服务信息化建设的提案	王　萍
132	关于精简市考指标 优化考核体系的提案	骆志平
137	关于加强城市公共消防安全基础设施建设的提案	梅刚等 10 名委员
143	关于深入推进长沙市城乡公交客运一体化的提案	邓向阳
159	关于修建人行过街通道的提案	袁精华
163	关于规范冷链物流充分发挥进口肉类指定查验场作用的提案	李玲等 8 名委员

续表 5

案号	案 由	提案者
164	关于及时清理和区别对待企业失信信息的提案	张炼、姜策
177	关于加快推进既有多层住宅加装电梯的提案	杨文涛
178	关于大力推进医养结合 提升老年人健康养老幸福指数的提案	王晓玲
185	关于用心耕耘“跨境电商试验田” 助推长沙国际化的提案	肖超元、江跃龙
193	关于整合文化产业资源 促进湘绣产业发展的提案	曾 理
244	关于加快投融资平台稳步转型的提案	王 珊
251	关于规范各类“进校园”互联网通道的提案	何 旭
253	关于以天心阁为中心打造历史文化景区升级版的提案	李兰宏
304	关于提质长沙市公共文化服务体系的提案	张庆和、刘慧扬
309	关于在中学校园普及应急救护知识的提案	何敏等 10 名委员
310	关于编内编外教师同城同工同酬的提案	杨庆江等 20 名委员
346	关于进一步减轻长沙市中小学生学业负担的提案	易介兵
371	关于加快发展长沙市住房租赁市场的提案	孙中民
390	关于在长沙地区取消商品房预售许可制度的提案	李颂光
406	关于鼓励城市人群上山下乡养老的提案	许 毅
409	关于破解临空经济区“小马拉大车”难题 高水平打造湖南省开放崛起高地的提案	王益枝、杨莉
417	关于推进长沙市文化和旅游融合发展的提案	陈 忞
421	关于强力发展长沙市农业产业化联合体的提案	钟阿丽
429	关于治理车辆乱停乱放的提案	张 立
449	关于深化农村环境污染综合治理的提案	市政协人口资源环境委员会

说明：按照《中国人民政治协商会议长沙市委员会提案工作条例》和《政协长沙市委员会关于优秀提案和先进承办单位的评选表彰办法》规定，经政协长沙市第十二届委员会第三十五次主席会议审定，表中 52 件提案被评为 2019 年度政协优秀提案

（资料来源：市政协）

中共长沙市纪律检查委员会
长沙市监察委员会

CHANGSHA MUNICIPAL COMMISSION FOR DISCIPLINE INSPECTION OF COMMUNIST PARTY OF CHINA AND SUPERVISORY COMMISSION

编辑　刘盼盼

重要会议

【中国共产党长沙市第十三届纪律检查委员会第四次全体会议】 2019年1月23日召开。出席全会的市纪委委员31人，列席396人。省委常委、市委书记胡衡华出席全会并发表讲话。市委副书记、市长胡忠雄主持会议。市委常委，市人大、市政府、市政协领导人出席会议。全会深入学习贯彻习近平新时代中国特色社会主义思想和中共十九大精神，按照十九届中央纪委三次全会和十一届湖南省纪委四次全会要求，总结2018年纪检监察工作，部署2019年任务，审议通过蔡亭英代表市纪委常委会所作的《以习近平新时代中国特色社会主义思想为指导　巩固发展反腐败斗争压倒性胜利》工作报告。

【党员领导干部廉洁从政警示教育大会】 2019年3月23日召开，当天，“光辉榜样——刘少奇同志的初心与使命”主题系列宣讲举行。省委常委、市委书记胡衡华在会上强调，全市各级党组织和广大党员干部要深入学习贯彻习近平新时代中国特色社会主义思想，以开展“不忘初心、牢记使命”主题教育为契机，保持定力、扛起责任，坚决反对形式主义、官僚主义，以“赶考”精神推动作风建设一抓到底。市领导朱健、程水泉等出席。

监督执纪

【政治监督】 2019年，长沙市围绕“三大攻坚战”、保障和改善民生、产业项目建设年和营商环境优化年等重大决策部署开展监督，确保党中央大政方针和省、市委重大决策部署落地落实。查处望城区悦禧山庄无序开发破坏环境问题，审查调查3人，问责41人。紧扣全市重大招商引资项目落地、违建别墅整治、利用虚假诉讼扰乱房地产市场秩序、公交企业骗补等情况，开展专项监督检查，向市委专题报告，抓整改、促落实。专题听取民营企业家意见，对反映的32个问题逐一督办到位，为民营经济发展清障。

【日常监督】 2019年，长沙市建立政治生态分析评估机制，采取个别访谈、参加民主生活会、信访举报分析等方式，全面开展廉政画像。运用“四种形态”批评教育帮助和处理11507人次。动态更新廉政档案，严把选人用人党风廉政意见回复关。加大函询结果抽查核实力度，对如实说明的予以采信并及时反馈。以精准问责推动干部负责。全年问责党组织6个，党员干部139人，县处级干部16人。落实“三个区分开来”，为147名党员干部及时澄清正名，保护干事创业积极性。

【违反中央八项规定精神问题查处】 2019年，长沙市深入治理“红包礼金”“提篮子”“打牌子”问题。开展专项整治，查处问题118起、处理154人，“红包礼金”之弊明显好转。统一撤销全市廉政账户，账户余额7401万元全部上缴同级财政。查处违反中央八项规定精神问题263起，给予党纪政务处分302人。开展“提篮子”“打牌子”问题自查自纠，查处领导干部违规经商办企业问题85起。 整治形式主义、官僚主义。以网络减负为切入口开展摸底调研，清理关闭政务网络平台1281个。出台全市集中整治形式主义官僚主义措施，向十类重点问题开刀，查处问题151起，给予党纪政务处分223人。市本级召开的会议、下发的文件、开展的督查检查考核分别减少31%、30%、83%。

【惩治腐败】 2019年，长沙市立案2138件，结案1953件，处分1882人，其中县处级干部51人。查处邓某某、叶某某官商勾结，蒋某、李某靠企吃企、损公肥私，孟某某、孟某奢靡腐化，詹某“以案吃案”、破坏营商环境等腐败案件。李某某、邓某某等多名党员领导干部和行贿人主动投案。加大追逃防逃力度，追回在逃人员6名，外逃15年的黄某某被抓捕归案。 坚持“一案一整改”，加强案件剖析和思想教育，督促扎牢制度笼子。解决教育、医疗、社会保障等领域突出问题，查处违规补课在职教师116名；牵头开展打击骗取医保资金专项行动，立案12件，查处18人，挽回损失7987万元。做好信访举报工作，推进检举举报平台建设，信访举报总量、越级访、重复访分别下降36.5%、29.6%、47.6%。 整治涉黑涉恶腐败及“保护伞”。全面起底问题线索，全市受理涉黑涉恶腐败和“保护伞”线索715条，处分303人，移送司法机关16人。以谢某、杨某某充当“保护伞”案深入开展警示教育。中央扫黑除恶专项斗争督导组对长沙市工作成效予以肯定。开展“3·23”全市廉洁从政警示教育活动。改造廉政警示教育基地，接待党员干部2.5万人次。办好《廉洁长沙》电视专栏、微信公众号，拍摄警示片《黑洞》《勿忘初心2》，浓厚崇廉尚廉氛围。

【办结案件纪律处分执行情况专项检查】 2019年2月28日，市纪委市监委下发通知，对中共十八大以来全市纪检监察机关办结案件的纪律处分执行情况开展专项检查。此次专项检查要求各区县（市）纪委监委对中共十八大以来辖区内办结的违纪违法案件、市纪委市监委各派驻纪检监察组对所监督单位自中共十八大以来被处分人员的纪律处分决定执行情况进行一次“拉网式”检查，重点检查被处分人的工资和奖金的发放、职务职级的调整、年度考核的评定、纪律处分决定的宣布和归档、处分影响期内的评先评优等事项的执行情况。同时要求各单位在梳理查找的基础上按照要求填写台账，并形成书面检查分析报告，对处分决定执行中不到位、不规范的问题进行整改。

【扫黑除恶专项斗争工作推进会】 2019年3月27日召开。会议听取专项斗争相关工作的进展情况，对线索处置、案件督导等重点工作进行部署调度。要求机关各责任部门要紧盯工作目标，积极履行职责，以问题为导向，以查处促整改，注重总结经验做法，推动专项斗争取得更大的成效。

【整治形式主义官僚主义8条措施出台】 2019年5月9日，市纪委市监委针对实际工作中存在的形式主义官僚主义问题提出8条具体整治措施，带头推动集中整治形式主义官僚主义落地见效。8条具体整治措施包括：整治“文山会海”，腾出时间抓落实；改进宣传报道，纠治不重实效重包装；改进检查考核方式，力求考准考实；压减归并专项治理，减少各类报表；改进谈话函询方法，减轻干部心理负担；做实监督第一职责，强化精准监督；精准有效用好问责利器，激励干部担当作为；杜绝特权思想，切实转变工作作风。

【向特约监察员通报半年度工作情况】 2019年7月18日，长沙市纪委市监委在市委党校向市监委第一届特约监察员通报半年度工作并开展业务学习交流。市纪委市监委有关内设机构负责人分别介绍市纪委市监委组织机构、信访工作流程、问题线索分办流程、违纪违法案件审理流程等特约监察员重点关注事项。会后，参加此次活动的全体人员参观长沙市廉政警示教育基地。

【贯彻《中国共产党纪律检查机关监督执纪工作规则》《监察机关监督执法工作规定》培训班】 2019年10月23—24日，市纪委市监委贯彻《中国共产党纪律检查机关监督执纪工作规则》和《监察机关监督执法工作规定》（以下简称《规则》《规定》）培训班在长沙市会议中心举行。省纪委常委、市委常委、市纪委书记、市监委主任蔡亭英以《发扬斗争精神 增强斗争本领 锻造新时代纪检监察铁军》为题，为全体参训学员讲授“不忘初心、牢记使命”主题教育专题党课。市纪委市监委领导班子成员，市纪委市监委机关、派驻纪检监察组及市委巡察机构全体干部，各园区、市管国有企业、市属高职院校、市公立医院、市直纪检监察工委有关人员400余人参加培训。

【中央扫黑除恶小组到长沙实地督导】 2019年4月18—24日，中央扫黑除恶第16督导组第3小组到长沙市开展督导。督导期间，督导组一行到机关单位、基层一线和人民群众中，对长沙市扫黑除恶专项斗争开展情况进行指导和精准“会诊”。4月24日，中央扫黑除恶第16督导组下沉长沙市督导情况反馈会召开。中央扫黑除恶第16督导组副组长马瑞民向长沙市反馈督导情况。省委常委、市委书记胡衡华就做好督导整改工作作表态发言。中央扫黑除恶第16督导组第3小组组长李京、副组长尹仲年及小组成员，市领导蔡亭英、钟钢、夏建平、张宏益、唐向阳，市中级人民法院院长肖新平、市人民检察院检察长王勋爵出席。督导中发现，长沙市扫黑除恶专项斗争还存在相关问题：个别单位重视程度还需进一步提高、线索摸排还需进一步深入、打击力度还需进一步加大、协调推进还需进一步加强、基层基础工作还需进一步加强等。

巡察工作

【概况】 2019年，长沙市对12家市管企业、16个政府职能部门、14个事业单位和群团组织开展常规巡察，发现并反馈问题1433个，移交问题线索立案33件，督促退缴费用8125万元，推动“最多跑一次”落实不力等43个方面的问题立行立改。协同推进市县巡察，提级巡察4个信访问题突出的乡镇及所辖村。区县（市）党委巡察党组织106个，延伸巡察村（社区）党组织428个。推进巡视巡察整改。市委扛起整改主体责任，完成省委巡视反馈的14个方面问题整改，推动解决“违规广告牌拆除”等历史疑难问题。建立巡察整改情况向市委报告机制，推动真改实改。

【第七轮巡察工作启动】 2019年3月7日，十三届市委第七轮巡察工作动员部署会召开。省纪委常委、市委常委、市纪委书记、市监委主任蔡亭英出席并讲话。市委常委、市委组织部部长张宏益主持会议。此轮集中巡察时间为2个月，3月初统一进驻被巡察单位开展巡察工作。市委派出7个巡察组分别对长沙银行股份有限公司、长沙市产业投资集团有限公司、长沙先导投资控股集团有限公司、湖南粮食集团有限责任公司、长沙市城市建设投资开发集团有限公司、长沙房产（集团）有限公司、长沙环路建设开发集团有限公司（湖南投资集团股份有限公司）、曙光电子集团有限公司、长沙市建设发展集团有限公司、长沙市国有资本投资运营集团有限公司、湖南龙骧交通发展集团有限责任公司、长沙市燃气实业有限公司12家市属国有企业党组织开展常规巡察；对岳麓区橘子洲街道、后湖新村，芙蓉区东屯渡街道、金科社区，长沙县黄花镇、机场口社区，宁乡市灰汤镇、灰汤村4个乡镇（街道）以及对应村（社区）开展提级交叉巡察。此轮巡察重点围绕国有企业开展，同时对乡镇（街道）、村（社区）进行提级交叉巡察，进一步创新巡察方式、提升巡察效能。

【第八轮巡察全部进驻】 2019年8

月30日，长沙市委第七巡察组巡察市民政局党委动员会召开，标志着十三届市委第八轮巡察全部完成进驻。此轮巡察共统筹安排8个市委巡察组，采取“一拖二”工作方式，对市发展改革委、市生态环境局、市财政局、市住房城乡建设局、市农业农村局、市统计局、市民宗局、市林业局、市体育局、市商务局、市人防办、市国资委、市民政局、市应急局、市人居环境局、市信访局16个单位党组织开展常规巡察。

【第九轮巡察工作动员部署会】 2019年11月28日，在长沙召开。省纪委常委、市委常委、市纪委书记、市监委主任蔡亭英出席会议并作动员讲话，市委常委、市委组织部部长张宏益主持会议。此次会议是在全市开展“不忘初心、牢记使命”主题教育的背景下召开。会上，张宏益宣布各巡察组组长、副组长授权安排。此轮巡察共7个巡察组，采取“一拖二”模式，对岳麓山风景名胜区管理局、市政府驻北京联络处、市档案馆、市广播电视台、市残联、市工商联、市接待服务中心、长沙晚报社、市科协、市委党校、刘少奇同志纪念馆（刘少奇故里管理局）、市地方志编纂室、市公共工程建设中心、市委党史研究室14个事业单位和群团组织党组织开展常规巡察。

【市委巡察工作领导小组会议】 2019年3月27日，在长沙召开，省纪委常委、市委常委、市纪委书记、市监委主任、市委巡察工作领导小组组长蔡亭英主持，市委常委、市委组织部部长、市委巡察工作领导小组副组长张宏益出席。会议通报了省委第四巡视组对长沙巡察工作专项检查反馈意见的整改落实情况，并传达省委巡视巡察工作有关会议精神。2月25日，省委第四巡视组向市委反馈巡察专项检查意见，对全市巡察工作给予充分肯定，对存在的主要问题提出具体整改要求。根据市委巡察工作领导小组部署安排，市委巡察办会同有关部门迅速制定下发整改方案，组建整改工作机构，结合长沙实际制定意见整改任务分解表，逐条逐项明确整改措施和要求、责任单位以及完成时间，推动巡察专项检查整改工作立行立改、举一反三、巩固提升。

党风廉政建设

【市纪委市监委派驻机构述职述廉述责会议】 2019年1月4日召开，省纪委常委，市委常委、市纪委书记、市监委主任蔡亭英出席会议。会上，31个派驻纪检监察组负责人逐一上台，畅谈感受、交流心得，并接受现场评议。全年31家派驻纪检监察组“边组建、边工作”，认真履职尽责，在压实被监督单位党组（党委）主体责任、强化日常监督、建立健全廉政风险防控机制，推动驻在单位政治生态不断净化等方面做出积极贡献。2018年，办理问题线索951件，初核474件，立案278件，给予党纪政务处分295人，移送司法机关1人。

【党风政风监督员和特约监察员聘任（请）会议】 2019年2月18日召开。省纪委常委、市委常委、市纪委书记、市监委主任蔡亭英强调，聘任监督员和监察员具有重大的时代意义，是延伸监督触角、提升纪检监察工作水平的有效方式，也是纪检监察机关开门反腐，主动接受民主监督、社会监督和舆论监督的重要举措。会议为新聘任的50名党风政风监督员和14位特约监察员颁发聘书和工作证。

【全市党风廉政建设和反腐败工作情况通报会】 2019年12月31日召开。省纪委常委、市委常委、市纪委书记、市监委主任蔡亭英，市委常委、市委统战部部长谭小平出席。与会人员观看《使命——长沙市纪委市监委2019年工作纪实》专题片，详细了解全市党风廉政建设和反腐败工作情况，以及2018年相关意见建议落实情况。与会的各民主党派长沙市委、市工商联负责人和无党派代表人士分别发言，充分肯定工作成效，并提出意见建议。

【全市纪检监察干部参加全员培训专项测试】 2019年12月27日，长沙市纪检监察系统1200余名专职纪检监察干部分别汇集在10个考点参加全员培训专项测试。省纪委常委、市委常委、市纪委书记、市监委主任蔡亭英等委领导带头参加考试。考试全程闭卷，测试时间45分钟，考点涵盖《中国共产党章程》《中国共产党纪律检查机关监督执纪工作规则》《监察机关监督执法工作规定》《中华人民共和国监察法》《中国共产党纪律处分条例》等纪检监察业务知识。长沙市纪检监察系统集中在12月27日统一开展第一轮专项考核测评，组织市县两级纪检监察机关进行自测。其中，市纪委市监委机关、派驻纪检监察组、市属高职院校、市管国有企业及园区共470余名纪检监察干部集中在长沙市会议中心进行测试。9个区县（市）全体纪检监察干部分别在各区县（市）纪委监委考点进行测试。2019年全市共组织开办培训班66期，其中市级6期、县级60期；培训人数8300余人次，其中市级1700余人次、县级6600余人次，实现全市2100余名纪检监察干部培训全员覆盖。

【“激扬青春　放飞梦想”纪念五四运动100周年主题演讲会】 2019年5月6日，长沙市纪委市监委“激扬青春　放飞梦想”纪念五四运动100周年主题演讲会举办。市纪委市监委机关、市纪委市监委派驻纪检监察组、市委巡察机构的15名青年干部登台演讲。省纪委常委、市委常委、市纪委书记、市监委主任蔡亭英出席。青年纪检监察干部们以《只要热爱　就不平凡》《青春的味道》《怀揣初心　与梦同行》等为题，立足本职工作结合所思所想，分别讲述身边人兢兢业业履职、默默无闻奉献的故事，查处贪腐案件、护卫党纪国法的感悟，自己对时代责任和青春使命的清醒认识等内容，展示市纪委监委青年干部的精神姿态。

2019年5月6日，长沙市纪委市监委“激扬青春 放飞梦想”纪念五四运动100周年主题演讲会举办

市纪委市监委 供图

【长沙市纪检监察系统领导干部工作实务培训班】 2019年6月10日，长沙市纪检监察系统领导干部工作实务培训班开班。省纪委常委、市委常委、市纪委书记、市监委主任蔡亭英以《不忘初心、牢记使命，努力推动新时代纪检监察工作高质量发展》为题主讲开班第一课。此次培训班参训涵盖市纪委市监委机关、市委巡察机构、市纪委市监委派驻机构、市直纪检监察工委、园区、市管国有企业、市属高职院校、市公立医院及区县（市）纪委监委有关人员近300人。

【长沙市首个廉洁文化示范点——秧田耕读文化园挂牌】 2019年6月27日，长沙市首个廉洁文化示范点——秧田耕读文化园挂牌。省纪委常委、市委常委、市纪委书记、市监委主任蔡亭英和市委常委、浏阳市委书记黎春秋共同为其揭牌。秧田耕读文化馆占地0.27公顷，镇村投资600万余元，其中社会捐资40万余元。该馆共分6个展厅，分别为《山川形胜——筚路蓝缕》《勤耕不辍——仓廪充盈》《崇文尚教——诗礼传家》《莘莘学子——社稷英才》《耕耘天下——回馈乡邻》《展望未来——最美乡村》，分别展示秧田村的历史回眸、耕作文化、读书文化、学界精英、公德楷模、发展前景。作为长沙市首个廉洁文化示范点，该耕读文化园依托秧田村“勤”“耕”“廉”“俭”等家风家教和地方特色打造而成，按照全域乡村旅游建设的标准设计景点标识，全线引入语音导览系统。园区有600余年历史的老龙井、400余年历史的老桥亭、300余年历史的罗氏老槽门、民国时期的浏阳龙舟赛场——秧田龙舟码头等一批历史景观，有耕读文化馆、博士墙、廉文化墙、廉荷园等具有廉洁教育意义的现代景点，开设“亲子耕作”“博士授课”“家风诵读”“国学教育”等特色体验项目。

【长沙市基层纪检监察领导干部工作实务培训班】 2019年10月10日，长沙市基层纪检监察领导干部工作实务培训班（第一期）在市委党校开班，全市内五区副科级以上纪检监察干部共240余人集中参加培训。此次培训紧扣“讲政治、练内功、提素质、强本领”主题，10堂课程全部由市纪委市监委领导干部和业务骨干担任主讲。2019年，全市开展全员培训、业务培训4100余人次，培训延伸至村级纪检小组成员，基本实现培训对象全覆盖。

（本栏撰稿 侯小贝）

民主党派·工商联

DEMOCRATIC PARTIES AND FEDERATION OF INDUSTRY ADN COMMERCE

编辑 周海波

中国国民党革命委员会长沙市委员会

【概况】 2019年，中国国民党革命委员会长沙市委员会（以下简称“民革长沙市委”）有党员1320人，平均年龄56岁，大学文化程度以上777人，占党员总数的59%，具有中高级职称642人，占48%。6个工委、1个总支、52个支部。

【参政议政】 2019年，民革长沙市委完成调研课题，分别为《关于构筑高校大学生网络防护体系的调研》《关于以村级集体经济发展，助推湘村振兴的调研》《关于建设创新资源与落地企业共同体的调研》《关于加快长沙市职业教育实训基地体系建设的调研》《关于加快推进行政审批事项全程通办，打造政务服务升级版的调研》。政协长沙市第十二届委员会第三次会议，民革长沙市委提交《关于倾力打造马栏山“视频产业生态圈”，助推“中国V谷”蝶变升级的建议》《关于将湖南柏加打造成国际园林博览园的建议》《加强城市地下管网建设，提升城市安全发展水平》《加快推进长沙市智慧医疗信息产业化发展，打造我省自主可控产业发展排头兵》《关于进一步完善长沙市产权交易市场的建议》《呵护司法人才的建议》《关于恢复捞刀河抗日陵园的建议》7篇集体提案。《关于加强城市地下管网建设的建议》评为2019年度优秀提案。主委朱建军作《关于倾力打造马栏山“视频产业生态圈”，助推“中国V谷”蝶变升级的建议》的专题调研汇报发言。市政协委员李玲《关于规范冷链物流充分发挥进口肉类指定查验场作用的提案》被评为长沙市政协2019年度优秀提案。民革长沙市委和民革开福区工委以集体提案形式提交的《关于恢复捞刀河抗战纪念园的提案》得到市、区两级政协的重视，秀峰山公园抗战纪念景观建设工作立项启动。

民革长沙市委向民革湖南省委、市政协、市委统战部报送信息280余篇。社情民意被湖南省政协采用4篇、市政协采用8篇、市领导批示6篇；统战信息被湖南省委统战部采用3篇、市委统战部采用25篇；民革中央采用1篇、民革湖南省委采用40篇。李思慧撰写的《进一步做好“大棚房”整治工作，避免“一刀切”》被民革中央采用；聂志强撰写的《“税收土政策”亟须叫停》《关于规范网约车管理的建议》2篇社情民意被湖南省政协采用，廖耀群撰写的《建议尽快调整“醉驾入刑”标准》、刘洋撰写的《关于防范单用途预付消费卡“跑路”风险的建议》被省政协采用；朱建军主持完成的“InSAR（雷达干涉测量）毫米级地表形变监测的关键技术及应用”项目获国家科技进步二等奖，刘雄和田灿撰写的《29所中山希望书屋落地湖南贫困地区》、陈梦真撰写的《程潜公馆入选全国重点文物保护单位》3篇统战信息被湖南省委统战部采用。

【组织建设】 2019年，民革长沙市委发展党员58人，平均年龄36岁，男性31人，女性27人，硕士研究生学历5人，中级以上职称17人，具有民革特色15人。开展基层组织规范化建设，按照民革中央编写的《中国国民党革命委员会支部工作手册》开展工作。按照民革中央、民革省委关于示范支部创建的精神，完善《基层组织评估办法（试行）》，对各基层组织进行量化评估，雨花区四支部被评为“民革全国示范支部”。打造13个支部党员之家，其中二轻系统支部被评为“民革全国优秀党员之家”。完成汽工支部、芙蓉区二支部等12个基层支部的人事调整工作。根据市委对市人大代表、市政协委员增补的要求，推荐1位党员作为市政协委员增补人选；推荐1位党员在本职工作中向更高的工作岗位发展；推选25位新党员参加市社院举办的各民主党派新成员培训班，推荐6位党员参加市委统战部举办的民主党派骨干成员政治素质提升班学习，推荐8位党员参加市委统战部举办的民主党派骨干成员培训班学习。每周一机关例会组织学习作风廉政建设有关文件和制度，召开2019年度廉政作风建设专题会议；根据《中共长沙市委组织部关于做好公务员职务与职级并行制度实施工作的通知》精神，做好机关干部的职级套转与晋升工作；2019年民革长沙市委会机关评为“文明单位”。办公室工作获民革省委2018年度办公室工作量化考核一等奖、组织工作获民革省委2018年度组织工作量化考核三等奖。

【思想建设】 2019年，民革长沙市委领导班子成员到基层组织开展主题教育和廉政警示教育宣讲，为基层党员讲党课，宣讲主题教育活动重大意义和上级精神，开展宣讲15次，受众党员600人次。出台《“不忘合作初心，继续携手前进”主题教育活动实施方案的通知》和《民革长沙市委开展“不忘合作初心，继续携手前进”主题教育活动“十个一”工作》，全年开展主题教育活动20余次。到联系基层支部作主题教育宣讲，并听取党员对民革长沙市委主委班子意见建议，收集72条意见建议。浏阳市工委开展以“入党为什么，为党做什么”为主题的大讨论，组织党员到四川、重庆开展党史学习活动；二轻系统支部到广州开展“观故居，走多党合作之路”主题教育活动；岳麓区二支部党员高奇代表民革获湖南省“不忘合作初心，继续携手前进”演讲比赛二等奖；老年工作委员会和青年工作委员会先后开展“不忘合作初心，继续携手前进”的主题学习座谈会。新闻媒体报道民革长沙市委工作120余次，《团结报》等国家级报刊报道10余次；《潇湘晨报》《三湘都市报》《长沙晚报》和长沙新闻联播等地方媒体报道50余次；中新网、新华网、三湘统战网、人民政协网、红网、星辰在

线等主流网站报道60余次；《长沙统一战线》刊文8篇。“长沙民革”微信公众号关注人数增长。宣传工作获民革湖南省委2018年度宣传工作量化考核一等奖。

【社会服务】 2019年，民革长沙市委与湖南唐人万寿园清明节前夕和抗战胜利纪念日分别举行抗战老兵集体安葬仪式安葬25位抗战老兵及家属。共举行10次集体安葬仪式，共安葬138位抗战老兵及家属。民革长沙市委与长沙市教育局联合下发《关于开展“助万家学子爱上阅读”书籍捐赠活动的通知》，接收4.9万余册青少年课外读物。通过基层支部捐赠，以及湖南教育报刊集团《小学生导刊》、开福区政协提案委、湘江集团党外人士联合会梅溪湖公司分会等单位的支持，募集近2万册图书。2019年，在龙山、纳雍、浏阳、洞口、宁乡等地区，设立中山希望书屋14个，捐赠书籍6万余册。联合经济工作委员会，在长沙博雅卫生中等专业学校开办“一家一”助学就业·同心温暖工程“民革·长沙同心班”。组织城建局支部、一医院总支、中山希望书屋、机关支部等基层组织，到长沙市龙山县开展义诊助学扶贫活动，为200余名居民进行义诊，向石牌镇中心医院捐赠价值14.61万元的药品，向石牌镇下池小学赠送3000册图书，向5位贫困学生捐助3000元/人的助学款。芙蓉区工委募集4万余元，与芙蓉区西湖社区建设同心书屋。岳麓区工委联合4家专科医院，在岳麓区荷叶塘社区开展义诊进社区活动。雨花区工委联合长郡雨花外国语洪塘学校、长郡雨花外国语第一附属小学，到常德市石门县洞国学校签订结对帮扶协议。开福区工委开展“携手精准扶贫·共享美好生活”全国助残日节日慰问活动。天心区工委联合湖南暄美口腔医疗管理公司开展天心区“全国爱牙日”主题公益活动。望城区支部发起“爱心助农·关爱老兵”西红柿义卖活动。金融系统支部到双峰县街埠小学开展助学暨援建中山希望书屋活动。教委支部到宁乡市花园小学开展“送教下乡”助学活动。城建局支部开展环卫工人节慰问活动。教科文卫体委员会联合一医院总支组织专家党员到贵州省纳雍县人民医院开展义诊。开展“法律服务·民革在行动”活动。雨花区四支部与北京盈科（长沙）律师事务所到洞井街道开展“3·15”公益普法活动，在赤岗冲小学开展法律援助进校园活动，讲授“拒绝校园暴力、预防性侵”主题讲座。社会和法制委员会联合开福区工委举办“张扣扣一案大家谈”法律沙龙活动。开福区二支部主委、湖南清枫律师事务所副主任刘洋在江湾社区开设“同心携手·抵制校园暴力”为主题的普法课程。社会服务工作获民革湖南省委2018年度社会服务工作量化考核二等奖。

【促进祖国和平统一工作】 2019年，民革长沙市委祖统委员会组织现代休闲农业考察团到中国台湾进行为期7天考察；接待中国台湾高雄基层代表人士大陆参访团一行，组织参访团到长沙市芙蓉区湘湖街道西湖社区实地调研并开展座谈交流。长沙市海峡两岸创新创业基地作为社会服务和促进祖国和平统一工作融合的平台，以落实国家“创新创业”政策以及加强对台经济文化交流为宗旨，引进两岸创业企业34家，台资企业22家，涉及教育、医疗、科技、文化等多个领域，接待各类台商台胞考察参访团100余批次，1600余人次。

（本栏撰稿 何雅琪）

中国民主同盟长沙市委员会

【概况】 2019年，中国民主同盟长沙委员会（以下简称“民盟长沙市委”）有盟员1917人，平均年龄53.32岁，具有中、高级专业技术职称的占74.75%，大学以上学历盟员占80.08%，下设5个区工作委员会、51个支部。

【参政议政】 2019年，民盟长沙市委在“两会”期间，提交集体提案5件。《申创国家产教融合试点城市推进长沙产业与教育同步高质量发展》被列为长沙市政协大会书面发言材料；《关于打造区域金融中心促进长沙市金融业高质量发展的提案》被长沙市委副书记、市长、湖南湘江新区党工委书记胡忠雄批示，市委常委、常务副市长夏建平领办。集体提案《关于推进长沙市质量强市战略的提案》被评为市政协优秀提案。4件个人提案被评为优秀提案，7篇社情民意信息被评为优秀稿件，杨庆江、曾梦佳、蒋慧琳、窦祝平被评为优秀市政协委员。

各级盟员人大代表、政协委员履职，提交建议、提案100余件，省级12件、市级48件，建议、提案涉及经济、医疗、教育、文化、法律、环境保护、社会治理等多个领域。收到基层报送选题32个，形成课题调研报告27篇，8个作为调研课题，6个转换为集体提案。

挂牌成立社情民意信息周彪名师工作室、曾梦佳名师工作室，聘任54位信息员组成社情民意信息员队伍。全年报送社情民意信息171篇，被各级采用163篇。《研发建筑垃圾再生骨料的建议》《高度警惕危险化学品预警系统接入互联网带来的巨大风险》《国内跨境电商涉美知识产权案件高和解率背后的风险》《关于给低速电动车装上“安全阀”的建议》《为产教融合校企合作安上“推进器”》《老城区有机更新建设要妥善处置文物保护点》《关于尽快制定〈个人破产法〉的建议》《绿心地区村民建房标准应精准施策》《中小微食品企业自行检验难题亟待破解》等多篇稿件被市政协评为社情民意信息优秀稿件。杨鲲被长沙市政协评为2019年度反映社情民意信息工作先进个人。民盟长沙市委被长沙市委统战部评为全市统战信息工作先进单位三等奖，李小灯被评为2019年度统战信息工作先进个人。

【组织建设】 2019年，民盟长沙市委有盟员1917人，新发展盟员62人，其中研究生以上学历16人，中级以上职称21人，平均年龄36.32岁。加强“盟员之家”建设，挂牌雨花非遗馆“盟员之家”。选送骨干盟员参加民盟中央、民盟省委、省市社院及统战系统各类培训和学习。长沙商贸旅游职院支部获“中国民主同盟高校基层组织盟务工作先进集体”称号。组织盟员到贵阳市参加西部城市盟务工作会议，与西部城市民盟长沙市委开展盟务工作交流，在会上作思想宣传工作经验交流发言。接待民盟中央社会服务部和兄弟民盟到长沙调研。召开主委班子成员民主生活会。机关推行“一岗双责”制度，落实岗位职责与廉政职责双上肩要求。监督委员会召开第二次全体委员会议，制订工作计划，组织廉政谈话，传达长沙市委廉政会议精神，列席各区工委工作会议，监督各级评先评优工作，监督各区工委、各支部的工作经费使用情况，书面征求各支部对区工委领导班子及区工委领导班子成员的意见建议。

【思想建设】 2019年，民盟长沙市委编印2期《长沙盟讯》，12期《工作简报》，推送微信公众号136期271篇。民盟湖南省委官网采稿46篇，长沙市委统战部和网采用72篇，长沙市政协和长沙市委统战部微信公众号采稿20篇，《长沙统一战线》杂志采稿5篇。民盟长沙市委获“民盟思想政治建设和宣传工作先进集体”称号，刘志红、杨鲲被民盟中央评为民盟思想政治建设和宣传工作先进个人。在李维汉故居挂牌湖南省首家民盟中央传统教育基地、在雨花非遗馆挂牌民盟（湖南）传统教育基地。

围绕中华人民共和国成立70周年、中国共产党领导的多党合作和政治协商制度确立70周年、民盟湖南省级组织成立70周年三大主题。组织盟员参加民盟湖南省级组织成立70周年系列纪念活动，民盟长沙市委被评为“民盟湖南省级组织成立70周年模范地方组织”，91名长沙盟员获民盟湖南省委“优秀盟员”或“优秀盟务工作者”称号，5个基层支部被评为先进集体。8人入选长沙市委统战部《“70年70人，同心耀星城”统战人物风采录》。

【社会服务】 2019年，民盟长沙市委开展“烛光行动”，配合民盟中央开展远程教育千校计划，牵线该计划在长沙多所学校落地。筹资220万元，捐建3个“民盟·同心班”，帮扶150余名贫困学子。举办“同心育蕙基金”颁奖典礼，向邵阳三都小学优秀师生颁发奖学金，并牵线三都小学与雨花区雅塘村小学结对帮扶。开展“黄丝带”帮教行动，走进强制戒毒所向青少年宣讲戒毒知识，巩固长沙孟妈妈青护园社会服务品牌。关注“地贫”儿童，举办“关爱地贫·让爱流淌”社会公益活动，筹集社会资金20万元。连续17年到浏阳市龙伏社区扶贫帮困，盟员丁志强、窦祝平的医院和企业为龙伏村近百位村民提供义诊、免费发放药品等服务，并指导村民网上销售农产品。

依托盟员周灿英任会长的长沙野生动植物保护协会开展“爱鸟周”“保护穿山甲行动”“全国科普宣传日”等环保宣传活动。携手大爱无疆文化促进会，组织长沙民盟志愿者服务队，为宁乡事实孤儿送春季助学款。联合湘知公益慈善促进会，向16户困难计生特殊家庭捐款5万元。盟员魏玛丽到通道县开展未成年人心理咨询教育活动。牵手“寸草心”社会服务中心，为雨花区关岛小学建立“绿房子·童心氧吧”心理咨询室。

举办“环保小卫士”“垃圾分类·我们在行动”等环保公益活动。举办“青少年心理与辨识行为”论坛，组织“湘知相伴·同心同行关爱失独家庭”活动。组织李荣等盟员开展精准扶贫，向平江县11位贫困村民发放5.5万元慰问金，向张家界市旅游职业学校贫困学子赠送3万元爱心款。联合天心区委统战部，开展同心社区创建，向社区同心书屋赠送500余册图书，并组织盟员书法家开展送春联活动。

【首个民盟传统教育基地挂牌】 2019年3月7日，“民盟传统教育基地”“盟员之家”挂牌仪式暨省市民盟2019年妇女节活动在雨花非遗馆举行。雨花非遗馆坐落于长沙市雨花区杉木冲东路198号，建筑面积4.8万平方米，由盟员郭存勇于2015年8月创办成立，是全国第一家大型民营非遗馆，集展示展演、收徒授艺、体验学习、交流研讨等多功能于一体，现创建全国中小学研学实践教育基地等20余个特色产业基地。雨花非遗馆是湖南省成立的首个民盟传统教育基地，也是民盟长沙市委挂牌成立的第九个盟员之家。雨花非遗馆民盟传统教育基地和盟员之家成立后，将成为省市各级民盟组织和盟员开展主题教育和学习实践活动的重要平台和社会实践基地。

【首个民盟中央传统教育基地挂牌】 2019年9月17日，湖南首个民盟中央传统教育基地（李维汉故居纪念馆）在长沙挂牌。李维汉故居位于长沙县高桥镇维汉村新屋组，是一处典型的清代南方民居建筑，是老一辈无产阶级革命家李维汉出生和早年生活的地方。李维汉故居纪念馆是湖南省文物保护单位和长沙市爱国主义教育基地，是民盟中央在湖南省设立的首个传统教育基地。该故居纪念馆藏有大量李维汉当年与民盟中央领导人交往的珍贵历史资料。2005年按原貌修复后实行免费对外开放，2011年被评为省级文物保护单位，并被授予“长沙市爱国主义教育基地”称号。建成以来接待群众14万人次。

（本栏撰稿 廖 亮）

2019年3月7日，湖南首个“民盟传统教育基地”在雨花非遗馆授牌

民盟长沙市委 供图

中国民主建国会长沙市委员会

【概况】 2019年，中国民主建国会长沙市委员会（以下简称“民建长沙市委”）有会员1135人，建成5个区工作委员会、33个支部、6个专门工作委员会、2个联谊会。民建长沙市委会机关设办公室（社会服务处）、组织处、参政议政处（宣传处），常委11人，委员会委员31人。

【参政议政】 2019年，民建长沙市委建立“常委领衔、骨干执笔、多方参与、协同配合”的调研机制，到广州、珠海、成都等地以及长沙经开区、长沙高新区等产业园区，对格力电器、三一重工、中电软件园等企业进行调研，掌握第一手调研资料与行业分析，形成《加快两业深度融合，推动长沙制造业高质量发展》《加快创建国际消费中心城市》等6个课题调研成果。参与市政协“推进农业供给侧结构性改革”调研，完成调研报告3篇。《“亲”“清”政商关系的法治逻辑与路径选择》获湖南省委统战部2019年理论课题评比第一名。在市政协十二届三次会议上，提交集体提案6件、界别提案1件、委员个人提案20余件。集体提案《关于落实长沙市构建“亲”“清”政商关系配套机制的提案》被评为获市政协优秀提案，获湖南省委常委、市委书记胡衡华批示，列为督办提案，由长沙市委常委、常务副市长夏建平领办。全年向中央、省、市各级报送社情民意和统战信息130余篇，《谨防中美贸易摩擦带来的失业风险》被全国政协采用。《关于提前做好防范出现“失业潮”的建议》获湖南省委常委、副省长谢建辉批示。《关于打通家庭医生签约服务最后一公里的建议》获副省长吴桂英批示，《夜间大型车辆噪声严重扰民亟须整治》《公益性社会组织打政策擦边球违规经营乱象亟待整治》《关于加强对老年人免费体检管理的建议》获市政协主席文树勋批示，《既有建筑安全管理亟待引起重视》获市政协主席文树勋、副市长廖建华分别批示。

【组织建设】 2019年，民建长沙市委参加市委统战部党外人士暑期谈心活动，配合市委统战部开展班子中期履职调研。班子成员结合自身工作职责进行民主谈心。发展新会员50人，平均年龄36.9岁，其中具有大学以上学历的40人。在市委党校举办新会员培训班，系统学习党的政治理论、统战知识与会的优良传统、会章会史。在刘少奇天华调查纪念馆进行红色教育，开展思想座谈。全年5批次240余名会员接受各类培训；结合“百千万党外人才计划”，做好人才储备推荐工作，77名会员纳入党外代表人士初选名单。加强机关工作信息化建设，完成市委会官网升级，推进会员电子管理平台更新。

【思想建设】 2019年，民建长沙市委以“三个70周年”为主题，精心组织“诗情画意·献礼祖国”插花纪念活动、“悦读青春·献礼祖国”青年读书活动与“我和我的祖国”演讲比赛。张海岸、彭庆光、王德军、张顺新获全市统一战线“70年70人·同心耀星城”荣誉表彰。副主委张海岸作为“身边的典型”，在全省民主党派先进人物事迹宣讲会上作典型报告。王心旭、刘敏、江跃龙、侯四海获市政协优秀委员、马晓获湖南发展非公有制经济和中小企业先进个人，会员企业魅力四射获长沙“十大夜经济”项目。

【社会服务】 2019年，民建长沙市委开展“思源民建班”对口帮扶，组织宁乡老粮仓中学“思源·长沙民建班”开展第二期夏令营活动。在全国温暖工程教育移民项目现场经验交流暨总结表彰大会上，民建长沙市委向湖南“一家一”助学就业·同心温暖工程爱心捐赠40万元。2019年，民建长沙市委及各基层开展社会服务活动60多项次，投入资金170万余元。民建长沙市委获民建中央“民建脱贫攻坚先进集体”荣誉称号，张海岸、王德军被民建中央授予“民建脱贫攻坚先进个人”，雷勇、顾涛、孔俊获“民建湖南省委社会服务先进个人”。

（本栏撰稿　刘稳振）

中国民主促进会长沙市委员会

【概况】　中国民主促进会长沙市委员会（以下简称“民进长沙市委”）设7个工委、54个基层支部、7个专门委员会。会员1141人，平均年龄52.7岁。女会员624人，占比59.9%，大学本科及以上学历会员占比67.6%。成员分布在教育、文化艺术、出版传媒、医药卫生、政府机关、经济、新的社会阶层、科学技术等界别，教育界64.8%，文化艺术3%，出版传媒1.3%，医药卫生4%，政府机关5.4%，经济9.8%，新的社会阶层6.8%，科学技术0.9%。

【参政议政】　2019年，民进长沙市委《关于依托智能系统测试区平台攻关核心技术和关键零部件形成人工智能产业高地》获湖南省委常委、长沙市委书记胡衡华批示，并作为提案得到湘江新区等部门的办理。《分类施策背景下推进长沙市民办教育发展》被评为市政协优秀提案。《营造民营企业创新创业发展良好环境》等3件个人或联名建议被评为市人大优秀建议。《进一步加强居民小区物业管理》等3件个人或联名提案被评为市政协优秀提案。

全年报送社情民意、统战信息180条，《建议进一步完善相关法规，促进跨境电子商务发展的建议》等3条信息被全国政协采纳；《突破网售化妆品“执法难”困境的建议》等16条信息被民进中央采纳；《关于规范小学起始年级零起点教学遏制幼儿园“小学化”倾向的建议》等7条信息被省政协采纳，《“退伍军人联盟车贴”张贴问题亟待整治》被湖南省委常委、副省长谢建辉批示；6条信息被市政协采纳。李佐立、龚耀武撰写的《关于尽快确立长沙城市原点的建议》被湖南省委常委、长沙市委书记胡衡华，市政协主席文树勋批示。经过前期论证，长沙城市原点规划选址方案获市人大常委会审议通过。

【组织建设】　2019年，民进长沙市委出台《主委班子成员联系基层制度》《常委、委员履职考评办法》，规范班子成员履职。实施“走访一批支部、举办一次示范观摩活动、宣传推介一批基层组织和会员、为基层解决一批难题”的“四个一”举措。重点走访湖南农业大学等12个高校、名校及特殊支部。到望城区支部开展“示范创建”观摩活动。各工委和支部参与“示范支部”创建，其中湖南女子学院等9个支部被评为省级示范支部，长沙师范学院等8个支部被评为市级示范支部。召开1次工委和支部主委大会、3次工委主委联席会议，实现对工委和基层组织工作的经常指导和联系。通过考评，直属工委获综合考评“特等奖”、宁乡市等4个工委获“一等奖”，雨花区等3个工委获“二等奖”。望城区支部、综合总支获“民进全国先进基层组织”称号，李佐立获“民进全国组织建设先进个人”称号。11个基层组织、11名基层组织负责人、6名会员获民进省委会表彰，69名会员获市级“优秀会员”“优秀会务工作者”称号。推进“优才入会工程”，全年发展新会员53人，“优才”13人；本科以上学历40人，硕士研究生12人，博士研究生3人；副高职称3人；平均年龄35.9岁。组织会员参加各级各类学习培训246人次。12名骨干会员推荐为副科级实职干部和中层以上管理岗位，2名会员增补为区政协委员。

【思想建设】　2019年，民进长沙市委《中国诗笺，有一个主题叫改革开放》等2篇被《民主》刊登；《深入田间地头，做科技助力产业扶贫教授》被《中国教育报》刊登；《我的山村，我的乡愁》等96篇被民进中央网站刊登；《改革开放四十年民营企业家成长路径和规律研究》等12篇被《楚帆》刊登；6篇被《长沙统一战线》刊登，另30多篇被《人民政协报》《长沙晚报》等主流媒体采用。《世代理论视阈中的新时代民营企业家成长路径研究》中标湖南省委统战部2019年度统战理论研究课题。《感悟三湘巨变坚定合作初心——“看巨变，凝共识，谋发展”学习考察活动体会》等文章入选《中国政协理论与实践汇编》，并在民进中央网站、《湘声报》公开发表。

【社会服务】　2019年，民进长沙市委为山园村争取环保专项资金30万元，为贫困户送去慰问金2万元。支持同心创建经费2万元并捐赠图书4000元。组织会内资深书法家到社区开展“春联万家”活动，为群众义务写赠春联和福字150幅。为吐鲁番市第六小学捐赠价值2万元的音乐教辅器材，看望慰问援疆支教会员。完成桑植县竹叶坪学校“同心梦想操场”的援建，发动会员捐款近16万元。将“阅读·梦飞翔”项目先进的理念和模式引进望城区内4所学校。兰力波资助贫困户子女1万元助学款。

（本栏撰稿　盛　敏）

中国农工民主党长沙市委员会

【概况】　2019年，中国农工民主党长沙市委员会（以下简称“农工党长沙市委”）有党员1070人，具有中、高级专业技术职称1019人，占总人数96%，平均年龄49.5岁。全市5个区工委、1个基层工委、6个总支、34个支部。

【参政议政】　2019年，农工党长沙市委向市政协提交4个集体提案，农

工党员中人大代表、政协委员在2019年“党两会”期间，提交建议、提案100余件。就“最多跑一次”、加快长沙临空经济示范区建设、城区噪声污染防治等问题开展民主评议、对口协商和界别协商，对2018年民主评议基层医疗卫生服务体系建设情况、岳麓山风景名胜区保护管理调研视察情况进行“回头看”。推进“产业项目建设年”“营商环境优化年”活动等中心工作，完成《关于加强农村人居环境整治，助推乡村振兴的调研》《关于加快我市物联网产业发展的调研》《坚持政治引领 实现创新发展——如何做好新时代新的社会阶层人士统战工作的调研》《深化行政效能改革 助力营商环境优化的调研》等课题。两次召开党员企业家座谈会，为党内企业家搭建交流合作平台。芙蓉区工委《关于尽快修订相关法律法规，以适应机构改革需要的建议》、天心区工委《关于打造天心区涉农公益信息平台的建议》、岳麓区工委《关于推进医联体建设的建议》、开福区工委《长沙医药健康产业园产业发展调查研究》、雨花区工委《新媒体环境下加强民主党派思想建设研究》、望城支部《长沙市人民政府关于促进民营经济高质量发展的实施意见》等调研报告，得到相关单位和部门认可。宁乡市基层工委配合湖南省政协与农工党湖南省委完成的《互联网+智能机器人+居家医养项目》的调研，得到湖南省委书记杜家毫等领导的批示。报送《关于推进我市垃圾分类环境社团组织公益事业，促进生态环境永续发展的建议》《关于在我省试点长期护理险的建议》《关于在医院手机微信挂号系统中绑定医保卡的建议》等30余条社情民意。其中《关于进一步减轻我市中小学生学业负担》的建议，转市教育局办理。《关于加强城市噪声污染防治的建议》被市政协采用。全国“两会”期间，向长沙市委统战部和农工党湖南省委报送《关于如何践行依法治国的建议》《关于完善外商投资法的建议》《关于健康扶贫的建议》《关于尽快修订相关法律法规，以适应政府机构改革需要的建议》等。撰写并向农工党湖南省委、长沙市委统战部、长沙市政协等报送宣传稿件40余篇。《关于进一步提升网格化管理水平的建议》调研课题获市长胡忠雄的批示，副市长谭勇主持办理。谭春华撰写的《关于橘子洲开发建设建议提案》入选湖南省人民政协70年优秀提案。

【组织建设】 2019年，农工党长沙市委开展“党员之家”创建活动，共创建八个“党员之家”。发展党员42人，有农工党员1070人。制定《农工党长沙市委廉洁风险预警提示活动实施方案》。开展庆“三八”妇女节——雨花非遗馆学习传统文化，体验非遗项目活动及欢度重阳节——健康知识讲座活动，全市300余名党员参加。完善党员后备人才库，向农工党湖南省委推荐优秀代表人士24人，向长沙市委统战部推荐市委班子成员后备人选15人、推荐省人大代表、省政协委员的党外代表人士及后备人选10人；组织5名基层组织负责人参加省委基层组织主委培训班，组织9名党员干部参加省委举办的副处级以上实职干部暨市级组织主委班子成员培训班，组织9名党员骨干到厦门大学开展“长沙市民主党派代表人士素质提升班”活动，组织25名新党员参加市社院举办的各民主党派新成员培训班，组织17名新党员参加农工党省委在怀化举办的新党员培训班，组织5名市委委员到中国人民大学参加“长沙市各民主党派骨干成员政治素质提升专题培训班”。组织2名党员干部参加农工党中央专门委员会在杭州富阳举办的“不忘合作初心主题教育”培训。

【思想建设】 2019年，农工党长沙市委在全党开展“主委讲党课”活动，省委会张灼华主委出席宁乡基层工委总结表彰会议，为宁乡基层工委的党员讲授党课，市委会主委龚振湘为全市基层组织负责人和党员骨干讲授农工党历史。制定《农工党长沙市委深入开展“不忘合作初心，继续携手前进”主题教育活动方案》，到芷江中国人民抗日战争胜利受降纪念馆和溆浦农工党湖南地方组织革命活动史料陈列馆参观学习，举办“庆祝中华人民共和国成立70周年、湖南和平解放70周年”专题讲座，开展“庆祝五四100周年，向祖国70华诞献礼”宣讲会、统战理论征文、健康健身运动会、党史知识和统战理论竞赛、书画摄影展等活动。

【社会服务】 2019年7月，农工党长沙市委主委龚振湘到宁乡东湖塘镇麻山村调研精准扶贫工作，捐赠麻山村贫困学生5万元爱心款。9月，组织17名医药专家和律师，到长沙县百录村开展医疗义诊、法律咨询、扶贫帮困社会服务活动，农工党长沙市委现场发放价值5万余元的药品，慰问贫困家庭10户，并向贫困村民捐赠爱心款1000元。为溆浦县北斗溪镇坪溪小学学生捐赠校服118套，书包等学习用品110个。开福区工委在湘西开展“手牵手一帮一”扶贫助学活动；雨花区工委筹集助学款2.17万元，帮扶桑植县贫困学子；宁乡基层工委在龙福新村开展乡村医养试点工作。

（本栏撰稿 周 倩）

中国致公党长沙市委员会

【概况】 2019年，中国致公党长沙市委员会（以下简称“致公党长沙市委”）紧扣长沙市“产业项目建设年”和“营商环境优化年”的工作，在致公党中央五年一度的评比表彰中评为全国“先进集体”“对外联络工作先进集体”。

【参政议政】 2019年，致公党长沙

市委向各级“两会”提交议案、建议和提案126件，5件集体提案1件作大会发言，1件作书面发言。《关于长沙市地方政府融资平台公司债务风险防控的提案》获湖南省委常委、长沙市委书记胡衡华批示，常务副市长夏建平督办，所提建议被市财政局、发改委、审计局、国资委和金融办采纳。致公党党员周帅军在市人大十五届四次会议上提交的《关于推动长沙优秀企业备战“科创板”的建议》被市人大常委会确定为督办件。《关于建议引进阿里云来长建设总部》的直通车建言获市委常委、统战部部长谭小平批示。《关于建设海外人才离岸创新创业基地的建议》和“有关第六届海归论坛情况汇报”通过“直通车”建言平台提交湖南省委常委、市委书记胡衡华和长沙市委副书记、市人民政府市长、湖南湘江新区党工委书记胡忠雄。《急救药物短缺、价格暴涨需引起重视》被全国政协采用；《关于在各级政协机关实行宪法宣誓制度的建议》《建议运用大数据技术加强逃税行为税收信息监管》被致公党中央采用；《建议采用延伸处方分流慢性病患者，推动分级诊疗制度落实》《“驻校社工”购买服务试点的建议》被湖南省政协采用。

【组织建设】　2019年，致公党长沙市委发展致公党党员39名（硕士研究生21名，博士研究生2名；有侨海关系38人），党员总数829人。24名推荐为省、市“百千万党外人才计划”代表人士。成立体育专业委员会、经济金融专业委员会和统战理论与党史研究委员会，专委会13个。3个支部被评为省级先进支部，15名党员获省级优秀党员，在致公党中央组织工作会议上，1名被评为“优秀组织工作者”，1名被评为“优秀党员”。修订完善《基层组织工作经费管理暂行规定》；制定出台《社情民意和统战信息工作实施办法》。

【思想建设】　2019年，致公党长沙市委开展“韶山行”主题教育学习活动，以主题教育活动和纪念三个70周年为契机，对标“四新”“三好”要求，通过首届羽毛球友谊赛、“江山如画”三省五市书画联展、“致多星”企业家交流分享会和海归论坛等系列活动开展实践教育。在《长沙致公》、长沙致公网和“长沙致公微信公众号”报道品牌工作、履职经验、先进事迹等400余篇，中国致公网采用100余篇、湖南致公网采用近200篇，“和网”采用100余篇。中国新闻网、《湖南日报》、《湘声报》、三湘统战网、红网、《长沙晚报》等主流媒体报道重点、亮点工作60余次。组建特约评论员队伍。致公党长沙市委会网站全面优化升级。开展“口述致公史”的采访编写工作，完成3名党员的采编。

【社会服务】　2019年，致公党长沙市委到宁乡珊瑚村和浏阳金源村实地调研座谈，为浏阳金源村的辣椒基地争取产业扶贫资金30万元。新建“致公·云畅班”“致公·华腾制药班”，致公班办班数量达到12个。联合湘贵实业有限公司，连续第12年到长沙市第二社会福利院基地开展慰问活动。引进小米生态链国声智能家电家居项目落户宁乡，引进阿里巴巴旗下第二大云计算品牌——浩鲸云计算科技公司在长沙建设总部，总投资约20亿元。引进中山证券湖南分公司落户芙蓉区，引进浙商资产、财富证券落户开福区。引进美国伯克利大学植物学博士后谢更新等高层次人才5人。谭笑丹等5名致公党党员被聘为长沙市营商环境特约监督员。致公党省市委侨海工作基地“海梦岛”创新社区投入运营。王棋南、刘家骥、刘家定获“庆祝中华人民共和国成立70周年”纪念章。蒋晓云获“湖南省五一巾帼奖章”；许毅获“全省归侨侨眷先进个人”称号；罗祖红获“全省先进社会工作者”称号；李丽入围全国“脱贫攻坚先进个人”评选；鄢艳入选2019年湖南省“湖湘青年英才”支持计划等。

【侨海工作】　2019年，致公党委中央第九届副省级城市暨第六届省会城市党务工作联席会议，致公党长沙市委作《深耕侨海资源，发挥本党特色》主题发言。2人被评为致公党中央“对外联络工作先进个人”。

2019年8月9日，长沙市人大常委会副主任、致公党市委主委王国海（左三）与到访的斯里兰卡驻华大使卡鲁纳塞纳（左二）、阿拉伯国家联盟驻华代表处主任马哈茂德（右三）参加“致公万里行”签名赠旗活动　　致公党长沙市委　供图

致公党长沙市委承办第六届海归论坛，开展“海外博士长沙行”活动，组织120余名海外博士考察湘江新区、参观橘子洲，了解湖湘文化、体验星城发展。举办专题宣传长沙人才政策的“智汇湘江、筑梦星城”推介会，100余名海外高层次人才到会。促成长沙与俄罗斯亚洲工业企业家联合会、美国布法罗大学等海外合作项目，推动长沙对外开放，扩大长沙朋友圈。

致公党长沙市委接待斯里兰卡驻华大使卡鲁纳塞纳、阿拉伯国家联盟驻华代表处主任马哈茂德等一行访问长沙。举办“服务‘一带一路’，深化交流合作”知名侨领代表座谈会，对来自法国、罗马尼亚等多国侨领宣传推介长沙。与洛杉矶江苏经济文化联合会、南加州华人联合总会、世贸联合基金总会、旅美湖南同乡会等开展“致公万里行”签名赠旗活动。“致公万里行”活动延伸至俄罗斯、澳大利亚、新加坡、菲律宾等10余个国家和地区，里程数增加50余万千米，总里程数逾300余万千米。

【“致公·云畅班”开班】 2019年，致公党长沙市委向社会各界宣传致公助学，争取党内外、省内外、海内外力量的支持，平均每年开办1个以上的致公班，探索多种途径资助贫困学子。2019年，创新帮扶模式，与湖南融港信息科技有限公司、长沙职业技术学院共同创建“致公·云畅班”。11月6日，“致公·云畅班”开班仪式暨云畅班“致爱小组”首期活动在长沙职业技术学院举行，湖南省人大常委会委员、致公党湖南省委专职副主委向佐谊，长沙职业技术学院书记彭惊雷，致公党湖南省委社会服务处处长彭晖，长沙市委统战部副部长刘佳勇，致公党长沙市委专职副主委枭燕出席活动。“致公·云畅班”全体师生与信息技术分院100余名学生参加活动。长沙市委统战部副部长刘佳勇和致公党长沙市委专职副主委枭燕向学院“致公·云畅班”挂牌，学院“致公·云畅班”班主任陈采英接牌。

（本栏撰稿　彭　磊）

九三学社长沙市委员会

【概况】 2019年九三学社长沙市委员会（以下简称“九三学社长沙市委”）发展社员40人，2名为长沙市非物质文化遗产传承人，硕士学历10人，博士5人，副科级以上干部3人，正科级干部1人，海外留学归国人员3人。有成员767人，高中级职称658人，占85.8%，女性325人，占42.5%。九三学社长沙市委设基层支社27个，设芙蓉、天心、岳麓、开福、雨花5个区工作委员会和参政议政、科技创新、城乡发展、社会法制、医药卫生、教育文化、妇女、青年、老龄9个专门工作委员会。

【参政议政】 2019年，九三学社长沙市委完成《营造南部片区良好软环境，引领长株潭融城步伐》《提高公交驾驶员职业幸福感，推进长沙市公交行业有序健康发展》《新时代职业教育改革与品牌化的长沙方案研究》《以两个建设年为抓手推动长沙制造业高质量发展》4个调研课题。九三学社长沙市委向市政协提交集体提案5件，个人提案40件。集体提案《治理霾污染，打赢蓝天保卫战》得到湖南省委常委、市委书记胡衡华批示，评为市政协优秀提案，列为市政协督办提案，由副市长刘明理领衔督办。上报社情民意统战信息90条。社员徐大建撰写的《关于完善职业兽医制度的建议》被全国政协采用、邓子云撰写的《关于教育强国的建议》被中央统战部《零讯》综合采用、赵月明撰写的《非洲猪瘟与生猪生产恢复的建议》通过社湖南省委以直通车的形式被湖南省委书记杜家毫批示、邓子云撰写的《职业教育技能比赛应予规范》、熊艳红撰写的《关于重视女性盆底功能障碍性疾病诊治的建议》被省政协采用、徐大建撰写的《设立湘江长沙段水产种质资源保护区的建议》被市政协主席文树勋批示。

【组织建设】 2019年，九三学社长沙市委开展骨干社员走访活动，加强与社员的联系，了解社员的思想动态、听取意见和建议，邀请统战部领导走访骨干社员，向统战部门面对面地推荐优秀社员。加强对成员发展的管理，把牢社员的政策关和入口关，在增加数量的同时，注重质量和保持特色，优化社员年龄结构和行业结构。全年派送50名社员参加各类培训。3名社员参加九三学社湖南省委在福建社会主义学院举办的骨干社员培训班，14名社员参加长沙市委组织部、统战部举办各民主党派代表人士素质提升班。成立经开区二支社、望城区二支社。选出本职工作优秀的成员担任支委班子，围绕所在区域的中心工作参政议政提供组织保障。

【思想建设】 2019年，九三学社长沙市委实行各支社、专委会、区工委年度述职工作制度、年终总结检查评比制度。召开组织发展暨后备人才储备工作座谈会。落实常委联系慰问困难社员制度，每名常委结对帮扶1名困难社员，全年慰问社员230人次。全年派送50名社员参加各类培训。3名社员参加九三学社湖南省委在福建社会主义学院举办的骨干社员培训班，14名社员参加长沙市委组织部、统战部举办各民主党派代表人士素质提升班。

【社会服务】 2019年，九三学社长沙市委支持芙蓉区西湖社区建立“谊园议事厅”以及“九三科普馆”等同心创建品牌阵地，获省级同心社区。在平江县开展同心见真情·爱尔光明行和支教助学活动，组织医药卫生委定期开展眼健康教育及义诊活动，组织长郡支社在长沙县金井镇石板学校开展送课下乡活动；妇委会“沁心幸福工作室”开展100场关于婚姻家庭、情商管理、心理学等主题的公益讲座。九三学社长沙市委到浏阳市北盛镇燕舞洲、马安两所完全小学开展支教助学活动，为小学生捐献学习、生活用品、少先队鼓乐器材。统战招商工作实现突破，落地项目2个。

【湖南省第四届物联网行业峰会】 2019年11月19日，在世纪金源大酒店举办湖南省第四届物联网行业高峰论坛。峰会邀请中国网络空间安全协会副理事长杜跃进，以及社中央科技委副主任、工信部电子元器件研究中心总工程师郭源生分别就《物联世界，安全要被重新定义》和《5G+AI呼唤感知技术暨传感器创新与产业化应用》作精彩演讲。峰会围绕区块链技术、人工智能、智能制造等前沿和热点领域，举办高峰论坛、体验展览、推介会等系列活动，加强行业发展战略研究，推进标准建设，构建物联网行业生态圈，促进行业健康发展；促进政产学研合作，搭建科研成果转换平台；展示湖南省物联网发展成果，搭建政府营商环境宣传平台，促进政府招商引资工作。

【“九三青训营”第一期主题培训班启动】 2019年11月30日，九三学社长沙市委在开福区政府启动“九三青训营”第一期主题培训班，九三学社长沙市委150名年轻社员参加培训，这次培训班是将“九三青训营”打造成为集青年社员凝聚共识的新营地、薪火相传的新载体、积累经验的新课堂、沟通交流的新平台等功能于一身的“四新营地”。培训班观看卢光琇、陈化兰、龚震等优秀九三社员事迹的专题片，聆听社市委优秀青年社员谢江岸、曹孟良、曹科宁所分享的初心故事。社员程运林作为长沙市燃气锅炉（设备）低碳改造工作的首席技术专家，对控制长沙市环境空气污染排放总量工作进行全程技术指导，对长沙市环境空气质量的持续改善，打赢“蓝天保卫战”做出贡献。邓子云、李方敏两名社员入选湖南省121创新人才工程；社员徐大建被农业农村部选拔到马达加斯加执行为期两年的技术合作任务；社员孙英男参加湖南第九批援藏医疗队为期3年的援藏工作。 （本栏撰稿 周新建）

长沙市工商业联合会（总商会）

【概况】 长沙市工商业联合会（总商会）（以下简称“长沙市工商联”）连续五年获全国工商联“创新中国”奖，全市非公有制经济实现稳中有进，稳中提质，全年非公有制经济增加值6901.66亿元，比上年增长8.9%，占全市GDP 59.6%。全市工商联会员33461个，商协会326家，市级认定“四好”（班子建设好、团结教育好、服务发展好、自律规范好）商会229家，占70.2%。

【参政议政】 2019年，长沙市工商联完成年度长沙市委调研课题《以新兴优势产业链融合创新引领长株潭高质量一体化发展》，结合全国工商联问卷完成《长沙市民营企业评营商环境报告》。提交市政协集体提案8份，《关于协同创新驱动长沙民营企业高质量发展》的提案获湖南省委常委、市委书记胡衡华领办，直接推动市科技局出台《协同创新促进长沙高质量发展》文件。全年上报社情民意信息33篇，《解决农产品周期性滞销需要多管齐下共同发力》被全国政协采用，省政协采用2篇，市政协采用6篇。

【组织建设】 2019年，长沙市工商联开展“最美建设者”主题宣传活动，集中媒体资源对52名民营企业家进行采访报道。指导成立9个商协会党支部，全年新发展党员44名，直管党员数量536人，有商协会党组织47个，实现党建工作“两个覆盖”（组织覆盖和工作覆盖）。制定推进“四好”商会建设工作实施方案，召开全市乡镇（街道）商会组织建设现场经验交流会。指导长沙市哈尔滨商会等14家商会成立，衡阳商会等12家商会换届。开展“五好”（领导班子好、会员发展好、商会建设好、作用发挥好、工作保障好）县级工商联观摩互学互促活动，推进“五好”县级工商联建设工作，9个区县市工商联被评为全国“五好”工商联。

【营商环境优化】 2019年，全国工商联发布万家民营企业评营商环境报告，长沙在全国400余个城市中列第十位。长沙市工商联推荐100位优秀非公经济人士担任长沙市营商环境特约监督员，拟定《长沙市营商环境特约监督员工作规则》。会同市委统战部研究制定《长沙市政企常态化沟通制度》；协同市发改委出台《长沙市涉企政策听取企业家意见实施办法》。协助市委召开长沙市民营企业家座谈会；召开“推动制造业高质量发展”民营企业座谈会，收集整理企业家意见建议90条交相关部门办理。邀请发改、住建、规划、人社、科技、市场监管、环保、公安、检察等15个部门与民营企业面对面，推动解决企业问题535个。推进长沙民营经济改革创新发展示范区申报工作。长沙市成为中共中央、国务院出台《关于营造更好发展环境支持民营企业改革发展意见》后，全国第一个向国家发展改革委申报设立民营经济改革创新发展示范区的城市。联合举办“民营企业风险防范与化解”专题培训班。推动建立检察长联系商会和企业家制度，配合市检察院“长检馨声”法治巡讲团送法进园区、进商会（协会）、进企业。联合开展企业法律体检工作；收集政府部门及国有企事业单位拖欠民营企业账款问题和“新官不理旧事、政府及部门不诚信”案例报相关部门处理。成立全省第一家按照最高人民法院和全国工商联要求成立的商会商事调解组织，长沙市雨花区总商会商事调解中心。

【金融服务】 2019年，长沙市工商联“金融服务进商会进企业”系列活动——2019第八届长沙金融服务节开幕式暨金融服务“两个年”活动启动式在星沙举行。20余家在长金融机构现场布展，吸引200余家中小微企业主前来沟通咨询。长沙金融服务节已成为省会长沙市的金融盛会，为金融机构与中小微企业搭建起无缝对接的桥梁，解决长期困扰中小微企业的融资难、融资贵、融资慢等难题，通过宣传推介，吸引更多机构和投资者到长沙投资，让更多企业了解近年来长沙金融服务产业项目建设、服务实体经济、助推优化营商环境等方面的情况。7月27日，举办金融节银企对接长沙市岳阳县商会专场活动。20余家银行、企业负责人面对面交流，就企业发展过程中的融资需求、实际困难等进行沟通，多家中小微企业的融资意向与需求得到答复。商会搭桥银企面对面，解融资难题。服务371家中小微企业融资5.81亿元。发挥转贷基金、风险补偿基金的作用，为102家企业提供贷款2.75亿元。

【招商引资】 2019年，长沙市工商联开展“长沙市百家商会千户企业招商行动”。动员全市工商联系统参与，聘请38名招商大使，宣传推介长沙市22条产业链和招商项目。举办天津市湖南长沙商会成立大会暨长沙临空经济示范区招商推介会，第三届全国长沙商会联席会议暨长沙招商推介会，推介长沙产业布局及项目。全年协助引进落实项目5个，引资28.8亿元，收集招商信息25条。举办“一带一路”中国企业的机遇与前景——企业如何开展国际贸易的主题讲座。组织企业家参加2019中国（长沙）国际工程机械展览会、“鲁商入潇湘”经贸合作交流会、赣湘（上栗）经济合作交流会、合肥长江中游城市群省会城市第七届会商会等活动，为企业“走出去”提供精准服务。

【精准扶贫】 2019年，长沙市工商联开展“万企帮万村”精准扶贫行动。组织542家企业帮扶586个贫困村，惠及贫困人口3万余人。设立扶贫车间，成立邵阳保和基金（100万元），商协会、企业与保和村现场签订农产品销售等系列协议。打造“同心书屋”工作品牌，捐建龙山县茨岩塘镇中心小学、常宁市特殊教育学校等地同心书屋6个，捐赠价值143.5万元图书。联合开展“福苗计划”“同心助学”活动，向259名寒门学习发放扶助资金130.7万元。基金会全年支出262.92万元，用于社会救助、扶贫帮困、教育助学、农村基本建设等社会公益事业。帮扶龙山县茨岩塘镇种植17.33公顷中药材，助推饮水、教育等基本建设项目建成。

【第三届全国异地长沙商会联席会议暨长沙招商推介会举行】 2019年1月5日，由长沙市政府驻北京联络处、长沙市工商联共同主办的“第三届全国异地长沙商会联席会议暨长沙招商推介会”在北京举行。长沙市委常委、统战部部长谭小平，市政协副主席、市工商联主席彭继球，市委统战部副部长、市工商联党组书记丁文以及长沙市政府驻北京联络处主任雷曙超等领导出席会议。会议部署《长沙市百家商会千户企业招商行动》工作，号召各异地长沙商会引导企业到长沙投资兴业，为政府、园区与企业牵线搭桥，服务长沙市招商引资工作。岳麓区、雨花区、芙蓉区、马栏山视频文创园负责人先后就其重点片区和项目进行推介。博克森体育传媒等4家企业分别与马栏山视频文创园签订投资协议。久银投资控股等企业发起的湖南科技成果转化基金在本次活动中启动。

【长沙民营经济改革创新发展示范区申报】 2019年，长沙市工商联撰写《关于申报民营经济发展改革创新示范城市的建议》，到国家发改委专题汇报，完善创建总体方案，请求省政府以《湖南省人民政府关于商请支持设立长沙市民营经济改革创新发展示范区的函》形式争取国家发改委支持。长沙市作为中部地区湖南省省会城市，近十年增速居全国33个重点城市的首位，迈入“万亿俱乐部”。随着促进民营经济发展的“工业30条”“人才22条”“1+4”科技新政体系等相关政策优势显现，长沙民营经济发展迅速、基础坚实，具备“中部民营经济改革创新示范区”所应有的特征和潜力。

【“洞见5G，布局未来”智能制造产业融合峰会在长沙举办】 2019年5月11日，由长沙市工商联主办、59区全媒体和中继科技承办的“洞见5G，布局未来”智能制造产业融合峰会在长沙举行。长沙市政协副主席、长沙市工商联主席彭继球，甲骨文美国总部高级总监、博士朱日昕及130余名企业家、社会各界嘉宾与会，同时峰会进行同步直播，在线观看超过10万人次，分享与探讨5G时代下长沙智能制造产业融合的发展趋势。峰会特邀朱日昕、爱智慧科技CEO梁新刚就5G、智能制造、AI等进行精彩分享。 （本栏撰稿 唐铁瑜）

群众团体

MASS ORGANIZATIONS

编辑　江　雷

长沙市总工会

【概况】　长沙市总工会（以下简称“市总工会”）下辖3个开发区、6个区、3个县（市）总工会，4个驻会产业（系统）工会工委、11个委局产业（系统）工会工委，具有工会基层组织3.06万个，涵盖法人单位4.89万家，会员184万人，其中，农民工会员92万人。2019年，长沙市各级工会把学习、宣传、贯彻习近平新时代中国特色社会主义思想和中共十九大和十九届四中全会精神作为首要政治任务，通过组织形式多样的职工教育活动，推动相关精神进企业、进班组。联合市司法局、市律协组织普法服务队，深入基层开展普法活动，强化职工法律意识。开展庆祝中华人民共和国成立70周年“我和我的祖国”全市3万职工合唱比赛，践行社会主义核心价值观。弘扬劳模精神工匠精神，创新社会公开推选评选方法，开展长沙市劳模评选活动，评选表彰150名市级劳动模范和先进工作者。开展劳模宣讲，举办“劳模大讲坛”23场。策划组织“建功长沙，有你有我”系列宣传活动，先后推出20余名劳模工匠的深度报道，讲好长沙新时代产业工人、劳模工匠的先进故事，引导广大职工尊重劳模、学习劳模、争当劳模。加强职工文化阵地建设，鼓励支持园区和企业工会加强职工书屋的运营管理，全市推荐国家级职工书屋1家，便利型职工阅读站点6个，劳模书架10个，命名市级职工书屋示范点20家，征集奖励职工阅读学习活动优秀项目10个，选树职工书屋典型8个。举办职工主持人大赛和“寻找最美职工书屋”等品牌活动。市总工会成立工人文化宫改扩建项目建设管理领导小组，与市公建中心签订统建协议，制定建设项目资金管理办法，办结工人文化宫建设用地的划拨手续。制订各宫差异互补的功能需求方案。组织开展全市产业工人队伍思想状况、全市园区产业工人队伍建设情况、全市劳模基本状况等专项调研。牵头起草《长沙市新时代产业工人队伍建设改革三年行动计划》。召开全市“双联”暨城市困难职工解困脱困、新时代产业工人队伍建设改革推进会，构建产业工人技能体系，落实长沙人才新政22条，深入实施“长沙工匠锻造工程”“一户一产业工人培养工程”，全年培养安置就业1200余人。启动“劳模工匠师徒结对”活动，制定《长沙市优秀职工科技创新项目扶持金管理办法（试行）》，推动职工科技创新活动和“劳模和工匠人才创新工作室”创建工作。授予广汽三菱学院等7家企业和社会培训机构为“长沙市职工职业技能竞赛培训基地”，推荐3个省“湖湘工匠”培育和竞赛基地、4个省级示范性劳模和工匠人才创新工作室。长沙市总工会女校揭牌，全市选树5家女职工培训示范学校，为80余家基层单位送课上门。围绕市委市政府“产业项目建设年”和打造22条产业链的战略部署，选取重点产业、关键工种，开展“十行状元、百优工匠”竞赛活动，以工业企业、服务行业、重点工程、女职工芙蓉杯“四位一体”劳动竞赛为载体，组织开展“安康杯”安全生产竞赛、“垃圾分类”百日劳动竞赛、全市党校行政学院系统教学、普通中小学教师教学、结核病防治、生态环境监测、城乡居民两险征收等竞赛活动。长沙市总工会在全省工会参与道路交通安全工作电视电话会议上做典型发言。

【和谐劳动关系构建】　2019年，市总工会成立劳动关系领域维护政治安全工作领导小组，组织召开全市工会维权维稳工作座谈会，对工会维权维稳工作进行专项部署。选取21家企业作为工会劳动关系监测点，建立工会劳动关系研判和预警机制。与人社部门建立工作通报制度，加强与公安、信访、网信等部门的沟通协调，凝聚维稳处突的工作合力。加强“小三级”工会组织、队伍建设，发挥市劳动人事仲裁委员会河西派出庭作用，发展劳动关系仲裁员专职2名、兼职58名，在园区街道配备固定的劳动关系调解员480名，市工会参与劳动争议和劳资纠纷处置的联调联动机制基本形成。

【职工合法权益维护】　2019年，长沙工会全面开展“当好主人翁，建功新时代”网上民主管理活动，与市人社局联合推进全市工资集体协商工作，选树典型20个。发挥“12351”维权热线和信息平台的作用，全年共受理职工群众信访523件，其中基层工会工作、工资、劳动保护、企业改制等方面的来信、来访、来电总计418件。

【困难职工帮扶】　2019年，长沙工会对8000余名困难职工（农民工）开展帮扶慰问和大病救助，为3.47万人次提供就业创业服务，组织32.3万名在职职工参加医疗（住院）互助项目、14.4万女职工参加特殊疾病保障项目，共1.73万人次职工获得职工医疗互助和女职工特病补助金。实现工会医疗互助管理系统与市医保系统的数据交互对接，长沙工会“让数据多跑路，让职工少跑腿”的工作经验在全国工会医疗互助工作专题会议上作为典型推广。新建100个母婴关爱室和亲子关爱室并投入使用，选树20家儿童友好示范企业，10家EAP员工关怀计划单位。以“双联”和困难职工帮扶工作为载体，开展“千人帮千企”和“结对帮扶解困难，携手共建奔小康”等活动，对346户建档立卡困难职工家庭进行结对帮扶，80%以上建档立卡困难职工实现解困脱困。在全省“双联”暨城市困难职工解困脱困工作推进会上，长沙做典型发言。长沙市总工会被交通部、公安部、应急部、全国总工会、共青团中央联合授予2019年春运“情满旅途”活动成绩突出集体、全国春运工作先进称号。

【工会基层组织建设】 2019年，长沙工会出台《关于进一步加强全市商务楼宇商圈市场工会工作的指导意见》，实现对新业态就业群体有效覆盖，全市已建楼宇商圈工会79家，覆盖“两新”组织5600余家、职工6万余人。推进基层工会组织规范化建设，建立模范职工之家动态评估管理机制，出台《长沙市模范职工之家管理办法（试行）》。全市新增工会组织3176家，涵盖法人单位4781家，净增会员21.6万人，其中农民工会员18.2万人，培育选树市级模范职工之家64家。培育和选树各类先进典型24个，组织开展全市现场观摩交流活动，背靠背测评打分，规范引领全市“小三级”工会建设。围绕营商环境优化年要求，联合市税务局印发《关于补助全市免征企业增值税的小微企业工会经费的实施方案》通知，累计下拨基层项目补助经费872万元，补助免增企业增值税的小微企业工会经费金额合计34.45万元，减轻小微企业负担。编印《基层工会经审工作实务指导手册》，规范工会经费的管理和使用。制定印发《工会社会化工作者工资集体协商指导员考核管理办法》，累计面向社会招聘167名工会社会化工作者、13名工资集体协商指导员充实到乡镇街道工会，解决基层工会没人办事、没钱办事的问题。发挥“两微两网”工会新媒体矩阵作用，专设网络工作部，按照实名制管理要求，建设全市基层组织数据库和会员信息数据库，搭建具有长沙特色的“一系统、两门户、三平台”互联网+工会工作平台，实现工会职工网络互动、机关基层信息互联、网上网下工作互通。

【劳动模范表彰】 2019年4月19日，中共长沙市委、长沙市人民政府决定授予何建刚等86人长沙市劳动模范荣誉称号，授予吴金生等34人长沙市先进工作者称号，授予张学武等30人长沙市农业劳动模范荣誉称号。

2019年12月6日，长沙市2019年“十行状元·百优工匠”技能竞赛活动总结表彰会在市会议中心举行 市总工会 供图

【长沙市总工会被评为全国2019年春运“情满旅途”活动先进集体】 2019年7月8日，交通运输部、公安部、应急管理部、中华全国总工会、共青团中央联合发文通报表扬2019年春运“情满旅途”活动成绩突出集体和个人，长沙市总工会被评为先进集体。

【女职工培训学校新址揭牌】 2019年11月8日，长沙市总工会女职工培训学校新址在长沙市总工会四楼揭牌。学校新址已建成拥有多功能培训教室，具备丰富课程服务女职工素质提升的教育阵地和学习乐园，能够组织广大女职工参与培训，致力于培养和造就一支积极向上、富有活力的女职工队伍。

【长沙市2019年“十行状元·百优工匠”技能竞赛活动】 2019年12月6日，长沙市2019年“十行状元·百优工匠”技能竞赛活动总结表彰会暨“劳模工匠师徒结对”仪式在市会议中心举行。市委副书记朱健，省总工会党组成员、副主席李铁华，市人大常委会副主任、市总工会主席芮英姿，市委副秘书长谭慧慧，市人力资源和社会保障局局长张白云，市总工会党组书记、副主席周宏兆，市委组织部副县级组织员刘怀彧出席。会议表彰在“十行状元、百优工匠”竞赛活动中涌现出的技术能手和优秀竞赛组织单位。熊珠琦等各行业第一名选手获“十行状元”称号，被授予“长沙市五一劳动奖章”荣誉称号。陈耀宗等各行业第2~10名获奖选手被授予“百优工匠”称号。中联重科股份有限公司起重机分公司等25家单位被授予活动优秀组织单位称号。表彰结束后，现场举行100对“劳模工匠师徒结对”拜师仪式。

（本栏撰稿 丑 帅）

中国共产主义青年团长沙市委员会

【概况】 中国共产主义青年团长沙市委员会（以下简称“团市委”）下辖9个区县（市）、湖南湘江新区、长沙高新区、长沙经开区、宁乡经开区团（工）委，市直机关、市教育、市国资、市卫健系统团（工）委，长沙

学院、长沙职业技术学院、长沙商贸旅游职业技术学院、湖南都市职业学院、湖南电子科技职业学院、湖南信息职业技术学院、长沙卫生职业学院团委，长沙农商银行、长沙律师行业协会团委，基层团组织1.26万余个，团员23.95万余人。2019年，团市委围绕思想政治引领，完成中央电视台“我和我的祖国”橘子洲春节快闪观众组织工作，组织“向日葵”宣讲团宣讲92场、“长沙共青团青年讲师团”宣讲104场，“向日葵”青少年思想引领计划获全省共青团改革创新大赛一等奖；全市学校团组织开展集中入团仪式65场，示范性举办“青春心向党·建功新时代”特别主题团日主场活动4场，41.6万人次团员青年通过线上直播收看学习；在全省率先成立23家社区少工委，启动“儿童议事会”；创作宣传思想文化产品132个，被中央、省、市级媒体报道100余次；青年大学习网上主题团课10次排名全团地市级前三位；开展基层团支部书记“话党恩、讲团史”精品微团课竞赛、少先队“四十佳”推树等活动；召开市第七次少代会，颁发市第一届“星星火炬奖章”、命名10个市少先队名师工作室。围绕党政大局中心，参与岳麓山国家大学科技城建设，承办“岳麓·创讲堂”7场，运营大科城微信公众号；承办省首届青少年机器人与人工智能科技创新人才培养工作会议；承办央视财经频道《创业英雄汇》海选长沙站工作，争取10个项目参与全国角逐。举办五四主题活动麓山青年论坛和4场大型人才招聘宣讲会，帮助177家企业解决用工难题；从重点产业推选100名市级青年岗位能手、新创100家市级“群众（最）满意青年文明号”。推选十佳“领头雁”，举办长沙“农民丰收节”，成立金融顾问团，开展银企对接发放贷款2500万余元，“领头雁”工作获《人民日报》报道。参与互联网岳麓峰会、中非经贸博览会重宾接待，组织青年参加埃塞俄比亚展览会、全球初创企业颁奖等活动，组织青联委员、青企协会员到中国香港、中国澳门学习考察，承接多次港澳青年回访；举办“创青春”选拔赛，推报13个项目获省、国家级奖，团市委获省青年双创大赛优秀组织奖。推进“长沙蓝”青少年生活垃圾分类工作，设计“绿宝”“洁娃”吉祥物，开展“点点环保好少年”等寻访活动，组织青年社会组织走进80家社区、30所学校开展实践活动172场，“长沙蓝”青少年生活垃圾分类工作获央视、《中国青年报》报道；组织中组部全国贫困村第一书记培训班、长沙马拉松、中部农博会、国际工程机械展等重大活动志愿服务，收到各组委会感谢信10封，市青志联完成换届。围绕青年成长成才，参与的省政协《关于中小学生心理健康问题》的调研报告，得到汪洋、孙春兰、张春贤等国家领导人的批示，相关建议被国家卫健委吸纳，杜家毫、许达哲、李微微等省领导给予肯定；举办10场长沙青年人才“助梦计划”主题活动，建成3家青年人才驿站市级示范点；推选9人被评为湖湘青年英才、6人被评为省青年五四奖章，举办青年公益联谊活动8场。市青少年宫开办普惠式培训班1144个，培训17744人，“情暖童心”流动青少年宫走进26所乡村少年宫，直接服务青少年2000余人，开展“友阿杯”童星大奖赛、“垃圾分类一起FUN”等各类公益活动95次。指导19个“青年之家”创建市级平台，45个“青年之家”报备建设县级平台，全市237家“青年之家”进驻云平台，录入活动3876场次。承办全省共青团与人大代表、政协委员“面对面”活动，预青工作继续以满分成绩排名全省第一；组织“轻松备考”阳光行动免费送课、禁毒、防艾、安全自护等活动，发动51363名大学生参加省禁毒知识大赛。青基会募集社会捐款625.85万元，援建青少年公益项目9个，帮扶困难青少年2080名，开设“三点半”公益课堂，向湘西龙山县捐赠图书50万余册，市青基会被评为“全省先进社会组织”。围绕团的基层基础，严格入团标准和程序，出台推优入团制度，高质量发展新团员17511人；推进“金种子”团员先进性提升计划，开展“行走的团徽”“铲雪除冰”等志愿服务；督促指导市属高校、中职学校加强学生会、学生社团台账管理，构建“一心双环”团学组织格局。推进“基层组织建设年”，开展基层团组织规范化建设培训10余场，成立名团干专家库，举办两期乡镇街道团干能力提升培训班，全面覆盖162个镇街团组织。

【长沙市首个社区少工委成立】 2019年3月26日，长沙市首个社区少工委——红旗路社区少工委在雨花区黎托街道红旗路社区万科魅力之城挂牌成立。活动由长沙市少工委、共青团长沙市委、长沙市教育局主办，雨花区少工委、共青团雨花区委、雨花区教育局承办。共青团湖南省委少年部部长、省少工委常务副主任陈艳央，共青团长沙市委党组书记、书记叶妙，雨花区人民政府副区长、区少工委主任刘江红等领导出席活动。长沙市各区县少先队总辅导员，雨花区社区少工委申报点所在社区主任，欧阳爱湘全国少先队名师工作室成员，雨花区各中小学校大队辅导员，砂子塘万科魅力之城小学的教师、家长和队员代表等共300余人参加活动。陈艳英希望社区少工委积极推动阵地和组织建设，少工委委员积极探索社区少先队工作新路径，努力提供全方位的校外辅导，实现少先队活动全覆盖，做少年儿童的引路人，成为少先队事业的有力推动者。陈艳英寄语少年儿童牢记习近平总书记“从小学习做人、从小学习立志、从小学习创造”的重要要求，踊跃参加社区少先队活动，使自己成长为中国特色社会主义的合格建设者和可靠接班人。

【长沙青年麓山论坛】 2019年4月28日，由共青团长沙市委主办的纪念五四运动100周年主题活动长沙青年麓山论坛在三一魔豆仓创新中心举行。长沙市委副书记朱健出席并讲话，市委副秘书长谭慧慧出席，三一集团副总裁钟卫华，团市委党组书记、书记叶妙，市委组织部副县级组织员刘怀彧，市人社局副局长陈英庶，市工业和信息化局副局长吴宏亮，长沙晚报报业集团党委委员、副总编辑胡建红，长沙经开区党工委委员肖靖，团市委党组成员、副书记赵雪峰、周坤、康然，党组成员、青少年宫主任李明，部分职业院校就业处负责人，市青联、市青企协和制造业企业青年员工、大学生代表，以及区县（市）、园区团组织负责人等参加活动。该论坛以“制造业与‘95后’‘00后’的发展机遇”为主题，邀请专家学者围绕当代青年从事制造业的相关问题与现场青年进行互动交流。活动现场，共青团、企业、职校技校代表还联合发起成立长沙市制造业企业用工联盟，启动“长青聘”校企人才直通车平台。

【“向日葵”青少年思想引领计划进校园活动】 2019年6月6日，由长沙市少工委、共青团长沙市委、长沙市教育局主办，岳麓区少工委、共青团岳麓区委、岳麓区教育局承办的“青春心向党、建功新时代——争做新时代好队员”长沙市少先队集中入队、离队示范仪式暨“向日葵”青少年思想引领计划进校园活动在岳麓区实验小学举行。团市委党组书记、书记叶妙，党组成员、副书记、市少工委副主任康然，党组成员、挂职副书记、市少工委挂职副主任何平，岳麓区人民政府副调研员吴运国，市少工委兼职副主任欧阳爱湘、刘丰华等出席活动。团市委、市教育局相关处室负责人，各区县（市）、高新区团（工）委及教育局相关负责人，中学团委书记、少先队辅导员、少先队员代表将近400人参加活动。

【“新丝路”行动计划走进港澳】 2019年6月9—14日，为加强长沙青年与香港、澳门青年文化交流，促进经贸合作，推进长沙青年“新丝路”行动计划，受香港青年交流促进会、澳门十三行文化贸易促进会邀请，共青团长沙市委副书记、市青联主席赵雪峰率长沙青年代表团参访香港、澳门。参访团一行参观考察香港青年协会、香港东华三院、澳门教育暨青年局青年试馆、澳门文创生活体验馆等单位，并与香港、澳门青年进行广泛交流。

【长沙农村青年人才“领头雁”台湾培训学习活动】 2019年8月2—8日，共青团长沙市委、长沙市农业创业者联合会组织10余名长沙农村青年人才“领头雁”展开为期7天的长沙农村青年人才“领头雁”台湾学习培训活动。团市委党组成员、副书记周坤率培训团先后到台北、嘉义、高雄3市以及屏东、花莲、台东3个县的9个工业化农业种植基地、休闲农场、养殖企业、农业社会组织等进行学习调研。

【“长沙蓝”青少年生活垃圾分类志愿服务夏令营】 2019年8月22日，为期2天的“长沙蓝”青少年生活垃圾分类夏令营在长沙市青少年宫开营，共青团长沙市委党组书记、书记叶妙参加开营仪式并为夏令营授旗，党组成员、市青少年宫主任李明主持仪式。8月23日，长沙市委副书记、市长、湖南湘江新区党工委书记胡忠雄出席“长沙蓝”青少年生活垃圾分类志愿服务夏令营主题队会。活动现场，少先队员们以音乐剧、小品等群众喜闻乐见的形式，展示垃圾分类的要求、方法，表达争当“点点环保好少年”、带动家庭、影响社会的决心。

【2019年长沙农民丰收节主体活动】 2019年9月21日，由共青团长沙市委牵头组织的2019年长沙农民丰收节主体活动在国歌词作者田汉故里举行。长沙市政协党组副书记、副主席石长松出席活动，共青团湖南省委副书记谭霞，团市委党组书记、书记叶妙，党组成员、副书记周坤等参加活动。长沙市农业创业者联合会会员企业、农村返乡创业青年代表、助力乡村振兴暑期社会实践优秀大学生代表、慕名参与庆祝活动的市民共3000余人参加活动。在活动现场，参加的领导嘉宾与市民朋友们共同见证入驻电商平台签约仪式和乡村旅游及消费打卡地图的发布。在特色农（副）产品展示区，市民品尝绿色生态农产品，在互

2019年9月21日，2019年长沙农民丰收节主体活动在国歌词作者田汉故里举行

团市委　供图

动游戏区，市民参与剥板栗、吃嗦螺、捉鱼、插秧等趣味活动，在美陈展示区，围绕丰收布置丰收美景图，实景装饰田园景象，让市民置身其中、流连忘返。活动以“新青年、新农村、新梦想”为主题，由长沙市委组织部（人才办）、长沙市农业农村局、共青团长沙市委联合主办，旨在献礼中华人民共和国成立70周年，践行“庆祝丰收、弘扬文化、振兴乡村”宗旨，展示长沙市乡村振兴面貌，调动农民积极性、主动性、创造性，凝聚新青年，共建新农村，实现新梦想。

【“点赞祖国· 祝福香港”主题快闪活动】 2019年9月28日，长沙市青年联合会特邀湖南省青联代表、长沙市青联委员、在长沙香港青年等500余名青少年代表，齐聚长沙市橘子洲毛主席雕像广场，以彩笔为墨，共绘湖南、香港之美景，化歌声为语，齐颂爱国、爱港、爱湘之浓情，用实际行动向祖国70周年华诞献礼。共青团湖南省委党组成员、副书记、省青年联合会主席李志超，共青团长沙市委党组成员、副书记、市青年联合会主席赵雪峰，市青年联合会副主席任小梅、钟大有等参加活动。活动现场，有着湖南特色的芙蓉花、橘子洲、岳麓书院、张家界、凤凰古城等地标性风景和建筑，有着香港特色的紫荆花、维多利亚港、迪斯尼乐园、香港中文大学等各类文化元素纷纷在青联委员的画笔中跃然纸上，《今天是你的生日》《浏阳河》《东方之珠》《我和我的祖国》等一首首红色歌曲萦绕洲头、响彻湘江，各青年代表同家人朋友一起祝福祖国，微博互动团中央实时分享活动情况。

【“岳麓·创讲堂”开讲】 2019年11月2日，由岳麓山国家大学科技城主办、共青团长沙市委执行的首场“岳麓·创讲堂”在湖南大学大礼堂开讲。岳麓山国家大学科技城创新创业导师、深圳云天励飞技术有限公司董事长兼CEO陈宁受邀担任主讲嘉宾，以“AI，让人类生活更美好”为主题，给现场500余名青年学子带来了一场精彩的演讲。活动现场，对被评为2018年度湖南湘江新区双创示范平台、优秀双创企业和个人进行授牌和颁发证书。湖南大学校长段献忠，中共长沙市委副书记、岳麓山国家大学科技城推委会主任朱健，中南大学党委副书记李景升，湖南师范大学副校长梅军，湖南湘江新区党工委委员、管委会副主任罗社辉等领导出席活动并为“岳麓·创讲堂”揭幕。团市委党组书记、书记叶妙，党组成员、副书记赵雪峰参加活动，团市委兼职副书记邓意麒主持活动。

【长沙市青年志愿者联合会第三次会员代表大会】 2019年12月5日，长沙市青年志愿者联合会第三次会员代表大会在市青少年宫召开，共青团长沙市委党组成员、副书记、市青联主席赵雪峰出席会议。第三届长沙市青年志愿者联合会全体会员、特邀道德模范、爱心企业、专家学者代表、社会组织、社区、学校、学生、志愿服务站点代表共260人参加会议。会上，长沙市青年志愿者联合会第二届会长李慰代表第二届理事会作工作报告。会议通过《长沙市青年志愿者联合会章程（草案）》，选举李慰、杨士泉、陈旭、陈吉军、傅强为长沙市青年志愿者联合会第三届理事会执行会长，每年由一名年度执行会长负责全面工作。会议还选举产生副会长、秘书长以及常务理事、理事人选，通过7名副秘书长提名人选。

【长沙青年志愿者参与社会治理推进大会】 2019年12月5日，长沙青年志愿者参与社会治理推进大会在市青少年宫召开，共青团长沙市委党组书记、书记、市青联名誉主席叶妙主持会议。长沙市政协副主席、市体育局局长李平，市文明办副主任丁德喜，市体育局党委委员、副局长覃世平出席会议，市青年志愿者联合会全体会员、特邀道德模范、爱心企业、专家学者、社会组织、社区、学校、志愿服务站点代表共260余人参加会议。团市委党组成员、副书记、市青联主席赵雪峰在会上发布了长沙青年志愿者参与社会治理三年行动计划（2020—2022年）。会上对2019长沙马拉松志愿服务优秀志愿者、先进个人和优秀组织进行表彰，对11支长沙市青年专业志愿者服务队进行授旗，对10个长沙青年志愿者参与社会治理“雷锋号”示范阵地进行授牌，启用“志愿汇”平台，发布学雷锋志愿服务研究会课题。

【长沙市第七次少代会】 2019年12月10日，中国少年先锋队长沙市第七次代表大会召开，长沙市委副书记朱健，共青团湖南省委副书记钟娜，长沙市人民政府副市长刘明理等出席会议并讲话。共青团长沙市委党组书记、书记叶妙，党组成员、副书记周坤，党组成员、市青少年宫主任李明，挂职副书记刘飞米，兼职副书记何平，全市386名少先队员、少先队辅导员和少年儿童工作者代表参加会议。大会表彰了王云霞等8名长沙市第一届“星星火炬奖章”获得者、刘镇豪等89名十佳（优秀）少先队个人，命名吴海芸少先队名师工作室等10个长沙市少先队名师工作室。会议选举产生了中国少年先锋队长沙市第七届工作委员会，刘明理当选市第七届少工委主任。

【长沙共青团青年讲师团示范宣讲活动】 2019年12月9日，共青团长沙市委在市青少年宫举办“不忘初心、牢记使命”主题教育长沙共青团青年讲师团示范宣讲活动。共青团湖南省委党组成员、副书记谢君毅，团市委党组书记、书记叶妙出席活动，团市委党组成员、副书记赵雪峰主持活动。叶妙为青年讲师团讲师颁发了聘书，并向青年讲师团授旗，随后青年讲师团进行集体宣誓。活动现场，青年讲师为大家进行《寻初心·守初心·践初心——不忘初心、牢记使命》和《我和我的祖国》主题宣讲。省委组织部原副巡视员、省党建研究会原副会长李志民作题为《陈树湘断肠明志》的主题授课。2019年，共青团长沙市委组建一支56人的青年讲师团队伍，深入机关、企业、学校、社区开展了104场宣讲，覆盖团员青年超1.3万人次。

（本栏撰稿　刘　柱）

长沙市妇女联合会

【概况】　长沙市妇女联合会（以下简称“市妇联”）下辖长沙市妇女儿童活动中心、长沙市妇联网络新媒体中心、长沙市妇女儿童发展基金会事务中心3个二级机构，市政府妇女儿童工作委员会办公室设在市妇联，女职工委员会、女领导干部联谊会、民间手工女艺人协会、女知识分子联谊会、女法律工作者联谊会、女企业家协会、妇女学研究会、家庭教育学会、家政服务业协会等9个学（协）会为市妇联团体会员。2019年，市妇联把工作重心融入服务大局、服务妇女、服务基层上来，推动妇女儿童事业和经济社会协调发展。牵手香港亚太杰出女性联合会，举办第二届FUE时尚文化节暨女性创业（长沙）发展论坛系列活动，参与“半边天”创新创业园筹建，组织巾帼创新创业大赛，开展新型职业女农民培训，为长沙女性创新创业注入新的源头活水。组织“垃圾分类我先行·美家美妇在行动”巾帼志愿者服务队授旗仪式暨现场宣传实践主题活动，发挥妇女和家庭在生活垃圾分类全覆盖工作中的独特作用。组织“我们的美好生活”大型文艺会演、长沙巾帼之歌合唱比赛、千人共唱《我和我的祖国》等群众性主题活动，开展“百千万巾帼大宣讲”，实施“家家幸福安康工程”和“美家美妇”三年行动计划，评选市最美家庭100户，录制“传家训、立家规、扬家风”第3季电视专题节目，讲好家风故事，书写家国情怀，讴歌党的领导。

【妇女儿童维权服务】　2019年市妇联注重发挥妇女儿童维权服务中心作用，打造“星城家事”婚调服务品牌，开展“建设法治长沙·巾帼在行动”活动，组织“户帮户亲帮亲、互助脱贫奔小康”精准扶贫活动，为244名“两癌”、贫困妇女发放救助金221.8万元，为10万名“两癌”妇女提供援助。推动实施儿童友好型城市“十大”行动计划，开展“书香飘万家”家庭亲子阅读、“同在蓝天下，牵手共成长”“我的长沙我的梦”儿童绘画大赛、“益跑”长沙儿童友好创建、首届“阅读的力量”大型图书漂流、首届“爱绘恐龙”创意绘画征集大赛、“守护星光　闪耀未来”儿童保护大型公益观剧等系列主题活动。2019年6月，市妇联在联合国儿童基金会举行的儿童友好型城市研讨会上分享经验做法。全面完成市妇联家政服务中心事业单位改革和湘女公司政资政企分离改革，推动成立长沙市妇女儿童活动中心、长沙市妇联网络新媒体中心、长沙市妇女儿童发展基金会事务中心3个事业单位。

【组团参加第十三次省妇代会】　2019年12月17日，湖南省第十三次妇女代表大会召开。来自各行各业、各条战线的690名妇女代表出席盛会，68名各行各业、各族各界长沙代表带着全市350万名妇女的期盼参加第十三次省妇代会；2019年12月18日，湖南省第十三次妇女代表大会选举产生王灿等109名湖南省妇联第十三届执行委员会委员。其中，长沙市文方、汤素兰、付玲、江再红、石沙5名代表当选为湖南省妇联第十三届执委。

【推动长沙儿童友好型城市建设】　2019年，成立长沙市妇联系统创建儿童友好型城市工作领导小组，推动实施儿童友好型城市“十大”行动计划，组织《支持家庭育儿的公共政策研究》《长沙市3岁以下儿童养育的社会化体系构建研究》《促进3岁以下婴幼儿照护服务发展》等重点课题调研，开展长沙市儿童权利现状分析调研，形成《长沙儿童权利现状分析调研报告》，为长沙创建儿童友好型城市提供决策依据。利用世界读书日、国际家庭日、“六一”儿童节、世界儿童日等重要时间节点，开展“书香飘万家”家庭亲子阅读、“同在蓝天下，牵手共成长”“我的长沙我的梦”儿童绘画大赛、“益跑”长沙儿童友好创建、首届“阅读的力量”大型图书漂流、首届“爱绘恐龙”创意绘画征集大赛、“守护星光　闪耀未来”儿童保护大型公益观剧等系列主题活动，共建有温度、有态度的儿童友好型城市。2019年6月，市妇联受邀参加联合国儿童基金会在泰国曼谷举行的儿童友好型城市研讨会，市妇联党组成员、副主席周小春向参会代表分享长沙市儿童友好型城市创建的经验做法，在研讨会结业仪式上又作小结分享发言，扩大长沙市妇女儿童工作在国内外的影响。

【妇女儿童公益服务项目】　2019年，市妇联组织长沙市妇女儿童公益服务项目征集大赛，联手社会组织实施11个妇女儿童公益服务项目，为妇女儿童提供精准服务。“春蕾计划”资助特困儿童100名，资助金额10万元。在5所学校试点实施中小学性别平等教育进课堂项目，市儿童活动中心组织串珠和纸艺亲子手工、科学育儿公益课全免费培训1278人2.02万人次，组织亲子公益书屋志愿服务、到乡村公益送课、开展科学实验志愿活动等91场次，市青少年性教育志愿者服务团队开展以防性侵、防校园欺凌等为主的儿童安全知识进校园活动50场。

【妇联改革任务】　2019年，市妇联贯彻落实《长沙市妇联改革实施方案》，全面完成市妇联所属事业单位——市妇联家政服务中心、市儿童

活动中心、市妇女培训活动中心的注销工作；推动成立市妇联所属事业单位——长沙市妇女儿童活动中心、市妇联网络新媒体中心、市妇女儿童发展基金会事务中心，并办理新设立事业单位登记有关手续。完成长沙市湘女家庭服务有限责任公司政资政企分离改革，协调办理长沙市湘女家庭服务有限责任公司国有独资企业工商变更等有关手续。

【市妇女儿童社会组织服务中心】 2019年，市妇联发挥长沙市妇女儿童社会组织服务中心作用，2019年开展财务、项目书撰写、公益传播等专业培训15期，举办"公益伙伴日"活动15次，开展8次小组督导和80次个别督导，入驻组织在中心组织开展各类公益培训、公益赛课、环保宣讲、义诊等活动40余场次，为女性社会组织提供场地支持、信息咨询、资源链接、能力建设、交流合作等综合性服务。

【基层妇联组织建设】 2019年，市妇联围绕"妇联组织改革创新"主题开展调研，同步组织对区县（市）妇联改革工作进展情况开展督查，精准指导区县（市）妇联组织建设；推动各级妇联组织在工业园区、社会组织、商务楼宇等新建妇女组织543家，创建区县（市）级示范"妇女儿童之家"61个；指导浏阳市妇联、岳麓区妇联换届，指导区县（市）、高新区妇联全面完成专挂兼领导班子配备；在全市开展各级妇联挂兼职副主席、执委履职优秀典型案例"微故事"征集活动，共征集展示"微故事"187个；举办2019年长沙市妇联执委能力提升培训班，指导各区县（市）妇联举办新任妇联执委培训班。

【联谊活动】 2019年，市妇联以妇联改革激发妇联"联"字优势，先后接待联合国儿童基金会、乌兹别克斯坦妇女企业家考察团、非洲及非盟国家官员考察团、发展中国家落实2030可持续发展议程研修班考察团、香港金紫荆女企业家协会考察团、广州市台协妇女会考察团等考察团的考察交流，深化与港澳台、"一带一路"妇女组织沟通联谊，促进两岸三地、"一带一路"妇女民间交流合作，妇联对外影响力与日俱增。

【妇联主题活动】 2019年，市妇联围绕"弘扬家国情　礼赞新时代"的主题，组织"我们的美好生活"大型文艺会演、长沙巾帼之歌合唱比赛、千人共唱《我和我的祖国》、"祝福祖国，致敬新女性"图片展等群众性主题活动，开展"百千万巾帼大宣讲"，宣传中华人民共和国成立70年来的光辉历程和伟大成就。巩固舆论宣传阵地，建立网宣员、网评员队伍，"长沙妇女网"总访问量856万次，"长沙女性"微信公众号升级改版，建设区县（市）妇联微信矩阵，建设星级网上妇女之家，被评为全省"湘女E家"最佳传播奖。联合市委组织部举办2019年长沙市优秀女性人才代表庆祝"三八"国际妇女节座谈会，激励各行各业优秀女性代表围绕"巾帼心向党 建功新时代"主题话发展、提建议、献智慧。

【"传家训·立家规·扬家风"宣传】 2019年，市妇联、市委宣传部、市文明办、市广播电视台女性频道联合开展《长沙市"传家训、立家规、扬家风"第3季电视专题节目》录制活动。市广播电视台女性频道对12组最美家庭典型进行专题采访。长沙市委宣传部部务会成员胡述斌，长沙市妇联党组书记、主席文方在市广播电视台女性频道对12组家庭进行电视点评，《长沙市"传家训、立家规、扬家风"第3季电视专题节目》从2019年8月22日—9月2日，连续12天在长沙女性频道展播。

【家家幸福安康工程】 2019年，市妇联联合市纪委市监委开展"清廉好家风"主题活动，评选长沙市最美家庭100户，发布"倡清廉家风，建和谐家庭"倡议书；推动实施《长沙市关于指导推进家庭教育的五年规划（2016—2020）》，完善家庭教育工作联席会议制度，征集家庭教育典型案例，召开家庭教育经验分享会，组织家庭教育赛课活动，启动为期两年的"关心下一代家庭教育中国行"十百千万系列公益活动，2019年组织家庭教育公益巡讲进基层、进校园、进机关79场次，举办为期3天的高级家庭教育指导师公益培训1场，27610人参加了家庭教育公益培训；同时，实施家庭教育骨干公益培训项目，举办家庭社会工作、家庭早期教育、家庭心理辅导和家庭志愿服务等5期骨干培训班。在岳麓区荷叶塘社区、开福区富雅坪社区和望城区望府路社区开展"亲职教育工作坊"公益培训共24场次。在开福区富雅坪社区、望城区望府路社区和博才阳光实验小学，以线下＋线上的模式开展"家庭阅读推广人"活动13场次。

【第二届FUE时尚文化节暨2019女性创新创业（长沙）发展论坛】 2019年11月2—3日，长沙市妇联牵手亚太杰出女性联合会在长沙举办第二届FUE时尚文化节暨2019女性创新创业（长沙）发展论坛活动。通过开展名人论坛、主旨演讲、圆桌会议、产业发布、时尚展演、慈善公益等活动，吸引和培育国内领先、国际知名的时尚行业企业集聚长沙，打造属于长沙女性创新创业发展和时尚产业发展的"星城"品牌。共开展4场主题活动。11月2日下午，第二届FUE时尚文化节"文化名家论坛"暨中国服饰文化传承创新计划启动仪式在长沙尼依格罗酒店举办，特别邀请故宫博物院原院长、故宫学院院长单霁翔作主题论坛讲演。11月3日，第二届FUE时尚文化节暨2019女性创新创业（长沙）发展论坛在橘子洲风景区青年毛泽东雕像广场举行，围绕"她视角、她力量、她未来”的主题，共论新时期女性创新创业趋势，探索女性与时尚文化的共生发展。11月3日，在长沙市时尚地标九龙仓国金中心—尼依格罗酒店举行第二届FUE时尚文化节主题活动暨FUE时尚文化发展计划启动仪式，以“时尚的前世今生”为主题，探寻历史与当下、传统与潮流的变奏关系。11月3日晚上，亚太杰出女性联合会携手中国青爱工程联合举办慈善晚宴，通过慈善拍卖的形式汇集中华文化珍品、彰显社会爱心公益。

【“垃圾分类我先行·美家美妇在行动”巾帼志愿者服务队授旗仪式】 2019年9月8日，长沙市“垃圾分类我先行·美家美妇在行动”巾帼志愿者服务队授旗仪式暨现场宣传实践主题活动在雅礼中学举行。长沙市委副书记、市长、湖南湘江新区党工委书记胡忠雄，市人民政府副市长刘明理出席，市人民政府办公厅、市政府研究室、市城市管理和综合执法局、市妇联、雅礼中学、雨花区人民政府以及全市各级妇联干部、各级巾帼志愿者代表、各级社会组织代表和雅礼中学学生代表等千余人参加活动。市长胡忠雄、副市长刘明理带领与会领导为来到现场的20支垃圾分类巾帼志愿者服务队授旗。市妇联党组书记、主席文方向全市广大巾帼志愿者发出倡议。

【长沙市巾帼创新创业大赛】 2019年，市妇联联合市人力资源和社会保障局、市农业农村局举办长沙市巾帼创新创业大赛。大赛以“未来·预见不凡”为主题，历时3个月，各区县（市）妇联、农业农村局，高新区妇联积极发动，社会各界优秀女性自荐，通过层层选拔，最终20个项目进入决赛。8月22日，为有针对性地提升女性创新意识，提供专业的创新创业指导服务，举办双创训练营。双创训练营邀请人社、农业、高校、企业等方面专家学者作为创业导师进行创业政策、专业知识专题培训。9月29日，2019长沙市巾帼创新创业大赛颁奖暨成果展示汇举行，20个创新创业项目获表彰。长沙市人民政府副市长刘明理出席。经专家评审、网络投票，最终，湘鹏鹅业、创客周末连锁品牌加速器2个项目获一等奖，雅贝家政等3个项目获二等奖，这菇行等5个项目获三等奖。这菇行获最佳人气奖。此次巾帼创新创业大赛成果展示汇在人民网、《中国妇女报》、中国妇女、湖南卫视、湖南经视、《长沙晚报》等20家媒体进行报道。

【适龄妇女“两癌”免费检查民生实事项目】 2019年5月21日，长沙市妇联、市卫健委联合举办2019年长沙市适龄妇女“两癌”免费检查项目培训班。各区县（市）卫健局、妇联系统以及承担“两癌”检查的各级医疗保健机构专业技术人员250余人参加培训。通过培训，对全市适龄妇女“两癌”免费检查项目进行再次动员，为推进工作的开展，造福广大妇女，最终实现提高“两癌”早诊早治率，降低死亡率的目标奠定基础。2019年长沙市农村和城镇低保适龄妇女“两癌”免费检查目标任务数87675人，到2019年12月底，共完成103732人，完成率118.31%。

【新型职业女农民培育】 2019年11月11—15日，长沙市妇联联合长沙市半边天创新创业园在长沙市委党校举办新型职业女农民培训班。来自全市各区县（市）的女性学员60人参加培训，学员全部为专业大户、家庭农场、专业合作社、龙头企业、巾帼农家乐等新型农业经营主体的女性负责人。11月12日，培训班举行开学典礼。开学典礼上，对被评为2018年巾帼农业科技示范基地、巾帼示范农家乐的20个单位进行授牌。6名巾帼致富带头人做经验分享。长沙市新型职业女农民培训班在党校举办尚属首次。

【市级“巾帼文明岗”创建】 2019年，长沙市妇联在党政机关、企事业单位、科研院所、民营企业、社会组织中创建50个市级“巾帼文明岗”，发挥岗位示范作用。12月19日，市妇联举办2019年长沙市“巾帼文明岗”负责人培训暨“户帮户　亲帮亲　互助脱贫奔小康”岗村结对签约仪式。国家税务总局长沙市税务局第一稽查局检查四科等10个岗位代表参加现场授牌。湖南省高速公路集团有限公司长沙管

2019年11月2—3日，第二届FUE时尚文化节暨2019女性创新创业（长沙）发展论坛举办

市妇联 供图

理处普迹中心收费站等4个岗位分别与其结对村（社区）进行现场岗村结对签约。国家税务总局长沙市税务局第一稽查局检查四科、中联重科党群工作部、湖南省科技馆总服务台、湖南省高速公路集团有限公司长沙管理处普迹中心收费站、长沙市妇幼保健院群体保健科、开福区百善台社区6个单位进行经验交流。会上，对“巾帼文明岗”负责人进行业务知识培训。

【关爱女性系列公益项目】 2019年，长沙市妇女儿童发展基金会通过链接社会资源，实施一系列关爱女性公益项目。实施“乳此美丽 一路通行”公益项目，为10万名乳腺癌筛查妇女援助1年期保险，并对筛查出乳腺癌患者提供相关救助。截至2019年12月底完成理赔金额约23.2万元，发放大病救助金28万元，预计理赔和救助金额累计80万元。共发放宣传折页8.8万份，项目通知400份，宣传画册200份，易拉宝海报120个，开展项目培训、健康讲座40余场，乳腺癌规范化诊疗患者教育普及人数10万人以上。被中国妇女发展基金会称为政府主导、企业支持、社会组织实施的可复制长沙模式，并在全国进行推广。联合中国人寿长沙市分公司开展“长沙女性关爱保”公益项目，为长沙市1620名贫困妇女赠送1年期女性健康保险。针对乳腺癌术后妇女实施“粉红馨爱·重塑美丽”义乳捐赠项目，为全市300名乳腺癌妇女赠送义乳及配套文胸价值13万余元，全方位帮扶关爱贫困乳腺癌妇女。在全市实施“科学育儿·孕育新生——长沙市孕期关爱公益行”项目。2019年1—9月在全市14个乡镇（街）开展孕期关爱公益行公益专家讲座24场、宣教孕产妇3423人，针对贫困孕婴家庭开展爱心捐赠、242户家庭受益，发放奶粉等活动物资价值130万余元，百度搜索“长沙市孕期关爱公益行”相关资讯2140万个。联合省妇幼、市妇幼、湘雅三医院、浏阳市妇幼、中心医院、省人民医院、长沙县妇幼、浏阳市人民医院8家医院，在全市开展32场生殖健康知识进校园、进社区、进企业公益活动，2万人参加，其中进校园13场、进社区16场、进企业3场，发放活动物资价值3.6万元。

【妇女儿童合法权益维护】 2019年，市妇联全面落实《长沙市妇女儿童发展规划（2016—2020）》，推动市人大《中华人民共和国反家庭暴力法》执法检查，深化反家暴“长沙模式”。发挥长沙市妇女儿童维权服务中心作用，畅通维权服务，办理信访、心理咨询，婚姻家庭纠纷调解、法律援助等1807件，重点难点案件纳入个案管理；持续开展“建设法治长沙·巾帼在行动”活动，征集评选并表彰妇女儿童维权优秀案例和典型案例，全市妇联系统举办普法讲座、面对面现场咨询、模拟法庭等普法宣传和维权服务活动641场次，开展“妈妈禁毒联盟”禁毒宣传活动811场，参与者33.8万人次。

【联合国儿童基金会官员考察长沙市妇女儿童之家】 2019年3月12日，联合国儿童基金会驻华办事处儿童保护处处长彭文儒、联合国儿童基金会驻华办事处政府合作官员毛盼、联合国儿童基金会驻华办事处研究协理郑娜一行3人到长沙市妇联，实地考察长沙市妇女儿童之家。长沙市政府副市长廖建华、市自然资源和规划局局长冯意刚陪同考察。长沙市妇联党组书记、主席文方详细介绍市本级妇女儿童之家建设情况，长沙市妇女儿童之家拥有长沙市妇女儿童社会组织服务中心、市妇女儿童维权服务中心、市家庭教育指导服务中心、市女性众创空间、湘女家政服务中心等阵地，组织开展儿童友好公益服务项目。考察团成员详细了解长沙市实施妇女儿童发展规划状况、社区（村）儿童之家建设情况、儿童早期教育社区家庭支持项目和青柚课堂、开福读书会、“上学啦”特殊儿童普校融入、艺路同行留守儿童研学、优儿健康馆、儿童安全进校园、儿童平安天使成长营、食育推广计划等公益服务项目，实地观摩家庭教育骨干培训公益项目志愿者培训学习会现场、第二书房亲子阅读公益活动现场、优儿健康馆儿童推拿免费公益服务现场。长沙市政府在长沙规划展示馆多功能厅召开联合国儿童基金会到长沙考察儿童友好型城市创建座谈交流会，文方向联合国儿童基金会汇报长沙市妇联《积极参与长沙儿童友好型城市创建，让儿童的幸福感在家门口升级》情况。近年，长沙市妇联积极参与儿童友好型城市建设，在政策友好上着力，夯实源头化的机制保障；在空间友好上着力，打造家门口的儿童乐园；在服务友好上着力，提供多样化的公益服务；在儿童友好上着力，营造全方位的良好氛围，切实保障儿童生存、发展、受保护和参与的权利，让儿童的幸福感在家门口升级。

（本栏撰稿　刘晶彦）

长沙市科学技术协会

【概况 2019年，长沙市科学技术协会（以下简称“市科协”）新建6家市级院士专家工作站，引进院士专家6位，创新人才33名。开展“院士专家企业行”活动5场次。加强对61家市级院士专家工作站的管理、评估和考核，落实中办、国务院文件精神，撤销8家市级院士专家工作站，促进工作站健康高效运行。推动中国工业与应用数学学会总部办公基地落户长沙，促成中国复合材料学会在长沙设立学会服务站。中国药学会指导的“长沙医药产业技术创新服务联合体”项目获中国科协立项；举办首届中南大学湘雅医院科技成果交易会，现场签约项目17个，路演项目7个。新认定7家市级海智计划工作站，3家单位被评为省科协2019年度海智基地示范项目，3家单位获批省科协海智基地。

完成8个决策咨询课题的研究工作，3个课题获市委、市政府主要领导批示。提交5个高质量政协集体提案，1个列为重点提案，1个被评为优秀提案。

【科协系统改革】 2019年，市科协学会工作部加挂企业工作办公室，增加推进创新驱动助力工程实施和服务企业技术创新职能。长沙市科技活动中心改为全额拨款单位，新成立公益一类全额拨款正科级事业单位长沙市院士专家服务中心，并新增2个全额拨款事业编。在区县（市）层面，9个区县（市）科协均实现独立建制，4个设立党组，芙蓉区和宁乡市科协完成换届。出台《长沙市科学技术协会实施〈企业科学技术协会组织通则〉细则》，新建高校科协6家，新建企业科协25家，成立市企事业科协联合会，吸纳包括园区、中央在长企业和高科技企业在内的团体会员722家，建立十大科技服务平台。

【科技社团发展】 2019年，市科协新成立2家市级学会，新吸收1家省级学会、1家市级科技团体为科协团体会员。组建长沙市科技志愿者支队，注册科技志愿者1473人。支队下辖区县（市）科技志愿者队、学会科技志愿者队等12支志愿者队，重点开展科普惠民、服务企业、服务乡村振兴行动367次。

【全民科学服务】 2019年，市科协新建科普e站示范点13个，“长沙科普”微信公众号单月最高浏览量超过160万人次。举办“星城科学讲堂”10期，在《长沙晚报》开设“科学生活家”专栏，开栏32期。精心组织以“礼赞共和国、智慧新生活”为主题的“全国科普日”长沙主场活动，开展主题科普报告会、智慧生活主题展、创客现场挑战赛等50余项重点科普体验活动。在浏阳古港镇规划建设湖南首个特色科普旅游小镇。推动全域旅游，最高峰一天接待游客超过7000人，2019年上半年接待研学游团队住宿给农户分红超过115万元。认定先进农村专业技术协会2个、科普基地9个、科普带头人8名，发挥农业技术人员助力乡村振兴战略作用。创建首批科技教育特色学校10所，新认定青少年科学工作室4家。开展科普大篷车“四进”巡展活动30次。组织开展科技创新大赛、机器人竞赛和“奇思妙想”纸质结构模型普及竞赛等活动，300余所学校近30万人次参与，组织参加国家和省青少年科技创新大赛、机器人竞赛，获奖85项。承担市委两项人才新政的落实，受理高端学术活动资助项目7家8项，资助5名高层次人才参加国际性学术会议，补贴5.55万余元。组织第三届“全国科技工作者日”系列纪念活动，举办“书香长沙·星城科学讲堂”、全市“科技工作者杯”乒乓球赛等活动，编印发放科技工作者健康保健知识摘编10000册，走访慰问院士专家和科技领军人才及一线科技工作者110余人次。市科协及属所学会开展学术交流活动100余场次，交流学术论文1500余篇，围绕长沙科技创新和重点产业链建设举办专题论坛8场次。组织以“科技支撑产业发展”为主题的长沙市科学技术学术年会，特邀中国工程院院士王耀南等3名院士专家作主题报告，征集各学科、各领域学术论文502篇，评出优秀论文105篇。举荐优秀人才参评全省“人才托举工程”，戴立忠、邓启云获“院士后备人才”立项人选，蒋晓云获“中青年学者”立项人选；推荐刘飞香、印遇龙等参评全国、全省“最美科技工作者”评选，两人均被评为全省“最美科技工作者”。组织开展第五届长沙市优秀青年科技人才评定，评定表彰10名优秀青年科技人才。

【长沙市科协十二届二次全委会】 2019年3月4日，长沙市科协召开第十二届二次全委（扩大）会议，总结2018年工作，部署2019年工作，审议通过第十二届常委会2018年工作报告，并审议通过《关于增补市科协第十二届委员会委员、常委有关情况的报告》。省科协副主席张辉学、市政协副主席邓自力出席，中国科学院院士、湖南大学副校长、市科协主席谭蔚泓主持会议。

【2019年院士专家工作站评审】 2019年11月28日，2019年长沙市院士专家工作站评审会议在枫林宾馆召开。会议邀请机械工程、材料工程、生物医药、电子信息技术领域的4位专家作为评委，集中对6家通过初审的申请建站企业展开评审，市院士专家工作站建设协调领导小组各成员单位参与此次评审会。2019年新建6家市级院士专家工作站，柔性引进院士专家6位，创新人才33名。开展“院士专家企业行”活动5场次。

【“服务发展年”主题活动】 2019年，为贯彻长沙市委市政府深入推进“产业项目建设年”和“营商环境优化年”决策部署。长沙市科协印发《开展“服务发展年”主题活动实施方案》，组织动员全市科协系统和广大科技工作者，为推动长沙高质量发展贡献科协力量。主题活动贯穿全年，主要围绕“实施创新驱动助力工程，为高质量发展提供有力的智力支撑；实施优质服务计划，为科技人员投身高质量发展营造良好环境。”两项主要工作展开。

【力合科技挂牌成立院士专家工作站】 2019年1月21日，力合科技（湖南）股份有限公司刘文清院士专家工作站授牌仪式在力合科技交流中心举行。中科院合肥物质科学研究院刘文清院士、国防科学技术大学宋君强院士等30多位专家、领导共同见证院士专家工作站的授牌仪式。

【2019年全国科普日长沙主场活动】 2019年9月22日，2019年全国科普日长沙主场活动启动式在长沙市图书馆举

行。市委副书记朱健，省科协党组成员、副主席刘晓河，副市长邱继兴，市政协副主席邓自力出席。活动以"礼赞共和国、智慧新生活"为主题，推出了70余项群众性科普活动，参与单位200余家，参与各项活动的市民超过10万人次。

【长沙市第三个全国科技工作日活动】 2019年5月30日，2019年长沙市第三个全国科技工作日主场启动式活动，在高新区中电软件园举行。活动期间，除重点办好"全国科技工作者日"系列活动启动式以及"第五届长沙市优秀青年科技人才"颁奖之外，开展了"科技工作者杯"乒乓球赛，走访慰问科技工作者，举办"青年科学家进校园"访谈交流，"书香长沙"·星城科学讲堂和系列宣传报道活动。

【2018—2019年度长沙市优秀青少年科技创新人才奖】 2019年10月16日，2018—2019年度长沙市优秀青少年科技创新人才评定在枫林宾馆召开专家评审会。前期经评定委员会办公室资格审查共确定29名中小学生为有效候选人。专家评审会由中国工程院院士、湖南省科协副主席印遇龙担任主任评委，评审过程经过候选人介绍、专家问辩和两轮投票，产生10位2018—2019年度长沙市优秀青少年科技创新人才提名人选。

【2019年长沙市青少年机器人竞赛】 2019年5月12日，2019年长沙市青少年机器人竞赛在湖南师范大学附中博才实验中学举行。竞赛经过学校初选，区县（市）初赛，最终有314支队伍，678名选手入围市赛，参与机器人创意赛、VEX工程挑战赛、无人机编程竞技赛、机器人足球赛等17个大项36个小项的比赛。

【全市科协系统深化改革】 2019年，市科协学会工作部加挂企业工作办公室，增加推进创新驱动助力工程实施和服务企业技术创新职能。长沙市科技活动中心改为全额拨款单位，新成立公益一类全额拨款正科级事业单位长沙市院士专家服务中心，并新增2个全额拨款事业编。在区县（市）层面，9个区县（市）科协均实现独立建制，4个设立党组，芙蓉区和宁乡市科协完成换届。

【2019年长沙市科学技术学术年会】 2019年12月11日，2019年长沙市科学技术学术年会在枫林宾馆举行，全市400余名科技工作者参加学术年会。年会以"科技支撑产业发展"为主题，特邀中国工程院王耀南院士等3名院士专家作主题报告。年会征集各学科、各领域学术论文502篇，评出优秀论文105篇。

【长沙市企事业科协联合会成立】 2019年12月11日，市科协召开"2019年长沙市科学技术学术年会"，年会开幕式举行长沙市企事业科协联合会揭牌仪式，市科协党组书记、副主席李范坤与市科协副主席、市企事业科协联合会会长高尚共同揭牌。长沙市企事业科协联合会吸纳包括园区、中央在长企业和高科技企业在内的团体会员722家，建立十大科技服务平台。

（本栏撰稿　刘孙波）

长沙市社会科学界联合会

【概况】 2019年，长沙市社会科学界联合会（以下简称"市社科联"）深入推进党的创新理论阐释与研究，开展习近平新时代中国特色社会主义思想、弘扬爱国奋斗精神和纪念中华人民共和国成立70周年理论研究和宣传，依托中特中心长沙市基地立项课题26个。社科专家在市级以上报刊上发表基地署名文章90余篇，其中在中央"三报一刊"推出高层次理论成果5篇，省"一报一刊"发表40余篇。组织省市社科专家围绕"培根铸魂，新时代哲学社会科学的新使命"进行专题研讨，召开长沙市社科理论界学习贯彻中共十九届四中全会精神理论研讨会，在省市媒体推出专题理论阐释文章20余篇，将《长沙社科》打造为党的创新理论宣传阐释新窗口。深入推进社科研究提质量创精品。2018年2个重大项目《长沙对接粤港澳大湾区发展研究》和《城市精细化管理目标体系建设研究》完成结项，形成两期《成果要报》送市领导审阅。2019年2个重大项目《长沙园区转型发展升级研究》和《长沙创新生态建设研究》完成立项并开展研究。以控量提质为主线，提升社科研究质量水平。制定《2019年度社科规划项目指南》，按照《长沙市哲学社会科学规划项目管理办法》，开展2019年度规划项目立项评审，完成5个重点项目、54个一般项目、20个自筹项目的立项工作。以优质高效为导向，推进成果的推介宣传。开展第20届社科优秀成果评定，汇编《长沙市哲学社会科学优秀成果文库精选（2018）》，编辑《成果要报》11期向市领导和相关部门推介，组织召开重大项目成果发布会。推进智库建设。建立哲学社科专家信息管理系统，新增智库专家28人。对接省社科专家团队深入浏阳市开展座谈和调研，为浏阳市创意花炮的转型升级提供专家咨询。探索市社科专家基层行活动，在岳麓区新民学会旧址进行试点探索。推进社科普及工作，由以往市社科联唱独角戏扩展为基层组织主办、联办、协办，发挥社科普及基地宣传教育示范作用，如钱币学会在长沙简牍博物馆开展"华夏印记——砖瓦·简牍·钱币展"活动、尚上心理学会开展"培根铸魂、明德引领、百名书法家共书社科经典"活动等。社科普及主题活动打造新亮点，以"礼赞祖国、奋进新时代、建设现代化长沙"为主题，5月在全市开展社科普及主题周活动。浏阳市博物馆、秋收起义纪念馆、长沙市实验小学等基层组织开展各类社科普及活动200余场次，将社科普及辐射到高校、社区和村镇。推进社科基层组织建设管理，优化管理服务实现新升级。基层社科联的积极作用进一步发挥。浏阳市、芙蓉区、望城区社科联参与申报省社科专家基层行活动，市属高校社科联组织院校专家申报国家、省、市级社科研究项目，天心区社科联在第30届全国大中城市社科联会议上被评为全国先进社科组织。成立中共长沙市社科联行业党委，批准条件成熟的11家社会组织成立党支部。基地建设管理巩固提升，新建1个科研基地，通过整合各科研基地的优势资源与核心力量，确立6个基础性的中长期研究项目。新创建长沙滨江文化园等12个社科普及基地。长沙市实验小学等11个单位被评为优秀基地，长沙职业技术学院等18个单位被评为合格基地。2019年全市6家社科普及基地被认定为省级社科普及基地。

【2019年长沙市社会科学普及主题活动周启动式】 2019年5月6日，长沙市社会科学普及主题活动周启动式在长沙县田汉文化园举办。湖南省社科联副主席丁宇，长沙市人民政府副秘书长厉江华，长沙市社科联主席吴安定、副主席赵景利、吴昌伟，长沙县委常委、宣传部部长杨溢、果园镇党委书记覃芳、县委宣传部副部长陈合宴等省市县相关单位负责人出席。活动分社会科学知识抢答、启动式、观摩交流体验三个环节，现场设有场馆体验、展览咨询等多个区域，展览区内陈列国歌作词者田汉的生平事迹。启动式上，知识抢答掀起现场高潮，微党课宣讲让观众们热泪盈眶，观摩交流体验让与会人员身临其境，深入浅出、寓教于乐的方式让参与者受益匪浅。各区县（市）、高校社科联、市级社科普及基地、社科类社会组织代表，社区居民与游客200余人参加活动。5月6日起，全市各区县（市）、高校社科联、市级社科普及基地、社科类社会组织将围绕主题开展培训讲座、社科讲堂、社科知识展览、社科咨询服务、社科理论宣讲等200余场社会科学宣传普及活动，让社科知识进机关、进校园、进农村、进企业、进社区，通过以群众喜闻乐见的形式开展社会科学普及，宣传中华人民共和国成立70周年中国在经济、政治、文化、社会、生态建设等方面取得的巨大成就，让人民群众享受到文化惠民的温暖，增强人民群众的幸福感、获得感。

【华夏印记——砖瓦·简牍·钱币展】 2019年5月18日，长沙市钱币协会在长沙简牍博物馆开展“华夏印记——砖瓦·简牍·钱币展”社会科学普及活动。该展览由长沙简牍博物馆、长沙市钱币协会承办，共展出精美的砖瓦120余件（套）、钱币50余枚和简牍文物珍品50余枚。

【“培根铸魂、明德引领”岳麓区社科普及主题活动】 2019年6月14日，长沙市岳麓区望月湖街道湖中社区中心“培根铸魂、明德引领”岳麓区社科普及主题活动启动。湖南省社科联党组成员、副主席丁宇，长沙市社科联副主席吴昌伟，长沙市委宣传部理教处处长齐泊熊，岳麓区委宣传部常务副部长、社科联主席雷云飞等省市区相关领导出席活动，岳麓区各街道、园区、企业工作者代表、科普公益组织志愿者代表、群众代表、媒体等400余人参加。活动现场，百名书法家挥毫泼墨，共书社科经典，将书法正脉与文化经典有机结合。长沙市社会组织孵化基地“益生军”项目组进行了无人机表演、安全急救、心理咨询、法律法规知识普及。

【社科普及进高校活动暨天心区社科理论教育服务中心基地挂牌仪式】 2019年7月5日，“培基铸魂、立德树人”书香长沙·社科普及进高校社科普及活动暨天心区社科理论教育服务中心基地挂牌仪式在天心区暮云街道长沙理工大学云塘校区举办。长沙理工大学党委副书记邹宏如，长沙市社科联主席吴安定、副主席赵景利、副主席吴昌伟，长沙市天心区委副书记朱远红，长沙市天心区委常委、宣传部部长肖雄伟出席活动，街道社区居民代表和大学群体、志愿者300余人参加活动。

【2019夏铎铺石仑关社科普及乡村行】 2019年7月26日，健康中国·2019夏铎铺石仑关社科普及乡村行活动在天马新村石仑关社科普及基地举行，旨在进一步弘扬健康中国行动精神，发挥社会组织优势，把乡村打造成生产生活有保障的生活乐园，道德之美的心灵家园，生态之美的休憩田园，民族记忆的历史故园。

【基层社科联和社科普及基地骨干培训会】 2019年3月7日，2019年度基层社科联和社科普及基地骨干培训会在长沙市社科活动中心三楼会议室召开。市社科联副主席吴昌伟出席会议并讲话。基层社科联、社科普及教育基地50余人参加会议。培训邀请市政府督学黄永祺就基层社会科学工作与社科普及基地建设工作进行专题讲座。岳麓区社科联、长沙县社科联、浏阳市社科联、长沙职业技术学院社科联、田汉故居、长沙市实验小学6家单位分别就区级社科联创建经验、基层社科联组织建设、科普基地特色活动策划组织等方面作经验交流。会议指出，广大社科工作者要勇于担当，落实责任，明确哲学社会科学的方向、特点、任务、要求，结合自身实际，做好年度工作计划，重视区县科普基地的创建工作，推进社科普及阵地向基层拓展延伸。

【长沙市社会科学界联合会社会组织行业委员会成立大会】 2019年7月22日，长沙市社会科学界联合会社会组织行业委员会成立大会在长沙社科中心三楼会议室举行。会议由长沙市社科联主席、党组副书记吴安定主持。市委宣传部副部长、市社科联党组书记李卫政，市委组织部两新工委副书记肖剑锋出席会议并讲话。市级社科类社会组织负责人50余人参加会议。吴安定指出，长沙市社科联社会组织行业党委的成立，是市社科类社会组织全体党员政治生活中的一件大事，党建工作要在社会组织中发挥好“三个作用”：发挥好政治核心作用、引领带动作用、党员先锋模范作用。

【市社科联参加全国城市智库联盟第五届年会】　2019年11月5—7日，全国城市社科院第29次院长联席会议暨全国城市智库联盟第五届年会在浙江省杭州市召开。会议围绕学习贯彻习近平总书记在庆祝中华人民共和国70周年大会上的重要讲话精神、在2019年两会期间看望参加政协会议的文艺界社科界委员时关于“培根铸魂”的重要论述，以及进一步对外开放重要系列论述，聚焦新时代推动城市国际化建设、城市一体化发展、城市高质量发展等议题进行深入研讨和交流。长沙社科院作为省会城市社科院积极参与此次学术会议，向大会提交学术交流论文《长沙城市国际化发展比较研究——长沙与长江中游省会城市比较》，论文就长沙城市国际化发展的背景，与长江中游省会城市武汉、合肥、南昌进行比较，探索长沙城市国际化进程的路径选择，为推动长沙贯彻实施长三角一体化发展国家战略、全面提升城市综合能级和核心竞争力、加快推进城市国际化建设带来重要参考和智力支持。此次会议由杭州市社会科学院承办，会议的主题是“新时代，新机遇，凝心聚力推进城市国际化建设”。上海、天津、重庆、杭州等全国32家城市社科院领导、专家学者110余人参加会议。

【全市社科工作会议】　2019年12月6日，长沙市社会科学界联合会召开第六届委员会第六次全体会议暨全市社科工作会议召开，长沙市委宣传部常务副部长、市新闻出版局（版权局）局长赵柏林出席会议并讲话，中共长沙市委宣传部副部长、长沙市社科联（院）党组书记李卫政主持会议。长沙市社科联（院）党组副书记、主席吴安定作长沙市社科联2019年度工作报告。省会社科界知名专家学者代表、长沙社科联委员以及市属高校、区县（市）社科联负责人等150余人参加会议。会上对社科优秀成果获奖者进行表彰，并给社科普及基地授牌。

【2019中国伦理学大会在长沙召开】　2019年12月7日，2019中国伦理学大会在长沙召开。该次大会的主题为“伦理学与人类命运共同体”。此次大会由中国伦理学会和中共长沙市委宣传部主办，市社科联、湖南省伦理学会协办，中国伦理学会秘书处承办，支持单位有中国马克思主义研究基金会和清华大学、中国人民大学相关机构以及中南大学、湖南师范大学等。长沙市委副书记朱健出席大会开幕式。中国伦理学会会长万俊人在会上致辞。朱健介绍长沙市经济社会发展情况。主题演讲中，江苏社会科学院樊浩、中国社会科学院赵汀阳、华民慈善基金会理事长卢德之作演讲。中共中央党校靳凤林的《教堂与祠堂：中西传统核心价值观比较研究》、浙江师范大学李建华的《社会主义核心价值观构建与践行研究》等被列为“2017—2018年度十本好书”。

（本栏撰稿　吴　帮）

长沙市归国华侨联合会

【概况】　2019年，长沙市归国华侨联合会（以下简称“市侨联”）开展服务长沙市产业链涉侨企业活动，走访20家侨资企业，收集全市涉侨重大项目10个，深入了解产业链涉侨企业生产情况和重大项目建设情况，支持侨资企业发展。组织召开长沙市优化侨资企业营商环境座谈会，搭建侨资企业家与市直相关部门负责人面对面沟通平台，收集整理26家侨资企业反映的问题及建议63个，上报市政府督查室跟踪办理情况。组织召开长沙市“项目引领、科技创新，打造优质营商环境”政策解读会，邀请市发改、科技、工信部门负责人给40家侨资企业深度解读长沙系列新政，编撰发放《长沙市涉侨企业科技创新政策宣讲会资料》280本，服务新侨创新创业。积极牵线搭桥引资引智。主办“创业中华·兴业湖南·智汇星城”——第五届侨商侨智聚三湘（长沙）活动，英国、德国、美国、日本、加拿大、澳大利亚等10余个国家和地区的145名海外博士及侨领侨商出席。活动以海外博士长沙行暨高端人才论坛方式举行，宣传长沙市人才新政，进行项目推介、路演和考察，组织42家知名企业与海外博士供需对接会，12位高层次人才及项目落地长沙。年内接待日本湖南总商会会长日野正平等海外商协会到长沙考察8批次，高桥国际商贸日本馆等3个项目入驻长沙。与高层次人才服务对象保持常态联系，促成侨资企业华腾制药引进1名海外博士。加强市侨商会建设，组织召开长沙市侨商会一届三次理事会，规范完善侨商会各项规章制度。向中国侨商会、省侨商会推荐会长、理事30人，为会员提供更高层次的发展平台。组织会员参加“创业中华，海归蓉漂——全球青年组织会长大会”和“海外华商龙江行”活动。与大洋洲湖南商会签订友好商会协议，与湖南广播电视台公共频道、安化县九乡黑茶商会在澳大利亚悉尼歌剧院联合举办“家乡的味道——芒果朗读者”，助推“湘品出湘”。

【海外联谊活动】　2019年，市侨联组织召开“凝心聚力，再启征程”2019年迎新春联谊座谈会，亚洲、欧洲、美洲、非洲等16个国家近50名侨社团负责人和海外顾问、侨界特邀人员参加会议，与会侨胞就“一带一路”倡议下如何发挥侨界作用助推长沙发展积极建言献策。举办“海外侨胞故乡行走进宁乡”活动，组织100余名海外嘉宾到格力电器、楚天科技、关山古镇等实地考察，宣传推介长沙。接待组团到长沙的海外侨胞12批550人次，牵线中美法律交流基金会与市司法局和律师协会进行交流对接。加强对外文化交流，举办“寻根之旅”华裔青少年夏令营——湖南营长沙活动，组织来自美国、加拿大等12个国家的120名海外华裔青少年参观长沙市简牍博物馆、宋旦汉字艺术博物馆、隆平水稻博物馆，习汉礼、制简牍、体验刻印、拓印，了解稻作文化和农耕文明，增强对中华文化、中华民族的了解和认同。开设“侨界讲坛”3次，分享“工匠精神”，传播励志故事，促进中外文化交流。联合湖南广播电视台公共频道推出系列纪录片《我的中国心》5集。组织编写面向海外反映长沙历史文化的外宣书籍《一眼千年》，并向10余个国家和港澳台地区发放书籍3000册，提升长沙在海外的美誉度和影响力。主编《老侨故事》，成为爱国、爱乡、爱家的历史记忆和传承名片。组织长沙市青少年与海外华裔青少年开展“我和我的祖籍国”快闪演唱活动。联合新西兰湖南同乡会举办歌唱祖国弘扬爱国传统精神快闪活动。随同省侨联团组到肯尼亚、博茨瓦纳和赞比亚慰问演出。

【侨益维护】 2019年，市侨联通过设立侨法宣传栏形式，在浏阳市集里桥社区等5个涉侨工作重点社区开展侨法宣传活动，宣传贯彻侨法，提高归侨侨眷的维权意识。组织召开长沙市侨联“送法上门”服务座谈会，法顾委和律师服务团成员为侨资企业在经营过程中遇到的法律风险、司法救济、执行困难等问题提供专业性指导意见和建议。年内处理侨界群众来信来访18件，为侨界群众排忧解难，维护侨界和谐稳定。大邦生物等4起经济纠纷案件在法院获得胜讼。关爱老侨群体。举办“辉煌70年·侨与祖国共成长”国庆座谈会暨“聆听老侨故事，继承爱国传统”图片展，铭记老侨历史贡献，激发新侨兴业兴家之志。开展“双百”扶贫活动，2019年度慰问和帮扶归侨和侨眷100余人次，老归侨慰问资金由400元/人提高到800元/人，其中重点帮扶19人14.5万元。下拨经费10万元支持雨花区侨联开展“银侨之家”建设，为老归侨和侨界特殊人士提供服务。推进公益慈善。开展黄彰任奖学金、爱尔兰华侨奖学金、“春雷公益”香兰奖活动，奖励优秀学子、教师，帮助贫困学生近100名。开展“精准脱贫光明行”贫困眼疾患者公益救助活动，为298名贫困患者享受白内障公益手术救助。年内全市侨界共捐赠1000万元，助推长沙市侨界公益慈善事业工作。

【参政议政】 2019年，市侨联以人大、政协工作为平台，组织市侨界人大代表、政协委员积极撰写建议、提案，其中个人建议、提案16件，政协集体提案2件。组织政协委员开展调研、交流活动，为长沙市经济社会发展积极建言献策。组织召开2019年长沙市侨联参政议政座谈会，总结过去一年侨界参政议政情况，并对下阶段参政议政工作作出部署和安排，表彰7位参政议政先进个人。参与“加快长沙临空经济示范区建设”对口协商活动。3位代表的建议被纳入市人大常委会主任督办建议。

【长沙市侨联第十届四次全委（扩大）会议】 2019年3月5日召开。长沙市委常委、市委统战部部长谭小平出席。市委统战部副部长、市侨联党组书记王国平主持会议，市侨联主席陈慧，副主席刘斌、曹凛、毛冰花、罗正荣、易卓出席会议，市侨联委员及区县侨联代表等50余人参加会议。会议传达中国侨联十届二次全委会议、湖南省侨联七届六次全委会议精神，陈慧代表市侨联十届常委会作工作报告。谭小平充分肯定市侨联在凝聚侨力侨智、服务开放经济发展方面所作出的贡献，要求全市侨界进一步提高政治站位，凝聚广泛共识，为服务全市中心工作、助推高质量发展积极献策出力。

【全市优化侨资企业营商环境座谈会】 2019年6月20日，长沙市侨联召开全市优化侨资企业营商环境座谈会，邀请33家侨资企业，以及市政府办公厅、市委统战部、市委督查室等10余家市直相关部门参会，坚持问题导向，当面提出问题和解决问题。长沙市委常委、统战部部长谭小平，市政府副秘书长卢兴映，市优化营商环境协调事务中心党组书记、主任刘莉霞，市侨联主席陈慧等出席会议。长沙市委统战部副部长、市侨联党组书记王国平主持座谈会。仁和环保、怡海置业、华腾制药、湾田集团、湘绣城集团等多家企业负责人，围绕改进营商环境建设工作踊跃发言，就规划许可、用地手续、人才引进、企业融资、政策优化与扶持等方面，反映企业发展遇到的困难和问题，提出意见建议。市政府相关部门负责人对一些具体问题进行解释回应，并表示将安排业务部门上门调研、认真服务，争取最大限度解决。

【“寻根之旅”海外华裔青少年夏令营】 2019年7月10日，2019年“寻根之旅”海外华裔青少年湖南夏令营走进长沙市简牍博物馆，长沙市侨联组织150余名来自美国、加拿大、德国、西班牙、日本等世界各地的华裔青少年感受中华礼仪和湖湘文化。营员们集中参观和了解长沙简牍博物馆馆内陈列《三国吴简》《中国简牍》《世界文字载体》《中国简牍书法》4个部分。社教教师为华裔青少年们讲解汉朝礼仪的相关知识，立、坐、行礼、迎宾、宴请等汉礼互动引起华裔青少年们的兴趣和参与，并自己动手制作竹简。

【市侨联承办第五届侨商侨智聚三湘活动】 2019年8月2日，第五届侨商侨智聚三湘活动在长沙举办，来自英国、德国、美国、日本、加拿大、澳大利亚等10余个国家和地区的140余名海外博士及侨领侨商、30余位长沙市侨商会企业代表、43家长沙市相关企业出席。活动由湖南省归国华侨联合会、长沙市人民政府主办，长沙市人民政府办公厅、长沙市人民政府侨务办公室、长沙市归国华侨联合会承办。活动以“海纳百川·筑梦星城”为主题，以海外博士长沙行暨高端人才论坛、项目对接方式举行，并设置宣传片展示、主题论坛、人才签约、高层次人才与项目对接洽谈会、创新创业示范园区考察参观等众多版块，广纳海外人才进军长沙，推动长沙人才新政落地，涵养海外高端优质资源，为长沙优秀新兴产业企业提供人才和智力支撑。

【辉煌70年侨与祖国共成长座谈会】 2019年9月25日，长沙市侨联召开“聆听老侨故事 继承爱国传统 侨与祖国共成长”主题座谈会，54名生活在长沙市的老归侨及约20名新归侨代表围绕中华人民共和国成立70周年主题，畅谈心得体会，共叙未来发展。7名新老归侨代表先后在会上发言，徐琥、李文、罗炜豪、李红世4位新归侨分享自己回国、学习、工作和生活的经历，张德才、李体坚、曲秀芝3位老归侨动情地讲述祖国站起来、富起来、强起来前后的不同感受，抒发对党和祖国的浓浓挚爱，激发现场许多老归侨的感慨。

【“送法上门”服务座谈会】 2019年11月15日，长沙市侨联联合市政法委、市司法局、市中级人民法院、市检察院、市公安局、市侨联律师服务团等单位到湖南金龙集团召开“送法上门”服务座谈会。多家侨资企业代表参与座谈交流。会议就企业经营过程中遇到的法律风险、司法救济、执行困难等话题与相关部门和律师团队进行充分交流。

【“侨胞之家”授牌仪式】 2019年12月17日，长沙市侨联召开全市侨联系统2020年度工作务虚会暨“侨胞之家”授牌仪式。委统战部副部长、市侨联党组书记王国平，市侨联主席陈慧出席会议。高新区侨联、9个区县（市）侨联、长沙学院侨联主要负责人，6个“侨胞之家”所在社区主要负责人参加会议。各单位主要负责人围绕2019年亮点工作、2020年工作思路分别进行介绍及汇报，并对市侨联工作提出意见建议。会上通报《授予西湖等社区“侨胞之家”的决定》，芙蓉区西湖社区、天心区赤岭路社区、岳麓区学堂坡社区、岳麓区林海社区、开福区清水塘社区、雨花区中南院社区被授予“侨胞之家”称号，并举行“侨胞之家”授牌仪式。

（本栏撰稿　陈边城）

长沙市台湾同胞联谊会

【概况】 2019年长沙市台湾同胞联谊会（以下简称“市台联”）贯彻和平发展主题精神，落实服务、联谊和团结广大台胞台属的宗旨，为两岸关系和平发展奠定坚实的民意基础。发挥亲情乡情优势和人民团结的特点，广泛联络、服务、团结台胞台属，相互沟通，相互理解，增进共识。深入了解定居台胞以及台湾老兵的现实情况，采取电话慰问、走访慰问等方式，了解台胞的工作、生活、创业等情况，倾听需求与建议。利用中华民族传统节日邀请台胞、台属参加座谈会，沟通交流乡亲感情，传达党和政府的关心。坚持规章制度执行，根据长沙市台胞具体情况，特别是生活比较困难的台胞的实际情况，坚持《困难台胞补助办法》，及时将党和政府的关怀送到台胞、台属手中，按照原则办事，灵活掌握，得到台胞、台属的好评。

【走访慰问台胞】 2019年，市台联看望慰问因病住院台胞、生活困难台胞，对去世的台胞上门慰问家属，对一代台胞给予特别关心，为生活困难的老台胞提高生活补贴，为老台胞订阅党报。通过所做的努力，使广大台胞台属深切地感受到党和政府对他们的关心。根据《湖南省定居台胞困难补助及走访慰问实施办法（试行）》，对60岁以下生活比较困难和年满60岁年老体衰的台胞发放生活补助9.36万元。了解慰问台湾老兵，多了解他们的工作、生活、身体情况，倾听他们的需求与建议，了解他们在突发生病住院时经济上的困难，给予帮助，传达党和政府的关心，让他们感受到党和政府的热情和关怀。

【接待到访台胞】 2019年，市台联注重接待到访的台胞、台属，协助解决遇到的困难、解答遇到的问题。年内共接待到访的台胞、台商10余人次，接待到访台属20余人次，协助他们解决房产纠纷问题、法律疑难问题，寻找台湾亲人、在长沙就业和孩子上大学加分问题、户口以及生活困难资助等问题，维护他们的利益。为加强两岸经济文化交流和往来，更好的搭建两岸青年创新创业沟通交流服务平台，2019年5月，市台联与隆平高科技园区海峡两岸创业基地和浔龙河小镇联系，接待26位台胞。活动中，隆平高科技园区负责人、浔龙河小镇开发商向到访的长沙台胞一行介绍隆平高科技园区和小镇发展情况及相关的扶持优惠政策。

【帮扶困难台胞】 2019年，市台联注重与困难台胞交朋友，倾真情了解困难台胞的思想状况，帮忙困难人员更新观念，转变思想，树立克服困难的坚定信念和决心，帮助困难台胞利用现有的条件创业，或者通过政策途径，竭诚为他们排忧解难创业。在困难人员子女入学遇到困难时，想办法帮忙解决子女入学问题，保证困难人员子女能按时入学。在困难人员及其家庭成员就医遇到困难时，尽最大努力给予帮助，以便使其病有所医。对因天灾人祸、子女上大学等特殊原因致困的特困人员给予扶贫帮困基金一次性救助。通过这些措施拓宽帮扶渠道，建立台胞最低生活保障机制，使30余名困难台胞及其亲属每年获得从几千元到上万元的生活保障金，解决困难台胞的温饱问题。

【台胞联谊活动】 2019年，市台联积极组织开展联谊活动，以“龙脉相传 青春中华”为主题的全国台胞青年千人夏令营活动已连续举办16届，共有700余名台湾大学生到长沙参加夏令营活动，该项活动已经成为台湾青年朋友了解湖南、丰富阅历、广交朋友的重要平台，多次受到全国台联与省台联的表彰。为加深湘台陆配人员的联系，促进两岸文化交流，加强两岸情感交流，协同省台联于5月23—29日在湖南湘菜馆举办首届两岸婚姻家庭湖湘文化创业研习营，两岸婚姻家庭代表70余人参加，开启为期7天的湖湘文化之旅活动。此次活动以湖湘饮食文化为主题，通过实践教学及体验式交流等方式，加深对湖南湘菜文化的了解，增进乡亲情谊。

（本栏撰稿 彭众评）

长沙市文学艺术界联合会

【概况】 长沙市文学艺术界联合会（以下简称“市文联”）是长沙市委领导下的文学艺术人民团体，是党和政府联系广大文艺界的桥梁和纽带。市文联下属文艺家协会20个、行业文联3个、区县文联团体会员9个。2019年，市文联把主题教育工作会议扩大到所属20个文艺家协会党支部，组织2300余名会员进行“习近平新时代中国特色社会主义思想”专题轮训，组织中心组理论学习11次，完成机关总支、在职支部、退休支部换届。按照“撤一建一”原则对所属二级机构进行调整，撤销《创作》杂志社和长沙画院，登记成立网络文艺发展中心和会员服务中心，均为全额拨款公益一类事业单位，分别明确编制9名、8名，并面向社会招聘。指导成立天心区文联、芙蓉区文联，实现区县文联组织全覆盖。首次对市属文艺家协会财政资金管理使用情况开展内部审计，推动规范管理。首次开展会员清理，通过宣传发动、线上线下联络登记、协会整理、分批公示、集中公布等程序，重新登记市属各文艺家协会会员7767名。启动省级文明标兵单位创建工作。加强对新文艺群体、中青年和基层文艺骨干的团结服务，深入基层开展“加强新文艺群体的服务和引导”专题调研，举办为期3天共80人参加的中青年文艺骨干、基层文艺骨干培训班，首次采用网络报名的方式招募新文艺群体学员34名，10余名学员获市委宣传部在星辰在线开设的“艺术长沙”专栏推介。加大对新文艺群体的支持，全年创作扶持项目中新文艺组织和新文艺群体主创项目占比38.3%。选推廖建中参加中国音协举办的全国优秀青年词曲作家（第五期）高级研修班，选推市作协5人参加毛泽东文学院第十八期中青年作家研讨班。完善文艺成果奖励补助办法，对2018年度获得国家级、省级重大文艺奖项或荣誉的166件作品予以配套奖励78.3万元，对2019年度文学和文艺评论发表、出版作品的50位作者予以补助，共计58.68万元。加大创作项目扶持力度，突出现实题材，重点聚焦重大主题、中青年艺术家和名老艺术家总结艺术人生等项目，通过专家评估等严格程序，共对47个项目补助195万元。开展第一届长沙市优秀网络文艺作品评选，评选优秀网络文学作品5部、优秀网络文学新人新作2部、优秀网络微电影1部。

【文艺名家建设】 2019年，市文联组织建立文艺名家工作室制度，评选确定首批长沙市文艺名家工作室10家。支持名老艺术家活动，在中国现代文学馆举办“何立伟文学创作研讨会”和“天下小事——何立伟作品展”，中国文联主席、中国作协主席铁凝出席。在中国剧协举办“雄风逸韵·湘剧传承”——曹汝龙从艺60周年研讨会，为中国剧协第一次为地方戏艺术家举办研讨会。举办“四季花开——左汉中艺术展及研讨会”，中国民协主席潘鲁生等出席。支持举办蔡吉民、张月明等老艺术家总结艺术人生活动。加强文艺评论工作，与中国当代文学研究会、湖南省作协等机构联合举办何顿长篇小说《幸福街》研讨会。

【文艺交流活动】 2019年，市文联党组书记、副主席王俏陪同市委常委、统战部部长谭小平率市书协到台湾开展书法交流展，马英九、吴敦义、洪秀柱等发来贺信。岳麓印社到日本东京参加纪念中日友好条约缔结40周年书法篆刻国际交流展。汤素兰出席第四届国际儿童读物联盟亚洲大洋洲地区会议等国际国内文化交流活动，携作品《笨狼的故事》到英国参展。何立伟到新西兰、俄罗斯参加中外艺术交流活动。唐樱长篇小说《南方的神话》阿拉伯文版在埃及开罗出版首发。柯桐枝到伦敦参加第五届剑桥徐志摩诗歌艺术节。卢雨作品参加联合国举办的“维也纳·2019中欧国际艺术双年展”。举办“共饮一江水长沙永州书法篆刻联展”“长来常往长沙·常宁版画作品联展”。

【文艺工作成果】 2019年，纪红建报告文学《乡村国是》、电视剧《共产党人刘少奇》获第15届全国精神文明建设“五个一工程”奖，长沙市19件作品入选第13届全国美展、33件作品入选第12届全国书法展。《幸福街》《南村传奇》《天职》等作品被评为湖南省第14届精神文明建设“五个一工程”奖。《创作》杂志被评为“第八届少儿报刊金奖”“2019年度少儿报刊阅读季活动先进集体奖”。市文联党组书记、副主席王俏代表长沙市文联在全省基层文联工作座谈会上作题为《彰显省会担当 攀登时代高峰》的典型发言，介绍市文联在探索精品力作生产、人才队伍成长、长沙故事传播等三个方面取得的经验。《中国文联简报》2019年第8期刊发长沙市文联在区县文联建设中的工作经验。

【文艺活动开展】 2019年，市文联鼓励“庆祝中华人民共和国成立70周年”主题创作，推出《半条被子》《第一位女共产党员——缪伯英》《第一信号》《共和国英雄》《胡子将军》等一批原创精品。拍摄的《我和我的祖国》MV在全省播出。与《长沙晚报》开展“壮丽70年·阔步新时代”大型主题征文活动，征得作品1000余件，在《长沙晚报》“橘洲综合文艺”专版刊载97篇，16篇登上“学习强国”平台。“湖南省楷书展”“全国第12届书法篆刻展”楷书论坛在望城区书堂山举行，中国书协主席苏士澍等出席。与西泠印社共同主办“全国篆刻名家作品邀请展”，为西泠印社首次在湘办展。举办2019“讲好中国故事”创意传播大赛长沙分站赛暨长沙市第三届“城市之光·长沙魅力”短视频大赛。

【文艺惠民工程】 2019年，市文联印发《关于开展好庆祝“中华人民共和国成立70周年”2019年主题文艺活动暨文艺志愿服务活动的通知》，坚持“到人民中去”开展惠民演出、展览展示、辅导讲座、文艺培训等形式多样的文艺志愿服务活动150余场。在浏阳官桥镇举办“5·23”文艺志愿服务演出，观众1000余人，网络直播点击量逾25万人次。长沙市书法家协会第四次被中国书法家协会评为“送万福进万家”先进单位。全年新增省级志愿者注册会员180人。

【第一届长沙市优秀网络文艺作品评选】 2019年12月22日，由长沙市文学艺术界联合会、《文艺报》社、湖南师范大学文学院共同主办的第一届长沙市优秀网络文艺作品颁奖典礼暨作品研讨会在长沙召开。中国作家协会副主席、中国作家协会网络文学委员会主任陈崎嵘，《文艺报》副总编辑刘颋，湖南省委宣传部副部长、省网信办主任周湘，湖南师范大学副校长周俊武，湖南省作家协会党组副书记、主席王跃文，湖南省作家协会副主席、网络作家协会主席余艳，长沙市委宣传部常务副部长赵柏林，长沙市委宣传部副部长、网信办主任莫小佳，长沙市文联党组书记、副主席王俏，湖南省作家协会副主席、长沙市文联主席汤素兰等出席颁奖仪式。经公开申报、资格审核、专家初评、专家复评、网上公示等程序，《贞观大闲人》《放开那个女巫》《极限拯救》《降龙觉醒》《荣耀之路》5部作品获优秀网络文学作品奖，《三尸语》《少女心永不毕业》两部作品获优秀网络文学新人新作奖，《一碗粉温暖一座城》获优秀网络微电影奖。

【长沙首批文艺名家工作室评选】 2019年5月，市文联启动首批长沙市文艺名家工作室申报评选工作。在长沙设立（或新设立）的文学、电影电视、戏剧、曲艺、音乐、舞蹈、书法篆刻、美术、摄影、民间文艺、非遗传承、文艺评论、设计艺术、新媒体、

表6　2019年长沙市文艺名家工作室一览表

工作室名称	所属门类	领衔人姓名
曹汝龙名师工作室	戏剧	曹汝龙
大兵工作室	曲艺	任军（大兵）
杨天解音乐创作工作室	音乐	杨天解
张锡良书法讲习所	书法	张锡良
长沙市邬建美湘绣艺术工作室	民间文艺	邬建美
泥人刘工作室	非遗传承	刘坤庭
龙鼎中影像艺术工作室	摄影	龙鼎中
中南大学当代东方艺术研究中心卢雨工作室	美术	卢雨
朱训德后湖工作室	美术	朱训德
谭仲池文艺创作室	影视	谭仲池

（资料来源：市文联）

文化创意、策展等领域的工作室均可自愿申报。全年收到申报28家，通过资格审核、专家评审、实地考察、研究审定，共确定10家工作室为首批长沙市文艺名家工作室。根据《长沙市文艺名家工作室扶持办法》有关规定，每个工作室扶持经费总额30万元，以3年为一个扶持周期。市委宣传部、市文联分别从文化事业建设经费、文艺创作扶持专项资金中各解决50%奖补资金。

【长沙市文联设立会员服务中心】 根据《长沙市文联深化改革方案》要求，市文联按照“撤一建一”的原则，在撤销原有二级机构长沙画院的基础上，于2019年3月设立长沙市文联会员服务中心，为直属正科级公益一类全额拨款事业单位，对外可使用“长沙画院”名称，主要职责为负责团结引导、联络协调、管理服务市属文艺家协会、行业文联等会员单位及在长新文艺群体和在全国有影响的长沙籍文艺名家；负责落实所属文艺家协会党建和意识形态工作责任，加强对会员单位的思想政治引领；负责加强文艺界行业自律、行风建设和职业道德建设；负责对会员单位文艺创作进行指导和服务，开展文艺创作研修、会员法律等培训，提高文艺工作者创作能力及权益保护意识；组织开展研讨会、看稿会、学术交流等活动；负责组织开展书画创作、展览、评论与交流、艺术审美与美育普及等活动；完成市文联交办的其他任务。

【何立伟作品展在北京举行】 2019年4月12日，“何立伟文学创作研讨会”和“天下小事——何立伟作品展”在北京中国现代文学馆举行。该活动由中国作协小说委员会、湖南省文联、湖南省作协、文艺报社、长沙市委宣传部、长沙市文联等单位联合主办。研讨会上，与会嘉宾围绕何立伟的文学创作展开讨论。下午，“天下小事——何立伟作品展”在中国现代文学馆A座一楼展厅举办。该展览是何立伟首次在北京举办的大型个展，展出他近年来创作的水墨人物及摄影作品100余件，全面回顾、总结何立伟的艺术创作历程。展览名称“天下小事”，取自何立伟1998年出版的小说集《天下的小事》。何立伟现为中国作家协会全委会委员、湖南省作家协会名誉主席、长沙市文联名誉主席，是当代文艺湘军的主将之一。他在20世纪80年代初以短篇小说《白色鸟》闯入读者的视野，30年来推出多部中短篇小说集和长篇小说，是一位风格独特、成绩斐然的杰出作家，在诗歌、散文等体裁的写作上均有尝试，并在绘画、摄影方面取得业界肯定。

【曹汝龙从艺60周年研讨会在北京举行】 2019年4月11日，“雄风逸韵·湘剧传承”——曹汝龙从艺60周年研讨会在北京举行。研讨会由中国戏剧家协会、湖南省戏剧家协会、长沙市委宣传部、长沙市文化旅游广电局、长沙市文联共同主办，这是中国剧协第一次为地方戏艺术家举办研讨会。曹汝龙在会上表示，是湘剧培养了自己，成就了自己，想丰富湘剧的表现形式，把湘剧发扬和传承下去。曹汝龙为长沙市湘剧院原院长，现长沙市戏剧家协会主席，国家一级演员，国家级非物质文化遗产湘剧代表性传承人，作品曾获中国第四届“文华表演奖”，第十届中国戏剧“梅花奖”，第五届、七届、十届“五个一工程奖”，第十届“文华新剧目奖”等。2004年主演的现代花鼓戏《秋天的花鼓》进入全国三十台精品剧目。湖南省曾授予其“有突出贡献的专家”称号，中国文联授予他“德艺双馨”艺术家称号，并被评为全国文化系统先进工作者。

（本栏撰稿　刘延喜）

长沙市残疾人联合会

【概况】 2019年，长沙市残疾人联合会（以下简称“市残联”）围绕“产业项目建设年”“营商环境优化年”工作部署，推进残疾人脱贫攻坚和全面小康进程，各项工作稳中有进。截至2019年年底，全市持证残疾人约14.3万人。完成13.4万名残疾人数据动态更新工作，配合落实惠残政策，109574人享受“两项补贴”，养老保险和医疗保险政府代缴121519人；对纳入住建部门危房改造范围的残疾人家庭应补尽补。出台《长沙市解决因残致贫家庭突出困难的工作措施》，因残致贫家庭有958户2256人实现脱贫。核发、变更、注销残疾人证27892本，扶残助学3010人。抓好示范带动，开展“连千村帮万户”“阳光增收”脱贫计划，为730名残疾人进行农村实用技术培训和发放生产资料。建成市级残疾人就业扶贫基地23个。年内新建两家农村残疾人托养机构，居家托养955人，机构托养1338人，第三方监测评估满意率达96%，解决农村残疾人托养难题。在2019年度湖南省残联AAAA以上托养机构评比中，长沙市新增2家AAAAA机构和5家AAAA机构。

【残疾人康复服务】 2019年，市残联在全省率先成立市级残疾人康复协会，举办第一期康复教师培训班，培训康复骨干150人。出台《长沙市残疾儿童康复救助实施办法》，为3105名0~14岁残疾儿童、72名15~17岁残疾少年进行免费康复救助，长沙市残联被长沙市人民政府评为“为民办实事先进集体”。举办“与国同庆与爱同行”残障儿童康复成果汇报演出，结集出版《我的康复之路》征文摄影作品集。实施精准康复服务行动，假肢装配355例，辅具适配1008人，白内障和低弱视力康复救助1041名。全市有康复需求的持证残疾人精准康复服务率91.23%，辅具适配率95.29%。培训就业向实发力。加强第三方监督评估，举办职业技能培训班24期，免费培训870人。扶持146户残疾人成功创业；扶持盲人按摩进社区26家。举办残疾人专场招聘会20场，10家辅助性就业机构为155名残疾人提供庇护就业。适龄残疾儿童入学调查3801

人，对未入学的946人进行入学安置，入学率97%。特色品牌引向深入。政府购买“手机手语在线翻译APP”服务。开展全国首批残疾预防综合试验区工作；“心翼会所”精神康复模式、“希望之家”脊髓损伤康复和生活重建模式、残疾儿童康复家长学校、家庭医生签约服务在全省乃至全国产生深远影响。残疾人就业创业、康复救助、托养服务等“长沙经验”吸引江苏、济南等地到长沙学习考察9批次。10月9—11日《湖南日报》连续三天专题报道《长沙市残疾人事业高质量发展巡礼》文章。

2019年11月28日，2019年长沙市新时代学雷锋扶残助残“善行四十佳”颁奖典礼在长沙市群众艺术馆举行　市残联　供图

【残疾人环境改善】 2019年，市残联注重改善无障碍环境，形成《全市城区主要道路无障碍行动调查报告》，残疾人家庭无障碍改造607户，建设无障碍社区9个。年内接待来电来访来信2000余件次，办理网络问政、上级交办件35件，处理热线工单41件，收集“双联双百”社情民意22件；发挥法律救助工作站作用，接待法律咨询100余件次，妥善处理涉残案件25起，维护残疾人群体稳定。办好“爱满星城”“命运之帆”等电视广播报纸专题栏目，市爱康残疾人就业服务中心和张建民分别被评为全国助残先进集体和先进个人，贺瞻被评为“中国残疾人事业助残新闻人物”，陈丁获第六届全国残疾人职业技能大赛金牌，被评为“全国技术能手”。长沙市残联被评为长沙市文明单位。在第十届全国残运会暨第七届特奥会上，长沙市获15金16银12铜并打破一项亚洲纪录。举办庆祝中华人民共和国成立70周年系列活动，举办“说出你的故事，亮出你的绝活”全国助残日、残健融合乒乓球赛等活动。

【长沙市在全国第十届残运会暨第七届特奥会获奖】 2019年8月25日—9月1日，第十届全国残疾人运动会暨第七届特奥会在天津市举行，长沙市残疾人运动员顽强拼搏，获15金、16银、12铜，其中全国残运会获7枚金牌、4枚银牌、7枚铜牌，比上届多出4枚金牌。

【2019年长沙市新时代学雷锋扶残助残“善行四十佳”评选活动】 2019年11月28日，由长沙市残联、市文明办共同主办的“爱满星城与你同行”2019长沙市新时代学雷锋扶残助残“善行四十佳”颁奖典礼在长沙市群众艺术馆举行。该活动是长沙市残联系统深入推进“不忘初心、牢记使命”主题教育的重要抓手，目的是通过宣传一批身边先进，在全市残联系统形成学先进、当先进的良好风尚。此次受表彰的“善行四十佳”包括2019年长沙市新时代学雷锋扶残助残十佳爱心个人、十佳爱心机构、十佳爱心基层残疾人工作者、十佳自强模范。其中，获“十佳爱心个人”之一的胡锦华是天心区曙光小学校长，多年来她为“三残”儿童提供随班就读和送教上门，将残疾学生纳入一单式扶贫范围，争取资金资助。获“十佳爱心机构”之一的长沙市希望之家脊髓损伤者服务中心，4年来累计服务脊髓损伤者600余人次，引进智能辅助器具邦邦车、理疗设备等为会员提供免费服务，走访慰问特困残疾人100余人，举办各类活动50余次，成为残疾人的精神家园。获“十佳爱心基层残疾人工作者”之一的谭正元，担任望城区乌山街道旺旺路社区书记兼社区残协主席，自1995年至今，在她的带领下，该社区多次获市残疾人工作五星级明星社区、“雷锋家乡阳光服务之星”社区等荣誉，她为残疾人竭力服务，用热心与残疾人共创和谐社区。获“十佳自强模范”之一的廖志胜，虽然是一名脑瘫患者，但是在他心里从没有放下过“遥不可及”的电影梦。作为湖南师范大学文学院戏剧影视文学专业旁听生，他创作的第一部剧本《理想之光》获“广汽三菱杯”特等奖，并获第二届湖南省大学生微电影节最受欢迎影片奖。“善行四十佳”评选活动从2019年3月启动，本着公开公平公正的原则，报名、资质审查、材料审核经过严格把关，最终由大学教授、资深媒体制片人、著名作家、社会工作者、残疾人专门协会主席等组成专家评审小组，对申报对象进行层层筛选，考核复审，公开公示，评出“善行四十佳”。

【长沙市残联第六届主席团第三次会议】 2019年12月13日，市残联在机关七楼会议室召开第六届主席团第三次会议。市残联第六届主席团副主席、执行理事会理事长刘增三出席会议并作工作报告。会议由市残联第六届执行理事会副理事长左锡涛主持。会议一致通过《长沙市残疾人联合会主席团关于通过曾军为第六届主席团执行理事会副理事长人选的决议（草案）》，推举曾军为市残联第六届执行理事会副理事长。

（本栏撰稿　雷传红）

长沙市红十字会

【概况】　截至2019年年底，长沙市红十字会下属9个区县（市）红十字会，有会员单位26家，理事单位43家。全市有126个街道（乡镇）和930余个社区（村）、1500余所学校成立红十字组织，创建省级红十字模范街道、社区11个，市级模范街道、社区70个，设有红十字服务站点78个，博爱超市46家，注册红十字志愿者2000余人。中国红十字会总会《会内通报》印发专刊，将长沙市咸嘉新村、清水塘、捞刀河、牛婆塘、天剑社区红十字服务工作经验向全国推广。2019年，长沙市红十字会筹集发放各类爱心款物1600万余元，救助困难群众8万余名。开展救护培训，实施救护培训“百千万工程”，全年培训107名救护师资、救护员和CPR+AED培训4800余名、22万名接受过红十字急救知识普及培训的中小学生和社区群众，完成文明城市创建工作任务。健全组织宣传，抓住世界红十字日、防灾减灾日、世界急救日等节点，组织开展红十字系列活动，在地铁站、市老干部活动中心陆续安放一批自动体外除颤仪（AED）。

【公益项目】　2019年，市红十字会联合市委统战部共同举办“社会扶贫·助力脱贫攻坚—2019年长沙市红十字博爱送万家”活动，全市红会系统筹集发放爱心款物1200万余元，受益群众2万余人次。加强与上级红会沟通，为困难群众申请获得红十字人道救助金50万元、小天使基金267万元，救助大病患者200余人。发挥省会城市辐射功能，动员社会捐款10万余元，支援龙山教育扶贫。组织参加中国红十字会总会“99公益日”活动，优化网上筹资方式，成功推出“博爱万家·温暖过年”“红十字社区陪伴”等16个公益项目，获社会捐款和腾讯公司配捐895万元。推进红十字“博爱家园”建设，通过向上争、本级投、共同筹等方式，投入资金100万元，建设高标准项目5个，全省红十字“博爱家园”项目现场观摩会在天心区召开，浏阳市澄潭江荆坪村博爱家园被评为“中国红十字会博爱家园助力脱贫攻坚优秀项目”。

【救护培训“百千万”工程】　2019年，市红十字会继续实施救护培训“百千万工程”，推动救护培训工作深入发展。全年培训107名救护师资、救护员和CPR+AED培训4800余名、22万名接受过红十字急救知识普及培训的中小学生和社区群众，完成文明城市创建有关工作任务。举办“关爱生命·救在身边”长沙市红十字应急救护大赛，并组队代表湖南参加第五届全国红十字应急救护大赛，获创伤救护全国二等奖。组织举办全市红十字救护师资研讨会，实行师资动态管理，高水平优质红十字救护培训师资队伍不断壮大。联合市应急管理局开展全市安全员救护员培训，培训救护员200余名。立足平安长沙建设，助力社会治安综合治理，为市公安局特警支队培训救护员150余名。突出宣传带动作用，继续开展市直机关救护员初（复）训9期，培训机关干部400余名。以生命健康安全体验教室为载体，契合中小学生社会实践需求，组织开展生命健康安全体验活动200余场次，10000余名学龄前儿童和中小学生参与；在全市各游泳场所开展57期“珍爱生命，守护未来”溺水预防与急救知识培训，3000余名少年儿童和家长参加。

【遗体器官捐献与造血干细胞捐献工作】　2019年，长沙市实现遗体器官捐献75例，累计捐献650例，使1400余名重症患者获得新生；实现眼角膜捐献85例，累计捐献625例，使1600余名患者重见光明；实现造血干细胞捐献41例，累计捐献369例，成功挽救300余人的生命。全市人体器官和遗体捐献志愿者登记年度新增7200余人，占全省新增人数的三分之一强，浏阳淳口镇高田村88名村民集体签订器官捐献协议，中央电视台和湖南卫视等媒体进行专题报道，长沙市被评为2018—2019年度全省遗体和人体器官捐献工作先进单位。造血干细胞捐献出现崔湘豫、罗操等二次捐献的优秀代表，湖南工程职业技术学院一个月内涌现3名造血干细胞捐献者，实现“三连捐”，长沙市被评为2018—2019年度全省造血干细胞捐献工作先进集体。

【市红十字会组织建设】　2019年，市红十字会加强组织建设，举办2019年全市红十字专兼职干部培训班，推进“不忘初心、牢记使命”主题教育，学习贯彻中国红十字会总会改革会议精神，全市各级红十字专（兼）职干部300余人参加学习培训。组织红十字星级志愿者评选活动，推选7个优秀应急救援综合团队、14支优秀红十字志愿服务队和478名晋级红十字星级志愿者，促进了全市志愿服务活动开展。组织举办“5·8”世界红十字宣传周、世界急救日现场救护演练、世界献髓者日造血干细胞宣传进高校、遗体和人体器官捐献缅怀纪念等形式多样的专题活动。“5·12”全国防灾减灾日期间，在长沙县松雅湖组织开展300余人参加的红十字应急救援综合防灾减灾演练；世界急救日期间，集中在地铁站点、公共场所安放多台AED，免费进行基础心肺复苏操作和AED使用培训，增强了群众自救互救意识，扩大红十字工作的社会影响。

（本栏撰稿　董　浩）

法 治

NOMOCRACY

编辑　周海波

地方立法

【概况】 2019年，长沙市注重环保、安全生产等领域立法，市人大审议通过地方性法规《长沙市湿地保护条例》，市政府修订政府规章《长沙市安全生产监督管理办法》。推进城乡规划、人防工程、供水用水、燃气安全、生活垃圾等社会治理领域立法项目，就《长沙市机动车排气污染防治条例（修改）》《长沙市生活垃圾管理条例》《长沙市人防工程建设与管理条例》等项目开展立法调研。长沙市政府常务会审议通过《长沙市人民政府关于修改和废止部分市人民政府规章的决定》，对《长沙市城市规划管理办法》等4部规章进行修改，废止《长沙市城市养犬管理规定》等7部规章，出台《长沙市政府立法基层联系点工作规定（修订）》，增加市生态环保协会、湖南军信环保公司等4个单位作为政府立法基层联系点。召开基层调研座谈会、立法讨论会、专家咨询论证会、行政相对人征求意见会等30余场次，共380余人次参与。社会公众参与立法工作的广度和深度拓展。

【《长沙市湿地保护条例》颁布】 《长沙市湿地保护条例》（以下简称《条例》）由长沙市第十五届人民代表大会常务委员会第二十六次会议2019年10月23日通过，湖南省第十三届人民代表大会常务委员会第十四次会议2019年11月28日批准，自2020年5月1日起施行。《条例》共二十七条。《条例》明确禁止滥捕滥采湿地野生动植物，破坏湿地野生动物栖息地和迁徙通道、鱼类洄游通道。禁止使用军用武器、气枪、爆炸物、毒药、地弓、猎套、猎夹、地枪、排铳、陷坑、电击或者电子诱捕装置，以及非人为直接操作并危害人畜安全的狩猎装置等工具猎捕湿地野生动物；禁止使用夜间照明行猎、歼灭性围猎、捣毁巢穴、火攻、烟熏、网捕等方法进行猎捕，但因科学研究确需网捕、电子诱捕的除外。除法律法规有特别规定的以外，在目录范围内的湿地还禁止以下活动：开（围）垦、填埋或者排干湿地；擅自建设拦河坝等建筑物、构筑物；挖沙、采矿；倾倒有毒有害物质、废弃物、垃圾；引进外来物种；擅自放牧、捕捞、取土、取水、排污、放生；损毁、涂改、移动湿地保护标志，涂改、移动、掩埋、损毁、破坏湿地保护相关设施及监测设施设备；其他破坏湿地及其生态功能的活动。《条例》还明确将被依法追责的违规行为。如：在目录范围内的湿地取水，影响湿地最低用水需求或者截断水源，影响湿地水系与外围水系的联系的；对湿地野生动物栖息地和迁徙通道、鱼类洄游通道造成破坏的；涂改、移动、掩埋、损毁、破坏湿地保护标志、设施及监测设施设备的。

【《长沙市安全生产监督管理办法》修订】 2019年10月30日，《长沙市安全生产监督管理办法》（修订）（以下简称《办法》）经长沙市第十五届人民政府第34次常务会议审议通过，11月19日，以长沙市人民政府第140号令公布，自2020年2月1日起施行。原《长沙市安全生产监督管理办法》于2005年出台，但随着工业化、城镇化的快速推进，安全生产隐患和风险持续增加，原《办法》所依据的上位法、相关配套制度、法制环境等发生较大变化。长沙市于2017年11月启动《办法》修订工作，通过多种方式的充分调研、征求部门意见、专家论证、公开征求社会意见等程序，形成《办法》修订草案。《办法》包含七部分，共三十一条内容。《办法》对立法依据、适用范围、工作机制、安全生产管理体制、生产经营单位应当落实的安全生产保障措施、重点行业监管和生产安全事故处理、监管措施、法律责任等方面都做出具体规定。《办法》明确政府的领导职责，厘清综合监管部门和行业监管部门的监管职责，明确乡镇、街道以及开发区（园区）的监管管理工作，并对企业安全生产责任都做出相应的要求；建立安全生产约谈、警示教育制度，衔接失信惩戒机制，并创设必要的责令改正措施等。《办法》针对长沙安全生产监管职责不清、生产经营单位责任意识不强、重点行业监管规定不全面等问题，作了创新性管理制度设计，具备地方特色及可操作性。

（本栏撰稿　郭芳芳）

政法委与综治

【概况】 2019年，长沙市被湖南省委、湖南省政府授予2019年度全省综治工作先进市；中央政法委推介长沙市创新治理机制、化解规模集访工作经验；湖南省委政法委推介长沙市深化司法体制改革、推进社会治理创新、加强政法队伍政治建设、提升政法工作现代化水平等工作经验。涉法涉诉信访工作考核获满分，全省排名第一位。“互联网＋群防群治”平台暨“星城园丁”APP被评为全国“智慧警务十大创新案例”；长沙长安网被评为“中国优秀政法网站”。

【“平安长沙”建设】 2019年，长沙市推进平安区县（市）、平安园区等十大平安创建。对火车站及周边等8个地区进行预警整治。推进“一村一辅警”，配备专职驻村辅警。市委政法委每月组织召开全市矛盾纠纷排查调处工作会议，推进医疗纠纷、交通事故、物业等专业性、行业性调解工作，调解各类纠纷34579件，调解成功33973件。深化治安保险工作，为全市116个乡镇（街道）的13.21万户居民提供43亿元的风险保障。加强见义勇为表彰奖励，发放慰问金44.5万元。

【执法监督】 2019年，长沙市政法机关组织评查案件1.94万余件，发现执法问题和瑕疵案件418件。市委政法委评查案件62件，其中评查出不合格案件3件，基本合格案件6件，合格案件53件。全年交办案件12件，转办案件27件。全市政法机关接处来信来访10100余件，其中市涉法涉诉信访窗口接待群众来访825批4298人次，办理群众来信328件。开展涉法涉诉信访积案化解工作，全市摸排积案76件，化解积案72件，积案化解率94.7%。全市开展司法救助167案195人，发放救助金280.4万元，市本级救助2案2人，发放救助金10万元。推进落实市委、市政府出台的“知识产权保护十二条”，落实知识产权保护工作联席会议、案件协调、信息互通共享“三项机制”，调度“8·22”“11·06”涉嫌侵犯商业秘密等产权保护重大案件。

【企业家权益保护】　2019年，长沙市成立市“营商环境优化年”企业家权益保护专项行动领导小组，发布企业家权益保护十大举措。公安立经济案件632起，查扣、冻结及追缴3亿余元；打击涉众型经济犯罪，立案80起，破案77起，刑事拘留402人。检察开展打击涉民营企业刑事犯罪专项行动，依法办理各类案件2000余件。法院审理涉企业案件15998件，执结涉党政机关及国有企业拖欠民营企业债务案件48件，执行到位金额16429.71万元。法院开展清理“小标的大查封”行动，核查涉民营企业案件4119件，纠正17件超标的查封案件。检察院开展涉企人员羁押必要性审查行动，摸排在押涉企业人员，督促办案机关变更强制措施或释放15人，依法对民营企业人员不捕153人，不诉145人。公安机关开展挪用资金、职务侵占案巡查行动，巡查案件386件，不予立案53件，撤案10件，破案163件。制定《长沙市非公有制经济领域维权联席会议制度》。

【司法体制改革】　2019年，长沙市落实政法机构改革，完成市和区县（市）两级政法委机构改革，市委政法委内设14个机构。深化司法责任制及配套改革，市法院推进多元化纠纷解决机制改革，推广应用人民法院在线调解平台，诉前调解案件1205件，司法确认案件101件。推进案件繁简分流、轻重分离、快慢分道，出台《繁简分流简案快办指导意见（试行）》，成立快审团队，指导基层法院成立速裁中心，简易案件平均审理周期56.96天，比2018年下降40.12%。推进以审判为中心的刑事诉讼制度改革，落实“三项规程”，推进庭审实质化。推进审判监督机制改革，院领导带头办理疑难复杂案件，进行类案指导，统一裁判尺度。指导基层法院完成内设机构改革，精简内设机构18个。市检察院推进内设机构改革，编制机关内设机构改革建议稿，立足省会检察工作实际，争取上级部门将长沙检察内设机构改革进行单独设计，已形成有别于其他市州院的内设机构改革建议稿，设置未成年人检察部、司法人员渎职犯罪侦查部、知识产权检察部、营商法制环境检察部4个独特的检察业务机构。鼓励有条件的基层院先行先试“捕诉一体”，在雨花区院探索实行“捕诉一体”试点工作的基础上，指导望城、宁乡等基层院对部分罪名的刑事案件实行“捕诉一体”办案。深化公安改革，以“大侦查作战中心”为统领，构建4个业务作战室、7个业务警种、10个分区县市局的“4+7+10”作战体系。深化司法行政改革，创造社区矫正规范化、智能化、社会化的“长沙模式”，打造“一站式”法律服务实体平台。（本栏撰稿　肖　湘）

法治政府建设

【概况】　2019年，长沙市贯彻落实《关于开展法治政府建设示范创建活动的意见》精神，推进“全国法治政府建设示范市”创建，104项法治政府建设评估指标逐一对标落实。开展长沙法治园区创建，以隆平高科技园创建法治园区为突破口，打造法治营商环境示范园区。

【依法治市】　2019年，长沙市加强党对全面依法治市的集中统一领导，把全面依法治市作为战略性基础性工程，召开市委全面依法治市委员会第一次、第二次会议，成立立法、执法、司法、守法普法四个协调小组。加强市委依法治市办机构建设，增设秘书处、法治调研处、法治督察处。制定以全面依法治市委员会工作规则为主的“两规则一细则”（《中共长

2019年5月29日，“万人巡逻点亮星城”启动仪式在贺龙体育场东广场举行

市公安局　供图

沙市委全面依法治市委员会工作规则》《中共长沙市委全面依法治市委员会协调小组工作规则》《中共长沙市委全面依法治市委员会办公室工作细则》），以及《市委依法治市办内部管理办法》《全面依法治市联络员工作制度（试行）》，出台《关于全面推进依法治市若干问题的意见》《关于加强公共法律服务体系建设的意见》《长沙市推行法律顾问制度和公职律师公司律师制度实施办法》。落实《法治政府建设与责任落实督察工作规定》。协调组织法院、检察院、公安、市场监管等部门力量，采取书面督察、实地督察相结合，面向市直部门和区县（市）开展食品药品监管、营造法治化营商环境和法治政府建设。

【规范性文件管理】 2019年，长沙市落实《关于明确规范性文件效力管理责任的通知》，组织4次相关领域的文件清理，对长沙市与现行开放政策不符的规范性文件进行废止或修订。加强规范性文件备案管理、专项清理和“三统一”（规范性文件统一登记、统一编号、统一发布）工作，对325件规范性文件草案、政府会议材料等进行合法性审查，向法定监督机关报备市级规范性文件50件。登记、编号，并统一公布150件市直部门和法律法规授权组织规范性文件，发出审查监督意见书2份。对各区县（市）报备的74件规范性文件进行登记、审查，发出审查监督意见书1份。

【政府合同审查管理】 2019年，长沙市对各类政府合同（含文件）229件进行合法性审查，涉及政府财政资金约3000亿元。对全市55件重大政府合同进行备案管理，规范政府合同履约和财政资金支出管理。完善政府合同法律审查责任机制，推进全市政府合同统一监督管理。法律审查和法律服务延伸至协议文本草拟、协商谈判、会议决策等环节，严把产业扶持、招商引资、城市建设等领域政府决策合法关。在智能制造产业投资等产业基金项目、比亚迪动力电池生产基地和中联智汇产业城等重点产业项目、轨道交通6号线B部分等PPP项目、城市固体废弃物填埋场污泥与生活垃圾处置等特许经营类项目中，介入法律服务。

【行政复议与应诉】 2019年，长沙市推进“阳光复议”，推行行政复议文书网上公开工作，行政复议直接纠错率约为11.3%。支持法院依法受理行政案件，办理检察院行政监督案件5件。实现行政复议案件网上申请。建立行政复议谈话室、听证室。在长沙市司法局官网设立行政复议文书网上公开专栏公开，接受社会监督。建立和完善行政复议应诉工作机制，加强对各区县（市）政府和市直各单位行政复议应诉工作的指导。明确行政应诉责任分工，建立行政应诉工作机制，加大行政负责人出庭应诉力度。全年依法办理行政复议案件497件、行政应诉案件573件，代理长沙市政府出庭应诉500余次。依法办理涉及雨花、芙蓉等国有土地房屋征收项目的最高院再审案件40件。

【行政执法指导监督】 2019年，长沙市清理、审查全市42家单位的责任事项4756项，形成全市责任清单并对外发布。在宁乡市开展轻微违法违规经营行为免罚试点。印发《长沙市全面推行行政执法公示制度执法全过程记录制度重大执法决定法制审核制度实施方案》，市本级29个行政执法单位对权责清单、救济途径等进行公示。对404宗行政处罚、行政许可案卷进行评查。依托大数据、云计算等信息技术手段，加快推进行政执法综合管理监督信息平台建设。严格证件管理，核发行政执法证件1030本。

（本栏撰稿 郭芳芳）

2019年7月26日，长沙市法治政府建设讲评工作会议　　市司法局 供图

公 安

【概况】 2019年，长沙市推进“产业项目建设年”“营商环境优化年”和“打赢五大硬仗”（政治安全保卫仗、风险化解攻坚仗、严打犯罪主动仗、公共安全治理仗、社会防控整体仗）“强化五项保障”（政治保障、动力保障、科技保障、法治保障、基础保障）决策部署，在捍卫政治安全、维护社会稳定、创新社会治理、建设智慧公安、强化警务保障、深化政治建警六大工作中“争先进、创一流”。（蒋稳根）

【基层治理创新】 2019年，长沙市推进“大钥匙”工程，在出租屋安装智能门锁、小区和企事业单位安装二维码车门岗机器人，在高新分局、长沙县局，安装智能门锁2.9万余把，新增采集、维护出租房屋1.5万余间。人口与出入境管理支队推进二维码标准地址建设，完成地址数据采集182.4万余条，安装门、楼牌78.1万余个。统筹市、区、街道、社区四级力量，打造“四零”社区建设，即：居民零上访、刑事零案发、安全零事故、服务零缺位。人口与出入境管理支队被中华全国妇女联合会授予“全国维护妇女儿童权益先进集体”荣誉称号。高新分局雷锋派出所被命名为全国首批“枫桥式派出所”。 （包 宇）

【“互联网＋群防群治”平台搭建】 2019年，长沙市搭建“互联网＋群防群治”平台暨“星城园丁”APP，自3月28日上线，注册用户总数564.05万个，收到并处理群众交通违法举报34.7万起，收到涉毒举报线索915条，抓获吸毒人员297人，收到小区“四不”问题线索22.8万条，妥善处理20.1万条，收到传销举报线索413条、假烟举报线索305条、假酒举报线索313条，通过和包支付发放奖金478.8万元。依托APP组织“5·28”“9·17”“9·26”万人大巡逻，自发参与巡逻115.2万人次，完成巡逻里程178.9万千米。发起“6·28”百万市民禁毒签名活动。“星城园丁”APP获全国“智慧警务十大创新案例”“2019年湖南（长沙）十大公益新闻事件”“全省公安机关重点改革大赛优秀项目”，为新时代“枫桥经验”贡献长沙智慧。 （包 宇）

【公安大数据智能化建设】 2019年，长沙市依托“警务云”数据中心，汇聚公安内外部数据2500余类1100亿条，初步建成公安大数据平台，运用机器学习、人工智能等技术开发数据分析挖掘模型20余个，向各警种30余个应用系统共享880类20亿余条数据，为全局提供实时流式计算、离线计算、标签服务、专题库建设等数据资源服务。开展公安信息网络安全专项检查、强化视频通信保障，建成新一代移动警务平台和全市172个派出所高清视频会议系统，用于中华人民共和国成立70周年国庆安保、扫黑除恶、便民服务等实战。芙蓉分局依托“警务云”打造芙蓉公安大数据实战平台。 （包 宇）

【二维码标准地址门牌推行】 2019年7月29日，长沙市全面推行二维码标准地址门牌，助力长沙打通便民服务“最后一公里”。全市完成近580万块二维码标准地址门牌、单元牌、户室牌、路灯杆牌及交通设施牌的安装。此次长沙市二维码标准地址建设，统一地址描述、数据标准，建立全市统一标准地址库。二维码门牌接入“我的长沙”“长沙发布”“‘96111’便民服务桥”“星城园丁”“长沙住建平台”等政务服务类小程序和APP应用，广大市民可享受到“一站式”政务窗口预约、网上办事、民众呼声举报、巡逻定位、微信报警、巡逻导航、城市名片等诸多服务。二维码标准地址在传统的地址信息的基础上，加入长沙的“名胜古迹”“名人故址”“名街古镇”等介绍内容。 （包 宇）

【智能网联与智慧交通融合】 2019年，长沙市组织湘江新区创新中心、海信、百度、地平线、中南大学成立警企联合实验室，在智能网联汽车（长沙）测试示范区先行建设33个智慧交通路口、2座高水准三级分控中心、3条智能网联车道，配备2个交警中队警力。从技术架构设计、配套设备建设、产品生态营造等方面着手，通过采取政府补贴和市场运作的方式，在车辆监管、辅助驾驶、服务大众出行、汽车电子标识的多场景应用等方面，打造车联网的“长沙样板”。 （包 宇）

【“云剑”行动】 2019年6月，公安部部署“云剑”行动，长沙市公安机关打击电信诈骗、民族资产解冻类诈骗、套路贷犯罪，集中抓捕在逃人员，遏制新型犯罪高发势头。打击电信诈骗、打击套路贷专项行动战果全省第一位，抓获目标逃犯249名，抓存比52.53%，居全省第一位。 （包 宇）

【扫黑除恶】 2019年，长沙市打掉涉黑组织17个、涉恶犯罪集团43个、涉恶团伙75个，破获各类刑事

2019年3月28日，“互联网＋群防群治”平台启动暨“星城园丁”APP上线运行新闻发布会 市公安局 供图

案件1107起，刑事拘留1882人，查封、扣押、冻结涉案资产15.4亿余元，居全省第一位。在整治“三贷三霸”（“三贷”：指实施“套路贷”“校园贷”“非法高利放贷”违法犯罪活动的黑恶势力和个人。“三霸”指垄断农村资源、侵吞集体资产、啃食村民利益、开设赌场、横行乡里、欺压滋扰百姓的“村霸”等黑恶势力和个人；在医院学校周边、商贸集市、批发市场、车站码头、住宅小区、旅游景区、娱乐场所等区域欺行霸市、强买强卖、收保护费以及侵害业主、游客合法权益的“市霸”等黑恶势力和个人；在建筑工程、交通运输、矿产资源、仓储物流等行业领域强揽工程、恶意竞标、非法占地、滥开滥采、插手经营的“行霸”等黑恶势力和个人）专项行动中，全市打掉“三贷三霸”涉黑犯罪组织6个、恶势力犯罪集团13个、涉恶团伙22个。中央扫黑除恶第16督导组交办的735条线索全部办结，办结率100%。湖南扫黑除恶工作稳列全国第一方阵，长沙位居全省第一位。（罗　诚）

【首列扫黑除恶宣传地铁专列投入运营】　2019年4月5日，一辆地铁列车满载着打黑除恶宣传元素，从长沙市地铁2号线始发站光达站驶出，投入运营。这是长沙市扫黑办、市公安局与长沙市轨道交通集团联合打造的长沙首列扫黑除恶宣传地铁专列。除宣传专列外，长沙市地铁1号线、2号线各地铁站增加扫黑除恶宣传内容。长沙公安机关发放扫黑除恶宣传折页15万余份，集中宣传活动80余场，投放宣传标语1万余条，推送宣传短信1000万余条。（包　宇）

【华尔街之路国际公司股权诈骗案】　2019年4月，长沙市网技支队接省厅网技总队、刑侦支队通报的民族资产解冻类诈骗线索，线索涉及长沙人员9名。长沙市网技支队侦查出民族资产解冻类诈骗项目：华尔街之路国际公司项目。“华尔街之路国际公司”是一个围绕网络时代热点，打着互联网金融、美国华尔街名头，以公司股权为噱头，虚构高额利润回报为诱饵的诈骗项目，宣传缴纳5000元就可购得4999股的“华尔街之路国际公司”的股权，公司2020年上市之后，股权可自由交易变现，吸引普通民众入会。“华尔街之路国际公司”项目在短时间内发展会员3万余人，吸纳资金上亿元。专案组对涉案人员进行梳理，发现雨花区一涉案对象吴某资金异常，为该案打开突破口。7月1日，在专案指挥部的统一部署下，专案组民警前往杭州、中山、丹东等地，经过两天紧张抓捕，7月2日抓获全部12名目标嫌疑对象，侦破“华尔街之路国际公司”诈骗案，策应公安部“云剑”专项行动。（包　宇）

【跨境网络犯罪第一案“部924专案”】　2019年初，越南警方发现一条由中国公民为主的犯罪团伙在越南开设赌博网站招揽中国公民参赌的案件线索，并通过中国驻越南大使馆移交给中国公安部。公安部高度重视，将该案列为“部924专案”，交湖南省公安机关主侦。湖南省公安厅研究决定由治安总队指挥、长沙市公安局牵头、浏阳市公安局主办。专案组历经半年查清犯罪团伙的情况并等待时机收网。6月6日上午10时（越南时间当天上午9时），在专案收网指挥部指令下，浏阳公安在长沙市、岳阳市、常德市展开集中收网行动，与此同时，在中国驻越南大使馆协调下，中国警方协助越南警方在越南广宁省下龙市、庆和省芽庄市、岘港市同步收网，相继抓获涉案人员106名（其中越南抓获77人，国内抓获29人），捣毁作案窝点15个，扣押电脑51台、手机116部，冻结银行卡2442张、支付宝账号237个。6月9日14时，肖某清等77名从越南跨境押送到浏阳，中越联合跨境打击网络犯罪第一案“部924专案”告破。该案受到公安部通令嘉奖，被评为全国公安机关打击整治跨境网络犯罪典型案件。（杨　思）

【知识产权犯罪侦查支队成立】　2019年3月22日，长沙市知识产权犯罪侦查支队成立。长沙市知识产权犯罪侦查支队主要职责是负责牵头、统筹、协调、指导全市侵犯知识产权类犯罪

2019年3月22日，长沙市公安局知识产权犯罪侦查支队挂牌　市公安局　供图

案件的侦办及防控工作，为具有自主知识产权和创新研发能力的企业提供法律服务。支队设立基础服务中心、综合运维中心、勤务执行中心，对接市公安局“六大中心”的各项工作。

（包 宇）

【“星城园丁”APP 启用，首次抓获网上逃犯】 2019 年 7 月 20 日，长沙市公安高新区分局雷锋派出所民辅警启用“星城园丁”APP 接单，对雷锋街道荷花塘社区鸭婆塘小区一麻将馆例行检查时，巡逻警察将一可疑女子控制并带回所内核查。该女子名叫陆某（56 岁，长沙人），是一名网上逃犯。这是长沙市启用“星城园丁”开展夜巡以来抓获的首个网上逃犯。（包 宇）

检 察

【概况】 2019 年，全市检察机关推进扫黑除恶专项斗争，指导办理“1·22”“11·7”特大涉黑“套路贷”专案，“康氏集团”万某、行霸周氏兄弟等称霸一方的黑恶犯罪团伙被法律严惩。成立“破网打伞”工作组，立案 2 件 2 人。成立服务民营经济领导小组，制定服务保障企业和企业家合法权益 17 条意见，在长沙高新区等 5 个国家级园区设立检察联络室，会同市工商联在 13 家商会、协会成立“检察联络点”。起诉破坏环境资源犯罪 146 人。同市公安局制定 14 条意见，起诉集资诈骗、传销等涉众型经济犯罪 245 人；筹措扶贫建设项目资金 180 万余元。推行重大监督事项案件化办理机制，纠正漏捕 199 人，追诉 178 人；起诉严重暴力犯罪 631 人，起诉多发性侵财犯罪 2904 人，对认为确有错误的刑事裁判，提请或提出抗诉 39 件；起诉食药领域犯罪 42 人。推进监狱检察由“派驻”改为“巡回 + 派驻”，开展对长沙地区 4 所监狱的巡回检察，对特赦提请不当的提出检察建议 1 件。办理不服生效裁判结果监督案件 325 件，提出抗诉 10 件，提请省检察院抗诉 30 件，提请抗诉数比 2018 年增长 25%。落实认罪认罚从宽制度，适用认罪认罚从宽制度审结案件 8869 人，占同期审结案件 75.26%，被告人认罪服判率 93.9%，推进“12309”检察服务中心网络平台和实体大厅建设，为群众提供“一站式”检察服务，控申部门落实高检院 7 日内程序回复、3 个月内办理过程或结果答复制度。对罪轻未成年人不批捕 134 人，不起诉 368 人。“长检馨声”法治巡讲团全年开展法治宣讲 60 余次。邀请 260 位代表委员参与案件公开审查、检察建议公开宣告等活动，零距离接受监督。

【社会监督】 2019 年，长沙市两级检察机关联合开展对在长全国人大代表、政协委员、省人大代表 68 人的走访工作，办理人大议案 3 件、政协提案 4 件，发送手机报 24 期。巩固传统公开形式，整合新型公开平台，建成“12309”检察服务中心。涵盖控告申诉、国家赔偿、法律咨询、案件信息公开、代表委员联络、人民监督员联络、辩护与代理网上预约等工作事项，实现检务公开和检察服务、接受外部监督等功能的整合，为群众提供更加优质和便利的检察服务。组织全市检察工作会议、“12309”检察服务中心揭牌仪式、检察开放日、全市检察长研讨班、检察联络室集体授牌仪式暨“长检馨声”巡讲进企业活动等相关检察活动十余次，200 余名人大代表、政协委员、人民监督员、民主监督员参加。组织监督“七类案件”6 件 8 人，全部为拟不起诉案件，邀请 18 名人民监督员参与监督评议。

【监所检察】 2019 年，长沙市星城地区人民检察院承办的罪犯周某减刑监督案、姚某等 3 人羁押必要性审查案 2 案被评为全国精品案件，监督纠正未成年犯徐某等刑期计算错误案等 2 案被评为长沙市妇女儿童“维权典型案例”；主讲的《建立一体化办案机制促进羁押必要性审查科学发展》课程被评为全国刑事执行检察业务培训首批精品课程。对监管场所羁押的涉黑涉恶人员建立台账；排查出 3 名涉黑涉恶社区矫正人员，2 人被依法监督收监，1 人被建议严管；发出 4 份不予或降低幅度的涉黑涉恶罪犯减刑检察意见书得到采纳；发现并移送涉嫌“保护伞”线索 5 件；对 2 名“保护伞”人员以徇私枉法罪立案侦查。向刑罚执行机关出具特赦检察意见 140 件，提出异议 1 件得到采纳；向法院出具特赦检察意见 134 件得到采纳；审查法院特赦裁定 134 件。对符合条件的涉民营企业羁押必要性审查案件开辟“绿色通道”，变更强制措施 12 起。核查应当交付执行而不交付或延迟交付、应当收押而不收押等 137 人，纠正审前未羁押罪犯判实刑后未交付执行 53 人，对 64 人监督公安机关采取网上追逃措施。核查财产刑执行 2095 人，5829.73 万元；针对财产刑执行发出检察建议纠正违法 32 份，建议执行金额 289.2 万元。发现并纠正交付执行履职不当 5 人，监督纠正脱管、漏管 4 人；发现并纠正监管活动和教育矫治不当 25 件，监督收监执行 28 人。审查“减假暂”案件 8752 次，书面纠正 351 人。对 6 名判处实行而没有执行的罪犯监督收监执行。对省未成年犯管教所等 4 个监狱开展巡回检察，提出意见或建议 68 件次，发出检察建议 6 件。

【刑事检察】 2019 年，长沙市检察机关批捕犯罪嫌疑人 8441 人，不批捕 1810 人；提起公诉 11613 人，不起诉 1779 人。起诉故意杀人、绑架等严重暴力犯罪 631 人，比 2018 年下降 12.4%；起诉抢劫、抢夺、盗窃等多发性侵财犯罪 2904 人，比 2018 年下降 26.1%。起诉利用网络赌博、网络招嫖、泄露个人信息等犯罪 228 人。起诉毒品犯罪 1452 人，比 2018 年下降 20.8%。起诉食药领域犯罪 42 人，生产、销售“注水牛肉”的郭某、吴某，在米粉中添加成瘾药物的贺某、廖某等被依法严惩。对涉嫌轻微犯罪并有悔罪表现的未成年人，不批捕134人、不起诉47人，附条件不起诉54人；对罪行严重依法应当从严惩戒的，批捕298人、起诉315人。起诉校园欺凌以及虐待被看护人等侵害校园学生犯罪17人；落实“一号检察建议”，组织“长检馨声”法治巡讲团到校园开展法制宣讲81场次。岳麓区检察院办理的彭某故意伤害女童案入选中央广播电视总台《守护明天》栏目；芙蓉、开福等地检察院评为湖南省“青少年维权岗”。开展教育转化、刑事和解、量刑协商等工作，依法对认罪认罚的8869名犯罪嫌疑人从宽处理，占审结刑事案件人数的75.3%，86.9%的案件以简易或速裁程序审结。在判决6909人中，量刑建议采纳率99.2%，服判率93.9%。督促侦查机关对有案不立、违法插手经济纠纷问题立案142件、撤案68件。监督纠正非法取证、滥用强制措施等侦查违法情形76件。针对应当逮捕而未提请逮捕、应当起诉而未移送起诉的问题，纠正漏捕199人，追诉178人。对认为确有错误的刑事裁判，提请或提出抗诉39件，改判、发回重审25件。检察机关办理帅某交通肇事案，通过退补说理、引导侦查，依法追诉帅某18年前涉嫌强奸的犯罪事实，法院一审判处其有期徒刑16年6个月。

【民事行政检察】 2019年，长沙市民事行政检察部门受理监督案件868件，比2018年下降9.86%。办结不服生效裁判监督案件391件，比2018年增长19.57%，另协助高检院、省院办结积案96件。提请抗诉41件，比2018年增长41.38%；提出抗诉10件，比2018年增长100%；提出再审检察建议6件，比2018年下降53.85%，法院裁定再审4件，比2018年增长100%；不支持监督申请310件，比2018年增长23.16%；终结审查24件，比2018年下降17.24%。收到法院再审改判文书13件（含抗诉案件法院再审改变原判8件，提请省院抗诉案件法院再审改变原判2件，再审检察建议案件法院再审改变原判3件）。对民事行政审判活动违法情况提出检察建议32件，比2018年下降21.95%，人民法院采纳27件，比2018年下降22.85%。对民事行政执行活动提出检察建议66件，比2018年增长20%，人民法院采纳50件，比2018年下降1.96%。办理支持起诉案件283件，比2018年下降3.41%，人民法院采纳支持起诉意见269件，与2018年持平。办理督促履行职责案件向有关单位发出检察建议37件，比2018年下降72.59%，相关行政机关采纳24件，比2018年下降81.25%。

长沙市民事行政检察部门受理各类民事行政诉讼监督案件396件，比2018年增长21.47%。办结不服生效裁判监督案件362件，提出抗诉10件，提请省院抗诉29件，不支持监督申请案件295件，终结审查21件。办结审判人员违法行为案件5件。终结审查4件，不支持监督申请1件。办结执行活动监督案件5件，终结审查4件，不支持监督申请1件。办结申请复查案件7件，均维持原监督意见。省院办结提请抗诉18案件，采纳9件；人民法院再审审结抗诉案件8件，改变8件。

【公益诉讼】 2019年，长沙市检察机关两级公益诉讼检察部门梳理公益诉讼案件线索682件，比2018年下降24.47%；立案646件，比2018年增长28.66%；提出检察建议和发布公120件，比2018年下降73.86%；向人民法院提起公益诉讼9件（含行政公益诉讼3件、刑事附带民事公益诉讼6件），比2018年下降57.14%。从诉讼类型看，办理行政公益诉讼案件632件，比2018年增长71.19%，占97.83%；民事公益诉讼案件14件，比2018年下降63.16%，占2.17%。从案件领域看，办理生态环境和资源保护案264件，比2018年下降22.35%，占40.87%；食品药品安全案件101件，比2018年下降36.88%，占15.63%；国有财产保护案件234件，比2018年增长5.32倍，占36.22%；国有土地使用权出让案件8件，比2018年下降90.24%，占1.24%；其他案件39件，比2018年增长19.5倍，占6.04%。督促挽回复垦被非法改变用途和占用耕地33.82公顷，基本农田3.57公顷；督促回收国土出让金30482.39万元；督促挽回被非法开采的矿产资源总案值38万元；督促清理污染和非法占用的河道11千米；清理被污染水域面积2560公顷；督促关停和整治违法养殖场105家。

【知识产权检察】 2019年，长沙市检察院知识产权检察局办理知识产权类案件191件421人，审查逮捕111件202人，审查起诉66件191人，二审案件9件22人，公诉请示案件1件4人，立案监督2件2人，完成提前介入案件2件。提出“补充侦查提纲”，实现侦查监督环节引导侦查的全程化。对长沙市市场监督管理局移送公安机关的一起涉嫌销售有毒、有害食品犯罪的案件线索，在公安机关作出不立案决定后开展立案监督，已由天心区公安分局依法立案。针对“黑心商家”利用执法盲区私设屠宰场并在屠宰时注水，该违法行为隐蔽且难以查处，行政执法人员难以依据肉品水分含量是否超标来执法，实践中发现难、取证难、鉴定难等问题，长沙市院知识产权检察局向市政府食安办发出检察建议。市委政法委统一“注水牛肉”案件的执法标准，明确水分含量不超标但确有证据证明“注水”的也可以查处；食安办督促有关部门完善肉品监管的全流程覆盖机制。加强与版权协会、音著协、音集协的联系，探索知识产权民事、行政检察新途径、新举措。办理的彭某等3人侵犯三一商业秘密案2019年4月评为2018年度全国检察机关典型案例。

【控告申诉检察】 2019年，长沙市控告申诉检察部门受理群众来信704件，涉检来信53件，接待来访1302人，涉检来访154人。组织检察长接待日271次，检察长接待来访448人，检察长批办案件30件，办理涉检信访案件3件。办理省院交办案件3件，办理民事行政监督案件481件。办理对阻碍辩护人、诉讼代理人依法行使诉讼权利的控告或申诉案10件，办理对本院办案中违法行为的控告或申诉1件，受理举报线索27件。全市受理刑事申诉案件53件，受理不服检察机关处理决定的案件22件，立案复查14件，办结14件，维持原不起诉决定11件，审查结案3件；受理不服法院判决的案件31件，立案复查6件，办结25件，审查结案12件，不予抗诉10件，提出抗诉2件，提出再审检察建议1件。受理司法救助27件，办结28件，发放救助金额38.4万元，办理赔偿案件3件，予以赔偿2件20.04万元，办理赔偿复议案件1件，改变原决定，予以赔偿4.8万元。长沙市检察院受理群众来信560件，涉检来信48件，接待来访950人，涉检来访149人。组织检察长接待日24次，检察长接待来访285人。办理湖南省院交办案件2件，办理民事行政监督案件370件。办理对阻碍辩护人、诉讼代理人依法行使诉讼权利的控告或申诉案5件，受理举报线索9件。受理刑事申诉案件40件，受理不服检察机关处理决定的案件16件，立案复查11件，办结10件，维持原不起诉决定8件，审查结案2件；受理不服法院判决的案件24件，立案复查2件，办结16件，审查结案11件，不予抗诉3件，提出抗诉2件，发回重审1件。受理司法救助1件，办结1件。

（本栏撰稿 罗 娜）

法 院

【概况】 长沙市中级人民法院（以下简称“长沙市中院”）下辖9个基层法院，区级法院6个，县（市）级法院3个。9个辖区基层法院除芙蓉区人民法院没有派出法庭外，其余8个基层法院设置26个人民法庭，天心区法院设南托法庭。岳麓区法院设坪塘、莲花法庭。开福区法院设湘江环境资源法庭（金霞中心法庭）。雨花区法院设跳马法庭。望城区法院设丁字、高塘岭、靖港、雷锋4个人民法庭。长沙县法院设经济开发区、榔梨、黄花、路口、福临5个人民法庭。浏阳市法院设园区、沿溪、大瑶、镇头、沙市、张坊6个人民法庭。宁乡市法院设金洲、黄材、花明楼、双凫铺、灰汤、流沙河6个人民法庭。

2019年，长沙市中院受理各类案件39109件（含旧存），比2018年增长15%；审（执）结37526件，比2018年增长26.15%；结案率95.95%，人均结案255.28件，比2018年增长33.01%；结收比位全国省会城市中级人民法院第一名。全市法院受理各类案件282530件，比2018年增长39.93%；审（执）结273617件，比2018年增长36.72%，结案率96.85%，人均结案370.25件，比2018年增长40.98%。

（刘俞汝）

【接受监督】 2019年，长沙市中院向市人大及其常委会报告工作，专项报告、书面报告26次，向代表委员通报法院工作，编印《代表委员联络》专刊。邀请检察长列席法院审委会，依法接受检察机关法律监督，审理抗诉案件45件。接受社会各界监督，人民陪审员参审案件8908件。邀请四级代表委员列席重要会议、旁听案件庭审、见证执行、参加“法院开放日”等活动28场400余人次。长沙市中院文书上网30579份。升级全市195个科技法庭互联网庭审直播设备，全年庭审直播49015次、内网同步录音录像庭审47334次。审判执行全媒体直播活动由《人民日报》等50家中央、省、市级媒体同步直播报道，1500万余网友在线观看。召开新闻发布会7场，长沙市中院微博被评为“全国法院百优新媒体账号”“全省十大政务服务案例微博”。（刘俞汝）

【扫黑除恶】 2019年，长沙市中院强化“打财断血”“打伞断网”，斩断涉黑涉恶利益链、关系网。全市法院依法审理涉黑涉恶案件182件1680人，判处罚金9263.71万元。排查相关案件线索60条，移送相关部门查处。审理王某等55人涉黄涉黑案。打击“套路贷”“校园贷”“非法高利放贷”及“村霸”“市霸”“行霸”等群众反映强烈的黑恶势力犯罪，审理“1·22”王某涉恶“套路贷”、网络恶势力林某敲诈勒索等案。审理秦某、张某“软暴力”寻衅滋事案等6案。集中宣判7场次。（刘俞汝）

【刑事审判】 2019年，长沙市中院审理刑事案件1910件3962人，全市法院审理10856件15622人。依法审理暴力犯罪495件591人。对因琐事泄愤杀人、手段极其残忍的戴某依法判处死刑。对罗某等32人猥亵、强奸未成年人，卢某、程某体罚未成年人案依法从重处罚。审理生产销售“注水牛肉”案等食品药品犯罪案件53件。审理赵某集资诈骗案等案件44件。对黄某等多名毒贩判处死刑。审理“三湘跨国反诈第一案”。依法审理怀化市委原常委、政法委书记易某，永州市原副市长张某等职务犯罪案件。依法审理行贿3000万余元的钟某等行贿案件50件53人。落实宽严相济刑事政策，对945名严重刑事罪犯判处重刑，对3530名轻微刑事罪犯判处非监禁刑或者免于刑事处罚，对7名依法不构成犯罪的被告人宣告无罪。坚持惩治与挽救并重，依法对73名未成年人适用非监禁刑。

（刘俞汝）

【民商事审判】 2019年，长沙市中院出台《关于依法保障和服务民营企业健康发展的若干意见》等5个优化营商环境文件，在《长沙晚报》融媒体专题推介。依法审理涉企业案件16908件，宣告1名企业家无罪。审理尔康制药等公司证券纠纷2140件。依法审理汇丰置业等311件破产清算、重整及衍生案件。审理民间借贷纠纷1802件。审理涉外和涉港澳台民商事案件384件，办理涉外司法协助事务8项。审理教育、医疗、就业等关系群众切身利益案件2146件。审理农村承包地、宅基地“三权分置”等涉“三农”案件406件。审理各类家事案件541件。成立星城家事婚调站。依法维护军人军属合法权益，审理各类涉军案件50件。处理来信来访2893人次。（刘俞汝）

【知识产权审判】 2019年，长沙市中院审理各类知识产权案件9935件，审结9025件。审理涉长缆电工等专利案件724件。审理涉湖南卫视等著作权案件5174件。审理涉三一重工等商标侵权案件2126件。开展知识产权案件专项执行，集中执结案件670件。举办“创新发展与知识产权保护”高端论坛，邀请吴汉东教授出席活动，擦亮长沙知识产权保护的城市品牌。长沙知识产权法庭组建由“一审一助一书加若干陪审员”组成的专业化审判团队，推进多元化纠纷解决机制建设，公正高效审理知识产权案件。审理美国“康地（CONTI）”日本“摩腾（MOLTEN）”“华润”“三一（SANY）”等商标侵权案，依法制裁假冒模仿、恶意抢注等商标侵权行为。依法加大对知识产权侵权行为的惩治力度，在腾讯《地下城与勇士》（DNF）动漫手游著作权侵权及不正当竞争案中，一审判处侵权方5000万元。（刘俞汝）

【行政审判】 2019年，长沙市中院支持行政执法体制机制改革，履行监督行政机关依法行政的职能，审理行政诉讼案件2393件，审理岳麓书院门票价格调整案等舆论广泛关注案件，指导宁乡法院审理的湖南首例以村民委员会为被告的行政诉讼案，被评为全市“以案释法”优秀案例一等奖。发挥国家赔偿救济功能，审理赔偿案件27件。推进行政诉讼集中管辖改革，确保改革平稳过渡。延伸行政审判职能，向相关行政机关提出司法建议21份，促进社会治理精准化和公共服务高效化。（刘俞汝）

【司法服务】 2019年，长沙市中院为岳麓区大学科技城、浏阳河国际科创文化基地等征拆项目扫尾清零提供司法保障。对接企业司法需求，走访调研46家企业，指导企业防范法律风险。全市法院加强两个“一站式”建设，升级现代化诉讼服务大厅。推行网上立案、跨域立案、全天候立案，方便群众诉讼，雨花区法院设立24小时自助法院专区，全市法院网上立案14906件，跨域立案222件。依法支持保障律师执业，推进法律职业共同体建设。开展送法活动100余场、服务各界群众2万余人次。全面加强人民法庭建设，打造“调解中心”“普法前哨”“解纷先导”“先锋堡垒”，审理案件16240件，调解案件9744件。（刘俞汝）

【执行工作】 2019年，长沙市巩固“基本解决执行难”成果，执行工作走在全国法院前列。长沙市中院受理执行案件4473件，执结4087件，执行到位金额118.89亿元；全市法院受理执行案件100235件，执结96868件，执行到位金额354.44亿元。推行“智慧执行”，与阿里巴巴等集团签约，推进一键网拍，拍卖标的物10721件、成交金额92.67亿元、平均溢价率15.73%，为当事人节约佣金2.28亿元。开展涉民生权益、金融债权、工程机械等系列专项执行活动，协同执行欧珀公司腾房交地等难案，化解大规模群体性事件。纳入失信被执行人名单12737人、限制高消费43168人、司法拘留865人，向公安机关移送追究拒执类犯罪26人，判决拒执罪8人，近千名失信被执行人迫于司法威慑力履行法律义务。12月31日，长沙市中级人民法院被评为全国法院“基本解决执行难”工作先进单位。（刘俞汝）

【司法综合配套改革】 2019年，长沙市中院推进多元化纠纷解决机制改革，应用人民法院在线调解平台，汇聚435名在线调解员和121个行业性、专业性调解组织，诉前调解案件20133件，司法确认案件101件。推进案件繁简分流、轻重分离、快慢分道，出台《繁简分流简案快办指导意见（试行）》，成立快审团队，指导基层法院成立速裁中心，简易程序适用率提升至79.71%，当庭宣判率63.31%。推进以审判为中心的刑事诉讼制度改革，岳麓区法院被评为认罪认罚从宽制度试点改革全国先进单位。推进审判监督机制改革，探索立审合一，进行类案指导，统一裁判尺度。一年以上未结案件由592件下降到36件，下降93.92%。审理各类再审案件307件，改判和发回重审139件，通过院长发现程序再审4件。（刘俞汝）

【“闪信+”送达模式使用】 2019年，长沙市在全市法院探索“闪信+”改革，市中院与湖南省通信管理局和移动、联通、电信三大通信运营商研发“闪信+”平台。该平台向诉讼参与人的手机号码发送具有弹屏功能的“闪信+”短信或“闪信+”彩信，送达除判决书、裁定书、调解书外的法院诉讼文书，当事人能阅读到送达内容并同步生成送达回证。缩短结案周期，提升审判绩效，节约司法资源，破解“送达难”。2019年9月起，“闪信+”送达模式在全市法院广泛使用，送达134065次，查询77952条。（刘俞汝）

【跨域立案改革】 2019年10月，省高院“移动微法院”平台开通，长沙市中院跨域立案工作启动，通过手机端

"移动微法院"为当事人提供指尖立案服务。推行跨域立案，当事人及其代理人可以到就近中基层法院诉讼服务中心提交一审民商事、行政和强制执行三类案件起诉申请材料，由该法院作为协作法院，代为核对、接收并向有管辖权的法院发送跨域立案服务申请。管辖法院收到后，响应，并向协作法院作出是否符合受理条件的反馈，由协作法院当场送达或告知当事人，构建起"家门口起诉"的新模式。（刘俞汝）

【智能"云柜"启用】 2019年10月28日，长沙市中院智能"云柜"收转发平台启用。当事人提交诉讼材料，法官及法官助理送达文书时，只需在填写材料清单信息后，到智能"云柜"前扫描材料清单二维码，即可开箱存入文件，系统会自动将取件信息发送至收件人手机，诉讼材料即进入流转中状态。当事人领取法律文书时只需输入验证码和读取身份证，并在电子送达回证上签名，即可取件。在整个诉讼材料流转过程中，系统对材料进行电子跟踪，确保材料在流转中全程留痕、安全可查。智能"云柜"系统启用，实现纸质文档的智能管理，保证诉讼材料的信息安全，促进审执工作更加高效，是长沙市中院深化诉讼服务改革的一项举措。（刘俞汝）

【湘江流域环境公益诉讼案】 2019年11月18日，长沙市开福区人民法院湘江环境资源法庭公开宣判一起环境污染责任纠纷案件，该案系湘江环境资源法庭首例跨行政区域审判的环湘江流域环境公益诉讼案件，并由3名审判员和4名人民陪审员组成7人合议庭审理。被告人彭某等4位被告违反法律禁止性规定，无经营许可证非法转运、倾倒、处置危险废物，发生危险废物在非法转运、贮存中泄漏，破坏周边生态环境的后果。4人被判支付因衡山县境内环境损害而产生的危险废物及受污染土壤安全处置等各项费用共57.5万余元。开福区法院充分发挥审判职能作用，加大环境资源审判力度，开展"湖南环保·审判三湘行"专项活动，服务保障"三大攻坚战"，严厉打击破坏环境资源等违法犯罪行为，努力维护公众的环境权益，为湘江流域环境资源保护提供司法保障。（陈 蓉）

【湖南首例以村民委员会为被告的行政诉讼案】 2019年2月，原告邓某成家后，因家中无住宅，向被告宁乡市某村委会提出建房申请。被告村委会收到上述申请后未予答复。邓某将该村委会诉至宁乡市法院，请求判令确认该村委会未履行法定职责的行为违法，责令该村委会履行建房审批的法定职责。宁乡市法院经审理后判决，确认被告村委会未在法定期限内对原告邓某某提出的建房申请作出书面审查意见的行政行为违法，并责令被告限期对原告建房申请作出书面审查意见。判决生效后，被告村委会在法定期限内对该建房申请作出书面审查意见。该案是湖南首例以村委会为被告的行政诉讼案件。（刘俞汝）

【行政诉讼集中管辖改革】 2019年，长沙市中院推进行政诉讼集中管辖改革，确保改革平稳过渡。根据省高院《关于开展全省基层人民法院一审行政诉讼案件集中管辖工作的实施方案》，长沙市一审行政诉讼案件由长沙铁路运输法院集中管辖。自2019年5月1日起，对芙蓉区、天心区、开福区、雨花区、长沙县、浏阳市辖区基层人民法院一审行政案件实施集中管辖；自2019年10月1日起，对岳麓区、望城区、宁乡市辖区基层人民法院一审行政案件实施集中管辖。二审法院为长沙市中院。开展基层人民法院一审行政诉讼案件集中管辖改革，是推动跨行政区划管辖行政诉讼案件的重要改革举措。（刘俞汝）

【特赦案件】 2019年6月29日，十三届全国人大常委会作出决定，在中华人民共和国成立70周年之际，对九类服刑罪犯实行特赦。长沙市中院于2019年7月30日和8月16日，分别对陈某、廖某特赦案进行公开宣判。与市司法局、市检察院、市公安局联动协调，建立副庭长、庭长、专职委员和主管副院长四级把关制度，做到"不错赦一人，也不漏赦一人"，发挥审判职能，完成长沙地区的特赦工作。审理的刘某特赦案件，被中央电视台新闻联播、人民法院网等20余家中央、省、市媒体报道。（刘俞汝）

司法行政

【概况】 长沙市司法局监督管理律师5453人，公证员89人，基层法律服务工作者502人，司法鉴定从业者342人。

【公共法律服务】 2019年，长沙市以创建"公共法律服务体系建设示范市"为重点，构建高品质公共法律服务体系。推进律师事务所规范化建设，严抓律师执业监管，办理各类法律事务7.8万余件，办理公益法律服务1.4万件，办理公证事项近8万件，办理司法鉴定2.4万余件，出台《网络仲裁规则》，打造长沙互联网仲裁平台，受理仲裁案件2578件；推进认罪认罚法律援助全覆盖，办理法律援助案件7900余件；"12348"法律服务热线接听法律咨询电话5.3万余个。以构建"15分钟公共法律服务圈"为着力点，成立"长沙市公共法律服务研究中心""长沙市涉外法律服务研究中心"，整合公证、律所、法律援助、人民调解、法治宣传及知识产权保护专业机构整体进驻岳麓山国家大学科技城（湘江智谷）、中国V谷马栏山文化创意产业园等园区，帮助园区"一揽子"解决进驻企业面临的法律问题；开展"矩阵"法律服务，组建知识产权保护"矩阵"走进长沙高新企业，打造

2019年5月30日，“法润雨花”公共法律服务志愿者活动　　市司法局　供图

长沙高新企业知识产权保护样本；26名涉外精英律师团队为长沙企业“走出去”提供精准的涉外法律服务；开展民企“法治体检”和大型法律公益活动，直接联系和服务中小企业500余家，间接帮助企业避免和挽回经济损失近4000万元；成立全国首家影视文化仲裁院，组建国际仲裁院、金融仲裁院。

【律师工作】　2019年，长沙市司法局在全国省会城市律师行业党委中成立首家行业党校，成立行业纪委，行业团委，成立行业党委意识形态工作领导小组。2019年长沙市律师协会办理投诉事项95件，市司法局办理投诉事项59件，给予行业处分7件，给予行政处罚2件。推进党委政府法律顾问制度和村（社区）法律顾问制度建设，市、区县（市）党委政府成立法律顾问团，全市1520个村（社区）聘请律师担任法律顾问。成立民营企业法治体检律师服务团，对接企业需求，就涉企政策开展互动交流，帮助企业化解经营风险。弘扬“尚法、担当、至诚、精业”的长沙律师精神，创作《长沙律师之歌》，组建长沙律师“百人合唱团”，编印“长沙市律师行业发展白皮书”。

【依法治理与普法宣传】　2019年，长沙市司法局开展“以案释法”优秀案例征集评选活动，网络评选中投票36.6万余人次，访问量139.6万余人次；开展大型宣传活动174次，开展“六进”（进机关、进乡村、进社区、进学校、进企业、进单位）宣讲活动2401次，发放宣传资料69.9万余份；每月“法治宣传进地铁”普法宣传覆盖率3300万人次；推进“融媒体法治新闻信息中心”建设，在中央、省、市级媒体发布稿件200余篇，策划专题电视节目20余期。推广“四级联治联创”［法治城市、法治县（市）区、法治乡镇、民主法治示范村（社区）］工作模式，创建浏阳市秧田村、宁乡市刘少奇故里、天心区第一师范纪念馆等一批法治文化宣传示范单位，全国、全省民主法治示范村（社区）149个。建立自治、法治和德治“三治”共融、协调发展的社会基层治理体系，长沙市新乡贤助力乡村治理经验被司法部官网和“学习强国”推介。

【人民调解】　2019年，长沙市加强人民调解组织、队伍、机制、保障建设，乡镇（街道）调委会达建设标准的占96%。开展“大排查、早调解、护稳定、迎国庆”专项调解活动，全市各级调解组织调解各类社会矛盾纠纷34579件，调解成功33973件，成功率98.2%。推动专业性人民调解组织建设，成立长沙市知识产权纠纷人民调解委员会等3个调解组织。发挥人民调解在优化营商环境中的作用。推进人民参与陪审和监督工作，促进司法公正。长沙医调中心工作成效突显，“医闹”顽疾得到破解。

【监狱管理】　2019年，坪塘监狱坚持“强基固本练内功、安全稳定求发展”的纵深发展模式，按照党建抓在支部，管理重在监区，改造讲究方法，执法严在监督思路，完成全年目标任务。各党支部组织深学原文深悟原理的政治学习14场，主题教育参与研学讨论500余人次，检视整改问题561个，湖南省坪塘监狱委员会被确定为长沙市直机关党建工作示范点，9个党支部全部评定为“五化”建设五星支部。贯彻党中央决策部署、执行上级党组织安排，严格落实重大事项报告制度，配合司法部驻在式检查、省际交叉检查、检察机关巡回检察等，全力推进扫黑除恶专项斗争。落实值班值勤制度，规范一分钟应急圈。实现“七个不发生”和“四无”目标，为中华人民共和国成立70周年国庆提供安全保障。全年以爱国为主线的政治改造，开展一系列新春演讲会、红色读书月、故事表演赛等主题活动。坚持监狱主抓、监区主导、罪犯主创的“一区一品”的文化改造，开展传统文化、法律法规、个别转化以及监狱开放日等联合帮教活动。加强领导班子和中层力量，落实从优待警政策，成功创建长沙市文明标兵单位。围绕中华人民共和国成立70周年、中国共产党建党98周年、“五四”运动100周年等，党建带队建，群团开展书香机关、警察荣休、爱心捐赠、庆“七一”、庆国庆主题文艺会演。

【戒毒工作】　2019年，长桥强制隔离戒毒所执行值班带班查班制度，落

2019年6月26日，健康人生、绿色无毒长沙百万市民禁毒签名活动　　市公安局　供图

实重点人员管控和所情研判，定期组织安全排查和专项整治。以中华人民共和国成立70周年国庆安保任务为中心，开展"百日安保行动""行为养成月""百日安全竞赛活动""扫黑除恶"等专项活动，组织隐患排查23次，整治隐患35项，挖掘涉黑线索12条。推进全国统一戒毒模式建设，作为全省首批建设单位，建成"四区五中心一延伸"戒毒模式。坚持规范执法，保障戒毒人员权益。落实执法事项集体审批制度，建立信息公开平台，及时公开执法事项。依法依规收治戒毒人员，规范探访、探视管理，落实戒毒人员出所必接制度。足额落实专项经费，强化诊疗服务、药品管理和危急病人处置，对重点病号定期筛查、病情通报和分级掌控，定期开展健康检查、传染病检测和医生巡诊。以党支部星级评定为契机，大力推进民警专业化、职业化建设，通过开展应知应会比武、业务技能培训、重点岗位轮训、到外交流学习等方式，提升队伍业务素养。

星沙强制隔离戒毒所抓好基础工作，树立安全工作首位意识，提升教育矫治质量，打造"星沙戒毒"品牌，为社会输出更多的"合格公民"。投入教育经费32万元，用于教育设施、设备的购买，为戒毒人员添置篮球、羽毛球、气排球等文体用具。开展戒毒人员课堂化教学，全年参加教育的戒毒人员400余人。组织戒毒人员参加职业培训39人次，合格率100%。组织戒毒人员开展体能康复训练，改善戒毒人员力量、速度、耐力、灵敏度等素质，帮助戒毒人员恢复机体功能、改善身体素质、增强意志耐力、养成健康生活方式。以心理矫治为手段，全年对275名戒毒人员进行心理测试和心理矫正，增强戒毒人员戒除毒瘾决心，帮助重拾生活信心，更好更快融入社会。加强社会照管和后续跟踪回访的力度，对回归社会的戒毒人员通过微信、电话等方式进行跟踪走访，提供心理疏导，降低复吸率。依托禁毒教育基地平台，接纳学校、社区、社会团体到所开展禁毒教育1000余人次。通过电视台、报纸、网络、微信公众端等媒介，发表宣传报道20余篇，成功打造"星沙戒毒"品牌。全年未发生戒毒人员自伤、自残、脱逃、所内死亡等事件。

【社区矫正】 2019年，长沙市社区矫正和安置帮教工作推进社区矫正规范化、信息化、社会化和刑罚执行一体化建设，完成特赦实施、中华人民共和国成立70周年国庆安保、"智慧矫正中心"示范单位建设等任务，获得"全国司法行政系统特赦实施突出贡献单位""全国社区矫正国庆安保先进单位"荣誉称号，开福区"智慧矫正中心"示范单位通过验收。监管秩序持续安全稳定，实现社区服刑人员不发生脱管失控、不发生重大刑事案件、不发生重大群体性事件、不发生重大负面舆情"四个不发生"目标。刑释人员安置帮教基层基础夯实，救助帮扶常态化开展，服务管理水平提升，省、市、区三级共建安帮基地被司法部宣传推介。全年接收刑释人员4653人，其中监所释放1097人，解除矫正3556人，未发生刑释人员重大刑事案件和群体性事件，刑释人员重新犯罪率控制在3%以内。

【第二届长沙律师节】 2019年5月15日，以"爱和责任"为主题的第二届长沙律师节在橘子洲举行，同时开展全国律师马拉松邀请赛。第二届长沙律师节包括文化讲座、女律师职业发展论坛以及第二届长沙律师节闭幕式等主体活动。还有近30场由长沙市律师协会各专门专业委员会、各律师事务所分别承办的公益讲座、辩论赛、专业培训等系列活动，发出《关于加快长沙市法律职业共同体建设的倡议书》。6月29日，市律师行业党委、市律师协在湖南宾馆召开长沙市律师行业庆"七一"表彰暨第二届长沙律师节总结大会。市律师行业党委委员、市律协理事会成员、监事会成员、行业党员代表大会代表，市直律师事务所党组织书记、市直律师事务所负责人及执业30年以上老律师代表和各受表彰对象共计300余人参加会议。

【长沙市司法局挂牌】 2019年1月21日，长沙市司法局挂牌。根据湘办〔2018〕56号、长办〔2019〕39号文件，原长沙市司法局和长沙市政府法制办公室组建长沙市司法局。不再保留长沙市政府法制办公室。市委全面依法治市委员会办公室设在市司法局，承担委员会具体工作。设置市委依法治市办秘书处，负责处理市委依法治市办日常事务。重组后长沙市司法局内设机构22个，局属单位7家，局机关干部职工109

人。重新组建的长沙市司法局在机构职能、岗位设置、工作内容等方面都发生较大变化，实现立法、执法、司法、守法、普法各环节职责一体、全面贯通，承担行政立法、行政执法、刑事执行和公共法律服务四个方面职能。（本栏撰稿 郭芳芳）

仲裁

【概况】 长沙仲裁委员会于1995年由长沙市政府组建，拥有全国14个省（直辖市）、中国澳门、台湾地区及新加坡籍仲裁员605名，涵盖金融、房地产、建设工程、国际贸易、知识产权、影视文化、电子商务、计算机信息技术等专业领域。2019年，长沙仲裁委员会受理各类商事案件2623件，受案标的额为78.3亿元。

【劳动仲裁】 2019年2月22日，长沙市劳动人事争议仲裁委员会召开全市劳动人事争议调解仲裁工作会议，会议全面总结2018年全市调解仲裁工作。全市各级仲裁机构处理各类劳动人事争议案件，全年办理劳动人事争议案件1.12万件，立案受理7182件（较2017年增长33%），法定期限内结案率达91.7%。会议明确以防范重大集体案件为重点，促进社会和谐稳定的工作方向。市总工会充分肯定市仲裁院河西仲裁庭建成以来取得的成果。2019年，全年办理劳动人事争议案件5623件，法定期限内结案率91%。

【企业人力资源管理专干暨调解员培训】 2019年7月2日，长沙市劳动人事争议仲裁委员会举办企业人力资源管理专干暨调解员培训。长沙市劳动人事争议仲裁院领导和有关庭室负责人进行专题授课，220余名企业人力资源管理专干和劳动争议调解员参加培训。企业人力资源管理专干和劳动争议调解员作为构建和谐稳定劳动关系的第一道防线，此次培训加强企业人力资源管理专干和劳动争议调解员解决问题的能力，围绕“夯实基础，未雨绸缪，努力维护劳动关系的和谐稳定”展开。长沙市劳动人事争议仲裁院领导和有关庭室负责人分别围绕“企业用工法律风险提示及对策”“劳动合同的订立、履行与变更、解除与终止”“规章制度、劳动报酬和社会保险”“劳动关系有关问题”组织专题授课。

2019年7月6日，长沙仲裁委员会影视文化仲裁院揭牌　　长沙仲裁委员会 供图

【长沙仲裁委员会互联网仲裁平台上线】 2019年11月9日，长沙仲裁委员会委托阿里巴巴集团旗下共道网络科技有限公司开发的“长沙仲裁委员会互联网仲裁平台V2.0”上线。该平台是全国首家接入人民法院司法区块链的互联网仲裁平台，集线上线下仲裁业务办理和案件管理系统功能于一体，融合大数据、云计算、人工智能等先进技术。当事人足不出户即可享受网上立案、远程视频开庭等在线仲裁服务，互联网金融、电子商务等领域纠纷还可以线上批量高效解决。

【长沙仲裁委员会影视文化仲裁院揭牌】 2019年7月6日，长沙仲裁委员会借助以马栏山视频文创产业园、湖南省广播电视集团等为代表的湖南省文化产业优势，融合共同发起人中国电视剧制作产业协会、北京市影视娱乐法学会的专家资源与业务资源，举行长沙仲裁委员会影视文化仲裁院揭牌仪式，中国首家影视文化领域专业仲裁院成立。该仲裁院旨在为影视文化行业提供专业、高效的仲裁法律服务，公正、理性、友好地化解各类纠纷，为影视文化行业的健康发展保驾护航。

【2019年仲裁员大会】 2019年4月27日，长沙仲裁委员会2019年仲裁员大会召开。长沙仲裁委员会在本次大会上新聘100余名国内外专家为仲裁员。结合仲裁员的工作作风、道德品质、工作能力、廉政勤政等方面的表现，评选出陈湘平、陈忠等11名优秀仲裁员并予以表彰。美国德杰（Dechert）律师事务所亚洲业务开拓执行合伙人、国际商会国际仲裁院委员、伦敦国际仲裁院委员、最高人民法院国际商事法庭专家委员会首批专家委员陶景洲律师就国际仲裁中的热点问题开展专题讲座。（本栏撰稿 薛颖丰）

军　事

MILITARY AFFAIRS

编辑　刘盼盼

长沙警备区

【概况】 2019年，长沙警备区练兵备战工作取得新成效。落实党委议战议训制度，统筹战斗力资源、奖励指标向备战打仗倾斜，形成重心在战、全心谋战、精心备战的鲜明导向，先后接受抽查检查50余次，组织民兵值班分队拉动演练20余次，完成基干民兵训练、新任职专武干部任职资格培训、在职专武干部分批轮训。开展群众性练兵比武，参加全省军事训练比武，获4个团体第一名、4个单项第一名。军地合力推进深化民兵调整改革，新设立重点国有企业基层武装部，规范编组基干民兵、普通民兵，编建新质力量占比36.05%，基干民兵各项质量指标均达到规定要求，民兵调整改革阶段性任务完成，5月接受全省民兵整组督导检查，排名第一位；10月底接受中央军委国防动员部检查考评，排名第三位；2019年年底，长沙警备区被中央军委国防动员部表彰为全国民兵调整改革先进单位，开福区人武部部长被中央军委国防动员部表彰为全国民兵调整改革先进个人。全年各级派出民兵骨干帮训，完成103所中学、7万余名学生军训任务；出动民兵参与除冰清雪、执勤安保和巡逻等任务。

思想政治 召开专题民主生活会和主题教育民主生活会，进行军委主席负责制专项巡视5个方面22条问题整改，学习贯彻中央军委、中央军委国防动员部党的建设会议和湖南省军区党委书记集中培训精神。紧扣习近平新时代中国特色社会主义思想和习近平强军思想主线，全年组织4个专题学习和38次集体学习，举办营以下干部和文职人员理论轮训，结合专武干部培训、民兵干部集训，安排8次50余课学习宣讲，师团职干部形成35篇重点课题调研成果。推进“不忘初心、牢记使命”和“传承红色基因、担当强军重任”主题教育，安排22次集中辅导和3次体会交流，组织3次现地参观见学，集中观看12部红色影片和36堂微课，牢固维护核心、听党指挥思想根基。落实形势分析、政治考核、舆情监控等制度，巩固内部纯洁。跟进学习文件法规、通令通报和指示要求，组织观看《忏悔与警示》《铁纪强军》等警示教育片，集中开展军委巡视巡察反馈问题整改和住房用车、民兵训练、兵员征集、违规喝酒、变通套现等易发多发问题清查整顿，营造风清气正政治生态。开展庆祝中华人民共和国成立70周年系列活动、“强军风采”群众性文化活动，摄制预定新兵《我和我的祖国》歌曲合唱和中国共产党故事、人民军队故事、长沙红色故事等39个微视频，238篇新闻稿件、82篇要讯被上级刊发，新闻报道被省军区表彰为标兵单位，要讯工作在省军区排名第一位。

试点任务 完成中央军委国防动员部赋予的军事职业教育；民营企业民兵建设；兵役登记以及正规战备、训练、工作、生活秩序（以下简称“四个秩序”）4项试点任务。担负军事职业教育试点观摩任务，完成在线学习室、基层图书室、课程制作间等硬件设施建设，编写《军事职业教育组织实施办法》，工作成绩受中央军委训练管理部、中央军委国防动员部领导机关和省军区系统兄弟单位充分认可。开展民营企业民兵建设试点，围绕民兵建设“编、训、用、管、保、评”6个方面，研究形成《民营企业民兵建设工作规范》和《民营企业民兵建设实施办法》，在中联重科环境产业有限公司成立全省首家规范化民营企业基层武装部。组织兵役登记规范化、信息化建设试点，研究规范兵役登记程序方法，探索建立兵役登记信息核验制度，联合市政府出台《长沙市兵役登记实施办法（暂行）》，在橘子洲举办“全省公民兵役证首发仪式”，全市兵役登记率100%。开展正规战备、训练、工作、生活秩序试点，升级改造各类战备库室，规范军地合署办公场所设置，新建“一站式”服务征兵办，探索实践“智慧军营”方法路子，接受中央军委国防动员部和多个省军区领导集中观摩，被中央军委国防动员部首长称赞为“全国最好的军分区”。

国防动员 调整国防动员委员会领导和办事机构，修订成员单位职责和工作规则，召开市国防动员委员会会议。首次开展全范围、全系统、全要素国防动员潜力调查统计，经验做法在全省介绍推广。挖掘后勤物资、装备、技术等领域动员支前潜力，通过战区考评验收。首次组织辖区多所高校领

2019年6月25日，民兵应急营干部骨干进行5千米徒步拉练　　长沙警备区　供图

导、武装部部长召开大学生征兵工作会议，开展“大学生征兵宣传月”“征兵形象大使巡回宣讲”等活动，推开新兵役前教育训练，完成男兵、女兵、直接招收士官和定向培养士官征招任务。贯彻落实省基层武装部、村级民兵营（连）建设《意见》和《考评细则》，推进乡镇街道武装部正规化建设和“星级达标”考评，基层阵地建设不断加强。会同市委组织部对全市专武干部重新考察一遍、任免一遍、轮训一遍、认证一遍。开展集中巡展、“爱我国防”大学生演讲比赛等国防教育系列活动，推进国防教育进机关、进院校、进社区，不断提升对国防建设领导者的“重视度”、年轻人的“关注度”和全社会的“认同度”。

正规化建设　强化法规意识，开展“条令月”和“百日安全活动”，组织安全管理培训，参加省军区新条令知识竞赛获第二名。调整健全安全和保密委员会，明确常委责任联系点，制定责任分工表，层层签订目标责任书，构建党委统揽统抓、领导分片包干、机关分工负责、定人定点定责的安全管理责任体系。集中开展车辆管理和网络清查专项整治，定期落实安全稳定形势综合分析、安全保密教育和安全训练，重要敏感时期以及组织重大活动、执行重大任务时专题进行安全分析、专门进行安全风险评估。坚持每季度组织综合性安全检查，每日值班干部不定时随机视频抽查检查，常态开展“四不两直”（不发通知、不打招呼、不听汇报、不用陪同接待，直奔基层、直插现场）检查，按照“节前有自查、节中有检查、节后有讲评”的思路开展节假日专项检查，确保任何时候安全工作不出漏洞、不存隐患、不留死角。借鉴地方“智慧城市”理念，开发集警情感知、营区监控、车辆管理和人员管理于一体的智慧军营综合管控平台，实现点、线、面全方位监控，人、车、院多要素管理，推动部队管理由粗放向精细转型。

党管武装　组织落实人武部党委第一书记任职谈话和述职、党管武装绩效考评等基本制度，军地协力完成支持国防和军队调整改革、加强专武干部队伍建设、妥善解决军人“三后”（后路、后院、后代）难题等2018年市委常委议军会决议事项。军地合力督导《现役军人和残疾军人优待暂行办法》贯彻执行，持续开展“走边关、暖军心”慰问和关爱伤残复退军人、困难基干民兵活动，联合组织长沙市首届“最美退役军人”评选宣传活动，协调地方接收计划分配军转干部、落实军人子女教育优待，举办退役军人暨随军随调家属专场招聘会帮助就业，协调为现役军人办理拥军自助加油卡。长沙警备区政治工作处被评为全省退役军人工作模范单位，设在警备区的市军人军属法律援助工作站被司法部表彰为全国法律援助工作先进集体。

综合保障　投入资金开展正规“四个秩序”试点基础设施建设，改善民兵武器装备仓库安防和生活设施，协调市政府财政拨款完成机关国防动员指挥中心提质改造。抓好武器装备管理，完成枪支弹药账物不符清查整治，做好装备请领接收、报废移交、转级处理等工作。补充购置应急营装备器材，协调建立与市应急管理部门装备共享机制，纳入地方采购计划装备资金，落实军民通用装备预征预储制度，签订预征预储协议。完成本级停偿项目清理移交任务，推进名贵特产、空余房地产、编余车辆等清查上缴工作。完成审计和巡察巡视发现问题整改，从严对相关人员进行追责问责，结合问题整改和新政新规要求，修订完善《警备区经费结算管理规定》《警备区集中采购管理规定》，财经秩序进一步正规。（刘六辉　邓宇洋）

【民兵训练】　2019年4月初，长沙警备区采取统一部署、分散组织的方式，组织1期民兵教练员集训。全年民兵训练任务完成率100%，平均参训率98.8%。组织基干民兵参加全省9个课目比武竞赛，雨花区医疗救护专业取得全省第一名。全年全市出动民兵遂行扫雪除冰、抗洪抢险等重大任务10余次2000余人次，地方政府和社会各界反响较好。警备区结合军事职业教育试点、民兵整组和训练等时机组织基干民兵注册军职在线手机APP，拍摄《擒敌拳基本动作及实战运用》《水域救援之抛绳法施救》《油机操作规程》《风力灭火机操作规程》等5个紧贴民兵训练实际的微课，探索民兵分队在线学习训练新模式；芙蓉区结合参与“中华龙舟赛·长沙站”水上救援安保组织民兵操舟机骨干集训；岳麓区结合参与辖区应急抗洪演练，组织民兵防汛骨干训练；雨花区结合春节安保行动，组织民兵参加火车南站春运安保行动演练。（骆　安）

【预建基干民兵党组织】　2019年，长沙警备区规范印制全市民兵分队预建党组织党员花名册、流动党员进出登记簿，对党员基本信息表填报和党员身份核实进行统一。市属应急营和各区县（市）基干民兵分队普遍结合队伍点验开展思想政治教育，利用微信群随时随地分享优质国防教育资源，增强教育实效；开福区开展基干民兵集中点验仪式，邀请全区不同时期的民兵典型和家属代表参加活动，社会反响强烈；望城区结合点验验收，每到1个乡镇（街道）都开展1次“民兵学习宣讲”活动，强化民兵职责使命。

（骆　安　邓宇洋）

【市图书馆长沙警备区分馆开馆】
2019年3月15日，长沙市图书馆长沙警备区分馆（又称“长沙军事职业教育图书室”）开馆仪式在警备区办公楼7楼举行。长沙警备区分馆在警备区原有图书阅览室的基础上投资近百万元，历时3个多月建成。该馆坚持军民融合式、数字化理念，融入长沙图书馆总分馆体系，也是长沙市青年民兵之家。馆内配备强军朗读亭、自助借还书机、数字阅读椅、电子图书借阅机、瀑布流电子触摸屏等，实现24小时全自助服务，书籍由长沙图书馆配送并定期更新。为官兵办理的长沙图书馆“一卡通”读者证，与全市120余家分馆实现互借互通。长沙警备区将结合教育培训，利用图书馆组织干部、战士和民兵持续开展读书活动。（段　然　邓宇洋）

【专职人民武装干部训练】　2019年4月12—24日，长沙警备区、市委组织部、市人力资源和社会保障局在长沙市示范性综合实践基地分3期组织全市专职人民武装干部进行培训。培训紧贴基层武装工作实际，通过理论灌输、业务学习、现场观摩、经验介绍、讨论交流和综合考核，进一步增强专武干部的岗位职责意识和履职能力，达到培训的预期目的。12月11日开始，组织全市2018年以来新任职专武干部展开为期22天的任职资格培训。各区县（市）普遍采取结合整组业务培训、武装工作例会、兵役登记工作会议等时机，进行业务知识的学习培训。组织5名专武干部参加全省比武竞赛，取得“四会”教学、想定作业2个团体全省第一名，“四会”教学、想定作业2个个人全省第一名和2个个人全省第五名。（骆　安）

【军史编研工作推进暨业务培训会】2019年5月17日，长沙警备区召开年度军史编研工作推进暨业务培训会。会议由警备区政治工作处主任主持，湖南省武警总队、湖南陆军预备役步兵师、空军航空兵某旅等驻长沙部队分管领导参加会议，以及各区、县（市）人武部、市国动委成员单位相关负责人参加会议。会议表彰了2018年度《长沙军事年鉴》编纂工作先进单位6个和先进个人5人，讲评2018年度军史编研工作情况，部署2019年度军史编研工作任务，邀请长沙市地方志办公室年鉴处副处长尚畅和《长沙军事年鉴》原主编黄元德进行军事“鉴”“记”业务知识培训。（邓宇洋）

2019年9月20日，第19个全民国防教育日活动在市图书馆举行。图为活动现场

长沙警备区　供图

【第19个“全民国防教育日”主题实践活动】　2019年9月20—21日，长沙警备区、国防动员委员会举办的第19个“全民国防教育日”主题实践活动在长沙市图书馆进行，长沙警备区司令员出席启动仪式并发表讲话，湖南省全民国防教育“十佳”先进个人秦红光作“共和国历次自卫还击战中的革命英雄主义壮举”为主题的国防教育专题讲座。活动结合庆祝中华人民共和国成立70周年举行“中国梦　强军梦”红色藏品展以及湖南省军区辉煌70年图片巡展。在市图书馆一楼大厅摆放红色藏品宣传画100幅，红色藏品文献100件，红色藏品票证等实物100件，分“爱党篇”“爱国篇”“爱军篇”3个部分；摆放省军区70周年历程相关62块宣传板块和“军队建设概览”“国家安全热点”“国家法规介绍”“民兵发展历程”4个部分20块宣传板块；集中展区设置“赞颂辉煌成就、军民同心筑梦”主题签名墙；精选200本国防教育优秀书刊摆放至大厅借阅区；市图书馆户外展区设立10个宣传点，发放2万份国防知识宣传册。活动中分批组织学生代表和热心群众参观展区、免费发放1500份全民国防教育日书签，学雷锋志愿者发动现场群众在签名板上写下强军强国祝愿词。9月20—30日，每日下午在图书馆放映厅免费放映国防教育系列电影。

（邓宇洋　康　磊）

武警长沙支队

【概况】　2019年，武警长沙支队落实党委中心组带机关理论学习制度，开展理论服务走基层和“双百”（习近平新时代中国特色社会主义思想100句、习近平新时代强军思想100句）微课活动，活用“学习强国、军职在线”等网络载体，推动理论武装入心入脑、落地生根。打造“用红色资源、讲红色故事、打红色烙印、铸红色灵魂、做红色传人”的“五红”教育机制，设计“红色定向越野、红色照相馆、红色时光机”等内容，9月24日在“田汉文化园”挂牌支队革命传统教育基地，增强教育吸引力、感染力。抓好两项主题教育（“不忘初心、牢记使命”“传承红色基因、担当强军重任”），制定“不忘初心、牢记使命”主题教育7项制度，结合“学雷锋活动纪念日”以“百科讲坛”为载体，邀请地方专家学者来队授课，参加湖南党史陈列馆开展的“悦读，悦青春”读书分享会、“我们的国歌”主题宣讲和“不忘初心来时路，砥砺奋进

新征程”等活动，推进思想政治教育。组织优秀“四会”政治教员评比竞赛，2人分获总队十佳“四会”政治教员和优秀士兵理论骨干。做好“卫士风采”群众性文化活动，开展“时代新人说——我和祖国共成长”群众性演讲比赛、“祖国母亲、我想对你说”战地快闪拍摄活动、第二届“强军杯”篮球比赛、“我们走在强军的大路上”文艺晚会、书法进军营、书画摄影巡展等活动。常态开展法律心理服务下基层活动，关注意识形态领域斗争，做细做实一人一事思想工作，解决官兵后顾之忧，为15名家庭受灾等特困官兵发放救济款10.5万元，协调官兵子女入学相关事宜。

突出敏感期战备和汛期抢险救援准备，加强“八个体系”战备建设；明确指挥机构，落实“3+1”战备值班机动备勤力量，开展紧急出动演练，确保遇有情况，能够快速到位，高效处置；积极研究城市武装巡逻勤务特点，加强情况处置演练和勤务组织实施的训练，在市区开展常态化武装联勤巡逻，加大对社会面的防控，形成严密的防控体系；稳步推进“智慧磐石”工程、“一室一站”建设，严密组织执勤专项治理整顿、执勤设施检查鉴定、执勤隐患排查等活动，采取“清单制＋责任制”的方法，及时整改排查的各类执勤隐患。

【实战训练】 2019年，武警长沙支队筹划组织季度军事训练考核、勤训轮换、预提指挥士官集训、“魔鬼周”极限训练、应急班轮训、搏击教练员集训等20余次大项活动，培养锤炼一批四会教员、军事尖子、优秀参谋、优秀教练员，又向下传导形成大抓军事训练的氛围。参加上级组织的教练员、参谋人员、预备特战队员、一线侦察兵、通信技能等比武集训23批次，参加武警部队指挥员大比武，1人获“武警部队支队级优秀指挥员”；参加总队参谋人员比武取得团体第二名、指挥员比武取得团体第六名，2人被评为总队优秀参谋；参加总队教练员和导调员比武取得团体第二名，3人被评为总队优秀教练员，1人推荐为武警部队优秀教练员；参加总队特战专业教练员集训取得团体总分第二名；参加总队执勤基础教练员集训取得团体总分第二名；参加总队机动分队大比武取得团体第五名，1人被评为机动分队训练标兵；参加总队通信分队大比武取得话务业务第一名和通信参谋业务第二名。

【基层建设】 2019年，武警长沙支队创新开展“工作标准大讨论”活动，在机关和分队开展以“大早操、大点名、大检查、大评比、大互动”为主要内容的“五大”活动，部队正规化建设水平稳步提升。全面评估基层单位建设现状，制订《按纲服务指导基层计划》《精准帮建方案》，组织4批次蹲点调研帮建，基层基础不断厚实。开展“严守铁的纪律，锤炼过硬作风，以实际行动担起强军兴军重任”专题党的纪律教育，组织观看6集《铁纪强军》专题纪律教育片和1部《忏悔与警示》警示教育片，强化党员干部的规矩意识和纪律意识。迎接配合总队完成巡察回访和备战打仗专项巡察，常态开展“微腐败”“四风”等重点敏感事务督查和工程招标、物资采购、考核评比等大项活动监督，接受并处理各类信访举报6件。组织基层风气监督员培训，在2个中队建立基层风气监察联系点，开展执纪执法情况专项清理整治，组织3次基层风气调研和12波次的作风督导检查，做到提醒常在、警钟长鸣。

【部队日常管理】 2019年，武警长沙支队常态抓好条令学习贯彻践行，每月进行条令知识测试，组织支队“条令和安全知识竞赛”，不断增强官兵条令意识。严密组织“安全大检查”“暑期百日安全竞赛”“治违法、严纪律”等活动，定期收集基层活动开展情况，搞好跟踪问效和督导落实。突出“人车枪弹酒、水火电毒密、贷赌黄游群”安全管理重点，严格落实在外人员跟踪管控制度，采取网络手段加强检查督导。组织开展多个回合的枪弹安全排查，确保静态、动态枪弹管控制度严格落实。开展“抓规范、治违法、遏事故”活动，坚持每周一次车辆安全行车教育。抓好保密制度机制规范运行，组织开展安全保密教育和“争当保密达人”活动，常态抓好保密检查和计算机安全检测，不断筑牢保密防线。做好部队一日作息、内务设置、军容风纪等问题纠治，坚持严下先严上，突出抓好首长机关办公秩序和严实作风，带动部队“四个秩序”进一步规范。

【后勤保障建设】 2019年，武警长沙支队结合支队任务实际，及时修订完善应急保障方案，明确人员抽组、岗位定人、设施定位、人装定训，做到“随需组建、随队出动、随时展开”。覆盖检查基层各项保障预案，通过一级加强警卫勤务、中非经贸合作论坛临时安保任务、长沙马拉松安保任务、抗洪抢险等多样化保障任务，充分检验了应急保障能力。协调地方，抓好自身备储，增储战备物资，建立代储代供网点，签订车辆租赁协议，协调车辆应急维修厂，做到正常执勤时居安思危、接受命令时临阵不乱、实施保障时依令而动。组织后勤干部战术作业、司务长集体办公、驾驶员复训、军械员培训，在全支队掀起后勤岗位大练兵活动，为保障遂行任务奠定基础。深入基层开展巡诊116次。邀请地方专家，免费为官兵开展针灸、理疗服务。

【双拥活动】 2019年7月30日—8月8日，“笑满三湘”湖南省文联文艺志愿服务团到支队为官兵们进行慰问演出。8月29日，岳麓区退役军人事务局局长刘勇带领工作组一行并联合有关企业单位到支队组织开展“送政策、送服务、送岗位”进军营活动，就退伍军人安置、就业创业、税收优惠、金融服务等相关政策为官兵进行专题讲解。

【安全保卫工作】 2019年10月27日，由中国田径协会、湖南省体育局、长沙市人民政府主办的“2019长沙国际马拉松赛”在长沙举行。来自世界各地的2.4万余名运动员参加比赛。根据总队统一部署，支队动用兵力若干完成赛事安全保卫任务。全年完成“中非经贸博览会”等重大临时勤务多起。

【武警湖南总队工作组考核预选标兵中队】 2019年12月16—17日，武警湖南总队政治工作部副主任率考核组一行到支队执勤五大队长沙中队、浏阳中队进行预选标兵中队考核，考核组成员分别采取座谈了解、问卷调查、理论测试、查阅登记和考核技能等方法，重点对中队党支部班子建设、执勤战备、军事训练、安全管理、正规化建设以及经常性基础性工作落实等情况进行全面的检查评估。

（本栏撰稿　彭振辉）

人民防空

【概况】 2019年，长沙人防系统开展“不忘初心、牢记使命”主题教育，配合市委第六巡察组开展巡察整改工作，推进人防战备建设和营商环境优化，全面精简审批流程、合并同类事项，行政审批提速30%。完成全市警报网改频升级，实现警报自动控制。

（项胜秋）

【人防工程建设与维护管理】 2019年，长沙人防系统启动《综合管廊人民防空设计指引》编制工作，完成工程档案验收。加强人防工程质量监督，完善质监模式，受理结建人防工程质监项目申报，完成部分结建人防工程竣工验收；开展政府采购服务的第三方检测项目。人防工程管理落实市、区、街道社区和管理单位四级管理模式，实现日常巡查和维护管理标准化；开展地下空间普查，摸清早期工程、单位工程、结建工程和单建工程的底数，健全工程档案；全面落实一周一小查，一月一大查的要求，组织公共人防工程安全巡查，发现问题，及时处理；采取分组、分片区方式对内五区结建工程、早期工程开展安全督查，针对人防工程主体渗漏水、留泥井排水沟盖板损坏、主体轻度开裂等问题，组织开展集中维护维修施工。开展隐患管控，聘请第三方安全评估机构，组织对个别早期人防工程进行全面安全评估。

（项胜秋）

【人防宣传教育】 2019年，长沙人防办督促指导各区县（市）开展“5·12”全国防灾减灾日和“11·1”警报试鸣日人防主题宣传活动，市人防办5月12日举办“提高灾害防治能力，构筑生命安全防线”人防宣传进社区、进企业活动，11月1日，在某人防宣教公园举办主题为“警钟长鸣，铭记历史”的大型警报试鸣和宣传活动，全年开展进机关、进学校、进社区、进媒体、进企业活动40余次；利用新媒体开展人防宣传，与湖南金鹰955合作开发首款H5人防知识答题小游戏，并在市办微信公众号和金鹰955微信号上推广，被省人防办采用为中华人民共和国成立70周年成果展上的VR体验项目。

（项胜秋）

【人防行政执法】 2019年，长沙人防系统全面梳理完成“最多跑一次”（群众和企业到政府办事最多跑一次）事项清单和流程清单，简化审批事项和工作流程，优化合并同类审批事项，精简合并审批资料30余件，审批事项提速30%；优化质监程序和质监服务，质监程序减少2个，办理时限缩短2个工作日；全年审查非政府采购合同41份审查，重新梳理确定“长沙市人防办执法事项清单”“长沙市人防办责任清单”“长沙市重大执法决定法制审核目录清单”“长沙市人防办公共服务事项清单”等事项，召开“落实全省人防行政执法稽查工作”布置会，对人防法规政策执行情况（包括防空地下室建设中降低防护等级、缓建、少建、免建等情况，防空地下室易地建设费减、免、缓收等情况及原因）开展排查，全年累计接办案件4起，办结3起，待办1起，全年累计处理接办“12345”市民热线、相关处室转送等投诉11起；有序推进立法工作，已将《长沙市人民防空工程建设与管理条例》草案文本及相关资料提交市政府法制部门。

（项胜秋）

【长沙市首个人防安全教室挂牌】 2019年12月9日，长沙市人防宣教示范学校在长沙市岳麓区实验小学挂牌，标志着长沙市首个人防安全教室建成。人防安全教室设置了多种功能区，知识展区展示了人民防空的鸣、走、藏、消4个阶段的知识；防空防灾模拟体验区，分别设置了模拟高射机枪对空射击、地震、家庭灭火等互动体验电教设施。同时安全教室内有模拟灭火系统、结绳训练系统、急救体验系统、安全知识问答系统等。长沙市岳麓区实验小学将人民防空知识课教学纳入学校教学常规管理中，注重课内教学与室外演练相结合、教师讲述与学生动手相结合、班级常规教学“小课”与全校防空知识讲座“大课”相结合，增强学生的国防意识和人防观念，逐步实现人防教育规范化和正规化。

（周义娟）

经济管理

ECONOMIC MANAGEMENT

编辑　刘盼盼

宏观经济管理

【宏观经济谋划】 2019年，长沙市启动“十四五”规划编制工作，实施“十四五”规划31个重点课题研究，起草形成“十四五”规划基本思路，铺排“十四五”各重点专项规划和园区规划。同时，出台南部融城片区、通用航空等发展规划，牵头编制小运量有轨公共交通建设等专项规划，指导各区县（市）完成乡村振兴规划编制工作。完成月度、季度经济形势分析。在市委常委会上专题作2020年经济社会发展主要预期目标和工作思路的汇报。完成2020年度计划报告，在市人大会议上通过。

【产业发展推进】 2019年，长沙市制定提升服务业规模与质量、夜间经济等系列文件，研究制定总部经济发展的支持政策。2019《中国城市夜经济影响力报告》中长沙位列“中国十大夜经济影响力城市”第三位。被评为省级服务业示范集聚区8家、评定市级服务业示范集聚区6家。制定出台高技术服务业、先进储能材料产业发展3年行动方案等政策，智能制造装备产业集群获批国家第一批战略性新兴产业集群。和包支付用户规模逾434.2万人，商户规模逾12.9万户，累计支付金额超过5.12亿元。出台促进完善消费体制机制激发居民消费潜力的实施方案。

【政府投资管理】 2019年，长沙市加强关键时点节点的督促指导，确保固投保持高基数上的高增长，完成10%的年度目标。做好2019年全市重大项目投资计划执行和2020年计划编制工作，铺排2020年全市重大项目1340个，年度投资3651亿元。修订《长沙市政府投资建设项目管理办法》，实现政府投资管理更加精准规范高效。加强项目代建制管理，竣工交付项目8个，新推代建制项目8个。全年审定、评审政府投资项目69个，核减率12.15%。

【经济政策调研】 2019年，长沙市针对境外消费回流、“五个不匹配”问题、“黑天鹅”问题、融入长江中游城市群协同发展、全市物资储备体系、工业用电与经济运行的联动性分析等撰写高质量研究报告20余篇。在区块链发展、创新创业、制造业项目全过程管理、产业资金管理等方面形成政策储备。

【重点领域改革】 2019年，长沙市制定涉企政策听取企业家意见实施方案，起草长沙民营经济改革发展创新示范区总体方案并报国家发展改革委。事业单位车改工作顺利完成。修订政府投资管理办法，完善招投标制度，优化招投标流程，加强项目代建制管理和政府投资审定、评审工作。完成全市工程建设项目审批制度改革第一阶段牵头任务，建设项目审批事项由11项压缩至6项，企业投资核准办理时限压缩至3个工作日，节能审查办理时限压缩至5个工作日。完善信用体系制度和平台建设，长沙在全国重点城市信用排名从第35名提升至第15名。

【上级支持】 2019年，长沙市突出破解融资瓶颈，加强专项债申报对接，入围项目52个，争取额度296亿元，位居全国省会城市前列；争取中央、省预算资金9.28亿元，获批企业债券42.7亿元；搭建银政企合作平台，推进与国开行金融合作“十大工程”，达成未来3年贷款意向3000亿元，投放资金1000亿元；力推与农发行的金融合作，预计未来3年投放贷款800亿元。全年累计争取省级以上创新平台布局26个。牵头编制《长沙市陆港型国家物流枢纽建设方案》，长沙入选首批陆港型国家物流枢纽。获批全国城企联动普惠养老服务、优质普惠学前教育资源建设扩容、社会足球场地设施建设、城企联动普惠托育服务和家政服务业提质扩容“领跑者”行动等试点（重点推进）城市。

【区域合作】 2019年，长沙市积极对接融入粤港澳大湾区，参加湖南—粤港澳大湾区投资贸易洽谈周活动，指导长沙先导集团发行3.5亿美元境外债券。深入推进长江中游城市群省会城市、长三角城市合作，在交通互联互通、市场一体化、公共服务共建共享、产业协作等方面取得实质性进展。协调推动湘赣边区域合作示范区建设，与宜春市签订战略合作框架协议和赣湘边区经贸合作产业园合作协议。推进长株潭城市群一体化发展，牵头举办长株潭城市群一体化发展市长联席会议，20项年度重点合作实事稳步推进。长岳合作纳入长江中游城市群省会城市和观察员城市合作事项。加快构建长沙四小时航空经济圈，印发临空经济示范区支持政策。印发“一带一路”建设工作要点，推进与重点国别及企业的平台合作。

【能源保障】 2019年，长沙市“630攻坚”成效显著，2019年供电能力达到800万千瓦，实现企业不拉闸、居民不限电。全市完成分布式光伏发电70.66兆瓦，天然气分布式能源项目装机容量达到200兆瓦。制订出台《现代化长沙智慧电网三年行动计划》《电动汽车充电基础设施建设与运营管理暂行办法》。

【区域粮食安全保障系统建设】 2019年，长沙市以落实粮食安全省长责任制为总揽，稳妥推进收储制度改革，开展粮食收购资金信用保证基金试点，全年收购原粮50万吨、销售贸易粮125万吨。加强储备粮管理，完成各级储备粮轮换任务，调整优化储备粮品种5000吨，强化储备粮库存监管，持续推进绿色储粮新技术运用，高质量完成全国政策性库存粮食数量和质量大清查，构建三级粮食质量检测体系，

开展政策性粮食出入库必检和“放心粮油”网点监测全覆盖，完成监测任务317批次。推进“优质粮食工程”，强化粮食产学研对接和科技成果转化，全市粮油加工总产值突破230亿元，2018年省对市州落实粮食安全省长责任制考核获全省第一名。

（本栏撰稿　吴　慧）

表7　　长沙市固定资产投资分类别增长统计表

单位：%

指标	2011年	2012年	2013年	2014年	2015年	2016年	2017年	2018年	2019年
固定资产投资	26.1	20.3	20.1	18.3	17.1	13.9	13.1	11.5	10.1
按经济类型分									
民间投资	5.1	2.4	23.5	21.0	14.8	3.1	18.0	12.3	12.5
按产业分									
第一产业	−25.2	35.8	18.7	10.7	−10.5	2.9	19.9	59.8	83.3
第二产业	28.2	25.5	25.2	20.6	23.4	9.7	6.3	22.0	10.1
第三产业	27.1	17.8	17.7	17.4	14.3	16.1	16.1	5.0	6.1
按投资方向分									
工业投资	27.3	23.7	26.2	18.9	23.4	10.7	6.7	22.1	10.9
工业技改投资	46.2	17.5	25.5	11.1	20.0	−30.5	3.3	3.7	25.4
产业投资	30.2	15.3	21.7	17.0	21.7	5.5		25.6	10.9
民生投资	−5.3	16.9	25.7	32.4	39.3	67.5	4.4	1.2	−2.0
生态投资	81.7	11.0	77.6	27.9	13.3	18.1	−6.8	52.5	23.5
基础设施	10.0	1.3	30.8	24.6	34.0	15.4	−2.7	12.7	6.4
高技术产业投资		117.4	−14.2	−2.7	35.3	36.8	37.6	5.7	5.0
房地产开发投资	29.7	16.4	11.8	13.6	−24.0	26.5	18.2	0.7	11.2
按结构分									
建筑工程	24.9	10.0	22.5	18.4	26.0	12.8	17.8	5.5	6.9
安装工程	15.8	37.8	11.1	31.5	11.2	3.4	23.6	−5.7	−9.8
设备工器具购置	−3.6	30.3	22.5	19.0	12.0	−7.3	20.4	47.4	32.1

说明：因2013年固定资产投资统计口径调整，增速按同口径计算。2016年同期基数调整，增速按调整后基数计算

（资料来源：市统计局）

国有资产监督管理

【概况】 2019年，长沙市本级企业国有资产总额1.2万亿元，比2018年增长20%，实现营业收入826亿元，实现利润83亿元，实现国有资本经营预算收入3.58亿元，国有资本保值增值率103%。清理整合平台公司121家，率先在全省完成平台公司撤并转任务。轨道集团“去平台、市场化”操作指引成为全省平台公司市场化转型的示范，全省化债工作会议长沙市作典型发言。市城投集团与先导控股集团联合组建长沙城市发展集团有限公司，资产总额超2000亿元。国务院国资委《国有企业改革动态》刊文推介长沙开展国有企业退休人员社会化管理试点工作经验。举办“2019湖南与央企对接合作活动”省主场和长沙专场活动。理顺国有文化企业国资监管体制，实现全市经营类、金融类、文化类国有企业统计评价、业绩考核、国资预算等集中统一监管。开展“不忘初心、牢记使命”主题教育，省委主题教育办以《长沙市国资系统深入开展主题教育推动国资国企高质量发展》为题刊发专报。

【国资监管机制创新】 2019年，长沙市国资委对市广电集团、市报业集团等国有文化企业履行出资人职责，理顺国有文化企业国资监管体制，实现全市经营类、金融类、文化类国有企业统计评价、业绩考核、国资预算等集中统一监管。组建区县（市）国资监管机构，加强对区县（市）国资工作的指导。制定《关于进一步规范市属国有企业担保管理工作的通知》，规范企业担保行为，防范法律风险。指导修订国投集团、交通集团企业章程并获市政府批复。修改完善出台业绩考核、薪酬管理、工资总额管理等办法及细则。市国资委机关新设监督处，对企业经营决策行为和企业负责人履职行为进行监督检查和核查，与国资委事前监管、事后考核相互衔接，与企业内审机制相互联动，与纪律检查、监事会监督相互配合，形成国资监管工作闭环，创新国资监管机制。

【国有企业改革】 2019年，长沙市组建长沙城市发展集团有限公司，资产总额超2000亿元。完成长沙市广电集团、晚报传媒集团的组建挂牌。审查通过湘江集团、产投集团二级优化重组方案。水业集团收购上市公司华油惠博普科技股份有限公司的控股股权。采取改革转型、关闭注销、留壳托管等处置方式，批复8户困难企业暨“僵尸企业”处置方案，整合转型设立理程公司、博达公司，稳妥有序推进“僵尸企业”处置工作。批复湘船钢构等2家国企混改。湘江集团、交通集团、国资集团实施总法律顾问制度。长沙制定《长沙市推进国有企业退休人员社会化管理工作实施方案》《长沙市退休人员社会化管理服务办法》，开展全国退休人员社会化管理试点，国务院国资委《国有企业改革动态》第84期专刊《长沙以三个“聚焦”推进工作“三新”努力实现退休人员的归属感、获得感、幸福感》向全国进行推介。

【轨道集团实现“去平台、市场化”】 2019年，长沙市按照省里明确的“建立现代企业制度、剥离政府融资职能、存量政府隐性债务化解完毕”三大标准，建立“资产清查、债务甄别、筹资化债、平台转型、市场承接”五步走工作流程，采取拟保留平台公司、拟转型平台公司与金融机构签订三方协议的方式平移债务，推动轨道集团市场化转型。同时，构建“补资金、补资产、补资源”三补机制。即：将轨道项目资本金列入财政预算安排，做实项目资本金；将长沙市国投集团49%股权依法无偿划转至轨道集团，优先注入优质经营性资产（股权），增强轨道集团自身的盈利和偿债能力；市级年度、季度土地供应计划优先考虑轨道项目建设、运营以及开发有关的土地需求，鼓励轨道集团进入土地二级市场，将轨道交通沿线土地收入增值纳入轨道经营收入范畴，确保轨道集团收入能覆盖债务本息。

【“2019湖南与央企对接合作活动”长沙专场活动】 2019年6月27—28日，“2019湖南与央企对接合作活动”湖南主场和长沙专场活动在长沙举办，对接活动规格高、规模大、效果好、影响广泛。35户中央企业，17位央企集团公司副总以上职级嘉宾出席会议，参会嘉宾代表160余位。会议期间推介长沙重大招商项目149个，涉及总投资额7600亿元。签约合作项目19个，总投资额283亿元。长沙与央企的成功对接，已成为推动长沙市经济社会发展的一项重要抓手。

（本栏撰稿　李　华）

土地资源管理

【概况】 2019年，长沙市获批建设项目用地338宗，土地总面积2198.39公顷，其中农用地1893.44公顷。全市招拍挂出让土地512宗、面积2421.12公顷、土地价款876.47亿元。全市经批准新增建设用地占用耕地952.09公顷,连续20年实现全市耕地占补平衡。开展城乡建设用地增减挂钩，验收项目20批次，复垦新增农用地1179.86公顷，其中耕地587.29公顷、其他农用地面积592.57公顷。推进节约集约用地，助推经济转型升级。2018年度全市单位GDP建设用地下降率为6.81%，每亿元GDP建设用地量由2017年的29.71公顷下降到2018年的27.68公顷。继续开展“治房”行动，2019年拆除“一户多宅”和“空心房”8789户，拆除2.72万户。依法开展征地拆迁补偿，实施集体土地征地拆迁项目625个，办理被征地农民社保2.47万人，收缴社保资金45.44亿元。完成全市征地补偿标准和征收农村集体土地地上附着物及青苗补偿标准调整工作，补偿标准平均提高30%。开展非煤矿山依法整顿，推进砂石土矿专项整治，完成长沙市采煤沉陷区基本情况调查，加大绿色矿山建设。开展长江经济带矿山滥采生态环境问题排查整改，有效整改宁乡市、望城区3个矿山山体裸露问题。完成浏阳农村土地制度改革三项试点，集体经营性建设用地入市等改革经验被新《中华人民共和国土地管理法》（以下简称《土地管理法》）采纳。

【权籍工作】 2019年，长沙市以不动产统一登记为基础，推进长沙市“一江六河一湖”自然资源统一确权登记试点，编制《岳麓山风景名胜区确权登记试点实施方案》。开展房地一体的集体土地权籍调查，围绕农村集体土地确权登记发证，推进内五区集体土地不动产登记调查、测量与入库项目实施。推动流程集成、信息集成、服务集成，推进不动产登记综合窗改革，市本级所有登记业务办理时限平均2.5个工作日，最长时限5个工作日，部分业务即来即办、立等可取。省委书记杜家毫对长沙市不动产登记工作予以肯定。“长沙经验”在全国不动产登记培训会上获得推介。完成浏阳农村土地制度改革三项试点，集体经营性建设用地入市等改革经验被新《土地管理法》采纳。

【用地保障】 2019年，长沙市获批建设用地2198.39公顷，重点保障三一重卡、中联智慧等96个重大项目用地。修订公共服务设施配置规定。服务“630”攻坚、“三干两轨四连线”等重大市政工程项目审批，推动城市“畅通”工程建设。长益常铁路项目已上报自然资源部，洞株公路、红星大市场配套等用地获批，全市1120个重大投资、基础设施和“产业项目建设年”项目用地报批进展顺利。做好拆迁腾地作保障，实施集体土地征地拆迁腾地2505.67公顷，“招拍挂”出让土地432宗，出让面积2158.5公顷，成交价778.28亿元。全年为重大产业项目、基础设施和民生工程划拨72宗地、约300公顷；坚持“房住不炒”，全年召开5次土委会，研究地块66宗，面积513.27公顷，成交42宗，市本级挂牌出让房地产用地42宗，318.9公顷（比2018年增加30%），可建住宅建筑面积644.96万平方米（比2018年增加23%），其中70%以上为安居性住宅用地；服务产业项目建设，推行“弹性供地”，新增6宗弹性供应工业用地；编制公共服务用地基准地价，降低产业项目土地成本；加快批而未供土地供应，达到湖南省自然资源厅供地率考核要求。

【矿政管理】 2019年，长沙市开展非煤矿山依法整顿，对81家非煤矿山实施退出关闭。落实湖南省普通建筑用砂石土矿专项整治和露天矿山专项整治。完成长沙市采煤沉陷区基本情况调查，核实长沙市域内5处采煤沉陷区总面积15864.04公顷。加大绿色矿山建设，长沙湘宁水泥有限公司石灰石矿通过省级遴选，入选自然资源部2019年度绿色矿山。

【执法监督】 2019年，长沙市根据自然资源部下发的卫片图斑，按要求对2018年发现的2638宗、2019年前三季度发现的296宗违法用地依法处置、抓好整改。加快闲置土地盘活，完成处置271宗、1519.77公顷，扣除因长株潭绿心控规影响无法开工和司法查封的41宗后，处置面积比90.97%。全市土地类案件立案802宗，涉及土地面积301.5公顷。对规划类违法建设下达行政处罚决定书10份，处罚违法建设总面积10.49万平方米。

【审批流程与制度改革】 2019年，长沙市自然资源规划局完成自然资源行政审批流程整合再造，将建设项目用地预审和选址意见书、供地许可和建设用地规划许可证事项进行整合，土地和规划竣工“两测合一”，实现用地竣工核验和规划竣工条件核实合并办理。工程项目审批事项由原23项减少至11项，审批时限由原32.5天减少至25天。精简申报材料，建设单位需提交的申报材料数量减少60%以上。公布建设工程规划许可证豁免清单，推行“容缺服务”“承诺制审批”“菜单式审批”，长沙高新区告知承诺制、容缺审批等试点工作取得有益经验。承接省级土地管理权限下放工作，针对六大项省级土地管理权限分别制定承接子方案，抓好承接建设用地审批，市政府已批卷宗146个。将工业投资项目6项规划审批权限下放至省级园区，实现企业办事审批“不出园”。 （本栏撰稿 谭江涛）

财 政

·财政收支·

【概况】 2019年，长沙市完成一般公共预算收入1592.74亿元，增长3.09%。其中，上划中央收入524.74亿元，增长-4.04%；上划省级收入117.77亿元，增长-0.55%。完成地方一般公共预算收入950.23亿元，增长8.02%。其中，市本级完成422.26亿元，增长2.71%；区县（市）完成527.97亿元，增长12.67%。全市完成一般公共预算支出1425.98亿元，比2018年增加125.19亿元，增长9.62%。其中，市本级完成527.7亿元，比2018年增加45.01亿元，增长9.32%。

【支持经济发展】 2019年，长沙市财政不断推动财政资源向重大战略、重大政策、重大项目配置，助推经济高质量发展。落实减税降费政策。建立市级减税降费跨部门协作机制，坚持普惠性与结构性减税并重，全市减税217亿元，占全省减税规模一半以上。严格收费目录清单管理，实施政务公开“阳光”收费制度，全市降费减负52.36亿元。服务产业高质量发展。通过预算安排、争取债券资金、盘活“三资”等举措，筹集资金215.39亿元，助推中联重科智慧产业城、三一重卡、惠科、三安等重大产业项目建设。设立100亿元产业支持基金规模，引导社会资本向新兴产业集聚。支持重大项目建设。安排资金44.42亿元，支持常益长铁路、长株潭“三干四连线”、湘雅路过江通道建设及湘府路、红旗路、万家丽路快速化改造等。安排资金22.64亿元，支持国家科技创新中心、长株潭国家自主创新示范区、岳麓山国家大学科技城等建设。安排债券资金68亿元，支持马栏山园区、高铁新城会展片区建设及全市棚户区改造。助推创新引领开放崛起。投入资金11.22亿元，用于口岸通道、跨境电商、市场采购贸易方式试点等开放型经济发展。

【预算执行】 2019年，长沙市财政优化财政支出结构，不断强化预算约束刚性。长沙市在2019年度省政府组织的真抓实干地区表彰奖励中，被评为改善财政收入质量等财政管理工作成效明显的市，且被省政府推荐至国务院作为全国先进典型。加大预算统筹力度。充分运用跨年度预算平衡机制，从预算稳定调节基金和国有资本经营预算中调入一般公共预算资金55.65亿元。逐步提高国有资本收益上缴公共财政比例，将5家政府部门机构直接出资的国有金融资本归口财政部门统一管理。开展盘活“三资”。通过财政资金“三清”、公共资源有偿使用、完善土地资源管理机制、改变国有企业资产和股权划拨方式等举措，推进资金资产资源盘活工作，全年完成盘活“三资”任务248.14亿元。压减一般性支出。部门预算项目支出压减总幅达到10%，市本级“三公”经费实际支付数较上年下降9.62%，财政评审项目核减率18.81%。在2019年中央对各省市的公务用车改革考核中，长沙市名列全省第一位。结转结余管理。将结转超过两年的上级资金、部门预算项目支出结余、预算单位当年追加预算资金年终结余部分、截至11月30日未使用完的公共项目资金、使用超过两年的往来资金等五类资金，收回财政统筹使用。

【收入征管】 2019年，长沙市财政强化收入征管，财政收入实现平稳增长。完善征管机制。建立财税领导联系区县（市）促收工作机制，协调解决税收征管问题，及时传导征管压力，督促落实收入目标。拓展综合治税平台功能。发挥综合治税平台拓展项目成效，全面融合政府部门政务数据及互联网上与企业相关的数据，实

表8 2019年长沙市财政预算收、支情况统计表

单位：万元

指标	2019年						2018年	2019年比2018年增长（%）
	合计	市区		长沙县	浏阳市	宁乡市		
			望城区					
地方一般预算公共收入	9502290	2827175	580853	1112354	802122	538088	8797072	8.0
#营业税							6734	-100.0
增值税	2073841	823453	162070	297653	188387	120358	1981875	4.6
企业所得税	696154	191620	20037	38613	27275	39004	709355	-1.9
一般公共预算支出	14259810	4647471	1103187	1862496	1420745	1052147	13007895	9.6
#一般公共服务	1797033	977537	121417	257973	104584	115341	1620504	10.9
社会保障和就业	1153813	464099	120556	92289	139538	145527	1077428	7.1
科学技术	492477	105755	24503	112226	25128	23544	361871	36.1
教育支出	2111796	787389	159050	233357	271248	183933	1946010	8.5
农林水事务	917806	270945	119169	179817	181727	164829	874351	5.0

（资料来源：市统计局）

现企业综合评价和风险预警。强化应收尽收。梳理排查以金融、建筑、商贸三大行业为代表的重点行业税收漏洞和征管问题，出台具体措施补强薄弱环节。协调税务机关定期对税负、开票、抵扣、产能异常的企业进行重点评估。围绕打击违法坑骗欠税和涉税犯罪行为，协调公安、税务等部门每季度开展一次专项行动，确保税收及时足额入库。

【财政管理】 2019年，长沙市财政推进财政管理改革，把制度优势转化为治理效能。财税体制改革。经长沙市全力争取，省政府于2019年底批准同意以试点方式将长沙市上划省级税收下放，支持长沙市做大地方收入规模，所下放收入全部做实到区县一级，省级下放长沙市地方收入规模117.77亿元。实施预算绩效管理改革。在全省率先建设长沙市绩效评价动态指标库，全过程预算绩效管理框架初步建立。首次向市人大常委会主任会议报告政府预算绩效目标编报管理情况，优化财政资源配置。预算绩效管理工作连续7年在全省考核中排名第一位。“电子财政”改革。落实“放管服”要求，市本级全面实施国库集中支付业务电子化管理，预算单位、财政部门、人民银行和代理银行之间跨部门、跨系统联网操作、“无纸化”运行。

【防范化解重大风险】 2019年，长沙市财政落实上级防范化解重大风险各项要求，统筹推进债务管理各项工作。推进隐性债务化解。通过偿还、转化、置换等方式，严控政府性债务，全市年度隐性债务化解完成进度超过300%。创新推进平台公司转型。全市融资平台公司清理整合121家，任务完成率100%。特别是市轨道集团“去平台、市场化”转型取得初步成效，在全省防范化解政府性债务风险工作座谈会上，长沙市政府性债务合规转化为企业经营性债务的经验，作为样板向全省推广。债券发行及资金使用管理。加强对具有现金流和收益性项目的统筹策划，全年争取政府新增债券额度249.23亿元，债券年度支出进度100%。 （本栏撰稿 刘胜涛）

·财政统发工资·

【概况】 2019年，长沙市财政统发工资中心聚焦重点，完成工资录入、数据稽核汇总、工资发放预算、经费指标申请、清理销户等各项工作。2019年市本级纳入财政统发工资单位310家，发放人数17999人，累计发放津补贴4.74亿元。

【落实重大改革任务】 2019年，为严格执行新的个人所得税法，保证个人纳税申报的顺利实施，4月，长沙市财政局印发《关于调整市直各单位工资发放有关事项的通知》，从2019年5月1日起将市本级财政全额拨款行政事业单位在编人员（含离休人员）工资发放主体由市财政统发工资中心回归至预算单位，各行政事业单位可直接发放在职和离休干部职工的工资、离休费、规范性津补贴（工作津贴、生活补贴）、国家级津补贴（特殊津贴、审计津贴）、第十三个月奖励工资等，并代扣代缴公积金、个人所得税等相关款项。同时，市财政统发工资中心开展工资专户结余资金的清查核实工作，包括剩余案款、公积金、个人所得税、统筹医疗款、银行利息等款项的核算，及时将资金缴入国库，并按规定程序办理银行销户工作。

（本栏撰稿 杜艳玲）

·国库集中支付·

【概况】 2019年，长沙市本级已完成国库集中支付改革的预算单位增加至367家，办理集中支付业务34万笔，支付资金606.3亿元，实现所有财政资金“一个口子出”的改革要求。推进集中支付“放管服”改革，全面实施国库集中支付业务电子化管理，扩大授权支付范围，加强预算单位主体责任，提高国库集中支付效率。2019年，授权支付金额56.12亿元，占支付总额的9.26%，比2018年提高8.78个百分点。

【资金管理】 2019年，长沙市国库集中支付核算中心对政府投资在500万元以上的项目实施“双控”管理，有效遏制工程建设领域中随意变更、突破概算、直接委托、超付等违规现象。2019年，市本级184家单位、1169个项目纳入“双控”管理，支付资金8159笔，金额378.88亿元，拒付违规资金31笔，涉及资金2.4亿元。

【预算执行】 2019年，长沙市国库集中支付核算中心加强对预算单位人员支出、工程项目、上级专项等资金的审核管理，特别是加强对“三公”经费的支付控制，确保“三公”经费“两个不超”。

【绿色通道支付】 2019年，长沙市为解决应急事项（如救灾、抢险、慰问困难企业等）的资金支付，相关单位可凭相关批示件向支付中心办理借款手续，待事项处理完毕后，再向市财政申请指标，通过财政零余额账户支付归还。2019年，市国库集中支付核算中心办理市场监管局、湘剧院、动物园、电子工业学校等8家单位的借款业务，涉及金额467.4万元。

【深化区县（市）国库集中支付改革】 2019年，长沙市国库集中支付核算中心通过组织学习交流会等形式，推进区县（市）国库集中支付改革进度。2019年，9个区县（市）总支付137万笔，金额1031.52亿元；其中，直接支付金额1019.74亿元，占总支付总额的98.86%；授权支付金额11.78亿元，占总支付总额的1.14%。对政府性投资项目实行监管277家单位，涉及6699个项目，核付资金485.49亿元。 （本栏撰稿 陈 志）

·非税收入管理·

【概况】 2019年，长沙市完成全口径非税收入1158.49亿元，较2018年同期增加281.75亿元，增长32.14%。其中：一般公共预算收入完成284.82亿元，较2018年同期增加21.25亿元，增长8.06%；政府性基金收入完成859.21亿元，较2018年同期增加261.05亿元，增长43.64%；财政专户收入完成9.81亿元，较2018年同期增加0.53亿元，增长5.68%；国有资本经营预算收入完成4.65亿元，较2018年同期减少1.08亿元，下降18.86%。12月27日，长沙市财政事务中心挂牌成立，长沙市非税收入管理局相关职能与长沙市政府采购监督管理局相关职能整合。

【财政票据管理】 2019年，长沙市发放财政票据2800万份，核销财政票据1782万份。推进票据电子化改革，对327余家社会团体、民办非企业、基金会实行网络“无纸化”年检和票据网上申领、网上核销。配合非税缴费公共服务平台上线运行，全面推进电子票据号使用。

【完善征管系统】 2019年，长沙市将市生产力促进中心、生态动物园、不动产登记中心、120急救中心、青少年宫、市委宣传部、市疾控中心等单位纳入非税缴费公共服务平台开通微信缴费。截至2019年12月31日，市本级微信和和包支付缴费共36.61万笔，金额4.38亿元。同时，将非税缴费公共服务平台与“互联网+政务服务”一体化平台进行对接，实现行政审批与非税缴费“一站式”完成，是优化营商环境的一项重要举措。

【落实降费减负政策】 2019年，长沙市财政编制并公布市本级年度收费目录清单，要求目录清单之外的收费一律不得执行。2019年市本级清理分类别免征和减征行政事业性收费1项，为社会减负230万元；继续保留行政事业收费22项，涉企行政事业收费10项，政府性基金6项（含税务部门代征4项）。（本栏撰稿　徐　斌）

·政府采购监督管理·

【概况】 2019年，长沙市完成采购金额187.42亿元，比上年增加20.26亿元，增长12.12%，全年节约资金22.88亿元，节约率10.88%，其中市本级完成政府采购88.6亿元。

【政府采购管理】 2019年，长沙市落实《财政部关于促进政府采购公平竞争优化营商环境的通知》，全面清理妨碍优化营商环境的规定和做法，梳理出长沙市政府采购亮点特色做法，以制度的形式固定下来并予以推广。印发《关于进一步优化政府采购流程的通知》，从计划备案、合同支付、资料归档等方面不断改进和优化，进一步提高采购效率。发挥政府采购政策功能。落实《湖南省政府采购两型（绿色）产品首购办法》，印发《关于进一步在政府投资工程建设项目招标投标工作中落实“两型”产品采购政策的实施意见》，明确政府采购项目要严格执行支持中小企业、扶持节能环保产品、支持监狱企业、精准扶贫企业等政策，加大“两型”产品的推广使用力度。助力中小企业发展。做好政府采购合同融资平台上线工作，主动对接融资代理商业银行，发布更新融资产品。全年有11家中小企业获得信用融资贷款4657.1万元，涉及政府采购项目19个。规范评审专家管理。配合湖南省财政厅完成新的政府采购专家库评审专家征集工作，接待专家2000人次，做好评审专家入库初审工作。代理机构监督检查。对长沙地区36家代理机构，83个政府采购项目进行检查。

【政府采购信息化建设】 2019年，长沙加强“互联网+政府采购”建设。按照市政府采购云服务平台上线指导方案要求，推进“互联网+政府采购”区县（市）全覆盖，实现全市政府采购“统一平台、统一标准，分级管理、分级使用，数据集中、资源共享，规范高效、安全可控”的目标。系统对接。配合市公共资源交易中心完成与政府采购电子开评标系统对接，实现主体信息库和政府采购信息公示公告数据共享。推进政府采购系统与国库集中支付核算系统对接，实现合同签订后支付要素一次性传递给支付系统，简化政府采购合同支付程序。完善政府采购电子卖场运营。2019年，电子卖场累计完成交易金额6.18亿元，节约2978万元，成交6.88万笔，进驻供应商1056家，商品总数88万件。

【采购监管执法】 2019年，长沙市调查处理有关政府采购情况反映和举报20起，其中：支持举报事项5起，不予支持8起，转交其他部门处理4起，尚未完结3起。调查处理投诉40起，其中：驳回投诉7起，投诉成立并责令重新开展采购活动5起，投诉部分成立未影响中标结果继续采购活动5起，投诉人撤回投诉9起，不予受理6起，转交其他部门处理4起，尚未完结4起。协助处理行政处罚4起，处罚对象主要涉及4家供应商，并对30名专家违规行为上网通报。

（本栏撰稿　杨　栋）

税　务

【概况】 2019年，国家税务总局长沙市税务局（以下简称“长沙市税务局”）组织入库各项收入2160亿元，其中入库市县两级税收665.66亿元，比2018年增长8%，完成预算目标。全年得到省市主要领导表扬性批示11次，被评为全省税务系统“绩效考核先进单位”。获国家税务总局湖南省税务局（以下简称“湖南省税务局”）

“智税 2019”竞赛团体第一名；包揽全省业务大比武总成绩、个人所得税、大企业管理两条分线以及个人全部第一名；以长沙选手为主的湖南代表队勇夺全国大比武总成绩第一名。岳麓区局被评为全国税务系统先进集体。

【减税降费】 2019 年，长沙市设立减税降费领导小组，建立“上下一主题，纵向六条线”推进机制和“每天一单、每日一报”督办机制，挂图作战、对表推进。落实“四个精准”“建档立卡”70 万余户，推出“一对一”等便利服务措施 4 类 26 项。2019 年减税降费 207.89 亿元，全年办理出口退（免）税 106.17 亿元，办理留抵退税 7.96亿元，有力地支持实体经济发展。

【深化增值税改革】 2019 年，长沙市税务局充分利用广播、报刊、电视、网络等媒体资源，通过办税服务厅、纳税人学校等多种途径，精准宣传增值税改革新政，制作政策指引和相关课件，对新政实施要点进行指导。加强申报辅导，开展“一对一”专项税负调查和政策辅导工作，对增值税税负增加户辅导 13705 户次。多措并举助推增值税改革有效落地，为 8.45 万户纳税人减免税 90.33 亿元。

【个人所得税改革】 2019 年，长沙市税务局在做好个税政策知晓面和惠及面向纵深扩展的同时，狠抓个税数据清理和信息核验，全市疑点核实率 99.22%，处理率 98.93%；专项附加扣除信息核验，纳税人回应率 99.42%、更正率 100%，确保个人所得税改革落实落细，全年 51.6 万人享受专项扣除政策，人均减税 1394 元。

【社保非税征管职责划转】 2019 年，长沙市税务局联合相关部门对社保费相关政策进行全面清理，编印机关事业单位社保费相关政策汇编。分险种分统筹区开展划转清册比对核查，做好所辖参保单位的管户分配和关联登记，有序推进社保非税征管职责划转，顺利完成城乡居民医保征收划转，全年入库各类社保费收入 104.4 亿元、非税收入 118.15 亿元。

【征管转型】 2019 年，长沙市税务局利用第三方大数据，核实信息差异 7.1 万户，清理出漏征漏管户 1.48 万户，办理跨区迁移 4216 户。转变个体户征管方式，2.2 万户转为查账征收。试点推行房屋租赁委托代征、消费和零售服务业税收信息平台管理、闲置楼宇处置税收管理，工作经验被省政府在全省推广。建立完善实时、动态、重点“三位一体”的企业所得税监控体系，汇算清缴企业比 2018 年增长 18.5%，实际汇缴面 100%。加强地

表 9 2019 年长沙市税务局税种收入统计表

单位：万元

项目	收入额	比 2018 年同期	
		增加量	增长（%）
1. 国内增值税	6606477	158000	2.45
其中：卷烟	1012915	−125638	−11.03
剔烟	5593562	283638	5.34
2. 国内消费税	4627386	−376188	−7.52
其中：卷烟	4222824	−281890	−6.26
剔烟	404562	−94298	−18.90
3. 企业所得税	3044665	50050	1.67
其中：卷烟	297342	47623	19.07
剔烟	2747323	2427	0.09
4. 个人所得税	965034	−364792	−27.43
5. 资源税	2447	483	24.59
6. 城市维护建设税	547907	20908	3.97
7. 房产税	336256	42049	14.29

续表 9

单位：万元

项目	收入额	比 2018 年同期	
		增加量	增长（%）
8. 印花税	138103	18715	15.68
9. 城镇土地使用税	228686	40743	21.68
10. 土地增值税	1058386	447783	73.33
11. 车船税	95679	8831	10.17
12. 烟叶税	5447	−670	−10.95
13. 耕地占用税	189627	88455	87.43
14. 契税	1072215	−138528	−11.44
15. 环境保护税	4478	1720	62.36
16. 其他税收（营业税）	13886	−4073	−22.68

（资料来源：市税务局）

方税种管理，车辆购置税法和耕地占用税法顺利实施，全年 11 个地方税种收入增长 16.85%。全年查补入库税金 17.7 亿元。着力服务“一带一路”，加强跨境税源管理和反避税工作，入库非居民企业税收 13.6 亿元。

【纳税服务】 2019 年，长沙市税务局开展“便民办税春风行动”，推出“最多跑一次”“套餐式服务”等四大类办税清单，取消资料报送 1107 项、税务证明事项 35 项，整改税务注销难、部分退税程序烦琐等问题 40 项，实现涉税事项 178 项“最多跑一次”，159 项“全程网上办”。

【优化税收营商环境】 2019 年，长沙市税务局制定出台 32 项优化税收营商环境措施，推进外贸、保税区“两个试点”，扶持跨境电商等新业态。税务窗口全部进驻政务中心，新办企业“一日办结”。落实《纳税服务规范（3.0 版）》，从 9 个方面对办税服务厅进行规范，投诉及时办结率和回访满意率 100%。拓展“银税互动”平台，全年为 8000 余户纳税人办理信用贷款 60 亿余元。

【打击骗取出口退税和虚开增值税专用发票违法行为】 2019 年，长沙市税务局将打击骗取出口退税和虚开增值税专用发票违法犯罪作为稽查工作重中之重，全年创新上线“网上代开发票平台”，落实增值税虚开虚抵风险管控和快速反应机制，虚开虚抵势头得到明显遏制，为国家挽回经济损失 9.4 亿元。并做好案件移送工作，向公安经侦部门移送案件 66 户，公安刑事立案 29 起，侦破 17 起，打掉团伙 18 个，抓捕 59 人，刑拘 26 人，移送起诉 49 人。“双打”工作受到国家税务总局、公安部、海关总署、中国人民银行四部委联合通报表彰。市税务局稽查局获得全国“双打”工作先进集体称号。

【全国首个“税务小蓝帽”汽车办税服务通道启用】 2019 年 4 月 9 日，长沙市税务局在芙蓉区设立全国首个“税务小蓝帽”汽车办税服务通道。该通道可办理常规报税、发票领用、小规模增值税申报、企业所得税季度申报、一般征收开票、财务会计制度备案、存款账户账号报告、税库银三方协议账号登记、税收减免优惠备案、纳税凭证开具税收完税证明等 10 余项，实现纳税人车流、人流、业务流三分流，办税时间在 5 分钟以内，有效缓解停车位不足，办税服务厅窗口相对紧缺等问题。

【全国首创一手房办税“一次不用跑”】 2019 年，长沙市税务局争取相关部门支持配合，突破开发商端打印完税凭证的技术瓶颈和流程掣肘。自 2019 年 12 月 1 日起，纳税人可在售楼部一次性完成购房网签、税费缴纳、合同备案及凭证打印等事项，实现涉税事项“一次不用跑”。该项工作为全国首创，被国家税务总局领导肯定批示，《湖南日报》、《长沙晚报》、湖南经视等媒体先后报道，并获广大纳税人一致认可。

（本栏撰稿　郭　磊）

审　计

【概况】 2019 年，长沙市审计部门完成审计项目 245 个，查出违规金额 44.3 亿元，上缴财政 23.94 亿元，移送案件线索 108 起，促进被审计单位制定、完善规章制度 249 项。其中，

市审计局完成审计项目80个，查出违规金额27.46亿元，促进有关单位上缴财政13.24亿元，审计促进拨付资金到位15.64亿元，移送案件线索60起（已反馈处理结果28起，移送处理人员54人），2个审计项目获得全省优秀审计项目。2019年12月，市审计局被中央审计委员会办公室、人力资源和社会保障部、审计署评为全国审计机关先进集体，继续保持全国文明单位荣誉。

【国家重大政策措施落实情况跟踪审计】 2019年1—11月，长沙市审计局分季度对9个区县（市）重大政策措施贯彻落实情况开展跟踪审计，揭示政策落实方面存在的问题60个，推动完善和出台制度8项，重点反映72个政府投资项目拖欠民营企业中小企业账款6152万元、667个项目未按规定缴存农民工劳动报酬保证金1.04亿元；部分单位违规涉企收费1177万元；相关区县（市）未及时拨付中央转移支付、市级涉农资金7859万元；30个污染治理类、民生保障类、产业项目配套等基础设施项目未及时供地、未开工或建设进度滞后，涉及投资额13.86亿元等突出问题，促进政策和资金落实、项目落地。

【财政审计】 2019年2—8月，长沙市审计机关采取“集中分析+分散核查”的审计模式，探索市本级98家一级预算单位实行审计全覆盖，并重点对市本级（含高新区）以及市科技局等8个部门预算编制与执行情况开展审计，上缴财政资金5.93亿元，盘活存量资金10亿余元，移送案件线索34起，推动出台制度办法20余项，审计覆盖面和效率极大提升。7—12月，对浏阳市、岳麓区财政决算开展审计，查出违规金额2.4亿元，揭示滞拨上级专项资金、专项资金使用效益不佳等问题。年内，组织全市审计机关对市本级化债情况开展专项审计，揭示财政偿债压力大、平台公司局部债务链风险增大等问题。

【经济责任审计】 2019年，长沙市审计机关对61家单位的88名领导干部开展经济责任审计，其中市审计局对14家单位的18名党政主要领导干部进行审计，重点关注领导干部在担当作为、规范用权、令行禁止、廉洁从政等方面责任落实情况，审计查出问题金额61.32亿元。

【政府投资审计】 2019年3—9月，长沙市审计局以公共工程审计为主线，建立“4+N”投资审计全方位监督新模式，完成政府投资审计项目19个，审计查出问题277个，移送案件线索18起，查出问题金额17.8亿元，审计后挽回（避免）损失2379万元。5—12月，对湘江新区、高新区财政评审中心、市财政评审中心评审项目质量开展抽查审计，抽查评审结算项目193个，查出问题金额912万元，在评审核减基础上再次核减金额307万元，揭示结算评审把关不严、评审时效不高等问题，促进提升财政评审质量。

【民生及专项资金审计】 2019年1—12月，长沙市审计局对中小学建设、医保基金、住房公积金、物业维修资金、职业教育发展状况、农业产业资金等重点民生项目开展审计，查处部分企业虚报骗取财政资金1868.77万元、部分学校私设小金库1782.64万元等典型问题，督促相关县市拨付或归还原渠道农业产业发展资金1.06亿元，督促13个征地项目为311名被征地农民筹集医疗保险费226万元、2家单位补缴医疗保险费306.75万元。4—7月，对长沙县、望城区、浏阳市、宁乡市4县市扶贫情况开展专项审计调查，审计各级专项扶贫资金6.28亿元，重点揭示精准扶贫政策措施落实、扶贫资金管理使用、扶贫项目建设管理及效益3个方面的11个问题。

【国资国企审计】 2019年2—12月，长沙市审计机关采取“三年一轮审”的方式，重点对5家市属大型国有企业开展审计，揭示土地长期闲置且未入资产账、市场化转型发展推进缓慢、资金沉淀未发挥效益等问题，促进国有资产保值增值。

【资源环保审计】 2019年，长沙市审计局推进自然资源和环境保护审计，被长沙市环委会评为生态环境保护工作优秀单位。重点对浏阳河流域专项治理、重金属污染耕地修复治理等开展专项审计调查，揭示违规围垦和开发河道、城镇排水管网建设维护管理不到位、企业和河段水质未稳定达标、污水处理设施总体运行效益不佳等24个问题，督促相关部门落实河长制、完善“一河一策”，督促相关区县核减重金属污染违规休耕面积43.33公顷、收回省财政结余资金2420万元。

【审计成果运用】 2019年，长沙市审计局审计发现问题1325个。截至2019年12月底，长沙市审计局反映的已达整改期限的785个问题中，已整改595个，正在整改186个，推动出台或完善制度138项，审计整改督促落实有关问题资金39.86亿元。向长沙市委、市政府报送审计要情、审计专报、综合报告等共计30余篇，长沙市委、市政府主要领导批示14篇次，推动解决一批突出问题。

【审计能力建设】 2019年，长沙市审计机关180余名业务骨干脱产进行轮训，组织参加各类网络培训班1380人次，选派44名业务骨干到上级审计机关进行实战锻炼和学习交流；开展内部审计职业培训，集中轮训全市内部审计人员900余人次；对27名转隶和新进人员集中组织开展系统化培训，内容涵盖法律法规、审计流程、审计文书、职业道德、风险防控等等方面，提高审计人员依法审计能力。

（本栏撰稿　刘哲君）

统 计

【概况】 2019年，长沙市统计局优化统计服务，为全市经济社会高质量发展提供统计保障。面对复杂的经济形势，加大运行监测和研判力度，为市委、市政府中心工作献计献策，全局完成16个重点课题，撰写统计分析150余篇，被国家、省、市媒体采用60余篇次，被市级以上领导批示40余篇次，多项建议被市委、市政府采纳并运用于经济社会发展之中。

经济运行监测 动态监测全市万余家“四上”单位和5000万元以上投资项目运行情况，对趋势性、苗头性问题进行预警分析。每月研判经济形势，开展与先进城市、中部省会对比分析，为经济发展提供决策参考，市统计局经济运行分析报告成为市委、市政府判断经济形势重要依据。

参谋作用 主动对接全市“入规、升高、上市、扩面”工作，做好对“入规”和“升高”企业资质审核和申报指导，完成《2019年上半年长沙“入规、升高、上市、扩面”工作情况分析》。每月对359家智能制造示范企业进行统计监测、数据分析，撰写《长沙打造智能制造中心战略研究》《长沙智能制造试点示范稳步推进》等专题材料，及时反映企业智能化改造“扩面”成效，服务制造业高质量发展。

社会服务 组织全市统计系统分专业、分区县编写反映中华人民共和国成立70年来长沙发展变化的分析22篇，全面宣传长沙经济社会发展所取得的成就，被媒体广泛刊载；做好《统计年鉴》《运行快报》《横向对比》《文化产业发展报告》等多种统计产品编印。

【经济普查】 2019年，长沙市统计局完成单位清查、普查登记各项工作，为摸清全市经济家底、准确把握长沙经济发展状况奠定基础。完成对所有二、三产业单位和个体户的清查，清查数量超过100万个，达到预期目标。做好普查登记，组织全市6000余名普查工作人员进行为期4个月的现场数据采集和登记，全市完成19.98万家非一套表调查单位、8867家一套表调查单位和4.3万户抽样调查个体户的数据采集上报、审核验收工作。第四次经济普查（以下简称“四经普”）各阶段工作均受到国家、省经普办的肯定，《中国信息报》以《芙蓉花好红 经普情更暖》报道了长沙普查登记工作。国务院经普办调研指导组到长沙督查经普工作时认为，长沙经普工作前期准备工作到位，各级党委、政府高度重视，体现较强的省会意识、责任意识和担当意识；国家数据质量事后抽查组评价长沙市迎检组织工作有序，普查单位真实，数据质量可靠。

【统计方法创新】 2019年，长沙市统计局推进统计方法制度改革，不断开辟统计工作新领域。做好2018年全市服务业发展综合考核工作（包括13个园区、十大产业、9个区县市），完善《2019年服务业发展工作要点》《2019年大服务业监测方案》，按要求提供园区上半年及三季度服务业增加值和新增单位数；完成领导交办的“总部经济”“楼宇经济”“快递业”“‘十四五’服务业发展思路”等10个服务业政策性文件的意见修改工作。对新增的300余家部分行政事业单位开展财务指标月度调查，做好非营利性服务业营业收入增速纳入GDP体系的准备工作。开展“四新”经济统计制度方法研究，借鉴其他地区先进经验，从标准、制度、指标、研究方法到最终的结果评价进行大胆尝试，制定《“四新”经济统计改革实施方案》和《“四新”经济部门联席会议制度及职责分工》等有关文件，成立改革工作领导小组，设计统计报表制度，对涉及2000余家“四上”单位和3万余家“四下”单位进行甄别，首次开展全市“四新”经济核算，摸清“四新”经济家底。跟踪学习国家、省关于统一核算改革的新方法、新制度，向市委、市政府呈报《关于全省地区生产总值统一核算改革工作情况的报告》《关于GDP统一核算改革有关情况的汇报》等多份材料。开展湘江新区GDP、非公有制经济增加值、国家级经开区GDP等派生领域增加值核算工作。利用第四次经济普查数据开展增加值测算，确保准确反映全市及各区县（市）地区生产总值，为科学决策提供第一手资料。

【统计基层基础建设】 2019年，长沙市统计基层基础工作在全省作典型发言，并予以推介。加强政策保障，多次向市委、市政府专题汇报，争取重新出台强化基层基础的文件，代拟《关于进一步加强乡镇（街道）统计工作的通知》，主管市长已批。开展综合考评，对照“六化”“六有”目标，对全市170个乡镇（街道）统计工作进行考核，激励乡街统计站争先创优，全市有30%的统计站综合评价为优秀，9个统计站被评为省级示范性建设单位，社区统计平台建设率比2018年提高0.7个百分点。做好人员培训，召开170个乡镇（街道）统计站的培训会议，覆盖重点企业600余家、一线统计员3000余人次，提高统计人员素质。制定《2019年处室联系基层统计站工作办法》，市局处室与18个基层统计站建立对口联系，局领导和各处室全部下到联点统计站，进行工作对接，现场了解基层统计站建设，确定帮扶、整改工作重点，研究制订工作计划，落实专项工作经费，有效帮助联点基层统计站解决实际问题，做到既“联点”更“连心”。加强名录库管理，高质量完成10005家一套表单位审核、改错和验收工作，提高名录库质量，月度新增“四上”企业682家，比上年增加174家，增长34.3%，位列全省第一位。对新增“四上”企业开展电话抽查和现场核查，申报退出1633家不达规的单位，申报更名95家单位，调整235家单位处理

地址，更新指标210家单位。推行“条块结合、以块为主、横向到边、纵向到底”的统计网格管理模式。规范工作流程，制定《长沙市规模以上工业企业统计工作规范化指南》，对《长沙市统计数据质量控制办法》《长沙市数据质量管理实施细则》进行修改完善，确保流程标准、严谨、规范。

【依法统计】 2019年，长沙市健全市县两级统计法治机构，市统计局成立统计执法监督处，强化统计监督职能职责。加大统计执法人员选配力度，全市25人持有国家统计执法证，持证人数居全省首位。建立“一单两库”，推进跨部门联合“双随机、一公开”监管工作。出台3项制度，规范统计执法办案行为，建立全市统计系统防范和惩治统计造假、弄虚作假责任制和责任追究制，构建在统计领域严重失信企业联合惩戒机制。组织开展数据质量全面排查整改和统计造假专项整治工作，全市清退未达标企业1633家，停报“四上”企业204家、对申报入库不规范的1676个固定资产投资项目实行不通过处理，对1042家“四上”企业、145个固定资产投资项目数据质量进行核查。对9个区县（市）四经普数据质量进行现场监督核查，对23家单位进行重点或“双随机”执法检查，统计数据质量得到提升。编印宣传资料1100余册，制作宣传动漫2个，在数据长沙APP和统计微信公众号开设宣传专栏，对全市170余家“四上”企业进行法律法规培训，在市县两级党校主体班宣讲统计法律法规7场次。开展“以案释法”宣传教育，市本级统计行政处罚案例入选全市“以案释法”百佳优秀案例。开展统计法律法规知识竞赛和统计法治征文活动，承办“湖南统计法治宣传月”启动仪式，开展“长沙统计法治宣传月”活动。

（本栏撰稿　王成亮）

价格管理

【概况】 2019年，长沙市居民消费价格指数为102.9。制定长沙市重要民生商品保供稳价联席会议机制，确保春节、“两会”和低温雨雪冰冻期间“菜篮子”价格基本稳定。发挥价调资金调控作用，支持“菜篮子”工程项目42个。全面启动价格联动补贴机制，惠及约170万人次。贯彻落实“一城一策”工作要求，制定《关于明确我市成本法监制商品住房价格构成有关事项的通知》《关于加强我市物业服务收费管理的通知》等政策文件，做好普通商品房价格监制，全年监制商品房价格263批次，商品房价格保持稳定。依法举行地铁3号、4号、5号线票价方案听证会。

【价格改革】 2019年，长沙市落实降低一般工商业电价的降价措施，分别于2019年4月1日、7月1日起实施，一般工商业目录电价每千瓦时下降1.79分和5.08分，共降低6.87分，降幅为8.9%，转供电终端到户电价由每千瓦时0.92元下降至0.85元。落实天然气价格改革措施。规范管道天然气延伸服务收费行为，落实放开车用天然气价格管理，引导各方市场主体规范价格行为，保证采暖季燃气市场价格总体平稳。推进农业水价综合改革。做好2019年度农业水价综合改革工作，完成粮食安全省长责任制考核工作目标。

【价格监测】 2019年，长沙市按质按量完成各项数据上报任务。对猪肉价格等重要民生商品监测由旬报提升至日报及周预测分析，全年向国家发展改革委价格监测中心、湖南省价格监测分析中心以及长沙市委、市政府各级领导上报各类监测数据53984条。提高价格监测预测分析。全年向国家发展改革委价格监测中心、湖南省价格监测分析中心以及长沙市委、市政府上报监测及预警分析材料136篇，被国家发展改革委价格监测中心采用13篇。长沙价格监测工作质量考核名列全国大中城市和全省前茅，被评为2019年全国价格监测工作先进单位。

【价格服务】 2019年，长沙市落实降低水电气价格措施，全年为电力用户减少电费支出10.41亿元。停征排污费、首次申领居民身份证工本费，分类别免征和降标不动产登记费，降低公共资源交易费用、景区门票价格，全年为企业及居民减负约3.6亿元。全年办理各类价格认定案件12279件，认定价值2.09亿元。其中涉案、涉税、涉纪等价格认定案件389宗，认定价值5679万元；公务车维修审核11156台次，审核金额2793万元；其他涉行政事项等各类价格认定38宗，认定金额1.24亿元。市价格认证中心代表湖南省在全国价格认定复核案例研讨会上作典型案例经验介绍。

（本栏撰稿　吴　慧）

表10　　2019年长沙市各种物价指数统计表

项目	以2018年价格为100	项目	以2018年价格为100
商品零售价格指数	102.2	2. 食用油	102.6
一、食品	108.2	3. 畜肉类	130.7
#1. 粮食	100.6	4. 水产品	100.5

续表 10

项目	以 2018 年价格为 100	项目	以 2018 年价格为 100
5. 菜	106.0		
二、饮料、烟酒	102.4	居民消费价格总指数	102.9
三、服装、鞋帽	101.1	服务价格指数	101.2
四、纺织品	100.2	一、食品烟酒	107.6
五、家用电器及音像器材	100.0	#1. 粮食	100.6
六、文化办公用品	101.1	2. 食用油	102.6
七、日用品	100.7	3. 畜肉类	132.5
八、体育娱乐用品	100.2	4. 水产品	100.9
九、交通通信用品	99.4	5. 菜	106.0
十、家具	99.7	二、衣着	101.3
十一、化妆品	100.6	三、居住	100.6
十二、金银珠宝	109.9	四、生活用品及服务	100.6
十三、中西药品及医疗保健用品	104.9	五、交通和通信	98.3
十四、书报杂志及电子出版物	100.0	六、教育文化和娱乐	103.2
十五、燃料	96.8	七、医疗保健	102.0
十六、建筑材料及五金电料	101.4	八、其他用品和服务	103.9

（资料来源：市统计局）

市场监督管理

【概况】 2019 年，长沙市新设市场主体 20.8 万户，比 2018 年增长 18.2%；全市市场主体 105 万户，每万人拥有市场主体数居中部省会城市第一位。

营商环境优化 牵头商事制度改革取得明显成效，获省政府 2019 年真抓实干督查激励，优先纳入 2020 年深化“放管服”改革、优化营商环境、商事制度改革等试点。

市场秩序规范 全年查处各类违法案件 4584 起，其中，移送司法机关 47 起，入选全国整治食品安全问题联合行动十大典型案例 1 起、省局典型案例 10 起；无传销社区创建率 95%；受理消费者咨询、投诉、举报 24.1 万件，为消费者挽回经济损失 3117 万元。

安全监管 长沙获全省食品安全工作先进单位；食品、药品抽检合格率分别为 98.4%、100%；学校食堂“明厨亮灶”实现率 100%，农村集体聚餐保持“零事故”；有力保障国庆 70 周年和世界园艺博览会焰火燃放产品质量安全；全面履行安全监管职能，开展“年关守护”等行动，市场监管领域安全形势平稳。

质量提升 打造质量提升标杆企业 50 家，25 家重点企业入围全省质量管理经典，引导 207 家企业导入卓越绩效等先进质量管理模式，指导推荐 62 家组织和个人申报第六届省长质量奖，占全省 49%；强制检定“民用三表”等计量器具 51.7 万台（件）；举办检验检测产业链产销对接会，达成产销意向 2140 万元。

社会影响增强 承办、协办全国检验检测机构开放日、中国第三方检测实验室发展论坛、食品安全宣传周、质量月等全国、全省性大型活动 7 场次；建议提案办结率、满意率达 100%；各级媒体报道长沙市场监管工作 7000 余次。

【长沙市市场监督管理局挂牌成立】 2019 年 1 月 22 日，长沙市市场监督管理局挂牌成立，整合市食品药品监督管理局（市食品安全委员会办公室）、市工商行政管理局、市质量技术监督局的职责，以及相关部门市场监管方面职责，作为市政府工作部门。同时，不再保留市食品药品监督管理局、市工商行政管理局、市质量技术监督局。完成人员转隶，编制“三定”方案，形成“34+2”设置模式，完成机关处（室）定编定岗。5个城区分局，相继于2019年4月挂牌成立，于10月完成机构编制、人员、资产的移交，2个开发区分局于11月完成移交。按照执法重心下移要求，不再保留市食品药品稽查支队、市质量技术监督稽查支队，结合长沙实际，设立市市场监督管理局高新区执法大队，人员划转方案及划转名单已报市委深改办。

【营商环境优化】 2019年，长沙市下发《长沙市市场监督管理局“营商环境优化年”实施方案》，采取“降门槛、优流程、提效能、减价费”进一步推动营商环境优化。全域推行“证照分离”改革，落地改革事项106项，惠及企业8.6万余家；深化“多证合一”改革，办理“43证合一”市场主体8.5万户，涉企证照事项42.7万项；推行食品经营告知承诺制，3500余户市场主体实现准入即准营。纵深推进“集群注册”改革，实施对象由企业拓展到个体工商户，全市托管机构187家、托管企业3.56万家。选取与企业、群众生产生活密切相关的重点领域和高频事项55项，实施“一件事一次办”改革，涉照类事项申报材料精简近一半，审批环节精简近八成。推进市场主体注册登记全程电子化，全市全程电子化年申报总量6.78万件，是2018年的26.9倍。推进企业注销便利化改革，减环节、减材料、减时间、减程序，企业注销实行一网指引服务。实现企业开办时间压缩至1个工作日，一窗受理、并行办理、集成服务；下放个体工商户注册登记、小餐饮和食品销售许可权限到市场监管所，实现“就近办”。全市新设市场主体20.8万户，比2018年增长18.2%。全市市场主体105.27万户，比2018年增长13.6%，其中企业37.77万户，比2018年增长17.2%；个体户66.29万户，比2018年增长11.76%。全市各区县（市）实现企业开办零收费，为企业节省开办成本2000万元。注销公告改为在国家企业信用信息公示系统免费发布。开展涉企收费检查，检查市直单位12家，清退89.6万元；开展电价检查，查处违规加价转供电单位43家，清退314.28万元。

【监管机制创新】 2019年，长沙市推动“跨部门”抽查监管、“全方位”信用监管、“智联化”平台监管，创新监管方式，提高监管效能。健全部门联合“双随机、一公开”抽查工作机制，成立由21个单位组成的全市抽查工作议事协调机构，建设全市统一的部门联合抽查系统，汇总387项抽查事项清单、110.1万户检查对象和1554名执法检查人员名录库。牵头组织生态环境、公安等部门开展部门联合抽查，检查结果公示率100%。规范全市系统随机抽查行为，全市系统选派执法检查人员1900余人次，抽查市场主体2.16万家次。着力推进涉企信息统一归集和失信联合惩戒。建立信息共享交换工作机制，归集公示全市涉企信息部门的企业信用信息173.1万条。其中，注册登记信息104.6万条、行政许可信息54.1万条、行政处罚信息3.2万条、经营异常名录10.1万条、严重违法失信企业名单1.1万条。推进年报公示工作，53万户市场主体完成年报，企业年报率87.77%。推进长沙电梯安全公共服务平台建设，试行“智能电梯运行状态实时监测系统”，试点开展电梯安全运行实时监测、电子标签管理系统建设。推进食品安全追溯平台建设，健全风险水产品产销对接长沙“四双”监管模式，指导4家婴幼儿配方乳粉生产企业、1家食盐生产企业开展食品安全追溯体系建设，覆盖率100%。

【食药安全风险管控】 2019年，长沙市持续推进食品安全示范城市创建，开展食品抽检4.47万批次，超年度计划15%，合格率在98.4%，长沙市获全省食品安全工作先进单位；推动“透明厨房”提质工程纳入市重点民生实事项目，完成改造4135家，完成率103%，学校食堂“明厨亮灶”率100%；建成农贸市场果蔬垃圾回收处理站9个，农村集体聚餐保持“零事故”；巩固“双快检筛查+双留样比对+双报备溯源+双互动管控”风险食用农产品产销对接长沙模式，强化对风险水产品的管控；与市农业局联合下发文件《关于进一步加强外来生猪产品和冷冻肉制品流通监管工作的通知》，建立信用档案，先备案后销售，建立产销对接机制，实行红黑版通报退市制度，严防“非洲猪瘟”疫情发生地的生猪产品流入长沙市。开展全市违法宣称化妆品专项清查、化妆品百日行动专项整治、“线上净网线下清源”风险排查专项处置、化妆品非法添加与标签标示专项整治行动，检查化妆品经营企业3013家次，责令整改115家，责令改正1190个品种，下架并暂停销售106个违法违规产品，责令召回684个产品，移交涉嫌违法违规案件线索53条，全年未发生化妆品质量安全责任事故。开展二级以上医疗机构无菌和植入性医疗器械使用质量自查，医疗机构提交自查报告284份；检查药品生产企业和医疗机构制剂室160家次、药品批发企业和连锁总部190家，对一、二类精神药品经营企业检查全覆盖，检查医疗器械经营企业286家、飞行检查18家。

【食药安全监管执法】 2019年，长沙市全面建立“属地管理、全域覆盖、责任到人、信息公开”的监管体系，开展专项行动。组织各地对学校食堂实行全覆盖排查，检查校园周边食杂店、饮食店12784个，抽检5208批次，责令整改1324户，查处违法案件227件，罚款172.2万元，收缴问题食品1486.5千克。联合教育、卫健、城管、公安等部门针对学校食品安全主体责任不落实等突出问题开展联动治理，责令整改3072户，抽检1659批次，查处违法案件664起，发放宣传资料4.3万份。对市范围内药品零售企业检查3156家次，开展飞行检查63家，下达《责令改正通知书》212份，立案查处88家，撤销GSP证书8家。针对群众关心的“中药饮片”“保健品”“成人用品”等，开展“百日大行动”等专项整治，共出动干部10672人次，检查生产经营企业6134家次，宾馆酒店等重点场所1333个，立案调查市场乱象案件205件，处置消费者投诉262次，为消费者挽回经济损失57.61万元，获国家部委联合督查组肯定；开展整治食品药品安全问题联合行动，严惩重处非法添加、制假售假等各类违法犯罪行为，全市查处食品药品案件2970起，取缔“黑工厂、黑窝点、黑作坊”273个，移送司法机关47起，省以上督办案件30起。

【特种设备、重点工业产品监察】 2019年，长沙市开展专项安全检查和安全保障等专项工作，对3200余家次特种设备单位实施现场安全监督检查，下达监察指令书500余份，排查整治隐患2400余条，对44起特种设备重大事故隐患实施“一单四制”治理。对69起特种设备领域违法违规行为立案查处，处罚金额105.8万元，查封停运特种设备220余台，向市安委报送16家特种设备问题隐患企业作为典型曝光。强化电梯安全管护，2.5万余台电梯投保安全责任险；“96366”电梯应急处置平台重新布点85个社会公益网格救援站，解救被困乘客17297人次。引导和支持老旧居民楼加装电梯。开展2018—2019年度电梯维保单位星级评定工作，公布70家被评为星级单位名单。编制《长沙市重点工业产品质量安全监管目录（2019年版）》，制订《2019年度长沙市产品质量市级监督抽查工作计划》，全年市本级开展产品质量监督抽查869批次，合格794批次，不合格75批次，不合格产品发现率8.6%；配合国家总局、省局开展监督抽查5044批次，合格4374批次。落实“四个最严”，开展重点工业产品质量安全专项整治，排查各类风险隐患241个。

【市场公平竞争维护】 2019年，长沙市推进公平竞争审查工作，召开全市公平竞争审查联席会议，明晰联席会议制度各个层级机构的职能职责，对其中含有地方保护、指定交易、市场壁垒等内容进行了修改、调整或废止。全市清理2017年1月以前的存量文件816件，其中调整26件，废止53件；清理2017年1月以后的增量文件审查885件，其中废止6件，调整3件。强化广告导向监管，对涉及导向问题和民生问题的虚假违法广告，从严从快查处，监测广告53.6万条次，查处广告违法案件119起，罚没236万元；监测网络经营涉嫌违法线索1807条，查处网络案件110起，罚没132万元；加大反不正当竞争查处力度，查处案件65起，罚没360万元；严厉打击非法投融资，排查养老企业2390家，列入企业经营异常名录1071家，吊销营业执照200家，注销374家。

【打击传销】 2019年，长沙市按照“加强协同、强化执法、推进综治”的总体思路，发布《全市深入开展打击传销专项集中整治行动方案》，出台人员清查、冻结账户、严密监控等“十个一律”的强硬措施，完善举报奖励、网格巡查、行刑衔接机制，持续保持高压打击态势，异地聚集式传销得到基本遏制。全年排查涉传窝点1220个、出租屋8.62万间、流动人口17.27万人；开展打传行动808次，查处传销窝点2571个，劝返遣散传销人员8885人，冻结涉案资金94万元；刑事立案162起，破案156起，刑事拘留628人，批捕384人，移送起诉400人；法院判决案件32件，判决人数327人；传销举报量比2018年下降78%；全市“无传销社区（村）”1615个，占比96%，比2018年增长3.6%。

【质量强市建设】 2019年，长沙市市场监管部门开展服务质量提升主题活动，发布《服务质量提升长沙宣言》；对55家企业开展质量诊断，破解各类质量管理问题500余项，质量诊断工作获省市场监管局和省工信厅肯定并在全省推广。打造质量提升标杆企业50家，25家重点企业入围全省质量管理经典，引导207家企业导入卓越绩效等先进质量管理模式，指导推荐62家组织和个人申报第六届省长质量奖，占全省49%；全市企业、组织主导或参与制修订国际标准1项、国家标准59项，湖南地方标准立项211项，占全省84%；获批国家级、省级标准化试点示范项目16个，兑现奖励扶持资金646万元；自我声明公开企业标准3686项，占全省30%。推动生物医药产业链发展，引进赛隆药业；跟进仿制药一致性评价进度；联点帮扶的中国计量院长沙基地挂牌进驻园区、国网电科院项目主体封顶、曾氏益湘项目进入内装修；推动广告业提质发展，在全国公益广告“黄河奖”评选中获3个金奖；举办检验检测产业链产销对接会，达成产销意向2140万元；积极服务市场发展，高桥大市场等6家市场入选“中国商品交易市场百强”行列。

【价格监督执法】 2019年，长沙市落实减税降费政策，开展价格重点整治，加强价格行政执法，维护市场价格秩序稳定。对教育、住建等12家市直单位开展检查，全市抽查部门和单位90余家。联合市发展改革委对全市电子政务平台收费行为进行全面核查清理，责令清退违规收费金额89.62万元。检查转供电单位367家，发现问题单位66家，立案查处2家。督促长沙市供电分公司清退用户临时接电费3.85亿元。对市场监管系统内部的收费行为进行全面清理，全系统无收费。对94所学校、4家药品生产企业、2家医疗机构、179家零售药房开展价费检查，责令40所学校规范收费公示，

清退违规收取补课费60万余元。在国庆、元旦、春节等节日期间，对车站、酒店、大型商超等消费场所进行巡查。紧盯猪肉等重要民生商品价格变动情况，保供稳价。依法查处价格违法行为，市本级收缴罚没款40万余元，清退多收款650万余元。妥善处置各类价费投诉举报，全年处理价格投诉举报8000余件。

【维护消费者权益】 2019年，长沙市市场监管部门全面畅通投诉举报渠道，"12315"平台实现"五线合一"，全年受理消费者咨询、投诉、举报24.1万件，为消费者挽回经济损失3117万元。举办长沙市"信用 让消费更放心"、"3·15"晚会，设立湖南省2019年"3·15"国际消费者权益日纪念大会长沙分会场，完成《2019年长沙市消费者满意度提升策略分析研究报告》；结合2018年消费维权工作情况及消费维权数据分析发布《2018年消费维权蓝皮书》，公示2018年长沙市市场监管部门消费维权大数据，发布《2018年消费维权典型案例》和《十大消费警示》，发放宣传资料5万余册。开展培训13场，加强对行业协会的规范化教育培训。开展霸王条款专项整治，检查格式条款681份，查处案件38件。全面推行行业诚信体系建设，发布黑名单3期，落实《企业信息公示暂行条例》和《长沙市涉企信息统一归集公示工作实施方案》文件要求，归集公示企业信用信息173.1万条。开展"3·15""4·26""5·15"等主题普法宣传活动，借用新闻媒体宣传引导作用，科学运用单位官网、微信公众号等新兴媒体力量，提高市民识假辨假能力，编制发放各类宣传材料、海报20万余份，悬挂标语6740条，滚动播出公益广告5960条，视频短片2171条，切实维护消费者权益。

【推进智能制造聚力食品安全现场观摩会】 2019年2月28日，推进智能制造聚力食品安全现场观摩会在长沙举行。副市长邱继兴、副秘书长王体泽、市市场监管局局长张庆等负责人，全市70家食品生产企业负责人参加会议。与会代表实地参观了长沙贵太太茶油科技发展有限公司智能制造省级示范车间和立体仓储智能仓库，以及盐津铺子食品股份有限公司智能化烘焙生产线。在随后召开的座谈会上，与会人员围绕食品生产管理的智能化、工艺流程的智能化、仓储物流的智能化、产品追溯的智能化等主题展开讨论。来自浏阳市政府、望城区政府、盐津铺子、贵太太茶油、银洲食品的代表依次作经验交流。

【全国食品安全宣传周湖南启动仪式在浏阳举行】 2019年6月20日，全国食品安全宣传周湖南启动仪式暨"双安双创"现场会在浏阳举行。2019年的湖南省食品安全宣传周主题是"尚德守法，食品安全让生活更美好"，旨在进一步普及食品安全知识，营造全社会关心支持参与食品安全工作的良好氛围。启动仪式上，长沙市、张家界市、浏阳市、资兴市代表作典型发言，有关企业代表发出食品安全尚德守法倡议。活动期间，与会人员调研盐津铺子、沿溪镇沙龙村万亩无公害蔬菜核心示范区，浏阳市有关食品安全智能制造和农产品质量安全等情况。

【长沙市2019年检验检测产业链质量提升行动】 2019年6月21日，长沙市举行2019年检验检测产业链质量提升行动暨产销对接会活动。活动设置展示区，来自检验检测产业链上中下游40家产业链代表企业，集中展示设备仪器、检测技术能力等方面创新成果，与100余家制造业企业进行交流洽谈，促进供需两端产销对路、精准对接，推动长沙产业发展向价值链两端攀升。活动当天供需双方达成产销意向2140万元。中大集团、广绿检测、精准通检测等8家单位现场签订产销战略合作协议。活动现场举行岳麓高新区2018年度产业发展政策扶持颁奖仪式，为获园区2018年度产业发展扶持奖励的企业进行颁奖，为15家企业兑现扶持奖励资金959万元。

【"服务产业发展工作站"成立】 2019年4月26日，长沙市市场监督管理局"服务产业发展工作站"在海凭国际医疗器械产业园揭牌成立。"服务产业发展工作站"将承担宣传政策法规、实施精准帮扶、现场答疑解惑、密切横向联系、收集意见建议、宣传引荐推介6大职责，实行定期值班制度、在线答疑解惑、问题会商反馈等运行机制，旨在进一步畅通政企沟通渠道、服务园区企业发展、营造便利化营商环境。

2019年6月20日，全国食品安全宣传周湖南启动仪式在浏阳举行

市市场监督管理局 供图

【长沙市食品药品检验所新址投入使用】 2019年，长沙市食品药品检验所新址建成并投入使用。长沙市食品药品检验所业务用房项目经市发改委立项，纳入长沙市政府2016年重点建设项目、重大投资项目。项目选址湖南湘江新区岳麓科技产业园望江路北片，总投资约1.35亿元，占地1.2公顷，总建筑面积为约为23464平方米。长沙市食品药品检验所近年完成各类科研项目约40个，申请国家发明专利10项，其中获得专利证书3项，发表研究论文70余篇，其中SCI收录9篇。 （本栏撰稿 刘泽霖）

知识产权管理

【概况】 2019年，长沙市申请专利42087件，比2018年增长2.57%；获专利授权22504件，比2018年增长6.21%，PCT国际专利申请量305件，比2018年增长67.4%。每万人有效发明专利拥有量33.92件，增长11.98%，居全国省会城市第七位。累计商标有效注册量263453件，占全省的45.53%，居全国省会城市第七位。拥有中国驰名商标131件，居中部省会城市第一位。在第21届中国专利奖评选中，长沙获1金、3银、18优秀奖的佳绩。在国家首批运营服务体系建设重点城市中期评估中长沙排名全国第一位，副市长邱继兴代表市人民政府在第十届中国知识产权年会上作典型发言。长沙商标受理窗口被评为全国先进单位。省政府将长沙列为2019年度知识产权真抓实干表扬激励对象。

【机构改革】 2019年2月，《长沙市机构改革实施方案》印发，明确“重新组建市知识产权局，为市政府工作部门”，长沙成为全国唯一一个将知识产权局单独设立为政府工作部门的省会城市。4月，长沙市知识产权局“三定”方案获批。7月，区县（市）市场监督管理局均加挂知识产权局牌子，专门科室和人员相继建立到位。在部门预算普遍削减的压力下，长沙市政府明确新增高校知识产权转化预算经费1000万元，为知识产权事业发展提供坚实的人员和经费保障。

【知识产权保护】 2019年，长沙知识产权强县、强园、强企创建强势推进，望城经开区获批国家知识产权示范园区，开福区获批国家知识产权强县工程试点县，岳麓区、雨花区、开福区获批湖南省知识产权建设强县。全省新增的8家国家知识产权示范企业中长沙占6家，中联重科环境产业有限公司等20家企业入选2019年国家知识产权优势企业。全市开展产业（行业）预警5个，企业产品预警33个，投入资金540万元。其中市知识产权局选取新一代人工智能起重机项目等5个产业（行业）、长沙新材料产业研究院有限公司等10个企业开展专利预警分析，资助资金300万元；区县知识产权部门指导23家企业积极开展专利预警分析，资助资金240万元。拨付100万元专项支持先进储能材料产业链开展专利导航，明晰创新方向，提升产业（企业）核心竞争力。资助146家企业通过贯标认证，82家企业通过知识产权“贯标”试点验收，评选优秀试点企业35家，合格45家，有效提升企业知识产权规范化管理水平。全面推进中小微企业知识产权托管，支持知识产权代理机构为托管企业专利申请、商标注册等提供免费专业咨询、知识产权培训、建立完善知识产权管理制度等相关托管服务。推进全市1282家小微企业开展知识产权托管，提升小微企业知识产权意识和管理能力。

【知识产权运营】 2019年，长沙市持续推进知识产权运营服务体系建设，促进知识产权成果特别是高校知识产权转化运用再上台阶。依托城市运营服务体系建设专项，长沙布局铺排高价值专利组合培育、知识产权运营平台建设等9类项目，支持各类知识产权工作主体经费9000万余元，知识产权转化运用效益产出成效显著。20个培育项目累计申请发明专利596件、PCT52件，高价值专利产品新增产值262.2亿元。推动弘毅天成知识产权运营公司落户湘江新区并运行，实现21项知识产权项目转化运用；支持中南大学、长沙理工大学设立知识产权中心，实现专利转让（实施、许可）20项，总金额8800万元；支持通证网络技术公司“湘知链”知识产权区块链线上平台、岳麓山大科城“岳麓慧云”知识产权交易线上平台上线运行。市县（区）两级召开知识产权质押融资银企对接会和培训会14场，结合“千企点对点、百企面对面”知识产权大活动的开展，宣传对接企业数量超过1000家。全年完成专利质押融资79笔，质押金额14.95亿元，完成商标质押融资8笔、质押金额0.83亿元，总质押金额15.78亿元，比2018年增长60.1%，占全省总量的46.9%。

【知识产权综合执法】 2019年，长沙全面从严从快保护知识产权，知识产权综合执法多项工作全国领先。专利行政保护工作考核评价居全国158个副省级及地级城市第二位。“分体式模块化石膏板吊顶”等系列实用新型专利侵权纠纷案被评为全国“2018年度专利行政保护十大典型案例”，长沙知识产权保护中心快速维权案件演示获全国十佳优秀奖。制定《长沙市加强知识产权多元调解工作的意见》，成立长沙市知识产权纠纷人民调解委员会。编印并公开出版《长沙市知识产权经典案例集》，加大对典型案例的宣传力度。制定“铁拳”行动方案，开展“春茶”“地理标志使用”等知识产权专项行动。受理知识产权纠纷投诉举报案件567件，立案开展调查423件，结案422件；认定构成专利侵权案件305件，对19件商标侵权案件作出行政处罚。指导基层执法单位办理假冒专利案件857件，商标案件232件。专利纠纷案件办结量比2018年增长56%，假冒专利案件量比2018年增长16.7%。处理电商网络专利侵权投诉并出具侵权判定咨询意见390份，其中认定构成侵权的305件。行政处罚案件无一起被提出行政复议。

【知识产权服务】 2019年，长沙市知识产权局开展“千企点对点、百企面对面”全员联点大服务活动，服务知识产权重点企业120余家，解决问题60余个（次）。抽调专人常驻望城经开区开展新型轻合金产业链建设工作，推动中信戴卡与望城经开区共同打造新型轻合金产业基地。支持湖南省知识产权交易中心等知识产权运营机构及高校知识产权中心按照区域布局与产业定位，就近为创新主体提供便利化知识产权公共服务。设立长沙市商标品牌指导服务中心，为企业提供商标品牌指导服务。推动工程机械、生物医药、新材料、电子信息、汽车、装备机械液压技术、食品烟草等专利重点行业数据库对公众免费开放。长沙知识产权保护中心全年接收专利快速预审申请案件812件，预审合格进入快审通道专利申请179件，授权专利186件。在已经审结案件中，授权速度创新高，发明专利授权最快44天、实用新型和外观设计授权最快2个工作日；发明专利授权率85%以上，实用新型授权率99%，外观设计授权率100%，远高于全国保护中心的平均授权率。办理知识产权维权援助案件34件。其中，智力援助16件，资金援助18件110.5万元。组织开展专利无效、专利侵权联合审理，探索复审快速确权、维权机制，开展专利快速确权巡回或远程审理案件8件。

【长沙市知识产权质押融资风险补偿资金启动】 2019年3月28日，长沙市知识产权质押融资风险补偿资金启动仪式在长沙举行，9家企业现场与交通银行湖南省分行、长沙银行签约获得知识产权质押贷款4000万元。为推动知识产权、金融与产业有效融合，破解中小企业融资难题，由长沙市财政出资，长沙市知识产权局发起设立2000万元的长沙市知识产权质押融资风险补偿资金，委托湖南省知识产权交易中心进行运营管理，首批合作银行为交通银行湖南省分行和长沙银行。在风险补偿机制框架下获得质押贷款，企业整体融资成本享受政府补贴前不超过8.5%，正常还款后还可享受政府评估费用补贴、利息补贴，融资成本可进一步下降至3.8%~5.3%。

【高校知识产权转化】 2019年6月21日，长沙市政府常务会议专题研究《关于促进驻长高校知识产权在长转化若干措施》，率先全国出台高校知识产权转化支持政策，从激活转化动力、增强承接能力、提升服务水平、营造良好环境四个方面提出15条举措，为全国、全省高校知识产权转化探索新路径、打造新模式。9—12月，长沙市委副书记、市长、湖南湘江新区党工委书记胡忠雄走访中南大学、湖南大学、中南林业科技大学等驻长沙重点院校，对接高校知识产权在长沙转化工作。

【长沙知识产权运营服务体系建设获评优秀】 2019年7月3日，国家知识产权局公布全国首批8个知识产权运营服务体系建设重点城市中期绩效评价结果，长沙以超过90分的成绩成为唯一一个被评为优秀等级的城市。2017年6月，长沙成为全国首批知识产权运营服务建设重点城市。中央财政下拨专项资金2亿元，要求用3年左右时间，在重点城市基本构建起要素完备、体系健全、运行顺畅的知识产权运营服务体系，支撑城市高质量发展。

【金芒果地理标志产品国际博览会】 2019年11月1—3日，第二届金芒果地理标志产品国际博览会在长沙举办，全国23个省市区共420余家企业参会，展示的地标产品涉及酒类、茶叶、水果、花卉、工艺品、水产品、肉制品等多个类别。在展会期间，长沙市知识产权局统一组织长沙市地理标志入驻金芒果地理标志产品国际博览会，开展长沙市地理标志保护成果展、长沙地理标志专场新闻推介会等活动，全面展示长沙地理标志发展成果，提升长沙地理标志知名度和市场竞争力。地理标志保护成果展主体形象融入长沙区域民俗建筑特色，集中展示沙坪湘绣、罗代黑猪、铜官陶瓷、浏阳花炮、浏阳蒸菜、浏阳菊花石雕、浏阳夏布、宁乡花猪、沩山毛尖等长沙优质地理标志产品，获专家

2019年11月1—3日，金芒果地理标志产品国际博览会在长沙举办

市知识产权局 供图

肯定，其中浏阳花炮获“金芒果好地标TOP榜年度十大推荐品牌”。在专场新闻推介会上，《长沙地标品牌计划》启动，长沙持续深入开展地理标志产品专题宣传推广活动。

【全国首例专利快速确权维权远程联合审理在长沙开庭】 2019年12月9日，通过长沙知识产权保护中心多媒体审理庭远程连线，长沙市知识产权局与国家知识产权局复审和无效审理部就3件建筑领域专利开展专利无效、专利侵权案件远程联合审理。这是全国首次通过创新审理模式，实现两行政部门跨越地域阻隔的专利无效、侵权远程联合审理。在专利侵权纠纷中被告提出专利权无效宣告请求，往往由国家知识产权局复审和无效审理部受理，而专利权人的专利侵权纠纷处理请求是向地方主管专利的行政执法部门提出，因此专利侵权纠纷常因等待专利确权结果而久拖不决，不仅耽误专利权人对专利的运营，也影响被控侵权人的正常经营，浪费行政和审查资源。远程联合审理模式利用互联网技术搭建案件审理新通道，免去当事人于所在地和北京之间的频繁奔波，既有利于双方当事人结合确权与侵权的审理情况作出合理选择，也有利于行政机关对技术理解、证据认定形成一致意见，缩短维权周期，降低维权成本，推动专利维权提速增效。

【2019年国家知识产权示范城市工作培训班在长沙举行】 2019年12月11—13日，2019年国家知识产权示范城市工作培训班在长沙举行。国家知识产权局运用促进司司长雷筱云、中国知识产权研究会副秘书长谢小勇等相关领导、专家分别围绕强化创造保护运用、加大知识产权金融服务工作力度、积极构建知识产权信息公共服务体系、未来5年知识产权发展思路探析等方面进行了专题讲解。通过政策解读、实例分析等方式，就当前知识产权工作的热点、难点问题与学员们进行交流探讨。在经验交流环节，长沙、深圳、东营3个城市代表就知识产权强市建设工作做经验介绍。长沙市知识产权局党组书记、局长孙进作《以强市建设为引领，推进长沙知识产权治理体系现代化》的主题发言，介绍了长沙近年来的知识产权工作主要做法和实际成效。

（本栏撰稿 尹江健）

2019年12月9日，全国首例专利快速确权维权远程联合审理在长沙开庭

市知识产权局 供图

口岸管理

【概况】 2019年，黄花综保区完成进出口额56.48亿美元，实现翻番；金霞保税物流中心实现进出口额20.4亿美元以上。机场进境水果指定口岸监管场顺利通过海关总署验收，并于5月7日开展进口水果业务，全年实现进口水果3706吨，货值993.17万美元；黄花综保区进境食用水生动物指定监管场地于9月24日获批。国际邮快件监管中心顺利开展业务，成功申报开通国际小包美国、俄罗斯、英国、法国、澳大利亚、日本6个国家直封。2019年，收寄业务量783万件，发运重量1730吨。

【口岸基础设施建设】 2019年，长沙市按照一类铁路口岸标准推进长沙国际铁路港海关监管区建设。长沙国际铁路港海关监管区基础设施和信息化建设完成，并通过长沙海关验收，12月18日投入使用。借助口岸优势，推动黄花机场航空港与综保区以及长沙国际铁路港、长沙港霞凝港区与金霞保税物流中心两个“港区一体化”建设。黄花综保区C区东卡口作业区已启动建设，并建成跨境电商监管中心。

【通道建设】 长沙市政府物流口岸办对标国际一流，抢抓国家“一带一路”建设、长江经济带发展以及“四小时航空经济圈”建设的发展机遇，拓展铁、水、空国际物流大通道，初步形成通江达海、物流全球的枢纽体系。国际铁路通道。对接“一带一路”建设，依托中欧班列（长沙）这一主要载体和重要平台，有力促进长沙市与“一带一路”沿线国家和地区之间的经贸往来。2019年，中欧班列（长沙）开行国际班列411列，完成年度任务的103%。运输集装箱货物36216标箱，比2018年增长189.3%。运输本省货物货值24.8亿

元，占全部货物的37.8%，助推长沙企业产品远销欧洲、中东等地。新开行明斯克线路实现每周4班，发运量位列全国第一位；新开行俄罗斯木材进口专列，长沙成为全国4个进口木材班列城市之一。国际航空通道。推进“四小时航空经济圈”建设，2019年，黄花机场国际（地区）旅客吞吐量273.7万人次，比2018年增长10.8%；国际（地区）货邮吞吐量5.07万吨。新开长沙至非洲内罗毕、缅甸曼德勒、文莱斯里巴加湾等8条国际（地区）客运航线；累计开通长沙至曼谷跨境电商全货运航线，长沙至纽约、圣地亚哥，以及温哥华至长沙等地7条国际不定期货运航线，超额完成年度目标任务。出台《长沙市国际（地区）航空货运航线航班发展管理暂行办法》，建立“以市为主、上下联动、快速决策、公开透明、标准清晰”的新管理体系。国际水运通道。融入长江经济带建设，2019年长沙港霞凝港区完成货物吞吐量960万吨，比2018年增长18.6%；件杂散货吞吐量629万吨，比2018年增长30.65%；完成集装箱吞吐量165291标箱。长沙港霞凝港区三期建设顺利推进，南片框架码头泊位主体工程完工，6月份湖南省首个汽车滚装码头投入试运行，实现公水多式联运，为长沙工程机械走向世界提供物流通道保障，全年完成汽车到发运量近4000台。开通集星码头与长沙北货场的内外贸集装箱铁水联运业务。港口铁路专用线于2019年年底动工。

【口岸营商环境优化】 2019年，国家发展改革委组织的营商环境跨境贸易八项指标测评中，由市政府物流口岸办牵头负责的7项指标优于世行指标，并被市“营商环境优化年”工作推进领导小组办公室通报表扬。在全国全面推广使用国际贸易“单一窗口”，“单一窗口”主要业务应用率100%。全面推进国际贸易“单一窗口”地方特色项目建设，完成EMQ电子提箱升级改造以及箱代、船代、司机移动端建设，实现电子化流转。免除海关查验没有问题得货物吊装、移位、仓储等相关费用，2019年免除185万元，有效减轻外贸企业负担。推进压缩整体通关时间和提效降费，协调进出口环节验核单证从86种减少到46种。推动线上综合服务平台建成并投入使用，保障跨境电商9610、1210通道的顺畅。

【跨境电子商务综合试验区线上综合服务平台上线】 2019年1月23日，中国（长沙）跨境电子商务综合试验区线上综合服务平台上线，湖南省跨境电商企业拥有了首个“一站式”线上服务平台。上线仪式上，发布了长沙市有关跨境电商发展专项扶持政策，解读《长沙市跨境电子商务产业资金管理办法》，省、市计划每年拿出2亿元来支撑跨境电商发展专项扶持政策，各有关区县（市）相应配套，将在跨境电子商务平台（线上平台）建设、支持跨境电子商务园区（线下平台）建设、培育跨境电子商务经营主体、跨境电子商务人才的培养和引进等方面进行多层次、全方位扶持。湖南省副省长何报翔为长沙高新区、黄花综保区、金霞保税物流中心3个园区授予“中国（长沙）跨境电子商务综合试验区重点园区”牌匾。

【与中国外运股份有限公司达成战略合作】 2019年4月27日，长沙市委副书记、市长、湖南湘江新区党工委书记胡忠雄与中国外运股份有限公司董事长李关鹏在北京就物流与口岸的发展建设等全方位合作进行会谈，长沙市人民政府与中国外运股份有限公司全面形成中部地区战略合作，共同推动以中欧班列（长沙）为核心的国际物流通道建设。

【国际贸易“单一窗口”应用全覆盖】 2019年，中国（长沙）国际贸易“单一窗口”应用实现全覆盖，完成国务院有关2019年年底前实现主要申报业务（货物申报、运输工具申报和仓单申报）应用率100%的任务目标。通过开发应用EMQ集装箱管理系统，实现海运集装箱货物进出口业务电子化，减少单证流转环节和时间，进一步压缩进出口货物整体通关时间。

（本栏撰稿 刘志辉）

海 关

【概况】 2019年，星沙海关审结报关单7.9万票，比2018年（下同）增长27.7%；监管进出口货运量115.83万吨，增长17.3%，进出口值74.22亿美元，增长21.9%；税收入库37.09亿元。签发各类检验检疫证书6.19万份；签发出口原产地证书7.9万份，增长10%，签证金额32.86亿美元，下降3.8%，为出口产品减免目的国进口关税1.48亿美元。设立加工贸易电子化手册131份，内销征税3281.7万元。审批办理减免税812批次，审批总货值5.25亿美元，增长15.1%，减免税款10.24亿元，增长12.1%。办理非贸备案审批业务608批次。

【进口货物“两步申报”】 2019年，星沙海关全面推广进口货物“两步申报”，企业可概要申报后经海关同意先提离货物，再在规定时间内完成完整申报。同时保留现有申报模式，企业可自行选择一种模式进行申报，为企业提供多元化通关服务。

【原场地签证书自助打印】 2019年，星沙海关落实原产地签证优化简化改革，全面推广原产地证书自助打印，原产地证书申请人或代理人可通过国际贸易“单一窗口”或“互联网+海关”一体化网上办事平台自行打印海关审核通过的版式化原产地证书。2019年，该关签发自助打印证书5421份，涉及签证金额1.7亿美元，为企业节省时间成本约 8131.5 小时。

【工作流程简化】 2019 年，星沙海关推行全部行政审批事项网上办理，行政相对人可以通过海关行政审批网上办理平台或者登录“互联网 + 海关”一体化网上办事平台，办理海关各项行政审批事项。简化企业注册流程，将出境动植物及其产品、其他检疫物的生产、加工、存放单位注册登记，纳入行政审批网上办理平台，大幅缩减企业提交单证材料的种类和数量。推进“证照分离”改革全覆盖，对出口食品生产企业实施备案改革，简化自由贸易试验区外的报关企业注册登记手续，取消报关企业、报关企业分支机构的报关有效期和出口食品生产企业备案有效期，改为长期有效。

【口岸检疫监测】 2019 年，星沙海关严格防控非洲猪瘟，对辖区重点区域、重点环节开展专项整治，对所有出口活猪、猪肉制品实施批批抽样检测、批批监装的全链条监管，指定运输路线，所有发运车辆配备 GPS，24 小时不间断进行疫情检测。采取多项措施开展口岸病媒生物监测工作，结合辖区特点研究制定监测方案，尤其针对粮食等高风险货物进境港口、接卸码头、运输沿线、仓库等科学选定监测点。打击固废走私，共计查发皮革边角料、硬锌块货物、LLDPE 再生塑胶粒等固体废物 136.82 吨，将“洋垃圾”堵在国门之外。

【综合治税】 2019 年，星沙海关通过政策宣讲会、微信推送等方式积极宣传降税政策，指导帮助企业用好用足原产地税收优惠政策，全年减免税款 9.28 亿元，比 2018 年增长 27.9%。积极收集各税源企业对税收工作和税收政策的建议并整理上报，全年上报重大技术装备免税条目修改及新增建议 98 条。

【服务企业发展】 2019 年，星沙海关实施“一企一策”精准帮扶，为企业开通节假日预约加班通道，全程指导企业迎接美国农业部现场评审，顺利通过境外准入注册考核。针对发现部分企业原产地证优惠政策运用不足的问题，指导辖内某一企业实现原产地签证零的突破，从 2019 年 7 月备案至年底，签发 8 类产品证书，涉及金额 88 万美元，减免进口关税约 24 万人民币。广泛宣传主动披露政策，2019 年指导企业运用主动披露政策减免滞纳金 39.31 万元。

【助推中欧班列提速增效】 2019 年，星沙海关提升通关便利化，设置专人专岗服务企业，抽调专人接单，优先派出外勤小组，做到随到随接随查，对于特定大宗商品如板材报关过程中遇到的特殊情况，优先保证通关。压缩通关作业时间，建立进口板材参考价格库，实时动态调价，提高验估处置效率，外转验估时间缩短 2~3 天。启用 H986 大型集装箱机检设备开展非侵入式查验，提高查验准确度和查验时效，查验、放行等时间压缩 60% 以上。优化进口食品通关流程，实施进口预包装食品“三查合一”，通过中欧班列进口的奶粉、葡萄酒、固体饮料等食品流通入市时间平均缩短 5 天。2019 年，该关监管中欧班列 422 列，比 2018 年（下同）增长 1.2 倍，其中出口班列 224 列，增长 36.3%，进口班列 198 列，增长 6.6 倍；中欧班列进出口货值 55.5 亿元，增长 21.1%。

【新型贸易业态发展】 2019 年，星沙海关充分发挥属地海关职能，参加地方政府调研宣讲海关政策，为地方引进优质电商企业提供政策支持，促进跨境电商进出口业务开展。支持高桥市场采购贸易试点，畅通市场采购物流渠道，保障该类货物通过水运、空运、铁路及汽车运输便利通关，沟通协调企业通过中欧班列进口转关至属地，大量节约企业的运输成本。服务长沙会展经济发展，完成中非经博会通关监管任务，指导检查前期展馆设置，全程提供驻会监管服务。完成 2019（春季）中国国际制药机械博览会等暂时进出境展览品监管，保障相关展商、展品顺利参展。

【开放型平台建设】 2019 年，星沙海关指导长沙国际铁路港 12 月 17 日取得经营海关监管作业场所企业注册登记证书，标志着长沙北站（二期）海关监管作业场所将投入使用，新作业区堆场承载能力从原来的 330 个 40 英尺箱位增加至 1200 个，吞吐量随即大幅提高，为长沙申报铁路一类口岸打下良好基础。指导湖南（红星）进口肉类指定查验场不断完善查验设施和监管技术手段，升级优化车辆 GPS 定位、温度控制、智能卡口、冷链一体化查验平台，实现未被抽中实验室检测的集装箱掏箱、查验、放行 3 小时内全部完成，开辟进口肉类“绿色通道”，实行预约加班制度，采取“随报、随检、随放”查验模式，确保企业“领取证书零等待、货物通关零阻碍”。

（本栏撰稿　彭铃涵）

农业

AGRICULTURE

编辑　吴丫丫

综 述

【概况】 2019年，长沙市实现农林牧渔业总产值607.7亿元，比2018年增长3.2%（注：农业总产值根据第三次全国农业普查情况修正）；第一产业实现增加值359.69亿元，增长3.2%；农村居民人均可支配收入32329元，增长8.8%。全市完成粮食播种面积32.45万公顷，总产量215.68万吨，其中水稻播种面积28.96万公顷，总产量198.15万吨。全市完成油料播种面积5.63万公顷，总产9.85万吨，其中油菜播种面积5.02万公顷，总产量8.45万吨。年内，贯彻落实“六大强农行动”。打造长沙绿茶、宁乡花猪、浏阳油茶、望城蔬菜、小龙虾和花卉苗木六大“一县一特”产业链，新改建万头宁乡花猪养殖场7家、标准化长沙绿茶优质茶园1333.33公顷、望城蔬菜基地1333.33公顷和小龙虾养殖基地4533.33公顷。实施高标准农田建设1.38万公顷，全市高标准农田总面积逾16.67万公顷；落实促进生猪生产的政策措施，规范禁养区划定，加大财政、金融支持力度，全力恢复生猪产能。推进一、二、三产业深度融合，累计创建星级农庄187家，长沙县浔龙河村被评为“全国美丽休闲乡村”。2019年6月25日，在农业农村部、财政部共同公布的2019年国家现代农业产业园创建名单中，长沙市芙蓉区现代农业产业园（隆平高科技园）入选。

表11　　长沙市农业总产值统计表

单位：万元

指标	2019年农、林、牧、渔业总产值						2019年比2018年（±%）
	合计	市区	望城区	长沙县	浏阳市	宁乡市	
总计	6076974	1116499	830676	1232626	1843759	1884090	3.2
一、农业产值	3782294	777620	544189	850896	1044572	1109206	3.7
1. 谷物及其他作物	818179	147951	119616	172819	237359	260050	−2.5
#粮食作物	699190	134821	109015	158535	177133	228701	−2.5
油料作物	83062	12767	10269	14244	42912	13139	0.5
烟叶	33655	—	—	39	16507	17109	−7.2
2. 蔬菜园艺作物	2494519	596426	401228	431694	688342	778057	5.5
#蔬菜	1900240	479257	382628	344716	486552	589715	6.3
3. 水果、坚果、饮料和香料作物	418806	32789	22978	243425	83672	58920	7.0
#茶	278494	8558	8048	212684	17211	40041	11.4
水果	132639	24148	14863	25574	64193	18724	0.7
4. 中药材	50790	455	367	2958	35198	12179	5.0
二、林业产值	382424	20171	14417	44586	244047	73620	6.6
林木的培育和种植	88194	5713	5250	24685	34485	23311	−4.7
竹木采运	42960	4629	3297	2940	16381	19010	−0.3
林产品	251270	9830	5870	16961	193181	31298	12.9
三、牧业产值	1354874	169866	150068	246828	402019	536161	−1.6

续表 11

单位：万元

指标	2019年农、林、牧、渔业总产值						2019年比2018年（±%）
	合计	市区	望城区	长沙县	浏阳市	宁乡市	
生猪	964948	126021	113000	217183	285600	336144	−5.7
牛	32102	1990	1646	3686	9136	17290	10.0
羊	60028	967	206	1953	49234	7874	−9.8
家禽饲养	285721	38916	33258	22911	52968	170926	11.3
牛奶	3592	1096	1096	388	—	2108	9.6
其他	8483	876	862	707	5081	1819	7.2
四、渔业产值	191116	77117	63349	24591	39248	50160	11.0
五、农林牧渔服务业	366265	71725	58653	65724	113873	114943	6.5

（资料来源：市统计局）

表 12

长沙市农作物产品产量统计表

单位：吨

指标	2019年产量						2018年产量	2019年比2018年（±%）
	合计	市区	望城区	长沙县	浏阳市	宁乡市		
粮食	2156812	426866	340166	496804	551312	681830	2155160	0.1
稻谷	1981479	404767	320289	435542	510340	630830	1990866	−0.5
小麦	623	—	—	—	105	518	627	−0.6
薯类	53602	14663	13251	22130	9819	6990	50673	5.8
杂粮	98291	5929	5268	30219	23639	38504	92482	6.3
大豆	22817	1507	1358	8913	7409	4988	20512	11.2
棉花	300	—	—	—	218	82	367	−18.3
油料作物	98465	15083	11889	16246	51803	15333	97406	1.1
#油菜籽	84460	11928	8996	14081	48149	10302	84102	0.4
烟叶	10800	—	—	17	5653	5130	11449	−5.7
#烤烟	10348	—	—	—	5653	4695	10860	−4.7
麻类作物	11	—	—	—	11	—	11	持平

续表 12

单位：吨

指标	2019 年产量						2018 年产量	2019 年比 2018 年（±%）
	合计	市区	望城区	长沙县	浏阳市	宁乡市		
甘蔗	3007	86	—	—	1698	1223	3360	-10.5
蔬菜	5276653	1378302	1101814	1004690	1330772	1562889	5105535	3.4
茶叶	39772	747	682	32750	1770	4505	36677	8.4
水果	395167	66719	45085	73662	193048	61738	398393	-0.8
#柑橘	107613	11967	6952	16044	57737	21865	107356	0.2

（资料来源：市统计局）

表 13　　长沙市肉类、牛奶、禽蛋、水产品产量统计表

指标	单位	2019 年产量						2018 年产量	2019 年比 2018 年（±%）
		合计	市区	望城区	长沙县	浏阳市	宁乡市		
肉猪出栏头数	万头	349.50	45.00	40.00	79.70	112.00	112.80	438.53	-20.3
出栏肉猪肉产量	吨	268600	35501	32000	58978	89521	84600	335471	-19.9
牛羊肉产量	吨	15550	750	533	1202	8465	5133	16844	-7.7
出笼家禽	万羽	4615.23	257.90	203.10	228.10	828.23	3301.00	4011.59	15.0
牛奶产量	吨	5793	1768	1768	625	—	3400	5382	7.6
禽蛋产量	吨	45225	15719	13664	7544	10661	11301	43305	4.4
水产品产量	吨	98698	37694	29074	13686	19610	27708	92595	6.6
#鲜鱼	吨	91620	31394	23041	13340	19222	27664	89553	2.3

（资料来源：市统计局）

【长沙市农业农村局挂牌】　2019 年 1 月 22 日，新组建的长沙市农业农村局挂牌。长沙市人民政府副市长李蔚出席挂牌仪式。长沙市农业农村局将市农业委员会（市委农村工作领导小组办公室）的职责，以及市发展和改革委员会、市财政局、市国土资源局、市水务局的相关职责整合，组建市农业农村局，作为市政府工作部门，对外加挂市扶贫开发办公室牌子。市委农村工作领导小组办公室设在市农业农村局。不再保留市农业委员会。

【农产品质量建设】　2019 年，长沙市加强“菜篮子”建设，建立“农产品追溯”和“身份证”管理体系。全市有 261 家企业在国家追溯平台登记注册，195 家企业的 724 个产品入驻省“身份证”管理平台。建设标准化生态环保养殖示范园 4 个，创建“菜篮子”标准化生产示范基地 59 个、畜禽标准化养殖场 963 个、水产健康养殖示范场 157 家、畜禽标准化生态环保养殖示范园 20 家。农产品质量安全专项整治检查企业 13563 家次，出动执法人员 35370 人次，查处问题 700 起，涉及金额 144.21 万元，责令整改 578

起，取缔无证照企业 2 家，媒体宣传 17 次，发放宣传材料 49437 份，行政执法立案件数 177 件，办结 170 件，移送司法机关案件数 5 件，指导培训 223 场次、12257 人次。抽检样品 5212 批次，其中蔬菜样品 1942 批次，合格 1936 批次，合格率 99.69%；水果样品 206 批次，合格 200 批次，合格率 97.09%；茶叶样品 58 批次，合格率 100%；畜禽样品 1767 批次，合格率 100%；水产品样品 869 批次，合格率 100%；抽取饲料 150 批次，合格率 100%。"三品一标"认证奖励 140 万元，有"三品一标"农产品总数 627 个，其中无公害农产品 367 个、绿色食品 224 个、有机农产品 27 个、农产品地理标志 9 个。"宁乡花猪"入选中国百强农产品区域公用品牌，大围山梨被评为国家级农产品地理标志示范样板。

【现代农民培训】 2019 年，长沙市完成部、省、市三级农民培训 72 期，培训 5634 人，其中部省高素质农民培训 18 期，1385 人；市级现代农业领军人才培训（国内考察学习）10 期，345 人；农民实用技术培训 44 期（市农广校承办），3904 人。围绕"一县一特"等重点产业对象针对性开展培训，采取"走出去"培训、线上线下结合培训。组织蔬菜、茶叶、油茶、龙虾、花卉苗木、农产品加工、休闲农业等 10 个专题的现代农业领军人才到省内外考察培训，每期培训 35 人。利用湘农科教云平台，创新线下线上培育模式，组织市级现代创业创新青年示范培育、新型农业经营主体带头人示范培育和全省首届农业经理人培育班，受到农业农村部、省农业农村厅的高度评价，成为长沙农民教育培训工作的亮点品牌。全市建立近 4 万名的新型职业农民培育对象数据库，100 余名专业的农民培训师资库，入库人数 548 人，新增 165 名。加强农民培训与农业科技推广、万名科技人员服务农业农村发展专项行动、基层农技推广体系建设、种植业结构调整技术服务等工作的有机结合，重点围绕"一县一特"产业，建立新型职业农民培育实训基地 122 家。

【农技推广】 2019 年，长沙市加强科技推广示范项目建设，新建高标准农业科技试验示范基地 6 个，全市农技推广公共服务对象抽样满意度在 90% 以上（全国考评数据）。推进农技推广信息化程度，建立"互联网 + 科教云""微信 + 互动"等农技推广新模式，湘农科教云、农技推广 APP 注册用户分别为 1.26 万人、1443 人，利用云平台宣传普及农业技术。提高农技人员业务水平，加强基层农技推广机构队伍建设、制度建设、条件建设，提升基层农技推广服务质量。实施农技人员特岗计划、定向招录，加强业务培训，提高农技人员业务水平。扶持 14 个农科教结合项目，对新技术、新品种、新模式起到示范推广作用。制定《长沙市 2019 年农业转基因生物监管工作方案》，加大转基因生物安全宣传，普及转基因生物安全知识，正确引导社会舆论。建立农业专家数据库，入库专家 176 名。

（本栏撰稿　岳娴雯）

种植业

【粮食生产】 2019 年，长沙市完成粮食种植面积 32.45 万公顷，粮食产量 215.68 万吨。2 公顷以上种粮大户流转面积 5.05 万公顷，比 2018 年增加近 0.45 公顷；推进高档优质稻面积 9.9 万公顷，"早加晚优"示范面积 2.92 万公顷，长沙县、浏阳市、宁乡市 3 个示范县（市）分别各打造 10 个万亩示范片；集中育秧面积 1.25 万公顷。全市两区划定全面完成水稻生产功能区地块数据上图入库、建档立卡，水稻生产功能区划定面积 18.22 万公顷，完成任务占比 96.78%。（岳娴雯）

【油料生产】 2019 年，长沙市油料作物播种面积 5.63 万公顷，产量 9.85 万吨。其中，落实花生播种面积 3644 公顷，总产量 1.07 万吨；落实油菜播种面积 5.29 万公顷，总产量 8.45 万吨；落实芝麻播种面积 2556 公顷，总产量 0.43 万吨。油菜生产功能区划定完成 4.57 万公顷，超过任务面积 2513.33 公顷。（岳娴雯）

【蔬菜】 2019 年，长沙市"一县一特"产业发展。建设一园一片一中心，按照专业菜地的标准，提质改造万亩蔬菜示范片区内排水沟渠、进出道路、机台涵洞等公共基础设施。延伸蔬菜产业链条，中望优农蔬菜产业公共服务中心实现集中办公、农机、生产、销售、育苗"五统一"。农机服务中心为 533.33 公顷蔬菜基地提供农机服务。陶蔬恋重点发展"铜官窑坛子菜"产业品牌和蔬菜加工园建设，乐农汇以配送直销，销售收入逾 7000 万元；灯文生态创建"望城味道"电商平台。推进科技服务指导。为高校与企业搭建沟通与联系平台，组织 27 家蔬菜企业到山东寿光参加市"一县一特"蔬菜培训班。依托八佳兴院士工作站引进大辣椒、线椒、皱皮线椒、肉厚皮薄线椒等 5 个新品种。"两品一标"中获有机食品证书的有 1 家，绿色食品证书的有 12 家，12 家申报审核中。2019 年，长沙市推进望城蔬菜"一县一特"，改造新建 1333.33 公顷蔬菜生产基地，其中完成 66.67 公顷高标准设施蔬菜示范园建设。全市蔬菜播种面积 15.14 万公顷，比 2018 年增长 3.5%，总产量 527.67 万吨，比 2018 年增长 3.4%，总产值 190.02 亿元，比 2018 年增长 6.3%。（岳娴雯）

【茶叶】 2019 年，长沙市推进长沙绿茶"一县一特"工作，全年新改扩茶园基地 1413.93 公顷。全市茶园总面积 1.55 万公顷，比 2018 年增长 3.47%，其中良种茶园面积1.11万公顷。全年茶叶总产量39772吨，比2018年增长8.4%，茶叶总产值27.85亿元，比2018年增长11.4%，其中名优茶产量3434吨，名优茶产值5.7亿元。（岳娴雯）

【水果】 2019年，长沙市果树种植面积3.21万公顷，总产量24.99万吨，总产值17.42亿元。其中全市时鲜水果种植总面积2.51万公顷，比2018年增长2.34%。时鲜水果总产量39.52万吨，比2018年下降0.8%，时鲜水果产值13.26亿元，比2018年增长0.7%。柑橘面积0.7万公顷，产量10.76万吨，产值2.23亿元。（岳娴雯）

【中药材】 2019年，长沙市中药材总面积0.62万公顷，比2018年减少0.72%，产量7.8万吨，比2018年减少7.01%，总产值5.08亿元，比2018年增长5%。全市中药材面积受销售价格的影响，价格上涨且经济效益好的品种面积迅速增加，反之则面积减少。全市玉竹、玄参、射干大面积减少，面积增加的有黄精、吴茱萸、紫苏、浙贝母、枳壳、迷迭香、艾叶等。（岳娴雯）

【烟叶】 2019年，长沙收购烟叶17.51万担，其中烤烟17.05万担、晒黄烟0.46万担。推进G80特色品种增长，开发高端卷烟原料2.81万担。推进标准化生产和关键技术落实，探索烟农互助小组和家庭农场，推广专分包收模式，优化等级结构和收购管理，烟叶质量、收购效率创历史最佳。推广绿色防控、新能源烤房，推广增厚地膜及回收利用，绿色生产推进。完成年度烟基建设任务，完成金鸡水库大坝主体工程验收。烟农总收入2.91亿元，其中烤烟烟农户均收入11.65万元，增幅4.5%；晒烟烟农户均收入2.59万元，增幅22%。浏阳市、宁乡市获省政府嘉奖。（欧阳花）

【经济作物结构调整】 2019年，长沙市完成结构调整面积1.97万公顷（占全市调整任务1.91万公顷的103%），长沙市已巩固种植结构调整面积1.96万公顷，其中除宁乡市的休耕重叠区122公顷，岳麓区已被征收的22公顷调整面积，其余调整面积全部完成巩固。替代种植作物种类多样，其中花卉苗木、果树等多年生作物6273.33公顷，高粱、烤烟、蔬菜等一年生作物9880公顷，水产养殖3406.67公顷。全市发挥新型农业经营主体在种植结构调整工作中的主导作用，239家企业、246家专业合作社、243家种植大户和家庭农场参与种植结构调整，1.74万公顷已签订土地流转协议，保障种植结构调整工作推进。（岳娴雯）

【绿色化发展】 2019年，有164家项目单位参与申报长沙市绿色生产示范项目，42家项目单位进入专家评审阶段，立项35家，申请验收且验收合格31家，项目总投资2000万余元，扶持资金1000万元。

全面要求经济作物基地建立田间档案记录室，记录用药用肥情况，加强对种植、采收、包装、运输过程中危害控制。开展生产基地质量安全监督抽查工作，组织经作产业质量安全培训。推广水肥一体化、机械化作业、病虫害综合防治、采后商品化处理、冷藏等重大技术。蔬菜重点推广水肥一体化技术和春提早、秋延后设施栽培技术；茶叶重点推广机械化采摘技术；水果重点推广高厢深沟起垄、避雨栽培等技术；中药材重点推广规范化生产技术。

实施生态循环农业工程，推广"有机肥+配方肥""菜（果、茶、药）一沼一畜""有机肥+水肥一体化"等适应长沙市不同地区条件的种养循环模式。发展节水农业，推进工程节水、品种节水、农艺节水、管理节水、治污节水，提高农业用水效率。（岳娴雯）

【测土配方施肥】 2019年，长沙市建设冬季绿肥示范片25个，种植绿肥5.2万公顷。全市统防统治面积15.13万余公顷，绿色防控面积14.4万公顷，测土配方施肥37.13万公顷，技术覆盖率95.8%；推进新型肥料3800吨，施用面积1.87万公顷；水肥一体化面积7666.67公顷。（岳娴雯）

【"长沙·中国隆平种业硅谷"发展规划及政策新闻发布会】 2019年5月22日在国家杂交水稻工程技术研究中心举行。"杂交水稻之父"袁隆平，隆平高科技园党工委副书记、管委会主任缪晨光等出席。发布会上，《长沙·中国隆平种业硅谷发展规划（2019—2025年）》和《长沙市人民政府办公厅关于支持"长沙·中国隆平种业硅谷"加快建设发展的意见》（以下简称《规划》《意见》）同时发布。隆平高科技园迈入"种业硅谷"奋进之路，长沙以21条支持政策真金白银推动"种业硅谷"建设。《规划》明确，"长沙·中国隆平种业硅谷"的空间总体布局以"一园"为核心区，以"六镇"为拓展区，以"多基地"为辐射区。"一园"即隆平高科技园，重点建设国际种业总部基地、国家现代生物种业技术创新中心及种质资源共享、种业创业孵化、种业交易会展、种业综合服务等功能区，打造国际一流的现代种业新城。"六镇"即长沙县春华镇、路口镇、高桥镇、金井镇、开慧镇、福临镇，以水稻、油菜、蔬菜等农作物育种研发、试验示范、新品种展示、种子加工仓储物流为重点，结合美丽乡村、田园综合体建设，打造集休闲旅游、农业科普、种业文化等于一体的现代种业小镇群。"多基地"即多个省内基地、国内基地、国外基地。省内重点建设若干育种创新基地。国内重点建设海南、甘肃、四川等区域种业基地。国外重点建设亚洲、美洲、欧洲、非洲等洲际种业基地。《规划》设定"长沙·中国隆平种业硅谷"的战略定位为"一地两区"，即种业重大原始创新策源

地、种业发展最佳生态示范区和种业文化交流展示区。到2025年，要实现种业创新能力一流、高端人才加快集聚、各类企业要做大做强、产业集群质效双增“四大目标”。为实现《规划》设定的预期目标，长沙推出《意见》，以21条支持政策真金白银助推种业硅谷发展。其中，对于种业企业引进的国际顶尖人才、国家级产业领军人才、省市级领军人才，分别给予200万元、150万元、100万元奖励补贴。同时，分别按200平方米、150平方米、100平方米标准区域同期市场均价给予全额购房补贴。长沙市政府将采取“一事一议”方式，通过股权投资与资金资助结合，对种业领军人才及团队可给予1000万元项目资助；对长沙市产业发展有重大贡献、能带来重大经济社会效益的种业领军人才及团队，最高可给予1亿元项目资助。

（张颐佳）

【首届国际（长沙）农田生态种养发展论坛】 2019年9月6—8日在长沙县举行。论坛由湖南农业大学、国家杂交水稻工程技术中心、国际水稻研究所、湖南省作物学会、隆平高科股份有限公司共同主办，由湖南农业大学、湖南省作物学会承办，长沙市科学技术协会协办。中国工程院院士、湖南农业大学教授官春云担任大会主席。全国各地的生态种养专家，尼日利亚、越南等多国生态种养学者等200余人参加。论坛主题为“加强农田生态种养文化与技术交流，促进科技与产业融合发展”，围绕农田生态种养发展，探讨产前、产中、产后的经营模式、技术模式和生产模式，分享各国农业特别是中国农田生态种养的发展经验，发布农田生态种养的最新成果等。论坛内容具体有成立国际稻田生态种养发展论坛理事会、水田生态种养分论坛、旱地生态种养分论坛、生态种养文化分论坛，探讨稻虾共作的“双刃性”及“双水双绿”模式、鸭稻共作绿色生产技术与模式的创新研究和实践、农田生态种养工程等课题。长沙县路口镇明月村隆平稻作公园生态种养基地是该次论坛交流考察参观现场。

（岳娴雯）

【2019年国家长江中下游（长沙）水稻新品种展示示范观摩会】 2019年9月18日在长沙县路口镇隆平稻作公园召开。会议由全国农业技术推广服务中心、湖南省农业农村厅、中国种子协会主办，湖南省种子管理服务站、长沙县人民政府、湖南省种子协会承办。全国农技推广服务中心副主任刘信、湖南省农业农村厅巡视员邹永霞、中国种子协会秘书长蒋协新与副会长马淑萍等领导出席观摩会。国家农作物品种审定委员会水稻专业委员会部分委员，湖南、湖北、安徽等6省种子部门品种管理与水稻品种试验负责人，安徽、江苏、浙江等9省（市）南方稻区国家水稻品种试验承担单位试验执行人，长江中游水稻集中展示与国家水稻品种核心展示示范参展单位代表，湖南省农业农村厅相关处室、单位和湖南省种子协会、长沙县农业农村局代表，湖南各市（州）、县种子管理站负责人，以及长沙县周边水稻种植大户代表等600余人参加会议。现场观摩基地位于长沙县路口镇明月村，展示示范面积26.67公顷。展示区展示南方13个省的89家种子企业和科研单位的优良水稻品种575个。试验测试区展示全国18个省份的18家种子企业和科研单位的各类水稻品种968个，重点展示4项栽培技术。现场观摩结束后，进行国家水稻品种区试技术培训，邀请中国水稻研究所研究员胡培松、杨仕华，华南农业大学教授徐振江，湖南农业大学教授邹应斌等专家授课，湖南、湖北、安徽等11个省份150余名代表参加培训。

（岳娴雯）

【第五届中国果业品牌大会】 2019年11月22—24日在长沙举办，同期举行第三届中国（长沙）果品产业博览会、第三届全国果业扶贫大会暨贫困地区果品产销对接会。第十二届全国政协副主席齐续春宣布大会开幕。省人大常委会副主任杨维刚、省政协副主席赖明勇出席。副市长谭勇致辞。大会以“品牌引领高质量发展”为主题，由中国果品流通协会、湖南省供销合作总社、省农业农村厅、省扶贫开发办公室、长沙市人民政府、省农村合作经济组织联合会主办。全国20余个水果主产省、200余家知名水果企业参展。该次展览面积2.5万平方米，分为湖南果业扶贫成果展区、湖南果业成果展区、品牌企业展区、贫困县展区、优质果品展区、国际精品展区、电商展区等10个展区。设立东盟国际展区，拓宽国内外商家的购销渠道。期间，举办第三届全国果业扶贫大会暨湖南省千亿果品产业推进乡村振兴发展高峰论坛，邀请国内专家学者、果品产区政府部门负责人、果品企业品牌及营销专家和行业领袖解读实施乡村振兴战略、农业现代化和高质量发展等重大理论和实践问题，总结果业扶贫工作成果，分享扶贫经验案例，对果业发展方向、投资机会和品牌建设发表见解和提出建议。举办2019全国秋冬季果品逆向采购会暨产销对接会，邀请全国优质买家到展会现场展示所需，与供应商面对面沟通，促进精准对接。

（岳娴雯）

林 业

【概况】 2019年，长沙市土地面积约118万公顷，其中林地面积60.39万公顷，占全市土地面积51.18%。森林覆盖率提升至55%，比2018年增长0.05%，提前一年完成“十三五”目标。活立木蓄积量3133.6万立方米。湿地调查面积43373.8公顷，湿地保护率76.66%。全市油茶6.53万公顷、花卉苗木3.27万公顷、楠竹5.93万公顷。有国家级林业产业龙头企业6家。全市有自然保护地7类50个，林业部门负责监管41个（水利部门监管9个），监管总面积约12万公顷，其中自然保护区16个（省级1个、县级15个）、风景名胜区6个（国家级2个、省级4个）、森林公园12个（国家级4个、省级8个）、湿地公园6个（国家级5个、省级1个）、地质公园1个（国家级）。全市有国家保护植物14种，其中一级2种、二级12种；国家重点保护动物29种，其中一级2种、二级27种。古树名木6040株，其中古树5837株、名木203株。

2019年，全市林业系统推进生态保护、生态修复和生态惠民，完成年初既定工作目标任务。生态保护。森林火灾发生率1.148次/10万公顷，远低于20次/10万公顷省控目标，高新区、雨花区、开福区、天心区、芙蓉区实现全年“零”森林火灾。创新开展松材线虫病“五统一”防治和长株潭联防联治，枯死松木清除率和合格率100%。全市林业有害生物成灾率1‰，低于省控4‰指标要求。新设鸟类重点栖息和繁殖地监测保护点14处。组织开展“绿卫”“蓝天保卫战”“森林督查”“违建别墅清查”等专项行动，林业行政案件办结率在90%以上。生态修复。完成人工造林4026.67公顷，超额完成省林业局下达年度任务的100.67%。完成封山育林2700公顷、森林抚育1.97万公顷。除跳马镇矿山矿坑外，“绿心”地区其他裸露地复绿全部完成。生态惠民。按照乡村振兴和“一县一特”产业发展要求，完成6671.67公顷油茶丰产林基地建设，提质改造3333.33公顷标准化苗木生产基地。创建最美宜居村庄8个、最美庭院61个。义务植树探索“互联网+”，近4万名网友参与“全城寻找植树锦鲤”等线上互动。主动、及时处理“长沙生态动物园斑鳖在苏州参加科研时死亡”事件，未发生网络舆情；妥善处理“长沙生态动物园内云南华森公司大象踩死驯养员”等5起网络舆情，未引发不良影响。

2019年，长沙全民义务植树活动以“绿色长沙‘森’呼吸，绿水青山‘林’距离”为主题，设置十大主题活动，开放10个市级义务植树基地、158个县（乡）级植树基地，全市参加直接义务植树劳动及相关的绿化宣传、养护、树木认养等活动的413.36万人次，折合完成植树1393.78万株（含其他履责方式折算），全市适龄公民尽责率90.3%。

【林业系统机构改革】 2019年3月31日，长沙市委办公厅、长沙市人民政府办公厅印发《长沙市林业局职能配置、内设机构和人员编制规定》的通知，根据通知要求，市本级完成机构改革和局机关干部选任、交流换岗，全市林业系统基本完成机构改革。改革后，市园林局的古树名木保护、风景名胜区管理以及市国土局等部门的自然遗产、地质公园等管理职责划入市林业局。市林业局较改革前增加统筹全市各类自然保护地管理及城乡古树名木保护管理的等重要业务职能；增加原由事业单位承担的野生动植物和湿地保护管理、林木种苗管理等行政职能。原园林局机关风景管理处、规划科技处2个业务处室成建制转隶，新增自然保护地管理处、规划科技处、野生动植物保护处3个处室。3名局领导、2名调研员、1名副调研员、3名处长、1名副处长、2名主任科员、1名工勤人员共13名机关干部职工划入，长沙生态动物园调整隶属关系至市林业局。改革后，局内设机构数由6个增至9个，行政编制数由35个增至44个，机关在编人员由39人增至52人，局系统在编人员由113人增至227人，林业部门的机构、职能和人员力量加强。机构改革后，浏阳、宁乡林业局保留，长沙县林业部门并入同级自然资源规划局并加挂林业局牌子，望城区林业部门并入市级自然资源规划局分局，内五区林业部门仍然归属农业农村局并加挂林业水利局牌子。完成全市林业站和护林员调整，保留、加挂乡镇林业站28个，保留护林员930人，与林业新职责相匹配的组织机构初步形成。

【林业产业发展】 2019年，长沙市委、市政府下发一号文件，要求全力实施“一县一特”专项行动计划，其中涉及林业部门的目标任务主要是从2019—2023年，将浏阳油茶、长沙花卉苗木打造成品牌产业、高效产业、富民产业，浏阳油茶产业建成丰产林基地3.33万公顷以上，实现综合产值50亿元。发展长沙花卉苗木产业，全市建成花卉苗木生产基地1.67万公顷以上，实现综合产值50亿元。2019年，浏阳油茶产业完成6666.67公顷油茶丰产林基地（含666.67公顷示范基地）的建设，完成“三华”优良油茶品种采穗圃、种苗繁育基地、品种观测园改造建设共20公顷，培育良种油茶苗木9.2公顷、671.8万株；长沙花卉苗木产业完成3333.33公顷标准化苗木生产基地提质改造，完成长沙县春华和安沙镇标准化花卉生产基地建设，重点打造的长沙县安沙镇万亩花卉产业园已建成面积133.33公顷。长沙市“一县一特”油茶和花卉苗木产业发展2019年度各项任务完成。

【集体林权制度改革调研】 2019年9月，长沙市林业局带队与浏阳市林业局到江西铜鼓、浏阳市调研集体林权制度改革工作，形成《长沙市集体林权制度改革调研报告》，获市领导肯定性批示。同时，长沙市林业局加强对浏阳活化林地经营权指导，在浏阳市指导创建2个省级农民林业专业合作社示范社。

【木材进口与销售】 2019年3月14日，一列满载俄罗斯木材的专列运抵长沙铁路北站，标志着中南国际陆港中欧班列（俄罗斯—长沙）首列俄罗斯木材进入湖南。2019年，中欧班列共411列，进口203列，其中进口木材专列186列，占比91.6%，共29.76万立方米，货值2.857亿元，中欧班

列木材专列成为进口班列的主要来源。进口木材主要发运地为俄罗斯卡拉布拉、丘诺亚尔、巴扎伊哈、布拉茨克等地，品种主要为樟子松板材、白松板材和落叶松板材。按长沙市2018年森林蓄积量3.46立方米/亩计算，节约森林采伐5733.33公顷，经济效益和社会效益初步显现。长沙及湖南市场木材需求主要是建筑工程用材、户外园林景观用材、家具家装用材，用量分别占55%、25%、20%。据初步统计，全省年销售木材1171万立方米，总销售额233.8亿元，其中长沙卖方市场964万立方米，总销售额200亿元。

【2019中国森林旅游节第11届中国（浏阳）大围山国际杜鹃花节】 2019年4月15日，2019中国森林旅游节第11届中国（浏阳）大围山国际杜鹃花节推介会在长沙举行。该届杜鹃花节是中国森林旅游节系列活动的重要组成部分，节会时间为4月20日—5月26日，以“人间四月芳菲尽·围山杜鹃别样红”为主题。节会由长沙市林业局、长沙市文化旅游广电局、浏阳市人民政府主办，浏阳市大围山国家生态旅游示范区管委会、大围山国家森林公园管理处、浏阳市文化旅游广电体育局等承办。通过推出直升机空中赏花、“杜鹃花海”万人抖音活动、“杜鹃花海”旗袍秀表演等特色活动，提升游客赏花体验，打造集花海观光、文化体验、互动娱乐为一体的综合性节会活动。

【2019北京世园会“湖南日”长沙绿色产业推介会活动】 2019北京世园会为参展省区市搭建“省区市日”活动平台，“湖南日”为7月7—9日，长沙市7月7日举办专场推介活动，长沙市林业局承办“湖南日”长沙绿色产业推介会活动，以“山水洲城·魅力长沙”为主题，通过文化旅游、绿色产业推介等环节，展现长沙生态文明建设和绿色产业发展成果。市林业局主动对接组织欧林雅服饰、湘纯农业等15家当地龙头企业，完成油茶飘香等3个宣传片及折页手袋制作，发动全市林业干部参展，开展“三最”绿色产品征集评选进行预热，并在现场策划模特走秀、茶油护肤互动、林产品免费送等创新活动。

【市林木种苗基地和市生态动物园被评为“湖南省生态文明教育基地”】 2019年9月20日，湖南省生态文明教育基地评选结果揭晓，市林木种苗基地、市生态动物园被评为“湖南省生态文明教育基地”。该次湖南省生态文明教育基地由省林业局、省教育厅和共青团省委联合评选，经县市推荐，最终评定10个单位为湖南省生态文明教育基地。长沙市林木种苗基地（原长沙市林木种苗中心苗圃），隶属于长沙市林业局，基地面积15.15公顷。基地培植香樟、红花檵木、竹柏、杜英、罗汉松、玉兰、桂花、茶花、樱花等植物50余种、2万余株，林木面积10余公顷，原生态植被覆盖率60%以上，2002年被国家林业局授予“全国质量信得过苗圃”称号。长沙生态动物园是全国科普教育基地、全省饲养展览野生动物最大的专业性动物园。

【长沙组队参加2019年湖南技能大赛·全省国有林场职业技能竞赛】 2019年9月23—25日，2019湖南技能大赛·全省国有林场职业技能竞赛在岳阳市举办，比赛由省林业局、省人力资源和社会保障厅、省总工会联合举办。比赛分理论知识考试和技能操作考核两部分。理论知识考试内容主要涉及林学概论、森林抚育规程、森林资源规划设计调查技术规程等，技能操作考核内容主要涉及林分因子调查、目标树培育模拟施工、下层梳伐模拟施工等。14个市州组织28支代表队共84名选手参加比赛。长沙市代表队获团体第二名和优秀组织奖，徐良圣、吴香倩获个人三等奖。

【石燕湖森林公园被评为“全国森林康养基地试点建设单位”】 2019年10月12日，2019第三届中国森林康养与乡村振兴大会在四川洪雅七里坪举行，“全国森林康养基地试点建设单位”名单发布，全国有28处成为试点基地，湖南长沙石燕湖成为长沙唯一入选的“全国森林康养基地试点建设单位”。石燕湖旅游区总面积10平方千米，森林覆盖率98%，大气负氧离子含量每立方厘米8万个以上。景区主打“森林生态旅游”品牌，开展以休闲度假、森林康养、观光游览为主，自然教育、户外拓展、民俗风情为辅的旅游活动。

2019年4月20日—5月26日，2019中国森林旅游节第11届中国（浏阳）大围山国际杜鹃花节举行 市林业局 供图

【浏阳永安苗圃红花檵木盆栽获银奖】 2019年10月18—20日，由国家林业和草原局、安徽省人民政府主办的2019中国·合肥苗木花卉交易大会在中国中部花木城举行，国家林业和草原局局长张建龙，安徽省委书记李锦斌、省长李国英、省委副书记信长星出席大会开幕式，湖南省林业局副局长吴剑波出席开幕式。大会以“‘苗会’美丽中国，助力绿色发展”为主题，日本、荷兰、以色列等10余个国家及全国各地的1000余家种苗花卉生产经营企业参展参会。湖南馆展厅的主题是“中国油茶之乡，红花檵木之源”。作为湖南馆的主打产品，浏阳永安苗圃红花檵木盆栽获银奖，并被中央电视台报道。红花檵木的规模化种植始于浏阳永和镇，经过30余年的实践和探索，永和镇形成以红花檵木古桩盆景为龙头，集种植、嫁接、造型、经纪等为一体的完整产业链，成为全国最大的红檵木批发市场。

【2019年中国动物园协会中南、西北协作区年会】 2019年11月5日在长沙生态动物园召开。全国57个单位141位野生动物保护专家学者，围绕如何进行野生动物太空基因的运用，提高动物的福利、动物的保护繁育，以及中国动物园的改革与发展工作等内容展开交流与研讨。长沙生态动物园自2010年迁到新址以来，从当初老动物园搬迁时的67种200余只（羽）动物起步，近10年通过繁育、交换等措施，园内有动物3000余只（羽），10年增加10倍，其中先后繁殖有孟加拉虎17只、白虎29只、东北虎21只、华南虎10只，曾刷新1胎6仔100%成活的白虎繁殖全国最好纪录。

【首批241名林业科技人才信息库（专家库）建设完成】 2019年12月31日，长沙市林业局印发《关于发布长沙市林业科技人才（专家）信息库首批入库人员名单的通知》，完成首批241名林业科技信息库（专家库）建设。建设长沙市林业科技人才（专家）信息库是为了充分发挥林业科技人才（专家）的指导、参谋和服务作用，全面提高生态文明建设的决策水平、质量标准、实施成效，首批入库人员有效期为2020年1月1日至2023年12月31日。

【全市44个乡村被评为“国家森林乡村”】 2019年，国家林业和草原局对国家森林乡村名单进行公示，长沙44个乡村入选“国家森林乡村”，占全省422个的10%，其中浏阳市书香村被评为“国家森林乡村创建工作样板村”，望城区是全省唯一推荐参评的“全国乡村绿化美化示范县（区）”。国家森林乡村是指国家林业和草原局组织指导各地，运用一定的评价方法、量化指标和评价标准，通过综合评价，将绿化美化达到评价标准的乡村（以行政村为对象）认定为国家森林乡村。被认定为国家森林乡村可按照统一标识制作和使用国家森林乡村牌匾。

【宁乡“亚热带地区映山红种质资源收集及优良变异品种选择与繁育技术研究”被评为省级科研成果】 2019年12月，宁乡“亚热带地区映山红种质资源收集及优良变异品种选择与繁育技术研究”被评为省级科研成果。宁乡市林业技术推广中心和宁乡映湘秀园艺场技术人员共同成立项目组，从2010年起在全国各地收集优质杜鹃种质资源，共引种保育优良映山红植株2万余株，筛选出适应性强、抗逆性强，具有地方特色和优良性状突出的优良映山红品系22个，培育密花型变异、密枝型变异、玫瑰花色变异、紫花变异和球冠型变异5个新品种。同时采取无性繁殖技术对变异品种进行繁育，育苗20万余株。各变异类型展示出相当强的稳定性，科研人员以此为基础开展进一步科研，培育新的优良品种。

（本栏撰稿　颜梦玲）

畜牧业

【概况】 2019年，长沙市生猪、牛、羊、家禽分别出栏（笼）349.5万头、6.42万头、51.41万只、4615.23万羽。长沙市按照“源头减量、过程控污、清洁治理、生态环保”的原则，加快生猪标准化生态环保养殖示范园建设，建成栗山、正明、百宜、宜印、大龙和流沙河6个生猪标准化生态环保养殖示范园。根据下发的部省级标准化养殖场示范创建实施方案要求，长沙市推荐浏阳市葛家乡正明养殖场申报国家级畜禽标准化示范场，天府生态农业有限公司、栗山生态养殖有限公司等申报省级畜禽标准化示范场。规模养殖场污染防治设施标准化改造。

【畜禽养殖禁养区管理】 2019年，为规范长沙市畜禽养殖禁养区管理工作，长沙市农业农村局与生态环境局开展禁养区摸底排查调查，多次召开专题调度会。各区县（市）对照法律法规进行调整，经市级审查，上报省、部审定后，由各区县人民政府对外公布。比调整前减少14个，面积减少2008.7平方千米。落实中央生态环境保护督察“回头看”及洞庭湖生态环境保护专项督察反馈意见中涉及长沙市的整改任务，成立整改工作领导小组，制定方案，召开会议，组织核查，分类退出，检查并通报整改情况，督促整改到位，完成禁养区“应退未退”732家养殖场退出。

【宁乡花猪产业发展】 2019年，长沙市组织相关部门和专家开展多次专题调研和论证，与深圳中商产业研究院合作，制定《打造宁乡花猪百亿产业五年

行动实施方案（2018—2022）》和《宁乡花猪产业发展规划（2018—2022）》。加强养殖基地建设，建成流沙河牧业花桥养殖场、大龙畜牧永兴养殖场等5个养殖场，推行白改花和提质升级工程，改造58个宁乡花猪生态养殖场。加强保种工作，提质3个保种场、科技创新及成果转化中心、产品溯源体系以及产业发展中心、文化展示中心、院士工作站、生物转化中心1个、有机肥厂1个，年处理废弃物21万吨，形成废弃物资源化利用体系；完善动物疫病自检机制，新建实验室5个、洗消中心2个、"放心肉"服务网点14个。新建冷链及精深加工项目2个、专用屠宰线1条、冷鲜肉分割车间2个、精深加工生产线7条；开发肉卷、粽子等深加工产品49种。举办花猪美食节、牵手网红"文和友"、打造一批"花猪+"农旅融合示范点、开通花猪高铁专列，推广花猪文化。开展招商引资，宁乡市与正大集团签订《正大集团20万头宁乡花猪产业链项目合作协议》，项目总投资13.5亿元。

【"非洲猪瘟"防控】 2019年，长沙市紧急调剂安排1800万元用于"非洲猪瘟"防控补助经费开支。为确保防控工作落实到位，市政府、市防指均多次组织重大动物疫病和"非洲猪瘟"防控工作专项督查，并下发督查通报。全市发放猪口蹄疫540万毫升、牛羊口蹄疫148万毫升、口蹄疫免疫228.86万头次；牛口蹄疫免疫9.73万头次；羊口蹄疫免疫34.02万头次，应免畜禽免疫密度、免疫档案到户率、二维码佩挂率保持100%。完成"非洲猪瘟"病原检测4815份。

技术培训　长沙市防指办举办长沙市"非洲猪瘟"快速检测技术培训班。4月，市防指办组织全市100名兽医骨干和从事一线防控工作人员，分两批参加在农业农村部青岛培训基地举办的"非洲猪瘟"防控与监测排查技术高级研修班。5月30日，举办"非洲猪瘟"检测技术暨实验室生物安全知识培训班。10月29—30日，举办全市"非洲猪瘟"防控与复养师资培训班。

构筑防线　开展"大排查、大消毒、大防堵、大监管、大完善、大培训"六大行动，累计排查生猪1158万头次，对饲养、屠宰、无害化处理等10类重点监管场所开展监督检查4627次，发现并责令整改不合格行为390起，检查车辆14万台次，累计消毒面积3166万平方米，使用消毒剂1358吨。

（本栏撰稿　岳娴雯）

水产业

【概况】 2019年，长沙市水产品总产量9.87万吨，养殖水面2.15万公顷。长沙市渔业发展围绕实施乡村振兴战略，以水产养殖业供给侧结构性改革为抓手，优化产业结构，提升渔业发展水平，维护渔业生态环境，全市渔业发展呈现良好发展态势。推进示范创建，坚持生态环保养殖的发展理念，以示范创建为载体，以投入品监控为重点，支持、鼓励和组织有条件的规模养殖基地参与示范创建活动，创建国家级水产健康养殖示范场56家。养殖结构调整，推广稻渔综合种养、创新发展"稻螺、莲（藕）+鱼（虾）等共作（轮作）"等多种综合养殖模式。创新推广池塘循环微流水工程化养殖、"瘦身鱼"工厂化养殖等设施渔业新模式，全市有51条池塘循环微流水槽，居全省首位。指导建设中部地区、全省市首家水生动物（锦鲤）进境隔离场，并通过海关总署审批，开始运行。

【水产种业工程】 2019年，长沙市构建部、省、市、区四级水产产学研育繁推一体化水产种业创新体系，全市苗种场27家，鱼苗年生产能力为100亿尾，良种覆盖率85%以上。长沙市鲌鱼良种场升级创建省级水产良种场，通过省级专家组现场考评。创建7家省级以上水产原（良）种场。

【品牌提升工程】 2019年，长沙市按照《长沙市人民政府办公厅关于加快推进长沙市"一县一特"农业产业发展的实施意见》文件精神，推进望城小龙虾产业发展，完成4666.67公顷基地建设任务，举办望城荷花虾品牌发布会、2019年中国农民丰收节湖南主题活动长沙望城分会场暨第三届望城鲌鱼节等节庆活动，组织企业参加第21届中国中部（湖南）农业博览会、2019第12届中国（厦门）国际休闲渔业博览会、湖南贫困地区优质农产品深圳产销对接会等会展活动，提升望城荷花虾、望城鲌鱼品牌影响力。

（本栏撰稿　岳娴雯）

农产品质量监管

【概况】 2019年，长沙市加强监管能力和制度机制建设，推行农业标准化生产，强化风险防控与专项治理，推进示范创建，加快建立全市农产品追溯管理体系和"身份证"管理体系，创新农业质量发展路径和品牌建设管理模式，增强全市农产品经营主体的主体责任意识，保障农产品质量安全整体水平。防控"非洲猪瘟"，保证省会城市未发生"非洲猪瘟"疫情。建设标准化生态环保养殖示范园4个，确保完成生猪出栏任务。在保障自给自足的基础上，为全国"菜篮子"供应稳定做出贡献。推进农业标准化生产，累计创建"菜篮子"标准化生产示范基地59个、畜禽标准化养殖场963个、水产健康养殖示范场157家、畜禽标准化生态环保养殖示范园20家。

【农产品质量安全整治】 2019年，长沙市农产品质量安全专项整治检查生产经营企业13563家次，出动执法人员35370人次，查处问题700起，涉及金额144.21万元，责令整改578起，取缔无证照企业2家，媒体宣传17次，发放宣传材料49437份，行政执法立案件数177件，办结170件，移送司法机关案件数5件，指导培训223场次、12257人次。抽检样品5212批次，其中蔬菜样品1942批次，合格1936批次，合格率99.69%；水果样品206批次，合格200批次，合格率97.09%；茶叶样品58批次，合格率100%；畜禽样品1767批次，合格率100%；水产品样品869批次，合格率100%；抽取饲料150批次，合格率100%。

【农产品质量安全追溯体系构建】 2019年，长沙市构建系统的农产品质量安全追溯和"身份证"管理体系，逐步实现农产品生产、加工、消费全过程质量可追溯。推进农产品生产经营主体及其产品质量安全追溯和"身份证"管理，截至2019年年底，全市有261家企业在国家追溯平台登记注册，195家企业的724个产品入驻省"身份证"管理平台。

【农产品品牌建设】 2019年，长沙市"三品一标"认证奖励140万元，检测费用补贴约22万元。全市有"三品一标"农产品总数627个，其中无公害农产品367个、绿色食品224个、有机农产品27个、农产品地理标志9个（宁乡猪、天岩寨柑橘、大围山梨、浏阳金橘、乌山贡米、葛家鸡肠子辣椒、长沙绿茶、浏阳黑山羊、北山梅）。"宁乡花猪"入选中国百强农产品区域公用品牌，大围山梨被评为国家级农产品地理标志示范样板。

（本栏撰稿　岳娴雯）

农机管理

【概况】 2019年，长沙市水稻耕种收机械化综合率80.85%。全市注册农机专业合作社601家，其中省级现代农机合作社332家、省级现代农机示范社38家。农业机械化水平的提升，为推动全市乡村振兴奠定基础。

农机购置补贴 2019年，长沙市农机购置补贴资金4430万元，全年受理补贴申请表1811份，受益户数1203户，补贴各类农机具1913台（套），补贴总金额2294.09万元（其中国补2167.39万元，报废补贴126.7万元）。其中轮式拖拉机（不含皮带传动轮式拖拉机）296台（套），补贴总额823.51万元；自走履带式谷物联合收割机（全喂入）168台（套），补贴总额510.46万元；水稻插秧机16台（套），补贴总额67.66万元；谷物烘干机28台（套），补贴总额85.42万元。

水稻生产机插秧 长沙市安排400万元，扶持20个工厂化育秧示范基地建设，每批次催芽13.33公顷（大田）、季度育秧66.67公顷（大田）的能力。浏阳市北盛镇建有的"千亩水稻绿色（有机）生产示范基地"，列入国家粮食丰收科技工程。龙伏镇建有1个"智能工厂化育秧单季1333.33公顷（大田）"、1个"万亩水稻全程机械化生产示范基地"。永安镇建有"千亩水稻栽培实验研究与新技术示范基地"，先后进行10余项实验研究，非洲、亚洲、南美洲的15个国家的56位农业部门代表学习观摩。

油菜机械化种植 2019年，长沙市油菜种植面积5.29万公顷，其中机耕5.26万公顷，机耕率99.37%，机播2.17万公顷，机播率40.99%，机收3.9万公顷，机收率73.78%，综合机械化水平74.18%。

【农机培训】 2019年，长沙市开办农机培训班17期，培训学员2800人。其中长沙县全省率先，对全县范围内的农机驾驶学员实行免费培训考证，免收学员费用，开办农机操作人员培训班3期，培训人数349人。两期农机操作人员培训班培训拖拉机驾驶员172人、联合收割机驾驶员21人、履带式旋耕机驾驶员16人。

【农机专业化合作组织】 2019年，长沙市有11家合作社申报成为"省级现代农机专业合作社建设项目"，9家合作社被评为"省级农机合作社示范社"，市级财政安排智慧设施农业项目资金650万元，扶持工厂化育秧等项目25个。实施"千社工程"以来，全市有332家农机合作社申报成为省级现代农机合作社，占全市627家农机合作社的52.9%，承担全市主要农作物生产40%以上的机械化作业任务。

【全省经作林果业生产机械化现场演示会】 2019年11月7日在长沙市望城区省农作物种质资源保护与良种繁育中心举办。演示会由湖南省农机事务中心举办。湖南省各市州、50个水果主产区县（市）农机事务中心负责人和农机推广站长，部分市县农业农村局分管领导，以及相关专家领导、科研院所、生产流通企业负责人、水果生产专业合作社和种植大户代表，约500人参会。主要目的是通过推广水果生产机械化新机具、新技术，搭建生产商与用户之间的交流平台。演示机具涵盖土地整理、除草、粉碎、割灌、施肥、灌溉、植保、套袋、绑枝、修剪、残枝处理、采摘、山地运输、采后处理等环节。通过新型机具的演示推广，提升丘陵山区经作林果业生产机械化水平。

（本栏撰稿　岳娴雯）

农田水利

【长沙市水利局挂牌成立】 根据《长沙市机构改革实施方案》和市委、市政府的工作部署，长沙市水务局更名为长沙市水利局，是市政府工作部门之一。2019 年 1 月 24 日，长沙市水利局挂牌成立。新机构对原有部分职能进行调整：编制水功能区划、排污口设置管理、流域水环境保护职责划入市生态环境局；农田水利建设项目管理职责划入市农业农村局；水旱灾害防治、防汛抗旱指挥部的职责划入市应急管理局。

【水利建设】 2019 年，长沙市堤防工程建设提质加速。完成湘江东岸杜甫江阁至银盆岭桥防洪综合改造、望城大众垸防洪工程、靳江河立赛垸颜家桥段堤防工程、长沙县水塘垸堤防达标工程等，宁乡市城市防洪工程推进，全市堤防在抗击 2019 年特大洪水期间经受住长时间考验。病险水库水闸加快整治。启动黄材、洞庭、金井水库除险加固工程，完成长沙县红旗、飘峰水库及浏阳道源、南康水库应急处险工程，完成望城区石塘、浏阳市金钟皂水库、望城区乔口水闸及宁乡市沩丰水闸除险加固工程。中小河流加快治理。完成长沙县金井河、浏阳市捞刀河永安段、望城区沩水南岸段等中小河流项目 14 个，完成中小河流治理重点县项目 6 个。

【水利监管】 2019 年，长沙市摸清水利工程底数，完成对全市 632 座水库、5 级及以上堤防和过闸流量大于 5 立方米 / 秒的水闸的基本信息、险工险段排查结果、安全评价情况录入工作。河湖划界和水利工程管理与保护范围划定工作初步完成，全市 74 条 50 平方千米以上河流、4 个 1 公顷以上湖泊河湖划界方案制定，河湖管理告别管理范围“无界限”的历史。完成 4166 处取水工程核查登记工作，年用水量 50 万立方米以上的工业和服务业用水单位以及大型灌区、3333.33 公顷以上重点中型灌区纳入重点监控用水单位。推进小水电清理工作，建立联席会议制度，定期会商重大问题，出台清理整改政策措施，完成县级综合评估分类，确定“退出、整改、保留类”电站底数。开展水土保持监督执法专项行动，采取现场执法、约谈指导、责令停工等多种形式进行督查整改，启动整改项目 531 个。加强水利建设项目事中事后监管及工程质量监管，规范水利工程建设行为，完善水利工程质量与安全监督程序，保证工程施工质量、进度与安全，全市水利工程建设整体水平提升。加强涉水执法力度，全年办理涉水案件 334 个，有效打击涉水违法行为。

【水利民生工程】 2019 年，长沙市小微水体管护成效显著。以让水“留下来、活起来、净起来、美起来”为目标，通过采取清障疏浚、生态护岸、人工湿地、景观节点等措施，改善小微水体自净和生态修复能力，完成 20 个小微水体示范片区建设工作，新建小型污水处理设施 67 个。长沙市小微水体管护治理经验获《人民日报》等中央媒体的宣传报道和全国河长制湖长制工作简报的专题推介。农村安全饮水推进。完成省市重点民生实事项目，新增农村通自来水人口 11.91 万人。探索单村供水工程建设、运行和管理新模式，提升规模水厂难以覆盖区域的农村供水保障能力。加强水质检测，推进市、县水质检测中心和规模水厂三级水质检测，保障贫困偏远地区饮水安全，全市农村饮水工程全部配齐消毒和检测设施设备。开展农村饮水安全“回头看”，对建档立卡贫困户、普通农户、集中供水用户和分散供水用户实现普查、核查全覆盖。河湖“清四乱”。利用河长制管理平台、各级河长力量、卫星遥感技术，专项摸排全市 78 条流域面积 50 平方千米以上的河流、4 个水面面积 1 平方千米以上湖泊、20 座大中型水库，排查梳理乱占、乱采、乱堆、乱建“四乱”问题 360 个。按照“发现一处、清理一处、销号一处”的要求，开展专项清理行动 541 次，投入整改资金 4745 万元，清理乱堆 13 万余立方米，拆除违章建筑 138 处 1.89 万平方米，销号率 100%，全市河湖“四乱”问题得到动态清零。移民后扶工作。围绕乡村振兴和脱贫攻坚战略，以提升移民收入水平、改善人居环境、完善基础设施、做强特色产业为重点，投入资金 3050 万元，整合 50% 以上的到县移民项目资金，推进全市 20 个重点移民村美丽家园建设，库区油茶、茶园、蔬菜、小水果等移民产业基地面积逾 2.8 万公顷，吸纳移民就业 6000 余人，移民人均纯收入保持年均增长 9% 以上，移民后期扶持由“漫灌式”扶持向“滴灌式”精准扶持转变。　（本栏撰稿　刘铁伟）

工业·建筑业

INDUSTRY AND
CONSTRUCTION

编辑　刘盼盼

工业经济运行

【概况】 2019年，长沙市规模工业增加值比2018年增长9.1%，增速连续7个月在全国省会城市和全省排名第一位。22条产业链中，17条产业链产值增速高于全市平均增速，9条增速超过20%。工业投资增长10.9%，工业技改投资增长25.4%，高于2017年同期21.7个百分点；工业用电量（剔除线损）增长6.63%；规模工业企业利润总额增长5.9%。新增规模工业企业428家。制造业投资占固定资产投资比重35.3%，高于2018年同期2.2个百分点。电子信息产业规工增加值增速超30%；工程机械产业规工增加值增速超20%；全市规模工业增加值增速首次高于GDP增速。长沙市全地区建筑业总产值5468.37亿元，比2018年同期增加400.65亿元，比2018年增长10.3%；全地区建筑业增加值1181亿元，增速10.33%；建筑业入库税收99.16亿元。

【智能制造业推进】 2019年，长沙市新增市级智能制造试点企业204家，总数668家。连续两年被评为促进工业稳增长和转型升级、实施技术改造成效明显的城市。“三智一自主”（智能装备、智能汽车、智能终端和信息安全及自主可控）格局初步形成。智能制造装备产业集群获批国家首批战略性新兴产业集群，工程机械通过国家先进制造业产业集群竞赛初赛。获批“国家智能网联汽车（长沙）测试区”，累计发放路测牌照53个，建设完成“两个100公里”项目（一期）。获批全国第二个网络安全产业园，华为鲲鹏布局长沙。平台建设。树根互联入选国家十大跨行业跨领域工业互联网平台，中联重科、中联环境、中电互联被评为工信部制造业与互联网融合发展试点示范。5G建设加速推进。建成5G基站4260个，中联环境橘子洲智慧清洁、三一消防车远程控制系统等15个项目入选省5G应用场景。

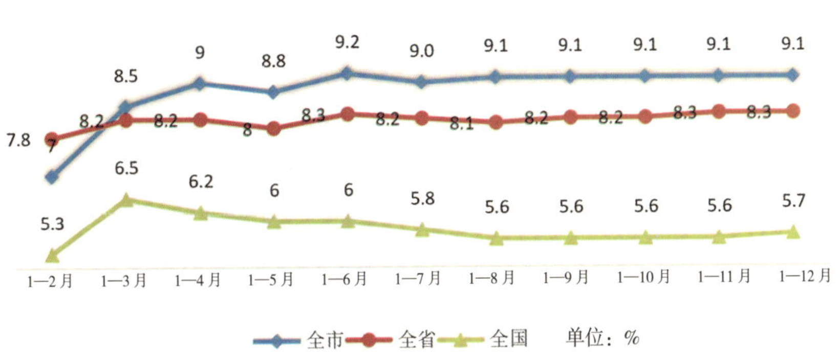

2019年全国、全省、全市规模工业增加值增速对比图

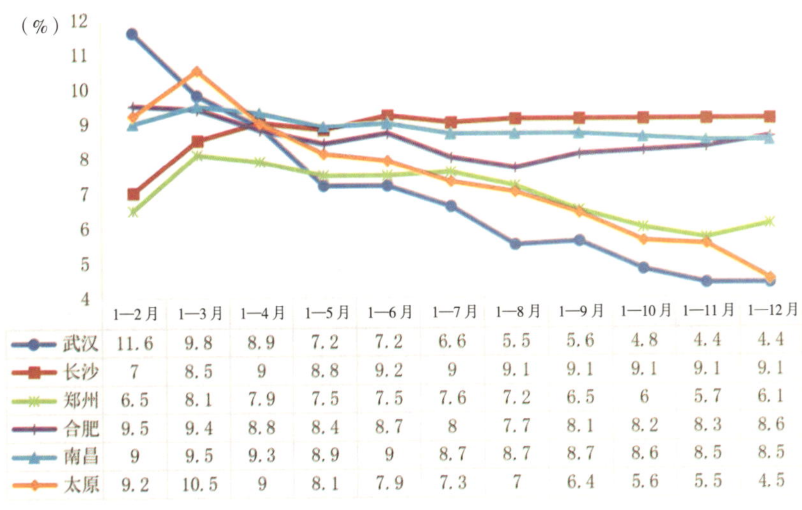

	1—2月	1—3月	1—4月	1—5月	1—6月	1—7月	1—8月	1—9月	1—10月	1—11月	1—12月
武汉	11.6	9.8	8.9	7.2	7.2	6.6	5.5	5.6	4.8	4.4	4.4
长沙	7	8.5	9	8.8	9.2	9	9.1	9.1	9.1	9.1	9.1
郑州	6.5	8.1	7.9	7.5	7.5	7.6	7.2	6.5	6	5.7	6.1
合肥	9.5	9.4	8.8	8.4	8.7	8	7.7	8.1	8.2	8.3	8.6
南昌	9	9.5	9.3	8.9	9	8.7	8.7	8.7	8.6	8.5	8.5
太原	9.2	10.5	9	8.1	7.9	7.3	7	6.4	5.6	5.5	4.5

2019年中部六省会城市规模工业增加值增速走势对比图

【产业链建设】 2019年，长沙市完善产业链调度机制和考核评价办法，开发产业链APP，发挥产业链“四长”（链长牵总、盟长搭台、校长支撑、行长帮扶）作用，推动产业链工作落细落实，做出特色，获省委主要领导“外学华为、内学长沙”的赞誉。22条产业链引进计划投资额过亿元项目202个，计划投资总额2135.5亿元，其中计划投资100亿元以上项目4个，惠科填补全省高清显示面板制造空白。287个产业链重大项目累计完成投资906.99亿元，占年度计划的115.2%。三一智联重卡、中联智慧产业城等百亿元级项目开工建设；格力空调、五矿新能源等战略性项目建成投产。

【工业园区转型提质】 2019年，长沙市规模工业增加值占全市比重逾60%，新引进计划投资额50亿元以上的重大产业项目均落户园区。长沙高新区综合排名全国高新区第11位，“两主一特”（两个主导产业、一个特色产业）产业对园区经济增长贡献率超过80%；长沙经开区综合排名全国经开区第17位，“两主一特”产业产值占园区比重超过90%，技工贸收入逾4000亿元。制定《关于促进园区改革和创新发展的实施意见》，促进园区转型提质发展。制定《长沙市规范工业地产发展管理办法》，实行项目把关制，推动实现集约节约用地。

【企业服务】 2019年，长沙市出台《制造业高质量发展若干意见》，制定人工智能、工业互联网、新一代半导体和集成电路、北斗应用、智能网联汽车、网络安全等系列产业政策，形成推动制造业高质量发展的政策体系。涉企服务日益精准。为企业解决各类问题4726个，推进成立市企业服务中心。中小企业转贷基金累计转贷金额45.41亿元，风险补偿基金向710家小微企业发放信用类贷款8.4亿元。清理拖欠民营企业中小企业账款6.48亿元，比例93%。企业培育。获批国家小巨人企业3家、省小巨人企业42家，评定市级小巨人企业200家。邦普循环被评为国家企业技术中心，方盛制药、三诺生物被评为全国技术创新示范企业，格力暖通获批国家知识产权优势企业，长宁炭素、杉杉新能源被评为国家制造业单项冠军示范企业，超能机器人、铁建重工、长城银河入围工信部人工智能产业创新重点任务揭榜名单，力合科技、远大住工上市，威胜信息成为科创板湖南第一股。 （本栏撰稿 周 妮）

表14 2019年长沙市规模以上工业增加值统计表

指标地区	企业单位数（个）	增加值比2018年增长（±%）
规模以上工业企业	2915	9.1
在总计中：芙蓉区	76	3.6
天心区	71	3.4
岳麓区	276	11.5
开福区	95	8.0
雨花区	72	5.5
望城区	358	11.3
长沙县	423	10.0
浏阳市	927	11.4
宁乡县	617	11.7
按经济类型分：国有企业	7	4.2
集体企业	11	−12.3
股份合作企业	2	−35.1
股份制企业	2517	10.1
外商及港澳台投资企业	146	14.3
其他企业	232	5.3
在总计中：国有及国有控股企业	140	2.9
大中型企业	331	11.4

（资料来源：市统计局）

表15 2019年长沙市规模以上分行业工业增加值统计表

指标	企业单位数（个）	增加值比2018年增长（±%）
规模以上工业企业合计	2915	9.1
按工业行业中类分组		
（一）采矿业	24	4.5
1.黑色金属矿采选业	2	−0.2

续表 15

指标	企业单位数（个）	增加值比 2018 年增长（±%）
2. 有色金属矿采选业	3	−9.5
3. 非金属矿采选业	19	7.7
（二）制造业	2840	9.1
1. 农副食品加工业	191	1.7
2. 食品制造业	96	18.2
3. 酒、饮料和精制茶制造业	52	2.5
4. 烟草制品业	2	3.7
5. 纺织业	23	6.1
6. 纺织服装、服饰业	19	−12.6
7. 皮革、毛皮、羽毛及其制品和制鞋业	6	14.0
8. 木材加工和木、竹、藤、棕、草制品业	39	2.2
9. 家具制造业	37	10.3
10. 造纸和纸制品业	75	13.5
11. 印刷和记录媒介复制业	84	−3.8
12. 文教、工美、体育和娱乐用品制造业	20	−12.1
13. 石油加工、炼焦和核燃料加工业	11	5.3
14. 化学原料和化学制品制造业	513	2.8
15. 医药制造业	94	5.4
16. 化学纤维制造业	91	12.7
17. 橡胶和塑料制品业	263	2.0
18. 非金属矿物制品业	7	13.5
19. 黑色金属冶炼和压延加工业	51	20.6
20. 有色金属冶炼和压延加工业	168	11.8
21. 金属制品业	260	7.1
22. 通用设备制造业	199	22.6
23. 专用设备制造业	164	−7.3
24. 汽车制造业	17	12.3
25. 铁路、船舶、航空航天和其他运输设备制造业	154	4.2
26. 电气机械和器材制造业	117	33.0
27. 计算机、通信和其他电子设备制造业	62	11.0
28. 仪器仪表制造业	13	−6.4
29. 其他制造业	12	5.8

续表 15

指标	企业单位数（个）	增加值比 2018 年增长（±%）
30. 废弃资源综合利用业	51	8.8
（三）电力、燃气及水的生产和供应业	17	7.6
1. 电力、热力生产和供应业	14	13.1
2. 燃气生产和供应业	20	11.7
3. 水的生产和供应业	21	−0.7

（资料来源：市统计局）

表 16　　长沙市主要工业产品产量统计表

指标	单位	1978 年	1985 年	1990 年	1995 年	2000 年	2005 年	2010 年	2015 年	2018 年	2019 年	2019 年比 2018 年（±%）
原煤	万吨	196	178	240	354	173	297	420	23	—	—	—
发电量	万千瓦小时	11551	12214	14581	21505	6036	33702	584611	535860	—	—	—
饮料酒	万吨	0.68	2.47	2.54	6.53	6.05	16.79	34.07	6.84	5.67	9.26	11.9
卷烟	万箱	11.31	17.00	36.10	71.63	87.13	126.27	350.55	351.47	327.11	330.29	1.0
纱	吨		10314	12238	11970	17115	18899	36443	100130	115614	137642	19.1
棉布	万米	3185	4885	5688	5367	63.57	225.00	326.16	—	—	—	—
印染布	万米	1930	2922	2507	2561	2749	2259	2908.0	—	—	—	—
服装	万件				1539	1315	1886	3706	4540	1773	2304	23.2
皮鞋	万双	145	306	548	1443	338	496	892	2479.00	34.40	288.79	99.3
人造板	立方米		2444	20526	61003	102149	47358	25892	—	—	27592.04	19
机制纸及纸板	万吨	1.88	4.33	6.13	13.02	3.09	14.38	21.36	32.73	11.31	31.51	3.6
硫酸	万吨	5.52	3.91	7.61	12.58	10.92	3.61	—	4.22	4.25	3.35	−21.2
涂料	吨	5667	12377	13586	19548	20214	49155	139323	549780	165311	309902	10.0
肥皂	吨	10356	23511	21593	20866	7912	8697	—	—	—	—	—
合成洗涤剂	吨	8087	15646	26411	44432	71323	94069	130297	170175	128177	159452	24.4
牙膏	万支	3313	5746	6071	3510	2300	836	—	—	—	—	—
水泥	万吨	22.31	54.27	89.32	248.00	313.81	537.37	1462	1167	625	694	9.9
钢材	吨	16062	28420	55428	19849	18449	19443	94218	159993	8641	6111	−29.3
金属切削机床	台	2486	4723	1332	1460	858	1246	2963	2108	1596	2502	−3.4
泵	万台	0.48	0.90	1.15	1.72	0.42	0.74	0.76	4.80	21.26	24.06	8.9
风机	万台	0.32	1.14	0.94	1.22	0.22	0.59	0.49	15.97	25.65	15.87	−29.2
汽车	辆	502	3402	1103	2076	1377	61823	100388	233093	385115	437049	−22.2
交流电动机	万千瓦	31.0	50.8	59.4	62.0	35.0	165.0	215.0	266.1	14.4	29.1	24.4
变压器	万千伏安	33.55	35.38	40.51	38.61	124.99	147.16	14.71	0.53	0.99	41.31	−7.2
家用电冰箱	万台	—	—	16.40	21.83	44.54	55.54	31.31	8.91	—	—	—
彩色显像管	万只	—	—	—	0.32	371.18	690.93	4.72	—	—	—	—

（资料来源：市统计局）

工程机械工业

【概况】 2019年，长沙市工程机械产业在上年良好发展势头的基础上进一步增长，主要主机企业的工业总产值1747亿元，营业收入1500.32亿元，净利润196.22亿元，其中三一集团于2019年12月12日销售超过1000亿元，成为长沙市首个千亿元企业。

【铁建重工盾构机首次出口南美】2019年12月18日，刀盘涂装成向日葵状的敞开式岩石隧道掘进机在中国铁建重工集团长沙第二产业园通过验收下线。该台设备将用于秘鲁圣加旺水电站隧洞工程建设，是中国首台出口南美洲的敞开式岩石隧道掘进机。该设备长约245米，刀盘直径5.83米，集机械、电气、液压、传感、信息技术于一体，工作时依靠机身两侧的撑靴撑紧洞壁提供刀盘破岩开挖推力，特别适合在圣加旺水电站隧洞围岩稳定性好、中高强度岩层环境中掘进，具有施工速度快、效率高等优势。结合秘鲁圣加旺水电站隧洞工程地质环境，设备开展多项技术创新，通过对刀盘设计液压油缸辅助设备脱困，脱困扭矩可达到额定扭矩的2.5倍；同时护盾预留了超前注浆孔，解决中小直径岩石隧道掘进机超前支护的难题。此外，刀盘设计行车制动功能，将刀盘停转时间缩短为原来的1/4，可以有效保障人员作业安全。秘鲁圣加旺水电站是“一带一路”倡议落地南美洲的代表性工程，是中国企业在秘鲁投资的第一个电力项目。

【三一智联重卡项目开工暨道依茨发动机项目签约开工动员活动】 2019年9月28日，三一智联重卡项目开工暨道依茨发动机项目签约开工动员活动在三一智联重卡产业园举行。湖南省省委书记杜家毫、省长许达哲、三一集团董事长梁稳根、道依茨董事长弗兰克·席勒等出席活动并见证项目签约。三一智联重卡项目总投资220亿元，首期项目于2020年年底实现主体竣工。项目达产后，园区可实现30万台智联重卡、60万台柴油发动机、以及其他核心产业链和新一代工程机械的规模生产，园区年产值将超过1500亿元，成为三一集团首个千亿元级单体智慧园区。项目位于长沙经开区长株高速以东、龙峰大道以西、漓湘东路以南、人民东路以北区域，是三一集团实施实体经济与互联网深度融合数字化转型的典型示范项目，重点打造智联重卡、高端发动机、其他核心产业链项目以及新一代工程机械项目，是湖南先进制造业强链、补链的典型项目。道依茨高端柴油发动机项目于当日签约动工。

【长沙市工程机械行业协会成立】2019年6月11日，长沙市工程机械行业协会成立，并举行第一届会员大会第一次会议。长沙是中国唯一拥有4家全球工程机械50强的城市，工程机械产值约占全国总量23%、占全球总量7.2%，产品覆盖全球160余个国家和地区。长沙市工程机械行业协会由湖南大学、三一集团、中联重科、铁建重工、山河智能和长沙银行6家单位共同发起成立，旨在促进行业资源共享、技术共享、信息共享、服务共享，搭建全市工程机械产业协作平台，推动长沙工程机械行业政、产、学、研、金、介、用的协调发展。长沙市工程机械行业协会第一届会员大会第一次会议听取了市工程机械行业协会 筹备工作报告，审议通过协会章程、会费标准、选举章程等文件，选举产生了轮值会长、副会长、监事长、理事、监事等，吴京生当选为协会第一届秘书长。三一集团总裁向文波、中联重科副总裁郭学红、铁建重工董事长刘飞香、山河智能董事长何清华，当选为第一届轮值会长。协会四年一届，每位轮值会长当值一年。经现场抽签确认，首届第一年会长由三一集团总裁向文波当值。长沙市各区县（市）工信局、园区产业（经发）局相关负责人及150余家会员单位代表参加会议。

【2019中国（长沙）国际工程机械展览会】 2019年5月15—18日在长沙国际会展中心举行。2019长沙国际工程机械展览会以“智能化新一代工程机械”为主题，展览会会期4天，举办全球高端制造业大会、“一带一路”基础设施与工程装备商务峰会、工程机械产业链发展大会等30余项配套活

2019年5月15—18日，2019中国（长沙）国际工程机械展览会在长沙国际会展中心举行。图为展览会现场 市工信局供图

动。2019长沙国际工程机械展览会，是湖南举办的国际化程度最高、行业影响力最大的专业展会。该次展会总展示面积21.3万平方米，设混凝土机械、起重机械等14个展区，国际标准展位约6000个，1150家中外工程机械企业参展，其中包括24家全球工程机械50强主机企业，14家世界500强配套件企业，国际展商比重超过22%。1150家企业展示近万种展品，18万人次观展，现场订单和采购金额逾200亿元。

【2019中国（长沙）国际工程机械设计大赛】 2019中国（长沙）国际工程机械设计大赛以“设计引领·跨界创新”为主题，是2019长沙国际工程机械展的重要配套活动。大赛由中国机械工业联合会、亚太总裁协会、中国工程机械学会、省工信厅、省商务厅、中国国际贸易促进委员会湖南省分会、长沙市人民政府联合举办，长沙市工业设计协会负责执行。大赛采取“创新设计工作营”驻企设计和线上征集相结合的方式。经过评比，邀请组中广东技术师范大学天河学院团队的《三一重工登高平台消防车设计》、清华大学团队的《中联重科智能地下管廊混凝土运输装备》、北京理工大学团队的《山河智能系列化挖掘机设计》、河南理工大学团队的《铁建重工智能化电动铲运机》获得金奖，同时还评审出优秀奖12名。线上组收到来自全国100余所高校的设计作品300余件，从入围作品中评出优秀奖20件。三一重工、中联重科、山河智能、铁建重工被授予大赛“最佳合作奖”。大赛其他奖项于2019年5月15日在“创新设计与工程机械论坛”上颁发。与以往大赛最大的不同，该届大赛获得金奖团队的主创设计师，除获得证书、奖杯、奖金等常规奖励以外，还将被授予“2019长沙新锐设计师”称号，并且学生将优先获得所驻企业的实习资格；获得金奖的设计团队成员和线上组优秀奖综合得分前5名的主创设计师被授予“长沙市工业设计协会荣誉会员”称号。

【2019中国国际轨道交通和装备制造产业博览会在长沙举办】 2019年10月18—20日，2019中国国际轨道交通和装备制造产业博览会在长沙国际会展中心举办。展会由中国国际贸易促进委员会、湖南省人民政府共同主办。经批准轨道交通装备博览会将长期落户湖南，每两年举办一届。此届轨道交通装备博览会围绕“智慧轨道，联通未来”主题，策划“1+2+4+N”项内容，即1个展览展示、2场主体活动、4场专题活动、N场市场化活动以及多个考察体验活动。博览会展示面积5.4万平方米，设10个展区，来自国内外406家轨道交通和装备制造企业及上下游配套企业参展，展示范围覆盖轨道交通、隧道桥梁、工程施工、智慧城市交通等全产业链。此届展会吸引中国中车、中国通号、中国铁建等众多行业顶尖企业进行最新产品和技术展示，也为国内各省市区设置展示专区，共有来自国内18个省份以及欧美、日韩、非洲、东南亚、南亚等国家和地区的政府机构、商协会等组成的采购团前来参观。

【“中国产业地标”系列节目之《长沙：从工程机械到智能制造》播出】 2019年9月22日，中央电视台财经频道《对话》栏目播出“中国产业地标”系列节目之《长沙：从工程机械到智能制造》。湖南省委常委、长沙市委书记胡衡华与三一重工董事长梁稳根、中联重科董事长詹纯新、山河智能董事长何清华、铁建重工董事长刘飞香4位工程机械企业家同台对话交流，4位企业负责人回顾创业历程，展示了企业参与的诸多世界级“超级工程”，分享全球化及智能化发展成果。长沙工程机械产业集群在2018年实现工业总产值1639亿元，约占全国工程机械产业工业总产值28%，产业规模居全国第一位。长沙混凝土机械、起重机械、挖掘机等主导产品连续多年产销居全国第一位，混凝土机械、大直径全断面硬岩隧道掘进机跻身全球行业前列。在2019年9月举办的2019年全球工程机械产业大会暨50强峰会上，三一集团、中联重科、铁建重工和山河智能4家企业入选“2019全球工程机械制造商50强”，长沙成为国内唯一拥有4个世界工程机械50强企业的城市。

（本栏撰稿　周　妮）

汽车及零部件工业

【概况】 截至2019年年底，长沙市有规模以上汽车及其零部件企业146家，上汽大众、比亚迪、广汽三菱、广汽菲克等整车企业产能达到130万辆。2019年长沙市整车产量约54.93万辆，实现产值约1000亿元。

【首列长沙产有轨电车下线】 2019年3月24日，在中国通号长沙产业园，首列长沙产有轨电车下线，首批17列电车将发往甘肃天水。车辆由五节车厢组成，时速70千米。一节车厢内有座位58个，载客量为370人。通号车辆将生产大量有轨、单轨或无轨的新型智能电车，向包括长沙在内的全国各大城市供货。“先锋号”电车采用现代化的数字控制方式与无极全电流的传动方式，同时利用互联网进行中央控制，随时随地调度车辆，其智能化水平超过绝大多数世界级大都市使用的有轨电车。通号轨道车辆有限公司可年产200列现代有轨电车及轻轨车辆。

【中国新能源及智能汽车产业投资联盟项目对接会在长沙举行】 2019年3月15—16日，中国新能源及智能汽车产业投资联盟（以下简称“投资联盟”）项目对接会在长沙中南大学科技园（研发）总部举行。为争取现

场上百名投资人青睐以及项目落户长沙，12个汽车相关项目从70余个海内外项目中脱颖而出，以路演形式分享他们的理念、技术、产品，其中包括车用激光雷达、人工智能芯片、氢燃料动力系统、智能网联汽车安全系统、汽车轻量化镁铝合金材料等项目。投资联盟成立，致力于新能源、智能网联、汽车轻量化、共享出行等领域，发掘、培育优秀项目，已储备150余个项目；同时，搭建资本方与项目方对接的平台，为资本方引荐优秀项目，为项目方提供专业的融资、技术、财务咨询服务。投资联盟已在上海、苏州、银川等地举办4次路演活动，推荐40余个优秀项目，促成项目方与资本方的对接与合作，帮助项目融资数亿元，获社会各界的广泛关注与认可。

【人工智能政策和智能网联汽车测试规则体系发布】 2019年6月21日，长沙市发布《长沙市关于进一步促进人工智能产业发展的意见》（以下简称《意见》）和以《长沙市智能网联汽车道路测试管理实施细则（试行）V2.0》（以下简称《细则》）为核心的6项涉及智能网联汽车公共道路测试的管理规程，并一次性为5家企业发放49张测试牌照，建设36条道路56个路段135千米城市开放测试道路，规划100千米高速公路测试示范道路，支撑长沙智能网联汽车、人工智能等产业发展的生态体系加速形成。《意见》是2018年专项政策调整完善后的“升级版”，特别是设立5亿元专项资金、100亿元产业基金等内容，该政策主要聚焦七个方面：支持产业集聚、支持企业引培、支持研发创新、支持示范应用、支持人才培养、支持金融创新、支持生态优化。

以《细则》为核心的6项涉及智能网联汽车公共道路测试的管理规程，即“1+3+2”的规则体系：“1”是指《长沙市智能网联汽车道路测试管理实施细则（试行）V2.0》，增加了载人测试和高速公路测试两项测试场景的内容，是全国率先开展此类测试的城市之一；“3”是指配套出台的长沙市智能网联汽车自动驾驶功能测试规程公交车版、乘用车版和物流重卡版3个规程；“2”是指同步出台的《长沙市智能网联汽车测试开放道路技术要求（试行）》《长沙市智能网联车道（城市测试路段）设置指南（试行）》2个技术指南。

（本栏撰稿　周　妮）

食品工业

【概况】 截至2019年年底，长沙市食品及农产品加工产业链上有规上重点企业310家，其中年销售亿元以上企业148家。1—12月食品制造业规模以上增加值比2018年增长18.2%，高于全市平均增幅（9.1%）9.1个百分点。链办所在园区获国家级平台1个（宁乡农科园获批全国首批“国家农村产业融合发展示范园”，顺利通过科技部“国家农业科技园区”现场验收）；链上企业获批国家级平台5个，省级平台69个。2019年，长沙市有国家（湖南省、长沙市）三级的农业产业化重点龙头企业39家，全国驰名商标10个，绿色食品认证企业11家59个品种，有机食品认证企业9家17个品种，全市粮油加工总产值逾230亿元，比2018年增长5%。（周　妮）

【荷兰夸特纳斯（长沙）国际食材集采集配加工中心项目开工】 2019年9月26日，荷兰夸特纳斯集团（长沙）国际食材集采集配加工中心项目在长沙金霞经济开发区开工，是该集团在中国中部地区的首个食材加工项目。此后，巴西鸡肉、日本海产品、新西兰乳制品等世界各国新鲜食材将在此实现集采集配。项目用地面积9.96公顷，总投资1.6亿美元，将打造国际食材加工中心，实现国际食材集团化采购、标准化操作和科学化管理；打造高端冷链储存分拣及新能源集采集配中心，建成绿色物流智慧服务平台；打造食品安全质量大数据中心，形成稳定可靠的产品质量追溯体系。

（周　妮）

【湖南农业大学优卓牧业奶牛特色产业基地授牌仪式举行】 2019年7月23日，湖南农业大学优卓牧业奶牛特色产业基地授牌仪式在湖南优卓牧业有限公司举行，湖南农业大学与优卓牧业将共建奶牛特色产业基地。中国工程院院士、湖南农业大学校长邹学校，湖南农业大学副校长张立，湖南农业大学机关党委书记王山群，宁乡经开区党工委副书记黄瑶，宁乡市政协副主席杨志武出席仪式。湖南农业大学优卓牧业奶牛特色产业基地联合指导教师由湖南农业大学动物科学技术学院畜牧学科27位研究生导师和基地6位校外导师组成，学校将发挥专业教师队伍、优质生源与掌握国内国际奶牛科技前沿的信息来源的优势，经由先进的文献检索平台和检测平台，组织研究生集中奶牛生产关键点进行攻关与突破，发挥校企合作建立研究生创新培养基地模式的加性效应。

（周　妮）

【娃哈哈桶装水生产基地投产】 2019年9月28日，湖南湘娃饮料科技有限公司娃哈哈桶装水生产基地在宁乡经开区投产。该项目自2018年9月落户宁乡经开区，从签约到投产，历时200天。项目占地1.3万余平方米，设计年产能1500万桶规模，投产后预计年产值2亿元。厂区安装有国内最先进的全自动桶装水生产线，设计产量为每小时2400桶。

（黄　亮　羊惊涛）

烟草工业

【长沙卷烟厂】 长沙卷烟厂为湖南中烟工业有限责任公司（以下简称

“公司”）下属不具有企业法人资格的卷烟生产点，是市内唯一烟草生产企业。2019年，工厂主厂区占地面积32.77万平方米，大托、圭塘、吉首仓库用地43.91万平方米。年卷烟生产能力980.1亿支（196.02万箱）。固定资产原值85.11亿元，净值28.25亿元。拥有1条15000千克/小时和1条3000千克/小时制丝生产线；1条570千克/小时膨胀烟丝生产线，进口及国产卷接机47台（闲置2台），进口及国产包装机47台（3台闲置），进口及国产滤嘴成型机17台，装箱机14台，建有原料高架库、辅料高架库、成品高架库及相关辅联设备、自动物流系统。在岗员工2224人。2019年，长沙卷烟厂落实湖南烟草工业工作会议精神，强化公司“和天下”、细支烟、新品孵化三大基地建设，完成公司下达的各项目标任务。全年生产内销卷烟108.7万箱，合作生产卷烟58.2万箱，生产计划完成率100%。顾客质量投诉零事故，成品外部抽检合格率100%。安全实现“六无”（无重大以上伤亡事故、一般以上安全生产事故、一般以上火灾事故、一般以上主要破坏或盗窃事件，负同等以上责任的一般以上交通事故。）目标。“白沙”品牌单箱均价提升10.49%，“和天下”系列连续7年保持全国高价位卷烟产销量第一位。同时，聚焦高质量发展，制定高质量发展纲要，启动易地技改项目；推动“三供一业”分离移交〔指将国有企业家属区供水、供电、供热（供气）及物业管理转由社会专业单位实施〕工作，解决职工群众关心的热点难点问题，为工厂高质量发展营造良好环境。

【卷烟生产】 2019年，长沙卷烟厂主要生产“白沙”“芙蓉王”“万宝路”3个卷烟品牌。全年完成29个规格、3个新品的生产。配合技术中心开展科研试制412台次，完成2个品牌加热卷烟批量试制。73#、75#“和天下”人机融合线实现运行投产，“和天下”连线生产专区初具雏形；细支烟机台年换牌次数比2018年减少53%；“芙蓉王(硬细支)”台时效率突破6.5箱，达到行业内同机型先进水平；盘磨梗丝线、膨胀烟丝线日生产能力分别提升87%和55%。完成长株潭中心库切换和投用工作，实现销售发货46.15万箱，为打造工商共建标杆项目奠定坚实基础。履行公司成品、原料中心库职责，全年原料出、入库分别为204.44万担和161.55万担，其中联营加工及其他生产点需求约占出库总量的64.92%；成品销售发货173.68万箱，约占公司总量的42.45%。加强品牌联营加工均质化管理，全年回购卷烟57.1万箱，有效满足市场需求。

【卷烟质量控制】 2019年，长沙卷烟厂以“质量年”活动为契机，开展各类质量竞赛、测评与培训，强化过程行为管控，全员质量意识得到提升。顺利通过菲莫公司工艺认证，实现万宝路膨胀烟丝本地化生产。联合开展辅料质量专题研讨，材辅料适应性问题得到逐步改善。探索烟虫治理新模式，虫源监测与定期治理成效取得进展。开展工艺改进攻关，全年实施工艺技术、精益六西格玛、谢宁方法应用等课题36项，卷烟实物质量监督抽检合格率100%，优等品率99.2%。在公司抽检成品质量加权得分、西格玛水平、满分牌次中，两项排名公司第一位，一项排名公司第二位。

【白沙品牌合作生产】 2019年，长沙卷烟厂白沙品牌合作生产卷烟58.2万箱，回购卷烟成品57.1万箱。品牌合作生产计划执行率100%，回购计划完成率100%，生产（回购）计划进度符合公司合作生产计划要求。全年品牌合作生产点6个（河北石家庄、保定合作点，陕西汉中合作点，山东青州合作点，河南漯河合作点，重庆合作点），合作生产品牌5个，分别为白沙（软）、白沙（硬）、白沙（绿和）、白沙（硬新精品二代）、白沙（精品），对外合作工作各项目标全部达标，其中各类事故为0，成品监督检验不合格品为0次、市场A类投诉0次，B类投诉1次，卷烟成品监督抽检合格品率100%，产品质量保持稳定。

【推进“三大基地”建设】 2019年，长沙卷烟厂推进“和天下”、细支烟、新品孵化三大基地建设，以满足未来和天下10万箱、细支烟25万箱以及新品孵化增量市场需求为目标，开展设备技术攻关。解决“和天下”人机融合线（手包条盒自动化改造）设备难点问题，“和天下”包装设备速度达到320包/分钟。建立联动排产模式，“和天下”成品库存时间缩短30%。行业内首创采用ZL26、KDF4设备改造生产细支爆珠嘴棒，速度分别达到200米/分钟和300米/分钟。配合公司技术中心开展薄片原料生产试验，建设首个加热不燃烧新品试制生产专区。在公司内首次实现中支烟品牌自动化生产作业，实现“芙蓉王自主调配”香基自主生产。推进科研实验线建设，完成主体设备落位安装。

（本栏撰稿　廖　劼）

生物医药产业

【概况】 2019年，长沙生物医药企业有136家，医药制造业规模以上增加值比2018年增长5.4%。浏阳经开区已形成以药用原辅料、通用名化学药、现代中药为主导，生物制品与健康产品快速发展的产业格局。注册生物医药类企业153家，其中，医药科研类企业78家，规模以上企业46家，通过GMP（药品生产质量管理规范）认证医药企业68家，通过新版GMP认证医药企业35家。九典制药洛索洛芬钠凝胶膏等一批新产品上量，增长29.7%；迪诺制药加快奥利司他减肥药等一批产品的市场拓展，增长32.7%；绿之韵、凯铂生物分别增长20.4%、64.8%。长沙高新区拥有便携式医疗器械、诊断试剂、口腔科用设备等领域的医疗器械企业70余家，

产值30亿余元。三诺生物被称为“国内血糖仪第一股”，公司近几年平均销售收入增长率80%以上，国内市场占有率居第三位，排名全球前十强。海凭国际医疗器械产业园是国内首创助推型医疗器械专业园区，是湖南省唯一的医疗器械产业聚集地，可容纳企业300余家，实现产值逾100亿元，被《湖南省医药产业“十三五”规划》列为百亿元产业园区，并被评为国内最优秀的医疗器械专业园区，已入驻企业42家，产值20亿元。

【中南源品干细胞科技园开园】 2019年6月30日，中南源品干细胞科技园开园，标志着湖南省第一个干细胞与再生医学科技园启用。湖南省委常委、长沙市委书记胡衡华，湖南省副省长吴桂英，中国科学院院士裴钢、魏于全，美国科学院院士Thomas C. Südhof、加拿大皇家科学院院士Moshe Szyf出席活动。吴桂英为湖南省细胞组织库、湖南省细胞制备中心进行现场授牌。中南源品干细胞科技园位于长沙经开区，占地约13.33公顷，其中一期工程占地3.33公顷，建筑面积4.32万平方米，投资15亿元，打造以储存量500万份以上的“湖南省细胞组织库”和临床级“湖南省细胞制备中心”两大项目为核心，涵盖细胞质量管理控制中心、干细胞与再生医学研究院、干细胞技术临床转化中心以及生命科学体验馆配套体系的全产业链科技园区。中南源品的开园，将为湖南省干细胞资源的就近储存及应用提供便利。

【“神经修复学与干细胞研究中心”成立】 2019年7月28日，湖南源品细胞生物科技有限公司与湖南师范大学共建的“神经修复学与干细胞研究中心”成立。湖南师范大学是国家“211工程”重点建设大学、首批国家“双一流”世界一流学科建设高校，在生物医学学科，拥有包括神经修复学湖南省重点实验室在内的10个省部级科研平台。中南源品干细胞科技园已建成以储存量500万份以上的“湖南省细胞组织库”和临床级“湖南省细胞制备中心”两大项目为核心，涵盖细胞质量管理控制中心、干细胞与再生医学研究院、干细胞技术临床转化中心以及生命科学体验馆配套体系的全产业链产学研“三位一体”的创新平台。此次源品生物与湖南师范大学深度合作，共建“神经修复学与干细胞研究中心”，将主要围绕干细胞治疗中枢神经损伤及神经退行性疾病开展基础及临床研究，瞄准干细胞治疗的关键技术问题，为中枢神经系统的损伤和神经退行性疾病的治疗提供技术支撑，打造神经系统疾病干细胞科技创新平台，并研究开发具有自主知识产权的技术和产品。

【长沙入选生物医药20强城市】 2019年6月10日，在中国生物产业大会上，火石研究院、中国生物工程学会面向全球首发“中国生物医药产业发展指数”（China Biomedical Industry Barometer，简称“CBIB”），同时公布首批成分机构名单，其中包括20个成分城市名单、20个成分园区名单、60个成分企业（30家制药企业、20家医疗器械企业、10家服务企业）名单以及20家投资机构名单。长沙成为20个成分城市之一，长沙高新技术产业开发区、浏阳经济技术开发区入选20个成分园区名单。2019年，全市有生物医药生产型企业170余家，其中规模以上企业66家，药品品种1500余个。长沙已初步形成浏阳经开区生物医药产业集群、长沙高新区海凭医药器械园及医药生产物流基地、望城经开区铜官化学原料药生产基地、金霞经开区医药物流基地等医药产业集聚区。

（本栏撰稿　周　妮）

材料工业

【概况】 2019年，长沙材料产业以先进储能材料、新型轻合金材料、碳基材料、先进硬质材料为重点，引进重大项目69个，计划总投资569.2亿元，其中比亚迪动力电池项目总投资100亿元，实现长沙先进储能材料产业链电芯环节的重大突破。长远锂科8万吨锂离子电池三元正极材料项目总投资80亿元，湖南云轮科技有限公司的镁合金产业项目总投资约50亿元。平台建设效果显著，邦普循环科技获批国家企业技术中心；航天天麓获批国家新材料测试评价平台区域中心；望城经开区获批国家知识产权示范园区和国家绿色园区2个国家级平台；宁乡高新区获批“湖南省储能材料特色产业园区”；中科星城石墨、长远锂科获批湖南省企业技术中心；泰嘉新材料、黑金刚分别获批湖南省工程研究中心。关键技术有所突破，长沙众鑫达工具公司生产的金属陶瓷产品指标及性能均超过日本韩国，居全球第一位。泰嘉新材料公司的“大电流全自动精密电阻焊接系统关键技术开发及应用”填补国内空白，整体技术居国际先进水平。

【第二届中国新材料产业发展大会暨2019长沙新材料产业博览会在长沙举行】 2019年11月14—15日，第二届中国新材料产业发展大会暨2019长沙新材料产业博览会在长沙举行。大会期间，同步举行玻璃新材料、超硬材料、矿物功能材料、生物医用材料等18场专业论坛。新材料是高新技术产业的先导，是先进制造业的关键基础。与会专家介绍，中国已成为世界上名副其实的材料大国，新材料领域的发展专利数量、论文数量、专业技能人才数量等均位居世界第一位。除此之外，中国以企业为主体、市场为导向，产学研用相互融合的新材料创新体系逐渐形成并日趋完善。AI、智能汽车、5G、VR、大数据等已成拉动新一代半导体材料、稀土功能等新材料发展的新动力。近年，长沙市高度重视新材料产业发展，以全球视野谋划和推动创新，从土地、人才、资金创新载体建设等多方面保障和促进新材料产业发展，着力打造研发国际化、产业高端化、发展集群化的新材料创新体系和产业体系。

【2019 固态电池技术、智能装备与市场应用研讨会在宁乡举办】 2019 年 2 月 27 日，“固态电池关键技术及市场应用研讨会”在宁乡高新区管委会召开，该会由先进电池材料及电池产业技术创新战略联盟会同中关村新型电池技术创新联盟、宁乡市人民政府共同举办。会议以“固态电池：动力电池的下一个风口吗？”为主题，进行技术分享、市场分析、投资思考与比较等 11 场主题演讲，并展开一场主题大讨论。研讨会上，北京大学新能源材料与技术实验室主任、博士生导师、国务院特殊津贴专家其鲁等来自产学研各界的精英，分享了在固态电池专利掌控、技术瓶颈、配套装备、市场应用等方面的精彩观点，与 150 余位参会嘉宾共同探讨下一代电池技术前行之路。近年来，宁乡高新区聚集湖南杉杉、中科星城、长园中锂、多氟多、邦普循环、天麓新材等 30 余家链条企业，已被长沙市进一步明确为 22 个先进产业链中的先进储能材料产业链建设的牵头园区，建设中国（金洲）锂电谷。 （本栏撰稿 周 妮）

电子信息产业

【概况】 2019 年，长沙市移动互联网产业继续保持较快速度增长，全年营收首次逾 1000 亿元，达到 1092 亿元，比 2018 年增长 13%。全市入选省移动互联网重点企业 54 家（全省 63 家），入选全国互联网百强企业 3 家，总部或区域总部落户长沙的行业龙头企业 19 家，企业总数 2.6 万余家，规模以上企业 280 余家。重点企业加快发展，湖南亚信软件有限公司 2019 年利润比 2018 年增长 97.89%，长沙景嘉微电子股份有限公司利润比 2018 年增长 61%，湖南潭州教育网络科技有限公司利润比 2018 年增长 22.18%。

【工业互联网】 2019 年，长沙市有 16 家平台纳入湖南省工业互联网平台建设计划（全省 22 家）。其中，长沙智能制造研究总院的长沙工业云平台和三一集团基于“根云”的工程机械工业互联网平台获得工业和信息化部 2018 年工业互联网试点示范项目。树根互联根云工业互联网平台成为国家 10 个跨行业跨领域工业互联网平台之一，是中西部唯一一家获此荣誉的平台，已接入各类工业设备超过 56 万台，覆盖 95% 主流工业控制器、支持 350+ 种工业协议解析、赋能细分工业行业超过 70 个，连接高价值工业设备超过 5000 亿元，支持超过 45 个海外国家和地区的设备接入，客户及合作伙伴数量超过 300 个。御家汇工业智能运营云平台订单处理量超 800 万单，实现年销售超 10 亿元。苏科智能网服务平台在服装规模定制化方面为圣得西、忘不了、卡斯迪莱等知名企业提供服务，帮助企业降低量体成本 80%，缩短交货周期 44.4%，加速新产品研发周期 12%。全年长沙市“上平台”中小企业 1650 家，占全省“上平台”中小企业总数的 33%。其中湖南用友精智工业互联网平台，三一集团工程机械工业互联网平台，中电云网工业互联网平台用户数排名靠前。

【5G 建设】 2019 年，长沙市出台《长沙市信息通信基础设施建设三年行动计划（2019—2021）》，制定《长沙市 5G 基础设施专项规划（征求意见稿）》《关于加快推进长沙市公用移动通信基站规划建设的指导意见》，明确长沙 5G 建设的时间表、路线图、任务书和责任单位。2019 年建成 5G 基站 4260 个，实现国家智能汽车（长沙）测试区、马栏山视频文创园、黄兴路商圈、橘子洲景区、岳麓山国家大学科技城等重点区域的 5G 覆盖，构建核心商圈、交通枢纽、旅游景区、产业应用的 5G 场景，中联环境橘子洲智慧清洁、三一消防车远程控制系统等 15 个项目入选省 5G 应用场景。

【第二个国家网络安全产业园区落户长沙】 2019 年 12 月 30 日，湖南省政府新闻办召开新闻发布会宣布，工信部复函省工信厅，支持湖南建设国家网络安全产业园区（长沙），要求加快把园区打造成引领国家网络安全产业发展的战略高地。湖南成为继北京之后全国第二个获批国家网络安全产业园区的省市。截至 2019 年年底，全省网络安全产业规模逾 100 亿元，相关企业近 200 家。湖南拥有国防科大、中南大学、湖南大学等 58 所高等院校，其中国防科大作为飞腾芯片 + 麒麟操作系统（PK 体系）的技术策源地，在湖南产生以“一机四芯”为主导的、跻身国内自主可控行业领先地位的一系列前沿高端产品，具备很强的创新优势。在加快打造“开放联合”的 PK 生态体系和鲲鹏计算生态过程中，湖南集聚长城科技、中国电科 48 所、国科微、景嘉微、湖南亚信、湖南麒麟、深信服、奇安信、金蝶、金山等众多网安产业龙头企业，基本形成涵盖基础硬件、集成电路装备、基础软件、应用系统、整机、商业密码、信息安全服务、工业互联网安全等众多领域的产业链条。高端芯片方面，长沙市掌握 CPU、GPU、DSP、SSD 等芯片设计核心环节的关键技术。国家网络安全产业园区（长沙）定位于网络安全产业，特色鲜明、应用广泛、生态完善，与国家网络安全产业园区（北京）定位于高端、高新、高价值各有侧重，差异化发展。预计到 2025 年，园区产业规模将逾 1000 亿元。

【2019 世界计算机大会在长沙举办】 2019 年 9 月 9—11 日在长沙举行。大会以“计算万物 湘约未来”为主题，举办 1 场主论坛和 9 个专题论坛，以及创新技术和产品应用成果展。主论坛聚焦计算和智能，以“计算万物 湘约未来”为主题，研讨计算产业核心技术与应用的创新发展，在计算能力快速提升、算法不断演进以及大数据

2019年9月9—11日，2019世界计算机大会在长沙市举办　　市工信局　供图

迅猛式增长的支撑下，智能化进入快速发展的应用时期。9个专题论坛围绕当前计算机领域，计算机生态、计算机未来、边缘计算、网络安全、计算芯片、人机连接、协同计算、AI算法、新型计算等热点话题展开深度探讨，读懂全球计算产业发展焦点、尖端技术热点，启发并创新商业思维。作为世界计算机大会的永久落户地，湖南省近年来在基础软硬件、终端及安全设备、服务集成及应用等方面形成比较优势，计算机相关产业成为湖南经济高质量发展的重要支撑。

【2019互联网岳麓峰会】　2019年4月1—3日，2019互联网岳麓峰会在长沙梅溪湖国际新城举行。2019互联网岳麓峰会以“智能网联·于斯为盛”为主题，主要活动为“1+11”。“1”代表开幕式和一个主体活动（4月2日上午新经济高峰论坛）、“11”代表11个分场活动，包括5G智能与移动支付、智能驾驶、工业互联网、智慧教育、投融资+科创板、智能新媒体、互联网+创业、人工智能、区块链、株洲和湘潭专场。新经济高峰论坛线上报名人数超过3万人，李彦宏、李跃、徐直军、汤道生、王刚、彭波、熊晓鸽、姚劲波、周群飞、徐少春、傅盛等业内代表一同出席，围绕“人工智能”“5G”等主题演讲。互联网岳麓峰会已举办五届，已成为湖南互联网行业的一张闪亮名片。

【2019湖南(长沙)网络安全·智能制造大会】　2019年11月28—30日，2019湖南（长沙）网络安全·智能制造大会在长沙国际会展中心举行，以“创新引领 智造未来”为主题，采取“高峰论坛+展览展示+同期论坛+专题活动”四位一体的模式，秉承创新、前沿、智能理念，举办1场开幕峰会和17个专题论坛，汇聚全球网络安全智能领域的新技术、新产品、新方案，追踪前沿动态，激发创新动能，打造中国湖南智能制造中心，助推中国制造业高质量发展。长沙智能制造大会已连续举办3届，西门子、ABB、华为、IBM、SAP、紫光、用友、360等来自10余个国家和地区的300余名嘉宾参加论坛活动，参展企业800余家，展览面积超过15万平方米，专业观众20万人次。

【长沙市与华为签署共建鲲鹏计算产业合作协议】　2019年9月10日，长沙市政府与华为签署鲲鹏计算产业合作框架协议。结合长沙数字经济生态基础以及华为在芯片、操作系统及数据库等ICT技术领域的优势，共同推动鲲鹏计算产业在长沙的落地和快速发展。根据该合作协议，双方以鲲鹏处理器为基座，建设创新的生产基地，推动鲲鹏产业发展。同时，建设鲲鹏云服务创新中心，打造长沙市鲲鹏产业应用推广的“孵化引擎”。在专业人才培养方面，加快培养鲲鹏产业人才，为长沙市产业人才聚集提供肥沃土壤，推进产学研深度融合发展，加速技术创新和产业数字化转型。华为已构建在线鲲鹏社区，提供加速库、编译器、工具链、开源操作系统等，帮助生态伙伴和开发者快速掌握操作系统、编译器以及应用的迁移调优等能力，尽快融入鲲鹏生态当中。长沙市政府将建设鲲鹏计算产业生态作为重点投入和发展方向。通过整合长沙的区位、产业、资源优势以及华为核心技术创新能力，促进鲲鹏计算产业生态在长沙不断发展。

【长沙“PK”体系与40余家企业、机构集中签约】　2019年9月11日，在长沙举行的“2019世界计算机大会·产业对接交流会”上，金山软件办公应用生态项目、深信服网络安全产业园（第二总部）项目等来自40余家企业及机构的项目进行集中签约。由国防科大自主研发，麒麟芯片与飞腾操作系统共同构建的“PK”体系，已是国内最大的自主IT生态。在这一生态上，聚集了腾讯、阿里、华为、浪潮等400余家核心企业，并形成5大类、24小类、134项生态要素，具备完整的技术和产业体系。金山软件签约落户的项目为基于湖南的政务型项目提供最重要的支撑。湖南长城构建的基于“PK”体系的智慧医疗云解决方案，应用涵盖门诊、医疗BI、健康卡、分级诊疗、智慧医院等15个医疗相关应用系统。此外，金山软件、天津麒麟、奇安信等16家企业就合力构建“PK”体系产业生态合作签约，胜云光电、中科院电子所等14家企业就共建高可靠信息装备创新应用中心签约。

（本栏撰稿　周　妮）

烟花爆竹业

【概况】 2019年，浏阳市烟花爆竹产业集群实现总产值241.1亿元，比2018年减少2.2%。其中出口销售额34.8亿元，比2018年减少3.1%；国内销售额150.4亿元，比2018年减少2.4%；原辅材料及相关产业实现55.9亿元，比2018年减少0.9%；有花炮企业557家，有从业人员约30万人，中级以上生产技术人员800余名，年发放社会工资100亿余元，出口总额占全国的60%，内销占全国的50%。截至2019年年底，147家花炮企业获准使用“浏阳花炮”地理标志产品保护专用标志，“浏阳花炮”文化品牌价值为1071.4亿元。2019年，在第二届金芒果地理标志产品国际博览会——金芒果地理标志品鉴之夜上，浏阳花炮被评为“2019年金芒果好地标TOP榜年度十大推荐品牌”；浏阳花炮先后亮相世园会开幕式、乌兹别克斯坦28周年独立日庆典、首届中国—非洲经贸博览会开幕式。从2018年年初，浏阳市烟花爆竹总会倡议实施“浏阳市礼花弹精品计划”项目，完善礼花弹企业质量管控体系，提升礼花弹行业制作技艺和质量水平，打造礼花弹匠心精品企业。建设礼花弹精品示范工厂，推动礼花弹产品品质提升。（石慧琮）

【政策调控】 2019年，浏阳市制定《浏阳市推动花炮产业高质量发展十条》。从加强产业宏观调控、调整优化产业结构、强化产业要素保障等10个方面对产业高质量发展指明方向。拟订浏阳市烟花爆竹产业（2020—2025）年计划，制订并实施烟花爆竹产业发展2019年度计划。草拟完成《中国烟花乐谷规划》，并申请将中国烟花乐谷项目纳入浏阳市“十四五”规划。修订分类管理实施方法，将花炮经营企业纳入分类管理范畴，经严格评定，花炮生产企业一类企业144家，二类企业241家，三类企业95家；花炮原辅材料企业一类企业23家，二类企业37家，三类企业27家；一类花炮经营企业16家，二类企业58家，三类企业122家。（石慧琮）

【科技创新】 2019年，浏阳市建立花炮机械研发项目库，入库项目35项，入库重点项目16个，其中新产品4项、新材料9项、新机械17项、新工艺5项；全年跟踪、服务、指导花炮机械科技研发近30次。邀请来自化工、机械、花炮、自动化、信息化等领域的有关专家建立花炮机械研发专家库36人，常态性邀请专家指导项目攻关和升级。指导智联科技公司开发花炮企业信息网络，联通全产业链条，收集消费终端的体验情况，助推企业信息化管理。借才引智助推智造升级，建立专家智库（机械专家库、技术专家库），邀请“火药王”中国工程院院士王泽山一行考察行业发展现状，与浏阳日报社联合组织2019浏交会，其中机械展位66个，展示科技含量高、推广效应强的最前沿成果。截至2019年，浏阳市建成投产和规划布局的组合烟花自动化生产线共8条分段式自动化生产线（有药生产）9条。湖南庆泰烟花制造有限公司、浏阳市颐和隆烟花集团有限公司等9家企业被评为长沙市“第六批智能制造试点企业”。4月17日，组织开展第六届湖南省烟花爆竹新产品评比大赛，从入选的3大类别167个新产品中共评选出金奖4个、银奖8个、铜奖16个。提升全行业花炮危险工序的机械使用率，走访机械研发和应用企业，2019年行业机械化率80%以上，组合烟花和鞭炮均能实现全自动化生产，亮珠筛分、亮珠造粒、湿法混药、效果件装填等设备均在提质攻关中。（石慧琮）

【质量建设】 2019年，浏阳市鞭炮烟花产业发展中心协助相关部门在花炮行业内开展“对标达标”活动，鼓励高质量发展，培育出57家烟花爆竹企业“领跑者”，提高花炮产业标准化水平。联合市场监督管理局抽检花炮原材料产品169个批次，联合相关部门协助企业打假维权2次，查处假冒非法产品5000余箱；协助市文化市场综合执法局开展花炮包装印刷制品整治工作，检查印刷经营单位72家，查处印刷企业8家，依法取缔无证企业1家。组织浏阳市烟花爆竹技术协会制定《烟花爆竹　造粒机》《烟花爆竹组合　烟花组盆机》两项团体标准，2019年2月实施。组织浏阳市烟花爆竹技术协会开展《烟花爆竹　烟花卷

2019年8月31日和9月1日晚，浏阳市吉腾烟花集团有限公司为乌兹别克斯坦28周年独立日庆典举行焰火表演　　浏阳市鞭炮烟花产业发展中心　供图

简机械》团体标准制定。按计划推进礼花弹精品计划工程，组织开展第三期主题培训。参加3次专题工作调度会，形成相关材料，参与制定改革示范实施方案并报省应急管理部门。

（石慧琼）

【文化创意】 2019年，浏阳市鞭炮烟花产业发展中心协助长沙市委宣传部，开展2019年度长沙市创意烟花专项资金项目申报。制定《创意烟花产业发展规划（2019—2020）》，为创意烟花产业发展指明方向、明确路径；每季度组织召开浏阳创意烟花工作调度会，推进相关工作开展。指导企业开发情景微焰火、智能遥控趣味烟花等文化创意烟花，打造北海“焰舞涠洲岛”等全新焰火文旅项目，推动创意烟花的全方位发展。制定《2019年“创意浏阳烟花 点赞美好生活”宣传策划方案》，组织召开创意浏阳烟花新媒体宣传工作调度会，策划组织创意浏阳烟花集中专题宣传，提升创意浏阳烟花的影响力。做好花炮文化进校园活动，制定花炮文化进校园活动方案，专门制作《阳阳玩烟花》PPT，到幼儿园进行专题授课。推动浏阳花炮申请世界非物质文化遗产名录工作进程，协助文旅部门向上级呈送报告文件。指导企业在中秋节、国庆期间承接焰火燃放活动，市鞭炮烟花产业发展中心做好国庆焰火燃放指导调度工作，指导燃放企业研发使用“70”“祖国万岁”等国庆元素特效高空烟花，并将精品礼花弹和新型气态发射烟花首次应用于长沙橘子洲国庆焰火，为国庆70周年庆典增光添彩，全年在国内外燃放焰火400余场次。举办以“一河诗画，满城烟花”为主题的第14届中国（浏阳）国际花炮文化节，烟花与创意、旅游、经贸融合创新，提升浏阳花炮品牌影响力。

（石慧琼）

【市场开拓】 2019年，浏阳花炮交易会召开，对接和引进“安徽省烟花爆竹流通协会三届四次会员大会”，开展花炮节宾客邀请和接待工作，接待各界宾客2000余人，为企业深化产销对接与交流合作打造创建平台。组织召开山东、辽宁等13个省外烟花爆竹备案供货会浏阳预备会。组织400余家企业到四川省、河北省、黑龙江省、江西省、重庆市等全国13个省、直辖市参加烟花爆竹备案供货会，拓展内销市场。组织人员开展烟花爆竹生产销售淡旺季调研活动，及时掌握市场动态，为精准服务企业奠定基础。推动鼓励企业收购、并购合资烟花爆竹销售公司，2019年，新增收购、合资经营烟花爆竹销售公司10余家。继续推动湘赣边烟花爆竹主产区协作，加强产业合作与交流。组织设立法律服务中心，发挥浏阳市花炮产业法律服务中心作用，全年接受烟花爆竹企业300余人次法律咨询，受企业委托办理21件花炮法律纠纷案，为企业挽回经济损失3000万余元。

（石慧琼）

【传统小产品扶持】 2019年，浏阳市完成2018年浏阳花炮传统小产品专项奖励扶持资金兑现工作。经过公开申报、乡镇（街道）初审、专家评审、实地考察、名单公示，评定出41家获奖企业，其中非遗保护补助奖6家企业、小产品企业机械研发奖3家、传统小产品生产奖24家、小产品服务平台补助1家、小产品生产企业制标补助8家，通过专项奖励，扶持小产品企业做优做精。完成第二批浏阳花炮小产品保护名录公布。通过采取企业申报、专家考察、党组核定等方式，新增16家企业进入保护名录。完成《浏阳花炮传统小型产品》团体标准颁布。组织召开全省烟花爆竹行业首批团体标准新闻发布会，颁布首批浏阳花炮传统小型产品团体标准，对探索突破城市禁限放烟花政策起到积极作用。

（石慧琼）

【优化出口】 2019年，《浏阳市烟花爆竹生产企业出口备案工作实施意见》制定，规定浏阳市烟花爆竹出口备案数量控制在260家以内，实行“总量控制、动态管理、优胜劣汰”的原则，把好出口准入关，维护出口市场秩序。做好出口监装管理工作。截至2019年12月18日，共监装货柜9774个，有效确保出口环节安全规范。破解出口通道受阻问题，通过高位协调有效解决岳阳港出口烟花爆竹查验场地问题，确保岳阳港出口通道恢复畅通。加大广州港、北海港等港口的协调对接，加强公铁联运开通烟花爆竹运输业务，争取开辟新的烟花爆竹出口通道。推进蒙华铁路危货堆场招商引资工作。拓展出口市场，抢抓“一带一路”机遇，与中设国际商务运输代理有限责任公司签订烟花爆竹产品出口物流战略合作框架协议，推动浏阳烟花走进非洲。（石慧琼）

【融资扶持】 2019年，浏阳市搭建政、银、企三方合作的融资平台，创新建立“花炮信贷通”融资模式，重点帮助二类以上内销花炮企业解决花炮企业融资难、融资贵、无抵押等问题，应对内销市场下行带来的经营困难。10月，“花炮信贷通”项目选定长沙银行浏阳支行为合作银行，确定39家入库企业名单，并发放贷款1405万元。

（石慧琼）

【第14届中国（浏阳）国际花炮文化节】 2019年5月10—11日，以“一河诗画 满城烟花”为主题的第14届中国（浏阳）国际花炮文化节举行，花炮文化节包括开幕式暨情景烟花会演、2019浏阳焰火大会、2019浏交会、城市应急管理论坛、花炮技艺匠人评选、2019招商推介会暨重点项目集中签约仪式六大主体活动，吸引国内外数万名客商汇聚浏阳，其中浏交会期间达成现场交易额5800万余元，意向交易额12.7亿元。开幕式首次采用“主会场+分会场”的创新模式，上演“一河诗画、满城烟花”盛景，其中浏阳河城区段分会场，1300米水上组合盆花燃放打破吉尼斯最长水上组合盆花燃放纪录。在创新创意带动下，第14届花炮节全媒体传播总量超过4700万人次。（石慧琼）

【《浏阳市推动花炮产业高质量发展十条》实施】 2019年5月9日，浏阳市人民政府下发《浏阳市推动花炮产业高质量发展十条》（下称“浏花十条”）。“浏花十条”从加强产业宏观调控、调整优化产业结构、强化产业要素保障、努力拓展内销市场、大力扶持花炮出口、推进质量标准建设、加快创新创意发展、实施人才保障工程、加大政策扶持力度、营造良好营商环境等方面出台十大类政策，实现产业创新升级，提升行业管理水平和市场竞争力，形成新一轮湘赣边烟花产区‘洼地效应’，实现花炮产业总体经济效益提升。在加强产业宏观调控、调整优化产业结构方面，“浏花十条”提出到2025年，浏阳市花炮生产企业总数在现有基础上压缩到300家以内，烟花爆竹传统小产品和爆竹类产品产值占花炮生产总值比例提高到50%以上，在出口总额中的比例提高到60%以上；提出支持二类以上花炮企业调整品种结构，实施“一厂一品”专业化生产，推进花炮无烟原材料、无烟产品研发。在政策扶持方面，浏阳提出设立出口生产奖，同时继续实施对特殊花炮产品和出口混合包类产品扶持政策。对年生产出口花炮产品15万箱、20万箱以上，年纳税额在500万元以上且税收环比增长和出口量增幅达到行业平均增速的，分别给予10万元、15万元奖励。在扶持花炮出口方面，浏阳将巩固以欧美市场为主的传统市场，同时抢抓中非合作战略机遇，加快浏阳花炮走进非洲；推进以浏阳为核心的“一区五中心”（全球烟花集中贸易区和科技创新、文化创意、智能制造、会展商贸、仓储物流中心）建设，打造全球领先的烟花乐谷。在营商环境优化方面，优化烟花爆竹安全生产许可证审批，在资料审核合格的条件下全流程审批时间压缩至60个工作日以内；优化花炮企业涉地、涉林、涉水、环保审批和简化手续办理流程，涉及相关行政事业性收费浏阳独享部分（指标补充费用等除外），对列入每年花炮生产企业分类管理名单的一、二类企业，按照一类企业减免100%，二类企业减免80%标准予以减免优惠。同时，针对花炮企业融资难题，“浏花十条”提出搭建企业融资平台，建立“花炮信贷通”新型融资模式，由浏阳市财政筹集1000万元保证金存入合作银行，银行按不低于保证金10倍的额度放大贷款，帮助二类及以上内销花炮企业申请500万元以下、不超过一年期的贷款资金。（石慧琼）

【浏阳花炮传统小型产品团体标准发布】 2019年3月12日，湖南省烟花爆竹行业首批团体标准在浏阳发布，会上颁布首批浏阳花炮传统小型产品团体标准，该标准于3月31日起实施。在此之前，烟花爆竹生产企业都是按照GB10631标准进行生产，由于GB10631是覆盖烟花爆竹产品所有类别的大类标准，不便对众多传统小产品的安全质量环保等指标进行细化、量化，传统小产品在研发、生产、检验、监管等方面没有专门的依据；为打好“蓝天保卫战”，湖南省烟花爆竹行业制定出更安全、环保的传统小产品标准。浏阳花炮传统小产品，是按照《烟花爆竹安全与质量》（GB10631-2013）产品类别中C级、D级产品的总称，主要指喷花类、升空类、旋转类、吐珠类、玩具类、爆竹类非鞭炮产品和组合烟花类内径0.8英寸（2.032厘米）以下不含内筒的产品。（石慧琼）

【第三届浏阳花炮“技艺匠人”评选活动】 2019年，浏阳市举办第三届浏阳花炮“技艺匠人”评选活动，该届比赛由浏阳市鞭炮烟花产业发展中心、市应急管理局、市总工会、市烟花爆竹总会主办，浏阳市烟花爆竹技术协会承办，余氏科技环保烟花厂协办。经过企业选送、乡镇推荐、初评初赛，69名选手进入总决赛，进行礼花弹装球、晨光花手工褙皮、燃放产品安装等三个类别技术比拼。每个项目评出1名“花炮技艺匠人”、2名“花炮技艺能手”及若干名“花炮技艺优胜奖”。3月29日和4月2日，第三届浏阳花炮技艺匠人评选总决赛项目礼花弹装球、晨光花手工褙皮、燃放产品安装3个项目分别在余氏科技环保烟花厂和金滩燃放场进行。经评委现场综合评定，礼花弹装球项目，李成隆被评为“花炮技艺匠人”，谢发聪、邱加文被评为“花炮技艺能手”；晨光花手工褙皮项目，冯贾被评为“花炮技艺匠人”，冷桂珍、张玉萍被评为“花炮技艺能手”；燃放产品安装项目，侯金成被评为“花炮技艺匠人”；李湘华、潘文武被评为“花炮技艺能手”。第三届浏阳花炮“技艺匠人”评选活动首次以分赛区的形式，分别在浏阳、醴陵、上栗、万载、河北等主产区开展评选。4月18日，其他赛区评选完成。被评选的选手于5月10日参加第14届中国（浏阳）国际花炮文化节接受荣誉表彰。（石慧琼）

【2019中国（浏阳）烟花爆竹交易展示会】 2019年5月10—12日，2019年中国浏阳烟花爆竹交易展示会在浏阳“三馆”举行，展会上200余家企业展出上万种花炮全产业链产品，包含3000种花炮新品。该届浏交会展馆面积逾1万平方米，其中特装展区、组合烟花馆、传统小产品馆、综合馆为室内馆，机械馆为室外馆。浏交会吸引山东、四川、辽宁、江西等中国烟花主销区客商以及美国、比利时、西班牙、印度等10余个国家的客商观展，总成交额12.7亿元。浏交会展出的上万种全产业链花炮产品中，拥有自主知识产权、自主品牌、自主营销网络的参展企业和高科技含量、高附加值、绿色环保的参展产品显著增

多，相比往届产品更新率超过 30%。

（石慧琼）

【首届城市烟花发展论坛在大瑶镇举行】 2019 年 8 月 28 日，首届城市烟花发展论坛在大瑶镇举行，论坛以“携手开启烟花黄金新十年”为主旨，全国烟花行业领域的 20 余名专家、企业家围绕“城市烟花如何走进个人日常消费”“城市烟花市场流通经营的舍与得”“用户思维与烟花文化传播”“烟花传统文化的传承和跨界”4 个主题进行探讨交流。论坛旨在进一步明确“城市烟花”的发展方向，交流在城市烟花领域技术创新、产品落地、营销流通等方面的经验，形成行业发展的共识，让安全环保的烟花产品绽放在城市上空。（石慧琼）

【浏阳烟花献礼国庆 70 周年】 为庆祝中华人民共和国成立 70 周年，2019 年 7—8 月，专门组织焰火燃放文创素质培训班、焰火燃放作业人员资格培训班，共计培训 800 余人，为国庆焰火燃放提供专业人才保障；研发升级燃放点火设备，指导燃放企业研发使用“70”“祖国万岁”等国庆元素特效高空烟花。10 月 1 日晚，由东信烟花集团有限公司研发制作完成的新型气态发射烟花（气态无烟发射型烟花）首次应用于长沙橘子洲国庆焰火；在北京国庆焰火上首创 3D 立体动态烟花画卷；由浏阳企业组织的“红星闪耀，点亮百城”庆祝中华人民共和国成立 70 周年城市烟花主题快闪活动，在南宁、武汉、大连、南昌等 100 个城市燃放。国庆期间，浏阳焰火燃放企业共承接庆祝国庆 70 周年主题焰火晚会 130 余场，遍及 20 余个地区。

（石慧琼）

【首届烟花小产品新品发布会暨艳阳天烟花之夜活动】 2019 年 5 月 9 日，澄潭江镇首届烟花小产品新品发布会暨艳阳天烟花之夜活动在该镇南川河畔举行，国内外烟花行业代表、客商及当地居民等数千人参加。小产品发布会活动分为两个专场，38 家澄潭江镇本土企业生产的 30 款小型烟花集中展示，参展的产品有喷花类、旋转类、造型玩具类、手持类、线香类、摩擦类等，通过组合编排燃放，集声、色、形于一体。白天专场分为“喜庆”“好运”“激情”“大爱”4 个篇章，主要展示纳入传统保护产品名录产品“魔术烟花”“大地花开”，绿色环保冷光烟花“花火少年”，自主研发的亮珠烟花“孔雀飞舞”等 20 款日景小产品，夜间专场除展示 10 款小产品外，还发布艳阳天烟花制作有限公司的新品夜景烟花。为拓展烟花小产品市场和品牌影响力，除发布会发布的产品外，还设置产品展览和产品体验。同时，当天澄潭江镇政府出资搭建的烟花小产品互联网展示平台同步上线，全镇 71 家小型烟花企业已全部免费入驻，客商们可以进入平台便捷获取各企业文化和各类产品信息，成为该镇小产品品牌对外推介的“窗口”，当天订货交易总额接近 4.6 亿元。澄潭江镇是烟花爆竹小产品主产区，占据浏阳小烟花产品一半。

（彭　优　李紫薇）

2019 年 5 月 9 日，澄潭江镇首届烟花小产品新品发布会在澄潭江镇举行。图为发布会现场

澄潭江镇　供图

电力工业

【电力供应】 2019 年 1—12 月，长沙市全社会用电量 395.93 亿千瓦时，比 2018 年增长 8.86%。第一产业用电量 1.04 亿千瓦时，比 2018 年下降 0.23%。第二产业用电量 165 亿千瓦时，比 2018 年增长 5.28%；其中工业用电量 156.9 亿千瓦时，比 2018 年增长 5.4%。第三产业用电量 104.84 亿千瓦时，比 2018 年增长 12.38%。城乡居民生活用电量 125.06 亿千瓦时，比 2018 年增长 11.02%。电网综合线损率 5.55%，比 2018 年下降 0.62 个百分点。城市、农村电压合格率分别为 99.999%、99.825%，供电可靠率分别为 99.972%、99.871%。电网最高负荷达 774.1 万千瓦，比 2018 年增长 6.77%；最大日供电量 1.55 亿千瓦时，比 2018 年增长 6.26%。

【电网建设】 2019 年，长沙市电网最大供电能力提升至 800 万千瓦，在夏季最高负荷 5 创历史新高的情况下，实现企业不拉闸、居民不限电。完成主网投资 50.03 亿元，投产 35 千伏及以上项目 64 个，新增变电容量 548.3 万千伏安、线路 571.96 千米。

建成500千伏浏阳输变电工程、220千伏谷楠线路工程以及110千伏上大垅改扩建等重点项目。完成配网投资16.38亿元，建成城、农配网工程项目2112个，城区配网互联率91.6%，农网户均容量2.93千伏安/户，提前一年完成国务院部署的新一轮农网改造升级任务。政企合作、共建电网的“长沙模式”成为央企与地方党委政府合作的典范和品牌。市政府与湖南省电力有限公司签订建设现代化长沙智慧电网合作协议，高标准启动“加快建设现代化长沙智慧电网三年行动计划”。

【电力服务】 2019年，长沙市实施“电力先行”九大行动，服务长沙市“营商环境优化年”和“产业项目建设年”，助力长沙成为中西部唯一全国营商环境十佳城市。精简办电流程，高、低压客户平均接电时间缩短至45.8天和2.3天。推广“三零”“三省”服务，为客户节约办电成本1.6亿元。落实国家一般工商业电力降价政策，减少客户电费支出8.65亿元；推行各项惠企措施，投资1.35亿元，将62个红线外接入工程纳入电网配套投资计划，清退临时接电费3.86亿元，有效降低长沙实体经济和小微企业用电成本。精准服务“一圈两场三道”建设，城区综合亮灯率超99%。面向政企客户设立17个水电气综合服务窗口，面向城区居民客户在全省率先建成22座城市低压网格综合服务站，客户办电诉求得到快速响应。推广“网上国网”，新绑定客户26.4万户，客户缴费体验显著提升。统筹推进市内精准脱贫和市外对口帮扶“两个战场”，实施贫困村电网改造、光伏扶贫、驻村帮扶“三大工程”，精准帮扶村组4个，85户、270人实现脱贫。完成中华人民共和国成立70周年、首届中非经贸博览会、央企入湘、世界计算机大会等252项重大保电任务。国网长沙供电公司获中央企业先进集体称号。

【“建设现代化长沙智慧电网三年行动计划”合作协议签订】 2019年12月19日，长沙市政府与国网湖南省电力有限公司举行加快建设现代化长沙智慧电网三年行动计划工作会商会暨合作协议签约仪式。省委常委、长沙市委书记胡衡华出席。协议计划2020—2022年投资310亿元，实施“12 + 5”计划，即推进“主干电网提质”“绿色交通畅行”等12项工程，建设湘江新区“智慧电网”发展全国先行示范区等5个示范区，满足1200万千瓦负荷安全可靠用电需求。全面建成国际一流城市配电网，中心城区用户年均停电时间小于0.5小时，为长沙经济社会高质量发展提供电力支撑和投资保障。

（本栏撰稿 蔡 茂）

建筑业

【概况】 2019年，长沙市全地区建筑业总产值5468.37亿元，比2018年增长10.3%；全地区建筑业增加值1181亿元，增速10.33%；建筑业入库税收99.16亿元。截至2019年年底，长沙市全地区建筑企业5523家，特级企业14家（含民营企业5家）、一级企业356家（含民营企业312家）。

（李 佳）

【施工许可管理】 2019年，长沙市取消社会投资项目的初步设计审批，施工许可证和质安监注册手续合并办理等多项环节。完成初步设计审查107项、施工图审查备案518项，招标控制价备案130项，招标文件告知性备案335项，施工许可295项，城建档案验收备案349项，竣工验收备案694项，办结率100%。

（黄承智）

【施工招投标管理】 2019年，长沙市加大对违法违规行为查处力度，对1家在招投标活动中弄虚作假的企业进行处罚。全年办理招标备案项目461个，中标价442.7亿元，公开招标项目294个，中标价241.76亿元。应招标工程招标率100%，应公开招标工程招标率100%，应招标建设监理项目招标率100%，应入场招标工程入场交易率100%。

（黄承智）

【建筑工程扬尘防治】 2019年，长沙市印发《长沙市人民政府关于划定禁止使用高排放非道路移动机械区域的通告》《长沙市工程建设施工现场非道路移动机械排气污染防治实施办法》，明确非道路移动机械排气污染防治工作的有关要求，严禁国三以下非道路移动机械进入施工工地。严格落实8个100%，对扬尘防治不到位项目责令整改2763起，责令停工532起。随机巡查在建项目521个次，印发巡查通报14期，通报存在问题项目132个。

（王曦平）

【建筑工程安全管理】 2019年，长沙市开展春节后复工专项检查、起重机械和附着式升降脚手架、雨季汛期建筑施工安全、施工工地“防风险保平安迎大庆”消防安全、高温季节安全等专项整治，发现和消除建筑工地安全隐患2343处，责令停工整改项目311个次、限制使用机械620台次，有效地消除各类安全隐患。组织开展次季度建筑工程质量安全执法检查，并对各监督管理机构工作开展情况进行了督查，检查项目109个，下发限期整改通知83份，停工通知34份，不良行为告知47份，消除隐患560个。举办2次建筑施工安全生产标准化现场观摩活动。制定《长沙市建筑施工安全生产大排查大体检大整治专项行动实施方案》，市本级出动6876人次，排查项目3617个次，整改隐患2343处。强化危大工程管理，加强对建筑施工重大危险源的监督管理，落实危大工程方案编审、交底、检查验收等环节的管控，对于重大安全事故隐患，落实“一单四制”制度要求。制定“打非治违” 和“强执法防事故”专

项工作方案，强化对深基坑高边坡、脚手架和支模架、建筑起重机械和提升设备、施工消防安全等重大危险源的监控工作，严厉打击建筑施工非法违法行为，共出动执法人员16612人次，检查建设项目5443个次。（王曦平）

【建筑工程质量管理】 2019年，长沙市房屋建筑与市政工程质量竣工验收合格率100%；房屋建筑与市政工程质量投诉处理率100%；房屋建筑工程和市政工程（办理施工许可）质量监督覆盖率100%。抽查原材料472组，原材料合格率较高，控制工程实体质量。对43家检测单位进行监督抽查，涉及223个项目（主体结构抽检131个，桩基础抽检92个），对不符合要求的检测单位下发整改通知书11份。（王曦平）

【建筑企业优化转型】 2019年，长沙市印发《关于优化建设领域营商环境促进建筑业高质量发展的实施意见》。与市财政局对接，起草《关于解决建筑业发展引导专项资金经费来源的请示》，落实建筑企业财税引导资金的来源，专项引导资金的规模为每3000万元，纳入2020—2022年公共财政支出计划。出台对口联系服务重点建筑业企业工作方案，由班子成员对口联系支持建筑企业发展，对口联系民营建筑企业41家。规范执业资格，依法从严查处工程建设领域职业资格“挂证”等违法违规行为。成立市住房和城乡建设局根治拖欠农民工工资领导小组，要求农民工工资专项整治工作做到五个100%。（李　佳）

【农民工工资实名制】 2019年，长沙市住建局、交通局、水利局、人力资源和社会保障局联合发文《关于进一步较强建设领域建筑工人实名制管理工作的通知》，印发《根治房屋建筑和市政基础设施建设领域拖欠农民工工资专项整治工作方案》。（李　佳）

【建筑市场监管】 2019年，长沙市开展打击转包违法分包的专项治理工作，全市检查项目2454个。按照“双随机、一公开”要求组织两次专项检查，检查区县（市）监管的17个项目，发放执法建议书7份、整改建议书14份。（黄承智）

【建筑行业执法】 2019年，长沙市“曝光台”对117条不良行为进行曝光，对2个项目不诚信的建设单位及法定代表人进行联合惩戒。市住建执法局成立“打非治违”工作领导小组，相继开展“春雷行动”“飓风行动”，2019年立案处罚9起。（黄承智）

【建筑行业诚信体系建设】 2019年，长沙市印发《关于贯彻落实〈2019年长沙市社会信用体系建设工作要点〉的工作方案》《长沙市住建行业“曝光台”实施细则》《住建行业“诚信建设万里行”信用宣传周主题活动的实施方案》。组织“企业亮信用”“信用承诺”“信用修复”“诚信建设万里行”活动，住建领域67家企业参与“百万企业亮信用”活动、424家次企业和协会参与信用承诺、20家企业参与“失信整改”活动。（李　佳）

表17　长沙市资质建筑业基本情况统计表

指标	单位	2019年	2018年	2019年比2018年（±%）
企业个数	个	857	693	23.7
#亏损企业数	个	102	76	34.2
建筑业总产值	万元	54692126	49764570	9.9
竣工产值	万元	24635118	24123527	2.1
房屋建筑施工面积	万平方米	37341	33042	13.0
#本年新开工面积	万平方米	11527	10860	6.1
房屋建筑竣工面积	万平方米	7753	7532	2.9
资产合计	万元	45076693	39649127	13.7
工程结算收入	万元	52431991	47236383	10.5
工程结算成本	万元	48497352	43627150	11.2
利润总额	万元	1679801	1550371	8.3
计算建筑业劳动生产率平均人数	万人	125.27	119.71	4.6

（资料来源：市统计局）

商贸服务业

TRADE AND
SERVICE INDUSTRY

编辑　吴丫丫

商贸流通

【概况】 2019年，长沙市加大对商贸流通产业扶持力度，加快培育和发展消费新动能，推动传统流通企业转型升级，保障消费持续平稳增长，推进流通产业创新发展。2019年，全市累计实现社会消费品零售总额4589.4亿元，比2018年增长10.1%，较2018年提高0.2个百分点。全市持续抓好线上企业培育，加大对线上企业的挖掘力度，线上企业规模扩大，社会消费品零售总额平稳增长。市领导、市商务局主要领导多次召开社零工作会议，对社零目标管理工作进行安排部署。完善重点企业联系制度、社零工作进度月通报制度，继续实施调研、联点帮扶等督促推进措施，督促各区县（市）工作落实，促进2019年社零指标完成。印发《长沙市限额以上商贸流通企业培育工作推进机制》，明确主要工作任务为抓好限上企业新增入统工作、抓好规模个体户统计工作、加强限上企业引进和培育以及加强商贸企业稳步发展，推动商务、统计、税务、市场监管、各区县（市）等相关部门协调配合，形成培育限上企业常态化工作机制。重点抓好限上企业新增特别是月度新增工作，注重企业质量，做到有序入统、应统尽统。推动限额以上个体户入统，要求加强统计业务培训和统计服务指导，将城市综合体、专业市场等区域达到标准的个体户纳入统计。指导区县对园区工业企业销售部分进行调查摸底，鼓励工业企业成立独立核算的销售公司，纳入社零统计。全年全市月度新增限上企业227家，第一批年度新增企业283家。第二批年度新增企业审批中。2019年年底，长沙市商务局起草《长沙市促进商贸流通产业高质量发展创建国际消费城市的实施意见》，通过开会座谈、书面征求意见等形式近10次征求相关市直部门、各区县（市）人民政府、重点企业以及流通领域院校专家、相关协会意见建议，并经反复修改完善，通过市长办公会议审定后

表18　长沙市社会消费品零售总额统计表

单位：万元

指标	1978年	1985年	1990年	1995年	2000年	2005年	2010年	2015年	2018年	2019年	2019年比2018年（±%）
总计	77191	243928	513871	1655077	3321613	6912442	16220858	31502425	41692424	45894043	10.1
一、按销售单位所在地分组											
市区	—	—	—	1256370	2669100	5199309	11799069	22605983	28814181	31686226	10.0
县区	—	—	—	398707	652513	1713133	4421789	8896441	12878244	14207817	10.3
二、按行业分组											
批发零售业	67281	191952	385805	1278041	2444695	5827325	14411005	28563406	37568788	41491804	10.4
住宿餐饮业	2769	10593	27762	100585	382903	1020732	1809853	2939019	4123635	4402239	6.8
其他	7141	41383	100304	276450	494015	64385	—	—	—	—	—
年末互联网用户	—	—	—	—	14.60	63.93	90.78	180.27	328.17	379.10	15.5

说明：从2010年开始取消行业分组中的“其他”；根据第四次全国经济普查结果对1993—2019年数据进行调整

（资料来源：市统计局）

以市政府办公厅名义印发。

【黄兴南路步行街创建国家级试点步行街】 2019年，长沙市商务局指导黄兴南路步行街创建国家级试点步行街。5月28日，商务部流通司司长郑文调研黄兴路步行街提质改造工作，对黄兴路步行街提质改造给予高度关注。按照商务部通知要求，指导天心区、黄兴南路步行街申报创建第二批国家级试点步行街，制定详细方案，并向商务部提交申报资料。推动“夜间经济”发展。支持开福万达金街、潮宗街历史文化街区、中建梅澜坊国际“漫生活”主题街区、雨花非遗民俗艺术特色街区等特色商业街提质升级，培育特色精品街区，推进“夜购”商圈。与美团点评签订战略合作协议，12月23日与天心区政府一起举办“夜享星城·不夜天心”——全国首条大众点评必吃街落地长沙启动仪式方案，通过依托“互联网+新消费”模式，围绕线上线下多元化的整合服务，共同打造长沙市夜间经济新品牌。加强绿色商场创建工作。湖南华润万家生活超市有限公司星沙店被评为商务部绿色商场，步步高金星路店被评为省级绿色商场。加上前期已评定的，全市有6家商超被商务部、省商务厅评为“绿色商场”。组织举办购物消费节会活动。11月7日，启动举办第12届“福满星城”购物消费节，消费节有361.23万余人次参与，累计发放优惠个数（含消费红包、满减优惠及抽奖奖品等）35.78万余个，发放优惠金额约553.99万元，带动消费者产生消费金额1663.74万余元。

【再生资源回收】 2019年，长沙市推进再生资源网点建设，引导企业布局智能回收箱1826台，覆盖全市约50%以上社区，通过加盟连锁模式，规范城乡再生资源分拣中心、中转站约300家。推荐绿动、必时科技、邦普3家企业案例成为商务部创新回收典型案例。推动再生资源行业安全监管，将14家再生资源回收企业纳入“市商务局安全云”平台，对其进行安全监督管理，指导和推进再生资源协会申报湖南省服务业标准化试点。

【肉菜追溯体系建设】 2019年，长沙市启动湖南省省级重要产品追溯管理平台项目建设，把长沙市肉类蔬菜流通追溯体系纳入到湖南省重要产品追溯管理平台的数据对接范围。根据国家重要产品追溯平台接口规范升级要求，长沙市对肉类蔬菜流通追溯体系平台的信息同步接口程序进行升级改造。截至2019年12月6日，长沙市肉类蔬菜流通追溯体系平台与省级平台接口请求9011次，上传至省厅重要产品追溯管理平台数据1592212条。

【便民生鲜农产品供应体系建设】 2019年，长沙市便民生鲜农产品供应体系建设推进，近两年累计改造新建农贸市场134个、社区门店106个，超额完成两年提质改造任务。

【品牌建设】 2019年，长沙市推动便利店品牌化连锁化发展。制定印发《长沙市关于推动便利店品牌化连锁化发展的工作方案》，并上报商务部。截至2019年年底，长沙市实现6个统一标准的品牌连锁便利店2372家，24小时便利店约300家。新佳宜便利店的“双轮驱动连锁品牌便利店发展”入选商务部发布的全国品牌连锁便利店典型案例；长沙零售行业协会联合全市6家便利店制定全国第一个《新零售便利店经营管理规范》团体标准并挂网通过发布实施；引进7- ELEVEn、中百罗森两大国际知名品牌便利店，并在商务部便利店发展工作简报第3期作为长沙经验推广。根据中国连锁经营协会发布中国城市便利店发展指数，长沙的便利店发展指数从2016年起连续4年位居全国前三位。保护和促进“老字号”发展。2019年2月，按照湖南省商务厅《关于做好2019年商贸流通产业项目申报的通知》要求，通过宣传发动、企业申报、区县（市）初审、市财政与市商务联合初审后向省商务厅报送，为杨裕兴等30家“老字号”企业争取330万元省级资金。为解决部分老字号企业实际困难，为玉楼东、火宫殿争取支持资金。做好商贸流通品牌认定工作。2019年认定培育支持自创知名品牌和最具成长性企业63家。

【长沙高铁片区首个大型农贸市场开张】 2019年3月27日，位于雨花区黎托街道的黎锦苑便民生鲜市场开张，高铁会展新城内的高铁片区有了首个大型农贸市场，通过建管并举打造暖心“菜篮子”，长沙推进“一圈两场三道”建设。创新的服务举措为市民添便利。走进市场大门，一处大型立式电子屏上，所售蔬菜的质量抽检结果滚动播放，市民可搜索心仪的商户摊位，了解其当日的菜品和价格。每个摊位前的“智慧电子秤”，不仅能精准报出重量和价格，与之连接的小屏幕上，付款二维码、商户诚信打分也一一显现，拿起手机就能轻松买单。黎锦苑便民生鲜市场在推出线上APP，很快居民们就能享受手机点单、配送上门的便捷。市场提出“摊位三包”要求，务求每个摊位都整洁有序，并定期在商户中评选“优质服务奖”，获奖商户可得千元奖励，让暖心“菜篮子”名副其实。

【7-ELEVEn湖南省特许经营签约仪式】 2019年10月17日，友阿股份举办7-ELEVEn湖南省特许经营签约仪式，获得7-ELEVEn的湖南省经营授权。7-ELEVEn诞生于美国，被引入日本后成为日本零售业巨头、全球最大的连锁便利商店企业，其门店遍布世界17个国家和地区，2017年全球500强排名第167位。截至2018年9月，拥有门店67167家。

【长沙市第12届“福满星城”购物消费节】 2019年11月7日在长沙开幕。由长沙市商务局主办，中移电子商务有限公司、长沙晚报传媒集团有限公司、长沙市零售商业行业协会共同承办。长沙市副市长谭勇出席并宣布开幕。消费节的主题是“福满星城·和包同行”，从11月7日持续到12月底。在活动方式上，主办方设计七大主题活动，包括到店送福、分享红包、超级“福星日”、集字分百万元现金、达人晋福等。在商家参与面上，全城18个超市、百货等商业零售品牌的700余家门店共同参与。活动总计送出700万元的大红包，红包通过和包支付APP主界面“福满星城”专区派送发出。有的是到店扫码随机领取的“小利是”，有的是消费满减的抵扣券，也有集齐“福满星城，和包同行”8个字后一次最多领取888元。活动期间，使用“到店送福”红包优惠后，实际支付累计金额排名前50位的消费者可获400元的“消费达人”福星红包，两阶段共100位消费达人；排名前10位的消费者获1000元的“超级消费达人”福星红包。长沙市首次将12月1日命名为“超级福星日”，当天参加活动即可获福星转盘抽奖，抽取2019超级福星免单通用券，包括4999元免单通用券2份、1000元券10份、100元券800份，总金额10万元。

【宜家长沙商场开业】 2019年11月28日，宜家长沙商场开业。作为宜家集团全球第一个综合体项目，长沙宜家荟聚项目总建筑面积约40万平方米，包括“荟聚中心（即购物中心）+宜家家居+创意公寓”三大部分。宜家家居，也是俗称的“蓝盒子”，作为长沙宜家项目的主力店，长沙的宜家家居由地上两层商场和地下一层停车场组成，商业面积约4万平方米。宜家长沙商场提供逾8500种家具及家居产品。购物中心与“蓝盒子”相连，商业面积约16万平方米，地上有4层，计划2020年开业。创意公寓，是宜家集团首次将全套的宜家解决方案直接打造成产品，呈现给消费者。550套45~75平方米的创意公寓，为长沙的年轻人创造高品质居住、工作的解决方案。从装修到家具都是宜家风格，创业的年轻人可以拎包入住。计划与购物中心开业同步对外发售。

【长沙市被评为“中国十大夜经济影响力城市”】 2019年12月6日，“腾讯·中国十大夜经济影响力城市颁奖典礼”在青岛举行，中国十大夜经济影响力城市榜单发布，长沙位列第三位。活动邀请文化和旅游部、新华社作指导单位，由腾讯主办。颁奖盛典上，主办方发布《中国城市夜经济影响力报告》和“中国十大夜经济影响力城市”评选结果。被评为“中国十大夜经济影响力城市”的是重庆、北京、长沙、青岛、深圳、广州、济南、成都、西安、石家庄。报告发布者瞭望智库、财经国家周刊副主编陈浩杰介绍，该份报告结合腾讯位置服务大数据、内容平台流量大数据，以及瞭望智库的政府大数据，是国内首份从影响力角度进行夜经济研究的报告。吃烧烤、去网红龙虾店、打卡新式茶饮店、逛一圈博物馆、泡24小时书店、听一场音乐会等长沙夜经济交易额持续快速增长，夜间消费人数增幅49%，吃湘菜、看演出、听音乐、逛酒吧等成为长沙夜经济的特色品牌。夜经济是衡量城市生活质量、消费水平、开放度、活跃度、投资软环境及经济与文化发展活力的重要指标。长沙夜经济逐渐升温成“热经济”。长沙科学规划夜市街区，加大试点区域美化、亮化、绿化力度，重点引导夜间经济向商业中心区、旅游景区、人员密集区域、城市休闲功能区、有消费传统的背街小巷、历史文化街区和文体娱乐功能区7类区域集中。长沙夜经济最集中的五一商圈，拥有商业街20余条、商业网点2万余个。五一商圈内的长沙国金中心、悦方ID MALL、海信广场、平和堂、春天百货、黄兴南路步行商业街、坡子街民俗名食商业街、解放西路酒吧街等创造的夜经济空间，吸引大量当地人和世界各地的游客消费。

（本栏撰稿　何梦秋）

2019年11月28日，宜家长沙商场开业　　市商务局　供图

电子商务

【概况】 2019年，长沙市实现电子商务相关交易额9000亿元，比2018年增长25%，增速在连续5年达到或者超过30%后略有减缓；实现网络零售额1348.1亿元，比2018年增长

16.6%，高于全省增速1个百分点，占全省比重56.5%，居全省第一位。长沙网络零售额排名中部五省会城市第四位，增速排名第三位。全市电子商务限上规模企业累计87家；省级及以上示范企业累计72家，占全省比例逾50%，主要集中在长沙高新区；新认定电子商务企业39家，累计344家；在天猫商城、京东商城、淘宝网、苏宁易购、拼多多等知名第三方平台开设店铺总数27.8万家。（何梦秋）

【龙头企业】 2019年，御家汇、安克创新、兴盛优选、快乐购分别在美妆电商、跨境出口、社区电商、媒体电商等细分领域领先全国，其中御家汇年交易额逾20亿元，安克创新年营业收入逾50亿元，兴盛优选年交易额逾100亿元。3家企业入选全国首批线上线下融合发展数字商务企业，数量居中西部第一位、全国前列。有御家汇等3家企业上市，安克创新、懒猫国际、豆芽文化、盘子女人坊、兴盛优选等企业筹备上市中。湖南竞网等3家企业入围2019年“中国互联网企业100强”，名次均有所提升。全市TOP前20的网上店铺2019年线上销售额均逾2亿元。（何梦秋）

【电子商务示范基地建设】 2019年，高新区、岳麓区等4个国家级电子商务示范基地均通过商务部的绩效考核，其中高新区在全国100个电商示范基地中排名第四位，辖区内长沙信息产业园集聚中国移动电子商务基地、鹰皇商务等电商相关企业400余家，形成集移动互联网、物流、第三方平台、软件、信息化、金融于一体的电子商务产业链。打造三大核心跨境电商产业园区。高新区、黄花综保区、金霞保税物流中心成为全市跨境电商重点园区，具备跨境电商所有业务模式，全年完成跨境电商进出口额逾10亿美元。加快农村电子商务集聚。建成浏阳市、宁乡市2个农村电商产业园。望城经开区、梅溪湖创新中心等一批新兴电商集聚地快速发展。（何梦秋）

【跨境电商】 2019年，长沙市实现跨境电商交易额12.8亿美元，比2018年增长逾200%，同比增速位居全国前列。在亚马逊平台实现销售额3.6亿美元，占全省比重43.98%。举办中国（长沙）跨境电子商务综合试验区启动仪式，长沙跨境电子商务综合服务平台上线，保税网购进口1210业务开通。制定并印发《中国（长沙）跨境电子商务综合试验区发展规划（2019—2023年）》。举办湖南—粤港澳大湾区投资贸易洽谈周跨境电商合作对接会，跨境电商企业代表300余人参加，现场签约7个优质跨境电商项目。组织认定长沙学院、长沙商贸旅游职业技术学院两个跨境电商人才孵化基地，成立中国（长沙）跨境电商综试区产教融合产业联盟，举办第二届“百校千人”跨境电商人才双选会。全市新认定跨境电商试点企业134家，累计263家，跨境出口破亿元的企业17家，跨境进口企业逾100家，亚马逊平台销售长沙货物的卖家数逾3000家。行业协会会员数逾200家。（何梦秋）

【农村电商】 2019年，长沙市实现农村网络零售额202.9亿元，比2018年增长13.8%；实现农产品网络零售额41.5亿元，占全省农产品网络零售额比重48.1%，比2018年增长16.3%，线上销售农产品1000万元以上的企业逾20家，浏阳市农村电商发展特色模式获中央国务院发文表彰。在2019年省对市电商扶贫考核中被评为优秀，排名全省第一位。（何梦秋）

【长沙新增78家跨境电商试点企业】 2019年1月7日，湖南省发展开放型经济领导小组办公室发布第二批湖南省跨境电子商务试点企业名单。长沙泽宝科技、湖南艾瓦特、御家汇股份、浩通供应链、通程电子商务等78家企业上榜。78家企业均为长沙企业，由长沙市商务局推荐，省发展开放型经济领导小组办公室审核。加上2018年5月公布的首批51家试点企业，湖南省跨境电子商务试点企业总数129家。明确湖南省跨境电子商务试点范围，推动中国（长沙）跨境电子商务综合试验区建设。各试点企业开展跨境电商各种业务模式，扩大跨境电商业务规模，发挥带动引领作用，促进跨境电商产业集聚和生态形成，推动湖南省跨境电子商务持续、健康、快速发展。（何梦秋）

【eBay与长沙高新区战略合作备忘录签约仪式】 2019年1月15日在长沙高新区举行。根据协议，双方在共同打造跨境电商人才培养体系、建设跨境电子商务产业带、助力更多湖南企业通过eBay平台走向国际市场等领域开展合作。副市长邱继兴出席。获批跨境电商综合试验区以来，长沙将发展跨境电商作为培育外贸竞争新优势的主引擎，给政策、搭平台、聚企业，很多沿海一线城市的跨境电商企业开始将运营中心向以长沙为代表的中部城市转移。长沙成为很多沿海一线城市跨境电商企业运营业务向中部城市转移的一块跳板，发展大势吸引着eBay派出专人开拓长沙市场。（何梦秋）

【中国（长沙）跨境电子商务综合试验区启动仪式】 2019年1月23日在长沙金霞保税物流中心举行。湖南省副省长何报翔出席，长沙市委副书记、市长、湖南湘江新区党工委书记胡忠雄致辞，副市长邱继兴主持。何报翔为长沙高新区、黄花综保区、金霞保税物流中心3个园区授予“中国（长沙）跨境电子商务综合试验区重点园区”牌匾。中国（长沙）跨境电子商务综合试验区获批以来，湖南省在顶层设计、综合服务平台搭建、业务模式创新等方面取得阶段性成效，建立联席会议制度，并以省政府名义制定印发《中国（长沙）跨境电子商务综合试验区建设实施方案》。长沙制定出台《中国（长沙）跨境电子商务综合试验区建设推进方案（2019—2021年）》，并组织编制2019年至2023年5年规划方案。

（何梦秋）

【湖南跨境电商体验中心在长沙启动】 2019年9月21日，经湖南省商务厅批准，湖南北欧投资管理有限公司在长沙发起建立的集进口商品展示、体验功能与跨境电商于一体的省级平台——“湖南跨境电商体验中心”启动仪式在长沙市芙蓉区宇成朝阳会议中心举办。湖南省商务厅巡视员肖彬、长沙市芙蓉区人民政府副区长黄金国出席，政府、企业、商户等各方参与，共同见证湖南跨境电商体验中心启动。活动由湖南省商务厅作为指导单位，湖南北欧投资管理有限公司和湖南宇成投资集团有限公司主办和承办，由长沙市芙蓉区商务局、欧盟湖南总商会、湖南省名优特产商贸协会、湖南欧亚快线健康产业有限公司、中国国际卫视综艺台、沙特阿拉伯湖南总商会、芬中经济合作署、丹麦湖南总商会共同协办。湖南跨境电商体验中心成立数月，有丹麦药妆巨头MATAS体验店、SCANLIVING家具、丹麦朵欧国际贸易的斯高特洋酒和环保产品，丹麦皇宫商圈的保健品，丹麦伊敦之谜美容保健品，芬兰Atria猪肉，法国和韩国化妆品，新西兰和荷兰的奶粉，迪拜的香水和藏红花，马来西亚的燕窝和老挝的大米以及各国餐饮等在内的30家知名品牌与场馆计划入驻体验中心。作为服务湖南与欧洲乃至全球的商品进出口贸易的桥梁，湖南跨境电商体验中心为湖南省跨境电商的发展提供新的平台，满足湖南、辐射周边省份的消费者在直采进口食品、国际特色餐饮、精美百货、智能娱乐等“一站式”购物需求的，线上线下相结合的国际化鲜明体验中心。内设全球进口产品展示体验区、进口餐饮体验区、进口酒类品鉴区、新品发布区、跨境电商公共服务中心、企业孵化器等多功能于一体的互动体验。该平台的建立，预计可为湖南省外贸年进出口额贡献30亿~50亿美元。

（周小英）

【“一乡一品”全球采购商专项对接会】 2019年11月16—17日，“一乡一品”全球采购商专项对接会（“一乡一品”电子商务发展论坛）在长沙国际会展中心举行。作为2019“一乡一品”国际商品博览会的重要平行活动之一，该次论坛旨在为“一乡一品”企业与国内外全渠道采购商进行精准对接，共同打造一个可持续、可发展的权威互动开放平台。现场与会参展商与600余家国内外知名采购商进行专项对接洽谈。论坛集结国内外电商企业领袖与商业精英、业界知名专家学者，共同探讨中国民族产业新的增长点与持续发展之道。诸多社交电商企业共同探讨为“一乡一品”赋新能的可行性方案及中国民族品牌在国内外流通当中如何保证商品质量。与会专家表示，“一乡一品”的产品极其适合通过社交电商渠道进行销售，该次借助中国民族贸易促进会的力量，帮助“一乡一品”企业更精准地找到商品销售通路，帮助“一乡一品”企业商品、品牌走出国门，沿线“一带一路”国家和地区搭建品牌出口服务体系。论坛最后，在首批“一乡一品”获证产品颁证暨示范基地授牌仪式上，为新疆、内蒙古、河南、海南、福建等10余家获证企业代表颁发“一乡一品”产品证书。

（何梦秋）

【长沙市“一县一特”电商消费扶贫和农产品产销对接活动】 2019年12月13日在长沙举行。活动由省商务厅、省委宣传部、省农业农村厅、省扶贫办、湖南日报社、长沙市委和市人民政府主办。活动现场设扶贫农特产品区、当地农产品展销区、电商平台区、商超渠道对接区和市州农产品展销区五大展区、240个展位，用于销售全省贫困村、贫困户和扶贫企业的农特产品。开幕式结束后，参展的电商企业、渠道商与参展的扶贫产品企业和农产品企业进行产销渠道对接会，企业现场向渠道商推介产品，并签订农特产品销售渠道意向协议，销售贫困村、贫困户和扶贫企业的农特产品，实现增收脱贫。

（何梦秋）

物流业

【概况】 2019年，长沙市多次召开专题调度会，形成5个专题会议纪要，理顺物流职能，提升物流产业战略地位。全市实现社会物流总额3.6万亿元，可比增长9.5%；实现物流业总收入1289.5亿元，比2018年增长8.6%；实现社会物流总费用1706亿元，比2018年增长7.9%；社会物流总费用占GDP比重14.7%，较2018年下降0.2个百分点，低于全省平均水平0.4个百分点。A级物流企业84家，其中AAAAA级9家、AAAA级49家。星级仓储物流企业44家，其中5星级30家、4星级14家。牵头研究物流业高质量发展政策，启动全市物流发展规划编制工作。国家供应链体系建设试点工作推进，项目验收工作完成。推进京东亚洲一号、韵达物流、万科物流、宝湾物流等重大物流项目建设，苏宁云仓建成运营。

（刘志辉）

【快递产业】 2019年，长沙市快递业务量完成6.4亿件，比2018年增长44.4%，高于全国平均增速18个百分点，增速较2018年上升11个百分点；业务收入完成58.42亿元，比2018年增长32.04%，高于全国平均增速8.2个百分点，增速较2018年上升11.2个百分点。研究出台《长沙市支持快递业发展十条措施》，落实《长沙市快递业高质量发展三年（2019—2021年）行动计划》，重点解决快递业发展中的“五难”问题（即用地难、末端难、用工难、经营难、保障难）。

（刘志辉）

【物流产业招商】 2019年，长沙市物流产业链纳入全市重大产业链范畴，完善“两图两库两池两报告”，推动物流产业链的建链、强链、补链、延链工作。推动拥有全球航时航权的金鹏航空基地公司落户长沙市；协助省政府推动红土航空入驻长沙；引进荷兰跨特纳斯、满帮集团、芬兰欧盟北欧产业园落户金霞经开区开展业务；主动推进申通湖南总部落户长沙县；加强与世界500强、美国无车承运人市值第一的罗宾逊（股票代码：CHRW.O）以及全球货代企业亚大运通等重大项目对接。（刘志辉）

【物流产业链构建】 2019年11月1日，市长办公会明确成立物流产业链，并纳入全市重大产业范畴，成为全市唯一一个链办设在市直部门的重大产业链，物流产业链办公室围绕物流产业链的建链、补链、强链、延链等工作目标，对接各成员单位，摸清项目家底，梳理行业现状，加大招商力度，加强项目建设，加快国际物流通道拓展，完成“两图两库两池两报告”的编制。2019年，长沙市获批陆港型国家物流枢纽城市、中国快递示范城市，航空货运、中欧班列、邮政快递实现爆发式增长，物流行业转型升级、降本增效的成效凸显，物流业呈高质量发展。（刘志辉）

【长沙市入选第一批陆港型国家物流枢纽】 2019年9月，长沙市入选第一批陆港型国家物流枢纽城市。10月15日，市政府召开关于长沙市陆港型国家物流枢纽建设思路研究会议，进一步完善建设陆港型国家物流枢纽总体思路和具体工作事宜。市长胡忠雄召开市政府常务会议全面调度和推进国家物流枢纽建设。（刘志辉）

【中南汽车世界、黄兴海吉星国际农产品物流园入选“中国商品市场综合百强”】 2019年10月22日，第11届中国商品市场峰会在浙江义乌召开，中国社会科学评价研究院、中国商品市场峰会组委会在会上共同发布2019年“中国商品市场综合百强”榜单，中南汽车世界、黄兴海吉星国际农产品物流园均入选榜单，分别位居第24位、第77位。

中南汽车世界位于湘龙街道，319国道与京港澳高速公路交汇处，总用地面积200公顷，总建筑面积200万平方米，2003年6月开建，由新车交易市场及车管“一站式”服务中心（2004年3月营业）、二手车交易市场及二手车交易服务中心（2004年11月开业）、中南汽配批发大市场及中南汽配城（2010年4月建成开业）、中南五金机电城（2004年6月开业）、中南机动车检测站（2012年1月运营）五大板块组成。2019年，中南汽车世界市场全年交易总额317.36亿元；新车销售10.07万辆，二手车交易3.93万辆，入驻企业和经营户3800余家，从业及常住人口逾9万人。

黄兴海吉星国际农产品物流园位于黄兴镇黄江公路旁，占地66.67余公顷，总投资逾20亿元，规划建成中南第一、全国一流的绿色、安全、生态的农产品现代物流枢纽中心。2016年4月24日，占地面积33.33公顷的项目一期建成营业，主要承接马王堆蔬菜市场整体迁入，当年日均交易量9000吨，跃升为全国第二大蔬菜枢纽中心市场；2017年，长沙黄兴海吉星一期蔬菜交易扩建区开业，蔬菜日均交易量逾1.2万吨，成为全国最大的蔬菜流通枢纽中心，并成为湖南省唯一一家被商务部授予“全国首批公益性示范市场”。2019年，该园交易量669万吨，交易额508亿元。

（周进银）

【长沙市被评为“中国快递示范城市”】 2019年12月，长沙市被评为“中国快递示范城市”。快递业是现代服务业的重要组成部分，是推动流通方式转型、促进消费升级的现代化先导性产业，也是各市经济发展“晴雨表”。为促进长沙市快递业高质量发展，市委书记胡衡华、市长胡忠雄相继召开快递企业座谈会和市政府常务会议，研究解决全市快递业发展管理的问题，7月2日和7月17日分别出台《长沙市快递业高质量发展的三年（2019—2020）行动计划》和《长沙市支持快递发展的十条措施》，政府和企业形成合力解决快递业存在的“五难”问题，推进全市快递业的健康发展。2017年，长沙获批除虹桥以外的唯一空铁复合型临空经济示范区，具备空港和高铁的叠加优势，成为对有不同时效要求快递企业的第一选择。2019年，长沙市被评为“中国快递示范城市”，并申请将长沙纳入国家2035年一级邮政快递枢纽城市布局和国家2050年超级邮政快递枢纽城市布局，同时纳入国家2035年国际区域性邮政快递枢纽城市布局和国家2050年国际全球性邮政快递枢纽城市布局。为加快推进长沙市快递产业发展，2019年长沙市重点推进快递业重点项目建设和产业规划，在临空经济区规划266.67公顷土地建设快递产业园和跨境电商产业园，提升全市快递业发展水平。全市8个快递品牌企业项目建设总计需求用地264.83公顷，8个项目已获得用地166.2公顷，项目建设中，前期总投资111.2亿元。（刘志辉）

供销合作

【供销合作社综合改革】 2019年，长沙市供销合作总社在系统开展“全面加快推进供销改革大讨论”和“寻初心、找优势”征集活动，召开全市全面加快供销改革推进大会。贯彻落实全省供销改革“两会议一文件”精神，抽调精干力量成立起草班子，整市推进供销改革的实施方案数易其稿，先后向省供销社和全国总社作专题汇报，提请市供销改革领导小组会议审议通过后印发。

指导、支持浏阳市高质量完成“规范建立社有资产管理委员会”全国试点，试点经验在全国供销合作社服务乡村振兴暨综合改革专项试点总结交流会上得到原全国总社党组书记、理事会副主任王侠的肯定，省委副书记乌兰批示“要抓好浏阳市供销社试点工作总结，并加大在全省的推广力度”，省供销社专门发文要求全省学习推广，全国和省内30余个兄弟县市到浏阳学习。浏阳市率先在全省建立社员代表大会、理事会、监事会“三会”制度，时隔33年召开浏阳市第七次社员代表大会，“三会试点”创全省样板，全省各市州和部分区县（市）到浏阳观摩学习。

中国供销集团明确表示在农业社会化服务、农产品加工、农产品批发市场、再生资源回收利用等六个方面给予重点支持；省供销社与市供销社签订《省社和省会社率先联合合作，带动全省系统联合合作备忘录》，在资源共享、项目共建、机关共治等方面联合合作，属全国首创之举。

【为农服务】 2019年，长沙市供销合作总社提升为农服务水平。

供销惠农服务网络基本建立 坚持开放办社，市县两级成立惠农服务公司，建成乡镇惠农服务中心91个、村级惠农综合服务社710个，覆盖100%的乡镇和80%的行政村。

农业社会化服务 望城区云麓农机专业合作社为小农户和农业经营主体提供农机作业、统防统治、农产品收储加工等服务，服务面积1000公顷。长沙县惠哲供销有限公司探索“供销社＋土地托管”新模式，提供22个环节的“全托管”“半托管”或“菜单式”服务；“全托管”模式每亩托管价格比市场价优惠19%。长沙美丰农资连锁有限公司为农业生产提供农资供应、土壤改良、飞防植保、农产品加工销售等产前、产中、产后服务，业务范围辐射长沙县、望城区、浏阳市等多个区县。

农村电商服务 浏阳市社“浏通天下”电子商务平台上线商品种类5000余个，注册用户6万余人，线上线下销售额逾亿元，被评为“全省电子商务运营服务工作示范单位”；长沙县社整合和通商城等县域电商平台搭建“长沙县扶贫馆”，建成1个县级农村电商公共服务中心和181个村级电商服务站，对12个贫困村进行产业扶贫，拓展“工业品下乡、农产品进城”新渠道。

农村现代流通服务 长沙县路口供销社贯彻习近平总书记“把超市开到农村”的指示精神，发展22家大型连锁超市，覆盖全县80%以上乡镇，服务全县40万余农民群众，打造全国基层社改革发展的“路口模式”；长沙县浔龙河村供销社与村集体经济、社会资本共同出资建设全省首家标准化的村级惠农综合服务社，习近平总书记联点的兰考县在按浔龙河发展模式制定全县乡村振兴规划。

【供销企业改革】 2019年，长沙市供销合作总社推进系统企业改革和转型升级。

企业管理机制优化 厘清市社资产公司与市社机关业务处室的职责分工和职能边界，市社理事会授权市社资产公司，对社有资产行使监督权、管理权和运营权，以股东身份对参股或控股企业依法行使出资人权利；修改完善系统企业综合目标考核实施办法，加强系统企业重大经营事项的监督管理，企业管理更加规范、科学。

企业转型步伐加快 支持金苹果公司探索资本运营、股权投资等新的运营模式，稳步投资多彩农业、中惠旅、浏阳电商创业大厦等产业项目。帮促日杂公司加快向现代服务企业转型，重点建设商贸物流、教育项目，稳步推进浙商银行大厦等项目建设。引导支持洞天公司裕天国际二期合作地产项目开发，大托经理处依法推进机场口开发建设项目，有效管控合作风险。指导帮助蓝天公司在做好应诉维权、维稳、改制遗留问题处理的同时，积极招商，引进新的战略合作伙伴，寻求脱困发展。

企业经营效益提升 支持长沙大厦有限公司改造升级经营环境，累计引进芒果影院等优质企业50余家入驻长沙大厦，物业出租率92.7%，经营收入、利润稳中有升；经发公司对久发连锁进行升级改造，稳步扩张规模，打造符合现代消费理念和潮流的连锁超市，经营效益持续提升；农资公司采取“承包＋与专业合作社合作＋与经营大户联合”模式运作，公司经营风险有效控制，确保公司资产保值增值；顺民公司通过保障项目管理、资本运作和物业创收，经营效益稳中有升。引导系统各企业加强经济运行的分析和研判，有效防范风险，提升发展质量。全年全市供销系统实现营业总收入79亿元、实现利润7.1亿元。

（本栏撰稿　童　蒖）

粮油购销

【概况】 2019年，长沙市完成原粮收购50万吨，其中地方临储超标粮食3137吨，比2018年减少21340吨，减幅87.2%；完成市级储备粮轮换4.44万吨；销售贸易粮125万吨。参与制定形成《长沙市粮食收购贷款信用保证基金实施方案（送审稿）》，做好粮食收购贷款信用保证基金的试点工作。2018年省对市州落实粮食安全省长责任制考核获全省第一名。

【粮食仓储设施建设】 2019年，长沙市强化储备粮库存监管，推进绿色储粮新技术运用，引导全市地方国有粮食企业持续深入推进控温储粮技术运用，完成空调安装仓容18.5万吨、气密保温改造仓容7.1万吨，全市地方国有粮食企业运用控温储粮技术仓容50万吨，占比50%，提升科学储粮水平，为优粮优储奠定基础。

【粮油经营】 2019年，长沙市推进重

点产业项目建设。金霞粮食物流园吞吐量550万吨，营业收入逾2000万元。宁乡食品产业园加工产量约2.2万吨，营业收入逾1.5亿元，获“湖南省主食产业示范园”授牌。

【区域粮油品牌建设】 2019年，长沙市推动粮食科技成果转化，组建大米、茶油产业联盟，打造“浏阳茶油”“浏阳河大米”“米吉星大米”“乌山贡米”“花明”等区域品牌。制定“浏阳茶油”团体标准。组织参加郑州中国粮食交易大会、第三届中国国际稻米论坛暨首届中国米商大会、中国国际食品餐饮博览会等会展，与哈尔滨市尚志市签订产销战略合作框架协议。

【粮食经营业态创新】 2019年，长沙市指导金霞放心粮油等4家企业继续推进放心粮油网点建设，全市网点总数100个；以龙头企业为建设主体打造“网上粮店”，有效拓展营销渠道，年销售额逾亿元；以金健商业公司等为建设主体打造“一、二、三产业”融合的主食厨房新业态。

【粮食质量安全监管】 2019年，长沙市完成全国政策性库存粮食数量和质量大清查，构建三级粮食质量检测体系，开展政策性粮食出入库必检和“放心粮油”网点监测全覆盖，完成监测任务317批次。

【粮食应急保障】 2019年，长沙市按照《长沙市粮食应急预案》要求，保持市级应急成品粮油储备稳定。组织开展省、市、县三级粮食应急联合演练。准确及时上报粮食统计月报、年报，做好年度粮食供需平衡调查，开展粮食流通统计培训，分析并报送季度、年度粮食流通统计分析报告；选定35个市场价格信息监测点，全年报送并定期公布价格监测信息43期。

（本栏撰稿　吴　慧）

专项经营

·烟草专卖·

【卷烟营销】 2019年，长沙市烟草专卖局完成年度销售任务，单箱均价、省外烟比重、卷烟人均劳效等7项指标排全省第一位。以二级标签实施精准投放，推广智能终端2135台，推动全商品扫码、全店铺管理、多方式结算，推广进度排全省第一位。建设30家“湘汇636”加盟终端，提升综合实力。开展6期职业化零售户训练营，推进明码实价，零售户综合毛利率12%以上，整条价格到位率99.5%以上。

【专卖监管】 2019年，长沙市烟草专卖局强化烟草市场综治格局，形成烟草、公安、市监、邮政等部门联合执法机制。高桥、红星市场和物流寄递等重点区域和环节，开展专项整治，打团伙、破网络、抓主犯，查办大要案。推进“互联网+群防群治”，打击制假贩假、违规经营大户，加强电子烟市场监管。查处涉烟违法案件1499起，查获涉案卷烟14521.47万支，涉案金额11964.69万元。侦破国标假私烟网络案7起、省标网络案3起，查处真烟刑事案件11起。刑拘49人，逮捕43人，判刑28人。落实“放管服”改革要求，推动“最多跑一次”“一件事一次办”。办理行政许可事项18905项，其中新办11111项。审批各类准运证32142份。实现假私烟查获量、国标网络案、真烟涉刑案件、真烟查获量、省外来源卷烟查获量、全省专卖人员比武6个全省第一位。

【重大项目建设】 2019年3月12日，作为湖南省内第一家跨区域烟草物流配送企业，湖南省长株潭烟草物流有限责任公司挂牌运营。长沙、株洲、湘潭3个市卷烟物流配送中心分别在3月12日、6月24日和10月8日完成整体搬迁，实现3个市卷烟配送业务的融合发展。推进湖南中烟工商共库和区域分拨中心业务，为湖南中烟提供成品卷烟仓储服务，承接河北中烟移库卷烟业务并分别转运至湖南、广东、广西、江西、海南5个省60个地州市，开辟重庆中烟和安徽中烟前置库，与江苏、甘肃、深圳中烟达成合作共识，中南卷烟区域分拨中心雏形逐步形成。

（本栏撰稿　刘浒斌）

·成品油经营·

【概况】 2019年，中国石化销售股份有限公司湖南长沙石油分公司有在营加油站164座、便利店165家、油库1座。该公司按照中国石化湖南石油分公司“1234567”的战略发展思路，以提升量效为中心，强化管理，深化改革，推动企业发展。全年成品油经营总量比2018年增幅4%，非油品销售额近5亿元。全年实现安全、环保、数质量等各类等级事故为零。

拓展经营　作为长沙地区成品油经营的主渠道企业，协调各成品油经营单位维持市场稳定，并配合政府部门打击“自流黑”违法经营行为，规范成品油经营秩序。同时以客户为中心，采取“一站一策”、“一户一策”、IC卡进单位和社区等措施稳定客户、拓展市场，并引进非油品新业务、丰富服务内容和方式，打造综合服务体，增强客户的新体验。在做好资源供应的基础上，较好地提升企业经营业绩，实现国有资产的保值增值。

严控安全、环保、数质量管理　全年贯穿绿色企业行动，持续优化能源环境管理体系，提升环境风险识别和管控能力、污染防治水平，环境污染事件为零，通过中国石化集团绿色企业验收。全年自检和接受外部质量抽检近2000个油样，检定结果全部合格，严格运输车辆的质量监管，保障油品在途运输的质量安全。8月27—29日，北京三星九千认证中心对中国石化长沙石油分公司机关及所辖油

库、金霞站、银杉站、坪塘站、普瑞银杉站、马家河站和湘石站开展ISO9000质量体系认证审核。该公司通过北京三星九千认证中心的质量体系认证，并获《质量管理体系认证证书（03119Q20368R0L-1）》。

加油网点发展　拓宽发展渠道，通过联营合作、“他有我营”等多种模式发展网点，扩大市场份额。加强加油站提质改造，推进安全、环保、功能齐全、方便快捷的综合服务体建设，为支持市委、市政府“蓝天保卫战”“污染防治攻坚战”工作，该公司2019年投资上亿元完成81座加油站的双层罐防渗改造。2019年，长沙市推进成品油污染防治工作，油罐防渗改造、在线监控系统建设和油品升级3项重点工作成效显著，完成320座加油站地下油罐改造，完成油气回收在线监测系统监控平台建设和57座年汽油销售量5000吨以上加油站在线监控设备安装任务。

【“中国石化公众开放日”（湖南石油站）活动】　2019年4月22日在长沙举行，以“探秘智慧能源”为主题，中石化长沙石油分公司作为分会场，向公众展示智慧巴士、智慧加油站、智慧油库等项目。长沙市市场监督管理局、市环保局、市工商局等政府职能部门，《湖南日报》等8家媒体和30余名公众代表参加活动。

【“1+3”区域联动环保应急演练】　2019年8月27日在长沙举办，由中国石化湖南长沙石油分公司及长沙霞凝油库承办，通过模拟长沙油库趸船卸油管线软管垫片破裂渗漏，造成水体环境污染，提升沿江库站环境应急处置能力。演练由中国石化湖南石油牵头组织，华中湖南输油处、长沙地方海事局、长沙市消防救援特勤大队水上消防中队、湖南华中宏泰监测评价有限公司等单位及湖南石油所辖霞凝油库、七里山油库、汨罗油库、赤山油库、德山油库、荷花油库等100余人联合参演。

（本栏撰稿　蓝　海　黎娜娜）

会展业

【概况】　2019年，长沙市会展工作把握“打造中部会展高地、建设国家会展名城”的总体目标，坚持推动会展经济高质量发展，构建“会展＋会议”的大会展发展格局，培育重点展会，主动对外交流合作，加紧构建政策体系。长沙被评为“辉煌70年—中国最具影响力会展城市”，连续5年被评为“中国最具竞争力会展城市”。全年四大会展场馆举办会展活动275个，较2018年增长24个。展览面积343万平方米，较2018年增长11%。成交金额1242亿元以上，较2018年增长23%。全年500人以上会议总数431个，国际性会议26个，参会总人数182万人。比2018年口径下，展览和会议各项指标均为中部省会城市第一名。提前超额实现市政府会展发展三年行动计划目标。据2019年中国会展经济研究会在成都发布的中国城市会展业竞争力指数报告显示，长沙连续3年保持中国城市会展业竞争力指数排名省会城市及地级市第一名，全国（含直辖市、副省级城市）排名第13名。会展经济的稳步发展引领和带动高铁会展新城片区持续发展，长沙国际会展中心举办会展项目42场次，展览面积143.5万平方米，场馆利用率24.8%，在中部同类型场馆中位居第一名。　（刘　刚）

【年度重要会展】　2019年，长沙市坚持以产业带动会展，以会展促进产业，中非经贸博览会、工程机械展、“一乡一品”博览会、食餐会、轨道展、筑博会、农博会、智博会、车展、建材展等具有产业基础的重大展会项目价值提升、影响扩大。中非经贸博览会作为国家对非合作“八大行动”的第一大行动，是湖南第一个国际性、国家级、常态化的经贸平台，是长沙和湖南省承担的重大国家使命。国家主席习近平向博览会致贺信，中共中央政治局委员、国务院副总理胡春华出席开幕式，宣读习近平贺信并致辞。53个非洲国家、万余名嘉宾参会，84个项目和协议集中签约，涉及非洲安哥拉、科特迪瓦、塞内加尔、坦桑尼亚、乌干达等20余个国家，项目金额208亿美元。长沙国际工程机械展览会以“智能化新一代工程机械”为主题，国务院原副总理马凯现场巡馆，省委书记、省人大常委会主任杜家毫宣布展会开幕，省委副书记、省长许达哲在开幕式上致辞。展会总面积21.3万平方米，参展企业1150家，国际展商比重逾22%，累计18万人次观展参会，现场交易额逾200亿元。从展览面积和世界50强企业参展参会情况看，均比肩德国宝马展、法国巴黎展和美国拉斯维加斯展世界三大工程机械展。展会的举办，打破由国外展览业巨头垄断工程机械展览市场的格局，为中国工程机械产业掌握行业话语权、推进新一轮高水平对外开放、打造“世界工程机械之都”打开新空间。国际工程机械展览会系列报道被中国经济网和《中国贸易报》联袂评选为年度中国会展十大新闻。中国食品餐饮博览会是商务部重点打造的国际性展会项目，展览总面积8.1万平方米，1600余家海内外企业参展，参会人数19万人次。全国人大常委会原副委员长周铁农宣布开幕。湖南（长沙）装配式建筑与工程技术博览会以“辉煌70载、筑梦新时代”为主题，展览面积6万平方米，境内外参展单位482家，展示中华人民共和国成立70周年住房城乡建设发展成就，以及国内外住建行业新理念、新技术、新产品。中国国际轨道交通和装备制造产业博览会作为中国轨道交通和装备制造领域唯一的国家级国际性专业展会，参展面积5.4万平方米，参展企业400余家，参观体验人数逾3万人次，专业观众1.2万人次。“一乡一品”国际商品博览会暨第四届全国民族地区发展大会是经商务部批准的重点国际展会项目，博览会以“一带一路一世界，一乡一品一梦想”为主题，突出国际化、高端化和专业化，展示中国民族主题特色，聚焦民族地区扶贫创新成果，展览面积10.8万平方米，

38个国家和地区的4500家企业参展参会，专业观众逾10万人次，开幕式举行投资合作集体项目签约仪式，签约金额400亿余元人民币。多个国家使节和前政要出席相关活动，第十三届全国政协副主席、民革中央常务副主席郑建邦宣布开幕。中国中部（湖南）农业博览会以“绿色与品牌·交流与合作”为主题，展会展览面积9万平方米，到会采购商和专业观众5万余人次，其中重点采购商3000余位，观展市民逾30万余人次，成交金额151亿元。（刘　刚）

【会议品牌发展】　2019年，长沙市围绕打造长沙中高端会议目的地建设，实现会议与展览融合发展，促进城市发展要素聚集，扩大城市影响力和国际交往，助力经济高质量发展。在北京第12届中国会议产业大会上，长沙被评为2019年度最具竞争力国际会奖目的地。由亚太总裁协会、长沙市人民政府主办的全球高端制造业大会以“经济高质量·生活更美好”为主题，发布全球高端制造100强企业排行榜、全球高端制造业长沙宣言，60余个国家和地区的600余名嘉宾（其中外宾近400名）出席会议。2019国际（长沙）稻作发展论坛——中非稻作发展研讨会作为中非经贸博览会框架下的重要活动，以“稻作学术研讨及杂交水稻技术在非洲地区的推广应用”为主题，论坛在中国工程院院士、国际稻作发展论坛理事会主席袁隆平主导下，500余名国内外稻作专家现场“论稻”，有越南等国向组委会申办该论坛。2019互联网岳麓峰会以“智能网联·于斯为盛”为主题，百度创始人兼董事长李彦宏、华为公司轮值董事长徐直军、IDG资本创始人熊晓鸽等283位业界重量级嘉宾参与，逾3万人参会。大会通过一个主论坛、11个分论坛（“1+11”）形式，聚焦“人工智能”和5G等行业前沿话题开展探讨。2019世界计算机大会聚焦“计算万物　湘约未来”主题，中国科学院院士、中国人民解放军军事科学院院长杨学军，诺贝尔经济学奖获得者芬恩·基德兰德等国内外嘉宾围绕计算领域尖端技术前瞻与产业化发展、实体经济与数字经济融合、产业链国际合作发展、全球网络安全技术与应用成果等话题进行交流探讨。第20次全国电化学大会参会人数6000人，展示电化学行业最前沿技术成果，分享最新基础研究。2019中泰（长沙）经贸合作论坛参会人数1200人，是“一带一路”框架下湖南对外开放的重要窗口，是推动湖南装备制造企业走进泰国、走向东盟的合作平台。长沙作为东道主与中国会奖专业委员会共同举办中国会奖产业发展峰会暨2019中国会奖专业委员会年会，邀请全国会议产业政府领导、协会和企业代表参会，提升长沙会议目的地城市知名度和影响力。2019商业航空航天航海产业论坛、“一带一路”青年创意与遗产论坛、医学领域系列峰会等知名会议品牌推出，长沙会议产业发展进入新阶段。（刘　刚）

【会展合作交流】　2019年，长沙市会展办参与国际性组织合作，年初到日本参加国际展览联盟（UFI）亚太区年会，并做对外宣传推介。6月，市会展办被UFI纳入年度合作伙伴。有长沙国际会展中心、红星国际会展中心、湖南锐智国际会议展览服务有限公司、湖南帝爵国际会展服务有限公司、长沙国际车展、农博会6家企业或项目获UFI、ICCA国际认证（武汉和郑州分别为2家）。加强与国家部委、国家级协会、国际机构和组展集团联系，引进全国知名巡回展落地。到北京组织长沙市重点会展引进项目招商对接会，经过面对面对接洽谈、合作交流，22个会展项目现场意向签约，长沙市人民政府与中国机械国际合作股份有限公司代表签署战略意向合作框架协议。组织2019京交会长沙市会展专题推介会和首届长沙—粤港澳大湾区会展合作交流会，宣传长沙会展环境，吸引大型组展企业带项目落户。引进全球制造业大会、全国制药机械博览会、中国休闲旅游博览会、中国地理测绘信息展、中国新材料产业发展大会、全国防水建筑材料高峰论坛、中泰经贸合作论坛、全国电化学大会、中国风景园林年会、中国畜牧业博览会、婚庆行业博览会、中国装备制药机械博览会12个会展项目，提升长沙会展影响力。（刘　刚）

【第21届中国中部（湖南）农业博览会】　2019年10月25—29日在长沙举办。由农业农村部和湖南省人民政府共同主办，湖南省农业农村厅、长沙市人民政府、中国农产品市场协

2019年10月25日，市民在第21届中国中部（湖南）农业博览会湖南产业扶贫馆选购商品

市农业农村局　供图

表 19　　2019 年长沙市重点会展项目一览表

序号	项目名称	举办时间	举办地点
1	“春之约”红星年货物资交易会	1 月 16 日—2 月 1 日	湖南红星国际会展中心
2	2019 迪培思长沙国际广告标识及 LED 展 暨 2019 迪培思长沙国际图文印刷展	3 月 1—3 日	长沙国际会展中心
3	2019 第 27 届湖南医疗器械设备展览会	3 月 7—9 日	湖南国际会展中心
4	2019 中部（长沙）建材新产品招商暨全屋定制博览会	3 月 22—24 日	长沙国际会展中心
5	2019 年长沙消防安全技术与应急救援装备展览会	3 月 28—30 日	湖南国际会展中心
6	2019 中国（长沙）国际大豆食品加工技术及设备展览会	4 月 2—4 日	长沙国际会展中心
7	湖南宠物产业博览会“咿呀”杯萌娃萌宠嗨“Go”嘉年华	4 月 12—14 日	湖南红星国际会展中心
8	2019 年第 19 届湖南智慧安防产品暨警用装备博览会	4 月 18—20 日	湖南红星国际会展中心
9	2019 第 12 届湖南春季浩天钓具用品展览会	4 月 25—27 日	湖南红星国际会展中心
10	2019 湖南汽车展览会	5 月 8—12 日	湖南国际会展中心
11	2019 中国长沙（国际）智能制造博览会	5 月 9—11 日	长沙国际会展中心
12	长沙工程机械展览会	5 月 15—18 日	长沙国际会展中心
13	2019 第 18 届中部（湖南）糖酒食品交易会	5 月 19—21 日	湖南国际会展中心
14	2019（长沙）安团家博会	5 月 25—27 日	湖南国际会展中心
15	芒果儿童博览会	6 月 2—4 日	湖南国际会展中心
16	2019 长沙国际汽车博览会	6 月 8—9 日	长沙国际会展中心
17	2019 华中幼教前沿峰会暨幼教产业博览会	6 月 19—21 日	长沙国际会展中心
18	2019 湖南汽车展览会	5 月 8—12 日	湖南国际会展中心
19	2019 湖南（长沙）应急安全技术装备博览会暨应急安全创新论坛	7 月 26—28 日	长沙国际会展中心
20	2019 中国（湖南）中医药与健康产业博览会	8 月 23—25 日	长沙国际会展中心
21	2019 中部（湖南）国际孕婴童产业博览会	9 月 20—22 日	湖南国际会展中心
22	首届中国农业节水和农村供水行业博览会	9 月 20—23 日	湖南红星国际会展中心

续表 19

序号	项目名称	举办时间	举办地点
23	2019 第六届中国（长沙）绿色建材家居博览会	9 月 21—23 日	湾田国际
24	中国（长沙）国际汽车后市场博览会	9 月 26—28 日	长沙国际会展中心
25	2019 第五届长沙新能源汽车及充电设施展览会	9 月 28—30 日	长沙国际会展中心
26	2019 湖南（长沙）装配式建筑与工程技术博览会	10 月 15—17 日	长沙国际会展中心
27	2019 长沙乡村产业博览会	10 月 18—20 日	湖南国际会展中心
28	中国长沙（国际）孕婴童产业博览会	10 月 25—28 日	湖南红星国际会展中心
29	第二届金芒果地理标志产品国际博览会	11 月 1—3 日	湖南国际会展中心
30	2019 第三届湖南·长沙乐器展览会	11 月 14—16 日	湖南省展览馆
31	第三届中国（长沙）果品产业博览会	11 月 22—24 日	长沙红星国际会展中心
32	2019 湖南“一带一路”绿色博览会	12 月 6—8 日	湖南国际会展中心
33	2019 第 15 届中国（长沙）国际汽车博览会	12 月 11—16 日	长沙国际会展中心
34	2019 湖南（长沙）国际智慧交通暨智能网联新能源汽车博览会	12 月 13—17 日	长沙国际会展中心
35	2019 长沙宠物文化节暨首届中部宠物水族博览会	12 月 15—17 日	湖南省展览馆
36	2019 湖南品牌农资暨品牌农产品展示交易会	12 月 22—24 日	湖南红星国际会展中心

（资料来源：市会展办）

会、中国国际贸易促进委员会湖南省分会承办。农博会以“绿色与品牌·交流与合作”为主题。省委副书记、省长许达哲宣布开幕并在开幕式前会见参会外宾代表。省领导乌兰、黄关春、戴道晋，河南省政协副主席周春艳出席。中国农业科学院党组书记张合成、副省长隋忠诚致辞。中国农产品市场协会会长张玉香、中国国际问题研究基金会理事长沈国放出席。省政府秘书长王群主持开幕式。总展览面积约 9 万平方米，设立中华人民共和国成立 70 周年湖南农业农村发展成就馆、湖南综合馆、品牌农业馆、中部·省际馆、国际馆、农业装备馆六大展馆，38 个国家、11 个省级展团等数千家知名企业参展，并邀请 3000 家以上的专业采购商现场采购。实现现场零售额逾 1.22 亿元、活动签约 63.17 亿元，签订购销合同 3.67 亿元、意向协议 10.66 亿元；到会采购商和专业观众 5 万余人次，观展市民逾 20 万余人次；评选出农博会袁隆平特别奖 10 个、参展产品金奖 86 个、设计奖 22 个、组织奖 45 个。

（岳娴雯）

邮　政

【概况】　2019 年，中国邮政集团公司长沙市分公司有服务设施完善的城乡邮政服务网点 232 个，其中纯邮务类网点 42 个、叠加邮政储蓄的网点 192 个；另有邮政报刊亭 253 个、邮政渠道站点 3704 个、邮乐购服务站点 1153 个、邮筒信箱（筒）312 个；有各种邮政运输车辆 324 辆、各类邮政投递车辆 1385 辆、投递人员 1807 人、投递段道 1709 条。2019 年，全市邮政企业累计实现业务收入 12.77 亿元，收入增幅 11.19%。

【业务发展】 2019 年，中国邮政集团公司长沙市分公司累计实现寄递业务收入 4.76 亿元，比 2018 年增长 21.33%；全年寄递业务量 7943 万件，比 2018 年增幅 30%，市场占有率 12.76%，较 2018 年提升 2.5 个百分点。各板块业务持续增长，标快增幅 30%，快包增幅 14%，国际增幅 52%。特别是标快累计完成收入 1.29 亿元，完成计划进度的 105.07%。全年实现金融业务收入 5.74 亿元，增幅 9.52%。落实"以余额为核心，总资产协调发展"的理念，全年新增金融总资产 43.72 亿元，其中新增余额 17.87 亿元，新增人民币理财日均保有量 10.68 亿元，排全省首位。全年累计实现保费 11.73 亿元，首次列全省第一位。全市代理保险完成收入 6234 万元，增幅 58.31%，进度和增幅均排全省首位，规模从全省第五位提高至第一位。2019 年，渠道平台专业实现收入 5637 万元。站点转型能力提升，"邮乐购"包裹代收代投达标站点 232 个，代投包裹量 5.87 万件。"掌上商店"移动端打造全新的平台生态圈，为站点引流，实现站点、邮政联动共赢的效果。农村电商精准切入，精准扶农适时推出"七八农品"销售季活动，销售 4 种水果 2 万余单，销售额近百万元。全市完成简易险保费 1121 万元，代办车险保费 1429.69 万元，保费规模分别在全省排名第一位、第二位。文化传媒业务聚焦"互联网 +"和新零售模式，创新线上线下双渠道运营，全年实现收入 1.58 亿元，增幅 6%，超产 1485 万元。其中，新媒体业务全年累计开发客户 460 单，创收 2283 万元，增幅 672%。集邮专业在市场低迷情况下，提前 2 个月完成全年收入计划，全省进度排名较 2018 年前进 5 位，特别是线上营销累计创收 2700 万元。发行专业全年完成 5110.6 万元，超计划 201 万元。其中校园报刊项目累计实现流转额 1384.61 万元。惠农扶贫中 99 个涉农合作社走访率 100%，有 47 家与邮政建立合作关系。政务项目开通警邮网点 14 个、税邮网点 202 个，税邮收入 1857.8 万元。

【邮政企业管理】 2019 年是长沙邮速整合后的第一年，68 个综合性揽投部资源全部整合到位，构建高效、快速的营投平台。时限方面，趟班实行三进三出的运营模式，出口及时赶发率和进口及时妥投率提升。小件集包率实现 100%，收寄处理效率提高，及时妥投率 98.6%。邮政寄递实现合署办公，管理效能提升。严守"三条红线"，实现普遍服务行政"零"处罚。全年未出现重大通信服务质量事故和重大违规经营案件。全市普遍服务网点稳定运营，营业服务达标率、条码平信业务开办率、汇兑业务联网开办率均 100%。国网申诉率、申诉满意率均达到国家邮政局和集团公司要求。严守邮件寄递渠道安全"底线"，加强收寄验视，确保北京三项重大活动、国庆 70 周年庆祝活动和第七届世界军人运动会等重大活动期间长沙市寄递渠道安全平稳。严守纪律加强管理，保障巡视专用邮政信箱寄递服务工作万无一失。加强成本预算管理，对固定成本以总额进度控制为主，对重要项目、重要专业明确收入毛利率控制线，严格控制费用开支水平。2019 年，通过降低收寄处理费、毛利分成、投递费标准，节约成本 420 万余元。成本预算在保证业务发展刚性成本支出的同时，严控非生产开支和管理费用等费用支出，对集中成本实行集中支付、集中核定、集中采购、集中使用，增强企业财务的管控能力和水平。加强成本标杆管理，从预算的编制到预算的考核、财务绩效指标的设置，均强化标杆管理。2019 年，省公司 10 项重点管控指标有 7 项达到优秀水平。有效控制揽投编制调整 69 人，较 2018 年下降 6%。推进双定工作，优化金融网点资源配置，通过对业务量不饱满的柜内冗余人员向柜外人员合理盘活，全市理财经理、大堂经理的配备到位。全年全市邮政员工参加网络学习 8 万人次，人均学习时长约 40 课时，员工素质提升。全年全市邮政无重大安全事故、无资金案件、无主责重大交通事故，完成年度"平安邮政"目标任务。第六轮金融单位"安全评估"通过省监管部门验收合格。先后被评为长沙市委、市政府综合治理平安建设合格单位、省公司"平安邮政"先进单位、长沙市公安局内部保卫先进单位等。

【邮政服务能力建设】 2019 年，长沙市邮政金融网点新增 ITM 99 台、CRS 28 台、移动展业设备 33 台、叫号机 23 台。网点统一柜面系统、免填单系统升级上线，提升业务办理效率。通过加强系统对接，稳固商政市场，持续跟进"智慧法院""电子税务"以及各类公安"互联网 +"平台。建立集包中心，采取"混合收寄 + 集中收寄"模式，日均产能 40 万件处理量，省际出口快递包裹小件集包率排全国前列。主动客服团队进一步优化，全年累计督导跟踪出口邮件 5761.1 万件，处理完结工单 115.68 万件。2019 年，根据市公安部门、省公司的要求，整改金融网点现存隐患，整改全市邮政营业网点、揽投部站线路，升级改造全市 192 个金融网点电视监控，在 21 个揽收站新装电视监控 396 路。完成 6 个改造和新建网点项目的安全验收工作。

（本栏撰稿　唐　嵘）

通　信

·中国电信股份有限公司长沙分公司·

【市场经营】 中国电信股份有限公司长沙分公司（以下简称"长沙电信"）下辖长沙县、望城区、浏阳市、宁乡市 4 个县级分公司。2019 年，主营业务收入累计完成 29.8 亿元，移动期末出账用户总数 315.1 万户，宽带期末用户总数144.3万户，天翼高清用户期末用户规模127.5万户。支柱业务发展稳健：移动业务线上以号卡策略为主、线下坚持融合与单产品合约为重点，通过终端引领、厂商合作、渠道承销、政商团购、现场营销组织强化；宽带业务提质导高，重点推出全屋WiFi、平安社区等产品，全年同步推广16个社区试点，以应用和服务拉动销售。开展“后光网时代”小区深耕，提升以店面为核心的宽带运营发展能力，做实上门营销、演示邀约、小区现场精促。渠道建设持续深化：以精准建店和异网牵手为切入点扩大实体门店覆盖范围。承接湖南省公司“19351工程”，建立以“实体渠道版块为核心赋能，三、四级经营单元公共协作”的效能提升体系。通过打造泛渠道标杆店和平台商战略转型，有效扩大泛渠道触点。通过以点带面的推广模式，拓展泛渠道结队网点，拓展异业行业合作商。通过“商客攻坚”驻场/驻点渗透式营销，逐步提高商客市场电信份额。存量经营精准推进：通过精准定位目标用户特征和用户需求，适配针对性营销政策，2019年单宽升99及以上融合共36053户，比2018年上升58%，根据年初模型预测转融重要用户，转融用户占有效续费用户比例59.93%，显著高于其他场景转融率。推动行业引领、产品引领，落实云改转型：组织参与省公司云改产品落地的全流程穿越，通过智慧消防等项目打通云专网、视频云等业务实现，流程穿越。各部门开展云桌面的体验活动，并作为办公IT转型与云网融合业务场景化的探索，使各级人员从用云来感受云，从而在生活、生产中捆绑云，将原有传统产品与云结合来卖产品。并逐步建立面向客户和客户经理的云网服务团队，重点对标产品和竞争对手提升服务能力，以政企产品的改革推动云网衔接，从而推动云与网的改变，生产流程的重构与能力提升。5G业务方面，挖掘长沙公共资源交易中心、湖南省妇幼保健院、蓝思科技、广汽菲亚特、北辰洲际酒店等5G试点及应用商机21个，涉及政务、医疗、工业、酒店等多个行业。参与组建长沙市工业互联网协会，担任理事会成员。组织参展2019湖南（长沙）网络安全·智能制造大会，现场展示远程医疗、AI等5G应用。加速推动重点在建项目进度，9月2日，长沙市政务云双活机房初验完成；10月31日，长沙市“政务云”一期建设项目（政务部分）购买服务部分通过竣工验收工作；12月31日，长沙市“政务云”一期建设项目警务云部分完成验收。万企上云、万物智联，以云网融合为核心的DICT发展模式势在必行。打造标杆项目、优秀案例，持续发力“互联网+”：全年完成湖南省级“互联网+”大单15个、湖南省云网标杆案例14个，涵盖政务、工业、医疗、教育、商客等行业。政务行业：长沙市政务云双活机房建设项目、长沙市公安局信息化设备托管托维项目、宁乡市“互联网+”政务平台（“一件事一次办”）升级项目、长沙市生态环境局天翼云视频平台项目。工业企业：大汉师创云桌面系统平台服务项目、长沙市工业云迁移、扩容项目。医疗行业：老百姓大药房智能通信云项目（全业务合作布局医药连锁龙头企业，签订框架合同，预估覆盖全国5000个门店，含省内800个）。教育行业：芙蓉区教育云网项目、育英小学行业ITV。商客行业：天心区美丽乡村行业ITV、湖南天地人律师事务所信息化服务项目、长沙通程麓山大酒店综合通信服务项目。

【网络建设】　2019年，长沙电信有线网：城区局所均具备1000M上行带宽接入能力、全区具备200M及以上带宽接入能力，全区10G端口占比34.7%。全年完成8400个10GPON口建设。完成19.3万端口建设，其中岁末年初新建4.7万端口。与市场联动，降低0分光器比例，盘活存量资源；与运维联动，及时扩容预警资源，确保在规定时限内具备装机能力。光端口占用率55.2%，比2018年提升3.5%。综合业务区：全年计划完成21个综合业务区建设，其中完成建成区12个、基础建成区6个、新建综合业务区3个。数据网：对IP城域网核心层CR设备增加32个100G、80个10G端口接入能力；业务控制层新增25台MSE设备，扩容原有MSE设备，并对原有17台BRAS设备进行能力升级改造，增加2790个10G端口接入能力。传输网：除完成常规建设任务外，完成政企高质量专线OTN长沙城域网的建设。无线网4G室外宏站：室外覆盖类。通过447个L800M、82个室外1.8G基站建设，城区4G基本达到精品网覆盖，农村4G覆盖率比2018年提升3.2%，实现高速高铁的连续覆盖。超忙扩容。建设591个1.8G站点，739个载扇；1373个2.1G站点，1816个载扇；城区实施3488个1.8G的15M升级20M，农村完成深度重耕800M7.6带宽，采用负荷均衡、工参调整、配置优化等措施，解决不限流量套餐导致的大范围小区超忙，超忙扇区占比较年初下降3%，有效提升用户感知。5G室外宏站：长沙作为全国首批15个5G试点城市之一，首批230个，分布在岳麓、天心区，主要覆盖核心城区、政府机关、大学城等高流量、高价值区域；增补700个，分布在市内五区及浏阳城区、工业园，主要覆盖二环以内主城区、梅溪湖等人口高密集区域以及火车南站等交通枢纽。常规室分：完成276个物理站点建设，909台RRU，91个PRRU。网格室分：完成312个网格288个物理站点建设，781台RRU，用于解决宏站弱覆盖、用户投诉、覆盖盲区等问题。5G室分：完成30个物理站点建设，主要覆盖自有营业厅、核心商圈、手机重点售卖商圈及政企客户等重要场景。网格优化：采用直放站、微室分、射灯外打等短平快个性化方案，解决前置工单、全流程用户投诉、弱覆盖问题，完成195个网格建设。IPRAN：除完成常规建设任务外，采用IPRAN新型设备组网模式，部署18台新型B设备，76台新型A设备用于承载5G基站业务。IDC建设：完成磐云合作IDC机房的网络设备建设，上线400G；完成证通合作IDC机房及联通河西IDC机房的互联互通网络设备接入，上线200G；完成荷花园IDC机房建设的第一阶段，建设机架419个。平台类业务：完成网吧云项目的一、二期建设；在全区范围内完成8个机房的云设备部署，最大提供320家网吧接入能力。云业务：完成视频云专网的建设，实现市公司视频业务专网上云，计算主机及存储都搭建在天翼云上，第一期提供10G天翼云专网接入能力，在此基础上，搭建公司内部的消防综合管理和指挥调度系统平台，将原有1万余个消防信息点接至新平台，将原公司内部视频平台整合至新平台，并同步建设消防指挥大厅，实现现场调度功能，为智慧消防业务试点提供支撑。ICT业务：支撑前端完成省委信息化整体项目、政务云一期项目、通管局信息化项目，并通过客户的验收。

【网络安全】 2019年，长沙电信重新定义重大故障（OLT中断或PON中断影响用户数超过800户或月度中断PON影响用户数500≤影响用户数≤800达到3次及以上的，或者无线基站同时中断≥5个（物理站）。重要客户中断，重要干线中断，核心设备上行电路中断，一事一案。）；明确后端各单位工作目标（无线基站断站控制在日均20个以内（逻辑站），PON口故障控制在日均30个以内）；重新划分后端各单位责任体系。全年解决OLT双路由51处、IPRAN成环59处，改善OLT/IPRAN脱网情况。全年完成“非常严重”和“严重”类动力隐患整治159处；完成所有AB类局站和部分C类局站动力应急演练，完成所有54处C类以上局站蓄电池组核对性容量测试，确保动力设备运行安全。全年未发生重大动力故障。全区基站中断从年初月均1000左右下降至月均不足600，全区基站断站率从2019年1月的1.44%下降至2019年12月的0.56%；全网故障发生率较2018年下降17.78%。无线基站传输设备故障替换设备19处，天馈、电压不稳、高温、光衰、底噪等隐患整治73处，无线设备替换38处，铁塔蓄电池整治77处，其他环境配套整治99张处，多基站断站环比2018年下降约60%。

【客户服务】 2019年，长沙电信明确投诉处理规范，提升员工处理能力，加大工单质检力度，提升工单处理规范性和准确性，强化对投诉TOP区域TOP问题的督导帮扶，提升服务。重点强化渠道服务标准执行。按集团文件要求规范渠道服务标准，并强化执行；及时发现渠道投诉中存在的违规营销现象，采取约谈等方式降低投诉发生；与市场、营支等部门进行协作，及时反馈信息，将违规营销从人治转为系统治。组建装维服务柔性团队，每天抽专人对装机不满意的工单进行回访，并督促客调中心对预约、约及“七个一”执行不规范工单进行通报、考核。对多发单位与个人进行“一对一”面谈，并要求分局和县分公司加强服务意识培训。强化装维督办单分析，对故障单中3次催单及以上、重复工单而导致重点督办单加大考核力度，有效控制督办单的来单量，确保网络及装维服务稳步提升。梳理用户个人信息保护工作的要点及要求下发。定期开展专项检查，重点检查用户个人信息保护公示、工号“一号一人”、工号申请及封存、用户信息保存、账号密码存放、安装软件等项目，及时通报和考核检查情况，确保用户信息安全。拟定下发携号转网服务相关要求，成立相关的承接团队，并将对应联系人和联系方式在渠道网点进行充分告知，组织对携号转网工作中存在的问题进行流程穿测、专题分析、及时调度、优化调整，提升客户感知。

【长沙市“政务云”一期建设项目验收大会】 2019年10月31日在望城区证通云谷数据中心召开。该项目是长沙市政府深入贯彻落实国家大数据和网络强国战略，顺应智慧城市、数字经济发展新形势的重要举措。会上，长沙电信政务云项目组汇报项目建设情况，并通过在线演示展现建设成果。监理单位及第三方测评公司向验收组汇报项目监理情况和性能测评结果，长沙市公安局、市市场监督管理局、市行政审批局等单位作为用户代表发表使用意见。长沙电信作为项目承建单位代表，对做好政务云的后续运维服务，以及配合、参与长沙市新型智慧城市信息化建设等方面作表态性发言。“政务云”为长沙市47个职能部门132个应用系统提供1162台套云主机服务，在推进长沙市新型智慧城市发展方面发挥作用，该项目验收是中国电信网络智能化、业务生态化、运营智慧化转型的集中展示。

【中国电信5G商用发布会】 2019年10月31日召开，长沙作为中国电信在全国首批5G商用的城市，同步开启5G商用。在中国电信湖南公司长沙荷花园营业厅，长沙市民参与商用启动仪式，并在现场体验电信5G极速网络和5G应用。针对多个行业需求开展多场景试验建设以及技术对接，并探索5G在超高清视频、智慧旅游、智慧医疗、工业智能智造等方面的应用。如与芒果TV携手，开展“5G+4K+全息”大视频产业合作；与中兴通讯共同建设长沙5G智能制造基地，实现基于运营商网络的5G企业专网开通落地；与省妇幼保健院联合，通过5G网络的高速率低时延特性，实现远程诊断、远程手术示教、远程产检等应用；与行深智能合作，在长沙县科技新城园率先建设5G

2019 年 10 月 31 日，中国电信长沙分公司召开 5G 商用发布会　　长沙电信　供图

网络，将科技新城建设成 5G 网络与智慧配送的试验田。长沙市城区五一路、河西奥克斯广场等各大商圈及 CBD 核心区域实现 5G 的良好覆盖。

【中国电信 2019 新兴 ICT 生态圈合作伙伴峰会】　2019 年 4 月 25 日在长沙凯宾斯基酒店举办。大会由长沙电信主办，以“共建行业生态，引领智能未来”为主题。会上，中国电信业务专家、ICT 行业大咖对信息发展趋势进行深度分析，与到会的 100 余家合作伙伴共享资源，协力建设智慧生态，共建 5G 智慧时代。

【长沙市酒店行业安全 WiFi 专项宣贯暨酒店个性化电视推介会】　2019 年 4 月 28 日在百顺银合酒店举行。推介会由长沙电信商业客户部主办、雨花政企分局承办。商客部联合城区六大政企分局、重点客户部及县分公司政企板块组队，邀请长沙地区 130 余家酒店行业客户现场体验。活动以湖南省公安厅宾旅馆安全 WiFi 管理要求为契机，以行业专家业务介绍 + 百顺银合酒店实景应用展示为手段，向客户推荐中国电信“酒店完美联盟”行业 ITV 应用。推介会成为长沙电信利用行业行政手段推进业务发展的一次有益尝试。　（本栏撰稿　田小群）

·中国移动通信集团湖南有限公司长沙分公司·

【市场经营】　中国移动通信集团湖南有限公司长沙分公司（以下简称“长沙移动”）是中国移动在长沙的市级分支机构，下辖天心区、芙蓉区、雨花区、开福区、城西、长沙县、望城区、浏阳市、宁乡市 9 个区县（市）分公司。2019 年完成通服收入 55 亿元，是长沙地区最大的全业务运营商。全年净增宽带 30 万户，宽带用户规模 120 万户；集团产品信息化收入比 2018 年增长 26%；与 20 个当地龙头企业签订战略合作协议；搭建“和包 + 客户”的融合产品体系，和包用户数 450 万户，和包缴党费 50 万人。采用 5G 全程直播橘洲焰火，覆盖 500 万余人次；联合湖南卫视等 3 家媒体宣传马拉松赛事，曝光逾 1000 万人次。

【网络建设】　2019 年，长沙移动总基站近 2 万个，有线宽带覆盖率 94%，覆盖集团单位预覆盖率 99%。5G 基站实现五一商圈、河西大学城、城区主干道区域和县城高热区域的连片覆盖。搭建 5G 应用多场景模式，建设双百工程、智慧驾校、智慧工业、智慧商业、智慧景区，探索与政府行政部门、垂直行业商业新模式。

【客户服务】　2019 年，长沙移动建立服务关怀修复机制、投诉集中机制和优先处理机制，开展专项网络整治活动提升客户网络感知，构建家庭“480”、政企“722”服务标准和搭建基于大数据平台的感知劣化分析预警处理机制。全年 4G 客户满意度提升，家庭宽带满意度领先值改善 0.9，政企客户满意度表现值改善 4.6，集中处理率 99%；优先工单处理时长较整体时长缩短 100 小时；工信部申诉总量、不知情定制投诉分别较 2018 年下降 46%、53%；移动网络投诉处理满意度较年初提升 12PP。做好通信保障，全年累计出动应急通信车 225 次，完成各类通信保障工作 133 次，确保长沙地区党政军机关、车站、各大商圈移动通信网络运行平稳；落实提速降费号召，优化各项资费，惠及每位用户；树立“暖心服务”触点理念，推进携号转网。

【长沙移动配合天心区政府开通智慧街区 5G 网络】　2019 年 3 月 9 日，长沙移动在黄兴路步行街黄兴广场区域搭建 5G 试验网，推进天心区政府开通长沙首个 5G 智慧街区网络，配合政府利用移动 5G 建设数字化、智能化、信息化的街区，推进城市管理智能化。3 天内在黄兴广场周边开通一个 2.6GHz 频段 5G 站点，使用 60MHz 带宽提供实测下行峰值速率稳定在 760Mbps、上行峰值速率稳定在 80Mbps 的 5G 网络，网络性能及可靠性达到光纤水平。网络端到端 RTT 稳定保持在 25 毫秒以内，均能满足云 VR 沉浸式体验、5G 无人机高清直播、视频回传等技术演示。持续助力政府建设智慧街区生态圈，促进移动 5G 在长沙各行业的落地应用。

【长沙移动与九龙仓签订 5G 智慧商场战略合作协议】　2019 年 5 月 5 日，长沙移动与九龙仓签订 5G 智慧商场战略合作协议，建设中国第一家 5G 智慧商业综合体。长沙移动将在商

场内全面覆盖5G信号，并协助IFS使用尖端设备，融合IFS智能商场在线平台系统，提升客户购物新体验，升级大众生活新方式，提供更为贴心极致的智能购物体验。

【湖南移动5G数字化产业联盟暨5G启动会】 2019年5月10日在长沙梅溪湖艺术文化中心召开。大会主题是“移动5G，为你而来”。省委常委、市委书记胡衡华与湖南省通信管理局局长许继金等人出席见证，由长沙移动分公司总经理李波向天心区常务副区长周志军拨通湖南省首个5G视频电话。现场，湖南移动与湖南湘江新区、华为技术有限公司、湖南大学、中南大学湘雅医院、中联重科等合作伙伴签署战略协议。

【长沙移动开通第一批5G试商用站点】 长沙移动从“点”“线”“面”3个维度进行规划，优先对连片覆盖梯度的高层级区域进行连续覆盖，兼顾重点场景和垂直行业覆盖需求，制订分梯度化的建设方案。根据不同的建设场景逐站点制订实施方案，提前做好示范站建设，选择话务量少的时段进行升级替换，确保网络质量和用户感知。根据项目技术特点，提前对天馈融合导致网络质量下滑、阻工协调、基站锚点建设复杂、工程资源紧张、5G宣传5个隐藏风险点做好提前分析，制定相关举措，确保过程可控。截至2019年5月15日，长沙移动公司历时40天，开通第一批5G试商用站点158个，工程期间断站时长可控、零重大故障和批量投诉、网络质量均达设计要求。

【长沙移动发售省内首批5G商用手机】 2019年8月16日，长沙移动公司在妙高峰营业厅举办湖南5G首销会，向市民发售首批5G商用手机。为保证首批购买5G手机的消费者的使用体验，长沙移动公司推出5G体验流量包，活动期间每月可获赠100G国内通用流量，5G网络下载速度最高可达1Gbps。

【长沙移动与湖南运达签订5G战略合作协议】 2019年9月19日，长沙移动公司与湖南运达实业集团有限公司签订5G战略合作协议，将在湖南运达筹备超五星W酒店开业之际承接5G智慧酒店建设，提供5G商圈大数据、商圈WiFi、商圈导航、视频监控、机房建设、智慧软件等综合信息化解决方案。长沙分公司发挥在现代信息技术、网络、5G应用、电子商务等方面的领先优势，推动湖南运达集团及其下属商业体、楼宇的信息化建设，共同促进互联网与商业综合体融合发展。

（本栏撰稿　彭亚利）

2019年5月10日，湖南5G数字化产业联盟暨5G+计划启动仪式在长沙梅溪湖艺术文化中心举行

长沙移动　供图

·中国联合网络通信有限公司长沙市分公司·

【概况】 中国联合网络通信有限公司长沙市分公司（以下简称“长沙联通”）是中国联合网络通信有限公司在长沙的市级分支机构。2019年，长沙联通5G发展迅速，家庭互联网市场发展迅速，以ICT为主的创新业务收入快速增长，企业实力增强。紧扣“量”“收”“利”增长关键点，在存量经营、乡镇业务拓展、创新业务发展等短板方面推进，扭转发展下行的趋势。全年综合主营收入26.36亿元，利润4.89亿元。推进瘦身健体2.0，市公司本部撤销2个部门，合并2个部门，剥离升级1个部门。引导优质人力资源向划小单元和创新领域人才特区流动，并严控管理人员编制。持续开展划小承包，战客客户基层单元、北新区基层单元，以及校园、自营等多领域改革初具成效。建设全国首个5G综合体开福区万达，建设全国首个人工智能社区天心区天鸿天府，召开5G直上云霄企业峰会，利用“5G+无人机”参与应急指挥演练。聚焦5G产品，行业价值回归，聚焦高价值发展。深耕产业互联网蓝海打造品牌领先优势，“互联网+”战略签约深化5G行业应用，促进企业数字化转型。网络口碑转正，移网覆盖能力提升7%，宽固资源接入提升4%。移网NPS改善13.6分，宽带NPS改善15.2分，均达到历史最高峰值。

【全省首个5G及人工智能应用场景示范街区建成】 2019年3月14日，长沙联通联合天心区人民政府，湖南首个5G及人工智能应用场景示范街区在步行街黄兴广场启动。长沙联通与天心区人民政府签署《共同推进天心区信息基础设施战略合作协议》，将联手建设面向5G应用的互联网+智慧商圈服务体系，以更好地满足长沙市民的商业需求，推进天心区营商环境的优化和产业项目的建设。长沙联通在步行街黄兴广场建设的5G站点采取NSA（非独立组网）架构，通过测试，下载的速率10Gbps/秒，商用场景下稳定在3Gbps/秒，网络延时小于1毫秒。

【首批客户感知体验师】 2019年3月，长沙联通从全网近400万用户中挑选出16位较为年轻、具有创新意识和高效执行力的忠诚用户，包括星级用户代表、集团单位客户等。作为长沙联通第一批客户感知体验师，他们将对公司网络、产品及服务等各个方面进行全方位体验，反映客户最真实的需求，为客户“心声”代言，传播联通品牌。

【地铁4号线全覆盖】 2019年5月26日，长沙地铁4号线开通载客试运营。长沙联通在隧道采取高品质漏缆覆盖，站台站厅采取高增益全向天线、对数周期天线以及定向天线等多种方式进行全方位无死角覆盖。率先在25个地下站台和内外线轨行区完成网络的无缝覆盖，全面支持VOLTE语音通话。通过测试，全程语音质量优良，数据业务下载速率最高可达132 Mbps，上传速率63.5 Mbps。

【联通电信双线机房建成】 2019年8月23日，电信交换机在长沙联通云数据中心机房调通，意味着长沙联通云数据中心已具备联通电信双线出口能力，可为托管至长沙联通云数据中心机房的客户提供联通电信双线访问服务，减少客户多运营商托管成本。长沙联通云数据中心内部网络均采用国际标准，核心路由器采用华为NE5000设备，汇聚交换机采用华三12508设备，网络拓扑呈现口字形结构，设备间采用万兆独享光纤互联，双线机房出口总带宽联通为800 G，电信为200 G，传输资源已提前规划预备，可根据发展需要随时扩充网络资源。

【全国首家5G新时代文明实践基地揭牌】 2019年9月17日，全国首家5G新时代文明实践基地在长沙联通揭牌。长沙联通发挥5G网络和新技术优势，通过阵地建设与平台创建，建设5G新时代文明实践基地。基地集政治文化馆、雷锋主题公园、智慧文明园区以及职工之家于一体，在企业内推进新时代文明实践活动，打通宣传群众、引导群众、服务群众的“最后一公里”。基地进行5G网络全覆盖，并利用5G网络高速度、低时延的特点，进行视频实时传输、AI机器人、AR/VR等行业应用，使红色教育和精神文明教育课堂变得生动有趣，实现文明实践活动线上线下的同频共振、相映生辉。

（本栏撰稿　欧阳犇）

居民服务业

·住宿餐饮·

【住宿】 2019年，长沙市有旅馆9419家，其中办理“特种行业许可证”且装机开业的旅馆2644家，暂未办理“特种行业许可证”纳入旅馆业治安管理（与派出所签订《治安责任状》）且装机开业的旅馆6839家。家庭式旅馆分布数量逾1000家的是雨花区1375家。家庭式旅馆占全市旅馆总量比重较高的为雨花区20.1%、长沙市望城区14.12%、岳麓区13.48%，旅馆业实名登记管理难点主要集中该3个区域。旅店开业、停业、注销数据分析。2019年，全市新增1402家旅馆，其中有证旅馆105家、无证旅馆1297家。新增旅馆数量较2018年增长14.63%。全年旅馆申请旅业系统开机49次、停业169次、注销0家。旅店实名登记上传分析。全年全市旅馆业治安管理信息系统上传信息41384763条，较2018年减少18.86%。旅店实名登记查处情况。全年全市装机开业旅馆9419家中，民警上门检查旅馆48143次，其中芙蓉分局5448次，安检率88%，天心分局安检次数为2878次，安检率85%；岳麓分局安检次数3480，安检率88%，开福分局安检次数6948，安检率88.6%；雨花分局安检次数4985，安检率74.8%；宁乡市局安检次数8557，安检率96.9%；浏阳市局安检次数4121，安检率74.6%；望城分局安检次数5451，安检率94.7%。暗访情况分析。治安支队每月均会对全市旅馆业进行暗访，定期进行交叉检查，在“忠诚保大庆”等特护期期间，连续下发多期异常数据分析，督促各单位整改落实到位，确保全市旅馆业全年未发生重大安全生产事故。

（刘国民）

【餐饮业发展】 2019年，长沙市开展2019中国国际食品餐饮博览会并获优秀组织奖。食餐会展览面积8.1万平方米，参展企业近1600家，3天展览期间总参观近19.5万人次，其中专业观众逾6.5万人次。自2016年首届食餐会举办以来，总参观人次和专业观众人次均创新高。食餐会上，除开幕式暨寻味思路美食文化品鉴会、食品餐饮创新发展主论坛外，举办29场专业活动。重点支持夜购、夜宵场景的打造和发展，举办全国首条大众点评必吃街落地长沙启动仪式。

（何梦秋）

【长沙米粉】 长沙米粉是湖南省传统的特色产品之一。主要为扁粉，选用当地优质早稻籼米为原料，具有米香纯正、柔韧、色白、蒸煮不糊等特点，深受长沙人的喜爱。在1974年长沙阿弥岭发掘的西汉晚期汉墓中，出土的器物仓、井、灶、鼎、釜、甑、

磨，铁刀和陶罐陶壶，就是完整的长沙石磨米粉（扁粉）的生产作坊。特别是改革开放后，长沙米粉得到更好的发展，加工制作过程逐步由传统的加工工艺发展为机械化生产。截至2019年12月，长沙每天的湿米粉需求量逾500吨、每年的需求量近20万吨。（王浩然）

【中国国际食品餐饮博览会】 2019年9月19日在长沙开幕，该次博览会由商务部、湖南省人民政府主办。全国人大常委会原副委员长周铁农宣布开幕，省委副书记、省长许达哲出席开幕式。商务部原副部长张志刚致辞。省人大常委会副主任黄关春、菲律宾布拉干省省长费尔兰多、泰国巴吞他尼府总督布恩勒特出席。食餐会时间为9月20—22日，以“创新融合，品质消费”为主题，展览总面积8.1万平方米，设国际标准展位约4000个，海内外企业1600余家参展，参会人数逾16万人次。食餐会首次设置湖南形象馆，通过图文展现湖南食品、餐饮千亿产业的发展历程及成就，展示湖南省地理标志性、著名品牌、老字号产品。同期举办包括2019中国国际食品餐饮业创新发展峰会、2019中国餐饮大数据大会暨大众点评必吃榜颁奖盛典、流行菜餐饮品牌秀——长沙站等近30场专业活动和重点活动。

（何梦秋）

【大众点评必吃街落地】 2019年12月23日，“大众点评”宣布坡子街、太平街为全国首条落地的大众点评必吃街。仪式上，美团点评集团与长沙市商务局签署战略合作协议，与天心区商务局签署夜经济合作框架协议，推进长沙打造“24小时城市”。该次长沙联手美团点评集团，利用美团点评在电子商务平台等领域的优势，围绕线上线下多元化的整合服务，推动长沙“夜经济”发展。（何梦秋）

·家政服务·

【概况】 2019年，完成长沙市家庭服务业统计调查工作，形成《2019年长沙市家庭服务业调查数据分析报告》。组织开展家庭服务业吸纳就业重点评选活动，下发《关于组织开展2020年度长沙市家庭服务业吸纳就业重点企业申报工作的通知》，全市评选20家家庭服务业吸纳就业重点企业，每家给予10万元以奖代补资金。

（向庆冬）

【家政服务业信用体系建设】 2019年，长沙市根据《商务部发展改革委关于建立家政服务业信用体系的指导意见》《商务部办公厅关于做好“家政服务信用信息平台”启用相关工作的通知》《湖南省商务厅关于开展2019年度家政服务业信用体系建设工作的通知》，开展长沙市家政服务业信用体系建设工作，出台《关于开展2019年度家政服务业信用体系建设工作的通知》《关于进一步推广商务部“家政服务信用信息平台”的通知》，并开展“2019长沙家政服务业信用体系建设”宣传及培训等相关工作，组织长沙市家政企业在商务部家政服务信用信息平台录入有效家政服务员信息近1.5万条。（何梦秋）

【长沙市入选全国家政服务业提质扩容“领跑者”行动重点推进城市】 2019年11月27日，为贯彻落实《国务院办公厅关于促进家政服务业提质扩容的意见》，家政服务业提质扩容“领跑者”行动重点推进城市（区）经验交流和现场调研活动在上海市召开。国家发展改革委党组成员、副主任连维良，商务部、教育部、人力资源社会保障部、全国妇联和各省份有关领导出席活动。长沙市入选国家32个家政服务业提质扩容“领跑者”行动重点推进城市。湖南省发展改革委巡视员卓群、湖南省发展改革委社会处副处长颜忠、长沙市政府副秘书长王体泽、长沙市发展改革委社会处及长沙市家政企业代表参加会议。会议强调，各地要准确把握推动家政服务业提质扩容的关键环节。不断提高服务质量，落实好税费优惠政策，重点解决家政进社区、员工制转型等“卡脖子”问题，降低企业成本，健全家政信用体系，加强监督管理，更好发挥政府作用，为家政服务业提质扩容营造更加公平健康的市场环境。会议要求，“领跑者”重点推进城市要在发展员工制家政企业、推动家政进社区、提升服务质量和创新服务品种、更大规模更高质量的培训、行业自律和诚信建设、加快立法立规六个方面当好“领跑者”，把“领跑者”行动的各项“硬任务”落到实处。会议安排参观调研上海市徐汇区长桥街道生态家园邻里汇、上海市悦管家网络科技有限公司，实地学习交流家政进社区、“互联网+”家政、提高培训质量等方面的好经验和好做法，为下一步开展“领跑者”行动，推动家政服务业提质扩容提供有益的借鉴。在调研结束后的重点推进城市与部分家政龙头企业对接会上，王体泽率队与上海、广州等地家政龙头企业主动对接。（吴　慧）

·养老服务·

【概况】 2019年，长沙市全面完善养老服务制度体系，推动养老服务业健康发展。全市建成养老机构191家，其中乡镇敬老院101家、公办及公建民营养老机构7家、民办养老机构83家；城乡居家养老服务中心272家，农村居家养老服务中心629家。以市政府名义出台《关于全面放开养老服务市场提升养老服务质量的实施意见》，并相继出台《长沙市养老机构备案管理和补贴资金实施细则（试行）》《长沙市城乡居家养老服务中心资金补贴实施细则》《长沙市财政补贴老年人能力评估实施细则》等配套文件，促进养老服务市场规范发展。区县社会福利中心建设发展顺利，新增居家养老服务中心30家，敬老院照料护理区30所，城区困难老人家居适老化改造838户。在全市300个居家养老服务中心安装监管设备终端，加强对居家养老服务中心的监管。完成老年人能力评估平台招标，并开展老年人行为能力评估工作。印发《关于开展老年人助餐配餐服务试点的通知》，并确定雨花区、开福区为老年人助餐配餐服务试点区，探索由专业机构为老年人开展助餐服务。推进全市辅助器具社区租赁服务试点工作，与发改、财政、残联等部门联合印发《长沙市康复辅助器具社区租赁服务试点方案》，并指导长沙市中医康复医院做好康复辅具社区租赁服务试点工作。（李文祥）

【老龄健康】 2019年，长沙市以被评为首批国家级医养结合工作试点市为契机，开展预防、医疗、保健、护理、康复和安宁疗护等多种形式的养老服务，加强基层医疗卫生和人才培养，改进老年人医疗康养环境，满足老年人日益增长的健康服务需求，构建覆盖城乡的多样化医疗养老服务体系，推动医疗养老服务业“制度化、市场化、多样化、专业化、标准化”发展。

老年健康服务体系建设　开展老年人心理关爱项目试点，全市选取9个社区（村）开展老年人心理关爱项目的试点工作。开展以“孝老爱亲、向上向善”为主题的敬老月活动。市老年协会举办以“我骄傲，与共和国同龄”为主题的长沙市第三届中老年文化艺术节；市委老干局、市卫生健康委、老年保健协会等单位联合组织开展“科学养生，争做阳光老人”科学健身运动展示会，宣传展示老年人积极健康的老龄观和健康的生活方式。做好“老年优待证”的办理发放工作。开展“银龄安康行动”。印发《长沙市卫生健康委关于推进实施“银龄安康”工程的通知》，发挥政府引领作用，推动购买老年人意外伤害保险，满足老年保障多样化需求。推进健康管理。全市建立65岁以上老年人电子健康档案71.53万人，对65岁以上老年人开展健康状态评估、健康体检和健康指导。推行家庭医生签约服务，65岁以上常住居民签约37.27万余人，签约率47.07%。

医养结合　探索“支撑辐射”“联合运行”“整体照料”等医养结合工作模式。发展医养一体化。建设“预防、养生、医疗、养老”融合的医养服务平台。截至2019年年底，全市“双证”（医疗许可证、养老许可证）齐全或已备案的医养结合机构16家；公立医疗机构全面推行老年医疗服务优待政策；40%的二级以上综合医院开设老年病科。全市所有养老机构均以不同形式与医疗机构对接，实现医养结合服务全覆盖，满足老年人医疗和康复需求。（钟玲俐）

【安宁疗护试点】 2019年7月，长沙市被国家卫生健康委确定为全国第二批安宁疗护工作试点市，出台《长沙市安宁疗护试点工作实施意见》，开展安宁疗护服务实践。截至2019年年底，全市有3家医疗机构（长沙老年康复医院、长沙康乃馨医院、长沙红枫康复医院）开展安宁疗护服务。2019年5月，市第一福利院临终关怀科成为国家第二批试点安宁疗护中心。8月，由省肿瘤医院牵头、市第一福利院安宁疗护中心作为二级医疗机构，通过中华护理学会安宁疗护专科护士培训基地（社区组）评审。（钟玲俐）

【养老顾问服务签约仪式暨集市嘉年华活动】 2019年6月6日在长沙市第一社会福利院举行。活动现场，该院和雨花区东塘街道芙蓉南路社区就“养老服务”服务项目、服务人群、合作方式等达成共识并签订合作协议，150余名老人和孩子一起过端午节。“养老顾问”是市一福利院居家养老服务中心为响应党中央“积极应对人口老龄化”的号召，探索大城市养老服务体系建设，发挥公办养老机构示范引领作用，根据《关于推进养老服务发展的意见》文件中关于推广“养老顾问”模式的相关要求，联合所在社区率先在湖南省乃至中部地区所设立。“养老顾问”模式由机构、社区、居家养老服务中心共同组织实施，将通过依托机构、社区及居家养老服务中心的党建品牌、服务设施和专业力量，利用其现有的优势资源，为社区内老年人寻找最佳养老服务提供政策咨询、链接养老资源、指导健康养老等支撑服务。“养老顾问”服务点分别设在机构和社区内，配备专职养老顾问，在养老顾问引领下，机构将为社区居家老人，重点是失能、高龄、独居、特困老人提供短期托养“绿色通道”，逐步完善“以居家为基础，社区为依托，机构为补充，医养相结合”的养老服务体系。该模式的推行，可以在各类养老需求和各项养老保障政策之间架起直接沟通的桥梁和机制，更有针对性满足老年人的个性化养老需求，进一步畅通为老服务的“最后一公里”。在随后的摊位体验嘉年华活动中，全场安排9个不同的摊位，组织互动活动。（李文祥）

【社区养老“雨花模式”被《新闻联播》推介】 2019年1月4日，中央电视台《新闻联播》以《创新服务模式 多渠道增加养老服务供给》为题，报道长沙市芙蓉区韶山路社区标准化的社区养老服务模式。3月11日，中央电视台“两会”特别报道《两会有啥事 我们帮你问》栏目以《一键式服务 自动化装备真方便》为题，报道雨花区邻家照护社区“嵌入式”养老模式。雨花区推行公建民营、民办公助等多元化养老机构运营方式，实行80岁以上老人普惠型高龄津贴制度，适度普惠型老年福利体系逐步建成，成为全国养老服务示范区、全国社区为老服务信息平台建设项目试点区以及全国居家和社区养老服务改革试点区。（李文祥）

金　融

FINANCE

编辑　刘盼盼

综　述

【概况】　2019年，长沙市金融业实现增加值849.26亿元，比2018年增长9.2%，较2017年（8.5%）和2018年（4%）高出0.7个和5.2个百分点。在减税降费大环境下，金融业税收增长表现抢眼，发挥了支撑作用，全年实现税收169.82亿元，比2018年增长9.43%，比2018年增加14.64亿元。通过深入指导协调和筹备，由湘江发展集团发起设立的长沙湘江资产管理有限公司获省政府开业批复，并获中国银保监会不良资产业务资质批准备案，成为长沙市第二家地方资产管理公司，全市持牌地方资产管理公司实现扩容。

全市银行业各项存款余额2.1万亿元，比2018年增长12.96%，全年新增2412.81亿元，比2018年多增921.04亿元；各项贷款余额2.12万亿元，比2018年增长15.73%，全年新增2854.01亿元，比2018年多增528.99亿元。存贷款余额双双跨越2万亿元大关，金融服务实体经济能力不断增强。全市中小微企业贷款余额8092.82亿元，比2018年增长11.63%，全年新增756.94亿元，比2018年多增85.72亿元。全年保险业实现原保费收入471.1亿元，比2018年增长14.39%，较全省平均水平高3.15个百分点，占全省的33.74%，全省“三分天下有其一”的份额得到巩固。

全市有融资担保公司44家，注册资本57.09亿元，在保余额47.17亿元。全市已开业小额贷款公司54家，注册资本合计73.34亿元，贷款余额64.39亿元。全市开业典当公司62家，注册资本合计19.47亿元，典当余额15.91亿元，总额32.68亿元。　（聂　娟）

【金融服务经济】　2019年，长沙市以推进企业上市为抓手促产业提升。分类辅导，对200余家拟上市企业按工作进度形成培育梯队。通过深入园区、企业实地走访和座谈等方式，分批对11个区县（市）和园区的73家拟上市企业开展重点调研指导。通过联席会议、绿色通道等，为拟上市企业实行全程“保姆式”服务。协调市网信部门及时制定拟上市企业舆情应对预案。针对拟上市企业需要出具的各类证明材料基本实现当天办结。与湖南证监局建立资本市场高层对接和日常沟通机制，市委主要领导多次就推动企业科创板上市相关工作与湖南证监局主要领导进行对接，并到企业调研，形成良性工作协同效应。与上海证券交所建立科创企业上市长效服务机制，全年精准对接全市科创企业57家次；协调上交所在长沙市高新区和经开区分别设立企业上市服务工作站，为园区科创企业提供更便捷的上市专业咨询等服务；协助上交所在长沙举办“启航改制上市实务”科创板专题培训。以产业基金为引导促产融结合。基金创设全面铺开。全年审议通过新设产业子基金6支，总规模33.63亿元，其中市级基金出资8.15亿元，撬动社会资本25.48亿元，投资范围涵盖物联网、智能制造、文化创意、信息产业、新材料、临空经济等先锋领域。针对产业链和重点企业精准投资。16支产业子基金基本覆盖全市22条产业链。通过双向推荐和对接，多支产业子基金聚焦重点拟上市企业实施了股权投资。修改完善产业基金相关制度。对市级产业投资基金的设立原则、基金管委会议事规则、子基金决策流程和激励机制等方面进行优化。以政金企业合作为平台促产业发展。举办第八届长沙金融服务节。先后组织长沙金融服务“两个年”论坛、银企对接长沙市岳阳县商会专场、银企对接岳麓税务专场等9场金融节会和活动，促成小微企业融资金额超100亿元。指导长沙金融业联合会开展“金融园区行”活动，组织金融机构为园区企业提供专业的融资服务指导，仅雨花区专场就实现现场签约3800万元。联合市住建局组织金融机构与全市70余家建筑企业开展专题银企座谈会，促进金融机构与建筑企业信息传递与合作交流。　（聂　娟）

【优化营商金融环境】　2019年，长沙市优化营商环境相关指标，制定优化“获得信贷”的营商环境政策。组织起草《长沙市关于优化获得信贷营商环境实施办法（试行）》，从加大信贷支持力度、合理降低融资成本、畅通政金企合作机制3个方面制定措施意见，优化提升金融服务中小企业质效，缓解企业融资难题。完成国家营商环境评价部门“获得信贷”指标问卷填报。组织相关市直单位、金融监管机构、金融机构到北京现场填报“获得信贷”评价指标、在线调查问卷填报、获得信贷指标备选样本收集和报送等工作。推动普惠和新兴金融发展。加大对中小微企业等薄弱领域的金融支持。配合金融监管部门推动银行机构开展“两增两控”、民营和小微企业金融服务提升年“1241”专项行动等融资对接试点工作。推进投贷联动业务落地。投贷联动两大产品中“投贷跟”发放25笔，贷款余额2.77亿元；“认股选择权”发放57笔，贷款余额2.43亿元，为科技型中小微企业提供更加便利的融资服务。推进消费金融发展。支持长银五八消费金融公司积极服务城乡居民消费升级。截至11月末，长银五八消费金融公司贷款余额逾百亿元，较上年增长251.08%。推进政银合作惠农。组织对接蚂蚁金服集团旗下网商银行与市政府签订合作框架协议，支持依托“互联网＋大数据”建立行业特色授信模型，为长沙农户、个体商户提供信用贷款服务。已在9个区县（市）铺开，授信194.44亿元，发放贷款29.41亿元，覆盖10.27万人。各类协调服务。优化金融机构展业环境。对接市政法委协调解决渤海银行长沙分行依法行使债权人委员会成员权利。对接招商仁和人寿保险拟在长沙市设立分支机构情况。支持中国银行湖南省分行与市公积金建立合作关系。支持华融湘江银行成为社保卡“一卡通”代理发行合作银行。支持人保财险长沙市分公司开展投标保证保险等，为金融机构解决实际问题，创造金融机构优良的展业环境。加强与金融管理部门的联系和工作配合。主动作为，对接人民银行长沙中心支行，研究推进长沙市政府与人民银行加强金融服务工作及合作，建立数据信息互通共享的全面、高效沟通协作机制。（聂　娟）

【“金融风险”防范和化解】 2019年，长沙市严厉打击非法集资。全市防非处非工作连续4年获全省专项考核一类单位，并作为先进典型推广。牵头完成互联网金融专项整治工作，取得长沙辖内名单内机构全部公告取缔的工作成效，被省级整治办提升为“湖南经验”上报国家并向全国推广。完善机制。继续实施集中办公、绩效考核、专项评比等一系列工作制度。制定重大非法集资刑事案件督办制度，对群众举报线索奖励办法进行了整体修订，合理降低门槛，提高奖励金额，对被采用的群众举报线索给予奖励，最高10万元。创新宣教手段。在元旦、春节、5月集中宣传月等重要节点，集中定制宣传品发至各级打非办，组织系列大型集中宣传活动约600场次，参与群众17万人次。与长沙移动电视、《湖南日报》新媒体中心等合作，在地铁、磁悬浮、公交车、电影院，集中播放宣传片、放映防非公益映前广告等。创新组建全省首家防范非法集资咨询服务志愿工作站，开通防骗咨询热线“0731-84212345”，为市民答疑解惑，引导认识投资理财风险，帮助市民远离非法集资陷阱。打防结合。全市摸排涉投融资企业9000余家，实现打早打小91起，清退参与非法集资款项近2亿元。注、吊销投融资类企业1328户，列入企业经营异常名录1336户，行政立案、结案2起，罚没85万元。公安立案50起，破案44起，挽回损失1965万元，化解陈案13起，陈案化解率为72.2%，超过省绩效评估考核化解标准32.2%。开展金融领域扫黑除恶。建立与市扫黑办、市公安局、市教育局、市卫健委等单位的线索联动机制，畅通线索移送、反馈渠道，实现有效移送、及时反馈。先后制定出台14项相关文件，并结合现行工作经验，汇编《长沙市金融办关于金融领域扫黑除恶工作制度》，为全市金融领域扫黑除恶工作提供机制保障。专项排查。组织开展金融领域风险专项整治、涉黑涉恶线索专项摸排，全年开展各类排查活动276次，排查问题机构109家，重点风险企业线索70条，案件线索汇总调度12次，移交案件线索143条。宣传教育。组织开展集中宣传月活动，浓厚宣教氛围。发布“套路贷”“校园贷”“美容贷”等风险提示，提升市民防范意识。金融领域扫黑除恶工作得到了中央扫黑除恶督导组及市扫黑办充分肯定。履行监管职责。研究推动市级政府性融担公司组建，重点支持各级园区发起新设本级融担公司，基本建立覆盖市县两级的政府性融担体系。发起新设服务产业链、上下游的特色化融担、小贷公司6家。清理融担僵尸企业34家，暂缓12家小贷公司许可备案，初步达到“良币驱逐劣币”的行业生态净化。针对融资租赁、商业保理、典当行等新纳入管理的机构，厘清专项监管思路，制定行业监管措施，建立“属地管理，分级负责”的工作制度。在全省率先发布风险提示，叫停融资担保与P2P合作业务，后在全省推广实施。完成各类机构审核46家次，监管分类评级98家次，争取各级财政奖补资金2978.86万元，居全省首位。（聂　娟）

【长沙市银行业保险业支持制造业发展】 2019年，湖南银保监局制定《关于湖南银行业保险业支持制（智）造强省建设的指导意见》《湖南省银行业保险业发展科技金融支持创新型省份建设的指导意见》，督促银行保险机构将更多资金投向制造业和科技企业。截至2019年年末，长沙市制造业贷款余额1842.74亿元，比2018年增长17%，增速大幅高于全国平均水平12.2个百分点。（曹玥兆）

表20　长沙市金融、保险情况表

单位：亿元

指标	2019年	2018年	2019年比2018年（±%）
一、金融业			
金融机构存款余额（本外币）	21048.45	18635.64	12.9
住户存款	6600.39	5693.86	15.9
金融机构贷款余额（本外币）	21248.71	18394.70	15.5
#短期贷款	4477.58	3666.94	22.1
中长期贷款余额	15917.02	14197.88	12.1
二、保险业			
保费收入	471.10	411.82	14.4
赔付款	126.05	111.66	12.9

（资料来源：市统计局）

银　行

【概况】　截至2019年年末，长沙市有3家政策性银行、6家大型商业银行、12家全国性股份制商业银行和6家外资银行、4家金融资产管理公司和1家财务公司的分支机构，以及19家地方法人银行业金融机构。法人机构包括：城市商业银行2家，民营银行1家，省联社1家，农村商业银行5家，村镇银行3家，信托公司1家，财务公司4家，汽车金融公司1家，消费金融公司1家。全市有银行业金融机构网点1723个，从业人员37655人，网点和人数分别占全省总数的17.5%和27.8%。

银行业有效资金供给不断加大　2019年末，全市银行业各项存款2.1万亿元、占全省的40%，比年初增加2412.8亿元、占全省新增存款的66%，比2018年增长12.95%、比2018年同期高4.3个百分点；各项贷款2.12万亿元、占全省的50.1%，比年初增加2854亿元、占全省新增贷款的50%，比2018年增长15.5%、比2018年同期高1个百分点。在加大资金供给的同时，坚决压缩同业、理财、委托贷款等业务，遏制资金脱实向虚，引导资金回流实体经济，信贷主业更加凸显。全市银行业同业资产和委托贷款增速比各项贷款平均增速分别低5.9个百分点和14.7个百分点。

信贷结构持续调整优化　全市银行业非金融企业和机关团体中长期贷款增长14.2%，基础设施行业贷款增长11.3%，消费贷款增长19.8%。落实住房信贷政策，棚改贷款增长4.7%，个人住房按揭贷款增量、增速逐月回落。加强对小微企业、“三农”等薄弱环节的金融支持。2019年末，小微企业贷款余额5042.3亿元，增长11.9%；小微企业贷款户数30.5万户，比2018年增加10.1万户；法人银行小微企业申贷获得率98.87%，比2018年提高0.05个百分点。涉农贷款稳步增长，全年新增涉农贷款312.6亿元，比2018年增长8.68%。

质量效益保持稳健　2019年，全市银行业机构实现利润304.6亿元，比2018年多盈29.9亿元，盈利占全省银行业盈利的43.3%，比2018年升高1.9个百分点。全市银行业不良贷款率0.84%，比全省平均水平低0.72个百分点，信用风险总体可控。

【“百行进万企”融资对接工作】　2019年，湖南银保监局紧扣“着力缓解小微企业融资难融资贵问题”目标任务，督促长沙银行业机构开展“百行进万企”融资对接工作。加强动员部署，印发专项实施方案，建立试点机制、完善对接模式、强化组织落实；加强外部协同，对接省税务局，获取纳税信用评级B级以上的小微企业名单；加强督促指导，建立实时监测、定期通报工作机制，组织召开“百行进万企”工作调度会，督促全力做好实地走访对接和后续融资服务；加强政策宣传，通过《湖南日报》、新浪网等宣导小微金融服务政策，督导长沙市银行机构主动上门提供差异化产品推介和金融服务。

【长沙银行与华融湘江银行理财业务“净值化”转型】　2019年，湖南银保监局采取监管会谈、监管约谈、印发监管意见书等方式，督导长沙银行、华融湘江银行2家城商行稳步推进理财业务“净值化”转型。辖内2家城商行均对标资管、理财新规，修订理财业务管理及销售制度，以及相关风险、投资、账户管理、会计核算和产品估值等制度，初步完善制度框架；开发并上线理财资产管理系统净值型产品模块，顺利推进系统建设；初步确认先开放后封闭，先公募后私募，以现金管理或周期开放式产品为主、封闭式产品为辅的产品结构，明晰产品转型发展规划。

【中国人民银行长沙中心支行】　截至2019年年末，长沙市金融机构存款余额21048.4亿元，比2018年增长12.9%，高于全省5.4个百分点。全年新增2412.8亿元，比2018年多增921亿元。其中，住户存款新增906.5亿元，比2018年多增419.3亿元；非金融企业存款新增506.2亿元，比2018年多增179.3亿元。贷款增长态势良好。2019年末，全市金融机构贷款余额21248.7亿元，比2018年增长15.5%。全年新增2854亿元，比2018年多增529亿元。其中，非金融企业及机关团体贷款新增1832.8亿元，比2018年多增432.9亿元；住户贷款新增1034.3亿元，比2018年多增120亿元。信贷结构优化　基础设施类贷款投放力度加大。2019年末，基础设施类贷款余额比2018年增长11.5%，较2018年同期提高2.8个百分点。全年基础设施类贷款新增741亿元，比2018年多增207.7亿元。制造业贷款比2018年少增。2019年末，全市制造业贷款余额比2018年增长7.3%，增速较2018年同期回落6.3个百分点。全年制造业贷款新增96.4亿元，比2018年少增61.5亿元。个人住房消费贷款增速有所回落。全市个人住房消费贷款余额比2018年增长12.6%，较2018年同期下降3个百分点。全年个人住房消费贷款新增432.7亿元，比2018年少增29.8亿元。落后产能行业贷款余额小幅下降。全市“两高一剩”行业中长期贷款比2018年下降0.4%，全年“两高一剩”行业中长期贷款下降2.5亿元。涉农贷款平稳增长。2019年末，全市涉农贷款新增312.6亿元，余额比2018年增长8.7%。

民营和小微企业金融服务　开展“两进两促”（进园区、进企业，促融资、促发展）活动，撮合融资2471笔、金额522亿元。2019年全省新增民营企业贷款1203.2亿元，比2018年多增553.1亿元，新增小微企业贷款1317亿元，比2018年多增492.1亿元。新发放普惠口径小微企业贷款加权平均利率较2018年下半年下降23.1个基点。金融市场健康发展。发挥债券市场融资功能。债务融资工具发行总量“破千亿”，1—12月全省累计发行债务融资工具1217.5亿元，比2018年多发325.6亿元，创历年新高。发挥债券市场在货币政策传导中的作用，推动实体企业融资成本下降。1—12月全省债券票面加权利率5.28%，比2018年下降50个BP。有序推动跨境人民币业务发展。1—12月，全省跨境人民币结算比2018年增长45%，省内10个跨境双向人民币资金池跨境调拨资金156.7亿元。利率市场化改革。做好贷款市场报价利率（LPR）推广运用工作，建立覆盖“法人+非法人”的数据监测和通报制度，每周开展LPR运用情况监测。推动存单业务健康规范发展，12月末，全省同业存单发行余额1860.8亿元，比2018年增加204.1亿元；大额存单发行余额981.79亿元，比2018年增加520.6亿元。

防范化解金融风险　运用压力测试工具开展风险计量评价。组织开展湖南省中小法人金融机构风险处置应急演练。落实存款保险制度，加强风险差别费率管理，组织辖内法人投保机构上划保费4.47亿元。制订湖南省高风险金融机构风险化解处置方案，推动落实“4+1”工作机制。做好政府性债务的精准统计、分析、评估、协调、化解工作，加强银政企协调和银证保监管协调，推动省政府“六个一批”政府性债务风险缓释措施落实落细。做好包商银行风险处置相关工作，组织省建行、包商银行和债权人对接，签订22家大额债权机构债权收购与转让协议。推进互联网风险专项整治工作，宣布全部取缔P2P网贷平台。配合人总行处置湖南信托涉华信系债务风险相关工作。反洗钱监管。对工商银行总行开展洗钱和恐怖融资风险评估。牵头完成8家总行直管法人义务机构的分类评级初评、复评工作。组织开发“金融机构洗钱和恐怖融资风险监测预警及评估系统”。开展分类评级，完成对2102家义务机构的分类评级。推动特定非金融机构监管，全年对53家义务机构开展执法检查。开展扫黑除恶专项斗争，协查涉黑涉恶案件5个，对全省13个市州中支及辖内县支行扫黑除恶工作情况开展实地督查。配合打击洗钱及上游犯罪活动，移送线索116份、通报情况23份、申请研判2份，协助破获“608”组织领导传销案等10余起案件，推动2起案件以洗钱罪宣判、2起以洗钱罪立案侦办。外汇管理。推进“互联网+政务”“互联网+监管”系统上线工作。协调省税务部门，上线服务贸易对外支付税务备案电子化系统。全省查办案件65个，总罚没款近1500万元。协助公安机关破获地下钱庄案件2个，查处涉及地下钱庄交易对手的个人非法买卖外汇案件76起，收缴罚没款近700万元。配合互联网整治办开展涉嫌网络炒汇平台的整治，关停11家平台。支持跨境电商业务发展，深化市场采购“高桥模式”试点，参与长沙跨境电子商务综合试验区建设。推进“跨境金融区块链服务平台”试点。金融消费者权益保护。规范咨询投诉处理，受理投诉1085个，解答咨询5129个。建立多元化金融消费纠纷非诉调解机制，全省建成金融消费纠纷调解组织3个，调解57笔纠纷。加强金融宣传，继续推进金融知识纳入国民教育体系，开展“助力脱贫攻坚 金融知识乡村行”活动，推进“金惠工程”农村金融教育项目。完成2019年湖南区域金融消费者权益保护环境评估报告。推进普惠金融工作，验收2018年“湖南省普惠金融示范区”，组织评定2019年“湖南省普惠金融示范区”。

完善金融服务手段　推动资管产品统计制度落地，完善社会融资规模统计与分析，开展存贷款标准化统计工作，推进湖南省金融业综合统计，完成第四次全国经济普查工作。评估全省165家地方法人金融机构扶贫贷款数据质量。完成县域法人金融机构考核工作。首次实施居民家庭资产负债调查制度，开展环湖粮价、有色金属、房地产市场和房地产金融监测。按季开展银行业存款类法人金融机构绿色信贷业绩评价工作。规范学会管理，完成湖南省金融学会、湖南省金融会计学会换届选举。支付清算服务与管理。推动移动支付在公交、医疗、校企园区等重点便民领域的应用。全省70余个县市公交上线云闪付、银联手机闪付，覆盖率85%；全省高速447个收费站支持银联二维码。率先在全国推出POS扫码缴税。改善农村支付环境。升级全省助农取款点，服务内容更丰富，行为更规范。引导金融机构探索“支付+电商”“支付+信贷”“支付+旅游”等特色支付模式。改进民生领域支付服务。建立农民工工资代发专户定期数据报送机制；推动社保卡发卡向所有银行无差别开放。提升企业开户服务水平，全面取消企业银行账户开户许可。支付清算系统运维管理。完成人总行ACS一键式灾备切换上线业务验证试点工作，ACS业务处理成功率99.99%。全年全省3大支付清算系统处理业务笔数增长24.48%，金额增加21.9%。办理同城票据交换业务455场，清分票据43.6万笔。提高经理国库水平。2019年，全省国库各级一般公共预算收入5003.62亿元，比2018年增长1.1%。与税务局联合推广上线电子退库、更正、免抵调业务系统，全省国库系统共办理普惠小微退税70.96万笔、金额6241万元，惠及企业1.5万余户、个人17.67万余人。推动“送国债下乡”，出台《湖南省储蓄国债发行改革试点方案》，帮助农村居民利用互联网或柜台等方式购买国债。全省组织发行储蓄国债72.15亿元，比2018年增长23.4%。打造红色国库品牌，在人行韶山支行陈列毛泽民同志创建红色国库史料与史实。2019年，长沙市国库收入3194.74亿元，比2018年增长15.3%。其中，一般公共财政预算收入2176.19亿元，比2018年增长0.5%；政府性基金预算收入909.48亿元，比2018年增长52%；国有资本经营预算收入4.65亿元，比 2018 年下降 18.9%；社会保险基金收入 104.43 亿元，比 2018 年增长 5470.2%。长沙市国库支出 2397.37 亿元，比 2018 年增长 20.7%。其中，一般公共预算支出 1386.07 亿元，比 2018 年增长 11.3%；政府性基金预算支出 931.11 亿元，比 2018 年增长 44.1% 个百分点；国有资本经营预算支出 2.91 亿元，比 2018 年下降 54.5%；债务支出 12.49 亿元，比 2018 年下降 85.7%；社会保险基金支出 64.8 亿元，比 2018 年增长 7772.2%。2019 年末，长沙市国库库存余额 99.92 亿元，比 2018 年增加 32.09 亿元，增长 47.3%。

货币发行管理　完成旺季现金投放、回笼工作，2019 年全省投放 2245 亿元，回笼 2554 亿元。做好新版人民币发行和泰山币、贺岁币等普通纪念币公开发行工作。开展现金服务示范区创建。联合相关部门在全省 45 个区域开展现金服务示范创建活动，在农村建立“银行网点 + 农村金融服务站 + 电商平台 + 超市商户”模式，在中小城区探索“人民银行 + 银行网点 + 企业 + 小店商户”现金综合服务新模式。推动省政府召开第五次反假货币联席会议，与省公安厅、省财政厅协商制定《湖南省假币犯罪举报奖励办法》，推动辖内反假激励机制落地。2019 年，全省立制贩假币案 43 起，破获 30 起，抓获犯罪嫌疑人 60 名，捣毁窝点 6 个，收缴假人民币面值 1200 万余元。（张　彬）

【中国农业发展银行湖南省分行营业部】　2019 年，中国农业发展银行湖南省分行营业部（以下简称“农发行省分行营业部”）各项工作全面发展。年末，累放各项贷款 140.58 亿元，占全省的 21.11%；其中：中长期贷款累放 101.31 亿元；累收各项贷款 129.82 亿元，占全省的 30.64%。各项贷款余额 350.22 亿元，比年初增加 10.76 亿元；各项存款余额 83.08 亿元，比年初增加 11.78 亿元，存款日均余额 84.74 亿元，办理国际业务 6139 万美元，实现账面利润 4.82 亿元，不良贷款继续保持零余额，贷款规模、存款余额、账面利润排名全省第一位。

2019 年 4 月 25 日，农发行省分行营业部与航天凯天环保科技股份有限公司签订推进乡村振兴和污染防治攻坚战略全面合作协议　农发行省分行营业部　供图

业务发展　农发行省分行营业部发放各级储备、轮换贷款 20.9 亿元，较上年度多发放 12.55 亿元，支持粮食收购 41 万吨。发放市场化收购贷款 10.84 亿元，较 2018 年多发放 5.82 亿元，支持收购、调销粮食 36 万吨，连续两年支持粮食收购市场份额 100%。支持脱贫攻坚，精准扶贫贷款余额 80.84 亿元。支持长江大保护，审批贷款 122.3 亿元，年底贷款余额净增 50.72 亿元，占全省净增额的 45%；支持民营小微企业，贷款投放 20 家企业、3749 万元，有效缓解小微企业融资难；支持生猪产业，向新五丰等生猪企业发放贷款 1.8 亿元，金融保障全省猪肉供应。提升客户服务水平，对优质客户突出“绿色通道”作用，提供全天候全流程信贷服务，项目专人负责、环节专人跟进，工作有序推进。客户结构优化，客户数由年初的 60 家增加到 103 家，营销了中冶一局、中建五局、航天凯天、中航投资 4 家央企，省建工集团、省交水建、湖南有线等省属国企 5 家，长沙城发等市属国企 3 家，其他国企 11 家。审批央企、省属、市属国企项目 12 个（笔），金额 75.1 亿元，投放 25.41 亿元。开展“武冈模式”“退二优二”“绿色发展”等创新模式的探索、完善和应用。履行财政补贴资金管理职能，配合财政部门做好农业支持保护补贴资金的拨付管理工作，全年拨付各项财政补贴资金共 585 笔，金额 90 亿元。推进运营集约化改革和管理会计体系建设，全面推广网银业务，完成网银交易 15146 笔，金额 81.31 亿元，占全省的 29%。

信贷风险防控　执行信贷全流程标准化管理，落实上级行各项政策制度，做好评级授信、信贷审查审议审批、作业监督、贷后管理等各项工作，放款中心、贷审办、风控办认真履行工作职能，确保流程合规，优质高效办贷管贷。开展内控综合治理、开展案件警示教育活动、推进全面依法治行工作。（罗海萍）

【中国工商银行长沙分行】　2019 年，中国工商银行长沙分行（以下简称“长沙工行”）实现净利润 30.66 亿元，比 2018 年增加 1.93 亿元，增幅 6.72%。全部存款余额 1467.52 亿元，新增 181.82 亿元，其中：储蓄存款时点余额较上年净增 38.9 亿元，比 2018 年多增 14.7 亿元，同业占比 25.2%，排名第二位；时期余额较上年净增 44.5 亿元，比 2018 年多增 36 亿元，创历史最好水平。公司存款比年初净增 40.4 亿元，增量比 2018 年同期多 22.3 亿元，同业排名第二位。机构存款时点余额 502.5 亿元，较年初增加 77.64 亿元，继 2018 年重夺同业第一位后，已连续两年保持对同业的优势地位。各项贷款余额1742.56亿元，新增190.33亿元，其中：公司贷款新增166.2亿元，增量排名全国第七位；个人贷款较年初净增34.55亿元（含证券化净增54.32亿元），证券化还原后可比同业排名第二位。实现中间业务收入10.87亿元，在全省的收入贡献度为38.93%。人行定向降准贷款余额38.65亿元，较年初净增20.68亿元；银监普惠口径贷款余额38.50亿元，较年初净增21.99亿元；小企业有贷户4375户，较年初净增1977户。创造自2009年长沙分行小企业单设机构管理以来同期向小微企业放贷户数最多、投放总额最大、资产质量最优的历史最好水平。国际贸易融资发放3.6亿美元，比2018年增幅25.53%；实现国际业务中收1.23亿元，比2018年增幅21.24%，可比同业排名第一位。投行业务实现中间业务收入1.51亿元，全省占比49.67%。票据贴现量59.93亿元，创长沙分行历史新高，比2018年增长26.44亿元，增长率78.95%。继续保持票据业务“不良率、假票率、发案率、损失率”为零的目标。ETC新增69.7万户，可比同业排名第一位，比第二位多增加近8万户。不良贷款额、率实现双降。全口径不良贷款余额9.63亿元，较年初下降1783万元；不良率0.55%，较年初下降0.08个百分点。信贷资产质量连续6年持续改善，继续保持长沙地区可比同业最优。

市场拓展　通过专人驻点工商局及导办台的措施，引导客户到工行开立对公结算账户，从源头拓展客户资源。驻点人员每天的派单开户占全辖当日开户量的35%左右，全年通过“工商企业通”共拓户9322户。开展“全量客户拓展拜师学艺竞赛”活动，实现新增个人全量客户近10万余户；开展名单制营销管理，强化流失问责，确保个人客户的有效增长；通过常态化进军队、进企业、进校园、进社区、进医院，力推个人高端客户走访系统上线，搭建存量客户专属维护和跟进营销场景，唤醒沉睡客群，挖掘存量客户潜力，提升客户活跃度。提升存贷款竞争力，以存贷款增长支持发展规模，储蓄存款：广拓渠道吸存增存。通过大额存单、理财产品、增值服务等组合产品优势锁定账户资金，加大代发工资业务营销力度，全年新增代发工资单位491户，较2018年多增加329户，全辖代发工资单位总数2505户，系统占比为34.1%。对公存款：紧盯抓牢重点项目，提升服务意识，为湖南中烟、省地质院、湘雅医院、湖南大学等重点存款客户提供专属综合金融服务方案，及时满足客户的综合需求，促进对公存款提升；利用民族证券与方正证券合并成功的契机，成功营销客户保证金存款25亿元；通过对AA级以上优质企业债券业务的承揽，引入公司存款近15亿元。增加贷款投放量。公司贷款：抓住平台化债政策机遇，优选层级高、财政实力强、确有隐性债务化债需求的平台公司，通过主动上门营销、定制服务方案，先后为长沙市、六区、三县重点平台，提供“融资+融智”服务，发放贷款77.9亿元，累计带来中间业务收入4379万元；抢抓流动性宽松、债券利率下行带来的机遇，加强对AA级以上优质企业债券业务的承揽。实现债券承销23.33亿元，打破2018年以来债券承销为“零”的业务瓶颈。个人贷款：多层面走访大型地产企业，实现银企的良好对接；一手抓现有合作楼盘的挖潜，一手加快新楼盘的准入。全年新准入合作楼盘76个，发放一手房按揭贷款11556笔、70.11亿元。拓展二手房按揭资源。加强和长银担保、新环境、中环、房天下等优质大型房地产中介的沟通合作，全年发放二手房按揭贷款484笔、2.46亿元。普惠金融：多级联动，充分利用核心企业对上游客户的支撑作用，与中企云链合作，创新性地开展基于区块链技术的线上供应链业务。水电八局、中联重科、通号建设、中南勘测设计院等33家企业获批为核心企业。年末供应链融资放款730笔，放款金额11.01亿元。

创新转型　在投行业务创新上，推荐总行理财资金投资三一重工ABS业务1.9亿元，实现湖南分行首笔工程机械高端制造资产证券化业务落地；办理远大铃木全省首单PE退出类创新型并购贷款业务，新增利息收入1200万元，带动公司存款3500万元、保证金存款500万元、储蓄存款8000万元，并将该上市公司大股东个人的分红账户锁定在长沙分行；投放航天磁电4.22亿元债转股，实现湖南分行首笔央企市场化债转股业务落地，同时带来了7亿元公司存款及后续中间业务收入；总行金融市场部全国首次投资湖南湘江新区发展集团私募债3.7亿元，带来8亿元公司存款的同时，新成立资产管理公司的基本账户及代发工资落户长沙分行。在国际业务创新上，为湖南建工加纳项目和湖南六建马尔代夫项目发放出口买方信贷3511万美元。是现湖南地区唯一办理过出口买方信贷融资的商业性银行，有力推动长沙地区企业对外承包工程业务的发展；为国际贸易融资新客户中南院和星邦重工办理近6000万美元出口发票融资业务和1000万元人民币出口订单融资业务。同时，在同业竞争激烈的环境下，利用自贸区市场融资利率水平较低，为蓝思长沙办理10亿元的风险参贷，比2018年增加2.08亿元，并办理4812万美元进口代付业务。在机构业务创新上，以第一名成绩分别中标湖南省职业年金基金托管人和湖南省机构事业单位职业年金受托人；获得代理省本级非税收入收缴业务优秀主办行、代理省本级国库集中支付业务优秀主办行荣誉，是同业中唯一同时获得此项荣誉的银行。在普惠金融业务创新上，根据各个支行、区域的特色和优势，“因企制宜、分类施策”推动发展，初步形成具有长沙分行特色的小微金融发展模式。根据浏阳本地特色创新烟花税务贷产品，已发放9户，金额1908万元；针对湾田市场商户的特殊性，制定经营快贷分行特色版融资方案绿色建材幸福贷，为企业提供一揽子金融服务，为市场内小微商户办理“e抵快贷”35笔，总金额4000万余元。

风险管控　完善内控体系及案防机制。内控体系：稳步推进制度建设，实现合规风险控制关口前移。年内梳理现行有效制度85个，有效过渡性文件14个，集中废止制度3个，解决制度适用性问题3个。全年以识别风险为前提完成合规审查事项25个，其中制度审查16个，行政许可事项审查9个，共出具合规意见61条，审查意见得到有效采纳。完成制度立项计划23个，立项计划完成率100%。案防机制：案防主体责任进一步落实。通过层层压实主体责任，各级、各部门主要负责人均签订案防责任状，强化案防责任制管理和考核，案防制度学习和案防履职情况报告形成常态。强化“从严治贷”。按照上级行主体活动要求，以防范操作风险为重点，在全行持续开展“四严”主题活动，营造“学规定、守纪律、防风险、保安全、促发展”的氛围，强化员工依法合规意识，在制度上心存敬畏，在能力上心存恐慌，行为上不越底线。执行行业信贷政策，从客户准入源头把控贷款投向。制定《长沙分行关于新建信贷关系及客户分类准入管理的试行办法》，严禁客户分类与准入触及政策与制度红线，严把谨慎类与退出类客户的准入关口，引导支行贷款营销要有所为有所不为。多途径遏制大额贷款逾期劣变。按照“一户一策、分类施策”的原则，根据客户贷款出现逾期的原因，加大对逾期本金、积欠利息的清收力度；对符合条件的，通过重订期限、贷款展期、再融资和重组等方式，做好逾期贷款的转化工作。信贷业务非现场监测。通过非现场监测机制，结合信贷结构调整和信贷业务发展的重点领域，加强跟踪监测，每月做好到期贷款的风险提示，督促支行落实还贷来源，提前做好贷款风险防范与处置；对存在重大风险、有可能发生劣变的客户，及时进行预警提示及督办，严防贷款劣变。（龙　灿）

【中国农业银行长沙分行】　2019年年末，中国农业银行长沙分行（以下简称“农行长沙分行”）存贷规模逾900亿元，整体规模逾1900亿元。人民币各项存款时点余额990.6亿元，较年初增加89.5亿元，人民币各项贷款余额957.7亿元，较年初增加131.1亿元。实现中间业务收入4.67亿元、净利润15.5亿元。

对公业务　研究制定对公业务转型战略，组建专兼职对公客户经理队伍和产品经理队伍。建立三级对公客户责任营销体系，组织开展湘企百强、党政机构改革、园区攻坚等营销活动，带动对公存款增长94亿元、贷款投放77.3亿元。与长沙经开区、浏阳市经开区等2个国家级园区以及浏阳市文化产业园签订战略合作协议。普惠金融贷款规模和客户数量翻倍，实现增量、增速全省农行“双第一”。

零售业务　初步建成“一部三中心”（一个私行分部、三个财富中心）加12个财富网点的私行客户服务体系，组建财富团队。开展异业联盟打造推广，制定11个行业标准化营销模板，指导网点对周边联盟商户及商户客户进行全面营销，效果明显。实施支行班子成员“三包”管理。将所有网点分配到各支行班子成员名下，由支行行领导负责所包网点的转型到位、产能提升到位、风险控制到位。

“三农”业务　联合供销社建设物理网点、联合农银人寿在4个县域支行全面铺开“星火计划”，开展惠农日活动110场，将农行智能POS布放到各乡镇行政村村务中心，台均交易1000笔，台均交易金额200万元。介入长沙市政府重点打造的六大农业特色产业，创新实现惠农e贷“一产业一模式”。以资产业务为乡镇网点发展赋能，率先全省推出“乡村振兴带头人惠农e贷”，成功在浏阳镇头镇试点落地。履行脱贫攻坚责任，精准扶贫贷款较年初净增1.9亿元，计划完成率150%。

改革创新　完成组织体系调整。湘江新区分行筹建顺利进行，长沙分行、各一级支行本部内设机构改革基本完成。线上产品和业务比重大幅增长。先后创新推出并落地6款e贷产品，创新10个惠农e贷特色产业模式。线上个贷占全部个贷的比例为22%，较上年提升14个百分点；线上小微贷款占全部小微贷款的比例超50%。实现移动金融场景、双智金融场景、互联网消费场景、产业链场景全面突破。落地双智项目551个，率先上线总行“智慧货架”、4家总行级BMP收单商户，落地全省农行首个无感停车、综合收银台项目，智慧宁乡校园缴费项目覆盖学校350所，打造芙蓉广场等多个城市商圈。

基础管理　重点领域案防。排查重点领域风险漏洞，治理两家基础管理薄弱行，管控三类重点人员；信用风险管控。强化信贷责任经营，强化行权控制，规范信贷行为；运营风险防控。完成辖内114个网点“一户一档”一轮推广、培训、验收工作，常态化开展8项专项检查和治理，运营管理板块预考核全省农行靠前。安全评估考核居四大行第一位。

企业文化　打造员工物质家园。长沙分行本部新营业用房、现金中心及档案库建设稳步推进，启动6家支行外墙维修或办公区域修缮，网点建设进度整体加快，组织建设八角亭青年公寓，腾挪出黄土岭小区等处共121套周转房，将建成可供150名青年员工免费居住的公寓。打造员工精神家园。继续在全行弘扬业务营销上的狼性文化、经营管理上的合规文化、人文关怀上的家园文化，树立党员模范、劳动模范、道德模范三类典型。

（王斯人）

【中国银行湖南省分行】　截至2019年年末，中国银行湖南省分行在长沙地区人民币各项存款日均余额1181.9亿元，较年初增长85.6亿元，增幅7.8%；各项贷款时点余额1603.6亿元，较年初增长211.6亿元，增幅

15.2%；实现业务净收入45.4亿元，增幅5.3%。

支持湖南经济 支持湖南基础设施建设和基础产业振兴，有效支持重点产业、民营企业做大做强。2019年，中国银行长沙地区机构加大支持“制造强省”战略力度，制定《湖南省分行支持制造业高质量发展工作方案》，投放制造业贷款118.5亿元。强化基础设施领域补短板力度，投放省高速、中石化、新疆煤制气等项目贷款超200亿元，实现全省高速铁路授信全覆盖。支持民营企业发展，民营企业贷款新投放192亿元。支持实体经济发展，严格落实中国银行总行《支持民营企业发展二十条》要求，在信贷政策执行、内部资源配置、尽职免责、考核激励机制、信贷产品和服务方式创新等方面提升机构服务民企工作积极性。支持“乡村振兴战略”，聚焦全省粮食、油料、蔬菜等十大特色产业链，实现对公涉农贷款新增9.61亿元。创造性开展精准扶贫，扶贫贷款较年初新增4.71亿元，派驻邵阳金水村的扶贫工作队获“优秀工作队”称号。

业务发展 实施机构布局调整，成立“长沙业务发展协调委员会”，加强对长沙地区业务发展统筹、协调和服务，统一步调、整合资源、形成合力。按照区县行政区域，重新调整网点布局，通过布局调整，银政沟通更加顺畅，信息交流更加频繁，工作落实更加敏捷。为落实监管普惠金融“五专”机制建设要求，加大小微企业支持力度，中国银行湖南省分行成立普惠金融事业部，自主开发“惠三湘”E平台，实现纳税中小企业线上申请、线下融资无缝对接。为三一重卡量身打造“聚合支付”产品，成为系统内全国首笔中银智慧付线上收银台业务和首笔线上簿记账户业务。充分发挥交易银行整合优势，成功办理首笔在线融易达业务和湖南当地首笔“区块链”福费廷业务。创新开展白银实货类掉期业务，顺利叙做中行系统内首笔白银类掉期创新业务。手机银行月均交易客户数67.20万户，比2018年增幅61.81%。新拓展ETC客户22.85万户。深入推进智能化建设，实现智能柜台迁移率大幅提升，培训员工熟练掌握PAD刷新操作要领，服务专员平均响应时效较年初提升63%。加强线上业务拓展，落地与税务、公积金、社保等优质外部数据源对接，全力提升场景化的“中银E贷”消费金融输出能力。联合腾讯音乐，推出“全民K歌”联名卡，探索“线上获客＋网点体验”营销模式。推广建设者平台，新拓个人客户13692户。铁路e卡通开户10.46万户，交易笔数130万笔。信用卡新获客16.88万户。新增快捷支付客户数107.42万户。叙做校园卡等固定资产项目27个。新增省直社保卡发卡4.8万人次，发卡单位200余家。

重要决策 2019年2月15日，中国银行韶山支行开业，实现科技创新、普惠金融与人才培养的无缝对接，党建资源转化为发展资源，党建成果转化为发展成果。作为中国银行在韶山地区的首个网点，百年品牌与革命圣地的结合意义重大，韶山支行在传承红色基因、宣传党建文化、推动普惠金融等方面承载着重要使命。活动当天，中国银行总行在韶山挂牌成立第一家党员教育基地——中国银行韶山党员教育基地，中国银行湖南省分行与韶山管理局签订党建共建协议。

重要活动 2019年11月6—8日，由中国国际进口博览局、国家会展中心（上海）主办，中国银行承办的中国国际进口博览会展期供需对接会在上海举办。近90个国家和地区的数千家中外企业代表参加，对接行业覆盖此届进博会七大展区行业。来自湖南的98家客商企业在对接会现场与海外展商企业进行“一对一”的合作洽谈。此次对接会在上年成功经验基础上，优化软硬件配套服务，实现技术升级、流程优化；同时设置冰雪、养老、不发达国家等不同主题的专场对接，并增设互动式主题展区等，提升客户体验和成交效果。对接期间，湖南企业3天配对284场，30余家企业当场同国外展商签订意向协议，多家企业与国外展商达成初步合作意向，金额3000万美元。

（李　行）

【中国建设银行湖南省分行】 2019年，中国建设银行湖南省分行（以下简称“湖南分行”）一般性存款余额6998亿元，新增370亿元，四行市场占比34.8%。贷款余额5344亿元，新增646亿元，比2018年多增105亿元，四行市场占比33.54%，排名第六位。实现经营收入231亿元，其中中间业务净收入57.5亿元，增幅11.4%，四行占比48.14%；实现税前利润126.2亿元，四行市场占比36.1%；不良率1.06%，下降0.06个百分点，不良贷款56.65亿元，逾期贷款56.58亿元。主要指标连续多年高位运行，依然保持领跑同业、排名靠前。

服务地方经济社会发展 全年累计投放贷款4188亿元，基础设施建设投放583亿元，“5个100”项目投放215亿元，制造业投放507亿元，服务领域投放587亿元，民生领域投放304亿元，“一湖四水”治理领域投放290亿元。涉农贷款余额897亿元，扶贫贷款余额123亿元，均超额完成总行计划。民营企业贷款新增209亿元，占对公贷款新增的57.8%，增幅27%，高于对公贷款增速13.7个百分点。普惠金融贷款新增142亿元，余额达到438亿元，四行占比51%，提升3个百分点。对公外汇贷款余额10.3亿美元，投放进出口贸易融资39亿美元，均为四行第一位。认购地方政府债517亿元，增幅76.4%。直接融资持续增长，债券承销量154亿元，继续领跑全省市场。积极参与中非经贸博览会，对接企业150余家，签约海外项目4.1亿美元。与商务厅共建招商引资合作平台，“湘企出海”平

台14个地市专区上线。首家与湖南"单一窗口"系统对接，服务客户近600户。开展"服务实体经济 对接民营企业"市州行活动，走访企业200余家，对接融资需求560亿元。在长沙开展"千人帮千企　建行在行动"活动累计对接企业1310家，授信批复金额85亿元。全面深化银政合作，促成总行与省政府签订《深化全面战略合作协议》，与省农业农村厅开展全面战略合作，76个区县签约农村集体产权管理信息平台，开立农村集体经济组织账户2592个。与省委统战部、省民宗委合作，共同推广宗教事务信息化综合应用平台。搭建"智慧政法"监狱管理平台，实现省监狱管理局和23家监狱合作全覆盖。打造全省"互联网＋政务服务"统一支付平台，集成298项公共服务缴费和148项非税缴费行政事项。协助长沙市政府成功申报中央财政支持住房租赁市场发展试点城市，实现公积金系统与湖南分行住房租赁平台对接。在岳阳临港新区、长沙湘江新区投入10亿元支持人才公寓建设，解决近2万人住房问题。完成智慧住房平台一期建设，打造住房金融生态圈，逐步实现房地产市场全生命周期闭环管理，为全国建行系统第一家。普惠金融贷款中的小微企业贷款新增99亿元，增幅66.7%，远超全国两会"增长30%以上"的要求。普惠金融授信客户新增1.3万户，总量7.9万户。

转型创新　乡村金融初见成效，成立乡村金融领导小组和6个工作小组，完成顶层设计，先试先行、做出样板，制定3年规划，搭建三大平台，产品研发15个，建立全套制度16个，共30万字研发培训课件30套。打造金融生态圈864个，完成自主创新项目44个、移植创新项目167个，连续4年获得总行最具创新力奖，创新考核列总行第二，"裕农e+""善建慈善+"项目分别获总行创新马拉松二等奖、三等奖，"公安便民智慧金融服务方案"获"湖南金融力量"奖、总行创新一等奖。成立建行大学湖南省分行分校、员工成长学院、乡村振兴学院，推进湖南大学、中南大学产教融合实训基地建设和湘潭大学乡村振兴学院组建。

风险防控　强化"党委管"机制，各级行党委定期听取风险管理情况报告。狠抓"315工程"落地，对二级行开展现场督导，通报4户履职不到位典型案例。平滑政府隐性债务84亿元，为湘潭市等地方政府制订债务化解综合服务方案。"20大"项目化解处置55亿元，化解处置率78%，帮助泰富重工引进战略投资者并恢复生产经营。处置不良贷款46.3亿元，长浏高速实现现金回收7.5亿元，已核销资产现金回收3.6亿元，创历史新高。推动人人尽责合规体系建设，强化三级风险经理和"八岗位"履职尽责，优化动态考核评价机制。成立责任认定委员会和问责委员会，制定违规处置流程。开发整改流程管理系统。生产运营安全平稳，连续被省委、省政府评为综治工作"先进集体"和"平安单位"，被总行评为"信访工作先进单位"。消保考核位列同业第一位，消保和声誉风险考核在总行名列前茅。

履行社会责任　全年上缴税费50亿元以上，在驻湘国企中排名靠前。涉农贷款余额897亿元，扶贫贷款余额123亿元，对口扶贫村110个，派驻扶贫干部63人，新增扶贫捐赠项目25个，连续两年获总行"扶贫组织奖"。金湘通在全国率先实现行政村全覆盖，累计拓点4.5万户、发卡244万张、沉淀存款127亿元，叠加非金融场景10个，其中民生代缴项目9个，年交易量超1000万笔，其中医保社保缴费429万笔。开展"金智惠民"培训1234期，培训18万人次。全行544个网点劳动者港湾社会影响力日益扩大，集聚医疗、教育、志愿者服务等各类社会资源，持续赋能广大户外劳动者，全年服务470万余人次。2019年度被评为"湖南省文明单位"。

（彭新伟）

【交通银行湖南省分行】　2019年年末，交通银行湖南省分行本外币资产总额1699亿元，较年初增加99亿元；人民币存款余额1595亿元，较年初增加102亿元，增幅6.9%，市场占比提升5个基点；人民币贷款余额1496亿元，较年初增加247亿元，增幅19.7%，市场占比提升21个基点。

服务湖南经济社会发展　围绕服务实体经济重点领域和支持民营小微企业，主动调整结构。聚焦制造业、园区管理等领域实体企业，在项目准入、授信审查等方面开辟通道，强化信贷支持。民营、小微企业贷款分别增长40.8%和56.8%，制造业贷款余额增长81.9%；向三一集团提供132亿元综合授信，联合中信保办理交行系统内首笔"特险通"业务，助力"一带一路"建设。落实监管机构"1241""百行进万企"专项行动部署，组建普惠专营团队，深化与风补基金、担保公司合作，抓好产业链及线上抵押贷等产品推广；优化小微业务流程，通过前台团队营销，中后台集中风险管控、平行作业、贷后管理，加大小微企业支持力度，被人民银行长沙中心支行授予"普惠金融发展先进单位"称号。参与政府债承销及认购，作为主承销商承销75.9亿元。支持国企降杠杆，落地中建五局10亿元"债转股"项目。

风险管控　明确"一地一策、分类施策，平债降费、化解重点，令行禁止、执行有力"原则，对接地方政府开展债务控制与化解。优化授信风险管理机制，将放款印章纳入电子化管理，简化审批流程。利用风险监测系统开展有色行业、汽车供应链业务等排查，将风险监测体系相关功能嵌入授信、贷后管理流程。完成案防架构调整，加强网格化、矩阵式案防框架建设，开展案防"5+N"专项治理行动，加大员工经商办企业排查。压实反洗钱管理职责，制定《分行反洗钱岗位责任指引》，开展反洗钱可疑监测分析和专项排查。

改革转型 启动网点综合营销能力提升项目，健全网点销售能力提升机制，制定48项产品标准化清单，统一梳理八大贷款业务流程、节点和产品要素。依托金融科技赋能业务发展，制定《关于组织好项目营销 强化金融科技赋能 加快客户服务线上化提升转型的指导意见》，建立与之相适应的营销团队、工作方法；以商户收单和扫码支付为切入点，推进场景营销，探索构建客户群生态链。

履行社会责任 以客户为中心，打造服务品牌优势，交通银行益阳分行营业部被评为中银协2019年银行业文明规范服务百佳单位。开展ETC项目营销拓展，满足居民出行效率提升需要。制定《涉农贷款授信优化实施方案》，优化涉农贷款授信流程，至2019年年末，通过产业扶贫对农户和农村合作社发放贷款1.1亿元。做好省直单位定点扶贫村沅陵县文家村帮扶工作，2019年年末综合贫困发生率降至1.48%，被沅陵县评为“脱贫攻坚红旗示范村”。 （陈登奇）

【中国民生银行长沙分行】 截至2019年12月31日，中国民生银行长沙分行资产总额625.18亿元，负债总额602.85亿元。共有全功能网点25家，其中二级分行2家，异地支行2家，县域支行3家，长沙同城支行14家，异地机构辖属支行4家。另有社区支行17家、小微支行3家，覆盖长沙、衡阳、株洲、湘潭、常德5市。

业务发展 升级民企服务。聚焦民企战略，加大民企资源投入和综合服务支持力度，致力于成为民营企业的主办银行和首选银行。深入落实战略民企“1+3”、五位一体作业模式，继续加大民企定向支持，确保民企信贷力度“稳中有增”。针对遇到临时性困难的民企客户，精准解围纾困，实施“一户一策”差异化信贷政策，为民营企业提供更高质量、更有温度的综合金融服务。推进小微金融。坚持小微战略不动摇，集中行内资源，设置小微事业部分部，配备专业队伍。依托“数据+科技”，推动小微金融升级，借助移动互联、远程面签等科技手段实现线上线下互通，创新产品模式和业务操作平台，优化小微金融业务流程，让小微客户感受“更简便、更快捷、更优质”服务体验。同时，执行小微贷款内部资金转移价格优惠，降低小微企业融资成本。支持民生基础建设。结合湖南特色和自身经营优势，制定区域特色政策，优化金融资源配置，提升金融服务能力，通过代理发债、产业基金、撮合托管等模式对接湖南省重大战略实施和重点民生项目建设，为经济社会发展持续贡献金融力量。零售服务。围绕“精心服务百分百”理念，结合“百佳”“千佳”文明服务网点评选，为客户提供差异化、个性化服务，2019年度有2家支行被评为湖南省五星网点。全面实施客户化厅堂2.0，打造智能化厅堂；实施理财经理等网点人员标准化管理，提升人员综合服务水平；推行“95568”远程银行，打造足不出户、触手可及的线上网点。

风险内控 强化组织领导，推进法律事务和内控合规专业化建设，将原法律合规部分设为法律事务部和内控合规部，在全行范围内组建兼职合规经理团队，拓宽管理半径。优化制度管理流程，实现制度全流程规范、动态、线上管理，确保制度建设严肃、合规和可执行。开展覆盖全行业务的合规排查，加强员工行为管理和风险防控，严防操作风险、道德风险和声誉风险。开展“合规文化年”专项活动，举办创意合规技能大赛，促进风险合规文化“内化于心、外化于行、固化于制”。

履行社会责任 通过小微贷款、消费贷款等途径实施普惠金融扶贫，通过专项扶贫资金支持开展联村帮扶工作，各级精准扶贫领导小组分别到中国民生银行长沙分行金融扶贫站、联村帮扶点、驻点扶贫村开展上门慰问，为贫困人口送上油、米等生活物资，同时补充完善贫困人口的建档立卡资料。开展公益助学、特殊关爱活动以及50余场“民生情，绿色梦”垃圾分类主题公益活动。 （谭 拓）

【长沙银行】 2019年，长沙银行资产规模稳步增长，资产总额6019.98亿元，较2018年末增长14.31%；吸收存款本金总额3871.78亿元，较2018年末增长13.47%；发放贷款及垫款本金总额2603.23亿元，较2018年末增长27.36%。盈利能力持续提升，实现营业收入170.17亿元，比2018年增长22.07%；归属于上市公司股东的净利润50.8亿元，比2018年增长13.43%；净利差2.55%，比2018年提升0.21个百分点；加权平均净资产收益率（ROE）15.61%，整体处于优良水平。

资产质量稳步改善 坚持规模、效益与质量协调发展，强化合规风控，加大不良清收处置，持续改善资产质量，提升风险抵补能力。不良贷款率1.22%，较2018年末下降0.07个百分点；逾期90天以上贷款与不良贷款的比例为62.84%，较2018年末下降30.46个百分点；拨备覆盖率为279.98%，较2018年末上升4.58个百分点，风险抵补能力持续增强。

数据驱动强化 2019年是全行的“数据驱动年”，全行上下贯彻“科技引领、移动优先”战略，推动科技与金融、生态与场景的深度融合，加快从“应用启动”向“数字驱动”动能转换，逐步实现线上化、数字化和智能化转型。全年科技投入占营业收入的比重达2.76%，科技人员（含外包）较2018年末增长22.10%；出台大数据建设三年规划，成立数据创新实验室和数据社区，构建数据平台，提升数据赋能；网点智能化改造提速，智能设备迭代升级，金融科技广泛深入应用，平均离柜率持续提升；上线开放银行平台，实现19个服务的标准化输出，推动15个外部客户对接和8家业务应用落地；稳妥推进与华为、阿里云、腾讯云计算的战略合作，持续

提升金融科技应用能力；探索组织模式和文化变革，加快部落制和敏捷转型，完成6大部落、近千人规模的金融科技组织架构调整，大幅提升系统开发、数据分析和产品创新效能，为业务转型提供强大内驱力。

品牌排名提升　在英国《银行家》全球银行业1000强排名中，位居第273位，较2018年上升38位；在中国银行业协会发布的中国银行业100强排名中，位居第37名，较2018年上升12位；在中国银行业协会陀螺评价体系稳健发展能力评比中，位居全国城商行第11位；在“中国上市公司市值500强”中，位列第408位；协办“2019中国上市银行发展论坛”“2019年银行间本币市场大会”等行业重大活动，市场地位和品牌形象稳步提升。

重要活动　6月26日，由中国银行业协会指导，《中国银行业》杂志社、湖南省银行业协会主办，长沙银行协办的“2019中国上市银行发展论坛暨《中国上市银行分析报告2019》发布会”在长沙召开。11月29日，腾讯（长沙）智慧产业总部挂牌启动。在启动仪式上，腾讯公司与长沙市在教育、金融、网络安全等领域达成多项合作。在金融领域，长沙银行与腾讯云计算（长沙）签订战略合作协议，双方将利用各自优势和专业经验，整合资源，通过优势互补，实现互利共赢和共同发展。　（李红亮）

【长沙农商银行】　2019年，长沙农商银行资产总额1329亿元，较年初增加136亿元，增幅11%；存款余额1021亿元，较年初增加100亿元，增幅11%；贷款余额694亿元，较年初增加60亿元，增幅9%；不良率1.42%，低于全国银行业平均水平0.44个百分点；实现财务总收入60亿元，净利润14亿元。以核心一级资本净额排序，位居中国银行业第85位、全国农商银行第16位。银保监会监管评级为2C，央行金融机构综合评价为B级，宏观审慎评估为A档。

主要工作　各项存款迈上千亿元台阶，跻身本土金融机构存款“千亿俱乐部”三强。发行首支净值型理财产品“福祥·金种子天天盈1号”，实现全省农信系统“零”的突破。发行35亿元小微企业贷款专项金融债，创下全国农商机构中同类型债券单期发行量最大、整体发行效率最高、投资者类型最丰富、全省法人金融机构同类型债券单期发行量最大，全省农信系统第一次发行该类型债券等多项第一名。开立长沙市住房公积金账户和长沙市住房物业维修基金账户，实现市级公共资源类专户“零”的突破。顺利获得结售汇业务资格和银行间外汇市场会员资质，为国际业务发展打下基础。获2019“中国年度最佳雇主”与“最具发展潜力雇主”称号，与阿里、华为、腾讯、招商银行等标杆企业同台领奖，系全国农信系统唯一获奖单位。湖南首家农村金融机构便民服务点落户我行，实现不动产抵押登记“不见面审批”和“一站式办理”。与湖南省首批取得法人资格的天心区新开铺街道石人经济合作社开展银村合作。独家冠名的2019长沙红色半程马拉松赛吸引包括1000位在湘上市企业高管及员工、200名北大校友跑团及海峡两岸跑者参加，并获央视中文国际频道等媒体报道。共青团长沙农村商业银行股份有限公司委员会、长沙市长沙农商银行慈善基金会成立，群团组织建设取得新突破。

业务发展　零售金融。储蓄存款净增64.94亿元，居全市金融机构第三位，起到存款稳增长“压舱石”作用。上线“美好人生”贵宾臻享服务，完善高端客户权益。推出全省农信首类主题卡“点点儿童卡”，获“长沙市儿童友好型企业”称号。中标省本级社保资金保值增值业务定期存款存放银行项目。新增机关事业单位账户9个、经济（专业）合作社账户68个。开发大额存单、“通盈壹号”、订单贷、租金贷、流水贷、银担贷等产品，产品体系日趋丰富。金融市场。发行首批小微企业贷款专项金融债，发行首支理财产品，成功落地首笔再贴现业务。获“2019年本币市场交易300强”“2019年度银行间本币市场最佳进步奖”“结算100强—优秀自营商”三大奖项。信用卡发展。上线信用卡网申平台，信用卡发卡总量19万张，稳居湖南农信系统首位。

支持民营及小微企业　开展“百行进万企”融资对接工作，下发《支持民营及小微企业健康发展工作方案》，持续提升小微企业金融服务质效。在长沙高新区、南部片区、望城经开区、雨花经开区、天心经开区举办5场小微对接会，对小微企业授信16亿元，得到园区及企业的高度认可。下调小微企业贷款FTP价格，引导信贷投放向小微、绿色和支小再贷款倾斜。加强银税互动，推出“Q税贷”，有效解决小微企业融资难的问题。与三一集团开展资金业务合作，扶持先进制造业民企发展。优化获得信贷工作获长沙市“营商环境优化年”领导小组肯定。

风险内控　定期召开“压不良、控风险”专题调度会议，严格落实不良贷款五个“逐户逐笔”和“六个重点环节”管控要求，做好不良贷款清理盘底和函证工作，持续加大现金清收、贷款盘活、委外清收、诉讼清收力度。监督检查与违规追责。对反洗钱、关联交易、财务管理、资金等11个重点业务领域或高风险领域开展专项审计。案件防控。逐级签订案件防控责任书，开展案件警示教育活动和“案件专项治理100天行动”，深入开展扫黑除恶专项斗争宣传和涉黑涉恶排查，实现“零案件、零事故”目标。合规文化建设。举办“佳绩献华诞、合规促发展”庆祝中华人民共和国成立70周年知识竞赛、“合规是银行的生命线”主题演讲比赛，召开“朱子八德与依法合规稳健经营的关系”系列座谈会、美好银行与亲人共话平安交心会。

（颜　彪）

保 险

【概况】 截至2019年年末，长沙市有1家法人保险公司，57家省级保险分公司，其中财产险公司24家，人身险公司33家。中心支公司23家，支公司（营业部）171家，营销服务部192家。保险专业中介法人机构33家，其中保险代理公司16家，保险经纪公司10家，保险公估公司7家。全市共有保险从业人员22.56万人，保险业资产922.12亿元，分别占全省总数的50%和32.1%。

业务发展 2019年全市保险业实现原保险保费收入471.1亿元，占全省的33.74%，比2018年增长14.4%。财产险公司实现保费收入165.4亿元，比2018年增长17.8%，占全市总保费的35.1%；人身险公司实现保费收入305.66亿元，比2018年增长12.6%，占总保费的64.9%。2019年，全市累计赔（给）付支出126.1亿元，占全省的29.74%，比2018年增长12.9%。其中，财产险公司赔付支出83.46亿元，比2018年增长22.93%。人身险公司赔付支出42.6亿元，比2018年下降2.65%。

服务能力增强 全市提供财产风险保障10.63万亿元，比2018年增长44.7%。全市寿险业期末有效保险金额6.02万亿元，比2018年下降10.92%。保险业服务经济社会发展能力不断增强。服务“三农”发展。2019年农业保险累计为长沙市237.3万户次农户提供120.95亿元的风险保障，向11.02万户次农户赔付2.42亿元。服务实体经济。2019年，全市寿险保单质押贷款余额45.4亿元，比2018年增长33.9%；出口信用保险为全市638家企业418.47亿元出口总额提供保障；信用保证保险为420家小微企业提供信用保证风险参与社会治理保障21.1亿元。

参与社会治理 2019年，全市保险业代收车船税8.94亿元；大病保险补偿1.39万人次，赔付1.01亿元；安全生产、环境污染、食品安全等责任保险为全社会提供风险保障3.97万亿元，支付赔款3.56亿元，比2018年增长23.27%

质量效益 2019年，全市财产险公司综合成本率为96.1%，较2018年同期增加1.88个百分点。业务及管理费用率为21.54%，较2018年同期增加4.3个百分点，低于全省平均水平3.5个百分点。承保利润率为3.9%，较2018年同期下降1.88个百分点。实现承保利润5.38亿元，比2018年下降21.33%，占全省财产险公司承保利润的28.13%，比2018年下降4.95个百分点。人身险公司寿险业务新单期交保费占新单保费的59.04%，续期保费比2018年增长23.92%，较全省平均增速高出9.7个百分点。退保率为3.16%，低于全省平均水平1.81个百分点。

（曹玥兆）

【中国人民财产保险股份有限公司长沙市分公司】 中国人民财产保险股份有限公司长沙市分公司（以下简称“人保财险长沙市分公司”）下辖10个支公司、16个直属业务部、25家社区门店、21家三农营销服务部、68个保险服务站、425个保险服务点，服务网络遍及城乡。2019年，中国人保财险在长沙地区实现保费收入39.53亿元，承担风险责任超10万亿元，缴纳和代收税款超4亿元。2019年，被雨花区人民政府评为“发展区域经济贡献奖”，被共青团雨花区委员会授予五四红旗团组织，获“守合同重信用”公示企业证书。

服务实体经济领域 人保财险长沙市分公司落实国家回归保障本源的方针，新材料、企财险、首台套等险种覆盖面近年来稳步提升，为长沙市工业发展平稳运行提供巨额风险保障。2019年人保财险长沙市分公司承保中联重工、三一重工等大型企业企财险及首台套保险，提供近百亿元的风险保障，迅速完成对三一集团6388万元的重大装备理赔，刷新行业在长沙单笔最大理赔纪录。长沙市分公司积极寻找市场商机嵌入国家“一带一路”倡议，助力长沙企业扬帆出海，在海外十余个国家斩获保险项目。

服务健康中国领域 人保财险长沙市分公司助力政府社会治理现代化进程，深度参与辖区社会公共卫生服务供给，2019年取得长沙市城乡居民第二轮大病保险主承办权，创造性开拓市本级城镇职工、城乡居民基本医疗非联网非即时结算项目，拓展宁乡市城乡居民意外险项目，专业服务惠及数百万长沙市民。

民生保障领域 人保财险长沙市分公司精神病人监护人责任险、食品安全责任险的覆盖面不断提升，为高开、长沙县、开福等多个区域居民提供民生保险保障，校园类保险显著提标扩面。

支农惠农领域 人保财险长沙市分公司在建立并完善覆盖全市县、乡、村三级的服务网点体系的同时，服务好传统农业保险需求，创新发展特色农业保险，对长沙市农业生产的保障范围进一步提升，形成更为完善和丰富的产品体系，服务渗透农林渔牧等各个产业，先后承办宁乡特色花猪、长沙县水稻综合收入保险、浏阳苗木种植保险等特色农险项目。

防灾救灾领域 人保财险长沙市分公司发挥人民保险的价值属性，在防灾减灾与抗灾抢险第一线。推行风控系统等防灾防损工具，做好汛期、低温冰冻等恶劣天气的防灾防损检查等工作，严格执行汛期值班制度，针对重点区域、单位进行针对性防灾防损排查与巡逻，引导基层业务人员不断提升防灾防损意识，成功应对长沙局部发生的多起自然和意外灾害。

重要事件 3月17日，中国人保财险长沙市分公司完成对三一集团重大装备（首台套）保险理赔，支付赔款6388万元。该金额刷新人保财险在湖南小单笔最大理赔纪录。人保财险长沙市分公司承保的三一集团重大装备（首台套）保险，承担风险保障金额近60亿元。2018年该公司接到三一集团报案，称其位于长沙境内某设备受损。由于该保险标的项目多、金额大、技术含量高，人保财险先后派遣专家团队，20余次到设备使用现场勘验。重大装备（首台套）保险的投保对象，主要为创新性强、有重大突破但尚未取得市场业绩的装备产品。该险种围绕智能制造、绿色制造发展需求，支持产业转型升级、推动装备产业结构优化，为实体企业和使用单位分散风险。政府财政对该险种保费给予补贴，补贴比例为当年保费金额的80%，补贴年限不超过3年。

（程彩明）

【中国人寿保险股份有限公司长沙市分公司】 2019年，中国人寿保险股份有限公司长沙市分公司（以下简称“长沙市分公司”）总保费收入36.63亿元，比2018年增长10.48%；长险首年标保4.28亿元，预算达成率119.1%，比2018年增长43.17%；10年期以上首年期缴4.85亿元，预算达成率125.54%，比2018年增长39.57%；保障型业务2.51亿元，预算达成率120.2%，比2018年增长59.31%；短险保费4.15亿元，预算达成率103.77%，比2018年增长21.1%；政策性健康险业务1.49亿元，预算达成率114.46%。全年分公司跻身全省3A公司行列，分公司整体考核排名跨入全省前三名，实现年初预定的“保五争三”目标，被省公司授予“全省系统先进分公司”称号，并同时获得“全省系统创新成果奖”“全省系统互动业务保银协同先进单位奖”。个险渠道：全年长险首年标保3.92亿元，预算达成率126.53%，比2018年增长46.28%；保障型业务2.39亿元，预算达成率129.88%，比2018年增长62.72%；个险短险保费1.24亿元，预算达成率107.81%，比2018年增长33.65%。个险首年期交、保障型、标保、10年及以上期交等关键指标全部超额达成年度预算目标，增幅均高于全省平均水平；个险渠道内涵价值显著提升，跨入全省上游行列，特别是保障型业务和首年标保同比增幅进入全省前列，全年个险渠道经营考核跻身全省前列，渠道进位争先实现突破性跨越，福建等多家兄弟公司专门来长沙观摩学习大个险的成功经营管理经验。收西支公司、西区支公司、北区支公司、东区支公司成功进入全国系统“个险先锋140”；市个险与市收展获“全省渠道发展突出奖”；个险北区支公司晋级为全省唯一的准分公司；个险西区支公司、收西支公司获“全省十六强支公司”称号；收西支公司、收东支公司获全省“雷霆出击 燃爆20支公司速度奖”；长沙县北山营销服务部、暮云营销服务部、江背营销服务部、宁乡黄材营销服务部、夏泽铺营销服务部、城区个险第六营销部获“全省农网建设领先奖”。银保渠道：全年长险首年标保2987万元，比2018年增长27.17%；首年期缴1.24亿元，比2018年增长30.73%；保障型业务1023万元，比2018年增长25.9%；银保短险724万元，比2018年增长2.1%。全年达成银邮渠道期交保费5452万元，预算达成率103%，位居全省前列。银保理财中心进入全国系统“银保先锋45”；银保理财中心、银保营业二区获“全省十六强支公司”称号；银保理财中心获全省“雷霆出击 燃爆20支公司速度奖”。团险渠道：全年短险保费2.83亿元，预算达成率102.58%，比2018年增长16.35%。团险计生、妇联、老年人3大民生板块业务居全省前茅，妇联保险业务上半年1300万元，超过上年全年保费规模，获省公司肯定，在全省工作会议上作经验分享，江苏、福建、新疆、吉林等分公司专门到长沙学习妇联保险拓展经验。2019年分公司团险渠道进入“全国先锋15”行列，团险岳麓支公司、团险芙蓉支公司获“全省十六强支公司”称号。

业务发展 2019年，长沙市分公司通过持续10年期以上新单期缴、短险及保障型等核心业务，业务内涵价值显著提升，业务结构显著转型，全年分公司10年期以上新单期缴比2018年增长39.57%，保障型业务比2018年增长59.31%；个险10年期以上新单业务比2018年增长42.64%，个险保障型业务比2018年增长62.72%；银保10年期以上新单期缴比2018年增长30.73%；团险短险比2018年增长超20%。通过系列增收节支举措和资源配置标准新模式，最大限度将资源下沉基层，释放基层发展活力。全年新单创费18886万元，比2018年增长35.73%；全年短险创费7350万元，比2018年增长21.2%；创费增速高于全省平均水平，长险直销成本实现结余；通过加强短险承保管控，加大理赔查勘力度，推进短险“保底+浮动”的费用策略，全市短险保费比2018年增加7765.62万元（费用考核口径），简单赔付率42.52%，比2018年下降3.47个百分点，全市短险创费较2018年同期净增加718万元；全市大短险上半年赔付率从上年同期的46.77%下降至41.29%，团险短险赔付率从上年的57.99%下降至49.67%；通过全面推行收入预算与支出预算并行的预算管控模式和对各支公司、各渠道投入产出的动态指导，全市24个经营单位全部实现费用结余，全市工资总额比2018年显著增长，各级员工收入普遍提升。

市场对标突破 2019年，按照“551”“544”市场化网状架构的核心区域竞争布局，强化市场对标。上半年的个险折算期交、个险人力对标值均为0.47，分别较上年底提高16个和10个百分点，与主要竞争对手差距显著拉近，市场竞争态势明显改善。到年底，分公司全年个险折算期交对标比值由上年的31%提升至43%，各项业务和队伍指标在全省系统的贡献度提高近1个百分点。通过科学布局中心城区专业机构和县域经营网点，抢占市场战略要地，个险北区支公司达到准分公司标准，宁乡等单位达到中心支公司标准；长沙县、收西等单位获得总公司县域“双百强”和“城区先锋200”称号。2019年，长沙市分公司通过强化运营服务支持，全面提升公司品牌价值。有效降低客

户投诉量，监管有效投诉比 2018 年下降 65.15%，撤诉率 78.26%，撤诉率超全省均值 72%；客服城西体验店在全国保险行业“顾客满意度 AAA 达标单位”评选中，被中国质量万里行促进会评为优秀单位；两核调查风控效益金额 820 万元，为公司健康发展起到了保驾护航的作用；完成理赔、核保、保全调查类工作共近 8000 件，两年内的长期寿险风险排查近 9000 件，化解经营风险 820 万余元；分公司在城北、城南、城西增设了爱康国宾体检中心，在县域开通 39 家两乡快速理赔农村服务网点，提高核保、理赔时效和理赔服务满意度；无纸化审核 33459 件，无纸化替代率 95.77%；开展线上线下客户活动 20 余场，平台报名人数 2 万余人，1000 余名贵宾客户参与活动，全面提升公司品牌形象。

风险防控　强化系列排查工作，全面规避处罚风险。分公司通过风控管理由事后追查转为事前严查，有效规避各类经营风险，全市系统没有机构和高管人员受到严重处罚；通过深入开展销售误导、反洗钱、非法集资、“五虚”问题等风险排查和违规治理工作，确保分公司所有经营机构经营许可证“证实相符”“账实相符”、亮证经营、负责人信息真实准确，守住不发生监管处罚和司法案件的风险底线。全面提升监管评级。配合总、省公司风险评估和综合评级工作，保费继续率、保单失效率、违规行为监管处理指数等指标明显改善。提升投诉处理效率，当天投诉力争当天撤诉，三日内力争 100% 的撤诉率；有效防控诉讼风险，在控制发案率的同时提高胜诉率，将诉讼案件的负面影响降到最低。反洗钱工作，全面提升风控效果。反洗钱客户信息整改近 11000 笔，股份业务整改率 99.57%；在人民银行组织的反洗钱分类评级中，全市各经营单位的评级结果均排名行业前列。

队伍建设　2019 年，全市系统销售队伍总人力 14316 人。个险渠道有效人力 13248 人，其中收展 5569 人；个险主管队伍 1493 人，其中收展 581 人；个险销售队伍一年内新人 8990 人，占比 69.3%。银保渠道客户经理框架人力 512 人，其中主管序列 13 人。团险渠道有效人力 556 人，其中主管序列 41 人。全市月均增员率 13.41%，比 2018 年增幅 4.16%，排名全省第一位；月均新增 1463 人，比 2018 年增幅 75.63%，排名全省第二位；月均持证人力 11276 人，达成年度目标 9265 人的 121.76%，排名全省前茅。截至 12 月底，个险持证人力 13248 人，比 2018 年增长 49%，其中收展持证人力 5569 人，比 2018 年增长 163.7%；个险季均有效人力达到 7219 人，比 2018 年增速超过 55%；个险月均长险举绩 4602 人，比 2018 年增幅 60.4%；月均长险举绩率 42.3%，比 2018 年增幅 61%；主管月均长险举绩率 84.7%，比 2018 年增长 9.5%，排名全省第一位；月均星级人力 925 人，比 2018 年增长 56%，达成年度目标 83%。银保渠道全年实现客户经理月均举绩人力 126 人，客户经理季均实动人力 104 人，比 2018 年增长 92.5%；截至年底“日双出勤”夕会出勤人力由年初的 71 人，上升至 251 人，环比增长 213%；网点出勤由年初的 54 人上升至 220 人，环比增长 196%，客户经理全面回归网点，网点经营意识显著提高。团险渠道强化员福、政保、综拓三支专业队伍建设，有效人力稳步提升。上半年新增人力 201 人，月均有效人力 313 人，人均产能 39.57 万元，3S 达标率 80.1%，6 月底“两核”清理后的在册人力 509 人，成为全省唯一一个在册人力 500 人的单位。团险全年留存新增人力 266 人，有效人力达成 398 人，达成省公司下达目标的 115.36%，月均举绩人力 358 人，人均产能增长 66.93%，位居全省前列。（阳爱萍）

【中国太平洋财产保险股份有限公司长沙中心支公司】 2019 年，中国太平洋财产保险股份有限公司长沙中心支公司（以下简称“太平洋产险长沙中支”）下辖 3 县 6 区 9 个支公司：宁乡支公司、浏阳支公司、长沙县支公司、岳麓支公司、天心支公司、湘江新区支公司、开福支公司、雨花支公司、望城支公司，6 个专业化销售团队：企业客户业务部、重要客户业务部、政保业务部、团车业务部、车险综合业务部、渠道合作部，8 个管理部门：车险部、非车险部、非车险理赔中心、车险理赔中心、客户服务部、综合管理部、财务部、农险部。全年完成保费收入 7.3 亿元，比 2018 年增长 3.37%。其中：车险保费 5.1 亿元，比 2018 年增长 2.94%，非车险保费 2.1 亿元，比 2018 年增长 9.02%，农险保费 1885 万元。长沙中支综合成本率 95.83%，实现承保利润 2538 万元。长沙中支合并营业部保费 128504.51 万元，比 2018 年增长 11.96%，市场份额 8.17%，市场排名第四位。2019 年长沙太保赔款总额 57437.42 万元，税务贡献总额 11895 万元（含代扣代缴）。

业务发展情况　车险方面：2019 年，长沙中心支公司车险条线交叉、个代、团车、车商四大渠道均实现正增长，车险保费增速、综合成本均对标行业实现双优化。交叉销售渠道从严抓续保过程管控和客户数据真实性，勤抓基础工作，细化举绩率等各项考核指标的追踪和完善，至 12 月底，共实现保费收入 7731 万元，比 2018 年增长 16.78%；个代渠道通过抓增员、强举绩等措施，完成保费 3503 万元，比 2018 年增长 357%；团车渠道针对重要客户成立专职对接团队，积极对接业务单位，实现保费收入 7615 万元；车商渠道通过重点扶持大车商，大型修理厂，调整送返修优先级，并定期联合理赔部进行走访，召开联席会议，加强团队建设等措施，共完成保费收入 8569 万元，比 2018 年增长 26.45 %；车险综合渠道通过紧抓续保、提升非车渗透率、组建蚂蚁电焊团队加强网销业务开拓、开展渠道协同车电联呼、强化增值服务等措施共实现保费21836万元。非车险方面。加强非车险基础业务拓展，组织学平险专项竞赛，新开拓雨花区、浏阳市学平险，其他区域份额提升，学平险业务比2018年增长94.54%；突破政保健康险封锁，参与共保长沙市本级和宁乡的大病保险项目，新增保费规模约2266万元；重视续保业务与大项目业务发展，新增4条地铁轨道运营险业务，开拓湖南省第六建筑工程有限公司健康险，五八集团健康险业务；创新发展线上流量型业务，开拓58集团业务。（刘芳芳）

证 券

【概况】 2019年全市证券累计成交量3.84万亿元，占全省的55.63%，比2018年增长24.81%。全市全年新增直接融资712.68亿元，比2018年增长1.22%。全市现有上市公司68家，其中A股上市公司61家（不含2019年过会暂未发行的威胜信息、和顺石油）。2019年长沙市企业上市工作获省地方金融监管局书面通报表扬，在全省做出表率。全省新增5家上市企业中4家在长沙，其中力合科技和远大住工分别在深交所创业板和港交所主板上市，威胜信息成为湖南省首家在科创板上市企业，和顺石油通过中国证监会发审会主板上市审核。另外，长沙市水业集团控股上市公司惠博普，市属企业首次实现控股省外上市公司。

【防范非法集资宣传教育活动】 2019年5月，长沙市组织开展为期一个月的防范非法集资宣传教育活动。该次宣教活动围绕《处置非法集资部际联席会议关于开展2019年防范非法集资宣传月活动的通知》《湖南省打击和处置非法集资工作领导小组关于开展2019年防范非法集资宣传月活动的通知》统一部署，旨在普及金融理财知识和金融新业态知识，树立科学合理的理财观，强化法治思维和法治方式。该次宣传教育活动利用各级各部门、驻地金融机构，开展“七进”（进机关、进学校、进企业、进社区、进村组、进家庭、进金融网点）活动。尤其是针对养老、旅游休闲、互联网金融、预付卡等非法集资风险高发领域，以及重点写字楼、高档酒店等风险突出领域，开展精准宣传教育活动。宣传月期间，长沙市组织近500场次的大型集中宣传活动，参与群众13万余人次，发放传单、手册等宣传材料62万余份，发送防非处非公益短信174万余条。

【长沙市防范非法集资咨询服务工作站揭牌】 2019年11月13日，长沙市防范非法集资咨询服务工作站揭牌，防骗咨询热线“84212345”开通，这是湖南省内第一家专门提供防范非法集资咨询服务的志愿者工作站，和第一条防范非法集资骗局咨询专门热线。长沙市打非办牵头组建防范非法集资咨询服务志愿队，通过依托基层街道社区服务中心组建工作站、开通咨询电话热线、在“长沙打非专线”微信号开辟咨询专栏等渠道，以答疑、宣讲、著文等多种方式，义务为市民提供投资理财风险防范和识别等方面专业知识，帮助市民正确认识投资理财风险，远离非正规金融机构、非正规投资理财产品。志愿队完成组建，搭建3个咨询渠道。

【长沙企业科创板上市培训班】 2019年7月17日，长沙企业科创板上市培训班在长沙世纪金源酒店举办，全市近100家拟上市企业参加培训。首批科创板公司于7月22日挂牌上市交易，为让广大长沙企业了解其最新政策动态，抢抓政策先机、走进资本市场，长沙市举行此次培训。培训主要包括科创板概况，科创板发行与承销业务介绍、科创板实践经验分享等内容，围绕企业科创上市申报、审核、注册、发行、信息披露等热点问题进行了深入剖析、解读。2018年8月起，长沙市金融工作部门会同上海证券交易所，对全市高科技企业进行了多轮有针对性的走访和宣讲。2019年6月，省市领导先后调研长沙市科创板后备企业，座谈企业上市工作。截至2019年7月，长沙已有威胜信息、南新制药2家企业向上海证券交易所递交科创板上市材料，3家企业在湖南证监局辅导报备。

【全市企业上市（挂牌）联席会议】 2019年8月16日召开，市委副书记、市长、湖南湘江新区党工委书记胡忠雄主持，市委常委、常务副市长夏建平参加。会上，威胜信息、力合科技、长远锂科等16家企业负责人围绕企业发展及上市（挂牌）推进工作中存在的困难与问题谈感受、提建议，联席会议成员单位进行面对面交流与回应。2019年，长沙将“入规、升高、上市、扩面”作为全年经济工作推进的重要抓手，落实企业上市（挂牌）辅导、支持措施，截至8月，全市有在审企业8家，12家企业在湖南证监局进行辅导报备，一批企业完成股改。（本栏撰稿 聂 娟）

旅　游

TOURISM

编辑　江　雷

综　述

【概况】　2019年，长沙市实现旅游收入2028.97亿元，比2018年增长12.22%，接待旅游人数16832.61万人次，比2018年增长12.42%。长沙市文旅形象不断提升，科技创新、文旅创意、品牌创建得到拓展和宣传推广，到长沙看焰火品牌实现“一减三增”（减少焰火晚会场次，增加城市环保生态效益、城市文化品牌效益、城市旅游牵引效益）目标，年内6场橘洲焰火晚会，每场焰火吸引约30万市民游客现场观看。编制《长沙市城市形象推广三年行动计划》，举办“点亮新文旅·夜色最长沙”文化旅游推介会。中央新闻媒体以及省市新闻媒体推介长沙文化旅游。年内市文化旅游广电局组织到美国、日本等10个国家开展文旅推广交流活动，到京津冀、长三角、珠三角、成渝城市群，举办各类文旅推介活动15次，接待并组织全国20个城市到长沙进行文旅推介。依托厦门航空推出《空中俏旅人·长沙》宣传视频，覆盖国内外航线近350条，将长沙形象推向世界。长沙市非遗展示馆以活态理念开展展演活动，成为长沙旅游网红打卡点，2019年接待国内外游客60万余人次，国庆节期间日均接待游客1万人次。

（易　佩　廖　帅）

【长沙—香港文化旅游交流】　2019年4月15—19日，为全面对接粤港澳大湾区建设，深化长沙—香港文化旅游交流与合作，借助京港澳直通高铁开通带来的交通便利优势，拓展香港文化旅游市场，长沙市文化旅游广电局组织湖南光大旅行社、灰汤华天城温泉度假酒店到香港参加“锦绣潇湘”——走进香港湖南文化旅游推介活动，共同推介长沙优秀文旅资源，并与香港永安旅行社开展合作交流座谈。

（廖　帅）

【《沩水流域休闲度假旅游带总体规划》编制出台】　2019年，长沙市文化旅游广电局编制出台《沩水流域休闲度假旅游带总体规划》，委托第三方起草《关于推进文化和旅游融合发展的实施意见课题研究》和《旅游景区及精品线路创建培育计划》，设计一批文旅融合重大工程、重大项目、重大政策和重大举措。

（刘　强）

表21　　2019年长沙市旅游产业发展情况表

内　容	2019年
接待游客	16832.61万人次
增　幅	12.42%
旅游收入	2028.97亿元
增　幅	12.22%
接待入境游客	132.98万人次
增　幅	2%
实现旅游外汇收入	65931.95万美元
增　幅	6.36%
旅游及相关产业增加值	
占GDP比重	

（资料来源：市文化旅游广电局）

旅游资源

【概况】　长沙地处湖南省东部偏北，湘江下游和长浏盆地西缘。作为首批国家历史文化名城之一和中国历史上历经2000余年城址不变的城市，孕育出众多的名胜古迹。截至2019年年底，长沙有全国重点文物保护单位25处，国家级风景名胜区2个、国家生态旅游示范区1个、国家级旅游度假区1个、国家康养旅游示范基地1个，11个景区（点）进入国家红色旅游经典景区名录，36个景区（点）进入省级重点红色旅游景区名录。A级景区59家，其中AAAA级以上景区22家，花明楼景区、岳麓山·橘子洲旅游区为国家AAAAA级旅游景区。长沙有2个国家级风景名胜区，分别为岳麓山风景名胜区、沩山风景名胜区，1个国家生态旅游示范区为大围山国家森林公园，1个国家级旅游度假区为灰汤温泉旅游度假区，1个国家康养旅游示范基地为湖南灰汤温泉，进入国家红色旅游经典景区名录的11个景区（点）为湖南第一师范学校旧址、中共湘区委员会暨毛泽东杨开慧故居旧址、刘少奇故居和纪念馆、文家市秋收起义会师旧址纪念馆、杨开慧故居和纪念馆、岳麓山景区、橘子洲景区、何叔衡故居、谢觉哉故居、湖南雷锋纪念馆、胡耀邦故居和陈列馆，21家AAAA级以上景区分别为岳麓山·橘子洲旅游区、花明楼景区、世界之窗、海底世界、天心阁、雷锋纪念馆、湖南省博物馆、大围山国家森林公园、杨开慧纪念馆、胡耀邦故里旅游区、靖港古镇景区、石燕湖生态旅游景区、湖南省森林植物园、宁乡紫龙湾旅游区、长沙生态动物园、沩山密印景区、洋湖湿地景区、关山旅游区、黑麋峰森林公园、千龙湖生态

旅游区、浏阳秋收起义纪念园景区。2019年，长沙有红色旅游资源93处，其中伟人足迹26处、名人故居22处、工农革命热土地26处、革命烈士纪念地19处。（刘 强）

【岳麓山风景名胜区】岳麓山风景名胜区位于长沙湘江之滨，有麓山景区、橘子洲景区、岳麓书院、新民学会四个核心景区、景点，集“山、水、洲、城”于一体的国家AAAAA级旅游景区、全国重点风景名胜区、湖湘文化传播基地和爱国主义教育示范基地。该景区面积35.20平方千米，包括麓山景区、天马山景区、橘子洲景区、桃花岭景区、石佳岭景区、寨子岭景区、后湖景区、咸嘉湖景区等八大景区。规划在风景名胜区范围以外的外围保护区面积22.68平方千米。该景区拥有“山、水、洲、城”的独特自然景观。始建于北宋的岳麓书院至今已有1000余年历史，有“千年学府”之称；有“汉魏最初名胜，湖湘第一道场”之称的古麓山寺，距今已有1700余年历史；景区内黄兴、蔡锷等名人墓葬林立，文物古迹众多；以“心忧天下、敢为人先、百折不挠、兼收并蓄”为精髓的湖湘文化，以毛泽东伟人足迹为代表的名人文化；融儒、佛、道于一体的宗教文化交相辉映，影响深远。爱晚亭之幽，岳麓书院之深，麓山寺之古，云麓宫之清，以及白鹤泉、禹王碑等引人入胜，是钟灵毓秀、人文荟萃的名山胜地。（刘 强）

【大围山国家森林公园】该公园地处浏阳东北部湘赣交界处，森林覆盖率99.5%，被誉为“湘东绿色明珠”。截至2019年12月31日，大围山获国家森林公园、国家地质公园、国家AAAA级景区、国家生态旅游示范区和湖南省风景名胜区、省自然保护区、湖南最佳避暑胜地等称号。该景区生态环境优良，空气、水、噪声达到国家一级标准，负氧离子含量高85900个/立方厘米，夏天平均气温18℃，度假产品丰富。举办避暑节、露营音乐季，提供山地自行车、徒步登山设备、野外露营帐篷和穿越向导专项服务。举办漂流节，大围山峡谷漂流、大围山狂野水世界等。结合美食文化，举办水果节，打造大围山特色高山水果、白沙豆腐、蜂蜜、素食、茴饼等土特产。旅游设施完善。交通便捷，高速公路直通园区。景观优美，有6大景区121个景点。该景区内推进“厕所革命”，建有生态厕所29座，以旅游厕所为代表的基础设施建设不断完善。园内宾馆17家，其中达到4星以上标准的有2家，3星标准的有10家，发展一批特色民宿民居，园内日住宿接待量8000人次以上。管理服务优质。严格按照ISO9001质量体系标准，服务标准规范，环境卫生整洁，行业管理自律，购物环境优良，安全措施到位，园区旅游环境安全、和谐。（刘 强）

【长沙灰汤温泉国家级旅游度假区】长沙灰汤温泉国家级旅游度假区位于宁乡市灰汤镇，地处长沙、韶山、湘乡三市交界地带，总面积21.08平方千米，度假区生态资源丰富，气候宜人，是休闲疗养之胜地。“神水灰汤度假天堂”，灰汤度假区拥有中国3大著名高温复合温泉之一的高温温泉，泉水出水温度高达98℃，含有对人体有益的29种微量元素，因其“泉沸如汤滚、汽腾如灰雾”以及水温奇高、水质奇特、水产奇异而极具开发价值，备受各界关注，距今已有2000余年历史。1998年被国家旅游局定为面向21世纪优先发展的43个旅游项目之一，2000年被国家发改委纳入首批旅游国债基础设施建设资金扶植重点项目。截至2019年12月31日，该度假区内已开发国家AAAA景区（紫龙湾旅游区）、AAA级景区（东鹜山景区）各一处、国家5星级农庄一处（金太阳现代休闲农庄），按国家5星和4星标准建设的酒店3家，拥有灰汤华天城、湘电温泉山庄、省总工会职工疗养院、紫龙湾旅游区、金太阳现代休闲农庄、丽都温泉度假酒店等旅游接待企业，民宿客栈10家、家庭旅馆78家，农家乐50余家，其他餐饮机构40余家。（刘 强）

【长沙方特东方神画开园】2019年7月6日，由长沙市政府与华强方特集团共同打造的“美丽中国三部曲”的第一部曲——“长沙方特东方神画”开园。长沙方特东方神画以华夏文明从诞生到近代璀璨的历史岁月为背景，深入挖掘中国神话传说、民间故事、戏曲等华夏五千年历史文明精粹，精心呈现长沙当地特色文化，是一座独具特色的高科技文化主题乐园。方特东方神画成为各地游客了解中国传统文化的重要窗口，是区域特色旅游文化的示范标杆。（易 佩）

【市域精品旅游景区线】2019年，长沙把旅游与文化休闲、生态休闲、体育休闲、现代农业休闲等结合起来，充分挖掘毛泽东青年时代的理想志向文化、爱情婚姻文化、交友文化、创新思想文化等，打造6条富有长沙地域特色的市域精品线。“情怀体验”之旅：岳麓山、湖南第一师范、清水塘、船山学社、新民学会旧址、橘子洲、湘江、善化文化旅游区（长沙县和平村棠坡）、杨开慧故居。“社会调查”之旅：回龙山、白云寺、何叔衡故居、谢觉哉故居、沩山密印寺、青洋湖风景区。“工农革命”之旅：秋收起义上坪会议旧址（浏阳白沙镇）、窑北岭苏维埃驻地旧址、胡耀邦故居、秋收起义文家市会师旧址、中国花炮博物馆（浏阳大瑶镇）。“现代农韵”之旅：袁隆平水稻博物馆、黄兴农业旅游示范区、徐特立故居、许光达故居、田汉故居、黄兴故居。“浏阳名河”之旅：浏阳河风光带、王震故居、王首道故居、中共湘鄂赣省第一次党代会旧址、浏阳河漂流、浏阳大围山。“修身养性”之旅：雷锋故居、花明楼刘少奇故里、灰汤温泉。2007年8月，长沙制定出台《红色旅游规划》，明确提出，到2020年，长沙红色旅游的发展战略重点是：通过充分发挥历史文化名城和山水洲城等人文自然资源优势，大力发展红色旅游、文化旅游、休闲旅游、生态旅游等特色旅游产品，打造个性化的红色文化旅游品牌，建设国家级红色经典景区等重点旅游项目，加强区域旅游资源的整合，深度开发国内外旅游市场，规范行业管理，形成红色文化产业集聚中心。规划期内将重点抓好“1466”工程，即：建设一个目的地：全国红色旅游目的地。打造四大品牌：刘少奇故居和纪念馆、秋收起义文家市会师旧址和胡耀邦故居、杨开慧故居和纪念馆、岳麓山国家级风景名胜区（含橘子洲）。形成六大组团：伟人故里—温泉组团：主要有刘少奇故居和纪念馆、灰汤温泉和韶山，凸现“高温温泉”和“伟人故里”两大特点。革命先辈—山水组团：主要有谢觉哉故居、何叔衡故居、青洋湖风景区、炭河里青铜文化、祖塔、沩山，凸现“革命名人”和“山水人文”特点。革命先烈—休闲组团：主要有杨开慧故居、缪伯英故居、李维汉故居、柳直荀故居、白鹭湖等，凸现“革命先烈”，打造近郊休闲品牌。革命启迪—农业组团：主要有徐特立故居、许光达故居、田汉故居、黄兴故居、黄兴农业旅游示范区等，凸现“教育、文化、艺术”品牌，打造现代观光农业品牌。革命转折—烟花组团：主要有秋收起义文家市会师旧址、胡耀邦故居、王震故居、中国烟花博物馆，凸现“工农红军”和“烟花工艺”两大特色。红色记忆—度假组团：主要有王首道故居、李白故居、毛泽东遇险处、秋收起义前夕毛泽东居住地、红军医院、工农武装革命指挥部、大围山，凸现“名山（大围山）名水（浏阳河）”与“红色文化”的结合。打造六条精品线路：“情怀体验”之旅、“社会调查”之旅、“工农革命”之旅、“现代农韵”之旅、“浏阳名河”之旅、“修身养性”之旅。

（易　佩　邵　敏）

表22　长沙市红色旅游资源一览表

所属区县（市）	类别	红色景点名称
市区（21处）	名人足迹（12处）	岳麓山（爱晚亭）、橘子洲、新民学会旧址、修业学校、楚怡学校、船山学社、湖南第一师范（君子亭）、火宫殿、清泉古寺、湖南省话剧团、湖南自修大学旧址、清水塘（长沙市博物馆）
	名人故居（2处）	肖劲光系列（故居及铜像）、李富春故居
	工农革命热土地（4处）	八路军驻湘通讯处、中共湘区委员会旧址、湖南省农民协会故址、妇女缝纫合作社
	革命烈士纪念地（3处）	湖南烈士公园、湖南革命墓园、蔡和森故居
浏阳市（43处）	名人足迹（4处）	岩前铁岩关、铁炉冲陈宅、狮子庙、毛泽东同志遇险旧址
	名人故居（8处）	王震故居、杨勇故居、胡耀邦故居、王首道系列（故居及陵墓）、李白故居、寻淮洲故居、陈章甫故居、宋任穷故居
	工农革命热土地（21处）	秋收起义文家市会师旧址、大围山国家森林公园、锦绶堂、将军庙、岐源寺、高升岭陈大仙人庙、范家祠堂（红军医院）、钟家大屋、青莲禅寺、平安洞、围山书院、永福桥（东门红军大桥）、秋收起义东门战役旧址—马鞍山、中共湘鄂赣省第一次党代会旧址—楚东山大屋、李家大屋、苏维埃山、秋收起义上坪会议旧址、李氏家庙、白沙乡刘家祠堂、窑背岭苏维埃驻地旧址、黄泥堂刘家祠堂
	革命烈士纪念地（10处）	浏北烈士陵园、罗梓铭烈士墓、茶花岭烈士墓、古港镇烈士公园、革命英雄纪念碑、龙伏镇烈士纪念墓亭、沿溪镇革命烈士墓、浏西革命烈士纪念塔、龙子桥烈士墓、烈士公园

续表 22

所属区县（市）	类别	红色景点名称
宁乡市（13 处）	名人足迹（7 处）	惠同廊桥、七星桥、太和桥、思故楼遗址、云山学校、白云寺、炭子冲学校
	名人故居（4 处）	刘少奇系列（故居及纪念馆等）、谢觉哉故居、何叔衡故居、陶峙岳故居
	革命烈士纪念地（2 处）	杜家山抗日阵亡烈士纪念馆、姜梦周烈士墓
长沙县（13 处）	名人足迹（3 处）	天华山、鹿芝岭龙喜县城、梨江中学
	名人故居（7 处）	缪伯英故居、杨开慧系列（故居及陵园等）、徐特立故居、田汉故居、许光达故居、李维汉系列（故居及纪念馆）、柳直荀系列（故居及纪念馆）
	工农革命热土地（1 处）	影珠山腰子坡
	革命烈士纪念地（2 处）	何德全将军墓、双江镇革命烈士陵园
望城区（3 处）	名人故居（1 处）	雷锋系列（故居及纪念馆）
	革命烈士纪念地（2 处）	周炳文烈士纪念碑、郭亮系列（故园及纪念亭）

（资料来源：市文化旅游广电局）

旅游业态

【红色旅游】 2019 年，长沙市红色旅游接待游客 5336.8 万人次，其中以省内游客和邻近省份游客为主，占总游客量 55%；其次为珠江三角洲和长江三角洲的游客，占 28.3%；国际市场占 1.67%。2019 年，全市红色旅游综合收入 546.8 亿元。2019 年，全市接待国内外旅游者 16832.6 万人次，实现旅游总收入 2029 亿元。（易 佩 廖 帅）

2017—2019 年长沙市红色旅游接待游客人数及综合收入情况图

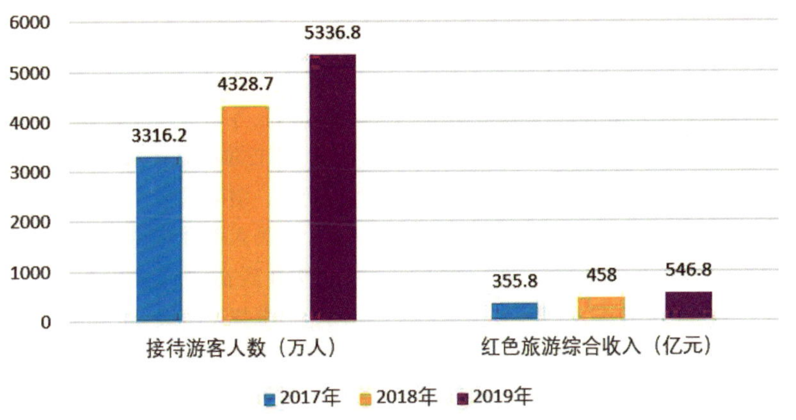

（资料来源：市文化旅游广电局）

【乡村旅游】 2019 年，长沙新增 6 家 4 星级乡村旅游区点、3 家五星级乡村旅游区点。截至 2019 年年底，长沙市有星级湖南省乡村旅游区（点）160 家，其中五星级 62 家、四星级 36 家、三星级 62 家。2019 年 7 月，文化和旅游部发布《关于公示第一批拟入选全国乡村旅游重点村名录乡村名单的公告》，对第一批拟入选全国乡村旅游重点村名录乡村名单进行公示。（易 佩 廖 帅）

【浔龙河村入选首批全国乡村旅游重点村】 2019 年 7 月 28 日，长沙县果园镇浔龙河村入选文化和旅游部第一批全国乡村旅游重点村名单。浔龙河村依托便捷的交通区位优势、良好的生态山水资源和深厚的文化底蕴，打造浔龙河生态艺术小镇，建成有童勋营国防素质教育基地、麦咭农场、樱花谷、麦咭运动不一样乐园、甜甜湾室内动物园等大型旅游项目。对田汉文化园进行场馆的装饰改造，建设接待中心、戏剧酒店、小剧场等项目。配套建设火宫殿、庙街、维也纳酒店、民宿酒店、木屋酒店、湖湘文化街等旅游相关项目，形成“吃、住、行、游、购、娱、学”七大旅游产品体系。推出“红色游、研学游、休闲游、亲子游”等旅游线路。浔龙河先后举办麦咭音乐节、樱花节、龙虾节、中国好声音湖南赛、校园赛等活动，加大宣传推广，增强浔龙河城市近郊旅游的吸引力。（张　茜）

旅游推介

【“点亮中国夜经济版图”长沙首发仪式】 2019年9月26日，由市文化旅游广电局主办的长沙文化旅游推介会暨“点亮中国夜经济版图”长沙首发仪式在铜官窑古镇举行。9月26日晚，长沙市的文化旅游地标梅溪湖、三馆一厅、华谊兄弟（长沙）电影小镇、方特东方神画、天心阁、太平街、国金中心等同时亮灯，点亮星城长沙夜空，从长沙出发，点亮中国夜经济版图。该活动是湖南国际文化旅游节的压轴活动，欧美、东南亚、日本、韩国、老挝等国家和中国香港地区、中国台湾地区的百余名旅行商、媒体代表共聚长沙，体验长沙之夜。该活动是由新浪网发起的“点亮中国夜经济版图”活动的启动仪式，长沙首发站系列主题活动从9月26日持续到11月底，由“1+4+1”6个部分构成，“1”是指一场启动仪式和一场闭幕式组成的两大线下活动；“4”指由“夜游”“夜赏”“夜娱”“夜购”4场线下直播和打卡长沙的文旅夜经济体验活动。活动结合视频、图片、网友互动点赞投票、H5等融媒体传播方式，提升长沙文化旅游品牌的知名度和美誉度，激发长沙夜间文化旅游消费潜力，把“夜色最长沙”打造成长沙文旅新名片。（易　佩）

【文旅夜经济体验活动】 以“点亮新文旅、夜色最长沙”为主题的文旅夜经济体验活动由长沙市文化旅游广电局与新浪网共同举办，2019年9月26日启动，由“1+4+1”6个部分组成，历时3个月，夜游、夜赏、夜娱、夜购四场线下直播和打卡长沙文旅夜经济体验活动。根据《关于开展长沙市2019年度引导和扩大文旅消费提升行动项目和示范区申报工作的通知》，长沙市文化旅游广电局9月启动“十大文旅消费示范区”“十大夜间经济项目”“十大网间经济项目”“十大乡间经济项目”评选，活动闭幕式上，携程旅游研究院专家发布《长沙文旅夜经济大数据报告》，湖南大学品牌形象研究所专家发布《激发文化和旅游消费潜力促进长沙文旅消费升级提档路径研究报告》。举行2019长沙文旅消费品牌榜颁奖典礼，对评选出的40个优秀项目进行表彰和颁奖。长沙争创国家文化和旅游消费示范城市，向建设国际消费中心城市迈进。通过在“三间”（夜间、乡间、网间）、“三区”（景区、园区、街区）、“三创”（文化创意、科技创新、品牌创建）上深挖潜力，进一步打造品牌、做强主体，探索“供求引导消费，创新驱动发展”的“长沙模式”。（易　佩）

【2019北京世园会“山水洲城、快乐长沙”文化旅游推介会】 2019年7月6—9日，长沙市文化旅游广电局以“山水洲城、快乐长沙”为主题，组织参加2019北京世园会“山水洲城、快乐长沙”文化旅游推介会，利用北京世园会面向世界广大中外宾客的大舞台，宣传推介长沙旅游城市形象。会上，通过长沙文旅现场推介、市歌舞剧院精彩文艺表演以及抽奖互动等方式，对外宣传展示长沙优秀的文旅资源和艺术瑰宝。（廖　帅）

【长沙新华联铜官窑景区参加2019亚洲文化旅游展】 2019年5月16—18日，长沙市文化旅游广电局组织新华联铜官窑景区到北京参加2019亚洲文化旅游展，与全省其他各地州市共同开展文化旅游宣传促销活动，共同展示锦绣潇湘文旅资源特色。（廖　帅）

【长沙参加2019山东（济南）国际旅游交易会】 2019年5月31日—6月2日，长沙市文化旅游广电局组织长沙市旅行社协会及多家企业到山东参加2019山东（济南）国际旅游交易会，根据展会“以卖为主，展卖结合”的特点，采取“展销一体化”的参展方式，在推介长沙的自然山水、历史文化、美食休闲、红色旅游等特色旅游线路产品外，专门设立长沙非遗产品展台，并重点推介长沙博物馆、长沙音乐厅等长沙文化场馆和项目，受到观展市民游客的热捧。济南电视台、山东商报等多家当地媒体对长沙文化旅游展台进行专访报道。旅交会期间，副局长余岚带队组织长沙市旅行社协会以及多家旅行社与济南市文化和旅游局、旅游联合会旅行社分会举行长沙—济南合作交流座谈会，就文旅融合的新形势和背景下如何开展旅游城市的品牌建设与推广以及市场共建等问题进行交流与探讨，会上，长沙市旅行社协会与济南市旅游联合会旅行社分会签订旅游合作框架协议。（廖　帅）

【长沙组团参加2019年首尔国际旅游产业博览会】 2019年6月5—9日在韩国首尔市举行。为贯彻落实省委“创新引领 、开放崛起”战略，构建长沙4小时航空经济圈，开拓韩国等亚洲主要客源国市场，长沙市文化旅游广电局由副调研员陈首带队，组织浏阳心之夏文创有限公司、长沙歌舞剧院以及省国旅等单位共组参团到首尔参加2019年首尔国际旅游产业博览会。展会期间，湖南国旅现场和韩国世丰旅行社签署入境合作协议，现场签约6月、7月到长沙旅游客人114人；湖南长沙歌舞剧院编排的节目《彩陶俑》和《多嘎多耶》在博览会中国馆表演，为长沙的文旅推介增光添彩；浏阳夏布品牌“心之夏”会议期间和

20余家旅游景区及旅游产品经销商达成初步合作意向，签约金额数百万元。（廖 帅）

【2019中国休闲旅游博览会在长沙举办】 2019年12月27日，2019年中国休闲旅游博览会在长沙红星国际会展中心举办，为长沙市民介绍休闲旅游目的地、智慧旅游、景区配套设施及设备、产业服务、旅游装备、旅游用品六大类产品，覆盖旅游产业全产业链。展会持续至29日，户外爱好者可到长沙红星国际会展中心观展。该届博览会以“创新融合，绿色发展”为主题，主要把农业与文化、艺术产业结合发展，满足大众的消费需求，推动农业强、农户富、市民乐，旨在通过发展休闲旅游产业拓宽农民增收渠道，全面践行乡村振兴战略，推进农村一、二、三产业融合发展。该博览会展览面积2.5万平方米，设立休闲农业与乡村旅游示范展区、湖南省十大文旅特色小镇展区、休闲旅游目的地展区、休闲农业旅游景区、休闲旅游装备用品展区、户外用品展区等特色展区，参展产品品类丰富，覆盖旅游产业全产业链。展会期间，举办中国美丽乡村创新发展高峰论坛和市州景点、农庄、民宿及旅游线路发布会。其中，中国美丽乡村创新发展高峰论坛邀请相关政府职能部门及相关商（协）会、休闲农业和乡村旅游领域资深专家学者参加会议和研讨，共同探讨国际休闲旅游发展之道，分享领域内全新思维。组委会负责人介绍，随着消费结构升级，城乡居民对休闲旅游、健康养生等需求增加，乡村旅游得到发展，成为中国旅游产业的一大亮点、旅游消费的一大热点，对繁荣乡村产业、助力脱贫攻坚产生深远影响。（易 佩）

旅游管理

【长沙市智慧文旅“旅游业统计”系统在全省推广】 2019年12月26日，在全省旅游统计工作暨业务培训班会议上，长沙市智慧文旅项目中旅游综合监管系统“旅游业统计”子系统的操作方法得到演示，创新推出线上旅游业统计平台，实现旅游统计月报线上填报，该系统在全省推广使用。湖南省文旅厅副厅长鄢福初、财务处负责人，各市州文旅广电局分管负责人参加会议。（易韵婷）

【旅游厕所建设与改造】 2019年，长沙市加快旅游厕所建设与改造，加强旅游厕所的管理与维护，截至2019年12月31日，长沙市各区县（市）进入“国家旅游厕所管理系统”旅游厕所112座，完工97座，完成全年任务90座的标准。其中，浏阳市创新旅游厕所管理模式，推行“一人一厕”管理，投放232块旅游厕所管理公示牌，将旅游厕所管理落实到人。（肖 云）

【长沙在全国旅游厕所革命工作现场推进会作典型发言】 2019年，长沙深入推进公共文化服务标准化工作，在文旅融合发展中不断发挥文旅服务的引领示范作用，增强人民群众获得感、幸福感。2019年6月15—16日，全国公共文化领域重点改革任务落实暨旅游厕所革命工作现场推进会在重庆召开。长沙就科学推动公共文化标准化、促进基层综合性文化服务中心建设等方面作典型发言。长沙在制定公共文化服务建设标准的过程中，考虑国家标准，体现长沙标准特色，突出标准的引领性。先后建成滨江文化园“三馆一厅”，长沙市实验剧场、梅溪湖国际文化艺术中心、西湖文化园等重点文化阵地。建成文化馆分馆50个、图书馆分馆113个、基层流动服务点700余个、24小时自助图书馆30个，实现图书通借通还，数字资源共建共享。推动全民艺术普及工程，每年参与艺术普及工程人数20万余人。市财政设立2000万元政府向社会力量购买公共文化服务专项资金，鼓励民办博物馆、实体书店、艺术团体发展，扶持民营博物馆20余家，组建“长沙人艺话剧社”“长沙人艺歌舞团”等10家民办公助的文艺团体。“百姓大讲堂”“百姓大展厅”“百姓大舞台”等系列活动品牌受群众喜爱。（易 佩）

【市文化旅游市场管理工作会议】 2019年9月26日，长沙市文化旅游广电局召开全市文化旅游市场管理工作会议。会议的主要任务是在文旅融合大背景下，清醒认识当前文化和旅游市场存在的主要问题，进一步端正思想、检视不足，明确工作任务，为庆祝中华人民共和国成立70周年营造良好的文化和旅游市场环境。局党组副书记、局长杨长江，局党组成员、市文化市场综合行政执法局局长吴洪，局党组成员、副局长岳锋，局调研员唐彬、市文化旅游广电局、文化市场综合行政执法局、各区县（市）文化旅游体育（广电）局相关负责人，及全市网吧、KTV、旅行社、星级酒店行业协会及部分企业代表200余人参加会议。会上，杨长江就如何做好当前的工作强调，要加快文旅融合，切实肩负繁荣文化旅游市场的责任和使命；主动担当作为，积极应对文化旅游市场管理工作的新挑战；明确主攻方向，切实做好今后一个时期文化旅游市场管理工作；狠抓责任落实，以维护大局安全稳定的实际行动为中华人民共和国成立70周年献礼。全市文化旅游系统要把推动市场发展繁荣与加快建设现代化长沙有机结合起来，打造长沙文化旅游市场管理升级版，确保市场健康有序运行，奋力开创文化旅游融合发展新境界。吴洪通报2019年以来全市文化旅游市场管理工作情况：文旅市场健康有序，市区两级出动检查17613人次，检查各类经营单位6769家次，立案调查154件，办结案件143件。安全生产有效落实，部署开展文化旅游市场企业安全生产隐患大排查，建立全市文化旅游企业安全生产信息库，推进安全生产“大排查、大体检、大整治”行动，夯实全市文化旅游企业安全生产底线，确保全行业无安全责任事故。文明创建不断深化，开展文明旅游为中国加分主题活动。强化文明创建宣传，在全市旅行社、旅游星级饭店、网吧、剧场院线、KTV 等营业场所投放讲文明、树新风公益广告。制定《长沙市文明旅游红黑榜管理制度（试行）》等制度，把宣传引导、舆论监督、教育处罚、市民举报等有效形式融入到行业专项整治行动全过程。营商环境持续优化，落实放管服改革要求，将上网服务场所审批下放至区级，优化行政审批环境。服务企业，协调行业和企业面对突发情况，防范和化解企业经营风险。会上播放行业警示教育片，对文化和旅游市场存在的相关问题进行曝光警示，要求全市文化旅游行业企业务必高度重视、对照整改，确保文化旅游市场安全有序。

（易　佩）

【市文化旅游产业人才培训班】 2019 年 7 月 26 日，长沙市 2019 年文化旅游产业人才培训班《“互联网 +”背景下大型文旅项目创意与运营》开班仪式在湖南大众传媒职业技术学院图书馆三楼学术报告厅举行。湖南省文化和旅游厅产业发展处副处长何作利、长沙市文旅广电局党委书记李文格、湖南大众传媒职业技术学院党委书记袁维坤、副院长蒋民权等出席开班仪式，李文格、蒋民权分别致辞讲话。培训由文化和旅游部产业发展司、省文化和旅游厅指导，长沙市文旅广电局主办，湖南大众传媒职业技术学院承办。各区县（市）文化旅游产业行政管理人员、相关园区、行业协会和重点文化旅游企业负责人等 110 人参加。该培训旨在依托高校资源，培养市文旅产业人才，提升文旅产业创新创意能力，推动文旅产业转型升级，促进市文旅产业融合高质量发展。培训邀请省文旅厅、清华大学、中南大学、湖南师范大学、湖南卫视、张家界文旅项目的领导、专家、教授分别从不同层面、不同角度就文旅融合发展政策与路径、案例分析、新媒体运营思维与实操、文旅品牌化运营、互联网 + 文旅产业资源整合、文旅产业创新与发展等进行专题授课。培训期间，组织现场教学，学习张家界的文旅典型案例和成功经验。

（易　佩）

【全国文化和旅游消费工作推进暨培训会在长沙召开】 2019 年 11 月 11 日全国文化和旅游消费工作推进暨培训会在长沙召开。文化和旅游部党组书记、部长雒树刚，湖南省副省长吴桂英出席并讲话，文化和旅游部党组成员王晓峰主持，长沙市委副书记、市长、湖南湘江新区党工委书记胡忠雄作典型发言。会议的主要任务是学习《中共中央国务院关于完善促进消费体制机制进一步激发居民消费潜力的意见》，交流推广各地推进文旅消费的特色做法和典型经验，动员部署下一步工作。会前，与会领导考察天心文化产业园。会上，国家发展改革委、中国人民银行相关人员作政策解读，山东省文化和旅游厅、南京市政府、长沙市政府、重庆市南川区政府作典型发言。雒树刚对长沙等典型发言单位推进文旅消费工作的举措和成效给予肯定。他强调，要将文旅消费工作融入经济社会建设全局，抓好 8 项扩消费重点任务：推进文化和旅游消费试点示范工作，发挥引领带动作用；以融合发展拓展消费新空间，推进文旅产业融合发展示范区建设；点亮夜间经济，拓展消费新时间，推进国家级夜间文旅消费集聚区建设；用消费金融为文旅消费赋能，加大金融支持文旅消费工作力度；营造良好的消费环境，不断完善文旅消费场所设施；着力丰富产品供给，满足群众个性化文旅消费需求；推动景区提质扩容，打造一批高品质、智慧化景区；优化入境旅游环境，逐渐缩小旅游消费逆差。吴桂英在致辞时表示，湖南推进文旅强省战略，全面深化文旅和金融合作，有效释放文旅投资消费潜力。特别是长沙推进 4 小时航空经济圈构建、马栏山视频文创产业园建设、湘赣边红色文化旅游合作示范区创建等工作，文旅消费成为拉动经济增长、促进高质量发展的新亮点。下阶段，要以文旅融合发展为主线，以试点示范为抓手，推进文旅供给侧结构性改革，推动文旅消费迈上新台阶。胡忠雄作典型发言时表示，长沙聚焦顶层设计、平台建设、文旅融合和品牌打造，推进文旅产业转型升级发展，文旅消费成为全市经济高质量发展的强大引擎、幸福星城的最佳诠释。长沙将以文旅融合为突破，以建设国家文化和旅游消费示范城市为目标，坚持消费升级与产业提质一体、供给创新与需求创造协同，不断打造文旅经济新引擎、提升群众消费满意度，为推进新时代文旅消费升级贡献长沙力量。　（易　佩）

【长沙导游在省导游大赛中获奖】 2019 年 5 月 28—31 日，2019 年湖南省导游大赛总决赛在邵阳新宁举行。该赛事由省文化和旅游厅主办，比赛将导游服务技能比赛与文明旅游宣传引导紧密结合，旨在提升全省旅游服务整体水平及游客满意度，加快推进湖南旅游强省建设。比赛吸引湖南 14 个市州近 3 万名导游参赛。长沙市天心阁管理处尹佳旎等 3 人获金牌，长沙市文化旅游广电局吴婉等 10 人获银牌，长沙有 20 人获铜牌、37 人获优胜奖。获金牌的 3 名长沙导游代表湖南参加 9 月在宁夏举办的第四届全国导游大赛。

（易　佩）

房地产业

REAL ESTATE

编辑　周海波

房地产开发

【概况】 2019年，长沙市房地产开发投资1668.4亿元，比2018年增长11.2%。房地产开发企业1289家，一级资质21家、二级资质98家、三级资质462家、四级资质341家、暂定资质367家。中国房地产百强企业中48家进驻长沙。2019年有房地产开发项目1221个，在建项目638个，全装修建设项目92个。长沙市有国家级装配式示范基地9个，省级装配式建筑基地17个（不含国家级），其他装配式建筑基地20余家；全市装配式建筑企业在全国范围内制造基地169个，覆盖全国22个省近150个地区城市；2019年全市装配式建筑项目的总面积约957万平方米，占全市新开工建筑面积比例35.8%。（蒋 菁）

【土地供应】 2019年，长沙市出让土地566宗、面积2330.05公顷、土地价款837.89亿元，其中："招拍挂"出让514宗、面积2250.22公顷、土地价款830.19亿元；协议出让52宗、面积79.83公顷、土地价款7.7亿元。划拨土地412宗，面积1532.76公顷。（谭江涛）

【征地拆迁】 2019年，长沙市人民政府103号令实施集体土地征地拆迁项目625个，办理被征地农民社保2.47万人，收缴社保资金45.44亿元。长沙市新建成安置保障住房259.3万平方米，在建545万平方米。完成长沙市中心城区、望城区、长沙县、浏阳市、宁乡市征地补偿标准和征收农村集体土地地上附着物及青苗补偿标准调整工作，补偿标准平均提高30%。（谭江涛）

【交房交证改革】 2019年，长沙市制订《长沙市推进新建商品房交房交证改革试点工作方案》，为"减负惠企、便民利民"，解决"交房不能同步交证"问题，将交房交证改革列入全面深化改革事项，并由长沙市住房和城乡建设局牵头，联合长沙市自然资源和规划局、长沙市不动产登记中心等部门，通过流程再造、并行办理、限时办结、信息共享等多项改革，推进新建商品房"交房即交证"服务措施在长沙市落地。推动第一批12个试点项目交房交证工作，中建嘉和城、中建梅溪嘉苑、龙湖水晶郦城、浏阳河心苑等8项目（住宅4722户、商业161户4.4万平方米）完成交房交证试点工作。（蒋 菁）

房地产市场管理

【房地产市场政策调控】 2019年，长沙市制订《长沙市建立和完善房地产市场平稳健康发展长效机制工作方案》，落实中央"房住不炒"定位及"反炒房"攻坚战工作部署，保持政策连续性、稳定性，实施促进房地产市场健康平稳发展的长效机制，实现"稳地价 稳房价 稳预期"目标。长沙市开展住建执法"迅雷行动"、房地产市场违法违规问题专项整治、虚假诉讼法拍房乱象专项整治、住房租赁中介机构乱象专项整治等行动，维护市场秩序。引导市场舆论环境，做好舆情监测工作，对市场关注及炒作问题予以回应解释。（杨 滢）

【房地产开发企业诚信体系建设】 2019年，长沙市完成2017—2018年度房地产开发企业诚信评定工作，全市66家企业（一级企业12家，二级企业22家，三级企业24家，四级企业8家）获得诚信金牌企业称号。"房地产开发诚信金牌企业"是长沙市住房和城乡建设局为加强行业自律，规范房地产开发经营行为，推进房地产市场诚信体系建设，构建诚实守信的市场环境而开展的一项综合评定工作。制定《长沙市房地产开发企业信用信息管理办法》，征集、披露开发企业诚信信息和不良信息，全年上报"曝光台"信息14条。（蒋 菁）

【二手房交易】 2019年，长沙市二手房交易实现"马上办、网上办、就近办、一次办"，登记业务时限压缩至5个工作日之内，平均压缩为2.5个工作日；被国家部委定为信息共享试点

2019年，长沙市推进新建商品房交房交证试点，中建嘉和城成为首个正式落地实施的项目。图为11月8日，中建嘉和城现场交证仪式 市住建局 供图

城市，实现与部、省、市 12 家单位数据的共享对接；有 10 家金融机构 15 个网点实行线上抵押；推出电子化证明，将电子化预告预抵登记证明推送至开发企业和金融机构，同时推出自助查询、自助打证等服务。2019 年 1—12 月，长沙市二手房转移登记成交面积 305.55 万平方米，成交套数 40419 套，成交总价 305.55 亿元。（谭江涛）

【住房贷款业务】 2019 年，长沙市及时调整政策。配合市政府加强房地产市场调控，支持职工合理住房消费需求。2 月 1 日，中心施行新政，将可贷额度与缴存额及个贷率挂钩，并严格审查申请人家庭征信情况，倡导职工理性购房。推广组合贷款。研究解决组合贷款中出现的问题，优化贷款业务流程，加快审批进度，满足职工更高贷款需求。促进合作银行与公积金中心同时审批，将银行面签搬至管理部，职工只需往来管理部一次便可完成该项业务。全年发放组合贷款 1910 笔、7.3 亿元，比 2018 年分别增长 859.7%、729.54%。保障新市民贷款。做好“新市民”等灵活就业人员的贷款审批工作。全年，发放灵活就业人员贷款 277 笔、1.08 亿元。

（杨　婷）

【房屋安全管理】 2019 年，长沙市印发《关于进一步加强全市城区危房治理工作的通知》，明确住建与人居部门以及市区两级的房屋安全工作职责，规定危房监管、台账报送、危房改造的工作衔接流程，建立工作协调机制和检查考核制度。印发《关于发布长沙市房屋安全鉴定报告模板的通知》，规范房屋安全鉴定工作，全市房屋安全鉴定名录机构 34 家。印发《关于发布长沙市房屋安全鉴定报告模板的通知》《关于加强行业监管不定期开展装修质量抽查的通知》，抽查检查企业 12 家，核查项目 46 个。全年处理投诉 246 起。建立城区房屋安全台账，全市城区危房 1791 处，面积 68.06 万平方米，C 级危房 978 处，面积 27.14 万平方米，D 级危房 669 处，面积 32.23 万平方米，疑似危房 144 处，面积 8.69 万平方米。修定出台《长沙市城市房屋白蚁防治管理办法》。（吕建军）

物业服务

【概况】 2019 年，长沙市有物业服务企业 1103 家，管理各类物业项目 3700 余个，总面积 1.9 亿平方米，物业管理覆盖率 77%，现有行业从业人员 18 万余人，行业总产值 50 亿元。制定《关于加强长沙市物业服务收费管理的通知》完善物业管理制度体系建设。

【既有多层住宅增设电梯】 2019 年，长沙市落实《长沙市人民政府办公厅关于印发长沙市既有多层住宅增设电梯管理规定的通知》，市财政局、市资规局、市市场监督局联合出台《关于印发〈长沙市既有多层住宅增设电梯办理细则〉的通知》，实行一窗受理与并联备案（区住建部门一个窗口受理，自然资源和规划、住房和城乡建设、市场监管等部门并联审查备案和竣工验收）。对长沙城区范围内既有多层住宅增设电梯项目，财政给予补贴，每部电梯一次性给予 10 万元的补助，除依法进行的检验检测费用，不再收取报建等行政性相关费用。涉及电力、通信、水业、燃气、数字电视等管线移位及其他配套设施项目改造的，应开辟绿色通道，免费或收取成本费用。

【物业小区生活垃圾分类】 2019 年，长沙市印发《长沙市物业小区生活垃圾分类工作实施方案》（以下简称《方案》），督促物业服务企业加快实施生活垃圾分类，引导住宅小区业主与物业服务企业将生活垃圾分类管理内容纳入合同约定。《方案》明确，10 月 30 日前长沙将实现全市 3300 个物业小区垃圾分类工作全覆盖。市住建局、市总工会、市城管局联合开展长沙市 2019 年垃圾分类百日劳动竞赛活动，三部门联合制订《长沙市 2019 年垃圾分类百日劳动竞赛活动工作方案》，召开长沙市 2019 年垃圾分类百日劳动竞赛活动启动暨物业小区垃圾分类推进会议。长沙市将按照“居民分类、物业收集”原则，确保实现所有物业服务小区垃圾分类工作全覆盖。

（本栏撰稿　邓林飞）

交 通

TRANSPORTATION

编辑　吴丫丫

综　述

【交通建设投资】　2019年,长沙市交通基础设施建设投资完成29.57亿元(不含高速公路),比2018年减少30.96%。其中国省干线公路建设10.91亿元,比2018年减少46.57%;农村公路4.96亿元,比2018年增长29.1%;路网结构改造2.09亿元,比2018年减少37.78%;客货站场10.88亿元,比2018年减少28.44%;水运0.73亿元,比2018年减少56.41%。长沙在建铁路3条,长沙境内铁路建设完成总投资34.24亿元。（刘晔城）

【客货运输】　2019年，长沙市完成公路货物周转量500亿吨千米，比2018年增长18.11%。城市交通综合运力增强。地铁、磁浮快线、城铁等轨道交通运输与全市约80%的公交线路实现接驳。城市公交日均客运量180万人次，地铁日均客运量100.15万乘次。全市纯电动公交车占公交车总量的50%以上，新能源和清洁能源公交车占公交车总量的100%。注销道路客运黄标车99台。2019年，长沙黄花国际机场完成旅客吞吐量2691.1万人次、保障运输起降19.5万架次、货邮吞吐量17.6万吨。（刘晔城）

【春节运输】　2019年春节运输始于1月21日，止于3月1日，为期40天。长沙市完成旅客发送量1372.06万人次，比2018年增长1.7%，其中道路运输完成客运量493.31万人次，比2018年下降6.2%；铁路完成旅客发送量579.5万人次，比2018年增长6.9%〔长沙站191.88万人次（其中普铁156.14万人次，比2018年下降0.1%，长株潭城铁35.74万人次，比2018年增长34.1%），比2018年增长4.9%；长沙南站387.62万人次，比2018年增长8.5%〕；民航完成旅客发送量299.26万人次，比2018年增长7.6%。城市公共交通方面，日均参运公交车6421台，累计客运量5842.47万人次，比2018年减少0.42%；日均参运出租车8058台，累计客运量2970.64万人次，比2018年增加1.55%；轨道交通地铁日均发车715列次，累计客运量2352.54万人次，比2018年增加1.06%，磁悬浮日均发车158列，累计客运量45.75万人次，比2018年增加25.39%。（庞龙车）

【交通行业事业单位改革】　2019年5月6—7日，长沙市交通运输局举行下属涉改事业单位集中揭牌仪式。市公路管理局更名为市公路建设养护中心；市地方海事局（市航务管理局、

表23　　长沙市交通运输情况统计表

指标	单位	1990年	1995年	2000年	2005年	2010年	2015年	2018年	2019年
货物运输量	万吨	1215	6419	5910	10991	22947	33932	43791.7	49017
铁路	万吨	364	284	206	218	167	138	123	127.51
公路	万吨	446	5376	4972	9833	19270	30412	41265	46497
水运	万吨	405	758	729	934	3369	3159	2329.73	2122
货物周转量	万吨千米		601306	1404785	1003793	2192493	3861850	4874182.678	5674719
公路	万吨千米	13439	306737	308200	447386	1285375	2898609	4233825.99	5000574
水运	万吨千米	59367	288791	1094511	99596	369090	546979	171022.47	176890
旅客运输量	万人	3942	8935	9052	10895	33984	11839	12487.8347	12705
铁路	万人	672	785	981	1218	1642	2394	5392.31	6049
公路	万人	3036	8021	7825	9228	31257	8606	5888.92	5351
水运	万人	219	44	43	7	18	—	10.17	20.6
航空	万人	15	85	203	442	1066	839	1196.43	1284.62
旅客周转量	万人千米	—	348951	348315	995729	1945489	2436877	3003678.294	3062983
公路	万人千米	117989	267579	275029	469947	1130385	517820	412031.41	381250
水运	万人千米	10322	6325	3580	1211	141	—	122	246

说明：2016年公路、水运客货运输统计指标统计口径和计算方法变更，2016年数据与以前年度不具可比性

（资料来源：市统计局）

市船舶检验局）更名为市水运事务中心，对外加挂市船舶检验中心牌子；市道路运输管理处更名为市城市公共交通事务中心；市交通建设质量安全监督管理处更名为市交通建设质量安全监督站；市机动车驾驶员培训管理处更名为市机动车驾驶员培训管理服务中心。（黄　湖）

公　路

【公路建设】　2019年，长沙市公路总里程16239千米，市行政村通达率100%。其中国道1045千米、省道1760千米、县道2170千米、乡道2707千米、村道8557千米。2019年，长益高速复线长沙段路基工程基本完成，全线预计2020年8月建成通车；江杉及宁韶高速公路启动建设。推进国省干线建设，全年完成投资11亿元，建成和新开工130.1千米，黄江公路东延长线和何叔衡、谢觉哉故居至G234/S327连接公路2个项目建成通车，杨桥至桥驿公路等4个项目开工。推进长株潭交通一体化，全市“三干两轨”项目洞株公路快速化改造工程7月开工。完善农村公路路网，全年完成新改建农村公路1209千米，完成提质改造农村公路109千米，完成自然村通水泥（沥青）路953千米，完成安防工程494千米，实现新发现的四类、五类危桥动态清零，完成危桥拆除重建12座。指导宁乡市、浏阳市开展“四好农村路”示范创建，被评为省级示范县。（王书剑）

【公路养护】　2019年，长沙市完成各类养护总投资8.3亿元，全市普通干线公路优良路率89.06%，PQI值90.09，农村公路路况PQI中等路率88.9%，超目标2.9个百分点。完成国家公路网命名编号调整工作。完成干线公路大中修48.705千米，县道大修45.735千米，县道中修换板5.33万平方米；完成灾害防治工程5千米；完成干线公路危桥改造2座，安防工程4条线路，服务区（停车区）建设2个，整治隐患里程20.35千米。全市预防性养护里程171.12千米，占总里程的8.1%。全年创建完成文明示范路120.9千米（其中长沙县30.8千米、望城区29.5千米、宁乡市25.6千米、浏阳市35千米），完成4个管养示范乡镇创建（长沙县江背镇、望城区茶亭镇、宁乡市双江口镇、浏阳市荷花街道）。在2019年度全省公路工作评价中，被评为“公路工作红旗单位”“干线公路养护工作先进单位”。（许　韬）

【路政执法】　2019年，长沙市开展路警联合4549次，检测车辆169万余台，查处超限超载车辆8534台，查处非法改拼装车辆454台，责令源头企业整改2家。路面超限超载运输现象得到遏制，长沙治超工作排名全省第一位，超限超载率控制在0.54%。同时，建成用于非现场执法的不停车超限检测系统15套，预检系统2套。优化治超信息平台功能，实现交警车辆、驾驶人数据与平台无缝对接，将非现场执法路段公安卡口接入治超信息平台，对纳入“黑名单”管理的车辆自动报警、监管车辆运行轨迹，提高精准查处效率。非现场执法共立案当地违法车辆803台，结案508台，结案率63.26%，上升29%。（谢忠煌）

【交通行政执法】　2019年，长沙市查处违法违规营运车辆3004台次、牌证274副。其中长沙市交通行政执法局查处车辆2487台次：非法营运车辆624台次、线路牌证180副；违法违规出租车1505台次；违法违规货车32台次、牌证37副；违规公交车83台次；道路客运非现场执法26台次。（李　茜）

【客货运输】　2019年，长沙市有营运客车3426台、货车44077辆，累计货运量46497万吨，比2018年增长12.68%，占全省的比例21.31%；完成货物周转量500亿吨千米，比2018年增长18.11%，占全省的比例15.16%。2019年入网率99.63%，上线率99.91%；超速、疲劳驾驶报警由3007台次和394台次，下降至214台次和16台次；年度超速报警率与疲劳驾驶报警率分别由56.88%和7.45%，下降至3.82%和0.29%。全年为长沙市3103台三类以上班线客车和旅游包车安装主动安全防范系统车载设备，实现驾驶员行为视频智能识别，对驾驶员的危险驾驶行为进行事前预警。（陈　薇）

【货运物流】　2019年，长沙市推进部省“无车承运人”试点，促进货运资源整合，18家企业成为“无车承运人”试点企业，其中交通运输部试点企业6家。6月，新增12家省交通运输厅试点企业。长沙市“无车承运人”部、省试点企业数量分别占全省试点企业总数的56%和52%。1—11月，长沙市5家部级试点企业上报完成无车承运货运量91.43万吨，运费金额2.02亿元，分别占湖南省试点企业总量的68%和76%。同时争创部省“司机之家”项目试点。长沙市湖南物流总部“司机之家”和长沙传化公路港“司机之家”两个建设试点项目均通过验收。（陈　薇）

【城市绿色货运配送】　2019年，长沙市创建国家城市绿色货运配送示范工程，推进长沙市城市绿色货运配送运行监测服务平台建设，建立集约高效、服务规范、低碳环保的城市绿色货运配送体系。《城市配送企业运营服务规范》被列入2019年湖南省地方标准制定项目计划。（陈　薇）

【交通运输信息化】　2019年，长沙市交通综合运行协调与应急指挥中心（TOCC）投入试运行，日均交换数据

200TB，在全国属于先进行列。依托长沙铁路南站（黎托）综合客运枢纽信息服务与协同管理系统试点工程和长沙市城市公共交通智能化应用示范工程，开发公交监管、运行监控、调度系统等功能，公交智能监管覆盖率100%。长沙“自动驾驶与车路协同创新示范城市”试点项目完成100千米智慧高速及100千米城市开放道路车路协同建设，38家企业86种车型在长沙开展1800余场测试，测试里程6万余千米。3110台客运车辆接入省厅交通运输智能监管平台，实现对营运车辆的全时段、全方位实时监控。

（何 荷）

【驾培管理】 2019年，长沙市新增7所驾培机构（城区5所、长沙县1所、望城1所）；联合公安交警部门开发建立驾培驾考一体化管理服务系统，清理违规教练场71处。长沙市有驾培机构152所，教练员9901人（比2018年增长5%），上牌教练车9082辆（比2018年增长1.1%），招生25.6万人（比2018年增长6.8%）。具有道路运输驾驶员从业资格及继续教育、出租汽车驾驶员从业资格（含网约车）培训考点14家，全年组织从业资格考试518场次，从业人员考试合格39189人次，道路运输驾驶员诚信考核3985人次。

（李 媛）

铁 路

【概况】 经长沙通车运营的铁路有洛湛铁路、石长铁路、京广铁路、京广客专、沪昆铁路、沪昆客专、长株潭城际铁路、浩吉铁路。2019年，长沙在建铁路3条，常益长铁路、长株潭城际铁路与石长铁路联络线、浩吉铁路浏阳段；开展立项前期的有长赣铁路。长沙境内铁路建设完成总投资34.24亿元，其中工程投资14.61亿元（常益长铁路1.9亿元，长株潭城际铁路与石长铁路联络线8.2亿元，浩吉铁路浏阳段4.51亿元）；征拆投资19.63亿元，拆除房屋面积30.74万平方米（常益长铁路拆迁投资15亿元、拆除房屋面积26.94万平方米，长株潭城际铁路与石长铁路联络线拆迁投资4.63亿元、拆除房屋面积3.8万平方米）。长沙铁路建设实现四大“胜利”，获省、市领导对铁路建设任务完成“最满意一年”的高度肯定：浩吉铁路全线开通运营；长株潭城际铁路与石长铁路联络线当年征拆当年建成通车；常益长铁路红线范围内征地拆迁任务4个月清零，施工全面进场；铁路安全隐患整治任务提前半个月清零。长赣铁路、黄花机场空铁枢纽、长沙西站前期工作推进。市政府与广铁集团签署涉铁工程框架协议，确保涉铁项目推进。

长沙车站管辖京广线普铁长沙站及13个长株潭城际车站。截至2019年12月31日，车站实现连续无责任铁路交通一般D类及以上事故1658天，无责任职工重伤及以上事故4633天，实现安全年。全年累计发送旅客2072.5万人，比2018年增长11.2%；全年完成运输收入18.08亿元，比2018年减少6.6%，完成堵漏保收收入208.2万元，比2018年增长21.8%。其中2019年“五一”小长假期间，全站单日最高发送16.14万人，创历史新高。长沙车站将原有的商务VIP候车厅改建成候车室，还商业经营场地于旅客，2019年9月底建成并投入使用的第五候车室面积约1913平方米，可容纳旅客1200人左右，缓解普速场候车能力不足的问题；推进畅通工程，在原有基础上增设11台自动取票机和2台实名制验证闸机，在人工验证口和指定安检通道设置重点旅客、职工和急客专用通道，改进旅客在客流高峰期的取票、进站体验；深化“广铁U彩”服务品牌创建，建设星火雷锋服务站，加强重点旅客服务系统的推广应用；推进电子客票建设，自2019年12月20日起，长株潭城际全线、石长铁路以及12月26日开通的黔张常铁路均开通电子客票，完善落实便民服务举措，取得良好的社会效应。

（唐 灿 吴 婵）

【浩吉铁路建设】 浩吉铁路原名蒙华铁路，全长1837千米，总投资1927.37亿元，其中长沙段（浏阳境内）2015年开工建设，约96.7千米，完成投资67.6亿元。红线内完成征地322.43公顷，拆迁房屋625户，面积11.06万平方米，拆迁涉爆企业16家，面积19.02万平方米，非爆企业21家，面积5.25万平方米，迁移古树名木186株，

2019年9月28日，浩吉铁路开通运营　　市铁办　供图

花卉苗木52.42公顷，改建集中饮水点69处；红线外已申报并完成拆迁房屋6批次，分散安置481户，集中安置320户，完成三改补征土地11.22公顷，临时用地协议签订307.33公顷；完成异地造塘还塘6.7公顷。项目2019年7月完成静态验收，8月完成动态验收和综合调试，9月28日提前通车，投入货运阶段，形成“北煤南运”新的战略通道。（唐　灿）

【长株潭城际铁路与石长铁路联络线建设】　项目2018年开工建设，全长9.16千米，总投资13.45亿元，建设工期18个月。红线内完成征地51.4公顷，拆迁房屋151栋，面积3.8万平方米，动迁人口585人共139户，提供临时用地8.53公顷。工程进展顺利，工程建设全部完成，2019年12月27日开展联调联试。该项目按省政府要求提前一年建成通车。（唐　灿）

【常益长铁路建设】　项目全长157.5千米，总投资277.27亿元，其中长沙段34.8千米，投资约73亿元。2019年，常务副省长谢建辉多次调度工作，要求加快项目建设，红线内征拆工作年底内全部完成，确保常益长铁路益长段2021年底开通，常益长铁路2022年全线开通。根据省领导对常益长铁路工作部署，长沙市抓紧征拆工作，市长胡忠雄两次调度，常务副市长夏建平组织资金，副市长廖建华和副秘书长张跃先每月调度，组织征地拆迁协调会议15次，现场调研踏勘9次，市财政局调集资金，高新区、望城区、宁乡市高度重视，确保项目工作进行。

征地拆迁　省市政府8月签订征拆打包协议（征拆打包费用18.71亿元）。8月底，沿线区县启动控制性工点用地的征拆工作。12月底，长沙红线内征拆腾地全部完成。红线内完成征地242.88公顷（宁乡71.06公顷，望城112.44公顷，高新区59.39公顷）；拆除房屋面积26.94万平方米（宁乡7.15万平方米，望城11.18万平方米，高新区8.61万平方米）；拆迁房屋716栋686户，动迁人口2902人，完成个案61宗（宁乡拆迁房屋192栋211户、动迁人口1060人、完成个案29宗，望城拆迁房屋317栋277户、动迁人口1097人、完成个案22宗，高新区拆迁房屋207栋198户、动迁人口745人、完成个案10宗）；提供临时用地55.07公顷（宁乡31.73公顷，望城15.65公顷，高新区7.69公顷）。

工程建设　6月完成施工招投标，6月23日施工单位进场，全线6个标段全面开工建设。截至12月31日，全线完成路基土石方124万立方米，桩基8695根、承台324个、墩身84个，实现工程投资8.5亿元，完成年度计划8.5亿元的100%。其中长沙境内完成路基土石方35万立方米，桩基3104根、承台138个、墩身38个，实现工程投资1.9亿元，完成年度计划1.9亿元的100%。

资金拨付　长沙市铁路建设办公室配合市财政调集资金，完成10亿元征拆资金筹措任务，剩余资金任务通过省铁投牵头组建PPP公司筹集。根据常益长铁路征拆需要，长沙市向省厅足额申请到征拆资金，保障征拆工作进度。（唐　灿）

【长赣铁路建设】　项目经2018年一年时间的研究，形成3个比选方案：“沿古墓围墙边方案”“沿银星路隧道方案”“沿北三环桥梁方案”。市铁办就3个方案优劣向市委书记胡衡华汇报。2019年年初，长沙市组织各区县（市）研究3个方案，并与铁四院对接，根据拆迁量、工程建设等情况推荐望城区、开福区境内采取北二环方案，长沙县段采取北二环避绕松雅湖方案。其中关于北二环方案中望城段下穿汉王陵古墓问题，市政府7月17日组织专家论证，研究同意沿北二环古墓围墙南调方案。经报审国家文物局，国家文物局7月29日批复：暂不同意在汉代长沙王陵墓群保护范围和建设控制地带内实施渝长厦高铁（长赣段）建设项目。7月29—31日，国铁集团组织召开项目可研评审会议，铁四院根据研究编制的浏阳河隧道方案、北二环方案、北三环方案，推荐北三环方案。8月，怀邵衡铁路公司委托巴菲特公司组织北三环方案社会稳定风险评估。由于北三环方案线路经过多个市区楼盘，市民担心新建的高铁对其生活环境产生重大影响，多次到省、市信访部门上访。市铁办组织项目沿线区县对北三环方案影响的地块进行摸底调查，并反馈至铁四院。铁四院根据项目可研评审意见及长沙市意见对3个线路方案进行补勘，并进一步研究优化方案。黄花机场空铁枢纽方面。国铁集团在长赣铁路可研评审会上同意长赣铁路引入黄花机场并设站。长沙市研究高铁引入机场及机场扩建有关问题，省机场集团承诺配合长赣铁路设计、施工，确保高铁能下穿机场西南坪二期，并保证机场运行安全。（唐　灿）

【长株潭城际铁路建设】　2019年，集城际、地铁、公交等于一体的汽车南站枢纽完成建设，12月31日投入试运营。城铁运营环境改善，经城铁3次调整运行图，增加6组四编组动车组，客流量有效增长。8月，市长胡忠雄、副市长廖建华调研城际铁路运营工作，肯定城际铁路运营成绩，强调要进一步提升客流，进一步挖掘城际“内轨”功能；9月，副秘书长张跃先带队到广州地铁公司，考察学习广州城铁自主运营管理模式。（唐　灿）

【长沙西站】　2019年，市长胡忠雄两次专门研究长沙西站，明确长沙西站建设规模按12台22线，站房面积在可研批复3万平方米的基础上增加5.5万平方米，即8.5万平方米，站房采用高架、腰部进站形式，高铁车场采用高架形式，城际车场采用路基形式，总投资32亿元（增加的投资25.56亿元，由市本级与湘江新区按8：2的比例承担）。湘江新区带队到国铁集团和怀邵衡公司多次谈判，形成《长沙西站站房及相关工程合作建设协议》初步文稿。12月4—5日，国铁集团鉴定中心召开长沙西站站房实施方案审查会，审议《长沙西站站房及相关工程合作建设协议》，要求长沙西站站房面积按9万平方米控制，设计院优化设计方案，尽快稳定整体平面图竖向设计，地方政府做好配套工作等。市政配套方面，地铁接驳方案基本确定，市政道路规划完成。（唐　灿）

【涉铁项目】　2019年，长沙市多次与广铁集团会商，推进境内20余个涉铁项目：完成新港三期铁路专用线、芙蓉大道长沙段快改项目的技术审查以及湘江东岸防洪改造（其中新港三期铁路专用线总投资估算5.1亿元，完成投资0.53亿元，组织初步设计方案评审，完成施工招投标，一标12月30日开工建设）；推进铜官港铁路专用线（基本完成可研工作）、城南路涉铁工程、圭白路涉铁工程、伊莱克斯大道涉铁工程、先锋路提质改造工程、湘府路快改项目、广铁职工房项目、京广线桥驿镇交通涵建设等工作；配合广铁集团在长沙新建项目的4块用地实地踏勘；研究论证长沙枢纽总图方案以及广铁集团提出的火车站新建验证、安检作业厅问题；协调广铁集团安茂、深土公司在长沙天心区设立分公司，与广铁集团签订涉铁框架协议，解决天心区南湖巷棚改涉铁房屋拆迁扫尾问题等。（唐　灿）

【铁路安全隐患整治】　2019年11—12月，国铁集团开展全国铁路安全隐患整治工作。针对全省铁路安全隐患整治工作，省委、省政府要求12月30日前完成京广铁路安全隐患整治任务，2020年1月10日前完成全部高铁安全环境隐患整治任务。副市长廖建华5次调度，将铁路沿线环境整治任务进行部署，明确责任单位以及时间节点。市交通局按照副秘书长张跃先要求，建立长沙市铁路安全隐患整治工作机制，组建微信群、销号群，对任务清单进行分解并按时间节点逐个销号；对铁路沿线安全环境问题整治工作进行现场查看，按照“所有影响铁路安全的隐患都必须消除”的整治要求，立即进行整改。各区县（市）及职能部门之间随时通报整治情况，交流整治工作经验。截至12月27日，长沙全部完成隐患数整改任务，完成整改301处，其中拆除违建违占建（构）筑物8.18万平方米、彩钢瓦等硬质漂浮物13.88平方米、塑料大棚等轻质漂浮物16.31万平方米，加固合法彩钢棚等硬质漂浮物8.37万平方米，提前14天完成全部整治工作。（唐　灿）

【铁路建设协调服务】　2019年，市铁办作为长沙铁路建设专门的协调机构，加强协调力度，确保项目工作推进。

项目进度　重点保障常益长铁路、长株潭城际铁路与石长铁路联络线项目进度。根据项目可研批复的工期时间及国铁集团、省委、省政府下达的通车目标任务，在项目开工滞后、工期紧的情况下，市铁办做好3方面保障。强征拆。通过协调省、市、区县三级联动，强化征拆工作推进，要求区县（市）每月上报长株潭城际铁路与石长铁路联络线征拆进度，每周、每日上报常益长铁路征拆进度，对征拆进度缓慢的区县，现场督促，加强推进。其中省政府督查室、省重点办现场督查工作，每周一调度；市政府分管市长、秘书长加强督办，明确各单位要提高认识，“不讲条件、不讲价钱、不打折扣”地完成项目征地拆迁。在省、市政府的高度重视下，各区县协调指挥部及各征拆工作人员责任上肩、主动作为，坚持“5+2”“白＋黑”工作机制，带病坚持，吃住都在指挥部，反复做好百姓思想工作，保障施工用地，涌现一批先进典型。高新区17天内实现房屋全部拆除；望城区白箬铺段28天内实现房屋拆除、青苗调查及全部交地工作。保建设。通过市铁办现场协调、组织会议、协商意见、督促督办等形式，建设单位、施工单位的用地手续办理、三电迁改、站场配套、隧道、涵洞建设等影响工期进度的20余个问题解决，保障项目建设推进。保资金。根据常益长铁路项目建设需要，市铁办与市财政局筹措资金，完成先期征拆资金的筹集任务，并按沿线区县征拆资金需求，向省厅申请资金，及时下拨资金，督促区县优先支付农民的社保资金，做好资金管理等工作。

工作调度　长赣铁路前期工作，副市长廖建华3次带队到国铁集团、省发展改革委汇报线型方案问题，为长沙争取项目工作的主动权。实行会议调度制。根据项目工作中面临的难题，通过组织各相关单位召开会议研究，实现问题尽快解决，确保工作加快推进。其中常益长铁路征拆工作前期，各区县（市）征拆进度缓慢，为加快项目推进，市铁办多次召开会议，明确要求加快征拆交地进度，特事特办，确保施工单位的用地需求及征拆目标任务。石长联络线红线外房屋代征问题。因项目建设影响附近房屋及居民生产生活作息，附近居民就铁路影响房屋安全问题强烈要求代征，甚至在施工现场进行阻工。为确保项目建设，市铁办多次组织项目业主单位、施工单位、省自然资源事务中心、望城区、相关街道召开会议进行研究。10月，廖建华召开联络线调度会议，明确红线外房屋代征问题按距离铁轨30米划定。市铁办与望城区核实30米以内房屋拆迁以及30米以外涉及严重影响百姓生产出行环境的拆迁问题，确保红线外房屋代征工作有序推进。实行现场办公制。通过现场办公及踏勘的形式，市铁办协调解决铁路项目前期规划、征拆、建设工作中有关临时用地手续办理、控制性工程用地征地补偿以及征拆经费等30余个问题。在协调涉铁工作中，市铁办50余次组织路地双方对接，争取涉铁问题达成共识，保证市政项目的推进。

遗留处置　市铁办以“退场无遗留问题”为工作目标，以民生实际为基本落脚点，加强路地协商，督促业主和施工单位完成临时用地的复垦验收和返还工作，完成铁路沿线地区的道路、水利水系等恢复工作；督促建设单位、沿线区县市完善市政配套，完成项目清算，维护人民群众合法权益。浩吉铁路通车以后仍存在的新增用地报批、临时用地复垦移交、环水保验收、安全保护区划定等扫尾工作，经市铁办协调，工作有序推进。

环境维护　市铁办注重施工环境、铁路运行环境、舆论环境3个方面维护。施工环境方面，通过定期下工地检查，下发施工安全通知书，协调长株潭城际铁路与石长铁路联络线拌和站、渣土运输及常益长铁路安岭隧道施工环境等多个问题。铁路运行环境方面，配合国铁集团开展铁路沿线综合环境整治工作。根据省政府对整治任务的要求，市铁办配合市交通局每日督促进度，向沿线区县下发加快整治工作的紧急通知，完成工作任务。配合优化城际铁路运行环境，协调解决城铁湘府路站外电源线路跳闸问题，并根据市民反映的城铁运营问题，与省城际公司对接调图工作，与广铁集团对接管理服务问题，与轨道公司对接自主运营工作，不断优化城铁运营管理。舆论环境方面，搭建与老百姓、人大代表、政协委员良好的沟通桥梁，重视人大建议、政协提案、市长信箱、市民热线办理以及信访工作，全年完成省市人大建议、政协提案办理13件，完成市民问件办理180件，接待百姓上访8起，协调解决代表们、委员们、百姓们关心的铁路项目前期问题、施工环境问题、铁路运营问题等。在处理市民们强烈反映的长赣铁路问题上，市铁办做好市民们的沟通工作，接待开福区绿地海外滩、鹅羊山村、望城区居民的多次到访，回复有关长赣铁路问题投诉上百次，及时配合省环保厅的督察，维护和谐的舆论环境。市铁办加强与湖南日报新媒体、《长沙晚报》对接，到上海学习交流市域铁路发展先进经验。为鼓励各单位对铁路建设工作的支持，市铁办通过提请市政府考核，对优秀单位和个人予以鼓励。（唐　灿）

【铁路春运服务】　2019年春运始于1月21日，止于3月1日，为期40天，长沙车站完成春运任务，实现安全好、秩序好、服务好、应急好、形象好、效益好的“六好”目标。主要体现在以下6个方面。

安全整体平稳　车站夯实安全管理、设备质量、人员培训及布岗等基础，做好强基达标工作，以强有力的举措应对客流高峰、恶劣天气等因素带来的考验，确保春运安全。车站在春运期间未发生一般D类及以上责任事故；未发生责任旅客、职工轻伤、火灾爆炸、食物中毒及以上事故，确保旅客平安出行。

任务超额完成　车站发挥长株潭城际、石长动车组新增客流优势，提报列车开行建议，春运期间石长线增开8对动车组列车，吸引部分公路客流，城际场、先锋站、尖山站等城际站客流与2018年同期相比增幅较大。春运40天全站累计发送旅客191.88万人（日均4.8万人），比2018年增加8.91万人，增长4.87%。最高峰日（2月23日）发送6.95万人，比2018年增加0.74万人，增长11.9%，完成运输收入1.9亿元。

秩序畅通有序　实施畅通工程，在售票大厅及长沙站城际场各增设1台自助制证机，将进站口安检通道扩充至7个，自助核验闸机增至16台，人工验证口增至6个，在出站口补票处增设1个到补窗口，在长株潭城际铁路推广“铁路e卡通”扫码乘车，各站实现闸机验检合一，简化进出站流程。同时在售票大厅、进出站通道、站台、地道、电梯等岗位增派力量加强引导组织，在人员密集场所、进出站通道增派学警把关，组织民兵巡逻队公开巡逻，适时增援重点车次客流组织和引导。春运期间，车站未出现旅客滞留积压现象，确保旅客购取票、进出站、乘降组织畅通有序。

服务质量提升　落实客运提质计划，优先保障基本服务，打造“广铁U彩”服务品牌，在普速线售票处、进站口旁、进站大厅以及城际各站均设置“广铁U彩”服务点，将遗失物品查找、特殊重点旅客帮扶以及畅行会员常旅客服务导入“U彩”服务范畴，并利用信息化、智能化技术手段创新推出重点旅客接送站、爱心接力等特色服务，改善旅客的出行体验。春运期间，车站主动帮扶重点旅客9837人次，提供送站服务816人次，接站服务353人次，路内外志愿者512人次累计服务时长逾5000小时，收到表扬信68封、锦旗6面。

应急处置高效　车站加强应急能力建设，春运前完善应急预案，做好应急物资和人员的准备，开展应急培训和应急演练。面对春运期间不良天气导致列车晚点、列车超员严重等突发情况，各级管理人员深入一线靠前指挥，各车间、相关兄弟单位加强联动协调，职工坚守岗位，科学、及时、准确、高效地做好应急处置工作。

社会反响良好　集中整治影响站容、扰乱车站秩序的问题。同时分批分层有针对性地走访省、市委宣传部以及中央电视台驻湖南记者站、《人民日报》等单位及主流媒体，主动汇报新闻课题，邀请媒体共同参与新闻策划，加强与跑线记者的联系与配合，通过收集素材、人物采访、热点策划等方式，春节期间媒体采用转发稿件162篇，其中《长沙火车站用黑科技助力开启智慧春运》等稿件分别被 CCTV-2、CCTV-13、《中国青年报》、新华网、人民铁道等中央媒体采用，《流动的中国匆匆一面的你》《摄像头里的爱》两篇人物策划报道的当日点击量逾百万余次。（吴 婵）

航 空

【概况】 2019 年，长沙黄花国际机场完成旅客吞吐量 2691.1 万人次、保障运输起降 19.5 万架次、货邮吞吐量 17.6 万吨，比 2018 年分别增长 6.5%、5.1%、13%，其中国际及地区旅客吞吐量 273.7 万人次，比 2018 年增长 10.8%。实现营业收入 12.5 亿元、利润 1875 万元，比 2018 年分别增长 8.22%、43.24%。长沙黄花国际机场被评为全国民航首批 9 个打赢“蓝天保卫战”示范机场之一、全国民航 10 家“净空 2018”禁毒示范机场之一。

安全形势　强化安全风险管控，建立风险隐患双重预防机制，开展机坪运行风险、廊桥安全运行、鸟击防范、B 平滑道面病害整治等重大风险管控。开展企业法定自查，加强“三基”建设和工作作风整顿，开展“班组结对、携手共进”活动，启动岗位手册标准化修编，强化员工规章意识、手册意识。升级综合安防平台，增强安全基础支撑。空防安全投入加大，推进“平安民航”建设，在 2019 年中南地区“平安民航”建设考核中排名第二位，通过航空安保审计和机场使用许可证换证工作。全年安全形势总体平稳，实现第 25 个空防安全年。

质量效益　航线网络方面，全年新增航线 35 条，其中国际及地区航线 8 条、国内航线 27 条，通航机场由 2018 年的 143 个增至 156 个。E 类飞机起降 7212 架次，比 2018 年增长 21.1%。枢纽建设方面，推出“四免”产品，推出“经长飞”服务品牌，中转旅客吞吐量逾 112 万人次，机场枢纽功能增强。

服务品质　运行品质上，成立长沙机场运管委，推行以运管委为核心的协同联动机制，实现机坪管制完全独立运行。全年航班靠桥率 90.78%，提升 0.8 个百分点。航班放行正常率 86.91%，高于行业 1.25 个百分点。服务品质上，推进“服务质量重点攻坚”专项行动，推广“一站式”服务，国内首座磁浮城市航站楼启用。全年推出 135 项“每周一新”举措，满足旅客多样化、个性化出行需求。环境品质上，坚持空间品位、环境品位、文化品位同步提升，先后围绕中非经贸博览会保障、中华人民共和国成立 70 周年氛围营造等工作，完成机场亮化提质项目，长沙机场夜景照明升级改造 6 月 25 日投入使用，来往旅客能够“白天看绿化，晚上看亮化”。

智慧机场　2019 年，智慧机场一期完成建设，智慧机场二期建设推进，机场 A-CDM 系统以最高等级 A 级认可通过民航局评审。优化机坪车辆定位系统，实现机坪车辆实时监控。聚焦旅客关切点，持续完善智慧服务内容，推进“无纸化”服务提质升级，在全国千万级省会机场中率先推出“电子身份证”，开通国内首条洲际航线无纸化乘机。推出“裸眼 3D 展示柜”，提升旅客安检实效。打造 T1 全流程自助航站楼、T2 自助行李托运示范区，全年国内自助值机办理率 75.58%，超过民航局年初提出的 70% 要求，自助行李托运率 23.05%。

【长沙黄花国际机场被评为民航打赢“蓝天保卫战”示范机场】 2019 年 7 月 25 日，在中国民用航空局《民航打赢蓝天保卫战首轮专项督查情况通报》中，长沙黄花国际机场被评为“打赢蓝天保卫战”首批示范机场，是全国 9 个首批示范机场之一。长沙黄花国际机场响应中国民用航空局关于建设“平安、绿色、智慧、人文”四型机场的要求，加速推进“油改电”试点项目、APU 替代设施项目以及智慧能源平台建设，以实际行动打赢“蓝天保卫战”。“油改电”三期建设项目的落地：机坪充电桩总数 61 个，初步建立覆盖所有地面电动特种车辆的充电设施服务体系，并以统一平台的形式为所有驻场单位提供服务，形成可持续化市

2019 年 7 月 25 日，长沙黄花国际机场被中国民用航空局评为打赢“蓝天保卫战”示范机场

长沙黄花机场 供图

场化运营的商业模式。推进地面静变电源和空调替代APU项目，电源对接率从1月的30%左右提升到12月的99.7%，全年累计使用桥载设备7.17万小时，为航司节约燃油1.1万余吨，减少二氧化碳排放3.5万余吨，达到民航局“打赢蓝天保卫战”的指标要求。

【长沙黄花国际机场中转服务转型升级】 长沙作为中国中部地区通往东南亚国家航线最多、航班密度最大的城市，国际中转业务具有较大发展潜力。2019年，长沙黄花国际机场中转旅客吞吐量逾112万人次，中转旅客占比提升至4.17%，中转衔接成功率94.41%，比2018年提升2.9个百分点。铸造“经长飞”服务品牌，推出“四免”产品，为目标市场中转旅客提供免费餐食、免费住宿、免费行李寄存和免费休闲服务，增强旅客出行获得感。建立跨航司中转保障机制，联合南航、华夏航、山东航开通张家界、邵阳、济南、青岛、厦门、毕节、六盘水7个航点经长中转跨航司行李直挂中转业务，并获批民航局“国内中转旅客跨航司行李直挂服务试点单位”。建设中转服务保障系统，率先在全国试点先行开发“跨航司行李中转保障信息系统”，大幅提升中转保障效率。（本栏撰稿　寇冠乔）

水　路

【概况】 2019年，长沙市有湘江、浏阳河、捞刀河等通航河流12条，通航里程538千米，其中湘江段74千米为二级航道，浏阳河段30千米、捞刀河段12千米为四级航道。全市有码头28个、泊位154个，水运企业36家，注册资本4.4亿元，在册营运船舶总数267艘，合计46.9万总吨，载重59.8万吨。水上旅游服务的河道、公园、水库、湖泊45处，旅游船舶6300余艘。（黄　潮）

【水运安全保障】 2019年，长沙市开展执法行动1800余次，出动执法人员5000余人次，检查生产经营单位和船舶1900余家（艘），下达行政处罚文书104份，经济处罚37.6万元。牵头起草并发放《共同呵护湘江长沙段水域安全告市民书》。组织开展汛前安全检查，组建30人的防汛抢险应急救援队伍。配合天心区转移兴马洲居民400余人，处置望城处趸船走锚风险等险情4起，汛期辖区水域未发生水上安全事故。（黄　潮）

【水政管理】 2019年，长沙市累计完成建造（改建）检验船舶38艘次、营运检验船舶517艘次。开展“船、图、证”核查工作，完成核查船舶180艘，办理船舶登记614项。维护航道里程151千米，航道维护正常率二类标95%。新审批长江干线水路运输企业3家。全市在册营运船舶总数较2018年增加1.3%，集装箱运输船TEU载运总量逾1万标箱，较2018年增长4.3%。实施过闸船舶安检3.7万艘次，湘江枢纽船闸安全运行8300闸次，通过船舶4.1万艘次，货运量6300万吨。长沙新港汽车滚装码头试运行，结束湘江商品汽车不能滚装运输的历史。全年全市港口吞吐量3236万吨，其中集装箱吞吐量16.5万TEU，比2018年增加6%。（黄　潮）

【湖南省首个汽车滚装码头试运行】 2019年6月18日，长沙新港汽车滚装码头迎来长沙至武汉首条航线，标志着湖南省首个汽车滚装码头投入试运行，结束湘江不能运输商品汽车的历史，为长沙及周边汽车企业节约大量物流成本，长沙新港“水铁公”多式联运模式进一步完善。该次首航航线由长沙港达物流有限公司运营，“港达6号”轮为首航船，每周双班，每航次有车位350个。航线运营稳定后，将开通每周四班。长沙新港地处华中，湘江之畔，建港条件优越，后方腹地广阔，产业支撑有力，辐射区域广大，通过政府和相关上级单位的支持，建设专业的滚装船码头，可为各大主机厂提供多样化的运输方式选择并降低物流成本。（刘志辉）

2019年6月18日，湖南省首个汽车滚装码头试运行　市政府物流口岸办　供图

经贸合作

ECONOMIC AND TRADE COOPERATION

编辑　吴丫丫

招商引资

【概况】 2019年，长沙市实际利用外资及港澳台资、外商直接投资、实际到位省外境内资金分别为63.74亿美元、8.09亿美元、1252.44亿元，比2018年增幅分别为10.27%、92.62%、18.01%，占全省的占比分别为35.21%、73.08%、17.56%。全市引进重大招商引资项目（投资额2亿元或3000万美元以上）162个，总投资额3466.3亿元。全市引进“三类500强”项目40个，总投资额726.3亿元。2019年，长沙市新增162家外商投资企业，累计1038家。根据2018年外资企业年报，长沙市外资企业营业收入1988亿元，纳税155亿元，完成进出口额88亿美元，吸纳就业人数逾20万人，成为推动全市经济社会发展的主要力量。

外商投资项目密集落地 2019年，德国索恩格、舍弗勒，英国BP石油，日本7-ELEVEN、永旺，荷兰壳牌、夸特纳斯，新加坡益海嘉里等一批境外世界500强和知名企业进驻长沙市；兴盛优选、到家优享、盒马生鲜等商贸类项目到位资金均逾3000万美元；九龙仓、蓝思科技等外资企业持续加大在长沙市的投资力度。

项目建设 2018—2019年重大招商引资活动省市级签约项目履约率、开工率、资金到位率分别为71.43%、71.43%、23.13%。长沙智能终端产业园比亚迪电子项目从签约到第一台手机下线仅用时70天；荷兰夸特纳斯项目从签约到建设不到90天，征拆仅用19天；天际汽车长沙新能源项目3月20日开工，148天建成10.3万平方米厂房。

产业结构 2019年，长沙市服务业实际利用外资及港澳台资40.84亿美元，占利用外资及港澳台资总量的64.08%，其中，居民服务、修理和其他服务业，信息传输、软件和信息技术服务业增长较快，增速分别为314.83%、151.6%。第二产业实际利用外资及港澳台资22.89亿美元，占利用外资及港澳台资总量的35.92%，其中制造业实际利用外资及港澳台资21.74亿美元，占利用外资及港澳台资总量的34.11%。

属地分布 全市有港资企业371家，占全市外资及港澳台资比重42.35%。按资金统计，全年全市吸收港资52.39亿美元，占全市外资及港澳台资比重82.2%。荷兰、新加坡等国家以及中国台湾地区在长沙投资均逾5000万美元。

产业园区承载作用 有337家外商投资企业落户长沙市国家级、省级园区，占全市外商投资企业总数的38.78%，其中280家外商投资企业落户5个国家级园区，占全市外商投资企业总数的31.96%。

【产业链招商】 2019年，长沙市围绕做大做强做优22条产业链，进一步研究全景图、现状图，完善客商库、项目库和政策包，找准上下游产业链关键环节、薄弱环节和缺失环节，特别是以外资制造业企业为着力点，筛选出产业链对接外资企业指导名单，企业集中分布在美国、德国、日本，并梳理部分企业在华对接渠道；结合市委书记胡衡华到日本经贸活动成果，筛选出202家日本制造业企业，制定工作方案并交各产业链对接；依托中国电子科技集团第四十八研究所、长步道光电科技有限公司等已落户企业客商资源，筛选出一批集成电路产业链等产业链关联企业，相关园区主动对接洽谈。2019年，长沙市22条产业链引进投资额亿元以上重大产业项目202个，总投资额2135.5亿元。其中，投资额10亿元及以上产业项目34个，投资额50亿元及以上产业项目9个，湘江智谷人工智能科技城、隆平生物种业产业园、三一智联重卡项目、惠科第8.6代超高清新型显示器件生产线项目逾100亿元。

【招商活动】 2019年，长沙市组织参加招商活动、举办重大项目签约开工仪式近100场。在湖南—粤港澳大湾区投资贸易洽谈周期间，长沙市举办“加工贸易招商活动”“跨境电商合作对接会”等专题招商活动，湘江智谷人工智能科技城等38个项目签约，总投额273.56亿元。在2019年互联网岳麓峰会期间，举办1个高峰论坛、9个专场活动，李彦宏、徐直军、汤道生等行业大咖齐聚长沙，长沙市成为互联网企业第二总部集聚地。在全国长沙商会联席会议暨长沙招商推介会、长沙市海联代表人士座谈会、长沙—名古屋汽车零部件供应商投资说明会等“四友”招商活动、产业链招商活动中，推介长沙投资营商环境、重点招商引资项目等。在全球高端制造业冷餐对接洽谈会中，首次采取冷餐交流的方式，邀请全球高端制造业80余家企业家与长沙企业家面对面交流，为专业、高端的专题招商开创新的方式。长沙市被评为“2019中国招商引资最具国际竞争力城市”和“2019中国最佳投资创业城市”。

【片区招商】 2019年，岳麓山国家大学科技城全年新注册企业近千家，引进REDBLOCK人工智能研发总部项目，新净信、聚仪网、半边天双创园等入驻。马栏山视频文创产业园在境内外密集招商，新增企业606家，引进绿地V岛产业综合体、中南数字出版基地等重大项目，腾讯、华为、爱奇艺等一批视频文创和新媒体头部企业入驻。临空经济示范区以《关于促进长沙临空经济示范区发展的若干意见》为引导，全年新引进养天和总部基地及医药物流园、中国联通长沙分公司、蜀海(湖南)供应链等项目29个。高铁会展新城加强与宝能集团、容德集团等战略投资商的对接，就商务总部基地、浏阳河国际文化艺术街区、城市金融广场等项目进行洽谈，挂牌前期工作取得实质性进展。南部融城片区强化招商引资统筹协调，全年签约引进项目（企业）100家以上（含楼宇二次招

商项目)。湖南金融中心举办湘江金融科技孵化器揭牌仪式、湘江基金小镇开园等招商活动,发布《湘江新区关于支持金融科技发展的实施意见》。

【营商环境】 2019年,长沙市按照国家发展改革委、商务部制定的外商投资企业负面清单,与国际通行规则对接,全面落实准入前国民待遇加负面清单管理制度。外商投资企业设立备案时限,由法定的3个工作日压缩办理时间为2个工作日,办事期限压缩1/3。对外商投资企业商务备案与工商登记推行"一口办理",对外商投资企业联合年报实行全程网上办理。在"粤港澳洽谈周"、全球高端制造业冷餐交流洽谈会、央企对接等一系列招商活动中,长沙市编印《2019招商引资政策汇编》《投资长沙》等资料,详细介绍长沙招商引资政策、投资和营商环境,为企业投资长沙提供参考依据和方向。2019年7月,长沙市出台《长沙市进一步扩大利用外资促进经济高质量发展的若干措施(试行)》,围绕"拓宽利用外资领域""增强招引外资实效""强化外商投资要素保证""打造一流营商环境"4个方面推出16项具体措施,并争取市级财政安排2000万元预算资金用于政策落地。文件出台以来,外商直接投资比2018年成倍增长,在全省的占比逾70%。2019年11月,在国家发展改革委召开的全国经验交流现场会上,长沙市就营商环境优化特别是包容普惠创新的经验作典型发言。

【格力电器长沙冰箱洗衣机项目签约】 2019年9月1日,省委常委、市委书记胡衡华带队到珠海格力电器股份有限公司考察并见证格力电器长沙冰箱洗衣机项目签约仪式,格力电器董事长、总裁董明珠参加活动。胡衡华一行在格力电器总部先后参观展厅、模具工厂、商用空调工厂、国家重点实验室等,详细了解格力的产品特点、

2019年11月19日,格力电器(长沙)大型中央空调生产基地竣工投产

宁乡经开区　供图

生产工艺和智能生产设备等情况。双方举行格力电器长沙冰箱洗衣机项目签约仪式。冰箱洗衣机项目总投资约50亿元,用地64.07公顷,年产洗衣机200万台、冰箱250万台,年销售额约100亿元。格力电器完成市场调研及投资计划、平面布局初步设计等前期工作。

【首台"长沙产"格力大型中央空调机组在宁乡经开区下线】 2019年11月19日,在省委常委、市委书记胡衡华与珠海格力电器股份有限公司董事长、总裁董明珠的共同见证下,首台"长沙产"格力大型中央空调机组在宁乡经开区下线。在随后举行的长沙格力电器冰箱洗衣机生产基地项目开工动员活动上,胡衡华宣布该项目开工,市委副书记、市长胡忠雄出席并致辞。首台"长沙产"格力大型中央空调机组下线,标志着格力电器国内最先进的中央空调生产基地——总投资20亿元的长沙格力电器大型中央空调生产基地项目竣工投产。基地主要生产离心机、螺杆机等大型中央空调机组,预计新增产值40亿元,新增税收贡献2亿元。首台下线的中央空调合格证,被现场交付给宁乡职业中专学校。新开工建设的冰箱洗衣机生产基地项目拟总投资52亿元,项目建成后预计年产值130亿元,税收贡献5亿元。

【大湾区企业走进金霞跨境电商重大项目签约活动】 2019年12月2日,"大湾区企业走进金霞跨境电商重大项目签约暨园区顾问、招商顾问聘请活动"在长沙金霞经济开发区举行。湖南省副省长何报翔、中国科学院院士张仁和出席,省商务厅厅长徐湘平出席并致辞。活动集中展示金霞经开区跨境电商发展成果,百事泰研发中心、飞特陆路跨境通道、有棵树跨境金霞项目、环金科技运营总部项目、Amanbo中非跨境平台项目5个跨境电商项目、金霞跨境电商生态产业链联盟以及金霞跨境电商直播基地落户签约。现场为首批聘请的2位园区顾问、6位招商顾问、2家招商代理机构颁发聘书。

【长沙市获"2019中国招商引资最具国际竞争力城市"等大奖】 2019年12月28日,2019中国国际化招商引资合作与发展论坛暨"第九届环球总评榜"发布典礼在北京举行。长沙市获"2019中国招商引资最具国际竞争力城市"和"2019中国最佳投资创业城市"两项大奖。望城经济技术开发区被评为"2019中国(区域)最具投资价值园区"。活动由环球时报社主办,现场发布"中国城市招商引资吸引力指数(2019)"。该指数是环球时报舆情中心结合互联网大数据、

2019年12月28日，长沙市获“2019中国招商引资最具国际竞争力城市”和“2019中国最佳投资创业城市”两项大奖　　市商务局　供图

商业数据与国家统计局数据等指标分析得出的。评估指标体系包含城市营商的经济实力、人力、政策、科技、区位、可持续性、文化等要素。该次“环球总评榜”评选分名单征集、复选、评定3个阶段。388个城市经过筛选和数据标准化、统计计算，最终244个城市参加评选，覆盖中国国家级城市群。　（本栏撰稿　何梦秋）

对外贸易

【货物贸易】 2019年，长沙市对外贸易实现进出口总额289.87亿美元，比2018年（下同）增长56.4%，较全省高14.5个百分点，较全国高50.6个百分点。其中，出口202.16亿美元，增长63%，较全省高17.3百分点，较全国高62.5个百分点；进口87.71亿美元，增长25.8%，较全省高10.8个百分点，较全国高28.6个百分点。2019年，长沙市有外贸进出口实绩的企业2699家，较2018年增加494家。进出口实绩1000万美元以上企业484家，较2018年增加191家，实现外贸进出口263.06亿美元，占全市外贸总量的90.75%。1亿美元以上企业47家，较2018年增加20家；5000万~1亿美元的企业50家，较2018年增加11家。1000万美元以上的企业中，制造业企业发展迅速，其中，中联重科股份有限公司实现进出口额4.82亿美元，增长28.4%；三一汽车制造有限公司实现进出口额3.97亿美元，增长18.8%。平台企业湖南中芯供应链有限公司实现进出口额17.33亿美元，湖南省天丰信供应链有限公司实现进出口额7.85亿美元，湖南先导国际贸易有限公司实现进出口额6.93亿美元。

一般贸易为主要进出口方式，加工贸易增幅强劲　长沙市一般贸易完成进出口207.1亿美元，增长38%，占同期全市进出口总额的71.47%；加工贸易完成进出口65亿美元，增长65.5%。加工贸易企业中，蓝思科技（长沙）有限公司实现进出口额13.94亿美元；湖南铭珈珠宝首饰有限公司实现进出口额6.47亿美元、长沙冠锐盈电子有限公司实现进出口额2.7亿美元、湖南骏士达科技有限公司实现进出口额4.58亿美元，增长10.8%。通过市场采购贸易方式完成出口6.5亿美元；跨境电商进出口额12.8亿美元。

民营企业为进出口主力，国有企业增速较快　民营企业完成进出口212.63亿美元，增长74.1%，占全市进出口总值的74.1%。同期，外商投资企业完成进出口56.39亿美元，下降4%，占比19.45%；国有企业完成进出口19.6亿美元，增长52.4%，占比6.76%。

重点外贸平台　黄花综合保税区完成进出口额56.48亿美元，比2018年增长109.6%。金霞保税物流中心完成进出口额20.18亿美元，比2018年增长110.4%。长沙高新区完成进出口额59.69亿美元，比2018年增长59.7%。长沙经开区完成进出口额49.63亿美元，比2018年增长24.8%。

欧盟和东盟等主要市场进出口增长，对美国贸易增速保持平稳，对非洲国家进出口增速较快　对东盟贸易额48.49亿美元，增长77.2%；对欧盟贸易额43.32亿美元，增长40.3%；对“一带一路”国家贸易额85.22亿美元，增长58.23%，其中出口71.12亿美元，增长59.12%；进口14.1亿美元，增长53.89%；对美国双边贸易额25.82亿美元，增长28.3%。对非洲贸易额11.25亿美元，增长54.82%，其中出口8.64亿美元，增长32.66%；进口2.62亿美元，增长244.71%。与非洲国家贸易往来排名前五的国家分别是南非2.7亿美元、尼日利亚1.09亿美元、埃及8393.68万美元、摩洛哥8323.57万美元、阿尔及利亚6616.86万美元；对非洲出口的主要产品有机电产品（3.62亿美元）、服装及衣着附件（8613.35万美元）、钢材（5985.25万美元）、纺织纱线、织物及制品（5642.72万美元），从非洲进口的主要产品有铁砂矿及其精矿（3271.9万美元）、锌矿砂及其精矿（3076.71万美元）；与非洲有贸易往来的企业主要有湖南省天丰信供应链有限公司1.02亿美元、湖南铭珈珠宝首饰有限公司7728.37万美元、湖南先导国际贸易有限公司3805.08万美元。

机电产品、高新技术产品占比

平稳，传统消费品增速较快，汽车零件进口下降较快　长沙市机电产品实现进出口额150.3亿美元，增长41%，占同期全市的63.54%（同口径），较2018年增长10.37百分点；高新技术产品实现进出口额48.78亿美元，增长37.2%，占20.62%（同口径），较2018年增长3.28个百分点；农产品进出口额15.25亿美元，增长37%，占同期全市的6.45%（同口径），较2018年增长1.26个百分点。出口方面，消费类产品继续占主要地位，服装及衣着附件出口13.71亿美元，增长81%；玩具出口6.06亿美元，增长468.8%；灯具、照明装置及类似品出口5.77亿美元，增长140.3%；有线电话机出口5.12亿美元，增长71.2%；塑料制品出口5.76亿美元，增长109.9%；旅行用品及箱包5.06亿美元，增长154.4%；贵金属或包贵金属的首饰出口3.3亿美元，增长525.3%。进口方面，汽车和汽车底盘进口5.08亿美元，增长76.1%；汽车零件进口2.94亿美元，下降37.6%。

【服务外包】　2019年，长沙市服务外包总执行额33.8亿美元，比2018年增长15%，其中离岸执行额7.8亿美元，比2018年增长12%，在岸执行额26亿美元，比2018年增长16%。截至2019年年底，全市服务外包从业人数逾10万人。

服务外包业务结构　长沙市信息技术外包业务（ITO）完成执行额14亿美元，比2018年增长40%，占全市服务外包执行总额45%；业务流程外包（BPO）完成执行额9亿美元，比2018年增长29%，占全市服务外包执行总额29%；知识流程外包（KPO）完成执行额8亿美元，比2018年增长3%，占全市服务外包执行总额26%。长沙市ITO以软件研发、集成电路和电子电路设计、信息技术解决方案等服务为核心，BPO以内部管理、互联网营销推广、呼叫中心等服务为核心，KPO以大数据服务、管理咨询服务、检验检测服务等为核心。

服务外包产业主体　长沙市新增服务外包企业105家，服务外包总执行金额1亿美元以上的企业5家，5000万美元以上的企业15家，较2018年增加3家，1000万美元以上的企业85家，较2018年增加4家。

服务外包平台建设　长沙市兴工科技园、湖南麓谷国际医疗器械产业园获批“湖南省服务外包示范基地”，认定湖南外贸职业学院、长沙中南信息科技技术学校、长沙新华电脑学院等6家培训机构为长沙市服务外包人才培训基地。截至2019年年底，全市获批省级服务外包示范基地11个，服务外包人才培训基地23家。

服务外包品牌建设与市场拓展　全市新增服务外包国际资质认证89个，比2018年增长178%。长沙金域医学检验所有限公司被评为“全国服务外包百强成长企业”。2019年，组织近20家企业参加“软交会”“京交会”“技交会”等国际性展览展会。截至2019年年底，长沙市离岸外包市场覆盖全球74个国家和地区。长沙市对美国、越南、泰国等市场分别完成离岸执行额1.4亿美元、0.8亿美元、0.6亿美元，占全市离岸外包总执行额的比重分别是17%、10%和8%。

【高桥大市场市场采购贸易方式试点通过联合验收】　2019年1月25日，湖南省商务厅、省发展改革委、省财政厅、长沙海关、省税务局、省市场监管局、国家外汇管理局湖南省分局7个单位相关负责人受国家部委委托，对湖南高桥大市场市场采购贸易方式试点开展联合验收。联合验收组一致认为，湖南高桥大市场采购贸易方式联网信息平台、外贸服务中心及相关监管政策、管理办法等软硬件设施达到开展市场采购贸易方式试点工作的整体要求，共同在验收报告上签字确认，同意试点通过验收。验收之前，商务、税务、海关、外汇等验收组各成员单位多次组织专家，对联网信息平台的监管功能进行系统测试，出具测试报告；相关部门对外贸服务中心、集拼仓库等进行查验。1月23日，国家税务总局货物和劳务（进出口管理）税司专程到访高桥大市场，对高桥大市场市场采购贸易方式试点税务监管功能进行验收，最终给予肯定并验收通过。高桥大市场是全国第四批获批试点市场中，第二家通过国家税务总局验收的市场。1月25日，在验收现场，联合验收组听取长沙市商务局的汇报，查阅相关文件资料，并听取对相关具体问题的解答。验收组经过讨论，一致确认，并在验收报告上签字，同意试点通过验收。

【2019年湖南—粤港澳大湾区投资贸易洽谈周——市场采购贸易广州对接会】　2019年4月23日在第125届春季广交会上举行，由湖南省商务厅、长沙市人民政府主办。湖南高桥大市场出口产业聚集区的湖湘特色产品湘绣、陶瓷、茶叶、箱包、假发等吸引众多国际采购商。据不完全统计，对接会现场达成交易300余批次，交易总金额逾500万美元。作为试点承接市场，高桥大市场建成“湖南出口产业集聚区”，汇聚湖南和中部的大量优势出口产品，并为国际采购商提供通关手续办理、线上线下推广、商务翻译等全流程外贸服务，帮助快速对接中国优质供货商和采购商。有利于湖湘特色产业抱团出海，为国际采购商实现“一站式”采购提供方便。

【长沙组团参加2019中国国际服务贸易交易会】　2019年5月28日—6月1日，2019中国国际服务贸易交易会（以下简称“京交会”）在北京举行。京交会以推动服务业和服务贸易“开放、创新、智慧、融合”为主题，突出数字化、新经济、新服务业态等内容，采用“一主多辅，全城一会”的形式，设置1个主会场、10个分会场，举办15万平方米展览展示，并首次将省区市按照服务贸易创新发展试点、国家文化出口基地、服务外包示范城市设置三大主题展区。应京交会组委会邀请，长沙市作为“2019 年京交会服务外包示范城市馆”参加，是京交会湖南馆的主体，展示长沙市服务业扩大开放的成果和推动服务贸易发展的举措、成就，宣传推广服务贸易品牌企业和优秀服务案例，助推长沙服务业和服务贸易发展。展区以长沙中电软件园服务外包基地为展示依托单位，集聚软件研发、供应链服务、大数据和云计算、无人机、智慧城市等新兴技术和高附加值领域的 6 家特色企业——蜜獾、天骄物流、拓视觉、数魔跨境、中电金骏和全度影像。展区集中展示长沙市服务贸易发展的经验和成果，助推长沙服贸“走出去”。

【高桥大市场市场采购贸易方式试点推介会】 2019 年 8 月 29 日，由长沙市人民政府主办的湖南高桥大市场市场采购贸易方式试点推介会暨湖南出口产品集聚区长沙专场推介会在高桥国际商品展示贸易中心举行。长沙市副市长邱继兴出席活动并讲话，市政府副秘书长王体泽主持活动。雨花区委副书记、区长刘素月，市工信局、市商务局及各区县（市）、园区有关部门负责人，湖南高桥大市场董事总经理罗晓等参加活动。500 余家符合市场采购贸易出口要求的企业代表参加活动。在推介会现场，湖南高桥大市场相关负责人重点介绍湖南出口产品集聚区的发展现状、发展规划、企业入驻条件，发布入驻企业能享受免费入驻、税收减免、展会支持、人才培训、运营支持等八大政策红利。湖南出口产品集聚区，位于高桥酒水食品城，规划总面积 15 万平方米，总投资额 6 亿元。一期 4 万平方米，其中 2.4 万平方米 2019 年 6 月建成，同时将配套建设 5 万平方米的停车楼。二期 6 万平方米，计划 2020 年 6 月投入使用。湖南出口产品集聚区是全球采购商“一站式”采购湖南优质产品的首选地，将聚集湖南优势产品，涵括服饰、箱包、假发、建材、陶瓷、湘绣、藤竹制品、玩具等不同业态的 4000~6000 家出口企业入驻。出口企业的产品可以通过市场采购贸易方式便利化政策，出口到全球各地。湖南出口产品集聚区实行精细化业态分区，一期一楼主要为国际贸易服务中心、出口展厅，二楼为株洲服饰轻纺、服装业态专区，三楼为邵阳、娄底箱包、假发、五金、农机等综合小商品专区，四楼为高新科技产业专区，五楼为工程建筑产业专区，六楼为外贸服务平台办公区。高桥八大政策红利释放带动湖南出口产业集群发展湖南出口产品集聚区，作为湖南省出口产业集聚发展促进平台和出口产品集中展示展销中心，为入驻出口企业提供市场采购贸易方式出口“一站式”政务服务和全流程的外贸服务，旨在实现全省优势出口产品和全国优质外贸服务的聚集，推动湖南优质产品走向世界。推介会上，参与活动的出口企业详细了解湖南出口产品集聚区的政策优势和外贸服务功能，有 300 余家出口企业与湖南高桥大市场签订入驻湖南出口产品集聚区意向协议。市场采购贸易方式长沙专场推介会，是湖南省市场采购贸易方式首场推介会，此后将陆续在益阳、怀化、郴州等地开展 24 场推介会。市场采购贸易方式，作为一种为“多品种、多批次、小批量”量身定制的新型贸易方式，受到湖南出口企业的推荐。高桥大市场从 3 月 19 日走单以来，截至 8 月 23 日，累计放行市场采购贸易出口货物 3189 票，总金额 2.65 亿美元，折合人民币 17.8 亿元。

（本栏撰稿　何梦秋）

境外经济技术合作

【概况】 2019 年，长沙地区累计新增境外投资项目 53 个，累计投资总额 8.17 亿美元，其中长沙方合同投资额 7.47 亿美元。项目分布在泰国、越南、柬埔寨、印度尼西亚、美国、德国、乌干达等 28 个国家和地区，涉及机械设备制造、汽车制造、医药制造、食品加工、商业服务等行业。在国际贸易摩擦加剧，外部风险和不可控因素叠加的情况下，长沙市境外投资质量提高，对外投资总量逆势走高。2019 年，长沙市累计新增对外投资项目个数虽较 2018 年减少 1 个，但对外投资总额、长沙方合同投资额提升，分别比 2018 年增长 33.3% 和 66%。

【“一带一路”投资合作】 2019 年，长沙市对“一带一路”国家和地区投资主要投向泰国、越南、柬埔寨、印度尼西亚、新加坡等国家，新增项目 32 个，累计对外投资总额 5.06 亿美元，其中长沙方合同投资额 4.93 亿美元，占比分别为 60.4%、61.9% 和 66%。主要涉及机械设备制造业、纺织服装业、服务业、农副食品加工业、贸易等行业。

【跨国并购】 2019 年，随着国家对海外并购监管力度的加大，海外投资并购有所降温。长沙市仅有 4 个并购项目，较 2018 年减少 1 个，累计投资总额 1.81 亿美元，比 2018 年下降 35.13%。较大的并购项目均体现在医疗领域，其中最大的项目是爱尔眼科医院集团股份有限公司投资 11520 万美元在新加坡并购设立的 ISEC（国际眼科中心）眼科集团。

【对外投资结构】 2019 年，长沙市对外投资产业门类广泛，涉及制造业、商务服务业、建筑业、农林牧渔业、建筑业、仓储业、医疗卫生、贸易等行业，其中服务业和制造业是企业对外投资的热点领域。2019 年，长沙市对外投资主要流向制造业和医疗卫生领域，占比分别为 29.5%、21.1%。随着国家政策的调整，对投资真实性、合规性审核加强，长沙市非理性投资得到遏制，房地产、酒店及娱乐等限制类的对外投资没有新增项目。

【境外经贸园区建设】 2019年，阿治曼中国城、东帝汶农业高新技术开发区、北欧湖南农业产业园3家省级重点境外经贸园区的建设推进。阿治曼中国城被商务部认定为首批国家级国际营销服务公共平台。老挝炫烨现代生态农业产业园和柬埔寨尔康产业园的基础设施建设逐步完善，招商推介力度加大。中波国际产业园、乌干达湖南产业园建设推进。

【对外承包工程】 2019年，长沙地区（含省管企业）对外承包工程保持稳定发展，全年新签合同56份，与2018年基本持平，累计新签合同额12.21亿美元，完成营业额29.06亿美元。非洲承包工程市场潜力释放。长沙市企业开拓非洲市场，全年新签合同额11.38亿美元，比2018年增长93.34%。除阿尔及利亚、乌干达、尼日利亚等重点国家外，科特迪瓦、喀麦隆、马达加斯加等新兴市场实现较大发展，新签合同额逾5000万美元以上。“一带一路”沿线对外承包工程规模扩大。“一带一路”沿线多为中等收入国家，交通、电力基础设施建设空间较大，受各国工业化、城市化进程加快的拉动，相关需求得到激发。长沙市对外承包工程企业参与“一带一路”沿线市场基础设施和互联互通建设的力度加大。2019年，长沙地区企业在“一带一路”沿线新签合同额8.98亿美元，完成营业额17.08亿美元，比2018年增长分别为7.25%、17.94%，占所有地区比重66.69%、57.4%。对外承包工程龙头集聚效应明显。在长沙央企、湘企等大型企业凭借在市场开拓和经营中的资源整合优势成为对外承包工程主力，龙头集聚效应凸显。2019年，长沙地区22家对外承包工程企业有业绩，其中完成营业额前五的企业合计完成23.92亿美元，占比82.31%。水电八局全年完成营业额逾10亿美元。商务部公布的2019年中国对外承包工程业务完成营业额前100家企业中，长沙市3家企业入榜。

【对外劳务合作】 2019年，长沙市对外劳务合作经营企业16家，累计外派劳务33274人次，年末在外23598人。全市对外劳务合作主要分布在安哥拉、尼日利亚、马来西亚、日本、德国等地，主要涉及制造业、建筑业、住宿和餐饮业、护士护理等多个行业。全市在“一带一路”沿线和非洲地区派出人数占比分别为43.16%、28.32%。除建筑劳务仍占主要部分以外，外派高级技术人员比例逐年增长，专业技术人员、高级护理、管理人员等高层次行业市场扩大。对外劳务合作企业与高校联动，拓宽高端人才输出渠道，提高学生就业机会，减轻国内就业压力。长沙市对外劳务合作企业主动参与精准扶贫工作，促进贫困劳动力就业意愿、就业技能与就业岗位精准对接，全年派出国家级、省级贫困县人员近700人次，其中建档立卡人员100余人次，实现贫困地区和劳务经营单位的共赢。

【首届中国—非洲经贸博览会】 2019年6月27—29日在长沙举办。中共中央政治局委员、国务院副总理胡春华出席开幕式，宣读习近平主席贺信并致辞。乌干达总统穆塞韦尼、佛得角副总理科雷亚、索马里副总理古莱德出席开幕式并发表主旨演讲。省委书记、省人大常委会主任杜家毫致辞，省委副书记、省长许达哲主持开幕式。商务部副部长钱克明致辞。塞内加尔贸易和中小企业部部长迪亚塔、联合国工业发展组织总干事李勇、世界贸易组织副总干事阿加、北京大学新结构经济学研究院院长林毅夫先后发表演讲。国务院副秘书长孟扬，国务院国资委党委书记、主任郝鹏，山西省委副书记、省长楼阳生等领导，53个非洲国家代表、非洲国家驻华使节、相关国际组织代表参加开幕式。出席开幕式前，胡春华参观中非经贸博览会的部分展馆。26日，胡春华分别会见乌干达总统穆塞韦尼、佛得角副总理科雷亚和索马里副总理古莱德，就加强共建“一带一路”合作、落实中非合作“八大行动”等交换意见。中非经贸博览会由商务部和湖南省人民政府共同主办，长期落户湖南，每两年举办一届。博览会以“合作共赢，务实推进中非经贸关系”为主题，聚焦贸易促进、投资推介、农业技术、能源电力、合作园区、基础设施及融资合作等重点领域开展系列活动，53个非洲国家以及联合国工发组织、粮食计划署、世贸组织、非洲联盟等国际组织参会。开幕式后，举行重大项目签约仪式，现场签署项目13个，涉及8个非洲国家，总金额逾25亿美元。会议期间，外宾1600余名、内宾5000余名以及3500余名境内外参展商、采购商和专业观众参会，规模逾1万人。实现53个建交的非洲国家和国内31个省份、新疆生产建设兵团的全覆盖。联合国工发组织、世界贸易组织等10余个国际组织和机构、8家金融机构、150余家一级央企及其子公司、近800家国内行业重点企业代表参会。中非地方政府、国有及民营企业、金融机构、商协会，以及非政府组织，坚持共商共建共享原则，共同签署84项合作文件，涵盖贸易、投资、基础设施、农业、制造业、航空、旅游、友城等领域，涉及金额208亿美元。

【阿治曼中国城被认定为首批国家级国际营销服务公共平台】 2019年9月，商务部对外贸易司对境外的百余个国际营销服务公共平台进行综合评定，阿治曼中国城等6个平台成为首批国家级国际营销服务公共平台。获认定的另外5个平台分别是北京、上海、广东、浙江、山东在外设立。阿治曼中国城是湖南省设立的首批省级境外经贸合作区之一，始建于2010年10月，2014年扩建。由长沙企业湖南博深实业集团在阿联酋阿治曼酋长国投资、建设、运营和管理，经营各类中国商品逾万种。截至2019年上半年，该园区入驻企业逾2100家，其中中资企业1700余家，带动当地就业人员逾1万人，年产值逾20亿美元。阿治曼中国城接下来主要从两个方面进行转型升级：加快规划建设中国城二期项目，与一期项目共同推动阿联酋经济增长，促进中阿经贸交流更上一个台阶；提质升级布局全球，将成功模式复制推广。

【湖南（长沙）装备与制造走进柬埔寨展览展示活动】 2019年11月19—21日在柬埔寨金边举行。活动由湖南省商务厅、长沙市人民政府主办，长沙经开区管委会、长沙高新区管委会、湖南红星国际展览有限公司承办，长沙市商务局局长高伟主持。柬埔寨王国商业部国务秘书春达拉、湖南省商务厅厅长徐湘平、湖南省商务厅巡视员罗双锋、长沙市人民政府副市长谭勇等出席活动，各商协会和中柬双方企业代表参加活动。三一重工、中联重科、山河智能等32家企业携起重机、挖掘机、钻机等设备在展览会上集中展示湖南（长沙）装备与制造新技术新成果，加强中柬双方在装备与制造、电力、经贸投资等领域的交流和务实合作。在中国（湖南）装备与制造走进柬埔寨投资博览会暨项目签约仪式上，三一重工挖掘机采购项目等15个项目签约，签约金额13.92亿美元。（本栏撰稿　何梦秋）

2019年11月19日，湖南（长沙）装备与制造走进柬埔寨展览展示活动启动仪式在柬埔寨金边举行　市商务局　供图

经贸促进

【概况】 2019年，长沙市贸促会创新工作理念，发挥职能作用，完成各项工作。

“2019国际商事法律合作论坛” 11月26—28日，52个国家和地区185名外宾，共1000余人参会。“论坛”设开幕式、全体会议和3个分论坛，并专门设立日本、非洲和墨西哥3个国别专场推介会，尼泊尔、黑山、日本3场企业交流对接会，3场会见活动，2场媒体专访，4项考察活动。会议达成现场签约项目3个，金额8亿元，签署合作协议16个，达成合作意向12个，发布研究成果3个。

区域合作　中国国际商会“中日韩企业交流中心长沙分中心”挂牌。中国国际商会批准设立“中日韩企业交流中心长沙分中心”并挂牌市贸促会。为该中心在中部地区设立的第一个分中心，是在国内的第二家分支机构，为中日韩三国工商界提供信息互通、项目对接和技术共享服务。引进“律回网”总部落户长沙。促成全国唯一的商法服务平台“律回网”与湘江新区、市贸促会、岳麓区签署总部落户合作协议。该平台落户后，与“国际商事法律合作论坛”同步配套，形成线上线下联动机制，为打造国际商事法律服务产业基地、推进国际商事法律和国际商务服务产业建设奠定基础。继续服务kilimall总部项目。在引进非洲电商平台kilimall落户湘江新区的基础上，推进kilimall承担中非经贸（网上）博览会建设和运营等相关工作，并与工商银行、浩通集团、株洲服饰协会、邵阳假发协会、湖南婚嫁协会、中国建机联盟、醴陵陶瓷企业等签订战略合作协议，使kilimall升格为全国对非合作交流及企业走进非洲的重要载体和平台。开展日本高端制造企业信息调研和项目储备。高效采集日本在全球智能制造等方面的企业信息202家，匹配分类与长沙22条产业链衔接，为园区精准招商铺路。

贸促服务　提升涉外商事法律服务质效。牵头办理省政协委员和市人大代表提出“把长沙建设成国际商事法律服务产业之都”的提案建议，回应社会关切，主动对接司法、教育、文旅等各部门，多方协调、恳谈座谈、实地调研，推进“一网（引进律回网）、一平台（办好‘法律论坛’）、一机制（定期实务培训）”建设，出实招，办实事，助推长沙涉外商事法律服务产业建设，被誉为长沙市人大经典建议办理案。“长沙企业海外利益保护促进会”成立。是全国第一家由地方企业自发组建的、专门致力于保护地方企业海外利益的民间社团组织，是长沙市所有在海外开展投资与经贸活动的企业第一次联合发声。加强政策扶持、涉外法律援助和信息咨询工作。精准对接外贸业务和企业需求，全方位、多角度、大范围地提供服务。全年开展3轮专题讲座，培训企业1000余家次，受理咨询360件，发布经贸信息36期，审查合同60余份，处理纠纷5件，发放市场开拓补助资金150万余

元，帮助企业提高开拓国际市场能力和抗风险能力。

组织活动　深入服务“一带一路”建设。引导企业开拓多元化市场，全年组织140余家企业参加20批次的国际展会及经贸活动，实现签约项目5个。通过“2019中国（长沙）国际工程机械展览会”“‘一带一路’绿色博览会”等平台，组织40家企业参加7个重点境内展博会和经贸活动。服务长沙城市国际化。利用国际经贸对接平台，做好长沙专场推介活动。在北京延庆举办“2019年北京‘世园会’长沙主题推介活动”，多个国家的200余名嘉宾出席。推介会聚焦城市旅游推介、绿色产业推介2个板块，向世界推介农林休闲文旅绿色产业，展示长沙市生态文明建设成果，凸显长沙山水洲城的城市特色。深化对外经贸交流。加强同世界各国、地区政府和商协会的交流合作。专程到埃塞俄比亚、南非、乌干达等国拜会政府机构、友城、学校和商协会，与10余位外国高层政要会谈，召开、参与经贸合作推介会2次，座谈会及企业精准对接会12次，实地调研考察企业9家，与近百名知名企业高管对接交流。拜访中国贸促会日本代表处，乌干达、柬埔寨湖南总商会、埃塞俄比亚中国工业园商务代表处、“德国中小企业联合会”驻武汉办事处，推进长沙市与“一带一路”沿线国家的贸易畅通和民心相通。加强与全国贸促机构的交流与合作，接待新疆、河北张家口市等贸促机构的到访，与张家口市贸促会签署《战略合作框架协议》。

【“对非合作三年行动计划”落实】2019年4月27日—5月5日，受市政府派遣，长沙市贸促会率经贸代表团到非洲乌干达和埃塞俄比亚两国考察，出席8场经贸交流活动，特别是参加第三届“埃塞俄比亚2019中国贸易周”（以下简称“中国贸易周”）。“中国贸易周”接待观众5000余人次。展区面积、参展商数量、人流量和观众质量均优于往届，是当地最大规模和最有影响力的综合性经贸活动。市贸促会发动组织8家企业参展，占全省参展企业的67%，有7家企业是第一次到非洲参展。参展企业涵盖太阳能新材料、汽车零部件、工业制冷、化工、水泵和互联网文创等行业，市贸促会在组织参展时考虑当地的发展现状和需求，专门为非洲市场量身打造，使参展产品和服务接地气、受青睐。据统计，“中国贸易周”期间，长沙参展企业接待观众2000余人次，收获意向客户92家、代理商6个，现场销售10万余美元。初步谈妥埃塞俄比亚特莱克州“农场光伏灌溉系统项目”1个，该项目规划面积300公顷，第一期投资100万美元以上。

【“长沙市企业海外利益保护促进会”成立】2019年8月10日，全国第一家致力于保护企业海外权益的民间社团组织“长沙市企业海外利益保护促进会”（以下简称“海促会”）成立并召开第一次会员大会。三一集团有限公司当选为会长单位。海促会有会员单位48家，海外投资和经贸活动涉及20余个国家和地区，产品与经贸合作涉及工程机械、生物医药、电子信息等产业领域。海促会主管部门为长沙市贸促会。随着中国企业“走出去”的规模日益扩大，海外利益的迅速增长，特别是“一带一路”倡议的迅速推进，海外利益保护成为当前国际投资和贸易高度关注的核心问题。当前国际局势复杂多变，经贸领域“保护主义”“霸凌主义”抬头。为应对和化解风险挑战，适应形势发展的需要，市贸促会回应企业需求，倡议成立“海外利益保护促进会”，获大批有实力企业的响应。海促会成立后，致力于促进和保护长沙企业的海外利益，整合企业投资贸易者在国外的各类人脉资源，发挥贸促联络的渠道优势，依托境外商协会和国际法律机构，建立起国际商事法律服务同盟，为长沙企业的境外安全和风险管理提供及时有效的服务。

【“律回网”总部落户长沙】2019年7月31日，湖南湘江新区、长沙市贸促会、岳麓区政府与国内唯一的涉外商事法律服务平台“律回网”签署合作备忘录，标志着“律回网”总部落户长沙。“律回网”是中国贸促会支持的，由江苏律回网络技术有限公司、中贸在线（北京）信息技术有限公司建设的国内领先的涉外商事法律服务平台和国际商事法律合作论坛同步配套服务平台。该平台开启中国政府引导、社会专业力量参与，利用大数据、物联网、移动互联网、云计算等新一代信息技术的涉外法律服务模式创新，致力于企业“走出去”，提供以国际商账追收为核心，包括法律政策解读、国际律师服务等涉及企业国际投资贸易全过程的涉外法律服务产品，为企业开拓国际市场量身定制最佳解决方案。“律回网”汇聚涉外律师2000余名，与美国等90余个国家和地区的律所、法律咨询等专业法律服务机构建立长期的合作伙伴关系，特别是与英国CCI、Sinosuer、美国道琼斯Dow Jones、德国中普恒Ecovis、金杜、麦坚时等26家知名国际商事服务机构以及中国出口信用保险公司、新加坡仲裁中心SIAC、泰国仲裁中心建立战略合作关系。长沙市贸促会落实省市人大政协重点提案建议，以举办国际商事法律论坛、引进平台公司、建设成国际商事法律合作产业基地等为载体，以法律沟通、法商融合、国际合作为主线，挖掘和寻找符合长沙外向型经济发展的优质项目，为引进龙头平台公司“律回网”提供服务。“律回网”等国际法律服务机构入驻湖南湘江新区，实现国际仲裁、知识产权保护、信用认证、金融等多种上下游产业齐聚长沙，引领长沙涉外法律服务业的高质量发展，推进国际投资贸易便利化。“律回网”落户长沙，标志着长沙总部经济的外向度进一步提高和现代服务业的更高质量发展。同时湖南湘江新区和岳麓区将有效利用“律回网”的资源优势，扩大国际视野，吸引投资兴业，补齐外贸短板。

【中日韩企业交流中心长沙分中心入驻挂牌市贸促会】 2019年11月28日，中国国际商会“中日韩企业交流中心长沙分中心”获批成立，并在“2019国际商事法律合作论坛”召开期间授牌。继中国贸促会长株潭法律服务中心成立后，又一国际性区域经贸交流机构入驻长沙挂牌长沙市贸促会。也是该交流中心在国内的第二家分支机构。“中日韩企业交流中心”是经中国贸促会批准，在中国国际商会设立的专业化服务机构，主要为中、日、韩三国工商界提供信息互通、项目对接和技术共享服务。与日韩主要商协会建立业务合作关系，开展经贸交流活动，促成数家企业与日本企业达成合作项目，为促进东亚经贸合作做出贡献。分中心的成立，为活跃长沙与日韩经贸交流合作搭建新平台。根据“批复”要求，分中心将立足日韩产业特点和长沙产业链发展需求，加强与驻华日、韩使领馆和日、韩企业的对接和交流活动，密切三方经贸往来、产业对接，促进务实合作。

2019年11月26—28日，“2019国际商事法律合作论坛”在长沙市举办

市贸促会　供图

【2019国际商事法律合作论坛】 2019年11月26—28日在长沙举办，由中国贸促会主办，长沙市人民政府、中国贸促会商法中心联合承办，长沙市贸促会执行承办。52个国家和地区的政府部门、工商界和法律界代表1000余名嘉宾参会，其中外宾185名。全国政协、中国贸促会、湖南省政协、新加坡律政部兼卫生部和长沙市政府副市长邱继兴、市政协副主席彭继球等领导出席论坛活动。中央电视台、新华网、人民网、《法制日报》等中央媒体和《湖南日报》、湖南卫视等媒体进行报道。

论坛主题为“互学互鉴，共进共赢”，聚焦“法律沟通、法商融合、国际合作”三大主线，设置八大板块。议题涵盖贸易投资法律政策、国际商事争端解决、知识产权保护、企业合规等法律热点，包括贸易便利化、国别营商环境、外商投资保障等政策指引，涉及全球经济治理体系调整变革背景下国际规则重建、“一带一路”法律保障等各方关切的议题。专门设立日本、非洲和墨西哥3个国别专场推介会，尼泊尔、黑山、日本3场企业交流对接会，3场会见活动，2场媒体专访，4项考察活动。参会代表分别到浏阳经开区，三一重工、远大集团和中联重科、华曙高科等企业考察对接，并到“三馆一厅”等处感受长沙特色，展现长沙速度和长沙品质。日本专场，中国国际商会“中日韩企业交流中心长沙分中心”揭牌，挂牌长沙市贸促会。长沙市贸促会与日本东海日中贸易中心签署合作协议。非洲专场，签约3个项目，签约金额8亿元，涉及非洲电解铜、再生塑胶粒、东部非洲港口码头物流项目等。墨西哥专场，达成汽车、能源、医药领域及相关法律服务合作协作9个。中国贸促会商法中心、“律回网”与中国人民大学和10家境外法律机构签署合作协议11个。湖南省律师协会与2个境外法律机构达成系列合作意向。中外企业对接高速公路、购物中心建设、在线支付软件、矿业投资等大型项目，达成初步意向。论坛发布《中国年度企业合规蓝皮书》《“一带一路”国家与地区的法律环境与法律风险》《合规管理专业人员新职业报告》3项研究成果。

（本栏撰稿　易　彬）

开发区

DEVELOPMENT ZONE

编辑　刘盼盼

综　述

【概况】　2019年，长沙市园区规模工业增加值增长12.9%，高于全市3.8个百分点，增加值占全市的比重突破60%；工业投资增速11.3%，高于全市0.4个百分点；重大产业项目投资，税收分别占全市的70%和80%左右。2019年，长沙市有5个国家级园区，7个省级园区。园区规模工业企业数1568家，占全市比重约为52%；新引进的投资50亿元以上的重大产业项目均落户园区。长沙高新区、长沙经开区产值均逾千亿元。

全年新开工项目522个，计划总投资3473.27亿元，当年计划投资615.88亿元，其中，亿元以上项目277个，计划总投资3397.75亿元。截至12月新开工项目完成实际投资495.81元。新竣工投产项目216个，实际完成投资302.2亿元，其中，亿元以上项目64个，实际完成投资264.65亿元。

【园区改革发展】　2019年，长沙市制定《长沙市人民政府办公厅关于促进园区改革和创新发展的实施意见》，促进园区转型提质发展；推动长沙高新区和长沙经开区获批相对集中行政许可权改革试点，实现园区“一枚印章管审批”；探索园区政企分开、政资分开，各园区均成立市场化经营的国有平台公司，管委会与公司逐步实现行政职能与经营职能分离；制定《长沙市规范工业地产发展管理办法》，进一步规范长沙市工业地产的发展，实现集约节约用地；牵头研究制定《园区“腾笼换鸟”工程项目实施方案》，与国家开发银行湖南省分行合作推进园区低效用地二次开发；组织国开行与园区召开项目对接会；浏阳高新区获批国家新型工业化资源循环利用（再制造）产业示范基地，长沙高新区（中电软件园）获批省级新型工业化工业互联网特色产业示范基地，岳麓工业集中区获批省级新型工业化检验检测特色产业示范基地；制定《2019年度长沙市园区绩效考核项目认定管理办法》，纳入全市园区绩效考核。

【长沙市重大产业项目建设流动观摩会】　2019年12月11—12日，长沙市重大产业项目流动观摩会举行，省委常委、市委书记胡衡华，市委副书记、市长、湖南湘江新区党工委书记胡忠雄与各区县（市）、园区和市直部门负责人，调研了长沙市内15个重大产业项目，实地观摩、督导全市项目建设推进工作。市领导程水泉、文树勋、蔡亭英、夏建平等参加观摩。2019年，长沙坚持高质量发展的方向不动摇，聚焦“两个年”精准发力，紧盯产业链建设不放松，以项目稳增长、促转型、强后劲，深化供给侧结构性改革，为推动高质量发展积蓄充足能量，奠定坚实基础。1—11月，全市重大项目累计完成投资3680亿元，占年度计划的109.5%，提前一个月超额完成年度计划。

（本栏撰稿　周　妮）

国家级开发区

·长沙高新技术产业开发区·

【概况】　2019年，长沙高新技术产业开发区（以下简称“长沙高新区”）实现企业总收入2276亿元，增长18.6%；实现规模工业总产值928.6亿元，增长17.3%，规模工业增加值236.2亿元，增长13.5%；完成全社会固定资产投资279.4亿元，增长28.5%；实现高新技术产值1324亿元，增长11.8%；财政总收入210.8亿元，其中，一般公共预算收入116.8亿元，增长14.3%；完成进出口总额50.1亿美元，增长46.6%，位居全省十强园区之首。在全国169个国家级高新区综合排名提升到第11位，完成自2016年以来每年向前挺进一位的纪录。

产业结构调优　主导产业持续壮大。全年“两主一特”产业实现产值763.8亿元，其中先进制造业增长55.2%，电子信息产业增长25.9%，对全区经济增长贡献率为80%以上。移动互联网产业迅猛发展，举办第六届移动互联网岳麓峰会，新引进移动互联网企业3100家。智能制造优势突出。推进信息技术与制造业深度融合，新增3个国家级智能制造示范试点，2个省级智能制造项目，27个市级智能制造试点示范企业（项目），累计市级以上试点示范项目138个，获批数量位居全省第一位。新兴产业蓬勃发展。被评为市级人工智能产业集聚园区，成立全省首家工业互联网协会，聚集人工智能企业175家，16家企业入选长沙市人工智能重点企业名单，占全市60%。发展商用密码产业，全国首个地方商用密码产业示范基地揭牌运营，汇聚全省80%以上商用密码企业。加快推进区块链产业园建设，设立5亿元区块链创新产业基金，成立区块链技术应用行业协会。加快发展自主可控及信息安全产业，继北京之后，新获批全国第二家网络安全产业园区。

项目建设　全年签约引进重大产业项目74个，其中总部项目和区域总部40余个，合同投资额1474.78亿元，增长104%，在项目总量、招商质量、投资体量等方面均创历史新高。其中，投资过千亿元项目1个（中联智慧产业城），投资过100亿元项目1个（三安长沙产业园项目），投资过10亿元项目6个。产业链招商叠加效应初显，全区18条产业链引进项目60个，五大牵头市级产业链引进项目225个，总投资2255.8亿元。项目建设进展顺利。全年铺排工业项目77个，实现新开工项目30个，新竣工项目22个。其中，通达电磁能等3个项目实现“年内开工、年内竣工、年内投产”，天际汽车、中电科装备、桑顿科技等5个项目实现“年内开工、年内竣工”，项目开工数、竣工数和投产数，为近3年来最好水平。在项目引进与建设上，开工、实投及形象等方面稳居全市园区第一位，天际汽车项目在全市15个观摩项目中为高新区获得第二名的好成绩。重点项目推进有力，中联智慧产业城项目顺利开工建设，土方机械区近3万平方米厂房基础出正负零；三安长沙产业园项目签约后不到两个月便实现强夯机械进场施工；桑顿科技、杉杉能源、信息安全园等省“5个100”项目实现主体封顶，进入设备采购或安装阶段。征拆安置强力推进。全年完成拆迁项目40个，拆迁面积518.4公顷，拆除房屋1284栋，拆迁人口4899人。中联智慧产业城首开区10天签约191户；常益长铁路9天完成59.33公顷、198户私房签约，12月15日全市率先清表；平安小学6天签约131户，新能源产业基地7天腾地58公顷，桑德二期9天完成签约清零。三安长沙产业园一期40公顷5天完成从动员会到签约清零、3天完成倒房、30天完成清表交地。保障房建设有序推进，1个完成交付，6个建设顺利、5个列入年度新建。全区完成安置2600人，移交门面11.2万平方米，麓谷、东方红街道历时十年的安置遗留问题得到解决。全年完成征地229.67公顷，出让经营性土地14宗，实现土地收入96.96亿元，创历史新高。

营商环境　率先全市园区推行“一枚印章管审批”，率先全市实行告知承诺制审批，率先全省试点推行个体工商户全程电子化登记。全年实现“就近办”162项，“一次办”“网上办”比例99%，全面实现群众办事“一张表单、一门进出、一窗受理、一网通办、一次办成”，“一件事一次办”办理卷宗7万件，办件数量、质量、效率排名全市园区首位。整合优化行政审批流程，减少前置条件，加快推进“互联网+政务服务”，行政审批效率大幅提升，实现1天企业开办、1天工程规划领证、10天施工许可。政策兑现稳信心。加快落实减税降费政策，推行养老保险缴费费率试点政策，免除“企业开办、工业项目报建、规划建设审批技术审查”等3项行政收费，减税降费20.36亿元。全面兑现惠企政策，在2019年的政策兑现大会上累计兑现政策奖励资金21.94亿元，增长25.6%，914家企业获4724项政策支持。实施“企业帮扶新三年行动”，筛选500家企业进行重点帮扶，共收集问题556个，销号556个，销号率100%。权益保护落实处。搭建园区法律公共服务平台，率先全市成立劳动仲裁巡回庭、律师调解中心，为企业提供法律咨询和法律援助，保障企业家和企业合法权益。处置大邦生物、中光通信等一批困扰多年的经济纠纷案件。在全市园区营商环境指数测评中，长沙高新区获第一位。

创新驱动　全年新增各类商事主体8576家，其中新增企业6726家，增长22%，平均每天新增企业19家。新认定高新技术企业424家，高企总数1107家。企业上市成效突出，力合科技、远大住工上市，威胜信息科创板上市过会待发，为湖南省企业上市实现“三破零”，全区上市企业总数44家，占全省41%；培育上市后备企业20家，位居全省第一位。创新平台高效升级。新获批国家级创新平台3个、省级平台24个、市级平台11个，全区累计建成省级以上创新平台646个，其中国家级平台80家，院士工作站38家，博士后工作站35家，总数排在全省园区首位。创新人才集聚领先。9人入选国家“万人计划”，4人入选国家“科技创新创业人才”；25人入选省级人才计划；37人入选首批市高精尖、紧缺急需人才，占全市64%；216人入选长沙市ABCD四类人才，约占全市50%。全区各类人才拥有总量20万人，位居全省首位。创新能力持续提升。连续4年发布“麓谷创新指数”，总指数呈持续增长态势。加大研发投入，全区规模工业企业研发经费占规模工业增加值15.8%。率先全市开展企业知识产权托管，实现专利申请4808件，其中发明专利申请2398件，专利授权2892件。新引进投融资机构61家，新增机构注册资金224.2亿元，近3年为1394家企业提供贷款411.2亿元。

园区建设　推行社会救助“一门受理、协同办理”服务机制，发放最低生活和特困供养人员保障金505.8万元，全年拨付民生保障资金1808万元。新增就业9112人，完成全年目标任务的106%，城镇登记失业率远低于全市；新增参保企业1708家，被征地农民及时纳入社保1736人，社保扶贫、健康扶贫均实现应保尽保。加快城市道路建设，完善城市交通网络，岳宁大道等12条道路建成通车，规划的“十纵十横”路网框架已建成“九纵四横”。深化“一圈两场三道”建设，建成“15分钟生活圈”项目37个、停车场项目4个、农贸市场项目2个。启动和润园、和麓园等一批老旧小区提质改造，完成城市棚户区改造280户。推进7个保障性住房项目建设，助力拆迁群众实现“安居梦”。加快5个教育设施配套建设，率先全市消除大班额。开展蓝天保卫战，率先全市实现油烟净化治理全覆盖，园区“散乱污”企业全部清零。社会治理进一步优化。开展“十大平安”、“八零”竞赛等平安创建活动，开展社会治理创新试点，建设环境在多年保持优良纪录基础上再创新优，阻工行为比2018年下降93.3%。雷锋派出所被评为全国公安机关“枫桥式”派出所，高新区连续4年实现全国“两会”期间信访工作“三零”，全年实现零群体性事件、零极端恶性事件、零暴恐事件目标。

【中联智慧产业城项目建设】　2019年7月21日，中联智慧产业城项目投资建设合同签约仪式在长沙高新区管委会举行。长沙高新区党工委书记周庆年、管委会主任谭勇，中联重科董事

2019 年 7 月 21 日，中联智慧产业城项目启动建设　　段欣妤　供图

长兼 CEO 詹纯新等出席签约仪式。双方共同签署《中联智慧产业城项目投资建设合同》，标志着该项目进入建设的实质性落地阶段，代表双方合力打造的全球规模最大、品种最全的工程机械和农业机械的综合产业基地项目全面启动。8 月 31 日，中联智慧产业城挖掘机械园区开工，挖掘机械园区将按照国际标准打造智能化的生产线和管理平台，依托数据分析、自动控制和人工智能等先进技术，绿色高效地制造出高品质的挖掘机产品。建成后将实现年产能 3.3 万台，年产值 200 亿元。挖掘机械园区将采用人工智能、工业互联网等先进技术，对工厂、产品、市场等业务领域进行智能化升级，对研发、营销、服务、管理等业务模式进行数字化转型，实现对生产全过程的实时监控、优化调度与价值挖掘，高效率地生产出高性能、高质量的产品。

【2019 首场长沙高新区中意技术合作推介会】　2019 年 3 月 28 日，2019 长沙高新区中意技术合作推介会在高新区管委会召开。活动由长沙市科学技术局、长沙高新区管委会指导，长沙高新区创业服务中心、中意技术转移中心湖南分中心主办，意大利马尔凯驻中国办事处、长沙高新区对外科技交流中心协办。活动邀请 48 家来自环境保护与治理、绿色建筑、新能源技术、车辆工程等领域的中意企业参加。

【在全省率先试点推行个体工商户全程电子化登记】　2019 年 5 月 24 日，湖南省市场监督管理局批复长沙高新区开展个体工商户全程电子化登记试点，是继企业登记实现全程电子化后又一项惠民便民举措，即在保留传统登记方式的同时，辖区内的申请者可以通过登录“湖南省企业登记全程电子化系统”，根据系统提示进行用户注册、网上填报登记信息、身份认证并在线签名后即可提交资料，有效打破了注册时间、空间的限制。2019 年，17 户个体户通过电子化登记领到营业执照。

【首届廉政法治微电影评选】　2019 年，长沙高新区举办首届“廉政微电影节”，面向全区征集 13 部廉政微电影作品，全部为高新区属部门、街道、长高控股集团、区属学校等单位自编自导自演而成。该次活动围绕廉政主题，结合“不忘初心，牢记使命”主题教育，发挥微电影见微知著、喜闻乐见的特点，宣传发动、优秀评选、剧本编写、拍摄制作，始终贯穿廉政主题，将廉政理念融入活动的全过程。廉政微电影群众投票有 35.1 万人热度、20 万余票数，展现党员的初心、麓谷的形象和高新区的风貌，形成全民参与、崇廉尚洁的氛围。

【园区 23 家企业入选首届全省互联网企业 50 强榜单】　2019 年 10 月 10 日，2019 年（首届）湖南省互联网企业 50 强榜单在长沙高新区揭晓。湖南省互联网协会秘书长李小玲揭晓 2019 年（首届）湖南省互联网企业 50 强榜单、互联网成长型企业榜单、互联网创新型企业榜单。湖南快乐阳光互动娱乐传媒有限公司、中移电子商务有限公司、湖南竞网智赢网络技术有限公司、湖南草花互动网络科技有限公司、御家汇股份有限公司、天舟文化股份有限公司、长沙冉星信息技术有限公司、拓维信息系统股份有限公司、湖南红网新媒体集团有限公司、湖南映客互娱网络信息有限公司位列榜单前十名。联通沃悦读科技文化有限公司、长沙豆芽文化科技有限公司、湖南马上银电子商务有限公司被评为最具成长型企业。八戒科技服务有限公司、湖南土流信息有限公司、湖南机械之家信息科技有限公司被评为最具创新型企业。在 50 强名单中，长沙高新区占 23 席。

【高新技术企业数量逾 1100 家】　截至 2019 年年底，长沙高新区高企总数 1107 家。全年园区组织 5 场高企认定宣传动员或业务指导培训，参训人数 1000 人次。建立园区高企“三库”，即园区有效高企库、2019 年到期需重新认定企业库和高新技术企业后备库。实施高企培育工作。制定长沙高新区 2019 年孵化器和工业地产高企培育实施方案，指导各孵化器和工业地产做好高企宣传、上户、培训和申报工作。结合企业帮扶工作促进企业申高。重点服务做好上市 / 新三板企业、重点招商企业和项目承担单位，产业链龙头企业、瞪羚企业、智能制造试点示范企业和规模工业企业的高企申报工作，完善高企后备企业。

【长沙高新区获批国家级网络安全产业园区】　2019 年 12 月 6 日，工信部下文批复支持长沙创建国家网络安全产业园区。产业园（区）整体规划已由工信部网安中心编制完成并在9月通过工信部专家评审。长沙高新区成为国内继北京之后的第二个国家级网络安全产业园区的核心承载区。

（本栏撰稿　李倩倩）

·长沙经济技术开发区·

【概况】 2019年，长沙经济技术开发区（以下简称“长沙经开区”）完成技工贸总收入4000亿元，增长14.3%；规模工业总产值2426.1亿元，增长7%；规模工业增加值508亿元，增长9%；全社会固定资产投资290.4亿元，增长11.8%，其中工业及生产性服务业投资182.9亿元，下降10.2%，技术改造投入55.9亿元，下降6.7%；财政总收入191.8亿元，增长11.4%，其中工商税收155.5亿元，增长6%；规模以上工业企业研究与开发经费支出90亿元，增长15%，占企业营业收入比重为3.6%；完成进出口总额49亿美元，增长23.4%，实际利用外资7.17亿美元，增长12.7%。主导产业稳中向好，工程机械产业完成产值1358亿元，增长30.6%，占全市75%。骨干企业发展势头良好，三一集团装备板块终端销售额逾1000亿元，跻身全球工程机械前三强；铁建重工成功研制国内首台中低速磁浮智能巡检车，获批“国家级工业设计中心”；山河智能液压静力压桩机被评为国家冠军产品。汽车产业完成产值677.2亿元，下降20.7%，三一智联重卡暨道依茨发动机、索恩格新能源汽车技术全球研发中心暨工业园二期等重大项目相继落地，上汽大众新能源、福田汽车超级中轻卡、奇瑞汽车新能源商用车、吉利汽车等重大项目洽谈稳步推进，汽车产业后劲持续增强。电子信息产业完成产值220.1亿元，增长12.7%。蓝思科技与全球知名企业达成重大产品配套协议，在显示材料领域领先优势持续扩大。国科集成电路产业园顺利推进，国科微电子加快打造全国芯片设计领域“独角兽”企业，园区获批建设国家“芯火”双创基地。“四新”经济蓬勃发展，星沙区块链产业园获批“湖南省大数据产业园”，引进中国工业与应用数学学会、区块链安全技术检测中心等5大高端平台，入园企业60家，开发科创项目20个。总投资180亿元的三一云谷项目签约落地，有望打造新的千亿元级产业。湖南首个干细胞与再生医学产业园——中南源品干细胞科技园开园。加强商事主体培育，总量11276家，增长49.6%。新研发省、市首台（套）智能制造装备34件，申请专利3000件，授权2100件，获中国专利奖9项。推进创新创业，新建工业地产28万平方米，引进中小微创新企业448家，新增创新平台国家级3家、省级7家、市级1家，三一众创被评为国家级科技企业孵化器。

项目引建　围绕“两主一特”、四条产业链开展精准招商，新引进投资额5000万元以上项目40个，总投资691.3亿元，其中世界500强投资项目3个，中国500强投资项目1个，投资额100亿元以上项目1个，投资额10亿元以上项目12个。三一智联重卡及道依茨发动机，比亚迪IGBT、铁建重工第三产业园、索恩格新能源汽车技术全球研发中心、夸特纳斯长沙产业园、华天光电激光陀螺等重大项目成功签约。重点在谈项目10个，总投资额187亿元。加大“走出去”招商，承办2019长沙国际工程机械展览会、中国国际轨道交通和装备制造产业博览会，举办中国（长沙）—日本（名古屋）汽车零部件供应商投资说明会、长沙市汽车产业链暨德系汽车零部件招商推介会，引进日系车零部件项目4个，总投资10亿元。项目建设高效推进，推行“三制度一梳理”工作机制，以全面压实责任倒逼项目建设进度，70个市重大项目完成投资178.4亿元，完成年计划120%，其中政府类投资项目完成25.1亿元，社会类投资项目完成153.4亿元。国科集成电路产业园、博世新能源汽车部件等33个新建项目开建，蓝思科技黄花生产基地、湘江电缆铜业总部基地等35个续建项目加速推进，广汽三菱发动机及二期扩建、广汽菲克K8等6个项目竣工投产，顶立科技、磐吉奥等7家绿心地区退出企业如期完成搬迁重建。铁建重工地下装备制造项目获住建部“鲁班奖”。创新方式夯实资金保障，积极拓展资金渠道，争取一般政府债券和土储专项债券12.83亿元；协调县财政提前结算税收分成收入和企业扶持资金5亿元；争取三一集团支付10亿元项目保证金；推进四个PPP项目建设，完成投资25亿元，第五个PPP财政部已公示。及时兑现政策资金，落实“减税降费”政策，1200余企业纳税主体获得减税20亿元，500余家企业减缴社保费约8000万元；兑现工发资金28.5亿元，在未新增政府性债务的前提下，兑现政府承诺，有效保障园区重点工作资金需求。协助企业开展融资，创新推出“金融集市”，协助企业融资16亿元；园区直属金融机构为企业提供担保近10亿元、风险补偿增信贷款近4亿元、发放转贷及小额贷款5亿元，有效解决部分企业融资难、融资贵问题。多管齐下破解土地瓶颈，实施“腾笼换鸟”，8家企业签订收回收购合同，收回土地91.67公顷；安置腾换企业2家，供地17.47公顷，引进投资16亿元。以“拆迁清零”为突破口推进征拆工作，拆除房屋803栋，动迁2419人，腾地414.07公顷。清理整治闲置用地，盘活存量土地105.31公顷。积极申报新增建设用地，批回土地155.67公顷。多措并举推进人才高地建设，以企业需求为导向开展精准引才，开设“人才集市”，引进各类人才1.5万余人，251人入选市级及以上高层次人才。在全省率先提倡“企业技能人才入校”，技能人才培训及职称晋级申报人数领跑全市，市级“十行状元、百优工匠”技能竞赛获奖人数位居全市第一位，获批湖南首批联湘创新创业工作站。出台《技术工人购房贷款利息补贴实施办法》，兑现区本级人才政策扶持资金2200万元。新建公租房7736套，建设任务占全市85.7%。

智能制造　智能制造深入推进，加快实施智能制造中长期发展规划，引进国家级智库中国信通院中南基地，143家区内外优秀服务商进入园区智能制造供给资源池。三一集团启动世界级智能制造“灯塔工厂”工程，蓝思科技“智慧车间”实现6.7万台设备互联互通。园区拥有9个国家级示范企业（含国家专项）、12个省级示范企业（车间）、93家市级示范企业，智能制造试点示范企业产值占园区规模工业总产值40%。完成企业市级智能制造“扩面”20家、入规43家、“升高”108家，15家企业纳入省市拟上市企业库，2家企业获省证监局备案批复。智慧园区建设稳步推进，实施智慧园区中长期发展规划，“一档两库一平台”一期项目完成验收，评为“2019全国智慧开发区建设十大优秀案例”。二期项目重点建设信息仓、工业经济运行分析及企业服务管理系统。大陆集团智慧城市及智能出行示范5个子项目全面启动，应用体系建设取得实质进展。工业互联网平台效益逐步释放，支持工业互联网平台做大做强，树根互联“根云”平台接入工业设备56万台，赋能61个细分行业，成为国际一流、国内领先“双跨”工业互联网平台。推动工业互联网赋能实体经济，通过树根互联“根云”平台改造，蓝思科技长晶炉省电6.2%、成本下降约1000万元；优力电驱研发“新能源智能车物联网云平台”，实现“卖产品”向“卖服务”转型，长沙市场占有率35%。三一集团、山河智能、长城金融被评为2019年国家级工业互联网企业（专项），长沙经开区被评为首批国家级工业互联网产业示范基地，被评为2019年全省“上云上平台”先进园区。

改革创新　体制改革推进，提出改革创新20条举措，出台区县“强园富县”实施方案。按照“派驻改内设、委托改授权、一枚印章管审批”原则，相对集中行政许可权改革试点和机构改革获省、市批准，市派出机构全部调整为内设机构，星沙产业基地和土地储备中心纳入园区管理，新一轮干部竞争上岗工作全面展开。创新选人用人机制，推进干部年轻化、专业化，开辟管委会与直属企业双向交流通道，激发干部队伍活力。服务效能大幅跃升，组织开展《优化营商环境条例》和“双对标”学习落实活动，围绕“学、快、优、实”精准发力，企业全生命周期服务能力不断提升。在全省率先推出企业开办“七合一”套餐4小时内办结，推进水、电、气综合窗改革，工业项目报建承诺时限压缩至23个工作日，172项行政权力事项“一次办”“网上办”比例100%，全程网办率54.1%。工管委领导及相关职能部门包干联点、精准服务企业，践行“一线工作法”，解决企业诉求181个，办结率95.8%。推行土地弹性出让模式，项目拿地成本比同期全年限期土地降低近2/3。推进ISO 9001贯标工作，管理及服务效能不断提升。公共配套持续完善，铺排基础设施项目108个，完成投资49.7亿元。落实市“一圈两场三道”、新三年造绿大行动，建成人行道23.1千米、自行车道30.2千米、停车场1个，新增绿地面积40万平方米。蓝田路下穿长永高速、长株高速㮾梨东收费站项目完工，东十路下穿长永高速、东十一路上跨长永高速桥梁项目即将竣工，黄兴大道全线贯通。推进电力“630攻坚”，110千伏韶光变进线电缆通道建成，220千伏鼎黄线塔基即将全线交地，泉塘变电站启动建设。引进英国百年名校康礼·克雷格公学，湖南第一师范学院星沙实验学校开建，湘郡未来实验学校新校区、长沙师范学院附属幼儿园主体竣工，优质教育体系逐步建立。出台《长沙经开区穿梭巴士补贴管理办法》，新开通公交线路3条，大众公租房首末站、德普公交首末站投入使用，出行环境持续改善。

环境优化　防范化解重大风险，按照保重点、控总量原则，稳步推进政府化债工作，拨付化债资金4.18亿元，调出关注类债务18.81亿元，确保关注类债务和隐性债务不增加。对2018年度总预算36.8亿元的54个项目进行财政绩效评价，对区属独立核算单位进行财务检查，有效防范和降低财政风险。在精准扶贫方面，帮扶龙山县召市镇项目1840万元、社会救助资金106.6万元；帮扶的开慧村脱贫率98%，入选住建部中国传统村落保护名录。污染防治，工管委主要领导进行13次专题调度，建立主要领导月调度、工管委领导周巡查、“明察暗访”专项督查三项工作机制，对园区87个工地进行多轮全覆盖巡查；投入2200万余元用于环保设施提质、喷雾降尘等工作，指导福瑞印刷等4家企业投入2300万元完成VOCs治理项目，通过补助方式引导企业投入1500万元完成41台锅炉低氮改造并通过验收，全年空气质量优良天数275天，优良率75.3%。统筹推进“黑臭水体”治理，城南污水处理厂扩容（二期）项目投入使用，星沙污水处理扩容（四期）提标项目有序推进，整改双桥港、梨江港流域（雨污分流区）错接、混接点385处，杨家湾撇洪渠综合治理、星沙污水厂扩容提质等项目稳步推进，顺利通过国家生态工业示范园区复查。开展安全生产日常检查和专项行动，工管委领导带队检查企业（项目）435家次，发现问题隐患501个，完成整改463个；部门、单位检查企业2131家次，责令限期整改问题1046个，处罚57起。加强安全生产监管能力建设，区财政完成投入4634万元，比2018年增加244.8%，中心消防站投入使用。工贸、特种设备、消防等重点行业领域保持“零死亡”，安全生产形势总体平稳可控。

【星沙产业基地划转长沙经开区】 2019年12月3日，原长沙县星沙产业基

地管理办公室成建制划转长沙经开区管理交接仪式在长沙经开区举行，标志着星沙产业基地整体划转长沙经开区，由长沙经开区管委会按“园中园”管理模式管理，相对独立运营，实行独立核算，高效助推长沙经开区高质量发展。星沙产业基地2009年7月1日由长沙县委批准成立，由长沙经开区托管，成立以来，依托长沙经开区国家级园区体制、政策、产业、平台和管理等优势，成为崛起于东部的产城融合新典范。截至2019年6月，基地入驻企业260家，其中，独立供地企业51家，规模以上企业29家，世界500强企业2家、上市公司8家。2018年完成规模以上工业总产值98.57亿元。2019年3月，长沙市政府办公厅印发《关于促进园区改革和创新发展的实施意见》，提出原则上按照“一区县（市）一园”的要求，以国家级园区和发展水平高的省级园区为主体，对区域相近、产业相似的园区采取合并、托管等多种有效形式进行优化整合。此次星沙产业基地整体成建制划转，是贯彻中央、省、市关于“一县一园区”政策，理顺园区体制机制改革与创新发展园区管理体制的客观要求，实现“区县一体”、深度融合与协同发展的现实需要。

【中国（长沙）—日本（名古屋）汽车零部件供应商投资说明会】 2019年4月10日，长沙市人民政府主办、长沙经开区承办的汽车零部件供应商投资说明会在日本名古屋举行。三菱汽车工业株式会社、广汽三菱、日本阿斯铁亚、林天连布、泰极爱思、荻原、电装、中央精机等23家汽车零部件供应商代表出席。日本林天连布、荻原、泰极爱思、福州六和4家企业与长沙经开区签约，成为首批进驻广汽三菱汽车零部件产业园的日资企业。

【中国工业与应用数学学会总部办公基地揭牌】 2019年5月18日，中国工业与应用数学学会总部办公基地在长沙经开区揭牌，中国工业与应用数学学会与长沙经开区签署合作协议。中国工业与应用数学学会成立于1990年，宗旨是建立数学界和工业企业界之间的联系、促进数学工作者和工程技术人员以及企业管理人员紧密结合、解决经济发展和技术进步面临的各种数学问题、促进应用数学研究与教育的发展。学会总部基地的落户将推动应用数学研究的全方位落地，与当地企业开展深度合作，助力工业生产创新。

【中国信息通信研究院中南基地揭牌】 2019年6月22日，中国信息通信研究院中南基地揭牌。该基地位于长沙经开区东方智造港，将作为信通院业务发展的区域平台化载体和科研成果实践基地，深度导入电信、互联网、两化融合、信息化应用四大领域研究创新成果，为地方政府和企业提供工业互联网、智能制造、5G、车联网、人工智能、云计算等方面的专业服务。

【长沙市汽车产业链暨德系汽车零部件招商推介会】 2019年7月12日，长沙市汽车产业链暨德系汽车零部件招商推介会在上海举行。上汽大众、博世汽车、大陆集团、德国博泽集团、安通林汽车配件、联合汽车电子、马勒热系统、法雷奥汽车电器系统、宁德时代、均胜电子、琥珀汽车、新吉奥等80余家国内外汽车企业的100余名高管参加此次推介会。

【长沙经开区营商环境指数位居中部第一位】 2019年8月21日，《2019年全国经开区营商环境指数报告》发布，长沙经开区营商环境指数位居中部第一位、全国第八位。上述营商环境指数，通过京东数科的技术支持，分别测算软环境、基础设施、生态环境、商务成本、社会服务、市场容量，分别占30%、10%、10%、20%、10%、20%的权重。2019年上半年长沙经开区工业投资增速为7%左右，是全国的两倍以上。市场主体注册继续实现井喷，增速为50%左右。长沙经开区突出抓好“产业项目建设年”“营商环境优化年”“腾笼换鸟突破年”，1—6月完成投资87.24亿元，完成全年目标的58.84%，超出全年进度近10个百分点。同期园区工业投资增速为7%左右，规模工业总产值比2018年增长10.1%，规模工业增加值比2018

2019年4月10日，中国（长沙）—日本（名古屋）汽车零部件供应商投资说明会在日本名古屋举行　　长沙经开区　供图

2019年11月11日，2019长沙国际工程机械、商用车后市场博览会在长沙举办

长沙经开区 供图

年增长8%，均超出全国平均水平。

【长沙工程机械、商用车后市场博览会】 2019年11月11日，2019长沙国际工程机械、商用车后市场博览会在长沙举办，国内外逾500家工程机械及汽车企业3000余名专业观众参会。涵盖工程机械和汽车产业全系列产品领域，聚焦产业后市场，深度探讨经营模式、线上线下融合、国际贸易、产业升级、新能源、未来趋势等热点话题。吸引卡特等国内外知名工程机械、商用车品牌及中国重汽等知名配套件商家共同参展。

【三一云谷项目签约仪式】 2019年8月28日，三一云谷项目签约仪式在长沙经开区举行。该项目占地面积144公顷，总投资180亿元，为三一集团数字化、智能化转型升级的创新旗舰项目。三一云谷可共享三一集团全球化技术及资源体系，建成后将成为世界籍的智造高地、创新高地、人才高地。计划到2030年聚集3万名高新创意人才，拓展近100万平方米新型研发区域，产值过千亿元。

【上汽大众长沙工厂100万辆车下线】 2019年10月11日，上汽大众长沙工厂实现100万辆车下线。从首辆轿车全新朗逸下线，到5款车型共线生产，上汽大众长沙工厂生产实力和综合实力稳步提升，展现了工厂高柔性生产能力和先进的智能制造理念。

【金融集市新场地启用及上市服务工作站揭牌】 2019年10月30日，长沙经开区金融集市新场地启用仪式及上市服务工作站揭牌活动在长沙科技新城举行。长沙经开区与上海证券交易所、中金公司、国浩律师事务所等机构签订战略合作协议。设立上市服务工作站，为园区企业提供全天候、面对面服务。（本栏撰稿 吴素云）

·宁乡经济技术开发区·

【概况】 2019年，宁乡经济技术开发区（以下简称“宁乡经开区”）实现规模工业总产值727.4亿元、规模工业增加值175.92亿元、固定资产投资262.39亿元、税收24.7亿元，在湖南省133个省级及以上园区年度综合评价排名第五位，全国219个国家级园区综合评价排名第90位，实现新一轮高质量发展的良好开局。提供年度帮扶资金1500万元，对口帮扶湘西州龙山县红岩溪镇1006户4342人实现脱贫，开展千企联千户贫困慰问，助力宁乡市双江口镇檀树湾村脱贫。

产业招商 宁乡经开区全年签约引进项目37个，引资210亿元，其中产业链项目31个，500强企业投资项目3个，上市企业投资项目3个，50亿元以上项目1个，10亿元以上项目3个。重点引进格力冰箱洗衣机基地、小米生态链企业国声声学、台湾进联电子、金时科技等项目。

项目建设 全年铺排重点产业项目59个，实现投资151亿元，格力冰箱洗衣机、国声声学、金时科技等22个项目开工建设，格力大型中央空调、美盈森、好益多乳业、翰坤实业等22个项目竣工投产，将新增产能100亿元以上。成立产业项目服务领导小组，开展“三比三看”和“百日大会战”竞赛活动，组建7个项目服务小分队，推行项目领衔制、问题交办制、限时办结制、督查考核制、讲评通报制，重点推进格力大型中央空调、楚天智能医疗装备、中伟新能源二期、合纵科技4个省“5个100”项目，重点服务十大税源项目、十大开工项目、十大竣工项目，实现一线服务，分线挂图作战，确保常态调度，全年协调解决重点问题160余个。

科技创新 新增2家省级智能制造示范企业（车间），新增19家市级智能制造试点企业，4家企业被评为湖南省绿色工厂。新认定高新技术企业30家，新增授权专利585项，实现技术交易合同成交额3.79亿元，比2018年增长25%。新增38家规模企业，桑铼特获湖南省技术发明奖二等奖。举办食品产业链大会及专家对接活动，重奖科技人才和优秀工匠，兑现奖励2400万余元，引进企业各类科技人才120余名。

平台提质 按照生产、生活、生态“三生共融”理念，打造蓝月谷智能家电产业小镇，高标准规划“一心三园”，全面完成26万平方米标准化厂房、旺宁新村350套人才公寓建设，完成6.9千米道路标准化提质，新建自来水主管4.8千米、燃气管网5千米、蒸汽管网6千米，新增两条新能源公交线路。高家塘、经城变电站竣工投产，中伟新能源二期万伏专线投入使用。征拆完成拔钉清零24户，释放土地206.67公顷；全年新征地42.07公顷，拆迁530户，腾地133.33公顷。全年新增报批用地188.27公顷，办证33宗、面积188.93公顷。投资1.4亿元新建回用水厂，投资1.2亿元开展雨污分流改造，持续推进蓝天保卫战，全年开展巡查执法2000余次，行政处罚300起。新建沩丰公园、南雅游园、馨宁游园3个社区文化公园，全年覆绿120万平方米，新增绿地6.71公顷，建成绿道步道11.4千米，使园区水更清、天更蓝、地更绿。

优化服务　开展“营商环境优化年”活动，实施“无跑腿审批”，推进政务服务“一件事一次办”，全年办结各项审批业务5932件。获湖南省工业项目承诺制审批改革示范试点单位，推行“承诺＋容缺”审批。探索创建“无收费园区”，全年累计为企业节约审批费用3450万余元。组织企业招聘会70余场次，招聘员工2400余人。协调省市人社部门支持养老保险费率下调试点，每年可为企业节约2000万余元。协调长沙市、宁乡市检察院在园区设立两级“检察联络室”，协调长沙市市监局在园区设立“服务产业发展工作站”。

【农科园获批国家农村产业融合发展示范园】　2019年2月2日，国家发展改革委公布《关于印发首批国家农村产业融合发展示范园名单的通知》，宁乡国家农村产业融合发展示范园获得最终认定，成为全国100家首批国家农村产业融合发展示范园之一。宁乡国家农村产业融合发展示范园是依托宁乡国家农业科技园区优势资源创建，示范园核心区面积1666公顷，集中分布于宁乡市城郊、菁华铺、双江口等乡镇，以宁乡全市农业种养基地为依托，核心区周边乡镇范围为示范区，示范区面积3.33万公顷，宁乡市及周边长株潭城市群为辐射区。

【大型食品生产企业体检式预警检查】　2019年7月23日，宁乡市大型食品生产企业体检式预警检查启动仪式暨专家见面会在宁乡经开区创业大楼召开。来自宁乡经开区的20家大型食品生产企业负责人以及16名食品行业专家参加启动仪式，湖南省市场监管局调研员赵子瑞、宁乡经开区党工委副书记黄瑶、长沙市市场监管局副局长金雷出席仪式。宁乡经开区首创食品企业专家体检模式，通过政府招投标的形式，组织湖南省食品质量安全技术协会，对20家规模经济以上食品生产企业开展专家体检式检查，出具全面的检查报告，为监管部门提供一手信息和监管依据。

【南雅蓝月谷学校竣工交付】　8月30日，宁乡经开区南雅蓝月谷学校竣工交付，宁乡经开区党工委书记、宁乡市委书记周辉，宁乡经开区党工委副书记、管委会主任张毅，宁乡市委副书记、市长付旭明等市区领导和市区相关部门单位、园区代表企业及南雅蓝月谷学校全体教职工出席仪式。南雅蓝月谷学校是宁乡园区和名校合作办学的首次尝试。南雅蓝月谷学校由宁乡经开区投资1.6亿元建设，占地5.04公顷，计划开设54个教学班，其中小学36个班，初中18个班，总共可接纳学生约2520人。

【湖南欧标化妆品有限公司投产】　2019年12月19日，湖南欧标化妆品有限公司在宁乡经开区长沙智能家电产业园投产，湖南省药品监督管理局党组成员、副局长覃永忠，宁乡经开区党工委书记、宁乡市委书记周辉，宁乡经开区党工委副书记、管委会主任张毅等参加投产仪式。该项目总投资5亿元，是湖南省最大的化妆品生产企业。

【宁乡市食品及农产品加工制造产业专家指导委员会成立】　2019年12月4日，宁乡市食品及农产品加工制造产业专家指导委员会成立，聘请宋君强、孙宝国、印遇龙、刘仲华4位中国工程院院士担任主要指导专家，为宁乡市食品及农产品加工制造产业链建设、发展、升级、创新突破提供智力支持、技术指导和人才支撑。

【获长沙市年度项目观摩双第一】　2019年12月11—12日，长沙市举行重大产业项目建设流动观摩会，格力电器（长沙）大型中央空调项目代表宁乡市、宁乡经开区接受观摩。省委常委、长沙市委书记胡衡华，长沙市委副书记、市长、湖南湘江新区党工委书记胡忠雄率各区县（市）、园区、市直部门和相关国有企业负责人参加。格力电器（长沙）大型中央空调项目2019年11月投产，总投资30亿元，主要生产离心机、螺杆机等大型中央空调机组，将新增产值50亿元，新增税收贡献3亿元。2019年度项目观摩结果评价中，宁乡经开区在长沙市5个国家级园区中排名第一位，格力电器（长沙）大型中央空调项目在全市14个观摩项目中排名第一位。

【园区第七届运动会】　2019年10月21日，宁乡经开区第七届运动会在南雅蓝月谷学校田径场举行。园区运动会每三年举办一届，该届比赛项目包括篮球、足球、拔河、乒乓球、羽毛球、棋类、趣味体育等9大项30小项，共有109支代表队近3000名运动员参加。

（本栏撰稿　黄　亮　羊惊涛）

·浏阳经济技术开发区·

【概况】　2019年，浏阳经济技术开发区（以下简称“浏阳经开区”）

实现规模工业总产值比2018年增长13.7%，“三主两特”产业产值占比78%；规模工业增加值376亿元，比2018年增长13.6%；财政总收入71.8亿元，比2018年增长30.6%，其中税收收入53.7亿元，税占比75%；完成固定资产投资375亿元，比2018年增长21%，其中工业投资296.4亿元，占固投比重79%。园区入选中国生物医药产业发展指数首批成分园区；湖南省产业园区建设领导小组公布，在全省133个省级及以上产业园区综合评价中连续3年蝉联第一名；因推动产业发展、招商引资、科技创新、项目建设成效明显，被省人民政府通报表彰；被评为2018年度全省节约集约用地一等奖、2019年度全省安全生产工作良好单位、工业经济运行监测协调工作先进单位；高新区获批国家新型工业化产业示范基地、国家中小企业高新技术产业化示范基地；实验动物中心成为全省首家通过国际AAALAC认证的研发机构；政务服务中心被评为长沙市2019年优化营商环境“群众最满意青年文明号”。

招商引资　新引进项目77个，合同引资533.95亿元，到位资金98亿元。其中，投资100亿元以上项目1个，投资50亿元以上项目1个，投资10亿元以上项目6个。促成湘北威尔曼新药研发基地等9个再投资项目落户。总投资320亿元的惠科第8.6代超高清新型显示器件生产线项目落户并启动建设。

项目建设　铺排重点项目220个，其中74个项目纳入市级重大项目投资计划，惠科第8.6代超高清新型显示器件生产线、日写触控传感器、蓝思机器人、蓝思消费电子产品防护视窗组件等6个项目列入省“五个100”工程重大产业项目。强化要素保障，批回土地176.42公顷，完成征地312.87公顷，拆迁306户，拆除违法建筑面积2.6万平方米，40个项目实现征拆清零。全年有盐津铺子烘焙二期、卓芯智能、启泰传感等91个项目竣工投产。

“三大攻坚”工作　积极筹集、调度资金偿还政府性债务本息54.63亿元。压缩一般性支出，加强政府投资项目支出管理，节约财政资金1.3亿元。健全机构、配强力量，开展工业废气异味扰民专项整治百日攻坚，空气质量明显改善。加快环保设施建设，投资4.5亿元的北园污水处理厂一期实现通水调试，G319辅道截污干管正式通水，污水收集处理能力大幅提升。对所有市政排水管网进行全面排查，共排查管网200余千米。落实河长制责任，砰山河、菊田河水质从Ⅳ类B稳定提升到Ⅲ类A水质。在浏阳市小河乡乌石村打造文旅产业链，建成生态绿色水产养殖基地，引进村级农业服务公司带动农户发展。龙山县苗儿滩镇发展黄桃、油茶、茶叶、中蜂等产业，实现贫困劳动力就近就业脱贫，村级卫生室、饮水工程等一批惠民项目投入使用，群众获得感不断增强。2019年，分别对苗儿滩镇、龙山县投入1000万元、130万元专项扶贫资金，为2020年决胜脱贫攻坚打下坚实基础。

改革创新　深化“最多跑一次”改革，录入省“政务服务+互联网”平台依申请类事项381项，编制“一件事一次办”清单49项，企业从设立到具备一般性经营条件的办理时间压缩到2个工作日。扩大“先建后验”改革，取消社会投资项目初步审批设计环节，提速项目审批服务。创新集体土地入市方法，推动湖南电子科技职业学院项目落地，实现全省开发区用地方式新突破。践行“以人民为中心”理念，升级改造政务大厅为智慧政务客厅，企业和群众办事更便捷、更舒适。

产城融合　落实市委、市政府决策部署，托管浏阳高新区，在统一经济发展和建设规划、产业布局、土地开发和利用、市政设施建设、统计报表方面取得新成效；参与编制《金阳新城空间发展战略规划》，完成金阳新城水资源整合，为建设金阳新城打牢基础。制订教育发展五年计划，统筹区域教育资源均衡普惠发展，引进南雅学校，建成长郡浏阳实验学校小学部。开通8条城市公交线路，投放25台新能源公交车，城市交通进一步改善。金阳紫星广场商务区加快建设，引进首家五星级维也纳国际酒店，金阳中心消防站建成投入使用，基础配套进一步完善。组织“送文化进企业”等惠民演出12场，举办第十五届职工运动会，建设24小时自助图书馆，文化生活更加丰富。积极创建平安园区、平安企业，深化扫黑除恶专项斗争及“三联三保”活动，信访件比2018年下降33%。开展安全生产专项大检查、有限空间作业安全检查等六大行动，组织安全培训演练10余次，搭建安全生产在线监管平台，完成100家企业安全隐患专家诊断，隐患销号468条。

【湖南省首块中大尺寸液晶显示屏下线】　2019年12月20日，湖南省首块中大尺寸液晶显示屏在浏阳经开区下线，标志着长沙惠科金杨LCM（LCDModule，即LCD显示模组、液晶模块）绑定贴合生产线项目（下称“惠科金杨项目”）23.6~50英寸液晶显示屏生产线投产。9月12日，长沙惠科第8.6代超高清新型显示器件生产线项目于落户浏阳经开区，项目总投资320亿元。该项目签约后园区48天完成53.33公顷主厂区征拆清零及平地，11月26日打桩。同时，为加快惠科项目建设整体进度，长沙惠科投资20亿元建设5条绑定贴合生产线项目，长沙惠科项目全面达产后，可综合实现年产值180亿元以上、税收14亿元以上。

【“潇湘信用”供应链金融平台上线】
2019年12月28日，湖南首家独立法人注册的供应链金融平台——“潇湘信用”供应链金融平台上线，同时，湖南潇湘信用数字科技有限公司落户浏阳经开区。潇湘信用公司是由中国航空工业集团控股子公司金网络（北京）电子商务有限公司和深圳玖壹投资发展有限公司发起设立的金融科技公司，专业从事供应链金融信息服务和金融科技业务。潇湘信用公司搭建

"潇湘信用"供应链金融服务平台，旨在通过金融科技创新手段，全面服务政府采购、城市工程建设、医疗机构、大型企业及供应链中小企业。平台将有效整合金融资源，可延迟政府和大型企业现金支出，降低带息负债；将政府、大型企业优质信用传导至中小企业，解决中小企业融资难题；拓宽城市建设融资渠道，降低融资成本。

【浏阳经开区入选中国生物医药20强园区】 2019年6月10日，第12届中国生物产业大会高层论坛在广州举行，中国生物工程学会、火石研究院面向全球首发用于从国家级层面衡量生物医药产业发展的"中国生物医药产业发展指数"（China Biomedical Industry Barometer，简称"CBIB"），同时公布首批成分机构名单，长沙市和浏阳经开区分别入选中国生物医药产业发展指数成分城市和成分园区。CBIB成分机构的选取是在全国生物医药产业领域最具代表性的36个主要城市、74个产业园区、456家企业、48家专业投资机构中，通过设置多维度评价指标，根据2018年城市、园区、企业、资本的指标数据表现，确定20个成分城市（北京、上海、广州、长沙等）、20个成分园区（张江生物医药基地、苏州生物医药产业园、浏阳经济技术开发区等）、60家成分企业、20家成分资本。对于要发展生物医药的城市、园区，可通过CBIB准确找到自身在国家层面生物医药产业中的定位，找到自身正处于生物医药产业发展的何种阶段，进而帮助其制定相关产业政策。长沙市已有生物医药生产型企业170余家，其中规模以上企业66家，药品品种1500余个。长沙已初步形成浏阳经开区生物医药产业集群、长沙高新区海凭医药器械园及医药生产物流基地、望城经开区铜官化学原料药生产基地、金霞经开区医药物流基地等医药产业集聚区。

（本栏撰稿　廖　沛）

·望城经济技术开发区·

【概况】 2019年，望城经济技术开区（以下简称"望城经开区"）园区规划面积113平方千米，注册企业3153家，规模以上工业企业216家，境内外上市公司、世界500强企业66家，初步形成有色金属新材料暨先进制造产业、食品医药产业、电子信息产业三大集群，主导产业特色鲜明；园区已获批国家新型工业化（有色金属精深加工产业）示范基地、国家知识产权示范园区、中国物流示范基地和国家绿色园区4个国字号平台，已组建6个国家级实验室，3个国家级企业技术中心，6个院士、博士后工作站。全年完成规模工业总产值663.4亿元，比2018年增长17.3%；完成规模工业增加值161.48亿元，比2018年增长15.4%；完成高新技术产值475.6亿元，占工业总产值的72%；完成固定资产投资239.7亿元，比2018年增长22.7%；完成社会消费品零售总额74.3亿元，比2018年增长260.3%；完成税收收入28.67亿元，比2018年增长15.4%；完成财政收入47.37亿元，比2018年增长9.36%。规模工业总产值、社会消费品零售总额、税收收入3项经济指标增幅排名全市国家级园区前列，开创制造业高质量发展新局面。

项目建设　全年引进产业项目66个，总投资134.9亿元，其中"三类世界500强"企业4个，上市公司、行业20强项目15个。德赛电池、恒茂高科、贝斯特热流道等30个智能终端项目加速汇聚，光刻胶、达闼科技等11个新一代半导体产业入驻，智能终端产业链在艰难探索中实现质的突破。尤其是成功推动华为智能终端项目二次招商，被省委书记杜家毫誉为"积极应对中美贸易摩擦，实现转危为机的典范"。全年铺排产业项目108个，完成年度投资207亿元，比2018年增长29%。比亚迪电子、德赛电池、戴卡二期、苏宁云商等50个项目竣工投运；京东亚洲一号、宝湾、唯品会、华为HUB仓等55个重大产业项目开工建设。特别是德赛电池从签约到投产用时4个月，比亚迪电子从签约到首台手机下线仅用时70天。

产业转型升级　2019年，新增高新技术企业39家，比2018年增长59%；新增规模以上工业企业40家，比2018年增长20%；新增市级及以上智能制造试点企业20家，比2018年增长32%；新增"四上"服务业企业30家，比2018年增长45%。入选国家知识产权示范园区和国家级绿色园区，再添两项"国字号"招牌，新增省级创新平台5个、市级创新平台2个；新汇制药获中国专利奖优秀奖，晟通科技获全国质量标杆企业，长远锂科通过国家CNAS实验室认证，各类创新要素加速汇聚。

环境优化　围绕"企业办事不出园"目标，承接320项涉企职权下放园区，推行流程再造、告知承诺、容缺受理、先建后验等举措，"网上办""一次办"均达到95%以上，审批时限压缩50%以上。深化降本增效行动。落实减费降费政策，实施无费审批、免费印章、风补基金等举措，为企业减负5.8亿元；全年支持企业融资56亿元，争取资金8900万元，企业"融资难""融资贵"问题得到有效缓解。深化精准帮扶行动。对园区"四上"企业开展"一对一"常态化精准帮扶，打造企业帮扶2.0版。全年解决各类涉企问题113个，按时办结率100%；开展"新官不理旧账"专项行动，对32个涉企历史遗留问题全部整改落实。

改革创新　职能体系全面优化。突出经济职能、力量下沉，精准聚焦产业升级、项目建设、环境优化和园区运营四大任务，调整优化内设机构，实现机构设置和职能配置协同高效。两园融合实现起步。推进望城经开区和铜官片区两园融合发展，初步实现两园"五统一分"，"1+1大于2"效应初步显现，园区发展空间更大、后劲更足。国企改革。启动园区公司集团化、市场化运作，整合融资平台公司。探索劳务用工长效机制，率先全省成立国有控股人力资源公司，为缓解企业用工难问题做出探索。

【华为 HUB 仓项目、京东湖南亚洲一号两大项目开工】 2019 年 4 月 4 日，长沙智能终端华为 HUB 仓项目、京东湖南亚洲一号两大项目先后在长沙望城经开区开工。华为 HUB 仓项目规划用地 11.33 公顷，总投资 7.5 亿元，主要建设智能终端、泛网络、无线等电子产品集散分拨中心、立体自动化仓库等。项目一期 5.9 万立方米 HUB 仓于 2019 年 9 月 30 日前交付，2020 年 4 月投入运营。华为 HUB 仓项目将打造一个 1 小时物料配送生态供应圈，成为华为供应网络布局的重要环节。京东湖南亚洲一号项目用地 44.33 公顷，总投资 25 亿元，主要建设以京东电商智能仓配中心为主的京东大数据云计算中心、区域结算中心、快递快运配送分拨中心、京东金融及湖南省区域总部。项目建设周期 18 个月，预计 2020 年 10 月投入运营，投产后可实现社零销售 100 亿元，纳税 1 亿元以上。望城经开区已经聚集京东、苏宁、国美、唯品会等一批电商龙头企业，其中苏宁云商湖南总部项目已于 4 月投入运营。京东湖南“亚洲一号”的投运将成为望城物流产业生态圈的重要一环，对加快物流与电商深度融合，促进长沙电商产业发展层次和水平提升有重要推动作用。

【德赛电池（长沙）有限公司投产】 2019 年 4 月 23 日，德赛电池（长沙）有限公司在望城经开区举行投产启动仪式。惠州市德赛电池有限公司成立于 2002 年，是深圳主板上市公司德赛电池的控股子公司，是大型二次锂离子电池组合封装企业。德赛电池望城智造产业园计划总投资 3 亿元，主要建设智能终端锂电池模组项目，先期租赁望城经开区埃尔凯电器部分厂房，待正式厂房投入使用后，再搬迁至振望手机智能终端配件产业园。项目首期包括 5 条高速自动化产线，达产后预计将形成年产约 4000 万块锂电池的生产能力，实现年营业收入 20 亿元、上缴税收 4000 万元以上。

【2019 年重大产业项目招商】 2019 年 7 月 31 日，望城经开区 2019 年重大产业项目招商签约仪式举行，此次签约重点项目包括杉杉能源、立邦涂料、飞鹿股份、恒茂高科、百菲乳业、科速电子等，涉及智能制造、电子信息、云计算、新材料、食品加工等多个领域。51 个项目总投资 128.31 亿元，其中 500 强、上市公司 11 家，龙头企业 6 家。现场签约项目 20 个，投资 35 亿元项目 1 个，20 亿元项目 1 个， 10 亿元项目 1 个，1 亿元以上项目 12 个， 5000 万元以上项目 5 个，呈现出涉及行业广、技术层次高、创新能力强的特点。

【比亚迪电子长沙工厂首批华为手机下线】 2019 年 9 月 9 日，比亚迪电子首批华为手机下线仪式在望城经开区长沙智能终端产业园举行。省委常委、市委书记胡衡华宣布下线。比亚迪董事长兼总裁王传福，华为公司全球采购认证管理部总裁应为民，市委副书记、市长、湖南湘江新区党工委书记胡忠雄先后致辞。长沙智能终端产业园是省市重大产业链建设项目，也是望城打造千亿元智能终端产业集群的龙头项目，项目占地 17.33 公顷，总建筑面积 26 万平方米，按照德国工业 4.0 标准，面向未来 20 年发展，规划产能 1.5 亿台智能终端设备和泛网络产品。受 5 月中美贸易摩擦影响，长沙智能终端产业园项目遭遇伟创力终止与华为合作的挫折。在过渡华为智能终端项目过程中，望城经开区一个月内与比亚迪、伟创力开展 8 轮商务谈判，成功引入比亚迪电子。通过 Buysell 买料加工生产模式，产值放大 15 倍以上。项目于 6 月 15 日签约，8 月 23 日即实现首台手机下线，9 月 9 日实现量产，项目全面达产后可实现年产 8000 万台智能手机。

【获 5 项国家级荣誉】 2019 年 7 月，望城经开区被评为国家知识产权示范园区和国家绿色园区；12 月，被评为中国经济营商环境十大创新开发区、2019 中国最具投资价值园区、2019 中国智慧城市十大智慧园区。2016 年 8 月，望城经开区通过“国家知识产权试点园区”验收，经过 3 年培育，从“试点园区”升级为“示范园区”，已累计申请专利 3347 件（其中发明专利 1065 件），授权专利 1720 件（其中发明专利 539 件），拥有高新技术企业 112 家，院士、博士后工作站 6 家，国家级实验室 6 家，国家级企业孵化基地 3 家，企业技术中心 55 个。园区持续推动知识产权新政策落地、支持高价值专利培育。2019 年，新汇制药被评为中国专利奖优秀奖，晟通科技被评为全国质量标杆企业、知识产权优势企业，航天磁电获批国家知识产权示范企业，4 家企业创建省级绿色工厂，15 家企业通过知识产权贯标，82 家企业完成知识产权托管。

（本栏撰稿 陈柄丞）

·长沙黄花综合保税区·

【概况】 2019 年，长沙黄花综合保税区（以下简称“黄花综保区”）实现外贸进出口额 56.48 亿美元，比 2018 年增长 110.51%，在湖南省 7 个海关特殊监管区域中保持第一位，全国综保区中排名升至第 14 位。全年加工贸易进出口 38.66 亿美元，为市定指导目标 16.5 亿美元的 2.34 倍；跨境电商交易额 3.75 亿美元，是市定指导目标 3.5 亿美元的 107.14%。全年进口总额 24.68 亿美元，比 2018 年增长 223.39%；出口总额 31.8 亿美元，比 2018 年增长 65.64%。进出口额过 1 亿美元 19 家。全年规模工业总产值 69.21 亿元，比 2018 年增长 375%。引进省外境内资金 8 亿元，比 2018 年增长47.3%。实际利用外资5500万美元，比2018年增长10%。实现国内环节税收2828万元，比2018年增长96.53%。海关入库税款5.3亿元，比2018年增长6.3倍。被评为2019年度全省外贸十强园区、全省商务工作先进园区。

改革创新　贯彻落实《国务院关于促进综合保税区高水平开放高质量发展的若干意见》、省委创新引领开放崛起战略及长沙县“勇当开放先锋，壮大临空经济”总要求，推进“四个年”工作。制定《长沙黄花综保区招商引资“一事一议”程序（暂行）》《长沙黄花综合保税区引进跨境电商龙头企业政策实施细则》《长沙黄花综合保税区SMT生产线补贴办法（暂行）》《长沙黄花综合保税区招商引资项目操作规程》《长沙黄花综合保税区企业项目落地投产保障工作方案》等一系列务实举措，促进外贸扩规模提质量。与长沙黄花机场海关建立联席会议制度，按照“国务院21条措施”对接落地简化进出区、四自一简、便利货物流转、分类监管等7项政策，复制推广实施自贸区改革试点经验。

项目建设　全年铺排重大建设项目6个，完成固定资产投资13.89亿元（其中政府投资9.98亿元，社会资本投资3.91亿元）。建成标准厂房5.52万平方米、标准仓库4.38万平方米、冷链仓库1.82万平方米。总建筑面积10万平方米的进出口商品交易展示中心项目主体完工。总投资5亿元的宝能黄花智慧保税供应链中心及华中区域总部项目实现开工。

项目引进　开展“招商引资质量提升年”行动，坚持“以商招商”“走出去招商”并举，承办“2019年湖南（长沙）—粤港澳大湾区加工贸易招商推介会”“第八届湖南省电子商务大会”，开展各类招商推介近30场次，分条线招商考察70余批次。引进宝能物流、广州沁果、东莞斑鹿、宁波井贝、聚深电子等优质企业，新增注册企业182家，企业总数465家。中高端进口工业品分拨中心、SMT产业园、跨境电商产业园等进一步壮大，“四园三中心”产业体系基本成型。蓝思科技高端电子产品国际分拨中心落地，为长沙经开区相关产业与综保区功能对接打造示范样板。对接“三类500强”，与正威集团签署合作协议，在有色金属等大宗商品领域开展代理进口业务合作，实现与500强企业合作上“零”的突破。

平台建设　口岸功能不断完善，纳入中国（长沙）跨境电子商务综合试验区重点园区，赋予园区企业增值税一般纳税人资格试点，完成进境食用水生动物指定监管场地验收。长沙药品进口口岸公共服务平台投入运营，1210进口网购保税业务实现常态运营。物流通道不断畅通，新开通长沙—智利圣地亚哥进口水果临时包机，长沙—北美、胡志明、达卡三条航线执飞315趟，实现纳统进出口额2.23亿美元。“区港一体”课题被纳入省自贸办先行先试重点试点课题，与机场国际货站三期一同建设。

环境营造　推进“营商环境优化年”“运营管理质量提升年”工作。坚持“母亲式”服务理念，助力企业“提速度、降成本、增效益”。以帮代办服务中心为载体，推行“一件事一次办”，为新注册企业免费代办各类手续760余项，为16家企业配租22套公租房，为2家重点企业解决劳动用工260余个。“量身定制”金融服务和孵化服务，携手多家金融机构为园区企业提供金融授信服务。临空供应链公司取得银行授信8亿元，与国科微、环海渔业项目合作实现贸易额2125.6万美元，营业收入1亿元，与洋葱头、麓客物流、正威集团等公司开展了业务合作。定期兑现优惠政策、一事一议奖补、航线补贴等政策“红包”2亿余元，惠及108家企业。

【12个优质加工贸易项目落户黄花综保区】　2019年4月16日，2019年湖南（长沙）—粤港澳大湾区加工贸易招商推介会在深圳举行。推介会上，宝能物流华中区域总部及智能制造产业中心项目、全球天然植物活性成份产业化与创新研究基地项目、宝瑞盈光纤模块SMT加工项目、汇艺珠宝黄金精深加工项目等12个优质加工贸易项目签约落户黄花综保区，涉及区域总部及智能制造、生物医药创新研究、SMT加工贸易，黄金珠宝精深加工等。其中，SMT加工项目科技含量高，产业链条长，有利于打造全产业链园区，此次签约的SMT加工贸易项目7个。该批次项目落地后，预计可实现总投资28.06亿元，引进市外资金14.56亿元，建成投产每年可实现进出口额30亿美元以上。

【黄花综保区实现“1210”保税备货模式常态运营】　2019年5月8日，一批护肤品、化妆品、品牌手表等进口货物进入位于长沙黄花综合保税区的保税仓，标志着长沙黄花综保区跨境电商保税备货（1210）通关业务进入常态化运营。跨境电商保税备货（1210）模式是当下跨境电商业务采用的主要模式。该模式下，电商平台根据市场预测和消费者需求，先从国外集中采购大量的商品，进口并存储在国内海外特殊监管区域，随后根据订单，以个人物品方式出区配送到客户手上，避免国际运输线上耗时久的缺点。

【长沙黄花综保区获批为进境食用水生动物指定监管场地】　2019年9月24日，海关总署公布进境食用水生动物指定监管场地名单，长沙黄花综保区进境食用水生动物指定监管场地验收合格，具备鱼类、甲壳类、软体类水生食用动物进境口岸资格，成为湖南第二个进境食用水生动物指定监管场地。

【宝能黄花智慧保税供应链中心及华中区域总部项目开工】　2019年9月26日，长沙黄花综保区宝能黄花智慧保

2019 年 9 月 26 日，宝能黄花智慧保税供应链中心及华中区域总部项目开工

长沙黄花综保区　供图

税供应链中心及华中区域总部项目开工。该项目为 2019 年“港洽周”加工贸易招商推介会签约项目。项目总投资 5 亿元，由宝能物流集团采取购地自建方式进驻长沙黄花综保区。项目占地面积 7.4 公顷，分为 6 个子项目，分别是跨境电商供应链中心、进口生鲜食品运营及结算中心、双向跨贸综合服务平台、智能制造产业中心、平行进口车及新能源车商贸运营中心、智慧供应链金融服务平台和华中总部服务基地。项目预计 2020 年年底建成投产，可开展进口生鲜、水果、食品和日用品等进口商品的保税仓储，跨境 3C 电子产品分拨，进口品牌汽车零配件保税仓储，以 3C 电子产品为主的跨境电商保税备货等。

【首个跨境电商“双 11”启动】　2019 年 11 月 11 日，黄花综保区首个跨境电商“双 11”活动开启。当日，跨境电商领域综合服务商井贝（云集）举行开仓仪式。湖南本土最大的跨境进口电商平台——友阿海外购通过开展“网红直播”，揭秘货品从下单、分拣、装货到出库的全过程，让消费者近距离接触“海淘”。当天实现跨境电商交易额近亿元。

（本栏撰稿　刘塑琪）

省级开发区

·长沙高新技术产业开发区隆平高科技园·

【概况】　2019 年，长沙高新技术产业开发区隆平高科技园（以下简称“隆平高科技园”）完成技工贸总收入 283.2 亿元；完成规模工业总产值 124.05 亿元，比 2018 年增长 2.5%，其中规模工业增加值 35.83 亿元，比 2018 年增长 9.6%；完成“四上”服务业总营业收入 144.09 亿元，增长 32.31%，其中增加值 40 亿元，增长 24.5%；完成高新技术总产值 130 亿元，增长 10%；完成固定资产投资增长率 17.3%；完成全口径税收 13.15 亿元，增长 35.4%，亩均税收 32.74 万元，继续领先全市省级园区。全年新引进世界 500 强项目 2 个、税收过百万元企业 13 家、外资企业 14 家，新注册企业 986 家，实际利用外资 2.15 亿美元。园区获批省服务业示范集聚区。

项目建设　仁孚汽车湖南总部基地、平商创智中心等项目开工；银通科技智能燃气表产业化基地进入装修阶段；丰兴实业（芙蓉中央产业园）、琴海数码、嘉庆德隆、凯德隆盛等项目建设提速；长沙现代服务业产业园、丽时大厦、意家门窗基地、华智国家水稻分子育种中心一期等 5 个项目竣工投产。完成土地征拆 57.75 公顷，实现所有项目地块扫尾清零；解决嘉庆德隆、一带一路、志宏科技等项目调规障碍；建立重大项目奖补激励机制，兑现英氏控股、苏宁电器奖补资金 300 万元；启动实行规划验收容缺受理机制。

“种业硅谷”建设　顶层设计完成。市政府出台“种业硅谷”发展规划和 21 条专项政策，市财政计划三年投入 1.5 亿元，当年到位 5000 万元。申创国家现代农业产业园获农业农村部批准立项，获批中央财政资金 1 亿元，当年到位 3000 万元；启动申报国家生物种业技术创新中心。园区编制三年行动计划，建设专项资金管理平台，发布资金管理办法和申报指南。明晰产业方向。突出“特色＋效益”，种业从农作物拓展到畜禽水产、林果花卉、微生物、种业服务等五大领域。定期更新“两图两库两池两报告”，客商库扩充到 370 家，人才库 137 人，资金池规模 5 亿元。实施精准招商。新引进产业链企业 63 家、产业链项目 16 个，35 家形成产值，种业核心企业 89 家。总投资 120 亿元的隆平生物种业产业园项目签约。搭建平台载体。“种业硅谷”22 个项目实施进度达 45%，完成投资 15.4 亿元。“两基地”隆平高科、华智种企总部基地引进企业 13 家。“两中心”种业硅谷成果转化中心、隆平生物种业创新中心项目前期工作进展顺利。“一核心园区”隆平生物种业产业园启动规划报建。

创新驱动　园区科技创新与动能转换“双轮驱动”，转型升级攻坚战成效明显。袁隆平院士获颁“共和国勋章”，袁隆平、官春云、印遇龙院士被评为省“最美科技工作者”，中国工程院院士新增 1 人（刘仲华）共 5 人。推动企业“入规、升高、扩面、上市”，新增入规企业 31 家；新认定高新技术企业15家，总数57家；新增市级智能制造试点企业2家，拟上市（挂牌）企业13家，3家企业获批新三板督导补助资金60万元。新认定省、市高精尖人才11人，高端人才70人；新增省级公共服务平台、省院士工作站、省“5个100”重大项目3个，新增发明专利申请50件、PCT10件，培育高价值专利组合1个；完成技术交易合同1亿元，研究与开发经费占主营业务收入比例超过5%。推进“城市更新、优二兴三”，采取行政、经济和市场手段促闲置低效用地合理利用，累计盘活低效闲置用地7公顷、厂房1.3万平方米。收回省药检院闲置土地1.87公顷。解决东湖干休所1.2公顷土地权属争议。协调颐而康受让大红陶瓷低效用地1.33公顷、租赁豪意电器低效用地，被市领导批示为治理“新官不理旧账”成功案例。

环境优化　落实“营商环境优化年”活动要求，营造亲商宜商、扶商安商的发展环境。优化政务服务。成立园区企业服务中心，编制服务指南，精简办事流程，推行“一窗受理、分类审批、统一出件”和“一网通办”，企业办事“不见面、不跑腿、不求人，省时、省力、省心”；承接78项下放权限，“一次办”“网上办”比例100%，电子监察系统无红黄牌警告，“12345”市民服务热线满意率96%；优化纳税服务，设立隆平税务分局，升级芙蓉隆平智能办税厅，企业办税不出园、不限时。开展精准帮扶。成立园区检察联络室，打通企业维权“最后一公里”；组建隆平高科技园企业联合会，开展企业沙龙主题活动10次，政企沟通常态化、制度化；组织银企对接会5次，达成融资意向4亿元，利用小微企业风险补偿基金、助保贷解决企业资金需求8900万元；155家企业获奖补资金2596万元，60家企业获项目补贴5000万元，兑现人才奖励190万元，落实企业减税9000万元、降费1200万元；慰问困难职工435人次。落实麻阳产业扶贫项目5个。

园区建设　园区夜景亮化、绿化提档等品质提升项目竣工，纬十四路、京珠高速人行通道投入使用；京珠高速东辅道完成改造；新建公共停车场2个，新增车位200个，“隆平巴士”专线免费畅行。建立全市省级园区首支网格化应急救援队伍，首批队员60人；开展安全生产隐患大排查，领导带队检查安全生产97人次；开展扫黑除恶专项行动，化解各类矛盾纠纷36次，园区保持平安稳定。

【长沙市隆平高科技园企业联合会成立】 2019年3月26日，长沙市隆平高科技园企业联合会发起人筹备会暨第一届会员大会在隆华国际酒店举行。近年来，隆平高科技园坚持“一主一特”产业定位，探索转型创新、集约高效发展之路，经济发展稳中向好。但随着宏观经济形势、市场需求趋势的深刻变化，入园企业迫切需要一个交流充分、反馈迅速、协同高效的互动交流合作平台。在此背景下，隆平高科技园管委会牵头，10家企业单位发起，共同组建“隆平高科技园企业联合会”，秉承“整合园区资源、提升企业质效、集聚商机人气、推进品质发展”的理念，为隆平高科技园和企业实现高质量发展提供多样化服务。

【“长沙·中国隆平种业硅谷”专项政策发布】 2019年3月18日，《关于支持“长沙·中国隆平种业硅谷”加快建设发展的意见》（以下简称《意见》）发布，以21条支持政策助推“种业硅谷”建设发展。《意见》包括科技支持政策、人才支持政策、用地支持政策、融资支持政策、企业集聚支持政策及其他事项6个方面、共21条，自2019年4月1日起施行，有效期5年。《意见》明确，市政府同意成立市级协调领导小组，2019—2021年3年内，市财政设立每年5000万元的“种业硅谷”建设发展专项资金。

【“长沙·中国隆平种业硅谷”发展规划制订】 2019年3月25日，《“长沙·中国隆平种业硅谷”发展规划（2019—2025年）》（以下简称《规划》）印发。《规划》分析条件和优势、机遇和挑战，明确“种业硅谷”建设的总体要求：战略定位为“一地两区”，即种业重大原始创新策源地、种业发展最佳生态示范区和种业文化交流展示区；空间布局以“一园”（隆平高科技园）为核心区，以“六镇”（长沙县春华镇、路口镇、高桥镇、金井镇、开慧镇、福临镇）为拓展区，以“多基地”（多个省内、国内、国外基地）为辐射区；实施“五大行动”“五大工程”，即种业科技创新行动、种子生产供应行动、种业交易会展行动、种业服务优化行动、种业交流合作行动，国际种业总部基地建设工程、产业技术创新战略联盟发展工程、种业企业培育工程、种业人才聚集工程、种业金融创新工程；到2025年实现“四大目标”，即种业创新能力一流、高端人才加快集聚、各类企业做大做强、产业集群质效双增。5月22日，园区在国家杂交水稻工程技术研究中心举行“长沙·中国隆平种业硅谷”发展规划及政策新闻发布会。

【隆平高科技园入选2019年国家现代农业产业园创建名单】 2019年6月12日，农业农村部、财政部公布2019年国家现代农业产业园创建名单，长沙市芙蓉区现代农业产业园（隆平高科技园）入选。隆平高科技园拥有袁隆平、官春云、印遇龙、邹学校4位中国工程院院士，拥有一张世界级名片——超级杂交水稻，聚集160余家生物育种产业链上中下游企业，“长沙·中国隆平种业硅谷”加速建设、初具规模。根据《规划》，2025年“种业硅谷”将拥有院士工作站11个，国家级人才工程入选者17人，列入长沙市重点人才引进计划的高端人才20人，创新团队8个，种业企业总部落户长沙的数量有100家。

【隆平生物种业产业园项目签约】2019年9月24日，隆平生物种业产业园项目签约。省委常委、市委书记胡衡华，中国中信集团党委副书记、副董事长、总经理王炯，市委副书记、市长、湖南湘江新区党工委书记胡忠雄等领导出席。该项目是“种业硅谷”核心区的重点招商项目，总投资约120亿元，总建筑面积约120万平方米，按照“产城融合、宜居宜业”理念，建设长沙生物产业的公共服务中心、成果转化中心、企业孵化中心和人才聚集高地。项目由中信城开、中信农业携手武汉东湖高新投资、开发、建设和运营，重点发展生物种业、生物制造、生物服务及现代服务业等产业。项目全面投入运营后，将建立国家及省级创新平台10余个，汇聚高端人才300余名，引进和培育优质生物科技及现代服务类企业800余家，实现年产值300亿元。

【国家水稻分子育种研发基地一期工程投入使用】2019年9月24日，华智水稻生物技术有限公司搬迁至国家水稻分子育种研发基地。该基地由农业农村部主导，一期工程建筑面积5.5万平方米，包括4栋主体建筑及附属、地下工程，建设周期20个月。一期工程投入使用，标志着“种业硅谷”核心区重点项目建设取得新进展。华智生物计划依托“四平台”（品种测试平台、种质资源创新平台、分子育种平台、生物信息与重要功能基因解析平台）、“三中心”（生物育种新技术研发中心、种子质量分子检测中心、生物育种大数据研发中心），把该基地建成国际一流的现代种业高科技研发中心与技术服务中心。

【隆平高科技园应急救援队授旗成立】2019年10月31日，隆平高科技园应急救援队成立暨授旗仪式举行，为全市省级园区成立的第一支网格化应急救援队。应急救援网格化建设是落实应急改革重要决策部署，立足园情防范风险的一项创新举措。全园布局6个应急救援站点，组建6支应急救援分队，从网格内企业中征召具有应急救援专业技能人员组建，由园区统一配备应急救援器材、组织开展日常培训演练。发生突发事件，所属网格的应急救援分队确保2分钟内赶到现场、有效处置。成立应急救援队，旨在全面构建“园区主导、企业主体、园企协同”的应急机制，开创园区应急工作新局面。

2019年9月24日，华智水稻技术有限公司搬迁。图为该公司在国家水稻分子育种研发基地新址
隆平高科技园　供图

【刘仲华成为湖南茶业界首位中国工程院院士】2019年11月22日，国家植物功能成分利用工程技术研究中心主任，教育部茶学重点实验室主任，湖南农业大学教授、茶学学科带头人刘仲华当选为中国工程院院士，为湖南茶业界首位院士。隆平高科技园的院士人数增加至5人。

（本栏撰稿　周　密）

·长沙天心经济开发区·

【概况】2019年，长沙天心经济开发区（以下简称“天心经开区”）完成技工贸总收入265亿元，完成服务业主营业务收入152亿元，比2018年增长25.2%；完成固定资产投资170.21亿元，比2018年增长14%；实现税收收入10.62亿元，比2018年增长39.19%；完成外贸进出口总额1.75亿美元，实际利用外资1.11亿美元。全年新增规模以上服务业企业15家，新认定高新技术企业15家，培育拟上市企业12家，新增智能制造试点项目2个。完成小微企业知识产权托管54家，签订专利质押融资2笔，培育高价值专利组合2个。2019年，湖南地理信息产业园被评为“湖南省特色产业园”，人力资源服务产业园获批为“国家级人力资源服务产业园”“湖南省现代服务业集聚示范区”。12月31日，经省政府批准的9家延期退出工业企业按期退出，361家工业企业退出任务全面完成，占全市退出任务的2/3。同时，快速推进退出片区土地处置工作，处置率71.8%，超额完成市政府下达的土地处置任务。

机构改革　2019年10月，湖南省编委办下发《关于重新组建长沙天心经济开发区党工委、管委会有关机构编制事项的批复》，同意在长沙天心经济开发区党工委、管委会和湖南暮云经济开发区党工委、管委会的基础上，重新组建中共长沙天心经济开发区工作委员会、长沙天心经济开发区管理委员会，合署办公，分别作为长沙市委、市政府派出机关，正处级，对长沙天心经济开发区、湖南暮云经济开发区实行统一管理，不再保留原长沙天心经济开发区党工委、管委会和湖南暮云经济开发区党工委、管委会，其领导职数一并撤销。撤销原长沙天心经济开发区、湖南暮云经济开发区合并临时过渡期机构长沙天心经济开发区管理委员会（新）筹建委员会。园区内设办公室、招商合作局、产业促进局、规划建设局、财政局、经济发展局、行政审批服务局（优化营商环境办公室）。

招商引资　用产业链思维实施精准招商，开展小分队招商、以商招商、协会招商。组建大数据产业发展专家智库，成立“天心阁”大数据研究院，全年新引进产业链项目25个，引进主特产业项目10个，引进总部经济项目16个，500强企业投资项目2个。引进大数据和地理信息优质企业43家。引进人力资源服务机构92家，其中百强企业9家。

主导产业发展　深耕大数据（含地理信息）、人力资源服务“一主一特”产业，湖南地理信息产业园被评为湖南省大数据产业园、特色产业园、现代服务业集聚示范区，人力资源服务产业园获批国家级产业园。举办2019天心区（深圳）招商推介会暨重大项目签约仪式、第19期钱学森论坛暨2019长沙空间信息产业国际博览会，新引进深度空间、浪潮信息、中驰车福、千视通等重点企业43家。人力资源服务产业园新引进企业41家，其中包括中智、上海外服、肯耐珂萨等大中华地区人力资源服务品牌100强机构9家。平台建设。引进中国工业与应用数学学会、湖南省人力资源服务协会等国家、省级平台，“天心阁”大数据研究院、长沙超算中心园区服务站等咨询服务平台组建运营，打造人力资源产业园创新中心、宝成众创空间等创新平台。全力支持企业做大做强，推广“河长制平台”等20余个应用场景落地，创辉达入围“中国地理信息企业百强榜、最具活力中小企业百强榜以及高成长企业TOP50榜”，土流网被评为“2019湖南省互联网最具创新型企业”。

项目建设　全年铺排产业项目58个，计划完成投资38亿元。开展“产业项目建设攻坚战”，纳入全省“5个100工程”的湖南地理空间大数据应用中心二期等6个产业项目续建，湖南健康城、天经国际企业街区等13个产业项目开工建设，第116号地块出让，将打造中交国际中心总部。新韶山南路、西湖路、月塘路二期等4条市投区建道路建设进度明显加快，新园路、机场一街等5条道路建设重新启动，北环路等6条道路雨污分流提质改造工程建成竣工。推进电力“6·30”攻坚，110千伏环保变电站、220千伏城南变电站、长沙七水厂、暮云污水处理厂等生活配套设施投入运营。

营商环境　落实“效能提速、实体经济降成本、企业家权益保护、政策落地”四大专项行动，高标准建成党群企业服务中心，“一次办”“网上办”比例均为100%，“12345”市民服务热线年度满意率93.4%。开展“新官不理旧账”专项治理，强化涉企政策“刚性兑现”，帮助企业享受各级政策奖励资金1.47亿元，减免各项税费1.73亿元。解决退出企业融资难问题，横向上寻求银行授信2.8亿元，纵向上争取补贴资金1.5亿元。帮助企业寻找土地厂房、办理入驻手续、争取入园政策，协调解决企业高管与技术骨干解决购房指标、子女入学与通勤专线等问题。发挥人力资源服务产业优势，精准服务省市新兴优势产业链和园区企业，与湖南大学等15所高校开展订单式人才培养合作，全年组织大型公益招聘会6场，参加者2万人次。同时，配套出台技术工人购房贷款补贴、人才公寓补贴。成立中小微企业贷款风险补偿基金。组织召开多轮银企对接，帮助35家企业共获得银行融资支持3.72亿元。与长沙农商行签订“党建共创·金融普惠”合作协议，搭建服务乡村振兴和金融普惠战略平台。围绕“中共十九大精神”“中华人民共和国成立70周年”“两个年”等主题推出系列宣传报道，发布优质信息200余篇，在《人民日报》、央视网、《湖南日报》等主流媒体报道120余次。

【2019中国航天大会在长沙举行】

2019年4月24日，2019年“中国航天日”主场活动在长沙举办。2019年“中国航天日”主题是“逐梦航天，合作共赢”，旨在号召广大科技工作者、航天工作者努力奔跑，争做新时代的追梦人和奋斗者，加快推动中国航天发展，并与世界各国一道，为和平利用太空、增进人类福祉贡献更多中国智慧、中国方案、中国力量。工业和信息化部副部长、国家航天局局长张克俭，湖南省委书记、省人大常委会主任杜家毫，法国国家空间研究中心首席运营官莱昂纳尔·苏切特等出席开幕式。20余位两院院士，中央和国家机关、有关中央企业、高校、中小学、媒体的相关人员，近百家民营航天单位的代表，以及10余个国际组织、50余个国家航天机构的外宾，1600余人参加开幕式活动。开幕式上，与会领导和专家向获得中国航天基金会“航天重大项目奖”和“钱学森杰出贡献奖”的代表颁奖；全国近3万名青少年参与的“我的太空梦”主题绘画征集活动的优秀作品进行现场展示，并向联合国外空司司长西蒙内塔·迪皮蓬女士赠送少儿画作。开幕式结束后，“联合国/中国 航天助力可持续发展大会”“2019年中国航天大会”“湖南航天产业发展座谈会”等30余场系列活动在长沙举办。湖南地理信息产业园作为“2019中国航天大会”论坛合作伙伴参展航天大会，并在2019中国对地观测商业峰会上对园区进行推介。

【获批中国长沙人力资源服务产业园】2019年8月20日，人力资源和社会保障部下达《人力资源社会保障部关于同意建立中国长沙人力资源服务产业园的函》，长沙人力资源服务产业园获“国家级”身份。2017年，长沙市筹备建设人力资源服务产业园，按照“一园三区”的总体规划布局，坚持“立足长沙市，服务长株潭，辐射中西南，面向全中国”的发展定位，结合长沙、株洲、湘潭三市的产业优势，以差异化发展的方式建设“一体协同、错位互补、创新驱动、服务优先”的国家级人力资源服务产业园。该人力资源服务产业园以独特的区位优势、政策优势和全方位服务，引进集聚一大批有实力、有影响力的人力资源服务机构入驻，外来品牌和自主品牌融合发展，形成劳务用工管理、人事代理、猎头招聘、管理咨询、培训教育等完善的人力资源服务链条。2019年，已有中智、肯耐珂萨、上海外服、智联招聘、英格玛、社宝科技、湖南人才市场、华顺人力等75家人力资源服务机构入驻，从业人员3000余人，产业聚集、辐射引领作用明显。

【湖南首个健康管理研发中心落户】2019年8月28日，湖南汇富康达健康管理有限公司旗下湖南倩狐健康管理研究院与中新国际联合研究院在长沙签署战略合作，倩狐健康研究院、中新国际联合研究院联合研发中心成立，湖南首个健康管理研发中心落户天心经开区。联合研发中心将在营养与食品科学、健康管理等领域开展科技研发与协同创新，研究成果将通过湖南汇富康达健康管理有限公司进行转化应用。

【“企业产销对接服务中心”成立】2019年10月28日，天心经开区“企业产销对接服务中心”揭牌成立。区委副书记、区长黄滔，区委常委、天心经开区党工委书记贺国权，园区领导侯烛天，与园区企业顶立科技董事长戴煜共同揭牌。“企业产销对接服务中心”设立专人服务，逐一对接园区所有企业。将重点从政策扶持、生产运营、市场拓展、应用场景推广等多方面做好服务，助推企业发展。同时，园区也将借力“企业产销对接服务中心”，招商引资、招才引智，推动四新经济发展，加速腾笼换鸟、转型升级。

【第19期钱学森论坛暨2019长沙空间信息产业国际博览会】2019年11月15日，第19期钱学森论坛暨2019长沙空间信息产业国际博览会在长沙举办。王泽山、朱位秋、邱志明、蒋兴伟、谭建荣、朵英贤、刘先林、刘经南、李建成、魏子卿等中国工程院院士，国防大学原副政委、中将李殿仁，国防科技大学原副政委、中将王建伟，特级航天员、少将、中国载人航天工程副总设计师杨利伟等领导参加。该届博览会以“空间信息应用助推数字经济创新发展”为主题，会期3天，由展览、第十九期钱学森论坛和测绘新科技应用、商业航天产业发展、空间大数据开发与应用、时空信息支撑智慧未来城市建设、空间信息应用与文化产业融合发展、北斗导航定位与位置服务、空间信息安全、空间通信数据与治理论坛10个专业论坛组成。展览面积2.5万平方米，设有大型企业展区、遥感信息应用展区、空间通信应用展区、导航定位应用展区、空间信息装备展区、航天科普展区六大展区，吸引中国航天科工集团有限公司、中国四维测绘技术有限公司、碧桂园、中兴等国内外近200家空间信息相关企事业单位参展。

【获授牌湖南省人工智能产业园】2019年12月2日，湖南省人工智能产业园在长沙天心经开区授牌，作为全省首家正式授牌的人工智能产业园，该园区将依托大数据（地理信息）产业链、人工智能产业联盟，重点发展以智能经济、数字经济为主的高技术服务业，打造人工智能产业集聚示范区。5月，长沙市人工智能产业联盟在天心经开区筹建人工智能产业园，短短几个月时间即聚集千视通、中驰车福、灵想科技、深选智能、酷哇机器人等30余家具有核心技术优势的优质人工智能企业。

2019年11月15日，第19期钱学森论坛暨2019长沙空间信息产业国际博览会在长沙举行。图为湖南省副省长陈飞（前右三）在巡馆　　天心经开区　供图

【绿心地区工业企业退出任务完成】 2013年，湖南省人大常委会颁布实施的《湖南省长株潭城市群生态绿心地区保护条例》规定，“绿心”范围内，除生态建设、景观保护建设、公共设施建设和旅游休闲设施建设外，禁止工业和其他可能造成环境污染的建设项目。天心区暮云片区90%的面积属“绿心”范围，园区内48家规模以上工业企业需全部退出。该条例颁布以来，相继有12家规上企业搬迁退出“绿心”范围。2018年，除省两型委批准可延期的9家企业外，园区其余工业企业完成停产、搬迁。2019年12月31日，湖南湘财印务有限公司、湖南湘江电缆有限公司、磐吉奥（湖南）工业有限公司（湖南瑞都模具技术有限责任公司）、长沙正大有限公司、长沙市彭记坊食品有限公司、长沙礼恩派拉线工业有限公司、湖南亚太实业有限公司、湖南顶立科技有限公司、长沙天冰冷饮有限公司9家延期退出的绿心地区工业企业通过省市两级联合验收。至此，天心区“绿心”地区361家工业企业完成退出任务。

（本栏撰稿　袁　杜）

·长沙金霞经济开发区·

【概况】 2019年，长沙金霞经济开发区（以下简称“金霞经开区”）减税降费约3.24亿元，完成税收28.6亿元，比2018年增长27.34%，高于目标值20%；物流产业营收492.88亿元，比2018年增长16.03%，高于目标值15%，其中医药物流完成249.8亿元；规模工业总产值（含物流）578.52亿元，比2018年增长14.5%，高于目标值13%；规模工业增加值（含物流）141.47亿元，比2018年增长11%，高于目标值10%；固定资产投资291.41亿元，比2018年增长24.35%，高于目标值20%；完成进出口贸易额20.42亿美元、比2018年增长106.69%，其中跨境电商贸易总额4.09亿美元。

招商引资　引进全球食品加工机械设备销量第一的荷兰夸特纳斯、世界500强中国兵器装备集团全资子公司华南光电、世界500强正大集团、医药物流龙头企业重庆医药、湖南医药、跨境电商头部企业百事泰等重大项目83个、比2018年增长20%，引资98亿元、比2018年增长30%。

战略平台　以园区为核心承载区申报的陆港型国家物流枢纽顺利获批，湖南省军民融合示范基地成功获批，中欧班列（长沙）进入中欧班列“第一方阵”。

【中国（长沙）跨境电子商务综合试验区启动】 2019年1月23日，中国（长沙）跨境电子商务综合试验区正式启动，湖南省副省长何报翔授予金霞保税物流中心“中国（长沙）跨境电子商务综合试验区重点园区”牌匾。中国（长沙）跨境电子商务综合试验区已形成以站场运营、人才培训、线下O2O体验等为特色的跨境电商生态体系，已签约引进英国杨氏等进口（1210）网仓运营企业和长沙易佰通、湖南速可德等B2C出口项目。2019年长沙金霞经济开发区跨境电商实现贸易总额4.09亿美元。

【荷兰夸特纳斯·长沙国际食材集采集配加工中心项目启动】 2019年4月15日，在“湖南—粤港澳大湾区投资贸易洽谈周”上，湖南省委书记杜家毫与荷兰夸特纳斯集团董事局主席、中荷企业家协会主席杨·哈克座谈。5月19日，荷兰夸特纳斯（长沙）国际食材集采集配加工中心项目签约落户长沙金霞经济开发区，投资1.6亿美元，有效用地面积9.98公顷，打造国际食材加工中心、高端冷链储存分拣及新能源集采集配中心和食品安全质量大数据中心。9月26日，夸特纳斯（长沙）国际食材集采集配加工中心项目开工，湖南省省委常委、长沙市委书记胡衡华，长沙市委副书记、市长、湖南湘江新区党工委书记胡忠雄，及省、市、区相关领导出席。

【大飞机地面动力学联合实验室签约暨湖南飞机起降系统研发平台项目启动】 2019年10月15日，大飞机地面动力学联合实验室在长沙金霞经济开发区签约揭牌，湖南飞机起降系统研发平台同步启动。该项目是2019年“中国航天日”活动签约项目，也是中国商飞公司拟建的第一家外场试验基地，由中国商飞、长沙鑫航、航空工业572厂共同投资，主要开展飞机起落架、机轮刹车系统的

2019年10月15日，大飞机地面动力学联合实验室签约揭牌暨湖南飞机起降系统研发平台启动

金霞经开区　供图

研究以及地面动力学验证等工作。湖南省委常委、长沙市委书记胡衡华宣布项目启动，中国商用飞机有限责任公司副总经理、中国工程院院士吴光辉，湖南省副省长陈飞，中国工程院院士黄伯云，及省、市、区相关领导出席。

（本栏撰稿　陶　鹏）

·长沙雨花经济开发区·

【概况】　2019年，长沙雨花经济开发区（以下简称“雨花经开区”）完成规模工业总产值380亿元，比2018年增长10.5%，实现规模工业增加值93.1亿，比2018年增长13.5%；其中新能源汽车及零配件产业产值比2018年增长8.6%，人工智能及机器人产业产值比2018年增长27%，其中长步道增长26%，菲尔斯特增长29%，唐智科技增长84%，可孚医疗增长364%；完成固定资产投资94亿元，比2018年增长19%；实现全口径税收32.25亿元，比2018年增长19.93%；完成进出口额3.01亿美元，比2018年增长63.67%；实际利用外资2.3亿美元，比2018年增长12.41%。争取或到位各类资金（含协助企业申报的资金）近5000万元，涉及发改、经信、科技等专线专项，市级科技计划立项7个，区级科技计划立项21个，新认定高新技术企业21家；在知识产权工作方面，企业申请专利总数为630件，累计增长8%（申请数量排名市内省级开发区第一位）。全年新增工业企业入规14家、服务业入规6家，培育高新技术企业38家，推进智能制造扩面8家，完成知识产权托管60家、质押融资5笔、专利申请量655项，累计增长4%，均排在省级园区前列。在2018年发布的全省133个园区综合评价中，连续两年位列全省省级园区第一位；被评为全省商务工作先进园区、全省外贸先进单位；获省政府“推动产业发展、招商引资、科技创新、项目建设成效明显的园区”，并获得省政府激励和通报表扬；中国（长沙）创新设计产业园，获“湖南省服务业示范集聚区”称号。2019年园区企业获长沙市级智能制造试点项目42个，省级智能制造示范项目（车间）3个。新增工业企业入规14家、服务业入规6家，培育高新技术企业38家，推进智能制造扩面8家，完成知识产权托管60家、质押融资5笔、专利申请量771项，其中发明专利申请量242项，均排在省级园区前列。

招商引资　按照“北航天、南大族”的工作部署，小分队前往京津冀、长三角、粤港澳大湾区等产业先行区外出招商30余次，接待客商近300人次。参与“2019湖南—粤港澳大湾区投资贸易洽谈周”、2019湖南与央企对接合作大会等省级招商活动2次；参加长沙市对日招商投资环境推介会等市级招商活动1次；自主举办“2019年湖南工业4.0创新中心投入运营暨人工智能及机器人产业链交流对接会”“2019海外创新人才长沙行”合作对接大会、深圳市宝安区智能制造行业协会产业交流会、智能超精密光学技术交流会等主题招商活动4次，受到业界的广泛肯定和海外客商的关注。主导产业方面，比亚迪卡车研究院迁入园区，中兵天马、云箭智能、湖南工业4.0创新中心、大族激光研究院等项目投入运营，大捷智能、精一自动化等已经投产。特色产业方面，新注册成立菲尔斯特、东相智能等产业链企业45家，动态保有产业链企业226家，总产值比2018年增速39%，营收比2018年增长27%。新引进重点项目18个，其中500强“中字头”项目4个，购地项目5个，先惠自动化成为全市第100万家市场主体。

项目建设　2019年铺排各类项目85个，其中产业项目68个，实现新开工产业项目27个，新竣工投产项目15个。可孚医疗总部6月签约和开工，7月即投产；长步道3个月实现厂房封顶、主体封顶。比亚迪卡车研究院迁入园区，中兵天马、云箭智能、湖南工业4.0创新中心、大族激光研究院等项目投入运营，大捷智能、精一自动化等已经投产。人工智能传感器产业园A区已建成交付使用7万平方米、B区已建成封顶3.5万平方米。环保大道东延长线、白秋路、晓光路等片区主次干道、长郡雨外扩建、“一圈两场三道”、堰塞湖抢险等民生项目正全速推进；白田变电站、高塘变电站、洞井铺变电站3个市电力“630攻坚”项目完成年度考核任务。完成绿心调规工作，园区4.54平方千米调出绿心区域，11月绿心调规成果入库，调出“绿心”范围的建设项目启动报建手续。全年园区项目推进全面提质提速，在全市重点产业项目观摩中获省级园区第一位、连续3年内5区第一位。

企业服务　建成企业综合服务信息化平台，实现企业诉求和政策咨询，兑现线上办理。搭建投资对接和技术交流平台，长沙人力资源服务产业园签订战略合作协议，共同打造人才服务共享平台，成立法律服务中心，举办“创响三湘减税降费进园区”活动，成立全市人工智能机器人与传感器产业技术创新战略联盟，不断优化平台助推企业发展。修订完善园区振兴工业实体经济扶植奖励办法，并发布相应的兑现实施细则，快速兑现产业扶持政策红包1600万余元，为企业争取和兑现政策资金1亿元。举办“民营企业招聘周”等6场专题招聘会，协助晓光工匠学院与德国签订合作协议，引进德国双元制职教行动导向式教学法课程体系，共同推进产业链应用型人才和工匠的培训、培育，举办“2019海外创新人才长沙行”合作对接大会、2019年“创之星”中美创新创业大赛先进制造领域决赛，评选年度“雨花工匠”“科技带头人”等专业人才共101名，形成人才集聚示范效应。推进园区15分钟生活圈打造，建设党员之家、园区书屋、中西餐厅等配套设施，新建人才公寓144套，累计推出公寓600余套，安排入住2000余人；开通园区到河西高校、地铁站、城铁站等地免费穿梭巴士；妥善解决企业职工子女入学260余人，营造更加舒适的宜居宜业环境。在2019年长沙营商环境测评中，获省级园区第一名。

基础设施建设　完成白田变电站场平及配套工程、高塘变电站场平及配套工程、振东路道路工程、花仙路（黄谷路—环保大道）路灯整治工程、雨南供电所、同升派出所自来水加压工程、振华路下穿京珠高速桥下内涝点整治工程、长步道周边道路及环境整治。“一圈两场三道”自行车道改建工程等项目的建设，完成市电力“630攻坚”及市对区年度考核任务目标。启动环保大道东延长线、89号地机器人集聚区、赵家冲堰塞湖排水工程、长郡雨外扩建工程等项目；完成京广高铁堰塞湖抢险工程的方案调整及广铁集团的设计审批、招标挂网工作；完成环保大道东延长线电力埋管项目的设计及预算编制工作；启动71号、72号地临时道路工程、荷新路二期、杨洪路二期、振洪路二期、长郡雨外洪塘学校便道及给水亮化工程、园区雨污分流改造一期工程等项目的前期工作；针对园区日益增多的电力需求，为进一步统筹电力配套建设，启动园区电力配网专项规划编制工作。

环境整治　率先建立省级工业园区大气污染防治监控平台，加强渣土运输、锅炉低氮改造，企业废气治理等工作的管理整治，园区空气检测小微站各项指标，位列全区前列，空气优良天数占比76%；全面落实“河长制”工作，圭塘河园区段水质常年维持在四类以上；完成省级环保督查和中央环保督察反馈问题整改销号工作。完成环保大道东延长线以南（同升村范围）代征14栋房屋项目，涉及人口84人；基本完成环保大道东延长线跳马段集体土地、环保大道东延长线国有土地拆迁项目，涉及集体土地征地面积2.47公顷，涉及国有土地征面积0.95公顷，拆迁人口91人。2019年度总拆迁资金约8530万元，完成市政府630攻坚项目塔基交付。

【公司运营】 2019年，雨花经开区在原平台公司的基础上，成立开发建设公司和创新投资公司，并于11月揭牌。率全市园区之先走出长沙，建设“飞地园区”，10月与韶山高新区签约，12月即实现开工建设，项目总规划用地40公顷，计划总投资20亿元，将打造成人工智能传感器及机器人、新能源汽车及零部件、航天航空等新兴产业及配套服务产业园。

【大气污染监控平台投入使用】 2019年2月25日，雨花经济开发区大气污染视频监测监控平台投入使用。该平台在园区污染问题突出的区域设置多个高位监控点，不仅可以通过视频查看监测点环境状况，还能实时获取监测点的噪声值和扬尘值。

【长步道机器视觉光电产业生产基地项目落户】 2019年4月15日，2019湖南—粤港澳大湾区投资贸易洽谈周（以下简称“港洽周”）在香港举行。广州长步道光电科技有限公司与雨花经开区签约，投资5亿元的长步道机器视觉光电产业生产基地项目落户雨花经开区。长步道机器视觉光电产业生产基地项目将选址雨花经开区89号地块，占地约2.73公顷，生产经营面积约4万平方米。项目建成后，将成为长步道除广州总部以外全国唯一集研发、生产和服务于一体的产业基地，形成各类工业光学镜头年产100万颗、工业相机80万台、其他镜头500万颗、工业光源20万套的生产能力，实现产值50亿元，成为辐射全球的光学镜头智能制造技术与装备的示范应用基地。

【《关于振兴工业实体经济扶植奖励办法政策兑现实施细则》施行】 2019年4月23日，《长沙雨花经济开发区关于振兴工业实体经济扶植奖励办法政策兑现实施细则》下发并施行。根据此细则，园区设立新引进人才生活补贴，对博士、硕士、本科等毕业生，两年内分别给予3万元、2万元、1.2万元的租房和生活补贴。此次的扶植奖励对象为在雨花经开区内进行商事登记且符合奖励办法规定的企业（房地产企业除外）以及辖区内单位和个人。细则明确，新落户的世界500强企业（包括区域总部、运营中心等），投资额1亿元以上，按实际到位核定投资额（不含购地、购房款）的2%给予扶植（单个项目最高不超过1000万元），且一次性给予市场化招商引资人50万元奖励。新落户的国内智能制造50强企业，投资额1亿元以上，按实际到位核定投资额（不含购地、购房款）的1%给予扶植（单个项目最高不超过1000万元），一次性给予市场化招商引资人30万元奖励。细则还规定，企业年度区级经济贡献5000万元以上、1亿元以上、2亿元以上、3亿元以上、4亿元以上，分别一次性奖励企业或企业有功人员60万元、100万元、150万元、200万元、300万元。

【“奋战六十天　项目大攻坚”重点产业项目系列开工】 2019年4月30日，雨花经开区总投资98.6亿元的20个产业项目系列开工启动。启动系列开工的20个产业项目都是“一主一特”产业链重要的引擎项目，并且是计划外新增的。其中5个是新能源汽车及零配件产业链项目，另外15个是人工智能传感器及机器人产业链项目。20个项目是园区“一主一特”产业重要的建链、延链、强链、补链项目。建成后，园区将形成巨大的承载空间和产业带动能力，累计将建成标准化厂房约100万平方米。

【湘能楚天电力产业园项目开工】 2019年6月10日，位于长沙雨花经开区内的湘能楚天电力产业园项目开工。该项目计划投资2亿元，拟打造集研发、办公、生产、物流于一体的园区综合体项目，项目全部竣工后，预计将实现年产100座变电站产能和

20亿元的生产规模。项目占地面积3.33公顷，总建筑面积5万平方米，其中一期投入5000万元，完成2.3万平方米的开发建设，预计全部竣工时间为2022年12月31日。项目拟建设智能电网、电力装配制造、电力工程总包及电力运维服务“一站式”服务平台。此项目将为电网提供高质高效与可持续的模块化、装备化、智能化电网能源产品，以及为电力绿色新能源发展提供优质解决方案和电力运行维护服务。

【湖南最大特种机器人综合产业基地落户】 2019年6月28日，2019湖南与央企对接合作大会长沙专场举行。长沙雨花经济开发区管理委员会与中信重工开诚智能装备有限公司签署协议，中信重工开诚特种机器人长沙产业基地落户雨花经开区。该项目一期总投资不低于2亿元，建设周期为3年，涵盖特种机器人生产基地、特种机器人研发中心、特种机器人试验及培训基地。该项目将成为国家防灾应急体验培训中心和国家级应急产业示范基地、湖南最大的特种机器人综合产业基地、长沙应急产业产品交易中心。项目全面达产后，年产值预计约20亿元，带动产业上下游相关产业产值约50亿元。

【2019年湖南工业4.0创新中心投入运营暨人工智能及机器人产业链交流对接会】 2019年7月23日，“2019年湖南工业4.0创新中心投入运营暨人工智能及机器人产业链交流对接会”在湖南省机器人产业集聚区（长沙雨花经济开发区）举行。市人大常委会主任程水泉宣布湖南省工业4.0创新中心投入运营，副市长邱继兴出席相关活动。湖南工业4.0创新中心于2018年3月由长沙市人民政府、西门子工业软件（上海）公司和湖南中南智能装备有限公司签约合作共建。创新中心将与区域内外的企业、专家、高等院校进行广泛的合作，构建智能制造的生态圈，搭建面向装备智能制造的政、产、学、研区域协同创新平台，并致力于推动智能制造技术创新和扩散、智能制造人才培养和职业培训、整合资源服务制造业企业转型以及为中小微企业提供创新服务。会上，发布《关于加快发展新一代人工智能 建设智慧园区的若干意见》，设立1亿元专项资金，用于支持人工智能场景应用、企业引进培育、研发创新、人才培养等。

【“2019海外创新人才长沙行”合作对接大会】 2019年9月24日，“2019海外创新人才长沙行”合作对接大会在长沙雨花经开区举行,美国、加拿大、新加坡、瑞典等多个国家的58位海外创新人才亮相,并带来智能装备、生物医药、电子信息、新能源等61个项目。副市长刘明理出席会议。活动中,雨花经开区与中美科技创新合作中心,就人才与技术转移合作签约。双方将联手打造招才引智工作站,为园区产业转型升级提供助力。

【长沙雨花经开区（韶山）智能制造产业园开工建设】 2019年12月26日，长沙雨花经开区与韶山高新区携手打造的“飞地园区”项目——长沙雨花经开区（韶山）智能制造产业园开工建设。“飞地园区”项目位于韶山高新区旅游主干道东方红路两厢，总规划面积40公顷，建筑面积近30万平方米，投资逾20亿元，分两期实施。项目集独栋、双拼、钢构厂房、多层厂房及高层厂房多元建筑形态于一身，囊括生产、办公、科研、中试、孵化、培训、体验等多功能于一体。项目竣工投产后，将重点承接长沙雨花经开区人工智能传感器及机器人、航天航空、新能源汽车及零部件与其他战略性新兴产业及配套服务产业。“飞地园区”项目将有效填补韶山高新区高端智能制造产业空白，形成产业集聚效应。项目建成后，预计将吸引25~30家国内外智能制造细分市场龙头企业和近300家相关联上下游配套企业入园。

【《长沙雨花经开区知识产权托管工作方案》发布】 2019年9月26日，《长沙雨花经开区知识产权托管工作方案》发布。根据安排，雨花经开区将投入200万元，对知识产权托管企业、知识产权示范企业进行补贴和扶持。根据方案，知识产权托管机构每

2019年12月26日，长沙雨花经开区（韶山）智能制造产业园开工建设　雨花经开区 供图

托管一家企业，将有3000~5000元不等的补助；年度获得5件以上发明专利的企业，将获得2万元的奖励资金；被评为市、省、国家知识产权优势企业或示范企业，将有5万元、10万元、15万元不等扶持补贴。为支持“一主一特”重大专利产业化，雨花经开区还按投资强度和效果评选10个重大项目，每项给予20万元支持。雨花经开区注册企业专利授权量近2700个。2019年1—7月，园区注册企业专利申请433个，比2018年增长3.84%，在省级园区中排名第一位。

【国内首批全国产化激光切割机下线】 2019年10月12日，国内首批全国产化激光切割机在雨花经开区下线。一块大钢板放置在宽3米、长9米的双平台激光切割机，不到30秒，0.2米长、0.15米宽的配件产生，还可以切割成圆形、方形、齿轮等20种不同图案。这是中国首批全国产化激光切割机，与传统冲压切割不同，激光切割机具有速度快、精度高等特点。长期以来，中国在激光器、数控系统、切割头等核心器件上，多采用德国、日本等国家的技术。此次下线的“LION”系列激光切割机，由湖南大族智能装备有限公司历时4个月的研发生产，核心器件均实现国产化。

【比亚迪e3下线】 2019年10月24日，新能源汽车引领者比亚迪旗下e系列第四款车型e3发布。e系列在长沙发布，标志着比亚迪向纯电动汽车零部件集成化解决方案领域全面迈进。比亚迪将发挥龙头企业的引领作用，带动产业结构的优化和产业效益的提升，实现“长沙制造”向“长沙智造”，“长沙产品”向“长沙品牌”的升级，助力长沙推进智能制造向纵深发展。

【长沙市机器人与传感器产业技术创新战略联盟大会】 2019年11月22日，长沙市机器人与传感器产业技术创新战略联盟大会在雨花经济开发区举行，同时雨花经济开发区牵手专业基金公司，共同组建总规模50亿元的产业基金，从人才、资金、技术等各方面给予机器人与传感器企业一揽子帮扶，不断擦亮“雨花智造”品牌。基金主要用于支持雨花经济开发区股权投资发展，通过股权投资的带动，吸引外地优质项目落户园区，同时为园区实体经济发展注入强大动能。基金首期规模30亿元，主要投资机器人、传感器、人工智能、信息技术等领域，积极缓解中小微企业“融资难、融资贵”等问题。园区聚焦新能源汽车及零配件、智能工业型机器人和传感器件的“一主一特”产业，力争到2022年打造千亿级规模的产业集群。（本栏撰稿 张文香）

·浏阳高新技术产业开发区·

【概况】 2019年，浏阳高新技术产业开发区（以下简称“浏阳高新区”）规模工业总产值比2018年增长12.3%，规模工业增加值比2018年增长11.5%，固定资产投资比2018年增长16%，财政总收入比2018年增长42%，其中税收比2018年增长31.16%，新增规模以上工业企业19家、“四上”服务业企业11家，经济保持稳健发展态势。碳基产业链产值比2018年增长30%，项目投资进度位居长沙市22条产业链前列。园区获批国家新型工业化产业示范基地、中国碳纤维循环利用产学研合作示范基地、湖南省智能再制造特色产业园区、湖南省体制机制创新改革（标准地改革）试点园区、湖南省级“上云”行动先进单位。

项目招商 围绕高端智能装备制造、再制造、碳基材料产业招大引强选优，2019年引进泰科天润、华硕芯峰、上热集团、福懋再制造等产业项目52个，其中“一主一特一链”项目40个，引进中南高科、申通快递两个“中国500强”项目，日资企业6家。三产配套项目加快城市功能完善，同景集团、教建集团、吉亨置业等投资园区，金阳学校顺利落户，与麓山国际实验学校、湘麓医药学校签订合作协议。

转型升级 新增高新技术企业34家，总数73家，新增智能制造示范企业15家，总数74家。10家企业获批“首台套项目”，13家企业获批“小巨人”企业，4家企业获批省级“上云上平台标杆”企业，7家企业获批长沙市企业技术中心和工程技术研究中心，5家企业获知识产权质押融资或商标质押融资。3家企业再制造标准获立项，3家企业获批湖南省绿色工厂。12家企业进入省市上市后备企业库。金丰林入选国家2019年新型信息消费示范项目，启泰传感获批国家级创新链整合专项资金和省“五个100”重大产品创新项目，宇环数控荣获湖南省创新成果一等奖，五犇新材、五新重工上榜“省长质量奖”。碳基材料产业链技术创新战略联盟顺利获批。

项目建设 全年报批土地78.93公顷，出让土地149.03公顷，完成征地224.87公顷，拆迁150户，迁坟976座，10个项目实现清零，实现48小时征地85.6公顷、40天拆迁65户的“园区速度”。完成6个地块共134公顷平整工作，有力保障42个项目的用地需求。省“五个100”重大产业项目中，华域视觉竣工试产，豪恩声学主体封顶。55个项目竣工投产，7个项目完成建设。完成路基路面工程13.4千米、供水供电管道50.3千米、绿化14.7万平方米、人行道4.6万平方米。新增工业标准厂房12万平方米、公租房3.1万平方米。

环境优化 编印“政策集成包”，建立“一企一策一台账”。落实减税降费政策，全年为企业减税降费2.46亿元，减免城市基础配套费、企业施工图审查费等1777万元，减免养老保险企业缴纳部分617.7万元。为企业招聘推荐1.53万人。新设华业高创基金和浏阳首支转贷周转基金，各类基金为园区企业投资约2亿元，带动 10 家企业进行股改或重组。知识产权质押融资额度达到 3568 万元。企业申报各类项目 374 个，争取政策资金 7451.7 万元。打造“最多跑一次”升级版，网上可办率和一次办结率均达到 99%。在全省率先推行“容缺许可、拿地开工”审批服务，基本实现企业开办零成本、企业办事不出园、工业项目拿地即开工。

城市建设 园区功能配套加快完善，融城公交线路进一步优化，8 条线路 25 台园内公交车投入运营，350 辆电动自行车完成投放。学校加速落地，中协高科建成开学，金阳学校主体完成，湘麓医药学校正在完善相关手续。综合医院加快布局，职业卫生技术服务中心挂牌。新建凯旋华府、博大书香澜庭、滨河世家、祥龙御苑 4 个高品质生活区，540 套人才公寓交付使用，园区生活配套加快提质提档。

【中南爱晚家居材料城招商发布会】 2019 年 1 月 13 日，浏阳市家居全产业链推进暨中南爱晚家居材料城招商发布会在浏阳高新区家具产业园举行。中南爱晚家居材料城作为长沙、浏阳家居产业发展的重点强链项目，占地 13.33 公顷，由湖南爱晚集团斥资 11 亿元精心打造。该项目总建筑面积 15 万平方米，由 15 栋商铺和 1 栋酒店式公寓组成，分两期开发建设。

【首笔 1900 万元信贷风险补偿基金贷款发放】 2019 年 3 月 22 日，浏阳高新区信贷风险补偿基金首笔贷款在交通银行浏阳支行放款。长沙博大机械零部件有限公司、长沙瑞楚精密机械有限公司、湖南汇湘轩生物科技股份有限公司、湖南轩辕春秋工程机械再制造有限公司 4 家企业获得信贷审批贷款 1900 万元。

【职业卫生技术服务中心成立】 2019 年 4 月 26 日，浏阳高新区职业卫生技术服务中心在永安镇中心卫生院挂牌。职业卫生技术服务中心以永安镇中心卫生院为依托，由市疾控中心提供技术支持，设立职业健康问诊室、肺功能检测室、电测听室等多个专业化科室，重点服务于园区企业职工及食品、餐饮服务从业人员，全面覆盖高温作业、粉尘作业 + 噪声、电工作业等 13 种职业健康体检。

【企业组团亮相国际性工程机械盛会】 2019 年 5 月 15 — 18 日，长沙国际工程机械展览会在长沙国际会展中心举行。展会以“智能化新一代工程机械”为主题，总展示面积 21.3 万平方米，设混凝土机械等 14 个展区，吸引 1150 家中外工程机械企业参展，其中包括 24 家全球工程机械 50 强主机企业、14 家世界 500 强配套件企业，国际展商比重超过 22%。该次展会中，浏阳高新区湖南轩辕春秋工程机械再制造有限公司、湖南鹏翔星通汽车有限公司、长沙方圆回转支撑有限公司、长沙大力神液压工程有限公司、浏阳倍益科技发展有限公司 5 家企业参展，智能喷浆机器人、5.5 吨型号韩国现代挖机等代表园区“高新智造”产品集中亮相，力求全方位、多角度，展现浏阳高新区高质量发展新姿态。

【鼎盛投公司与湖南教建集团签署战略合作协议】 2019 年 7 月 29 日，浏阳高新区鼎盛投资有限公司与湖南教建集团有限公司签署战略合作协议，携手推进园区高标准城市建设。双方将以合作设立项目公司的模式，在基础设施建设与施工、厂房建设与经营、房地产定向投资开发建设、教育项目投资建设等多个领域进行深度合作。

【金阳新城公交线路全线开通】 2019 年 8 月 21 日，金阳新城公交线路全线开通，共有 7 条线路、25 台纯电动新能源公交车投入使用，原浏阳高新区公交 2 路、3 路将同步下线。此次调整不仅立足园镇发展，也是重点考虑学校、楼盘、新建区域进行的优化调整，标志着浏阳高新区公交运行整体纳入金阳新城体系。

【园区首所十二年一贯制学校奠基】 2019 年 8 月 23 日，园区首所集小学、初中、高中于一体的十二年一贯制民办学校——浏阳市金阳学校举行奠基仪式。浏阳市金阳学校项目于 2018 年 12 月底签约落户浏阳高新区，由长沙九点名楚教育科技有限公司总投资近 10 亿元进行建设，致力于建设成为长沙一流、省内知名的十二年一贯制的素质教育示范校、智慧校园样

2019 年 1 月 13 日，中南爱晚材料城招商会在浏阳市新区家具产业园举行。图为招商会现场

浏阳高新区 供图

板校、民办学校标杆校。

【4 家企业获批 2019 全省“上云上平台”标杆企业认定】 2019 年 8 月，在湖南省工信厅公布的 2019 年全省“上云上平台”标杆企业认定名单中，浏阳高新区博大机械、湖大艾盛、湖南金丰林、长沙永昌等四家企业光荣上榜，园区“上云上平台”标杆企业数占全长沙市（全市 17 家）近 1/4。此次评选活动由省工信厅组织实施，旨在加快推动全省中小企业数字化、网络化、智能化转型，促进中小企业高质量发展。特别是挖掘标杆案例的工作路径、推广模式等，为同行业企业、同区域产业链企业、同规模企业的推广提供针对性强的示范。

【华域视觉项目接受长沙观摩团检阅】 2019 年 12 月 11 日，湖南省委常委、长沙市委书记胡衡华，长沙市委副书记、市长，湖南湘江新区党工委书记胡忠雄率市委、市人大、市政府、市政协在职副市级以上领导及长沙各区县（市）、园区、市直部门、相关国有企业主要负责人，到浏阳高新区华域视觉智能车灯项目现场进行观摩。华域视觉智能车灯项目由华域视觉科技（上海）有限公司投资建设，项目总投资 10 亿元，占地 13.33 公顷。该项目是华域视觉在国内外建设的第 7 个生产基地，已入选省“五个 100”重大产业项目，项目全部建成后将成为华域视觉在中国最大、世界一流的全新智能化标杆生产基地，也是国内同行业中规模最大的单体工厂。

【首批 86 套公租房交付使用】 2019 年 12 月 27 日，浏阳高新区首批 86 套标配版公共租赁房交付使用。公租房工程总建筑面积 3 万平方米，共 3 栋房屋，300 套两室一厅，240 套一室一厅，总计 540 套。首次交房房源为 3 号栋，总计 86 套，其中一居室（4 人间）74 套，一室一厅 8 套，两室一厅 4 套。

（本栏撰稿　袁村平）

·宁乡高新技术产业园区·

【概况】 2019 年，宁乡高新技术产业园区（以下简称“宁乡高新区”）完成规模工业总产值 656.61 亿元，比 2018 年增长 11.2%，其中高新产值 392.82 亿，比 2018 年增长 13.18%；规模工业增加值 153.27 亿元，比 2018 年增长 14.2%；固投 219.9 亿元，比 2018 年增长 16.8%，其中工业投资 165.94 亿元，比 2018 年增长 23.6%；完成财政收入 33.4 亿元，比 2018 年增长 78.04%；其中完成税收 17.58 亿元，比 2018 年增长 29.65%。全年税收过亿元企业 4 家，其中三一重起税收过 3 亿元，邦普循环税收过 2 亿元。宁乡高新区在 2019 年湖南省高新区创新发展绩效评价中排名湖南省省级高新区第一位，2019 年宁乡高新区规模工业增加值增速排名长沙市省级园区第一位。宁乡高新区被评为湖南省储能材料特色产业园、湖南省绿色园区、2019 年度湖南省外贸十强园区、湖南省商务工作先进园区、湖南省开发区节约集约用地先进单位、长沙市 2019 年度创建智慧园区先进单位。

产业链建设　宁乡高新区先进储能材料产业链、智能装备产业链项目加速聚集、优势不断凸显、效益持续提升。先进储能材料产业形成湖南省园区之中唯一的从“上游材料→锂电池正极、负极、隔膜、电解液、包装辅助材料→电芯→锂电池组装及应用→废旧电池回收再利用”的完整产业链闭环，全年实现规模工业产值 228.29 亿元，比 2018 年增长 10.26%；完成工业税收 4.42 亿元，比 2018 年增长 24.17%。邦普循环实现产值约 35.93 亿元，比 2018 年增长 35.1%；中科星城石墨产值 8 亿元，比 2018 年增长 67%。投资 100 亿元的比亚迪动力电池项目实现电芯环节的重大突破。智能装备制造产业链完成规模工业总产值 348.3 亿元，比 2018 年增长 15.05%；完成工业税收 7.62 亿元，比 2018 年增长 15.43%，占园区工业税收总额的 55.82%。三一重起完成产值 134.5 亿元，比 2018 年增长 24.5%，成为宁乡市首家产值过百亿元的企业，实现税收 3.8 亿元，创造宁乡市工业税收的奇迹；星邦重工完成产值 11.7 亿元，增长 76.3%。

招商引资　制定《宁乡高新区关于促进招商引资高质量发展的实施意见》（简称招商引资高质量发展“二十条”）和《关于促进招商引资高质量发展的实施细则》。2019 年，宁乡高新区新引进项目 48 个，合同引资 257.54 亿元，提前 7 个月完成全年招商任务。其中包括 10 亿元以上项目 4 个，包括投资 100 亿元的比亚迪动力电池，该项目是宁乡首个投资过百亿元的落地项目，将打造比亚迪华中新能源汽车动力电池战略基地；投资 50 亿元的镁合金汽车轮毂项目；投资 10 亿元的多氟多电解液项目和三一塔机项目。此外，2019 年，外资外贸取得新突破，全年实现到位外资 1.36 亿美元，实现对外贸易额 5.48 亿美元。

项目建设　2019 年，调度项目 80 个（其中购地产业项目 29 个），实现新开工项目 49 个、新竣工项目 36 个、新投产项目 28 个，完成固定资产投资 50.3 亿元。开展“奋战 60 天、开工 15 个”“三比三看”“三抓两促”和“百日大会战”等竞赛和服务活动，推进项目现场观摩、五方责任主体考核等工作，园区项目工程取得建设进度与项目质量的双丰收。三一塔机实现“四个当年”（当年签约、当年开工、当年投产、当年达效）的建设目标。比亚迪动力电池项目仅用 17 天完成 42.67 公顷用地 68 万立方米工程量土方平整，刷新“高新速度”。大科园后勤服务中心被评为芙蓉奖和湖南省结构优良工程，东北片区配套设施二期被评为湖南省结构优良工程，邦普 2# 栋（康鑫建筑）被评为长沙市结构优良工程。

行政审批　“一张表”制定实施。宁乡高新区主动承接长沙市下放的行政审批事权限，实施政务服务事项“四级九统”标准化梳理，梳理权力清单 199 项，公共服务清单 10 项。“一张网”建设稳步推进。对接长沙市“互联网 + 政务服务平台”，实现“一网通办”，政务服务网上可办率 100%。“一个厅”运行高效。6 月在长沙市率先设立市场准入综合窗口、工程建设项目综合窗口、“一件事一次办”综合窗口，推行“一窗受理、一窗出件”集成服务。“跑一次”服务不断优化。梳理最多跑一次清单 125 项，对接宁乡市首批 103 件“一件事”，梳理园区一件事一次办事项 6 项，实现一窗办理。企业开办方面，开设企业开办“综合窗”，实现 1 个工作日内零费用办结，并实现工商登记、发票申领、印章刻制及备案、银行开户等事项一窗办结。工业投资建设的房屋建筑项目审批方面，落实四个阶段并联审批及“告知承诺制”施工许可证办理，十几项前置资料简化为 3 张承诺书，项目流程最简化，施工许可证 20 个工作日内办结。实现交地即开工，通过告知承诺 + 提前介入，服务企业最快速度动工建设。比亚迪、云轮科技、瑞捷、三一塔机、星邦、鹏博 6 个项目已实行拿地即开工。“无证明园区”方面，取消宁乡高新区工业项目从立项到施工许可证的所有证明材料，全过程无证明。“无收费园区”方面，工业项目“零收费”，宁乡高新区为吉永盛、康荣等 21 个工业项目，减免以上 8 项费用 9849 万元；实现 40 个项目施工图审查费用政府购买，为项目节约费用 150 万元。“无跑腿审批”方面，开设“掌上园区”平台，工业项目主要事项全程网办，企业投资项目全过程不见面审批；建立园区帮代办队伍，配备服务专员 3 人，服务购地建厂项目 27 个，发挥“五员合一”优势，为企业提供前期手续、问题协调、水电配套等全过程服务。

服务发展　宁乡高新区推进减免税费，梳理各级减税降费政策 19 条，为企业减税降费 2.5 亿元；开展以招商合同、应收账款和低效闲置用地为重点的“三清”工作，全年收回招商合同欠款、租金欠款等各类欠款 6920.3 万元，盘活“僵尸”企业及低效闲置用地企业 16 家，涉及土地面积 91.07 公顷，厂房面积 134578.7 平方米，成功清退沃特玛，引进投资 4 亿元的储能电芯企业华兴新能源；在宁乡高新区企业服务中心成立水电气综合窗口，为企业提供水电气全方位服务，由宁乡高新区购买变压器免费提供给企业作为施工临时变压器；组织 122 家企业成功申请养老保险费率试点（涉及 11809 名参保人员），每月减少用工成本 159 万元；组织企业参加各类招聘会 96 场次，新招聘入职员工 4700 余人，园区用工缺口控制在正常范围；成立国有控股物流公司——湖南云起物流科技有限公司，针对企业物流用车难、服务难和安全把控难等问题，整合资源设计物流线路，改善园区物流条件；开通园区连接长沙和宁乡的免费通勤巴士线路，日接送员工 4500 人次，极大的方便园区企业员工的上下班出行。

科技创新　宁乡高新区实施“5123”计划，即 5 年内引进 1 名诺贝尔奖获得者，20 名院士，300 名博士，2019 年引进院士 4 名，博士 71 名。湖南省储能产业链知识产权公共服务平台上线运营，重点从专利布局分析、转移转化、培育保护等方面为储能企业提供专业服务，促成中锂新材与韩国 LG 化学的高端隔膜专利转移合作，储能产业企业找专利、找人才、找资金、找客户有了全新路径。长沙微纳坤宸新材料有限公司获批湖南省工程研究中心，湖南中科星城石墨有限公司获批省企业技术中心。湖南星邦重工有限公司被评为 2019 年国家工信部专精特新小巨人企业。万鑫精工（湖南）有限公司研发的谐波减速机正式对外销售，成为湖南唯一一家能生产此产品的厂家，打破日本的垄断地位。

社会事务　完成征地 91.33 公顷，完成全年任务的 137%，完成房屋拆迁 350 栋，完成全年任务的 175%，保障项目的顺利推进；协调项目施工环境，妥善处理比亚迪、中一、云轮科技、金林西路、星邦重工二期、望龙小学、邦普五期、梅塞尔、金洲消防站、澳洲路标准厂房等项目施工环境问题；安排专人进行信访接待，强化完善信访工作，提高信访工作效率和质量，及时化解各种矛盾，为园区企业和拆迁群众排忧解难；加强园区污染防治设施的建设，对涉水企业和 VOC 排放企业有针对性地进行重点监管，督促企业对污染防治设施进行提质改造，园区企业环保投入总数在 3 亿元以上，为园区环保安全奠定基础；对夏铎铺工业园及大湾岭 120 家

2019 年 5 月 28 日，长沙市举行重大产业项目集中开工动员会。图为宁乡市会场

宁乡高新区　供图

企业园区企业进行摸底排查，下达整改文书10余份、清退污染严重的家具生产企业5家；望龙小学建成并投入使用，解决困扰宁乡高新区企业员工子女上学问题。

【三一重起SAC16000S全地面起重机下线】 2019年2月19日，三一SAC16000S全地面起重机在宁乡产业园下线，标志着全球最大吊高、最大吊重的超大吨位起重机面世。该超大吨位起重机结构简单、能快速拆装、便于快速转场。其全新定长张紧控制技术，预技效率提升20%；全面故障诊断系统，高精度力矩显示，全方位安全保障；首创恒压恒流辅助转向系统，响应快精度高；具备可智能锁定的多模式油气悬挂系统，智能恒温控制水冷系统。10月1日，6台三一SAC6000起重机在中华人民共和国成立70周年庆典上，升起长90米宽60米的巨幅五星红旗。

【星邦重工GT ZZ46J曲臂式高空作业平台下线】 2019年8月，星邦重工GT ZZ46J曲臂式高空作业平台下线。该款产品打破世界高度最高（最大工作高度48米）、伸距最长（最大水平延伸25.5米）、载荷最大（455千克）自行曲臂式高空作业平台3项世界纪录，以其人性化的人机交互功能、智能化的自诊断控制系统、先进的智能网联系统，遥遥领先于同行业其他产品，达到国际先进水平。

【比亚迪宁乡动力电池生产基地项目开工建设】 2019年，在2019年湖南—粤港澳大湾区投资贸易洽谈周期间，长沙市人民政府与比亚迪股份有限公司系列战略合作协议签约，长沙市和比亚迪携手在先进储能、绿色智能大交通领域开展全方位、全产业链合作，标志着投资百亿元的宁乡比亚迪动力电池生产基地项目即将落户宁乡高新区。5月28日，比亚迪宁乡动力电池生产基地项目在宁乡高新区开工建设，省委常委、市委书记胡衡华宣布宁乡比亚迪动力电池生产基地开工。宁乡动力电池生产基地一期，总投资50亿元，占地面积42.67公顷，达产后预计年产值约100亿元。项目主要包括动力电池电芯、模组以及相关配套产业等核心产品的制造，将打造华中新能源汽车动力电池战略基地。

【族兴新材获“湖南省科学技术进步奖”】 2019年2月27日，长沙族兴新材料股份有限公司“高性能金属效应铝颜料关键技术开发及产业化”项目获得由湖南省人民政府颁发的“湖南省科学技术进步奖”三等奖证书。

【国测生物获“创客中国”湖南省中小微企业创业创新大赛二等奖】 2019年7月30日，湖南国测生物科技有限公司依托其对“非洲猪瘟”的检测试剂盒技术，获得2019年“创客中国”湖南省中小微企业创业创新大赛二等奖。该公司研发生产的“非洲猪瘟”病毒实时荧光PCR检测检试剂盒，其试剂对象包括一些养殖企业、屠宰企业、第三方的实验检测机构。主要是通过对猪的血液、唾液、内脏组织，猪使用的饲料、药物以及猪场周围的空气、水质等进行监测，实现对“非洲猪瘟”疫情的前期监测。将试剂盒放入配套的检测仪器中，约一个小时左右即可检测出样品中是否含有“非洲猪瘟”病毒的核酸，从而有效地根据检测结果推行防控方案，避免造成进一步的损失。

（本栏撰稿 肖 婧）

·岳麓高新技术产业开发区·

【概况】 2019年，岳麓高新技术产业开发区（以下简称“岳麓高新区”）完成规模工业产值12.63亿元，比2018年增长18.97%；服务业营业收入56.7亿元，比2018年增长28.61%；高新技术产业产值104.38亿元，比2018年增长6.54%；固定资产投资112亿元，比2018年增长24.8%；全口径税收14.02亿元，比2018年增长38%；检验检测产业链产值59.5亿元，比2018年增长17.2%，在市对园区绩效考核中，内五区排名第二位，区绩效考核中园区被评为一类。

招商引资 全年引进投资5000万元以上项目7个，其中投资10亿元以上重大项目2个，分别为投资100亿元的湘江智谷·人工智能科技城与投资10.8亿元的中国计量院长沙基地，其中，湘江智谷·人工智能科技城是长沙市与碧桂园集团联手打造的产城融合项目，首开区面积68.4公顷，将重点引进全球领先的人工智能研发团队和企业进驻，打造人工智能创新研发平台、成果转化平台及高端应用平台；中国计量院长沙基地项目由部省合建，旨在通过搭建一流水平的研发平台及实验室，推动湖南产业升级。引进投资5亿~10亿元产业项目1个——长沙智能驾驶研究院产业园，项目占地面积6.28公顷，总投资8亿元，主要用于建设干线物流重卡智能核心技术研发和创新产品的生产和销售基地；引进投资5000万~5亿元产业项目4个，分别为投资2亿元的赛哲智造项目、投资2.5亿元的创新中心、投资5000万元的财付通湖南总部，投资5000万元的集结科技总部。检验检测产业链招商。引进检验检测产业链优质项目28个，包括国内首家与世界500强Illumina公司在病原微生物领域合作的湖南赛哲智造和赛哲医学检验所项目、世界500强中国航天科技集体旗下项目航天瑞莱军工装备制造及检测试验中心、主板上市企业中衡设计建筑检测湖南基地项目、湖南安卓特种设备检测中心项目、艾科瑞分子生物学用单链核苷酸合成项目、长沙致微食品检测实验室项目、深圳市核子基因检测中心、中通检测检验校准实验室项目等，力推科捷控股、申亿机械应用研究院、湖南道业信息科技有限公司等检测产业链项目入园。引进人工智能产业优质项目36个，包括腾讯财付通华南总部、集结科技数字产业基地、创新中心智能系统设备检测仿真实验室项目、北京星云互联车路协同项目、易光科技智慧照明项目等人工智能产业项目等。二次楼宇招商。在园区二次平台可承载空间有限的情况下，协助联东U谷、洋湖创富等工业地产项目引进中小型企业50余家，其中包括深圳沃特测试技术服务有限公司、湖南晨皓科技有限公司、长沙德玛检测技术有限公司等15家检验检测产业链相关企业，以及长沙希迪户外通信有限公司、湖南罗宾中天科技有限公司、长沙熙臻电子科技有限公司等20余家新一代信息技术相关企业。2019年园区自主开展重大招商推介会活动3次，先后参与“2019年全国检验检测机构开放日活动”“第11届中国第三方检测实验室发展论坛暨展览会”“湘江智谷·人工智能科技城项目集中签约暨开工动员活动”，其中在“湘江智谷·人工智能科技城项目集中签约暨开工动员活动”上，千玺机器人华中总部、腾讯财付通华南总部、华夏芯华中总部、绿米联创湖南总部等12个项目集中签约。参与各级重大招商节会，4月中旬在香港举办的“2019湖南对接粤港澳大湾区恳谈会”上签订投资100亿元的碧桂园湘江智谷人工智能科技城项目；5月中旬在湘江新区举办的“2019中德智能制造合作高峰论坛暨中德智能制造合作企业对话”上推介园区人工智能、智能驾驶、新能源汽车等产业发展的基础、环境和优势，吸引相关领域重点企业和研发机构的关注；10月中旬，通过省工信厅举办的“中国航空航天航海论坛”，与中国航天514所计量测试中心（国家航天器产业计量测试中心）、中国航发商发制造计量中心建立了联系；10月下旬在贺龙体育馆举办长沙国际马拉松博览会上布展，展现园区风采；11月中旬，参展第二届中国新材料产业发展大会暨长沙国际新材料产业博览会，打响园区知名度。组织到北上广深等地开展小分队招商10余次，引进北京星云互联、深圳核子基因、浙江瑞邦检测等项目。

产业链建设　全年铺排的74个建设项目基本达标达效，22个涉市重大项目开工、复工率100%。湘江智谷·人工智能科技城与碧桂园在规划指标、供地方案、产业规划、扶持政策等方面最终达成共识，顺利开工，实现当年落地、当年建设目标；“两个100公里”一期基本建成，5G测试场景全面启用；湘江鲲鹏顺利摘牌，食药检所、磐云数据、宏尚、致力等，11个项目建成达效，国网电科院、长长电泵、仿真实验室加速推进。

工程建设　玉赤大道四延长线通车，链接湘江智谷·人工智能科技城；紫苑路、杏雨路、智能路建设中。2019年已开通的地铁3号线紧邻园区，园区住宅、教育、医疗、商业等配套设施日益完善。建成汀香十里、麓山别墅、江山帝景等高端楼盘20个。联丰苑保障性住房二期正在建设，1#、8#栋已交房，幼儿园主体建设已完成，并进入装修工程。重点打造学士路商业走廊、中心商务港，配套有沃尔玛等大型生活购物及家居商场；已建成学士门户广场、玉润公园、紫苑公园等公园广场，智谷科技广场启动建设。突破土地资源的瓶颈制约，完成人工智能科技城一批次用地、4S城及杏雨路35.07公顷征拆腾地；盘活存量土地，土地集约利用水平明显提升，国网湖南电科院、中国计量院长沙基地等8宗土地完成摘牌，整治储备土地88.15公顷，土地资源加快向发展资本转变；资金保障持续增强，取得融资批复28.8亿元，面向资本市场二次突围，实现10亿元企业债二期发行。“放管服”“一件事一次办”改革推进，设立行政审批服务局、打造一站式门户网厅、构建标准化服务体系，对标全市最高标准、最好水平，全面提升审批服务效能。

国土管理　截至2019年12月底，已完成第一批次首开区工业用地、商住用地、人工智能安居工程及杨柳公园等11个批次共88.15公顷征地审批，超出年度33.33公顷计划要求；第二批次剩余符合土地利用总体规划的70.5公顷正报请征地预审。土地供应。按照年度计划，园区供应土地规模53.33公顷，其中出让土地41.87公顷，划拨土地11.47公顷。2019年度绩效考核土地挂牌出让目标为8宗地或地块，已完成包括碧桂园首开区、计量院、CIDI、创新中心等在内的工业用地3宗、工业地产2家、商住3宗。同时已完成玉锦路、翰林苑安置房、白鹤安置房的土地划拨供地，正在积极筹备人工智能安置房、智义路、玉璞路等划拨的前期资料 。土地集约节约利用。对入园企业供地要求容积率不低于1.5，开展园区闲置土地清查工作，委托第三方开展集约节约用地评估工作，评估报告已经提交，连续3年完成考核任务。

征拆安置　2019年铺排96.75公顷拆迁计划，其中续拆项目7个，面积为60.35公顷，新拆3个项目面积为36.4公顷。人工智能科技一期一批次项目，拆迁面积29.93公顷，涉及拆迁108户私房、两家企业（正伟农庄和塘峡砖厂），截至2019年，投入1.94亿元拆迁资金，项目已全部完成房屋拆除工作。4S城安置房及杏雨路项目，拆迁面积5.13公顷，涉及私房28户，项目启动投入拆迁资金9051.44万元，已全部完成签约和房屋拆除工作，已完成大部分面积清表工作，所有进度均按照区指挥部制定时限目标稳步推进，安置房和杏雨路已开工建设。

【四大项目集中签约】　2019年4月10日，岳麓区举行产业发展年“重大项目集中签约”暨营商环境优化年“产业政策集中兑现”活动。活动现场，12个重大产业项目签署合作协议，其中岳麓高新区与湖南省天然气调控暨应急指挥中心（能源大厦）、长沙智能驾驶研究院产业园、智能网联汽车检验检测总部、湖南核子基因检测中心四大项目签约，签约金额14亿元。

【与省标准院签订共建国家技术标准创新基地（长株潭）战略合作协议】
2019年4月29日，国家技术标准创新基地（长株潭）工作座谈会在株洲召开，岳麓高新区在会上获选为“长

株潭基地”副理事长单位。省市场监管局总工程师李丁、标准处处长李少阳，省标准院党委书记周琪、副院长盛立新，区委常委、园区党工委书记屈志峰出席，省标准院长株潭市场监管局相关负责人，中车株洲电机、中联重科等10余家标准创新示范企业的负责人参会。会议研究和讨论长株潭基地终期评估准备工作，屈志峰代表园区与省标准院签订共建国家技术标准创新基地（长株潭）战略合作协议。协议约定，双方将围绕提升长株潭区域自主创新能力，构建以湖南省检验检测特色产业园为核心，以标准协同创新、技术标准验证、国际标准化推进、标准公共服务、标准学术交流为重点的“一园五中心”。

【湘江智谷·人工智能科技城项目建设】 2019年4月15日，在2019湖南对接粤港澳大湾区恳谈会暨重大项目签约仪式上，入驻岳麓高新区的碧桂园湘江智谷·人工智能科技城项目签约。湘江智谷·人工智能科技城是碧桂园集团在中部地区首个“产城融合”标杆项目，共占地14.34平方千米，总投资500亿元，分三期12年滚动式开发，其中一期规划2.41平方千米，投资100亿元。项目定位引进全球领先的机器人研发团队和企业进驻，并以此为合作基础，致力于搭建全球领先的机器人创新产业研发应用平台，高端应用平台，创新、孵化、成果转化平台和人工智能产业链。10月25日，岳麓高新区联合碧桂园举行湘江智谷·人工智能科技城项目集中签约暨开工动员活动，省委常委、市委书记胡衡华出席活动并宣布项目开工。活动现场发布人工智能产业发展相关政策，岳麓高新区管委会主任罗政、碧桂园湖南区域执行总裁李天鹏作为代表与千玺集团、财富通、华夏芯等12家人工智能领域标志性企业进行签约。10月9日，碧桂园摘得“湘江智谷·人工智能科技城”首开区24公顷地块（首开区共68.4公顷），摘牌价4.8亿元，限价9800元/平方米，该地块的摘牌，标志着湘江智谷建设取得实质性进展。

【国网湖南电科院电网设备检测中心项目开工】 2019年5月26日，国网湖南电科院电网设备检测中心项目在岳麓高新区开工，市政府副市长邱继兴出席并宣布项目开工。活动上，国网湖南电科院院长、党委副书记周卫华介绍项目情况。项目计划总投资10亿元，规划用地5.78公顷，总建筑面积约9.3万平方米，分三期建设，2021年7月前完成项目整体建设，其中一期物资质量检测楼计划于2019年年底完成主体施工。

【“2019年检验检测产业链质量提升行动暨产销对接会”活动】 2019年6月21日，“2019年检验检测产业链质量提升行动启动仪式暨产销对接会”活动在园区举行，省市场监管局总工程师李丁，市政府副秘书长王体泽，市市场监督管理局局长张庆和，副局长肖磊，区委常委、园区党工委书记屈志峰以及相关省市部门负责人等参加活动。活动现场设置展示区，集中展示设备仪器、检测技术能力等方面的创新成果。200余家检验检测供需企业参加，累计兑现产业扶持政策奖励959万元，供需双方达成初步产销意向2140万元，其中中大集团、广绿检测等8家企业现场签订产销合作协议。

【2019首届“湘智论坛”暨中德人工智能学术交流会在长沙举行】 2019年12月2日，2019首届“湘智论坛”暨中德人工智能学术交流会在长沙举行。欧洲科学院院士、德国人工智能研究中心联合创始人汉斯·乌斯科尔特、德国Aalen应用技术经济技术大学教授彼得·根茨等专家与中南大学博士生导师、人工智能系主任王勇开展了深入交流，并就湖南人工智能产业发展提供发展方向。副市长邱继兴、湘江新区管委会副主任罗社辉、碧桂园集团副总裁黎晓林出席活动并致辞。汉斯·乌斯科尔特发表题为《人工智能推动制造企业的数字化改革》的主题演讲，分享了自己对人工智能领域的专业意见。“湘智论坛”旨在通过打造国际一流的平台、吸引国际顶级的专家、学习国际先进的技术、招引国际优质的产业资源，为区域产业发展加注动能。

【两项目获国家技术发明奖】 2019年1月8日，2018年度国家科学技术奖励大会在人民大会堂举行，岳麓高新区企业湖南继善高科技有限公司的“大深度高精度广域电磁勘探技术与装备”项目获国家技术发明一等奖，赛恩斯环保股份有限公司的“冶炼多金属废酸资源化治理关键技术”项目获国家技术发明奖二等奖。

【第11届中国第三方检测实验室发展论坛暨展览会在长沙举办】 2019年9月18日，第11届中国第三方检测实验室发展论坛暨展览会在长沙举办。该届论坛围绕“激发新活力，引领新发展”主题，进一步发挥第三方检测对经济高质量发展的引领作用。全国各地的1000余名检验检测专家、学者、从业人员参加。第三方检测实验室发展论坛是中国第三方检测行业首个高峰论坛，2019年论坛由开幕式、主题演讲及圆桌峰会、专题分论坛、产品展览、实验室展示等一系列活动组成，旨在为检验检测行业搭建高端对话交流平台。近年来，长沙把检验检测产业链作为重点新兴优势产业产业链培育，初步形成涵盖建筑工程、生命科学等多领域的现代检验检测体系。岳麓高新区作为全省检验检测产业高地，是全国首个拥有“双国家级”平台的检验检测专业园区，已有检验检测机构116家，2018年实现产值突破50亿元。2019年，园区完成检验检测产业链中游服务业产值8.5亿元，比2018年增长17.2%，“中部质芯 岳麓检测”的品牌效应不断扩大。

（本栏撰稿 刘 艳）

湖南湘江新区

XIANGJIANG NEWLY DEVELOPED ZONE OF HUNAN PROVINCE

编辑　刘盼盼

综　述

【概况】　2019年，湖南湘江新区地区生产总值比2018年增长9.1%；规模以上工业增加值增长12.1%；全社会固定资产投资增长12.3%；社会消费品零售总额增长12.7%。分别比全省高1.5个、3.8个、2.2个、2.5个百分点，比全市高1.0个、3.0个、2.2个、2.6个百分点，继续保持领跑态势。从投资结构看，民间投资比2018年增长25.1%，在固投所占比重为63.6%，比2018年同期提高4.9个百分点；工业技改投资比2018年增长50.4%，成为投资增长的重要支撑。从产业结构看，高新技术产业快速发展，全年实现高新技术产业产值、增加值3013.7亿元和853.9亿元，比2018年增长12.9%、11.6%。新增市场主体3.6万个，其中新增注册企业所占比重69.7%；完成进出口额579.88亿元，比2018年增长62.2%；新增智能制造示范企业106家，新认定高新技术企业506家。

【项目建设】　2019年，湘江新区持续推进“产业项目建设年”活动，坚持招大引强、培新育小，紧盯三类“500强”企业和产业链补链、延链、强链的龙头企业，组织和参与岳麓峰会、中德智能制造论坛、粤港澳大湾区投资贸易洽谈周、央企与湖南对接会、湘江金融发展峰会等重大活动。重大项目签约。全年新区全域签约170个项目，总投资2095.03元，其中先进制造和高新技术产业109个，投资1925.89亿元；现代服务业61个，合同引资169.144亿元；投资50亿元(含)以上项目8个，合同引资1582亿元。产业链建设。着力打造优势特色产业链，“10+6”产业链共计签约项目116个项目，其中以人工智能(含智能网联汽车)产业链、工程机械、先进储能材料、智能终端产业链等为代表的高端制造和高新技术产业项目72个，合同引资约1700亿元；以移动互联网、现代金融、文化旅游、研发设计与创新服务产业链等为代表现代服务业项目44个，合同引资约114亿元。新签约50亿元以上的产业链龙头项目6个，合同引资1382亿元。

【城市建设】　2019年，湘江新区坚持规划引领、重点突破，强化产城融合、一体发展，提升宜居宜业宜游的城市品质和形象。规划工作提质优化。全面完成湖南湘江新区国土空间规划及高铁西城等重点片区控规，初步构建2035年新区国土空间规划新格局。完成核心区公共服务设施布局规划；完善新区城市设计“一张图”、三维仿真平台建设、数据建设等应用基础工作，三维模型覆盖率100%。片区建设。梅溪湖片区，国际文化艺术中心艺术馆对外开放，谭盾声音博物馆落户新区。洋湖片区，宜家家居开业运营，湖南妇女儿童医院试运营，洋湖水街主体竣工，已聚集国内外企业总部近40家，洋湖晋升国家级湿地公园。滨江片区，基金小镇项目一期交付运营，智慧能源中心投入使用。大王山片区，湘江欢乐城欢乐雪域、欢乐水寨完成建设，恒大足球世界项目签约落地。月亮岛片区，足球文化园、红土网球公园开放，天玥二期项目落户。高铁西城，完成征地40公顷，拆迁腾地20公顷，PPP项目已完成社会资本方招标。基础设施完善。“一圈两场三道”完成年度目标任务；电力“630攻坚”滨江变电力走廊技术改造完成，红桥变扩建工程顺利开工；长望路西延长线望城区段、潇湘大道三段建成通车，麓景路隧道、靳西路等超额完成年度目标任务；潭州大道快改第二段从完成可研批复到招标挂网不到3个月时间，顺利实现“730”开工目标；洋湖人才公寓、看云小学等加快建设。征地拆迁。新区本级全年完成用地预审223.73公顷，办理土地征收304.1公顷；新启动拆迁项目24个，涉及土地面积155.84公顷，各园区、区市征拆工作稳步推进，特别是围绕中联智慧产业城、三安光电等重点项目推进拆迁，有效保障项目落地建设。

【环境优化】　2019年，湘江新区出台防范化解政府隐性债务风险考核办法和工作方案，并纳入年度绩效考核体系。推动先导控股和湘江集团到期债务展期和高成本债务置换，完成年度政府隐性债务化债计划目标。盘活可经营性固定资产收入6368.79万元。大王山旅游基础设施等项目入选政府专项债项目库，申报完成2019年土地储备专项债21亿元，获得国家发改委5亿元专项债推进污染防治。中央生态环境督察及回头看信

2019年4月2日，2019互联网岳麓峰会在长沙梅溪湖国际文化艺术中心举办。图为岳麓峰会现场　　湘江新区　供图

访件全部办结销号，万科梅溪郡垃圾站投诉处理和建设经验得到省市督察部门高度肯定。全面落实建筑工地污染防治“8个100%”，实现污染防治监测平台接入率100%。创新推动非施工区域复绿治本。龙王港治理一期工程稳步推进，雷锋水质净化厂（一期）提前5个月竣工通水，龙王港入湘江口断面平均水质由劣Ⅴ类改善为Ⅳ类。率先在全市建成排口智能监控体系，完成梅溪湖片区37个小区雨污分流改造。大王山、梅溪湖西片区等一批海绵城市标杆项目加快推进。原长沙铬盐厂铬污染整体治理柔性垂直风险管控工程、污染介质治理工程稳步推进。推进精准脱贫。坚持产业扶贫就业扶贫同步推进，举办两期龙山县焊工就业培训班，37人顺利结业；龙山里耶帮扶资金到位1310万元，已完成油茶产业、光伏发电等28个项目建设；注册“沩水源”品牌，推动宁乡沩水源村茶叶加工厂与金井茶业合作，村集体经济纯收入超过150万元。

【改革创新】 2019年，湘江新区研究制定《湖南湘江新区产业用地管理操作手册》，形成投入产出指导目录，对3宗土地进行产业用地认定。启动知识产权运营平台，并获批全省首家知识产权运营服务试点单位。设立知识产权纠纷调解中心，升级专利大数据平台，囊括全球1.2亿条专利文献、数据，服务能力进一步提升。放管服改革提速。落实“营商环境优化年”要求，推动实施五大专项行动和十件实事。实施预审代办、分阶段审批、多图联审、容缺审批、规范中介等一系列项目审批改革举措，新区审批事项从75项优化为45项，16项市级权限下放岳麓高新区；申报材料压减25.3%；政府投资类和社会投资类项目四阶段审批总时限分别由59个、47个工作日缩短至46个、35个工作日。全年受理“12345”热线工单5700余件，满意率稳居全市前列。设立全省首家滨江金融中心政务超市，可为入驻企业提供“一站式”政务服务。开通运行产业服务微信平台，实施“全程帮代办”。全面落实国家减税降费的大政方针，累计兑现支持企业发展的政策资金近13亿元，新增减免新区全口径税额10.16亿元。双创示范基地建设。举办“智汇湘江·科创新区”路演12场，各类活动近50次，106个项目与投资机构深度对接。举办2019年全球初创企业GSA颁奖盛典、柳枝行动精品项目路演、宁乡专场路演、长株潭产业与资本对接交流会、专利运营与科技成果对接会等活动，参加2019年全国“双创”活动周、“创之星”中美创新创业大赛及中美创投大会，扩大双创品牌影响力。

产业招商

【湖南湘江地平线人工智能研究院揭牌】 2019年2月28日，湖南湘江地平线人工智能研究院暨湖南湘江地平线信息技术有限公司揭牌活动在长沙举行。湖南省委常委、长沙市委书记胡衡华，地平线创始人兼CEO余凯出席揭牌仪式。北京地平线公司是一家人工智能初创企业，面向智能驾驶、智慧零售和智能城市等应用场景，为自动驾驶汽车等终端设备装上“大脑”，多项技术和产品在全国、全球处于领先地位，成为嵌入式人工智能平台的全球引领者。地平线人工智能研究院将结合长沙市城市管理与交通管理特点，通过本地定制化开发具有长沙特色的科技成果，并应用于实际场景需求，最终形成智能制造产业项目从规划、建设、研发、生产和应用紧密结合的完整链条，带动长沙产业升级、科技创新，为长沙培养一支涵盖技术攻关、产品研发、销售和技术支撑为一体的高水平落地团队。

【“智汇湘江·筑梦启航”湘江基金小镇开园】 2019年5月28日，“智汇湘江·筑梦启航”湘江基金小镇开园暨招商启动仪式在长沙举行，此次活动旨在以湘江基金小镇会客厅开放为契机，促进小镇品牌形象整体升级，进一步放大湘江基金小镇在一站式服务、创投孵化、产融结合、产业导入等方面的辐射带动作用，活动过程中，湘江基金小镇与百余家基金机构深入对接，深度聚焦私募行业痛点，全面解读基金小镇政策，为投资人、企业代表提供一个有效了解湖南湘江新区、湖南金融中心和湘江基金小镇的窗口。

2019年5月28日，“智汇湘江·筑梦启航”湘江基金小镇开园。图为开园仪式现场

湘江新区 供图

【湖南湘江智能科技创新中心与腾讯达成战略合作】 2019年4月2日，在长沙市与腾讯公司系列合作协议签约仪式上，湖南湘江智能科技创新中心与腾讯签署框架合作协议。湖南省委常委、长沙市委书记胡衡华，长沙市委副书记朱健、腾讯公司高级执行副总、云与智慧产业事业群总裁汤道生等领导出席并见证签约。此次签约是继2018年11月长沙市政府与腾讯签署框架合作协议后进一步的深化合作。创新中心将与腾讯在智能驾驶等人工智能领域建立合作关系，开展智能驾驶研发测试合作，推动长沙智能创新产业的发展。

【舍弗勒大中华区第二研发中心落户】 2019年9月6日，在中德两国总理见证下，湖南湘江新区管理委员会与舍弗勒投资（中国）有限公司签署合作框架协议。11月21日，湖南湘江新区管理委员会与舍弗勒投资（中国）有限公司签署舍弗勒智能驾驶产业化项目正式合作协议。根据双方协议，舍弗勒公司拟在新区落地一家面向未来智能驾驶汽车底盘系统的关键零部件研发、应用和销售于一体的独资企业，设立舍弗勒大中华区第二研发中心（暨舍弗勒中国智能驾驶研究院），并研究开发Paravan残障人驾驶车辆项目和智能驾驶平台样车的开发集成项目。

【2019湘江金融发展峰会在湘江新区举办】 2019年11月28日，第三届湘江金融发展峰会在湖南湘江新区湘江基金小镇举办，中基协母基金专业委员会、中国互联网金融协会、清华大学中国金融研究中心等20余位行业专家出席，同时腾讯金融云、度小满金融、瑞士再保险等超过500家明星企业代表，以及中国天使联合会、启赋资本等近100家顶级投资机构参会。峰会由湖南省地方金融监督管理局、长沙市人民政府、湖南湘江新区管理委员会联合主办。峰会立足于湖南金融中心产业定位——科技普惠，以“金融科技，湘江论道”为主题，各方重点围绕金融科技服务实体经济、科技赋能普惠金融、保险科技新生态以及科技资本共促成果转化等方面汇聚一堂，论道湘江。峰会期间还举办银行科技论坛、保险科技论坛以及基金创投论坛。

【中德智能制造合作企业对话活动在湘江新区举办】 2019年5月22—24日，中德智能制造合作高峰论坛暨中德智能制造合作企业对话活动在湖南湘江新区举行，工业和信息化部国际合作司副司长陆建文、德国联邦经济和能源部产业政策司副司长马库斯·海斯、省工业和信息化厅副厅长马天毅、长沙市委副书记朱健等各级领导参加峰会论坛，来自中德双方“工业4.0”相关机构、重点院校、行业协会和知名企业代表250余人参加。活动行程主要包括现场考察、专家会议、科技讲堂、主旨演讲、高峰对话等环节，来自德国的54位嘉宾及中德160余家企业共同考察中联重科、国家智能网联汽车（长沙）测试区、长沙智能驾驶研究院等智能制造产业和智能化工厂。峰会上，中德双方嘉宾共同探讨加快推进智能制造的新思维、新路径，促进智能制造、智能网联汽车等领域交流合作，论坛聚焦中德智能制造产业发展前沿趋势、关键技术、实践成果，围绕制造业结构调整、数字化转型和工业互联网发展，为深化中德智能制造产业化技术合作与交流提供新思维、新路径、新机遇。

2019年11月28日，第三届湘江金融发展峰会在湘江新区基金小镇举办。图为2019湘江金融发展峰会现场　　湘江新区　供图

重大项目建设

【潭州大道快速化改造工程（连塘路—莲坪大道段）开工】 2019年7月23日，潭州大道快速化改造工程（连塘路—莲坪大道段）开工仪式在大王山旅游度假区举行，标志着湖南湘江新区基础设施项目攻坚季启动。省发改委党组成员、副主任、省能源局局长姚英杰出席仪式并宣布开工，湖南湘江新区管委会党工委委员、管委会副主任罗社辉、刘中杰参加开工仪式。潭州大道快速化改造工程属于长株潭一体化“三干一轨四连线”重点项目，项目全长约30.9千米，其中长沙段约16.2千米，由湘江发展集团负责建设，湘潭段约14.7千米。潭州大道快速化改造工程的实施将加速长沙与湘潭两市融城发展，有效缩短长沙与

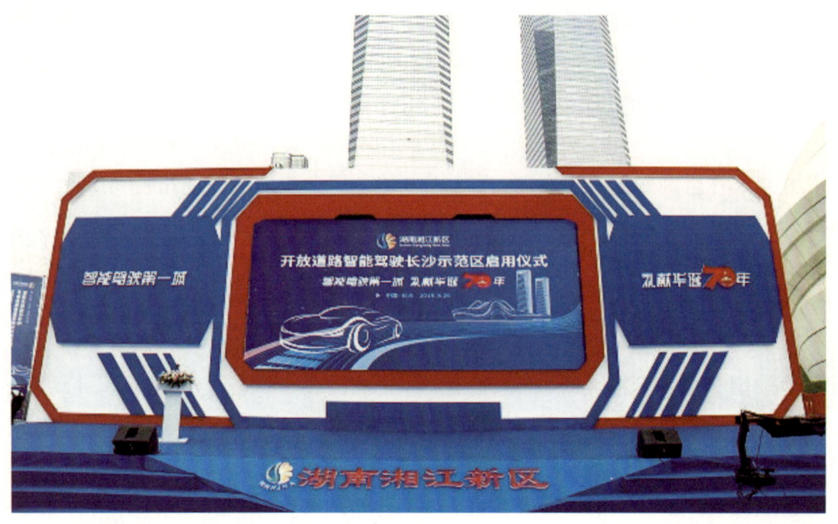

2019年9月26日，开放道路智能驾驶长沙示范区启用仪式在梅溪湖国际文化艺术中心广场举行。图为开放道路智能驾驶长沙示范区启用仪式现场　　湘江新区　供图

湘潭两市间的通行时间，打造一条高效快捷的免费通道，串联起长沙洋湖生态新城、大王山旅游度假区和湘潭九华经济技术开发区，对加快推进长株潭融城发展具有重大意义。

【开放道路智能驾驶长沙示范区启用】 2019年9月26日，开放道路智能驾驶长沙示范区启用仪式在梅溪湖国际文化艺术中心广场举行。长沙市委副书记、市长、湖南湘江新区党工委书记胡忠雄宣布长沙示范区启用，湖南湘江新区党工委委员、管委会副主任凌勤杰介绍“两个100公里”项目情况。百度自动驾驶乘用车Robotaxi在开放路段进行15分钟左右的批量载人测试，获得成功。开放道路智能驾驶长沙示范区的启用，标志着智能网联车辆和普通社会车辆可以在长沙100平方千米范围的城市开放道路和100千米高速开放道路共同行驶，长沙迈入智能驾驶2.0时代。

【“智涌潇湘”2019 AI Cloud生态大会在梅溪湖国际文化艺术中心举行】 2019年9月6日，“智涌潇湘”2019 AI Cloud生态大会在梅溪湖国际文化艺术中心举行，长沙市委副书记朱健出席会议并宣布开幕。大会深入探讨人工智能在各行业的应用和发展趋势，为城市科学治理和传统产业转型升级发展带来新思路，推动以人工智能为核心的未来产业发展。中国工程院院士、中国人工智能学会理事长李德毅，西安电子科技大学计算机科学与技术学部主任、IEEE Fellow、中国人工智能学会副理事长焦李成，杭州海康威视数字技术股份有限公司高级副总裁、首席架构师毕会娟，杭州海康威视数字技术股份有限公司高级副总裁徐习明，科大讯飞大数据研究院执行院长谭昶等专家学者出席大会开幕式并发表主题演讲，各界代表、行业大咖以及行业相关人员超过2000人参加此次活动。大会以“数据智理　AI赋能”为主题，1个主会场和3个分会场，即“智涌潇湘”2019 AI Cloud生态大会开幕式及主论坛、人工智能赋能百业专场会议、智慧交通专场会议、城市公共服务专场会议。

【院士专家长沙行”暨中国工程院“互联网+”行动计划（2035）项目中期研讨会】 2019年4月24—27日，院士专家长沙行”暨中国工程院“互联网+”行动计划（2035）项目中期研讨会在长沙召开，中国工程院课题组分组到长沙园区企业调研，深入了解“互联网+”发展的有关情况和需要重视解决的问题，并举行项目组课题研讨会、分组研讨会。长沙市委副书记朱健等领导陪同调研。“院士专家长沙行”活动由中国工程院副院长、党组成员、中国工程院院士陈左宁带队，课题组由11位中国工程院院士和多名专家组成。院士专家团分成4个调研组，分到湖南湘江新区、长沙高新区、长沙经开区、隆平高科技园、宁乡高新区等园区，围绕“互联网+”基础支撑、“互联网+”智能制造、“互联网+”智慧能源、“互联网+”现代农业、“互联网+”智慧环保、“互联网+”智能交通等课题，考察走访三一集团、国家智能网联汽车（长沙）测试区、长沙智能驾驶研究院、中国联通云数据中心、景嘉微、博世汽车、微纳坤宸、威胜集团、隆平高科、华智水稻、航天凯天环保、中联环境、通号轨道、纳雷科技等10余家企业，召开座谈会8场次，与园区企业进行深入交流。

（本栏撰稿　何振翔）

城乡建设

URBAN AND RURAL DEVELOPMENT

编辑　周海波

规划设计

【长沙市自然资源和规划局挂牌】2019年1月22日，长沙市自然资源和规划局挂牌成立。根据《长沙市机构改革方案》，将市国土资源局职责、市城乡规划局职责、市发展和改革委员会的组织编制并实施主体功能区规划职能、市林业局的森林湿地等资源调查和确权登记管理职责，整合组建市自然资源和规划局，作为长沙市政府工作部门，不再保留市国土资源局、市城乡规划局。自然资源和规划部门承担着引领城市科学发展，优化国土空间管理格局，推进自然资源综合保护利用等关乎城市长远发展和国计民生的重要职责。

2019年7月13日，长沙市自然资源和规划局内五区分局挂牌成立。内五区分局推动职能职责由国土资源和规划向自然资源和规划管理转变，由自然资源要素管理向生态文明建设转变。坚守生态保护红线、永久基本农田红线，协调做好生态、农业、城镇空间布局。实施全域土地综合整治，实行差别化要素保障机制。统筹山水林田湖草系统治理，加快建立健全源头保护和末端修复治理机制，配合推进自然资源统一调查和确权登记。继续深化“最多跑一次”改革，更好为企业和群众服务。（谭江涛）

【国土空间规划编制】2019年，长沙市对标中央决策、国家战略研究制定综合政策，结合自然资源和规划“十四五”规划编制，开展自然资源和规划形势分析、盘活存量用地对策分析及相关政策研究。推进长株潭都市区空间发展战略规划，开展城市交通体系、总体城市设计、历史文化名城保护系列专项规划。推动自然资源发展理念与发展模式转变，推进“多规合一”“多测合一”“多审合一”。在2017年城市总体规划编制试点、2018年土地利用总体规划编制试点基础上，推进国土空间总体规划编制。印发《长沙市国土空间规划（2019—2035年）编制工作方案》，确定市级总体规划“1+1+3+6+1”（市级国土空间总规划1个主体成果，1个信息平台，3个专项规划，6个专题研究，1个国土空间开发保护评估）内容体系，形成主体规划、专题研究、专项规划初步成果。组织“两规”规划实施评估专题和双评价专题初步成果专家审查会；统筹区县（市）和相关部门开展长沙市生态保护红线评估调整，经过五轮上下反馈已形成阶段成果；召开国土空间总体规划局内审查会，分别对生态格局与生态空间管控专题、耕地保护与土地整治专题的初步成果进行专家审查。划定“三区三线”（生产、生活、生态三区和城镇开发边界、生态红线、基本农田三条控制线），构建“三级三类”（市级，县级，乡镇级三级，总体规划，专项规划，详细规划三类）国土空间规划体系。（谭江涛）

【国土空间规划管控】2019年，长沙市加大重点地段、重要片区城市设计和重要建筑外立面把关力度。推进专项规划法定化，落实9个专项规划法定化成果要求。完善自然资源和规划“一张图”，新增各类规划编制成果入库20项。召开规委全会4次，表决通过议题30个。组织各类规划审查会议111次，审议项目229个。完成控规修改项目128个，75%为非经营性项目。在控规编制和控规修改过程中落实“四增两减”公共政策（增加公共绿地、增加公共空间、增加配套设施、增加支路网密度，减少居住人口密度，减少开发强度）。（谭江涛）

2019年1月22日，长沙市自然资源和规划局挂牌成立　　市自然资源规划局　供图

【重点片区规划实施】2019年，长沙市与株洲市、湘潭市开展《长株潭城市群都市区空间发展战略规划》，扩大长株潭城市群都市区高质量一体化和“两型”示范发展效应，组织规划竞赛确定优胜方案，明确长株潭绿心和交通两个重点深化方向，完成补充调研和方案深化讨论，通过长株潭都市区战略规划综合交通专题、绿心及绿心周边地区专题专家审查会，形成初步成果。编制《金洲新城、金阳新城战略规划》、南部片区概念规划、南部片区起步区城市设计和控规等重大片区规划。将金阳新城、金洲新城打造成长沙“一体两翼”（长沙市内六区＋长沙县为一体，浏阳市、

宁乡市为两翼）格局的重要支撑，编制金洲新城、金阳新城空间发展战略规划。编制南部片区相关规划，南部片区概念规划编制完成，南部片区起步区城市设计和控规完成初步成果审查。为三一智联重卡、蓝思科技、铁建重工、长沙林骏汽车等重点企业用地规划调整提供服务保障，完成2019年度电力“630攻坚”规划论证和审批任务；完成电力专项规划修编初步方案。审批马栏山视频文创园项目180万平方米，推进380米星空塔等地标项目规划设计。编制绿心地区、湘江新区、丁字分区和省级以上产业园区等区域控制性详细规划，完成南部融城片区、临空经济示范区城市设计阶段性成果。完成火车南站街区层面城市设计。推进大学科技城综合交通规划。（谭江涛）

【乡村规划】 2019年，长沙市推进镇村规划全覆盖工作。摸清全市镇村规划编制情况，明确村庄规划任务量。到武汉、广州等地调研学习村庄规划编制经验。编制《长沙市乡镇国土空间总体规划编制技术导则（试行）》《长沙市村庄规划编制技术导则（试行）》。印发《长沙市“镇、村国土空间规划”全覆盖两年行动计划（2019—2020）》，召开全市“镇、村国土空间规划”全覆盖工作动员大会。启动开慧镇、镇头镇、白箬铺镇3个乡镇国土空间总体规划试点编制工作，启动包括团山湖村、长东村等共61个村庄规划编制工作，审批完成3个村庄规划。指导市规划勘测设计研究院和长沙县开慧镇结成战略合作关系，在开慧镇政府挂牌设立“长沙市规划勘测设计研究院—开慧镇乡村振兴工作站”。（谭江涛）

【城市规划设计】 2019年，长沙市完成地块城市设计相关管理文件《长沙市街区（地块）城市设计管理实施细则（试行）》初步成果，明确地块城市设计的编制、审批及管控要求；开展长沙市建筑环境与质量评估工作，制定《长沙市建筑形态管控通则》；长沙历史文化名城保护规划修编，完成《长沙市历史文化名城保护规划（2019—2035）》方案初步成果；与区县联合推进《铜官老街历史文化街区保护规划》《长沙市潮宗街历史文化街区保护规划》《浏阳大围山镇历史文化名镇保护规划》《宁乡沩山乡历史文化名镇保护规划》《浏阳新开村历史文化名镇保护规划》《宁乡市巷市村历史文化名镇保护规划》《开福区历史步道示范段两厢街区层次城市设计》《天心区历史步道示范段两厢街区层次城市设计》等项目编制或修编工作；开展长沙市户外广告设置技术导则和总体布局规划编制工作。（谭江涛）

【设计审查】 2019年，长沙市完成建筑工程初步设计审查1836.14万平方米，完成建筑工程施工图审查备案5871.94万平方米。推行施工图设计文件数字化审图，实现施工图文件数字化审查覆盖率100%。完成2019第四季度全市房屋建筑勘察设计质量专项检查。发布《关于进一步加强建设工程勘察设计质量管理提高施工图审查时效的通知》。落实《长沙市住房和城乡建设局关于取消社会投资项目初步设计审批环节的通知》要求。承接省住建厅下放的勘察设计管理权限，加大对区县（市）勘察设计管理工作的下放权限。提升“互联网+图审”效率，项目办理总用时较2018年减少28.5%。消防设计审查与施工图设计审查备案合并。（刘文静）

【消防设计审查】 2019年5月15日，消防设计审查和消防验收职能移交市住建局，市住建局明确工作流程、工作时限以及联合审查制度，将原消防设计审查和消防验收工作时限20天压缩到12天，消防设计审核并入施工审查总体环节。全市住建系统受理消防设计审查收件2243宗，办结1760宗；受理消防验收备案收件1461宗，办结1256宗。（陈　莎）

城市建设

·综　述·

【长沙市住房和城乡建设局挂牌】 2019年1月22日，长沙市住房和城乡建设局挂牌。根据《长沙市机构改革方案》，长沙市住房和城乡建设委员会更名为长沙市住房和城乡建设局。主

2019年7月17日，自然资源部国土空间规划局调研长沙国土空间规划编制工作

市自然资源规划局　供图

要职责为贯彻落实有关住房和城乡建设的政策法规。指导、监管、协调城市建设资金投融资工作。承担规范全市房地产市场秩序、监督管理房地产市场的责任。承担城区供水、排水、节水、防涝排渍以及城镇污水处理、再生水和中水利用等职责。承担村镇建设管理和指导责任。承担管理全市建筑市场的责任。承担全市建设工程质量、安全生产监督管理的责任。承担建设工程消防设计审查、验收及备案抽查工作。承担推进全市建筑节能、墙体材料革新和建设科技进步的责任。承担监督管理全市建设工程勘察设计市场的责任。建立和完善住房保障体系，研究拟订全市住房保障政策并长沙市轨道实施，指导、监督全市住房保障工作。

2019年10月25日，长沙市建设工程质量安全监督站挂牌。长沙市建设工程质量安全监督站由原长沙市建设工程质量监督站和长沙市建筑工程安全监察站合并整合而成，承担由市住建局办理施工许可证的房屋建筑工程、市政基础设施工程的质量安全监督及文明施工管理的事务性工作；承担建设工程质量安全监督中对违法违规行为查处的事务性工作等。（臧　勇）

【海绵城市建设】　2019年，长沙市出台一系列政策文件，发布地方设计导则、图集等系列技术标准，将海绵城市建设形成“闭环”管理，强化制度标准保障，完善海绵城市建设顶层设计。完成300余个项目的海绵城市建设技术方案审查。高铁会展新城完成《高铁会展新城海绵城市规划研究》编制。省试点望城区27个海绵城市示范项目中25个开工建设，潇湘北路、银星湾公园等17个项目竣工并投入使用，形成“一个水系（黄金河水系）、一座公园（银星湾公园）、一条道路（潇湘北路）、一条绿带（环城绿带）、一个新建小区（三润城）、一个老旧小区改造（电子材料厂宿舍）、一座学校（斑马湖小学）”等多类型的海绵城市建设示范项目带。雨花区圭塘河井塘段、植物园段城市“双修”与海绵城市建设示范公园，井塘段启动建设；植物园段正在办理前期手续。对望城区海绵城市建设项目“整体区域—项目地块—典型设施”三个层级管控，实现对降雨量、液位、积水点、项目地块的实时数据监测。（李海峰）

【城建重大项目建设】　2019年，长沙市重大项目累计完成投资4047.5亿元（数据来源于重大项目信息系统，下同），占年度计划的120.5%。其中782个重大产业项目累计完成投资2570亿元，占年度计划的121%。287个产业链重大项目累计完成投资907亿元，占年度计划的115.2%。

（吴　慧）

【地下管线管廊建设】　2019年，长沙市完成地下管线综合信息管理平台（一期）的可研、初步设计审批及招投标，启动平台相关建设工作。明确各类管线报装流程纳入工程建设许可，优化管线迁改的工程审批流程，规范服务标准和办事流程，实现在“互联网+政务服务一体化平台”运行。强化新增地下管线测量数据资料入库工作，落实地下管线综合资料验收要求。下发《关于长沙市地下综合管廊试点建设PPP项目（第一批）范围内的管线迁改有关工作的通知》，全市管线入廊长度70千米，收缴管线单位入廊费675万元。启动中意路（新岭路—伊莱克斯大道）综合管廊特许经营及建设工作。（邓星伟）

【市政基础设施建设】　2019年，长沙市开展万家丽路南延长线快速化改造工程等3个项目前期研究。统筹轨道交通与城市地下空间建设，开展轨道交通1~6号线地下空间调查与研究。统筹调度杨家湾撇洪渠流域综合治理、红旗渠水系改造、石碑大港流域水环境综合整治、汽车南站周边市政配套、黄花机场扩建周边集疏运道路、湘雅医院（花鸟市场）停车场等项目。形成《长沙市市政基础设施统筹推进月报》，将项目推进过程中存在的问题梳理形成要素保障清单，交市直部门及区县政府进行协调解决。6—10月，梳理134个项目问题，解决47个。以《要素保障清单》方式进行交办87个，解决或制定解决方案80个。

2019年，长沙市市政基础设施项目计划铺排项目数626个（含预备项目和前期研究项目），年度计划投资402.45亿元。续建项目254个，2019年计划投资299.78亿元；新建项目177个，计划投资102.37亿元；预备项目141个，前期研究项目54个，计划投资0.3亿元。截至12月底，全市市政基础设施项目开工建设372个，开工率86.3%（续建新建项目），比2018年2018年同期提高2.1%；完成投资462.15亿元，占年度计划的114.8%，比2018年同期提高8.5%。（严洪志）

【城建行政审批】2019年，长沙市推进“网上办”“一次办”，建筑企业资质受理2675件，办结2675件，审批通过2042件。房地产企业资质受理710件，办结710件，审批通过638件。

2019年，长沙市将工程建设项目审批事项由71项精减至44项，制定并公布政务服务事项清单。将工程建设项目分为五类流程，全过程划分为四个阶段并联实施，最长审批时限不超过79个工作日，发布审批流程指导图。以政府内部协作代替多头审批，实施规划设计方案联合审定、施工图联合审查、多测合一和联合验收，下放审批权限，试点开展区域评估，推行告知承诺制。按照全省“13+1”的平台建设模式，接入17个市直部门、9个区县（市）、13个园区、5个市政公用服务单位，涵盖44个行政审批事项、11个中介技术服务事项的工程建设项目审批平台，2019年12月12日接入湖南省、国家工程建设项目审批管理系统。推行“一个窗口”提供综合服务，分阶段实行“前台综合受理、后台分类审批、材料网上流转、窗口统一发件”。“一张表单”整合申报材料，实行“一份办事指南，一张申请表单，一套申报材料，完成多项审批”。出台《长沙市深化工程建设项目审批制度改革实施方案》，建立“双随机、一公开”监管模式，通过“信用长沙”平台对建设项目单位开展信用评价、联合惩戒。（陈　莎）

·道　路·

【概况】　2019 年，长沙市加强对城区道路的日常巡查管理，开展对辖区市政道路路面、人行道等市政设施的日常维护、维修，处置市政类数字化案卷。2019 年，全市完成路面修补 35.4 万平方米，人行道修补 17.8 万平方米，侧平石更换维修 2.8 万套米，清掏各类井 19.6 万次，疏浚排水管道 1361 千米，更换调整各类井座井盖 3096 套，有效保持城区道路完好率 97% 以上。（严洪志）

表 24　　2019 年长沙市 5 亿元以上政府投资重大项目一览表

序号	项目单位	项目名称	2019 年建设内容	起止年限	项目预估总投资（万元）	2019 年预估投资（万元）
1	长沙市轨道交通集团有限公司	轨道交通 6 号线工程	完成部分车站主体工程、区间工程	2017—2022 年	3694302	270000
2	长沙市轨道交通集团有限公司	轨道交通 3 号线一期工程	完成车站、区间、轨道工程，基本完成机电设备的安装调试，试运行	2014—2020 年	2602807	330000
3	长沙市轨道交通集团有限公司	轨道交通 4 号线一期工程	开通试运营	2014—2019 年	2397584	105000
4	长沙市轨道交通集团有限公司	轨道交通 5 号线一期工程	基本完成车站、区间、轨道工程，完成部分机电设备的购置和安装	2015—2020 年	1633024	210000
5	长沙供电公司	湖南长沙县果园 1000 千伏输变电工程	土建施工	2019—2020 年	954000	344756
6	市城建投资集团（会展公司）	会展片棚户区改造项目一阶段	办理前期用地手续，启动拆迁工作。	2019—2022 年	781900	160000
7	长沙先导恒伟房地产开发有限公司	湘江财富金融中心	东区钢结构及屋面构架层（含停机坪等）完成；东区幕墙（含泛光照明预留预埋）完成	2016—2020 年	734323	125000
8	市城建投资集团	湘府路快速化改造工程	实现全线通车，并基本完成附属工程	2016—2019 年	603381	100000
9	长沙供电公司	长沙市输变电工程	启动建设	2019—2020 年	567188	171560
10	长沙交通投资控股集团有限公司	长益复线至兴联路大通道工程	管网改迁、工作井施工、隧道敞开段施工	2019—2022 年	537900	50000
11	市城建投资集团	湘雅路湘江通道	完成始发井建设，部分既有道路改造、排水系统施工	2019—2022 年	526647	150000
12	市城建投资集团	天心区牛角塘村城中村改造项目	办结前期用地手续，适时启动拆迁工作	2019—2022 年	500000	42000
13	交通局	金阳大道三期	完成金阳大道三期部分路基、隧道、桥梁等	2018—2021 年	372967	40000
14	长沙市芙蓉棚改投资有限责任公司	蔡锷中路两厢棚改项目	完成 90% 征收任务	2016—2020 年	340000	80000

续表 24

序号	项目单位	项目名称	2019 年建设内容	起止年限	项目预估总投资（万元）	2019 年预估投资（万元）
15	天心棚改公司	西文庙坪周边地块棚改项目（A 地块）	完成征收的 50%	2017—2020 年	300000	70000
16	天心区城建投资集团	天心区城中村拆迁改造拆迁	完成改造的 20%	2018—2021 年	300000	80000
17	市住房保障局、各国家级园区管委会	2019 年全市人才公寓建设	2018 年人才公寓部分建设任务由各区县（市）及园区结转列入 2019 年重大项目投资计划（主要归为社会投资类，既有单独的人才公寓建设项目，也有包含在产业基地建设子项内容中人才公寓），具体任务由市住房保障局统筹铺排制定	2019—2020 年	300000	100000
18	梅溪湖投资（长沙）有限公司	梅溪湖国际新城二期地下综合管廊及配套道路工程	综合管廊工程完成建设（地铁、地下空间影响段除外）；道路工程完成建设（地铁、地下空间影响段除外）；红枫路桥和梧桐路 2 号桥完成建设；梧桐路 3 号桥完成施工图设计；雪松路桥启动建设；金菊路桥完成主体施工	2018—2020 年	288000	30460
19	长沙茂想置业有限公司	梦想金茂华府（暂定名）	完成设计工作，完成土方施工，部分主体结构至 5 层	2019—2022 年	283900	139500
20	湘江新区投资集团有限公司	大王山片区交通提质及停车设施配套工程 PPP 项目	完成部分基础工程	2019—2021 年	264814	20800
21	湘江新区投资集团有限公司	潇湘大道三段	潇湘大道三段腾地范围内道路工程基本完成建设；防洪工程视拆迁情况适时启动	2017—2020 年	243529	76648
22	星城发展集团	长沙县人民医院新建项目	完成医疗综合楼地下室土石方开挖外运、基坑支护和基础梁、板、柱、墙施工	2017—2020 年	221800	32000
23	湖南龙骧交通发展集团有限责任公司	长沙汽车南站综合交通枢纽项目	室内装饰、机电安装附属等扫尾工程	2015—2019 年	220962	60062
24	市直各相关单位（市智慧办统筹）	信息化项目建设	启动建设	2019 年—	216912	110446
25	长沙梦茂置业有限公司	梦想金茂玺悦（暂定名）	完成设计工作，完成土方施工，部分主体结构至 5 层	2019—2022 年	210700	96300
26	市城建投资集团	霞凝货场扩建二期	完成物流服务工程、智能立体冷库工程与综合商务楼工程	2017—2020 年	205600	20000
27	湘江新区投资集团有限公司	大王山片区道路路网工程	包括湘江西岸堤防整治工程、蓝山路、虹山路、联江路、狮山路、清风路、山泉路等道路建设	2016—2021 年	201030	20617

续表 24

序号	项目单位	项目名称	2019 年建设内容	起止年限	项目预估总投资（万元）	2019 年预估投资（万元）
28	长沙市雨花城市建设投资集团有限公司	园博家园	进行基础部分建设，完成基坑开挖工程的 20%	2019—2021 年	199760	80000
29	湖南军信环保股份有限公司	长沙市污水处理厂污泥与生活垃圾清洁焚烧协同处置二期工程项目	场地平整工程、边坡支护工程、桩基工程、主厂房土建工程、烟囱和冷却塔工程、主设备采购等	2018—2020 年	199000	35000
30	长沙经济技术开发区项目开发建设管理有限公司	黄花及大众片区 PPP 项目	完成部分路基和路面	2017—2020 年	197091	71700
31	长沙市城北投资有限公司	双河湾农民安置房	一期、二期启动外墙油漆施工和水电安装	2017—2020 年	184500	60000
32	长沙县星城发展集团	万家丽路快速化改造北延长线工程	完成前期工作，启动部分电力隧道工程	2019—2023 年	180000	20000
33	水利投	大众垸防洪整治工程一、二期工程	靖港电排至乔口段提防整治，沩水北岸堤防堤身加固、堤基防渗、穿堤涵管涵闸加固更新改造等	2016—2020 年	177897	57897
34	长沙梅溪湖金晟置业有限公司	梦想新天地	一期主体结构封顶，完成部分粗装修工程	2018—2020 年	167496	25000
35	长沙市雅塘新城建设投资有限责任公司	中城苑保障性住房	完成基础工程建设，进行主体工程建设	2016—2021 年	151103	50997
36	长沙先导控股集团有限公司	高铁西站市政综合配套工程	完成设计，站前北路、北广场停车场开工建设	2019—2021 年	146373	40000
37	湘江新区投资集团有限公司	欢乐雪域	完成建设	2014—2019 年	141516	30000
38	长沙长国地产开发有限公司	长沙韶光微电子总公司生活区棚户区改造	预计征收签约 718 户，预估 72000 平方米安置房开工建设，完成场地平整、土方开挖	2019—2021 年	140000	30000
39	梅溪湖投资（长沙）有限公司	梅溪湖国际新城二期骨干道路及桥梁工程	夏鹃路完成部分路基工程；看云路完成部分路基工程；紫荆路道路完成建设（征拆影响段除外）；油松路建成通车（征拆影响段除外）紫荆路桥完成施工图设计；看云路桥完成至施工图备案；映日路桥及赏月路桥完成主体	2017—2021 年	136263	28940
40	湘江新区投资集团有限公司	麓景路南延工程（南接含浦大道）	隧道部分：单洞掘进 1.2 千米；道路部分：完成腾地范围的部分路基	2017—2021 年	136000	28000
41	湘江新区投资集团有限公司	湘府路（河西段）快速化改造	完成主体建设	2017—2020 年	134000	40644

续表 24

序号	项目单位	项目名称	2019 年建设内容	起止年限	项目预估总投资（万元）	2019 年预估投资（万元）
42	城投集团	区人民医院拓址新建项目	完成征地拆迁，启动主体建设	2018—2020 年	133410	40000
43	岳麓高新区	翰林苑安置房	完成一期部分基础工程建设	2019—2021 年	130060	50000
44	长沙麓谷建设发展有限公司	和润园三期	开展主体工程施工	2019—2020 年	130000	40000
45	宁乡市水利投资公司	沩水流域综合治理工程（宁乡段）	完成河道堤防加固、护坡护岸工程约 20 千米的建设	2018—2020 年	130000	45000
46	长沙交通投资控股集团有限公司	湘雅医院泊位及充电桩站	完成拆迁、启动建设	2018 年 -	130000	50000
47	湘江新区投资集团有限公司	朗豪五星级酒店	完成 80% 硬装	2014—2020 年	128378	43000
48	长沙经济技术开发区项目开发建设管理有限公司	盼盼路及其片区提质改造 PPP 项目	完成部分路基和路面	2017—2020 年	127376	70952
49	长沙经济技术开发区项目开发建设管理有限公司	黄兴大道及其片区改造 PPP 项目	完成部分路基和路面、公园土建	2017—2020 年	125486	36844
50	湘江新区投资集团有限公司	靳江河路	完成莲坪大道以北段腾地范围内排水管道建设；山泉路至莲坪大道段适时启动建设	2019—2021 年	120940	63235
51	长沙市教育局	长沙幼儿师范高等专科学校	启动土方工程	2019—2020 年	120000	31000
52	湖南信息职业技术学院	湖南信息职业技术学院新校区建设项目（一期）	设计、报建、土方工程及主体建筑全面开工	2018—2021 年	120000	32000
53	湘江新区投资集团有限公司	麓山水泥厂国有土地拆迁	基本完成拆迁	2018—2020 年	120000	32500
54	湖南湘江新区发展集团有限公司	湘江欢乐城基础设施配套	桐溪路（含桐溪桥）、蜂巢路基本完成主体建设；潇湘大道西线和桐溪湖（一期）基本完成腾地范围内主体建设；华谊兄弟 A 地块周边景观及配套工程基本完成主体建设	2015—2020 年	116571	42700
55	长沙市铬污染物治理有限公司	原长沙铬盐厂铬污染整体治理项目（第一阶段）	完成柔性垂直风险管控系统工程垂直防渗墙 20% 工程量；原长沙铬盐厂污染区域污染介质治理工程施工单位进场施工；完成原长沙铬盐厂厂区内雨污分流改迁、进出口防护、污染物在线监控平台建设	2018—2021 年	112000	20000
56	岳麓高新区	人工智能科技城安居工程	完成一期部分基础工程建设	2019—2021 年	110000	50000

续表 24

序号	项目单位	项目名称	2019 年建设内容	起止年限	项目预估总投资（万元）	2019 年预估投资（万元）
57	长沙市忠冶管廊建设开发有限公司	红枫路（含综合管廊 PPP）	完成 60% 路面基层施工	2018—2020 年	110000	74000
58	天心棚改公司	碧湘街周边地块棚改项目（二期）	基本完成征收工作	2016—2020 年	106500	80000
59	长沙梅溪湖金晟置业开发有限公司	雷锋科技城保障性住房（坪山村地块）项目	部分主体至 15 层	2017—2022 年	106449	40267
60	长沙高新控股集团有限公司	真人桥家园	开展主体工程施工	2019—2020 年	105700	50000
61	长沙供水有限公司	长沙市第七水厂建设项目（一期）工程	项目完工，通水运行	2016—2019 年	102402	29402
62	长沙顺泰投资管理有限公司	旺宁新村安置区（四期）	完成基础施工，进行主体建设	2018—2019 年	100000	20000
63	望城经开区建设开发公司	银星路长益复线连接线	启动路基建设	2019—2021 年	100000	30000
64	长沙梦程置业有限公司	梦想枫林湾	完成设计工作，启动基础施工	2019—2022 年	97000	51400
65	长沙先导恒伟房地产开发有限公司	湖南金融中心基金小镇项目	6 月份项目完工（毛坯）	2018—2019 年	94120	44000
66	市工务局	时代阳光大道东延长线	基本具备通车条件	2017—2019 年	92991	20000
67	长沙市南湖新城建设开发有限责任公司	天心馥园	完成基础施工，进行主体建设	2018—2020 年	90028	20000
68	宁乡市城投集团	城市防洪堤（溜子洲大桥—幸福渠）建设工程	完成河道堤防加固	2019—2020 年	90000	40000
69	芙蓉新城置业有限公司	隆平新区城中村改造	启动并完成部分征收	2019—2022 年	86645	40000
70	天心棚改公司	天心佳苑	进行地下部分施工	2019—2021 年	86000	24000
71	长沙市雨花城市建设投资集团有限公司	东升家园	进行基础部分建设，完成基坑开挖工程的 50%	2019—2021 年	85137	34055
72	长沙市忠冶管廊建设开发有限公司	雪松路（含综合管廊 PPP）	完成 50% 路面基层施工	2018—2020 年	85000	55000
73	长沙市排水有限责任公司、湖南北控水务发展有限公司	苏托垸污水处理厂新建工程	基本完成建设，具备运行条件	2019—2020 年	84000	60000
74	湖南湘新水务投资有限公司	雷锋水质净化厂（一期）	完成雷锋水质净化厂（一期）一阶段 12.5 万吨 / 日设备安装及调试	2017—2020 年	80793	30000

续表 24

序号	项目单位	项目名称	2019 年建设内容	起止年限	项目预估总投资（万元）	2019 年预估投资（万元）
75	岳麓棚改公司	岳麓山国家大学科技城—白沙液街特色商街	完成部分主街外立面及部分道路提质改造	2016—2020 年	80000	20000
76	宁乡市交通建设投资有限公司	金唐公路二期（凤凰山互通—南田坪）	完成沥青混凝土路面施工，以及其他附属工程，建成通车	2018—2020 年	80000	28000
77	长沙市开福棚改投资有限责任公司	清水塘炮后街棚改安置房（潇湘华庭）	启动地下室施工	2017—2020 年	73850	36400
78	市工务局	长沙市湘江东岸防洪综合改造项目	1. 完成全部涉水工程及部分景观工程；2. 完成排水系统管线、系统设施及泵站改造方案设计	2018—2020 年	72503	30000
79	宁乡市宁乡市城市建设投资集团有限公司	八家湾水体公园及四溪一渠提质改造	完成水库和水库周边路基工程，完善相关渠道建设	2017—2020 年	70000	20000
80	星沙供水公司	星沙水厂改扩建项目	完成旧水厂的拆除及新水厂的基础设施建设	2018—2020 年	69000	25000
81	长沙市雨花棚改投资有限责任公司	王公塘（长钢）片区棚改项目	发布五公告，至少签约 1 户	2019—2021 年	68876	25800
82	天心棚改公司	西文庙坪边地块棚改目配套改造工程	完成工程的 50%	2019—2020 年	68000	20000
83	市城建投资集团	红旗路（战备路—绕城高速）道路工程	一期：主线通车，确保红星大市场正常进出；二期：完成土石方工程及路基填筑	2018—2019 年	67999	30000
84	天心棚改公司	劳动广场及周边零星地块棚改项目（S1 地块）	完成征收的 50%	2017—2020 年	67000	50000
85	开福区工务局、开福区市政管理局、开福区商务和旅游局等	“一圈两场三道”建设	完成部分历史步道、停车场、农贸市场等建设	2018—2020 年	62757	43469
86	湖南省新雅置业有限公司	联丰苑二期	完成部分主体建设	2018—2020 年	61400	34415
87	长沙高新控股集团有限公司	金南家园三期	开展主体工程施工	2019—2020 年	61000	30000
88	新城住保公司	岳麓山国家大学科技城—大科城保障性住房	两栋主体建至六层	2018—2020 年	60000	30000
89	国网长沙供电公司	农网改造项目	建成投产	2019—2020 年	57870	48652
90	天悦公司	天悦和苑（二期）	进行地下部分施工	2019—2020 年	57000	20000
91	长沙县规建局、星城投资集团	“两河七口”打捆项目	其中双桥港流域水环境治理及纳污体系建设为市“蓝天办”督办工程	2019—2022 年	55949	43400

续表 24

序号	项目单位	项目名称	2019 年建设内容	起止年限	项目预估总投资（万元）	2019 年预估投资（万元）
92	市工务局	万家丽路 220 千伏电力隧道工程	完成部分盾构施工、部分管线迁改及部分恢复工程	2017—2020 年	55050	20000
93	长沙麓谷建设发展有限公司	和泰家园二期	开展主体工程施工	2019—2020 年	54300	20000
94	长沙市雨花棚改投资有限责任公司	省机械化施工公司片区棚改项目	发布五公告，至少签约 1 户	2019—2021 年	51612	30000
95	城投集团	星月路	吴家冲路至金星大道段完成路基；其余段完成部分路基	2019—2021 年	51131	21300
96	国网长沙供电公司	城网改造项目	建成投产	2019—2020 年	50712	44046
97	宁乡市煤炭坝人民政府	重点采煤沉陷区煤炭坝门业园基础设施（一期）建设	启动建设	2019—2020 年	50000	20000
98	岳麓区城建投	谷峰安置小区	完成部分楼栋基础工程建设	2019—2020 年	50000	40000
99	浏阳经开区污水处理工程有限公司	北园污水处理厂一期工程	完成项目主体工程施工以及设备安装	2019—2020 年	50000	40000

（资料来源：市发展改革委）

【市政道路建设与改造】 2019 年，长沙市“一圈两场三道”（“一圈”是指 15 分钟生活圈，“两场”是指停车场、农贸市场，“三道”是指人行道、自行车道、历史文化步道）自行车道项目全年计划建设 423 千米（调整后），完成建设 425.6 千米，完成率 100.6%。根据《关于加快推进 2019 年重大补短板项目实施的通知》要求，完成湘府路（河西段）快速化改造、新建西路、龟山路北段、桂花坪路、火炬路及绕城高速跨学士路桥梁节点拓改 6 个项目建设。2019 年，长沙市计划实现通车的断头路、瓶颈路项目 6 个，分别是湘府路（河西段）快速化改造、新建西路、龟山路北段、桂花坪路、火炬路及绕城高速跨学士路桥梁节点拓改工程。截至 2019 年年底，6 个项目均按计划完成年度建设任务。（严洪志）

【消火栓管理】 2019 年，长沙市全年建成市政道路消火栓 350 座。长沙市现有市政道路消火栓 16145 座。分组、分片对全市市政道路消火栓开展检查工作，将缺件或跑冒滴漏消火栓整理形成问题清单后交供水企业限期整改。全市市政道路消火栓合格率 98% 以上。（陈　欢）

【道路景观亮化】 2019 年，长沙市涂装修复 58 座桥梁防撞墙，修复橘子洲、银盆岭、猴子石、福元路 4 座跨江桥梁及万家丽高架桥亮化设施。完成亮化控制平台二期建设，实现智能化运行监控。实施主干道 20 处楼宇夜景亮化补齐建设，提质修复 25 处亮化设施，达到“连点成线、连线成片”效果。城区干道五纵五横 10 条道路（金星路、芙蓉路、韶山路、东二环、万家丽路、岳麓大道、三一大道、营盘路及晚报大道、五一路、长沙大道）亮化设施控制接入控制系统。该工程投入 2551.67 万元，完成 353 栋楼宇中 377 个控制箱接入、7 个恒温弱电控制箱和 84 个高清监控摄像头的安装及其软件平台建设。实现全市城区主干道景观亮化设施一键启闭、智能控制。实施城区主干道补齐性建设 20 处、提质修复 25 处，被评为“全国夜景亮化网红城市”。（李　兵）

·公共交通·

【公交都市建设】 2019 年，长沙市推广定制公交、园区公交、旅游公交，打造“公交都市”升级版，新增公交线路 27 条，优化调整公交线路 91 条，调整公交站点 223 个，更新站牌 512 块，70% 以上的公交线网覆盖到地铁，主城区公交 IC 卡突破 1050 万张，刷一卡通和手机扫码乘公交地铁率 90% 以上，市民公交出行幸福指数居全国第 4 名。（陈静云）

【城市公交】 2019 年，长沙市城区有 3 家公交企业，公交车辆 7828 台，从业人员11848人，公交线路284条，运营线路总长度超4000千米，客运总量约6.5亿人次。2019年，长沙市公共交通机动化出行分担率54.2%，中心城区公交站点500米覆盖率100%。整合优化麓山南路片区公交线网，开通4条大科城巴士线路。为主城区7713台公交车全部安装驾驶区安全防护装置。长沙汽车南站综合交通枢纽投入试运营。（陈静云）

【城市出租汽车】 2019年，长沙市出租汽车行业共有出租汽车经营业户数33户，有出租汽车9264台。长沙市城区（含长沙县）出租车行驶总里程118657.5万千米，其中载客里程77552.5万千米。载客车次总数11549.8万车次，客运量25408.9万人次。全市巡游出租车更换新型LED智慧顶灯。（朱 芳）

【城市网约出租车】 2019年，长沙市授予神州、首汽、曹操、斑马快跑、万顺叫车、滴滴出行、天津出行、大连天方、久柏易游、上海路团及本土企业“妙盛出行”“长沙嘟嘟”“天下易达”“先导快线”“玖玖华安”“湖南飞豹”“浏阳市和兴”“光彩神舟”18家平台公司经营许可证。网约车车辆办证12031台，取得网约车驾驶员证43059人（含巡游车驾驶员换发网约车驾驶员证的2326人）。（甘抱朴）

【城市地铁运营】 2019年，长沙市地铁运送乘客3.34亿乘次，日均100.15万乘次，单日最高客运量141.41万乘次再创新高；地铁1号线日均客运量比2018年增长17.34%，地铁2号线日均客运量比2018年增长14.73%。线网最短行车间隔压缩至3分44秒，全年开行列车32.94万列次，运营正点率99.9%，运行图兑现率99.9%。全年未发生A类一般及以上事件、责任三类及以上票务违章，未发生一起设备火灾、人员伤亡等重大安全事故。长沙轨道交通运营有限公司共获国家级荣誉36项，省市级荣誉50项，其中获全国城市轨道交通行业劳动竞赛“先进班组”集体荣誉4项，获全国城市轨道交通行业劳动竞赛“服务明星”“列车先锋”“维修能手”称号共计18人次，获全国轨道行业征文大赛奖2人次，获2019年全国城市轨道交通行业“我是城轨好讲师”大赛一等奖1人、三等奖3人。（龙梓冈）

【城市磁浮运营】 2019年，长沙市磁浮快线发送乘客397.1万乘次，比2018年增长20.43%；国庆假期发送旅客106140乘次，比2018年增长10.11%；日均客运量10879乘次，比2018年增长18.78%；单日最高客运量16227乘次创历史新高。同年3月长沙磁浮城市航站楼投运，8月磁浮机场站夜景亮化完成升级改造，12月实现站内扫码支付功能。磁浮列车测试速度突破140千米/小时，刷新短定子中低速磁浮列车运行速度的世界纪录。长沙市磁浮工程获第16届中国土木工程詹天佑奖、2018—2019年度国家优质工程金奖、庆祝中华人民共和国成立70周年经典工程、湖南省科技进步一等奖。（龙梓冈）

【轨道交通建设】 2019年，长沙市轨道交通集团完成重大项目投资154.3亿元，占年度计划的159%。地铁3号线一期线路全长36.5千米，起自岳麓区山塘站，止于长沙县广生站，设站25座地下站。地铁3号线一期工程2019年12月30日实现试运行，全部车站主体、区间、轨道完成建设，附属结构完成128个，机电安装进入扫尾阶段。地铁4号线一期工程2019年5月26日实现载客初期运营。地铁5号线一期工程线路全长22.5千米，起自雨花区毛竹塘站，止于长沙县水渡河站，设站18座地下站。地铁5号线一期工程2019年12月30日实现试运行，全部车站主体、区间、轨道完成建设，附属结构完成89个，机电安装进入扫尾阶段。地铁6号线工程线路全长48.11千米，起自高新区谢家桥站，止于长沙县黄花机场西站，设站34座地下站。地铁6号线工程17个车站主体封顶（占比50%），附属结构开工43个，区间工程完成18.6千米（占比23.7%），9个单线区间洞通，黄梨路车辆段完成施工招标。长株潭城际轨道交通西环线一期工程线路全长17.3千米，起自湘潭市湘潭北站，止于长沙市岳麓区山塘站（不含），设站8座，地下站4座。长株潭城际轨道交通西环线一期工程交通疏解项目开工建设。高铁片区铺排重大项目23个，续建项目9个（含4个未复工项目），新建项目7个，预备项目6个，预开工项目1个。（龙梓冈）

【地铁经营开发】 2019年，长沙市轨道交通集团车站资源经营收入4030.24万元，完成地铁2号线站厅层招商和配套空间招商工作。广告资源收入1.07亿元，实现连续三年广告经营收入逾亿元。物业经营收入合计2983.26万元（西广场停车费收入2079.37万元，物业管理费收入620.9万元，租赁收入76万元，其他收入206.99万元。），比2018年增长22.5%。高铁商务区商务总部基地、浏阳河国际文化科创基地、城市金融广场3个土地出让项目通过土委会审议，完成土地出让2亿元，回笼到位资金4.02亿元。五一绿化广场地下空间投入运营，是长沙市最大的绿化广场下方的地下空间；11月，地铁3号线阿弥岭站点上盖物业开发项目摘牌；12月底，阿弥岭、牛头村一期、牛头村二期、鹅秀、江畔和霞凝6宗经营性土地摘牌；黄兴车辆段上盖物业项目启动施工建设。（龙梓冈）

【地铁筹资融资】 2019年，长沙市轨道交通集团到位融资资金159.66亿元（间接融资116.66亿元，直接融资43亿元），偿还债务本金82.74亿元。分两期发行的43亿元私募类公司债，创近年来同品种、同期限、同信

用级别成本最低；与国家开发银行签订融资再安排合同 48.6 亿元并到位资金 16.8 亿元。（龙梓冈）

【地铁 4 号线一期工程试运营】 2019 年 5 月 26 日，长沙地铁 4 号线一期工程开通试运营，长沙市轨道运营里程突破 100 千米大关。4 号线一期工程 2014 年 12 月 31 日开工建设，2018 年 12 月 29 日通车试运行，全长 33.5 千米，设站 25 座，呈西北至东南走向，串联望城区、岳麓区、天心区、雨花区和长沙县，途径滨江新城、滦湾镇商业中心、岳麓山大学城、南湖新城、高铁新城、黄榔副中心等重要城市功能中心和枢纽地带，是继 2 号线、1 号线、长沙磁浮快线之后开通的又一条线路。（龙梓冈）

【地铁 3 号线、5 号线一期工程试运行】 2019 年 12 月 30 日，长沙地铁 3 号线、5 号线一期工程通车试运行，标志着长沙市轨道交通规划“米”字骨架、双“十”字拓展线网格局基本建成。3 号线一期工程 2014 年 1 月 3 日开工建设，全长 36.5 千米，设站 25 座；西起岳麓区山塘站，东至长沙县广生站，连接岳麓区、天心区、雨花区、芙蓉区、开福区和长沙县，途经大王山片区、洋湖新城、岳麓大学城、贺龙体育中心、侯家塘—东塘商圈、长沙火车站、烈士公园等重要城市功能中心和枢纽地带。5 号线一期工程 2015 年 11 月 29 日开工建设，全长 22.5 千米，设站 18 座；起于雨花区毛竹塘站，止于长沙县水渡河站，连接雨花区、芙蓉区、开福区和长沙县。（龙梓冈）

【首个“轨道 + 物业”上盖项目开工】 2019 年，长沙市地铁 2 号线黄兴车辆段上盖启动建设，总用地面积 67400.34 平方米，总建筑面积 132065.3 平方米，由长沙市轨道交通集团与长沙万科集团共同开发建设，打造集多业态于一体的城市共同体，为中西部地区首个在已运营的地铁车辆段上盖物业开发的项目。该项目为湖南省首次采用分层设权的形式出让土地资源的项目，是长沙轨道首次采用股权转让模式引入社会资本合作开发，响应国家“集约节约用地”号召，有效利用轨道交通资源、优化城市布局、提高城市化水平、增加合作双方效益的重大战略性标志工程。该项目位于长沙县黄兴镇太平村、光达村，地铁 2 号线黄兴车辆段检修库、运用库盖上，其中“地铁科技中心”项目，建筑面积约 20284.5 平方米，拟建设综合服务楼、配套运动场馆、技术培训展示楼、会议中心、档案馆等；“光达雅苑”项目，建筑面积约 111780.8 平方米，拟建设住宅、商业、幼儿园、停车场等。（龙梓冈）

·供　气·

【概况】 2019 年，长沙市供应天然气 11.8 亿立方米，最大日供气量 621 万立方米；年供应液化石油气 10 万吨。

【燃气安全检查】 2019 年，长沙市开展“大排查、大体检、大整治”“安全生产集中整治”等安全生产专项行动。开展安全生产大检查 4 次，季度安全检查和隐患排查 4 次，召开燃气专题安全生产会议 2 次，查处无证经营液化气网点 84 家、非法运输液化气车辆 36 台，暂扣液化气钢瓶 5604 个和大量倒气工具，对排查出 1267 处管道燃气安全隐患和 252 户城市商业综合体燃气安全隐患进行整改；完成燃气燃具检验 1538 批次，检出不合格产品 68 批次。全年未发生等级以上安全生产责任事故。

【燃气安全宣传】 2019 年，长沙市发放燃气安全宣传资料 25817 份，设置各类展板、标语、挂图等 500 余张，接受群众咨询 12019 人（次），推送安全用气短信 80 万余条，开展各类应急救援演练和技能培训 130 场（次），参训人数 3862 人，印制海报 142 万张，课本 4 万本，投放安全宣传广告超过 150 天。举办 2019 年城镇燃气行业安全专题宣讲活动。观看安全宣传教育片，通报 2019 年上半年燃气行业工作情况，听取《落实企业主体责任，切实强化安全管理》专题宣讲。市、区城管执法局燃气管理和执法负责人、市燃气协会及各燃气经营企业相关负责人共 220 余人参加。

（本栏撰稿　刘　舒）

·供　水·

【概况】 2019 年，长沙市城区 9 座水厂（南湖水厂、洋湖水厂、猴子石

2019 年 5 月 26 日，长沙市轨道交通 4 号线一期工程开通试运营

长沙市轨道交通集团　供图

水厂、银盆岭水厂、新河水厂、秀峰水厂、南托水厂、廖家祠堂水厂、望城水厂），总供水设计能力260万立方米/日，城市供水管网总长5100千米，覆盖区域420平方千米，供水范围河东区域北至桥驿镇，南至暮云镇，东至黄花机场；河西区域北至望城区、南至坪塘镇、西至白箬铺，服务范围覆盖城区近400万用户。2019年送水7.83亿立方米，日均送水量214.58万立方米，最高日送水量250.9万立方米。出厂水水质达《生活饮用水卫生标准》106项指标要求。

【供水基础设施建设】 2019年，长沙市完成第七水厂（南托水厂）一期新建工程，设计供水规模20万立方米/天，项目全年完成投资29402万元，2019年9月30日投产运行。完成长沙市第一水厂（南湖水厂）提质改造工程，对现有20万立方米/天制水规模进行提质改造，增加“臭氧+生物活性炭”工艺，同步实施滤池反冲洗水回用及污泥处理系统，全年完成投资4993万元。完成望城水厂（三期）扩建工程，供水规模由10万立方米/天增加到20万立方米/天，并建设桂芳加压泵站一座及配套管网，扩建部分常规处理工艺。2019年7月12日通水投产，全年完成投资20958万元。完成DN100以上供水管线建设95千米，新建管网85千米，改造管网10千米。开展终端户表改造，完成户改、省央企、省直机关“三供一业”项目200个，5.5万余户用户实现“一户一表、抄表到户、服务到终端”。

【二次供水管理】 2019年，长沙市开展长沙市城区居民二次供水设施普查工作，开展供水行业管理工作调研，形成《长沙市城区居民二次供水设施调研报告》，规范新建住宅供水设施竣工验收工作，对城区二次供水设施运行管理和水质检测情况开展抽查。市水业集团已接管二次供水泵房共有975座，正在以标准化、智慧化为目标逐步实施优化和更新改造。

（本栏撰稿 陈 欢）

·排水与污水处理·

【概况】 2019年，长沙市主城区12座污水处理厂处理污水7.87亿吨，日均处理污水215.66万吨，出水在线平台检测合格率100%。污水排放总量（含部分初期雨水）7.8亿吨，污水处理率98%。长沙市主城区金霞（18万吨/日）、湘湖（14万吨/日）、开福（30万吨/日）、岳麓（45万吨/日）、花桥（36万吨/日）、长善垸（36万吨/日）、新开铺（10万吨/日）、坪塘（12万吨/日）、暮云（8万吨/日）、新港（5万吨/日）、雨花（6万吨/日）、敢胜垸（10万吨/日）12座污水处理厂运行，雷锋（12.5万吨/日）试运行。

【管网清浚】 2019年，长沙市前后出动应急抢险17次，调用防涝排渍设备3000余台次，清理排水管网淤泥12万立方米，排渍量5314.8万吨，比2018年增加16.6%。城区防汛抗旱指挥部办公室下发《关于扎实做好2019年城区防涝排渍汛前准备工作的通知》，修订《长沙市防涝排渍应急预案》，印发《长沙市城区防涝排渍应急工作手册》。出动排查人员1665人次，排查设备2092台套，对339项不同规格型号的22319件防涝物资进行检查。清浚各类排水管网约3000千米，清淘各类排水检查井约3万座次。

【56万吨花桥污水处理厂改扩建】 2019年8月28日，长沙市花桥污水处理厂改扩建工程（三期）开工建设。工程建成后可使该厂日处理污水量达56万吨。花桥污水处理厂位于雨花区黎托街道花桥村，服务面积88平方千米，服务人口166万人。此次开工建设的改扩建工程（三期）项目内容包括：新增扩建20万吨/日污水处理厂设施，对原36万吨/日污水处理设施进行提标改造，出厂水水质达《湖南省城镇污水处理厂主要水污染物排放标准》一级标准。项目建成后，花桥污水处理厂日处理污水能力达56万吨。长沙市主城区建成污水处理厂16个，污水处理能力278万吨/天，74个建制镇建成97座乡镇污水处理厂（21座试运行），实现建制镇集镇污水处理设施“全覆盖”，实际建成规模26万吨/天，累计建成乡镇污水管网约816千米。

【长沙市城区排水事务中心挂牌】 2019年10月25日，长沙市城区排水事务中心挂牌。长沙市城区排水事务中心由原市排水管理处和市城区排水设施运行服务中心合并整合而成，负责全市排水和污水处理行业指导管理事务性工作；负责市城区有关防洪排渍设施、污水输送管网和泵站提升设施、政府投入建设的其他污水处理设施的运行管理等公益服务职能。

（本栏撰稿 李海峰）

·垃圾处理·

【垃圾分类】 2019年，长沙市出台《长沙市生活垃圾分类设施设备设置规范》《生活垃圾分类指导投放指南》《长沙市生活垃圾分类社区全覆盖考核验收办法和细则》以及其他垃圾（干垃圾）、厨余垃圾（湿垃圾）、餐厨垃圾、有害垃圾、装修垃圾、大件垃圾、农贸市场果蔬垃圾、园林绿化垃圾等八大类作业规范。在全市小区投放分类垃圾桶18万个，主次干道更换其他垃圾（干垃圾）和可回收物两分类垃圾桶7000余组。各小区配备干湿分类运输车辆1100余台。长沙市投入1.5亿元，改造新建厨余垃圾（湿垃圾）站82座。出台《关于进一步规范干湿垃圾收运工作的通知》，印发《关于加强桶边指导切实解决垃圾混投问题的通知》。全市配备桶边指导员近9000人。在主流媒体集中报道1800余篇。湖南卫视《快乐大

本营》播放生活垃圾分类专题节目，知名节目主持人汪涵代言黑麋峰垃圾焚烧发电项目。携手网易游戏，推出全国首创的游戏IP+垃圾分类推广系列新模式，并打造全国首创的长沙话方言版《梦幻西游》生活垃圾分类公益动画。2019年10月18日长沙话版《梦幻西游》生活垃圾分类公益动画上线，60余家媒体平台进行报道，总曝光量超1.5亿，阅读量1200余万。长沙城管微信公众号原创主题策划《关于垃圾分类，我们心里都藏着一个“哪吒”》广受关注。联合星辰在线上线生活垃圾分类宣传资料库。利用LED显示屏、楼栋及电梯宣传栏、公交、地铁移动广播等广告载体。举办生活垃圾分类“五进”宣传活动，每月联合各区县开展主题宣传。结合中华人民共和国成立70周年国庆，组织书画展、垃圾分类变废为宝竞赛、垃圾分类知识考试等形式多样的垃圾分类主题活动。（徐晔昕）

【生活垃圾焚烧发电】 2019年，长沙市生活垃圾焚烧发电项目位于市固废场西侧，占地30公顷，总投资25.86亿元。日均处理生活垃圾5824.8吨，年发电量5.18亿千瓦时，污水零排放，烟气排放指标优于国家标准和欧盟标准，被评为“湖南省环卫行业标杆项目”。2018年中央环保督查“回头看”投诉量大幅减少，省环保督查期间“零投诉”。政府部门和业内同行到长沙考察学习，省内部分市（县）领导和主管部门考察学习，借鉴长沙模式。（徐晔昕）

【首批新能源环卫车投入使用】 2019年，长沙市采购并投入使用新能源环卫车辆190台，具体为：芙蓉区23台、天心区15台，岳麓区20台，开福区10台10台，雨花区22台、高新区90台。5月22日，首批环卫新能源纯电动车大型交接车仪式在中联环境园区举行。纯电动路面养护车、纯电动洗扫车、纯电动清洗车、纯电动自装卸式垃圾车等多款中联环境牌新能源设备整齐排列，纯电驱动零排放、安全可靠的全方位高压配电管理系统、大数据云控平台智能调度、采用国内大型车企生产纯电动底盘，新能源环卫车设备优势明显。（张志波）

·园林绿化·

【概况】 2019年，长沙市推行生态化、智能化园林管养机制，重点整治公园广场、道路绿地、出入城口绿地景观，打造园林绿化管养精品。争创国家生态园林城市、国家节水型城市“两城同创”。新增绿地450公顷，新建后湖国际艺术园等公园75个，超额完成任务，在烈士公园、高铁站等重要节点建设33个园林绿雕，打造城区“八纵八横”花卉景观大道，栽植各类花卉500万盆，人均公园绿地面积和公园服务半径覆盖率不断增长，人均公园绿地面积12平方米。（李　敏）

【绿色城市建设】 2019年，长沙市铺排公园（游园）、林荫工程、街巷庭院、大型居住区、街心转角、增花添彩等项目213个，新增绿地约476公顷。2019年公园（游园）建设任务68个，实际铺排74个，年底实际验收认证75个（代表性公园：岳麓区后湖国际艺术园、月亮岛公园）。加强两点三线绿化维护督导，调度花候路、机场高速、长沙大道、湖南省委周边花化彩化及维护工作。开展全市八纵八横花化彩化、重要广场节点花雕建设等景观提升工作。长沙市轨道部署全市绿化迎接中华人民共和国成立70周年精细化维护作业行动。专题调度采集绿化案卷3610条。（申　飞）

【洋湖湿地公园晋升国家级】 2019年12月25日，国家林业和草原局下发《关于2019年试点国家湿地公园验收情况的通知》，洋湖湿地通过国家湿地公园验收，迈入“国字号”。2019年10月底，国家湿地公园验收专家组对洋湖国家湿地公园（试点）建设工作进行评估验收。洋湖湿地于2016年底成为国家湿地公园试点单位，根据国家湿地公园的建设运营要求，加强湿地生态系统管理，开展湿地保护特色科普教育，加强科研监测和公园制度建设，成为践行生态文明思想的典型。（颜梦玲）

【大围山森林公园获“全省十佳森林公园”】 2019年，湖南省林业局公布2019年全省森林公园质量管理评估结果，大围山国家森林公园获“全省十佳森林公园”。大围山国家森林公园围绕“春赏花、夏避暑、秋登高、冬赏雪”四季旅游品牌，举办赏花踏青季、避暑音乐季、水果节、漂流节、赏雪季等节会主题活动，评为“十佳冬季气候旅游目的地”。大围山国家森林公园推进景区建设，统筹园镇发展。2019年，大围山国家森林公园共接待游客106万人次。（颜梦玲）

【洋湖、金洲湖国家湿地公园获全省湿地公园质量管理优秀单位】 2019年，湖南省林业局下发《关于2019年全省湿地公园质量管理评估结果的通报》，洋湖、金洲湖国家湿地公园被授予“2019年度湿地公园管理优秀单位”。洋湖湿地不断研究湿地的恢复技术，涵养水源，保护湿地生态系统完整性、维护湿地生态过程和生态服务功能。洋湖湿地发挥湿地的多种功能效益，开展科普大讲堂、自然笔记大赛、观鸟比赛等科普宣教活动。金洲湖国家湿地公园遵循“全面保护、科学修复、适度开发、合理利用”的原则，坚持“生态优先、绿色发展”，加强沩江流域湿地生态保护与修复，进行湿地植被恢复和种植，加大水污染治理和外来生物清理力度，组织科普宣教活动，湿地生态、湿地资源、湿地景观向好。（颜梦玲）

·市容管理·

【概况】 2019年，长沙市推进市容治理、蓝天保卫战、“一圈两场三道”、拆违控违整治攻坚。开展城市管理提升行动和文明创建百日提升行动，加大文明创建问题发现、交办、整改力度。强化违停执法。加强主次干道、人行道违停执法，实现违停查处信息化，与交警部门联动处罚，查处机动车违停案件4.84万件，处罚到位率由原来的不到20%提升至90%以上，交办整治共享单车不规范停放问题1.15万起。推进国土图斑违法建设处置工作，拆除国土图斑违建126处。规范户外广告设置管理秩序。编制机场高速、绕城高速沿线40处商业性立柱户外广告位布点规划方案。升级完善市、区两级智慧渣管平台，主城区规模以上渣土工地和消纳场实现视频监控覆盖。严格落实“三查”监管机制、渣土工地达标验收复工制度，制定完善工地、消纳场、运输车辆“两点一线”全环节防尘技术标准，坚决做到“三不”：即扬尘防治不达标工地不开工、不达标消纳场不进土、不达标车辆不上路。实施餐饮油烟、露天烧烤集中整治。整治违规夜市、露天烧烤等6700余处，规范全市早夜市规范点设置标准，设置24个夜市规范点，其中流动摊点集聚示范点5个。完成1.46万余家餐饮服务单位油烟净化设施安装，关停并转餐饮油烟5267家，安装率100%，提前1年完成油烟净化设施安装任务。（杨　文）

【城区市容秩序管控】 2019年，长沙市从主次干道、出入城口等重要区域入手，实施“两点三线”出入城口市容环境整治。坚持“整治为主、打造为辅、节点提靓”，打造黄花机场、高铁南站西广场、京港澳互通等景观节点。实施五一商圈综合提质。完成“五一商圈”提质设计方案，加强现场调度、指导，启动“五一商圈”提质建设，打造“全国一流精品商圈”。优化出行环境。启动人行道清障整治，完成人行道新建改建345.22千米，重点整修韶山北路、八一东路、岳麓大道、湘江中路、劳动中路5条主干道。美化桥梁隧道。重点涂装修复58座桥梁防撞墙，修复橘子洲、银盆岭、猴子石、福元路4座跨江桥梁及万家丽高架桥亮化设施。做好省市“两会”、重大节日，中非经贸博览会、迎中华人民共和国成立70周年等一系列重大节会执法保障工作。摸排取缔占道经营的马路市场56处。（杨　文）

【蓝天保卫战】 2019年，长沙市改善环境空气质量，强化餐饮行业挥发性有机物整治，推进14651家建档餐饮服务企业安装油烟净化设施，提前一年完成“三年任务”。长沙市开展违规夜市、露天烧烤专项执法行动3518次，整治违规夜市6257处，教育整改查处露天烧烤违法行为1.2万起，创建5个流动摊点集聚示范点。开展露天焚烧垃圾整治，教育整改237起，办理案件612件，处罚金额41.83万元。开展渣土扬尘治理，开展整治行动1228次，检查对象29775个，暂扣违规车辆1963台次，办理案件4372件，处罚金额1226万余元。（杨　文）

【“一圈两场三道”执法】 2019年，长沙市加强机动车违停执法整治，推进城管违停执法系统上线运行与交警处罚系统实现互联互通，查处机动车违停行为48446台次，处罚到位率由原来的不到20%提升至90%以上。通过市级约谈、数字化日常采集交办、重点区域应急管理等方式加强共享单车治理，全年采集交办共享单车管理方面的数字化案卷11489件，依法查处企业不按规定履行车辆管理职责、不按规定停放违法行为610起，罚款到位98820元。检查各类大中小学校（含幼儿园）2603处次，检查食品（食用农产品）批发市场43家次，检查农贸市场648家次，教育整改各类市容乱象3700余起，办案1122起罚款27.8万余元。（杨　文）

【拆违控违整治攻坚】 2019年，长沙市推进城市建成区违法建设专项治理工作五年行动，推进拆除遗留违法建筑786处、23.21万平方米。推行居民住宅小区违法建设问题常态巡查和清单交办，全年拆除新增违法建设416处、37592平方米，交办居民住宅小区违法建设问题710件次。配合市自然资源和规划局开展国土卫片违建问题整治和违建别墅问题治理工作，处理国土卫片违建问题128宗。（杨　文）

【城管综合业务执法】 2019年，长沙市推进燃气、餐厨垃圾等专业执法，办理燃气执法案件144起，暂扣液化气钢瓶4900余个，办理非法运输餐厨垃圾案件244起。全市3万余家大中小型餐饮单位实现统一收运处置100%全覆盖，全覆盖收运处理率、全资源规范利用率居全国第一位，在全国食品安全宣传周、“一带一路”绿色博览会等重大活动上，长沙餐厨垃圾处理经验向全国推介。餐饮油烟治理取得突破，完成1.46余万家餐饮服务单位油烟净化设施安装，关停并转餐饮油烟5267家，安装率100%，提前1年完成油烟净化设施安装任务。推动机动车违停执法系统正式环境建设，启动城管智慧执法系统前期建设。强化全市城管执法业务信息交流，编发城管执法动态简报12期。（杨　文）

【“清洁长沙”行动】 2019年，长沙市城市管理委员会办公室下发《长沙市城市管理提升行动方案》，全面动员开展“清洁长沙”行动，组织10万余人次、作业车辆上路“大清洗”。活动主要包括开展道路街巷大清洗、开展房前屋后大清扫、开展公共设施大清洁、开展生活垃圾大清理，全市城管系统按计划对周五大扫除进行铺排，发动街道社区工作人员、辖区门店业主、居民、党员志愿者参与，用60天时间，以“三清六治”行动（清扫、清理、清洁。乱停乱行整治、乱贴乱

挂整治、乱摆乱设整治、露天焚烧整治、市场综合整治、乱搭乱建整治），推动城市“三美”建设（美丽窗口、美丽街区、美丽家园）。（张志波）

【橘洲智能洁净项目】 2019年，长沙市中联环境橘子洲项目公司负责橘洲智能洁净项目运营，项目公司负责橘子洲景区道路、亭台楼阁、标识标牌、池塘水域、垃圾桶、绿地等保洁和垃圾清运（不含沙滩公园）。橘子洲景区面积93.94公顷，项目公司拥有员工72人，投入无人设备5台（路面养护车一台、无人垃圾收运车一台、无人扫路机一台、无人拾捡机器人两台）、新能源设备23台，等总投资1354.1万元。投入全新形象果皮箱、垃圾桶和分类垃圾箱，以整体式垃圾压缩站替代原有地埋式垃圾站，投入新能源智能清扫、洗扫、智慧环卫机器人和垃圾收运设备，为景区量身定制智慧环卫系统平台，开创AI智能环卫设备结合智慧环卫系统的首创。（张志波）

【户外广告管理】 2019年，长沙市拆除35块违法广告和3块电子显示屏，面积约4400平方米。对纳入规划的8块电子显示屏办理临时许可手续，对暂未纳入规划，符合设置要求的145块电子显示屏办理一年的临时许可手续。开展“二点三线”整治工作，向相关区政府下达整治任务清单96处。结合五一商圈立面整治方案，对五一商圈范围内的大型户外广告进行规划设计，组织相关市直部门、区政府、专家召开会议研究，推动五一商圈整治工作。5月成功拍卖碧云天广告位位置使用权，完成有偿设置相关手续。启动其他已纳入规划点位的有偿设置工作，现有4块已签署委托拍卖协议，完成拍卖底价评估工作。9月，委托设计单位编制机场高速和绕城高速（西南段）两厢大型户外广告布点规划方案，组织专家，市直部门，区政府，湘江新区国土规划局召开方案评审会。将由规划部门承担的大型户外广告设置详细规划编制职责职能调整到城管执法局，启动全市52条主次干道的大型户外广告设置详细规划编制工作。（李　兵）

【长沙市城市管理和综合执法局挂牌】 2019年1月23日，长沙市城市管理和综合执法局挂牌。原长沙市城市管理和行政执法局更名为长沙市城市管理和综合执法局，作为长沙市政府组成部门。机构改革明确将城区公共绿地和道路绿化的相关职责职能划入该局。长沙市城市管理和综合执法局的挂牌完善“大城管”格局，助推全市城市管理和综合执法工作实现高质量、跨越式发展，开创城市管理和综合执法事业的新局面、新篇章。（李　敏）

【长沙市城管执法局所属3家事业单位挂牌】 2019年5月16日，长沙市城市管理和综合执法局所属3家事业单位挂牌。市生活垃圾综合处理事务中心（市生活垃圾分类指导中心）、市渣土事务中心、市燃气热力事务中心3家事业单位揭牌。市固体废弃物处理管理处更名为市生活垃圾综合处理事务中心（市生活垃圾分类指导中心）；市渣土管理处更名为市渣土事务中心；市燃气热力管理局更名为市燃气热力事务中心。此次3家单位调整优化机构和职能，是长沙市城市管理和综合执法局深化行政体制改革，推动承担行政职能事业单位改革和城管综合执法改革，实现政事分开、提高行政效能的举措。（李　敏）

美丽乡村建设

【乡村产业调度】 2019年，长沙市农产品加工业对饲料加工行业、豆制品加工行业、出口外向型企业、原料境外采购企业、肉制品加工行业及关联企业进行调度，向发展改革、商务部门提供相关数据，化解行业、企业运行风险。对休闲农业主要围绕用地问题进行调度调研。推动新业态、新产业、新产品开发，培育新增长点。农产品加工主要抓中央厨房、新项目和产品研发。全

表25 长沙市公用事业情况统计表

指标	单位	2019年	2018年	2019年比2018年（±%）
一、自来水				
全市水厂个数	个	8	8	持平
全市自来水生产能力	万吨/日	240	235	2.1
年末供水管总长度	千米	5885	5721	2.9
二、公共交通				
1. 全年客运总量	万人次	127872	120859.9	5.8

续表 25

指标	单位	2019 年	2018 年	2019 年比 2018 年（±%）
2. 年末实有公共汽车营运车辆	辆	9596	8806	9.0
3. 年末实有出租汽车	辆	7840	7840	0.0
三、天然气、液化气				
（一）天然气供气总量	万立方米	88998	86828	2.5
#家庭用量	万立方米	37017	35097	5.5
家庭用天然气人口	万人	322.83	319.02	1.2
（二）液化气供应总量	吨	73572	58742	25.2
#家庭用量	吨	56868	45405	25.2
家庭用液化气人口	万人	59.19	50.19	17.9
四、年末城市住宅建筑面积	万平方米	32848	29951	9.7
人均住房面积	平方米	41.3	42.7	−3.3
五、城市供电				
全年用电量	万千瓦小时	3959312	3636932	8.9
#工业用电	万千瓦小时	1569024	1488684	5.4
城乡居民生活用电	万千瓦小时	1250627	1126535	11.0
六、道路				
年末实有铺装道路总面积	万平方米	4950	4808	3.0
七、城市下水道长度	千米	3198	2742	
八、年末实有永久性桥梁	座	236		16.6
九、城市环卫				
生活垃圾无害处理量	万吨	285.5	264.22	8.1
生活垃圾无害化处理率	%	100	100	持平
十、城市园林绿化				3.7
园林绿化地面积	公顷	13324	12848	4.3
#公共绿化地面积	公顷	4444	4261	4.3

说明：从 2014 年起，全年客运总量包括轨道交通客运量 （资料来源：市统计局）

年农产品加工业实现销售收入2549亿元，比2018年增长9.2%，实现2500亿的目标，但增幅下降较大，比2018年减少4.9%；休闲农业实现营业收入65.7亿元，比2018年增长3.6%，增幅下降明显。（岳娴雯）

【乡村产业建设】 2019年，长沙市培育发展“一县一特”特色产业，长沙县“长沙绿茶”产业新改扩茶园基地1333.33公顷，实现综合产值35.6亿元。培育发展“一乡一业”“一村一品”。浏阳市沿溪镇沙龙村认定全国“一村一品”示范村。争取农业部农产品产地初加工设施建设补助资金200万元，在望城区建设53个蔬菜产地初加工设施。扶持16个企业改善生产条件、提升技术装备。铺排农产品加工重点项目10个、总投资近18亿元，建成投产8个。宁乡农产品加工园好益多项目，2019年3月建成投产，当年实现销售收入超8亿元。转型发展休闲农业，开展休闲农业示范创建，推荐长沙县果园镇浔龙河村被评为中国美丽休闲乡村，创建省级休闲农业示范点7个。创建国家五星级农庄5家、省级五星级农庄3家。开展休闲农业区域合作，协助省厅乡村产业处举办赣边区休闲农业区域合作交流会，与江西合作打造一条浏阳—铜鼓—万载—上栗休闲农业精品旅游线路，在江西南昌第十七届全国农交会上推介。铺排休闲农业重点项目10个，扶持21个休闲农业中小企业提质改造。（岳娴雯）

【乡村产业发展】 2019年，长沙市培育国家农业产业化重点龙头企业3家，创建省级行业标杆企业1家，新增省农业产业化重点龙头企业15家，创建省“百企”10个。农产品加工产业链纳入全市22条优势产业链建设，建设宁乡皇氏乳业产业链，建成投产3个重大项目。培育初创农业产业化联合体10个。创建省级休闲农业集聚发展示范村9个，创建省级三产融合强镇2个。推进宁乡经开区农产品加工园和浏阳农产品加工园产业集聚发展。组织创新创业比赛，推荐7个项目参加第三届湖南省农村创新创业暨第六届“创青春”湖南省创新创业大赛，获二等奖2个，1个项目参加全国第六届“创青春”创新创业大赛，获铜奖。浏阳市获批省农村创新创业示范县，长沙县被评为全国农村创新创业典型县，浏阳市“两型”产业园被评为国家农村创新创业园区，宁乡湘都被评为全国农村创新创业孵化实训基地，望城青天寨周云被评为全国农村创新创业优秀带头人。全市农村创新创业园区和实训孵化基地108个，农村双创经营主体29391个，年营业收入总额240亿元，各类返乡下乡创新创业人员6877人，带动农民就业21万余人。（岳娴雯）

【乡村振兴】 2019年，长沙市坚持把实施乡村振兴战略作为“三农”工作的总抓手，落实“五级书记抓乡村振兴”责任制，定期召开专题会议、组织召开观摩推进会，加强对实施乡村振兴战略的统筹领导。出台《长沙市乡村振兴战略规划（2018—2022年）》《长沙市实施乡村振兴战略实绩考核办法》，制定《长沙市村庄规划编制技术导则（试行）》。2019年，市级安排财政资金21.88亿元支持乡村振兴；启动全省首支市场化运作的农业投资基金，落实股权投资1亿元；联合蚂蚁金服实施农村惠金融项目，累计发放贷款约15亿元。安排产业扶贫项目553个，认定就业扶贫车间95家，新增贫困劳动力转移就业1360人。落实对口帮扶龙山县项目302个，到位帮扶资金1.6亿元；组织7个区县（市）实施“携手奔小康行动”帮扶项目77个。完成无害化厕所改造22万户，行政村垃圾分类减量覆盖率92.8%。全年累计拆除“一户多宅”“空心房”27263户，拆除复垦面积384.46公顷。消除“薄弱村”291个，建立村级土地合作社463家。清理核实集体资产279.79亿元，清查经营性资产81.69亿元、建设用地10.82万公顷；成立新时代文明实践中心9个，创建省级新时代文明实践试点中心2个、所112个，建设标准化村（社区）综合文化中心100个。新增农村通自来水人口11.91万人，完成自然村通水泥（沥青）路936千米，新改建农村公路1500千米，实现行政村客运班线通达率100%、光纤宽带通达率100%。建成义务教育标准化学校176所，新（改）建乡镇卫生院16家、村卫生室83家，建设60个标准化村（社区）综合文化服务中心，建成702个农村居家养老服务中心。（岳娴雯）

2019年4月24日，长沙市第二批特色小（城）镇名单出炉。图为浏阳市文家市镇

市住建局 供图

【新型城镇化试点】 2019年，长沙市在省级新型城镇化试点调研评估中，获一等奖补资金1040万元。组织各区县（市）开展新型城镇化项目申报，安排市级新型城镇化建设专项资金2900万余元。在深化农村产权制度改革、健全城镇化投融资机制、加快引导城市要素下乡等多项工作取得阶段性成果。长沙市参加国家发改委召开的推进新型城镇化年度重点工作电视电话会议，在会上做经验介绍发言。印发《2019年度长沙市新型城镇化综合试点工作要点》，编制印发《长沙新型城镇化》内部资料性出版物4期季刊。

6月4日，长沙县果园镇召开"果园镇国家级新型城镇化标准化试点"项目启动暨动员大会。根据《国家标准化管理委员会关于下达第三批新型城镇化标准化试点项目的通知》文件，果园镇获批第三批国家级城镇综合领域新型城镇化标准化试点，也是湖南省唯一一个获批立项的该领域国家新型城镇化标准化试点。果园镇依托优越的地理位置、良好的生态资源和丰富的人文资源，推进新型城镇化建设。以浔龙河生态艺术小镇为引领，新明有机康养小镇、田汉国际戏剧艺术小镇相继落地。果园镇的公共服务和基础设施不断完善，城市文明与乡村文明深度融合，工商资本与高端人才持续下乡，乡村资源与乡村产业加快激活，逐渐成长为县城星沙的卫星镇、都市近郊旅目的地、城乡融合发展的新高地，转型为新兴的文旅小镇。 （王旖旎）

【特色小（城）镇】 2019年，长沙市印发《长沙市人民政府办公厅关于公布第二批长沙市特色小（城）镇的通知》，岳麓区莲花镇、望城区靖港镇、长沙县金井镇、长沙县开慧镇、浏阳市沿溪镇、浏阳市永安镇、浏阳市文家市镇、浏阳市镇头镇、宁乡市黄材镇、宁乡市花明楼镇、宁乡市流沙河镇、望城区铜官文创小镇12个乡镇（产业区域）定为第二批长沙市特色小（城）镇。 （王旖旎）

【乡村振兴示范镇村】 2019年，编制示范村三年创建规划和实施方案，全市4个乡镇、100个村开展实施乡村振兴战略示范创建。示范镇打造核心片区，双江口镇以优卓花海牧场核心片区带动三产融合发展，打造现代粮食种植和农耕文化体验片区。永安镇依托家具产业及区域优势，引进社会资本参与乡村产业振兴，提质升级芦塘示范片区和新打造丰裕示范片区。靖港镇以农村"五治"为核心，提质大泊湖中心片区整体形象。春华镇提质扩建春华山塅港片区，推进环境整治、集体经济和乡村旅游发展。 （岳娴雯）

【农村危房改造】 2019年，长沙市上报756户农村危房改造计划，11月底前全部竣工，实际完成危房改造1620户，争取中央资金767万元。出台《关于开展农村4类重点对象房屋危险性鉴定核查和农村危房改造质量安全大排查大整改的通知》《关于加快推进2019年长沙市农村危房改造工作的实施方案》《长沙市脱贫攻坚农村危房改造督导工作方案》等一系列文件，对农村4类重点对象全覆盖开展房屋危险性鉴定，鉴定4类重点对象房屋11万余户。对各区县（市）2013年以来实施的4类重点对象农村危房改造项目开展质量安全排查，入户排查1656户，占比6%。到四区县（市）及乡镇（街道）开展督导，每个区县（市）抽查2个村，对抽查村2013年至2019年实施过危房改造的4类重点对象进行全覆盖入户核查。 （王旖旎）

【农村人居环境改善】 2019年，长沙市建成11个乡镇垃圾中转站和29个农村公共厕所建设，超额完成任务。指导长沙市开慧镇开慧村、小河乡潭湾村入选第五批中国传统村落，争取中央财政资金支持300万元。10月26日，全市农村人居环境整治和新型村级集体经济发展工 作现场观摩推进会召开。与会人员实地观摩望城区靖港镇复胜村、乔口镇盘龙岭村，长沙县春华镇春华山村、高桥镇金桥村，浏阳市官渡镇竹联村、达浒镇书香村，宁乡市菁华铺乡陈家桥村、双江口镇槎梓桥村。印发《2019年农村人居环境整治"星级乡镇"和"十差乡镇"评比方案》，启动农村人居环境整治"星级乡镇""十差乡镇"评比。

出台《2019年全市"五治"专项行动工作方案》《2019—2020全市农村户用无害化厕所改（新）建工作方案》《2019年全市推进农村垃圾治理工作方案》《关于开展乡村振兴示范镇村创建工作的指导意见》等方案。制定厕所粪污治理、农村生活垃圾治理相关技术模式、施工建设、运行维护等标准，强化培训指导，分层次举办各类培训班，提高各级干部的政策业务水平。建立统筹调度机制，"五治"工作推进情况实行"一周一报""一月两次调度会"的工作制度，及时了解掌握每一"治"的推进情况。建立评价考核机制和责任追溯机制，建立施工员—村—乡镇—区县（市）—市的信息反馈机制和责任追溯机制，实现社会化监督、信息化管理。加强宣传引导，提高群众知晓率和参与度，拓展参与渠道，如建立红白喜事理事会、环境整治理事会，开展农户环境卫生互评互比，建立群众监督评价机制等。农村厕所革命推进。2019年，9个区县（市）103个乡镇（街道）铺排改厕任务10万户，截至2019年年底，全市完成改厕22万户，改厕数量和进度均居全省各市州第一位，全市农村中小学校、乡镇卫生院等地公共旱厕清零。垃圾分类减量工作基本全域施行。在全市有457个村（社区）完成垃圾减量村建设的基础上，全年全市有362个村（社区）严格按照长沙市垃圾分类收集处置体系开展"治垃圾"工作，全市建成和启动垃圾分类减量的行政村有819个村，比例94%。农村人居环境整治工作受高度肯定。2019年，农业农村部副部长余欣荣，农业农村部党组成员、中央农办秘书局局长吴宏耀先后3次到长沙调研指导，对长沙农村人居环境整治工作给予高度评价，并在长沙召开六省农村改厕座谈会。3月27日，《人民日报》以《房前屋后，山清水秀》为题，大篇幅报道长沙开展农村人居环境整治情况。10月中旬开展的全省农

村人居环境整治现场推进会上，长沙市作典型发言。（王旖旎）

【乡镇污水处理】 2019年，长沙市新增城镇污水处理能力37.5万吨/天，完成尾水提标至准Ⅳ类标准28万吨/天，实现建成区污水处理能力满足需求，严控雨季污水下河。同时，推进浏阳河、沩水河、捞刀河两岸1千米范围内畜禽养殖全退出，推进畜禽养殖产业向精产出、低污染、高产值发展。提标改造37座乡镇污水处理厂，长沙县8座，望城区12座，浏阳市10座，宁乡市2座，岳麓区5座。全市铺排乡镇污水管网建设100千米，长沙县20千米，完成30.99千米；望城区20千米，新建17.65千米，修复2.8千米；宁乡市20千米，完成20.8千米；浏阳市40千米全部完成。（王旖旎）

【长沙县果园镇浔龙河村评为全国美丽宜居示范村、五星级“两型”示范村】 2019年，长沙县果园镇浔龙河村，评为全国美丽宜居示范村、五星级两型示范村。浔龙河村位于果园镇西北部，全村面积14.8平方千米，人口3689人。区域内自然资源丰富，山清水秀，风景优美，水系发达，拥有源远流长的民间传说和古迹，如关帝庙、拖刀石、义云亭、华佗庙等，历史资源丰富，文化底蕴深厚。浔龙河村启动浔龙河生态示范点项目建设，以“城镇化的乡村，乡村式的城镇”为发展目标，实施村民集中居住、完善公服务设施，打造浔龙河艺术生态小镇。浔龙河村与湖南农业大学建立产学研战略合作伙伴关系，成为湖南农业大学产学研长沙唯一基地及教研示范基地；与湖南省蔬菜研究所合作成为生蔬菜研究所成果转化基地和原生态品种育基地。（王旖旎）

【长沙县开慧镇慧润民宿获2018中国旅游影响力乡村民宿TOP10】 2019年1月23日，2019中国旅游产业发展年会公布“2018年中国旅游产业影响力风云榜”评选结果，长沙县开慧镇慧润民宿获2018中国旅游影响力乡村民宿TOP10。慧润民宿在长沙县打造“民宿+国际露营基地”“民宿+田园养生”“民宿+科研基地”，创新“村集体+企业+农户”的新型合作模式，统一对房屋进行包装改造，开发停车坪、公共厕所、自行车游道等配套设施，收益按照“631”（农民占收入60%，企业占30%，村委会占10%）的比例分成，走出一条具有当地特色的民宿旅游发展新路子。（王旖旎）

表26

长沙市农村基本情况统计表

指标	单位	2019年					
		全市	市区	望城区	长沙县	浏阳市	宁乡市
一、农村乡（镇）个数	个	74	8	5	13	28	25
村（居）民委员会数	个	992	253	120	147	314	278
二、乡村户数	万户	120.34	27.92	16.01	18.49	36.13	37.80
乡村人口数	万人	400.60	89.12	51.55	64.95	127.23	119.30
乡村劳动力资源数	万人	264.21	54.87	32.04	39.24	79.90	90.20
三、年末耕地面积	千公顷						
#水田	千公顷						
水浇地	千公顷						
旱地	千公顷						
四、养殖水面	千公顷	23.64	12.11	10.92	2.97	3.85	4.71
五、农业机械总动力	万千瓦						

（资料来源：市统计局）

生态环境

ECOLOGICAL
ENVIRONMENT

编辑　周海波

环境状况

【环境质量】 2019年，长沙市城区空气质量优良天数275天，空气质量优良率75.3%。长沙市26个国控、省控地表水考核断面平均水质优良率100%，较2018年同期上升4.3个百分点。Ⅰ类水质断面1个，占3.8%；Ⅱ类水质断面18个，占69.2%；Ⅲ类水质断面7个，占26.9%。与2018年同期相比，望城水厂、金牌村、石桥、椠梨、星沙水厂、沩丰坝、靳江河口断面平均水质由良好升为优；胜利断面平均水质由Ⅳ类升为Ⅲ类。2019年长沙市集中式饮用水源地水质达标率100%。

【空气质量】 2019年，长沙市城区空气质量主要监测指标中，细颗粒物（$PM_{2.5}$）、可吸入颗粒物（PM_{10}）、二氧化氮（NO_2）、二氧化硫（SO_2）4项指标的年平均浓度分别为47微克/立方米、57微克/立方米、33微克/立方米、7微克/立方米；臭氧（O_3）、一氧化碳（CO）的特定百分位数浓度分别为171微克/立方米、1.3毫克/立方米。

【水环境质量】 2019年，长沙市地表水水质优良。湘江长沙段年度水质为优；浏阳河上、中游年度水质为优，下游段黑石渡、三角洲断面年度水质良好，水质持续改善；捞刀河、沩水年度水质良好，其中沩水胜利断面水质明显改善；靳江河、渌水澄潭江年度水质为优；千龙湖、年嘉湖年度水质维持良好，综合营养状态为中营养。集中式生活饮用水源地水质达标率保持100%。

长沙市31个地表水监测断面年度水质优良率为100%，其中：Ⅰ类水质断面2个，占6.5%；Ⅱ类水质断面20个，占64.5%；Ⅲ类水质断面9个，占29.0%；无Ⅳ类、Ⅴ类和劣Ⅴ类水质断面。长沙市地级以上集中式生活饮用水水源湘江长沙段猴子石、五一桥、橘子洲断面年度水质为Ⅱ类，株树桥水库年度水质为Ⅰ类，均优于国家饮用水水源地水质标准。县级集中式生活饮用水水源湘江长沙段望城水厂、浏阳河浏阳三水厂、捞刀河星沙水厂、沩水鳝鱼洲断面（宁乡正龙水厂）年度水质为Ⅱ类，均优于国家饮用水水源地水质标准。长沙市地级、县级集中式生活饮用水水源地各月水质达标率均保持100%，与2018年持平。

【声环境质量】 2019年，长沙市城区共布设区域环境噪声监测点位124个，网格大小1000米×1000米，监测时间为3月、9月，避开节假日及非正常工作日，每个点位监测一次，

表27　2019年长沙市环境质量状况统计表

主要指标	年均值	较2018年增减（±%）
二氧化硫（微克/立方米）	7	−22.2
二氧化氮（微克/立方米）	33	6.5
可吸入颗粒物（微克/立方米）	57	持平
细颗粒物（微克/立方米）	47	4.4
臭氧（微克/立方米）	171	15.5
一氧化碳（毫克/立方米）	1.3	8.3
空气质量优良率	75.3%	−6.6
市区大气降水		
pH年均值（无量纲）	5.14	0.39
酸雨频率（%）	73.9%	−10.5
城市噪声		
昼间区域环境噪声（dB（A））	54.4	0.5
昼间交通干线噪声（dB（A））	69.4	−0.5
地表水		
湘江长沙段水质达标率（%）	100%	持平
集中式饮用水源地水质达标率（%）	100%	持平

（资料来源：市生态环境局）

每次10分钟。区域环境噪声昼间平均等效声级为54.4分贝，昼间区域环境噪声总体水平为二级，区域声环境质量良好。与2018年相比，昼间平均等效声级上升0.5分贝。

长沙市城区布设交通噪声监测点位82个，监测道路60条，道路总长度355.66千米，监测时间为3月、9月，避开节假日及非正常工作日，每个点位监测一次，每次20分钟。城区道路交通噪声昼间平均等效声级为69.4分贝，昼间道路交通噪声强度等级为二级，道路声环境质量良好。与2018年相比，昼间平均等效声级下降0.5分贝。长沙市城区共布设功能区噪声定期监测点位15个。长沙市功能区噪声昼间、夜间点次达标率分别为75%、50%，与2018年相比，昼间点次达标率上升10个百分点，夜间点次达标率下降3.3个百分点。

（本栏撰稿　张　茜）

生态建设

【自然资源调查研究】　2019年，长沙市开展第三次国土调查，全市9个区县（市）通过国家级内业核查，完成国家级内业核查反馈意见整改，整改图斑32077个。完成2018年土地变更调查。开展全市砂石骨料资源调查评价，为长沙市及周边重点工程建设所需的砂石资源提供保障。长沙市开展自然资源资产离任审计研究，推动建立科学合理的自然资源资产管理考核评价体系。选取长沙县金井镇启动全民所有自然资源资产清查试点，开展土地、森林、矿产、水、草原和湿地6类自然资源资产清查。（谭江涛）

【耕地保护】　2019年，长沙市经批准新增项目建设用地占用耕地952.09公顷，连续20年实现全市耕地占补平衡。推进全市永久基本农田核实整改补划和储备区划定，完成储备区划定成果提交。开展城乡建设用地增减挂钩，验收项目20批次，复垦新增农用地1188.59公顷，其中耕地595.75公顷、其他农用地面积592.84公顷。开展新增补充耕地项目的核查清理与整改工作，落实新增补充耕地项目管理措施。开展全市耕地质量等别评定。开展全域土地整治项目试点，引进社会资本参与土地开发。（谭江涛）

【土地节约集约利用】　2019年，长沙市开展2018年度单位国内生产总值建设用地使用面积下降目标考核，全市单位GDP建设用地下降率为6.81%，每亿元GDP建设用地量由2017年的29.71公顷下降到2018年的27.68公顷。组织园区参与节约集约用地先进单位评选，望城经开区、浏阳经开区、宁乡经开区及金霞经开区四个园区共获省自然资源厅奖励新增建设用地计划指标80公顷。浏阳市被评为落实省政府大督查节约集约用地先进单位，获得奖励新增建设用地计划指标20公顷。继续开展“治房”行动，2019年拆除“一户多宅”和“空心房”8789户，累计拆除2.72万户。

（谭江涛）

【国土生态修复】　2019年，长沙市开展长江经济带矿山滥采生态环境问题排查整改，整改宁乡市、望城区3个矿山山体裸露问题。启动长沙市长江经济带废弃露天矿山生态修复工作，全年拨付矿山生态修复资金1018万元。完成1个矿点修复工作，面积1.94公顷；7个矿点正在实施修复工程，预计修复面积23.91公顷。完成长沙市域内5处采煤沉陷区基本情况调查，总面积15864.04公顷。承接省级下放的建设项目临时用地复垦方案审查事项，全年下达建设项目临时用地土地复垦方案批复6个，复垦面积76.4公顷，复垦费用3682万元。（谭江涛）

【国家生态园林城市创建】　2019年，长沙市到南宁、珠海等城市考察学习国家生态园林城市成功经验，撰写考察调研报告，确定创城基本思路，拟定《长沙市国家生态园林城市创建工作方案（代拟稿）》《关于成立创城工作领导小组的通知（代拟稿）》，两轮征求市直相关部门、各区县（市）政府、园区管委会45个单位81条意见。2019年，长沙市紧盯品质城市升级，国家生态园林城市创建步伐加快，新增绿地450公顷，新建各类公园70个，人均公园绿地面积12平方米。对芙蓉中路、芙蓉北路、雷锋大道、桐梓坡路等200余条主次干道实施绿化提质改造，打造芙蓉区人民东路、岳麓区雷锋大道、望城区黄桥大道、长沙县开元路等一批入城“最美绿色通道”，环城绿带生态圈、磁浮生态绿带走廊等绿化工程串起环绕城乡的生态绿带；打造湘江风光带、浏阳河风光带、圭塘河风光带等高品质河流风光带；建成开放文轩公园、隆平公园、湘江金霞风光带、花侯游园、松雅湖公园等一批大型公园。围绕“创建国家生态园林城市”目标，打造“青山环城、碧水绕城、荟洲魅城、绿树融城、繁花簇城”的绿色生态山水洲城画卷。（刘　辉）

【水质治理】　2019年，长沙市26个国控、省控地表水考核断面平均水质优良率100%，湘江、浏阳河稳定达Ⅲ类水质以上，“一江一湖六河”（湘江长沙段、团头湖、浏阳河、捞刀河、沩水河、靳江河、龙王港、沙河）水质达有监测记录以来最好的一年。全市四级河湖长巡河湖10.96万次，召开市级调度会议43次，下发会议纪要、备忘录17份，交办、督办函75份，水质警示函35份。铺排“一江一湖六河”综合治理项目254项。完成河湖治理投入70亿元，新建扩建改造城乡污水处理厂15座，提标改造37座城乡污水处理厂，新建配套管网200余千米。全市完成156条样板河流建设。全国“美丽河湖”网络主题采访活动启动仪式在长沙市举行。（刘铁伟）

【水生态建设】 2019年，长沙市湘江、浏阳河、后湖、西湖、桃子湖等江河内湖生态保护修复推进，望城区月亮岛滨水体育乐园、岳麓区后湖科创园、芙蓉区马栏山视频文创产业园、高铁新城会展中心等一大批产业、休闲园依托优质水生态环境崛起，水生态溢出效应凸显。湘江东岸沿江风光带结合防洪改造提质升级，提质面积近5.5万平方米，以青山、绿水、碧洲、古城，打造滨水休闲风光带。洋湖国家级水利风景区实施水环境生态修复与水质改善综合整治工程。浏阳河干流枯水期全年生态流量保障率达100%，捞刀河、沩水达98%以上，保证流域沿河集中式公共水厂的取水安全，提升下游河段防污治污水环境容量。 （刘铁伟）

【水域生态环境保护】 2019年，长沙市禁止环保不达标船舶进入湘江库区，停止对环保不达标、船检不合格船舶发放船舶营运证。推进港口岸电和液化天然气（LNG）加注站建设，长沙新港公司投入169.2万元完成一期、二期码头岸电设施改造，湖南润港投资有限公司投入100万元配置PEC9110系列低压一体化岸电桩。湖南省水运建设投资集团有限公司长沙LNG油气加注站工程项目推进。落实船舶污染物收集企业备案制度，港口企业与船舶污染物回收企业签订靠泊船舶污染物回收协议，两家船舶污染物回收企业回收污染物14845船次，回收船舶污染物1397.9吨。处罚船舶防治污染违法行为10起，罚款2.1万元。

（黄 潮）

【渔业水域生态环境保护】 2019年，长沙市为保护和修复湘江渔业资源，改善生物群落结构，在禁渔的同时，全市开展鱼类人工增殖放流活动，承办湖南省“6·6放鱼日”同步放鱼活动启动仪式，全市投放四大家鱼等鱼种4693万尾。加强渔业水域生态环境保护，开展“打非治违”行动，沿湘江水域设立警示牌51处，依法处置、取缔渔业“三无”和“僵尸船”渔船1057艘。核查长沙市有退捕任务的长沙县、浏阳市、宁乡市对辖区的持证专业捕捞渔民、无证专业捕捞渔民和兼业捕捞渔民进行情况摸底，截至2019年年底，浏阳市185户渔民，签订协议101户，签约率55%，渔船回收176艘，回收率61%。 （岳娴雯）

【长沙市举行第27届“世界水日”纪念活动】 2019年3月22日，2019年“世界水日”“中国水周”和湖南省河长制湖长制宣传周暨长沙市“水利宣传年”宣传活动在橘子洲头启动。3月22—28日是第32届“中国水周”。活动由省河长办、省水利厅和长沙市河长办、市水利局联合主办。启动仪式现场布置展廊，展示省、市先进治水理念、成就以及节水小贴士等，吸引市民游客观看。百名党员干部、环保志愿者组成的巡河队，沿湘江西岸大堤巡湘江，徒步望城区半岛巡湖，组团参观沩水水闸和黄金水道，到湘江综合枢纽和水利工程建设现场，观摩长沙水生态文明建设取得的成就。

（刘铁伟）

【2019年全国“美丽河湖”网络主题采访活动】 2019年10月10日在长沙启动。由中央网信办网络新闻信息传播局、水利部办公厅主办，长沙市人民政府、绍兴市人民政府、莆田市人民政府承办。中国网、水利部宣传教育中心协办中央网信办网络新闻信息传播局副局长傅云、水利部办公厅二级巡视员李晓琳、水利部宣传教育中心副主任孙平国等参加启动仪式。14家中央新闻网站记者以长沙为起点，探访美丽河湖。该活动有人民网、新华网、中国网、央视网等14家中央新闻网站参与，记者们对长沙、绍兴、莆田3个市的美丽河湖进行探访，通过专栏专题、主题稿件、微博话题、微视频展播、纪录片、H5、全景（VR）等多种网络展现形式进行发布，并编译为英、法、德、西、俄、日、阿、韩8语种，通过PC端、移动端及海外社交媒体等渠道进行推广，对外宣介美丽河湖建设成就，面向世界讲好美丽中国故事。

（刘铁伟）

【农村生态建设】 2019年，长沙市按照“标本兼治、疏堵并举”的原则，秸秆焚烧问题减少，秸秆综合利用率达88.9%。入户发放宣传手册等80万余张（本、册），制作宣传标语1500余条，利用村村通广播或网格巡查车辆不定时宣传。全市13架无人机成为巡查巡视的“千里眼”，形成“空中+地面”“人防+技防”的巡查网络。出台《2019年“蓝天保卫战”农业废弃物综合利用扶持办法》，投入资金580万余元推进秸秆资源化利用。争取省级财政资金800万元，在浏阳进行秸秆利用试点，建立10个乡镇收储中心，45个村级收储网点。

全市计划建设畜禽粪污资源化利用建设项目608个，开工建设项目556个，完工建设项目536个，完成率88.2%，507家项目单位建设达标。通过扶持区域性粪污集中处理中心，形成年消纳处理200万余吨粪污的能力。建设一批农业废弃物（粪污）资源化利用服务站（社），帮助中小散户实现粪污清运、就近还田（进池）。利用互联网智能技术，建立起“长沙市农业废弃物（粪污）资源化利用服务监管平台系统”“奋保宝”公众服务号等服务平台，管理方利用后台数据实现对服务流和粪污流的监管，实现“一键式”智能化服务与管理。2019年长沙市畜禽粪污综合利用率93.49%，规模养殖场粪污处理设施装备配套率97.33%。

全市完成休耕任务面积1649.08公顷。采用第三方效果承包治理，采购镉低积累水稻种子177816.9千克，推广种植镉低积累水稻3484.06公顷，施用生石灰2666.67公顷、土壤调理剂1333.33公顷、商品有机肥2666.67

公顷，优化水分管理2666.67公顷，完成修复治理效果监测取样1118个，效果稳定性监测取样160个，并配合省检测机构随机取样386个，全部样品送到指定的检测机构进行检测，完成年度2666.67公顷修复治理目标任务。

（岳娴雯）

【环保宣传】 2019年，长沙市在《中国环境报》刊发《全面加强作风建设 打造生态环保铁军——以党的作风建设引领生态环保工作的长沙实践》；在《长沙晚报》刊发“6·5”环境日市委书记、市长联合署名文章。“6·5”环境日主题活动全网点击量228万人次；2019年开展新闻宣传报道338条；指导长沙市各级各单位开展蓝天保卫战宣传报道4042条，其中中央媒体141条，省、市媒体3901条；微信公众号推送文章998篇、总阅读量66万余次、粉丝数21万余人，进入中国政务绿色公号周榜TOP20市县级榜单，其中最高排名为全国第五名。

（张 茜）

【《关于推进生态廊道建设的意见》出台】 2019年11月5日，长沙市人民政府办公厅印发《关于推进生态廊道建设的意见》（以下简称《意见》），到2023年，长沙将基本完成省级生态廊道建设，同步推进市、县级生态廊道建设，建成覆盖全市、互联互通、功能完备、景观优美的生态廊道体系。根据《意见》，长沙将加强市级规划和资金支持，以区县（市）为实施主体，以增绿扩量、森林提质、生态修复为重点，构建“自然、多彩、连通”的生态廊道与山水林田湖草一体的健康稳定生态系统。《意见》明确，将依据全市国土空间规划成果，与城乡绿化等相关规划相衔接，纳入全市国土空间规划“一张图”。 （颜梦玲）

【长株潭生态绿心区（长沙部分）生态公益林补偿资金标准】 2019年3月25日，长株潭城市群一体化发展常务副市长联席会议在长沙举行。会议研究长株潭城市群一体化发展推进情况、存在问题与下步打算等。长沙市委常委、常务副市长舒行钢主持会议。株洲市委常委、常务副市长何剑波，湘潭市副市长陈小山出席。长株潭城市群一体化发展联席会议秘书处《关于长株潭城市群一体化发展联席会议纪要》明确：“关于同意绿心地区生态公益林补偿标准，会议研究通过绿心地区生态公益林补偿标准，明确2019年补偿标准统一为60元/亩·年，逐年递增10元/亩·年，到2023年实现100元/亩·年的标准。” （颜梦玲）

【《长沙市陆生野生动物放归管理办法（试行）》出台】 2019年12月26日，长沙市林业局印发《长沙市陆生野生动物放归管理办法（试行）》（以下简称《办法》）的通知，标志着长沙市在全省率先出台陆生野生动物放归的管理办法。《办法》规定各区县（市）林业主管部门负责对该行政区域内陆生野生动物放归活动进行监督和管理，明确外来物种的范围、政府及部门的职责，规范放归的处置原则和要求，突出专家参与、科学放归。《办法》于2020年1月1日起施行。

（颜梦玲）

【浏阳河入选全国示范河湖建设名单】 2019年11月11日，浏阳河入选全国首批17个示范河湖建设名单，是湖南唯一入选河湖。浏阳河发源于浏阳市大围山，是湘江一级支流，全长共234.8千米，流域面积4665平方千米。2017年，浏阳市全面启动河长制，长沙市委常委、浏阳市委书记黎春秋任浏阳市（区、县）级浏阳河第一河长，建立由市、（镇）乡、村三级河长全覆盖的责任体系，加大对域内河流治理。2018年后，清理整治“四乱”问题107个。浏阳河流域内长沙市和各县市区累计安排各类治理资金共70亿元，铺排项目320余个。围绕“截污、提标、监管、调水”，流域水环境治理取得成效，大溪河官渡段被评为湖南省“美丽河湖”样板河流。达浒镇书香村等5个村（社区）创建长沙市级小微水体管护示范片区。2019年，浏阳市镇头镇金牌村浏阳河出境断面水质年度均值达到Ⅱ类，2019年1—10月浏阳河10个国、省控断面水质优良率100%。 （唐继武）

节能减排

【节能管理】 2019年，长沙市节能管理完成“单位地区生产总值能耗下降2%”目标任务。强化节能目标责任约束机制，做好国家对省2018年度能耗“双控”考核工作，完成省对市双控考核以及市对区县（市）政府2018年度“双控”考核工作。做好节能宣传工作，承办年度全省节能宣传周启动仪式，同媒体开辟《节能小贴士》《节能课堂》《节能在身边》等专题栏目。强化固定资产投资项目节能评估与审查，控制新建、改建、扩建高耗能项目。为促进能源合理利用，出台《长沙市区域能评改革实施细则（试行）》。 （吴 慧）

【控制燃煤污染】 2019年，长沙市实施清洁能源改烧工程，开展“煤改气”清洁能源综合评价，发挥示范带动作用；完善“1234”暗访巡查制度，2019年全市各级责任单位共查处燃煤污染问题300余处，查处非法制售运输散煤行为6例，收缴煤炉500余个（含废弃煤炉）、散煤2000余千克。燃煤污染整治成效凸显，长沙空气的二氧化硫含量从每立方米9微克下降到7微克。 （吴 慧）

【能源项目建设】 2019年，长沙市供电能力达800万千瓦，实现企业不拉闸、居民不限电。全市完成分布式光伏发电70.66兆瓦，天然气分布式能源项目装机容量达200兆瓦。制订出台现代化长沙智慧电网三年行动计划、电动汽车充电基础设施建设与运

营管理暂行办法。湖南妇女儿童医院分布式能源站项目通过初审和专家评审，获专项资金补贴计划200万元，新增装机规模1兆瓦。出台《长沙市天然气分布式能源专项资金验收方案》，星沙储配站天然气分布式能源站项目、湘江欢乐城分布式能源站项目完成验收，拨付天然气分布式能源专项资金共计356万元。完成省级分布式光伏电价补贴申报工作。全市21个项目纳入2019年光伏发电国家竞价补贴范围。岳麓观音树山风电项目、宁乡资福风电场、宁乡横市风电项目和宁乡双凫铺风电场项目进入湖南省2019年分散式风电试点项目清单。宁乡观音阁风电场和东湖塘风电场项目建设完成且并网发电。全市农网改造升级任务涉及望城区、长沙县、浏阳市和宁乡市，总投资计划34450万元。其中，新增、改造配变台数1008台，新增、改造高压线路577千米，新增、改造低压线路1196千米。（吴　慧）

【2019年亚太绿色低碳发展高峰论坛在长沙召开】 2019年10月16日，2019年亚太绿色低碳发展高峰论坛在长沙开幕。此次论坛以“共商低碳发展，共享绿色生活”为主题，为期3天。会议规模由以往的400人增至600人，国际嘉宾包括德国、荷兰、瑞典、日本等发达国家以及泰国、柬埔寨等亚太地区发展中国家的政府、商业机构、研究机构和企业代表。论坛期间举办南南合作、协同效应、清洁能源、低碳技术与产业转型、无废城市、建筑革命等专题平行分会。3个主论坛和7个分论坛，讨论的领域从低碳技术扩展到绿色低碳发展的政策、气候投融资、大气污染与温室气体的排放协同治理等方面。高峰论坛设置商务对接会、低碳技术展览活动，一批金融机构、产业园区及与会代表，开展多方沟通交流，促成合作商机。（吴　慧）

【建筑节能】 2019年，长沙市新开工节能建筑面积2013.95万平方米，设计和施工阶段建筑节能标准执行100%。制定《关于进一步规范建筑节能和绿色建筑施工图管理设计管理的通知》《关于取消我市民用建筑节能专项验收备案事项的通知》等文件，通过加强事中事后监管，完善机制，确保建筑节能政策落实。宁乡市、浏阳市、雨花区加大在建项目节能实施情况监管，开展建筑节能专项检查。按照《长沙市绿色建筑项目管理规定》要求，将绿色建筑的监管纳入到建设项目全过程管理。湘江新区在核心区新建绿色建筑覆盖率达100%的基础上，开展绿色建筑专项验收测评试点，推进绿色建筑相关技术措施的应用。（韩湘逸）

【可再生能源建筑应用】 2019年，长沙市58个项目设计可再生能源建筑应用系统，建筑应用面积587.52万平方米。长沙市严格执行可再生能源建筑应用的相关规定和要求，因地制宜推广适合建筑应用的可再生能源，2019年全市公共建筑中太阳能光伏的应用量增长迅速，成为可再生能源应用的新亮点。10月16日，由湖南省两型社会与城市科学研究会主办，湖南省围护结构专业委员会、湖南省制冷学会制冷空调设备制造专业委员会、湖南大学、湖南农业大学承办的2019筑博会“建筑城镇化与可再生能源高峰论坛”在长沙国际会展中心召开。论坛吸引众多专家、学者们分享各自的研究成果，对未来的建筑城镇化和可再生能源利用的发展趋势提出建议。（韩湘逸）

【绿色建筑】 2019年，长沙市中心城区新建绿色建筑1957.06万平方米，绿色建筑占新建建筑的比例97.17%。全市新增绿色建筑设计标识项目80个，建筑面积943.57万平方米，新增绿色建筑标识运行项目1个。印发《关于落实〈湖南省住房和城乡建设厅等六部门关于大力推进建筑领域向高质量高品质绿色发展的若干意见〉的通知》，明确2020年起，全市新建建筑100%执行绿色建筑标准。新建、改扩建政府投资的公益性建筑、大型公共建筑和社会投资在2万平方米以上的大型公共建筑，位于生态敏感区、核心景观片区及区位优势明显、具有突出经济价值或社会价值项目，应当按照二星级绿色建筑及以上标准进行建设。加强绿色建材管理，对绿色建材按照《长沙市建筑节能产品（材料）公示管理实施细则》，进行公示管理。在绿色建筑中采用已实施认定的绿色建材产品占同类型建材应用比例不得低于60%，将绿色建材的工程应用监管融入工程建设管理程序。（韩湘逸）

【建筑垃圾治理试点】 2019年，长沙市开展建筑垃圾治理试点，加强对建筑垃圾的产生、收集、运输、消纳和处置监管，开展建筑垃圾资源化利用工作，实现建筑垃圾减量化、无害化、资源化利用和产业化发展。制定相关规划，编制完善《长沙市渣土消纳场布局规划（2018—2025年）》《长沙市建筑垃圾治理专项规划（2018—2035年）》。推进特许经营工作，印发《长沙市建筑垃圾资源化利用特许经营工作方案》及其实施方案，各区县（市）人民政府对辖区范围内的拆除垃圾（含道路垃圾）、工程垃圾、装修垃圾的资源化处置实施特许经营。完善再生产品标准体系，发布《建筑垃圾骨料再生混凝土应用技术指南》《长沙市建筑垃圾资源化综合利用基地建设指南》等8个地方技术标准。（韩湘逸）

【《长沙市民用建筑节能（65%设计标准）保温材料（墙体、楼面）推荐构造做法》发布】 2019年，长沙市为提升建筑节能水平、工程质量，结合“品质长沙”建设，发布关于《长沙市民用建筑节能（65%设计标准）保温材料（墙体、楼面）推荐构造做法（试行）》的通知(以下简称《通知》)。根据《通知》，围护结构设计应优先采用外墙外保温和自保温结构体系。

当选用外墙内保温结构体系时，居住建筑保温材料厚度不得超过40毫米，公共建筑保温材料厚度不得超过50毫米。当内保温使用燃烧性能等级为B1级保温材料时，应采用复合板内保温系统。装配式建筑预制混凝土外墙板应采用夹芯保温的构造形式，外墙热桥部位宜进行保温处理，并应保证室内不结露。为解决内保温外墙与内墙交接处热桥卷边与非卷边区域不平整，以及厨房、卫生间需在保温层上贴面砖等问题，当选用外墙内保温结构体系时，热桥卷边、厨房、卫生间等部位允许使用无机轻集料保温砂浆，且应采用热镀锌钢丝网加强处理。同时，在热工计算、结露验算以及夏季室内表面最高温度验算满足规范要求的情况下，可取消热桥内墙卷边保温。建筑单位可参照长沙市住房和城乡建设局发布的《长沙市民用建筑节能（65%设计标准）保温材料（墙体、楼面）推荐构造做法（试行）》选用适合项目特点的建筑节能构造做法，并按照相关国家、行业和地方相关规范进行设计、施工。（韩湘逸）

污染防治

【水污染防治】 2019年，长沙市“一江六河”水质创有监测记录以来最好水平，26个国、省控监测考核断面水质优良率首次全部100%，市控断面优良率较上年同期显著提升，浏阳河入选全国首批示范河湖建设名单，年度水质稳定达Ⅲ类，改善幅度全省排名第一。综合治理“一江六河一湖”，提标改造乡镇污水厂27座，新建乡镇配套污水管网66千米，实现污水集中处理设施全覆盖、在线监控联网全覆盖，完成乡镇饮用水水源保护区划分32处，完成湘江干流入河排污口排查，保障城乡居民群众饮水用水安全。排查整治省级以上工业园区水环境问题24个，新增工业废水处理能力10.7万吨/天，实现污水集中处理设施全覆盖，在线监控联网全覆盖。

【重点流域水环境整治】 2019年，长沙市铺排水污染防治重点项目49个，实现新建城镇污水处理能力37.5万吨/天，完成尾水提标至准Ⅳ类标准28万吨/天，新增工业废水处理能力10.7万吨/天，建成水质自动检测站34个。根据《2019年度长沙市水污染防治工作方案》，长沙市深入开展以浏阳河、沩水河、捞刀河、龙王港为重点的流域水环境综合整治。对浏阳河、捞刀河，市环保、住建等部门联合印发《浏阳河城区段排口溢流污水监管办法》，首次明确排口监管奖罚措施，雨花区出台《圭塘河流域管理办法》；开展捞刀河水体达标方案实施情况后评价和一季度水质超标专题调查，提出措施建议。对沩水河，市政府批复实施《沩水河流域整治方案》，宁乡市、望城区印发《沩水河水质提升整改措施18条》和《八曲河流域系统性污水治理计划》，推进实施重点整治项目80个。对龙王港，湘江新区牵头全力推进《龙王港流域综合治理一期实施方案（2018—2020）》，雷锋污水处理厂投入使用，对30余个入河排污口设立视频监控系统。根据《沩水河流域水污染防治综合整治方案》，共铺排80个项目，总投资950998.19万元，涉及生活污染源治理项目26个，工业污染治理项目5个，农业农村污染治理项目10个，水资源调度措施项目15个和其他治理措施项目24个，2019年1—11月，沩水河胜利断面平均水质达到Ⅲ类标准。推进《龙王港流域综合治理一期实施方案》。加强沩水河、捞刀河流域城镇生活污染治理、工业园区污染源监管和农业面源污染整治。

【大气污染防治】 2019年，长沙市建成10个国家级空气质量自动监测站、5个省级空气质量自动监测站、162个空气质量精细化监管小微站、4个空气质量组奋战、1个空气质量边界站、1个路边监控站。建成机动车尾气遥感监测系统10套，建立臭氧雷达垂直监测系统，建成全省首套秸秆焚烧监控平台。重点工业园区搭建大气污染综合治理平台，对重点企业、园区空气质量实施实时监控，摸清污染来源和潜在风险。全市大气污染源清单编制工作完成，分类列出大气污染源重点管控清单。开展$PM_{2.5}$（细颗粒物）和臭氧源解析工作，提出精准管控靶向治理措施。引导工业涂装、家具制造、包装印刷、化工行业等建设末端的治理设施，加强无组织排放的收集与治理。长沙市完成VOCs（挥发性有机化合物）治理项目21个，完成燃气锅炉低氮改造594台。

【土壤污染防治】 2019年，长沙市争取土壤污染防治专项资金3400万余元，原长沙铬盐厂铬污染整体治理、湖南正圆动力配件有限公司、浏阳市永和镇七宝村、铁山村污染地块治理与修复工作进展顺利。完成重点行业企业用地调查和疑似污染地块核查年度任务，公布污染地块安全利用率100%，污染得到治理，环境风险隐患得到管控。

9月26日，原长沙铬盐厂铬污染整体治理项目柔性垂直风险管控系统工程开工，标志着原长沙铬盐厂铬污染整体治理正式启动。该项目包含柔性垂直风险管控系统工程和污染介质治理工程两部分，总投资约16.99亿元。柔性垂直风险管控系统工程总投资约4.8亿元，包括在原长沙铬盐厂、湘岳化工厂铬渣堆区域建设总长度2.2千米的垂直防渗墙，并对2.67公顷铬渣堆进行封场绿化。

【噪声污染防治】 2019年，长沙市区域环境噪声昼间平均等效声级为54.4分贝，昼间区域环境噪声总体水平为二级，区域声环境质量良好。与上年相比，昼间平均等效声级上升0.5分贝。开展“三考”（高考、学考、中考）静音联合执法，除抢修、抢险作业和因生产工艺上要求或者特殊需要连续作业的外，原则上禁止夜间进行产生环境噪声污染的建筑施工作业。市生态环境局对各考点周边的工业企业开展排查，将存在噪声扰民行为的单位列入清单，作为重点执法对象。8个区县（市）噪声示范控制区建设基本完成，区域环境、道路交通噪声达国家声环境质量标准要求。

【生态系统保护和修复】 2019年，长沙市完成“绿盾2018”专项行动违法违规问题整改销号37个，加大对自然保护地的监督管理。11月13日，生态环境部公布第三批国家生态文明建设示范市县名单，望城区获“第三批国家生态文明建设示范区”称号。12月13日，全省生态文明建设示范创建推进会在宁乡市召开，授予宁乡市、望城区等13个县（市、区）“首批省级生态文明建设示范县（市、区）”称号。2019年，宁乡全年优良天数318天，年均优良率87.1%。主要地表水水质稳定达III类标准。

【核与辐射和固体废弃物污染防治】 2019年，长沙市办理辐射安全许可证、辐射项目环评、危险废物经营许可等事项150余项；办理跨市危险废物转移联单200余批、4000余份；编制2018年环境质量报告书辐射环境篇；2019年废旧电器拆解审核规范。开展社会检测机构、汽车维修行业两次危险废物专项执法行动。实施危险废物规范化管理考核，抽查企业110余家次。检查涉放射源、射线装置单位94家，排查并督促处置闲置放射源71枚，报废放射性试剂4批次。妥善处理651仓库危险化学品（大批量放射性试剂）事宜。长沙市未发生非法处置危险废物、放射源失控环境事件。

【首张非道路移动机械号牌发出】 2019年，长沙市2019年度非道路移动机械授牌仪式在万家丽路与木莲东路交界处启动，长沙市发出首张非道路移动机械号牌，标志着长沙市非道路移动机械排气污染防治工作取得实质性进展。2019年9月1日，长沙市人民政府发布《关于划定禁止使用高排放非道路移动机械区域的通告》，长沙市生态环境局依据该通告划定的低排区范围，组织对全市的非道路移动机械进行摸底统计，全市共上报2997台非道路移动机。11月，市生态环境局启动非道路移动机械环保号牌制作工作，委托省公安厅交警总队号牌制作中心进行制作。

【环保督察问题整改】 2019年，中央第四生态环境保护督察组在中央生态环境保护督察“回头看”及洞庭湖生态环境保护专项督察反馈长沙市7项问题，长沙市制定《长沙市贯彻落实中央生态环境保护督察“回头看”及洞庭湖生态环境保护专项督察反馈意见整改方案》，湖南省第一环境保护督察组在省级环保督察反馈长沙市62项问题，长沙市制定《长沙市贯彻落实湖南第一环境保护督察组反馈意见整改方案》。截至2019年年底，中央环保督察反馈问题12项完成9项，转办信访举报件1503件全部办结；中央生态环境保护督察“回头看”反馈问题7项完成4项，转办信访举报件1121件办结1116件；省级环保督察反馈问题62项完成40项。转办信访举报件1015件全部办结。

（本栏撰稿　张　茜）

表28　长沙市环境污染及治理情况统计表

指标	单位	1979年	1985年	1990年	1995年	2000年	2005年	2010年	2015年	2018年	2019年
一、工业废水排放总量	万吨/年	5000	6394	13878	6298	5533	4065	4336	5102	3475	3954
#符合排放标准的	万吨/年	200	2342	10259	3804	4213	3562	3955			
二、工业废气排放量	万标立方米/年	115000	839385	1441740	1890488	2624324	3078324	6269499	4803775	8775533	12311700
三、工业粉尘排放量	万吨/年	6	1.26	4.61	0.85	7.81	10.06	10.52	1.16	0.55	0.66
四、工业固体废物产生量	万吨/年	47	39.49	57.07	75.18	137.53	109.7	148.8	107.6	148.7	161.6
#综合利用量	万吨/年	23.97	2.79	15.49	58.13	101.79	98.4	148.4	92.7	122	113.7
五、锅炉总数	台	666	1046	819	489	407	307	284	272	239	370

续表 28

指标	单位	1979 年	1985 年	1990 年	1995 年	2000 年	2005 年	2010 年	2015 年	2018 年	2019 年
#达标数	台	220	597	647	433	359	243	256			
六、工业窑炉	台	670	683	578	395	465	222	219	124	147	331
#达标数	台	73	91	288	271	232	117	151			

说明：从 2011 年起，工业粉尘排放量（去除量）指标已改为工业烟尘排放量（去除量） （资料来源：市统计局）

环境监管

【环境执法检查】 2019 年，长沙市以“双随机”抽查为主开展日常执法检查，抽查污染源 2189 家，发现并查处违法问题 85 个。开展日常巡查、随机抽查、集中执法、交叉检查、突击夜查、“回头看”等专项执法和联合执法行动 523 次，出动执法人员 34765 人次，检查企业 10240 家次。办理生态环境违法案件 902 起，一般行政处罚案件 798 起，处罚金额 3763.53 万元，按日计罚案件 1 起，处罚 0.62 万元；查封扣押 39 起；限产停产 5 起；移送行政拘留 48 起，移送环境污染犯罪案件 11 起。完成对全市危险废物经营单位、重点危险废物产生单位全覆盖检查，对部分一般危险废物产生单位进行随机抽查，共检查涉危险废物单位 90 家次。对全市机动车环保检测站点的规范检测等开展 140 余次现场监督检查；按照《湖南省市场监督管理局 湖南省公安厅 湖南省生态环境厅关于组织开展 2019 年度检验检测机构监督抽查工作的通知》要求，配合省级相关部门对长沙市 14 家环检站点的规范检测情况全面检查。对 3 个园区和 7 个区县开展两轮的非道路巡查执法，委托第三方检测公司抽查检测 60 台次，对 26 台违规在低排区作业的非道路移动机械实施处罚。联合交警部门在市内五区开展路检路查执法 7 次，监督抽查柴油货车 70 余辆。

【环境监测】 2019 年，长沙市完成国家饮用水水源地土壤调查长沙地区 100 个点位的采样，完成集中式饮用水水源地周边土壤环境质量调查交叉检查并编写完成有关土壤环境质量调查报告。对长沙市辖区 115 家污染源单位监督性监测，对 32 家企业进行在线比对。对 2018 年污染源在线监测系统进行数据审核与评分，12 家污水处理厂每月一次减排监测。编写《长沙市轨道施工盾构土消纳场专项监测报告》。完成“十三五”监测网络建设 4 个新增空气站点运行验收，完成 2018 年长沙市源清单编制工作。三角洲国控水质自动站评为全国“最美水站”。

【行政审批与政务服务】 2019 年，长沙市审批环境影响报告书（表）54 个，出具标准函 16 个，预审意见 10 份，完成固废设施“三同时”（同时设计，同时施工，同时投产）验收 7 个。完成 22 个行业 472 家排污许可核发工作，占全省总量的 29%。对 11 类政务服务事项进行梳理，权力清单共 161 项和公共服务事项 0 项。重新编制审批事项流程清单，线上线下同步更新，线上平台公开办件类型、深度、办事指南、流程等 106 个要素信息。制定简约版办事指南，《环境影响评价竣工环保验收排污许可核发》30 问、《环境影响评价公众参与办法》30 问等资料。完成“三线一单”研究报告、文本、图集、生态环境准入清单等市级成果编制。

【长沙市生态环境局挂牌】 2019 年 1 月 23 日，长沙市生态环境局挂牌成立，整合原长沙市环境保护局的职责、长沙市发改委应对气候变化和减排职责、长沙市水务局编制水功能区划、排污口设置管理、流域水环境保护职责、长沙市国土局监督防止地下水污染职责、长沙市农委监督指导农业面源污染治理等职责。局下设直属单位 6 个：长沙市生态环境保护综合行政执法局（副县级）、长沙市机动车排气污染监控中心、长沙市环境科学研究与信息中心、长沙市环境应急与调查中心、长沙环境资源交易所、长沙市核与辐射和固体废物监督管理站。

【长沙市生态环境保护行业协会成立】 2019 年 6 月 16 日，长沙市生态环境保护行业协会第一届会员大会第一次会议暨湖南生态环保平台启动仪式举行。长沙市生态环境保护行业协会，是全市环境保护科研、设备生产工程设计施工以及自然保护与资源利用、咨询服务等方面相关企事业单位组成的非营利性社会组织。协会为会员单位提供生态环保行业发展政策、技术、发展前沿等信息与服务，帮助会员单位寻求国内外合作伙伴，包括技术转让、产品代理、资金投入等，并免费为会员单位中的初创企业和小微企业提供工商注册地址。

（本栏撰稿 张 茜）

长株潭“两型社会”试验区

CHANG-ZHU-TAN
TWO-ORIENTED SOCIETY PILOT ZONE

编辑　刘盼盼

综 述

【概况】 2019年，长株潭三市地区生产总值16835亿元，湖南省全年地区生产总值39752.1亿元，占全省比重42.35%，比2018年提高0.45%。长株潭“两型”试验区第三阶段改革持续推进，“三干两轨”等一体化项目加快建设，第二届长株潭三市联席会议召开，中央环保督察绿心地区和自查自纠的问题项目全部整改退出到位。（胡功明）

【长株潭一体化建设】 2019年，《关于加快长株潭一体化发展实施意见》起草，为国家发展改革委、省发展改革委等开展长株潭一体化调研提供有力支撑，大部分成果被三市两届联席会议所采用。参与起草《一体化发展规划纲要》，已完成征求部门意见工作。参与长株潭城际轨道交通西环线一期工程初步设计审查、芙蓉大道快速化改造（长沙段、湘潭段）工程可行性研究报告评审，加快推进“三干两轨”等一体化项目建设。株洲、湘潭长株潭绿道网建设等重大项目进展顺利。推进新开发银行贷款项目。争取省财政保留新一轮2019—2021年“两型”专项资金的设立（全省保留47个省级专项资金），全面加强资金绩效管理，有效推动“一改一化一保护”各项工作。11月10日，长株潭城市群一体化发展第二届联席会议在湖南株洲召开。会议总结长株潭城市群一体化发展第一届联席会议以来合作事项推进情况及取得的成效，并签署《长株潭城市群一体化发展行动计划（2019—2020年）》《长株潭城市群一体化发展工作调度办法》。三市一体化发展的共识更加统一、动力更加强劲。2019—2020年三市将进一步加快一体化发展步伐、加大多个领域合作力度、突出协同作战成效。主要实施6个方面30项重点工作任务。另外，三市还将共同推动民间商会组织、公共资源交易、防范打击非法集资和综合保税平台一体化。进一步健全高层协调、调度督办、理论研究3个机制，在建立长株潭城市群一体化互利共赢的投入政策等方面进行探索。（胡功明）

【长沙“两型社会”建设】 2019年，长沙市有效推进“两型社会”（环境友好型、资源节约型）建设、长株潭一体化、生态绿心保护、餐厨油烟治理等工作，“两型”建设平稳发展。

绿心生态保护 配合推进绿心总体规划局部修编工作，衔接省直部门，提出对绿心总规修改的意见建议。2019年8月27日，省政府批准《长株潭城市群生态绿心地区总体规划（2010—2030）（2018年修改）》。根据新修改的绿心总体规划，长沙市生态绿心地区面积306平方千米，涉及天心区暮云街道、南托街道，岳麓区坪塘街道，雨花区跳马镇、同升街道，浏阳市柏加镇、镇头镇7个乡镇（街道）。按照中央环保督察反馈意见要求，以及省委、省政府工作部署，推进长沙市生态绿心地区剩余10个工业项目退出，实施“一企一策”，2019年协调市财政拨付专项资金2亿元支持企业退出，截至2019年年底，长沙市生态绿心地区所有工业项目实现全部退出。组织完成绿心地区2019年度生态评估，协调市区两级财政下拨2018年度生态补偿资金3913万元，对绿心地区乡镇（街道）和群众进行系统补偿。

南部融城片区建设 结合长株潭一体化战略，以“多规合一”理念推进全域规划。综合交通、水系统、绿心保护、智慧城市4个专项规划形成初步成果。片区重新划定10个控规单元，启动牛角塘、暮云三片、跳马金屏等8个单元的控规修编。2019年铺排重大项目22个，总投资358.2亿元，其中年度投资25.9亿元。市区两级基础设施重大项目完成投资约50亿元。城南220千伏变电站竣工；湘雅五医院南院主体封顶；市七水厂运行；中意路城市化改造、伊莱克斯大道西延长线按计划实施；洞株公路、芙蓉南路快改全面推进，完成投资5.6亿元。片区积极推动产业招商，接待企业70余批次，引进产业项目108个。绿心地区退出工业用地处理成效显著，明确3年完成376公顷用地处理目标及“五个一批”用地处理方式和支持政策。天心区10家延期退出企业均已签订退出协议，135.93公顷用地处理实现突破，占总任务的72%。雨花区93.47公顷用地处理取得进展，占总任务的46%。

“两型”改革 牵头推进老旧小区居民家庭餐厨油烟净化治理，引进餐厨油烟高效净化技术升级改造净化设施，有效地降低空气污染、改善社区环境、破解建筑外墙立面“油鼻涕”反复污染难题，为打赢“蓝天保卫战”做出积极贡献。自2016年试点以来，全市累计完成约17.8万户治理任务

2019年11月10日，长株潭城市群一体化发展第二届联席会议在湖南株洲召开

省“两型”中心 供图

（2019年完成6万户），2020年计划开展完成5万户以上治理，年底实现主城区老旧小区基本完成改造任务。

公众参与平台建设　组织推进社区、村庄、学校、机关、企业、家庭等“两型”示范创建，被评为省级“两型”示范和创建单位各7家，新培育市级“两型”示范单位9家、创建单位18家。对6家“两型”宣教基地进行提质改造。公开招募“两型”类社会组织5家，组织宣讲员深入基层义务开展宣讲120场。在长沙公共自行车租赁系统站点投放“两型”公益广告海报近500幅；提升“长沙两型”微信公众号服务质量，向1.4万用户推送资讯140条。

机构改革　2019年7月，《中共长沙市委机构编制委员会关于印发〈长沙市“两型社会”建设服务中心职能配置、内设机构和人员编制规定〉的通知》印发，明确单位职能、内设机构和人员编制情况。按照三定方案，设立办公室、“两型”建设服务部、一体化发展协作部3个内设机构，明确分管领导和部室临时负责人，开展择优调动引进人才，充实中心人员队伍力量。（陈泽宇）

改革试验

【绿色发展促进政策制定】　2019年，长株潭“两型”试验区按照国务院批复的改革试验总体方案，紧扣《国家发展改革委关于印发〈2019年国家综合配套改革试验区重点任务〉的通知》和《中共湖南省委湖南省人民政府关于全面深化长株潭“两型”试验区改革加快推进生态文明建设的实施意见》，制订《2019年长株潭城市群“两型”社会建设综合配套改革试验区重点任务分工方案》。绿色金融体制创新。制订《湖南省银行业存款类法人金融机构绿色信贷业绩评价实施方案（试行）》，引导金融机构加大绿色产业和生态保护项目的信贷支持力度。引导金融机构发行绿色债券，更好地服务绿色企业和项目，加强绿色债券后续监督管理，截至2019年年末，全省绿色金融债余额85亿元（长沙银行50亿元，华融湘江银行35亿元）。长株潭地区有4家企业发行绿色债券，共实现融资93.06亿元。政府绿色采购制度完善。经省财政厅、省科技厅、省两型中心等6部门联合组织认定，2019年将123家企业的449个产品（服务）纳入第八批《湖南省两型产品政府采购目录》。印发《湖南省政府采购两型（绿色）产品首购办法》和《湖南省首购产品目录（第一批）》，对于企事业单位和各类社会组织通过原始创新、集成创新和消化吸收再创新等方式开发或生产并首次投放市场，且纳入《湖南省首购产品目录》的产品，鼓励省内各级国家机关、事业单位和团体组织使用财政性资金开展首购。发布第一批首购产品，28个产品纳入采购目录。生态补偿机制。省财政、生态环境、发展改革、水利等部门联合制定《湖南省流域生态保护补偿机制实施方案（试行）》，明确将在湘江、资水、沅水、澧水干流等流域，建立水质水量奖罚机制、流域横向生态保护补偿机制。省财政预计未来3年每年将筹集约3.2亿元资金用于流域生态保护补偿工作。省财政厅、省两型服务中心、省政府发展研究中心开展长株潭绿心地区生态补偿研究，形成《关于建立长株潭城市群生态绿心地区生态补偿机制的实施意见》，完成多轮征求意见工作。

【区域生态环境共治体制机制建设】2019年，长株潭“两型”试验区推进湘江流域综合治理。深入实施湘江流域保护和治理“一号重点工程”，制订《湖南省湘江保护和治理第三个“三年行动计划”（2019—2021年）实施方案》。2019年，长株潭地区地表水环境质量全部达到或优于III类，其中湘潭市10个监测断面全部达到II类水质标准，区域水环境质量比2018年均有明显改善，长沙、株洲、湘潭3个市辖区省控水质监测断面水质综合指数变化改善程度分别居全省第一、二、四位。大气污染联防联控。推动长株潭及传输通道城市大气污染防治工作的协调联动，编制《湖南省重污染天气应急预案》及应急减排清单。推动召开长株潭大气污染联防联控工作联席会，3个市共同签署框架协议，通过“减煤、控源、抑尘、治车、禁燃、增绿”等措施，强化联防联控，共同改善空气质量。部署大气污染交叉执法检查，从2019年11月起，长株潭三市环保部门将分别派出执法检查组，对3座城市的大气污染联防联控工作进行交叉执法检查，交叉执法检查以及整治整改情况，要向其他两市生态环境部门和省生态环境厅通报。

【科技和产业体系创新】　2019年，长株潭国家自主创新示范区建设推进，调整优化自创区发展空间布局，编制形成空间布局调整方案（送审稿）报国务院审批。组织实施2019年长株潭自创区标志性工程计划，推进岳麓山实验室、木本油料协同创新中心等部省会商重点工作的实施。积极推动自创区立法，起草条例草案已报省第十三届人大常委会第十四次会议审议。培育发展工业新兴优势产业链，分产业链制定发展规划和实施方案，并出台轨道交通装备、航空航天、信息安全等专项政策；支持重点产业链形成优势产业集群，每个产业链培育3~5家发挥领军作用的重点企业。工业绿色制造体系建设，组织开展第三批省级绿色工厂、绿色园区创建、两型工业企业认证工作，2019年度评估认定湖南华菱涟钢等64家企业为省级绿色工厂，宁乡高新区等6个单位认定为省级绿色园区。推广实施环保第三方治理，在攸州工业园区等涉及化工产业、涉重产业的工业园区引进园区第三方治理机制，编制第三方治理方案，推动建立园区实时响应、长效监管机制。

【长株潭生态绿心保护】 2019年，长株潭“两型”试验区完成绿心总规修改工作。对公示期间收集的477条意见进行归纳汇总、逐条研究，采纳意见212条，部分采纳150条。1次向省人大常委会、2次向省政府常务会议、2次向省长专题会议汇报绿心总规修改情况。组织召开10余次协调会，研究绿心总规修改方案及相关事项。2019年9月23日，绿心总规修改方案向社会发布。推进生态绿心保护工作。督促启动绿心地区片区规划编制工作，在2019年“两型”专项资金中安排634万元，对长株潭三市编制绿心片区规划予以引导奖补。配合开展绿心地区项目准入工作。完成绿心地区“天眼”系统本底数据库更新工作。配合做好中央环保督察绿心地区整改工作，17个延期至2019年12月底完成退出的工业项目全部整改退出到位。做好绿心条例修改工作。按照省人大常委会、省人民政府2019年立法计划安排，会同省林业局起草形成《湖南省长株潭城市群生态绿心地区保护条例修正案（草案）（送审稿）》。3月28日，省人大会常委会审议通过并颁布实施。

（本栏撰稿 胡功明）

“两型”建设

【“两型”标准认证】 2019年，长株潭“两型”试验区组织相关企业事业单位制定《“两型”会展》《“两型”林场建设与评定规范》《“两型”稻——渔综合种养技术规范》《绿色物流》4项“两型”地方标准。拓展“两型”认证领域，引导相关企业和组织打造“两型”认证品牌。2019年以来申报“两型”认证的160家组织（两型餐饮11家、“两型”仓储23家、“两型”村庄60家、“两型”机关5家、“两型”企业36家、“两型”小学25家），在2019年8月前审核全部完成，149家通过审核和评定。其中“两型”餐饮、“两型”仓储均为首次申请认证的行业。通过公开招投标确定2019年度两家认证服务机构，开展“两型”企业认证，60余家企业报名，开展实地认证工作。创建国家级“绿色商场”，2019年支持5家“绿色商场”通过专家现场评审。全省已经通过商务部评审的“绿色商场”14家，在中西部排名第一位。组织开展省级“绿色商场”创建工作，拟出台《湖南省绿色商场创建实施工作方案（2020—2022）》。 （胡功明）

【清洁低碳技术推广】 2019年，根据《湖南省“两型社会”建设专项资金管理办法》和《关于组织申报2019年“两型”示范、创建及清洁低碳技术推广试点项目资金的通知》，经各市及所属项目单位申报，省长株潭“两型社会”建设服务中心会同省财政厅进行踏勘评审，选出2019年清洁低碳技术推广试点项目20个。分别为长沙市：湖南省蔬菜研究所——蔬菜秸秆有机生态肥生产技术推广试点项目、浏阳诚拙能源科技有限公司——农林废弃物综合利用技术推广试点项目、湖南湖大瑞格能源科技有限公司——公共建筑中央空调节能控制管理系统技术推广试点项目、长沙天展信息技术有限公司——“互联网+绿色金融服务”技术推广试点项目、长沙甫联科技有限公司——城市立体蔬菜花卉种植技术推广试点项目。株洲市：湖南神舟防水新材料有限公司——SBS改性沥青防水材料生产节能技术推广试点项目、株洲森浩环保有限责任公司——管家式第三方运营管理服务技术推广试点项目、株洲隆盛建筑垃圾资源化利用有限责任公司——建筑垃圾资源化再利用技术推广试点项目、湖南水之源环保科技工程有限公司——新型一体化污水处理技术推广试点项目。湘潭市：湘潭宏大真空技术股份有限公司——真空镀膜清洁低碳技术推广试点项目、湘潭市鲁班弟子家具有限公司——节能环保低碳原木家具加工技术推广试点项目、湖南久千钎具有限公司——制钎生产线节能改造技术推广试点项目、湖南长乐建材有限公司——纤维水泥平板及硅酸钙板生产技术推广试点项目、湘潭屹丰汽车部件有限公司——汽车轻量化节能技术推广试点项目。衡阳市：衡阳县台源镇群向村——生态种养一体化技术推广试点项目。岳阳市：神州纸业有限公司——水性油墨废水循环利用技术推广试点项目。常德市：澧县城头山葡萄专业合作社——葡萄低碳生产种植综合改造技术推广试点项目。益阳市：桃花江竹材科技股份有限公司——低碳环保竹质工程材高效生产技术推广试点项目。娄底市：湖南德施普生物科技有限公司——污泥无害化处理与综合利用技术推广试点项目。郴州市：桂阳县桥市乡辉山村荣欣有机茶专业合作社——茶园绿色低碳、清洁化生产技术推广试点项目。

（胡功明）

【“两型”示范创建】 2019年，湖南省长株潭“两型”社会建设服务中心会同省财政厅，按照“两型”标准，对各市推荐申报的部分2019年省级“两型”示范单位（项目）进行现场踏勘评审，最终遴选出2019年省级“两型”示范项目30个，涵盖村庄、社区、学校、景区、企业5个领域，并发文通报，分别为长沙市岳麓区望城坡街道长华社区、长沙市开福区东风路街道王家垅社区、长沙市芙蓉区育才第三小学、长沙市浏阳市古港镇梅田湖村、长沙市雨花区高桥街道怡园社区、长沙市雨花区跳马镇田心桥村、长沙市望城区高塘岭街道湘江村、株洲市第四中学、株洲市石峰区杉木塘小学、株洲市伟大集团节能房股份有限公司、株洲市茶陵县火田镇卧龙村、株洲欧科亿数控精密刀具股份有限公司、株洲市渌口区渌口镇松西子社区、湘潭市雨湖区韶西逸夫小学、湘潭市岳塘区湘机小学、湘潭市湘乡市东郊乡杨树村、湘潭市雨湖区永丰社区、湘潭中节能城市节能有限

公司、衡阳市石鼓区蒸阳社区、衡阳市祁东县风石堰镇中华山村、岳阳市白杨坡小学、岳阳市湖南童记三利和食品有限公司、常德市安乡县下渔口镇下渔口社区、常德市安乡县深柳镇官陵湖社区、益阳市资阳区此湖口镇此湖口社区、益阳市赫山区兰溪镇枫林社区、娄底市龙山国家森林公园、娄底市娄星区万宝镇石塘村、郴州市北湖区增福街道高新园社区、郴州市苏仙区良田镇堆上村。“两型”创建项目。2019年9月，组织人员到长沙、娄底、郴州3个市，依程序对6个“两型”创建奖补项目进行踏勘评审。同时，对“3+5+1”9市上报的30个两型创建备案项目进行审核，并下发通知指导各市组织实施。分别为：长沙市：芙蓉区文艺路街道乔庄社区、岳麓区望月湖街道荣龙社区、望城区丁字湾街道石韵社区、宁乡市黄材镇宁峰村、浏阳市官桥镇九龙村、湖南三湘和高新企业有限公司、长沙海信广场实业有限公司。株洲市：石峰区井龙街道九郎山村、醴陵市陶瓷烟花职业技术学校、湖南神通光电科技有限责任公司、株洲鸿新实业有限公司、湖南日成新材料有限公司、湖南银和瓷业有限公司。湘潭市：湘乡市月山镇先锋村、韶山市清溪镇狮山村、昭山示范区昭镇白鹤村、岳塘区岳塘街道纯冲塘社区、湘潭县石鼓镇铜梁村。衡阳市：常宁市国洪生态农业专业合作社、祁东县鸟江镇大星村。岳阳市：云溪区姜畈村、临湘市詹桥镇分水村。常德市：武陵区芦荻山乡苗儿港村、湖南新中意食品有限公司。益阳市：桃江县灰山港镇紫荆花小学、赫山区龙光桥街道石笋村。娄底市：双峰县锁石镇山河村、冷水江市渣渡镇滴水村。郴州市：资兴市白廊镇布田村、苏仙区南塔街道裕后街社区。

（胡功明）

【“两型”教育宣传】 2019年，长株潭“两型”试验区邀请新华社、《人民日报》、中央电视台等中央主流媒体，围绕湖南省“两型社会”和生态文明改革建设宣传报道50余篇。其中：7月26日，中央电视台新闻频道播发《湖南中部崛起迈出征程》；7月29日，《人民日报》刊发《三湘四水绿起来》；8月27日，新华社《新华每日电讯》刊发的《湖南实施长株潭一体化战略见闻》《湖南高质量发展观察》(上、下)引发热议。《湖南日报》、湖南卫视、红网等省内主流媒体刊登、播发《为子孙后代留下一江碧水》《加速打造长株潭半小时交通圈》等“两型社会”和生态文明建设报道30余篇。宣传活动。联合《湖南日报》编辑出版《“两型”湖南故事集》，出版发行2000册。开展2018年度全省两型好新闻评选工作。面向有关部门、各市广泛征集参评作品，组织召开评审会议，遴选出重大“两型”新闻10条、“两型”新闻作品奖38个、“两型”宣传策划奖9项，面向全省进行通报。与《湖南日报》合作开办生态“两型”专刊，开展系列“两型”宣传报道。指导、督促试验区“3+5+1”9市及张家界市报送2019年“两型”宣传项目实施方案，指导各市开展“两型”宣教基地建设和面上大众宣传。指导湘潭市开展生态绿心保护宣传活动，印制发放《绿心保护条例》《绿心总规》5000本，与电视台合作举办专题电视访谈，受众面达上万人。提升两型展馆影响力。省“两型”规划展示馆升级改造工程全面完成，展示效果得到社会各界的一致好评，获“湖南省直机关党性教育基地”的授牌，成为湖湘绿色发展和“两型社会”建设对外展示的重要窗口和交流平台，展示效果全面升级，全年接待总人数超过30万人次。

（胡功明）

【长沙儿童友好型城市建设】 2019年，长沙市落实“一圈两场三道”建设要求，围绕“菜食住行购、教科文卫体、老幼站厕园”等15个要素。印发《长沙市儿童友好三年行动计划（2018—2020）》。通过制订《三年行动计划》全市十大行动及42项任务，推动长沙儿童友好型城市建设。与联合国儿基会保持密切联系，推进创建“儿童友好型城市”。到泰国曼谷参加儿基会亚太区域办事处举办的“儿童友好型城市”研讨会，到德国科隆参加全球峰会推介长沙儿童友好创建经验。11月与儿基会举办“孩子眼中的世界”摄影比赛和点亮儿童未来仪式。推进儿童友好系列研究课题。开展《“我的长沙我的家”儿童城市系列读本及网课》《儿童友好规划建设管理指引及优秀案例汇编》《长沙儿童友好型城市发展白皮书》《营建儿童的城市》翻译及其儿童阅读版本制作。举办“发现星城”“益跑长沙”“小小规划师”“孩子眼中的世界”青少年摄影大赛和摄影展、儿童友好成果发布会、“阅读漂流”“国际建造节”等活动。

（谭江涛）

科学技术

SCIENCE AND TECHNOLOGY

编辑　刘盼盼

综 述

【概况】 2019年，长沙市获得国家级各类科技奖21项，其中，特等奖1项，一等奖3项，二等奖14项，排名全国前列。其中中国水利水电第八工程局有限公司参与完成的“长江三峡枢纽工程”项目获国家科技进步特等奖。高新技术产业发展。2019年，新认定（含复核）高新技术企业1202家，高新技术企业总数3095家。成果转移转化。推进高校科研院所科技成果转化，供需对接机制基本建成，技术交易补贴、奖励等激励政策明显，全市完成技术合同认定登记5225份，合同成交额233.8亿元，较2018年增长61.24%。科技研发投入提高。制订《加大全社会研发经费投入促进长沙经济社会高质量发展三年行动计划（2020—2022）》；通过建立推进机制、夯实基础工作、落实奖补政策、加大培训服务等组合拳激励全社会研发投入全年市委市政府专题调度10余次，12个市直单位和各区县园区合力推进。2019全社会R&D经费投入总数316.18亿元，占GDP比重2.73%。

创新发展　持续推进国家创新型城市建设，制订《长沙市建设国家创新型城市三年行动计划（2020—2022）》；加快推进制造业高质量发展，制订《大力推动制造业高质量发展之科技创新引领工程三年行动计划（2020—2022）》。完善科技创新“1+4”政策体系，修订出台《长沙市星创天地认定和管理办法》《长沙市科技重大专项管理暂行办法》等11个政策文件。建设创新创业载体。全市新认定国家地方联合工程研究中心2家，国家级文化和科技融合示范基地1家，国家科技企业孵化器2家。获批组建省级研发平台96家，新认定省级科技孵化器4家，市级6家；新认定省级众创空间17家，备案市级29家，新组建市级工程技术研究中心10家，公共技术服务平台5家。财政资金引导。2019年市本级科学技术支出21.66亿元，增长17.9%。全市争取国家重点研发计划资金1.5亿元，争取国家自然科学基金立项800余项，争取资金4亿元；组织1668家企业完成研发准备金制度备案，争取省级研发奖补资金3.449亿元。市本级争取省级科技计划项目425项，争取到位省级科技专项资金2.8亿元。

服务产业项目建设　实施省重大创新项目。推进省“100个重大科技创新项目”，长沙市45个项11月累计完成投资38.48亿元，已完成年度计划投资113.97%，完成研发投入11.06亿元，占年度计划投入127.44%。5个到期项目竣工率100%。同时，加大对省重大科技创新项目的承担单位扶持力度，共立项支持50项，支持金额740万元。湖南长城银河等3家承担单位入选湖南省“企业科技创新创业团队支持计划”。打造产业创新链。支持产业基础理论研究，设立长沙市自然科学基金。开展产业关键技术攻关，设立51个重大专项，支持资金5600万元。建设产业公共创新平台，支持北斗信息安全、环保服务工研院4000万元，在生物医药、先进碳材料、新一代半导体产业细分领域推进新型研发机构建设。推进产业协同创新发展，新成立产业技术创新战略联盟5家，向22条产业链派驻22名科技工业特派员。发展壮大科技企业。建立高企后备企业数据库，特别针对464家拟重新认定高企开展精准指导。强化高企梯队建设，修订出台《长沙市科技创新小巨人企业认定管理办法》，新培育认定科技创新小巨人企业150家。对“小巨人”、高新技术企业、“双百”企业补研发经费奖补1.68亿元。组织、指导各区县（市）、园区开展“升高”培训20余场，参训企业1000余家。组织两期长沙市经理进修学院培训班，200余家高企后备企业参训。科技惠民惠农。助力“蓝天保卫战”，在生态环保领域设立关键技术研发项目23个，在民生科技领域立项93个。认定39类328个“两型”产品。助力乡村振兴战略，打造3家现代农业高科技产业化基地，新认定14家农业特色产业科技示范基地，认定8家市级星创天地。选派50名农业科技特派员和6个团队，全年推广新技术、新产品109个，引进新品种29个，开展培训187次，培训农民6715人。新建17家助农直通车信息服务示范站，举办“网上课堂”15期。

构建区域创新格局　统筹战略功能区建设。下达长株潭国家自主创新示范区专项（第二批）资金1000万元。新争取长株潭标志性工程计划1200万元。开展自创区扩区建设调研，形成《彰显省会担当，全力推进国家自创区建设》调研报告。召开“四谷”建设工作会议，指导四谷建设单位编制“四谷”建设三年行动计划；指导服务“两山四谷”的人才引进和培养工作。对接港澳科创资源，“粤港澳科创园”进入选址阶段。政产学研金协同。制定《长沙市技术合同认定登记操作规程》。新认定技术交易服务机构11家，总数20家。持续推进技术交易激励机制，奖励技术交易机构123家，技术交易服务机构6家。联合湖南大学、中南大学湘雅医院、湖南农业大学以及北欧可持续发展协会举办4场科技成果转化对接活动，现场签约4800万余元。开展“科普星城”科普进社区、进学校、进农村活动10场，指导市科普场馆（基地）全年开展近百场科普活动。新认定市级科普场馆（基地）7家，获批省级科普基地9家。组织发动25所在长高校联合举办长沙市第16届大学生科技创新创业大赛。组织发动586个项目参加湖南省创新创业大赛长沙分赛，78个项目获省赛优秀奖，15个项目晋级全国行业总决赛。（陈　昶）

【科技政策体系】 2019年，长沙市统筹推进科技创新“1+N”政策体系落地，制定《长沙市科技创新小巨人企业认定管理办法》《关于促进我市企业"升高"工作的有关措施》《长沙市自然科学基金项目管理暂行办法》《长沙市科技重大专项管理暂行办法》《长沙市星创天地认定和管理办法（试行）》，修订出台《长沙市科技项目管理办法》《长沙市科技发展专项资金管理办法》等规范性文件。以市科技工作领导小组办名义出台《长沙市建设国家创新型城市三年行动计划（2020-2022）》，以市委人才服务领导小组名义出台《长沙市外国人才服务办法（试行）》，以市社会信用体系建设领导小组办出台《长沙市科研领域失信主体联合惩戒实施细则》。（罗汉果）

【科技与"营商环境年"建设】 2019年，国家发改委组织的全国省会城市营商环境评价中，长沙在"包容普惠创新"指标中名列前茅。长沙市科技局优化营商环境工作获全市通报表扬，率先在全市实现网办率、一次办率、填报率和发布率4个100%。"长沙市政府采购两型产品认定"事项全程网上办，企业跑零次，"技术合同登记"最多跑一次。将长沙科技网逐步整合至长沙市政府网站集约化平台。采取简化项目申报材料、项目正式立项前免交纸质材料、重大专项以外的其他项目免交审计报告、后补助项目的验收和绩效评价整合、减少对企业的检查次数5项措施，为每个项目单位平均减少申报成本5000元以上。制定《长沙市科研领域失信主体联合惩戒实施细则》，突出扶优逐劣，对科研领域严重失信行为予以联合严惩，营造诚实守信科研环境。（朱文敏）

【科技与金融融合】 2019年，长沙设立市自然科学基金，制定发布《长沙市自然科学基金项目管理暂行办法》。设立长沙市高新技术企业信贷风险补偿资金池，委托市科技风险投资管理有限公司管理、运作。与长沙市科技风险投资管理有限公司合作设立"长沙市科技创新投资基金"，首期规模5000万元，下达科技保险费补贴404.83万元，补贴企业80家。保险机构为高新技术企业提供保险总额282.65亿元。（何姝仪）

【境外高层次人才引进】 2019年，长沙组织实施"海外专家引智项目"，全年共资助107个项目，经费总额1210万元。通过项目引进境外人才（含港澳台）197人，比2018年增长7.1%，其中博士以上学历60人。争取国家、省级引智资金802万元，项目66个，引进外国专家98人，比2018年增长近50%。根据机构改革相关要求，新增长沙市科学技术局外国专家服务处（行政审批与政务服务处），优化审批环节、压缩审发时间、提高申办效率，实现A类外国人才工作许可申请全程网办并可在受理次日获得签发。（聂　庆　巢博文）

【培育科技创新创业人才】 2019年，长沙市科技创新创业领军人才计划实施，新认定24名长沙市创新创业领军人才，支持领军人才创新创业项目12项，经费1200万元；截至2019年，认定169名长沙市创新创业领军人才。实施杰出创新青年培养计划，全年入选人选26人，其中女性6人，平均年龄33.6岁，年龄最大的35岁，最小30岁；入选人中教授3名，副教授（副研究员/高工）15名，讲师（助理研究员/工程师）7名，初级职称1名。从研究领域来看，电子信息2人，生物与新医药技术6人，新材料5人，新能源及节能2人，资源与环境技术5人，先进制造与自动化2人、农业新技术2人，其他2人。（聂　庆）

【中美创投大会】 2019年，长沙市以主宾城市身份参加"2019中美创投大会"各项活动：4月，长沙市委组织部部长张宏益率团到深圳参加"创之星"大赛启动式；5月，市委副书记朱健带队到美国参加"创投大会"主体活动；11月，在长沙举行"创之星"中美创新创业大赛及两场分领域决赛，69个美国高新技术项目到长沙参赛，外交部、科技部领导出席，科技部官微对活动进行专题报道。500余家企业现场对接，达成合作意向45项，签约13项。（聂　庆）

【境外科技合作】 2019年，长沙市积极开拓国际科技合作渠道。与图尔库科技园、瑞典环境科学研究院签署合作备忘录，成立"北欧技术成果长沙转移中心"，签署岳麓山大学科技城推进委员会与中俄友谊科技园战略合作备忘录。推动长沙市政府与香港科技大学、香港城市大学签署框架合作意向书，并拟在长共建"港澳科创园"（已进入选址阶段）。推动香港高校项目落地长沙，港城大"4D陶瓷构建打印技术"、港科大"新能源汽车智能化快速充电系统"等项目已确定落户"港澳科创园"。（聂　庆）

【区域科技合作】 2019年，长沙市参加第七届长江中游城市群省会城市科技合作联席会，签订《长江中游城市群省会城市科技合作协议》。推进"四城市科技资源共享平台"建设，完成长江中游城市群省会城市科技资源共享平台（长沙部分）（一期）项目报建、财评等工作。长沙市政府与上海交通大学签署全面合作协议，围绕长沙22条工业新兴及优势产业链建设，强化上海交通大学科技成果转化。市外驻长技术转移机构组织或参与产学研对接活动100余次，包括2019"一带一路"生物医药与医疗健康器械国际论坛等多场大型市外高校技术成果对接会。推动协调与中国科学院、清华大学等高校院所的合作对接，与清华大学初步达成合作协议内容。（聂　庆　何姝仪）

表 29　　2019 年长沙市科技创新创业领军人才一览表

序号	姓　名	单　　位	职务 / 职称
1	范景莲（女）	长沙微纳坤宸新材料有限公司 / 中南大学	董事长 / 教授
2	邓中平	湖南圣湘生物科技有限公司	副总经理 / 助理研究人员
3	刘雅浪	湖南康通电子股份有限公司	总经理
4	郭　帅	泰谷生态科技集团股份有限公司	董事长 / 工程师
5	阳　萌	安克创新科技股份有限公司	董事长
6	梁瑶（女）	中聚科技股份有限公司	总经理
7	王建龙	湖南金健种业科技有限公司	总经理 / 研究员
8	刘金平	湖南长宇科技发展有限公司	常务副总 / 高级工程师
9	吴光亮	长沙东鑫环保材料有限责任公司	董事长 / 正高
10	叶明强	航天凯天环保科技股份有限公司	总裁
11	贺　礼	长沙长泰机器人有限公司	副总经理
12	侯少斌	湖南湘江电缆有限公司	董事长
13	张大庆	山河智能装备股份有限公司	副总经理 / 正高
14	蔡大宇	楚天科技股份有限公司	研究院副院长 / 工程师
15	刘召华	长沙中联消防机械有限公司	总工程师
16	李良君	中国航天科工集团七八〇一研究所	总设计师 / 研究员
17	龚杰洪	中国电子科技集团公司第四十八研究所	所长 / 高级工程师
18	张斌	长沙中联重科环境产业有限公司	副总经理 / 高级工程师
19	夏显忠	湖南航天捷诚电子装备有限责任公司	总经理 / 研究员
20	吕新伟	威胜集团有限公司	总裁 / 工程师
21	陈文斌	湖南百宜饲料有限公司	总经理 / 高级畜牧师
22	陈　涛	湖南湖大艾盛汽车技术开发有限公司 / 湖南大学	总工程师 / 中级
23	何　磊	长沙远大住宅工业集团股份有限公司	建筑设计研究院院长 / 高级工程师
24	张铁军	湖南航天磁电有限责任公司	总工程师 / 高级工程师

（资料来源：市科技局）

表 30

2019 年长沙市杰出创新青年培养计划人选人员一览表

序号	姓名	性别	单　位
1	彭晋卿	男	湖南大学土木工程学院
2	刘　杰	男	湖南大学电气学院
3	粟荣涛	男	中国人民解放军国防科技大学
4	周　悦	男	中国人民解放军国防科技大学
5	陈晓婧	女	中南大学湘雅口腔医学院
6	尹来容	男	长沙理工大学
7	石金晶	女	中南大学计算机学院
8	丁胜华	男	湖南省农业科学院
9	谢纯良	女	中国农业科学院麻类研究所
10	伍树松	男	湖南农业大学
11	曾　铃	男	长沙理工大学
12	胡新将	男	中南林业科技大学环境科学与工程学院
13	李　永	男	中南林业科技大学
14	刘迈兰	女	湖南中医药大学
15	杨　田	女	湖南师范大学信息科学与工程学院
16	石星波	男	湖南农业大学
17	金　剑	男	湖南省中医药研究院
18	邓正苗	男	中国科学院亚热带农业生态研究所
19	罗宜孝	男	湖南师范大学医学院
20	沈　炼	男	长沙学院
21	朱宪宇	男	湖南省计量检测研究院
22	刘振华	男	湖南省林业科学院
23	魏　科	男	湖南中医药大学
24	郭有能	男	长沙学院
25	董丽萍	女	长沙医学院
26	唐　亮	男	长沙医学院

（资料来源：市科技局）

科技平台

【技术研发平台】 截至2019年年底，长沙市有国家级重点实验室22家，工程技术研究中心14家，工程研究中心（工程实验室）15家，企业技术中心22家，临床医学研究中心3家；省部共建重点实验室1家，工程研究中心（工程实验室）24家；省级重点实验室215家，工程技术研究中心244家，工程研究中心（工程实验室）133家，企业技术中心112家，临床医学研究中心47家；市级工程技术研究中心194家，企业技术中心385家。2019年长沙市新增96家省级科技研发平台，其中省级重点实验室37家，省级工程技术研究中心43家，省级临床医学中心16家。2019年，市科技局对2017年获批的省级工程技术研究中心和重点实验室38家给予每家100万元配套经费支持，共3800万元。同时，批准组建21个市级工程技术研究中心，搭建5个公共服务平台。认定15个市级工程技术研究中心，支持经费750万元。（吴许文）

【企业孵化平台】 2019年，湖南三一众创孵化器有限公司、湖南豪丹科技园创业服务有限公司2家单位被认定为国家级科技企业孵化器。麓谷企业广场科技企业孵化器、长沙金鹰文化创意园、猪八戒“互联网+”文创企业孵化器3家单位被认定为省级科技企业孵化器，湖南师范大学大学生创新创业孵化基地、国家超级计算长沙中心众创空间、长沙中电软件园云孵化平台等17家单位被认定为省级众创空间。中国（长沙）创新设计产业园等6家单位被认定为市级科技企业孵化器，五矿·麓谷科技产业园众创空间等29家单位被认定为市级众创空间。按相关政策给予科技企业孵化器和众创空间4450万元支持。截至2019年年底，长沙市有国家级科技企业孵化器14家，省级科技企业孵化器17家，市级科技企业孵化器13家。共有国家备案众创空间24家，省级认定众创空间57家，市级认定众创空间50家。（黄　可）

【新型研发机构】 2019年，长沙市科技局与长沙环保（服务）工业技术研究院和长沙北斗产业安全技术研究院分别签订工业技术研究院建设合同书，拨付每家2000万元支持资金。截至2019年年底，长沙挂牌建设长沙增材制造（3D打印）工业技术研究院、长沙环保（服务）工业技术研究院，长沙北斗产业安全技术研究院和长沙新能源材料工业技术研究院（现更名为“中国五矿新能源材料中央研究院”）4家工研院。2019年，4家工研院投入资金3.7亿元用于研究院建设，其中研发经费1.5亿元。申请专利200余件，参与起草国家标准8项，支撑依托单位实现销售收入25.3亿元。（吴许文）

表31　2019年新增市级以上科技创新平台一览表

序号	平台名称	依托单位	平台类型
1	长沙市超级电容器工程技术研究中心	湖南耐普恩科技有限公司	市级工程技术研究中心（2019年立项组建）
2	长沙市精准即时诊断（POCT）工程技术研究中心	湖南永和阳光生物科技股份有限公司	市级工程技术研究中心（2019年立项组建）
3	长沙市工程灾害智能监控与防治工程技术研究中心	中国有色金属长沙勘察设计研究院有限公司	市级工程技术研究中心（2019年立项组建）
4	长沙市智能呼吸诊疗装备工程技术研究中心	湖南明康中锦医疗科技发展有限公司	市级工程技术研究中心（2019年立项组建）
5	长沙市高效节能粉磨制粉设备工程技术研究中心	长沙深湘通用机器有限公司	市级工程技术研究中心（2019年立项组建）
6	长沙市镭目自动化炼钢工程技术研究中心	湖南镭目科技有限公司	市级工程技术研究中心（2019年立项组建）
7	长沙市电磁测量设备工程技术研究中心	长沙天恒测控技术有限公司	市级工程技术研究中心（2019年立项组建）
8	长沙市智慧政务大数据工程技术研究中心	湖南科创信息技术股份有限公司	市级工程技术研究中心（2019年立项组建）

续表 31

序号	平台名称	依托单位	平台类型
9	长沙市轨道交通装备安全保障工程技术研究中心	唐智科技湖南发展有限公司	市级工程技术研究中心（2019 年立项组建）
10	长沙市农业生物灾害监测预警工程技术研究中心	湖南农业大学	市级工程技术研究中心（2019 年立项组建）
11	长沙市智慧医疗工程技术研究中心	湖南省人民医院	市级工程技术研究中心（2019 年立项组建）
12	长沙市智能辅助诊疗工程技术研究中心	中南大学湘雅三医院	市级工程技术研究中心（2019 年立项组建）
13	长沙市食品贮藏保鲜工程技术研究中心	中南林业科技大学	市级工程技术研究中心（2019 年立项组建）
14	长沙市微型显示与混合现实工程技术研究中心	湖南航天捷诚电子装备有限责任公司	市级工程技术研究中心（2019 年立项组建）
15	长沙市网络音频通信系统工程技术研究中心	长沙世邦通信技术有限公司	市级工程技术研究中心（2019 年立项组建）
16	长沙市木本花卉工程技术研究中心	湖南省林业科学院	市级工程技术研究中心（2019 年立项组建）
17	长沙市抗体与免疫治疗工程技术研究中心	湖南远泰生物技术有限公司	市级工程技术研究中心（2019 年立项组建）
18	长沙市散装物料全工况智能化输送系统工程技术研究中心	长沙盛泓机械有限公司	市级工程技术研究中心（2019 年立项组建）
19	长沙市催化净化新材料工程技术研究中心	湖南环达环保有限公司	市级工程技术研究中心（2019 年立项组建）
20	长沙市村镇污水处理工程技术研究中心	湖南航天凯天水务有限公司	市级工程技术研究中心（2019 年立项组建）
21	长沙市智能拆解、分选工程技术研究中心	湖南永创机电设备有限公司	市级工程技术研究中心（2019 年立项组建）
22	长沙市装配式建筑工程技术研究中心	中民筑友建设有限公司	市级工程技术研究中心（2019 年认定）
23	长沙市热能设备工程技术研究中心	湖南亿利达实业有限公司	市级工程技术研究中心（2019 年认定）
24	长沙药用植物种苗工程技术研究中心（新）	湖南省农业环境生态研究所	市级工程技术研究中心（2019 年认定）
25	长沙市杂交辣椒抗性育种工程技术研究中心	湖南湘研种业有限公司	市级工程技术研究中心（2019 年认定）
26	长沙市甘薯工程技术研究中心	湖南省作物研究所	市级工程技术研究中心（2019 年认定）

续表 31

序号	平台名称	依托单位	平台类型
27	长沙市先进石墨及炭材料工程技术研究中心	湖南省宁乡县长宁炭素制品有限公司	市级工程技术研究中心（2019 年认定）
28	长沙市健康建筑工程技术研究中心	长沙远大建筑节能有限公司	市级工程技术研究中心（2019 年认定）
29	长沙市钽铌新材料工程技术研究中心	长沙南方钽铌有限责任公司	市级工程技术研究中心（2019 年认定）
30	长沙市燃气采暖热水炉工程技术研究中心	万家乐热能科技有限公司	市级工程技术研究中心（2019 年认定）
31	长沙市阀门工程技术研究中心	湖南泵阀制造有限公司	市级工程技术研究中心（2019 年认定）
32	长沙市绿色环保型表面活性剂工程技术研究中心	湖南丽臣奥威实业有限公司	市级工程技术研究中心（2019 年认定）
33	长沙市工程灾害智能监控与防治工程技术研究中心	中国有色金属长沙勘察设计研究院有限公司	市级工程技术研究中心（2019 年认定）
34	长沙市活性多肽提取与应用工程技术研究中心	湖南天劲制药有限责任公司	市级工程技术研究中心（2019 年认定）
35	长沙市水体污染控制与生态修复工程技术研究中心	湖南三友环保科技有限公司	市级工程技术研究中心（2019 年认定）
36	长沙市计算摄影工程技术研究中心	湖南源信光电科技股份有限公司	市级工程技术研究中心（2019 年认定）
37	能源互联网供需运营湖南省重点实验室	国网湖南省电力有限公司经济技术研究院	省级重点实验室
38	泛在电力物联网湖南省重点实验室	国网湖南省电力有限公司信息通信分公司	省级重点实验室
39	数据科学与区块链湖南省重点实验室	湖南大学	省级重点实验室
40	分子科学与生物医学湖南省重点实验室	湖南大学	省级重点实验室
41	医学病毒学湖南省重点实验室	湖南大学	省级重点实验室
42	装备服役质量保障湖南省重点实验室	湖南大学	省级重点实验室
43	儿童心理发育与脑认知科学湖南省重点实验室	湖南第一师范学院	省级重点实验室
44	统计学习与智能计算湖南省重点实验室	湖南工商大学	省级重点实验室
45	蔬菜生物学湖南省重点实验室	湖南农业大学	省级重点实验室
46	洞庭湖区生态环境遥感监测湖南省重点实验室	湖南省地质环境监测总站（湖南省遥感中心，湖南省地质灾害应急中心）	省级重点实验室

续表 31

序号	平台名称	依托单位	平台类型
47	儿童呼吸病学湖南省重点实验室	湖南省人民医院（湖南师范大学附属第一医院）	省级重点实验室
48	食品安全监测与预警湖南省重点实验室	湖南省食品质量监督检验研究院	省级重点实验室
49	园林花卉种质创新与综合利用湖南省重点实验室	湖南省园艺研究所	省级重点实验室
50	肿瘤靶向基因湖南省重点实验室	湖南省肿瘤医院	省级重点实验室
51	物质微结构与功能湖南省重点实验室	湖南师范大学	省级重点实验室
52	宏观经济大数据挖掘与应用湖南省重点实验室	湖南师范大学	省级重点实验室
53	动物肠道功能调控湖南省重点实验室	湖南师范大学	省级重点实验室
54	模式动物与干细胞生物学湖南省重点实验室	湖南师范大学	省级重点实验室
55	中西医结合病原生物学湖南省重点实验室	湖南中医药大学	省级重点实验室
56	细胞化学湖南省重点实验室	长沙理工大学	省级重点实验室
57	桥梁与建筑绿色建造及维护湖南省重点实验室	长沙理工大学	省级重点实验室
58	工业互联网技术与安全湖南省重点实验室	长沙学院	省级重点实验室
59	电磁悬浮与推进技术湖南省重点实验室	中国人民解放军国防科技大学	省级重点实验室
60	软件安全智能并行分析湖南省重点实验室	中国人民解放军国防科技大学	省级重点实验室
61	多能源系统智慧互联技术湖南省重点实验室	中国人民解放军国防科技大学	省级重点实验室
62	超级地下工程装备湖南省重点实验室	中国铁建重工集团股份有限公司	省级重点实验室
63	微纳材料界面科学湖南省重点实验室	中南大学	省级重点实验室
64	生物信息学湖南省重点实验室	中南大学	省级重点实验室
65	血液学基础与应用湖南省重点实验室	中南大学	省级重点实验室
66	临床流行病学湖南省重点实验室	中南大学	省级重点实验室
67	轨道交通大数据湖南省重点实验室	中南大学	省级重点实验室
68	肺癌早期诊断与精准治疗湖南省重点实验室	中南大学湘雅二医院	省级重点实验室
69	口腔健康研究湖南省重点实验室	中南大学湘雅口腔医院	省级重点实验室
70	手术机器人湖南省重点实验室	中南大学湘雅三医院	省级重点实验室

续表 31

序号	平台名称	依托单位	平台类型
71	眼科学湖南省重点实验室	中南大学湘雅医院	省级重点实验室
72	智慧物流技术湖南省重点实验室	中南林业科技大学	省级重点实验室
73	林产可食资源安全与加工利用湖南省重点实验室	中南林业科技大学	省级重点实验室
74	湖南省医学显微镜检验人工智能工程技术研究中心	爱威科技股份有限公司	省级工程技术研究中心
75	湖南省营养健康品工程技术研究中心	澳优乳业（中国）有限公司	省级工程技术研究中心
76	湖南省含铍碳化硅纤维及其复合材料工程技术研究中心	湖南博翔新材料有限公司	省级工程技术研究中心
77	湖南省空间情报与安全工程技术研究中心	湖南大佳数据科技有限公司	省级工程技术研究中心
78	湖南省智慧教育关键技术与应用工程技术研究中心	湖南第一师范学院	省级工程技术研究中心
79	湖南省特种防护材料工程技术研究中心	湖南航天三丰科工有限公司	省级工程技术研究中心
80	湖南省晶体硅太阳能电池工程技术研究中心	湖南红太阳光电科技有限公司	省级工程技术研究中心
81	湖南省手性药物工程技术研究中心	湖南华纳大药厂股份有限公司	省级工程技术研究中心
82	湖南省工业机器视觉工程技术研究中心	湖南科创信息技术股份有限公司	省级工程技术研究中心
83	湖南省钨二次资源高效利用工程技术研究中心	湖南懋天世纪新材料有限公司	省级工程技术研究中心
84	湖南省演艺视效呈现工程技术研究中心	湖南明和光电设备有限公司	省级工程技术研究中心
85	湖南省花生工程技术研究中心	湖南农业大学	省级工程技术研究中心
86	湖南省畜禽应用微生物资源开发工程技术研究中心	湖南农业大学	省级工程技术研究中心
87	湖南省草类作物种质创新与利用工程技术研究中心	湖南农业大学	省级工程技术研究中心
88	湖南省稻田生态种养工程技术研究中心	湖南农业大学	省级工程技术研究中心
89	湖南省细胞力学与功能分析工程技术研究中心	湖南农业大学	省级工程技术研究中心
90	湖南省城镇水体污染控制工程技术研究中心	湖南三友环保科技股份有限公司	省级工程技术研究中心
91	湖南省茶树品种与种苗工程技术研究中心	湖南省茶叶研究所	省级工程技术研究中心
92	湖南省工业固废资源化与安全处置工程技术研究中心	湖南省和清环境科技有限公司	省级工程技术研究中心

续表 31

序号	平台名称	依托单位	平台类型
93	湖南省洞庭湖流域农业面源污染防治工程技术研究中心	湖南省农业环境生态研究所	省级工程技术研究中心
94	湖南省智慧农业工程技术研究中心	湖南省农业信息与工程研究所	省级工程技术研究中心
95	湖南省杂交油菜工程技术研究中心	湖南省作物研究所	省级工程技术研究中心
96	湖南省新奥法隧道施工装备工程技术研究中心	湖南五新隧道智能装备股份有限公司	省级工程技术研究中心
97	湖南省井矿盐工程技术研究中心	湖南盐业股份有限公司	省级工程技术研究中心
98	湖南省有色金属尾矿资源综合利用工程技术研究中心	湖南有色金属研究院	省级工程技术研究中心
99	湖南省免疫检测工程技术研究中心	湖南远璟生物技术有限公司	省级工程技术研究中心
100	湖南省实验动物源抗体工程技术研究中心	湖南远泰生物技术有限公司	省级工程技术研究中心
101	湖南省海洋信息安全监测系统工程技术研究中心	湖南长城海盾光纤科技有限公司	省级工程技术研究中心
102	湖南省高光谱卫星及航空遥感农业应用工程技术研究中心	湖南中科星图信息技术股份有限公司	省级工程技术研究中心
103	湖南省3D打印口腔医疗工程技术研究中心	湖南中南大学湘雅口腔医院	省级工程技术研究中心
104	湖南省港口起重机械工程技术研究中心	湖南中铁五新重工有限公司	省级工程技术研究中心
105	湖南省杂粮健康食品工程技术研究中心	浏阳河集团股份有限公司	省级工程技术研究中心
106	湖南省光电健康检测工程技术研究中心	浏阳市三力医用科技发展有限公司	省级工程技术研究中心
107	湖南省水电智慧化工程技术研究中心	五凌电力有限公司	省级工程技术研究中心
108	湖南省应急排水抢险设备工程技术研究中心	长沙迪沃机械科技有限公司	省级工程技术研究中心
109	湖南省智能矿山工程技术研究中心	长沙矿山研究院有限责任公司	省级工程技术研究中心
110	湖南省再生金属资源循环利用工程技术研究中心	长沙有色冶金设计研究院有限公司	省级工程技术研究中心
111	湖南省流域水环境综合治理工程技术研究中心	中国电建集团中南勘测设计研究院有限公司	省级工程技术研究中心
112	湖南省矿山安全智能化监控技术与装备工程技术研究中心	中国有色金属长沙勘察设计研究院有限公司	省级工程技术研究中心
113	湖南省水处理过程与装备工程技术研究中心	中机国际工程设计研究院有限责任公司	省级工程技术研究中心
114	湖南省工程机械大数据工程技术研究中心	中联重科股份有限公司	省级工程技术研究中心

续表 31

序号	平台名称	依托单位	平台类型
115	湖南省工业化建造工程技术研究中心	中民筑友建设科技集团有限公司	省级工程技术研究中心
116	湖南省自然保护地风景资源大数据工程技术研究中心	中南林业科技大学	省级工程技术研究中心
117	湖南省骨与关节微创外科临床医学研究中心	中南大学湘雅二医院	省级临床医学研究中心
118	湖南省咽喉嗓音疾病临床医学研究中心	中南大学湘雅医院	省级临床医学研究中心
119	湖南省微创泌尿外科临床医学研究中心	中南大学湘雅二医院	省级临床医学研究中心
120	湖南省针灸临床医学研究中心	湖南中医药大学第一附属医院	省级临床医学研究中心
121	儿童肢体畸形临床医学研究中心	湖南省儿童医院	省级临床医学研究中心
122	湖南省高危产科麻醉管理与危重孕产妇救治临床医学研究中心	湖南省妇幼保健院	省级临床医学研究中心
123	湖南省慢性肾脏病临床医学研究中心	湖南省人民医院 （湖南师范大学附属第一医院）	省级临床医学研究中心
124	湖南省呼吸肿瘤临床医学研究中心	湖南省肿瘤医院	省级临床医学研究中心
125	湖南省血液病临床医学研究中心	中南大学湘雅三医院	省级临床医学研究中心
126	湖南省生殖与遗传临床医学研究中心	中信湘雅生殖与遗传专科医院有限公司	省级临床医学研究中心
127	湖南省中医肿瘤临床医学研究中心	湖南省中医药研究院附属医院	省级临床医学研究中心
128	湖南省临床药学研究中心	中南大学湘雅医院	省级临床医学研究中心
129	湖南省器官移植临床医学研究中心	中南大学湘雅二医院	省级临床医学研究中心
130	湖南省危重血管疾病临床医学研究中心	中南大学湘雅医院	省级临床医学研究中心
131	湖南省心血管疾病临床医学研究中心	中南大学湘雅三医院	省级临床医学研究中心
132	湖南省风湿免疫病临床医学研究中心	中南大学湘雅医院	省级临床医学研究中心

（资料来源：市科技局）

表 32　长沙市科技企业孵化器一览表

序号	名　　称	级别
1	长沙高新技术产业开发区创业服务中心	国家级
2	长沙新技术创业服务中心	国家级
3	湖南岳麓山国家大学科技园创业服务中心	国家级
4	浏阳经济技术开发区产业化服务中心	国家级

续表 32

序号	名　　称	级别
5	湖南麓谷科技孵化器有限公司	国家级
6	湖南广发隆平高科技园创业服务有限公司	国家级
7	长沙湘能科技企业孵化器有限公司	国家级
8	湖南妙盛企业孵化港有限公司	国家级
9	湖南长海科技创业服务有限公司	国家级
10	长沙黄金创业园置业有限公司	国家级
11	长沙中电软件园有限公司	国家级
12	长沙软件园有限公司	国家级
13	湖南豪丹科技园创业服务有限公司	国家级
14	湖南三一众创孵化器有限公司	国家级
15	湖南大学科技园有限公司	省级
16	长沙高新开发区橡树园企业创业服务有限公司	省级
17	长沙恩吉创业服务有限公司	省级
18	宁乡经济技术开发区创业服务中心	省级
19	湖南麓谷国际医疗器械产业园有限公司	省级
20	湖南省大中专学校学生信息咨询与就业指导中心	省级
21	湖南省曾氏企业有限公司	省级
22	浏阳高新科创服务有限公司	省级
23	长沙岳麓科技产业园管理委员会	省级
24	湖南新长海科技产业发展有限公司	省级
25	湖南金丹科技投资有限公司	省级
26	湖南山河生物医学技术孵化中心	省级
27	长沙广发隆平标准厂房开发有限公司	省级
28	长沙启迪科技孵化器有限公司	省级
29	湖南汇智科技孵化器有限公司	省级
30	长沙金达创意文化产业发展有限公司	省级

续表 32

序号	名　　称	级别
31	湖南西湖双创孵化基地有限公司	省级
32	长沙经济技术开发区和祥科技园	市级
33	长沙东湖高新投资有限公司	市级
34	湖南环保科技产业园开发建设投资有限责任公司	市级
35	德邦（湖南）生物科技有限公司	市级
36	长沙夏铎铺建设开发有限公司	市级
37	湖南金荣生产力促进中心有限公司	市级
38	湖南麓谷信息港开发有限公司	市级
39	湖南金贝基业集团有限公司	市级
40	湖南五八科创有限公司	市级
41	中南大学科技园（湖南）发展有限公司	市级
42	湖南同天投资管理有限公司	市级
43	长沙中关村湘军创业服务有限公司	市级
44	国科高精科技集团有限公司	市级

（资料来源：市科技局）

表 33　　长沙市众创空间一览表

序号	众创空间名称	运营主体名称	级别
1	三湘汇	湖南三一众创孵化器有限公司	国家级
2	麓谷创界众创空间	长沙高新技术产业开发区创业服务中心	国家级
3	湖南影像创客空间	湖南弗彗影像文化传媒有限公司	国家级
4	湘能智能电力创客空间	长沙湘能科技企业孵化器有限公司	国家级
5	设计引擎	湖南省工业设计协会	国家级
6	中电云创空间	长沙中电软件园有限公司	国家级
7	中南大学学生创新创业指导中心	中南大学	国家级
8	梅溪湖九合众创	湖南九合创造商业管理有限公司	国家级

续表 33

序号	众创空间名称	运营主体名称	级别
9	麓客众创	湖南枫树创业服务孵化有限公司	国家级
10	麓风创咖	长沙金创创业服务有限公司	国家级
11	优创星空间	湖南广发隆平高科技园创业服务有限公司	国家级
12	湖南麓谷众创空间	湖南曾氏生物医药孵化器有限公司	国家级
13	“机会”创空间	长沙生产力促进中心	国家级
14	今朝会众创空间	湖南今朝会创业服务有限公司	国家级
15	阿里云创客＋众创空间	湖南融港信息科技有限公司	国家级
16	魅创	长沙黄金创业园置业有限公司	国家级
17	君定众创空间	君定文化传播有限公司	国家级
18	湖南商学院众创空间	湖南商学院	国家级
19	58 众创空间	湖南省五八众创创业投资有限公司	国家级
20	生物医药众创空间	浏阳经济技术开发区产业化服务中心	国家级
21	五矿有色众创空间	湖南有色中央研究院有限公司	国家级
22	启迪之星（长沙）	长沙启迪科技孵化器有限公司	国家级
23	新长海创客总部	湖南长海科技创业服务有限公司	国家级
24	菁芒众创空间	湖南卡拉赞信息科技有限公司	国家级
25	“创谷众创空间”孵化平台	长沙广告产业园管理委员会	省级
26	湖南云箭 RH 智创空间	湖南云箭集团有限公司	省级
27	菜园财信众创空间	湖南财政经济学院	省级
28	蓝月谷众创空间	宁乡经济技术开发区创业服务中心	省级
29	湖南省残疾人创业孵化基地	湖南省残疾人劳动就业服务中心	省级
30	远大 P8（噼啪）星球众创空间	长沙噼啪星球文化传媒有限公司	省级
31	新世界夸克仓库原创设计创客空间	长沙拼图商业管理有限公司	省级
32	八戒湖南文创 O2O 众创空间	湖南西湖双创孵化基地有限公司	省级
33	西班国际跨境电子商务大学生创业孵化空间	湖南西班优生活电子商务有限公司	省级
34	D1 设计工场	湖南南庭投资有限公司	省级

续表 33

序号	众创空间名称	运营主体名称	级别
35	中能众创空间	中能（湖南）投资管理有限公司	省级
36	新大众创	湖南恒诚伟业众创孵化器有限公司	省级
37	浏阳高新区创新创业基地	浏阳现代制造产业建设投资开发有限公司	省级
38	星车都专用汽车众创平台	湖南星通汽车制造有限公司	省级
39	书院九号众创空间	湖南书乡文创工业设计有限公司	省级
40	浏阳国际智能家居众创空间	湖南万士吉商业运营有限公司	省级
41	融点空间	湖南融点空间平台服务有限公司	省级
42	智造创客学院	湖南机电职业技术学院	省级
43	大汉金桥创客大学	湖南百家汇投资有限公司	省级
44	凌云志众创空间	湖南豪丹科技园创业服务有限公司	省级
45	易.创大学生众创空间	湖南嘉德投资置业有限公司	省级
46	柳枝行动众创空间	长沙麓谷高新移动互联网创业投资有限公司	省级
47	2025 智造工场	长沙智能制造研究总院有限公司	省级
48	腾讯众创空间（长沙）	长沙腾创空间信息科技有限公司	省级
49	蓝鹰众创空间	长沙航空职业技术学院	省级
50	长沙理工大学大学生创新创业园	长沙理工大学	省级
51	麓山创新工坊	长沙智能机器人研究院有限公司	省级
52	百度（长沙）创新中心	湖南百创信息科技有限公司	省级
53	企业广场·众创新城	湖南汇智科技孵化器有限公司	省级
54	阿里巴巴创新中心长沙高新基地	湖南维迪亚科技有限公司	省级
55	湖大科技工场	湖南大学科技园有限公司	省级
56	长沙集成电路设计产业化基地	长沙经济技术开发区投资控股有限公司	省级
57	湖南健康产业国际创新中心	大国传奇（湖南）健康产业投资有限公司	省级
58	中南林业科技大学大学生创业中心	中南林业科技大学	省级
59	智慧浏阳河文化创意孵化中心	浏阳市文化产业园管理委员会	省级
60	飞马旅 & 德思勤创业基地	长沙飞旅德投企业管理有限公司	省级

续表 33

序号	众创空间名称	运营主体名称	级别
61	草莓V视众创空间	湖南智创视通企业管理运营有限公司	省级
62	湖南财政经济学院众创空间	湖南财政经济学院	省级
63	弘德视媒体创智空间	湖南弘德视媒体创业服务有限公司	省级
64	国家超级计算长沙中心众创空间	湖南大学	省级
65	芒果视频文创园	湖南芒果视界传媒有限公司	省级
66	湖南师范大学大学生创新创业孵化基地	湖南师范大学	省级
67	国科开福创新创业基地	国科高精科技集团有限公司	省级
68	马栏山视频文创产业园创智园	湖南马栏山商业管理有限公司	省级
69	长沙中电软件园云孵化平台	长沙中青云图企业管理有限公司	省级
70	创客周末	湖南职予者文化传播有限公司	省级
71	木本粮油众创空间	湖南省林业科学院	省级
72	58小镇	湖南省五八众创创业发展有限公司	省级
73	宝成众创空间	湖南宝成电商科技有限公司	省级
74	红辣椒众创空间	湖南省红辣椒旅游科技发展股份有限公司	省级
75	矿冶园创新中心	湖南中矿智园信息科技有限责任公司	省级
76	斗腐倌众创空间	湖南斗腐倌品牌运营管理有限公司	省级
77	雪峰社交电商孵化平台	长沙云珏网络科技有限公司	省级
78	湘江新区科创服务中心	长沙岳麓山国家大学科技城建设投资有限公司	省级
79	银河创新中心	长沙银河众创科技信息有限公司	省级
80	湘丰智能装备众创空间	长沙湘丰智能装备股份有限公司	省级
81	集拓众创	湖南集拓科技股份有限公司	省级
82	“北斗+”众创空间集群	湖南省导航仪器工程研究中心有限公司、长沙北斗产业安全技术研究院有限公司	市级
83	湖南中医药大学大学生创新创业孵化基地	湖南中医药大学	市级
84	鹏翔星通众创空间	湖南鹏翔星通汽车有限公司	市级
85	麓谷创咖啡·创空间	湖南天合众创创业服务有限公司	市级
86	中健众创空间	湖南中健众创创业服务股份有限公司	市级

续表 33

序号	众创空间名称	运营主体名称	级别
87	湖南省电子商务创新创业孵化基地	湖南省商务人才交流中心	市级
88	长沙高新区中关村湘军创业园	长沙中关村湘军创业服务有限公司	市级
89	湘君众创空间	湖南和湘君行咨询有限公司	市级
90	都客众创空间	湖南都客创业服务有限公司	市级
91	丰兴机械电子产业园众创空间	湖南丰兴实业有限公司	市级
92	开福区 RH 众创空间	湖南喜韵隆高端科技集群孵化有限公司	市级
93	湘商众创空间	湖南湘商众创企业管理有限公司	市级
94	湖南山河生物医学技术孵化中心众创空间	湖南山河生物医学技术孵化中心	市级
95	万科教育众创	长沙市万科商业管理有限公司	市级
96	思洋电商创客空间	湖南思洋信息技术有限公司	市级
97	宁乡圆梦众创空间	宁乡圆梦众创空间创业服务有限公司	市级
98	浏阳市易达众创空间	浏阳易达众创智能科技有限公司	市级
99	星火众创空间	长沙建农生物科技有限公司	市级
100	汇博体育智库	湖南掌播体育科技有限公司	市级
101	慧润乡村旅游创客示范基地	湖南慧润农业科技有限公司	市级
102	SEEDER 众创空间	湖南先导电子陶瓷科技产业园发展有限公司	市级
103	五矿·麓谷科技产业园众创空间	湖南金拓置业有限公司	市级
104	薪火众创空间	湖南薪火信息技术有限公司	市级
105	云图众创空间	长沙云图孵化器有限公司	市级
106	小火炬众创空间	湖南小火巨创业服务有限公司	市级
107	创富港众创空间旺德府中心	长沙鑫港商务服务有限公司	市级
108	邦和众创	湖南邦和企业孵化器有限公司	市级
109	长沙君竹众创空间	长沙市君竹创业服务有限公司	市级
110	芙蓉区两岸青年文化产业孵化基地	芙蓉区两岸青年文化产业孵化基地	市级
111	湖南农业大学大学生创新创业众创空间	湖南农业大学	市级
112	南梦宫众创空间	长沙南梦宫物联科技有限公司	市级

续表 33

序号	众创空间名称	运营主体名称	级别
113	恰到好处众创空间	湖南省恰到好处创业服务有限公司	市级
114	中国长沙人力资源创新中心	长沙创客加速企业管理有限公司	市级
115	弘高车世界众创空间	湖南多力物业经营管理有限公司	市级
116	绿色湘军众创空间	湖南三分地环保信息科技有限公司	市级
117	百川汇智慧商贸电商众创空间	湖南百川汇供应链管理有限公司	市级
118	智汇开福·湘域创新创业基地	湖南国科启航科技发展有限公司	市级
119	V 谷众创	湖南喜安居商业管理有限公司	市级
120	映客众创空间	湖南蜜莱坞网络信息有限公司	市级
121	筑梦之星众创空间	长沙市毫米创业服务有限公司	市级
122	COFOLAND 海梦岛创新社区	湖南领众信息科技发展有限公司	市级
123	锦绣潇湘库可咖啡文创空间	长沙市库可创客文化发展有限公司	市级
124	湾田国际双创中心	长沙港湾置业有限公司	市级
125	中和大汉健康城中医药众创空间	湖南中和大汉健康产业运营管理有限公司	市级
126	世和众创空间	湖南拓盛科技发展有限公司	市级
127	铜官创新中心众创空间	湖南金贝蜂巢企业服务有限公司	市级
128	铭诚·绿谷众创空间	长沙铭诚绿谷运营管理服务有限公司	市级
129	湖南创大基地众创空间	长沙中部智谷企业管理有限公司	市级
130	湖南加盛安全食品产业中心众创空间	湖南加盛农业投资开发有限公司	市级
131	供销食品众创空间	长沙供销食品有限公司	市级

（资料来源：市科技局）

科技成果

【产业技术创新战略联盟建设】 2019年，长沙市新组建5家长沙市产业技术创新战略联盟，产业技术创新战略联盟总数有33家，覆盖全部高新技术产业领域。湖南省竹产业技术创新战略联盟、湖南省检验检测产业技术创新战略联盟2家省级联盟备案。先进电池材料及电池联盟承办“2019湖南（长沙）电池产业博览会暨全国电化学产业论坛”。智能电力设备联盟助力“2019全球工程经营高峰论坛”。药物评价联盟积极与“粤港澳I期临床研究联合平台”共建受试者数据库。汽车及零部件、新材料检测、3D打印、钻凿机械、集成电路设计与应用、无人系统、中药联盟组织成员单位申报2019年湖南省战略性新兴产业科技攻关与重大科技成果转化项目，新材料检测、高端化学原料药、大数据、药物评价联盟组织成员单位申报2019年度省创新创业技术投资项目。

机器人联盟牵头承担国家重点研发计划“智能机器人”专项“面向铸造行业的机器人智能化生产线研制及在航天装备与发动机关键部件制造上的示范应用”项目。（黄　可）

【科技奖励】 2019年，长沙市21个科研成果（通用项目）获得国家科技奖励，其中特等奖一项、一等奖3项、二等奖14项，排名全国前列。其中中国水利水电第八工程局有限公司参与完成的“长江三峡枢纽工程”项目获国家科技进步特等奖；由国防科技大学领衔完成的“FT-1500A高性能通用64位微处理器及应用”项目获得国家科技进步一等奖；湖南大学参与完成的“脉冲强磁场国家重大科技基础设施”项目、“高层钢—混凝土混合结构的理论、技术与工程应用”项目获国家科技进步一等奖。国家科技奖励中，湖南大学独立完成或参与8项，中南大学独立完成或参与5项，中国人民解放军国防科技大学独立完成或参与2项，长沙理工大学独立完成或参与2项。全年长沙市独立完成或参与的项目获得湖南省科学技术奖励204项。其中获得省杰出贡献奖一项，创新团队奖3项，省自然科学一等奖7项、二等奖26项、三等奖24项，省技术发明一等奖3项、二等奖7项、三等奖2项，省科技进步一等奖15项、二等奖54项，三等奖61项。（何殊仪）

【技术市场】 2019年，长沙市完成技术合同认定登记5225份（含技术开发、技术转让、技术咨询、技术服务合同），合同成交额233.8亿元，较2018年145亿元，比2018年增长61.24%，其中技术交易额107.54亿元。制定《长沙市技术合同认定登记操作规程》，进一步规范认定登记工作。新认定技术交易服务机构11家，总数20家。开展2019年技术交易服务机构考评和申报工作。下达2019年第一批技术交易奖励资金1073万元，奖励技术交易机构123家、技术交易服务机构6家，组织第二批技术交易奖励申报并进行初审。（何殊仪）

【科技成果对接活动】 2019年，长沙市举办长沙—湖南大学科技成果转化对接活动、长沙—中南大学湘雅医院政产学研对接活动暨中南大学湘雅医院首届科技成果交易会、长沙—湖南农业大学科技成果转化对接活动、北欧技术成果长沙对接会等活动，200余家企业、20余家投融资机构400余人参加，发布科技成果170项，路演14项，签约项目29项，签约金额4800万余元。授予湖南农业大学为“长沙市技术转移转化基地”。组织召开长沙市驻长高校、科研院所R&D投入培训暨科技成果转化座谈会。（何殊仪）

表34　长沙市产业技术创新战略联盟一览表

序号	名称	成立时间
1	长沙市先进电池材料及电池产业技术创新战略联盟	2007年
2	长沙市汽车及零部件产业技术创新战略联盟	2007年
3	长沙市农产品精深加工产业技术创新战略联盟	2007年
4	长沙市泵阀产业技术创新战略联盟	2008年
5	长沙市高端化学原料药产业技术创新战略联盟	2008年
6	长沙市钻凿机械产业技术创新战略联盟	2008年
7	长沙市数控装备产业技术创新战略联盟	2009年
8	长沙市中药产业技术创新战略联盟	2009年
9	长沙市现代农业特色产业科技示范基地创新战略联盟	2009年
10	长沙市集成电路设计与应用产业技术创新战略联盟	2010年

续表 34

序号	名称	成立时间
11	长沙市有色金属新材料及精深加工产业技术创新战略联盟	2010 年
12	长沙市建筑节能与绿色建筑产业技术创新战略联盟	2011 年
13	长沙市智能电力设备产业技术创新战略联盟	2013 年
14	长沙市机器人产业技术创新战略联盟	2014 年
15	长沙市海绵城市生态产业技术创新战略联盟	2016 年
16	长沙市北斗导航产业技术创新战略联盟	2016 年
17	长沙市生物育种产业技术创新战略联盟	2016 年
18	长沙市 3D 打印产业技术创新战略联盟	2017 年
19	长沙市工程机械再制造产业技术创新战略联盟	2017 年
20	长沙市新材料检测产业技术创新战略联盟	2017 年
21	长沙市药物评价产业技术创新战略联盟	2017 年
22	长沙市自主可控及信息安全产业技术创新战略联盟	2018 年
23	长沙市装配式建筑产业技术创新战略联盟	2018 年
24	长沙市无人系统产业技术创新战略联盟	2018 年
25	长沙市兵工特种装备产业技术创新战略联盟	2018 年
26	长沙市杂交水稻机械化制种产业技术创新战略联盟	2018 年
27	长沙市大数据产业技术创新战略联盟	2018 年
28	长沙市土壤修复产业技术创新战略联盟	2018 年
29	长沙市碳基材料产业技术创新战略联盟	2019 年
30	长沙市环保管家产业技术创新战略联盟	2019 年
31	长沙市战略金属新材料产业技术创新战略联盟	2019 年
32	长沙市植物提取物产业技术创新战略联盟	2019 年
33	长沙市护理产业技术创新战略联盟	2019 年

（资料来源：市科技局）

表 35　　获 2019 年度国家科技进步奖一览表

序号	编号	项目名称	主要完成人	主要完成单位
特等奖				
1	J-222-0-01	长江三峡枢纽工程		中国长江三峡集团有限公司，水利部长江水利委员会，长江勘测规划设计研究院，中国能源建设集团有限公司，中国电力建设集团有限公司，哈尔滨电机厂有限责任公司，东方电气集团东方电机有限公司，中国长江电力股份有限公司，中国三峡建设管理有限公司，三峡机电工程技术有限公司，中国葛洲坝集团股份有限公司，长江水利委员会长江科学院，中国水利水电科学研究院，水利部交通运输部国家能源局南京水利科学研究院，清华大学，河海大学，武汉大学，长江水利委员会水文局，中国水利水电第八工程局有限公司，中国水利水电第四工程局有限公司，中国葛洲坝集团机电建设有限公司，中国葛洲坝集团三峡建设工程有限公司，长江三峡技术经济发展有限公司，中国电建集团西北勘测设计研究院有限公司，天津大学，中国科学院水生生物研究所，中国科学院电工研究所，长江流域水资源保护局，水电水利规划设计总院，三峡大学
一等奖				
1	J-220-1-01	FT-1500A 高性能通用 64 位微处理器及应用	窦　强　赵振宇　王永文　邓让钰　高　军　周宏伟　邓　宇　潘国腾　张承义　龚　锐　邓　林　欧国东　郭御风　马　卓　隋兵才	中国人民解放军国防科技大学，中国电子信息产业集团有限公司，天津飞腾信息技术有限公司
2	J-21702-1-01	脉冲强磁场国家重大科技基础设施	郭剑波　赵宪庚　李建刚	华中科技大学，西北有色金属研究院，北京大学，中国电力科学研究院有限公司，中国科学院物理研究所，湖南大学，南京大学，复旦大学，南方电网科学研究院有限责任公司，东北大学
3	J-22101-1-01	高层钢—混凝土混合结构的理论、技术与工程应用	周绪红　刘界鹏　傅学怡　张素梅　杨想兵　徐　坤　徐国军　杨　波　童根树　周期石　林旭川　张小冬　李　江　王宇航　刘晓刚	重庆大学，悉地国际设计顾问（深圳）有限公司，中建钢构有限公司，浙江绿筑集成科技有限公司，中冶建筑研究总院有限公司，哈尔滨工业大学，湖南大学，浙江大学，中国地震局工程力学研究所，中南大学
二等奖				
1	J-211-2-03	柑橘绿色加工与副产物高值利用产业化关键技术	单　杨　李高阳　付复华　苏东林　汪秋安　曲昆生　张菊华　刘　伟　丁胜华　沈凡超	湖南省农业科学院，烟台安德利果胶股份有限公司，湖南熙可食品有限公司，东莞波顿香料有限公司，湖南大学，绵阳迪澳药业有限公司，辣妹子食品股份有限公司

续表 35

序号	编号	项目名称	主要完成人	主要完成单位
2	J-215-2-02	红土镍矿冶炼镍铁及冶炼渣增值利用关键技术与应用	姜　涛　李光辉　胡志清　田伟光　饶明军　罗　骏　彭志伟　何丛珍　张元波　梁国燊	中南大学，广东广青金属科技有限公司，宝钢德盛不锈钢有限公司
3	J-215-2-05	铝合金节能输电导线及多场景应用	李红英　韩　钰　祝志祥　陈保安　杨长龙　党　朋　刘蛟蛟　袁　骏　马　军　汪传斌	全球能源互联网研究院有限公司，中南大学，国网辽宁省电力有限公司，上海电缆研究所有限公司，国网湖南省电力有限公司，亨通集团有限公司，远东控股集团有限公司
4	J-216-2-01	中厚板及难焊材料激光焊接与复杂曲面曲线激光切割技术及装备	陈根余　陈　焱　张　屹　刘旭飞　唐景龙　金湘中　邓时累　范国成　欧阳征定　刘炳伟	湖南大学，大族激光科技产业集团股份有限公司，郑州宇通客车股份有限公司
5	J-220-2-01	高效能异构并行调度关键技术及应用	李肯立　刘　杰　唐　卓　李仁发　张云泉　刘文彬　李哲涛　秦　拯　李姗姗　彭绍亮	湖南大学，中国人民解放军国防科技大学，中国科学院计算技术研究所，湖南长城信息金融设备有限责任公司
6	J-22102-2-03	强风作用下高速铁路桥上行车安全保障关键技术及应用	何旭辉　韩　艳　邹云峰　郭文华　王　浩　苏　伟　李龙安　敬海泉　文望青　郭向荣	中南大学，中铁大桥勘测设计院集团有限公司，中国铁路设计集团有限公司，中铁第四勘察设计院集团有限公司，长沙理工大学，东南大学，高速铁路建造技术国家工程实验室
7	J-22302-2-03	高速铁路高性能混凝土成套技术与工程应用	何华武　谢永江　谢友均　王　玲　李化建　王召祜　陈惠苏　龙广成　王立军　仲新华	中国铁道科学研究院集团有限公司，中南大学，东南大学，中国建筑材料科学研究总院有限公司，中国铁路设计集团有限公司，中铁十二局集团有限公司，中铁四局集团有限公司
8	J-231-2-01	稻田镉砷污染阻控关键技术与应用	李芳柏　黄道友　马义兵　林玉锁　刘晓文　李永涛　刘代欢　刘传平　刘承帅　朱奇宏	广东省生态环境技术研究所，中国科学院亚热带农业生态研究所，中国农业科学院农业资源与农业区划研究所，生态环境部南京环境科学研究所，环境保护部华南环境科学研究所，华南农业大学，永清环保股份有限公司
9	J-25101-2-04	花生抗逆高产关键技术创新与应用	万书波　张智猛　李新国　李　林　吴正锋　郭　峰　张佳蕾　李向东　王铭伦　杨　莎	山东省农业科学院，青岛农业大学，山东农业大学，湖南农业大学，史丹利农业集团股份有限公司，青岛万农达花生机械有限公司

续表 35

序号	编号	项目名称	主要完成人	主要完成单位
10	J-22301-2-01	黄河中下游地区粉土路基建造支撑技术及工程应用	崔新壮 李　晋 张军辉 张　炯 吴万平 孙亚刚 黄志福 张　珂 王广月 王　园	山东大学，山东交通学院，长沙理工大学，山东省交通规划设计院，中交一公局集团有限公司，中交第二公路勘察设计研究院有限公司，安徽省交通控股集团有限公司
三等奖				
1	J-25201-2-04	超慢速扩张洋中脊热液硫化物发现与探测关键技术创新	陶春辉 李家彪 李　波 席振铢 周建平 刘敬彪 叶　瑛 韩喜球 李振清 孙元宏	自然资源部第二海洋研究所，北京先驱高技术开发公司，中国地质大学（北京），中国地质科学院矿产资源研究所，中南大学，浙江大学，杭州电子科技大学

（资料来源：市科技局）

表 36　获 2019 年度国家自然科学奖一览表

二等奖			
序号	编号	项目名称	主要完成人及完成单位
1	Z-107-2-04	多模图像结构化稀疏表示与融合理论方法研究	李树涛（湖南大学） 方乐缘（湖南大学） 康旭东（湖南大学） 杨　斌（湖南大学）
2	Z-108-2-03	低维半导体材料的能带结构与光子特性调控	潘安练（湖南大学） 邹炳锁（湖南大学） 段曦东（湖南大学） 李洪来（湖南大学） 庄秀娟（湖南大学）

（资料来源：市科技局）

表 37　获 2019 年度国家技术发明奖一览表

二等奖			
序号	编号	项目名称	主要完成人及完成单位
1	F-30802-2-02	大型低速高效直驱永磁风力发电机关键技术及应用	黄守道（湖南大学） 龙　辛（湘电风能有限公司） 赵　祥（新疆金风科技股份有限公司） 李进泽（中车株洲电机有限公司） 陈习坤（湘电风能有限公司） 何　静（湖南工业大学）
2	F-310-2-01	高速列车—轨道—桥梁系统随机动力模拟技术及应用	余志武（中南大学） 蒋丽忠（中南大学） 陈克坚（中铁二院工程集团有限责任公司） 朱志辉（高速铁路建造技术国家工程实验室） 国　巍（中南大学） 宋建平（洛阳双瑞特种装备有限公司）

（资料来源：市科技局）

科技创新

【高新技术企业培育】 2019年，长沙市强化“科技型中小企业—科技创新小巨人企业—高新技术企业”梯队建设。制定《关于促进我市企业“升高”工作的有关措施》，修订《长沙市科技创新小巨人企业认定管理办法》，并对2018年认定的高新技术企业发放补贴12799万元，对2018年认定的科技创新小巨人企业共发放研发经费补贴2039万元。高新技术企业数高速增长，全年长沙市共推荐1398家企业参加高新技术企业评审认定，经国家认定高新技术企业1202家，全市有效高新技术企业数量3095家。入库科技型中小企业1035家，新认定科技创新小巨人企业115家。（黄　可）

【重大科技创新项目建设】 2019年，长沙市有45个项目入选省“5个100工程”重大科技创新项目，项目总投资127.85亿元。2019年45个项目计划投资33.76亿元，2019年累计完成投资40.81亿元，占年度计划投资120.88%；45个项目计划研发投入8.68亿元，2019年累计完成研发投入12.5亿元，占年度计划投入144.08%。在省科技厅组织的2019年度专项工作考核中，长沙市“5个100工程”重大科技创新项目工作被评为“优秀”等级。（黄　可）

【生态与民生科技创新】 2019年，长沙市对生态环保关键技术的突破和先进适用技术推广应用提供支持，共支持环保领域研发和推广项目84项，资金5070万元，其中重大专项16个，支持金额1800万元。共发布584个政府采购两型产品，比2018年增长85.9%。加强健康技术研究及应用，参与生物医药产业链办公室各项工作。全年支持生物医药项目204个，共3190万元。立项支持食品安全技术创新项目116项，计2085万元。支持公共安全、智慧交通、智慧教育等其他民生类项目59个，安排科技专项资金1455万元。（王岁红）

表38　“五个100”重大科技创新项目一览表（长沙地区）

序号	项目编号	项目名称	项目实施单位
1	2020KJ-056	“三分地养活一个人”粮食高产绿色优质科技创新工程	湖南杂交水稻研究中心
2	2020KJ-048	7.0T超高场核磁共振&脑影像研究中心	湖南迈太科医疗科技有限公司
3	2020KJ-016	北斗+安全智能监测预警云平台研发与应用	湖南联智桥隧技术有限公司
4	2020KJ-036	茶产业链技术创新项目	湖南省茶叶研究所
5	2019KJ-001	超大规格高空作业设备关键技术研发及应用	湖南星邦重工有限公司
6	2020KJ-049	畜禽营养代谢与中毒性疾病防控技术研究	中国科学院亚热带农业生态研究所（农业生态工程省重点实验室）
7	2020KJ-003	磁浮列车悬浮控制系统研制	湖南凌翔磁浮科技有限责任公司
8	2020KJ-090	多系统融合的高精度北斗导航定位系列芯片研发及产业化	湖南国科微电子股份有限公司
9	2019KJ-005	固体火箭冲压发动机	湖南宏大日晟航天动力技术有限公司
10	2020KJ-092	光纤通信器件封装制造技术与装备研制及其产业化	中南大学
11	2020KJ-103	海洋工程特种电能变换关键技术与重大装备研发	湖南大学
12	2020KJ-099	湖南电子信息供应链金融创新服务平台	湖南中芯供应链有限公司
13	2020KJ-110	江河湖库水网连通环保清淤关键技术与装备研究	湖南省交通水利建设集团有限公司
14	2020KJ-017	金龙智慧城市地下管网工程监测新模式应用研究及产业化	长沙金龙铸造实业有限公司

续表 38

序号	项目编号	项目名称	项目实施单位
15	2019KJ-102	军民科技协同创新平台建设	湖南省产业技术协同创新研究院
16	2020KJ-052	辣椒产业升级绿色高效关键技术研究与示范	湖南省蔬菜研究所
17	2020KJ-105	农田面源污染防控与综合治理	中国科学院亚热带农业生态研究所（农业生态工程省重点实验室）
18	2020KJ-046	农业智能装备关键技术研究与应用	湖南农业大学
19	2019KJ-003	省部共建淡水鱼类发育生物学国家重点实验室基地建设	湖南师范大学
20	2019KJ-057	水稻绿色优质高效种质创新与重大新品种培育	袁隆平农业高科技股份有限公司
21	2020KJ-068	特种功能树脂及汽车部件涂料研发及产业化	湖南松井新材料股份有限公司
22	2020KJ-053	夏秋茶综合高效利用关键技术研究与示范	湖南省茶业集团股份有限公司
23	2019KJ-009	新型诊断试剂盒及新试剂的研发与应用项目	湖南霖德医疗产业有限公司
24	2020KJ-017	烟花爆竹“烟火药”安全环保技术研发及产业化	东信烟花集团有限公司
25	2019KJ-073	异种胰岛移植关键技术研究及产业化	中南大学湘雅三医院
26	2020KJ-091	银河飞腾 DSP 科技成果转化与产业化项目	湖南长城银河科技有限公司
27	2020KJ-050	优质地方猪品种选育与高效安全养殖技术应用与示范	湖南省流沙河花猪生态牧业股份有限公司
28	2020KJ-051	油菜产业提质增效关键技术研究及产业化开发	湖南农业大学
29	2019KJ-034	长株潭国家自主创新示范区展示中心与岳麓山国家大学科技城科创服务中心	湖南岳麓山国家大学科技园创业服务中心、长沙市麓山城市建设投资有限责任公司
30	2020KJ-021	植物提取物深加工关键技术的研究与推广	湖南华诚生物资源股份有限公司
31	2020KJ-049	智慧能源系统关键技术、装备研发与应用示范	湖南大学
32	2020KJ-023	智能化医学检验、图像识别处理系统的开发与应用项目	爱威科技股份有限公司
33	2020KJ-032	中药材基因鉴定与品质评价中心	长沙都正生物科技有限责任公司
34	2020KJ-022	中药配方颗粒研发及产业化	湖南春光九汇现代中药有限公司
35	2020KJ-048	重点区域速丰林丰产增效技术集成与示范	中南林业科技大学
36	2020KJ-058	主要农产品质量安全检测与关键控制技术研究与示范	湖南省农产品加工研究所（湖南省食品测试分析中心）
37	2019KJ-049	主要农作物种子活力及其保持技术研究与应用	袁隆平农业高科技股份有限公司
38	2020KJ-014	组合烟花全自动安全生产线研发及示范	浏阳市中洲烟花集团有限公司

续表 38

序号	项目编号	项目名称	项目实施单位
39	2020KJ-009	钻爆法隧道智能装备关键技术研究及应用	中国铁建重工集团股份有限公司
40	2019KJ-093	超高频段（含太赫兹）紧缩场天线系统研制	湖南航天环宇通信科技股份有限公司
41	2019KJ-083	高功率型锂离子动力电池产业化建设项目	妙盛动力科技有限公司
42	2019KJ-066	高导热沥青基炭纤维连续长丝关键制备技术研究及吨级平台建设	湖南东映碳材料科技有限公司
43	2019KJ-002	高端工程机械装备研制及产业化	山河智能装备股份有限公司
44	2019KJ-104	新型装配式构件智能装配项目	中民筑友科技投资有限公司

（资料来源：市科技局）

科技服务

【科技特派员】 2019年，长沙市按照“按需选派、双向选择”的原则选派50名农业科技特派员，组建蔬菜、畜牧加工、水产、林学组、水稻菌类6个科技特派员团队，到50家农业科技企业、农业合作社、行政村等基层一线开展科技服务，安排专项资金500万元。特派员个人驻点总天数2791天（人均每年55天），推广新技术新产品82项，引进新品种109个，实施各类科技产业项目50个，举办各类培训187次，培训农民6700人，发放科普资料1万余册。面向全市相关高校征集和筛选22名“工业科技特派员”，派驻到22条工业新兴及优势产业链，协助各产业链开展科技创新工作。（冯建刚　黄　可）

【农业新技术开发】 2019年，长沙市引导社会开展农业领域的关键核心技术开发，全年立项142项，支持资金2240万元。湖南省农科院2019年获得各级科技成果共171项，其中“农田杂草抗药性发展机制与除草剂减量控害技术体系”项目获2018年度湖南省科技进步一等奖，水稻新品种“玉针香”和“农香32”获2019年度全国优质稻（籼稻）品种食味品质鉴评金奖。湖南农业大学2019年获国家、省、市各级立项科研项目453项，立项金额1.53亿元。湖南省林科院全年组织实施科研项目228项，新获科技成果8项，出版专著3部。代表成果“南方木本油料资源加工利用提质增效技术与示范”获2018年度湖南省科技进步一等奖。代表成果“油茶源库特性与种质创制及高效栽培研究与示范”获国家林业和草原局颁发的梁希林业科技进步一等奖。袁隆平农业高科技股份有限公司主持完成的“优质抗倒水稻不育系湘陵628S和湘陵750S的选育及应用”项目获2018年度湖南省科技进步一等奖。（冯建刚）

【农业科技服务体系建设】 2019年，长沙市全年认定14家农业特色产业科技示范基地，首次认定宁乡尚果星创天地等8家单位为长沙市星创天地。认定星火科技“12396”长沙科技助农直通车市级信息服务示范站17家，市级示范站点总数168家，农业科技专家近500名。科技助农直通车全年共组织专家“出诊”服务897场次，发布信息和咨询问题3210条，举办各类农业科技培训877期（其中开展网上课堂30期），培训农民38474人次，发放科技资料126768份。通过直通车工程，年度节约生产成本3110万元，挽回经济损失2027.3万元，增加经济收入5898万元，有效地在农村基层实现科技扶贫和助农富农。（冯建刚）

【科技精准扶贫】 2019年，长沙市科技局找准科技创新与精准扶贫的结合点，安排资金90万元支持宁乡市龙田镇横岭村和浏阳市沙市镇桃源村、龙伏镇黄桥村、小河乡皇碑村开展科技成果推广和特色产业示范。同时，作为望城区乔口镇盘龙岭村的精准扶贫对口帮扶后盾单位之一，市科技局安排精准扶贫资金90万元支持该村建设盘龙岭村姑塘渔业生态养殖扶贫产业基地，成立“水八仙”产业精准扶贫合作社，并吸纳全村44户建档立卡，贫困户作为股东实现科技产业扶贫，户均年收益5000元，完善村民文化广场、扶贫广场、廉政花园、健身休闲广场等基础设施亮点工程，大力推进“荷里乔江”项目建设，打造融合主题民宿、特色美食、生态观光、乡村休闲等功能于一体的特色田园综合体。（冯建刚）

表 39　　2019 年新认定长沙市现代农业特色产业科技示范基地一览表

序号	项目名称	申报单位
1	西周文化景区花卉主题特色产业科技示范基地建设	湖南西周源生态农林发展有限公司
2	千亩连片小龙虾健康养殖特色产业科技示范基地	长沙市望城区睿宇生态农业有限公司
3	哲农水稻种业特色产业科技示范基地建设	长沙哲农农业科技有限公司
4	“零排放”蛋鸡养殖特色产业科技示范基地	浏阳生旺种养专业合作社
5	池塘工业化生态养殖特色产业科技示范基地	湖南乡里里手农业科技发展有限公司
6	油茶高效培育特色产业科技示范基地	湖南省海韵农业开发有限公司
7	澳洲引进娟姗奶牛种养结合现代农业特色产业科技示范基地建设	湖南优卓牧业有限公司
8	园林绿化苗木特色产业科技示范基地建设	长沙唐龙农业开发有限公司
9	特色经济鱼类规模化繁养殖技术产业化特色示范基地的建立与建设	湖南渔缘生物科技有限公司
10	无刺枸骨多用途高效栽培特色产业科技示范基地	浏阳市利农种植专业合作社
11	春红花卉现代农业特色产业科技示范基地建设	长沙县春红花卉有限公司
12	赤皮青冈绿化大苗标准化生产特色产业科技示范基地	长沙市望城区志武种植专业合作社
13	金阳龙驹紫薇特色产业科技示范基地建设	湖南龙驹生态农业科技开发有限公司
14	珍稀观赏鱼健康养殖特色产业科技示范基地建设	长沙湘实观赏鱼科技有限公司

（资料来源：市科技局）

科学技术普及

【科技活动周】 2019 年 5 月 18—26 日，长沙市科技活动周以“科技强国 科普惠民”为主题，集中举办 22 个主体活动，市科普协调领导小组成员单位和各区县（市）、科技园区根据行业特点和地区特色同步开展多场形式多样、内容丰富的活动。举办长沙科技活动周开幕式、长沙市大学生创新创业大赛、长沙市青少年机器人竞赛、长沙科普微信科学素质竞赛等，开展“百企百馆”开放活动、科技创新政策入企行动、开展第三届长沙市青少年创客节系列活动、“创响中国”系列活动、文化科普系列活动、卫生科普系列活动、无线电知识普及宣传、建筑节能和绿色建筑宣传、高科技警务装备展示、法治知识普及宣传、“六・五”环境日活动、知识产权宣传周、社会科学普及活动、防震减灾知识普及宣传、气象科学知识普及宣传、“长沙蓝”青少年公益志愿活动、全民营养周科普宣传系列活动。驻长新闻媒体围绕全市开展的一系列重点科技科普类主题活动，通过开设报道专栏、发表新闻通讯，利用报纸、网站、客户端等及时报道全市科技创新和科普工作的突出成果。

【科技创新创业大赛】 2019 年，长沙市联合 25 所在长沙高校举办长沙市第十六届大学生科技创新创业大赛，41 个项目进入决赛，其中湖南农业大学的“‘生物碳＋微生物’联合作用治理黑臭水体的关键技术研究与开发”、湖南大学的“具有三维结构和超金属散热性能的可折叠碳膜”获研究生组一等奖，湖南农业大学的“植物灯用铝酸盐荧光粉的关键技术研究与产业示范”、中南林业科技大学的“锥栗菌根化育苗技术及其应用”获得本科生组一等奖，长沙航空职业技术学院的“‘端＋云’风电机组螺栓智能监测系统”“平面锉削智能化训练与考评系统”获专科生组一等奖。组织发动 586 个项目参加湖南省创新创业大赛长沙分赛，78 个项目获省赛优秀奖，15 个项目晋级全国行业总决赛，市科技局获全省创新创业大赛优秀组织奖。

【科普阵地建设】 2019 年，市科技局指导市科普场馆（基地）开展近百场科普活动。汉字艺术、工程机械、防灾应急等领域新认定市级科普场馆（基地）7 家，新认定省级科普基地 9 家，并对 23 家已认定的市级科普场馆（基地）进行评价。近年来共计支持 45 家长沙市专业科普场馆（基地），在普及科学知识、传播科学思想、倡导科学方法、弘扬科学精神等方面成为中坚骨干力量。

（本栏撰稿　罗汉果）

表 40　　2019 年长沙专业科普场馆（基地）一览表

序号	场馆（基地）名称	依托单位
1	非物质文化遗产—湘绣科学技术普及场馆	湖南省沙坪湘绣博物馆
2	蜂业科学技术普及场馆	湖南省明园蜂业有限公司
3	医药科学技术普及场馆	浏阳汇远实业有限公司
4	林业生态科学技术普及基地	湖南省林业科学院
5	水生生物科学技术普及场馆	海底世界（湖南）有限公司
6	昆虫科学技术普及场馆	湖南农业大学
7	果茶良种繁育科学技术普及基地	湖南省优质果茶良种繁育场
8	长沙生态动物园	长沙生态动物园
9	湖南中医药大学中药标本馆	湖南中医药大学
10	水利水电科学技术普及场馆	华自科技股份有限公司
11	长沙窑陶瓷文化科学技术普及场馆	长沙铜官窑遗址管理处
12	简牍文化科学技术普及场馆	长沙简牍博物馆
13	花炮科学技术普及场馆	花炮文化博物馆
14	植物科学技术普及场馆	湖南省森林植物园
15	动植物标本科学技术普及场馆	湖南师范大学
16	全球制冷科技体验馆	湖南盛世欣兴格力贸易有限公司
17	无土栽培科学技术普及场馆	湖南柯柯农艺梦工厂有限公司
18	名优苗木花卉培育科普示范基地	长沙市苗圃（长沙园林生态园）
19	光明大观园蝴蝶谷	长沙市望城区白箬铺城建投资开发有限公司光明大观园分公司
20	长沙比亚迪新能源汽车工业旅游基地	长沙市比亚迪汽车有限公司
21	茶叶科学技术普及场馆	湖南省茶叶博物馆
22	光伏新能源科学技术普及场馆	湖南红太阳光电科技有限公司
23	污水处理科学技术普及基地	湖南先导洋湖再生水有限公司

续表 40

序号	场馆（基地）名称	依托单位
24	特种动物科学技术普及场馆	湖南省柏乐文化投资有限公司
25	面制食品科学技术普及场馆	长沙克明面业有限公司
26	废弃物资源化科学技术普及场馆	湖南万容科技股份有限公司
27	炭河里青铜博物馆科普基地	炭河里遗址管理处
28	宁乡凤凰青少年素质教育学校科普基地	宁乡市凤凰青少年素质教育培训学校
29	隆平水稻博物馆	隆平水稻博物馆
30	隆平高科关山核心研发基地	袁隆平农业高科技股份有限公司
31	雨花非遗馆	湖南雨花非遗文化传播有限公司
32	浏阳市农业科普展馆	浏阳市车田土地专业合作社
33	长沙市示范性综合实践基地科技体验馆	长沙市示范性综合实践基地
34	九芝堂中医药文化宣传教育基地	九芝堂股份有限公司
35	贝拉小镇集合空间科普场馆	湖南酷贝岛景区运营管理有限公司
36	长沙航空职业技术学院航空馆	长沙航空职业技术学院
37	湖南省蚕桑科技文化中心	湖南省蚕桑科学研究所
38	长沙规划展示馆	长沙规划展示馆
39	天仪航天科普基地	长沙天仪空间科技研究院有限公司
40	长沙中联重科工程机械科普基地	中联重科股份有限公司
41	中南大学“铁路园”科普教育基地	中南大学
42	防灾应急体验馆	湖南咸亨国际应急技术服务有限公司
43	长沙市盛砚砚台博物馆	长沙市盛砚砚台博物馆
44	湖南省宋旦汉字艺术博物馆	湖南省宋旦汉字艺术博物馆
45	浏阳夏布文创及推广中心	浏阳心之夏文化创意有限公司

（资料来源：市科技局）

气 象

【气象现代化建设】 2019年，长沙市气象工作在政府的统筹规划下科学发展。市政府组织召开全市气象工作会议，印发会议备忘录，有效促进全市气象防灾减灾工作的开展，市人大、市政府和岳麓区政府召开会议、出台文件，对项目建设、人员经费、办公环境优化等给予支持。气象工作连续3年写入《政府工作报告》，写入乡村振兴、生态文明建设等重大战略实施意见。开展平漂试验和云、天的智能判识试验；完成11项高新设备场外试验项目。建立城镇预报质量考核与奖惩机制；在全省预报竞赛中获得单项二等奖，实现零的突破。克服年初超长阴雨天气的不利影响，对252个区域站的蓄电池轮流充电；全市骨干站及其他考核、非考核站传输及时率和数据可用率在全省排名分别为第二名和第一名。精准气象预报系统建设、院内综合提质改造、防汛大会商平面正抓紧施工。电视渠道预警信息全网发布进入平台开发阶段。“道安监管云”项目经费已落实，并完成内城区5个站点建设。

【气象服务和保障】 2019年，长沙市气象部门预报精准32次重大灾害性天气过程、服务及时，充分发挥气象防灾减灾第一道防线作用。特别是7月上中旬，湘江中上游地区连续性超强降水造成湘江长沙段高水位运行200小时。全市气象部门加密开展预报预警服务，实时通报上中游地区天气预测和雨情信息，为长沙市应对湘江流域最大洪峰过境提供有效决策依据，得到市、县主要领导的肯定。建立内城区气象防灾减灾服务与管理机制，明确专人开展预报预警服务。做好与应急、住建、交警等部门信息共享和应急联动。长沙县、浏阳、宁乡3个县局气象防灾减灾“六个一”标准化建设基本完成。湘江新区局开展在建大项目直通式服务。召开空气质量预报预警联席会，增加特护期重污染天气会商频次，编制《1—9月长沙市空气质量气象影响评估》呈报市蓝天办作为决策依据。推进生态型人影作业常态化，全市开展人工增雨作业107次。联合市农业农村局、省气象局农试站，建立特色农业专家联盟。针对种植大户等开展直通式气象服务。开展乡村旅游气象服务，组建微信服务群，收集70个景点信息，开通“长沙天气”公众号休闲旅游栏目。针对乡村地质灾害隐患点，与自然资源局联合开展地质灾害气象预警服务。长沙县局建成金井茶叶气象服务基地；望城区局有力推进乡村旅游气象服务；宁乡市局开展农业保险气象保障服务。

【防雷安全监管】 2019年，长沙市气象局与市住建局、市自然资源局等五部门联合发文，加强房屋建筑和市政基础设施工程竣工联合验收工作。推进全省防雷安全监管示范县创建工作，创新规范防雷安全监管模式，构建浏阳烟花爆竹行业防雷安全监管新格局，并获得全省气象部门创新工作优秀奖。

【全市气象防灾减灾应急联席会议】 2019年3月21日，全市气象防灾减灾应急联席会议在长沙市气象局召开，市应急管理局、市发展改革委、市工信局、市交通运输局、国网长沙供电公司、市公安局交警支队、内五区联系气象灾害防御工作部门等单位相关负责人参加会议。会上总结回顾长沙2018年气候和气象防灾减灾工作情况，并通报2019年长沙汛期气候趋势预测，安排部署2019年气象防灾减灾重点工作。针对2019年汛期特点，会议强调要进一步完善气象防灾减灾服务体系，增强防御应对气象灾害的责任感和紧迫感，推进气象灾害监测预警能力建设，加强气象预警信息发布应用，提高气象灾害的应急处置能力，加强气象防灾减灾知识的宣传普及，增强全社会防灾减灾意识。

【高温天气新闻发布会】 2019年7月23日，长沙市气象局召开高温天气新闻发布会，发布长沙市7月以来高温情况和未来天气预测。《湖南日报》、《长沙晚报》、红网、湖南都市频道、长沙新闻频道、长沙政法频道等18家媒体记者参加新闻发布会。新闻发布会上，长沙市气象局精准预报中心主任丁玄分析天气形势，现场回答记者提问，并建议要防范高温热害的不利影响，户外活动比如工程作业时间要尽量避开高温时段，市民需注意防暑防晒。同时，指出已进入盛夏季节，午后到傍晚多对流性雷雨天气，市民要注意防范雷电和强对流天气，尤其是要防范局地热对流造成的短时强降水对交通出行和城乡积涝的影响；水库、山塘做好蓄水保水工作，防范后期可能出现的干旱。7月22日，长沙市气象局及时公布高温实况、发布2019年第一个高温黄色预警、提醒公众做好防范等工作。23日，长沙市气象局发布《晴热高温天气消息》，指出晴热高温热浪天气还将持续需加强应对措施。气象部门通过决策气象服务专报、新闻发布会、长沙天气APP、微信公众号、LED电子显示屏等多种形式提醒相关部门做好防范应对工作。

（本栏撰稿　卢晓晴）

教育

EDUCATION

编辑　吴丫丫

综　述

【概况】　2019年，长沙市有各级各类学校3552所（高校55所、中职学校57所、普通中小学校1285所、特教学校4所、幼儿园2150所、工读学校1所）；在校学生254.22万人（高校98.37万人、中职学校11.65万人、普通中小学108.42万人、特殊教育学校0.32万人、幼儿园35.46万人）；教职工17.96万人（高校5.55万人、中职学校0.61万人、普通中小学7.16万人、特殊教育学校0.03万人、幼儿园4.6万人）。全市学前教育毛入园率95.6%，小学、初中毛入学率均逾100%，适龄残疾儿童入学率94%，高中阶段教育毛入学率96.6%、高等教育毛入学率74%、社区学校乡镇（街道）覆盖率100%。2019年，全市教育经费总收入280.91亿元，其中国家财政性教育经费218.68亿元。

立德树人工作　市教育局与新华社共建《德育学堂》，开发《立德树人》《美育》地方课程，"一体两翼"的行动德育经验在全国推介。认定40家研学实践基地；为全市中小学生建立视力健康电子档，创建为全国学生近视防控实验区。112名学生通过清华大学、北京大学自主招生录取，占两所高校在全国自主招生总人数的15.2%。实施学生体质、美育增量评价，组织近100万名学生参加校园体艺活动；长郡中学获全国中小学班级合唱一等奖，长沙麓山国际实验学校获全国中学生体协杯男子足球赛冠军，南雅中学、雅礼中学分别获中国篮球联赛初、高中组女篮冠军，长郡双语实验中学获全国中学生篮球锦标赛女篮冠军，雨花区德馨园小学获全国青少年足球冠军杯总决赛11岁男子组冠军；"体艺2+1"工作获中央教育工作领导小组秘书组简报推介。职业院校学生获全国技能大赛6个一等奖。天心区青少年科技创新作品在巴黎国际发明展上获2个金奖。长沙市组队参加湖南省中学生运动会，获优秀代表团、团体总分和金牌数全省第一名。

教育治理能力建设　出台加快推进教育现代化实施方案、创建儿童友好型学校行动计划、智慧教育行动计划、城区幼儿园布局规划、义务教育学校"薄改与能力提升"项目规划、第二期特殊教育提升计划、品牌民办学校建设方案7个专项规划；完成《长沙市中小学幼儿园规划建设管理条例》修订立法调研。印发新时代教师队伍建设"1+3"文件、学前教育深化改革规范发展实施意见、义务教育优质均衡发展"以奖代补"方案、职业教育校企合作若干意见、配套幼儿园移交实施细则、义务教育学校绩效工资分配指导意见等9个重大政策文件。依法制定校外培训机构设置标准、民办学校分类登记操作指南、学前教育资金管理办法等制度文件；建立民办学历教育学校审批预警机制；配合市发展改革委对22所公参民办学校实行收费审批。65所民办学校进行公益法治体检；内部审计76个合作办学项目、60所普惠性民办园，市级资金使用绩效评价获11个优秀；创建省市依法治校示范校27所、校园法律服务站100个。

（汪建业）

【机构职能调整】　2019年1月，经省委编办同意，在整合长沙市信息职业技术学校（湖南省宁乡师范学校）、长沙艺术实验学校（长沙市第十八中学）的基础上，设立长沙幼儿师范学校，为市教育局所属正处级公益类事业单位。2月，经市编委会同意，将市教育后勤产业管理处承担的行政职能划入市教育局，整合教育保障、校外教学指导等公益服务职能，组建市教育

表41　长沙市各类学校基本情况统计表

单位：人

指标	2019年				2018年			
	学校数（所）	在校学生数	毕业生数	教职工人数	学校数（所）	在校学生数	毕业生数	教职工人数
总计	3552	2542216	639143	179573	3260	2350412	606403	163162
普通高等学校	51	739011	189089	55207	51	703519	180233	53167
成人高等学校	4	244684	81958	267	4	200848	72209	386
中等职业学校	57	116484	31745	6136	57	111596	30231	5447
普通中学	341	417674	128695	38616	330	398801	122672	35279
小学	944	666506	90654	32991	937	622174	85016	29511
特殊教育学校	4	3234	320	347	4	2144	257	301
工读学校	1	35	17	50	1	30	–	49
幼儿园	2150	354588	116665	45959	1876	311300	115785	39022

（资料来源：市统计局）

保障服务中心，为市教育局所属副处级公益一类事业单位。不再保留市教育后勤产业管理处。3月，经市委、市政府批准，市教育局增设内设机构：中共长沙市委教育工作领导小组秘书组秘书处，办公室加挂国际教育交流处的牌子。10月23日，市委编办印发《关于调整长沙中华职业教育社办公室隶属关系的通知》，根据省、市机构改革实施方案要求和群团组织改革要求，长沙中华职业教育社办公室隶属关系由“市委统战部与市教育局共同管理，以市教育局管理为主”调整为“市委统战部管理，业务上接受市教育局指导”。（江 晨 马芃茗）

【教育督导】 2019年，长沙开展县域义务教育优质均衡发展监测，完成市级和10个区县（市）监测报告，指导区县（市）精准施策，推进优质均衡发展。9月26日，《湖南教育快讯》以《着力机制建设 推动义务教育从基本均衡向优质均衡迈进》为题推介长沙做法。评估验收143所义务教育标准化学校和34所公办幼儿园建设项目，开展春、秋季开学工作及规范办学行为等专项督导。督导评估19所普通高中、幼儿园素质教育情况，完成《长沙市全面实施素质教育督导评估五年规划（2015—2019）》。5月，长沙市10个区县（市）参加国家义务教育质量监测，199所样本校完成国家义务教育质量监测任务，被教育部基础教育质量监测中心评为“市级优秀组织单位”。其中，两个样本区县参加2019年湖南省义务教育阶段学生课业负担专项监测。加强质量监测结果应用，召开2018年国家义务教育质量监测结果市级报告解读会，印发《长沙市2018年国家义务教育质量监测结果应用实施方案》；教育部基础教育质量监测中心在珠海、北京举办的交流大会上推介长沙市义务教育质量监测结果应用经验。（梁 瑛）

【教育资助】 2019年，长沙市义务教育阶段学生有182.16万人次享受免杂费入学，169.98万人次享受免“一费制”入学，补助9.76万人次义务教育家庭经济困难学生生活费；发放2.88万人次普通高中学生国家助学金，免除1.02万人次普通高中建档立卡等家庭学生学杂费，免除0.77万人次普通高中建档立卡等家庭学生教材费、教辅材料费；发放4.9万人次中职（技校）学生国家助学金，补贴0.9万人次长沙户籍中职（技校）学生学费，免除17.8万人次中职（技校）学生学费；发放4.3万人次市属高校学生国家奖、助学金，为1458名高校学生办理生源地信用助学贷款；发放2.25万人次家庭经济困难学前幼儿资助金。全年投入免费入学和资助经费15.74亿元，较2018年增长7%。（张京民）

【教育民生服务】 2019年，长沙市教育阳光服务中心受理各类服务事项4965件，其中政策咨询2091件，投诉举报2654件，舆情反映109件，建议、求助帮扶111件，办结率100%。办理信访事项105件，其中信访信息系统转办76件，本级受理来信29件；接待到访1091人次（含重复上访40人次），有效化解、处置集访15次；2019年度在市政务中心数据库更新涉及民生的教育信息9条，办理“12345”（市长信箱和人大、政协代表微建议）事项工单3157条（含退单373件），其中直属单位办理327条（11.74%）、机关处室办理2069条（74.32%），二级机构388条（13.94%），办结率100%，满意率在市直机关位居前列，其中2月排名第一位。（陈 亮）

【高考录取】 2019年，长沙市高考报名人数67636人，较2018年增加6008人，其中应届生57196人，占考生总数的84.56%，往届生10440人，占15.44%；文科考生23192人，占34.29%，理科考生31883人，占47.14%，职高对口类考生12561人，占18.57%；单招提前录取11148人，实际参考人数53466人。全市设9个考区11个中心保密室、32个考点、1862个考室。全市录取考生60268人，总录取率89.11%，其中本科录取36787人，专科录取23481人。（陈慧敏）

【大中专毕业生就业创业】 2019年，长沙市大中专院校毕业生总数222127人，就业人数（含升学）197388人，就业率88.9%，当地就业率47.8%。其中中职学校毕业生总数33123人，就业人数（含升学）32942人，就业率99.4%，当地就业率77.1%；全日制普通高校毕业生总数189004人，就业人数（含升学）164446人，就业率87%，当地就业率45.3%。（李 滔）

【地方课程编制】 2019年9月，长沙市教育局组织编制《立德树人》地方综合课程，融传统文化、垃圾分类、传染病防控、安全教育、近视防控等10项内容，各类教育成序列、成系统、分阶段，适合学生年龄特点，符合学生学习规律。荟萃长沙自然美、环境美、音乐美、美术美、诗词美、历史人文美、精神美，编制印发长沙地方综合美育课程《美育》，激发广大中小学生爱自己、爱长沙、爱国家的家国情怀。《立德树人》和《美育》教材均免费提供给义务教育阶段学生使用。（胡 平）

【语言文字达标验收工作】 2019年10月12日，长沙市教育局组织语言文字达标校验收工作，全年完成707所学校的达标评估，其中市直34所、区县（市）673所。市直评估中把民办职业学校纳入语言文字达标校验收评估范围，有效保证达标校建设的全覆盖。（雷 俐）

【省级普通话抽测工作】 2019年11月20日，长沙市教育局完成2019年文科类（非语文）教师省级普通话水平抽测工作，全市477名教师参加抽测，参测率100%，抽测合格率98.5%、优秀率90%，其中，市直学校合格率100%，优秀率位居全省第一位，展现省会城市文科类非语文教师良好的语言文字应用能力素养。（雷 俐）

【网上档案服务】 2019年，长沙市接收长沙生源高校毕业生学生档案21239份，办理高校毕业生档案转出6862份，接待档案资料查阅1636人次，接受电话咨询24393人次、现场咨询11743人次。3月率先在全省开通网上调档业务，从3月12日至12月31日，2412人在“网上调档”系统提交申请，1930人办理成功档案调出，其中聘用教师档案转出19册、学生档案1911份。（陈 亮）

【境外交流与合作】 2019年，长沙市组织对外交流160余次，接待国（境）外到访300次，接待外宾3556人；贯彻落实市委、市政府对非支持政策，非洲“恩德培—长沙示范学校”落成，推动与非洲在教育等领域的交流合作。市教育局党委书记、局长卢鸿鸣带队到非洲埃及、乌干达、南非进行教育调研，将在孔子课堂建设、中非教师交流、职业教育合作等方面进行更深入的合作。协助省、市政府做好“中非经贸论坛”和“2019年国际中文教育大会”的接待工作，被评为先进接待单位。支持各种形式的中外合作办学，引进国外优质教育资源，支持各类学校开展多种类型的国际交流与合作，开展普通高中外合作办学项目课题研究。该课题创新“制度管理+指标评价+专项督导”相结合的规范管理模式，完成长沙市普通高中中外合作办学长远规范发展的“顶层设计”，被评为湖南省教育科学“十二五”规划省级重点资助优秀课题奖。组织“第三届全市外籍教师课堂展示观摩活动”，展示近年来长沙市外籍教师队伍建设的成果和课堂教学改革所取得的成绩。（周卓莹）

基础教育

【概况】 2019年，长沙市审批注册的各级各类幼儿园2150所，在园幼儿354588人，园长及专任教师24590人。学前三年毛入园率95.6%。公办幼儿园在园幼儿数125224人，占全市在园幼儿总数的35.3%，较2018年提高7个百分点，高出全省平均水平6个百分点。全年新建、改扩建公办园34所，2018年回收的298所小区配套幼儿园（除纳入长效机制的）全部实现公办或普惠办学。全市公办园和普惠性民办园达到园所总数的85.2%。《湖南教育快讯》第70期以《好而不贵 群众受惠 长沙学前教育改革发展成效凸显》为题进行推广；在教育部落实全国基础教育工作会议有关进展情况的会议上，长沙《强力推进城镇小区配套幼儿园治理，培育学前教育普及普惠优质发展的“新增长极”》作经验发言；《光明日报》以《如何治理城镇小区配套幼儿园》为题推介长沙攻坚经验。1月8日，《中共长沙市委、长沙市人民政府关于学前教育深化改革规范发展的实施意见》出台，推进学前教育改革发展，解决“入公办园难、入民办园贵”等问题。

2019年，长沙市普通中学341所、小学944所（另有小学教学点116个），其中初级中学197所、高级中学45所、完全中学39所、九年一贯制学校53所、十二年一贯制学校7所。普通初中在校学生数27.03万人，小学在校学生数66.65万人，普通高中在校学生数14.74万人。全市普通中学教职工38616人，小学教职工32991人。全市初中和高中学业水平考试一次性合格率分别为95.2%、97.52%，全市义务教育阶段巩固率99.9%，高中阶段毛入学率96.6%。11月底，长沙市教育局组织专家对全市项目学校进行插标评估验收，完成数量143所。截至2019年年底，全市建成义务教育标准化学校1118所，完成规划建设的比例87.7%。在巩固“全面改薄”成果的基础上，长沙市启动2019—2020年“义务教育阶段学校薄改与能力提升”项目的规划实施，全市规划“薄改与能力提升”项目93个，截至2019年年底，项目开工率和竣工率分别为82.9%和62.5%，均超过年度工作目标。长沙继续瞄准城镇、城乡接合部、新城区等重点地区和农村薄弱地区，实施义务教育学校扩容建设项目校32所，新增学位4.7万个。中考中招改革、综合素质评价、教育质量综合评价、智慧教育示范区创建、化解义务教育大班额、学前教育普及普惠优质发展等相关工作在全国、全省经验交流或在《中国教育报》《光明日报》等核心媒体宣传推介，成为全国“智慧教育示范区”创建区域，被评为教育部“网络学习空间应用优秀区域”。（雷 俐 吴三文）

【特殊教育】 2019年，长沙市有基础教育阶段特殊教育学校4所，特殊教育在校学生3234人（其中入读特殊学校1162人、随班就读1687人、送教上门385人），适龄残疾儿童入学率94%。联合七部门制定并出台地方性指导政策和文件，为区域特殊教育发展提供政策保障。加大特殊教育学位供给，优化特殊教育规划布局，做好全市特殊学校建设总体规划。市特殊教育学校培智新校区9月投入使用。对县级特殊教育学校进行修缮、扩容、改造、提质，建设资源教室45间。组织开展各级培训7次，参培人数约690人。加大特殊教育投入力度。市、区县（市）级财政每年为特殊教育安排专项经费，建设无障碍设施、教育教学设施设备，改善特殊教育办学条件，提升教师待遇，健全随班就读支持保障体系。逐年提高公用经费标准。浏阳市、长沙县生均6000元，内五区、宁乡市、岳麓区生均8000元。2019年9月，长沙市培智特殊教育学校在望城区投入使用。学校总投资28582.88万元，占地面积5.33

公顷，建筑面积4.8万平方米，可容纳440名残疾儿童。实现长沙市每30万人口以上的县至少建设一所特殊教育学校的目标。　（吴三文　王仁彪）

【普惠性幼儿园发展】　2019年，长沙市增加公办园167所、公办园学位3.69万个，公办园在园幼儿占比由2018年的28.3%增长到35.3%。新增普惠性民办园160所，普惠性幼儿园占比由2018年的80.2%增长到85.2%，比国家2020年规划目标高5.2个百分点，安排普惠性民办幼儿园奖补资金1.04亿元，较2018年增长近40%。累计收回小区配套幼儿园362所，全面完成目标任务；2018年收回的小区配套幼儿园全部办成普惠性幼儿园。教育部新闻通气会推介长沙配套幼儿园整治工作。　（汪建业）

【优质中小学校建设】　2019年，长沙市建设32所义务教育学校、143所标准化学校，新增优质学位4.7万个，宁乡市、浏阳市扩建学位数均在1.1万个以上；建成培智特殊教育学校，新增特教资源教室45个。消化大班额810个，超省定任务115个；芙蓉区、高新区辖区内学校大班额消除。建设29所运用“一卡通”连接校内外的智慧校园，创建3所国家级、10所市级网络学习空间应用校，遴选15所“未来学校”创建校、2个智慧教育示范区创建区域和4个培育区域，长沙被评为全国“网络学习空间应用优秀区域”，立项全国首批“智慧教育示范区”。52所学校创建为全国校园足球篮球特色校（园）。116所学校晋升省市文明校园。56所网络联校主校与168所农村薄弱学校实现互联互通，获省长许达哲肯定。791所中小学校为31.76万名学生提供“三点半”课后服务，作为全市主题教育成果在中央电视台播出。校园垃圾分类实现全覆盖。市属学校实现“明厨亮灶”。

（汪建业）

【学校安全】　2019年9月以来，长沙市中小学、幼儿园推进封闭式管理、“一键式”报警系统与公安联网、视频监控与公安联网、专职保安、平安护学岗“五个100%”建设，完成率90%。升级校车监管服务平台，中小学幼儿园安防“四项”建设完成率95%以上，校园及周边综治工作连续13年排名全省第一位。12月10日，市教育局制定《长沙市教育系统学校安全风险管控与隐患排查治理双重预防体系建设实施细则（试行）》，规范学校安全风险识别、评估、分级、管控和事故隐患排查、治理等工作。　（姜赐坤）

【学前师资能力建设】　2019年，长沙市学前教育研训中心和学前教育协会举办16场培训，参培3620人次，培训项目涵盖乡镇公办园园长培训、普惠性民办园园长培训、园长任职资格培训、园长提高培训、农村幼儿园骨干教师培训、新教师培训等。9个兼职教研员团队围绕五大领域、区域活动、游戏活动开展72次引领性的教育教研工作。罗晓红名园长工作室全年开展名园长主题培训、示范讲座、指导研训活动23次，与农村园所开展实践观摩和结对帮扶活动11次。张洁名师工作室组织专项活动12次，辐射2000余人次。　（雷　俐）

【城镇小区配套幼儿园整治】　根据长沙市政府办公厅《关于印发长沙市城镇小区配套幼儿园专项整治工作方案的通知》的要求，长沙市从2018年开始在全市范围内开展城镇小区配套幼儿园专项整治。截至2019年年底，完成配套幼儿园治理362所，总体目标任务完成率100%。通过治理，全市增加普惠性学位60570个，普惠性幼儿园覆盖率提高约8个百分点。整治期间，接待省内外30余个地市的学习交流、100余个区县（市）的学习交流、教育部两次调研、《光明日报》专题采访报道。在2019年11月教育部召开的“教育奋进看落实”新闻通气会上，市教育局党委书记、局长卢鸿鸣介绍长沙市小区配套幼儿园治理经验。　（王仁彪）

【课后服务推行】　2019年8月，长沙市教育局联合市发展改革委下发《关于中小学生课后服务收费有关问题的通知》，明确收费标准。制定《长沙市中小学课后服务工作实施办法》，明确服务对象、服务时限、服务内容、服务形式和服务流程等，并对规范课后服务、经费使用等作具体要求。解决“三点半”难题的做法获中央电视台《朝闻天下》报道。　（胡　平）

【长沙市实验小学新校区投入使用】　为保障长沙市实验小学周边区域招生入学，化解长沙市实验小学大班额，长沙市实验小学新校区自2015年4月立项实施，2019年秋季开学，新校区总投资11000万元，占地面积1.06公顷，建筑面积14806平方米，新增学位近1000个。　（王仁彪）

【中小学生减负措施】　2019年，“小升初”向城区民办初中微机派位学生4003名，“占坑班”问题有效缓解。开发中小学全学科名师公益网络学习资源，推出名师公益课堂800余堂，吸引5.5万名学生参与学习。发布中学教育质量综合评价报告339份，国家义务教育质量监测实现全覆盖，引导学校和社会树立科学质量观，质量评价和监测工作均在全国推介。整治违规补课和违规办学行为，实行一月一督查，督促学校落实减负要求；处理、处分违规补课教师116人，违规补课专项整治工作获国务院网站、中央电视台、新华社等媒体报道，省委常委、省纪委书记傅奎批示肯定；校外无证培训机构整治率、培训学校校名规范率、分支机构备案率均实现100%，治理经验在全国推介。6月6日，长沙市教育局印发《关于进一步减轻中小学生课业负担的若干规定》的通知。

（汪建业）

【普通高中大班额消除】 2019年12月10日，长沙市教育局、市发展改革委和市财政局联合印发《长沙市消除普通高中大班额专项规划》的通知，督促各区县（市）和各普通高中制定专项规划与工作实施方案，依据“政府主导、统筹规划、分步实施”和“起始年级从严控制，其他年级逐年化解”的原则，科学规划学校布局，加快新建、改扩建学校步伐，扩充优质学位，推进师资均衡配置，严格规范办学行为，逐年消除普通高中大班额现象，推进高中教育健康协调发展。

（吴三文）

【长沙城区中小学幼儿园整治工作总结会】 2019年1月24日在长沙市政府召开。2018年，全市已建配套幼儿园移交累计298所，与国发〔2010〕41号文件发布之后建成的配套幼儿园的数量234所之比达127%；其中内五区和高新区移交253所、长望浏宁4县市移交45所。公办幼儿园和普惠性民办幼儿园持续增加，“入园难、入园贵”问题改善。到2019年年底，凡是达到《长沙市城市中小学校幼儿园规划建设管理条例》要求要配置幼儿园或控规有幼儿园规划的住宅开发项目，均应配建相应规模的幼儿园；凡是配套幼儿园，原则上政府均要收回，且均要举办为公办幼儿园或普惠性民办幼儿园；完成全市城区国有中小学校和幼儿园产权办证。（吴三文）

【城区“小升初”民办初中首次实行微机派位】 2019年6月15日，2019年长沙市小学毕业生升初中城区联合微机派位在天心区长郡外国语实验学校举行。全市城区有小学毕业生46834人，其中残障儿童、公办和民办学校特长（特色）招生等4811人。高新区实行划片招生1987人。五区派位总数40096人，其中乡镇（场）学校对口升学、配套学校配套入学以及志愿录取人数16148人，多校派位人数23948人。继续实施双胞胎捆绑派位政策，有253对双胞胎申请参与捆绑派位（含3对三胞胎），其中64对双胞胎被志愿录取，189对参与派位。民办学校、子弟学校按照免试入学要求，和公办学校招生同步进行，首次实行微机派位和自主招生相结合。城区19所民办学校、子弟学校，按照政策规定的比例，除配套入学、特长招生等提前录取外，有4003名计划面向城区所有自愿选择的小学毕业生进行派位。市委、市人大、市政府、市政协领导，特邀教育督导员、民主监督员，市教育局班子成员，天心区委、人大、政府、政协领导，市中心城区分管副区长，教育局局长、副局长、纪检组组长出席微机派位会议。城区小学校长、家长代表400余人见证微机派位现场。

（吴三文）

【智慧校园“一卡通”项目合作伙伴签约仪式】 2019年7月4日在市教育局举行。为推进“智慧校园”建设，拓展运用校园“一卡通”，对接长沙智慧城市建设，市教育局采用政企合作模式，与长沙银行、工商银行、建设银行、交通银行等多家银行联手，共同开展智慧校园“一卡通”项目建设，实现建设投入方式的创新。长沙智慧校园“一卡通”打破原有校园缴费的单一模式，融合物联网、大数据、移动互联等新技术，形成集金融服务、校务管理、公共服务、决策支持为一体的智慧新格局，打通学生家长、学校和社会，让校园管理更智能，学生生活更便捷。作为首批国家“智慧教育示范区”，长沙围绕培养新时代创新人才这一核心理念，落实“三全两高一大”目标，通过实施八项任务八大工程，构建智慧教育新环境，引领教育教学新变革，推进互联网+治理新模式，推动师生信息素养新提升，创建智慧教育新生态。

（吴三文）

【长沙市创建全国智慧教育示范区工作研讨会】 2019年8月26日在市教育局举行，教育部、湖南省教育厅及部分驻长沙高校的智慧教育领导、专家、教授集中研讨长沙创建全国智慧教育示范区相关工作。与会专家对长沙智慧教育示范区创建工作提交《长沙智慧教育行动计划（2019—2022）》等3个指导性文件进行研讨。教育部专家、长江学者、北京师范大学智慧

2019年8月26日，长沙市创建全国智慧教育示范区工作研讨会在市教育局举行

市教育局　供图

学习研究院院长黄荣怀，教育部专家、教育部教育信息化战略研究基地（华中）副主任吴砥，教育部专家、西北师范大学教育技术学院副院长郭炯等对长沙智慧教育创建工作提出建设性意见。湖南省教育厅副厅长应若平、湖南师范大学党委书记蒋洪新、湖南第一师范学院院长童小娇等专家出席会议。（吴三文）

【湖南省中小学体育美育现场推进会】 2019年12月3日在长沙市第十一中学举行，专题推介长沙体育美育工作经验。全省各市州的200余名代表参会。与会人员集中观摩该校的“大课间”、体育舞蹈、乒乓球、羽毛球、篮球、跳绳等阳光体育活动模块展示，以及管弦乐、民乐、钢琴、声乐、合唱等音乐和素描、色彩、速写等美术模块展示，长沙市第十一中学体育美育的做法及成果获与会人员称赞。长沙市教育局党委委员、副局长缪雅琴作题为《让体育美育涵养每一个中小学生》的经验分享。（胡 平）

【长沙市义务教育质量监测结果应用经验全国推介】 2019年4月19日，教育部基础教育质量监测中心在北京师范大学珠海校区召开国家义务教育质量监测结果应用成果交流会。会上，市教育局党委委员、主任督学周灿以《义务教育质量监测结果应用的长沙探索》为题，介绍长沙市参加国家义务教育质量监测的基本情况、义务教育质量监测结果应用的主要做法及成效、关于质量监测结果应用的思考，重点分享长沙在机制保障、试点推进及行动改进等方面的主要做法。全国28个省、自治区、直辖市及新疆生产建设兵团从事教育督导等工作的200余人参会。（吴三文）

【长沙入选全国首批“智慧教育示范区”创建区域】 2019年5月5日，教育部公布2019年度全国“智慧教育示范区”创建区域名单，长沙入选全国首批“智慧教育示范区”创建区域。全国“智慧教育示范区”建设是教育部实施《教育信息化2.0行动计划》、开展智慧教育创新发展行动的具体举措，2019年首次开展遴选，力求以“智慧教育示范区”建设与实践探索，推动教育信息化融合创新发展，探索积累可推广的先进经验与优秀案例，形成支撑和引领教育现代化的新途径和新模式。长沙以“全面提升区域教育的智能化水平，培养新时代创新型人才”为目标，以教育改革发展需要为导向，以信息技术与教育教学的深度融合为抓手，坚持创新机制、夯实基础、深化应用、多方参与、协同发展，整体构建融合创新、交互共享的智慧教育体系，推动教育信息化转段升级，提升教育信息化、智能化水平。“智慧教育示范区”的创建周期为4年。除长沙以外的7个地市和区县分别是北京市东城区、山西省运城市、上海市闵行区、湖北省武汉市、广东省广州市、四川省成都市武侯区、河北省雄安新区。（吴三文）

【长沙市中小学中华经典诵写讲系列大赛活动】 2019年，长沙市中华经典诵写讲系列大赛活动，包括青春诗词大会、中华经典诗文诵读大赛、中小学师生书法作品大赛、“诗教湖湘”诗词讲解微课视频大赛长沙地区选拔赛、“我和我的祖国”演讲大赛长沙地区选拔赛5项赛事。近2000人参与赛事，成为长沙市语言文字宣传的品牌活动。11月7日，2019年长沙市中华经典诵写讲系列活动颁奖大会在岳麓区西雅博才小学举办。颁奖大会由长沙市语言文字工作委员会、长沙市教育局、湖南红网新媒体集团主办，长沙市岳麓区教育局、长沙教育学院普通话培训测试站承办。长沙市实验小学等10个单位在现场表演节目，5项赛事中表现优异的单位和选手接受颁奖。颁奖大会采用直播形式进行宣传，红网、长沙教育信息网、《三湘都市报》、“学习强国”湖南平台等网络媒体报道。（雷 俐）

职业教育

【概况】 2019年，长沙市有市属高职院校9所、中职学校54所，其中包括中国特色高水平高职学校和专业建设计划（双高计划）建设单位1所、国家级重点中职学校8所、国家级改革发展示范学校3所、省级卓越职业院校立项建设单位5所、省级示范性中等职业学校14所。（李智琼）

【职业院校发展】 2019年，长沙幼儿师范高等专科学校通过省级评估。湖南外国语职院新校区投入使用。新建2所职业技术学校；新增15个对接新兴优势产业链的专业；建立3个长株潭共享实习实训基地；商贸旅游职院立项中国“双高计划”，市属职业院校11个专业群入围省一流专业群建设项目；2个专业教学资源库入选省级资源库建设项目。长沙市被评为湖南省人民政府2019年度全省职业教育改革成效明显市州，并通报表彰。（汪建业）

【深化产教融合成立职教集团】 2019年1月30日，市政府办公厅印发《长沙市人民政府办公厅关于推进校企合作的若干意见》；设立校企合作发展专项基金，印发《关于申报长沙市职业院校校企合作实习实训基地的通知》。长沙财经学校、长沙电子工业学校、长沙县职业中专、威盛集团建立长株潭共享实习实训基地；长沙财经学校、长沙航天学校等职业学校联合相关企业申报成立学前教育、5G应用等7个职教集团。（李智琼）

【规范中等职业学校办学行为】 2019年3月22日，长沙市教育局联合长沙市纪委市监委驻市教育局纪检组、长沙市人力资源和社会保障局印发《长沙市中等职业教育招生办学行为突出问题专项整治方案》，成立长沙市中等职业教育招生办学行为突出问题专项整治工作领导小组，召开全市招生办

学行为突出问题专项整治会议、全市规范中职学校办学行为工作会议，推进规范办学整治工作。（李智琼）

【职业院校竞赛成绩】 2019年，长沙市职业院校通过国家级、省级、市级、校级四级竞赛体制，引导专业建设与课程改革，提升学生技能水平和职业能力，学生技能竞赛2019年获全国职业学校技能大赛一等奖6个。全省职业技能大赛总积分第一名，获一等奖70个。在连续3届世界技能大赛中，长沙建筑工程学校集训基地的选手均获砌筑项目金牌。教师教学能力大赛国赛获4个一等奖、4个二等奖、2个三等奖，获奖比例100%，排名全国第一位。黄炎培职业教育奖创业规划大赛2019年遴选优秀创业项目参加湖南省黄炎培职业教育奖创新创业规划大赛，2019年获省赛3个一等奖、3个二等奖、3个三等奖，并连续3年获国赛一等奖。（李智琼）

【职业院校教师培训】 2019年，长沙市教育局组织送培到校、精准培训等项目国培598人参培（计划586人）；组织公共课骨干教师培训等省培312人参培（计划238人）。与企业联合开展会计、VR（虚拟现实）、电类等专业的教师培训，累计参与人数121人，帮助教师将培训成果运用于课程教学中。组织中职学校优秀教师专业综合能力提升高端研修班、职业院校教师素质提高计划，组织2019长沙市中等职业教育班主任基本功大赛，提升中职教师教学水平。（李智琼）

【2019年长沙市“黄炎培职业教育奖”创业规划大赛】 2019年4—6月，由中华职教社主办的长沙市“黄炎培职业教育奖”创业规划大赛开展系列活动，大赛分为主体赛和模拟专项赛，全市中等职业学校师生组队参与，经过校赛、市赛初赛、市赛决赛3个环节，主体赛评选出一等奖项目5个、二等奖项目6个、三等奖项目7个，模拟专项赛评选出一等奖团队8个、二等奖团队8个、三等奖团队12个、优胜奖团队13个，评选出优秀指导教师奖和优秀组织奖。遴选一批优质创业规划项目送省教育厅参加全省“黄炎培职业教育奖”创业规划大赛。（李　滔）

【2019年湖南省职业教育宣传活动周启动仪式】 2019年5月6日，由湖南省教育厅主办、长沙市教育局承办、长沙县职业中专学校协办的2019年湖南省职业教育宣传活动周启动仪式暨“文明风采”展示展演在长沙梅溪湖国际文化艺术中心举行。展演分“花开正向阳”“匠心铸未来”两个篇章，包含舞蹈、情境演诵、音乐短剧、非遗展示、合唱等表演。节目均选自于第15届（2019年）湖南省中等职业学校“文明风采”活动中的优秀作品，体现地域文化特点或职教特色。全省500余名师生参加演出，现场近1000人观看节目，网络直播观看人数302.41万人次。（李智琼）

高等教育

【概况】 2019年，长沙市辖区内有全日制高校58所，包括本科院校24所（含国防科技大学、6所独立学院）、高职专科院校34所（含5所民办高职院校）。其中市属高校10所，含1所公办本科院校、4所公办高职院校和5所民办高职院校。辖区内有3所高校入围教育部“世界一流大学”、12个学科入围教育部“世界一流学科”建设计划；有1所高职院校、7个专业群入围教育部“双高计划”。（李　滔）

【长沙学院】 2019年，长沙学院占地约131.2公顷，校舍建筑面积约37.64万平方米，教学科研仪器设备总值约2亿元，藏书138.57万册，全日制在校生14661人。有15个教学院（部），46个本科专业，有教育部专业综合改革试点项目1个，教育部大学生校外实践教育基地1个，教育部特色专业建设点1个，国家精品视频公开课1门。学校形成拥有省“双一流”应用特色学科建设项目7个、省“十二五”重点建设学科4个、省“十一五”重点建设学科1个、省重点实验室2个、省高校重点实验室1个、省高校“2011协同创新中心”1个、省社会科学研究基地3个、省高校科技创新团队3个、省高校产学研合作示范基地1个、市社科研究基地2个、市工程技术中心5个的学科建设格局。有教职工1118人，其中专任教师885人。专任教师中具有正高级专业技术职务110人，具有副高级专业技术职务248人，具有博士学位教师291人，具有硕士学位教师505人。教师获省级以上教学成果奖15项，学生在各类学科竞赛和技能竞赛中获省级以上奖项1842项，其中全国性一等奖45项、二等奖84项。近5年平均毕业生初次就业率92%以上，居湖南省二本院校前列。截至2019年年底，学校获各级各类纵向科研项目1626项，纵向科研项目经费9442.1万元。学校教师承担国家自科基金和国家社科基金项目70项，获科研成果奖励191项，获国家发明专利授权139项，实用新型专利授权329项。

新时代本科教育教学改革　完成审核评估工作，总结学校本科教学工作，各项整改工作任务推进落实，推动新时代本科教育教学改革。2019年12月，马栏山新媒体学院揭牌，聘请中央网信办原副主任、北京大学教授彭波为名誉院长，完成第一期非学历实务培训，遴选50余名优秀学生作为首届毕业生并进行特色化培养。获省教学成果奖二等奖2项、三等奖3项；在省课堂教学竞赛和信息化教学竞赛中，获等级奖8项；获批国家级一流本科专业1个、省级一流本科专业8个，新增本科专业2个；新增

省精品在线开放建设课程4门，获认定国家精品在线开放课程1门、省精品在线开放课程2门。在各类学科竞赛中获全国奖项100余项，省级奖项320余项。

学校内涵建设　硕士学位授予立项单位建设各项指标达标。获批工业互联网技术与安全湖南省重点实验室和湖南省光电健康检测工程技术研究中心。立项纵向科研项目133项，经费769万元，其中立项国家自然科学基金项目8项，国家社科基金项目3项，教育部人文社科项目4项；横向项目到账经费1223万元，比2018年增长5倍；获专利授权72项，1项发明专利实现成果转化；获省哲学社会科学优秀成果一等奖1项，获湖南省科学技术奖励二等奖1项、三等奖3项。获国家文化与旅游部专著优秀成果奖1项。柔性引进湖南师范大学刘少军院士为“星城学者”特聘教授，全职引进学科方向带头人4人、学术骨干2人、博士80人，专任教师中具有博士学位教师的比例为32.9%。继续实施“教师培优”工程，选派12名教师到海外研修，支持20余人进修访学，开展职称评审，12人获正高职称，21人获副高职称，66人获中级职称。

学校治理体系建设　市委书记胡衡华带队到校考察，支持学校“申硕”和更名大学，市委、市政府印发《关于支持长沙学院建设特色鲜明的高水平应用型地方大学的意见》。推进现代大学制度建设，加强《长沙学院章程》实施和学校规范性文件管理。加大督查督办力度，实现重大事项落实情况与各二级单位的绩效考核分配的对接。实施新政府会计制度，适当下放经费开支立项和支付权限，释放办学活力；抓好专项审计和中层干部集中调整经济责任审计，发挥审计监督防风险作用。新图书馆和学生活动中心投入使用，工程实验实训中心主体结构基本完工，经管类专业实训中心进入招标阶段；整体维修洪山园区学生宿舍，分步实施教学楼栋的电力改造。　（鲁沙沙）

【长沙商贸旅游职业技术学院】　2019年，长沙商贸旅游职业技术学院在校学生8683人。设8个二级学院（湘菜学院、会计学院、经济贸易学院、旅游管理学院、文化创意学院、软件学院、创业学院、继续教育与国际合作学院）和两部（公共课教研部、思政课教研部），共10个教学部门，并设湘菜、湘商、湘旅、高职教育4个研究所。有教职工523人，其中专任教师495人，教授、副教授职称教师145人，中青年教师基本具有博士或硕士学位，15位知名专家或行业大师担任客座教授。与五十七度湘、京东集团、北京松子料理等企业共建京东湘商学院、中国（长沙）跨境电商综试区人才孵化基地等一批校企合作基地和产学研中心。

招生与就业创业　年度招生总计划数3400人，实际录取3329人。学校2019届毕业生初次就业率89.9.%。学校被评为2018年湖南省普通高等学校就业创业工作“一把手工程”优秀单位、“湖南省创新创业带动就业示范学校”。7月3日，《中国教育报》对学校2019届就业创业情况作为典型进行报道。

教师队伍建设　国家级培训参培人员15人，省级培训6人，国内访问学者4人。组织教师到台湾万能科技大学学习调研。彭维婕被确认为2019年湖南省教育厅中青年骨干教师国内访问学者，刘翠屏被确定为2019年中西部高等学校青年骨干教师国内访问学者，陈莉获第五届“感动星城·十大魅力教师”提名奖，许名勇、戴文婷被评为“中国会展教育优秀教师”，李元敏获长沙市校园安全管理奖，吴春红获优秀思政教师奖。

科研项目成果　学校申报国家级课题并立项1项，教师陈超群主持申报的“‘双一流’建设背景下高职骨干专业群建设评价研究”获全国教育科学规划教育部重点立项，教授邓子云主持申报的“一种大型商业网站垂直爬虫及其大数据应用技术研究”被教育部科技发展中心立项为“天诚汇智”创新促教基金课题。学校立项湖南省教育科学“十三五”规划课题6项，申报并立项长沙市社科规划课题22项，其中重点1项，立项长沙哲学社科规划研究基地专项课题3项。教师胡伏湘获第四届湖南省教育科学研究成果奖一等奖，教师吴敏良获第四届湖南省教育科学研究成果奖二等奖。

成绩及荣誉　2019年湖南省职业院校教师职业能力竞赛课堂教学赛项和专业技能赛项，获8个一等奖、7个二等奖、9个三等奖，其中湘菜学院蒋彦老师团队进入国赛，获国赛一等奖。2019年湖南省职业院校学生技能竞赛，获8金17银12铜，名列全省第八位，获三等奖。2019年全国职业院校技能大赛，高职烹饪赛项获全国一等奖。获2019年全国大学生绿色会展创新创意挑战赛“会展会策划”一等奖、“会展VI设计”三等奖。获第九届“远华杯”会展技能大赛获会展设计创意竞赛特等奖、会展创意竞赛特等奖、会展知识竞赛一等奖。湖南省大学生学习贯彻习近平新时代中国特色社会主义思想暨第五届思想政治理论课研究性学习成果展示竞赛初赛，欧阳登科团队获省厅高职高专组三等奖。2019年湖南省职业院校技能竞赛英语口语（非专业组）比赛，尹伊团队获三等奖。2019年湖南省黄炎培创业大赛，获一等奖1项、二等奖2项、三等奖1项，并获优秀组织奖。第五届湖南省“互联网+”大学生创新创业大赛，获二等奖2项、三等奖4项，并获全国总决赛银奖1项，铜奖1项。学校被立项为中国特色高水平学校（全国共56所）和高水平专业（全国141个）（“双高计划”）建设单位。7月被教育部认定为国家优质专科高等职业院校（全国200所），认定国家骨干专业5个、国家“双师型”教师培养培训基地1个、应用技术协同创新中心1个。物流管理、智能财税、网店运营推广、电子商务数据分析4个“1+X”职业技能等级证书试点被立项为教育部试点项目。旅游学院《厚植红色文化基因 ‘三环三链三分’培养时代新人》被评为全国高职高专校长联席会议优秀案例。立项首批“中国（长沙）跨境电商人才孵化基地”试点单位。（戴　李）

【长沙职业技术学院】 2019年，长沙职业技术学院在校学生9831人，教职工570人，其中副高及以上专业技术职称教师135人、专任教师460人。设特殊教育学院、学前教育学院、智能制造工程学院等28个专业。全年招收新生3679人，2019届毕业生2784人，综合就业率91.24%。特殊教育专业群、现代装备制造与服务专业群入围省一流特色专业群建设项目，智慧商务服务专业群入围省一流特色专业群培育项目，特殊教育、机械制造与自动化、汽车运用与维修技术骨干专业和汽车运用技术生产性实训基地通过教育部《高等职业教育创新发展行动计划（2015—2018年）》项目认定，工业机器人、智能控制技术、机电一体化技术等8个专业入围教育部“1+X”证书制度试点项目，东风雷诺合作项目立项为湖南省现代学徒制试点项目。学校与长沙高新区共建大学生实习就业基地，新签园区战略合作协议4家，新增长沙甲骨文软件公司等20余家合作单位。学校承办湖南省首届国家通用手语应用大赛、全国高等院校BIM应用技能大赛、湖南省职业院校技能竞赛高职工业“互联网+先进制造”、虚拟现实（VR）设计与制作等大型赛项，承接全国各级各类到访人员3万余人次。学校立项湖南省“平安高校”，被评为长沙市综合治理优秀单位、2019年度一类教育阳光服务中心（站）。

教学科研　立项27门校级精品在线资源课程、4门市级精品在线开放课程，4门立项（认定）为省级精品在线开放课程。改革传统课堂教学模式，校园内超星移动教学平台活跃课程800余门，点击率逾4800万次，任务点数近6万个，课程资源数7200余个。开展科研工作，立项省市级课题46项、院级课题51项，发表论文232篇，获专利授权33项。获湖南省教育科学研究优秀成果三等奖1项、长沙市第20届社会科学优秀成果一等奖1项，出版《长沙职业技术学院学术论坛》1期、《湖南特殊教育》4期。

人才培养　组织学生参加湖南省职业院校技能大赛，获一等奖8项、二等奖15项、三等奖19项，综合成绩位居全省第五位，获湖南省团体二等奖。学校5个项目代表湖南省参加全国职业院校技能大赛，获导游服务一等奖、艺术插花二等奖2项、虚拟现实（VR）设计与制作二等奖、工业机器人技术应用二等奖。学生获第五届全国高校BIM毕业设计作品大赛一等奖3项、二等奖1项、三等奖1项，全国决赛特等奖3项；全国高等院校BIM应用技能大赛“BIM施工管理”赛项第一名、“建设工程岗位从业技能仿真”赛项第二名；第四届全国建设类院校施工技术应用技能大赛团体一等奖1个、二等奖1个，个人一等奖1个、二等奖2个、三等奖1个；“碧桂园杯”第二届全国装配式建筑职业技能竞赛全国总决赛（学生组）团体一等奖；第十届湖南省大学生广告艺术竞赛暨第11届全国大学生广告艺术比赛湖南省分赛区比赛一等奖1名、二等奖2名、三等奖3名、优秀奖5名；第七届全国高校数字艺术设计大赛一等奖1项、二等奖3项、三等奖5项；2019年度机械行业职业技能教育大赛“博诺杯”移动机器人技术应用赛项一等奖1项、三等奖1项；第五届中国高等职业院校健美操锦标赛二等奖3个、三等奖1个。参加湖南省“互联网+”大学生创新创业大赛获二等奖，参加湖南省黄炎培职业教育奖创业规划大赛综合模拟专项赛，1个团队获第二名，2个团队获第三名。参加第一届全国“黄炎培杯”投资理财技能大赛，飞天队、腾龙队2支代表队均获三等奖。城市轨道交通运营管理、汽车营销与服务专业学生毕业设计抽查合格率100%，酒店管理专业和建设工程管理技术专业学生技能抽查合格率100%。

师资建设　围绕质量诊改、信息化教学、课程建设等主题举行全校性校本培训3次，举行智慧商务服务专业群骨干教师暑期培训班，组织参加省级培训项目30余人次、国家级培训项目25人次，推选3名湖南省青年骨干教师培养对象。组织教师参加湖南省职业院校教师职业能力比赛，获一等奖2项、二等奖1项、三等奖5项；参加首届湖南省高职高专院校信息素养大赛，获一等奖1项、二等奖2项、三等奖1项、优秀奖2项。3人通过正高级职称评审，14人通过副高级职称评审。（李芳玉）

【长沙卫生职业学院】 2019年，长沙卫生职业学院（以下简称“长卫职院”）设5个二级学院、两部、两中心、一所10个教学部门，在校全日制学生6505人，建制班113个，教职工339人（含编外）。其中，具有专业技术职务者270人，正高职称19人，副高职称57人，高级职称人员占专业技术人员总数的28%。按医、药、护、技四类开设临床医学、口腔医学、药学等14个专业。长卫职院被评为湖南省基层卫生本土化培养2019年度招生工作先进单位、湖南省首届文明校园、长沙市综治工作优秀等次单位等荣誉。学校党建、党风廉政建设、思想政治工作等经验先后被《人民日报》、“学习强国”、《新湘评论》、《内情参考》等中央、省、市媒介正面推介。

专业及专业群建设　对接健康产业需求，增设医学检验技术、老年保健与管理专业，成功申报预防医学专业，启动口腔医学专业省级教学资源库建设，建成健康照护和基层医疗服务2个省级一流特色专业群，临床医学、护理、口腔医学技术3个国家级骨干专业，老年照护入选全国首批“1+X”

证书制度试点院校，眼视光技术专业立项“国家现代学徒制试点”。

教师队伍建设 全年公开招聘专业教师43名，选派32名专业带头人、骨干教师出国（境）学习交流，66名专业教师到临床一线顶岗培训，对42名新进人员进行系统的岗前培训。实施青年教师导师制培养工程，鼓励教师攻读博士、硕士学位，开展双师素质培养，师资梯队初步形成，师资结构优化。

教育教学改革 推行项目教学、案例教学、翻转课堂、模拟教学、仿真教学、虚拟教学等，加大实习实训在教学中的比重，强化以育人为目标的实习实训考核评价。全年完成课程标准开发14门，修订课程标准44门。立项省级精品开放课程6门、市级精品开放课程3门。

人才培养质量 2019届毕业生双证书获得率95%。2019年三年制护理、助产专业学生护考通过率99.5%。毕业设计合格率100%，其中口腔医学、药学专业毕业设计在全省毕业设计评分排名第一位和第二位，学校毕业设计工作全省排名第一位。开办定向培养基层全科医生班，与长沙县、宁乡市、浏阳市合作实施全科医生定向培养毕业生参加全省乡村职业医师考试，合格率100%，是全省8所参与该项工作的高职院校中唯一一次性全部通过的学校。

招生就业 在湖南高招计划1803人，填报学校高考志愿人数15627人。2019年录取新生2672人，其中录取娄底、怀化地区12个贫困县临床医学学生123名，学校被评为湖南省基层卫生本土化人才培养2019年度招生工作先进单位。落实就业“一把手”工程，2019年毕业生初次就业率92.53%，高于湖南省平均就业率，长沙籍毕业生当地就业率92%。

科研工作 立项省部级课题14项、市厅级课题23项、院级课题15项。专业技术人员发表论文164篇，其中核心期刊论文10篇。在《人民日报》《红旗文稿》《新湘评论》等报纸、杂志上发表理论文章8篇。获发明专利1项、实用型专利1项。

竞赛获奖 在第四届全国验光与配镜职业技能比赛决赛中，教师张红艳指导的两位学生艾园园、杨聪宇分别获验光组一等奖、三等奖；教师陈章黎指导的两位学生张翔、田文均获定配组二等奖。在“黄炎培杯”全国大学生投资理财技能大赛中，教师鲁健指导的学生邓沛获全国一等奖；教师林科指导的学生文思彤获全国三等奖。（袁 露）

【两所市属高职院校搬迁新校区】 2019年秋季学期，长沙卫生职业学院和湖南外国语职业学院完成新校区一期工程建设，搬迁新校区。长沙卫生职业学院搬迁至长沙市湘江新区香山大学城岳宁大道6号办学，湖南外国语职业学院搬迁至长沙市望城区丁字湾街道京阳大道办学。两校做好开学各项保障，实现新老校区过渡。

（李 滔）

【市属高职院校入围省级一流专业群建设】 2019年，市属高职院校根据《湖南省高等职业教育“双一流”建设特色项目建设实施方案》申报湖南省高职一流专业群，全年全市有6个市属高职院校的11个专业群入围省级一流专业群建设项目，另有4个专业群入围省级一流专业群培育项目。

（李 滔）

【市属高职院校入围教育部高等职业教育创新发展行动计划】 2019年，长沙商贸旅游职业技术学院入围“优质专科高等职业院校”，6所市属高职院校的15个专业入围“骨干专业”，5所市属高职院校的实训基地入围“校企共建的生产性实训基地”，2所市属高职院校入围“双师型教师培养培训基地”，长沙商贸旅游职业技术学院入围“以市场为导向多方共建应用技术协同创新中心”。（李 滔）

【长沙市高校参加全国职业院校赛事】 2019年，长沙市高校参加2019年全国职业院校技能大赛教学能力比赛，获一等奖3个、二等奖3个、三等奖2个。市属高职院校参加2019年全国职业院校技能大赛，有2个专业6人获一等奖，4个专业12人获二等奖，2个专业5人获三等奖。长沙职业技术学院获团体二等奖，长沙商贸旅游职业技术学院获团体三等奖。

（李 滔）

【长沙市高校参加全国“互联网+”大学生创新创业大赛】 2019年10月，长沙市各高校参加第五届中国“互联网+”大学生创新创业大赛全国总决赛，获全国金奖4个（湖南大学2个、中南大学1个、长沙民政职院1个）、银奖10个、铜奖16个。（李 滔）

【长沙市大中专学生模拟职场系列活动】 2019年12月，长沙市教育局筹办第二届长沙市大中专学生“模拟职场”系列活动。活动时间持续1个月，包括职场初体验——活动启动仪式暨名师大讲堂、简历及面试大PK——简历设计暨面试大赛、就业训练营、HR面对面——模拟职场比赛暨颁奖典礼等主要活动和赛事。

（李 滔）

【“长沙市哲学社会科学研究基地——雷锋职业精神研究中心”授牌】 2019年12月17日，长沙职业技术学院举行“长沙市哲学社会科学研究基地——雷锋职业精神研究中心”授牌仪式。长沙市委宣传部副部长、市社科联党组书记李卫政，长沙市社科联主席吴安定，长沙市委党校、长沙学院、长沙商贸旅游职业技术学院、长沙卫生职业学院、湖南信息职业技术学院、雷锋纪念馆、雷锋派出所等单位的领导和社科专家出席，长沙职院校长喻友军主持授牌仪式。仪式结束后，王锡财主持召开长沙市哲学社会科学研究基地（智库）成果交流会。（李芳玉）

表42　2019年长沙市普通高等学校一览表

序号	编码	学校名称	学校标识码	主管部门	所在地	办学层次	备注
1	1734	湖南大学	4143010532	教育部	长沙市	本科	
2	1735	中南大学	4143010533	教育部	长沙市	本科	
3	1737	长沙理工大学	4143010536	湖南省	长沙市	本科	
4	1738	湖南农业大学	4143010537	湖南省	长沙市	本科	
5	1739	中南林业科技大学	4143010538	湖南省	长沙市	本科	
6	1740	湖南中医药大学	4143010541	湖南省	长沙市	本科	
7	1741	湖南师范大学	4143010542	湖南省	长沙市	本科	
8	1750	湖南工商大学	4143010554	湖南省	长沙市	本科	
9	1752	长沙医学院	4143010823	湖南省教育厅	长沙市	本科	民办
10	1753	长沙学院	4143011077	湖南省	长沙市	本科	
11	1757	湖南财政经济学院	4143011532	湖南省	长沙市	本科	
12	1758	湖南警察学院	4143011534	湖南省	长沙市	本科	
13	1760	湖南女子学院	4143011538	湖南省	长沙市	本科	
14	1761	湖南第一师范学院	4143012034	湖南省	长沙市	本科	
15	1763	湖南涉外经济学院	4143012303	湖南省教育厅	长沙市	本科	民办
16	1768	湖南工商大学北津学院	4143012651	湖南省教育厅	长沙市	本科	民办
17	1769	湖南师范大学树达学院	4143012652	湖南省教育厅	长沙市	本科	民办
18	1770	湖南农业大学东方科技学院	4143012653	湖南省教育厅	长沙市	本科	民办
19	1771	中南林业科技大学涉外学院	4143012656	湖南省教育厅	长沙市	本科	民办
20	1776	湖南中医药大学湘杏学院	4143012661	湖南省教育厅	长沙市	本科	民办
21	1778	长沙理工大学城南学院	4143013635	湖南省教育厅	长沙市	本科	民办
22	1779	长沙师范学院	4143013806	湖南省	长沙市	本科	
23	1781	湖南信息学院	4143013836	湖南省教育厅	长沙市	本科	民办
24	1784	长沙民政职业技术学院	4143010827	湖南省	长沙市	专科	

续表 42

序号	编码	学校名称	学校标识码	主管部门	所在地	办学层次	备注
25	1785	湖南工业职业技术学院	4143010830	湖南省	长沙市	专科	
26	1787	湖南信息职业技术学院	4143010865	湖南省	长沙市	专科	
27	1788	湖南税务高等专科学校	4143011601	湖南省	长沙市	专科	
28	1790	长沙航空职业技术学院	4143012055	总装备部	长沙市	专科	
29	1791	湖南大众传媒职业技术学院	4143012300	湖南省	长沙市	专科	
30	1794	湖南科技职业学院	4143012304	湖南省	长沙市	专科	
31	1795	湖南生物机电职业技术学院	4143012343	湖南省	长沙市	专科	
32	1796	湖南交通职业技术学院	4143012397	湖南省	长沙市	专科	
33	1797	湖南商务职业技术学院	4143012401	湖南省	长沙市	专科	
34	1798	湖南体育职业学院	4143012423	湖南省	长沙市	专科	
35	1799	湖南工程职业技术学院	4143012425	湖南省	长沙市	专科	
36	1800	保险职业学院	4143012596	湖南省	长沙市	专科	
37	1801	湖南外贸职业学院	4143012597	湖南省	长沙市	专科	
38	1802	湖南网络工程职业学院	4143012598	湖南省	长沙市	专科	
39	1804	湖南司法警官职业学院	4143012601	湖南省	长沙市	专科	
40	1805	长沙商贸旅游职业技术学院	4143012603	湖南省	长沙市	专科	
41	1807	湖南邮电职业技术学院	4143012845	湖南省	长沙市	专科	
42	1812	长沙环境保护职业技术学院	4143013031	湖南省	长沙市	专科	
43	1813	湖南艺术职业学院	4143013032	湖南省	长沙市	专科	
44	1814	湖南机电职业技术学院	4143013033	湖南省	长沙市	专科	
45	1815	长沙职业技术学院	4143013036	湖南省	长沙市	专科	
46	1819	长沙南方职业学院	4143013041	湖南省教育厅	长沙市	专科	民办
47	1834	长沙电力职业技术学院	4143013938	湖南省	长沙市	专科	
48	1835	湖南水利水电职业技术学院	4143013939	湖南省	长沙市	专科	

续表 42

序号	编码	学校名称	学校标识码	主管部门	所在地	办学层次	备注
49	1836	湖南现代物流职业技术学院	4143013940	湖南省	长沙市	专科	
50	1839	湖南安全技术职业学院	4143014025	湖南省	长沙市	专科	
51	1841	湖南外国语职业学院	4143014072	湖南省教育厅	长沙市	专科	民办
52	1843	湖南都市职业学院	4143014121	湖南省教育厅	长沙市	专科	民办
53	1844	湖南电子科技职业学院	4143014122	湖南省教育厅	长沙市	专科	民办
54	1848	湖南三一工业职业技术学院	4143014322	湖南省教育厅	长沙市	专科	民办
55	1849	长沙卫生职业学院	4143014358	湖南省	长沙市	专科	
56	1850	湖南食品药品职业学院	4143014359	湖南省	长沙市	专科	
57	1855	湖南劳动人事职业学院	4143014508	湖南省	长沙市	专科	

说明：名单不含国防科技大学，6所独立学院不单独计学校数

（资料来源：市教育局）

社会教育

【概况】 2019年，长沙市重视社区教育和市民终身学习工作，连续10年举办长沙市全民终身学习活动周，均被评为全国全民终身学习活动周优秀组织奖。全市建成全国社区教育示范区3个、全国社区教育实验区2个、全国数字化学习先行区3个、全国社区教育示范街镇17个、全国创建学习型社区示范街镇2个、省级社区教育实验区5个。覆盖全市城乡的四级社区教育网络基本形成，全市有社区大学1所、区县（市）社区学院10个、市级示范性社区学校100所、市级示范性社区学习中心87个、社区老年教育基地26个。

【居民线上学习资源拓展】 2019年，长沙申请加入全国社区教育数字化学习联盟，获全国社区教育优秀微课程113门和500门社区教育、校外未成年人教育、老年教育微课程等优质资源。长沙终身教育学习网各类学习课程6195门，电子图书3070册，近50万人实名注册，学习访问2400万人次。

【全民终身学习活动周】 2019年11月19—26日，长沙市举办2019年全民终身学习活动周，主题为“推动全民终身学习　加快建设学习强市”。活动周期间，长沙市民参与全民终身学习活动品牌评选等五大全国赛事，开展学习型家庭等十大评选活动，开展精品课程进社区等六大特色活动，市直部门和各区县（市）组织540余项学习活动。其中各类赛事活动8场次，各类展示活动27场次，论坛、观摩、

2019年11月19—26日，长沙市举办2019年长沙市全民终身学习活动周

市教育局　供图

咨询、交流、活动109场次，各类讲座23场次，培训辅导224场次，送教活动155场次。

【社区教育课程资源开发】 2019年，长沙市有15门社区教育微课在全国社区教育优秀微课大赛中获奖。市社区大学开展“终身学习精品课程进社区”送课及精品社区建设活动，全年送出精品课程500余次，覆盖100余个社区，受惠居民3万余人。

【项目建设和品牌培育】 2019年，芙蓉区社区学院等4家单位被评为全国2018年优秀成人继续教育院校（培训机构）；长沙县《福乐剪纸》获全国“终身学习活动品牌”；长沙社区大学被评为湖南省老年教育学习体验示范基地，天心区岳龙社区、浏阳市永和镇被评为湖南省老年教育学习体验基地，芙蓉区、天心区、长沙县3家社区学院被评为省级优秀社区学院，《红色幸福加油站》学习活动品牌、《红枫艺术团》学习团队等14个项目获省级荣誉。

（本栏撰稿　李　滔）

民办教育

【概况】 2019年，长沙市有教育行政部门审批管理的各级各类民办学校3211所，其中高职院校5所、专修学院30所、中职学校31所、中小学52所（含国际学校1所）、幼儿园1563所、培训学校1530所。市教育局直管（含市县共管）民办学校82所，包括高职院校5所、专修学院30所、中职学校28所、中学19所（含国际学校1所）。对2018年度办学情况进行评估，16所学校被认定为“优秀”，50所学校被认定为“合格”，8所学校被认定为“基本合格”，1所学校被认定为“不合格”。组织民办学校管理干部能力提升培训班，培训民办学校校长、办公室主任、宣传专干、财务工作人员，提升其管理能力和业务素质。首次组织民办学校德育教师专题培训班，培训60名全市中职学校和专修学院的辅导员、班主任、学工负责人，提升其学生管理工作水平。就民办学校教师支教经历认定出台办法，解决部分符合条件的教师农村或薄弱学校支教工作经历的认定问题。出台《长沙市品牌民办学校建设方案》，启动品牌民办学校建设，计划通过3年左右的建设，逐步培育100所不同办学层次的品牌民办学校。

【校外培训机构专项治理工作在教育部会议交流】 2019年，长沙继续推进校外培训机构专项治理，市政府两次召开会议专题研究专项治理工作，出台《2019年度校外培训机构专项治理工作方案》。组织人社、民政、市监、公安、消防、住建、城管等部门在8月、11月和12月组织3次督查，督查区县（市）强化治理力度，提升治理效果。长沙市教育局、长沙市民政局、长沙市市场监督管理局联合制定《长沙市校外培训机构设置标准》，为专项治理提供标准和依据。截至2019年年底，全市排查的567家无证培训机构和有证培训机构的122个教学点基本处置到位，整改234家培训机构存在的违规行为，无证机构整治率、分支机构备案率、培训学校校名规范率均100%。10月25日，教育部召开全国规范校外培训机构发展工作会，市教育局副局长杨庆江以《问题导向、标本兼治、促进校外培训机构规范发展》为题向大会作经验介绍。

【对义务教育民办学校开展专项审计】 2019年9月19日，长沙市教育局研究制定《2019年度长沙市义务教育阶段民办学校专项审计工作方案》，确定长沙市明达中学等10所市管义务教育民办学校开展专项审计，为分类管理改革摸清底数，奠定基础。

【民办学校“法治体检”】 2019年3月18日，长沙市教育局制定《长沙市民办学校法治体检方案》，联合湖南源真律师事务所对首批65所民办学校进行“一对一”公益法治体检。该次法治体检发现十大典型法律风险23个问题。11月7日，市教育局召开专门会议发布法治体检报告，就有关问题提出风险防范的对策和建议，并举行法治专题讲座。

【规范民办学校办学行为】 2019年6月26日和11月27日，长沙市教育局先后两次召开规范办学行为整治会议，会上对湖南经济管理专修学院、湖南商务进修学院2所专修学院，长沙经贸职业中专学校、长沙银河中等职业学校、长沙科技工程学校、长沙蓝天科技中等职业学校、长沙湘江科技中等职业学校、长沙铁航职业中等技术学校等7所民办中职学校分别给予通报批评、限期整改、年度办学情况不合格或者降低等、核减2020年招生计划等处分。对湖南长沙艺术学校擅自设立教学点的行为启动行政处罚程序，对其处以“责令限期改正，并予以警告”的处罚。

【民办学校分类登记】 2019年12月20日，长沙市教育局联合市人力资源和社会保障局、市民政局、市市场监管局制定《长沙市现有民办学校分类登记工作规范（试行）》，在多次征求市直相关部门意见后，以规范性文件印发，指导民办学校分类登记工作。截至2019年年底，3211所民办学校中有2523所进行分类登记，登记率78.6%，其中登记为营利性有1485所、非营利性有1038所。未进行分类登记的民办学校均实现预登记。

【长沙市民办学校审批信息发布及政策吹风会】 2019年3月19日在长沙市教育局召开，对社会发布长沙现有民办学校发展现状、新法新政背景下民办教育发展的基本走向和长沙民办学校审批政策调整的基本思路，对社会发出预警信息，提示提醒举办者防范办学风险，理性投资民办教育。

（本栏撰稿　王　威）

师资建设

【概况】 2019年，长沙市各级各类学校有教职工17.96万人，其中高校5.55万人、中职学校0.61万人、普通中小学7.16万人、特殊教育学校0.03万人、幼儿园4.6万人。实施公办学校教职工备案制管理改革；市属学校引进优秀教育人才154名。教职工思政工作在全国教科文体系统工会思政工作会议上交流。举办干部培训班19期，组织市级及以上教师培训1.57万人次；乡村教师参加国培省培比例82.5%。遴选4位首席名校长、15位名校长、392名市级卓越教师，成立4个市级名校长工作室，新建10个市级名师工作室、5个名师农村中小学工作站，评选10名教师"感动星城魅力教师"。全市获全国教育系统先进集体3个、全国模范教师4名、全国优秀教师6名、全国优秀教育工作者1名、湖南省优秀乡村教师9名。实施教师读书工程，举办"星城杯"教学竞赛，青年教师教学竞赛获5个省一等奖，中职教师教学能力大赛获4个全国一等奖。11—12月，市教育局、市人力资源和社会保障局率队到上海、长春、北京、西安、重庆、武汉6个城市，进高校引进2020年高层次人才154名。提高义务教育教师绩效工资标准，推动教师同城同类同酬；开福区创设编外教师区龄工资制度。长沙教师队伍建设工作在京湘基础教育论坛上推介。

（汪建业）

【教职工备案制管理改革】 2019年7月30日，长沙市教育局、市委编办、市财政局、市人力资源和社会保障局联合印发《长沙市公办学校教职工备案制管理实施细则》，文件明确提出，在市、区县（市）所属公办学校实行教职工备案制管理。公办学校备案制教职工是指公办学校中按照《中华人民共和国劳动合同法》进行管理，纳入教职工备案制员额范围的，由机构编制部门核定、财政全额拨款的专业技术人员。备案制教职工除了按相关规定缴纳企业社保外，与在编教职工同工同酬。文件对备案制教职工的核定办法、人员招聘、入编管理做出具体规定。文件提出，每年拿出一定比例的备案制空缺数，用于择优聘用在公办学校工作3年以上、具有本科及以上学历、原通过公开招聘进入的编外合同制教职工，确保10年内基本消化完编外合同制教职工。长沙市教育局、市委编办、市财政局、市人力资源和社会保障局联合配套出台《长沙市公办学校备案制教职工考核细则》，对编外合同制教职工转聘备案制教职工考核和备案制教职工入编考核做出详细规定。

（汪建业）

【优秀教育人才引进绿色通道开通】 2019年7月30日，长沙市教育局、市委编办、市财政局、市人力资源和社会保障局联合印发《长沙市优秀教育人才引进实施细则》，提出各学校空余编制除一定比例用于备案制教职工转编制教职工外，主要用于引进优秀毕业生、骨干教师、教育专家、青年骨干专业人才等优秀教育人才。优秀教育人才经考核合格后直接办理入编手续，并在配偶就业服务、岗位设置、居住保障、子女入学等方面享受优待。

（汪建业）

【在职中小学教师违规补课专项整治】 长沙市教育局将在职中小学教师违规补课专项整治列为2019年工作重点。2019年3月21日，市教育局下发《关于印发〈长沙市在职中小学教师违规补课专项整治方案〉的通知》。专项整治主要采取如下措施：畅通举报途径，面向社会开通举报专线，给市民提供举报途径；实行周报制，各区县（市）及市直学校按周上报整治工作情况，市教育局及时督促整改；实行不定期通报制，发布专项整治工作通报8期；常态化巡查暗访，市教育局督查组督查17次，各单位每周到学校周边巡查暗访；实行区县交叉检查，杜绝隐瞒包庇现象。各中小学校成立违规补课专项整治工作小组，落实网格化管理，同时通过短信平台、公众号、微信群、家长群等进行宣传，开展自查自纠，通过电话访谈、巡查和暗访等措施推进违规补课整治工作的开展。5月8日，市教育局局长卢鸿鸣在全省中小学违规办学整治行动部署视频会议上介绍长沙市违规补课整治工作的进展和具体做法。5月14日，由湖南省委教育工作领导小组秘书组编制的《湖南教育快讯》2019年第12期以《多措并举 史上最严——长沙市推进在职教师违规补课专项整治》为题对长沙市中小学在职教师违规补课专项整治工作进行专题报道。年内，全市处理、处分违规补课教师117人，其中公办教师被记过处分36人，记过并调离工作岗位4人，降低岗位等级并党内严重警告1人，降低岗位等级1人，解除聘用合同（辞职）2人，警告处分23人，临聘教师被辞退处理50人。中央人民政府网站、教育部官网、人民网、新华社、中央电视台和《中国教育报》《中国青年报》《湖南日报》等均进行报道或评论。 （陈利群）

【教师政策性待遇落实】 2019年12月25日，长沙市委教育工作领导小组就落实教师待遇保障政策向市内五区区委、区政府致函，要求各地按照省市有关文件和会议精神，采取有效措施，调度安排资金，确保教师政策性待遇在年底前全部落实到位。

（刘凯希）

【长沙市遴选出第二批市级卓越教师】 根据长沙市教育局、市财政局、市人力资源和社会保障局印发的《长沙市中小学（幼儿园）卓越教师队伍建设实施方案》文件精神，长沙市卓越教师遴选总数1000人。2019年组织第二批遴选，人数拟定400人，其中学科带头人40名左右、优秀骨干教师160名左右、教学能手200名左右。2019年2月28日，市教育局下发《关

于遴选第二批长沙市中小学（幼儿园）卓越教师的通知》，召开会议布置相关工作，5月初收集参选材料672份。最终确定第二批市级卓越教师入选392名，其中肖斌武等35人为长沙市中小学第二批市级学科带头人，冯雅丁等171人为长沙市中小学第二批市级优秀骨干教师，钟争兰等186人为长沙市中小学第二批市级教学能手。

（陈利群）

【组织全国中小学教师资格考试面试】 2019年1月5—6日，长沙市组织全国中小学教师资格考试2018年度下半年考试的面试。全市设考点学校28个，参考人数2.55万余人，选派考官2100人。考试结束后，长沙市在全省被评为8个优秀考点、12名省优秀考务工作者和214名省优秀考官。从2019年起，湖南省开始实施全国教师资格考试一年两考制度。5月18—19日，市教育局组织2019年度上半年面试工作，全市设考点学校7个，参考7180人，考官600人。

（陈利群）

【农村教师公费定向培养师范生招生】 2019年6—8月，长沙市教育局组织2019年湖南省农村教师公费定向培养招生，录取369人。其中高中起点计划招生151人，录取149人；初中起点招生计划220人，录取220人。

（陈利群）

【长沙市命名第四届第一批名师工作室】 2019年9月，长沙市教育局命名第四届第一批市级名师工作室10个。名单如下：中学语文名师工作室，首席名师蒋雁鸣（长沙市明德中学）；中学生物名师工作室，首席名师邓毅萍（长沙市长郡中学）；中小学德育（班主任）名师工作室，首席名师李剑玲（长沙市长郡中学）；小学语文名师工作室，首席名师邹玲静（长沙市麓山国际实验小学）；中学地理名师工作室，首席名师周建中（天心区雅礼书院中学）；中小学体育名师工作室首席名师杨伯群（长沙市雅礼中学）；中学化学名师工作室首席名师谢应龙（长沙市实验中学）中学数学名师工作室，首席名师赵优良（湖南师大附属中学）；中小学科技创新名师工作室，首席名师陈水章（芙蓉区长郡芙蓉中学）；中职教育（智能制造）名师工作室，首席名师李铁光（高新区长沙高新工程学校）。第四届第一批名师工作室的工作时间从2019年9月27日起至2022年9月26日止。

（陈利群）

【长沙市设立第四批名师农村中小学工作站】 2019年9月，长沙市教育局在长沙县、望城区、浏阳市、宁乡市4区县（市）农村地区中小学设立第四批市级名师农村中小学工作站5个。名单如下：长沙县金井中学工作站，驻站数学名师许月良（长沙教育学院）、政治名师唐良平（长沙教育学院）；望城区茶亭镇梅园中学工作站，驻站语文名师王良（长沙市雅礼中学）、数学名师莫丽雅（长沙市明德华兴中学）；浏阳市第十中学工作站，驻站物理名师汤新文（长沙教育学院）、历史名师胡军哲（长沙市雅礼中学）；浏阳市金刚镇昭明完小工作站，驻站英语名师龙胜、李洁（岳麓区博才寄宿学校）、美术名师习蓉（岳麓区博才咸嘉小学）；宁乡市青山桥镇田心小学工作站，驻站英语名师范爱鸽（芙蓉区马王堆小学）、语文名师黄玲玲（开福区清水塘北辰小学）。第四批市级名师农村中小学工作站名师驻站工作时间从2019年9月至2022年8月。

（陈利群）

【第五届“感动星城·十大魅力教师”评选】 2019年，长沙市教育局组织第五届“感动星城·十大魅力教师”评选。6月，市教育局组织专家进行初选，7月2日，公示20位魅力教师候选人。11月22日，在长郡双语实验中学剧场，举行第五届“感动星城·十大魅力教师”现场决选活动。经专家评委和大众评委现场投票，长沙市麓山公证处公证，王奇志、赵国良、申如意、刘敏、胡智勇、王霰、朱鸿雁、刘建强、郭晓芳、朱世民10位教师获选第五届“感动星城·十大魅力教师”，并获2万元奖金；李众来、石顺祥、陈思颐、陈莉、张英、周著、彭胜洪、饶霞、张好、王艳芳10位教师获第五届“感动星城·十大魅力教师”提名奖，每人获奖金5000元。

（陈利群）

【长沙市教育系统“星城杯”教师教学竞赛】 “星城杯”教师教学竞赛从

2019年11月22日，长沙市第五届“感动星城·十大魅力教师”评选现场

市教育局 供图

2010年开始，每两年举办一届，初步形成品牌，是长沙教职工展现教学风采、提升专业技能的重要平台，备受广大教职工、学生和家长关注。教学竞赛分为初赛和决赛两个阶段，初赛分直属学校和区县（市）两部分进行，直属学校初赛2019年4月27日在长郡梅溪湖中学进行，44所直属学校的122名选手参赛；10个区县（市）教育局同步在各单位开展初赛活动，500余名选手参赛。5月24日，决赛在长郡梅溪湖中学进行，全市186名选手参赛，决胜出高中、初中、小学语数英3个阶段组别的9位冠军选手，冠军选手获长沙市总工会颁发的“五一劳动奖章”。7月16—18日，长沙市9名选手参加湖南省第一届中小学青年教师教学竞赛，长沙市教育局总积分排名领先其他市州，5人获一等奖，3人获二等奖，1人获三等奖，其中1人获湖南省“五一劳动奖章”。

（李　彤）

【长望浏宁开展中小学教师高级职称评审权下放试点】 2019年12月，根据人力资源社会保障部《职称评审管理暂行规定》和省职改办《关于印发〈湖南省中小学教师系列职称申报评价及管理办法〉的通知》：“进一步下放中小学教师职称评审权，探索高级教师职称由县市组织评审”的规定，12月9日，湖南省职称改革工作领导小组办公室下发《关于公布全省高级职称新增评审委员会清单的通知》，同意增设长沙县中小学教师系列高级职称评审委员会、望城区中小学教师系列高级职称评审委员会、浏阳市中小学教师系列高级职称评审委员会、宁乡市中小学教师系列高级职称评审委员会。12月13日，长沙市职称改革工作领导小组办公室、长沙市中小学教师系列职称改革工作领导小组下发《关于长望浏宁四区县（市）开展中小学教师系列高级职称自主评审的通知》，就组织机构的设立、评委库的建立、审查参评资格、指定评审方案、抽取高评委、严格评审纪律、组织评审、评审结果公示和备案8个方面的具体事项进行明确。2019年，省职改办核准长望浏宁4个区县（市）中小学教师系列高级教师职数344个（长沙县111个、望城区31个、浏阳市111个、宁乡市91个），有高级教师职称参评人数576人（长沙县180人、望城区43人、浏阳市199人、宁乡市154人），其中通过评审301人（长沙县93人、望城区23人、浏阳市101人、宁乡市84人），评审通过率52%。

（陈利群）

【长沙市庆祝第35个教师节】 2019年9月，为营造全社会尊师重教的良好氛围，长沙市教育局、长沙市教育基金会等17个单位共同审定，决定对179名优秀教师、优秀教育工作者和10个名师团队、60个单位、45个教育科研项目给予表彰奖励，发放奖金299万元。

（郑　敏）

【“三区”支教征文活动】 2019年，长沙市完成“三区”支教任务，组织支教教师参加全省“支教路·三区情”征文，获教育厅“优秀组织奖”，市教育局论文获省一等奖第一名。长沙市教师类获奖作品数占全省总数的33%，其中一等奖占全省33%；管理类获奖作品数占全省总数的66%，其中一等奖占全省64%。

（郑　敏）

【教师资格认定全程网办】 2019年，通过“简化、优化、减时”等措施，长沙市教育局将教师资格认定申请表等11个原件和复印件，简化成1张照片、1个身份证和户口簿，利用长沙“一网通办”系统，优化办事流程，让申请流程从“线下跑”变成“网上报”，长沙教师资格认定率先由线上线下都要跑变成全程网办的“零跑腿”，申请人和审批机关只要在线上就可以完成申请和认定工作。教师资格证书制发后，EMS工作人员按长沙市区1个工作日、农村地区3个工作日送达的标准投递到申请人手上。全年窗口和网厅办结教师资格认定事项7052件、补证补表事项157件。

（陈智球）

【《关于全面深化新时代教师队伍建设改革的实施意见》出台】 2019年7月30日，长沙市委、市政府印发《关于全面深化新时代教师队伍建设改革的实施意见》，提出长沙教师队伍建设改革的中远期目标：到2025年，教师培养培训体系基本健全，职业发展通道比较畅通，事权、人权、财权相统一的教师管理体制全面建立，待遇提升保障机制更加完善，教师职业吸引力明显增强。教师队伍规模、结构、素质能力基本满足各级各类教育发展需要；到2035年，教师综合素质、专业化水平、创新能力、运用信息技术能力大幅提升，培养造就一大批骨干教师、卓越教师、教育家型教师。教师管理体制机制科学高效，实现教师队伍治理体系和治理能力现代化。尊师重教氛围更加浓厚，广大教师在岗位上有幸福感、事业上有成就感、社会上有荣誉感，教师成为让人羡慕的职业。明确全面加强党对教师队伍的领导、提高教师思想政治和职业道德素养、突出加强思想政治课教师队伍建设、推行公办学校教职工总额管理、提高中小学幼儿园教师准入门槛、加大优秀人才引进力度、加强公费定向师范生培养、完善教师培训体系、实施中小学名校长和卓越教师培养工程、优化中小学教师资源配置、保障并逐步提高教师待遇、进一步加强乡村教师队伍建设、加强技工院校和职业院校师资队伍建设13项具体任务。

（汪建业）

文 化

CULTURE

编辑 江 雷

公共文化

【概况】 2019年，长沙市加快构建现代文旅公共服务体系，完成《湖南省现代公共文化服务体系建设三年行动计划》各项任务，建成100个标准化村（社区）综合文化服务中心，市戏剧艺术中心建设项目完成立项、规划、设计等工作，市群艺馆提质改造项目如期完成。智慧文旅纳入长沙城市超级大脑首批项目并顺利推进。场馆效能进一步提升，滨江文化园年内接待人次超440万。加快县级文化馆、图书馆总分馆服务体系建设，建成文化馆分馆50个，新建图书馆分馆16个、24小时自助图书室10个。市图书馆年内开展3694场阅读活动，到馆人数较上一年增长20%；办好中国图书馆学会第二届城市图书馆学术论坛。大众游乐场戏曲文化传播中心投入运营；市花鼓戏剧院剧场"艺术长廊"广受好评；市湘剧院剧场承办了中国音乐金钟奖长沙选拔赛。李自健美术馆、谢子龙影像馆、谭国斌当代艺术博物馆等民办文化场馆发展壮大，深受市民追捧。群文供给进一步优化，组织开展"欢乐潇湘·品质长沙"大型群众文化会演、"祖国颂"百万市民合唱大赛等活动，获奖数量稳居全省第一位。群文作品《呼唤》入选中国艺术节群星奖决赛。实施全民艺术普及，市群艺馆设立公益艺术培训社区分校15所，开设公益艺术培训班110个，举办公益艺术讲座10期。实验剧场完成165场惠民演出。电影放映中心、银宫影剧院放映公益电影近8000场。

（陆明榜　刘　婷）

【长沙市文化旅游广电局挂牌成立】 2019年1月22日，长沙市文化旅游广电局挂牌成立。市委常委、市委宣传部部长高山等领导出席挂牌仪式和市文化旅游广电局负责干部大会。杨长江任市文化旅游广电局党组副书记、局长，李文格任市文化旅游广电局党组书记。

（何吉多）

【"祖国颂"庆祝中华人民共和国成立70周年群众合唱比赛】 2019年9月6日，"祖国颂"长沙市庆祝中华人民共和国成立70周年百万群众合唱比赛在实验剧场举行。该活动由长沙市委、市政府主办，长沙市委宣传部、市文化旅游广电局承办。"祖国颂"庆祝中华人民共和国成立70周年群众合唱活动自2019年4月发动，经过各区县（市）、市直各战线初赛、复赛层层选拔，最终选出长沙县五彩星沙艺术团、天心区丽爱天使艺术团、长沙市妇联合唱团、岳麓区心之声室内合唱团、长沙高新区总工会、开福老干部大学春晖合唱团、宁乡音协合唱团、雨花音协合唱团、长沙市直机关职工星辰合唱团、芙蓉区老干大学芙蓉合唱团、望城青年合唱团、浏阳教师合唱团、浏阳市翰铭合唱团等队伍。《在太行山上》《祖国颂》《浏阳河》《松花江上》《故乡之恋》《古丈茶歌》《怒吼吧，黄河》《嘎哦丽泰》《挑担茶叶上北京》等十几首经典合唱曲目依次登场。经过比赛，长沙市直机关职工星辰合唱团获特等奖，望城青年合唱团等3支合唱团获金奖，宁乡音协合唱团等8支合唱团获银奖，长沙市文化旅游广电局纪委全程监督该次比赛。

（易　佩）

【"我和我的祖国"——省会大学生文艺会演】 2019年9月30日，"我和我的祖国"——省会大学生文艺会演在梅溪湖国际文化艺术中心大剧院举行，省委常委、市委书记胡衡华出席。晚会包括致敬祖国、青春之歌、祖国之颂、复兴之梦4个篇章，晚会紧扣中华人民共和国成立70周年这一主题，在长株潭的发展变化中彰显祖国美，在大学生的成长进步中彰显青春美，在节目的精湛表演中彰显艺术美，在舞台上的现代科技中彰显创意美。精湛的艺术表演，美轮美奂的舞台呈现，展现了祖国波澜壮阔的发展历程，展现了大学生成长进步的青春风采。长沙、株洲、湘潭19所高校学子参与演出。

（李典琼）

【中小学生红色经典表演大赛】 2019年12月12日，"扣好人生第一粒扣子"——传承红色基因系列活动"红

2019年9月30日，"我和我的祖国"——省会大学生文艺会演在梅溪湖国际文化艺术中心举行

市文化旅游广电局 供图

色经典我演绎 革命精神我传承”长沙市中小学生红色经典表演大赛总决赛在长沙市青少年宫 举行。来自长沙市10个区县（市）的10所学校的师生们用精湛的演技重新演绎了红色经典剧目，积极弘扬了爱国主义精神，展现了长沙市中小学生奋发向上的精神面貌。活动由长沙市文明委指导，长沙市委宣传部（文明办）、长沙市教育局、长沙市文化旅游广电局、共青团长沙市委和开福区文明委共同主办，由开福区文明办、长沙市青少年宫协办。活动旨在通过演绎红色经典剧目，感悟革命精神，深化未成年人对中国共产党和革命历史的认识和了解。（易 佩）

【第七届长沙阳光娱乐节】 2019年12月13日，长沙市第七届阳光娱乐节在长沙音乐厅举行。该次活动由长沙市委宣传部、市文旅广电局、市公安局、市市场监管局、市文化市场综合执法局等单位联合主办。湖南省委宣传部副部长、省文化和旅游厅党组书记禹新荣出席活动并宣布活动开幕。此次阳光娱乐节开展七大主题活动，持续到2019年底。包含阳光娱乐节启动式和“百万游客‘赏’长沙系列活动”“阳光相伴·乐享长沙——旅游饭店消费季”“HI，长沙，‘嗨’长沙——十万群众进歌厅暨寻味夜色下的老歌厅系列活动”“大美长沙·‘醉’美星城—网红短视频传播大赛”“激情岁月·‘漫’动星城——英雄联盟电子竞技大赛暨COSPLAY网吧巡展”“凝聚正能量·融合再出发——阳光娱乐节闭幕式”系列活动。市民及游客根据自身喜好分别参与活动，系列主题活动极大丰富了文化旅游产品。（易 佩）

【长沙群众文艺走基层活动】 2019年，长沙市群众艺术馆组织策划“我们的中国梦、戏曲闹元宵”惠民演出、“老树新花·曲坛芳华”长沙弹词专场演出、“新时代的春天”、“我们的节日·2019清明诗会”、夏之恋惠民专场文艺晚会、“书香长沙、悦读城市”文艺演出、“学雷锋文化志愿者走进乡村学校少年宫”、“百姓大讲堂——打开艺术之门”、“我和我的祖国——文化新生活”、“湖南如此多娇”社会主义核心价值观广播体操快闪活动暨“到群众需要的地方去”文艺演出、庆祝中华人民共和国成立70周年“欢乐潇湘 品质长沙”群众文艺会演、“祖国颂”长沙市庆祝中华人民共和国成立70周年百万群众合唱比赛、庆祝中华人民共和国成立70周年第五届“百姓大舞台、有艺你就来”千团万户百万市民才艺大赛、“百团进百村·百艺惠万民”长沙群众文艺队走基层等一系列活动。该活动以市民需求为中心，组织多样化，“我们的中国梦、戏曲闹元宵”惠民演出周活动上演6台传统大戏，文艺轻骑队深入基层开展惠民演出活动15场，“百姓大讲堂”为市民送上各艺术门类艺术讲座10场，清明节、端午节、中秋节系列诗会传承优秀传统文化，提升城市文化品质。2019年，实验剧场完成长沙市“杜鹃花”艺术节、2019春节欢乐周“我们的节日——戏曲闹元宵”花鼓戏展演、“书香长沙 阅读城市”文艺演出、湘剧《望母台》《云阳壮歌》、越剧《鉴湖风云》、花鼓戏《耀邦回乡》、西藏现代舞剧《香巴拉》、“我和我的祖国”诗歌朗诵专场晚会、第三届老年艺术节、八一晚会、“不忘初心 牢记使命”经典诵读比赛、庆祝中华人民共和国成立70周年“壮丽70年 奋进新时代”长沙市直机关文艺会演、“百姓大讲堂，打开艺术之门”名家公益艺术讲座、百姓大舞台、全国木偶皮影优秀剧（节）目展演等各类公益性演出活动264场，观众10.9万人次。（易 佩）

【长沙全民艺术普及活动】 2019年，长沙市群众艺术馆公益艺术培训工作有序开展，推进全民艺术普及，上半年馆阵地国画、声乐、舞蹈、古筝、二胡、书法、瑜伽等多个艺术门类20个班实现网上报名，招收学员600余名。在馆阵地提质改造的情况下，进一步扩大社区分校招生规模，凌霄社区、青山祠社区、暮云社区、金汇社区、科大景园社区、彭家巷社区、宝塔山社区等15个社区分校全年同步开班90个，培训社区学员10000余人。“百姓大讲堂——打开艺术之门”公益艺术系列讲座保持每月一个主题讲座的节奏，连续举办10场公益艺术讲座，王佑贵、郁钧剑、周群艺、刘宇田、鄢丽娟、陈刚等各艺术领域的知名专家登上“百姓大讲堂”为群众讲解艺术，深受市民喜爱。“百姓大讲堂”名家讲座通过网络直播，单场点击量36万人次。2019年，长沙市群众艺术馆围绕中国艺术节、“欢乐潇湘”、“中华人民共和国成立70周年”等重要活动和主题开展群文创作，组织专家创作研讨会议，组织文艺骨干参与湖南省首套原创广播体操教材的编导与录制，组织优秀人才参加2019年湖南省音乐、舞蹈、摄影创作采风研讨培训班。备战中国艺术节，遴选辅导《呼唤》《满院春》《山村的笑》3个节目参加省级选拔，舞蹈《呼唤》入选第13届中国艺术节第18届群星奖决赛，完成中国艺术节惠民演出活动4场。征集优秀群文作品和理论文章，编辑出版《长沙群文》4期，征集文章300余篇；创排长沙弹词原创作品《骄杨记》获“欢乐潇湘”优秀奖；物色湖南知青艺术团参加“永远的辉煌”第20届中国老年合唱节荣获“最受欢迎团队”；组织全市“欢乐潇湘”群众文艺会演活动，《血红的名册》《中国的四季》《鸡咯咯鸭嘎嘎》《初心》等优秀节目入选全省展演。长沙市群众艺术馆认真履行湘绣、弹词、山歌和皮影戏保护单位职责，实施全国文化信息资源共享工程，2019年地方资源库建设项目《长沙匠心》，完成国家级非遗代表性传承人彭延坤抢救性记录工程后续工作，实施国家艺术基金人才培养项目《湘绣技艺传承与创新人才培养》，成功申报2020年国家级非遗保护专项资金。“长沙山歌”争取省级项目保护经费10万元，用于原生态数字化采集，录制山歌22首。

（易　佩）

【长沙简牍博物馆举办志愿者风采大赛】 2019年11月15日，长沙简牍博物馆举办了志愿者风采展示大赛。志愿者风采大赛分为个人讲解比赛和集体才艺展示两个部分。志愿者按服务时间分为6个小组，各组选派2名成员参加讲解比赛，才艺部分由全组成员集体展示。讲解部分，各选手选取简牍博物馆基本陈列展品进行讲解、展示，才艺部分则通过朗诵、舞蹈、革命歌曲串烧、器乐等众多形式展示出志愿者们多才多艺、热情洋溢的精神风貌。志愿者颜泽江、杜娅获讲解比赛一等奖；志愿者周六组和周三组获得优秀组织奖。（易　佩）

【群众文艺轻骑队走进跳马镇】 2019年11月6日，长沙市群众文艺轻骑队走进跳马镇，为社区居民群众送上“艺术盛宴”，拉开“我和我的祖国——百团进百村·百艺惠万民”百场演出活动序幕。长沙市文化旅游广电局结合长沙市委、市政府中心工作，将村（社区）综合文化服务中心标准化建设纳入全市实事工程，推动公共文化服务均等化，提升居民群众文化获得感、幸福感。“百团进百村·百艺惠万民”长沙群众文艺轻骑队走基层系列演出活动以文艺轻骑队的形式，将舞台搭到乡村田间地头、社区广场，将演出送到“群众需要的地方”。（易　佩）

【程潜47件遗物入藏长沙博物馆】 2019年10月9日，湖南和平解放著名爱国将领、全国人大常委会原副委员长、民革中央原副主席程潜的女儿、美籍华人程瑜专程到长沙，代表程潜的后人向长沙博物馆捐赠30件套、共47件程潜的遗物。捐赠的47件文物中，有程潜的著作《养复园诗集》、隶书卷轴，还有程潜与毛泽东的多张原版合影，程潜遗物入藏长沙博物馆，丰富了长沙博物馆有关长沙和平解放的馆藏实物。（易　佩）

【“皇家气象——沈阳故宫清代宫廷生活用品展”在长沙开展】 2019年8月9日，由长沙博物馆和沈阳故宫博物院共同举办的“皇家气象——沈阳故宫清代宫廷生活用品展”在长沙博物馆开展。展览共分为四个部分：华美章服、珍馐之器、闲情雅趣、匠心宫室，共展出沈阳故宫博物院馆藏清宫文物95套。第一部分“华美章服”，展出了一件嘉庆皇帝御用龙袍；第二部分“珍馐之器”主要展示宫廷膳食中做工精美、寓意吉祥的膳食器皿；第三部分“闲情雅趣”则展示了极尽奢华、美轮美奂的皇室生活起居用品；第四部分“匠心宫室”主要展示沈阳故宫里细微的摆件饰品，这些清宫遗珍集实用性和艺术性于一体，体现了清中期社会手工业制作工艺的发展水平。（易　佩）

【“霍金与乔治的宇宙”科普展】 2019年7月20日“霍金与乔治的宇宙”——全沉浸式宇宙科普互动体验展在长沙博物馆开展，展览以湖南科技出版社新书《乔治的宇宙》为蓝本，乔治与COSMOS超级电脑将在展览中化身宇宙向导，从实景还原的“霍金书房”出发，穿越由装置和多媒体艺术所构建的沉浸式宇宙场景，接受“宇宙从何而来？”“黑洞中是什么？”等大问题的挑战。该体验展由中南出版传媒集团主办，湖南科学技术出版社、长沙博物馆等联合承办。

（易　佩）

【中国艺术新视界巡展】 2019年6月12日，中国艺术新视界巡展在长沙博物馆举办，展出57位艺术家的83件（组）作品。同时一场探讨当代青年创作中的现实主义、写实主义与艺术形式创新和当下青年艺术创作的问题与展望的研讨会也在长沙博物馆举行。这场中国艺术新视界2019——国家艺术基金青年艺术创作人才（美术、书法、摄影、工艺美术）作品巡展，是从国家艺术基金2014—2018年度美术、书法、摄影、工艺美术创作人才、艺术人才培养项目结项成果中遴选的作品，由国家艺术基金协调、组织开展成果的运用。巡展以“楚韵生辉”为主题，分为“红色叙事、家园情愫、造化心源、匠心独具”4个部分，展出近年来国家艺术基金资助下青年艺术工作者潜心创作的艺术作品，展现在党的文艺思想引领下，青年艺术工作者深入生活、扎根人民、继承传统、开拓创新的精神风貌，在湖南地域历史文明和红色文化的印迹中追寻中国历史与当下的精神意象。该次巡展的作品在继承传统基础上展现了与时代相携的姿态，在创作中表达出青年艺术工作者对时代发展的深刻思考和艺术观照，既呈现回应传统的艺术沿承，又通过寻找新的视觉元素探究作品所能承载的审美意蕴。该次展览以“红色文化、地域文化与当代青年创作”为学术研究的视角，观照当代青年艺术创作中的现实主义和写实主义，并结合展览对当代青年艺术创作的形式创新进行深入研讨，为中国当代青年创作从理论和实践两个层面提供思想和方向。

（易　佩）

【第二批非国有博物馆授牌仪式】 2019年6月11日，长沙市文旅广电局（长沙市文物局）在谢子龙摄影博物馆举行长沙市第二批非国有博物馆授牌仪式。长沙市文旅广电局局长杨长江、长沙市文物局局长曹凛等有关部门领导及长沙市各非国有博物馆负责人出席授牌仪式。对湖南茶叶博物馆、浏阳菊花石博物馆、宋旦汉字艺

术博物馆和升印轩米升文化博物馆4家非国有博物馆进行统一授牌，长沙市文化旅游广电局局长杨长江和谢子龙摄影博物馆执行馆长卢妮对谢子龙摄影博物馆进行了揭牌，与会的各非国有博物馆负责人就博物馆陈列展览、开放管理、藏品征集、社会教育活动开展等方面进行了交流探讨。长沙已注册备案有非国有博物馆12家，占全省一半以上，在2018年举办各类临展特展达42个，开展各种形式的社会教育活动370余场，年接待观众超过46万人次，已基本形成藏品特色鲜明、发展势态良好、社会教育功能逐步突现的非国有博物馆体系，成为长沙“博物馆之城”建设的重要组成部分。（易 佩）

【缅怀田汉系列活动】 2019年5月29日，“不朽的人生——田汉生平事迹图片展”（长沙站）开幕式暨“田汉在长沙”学术研讨会在长沙市图书馆举行。缅怀田汉系列活动由中国田汉研究会、田汉基金会、长沙市文化旅游广电局主办，长沙市图书馆承办。活动特别邀请湖南省政协原副主席、省作协副主席、省文联主席谭仲池，湖南省戏剧家协会原主席、剧作家、国家一级编剧、电影《国歌》剧本作者范正明，国家一级演员、湖南省文联原副主席左大玢等省内文史、戏曲界专家出席。田汉基金会理事长田钢先生向长沙市图书馆捐赠田汉先生照片等珍贵的文献资源。捐赠仪式结束后，活动出席嘉宾及领导共同为展览揭幕，在鎏金启动台前用彩沙开启了“田汉在长沙”系列活动。与会的领导、嘉宾一同参观了“不朽的人生——田汉生平事迹图片展”（长沙站），展览以220余幅史实图片和大量史料文字说明，缅怀田汉活动旨在庆祝庆祝中华人民共和国成立70周年，弘扬国歌精神，号召新时代广大干部群众学习和弘扬田汉先生崇高的爱国精神、炽热的人民情怀、自觉的时代担当、坚定的艺术追求。2019年，长沙图书馆举办“田汉在长沙”系列活动，邀请中国文联、田汉基金会、田汉研究会及省市各级领导、专家学者、新闻媒体50余人参加活动。举办“田汉在长沙”学术研讨会、《田汉在长沙》编辑出版会议。（易 佩）

【长沙推进基层综合文化服务中心建设做法在全国作典型经验交流】 2019年5月6—10日，文化和旅游部推进公共文化领域重点改革任务落实培训班在浙江举行。会上，长沙市就推进基层综合性文化服务中心建设做法在专题会上作典型发言。长沙市辖6区3县（市），是首批国家公共文化服务体系示范区，是全国6个公共文化服务标准化示范地区之一。全市170个乡镇（街道）、1429个村（社区）全部建有基层综合文化服务中心，建设标准达到或超过部颁标准，基本实现“读有书屋、唱有设备、演有舞台、看有影厅、跳有广场、讲有故事、创有指导、学有辅导、联有网络、办有经费”的现代公共文化服务体系新格局，为长沙率先基本建成现代公共文化服务体系打下坚实的基础。（易 佩）

【中华优秀地方剧目展演】 2019年4月24日，2019国之瑰宝·保利情——中华优秀地方剧目展演启动式在长沙音乐厅麓山中厅举行。作为“国之瑰宝·保利情——中华优秀地方剧目展演”项目举办的第三届，有10个剧目，2019年6月至9月在湖南、湖北、山西、河南等地12座城市的13座保利剧院进行49场演出。中华优秀地方剧目展演活动启动式由长沙市委宣传部指导，长沙市文化旅游广电局、北京保利剧院管理有限公司联合主办，北京保利剧院管理有限公司华中分公司、长沙保利音乐厅管理有限公司、长沙滨江文化园管理中心共同承办。（易 佩）

【书香长沙·2019世界读书日活动】 2019年4月11日，以“阅读新时代·城市新动能”为主题的中国图书馆学会第二届城市图书馆学术论坛暨“书香长沙·2019世界读书日”主题活动，在长沙开幕，300余位来自全国23个省份的公共图书馆、高校图书馆代表参加。论坛以“城市图书馆服务创新与效能提升”为主题，汇聚全国城市图书馆界专家、学者、一线工作者，深入探讨城市图书馆服务效能如何提升和创新融合发展，激发文化创新活力，让城市更美好。上海社科院研究员王世伟认为，人工智能将重新定义图书馆、图书馆员和图书馆学。应使人工智能技术充分渗透图书馆服务的全过程，实现图书馆一站式服务、一网式共享、一窗式咨询。广州图书馆馆长方家忠认为，图书馆服务创新逻辑是以人为中心，围绕人的知识、信息、文化、交流需求，建立广泛的合作伙伴关系，组织馆内资源和社会资源，开展各种形式的阅读、学习、交流、分享活动。长沙图书馆馆长王自洋则分享了长沙图书馆如何在提供均等化、标准化、共享化服务的同时提供多样化、个性化、品质化的服务。（易 佩）

【全民阅读图书馆服务】 2019年，长沙市图书馆举办“圆梦新时代·阅来越美好——2018——019全民阅读志愿者大会”。《长沙晚报》、《潇湘晨报》、红网、华声在线、新湖南客户端、湖南卫视、湖南经视、湖南都市等媒体报道307条。与湖南广播电视台潇湘之声合作融媒传播，半年共推出17期《泡在图书馆》馆员做客节目（重播近40期），120期《一起读书》资讯植入节目，360次馆员报时，宣传图书馆服务。与长沙新闻广播电台合作《夜读书香》栏目，共提供好书推荐稿件共84篇。官方微博累计推送动态消息10076条，粉丝累计99682人，组织读者线上互动7

次。微信公众平台发布图文消息 1068 篇，图文阅读 145.8 万次，公众号关注用户 21 万人。抖音粉丝 1460 人，累计播放量 4000 余次。“堡主驾到”微信公众号发布推文 263 篇。长沙市图书馆获中国儿童中心颁布的“寻找家庭故事大王”亲子原创故事优秀组织单位，“青苗计划”获得“书香湖南”全民阅读品牌，“阅天下·青苗在旅图”受邀在第三届全国图书馆未成年人服务论坛上进行案例分享。新三角创客空间项目获得图书馆阅读推广及服务创新培训交流会一等案例、第二届公共图书馆创新创意征集推广活动二等案例。“阅天下·邂逅图书馆之美”活动获中图学会“2018 年阅读推广优秀项目”，2019 年“第二届公共图书馆创新创意征集推广活动一等案例”。“悦享·新知读书会”活动品牌获 2018 出版界图书馆界全民阅读年会优秀案例奖及 2019 年中国图书馆学会学术论文和业务案例二等奖。“‘五加’服务迎暑期”活动获市委宣传部充分肯定。馆员先后获 2019“中图学会论文”一等奖、湖南省图书馆学会成立 40 周年演讲比赛二等奖和主题征文活动一、二、三等奖以及“2019 图书馆阅读推广及服务创新培训交流会”优秀案例优秀奖、2019 年中国图书馆学会学术论文和业务案例征集三等奖、湖南省图书馆学会第十二届学术成果评奖三等奖、“书香圆梦·我眼中的图书馆”主题摄影展一、二等奖。

（刘　婷　易　佩）

【“阅天下·邂逅图书馆之美”活动】 2019 年，长沙图书馆为读者发放游学护照、游学笔记，新三角创客空间举行图书活动，全国首创图书馆创客文化课，打造流动创客营，走进长沙图书馆总分馆、流动服务点、长沙市各中小学等。第三届“创战计”星城创客大赛中，长沙与广州、武汉进行三城赛事联动，策划发起“阅读，有点意思”2019 阅读手账文创嘉年华系列活动。（刘　婷　易　佩）

【“和阅”联盟成立】 2019 年 4 月 26 日，长沙市图书馆携手学校、企业、公益组织等多方力量共同成立“和阅”联盟，将“大巴童书会”“文津图书奖获奖图书展”“中国连环画百年历史展”送入长沙实验小学的校园。9 月开学季，启动“阅读，一个都不能少”馆校合作项目，流动大巴车进校园，为学生办理免押金的专属小小读者证并赠送“阅天下”游学护照，2019 年已经走进十余所小学，服务人群两万余人。承办“革命文献与民国时期文献保护计划”宣传推广项目——长沙站系列活动，包括“革命文献与民国时期文献保护计划”系列展览和专题培训班，来自全国各地 170 余名民国文献整理与保护从业人员参加活动。与浏阳市文化旅游广电体育局共同主办“浏阳市图书馆 2019 年新进员工入职培训班”，对来自浏阳市图书馆的 27 名新进馆员进行培训。承办湖南省图书馆学会成立 40 周年纪念大会暨 2019 年学术年会，业界近 300 人参加会议，长沙市图书馆获“最美图书馆”称号。截至 2019 年，长沙全民阅读志愿者联合会共招募成员 3259 人。2019 年组织志愿者培训 6 场，培训志愿者 1023 人。全年组织志愿者参与总分馆各类活动 3416 场，服务读者 114292 人。评选出 2 位全民阅读推广大使、23 位全民阅读推广最美志愿者、8 个全民阅读推广先进服务团队。

（刘　婷　易　佩）

文化场馆

【长沙图书馆】 长沙市图书馆是地市级综合性公共图书馆，成立于 1960 年，老馆馆址定王台是湖南图书馆事业的发祥地。新馆位于长沙滨江文化园内，于 2015 年年底全面开放，总建筑面积 31314 平方米，共 5 层，规划藏书量 200 万册，每天可接待读者 10000 余人次。图书馆外形如同巨大的顽石立于湘江和浏阳河的汇合处，象征着开放、创新的“湖湘精神”和刚强、勇敢的“湖南性格”。外墙设计方案取材于《荀子·劝学篇》，展现了图书馆的文化底蕴。馆内主要设置有社科文献借阅室、自科文献借阅室、报刊借阅室、儿童借阅室、青少年借阅室、视障文献借阅室、电子文献借阅室、多元文化馆、长沙人文馆、新三角创客空间、24 小时自助图书馆、咖啡书吧、乐之书店等功能区域。全馆实行免费开放。截至 2019 年，已在全市建立分馆 130 家，24 小时自助图书馆 35 个，配备流动图书车，设置流动服务点 91 个，实现总分馆之间一卡“通借通还”借阅服务。长沙市图书馆以打造城市“文化综合体”为目标，常年举办讲座、培训、展览、阅读推广等文化活动。致力建设成为长沙文献信息资源服务中心、全民阅读终身教育中心、区域图书馆网络中心、文化学术交流中心。2019 年，长沙市图书馆共接待读者 219.1 万人次，办理读者证 3.5 万张，文献外借 190.56 万册次，网站访问量 363 万次，馆微信模块访问量 27.6 万次，开展各类阅读文化活动 3720 场（本馆 1754 场，分馆 1966 场），接待国内外各类考察交流 59 批次 1315 人次，其中外事活动 2 次。文献采访 15 万册；社会捐赠图书 835 册；征订中文报纸 255 份、中文期刊 1710 种，外文报刊 74 种、外文图书 874 册；采购、征集地方文献 4963 册；采购古籍 266 册。基本书库回溯建库加工文献 9 万余册，鹿儿岛文库日文文献回溯加工整理 6900 余册。继续开展“你的 book 我买单”活动。下发《长沙市乡土文献征集与保护工作实施方案》，大力推进全市乡土文献征集与保护工作。新增外购数字资源 20TB，外部数字资源本地存储量达到 100TB。声音图

书馆声音数据资源达28.5GB。录制各类公开课活动视频资源2.8TB。星城旧影老照片项目资源库整理扫描照片9000张。升级自助借还设备，对公共阅览空间视频监控系统进行扩容。

智慧图书馆建设　2019年，长沙智慧图书馆各类应用系统投入试用，对接智慧城市建设，馆资源检索、活动预告、总分馆场馆、读者及借阅情况将以数据接口的方式接入“长沙城市超级大脑”数据中台。参与联合在线咨询，传递文献1128篇。在图书馆官网和微信上设置查询入口，提供政府公开信息网上查询服务。答复读者各类咨询、意见7.58万条（次）。处理馆长信箱199封。2019年长沙市图书馆首次岗位聘用与绩效改革，确定一、二、三类管理岗人选。持续推进青年馆员素质提升计划，与中南大学合作，举办为期一年的馆员高级研修班。青苗3周年庆暨图书馆奇妙夜活动发起“智慧图书角”慈善项目，为贫困地区的孩子们送上智能借阅柜。青苗在旅图以书香湖南庆祝中华人民共和国成立70周年为主题，开展爱国诗词阅读暨书中人物寻访活动、爱国诗词书写、爱国诗词朗诵等活动。“一颗童心献祖国”系列活动培养孩子的爱国情操，3000余人参加，获得多家媒体报道。

总分馆网络建设　2019年，长沙图书馆完善总分馆网络，统筹服务体系建设。2019年新建分馆16个，全市分馆130家，流动服务点91个。建24小时自助图书室7个。向分馆配置、更新图书10万余册，120家分馆通借通还文献流通量116万册次，流动图书车25个流通服务站累计办证数1153张，文献流通量6.8万册次，地铁自助图书馆文献流通量5.1万册次。总分馆辅导咨询1370次，举办总分馆管理员培训20次。总分馆物流服务外包正式上线。面向全市各分馆常态化配送优质活动资源，2019年，分馆共举办各类读者活动1966场。举办各类活动1754场（百师千课、语言星球、“观书海”、故事城堡·绘本之旅、故事驿站、悦读吧·手工课堂、月阅之星、“悦享·新知”读书会、星城科学讲堂等），服务读者数万人。举办“不朽的人生——田汉生平事迹图片展”“归途·剑武书画展”“旧时新忆 湘味长沙——民国时期长沙历史文化展”“壮阔东方潮 奋进新时代——庆祝中华人民共和国成立70周年”等主题展览。打造“爱心助盲”阅读品牌，开展“助盲专车”、盲人数字阅读推广、视障阅读现场培训和送无障碍电影、语音朗读设备和盲文书籍上门等活动。承办第二届城市图书馆学术论坛。全国300余名业界代表齐聚长图，探讨城市图书馆服务创新与效能提升相关问题，长沙市图书馆作题为《创新·服务·效能——新时代城市图书馆服务的温度与梯度》的主题报告。　（刘婷　易佩）

【长沙博物馆】　长沙市博物馆成立于1986年，2008年3月起向社会免费开放，国家二级博物馆，为全额财政拨款事业单位。旧址位于长沙市八一路538号清水塘，2015年搬迁至开福区新河三角洲长沙滨江文化园，并于当年12月28日对外开放临展厅和公共开放区域，2017年5月18日全面开放。新馆按“省会一流、国内领先”标准建设，集文物收藏、保护研究、展示宣传、教育服务等功能于一体，建筑层高5层，建筑面积2.4万平方米，展示面积9000余平方米，收藏各类文物近5万件，其中商周青铜器、楚汉文物、长沙窑瓷器为国内外所瞩目。常设展览有“湘江北去——长沙古代历史陈列”和“中流击水——长沙近代历史陈列”两个基本陈列，同时常年举办各类专题展览和“湘城”讲坛，开展各类社会教育实践活动。打造文旅融合示范项目，与旅行社、企事业单位、社区、研学基地对接，设计参观学习精品路线与课程；与湖南龙骧轮渡游艇合作，新增“龙骧游艇一日游”项目，将博物馆纳入参观景点。截至2019年12月15日，接待观众1434130人次，完成讲解接待2221批次，收到观众留言点赞15193条，参观人数较2018年同期增长19%。建立展览“引进来、走出去”长效机制，举办专题特展12个，推出“白银时代”和“长沙窑”两个展览进行全国巡展，完成7站巡展。“金辉玉蕴”“玉出山河”“金猪拱福”“沁园春·长沙”“楚韵生辉·中国艺术新视界2019”等文物、艺术类展览，通过电视、广播、新媒体平台不断宣传推广，微博话题阅读量1984.2万次。博物馆自媒体平台共推送报道860篇，总阅读量332.59万人次，“博物馆”热度持续增高。“唐风妙彩”在南京市博物馆、广州南越王博物馆，“白银时代”在新疆哈密博物馆、山西大同博物馆等地展出，进一步扩大长沙城市文化影响力。“国际博物馆日”“文化与自然遗产日”活动丰富、特色鲜明，获领导、同行、社会公众一致好评。作为2019年中国“国际博物馆日”的主会场城市，承办第二届“当代中国博物馆策展人论坛”，举办大铙古乐团表演、星博之夜等系列活动。国家文物局党组书记、局长刘玉珠参观“长沙古代历史文化陈列”后，认为展览“以物叙史”诠释到位，较为全面系统地反映了长沙的历史风貌、文化内涵和城市形象。“文化与自然遗产日”期间举办捐赠仪式、高校合作签约仪式和讲座、导赏等系列活动，在长沙丰泉古井社区挂牌第一家“长沙博物馆分馆”，开启博物馆“总分馆建设模式”，探索建立长沙市博物馆生态群。完成旧馆文物搬迁工作，确保文物安全顺利落户新家。此次文物整体搬迁涉及文物数量多、规模大、种类复杂，操作专业性强、时间跨度长、风险高。馆文物搬迁领导小组，对文物搬迁工作进行统一调度，抽调各部门人员，攻坚克难，历时半年，于2019年4月30日顺利完成2413箱、49404件文物的搬迁工作。推进学术研究。完成新一届学术委员会改选，修订《学术委员会章程》、拟定《关于促进学术课题研究的实施意见》。面向全馆征集学术课题38个，将以开题答辩形式甄选15个馆级学术课题，促进博物馆事业高水平发展。与湖南大学、中山大学确定合作项目，启动课题研究；与中国科学院大学面向全国举办“展览策划与实施培训班”。博物馆精品栏目持续发力。全年中央、省、市媒体记者到馆采访报道200余次，发表原创报道163篇。《长沙晚报》“国宝密语”推出45期专栏；湖南都市频道合作推出“爱上博物馆”8期专题节目；与金鹰955电台合作品牌栏目“如果文物会说话”，推出特展音频节目50期；新牵手“智慧长沙直播平台”进行“玉出山河”“皇家气象”等特展进行导赏，在线收看人数达26万人次。2019年，智慧博物馆二期建设立项，积极参与“长沙超级大脑”项目，协助完成“智慧文旅”初版方案。总结智慧博物馆建设经验与不足，向省文物局汇报后续发展思路及建设路径，确定立项“文物数字化保护利用集成展示及智能管理平台”为智慧博物馆二期项目。争取参与“长沙超级大脑”建设，争取将博物馆内容纳入文旅融合板块，以藏品、展品为核心，提炼城市文化IP，串联讲好“长沙故事”。

（刘　婷　易　佩）

【长沙简牍博物馆】　长沙简牍博物馆是全球唯一以简牍为专题，集简牍收藏、保护、研究和陈列展示于一体的现代化专题博物馆。成立于2002年，是长沙市文化旅游广电局主管的副县级全额拨款事业单位。总占地面积2公顷，建筑面积1.41万平方米，基本陈列面积5000余平方米。2007年11月8日对外开放，2008年10月28日起实行免费开放，现为国家一级博物馆。2019年完成游客服务中心、展厅二楼阳光房建设，完成电子票务系统、文博一体机和3个互动游戏程序开发等智慧博物馆基础建设项目，完成消防泵房改造、消防设施整改、食堂维修改造等项目，启动特展厅改造。长沙简牍博物馆主要藏品有10万余枚三国孙吴纪年简牍、百枚东汉早期简牍、2000余枚西汉早期简牍、西汉长沙王后“渔阳”墓签牌、封检和3500余件其他历史文物。提升讲解服务，优化展陈质量。2019年长沙简牍博物馆接待观众65万人次，讲解2000余场，重要接待70余批次，开展社教活动661场，包括简博俱乐部常设活动及专场活动241场、“我是小管理员”岗位实践活动358场、特展1场、简牍文化巡展（流动博物馆）6场、市民文化讲堂6场以及简牍小课堂50余节。2019年，长沙简牍博物馆与故宫博物院、《中国书法》杂志社等多家单位展开深度学术合作，召开“长沙简牍博物馆最新合作成果新闻发布会”，挂牌“故宫研究院长沙简牍研究中心”，出版新书《长沙走马楼吴简书法研究》和《长沙走马楼吴简书法选粹》（4册）。继续推进中国简牍信息管理系统数据采集工作，完成《走马楼吴简·竹简》二至七卷、嘉禾吏民田家莂相关释文资料与图版信息的录入，上传5万余条编号至信息平台。稳步推进国家社科基金重大项目“长沙走马楼西汉简的整理与研究”，全年组织举办两次释文整理读简会活动，完成西汉简牍考古发掘简报和考古发掘报告初稿。继续推进西汉渔阳漆木器保护修复项目的相关工作，8月送54件文物至荆州文保中心进行修复整形等处理，并对地下饱水库房内的所有器物进行例行维护、日常保洁工作，及时置换浸泡药水、更换保存袋等共计580余盆。《长沙走马楼吴简·竹简（玖）》的出版发行，《长沙走马楼三国吴简·竹简（伍）》被评为“2018年度全国文化遗产十佳图书”。举办特展“华夏印记——砖瓦·简牍·钱币展”“湖南简帛书法研究展”“溢彩风尘——李天玉花鸟画艺术展”3场，临展33场。与南京市博物馆达成联合办展协议，完成“从建业到临湘——吴主孙权的江南经营”的内容大纲。完成巡展“竹木载文明”的内容、版面和形式设计，并已投入展陈。（易　佩）

【长沙音乐厅】　长沙音乐厅于2015年12月28日投入使用，委托北京保利剧院管理有限公司进行演出经营和物业管理。长沙音乐厅按照纯正的音乐厅标准打造，总建筑面积约2.8万平方米，建筑高度约28米，主要包含：1400余座交响乐大厅、近500座多功能厅及近300座室内乐厅。音乐厅功能齐全，集音乐演出、艺术培训、贵宾接待等功能为一体，可同时容纳约3000人的音乐爱好者欣赏艺术、参加艺术培训。长沙音乐厅按照“经典艺术的欣赏殿堂、群众艺术的展示舞台、高雅艺术的教育基地、文化艺术的交流平台”的目标定位，力争打造成为湖南省内顶尖、国内一流、国际知名的音乐厅。2019年长沙音乐厅践行“厅团合一”建设机制，积极配合开展“冬之韵·长沙第四届国际音乐艺术季”、杜鹃花艺术月、中外著名城市交响乐团长沙峰会等系列高雅艺术工作，全年演出活动场次370余场，上座率78%、观众满意度98.5%以上，年接待观众预计超24万人次，按照“省会地标、长沙客厅、文化圣殿、百姓乐园”的总要求，以“高贵不贵、文化惠民”为经营宗旨，不断擦亮高雅艺术殿堂的品牌力和影响力，不断升级长沙市民的文化幸福感和获得感，为国家历史文化名城长沙增光添彩，为世界“媒体艺术之都”长沙增添活力。紧扣目标，各项预定指标进一步提升。长沙音乐厅全年演出370场，较2018年增长16.7%。其中A类演出56场，超过目标任务40%；B类演出53场，超过目标任务20.8%；C类演出52场，超过目标任务225%。年均上座率78%，观众满意度98.22%；公益惠民及政府用场83场，与2018年持平。2019年长沙音乐厅引进全球十大交响乐之德累斯顿国家管弦乐团、世界顶级钢琴演奏家普莱特涅夫、国内著名钢琴演奏家李云迪、二胡名家马向华、歌手龚琳娜等国内外知名演出；重点打造了冬之韵国际音乐艺术季、4周年演出季、跨年暨新春演出季、中华人民共和国成立70周年演出季之为祖国献礼、百姓舞台·百姓家、长沙艺术讲堂之音乐之声等高品质演出品牌，丰富了长沙市民的文化生活；承办中外著名城市交响乐团长沙峰会、2019保利院线国之瑰宝新闻发布会、GCC吉他大赛、艺术培训、文化夏令营等具有影响力的赛事活动，各演出活动呈现全方位、高质量发展的趋势；组织策划2019长沙音乐厅跨年新年音乐会，首创古典高雅文化艺术跨年新模式。2019年4月，长沙音乐厅组织开启文化惠民活动，联合长沙市妇联、长沙市总工会、团市委、长沙城管、残联、长沙市教育局、退役军人事务局等单位，邀请千位市民走进音乐厅感受高雅艺术，各类公益演出活动不断，年内不超过100元的演出场次增加到60场以上，惠及民众超7万人次，取得艺术普及的丰硕成果，让民众的获得感、幸福感更多更强，谱写“公益+”新篇章。2019年接待各级领导观演、参观、座谈约70余次，服务政府活动用场80余场。对接2019迎春座谈暨民族音乐会、2019首届潇湘茶文化节文化论坛、长沙市第七届阳光娱乐节启动式等。（刘 婷　易 佩）

【长沙市群众艺术馆】 长沙市群众艺术馆为副县级公共文化服务机构，公益一类事业单位，肩负着推动公共文化事业发展、繁荣群众文艺创作、丰富市民文化生活、提升市民艺术素养、传承优秀非物质文化遗产、培养“群文湘军”等重任。2007年搬迁至雨花区劳动东路“一馆三中心”，现有馆舍面积10186.5平方米。馆内设有实验剧场、多功能厅、学术报告厅、展览厅、琴房、舞蹈室、音乐室等文化活动室，免费对外开放。共设置了戏剧、曲艺、音乐、舞蹈、文学、美术、书法、摄影、调研、音乐制作、非物质文化遗产保护等12个专业门类，专业人员配备齐全，在岗职工42人，分设办公室、文艺部、培训部、创作中心、数字文化服务中心、实验剧场6个工作部门。长沙市群众艺术馆“中心馆—总分馆”数字化平台（网站）经测试、安全检测、备案、域名绑定等筹备工作，于2019年6月初步上线；馆微信公众号服务号不断完善，定期推送群文资讯，策划推出了“庆祝中华人民共和国成立70周年——爱国歌曲大家唱”“庆祝中华人民共和国成立70周年——欢乐潇湘 品质长沙 群众文艺优秀节目线上展播”“百佳团队”展示等新栏目，全年推文150余篇，单篇最高点击量近5000人；优化“公益培训”网上报名和群文活动在线直播功能，馆微信公众号服务号实现在线直播演出12场，单场最高在线访问量36万余次，总访问量累计125万余次；推进馆数字化资源库的打造，完成各类活动视频、图片收集工作，已收集数字资源3T；“长沙群艺馆线上艺术课堂”上线，着力实现“互联网+”推进全民艺术普及。长沙市群众艺术馆综合楼提质改造工程是2019年市政府重大政府投资项目，项目总投资为881.56万元。长沙市群众艺术馆成立项目领导小组，安排专人跟进，2019年上半年完成项目设计、编制项目建议书、采用设计施工一体化招标等程序。工程设计施工总承包于7月30日在市公共资源交易中心“开标”，确定湖南湘盛建筑有限公司中标。经与施工方、设计方、监理方的多次讨论，确定项目深化设计方案，9月1日项目开工，于2019年年底竣工。长沙市群众艺术馆全年开设公益艺术培训班110个，开展活动46场，实验剧场惠民演出165场，“百团进百村 百艺惠万民”优秀群众文艺下基层带动全市开展文艺下乡演出100场，活动组织“欢乐潇湘”群众文艺会演、“祖国颂”百万群众合唱大赛等全市大型群众文化活动献礼中华人民共和国70华诞，在省“祖国颂”庆祝新中国成立70周年群众合唱比赛中获特等奖，在省“欢乐潇湘”群众文艺会演活动中获4个特别奖、4个金奖、4个银奖、2个优秀奖。（易 佩）

【隆平水稻博物馆】 2019年9月27日，世界首个以水稻为主题的博物馆——隆平水稻博物馆在长沙开馆。“杂交水稻之父”、中国工程院院士袁隆平，中国工程院院士官春云出席开馆仪式。隆平水稻博物馆位于长沙芙蓉区浏阳河东岸，总建筑面积1.1万平方米，主体建筑俯瞰为五粒金黄的稻谷，寓意华夏大地五谷丰登，平视为五瓣盛开的芙蓉花。博物馆展陈面积近6000平方米，主要分为陈列区、库藏区、公共服务区、技术与行政管理空间5个不同的功能区。博物馆以水稻为主题设有“稻米香万年——中国水稻历史文化陈列”“奇异的旅程——水稻的一生陈列”“梦想成真——袁隆平与杂交水稻陈列”三大基本陈列，展示了杂交水稻的产生、发展和影响，中华民族悠久的稻作文化以及水稻科技。隆平水稻博物馆免费向公众开放，观众除在展厅感知学习水稻文化知识之外，还可以在博物馆文化园区开展户外稻田体验活动。（付敬懿　文 进）

【湖南美术馆】 2019年9月28日，庆祝中华人民共和国成立70周年湖南美术馆开馆首展、第六届全国画院美术作品展开幕式在湖南美术馆举行。以“美丽中国”为主题，旨在以中华人民共和国70年辉煌成就、特别是中共十八大以来党和国家取得的伟大成就为创作母题，以表达人民心声、体现人民情感、满足人民审美需求、彰显时代精神为创作指向，以多向度的观察视角和多样化的艺术语言谱写新时代中国美术的新篇章。湖南美术馆位于湘江西岸、岳麓山下，潇湘大道与靳江路交汇处，毗邻中南大学，与橘子洲头隔水相望，占地面积5万平方米，建筑面积2.47万平方米，总投资3.98亿元。由展览区、公共服务区、学术研讨区、藏品管理区、办公区等区域组成，其中展厅总面积7200平方米，展线可达1800延米，最大展厅面积近1万平方米，展厅最高净空8米，采用国家重点美术馆标准进行展览流线规划，和国际一流专业美术馆智能化灯光系统设计。湖南美术馆于2012年5月立项，历经7年设计和建设，于2019年9月28日向社会开放。

（周义娟）

【长沙市首家农安小区自助图书馆入驻坪塘街道】 2019年1月11日，长沙图书馆花溪欣苑分馆开馆运行，这是长沙市首家建设服务于农安小区的固定式智能自助图书分馆。该图书分馆于2018年9月动工兴建，建筑面积70平方米，有藏书22大类10000余册图书，通过智能安全检测系统、智能门禁联动系统和自动智能借还书系统，可实现24小时智能自助式图书借阅。馆内设备先进、功能齐全，安装有空调、无线Wi-Fi、自助办证机和自助借还书机等设备。同时图书分馆还分设了成人阅览区和儿童阅览区。该馆可为小区5000余户近2万居民和邻近博才小学、明星幼儿园的1000余名教职工、学生提供图书借阅服务。

（周义娟）

艺术创作与展示

【概况】 2019年，长沙市加快构建现代艺术创作体系，市属院团和艺研院全面发力，湘剧《国歌时候》剧目定稿并创排演练；花鼓戏《瓜子红》完成首演；民族歌剧《半条红军被》完成剧本创作。7个项目获2019年国家艺术基金资助230万元。《望母台》正在结项；电视剧《共产党人刘少奇》入选国家“五个一工程”奖；湘剧《田老大》、歌曲《让爱在阳光下连接》获省“五个一工程”奖。办好了新年音乐会、长江中游城市群会商会文艺演出、中非经贸博览会及中国航天日焰火晚会等一系列活动，协同举办媒体艺术节暨“一带一路”青年创意与遗产论坛。举办我和我的祖国——省会大学生文艺会演、谭盾《敦煌·慈悲颂》演出、全国第12届书法篆刻作品展、第七届“艺术长沙”双年展、杜鹃花艺术月等重大活动。长沙美术馆组织参加中国艺术节，9幅作品入展。省市共建长沙交响乐团，成为全国文艺院团深化改革一大创举和成功案例。乐团举办了橘子洲央视春节快闪、“长沙之夜”露天音乐节等活动100余场。建立“厅团合一”机制，长沙音乐厅举办冬之韵——第四届长沙国际音乐艺术季，全年开展演出356场，年接待观众25万人次。

（陆明榜　刘　婷）

【湘剧《田老大》获省“五个一工程”奖】 由长沙市湘剧保护传承中心创作的国家艺术基金传播交流推广资助项目湘剧《田老大》，是长沙市近年来重点打造的精品剧目之一。2019年被评为湖南省第14届精神文明建设“五个一工程”奖，《田老大》于2018年7月22日启动全国巡演，2019年12月在长沙、武汉等地开展巡演活动，并在高校开展专场演出。（李典琼）

【新年音乐会】 长沙市委、市政府每年通过举办新年音乐会的方式，表达对省会长沙社会各界人士的新年问候。2019年12月28日，为深入贯彻落实中共十九大精神和习近平新时代中国特色社会主义思想，全面展示长沙践行新发展理念、推动高质量发展的崭新业绩，为全面建设现代化长沙提供强大动力，根据市委安排，在长沙音乐厅举办2020长沙新年音乐会。音乐会由长沙交响乐团负责承办，并特邀交响乐女指挥家郑小瑛教授参与演出。

（李典琼）

【花鼓戏《瓜子红》演出】 2019年12月31日，花鼓戏《瓜子红》在长沙实验剧场进行演出，剧目抓住花鼓艺人与命运抗争、与邪恶抗争这条行动主线，讲述了花鼓戏艺人宣传革命、宣传红军，成长为红军长征路上一支独特队伍的故事。根据专家意见，拟对该剧进一步提质打磨，力求向“六个一”看齐：一个矛盾冲突扣人心弦的

2019年12月31日，花鼓戏《瓜子红》在长沙实验剧场演出

市文化旅游广电局 供图

故事，一组性格鲜明使人瞩目的角色，一段悲喜交加打动人心的情感，一台湘风扑面引人入胜的花鼓，一台声情并茂回味无穷的唱段，一部攀登高原让人叫好的精品。（李典琼）

【谭盾《敦煌·慈悲颂》2019 中国巡演登陆长沙】 2019 年 6 月 16 日，谭盾《敦煌·慈悲颂》2019 中国巡演登陆长沙梅溪湖国际文化艺术中心大剧院。该次音乐会由生长于长沙的国际音乐大师、著名作曲家、指挥谭盾指挥，沈洋、朱慧玲、王传越、郭森、谭维维、巴图巴根、陈奕宁领衔主唱，有着长达一个多世纪辉煌历史、享誉世界交响乐版图的佼佼者——法国里昂国立管弦乐团及德国吕贝克合唱学院等来自 19 个国家的 200 余名音乐家组建的豪华演出阵容齐齐亮相，用西方交响乐的技法诠释敦煌的千年回响，将唐朝艺术鼎盛时期的大国风貌以乐曲形式响彻湘江。是“长沙伢子”谭盾首次将作品《敦煌·慈悲颂》带回家乡首演，为家乡的观众呈现了一场完美的视听盛宴。（李典琼）

【全国第 12 届书法篆刻作品展】 2019 年 11 月 26 日，由中国文联、中国书法家协会主办，湖南省文化和旅游厅、湖南省文联、长沙市人民政府联合主办的全国第 12 届书法篆刻展览楷书隶书展开幕式在湖南美术馆举行，省领导张宏森、吴桂英等出席开幕式。此次展览入展的 361 件（楷书 246 件，隶书 115 件）作品，内容丰富，风格多样，承古开今，继承创新，或沉稳大气，或古朴率真，或文辞精工，或形式别致，在整体上呈现出以下特点：经典意识突出，对传统古法的开掘与吸纳更为自觉深入。取向多元，过去盲目跟风现象有所回拨扭转。小字楷书取法多样、各呈其美；大字楷书入古为新，彰显正大气象；隶书作品审美意蕴丰富，取法自由开放，个性相对凸显。追求艺文兼备，在文辞准确、用字规范方面有明显进步。新人新作不断涌现，特别是具有高等书法教育背景的作者更多参与其中，显示出新时代书法创作队伍的蓬勃生机和充足后劲。同时举办的“全国名家邀请展”，共展出 78 件楷书、隶书作品。整个展览基本代表了现阶段楷书、隶书创作的整体水平和审美追求。（易 佩）

【2019 年长沙市中小学生艺术展】 2019 年 11 月 27 日，2019 年长沙市中小学生艺术展演在长沙市音乐厅、长沙实验剧场结束，这是全市规模最大、门类最齐全、影响最为广泛的一项中小学生艺术类展演，是长沙市中小学生艺术教育成果的集中展示。217 支队伍从 1000 余支队伍中脱颖而出，走上 2019 市艺展的舞台。6000 余名“湘江未来大师”展示了长沙中小学生的独特艺术风采。长沙市 2019 年中小学校园文化艺术节艺术展演活动由长沙市委宣传部、长沙市教育局、长沙市文化旅游广电局主办，长沙市少年宫承办。艺术展演活动以“阳光下成长”为主题，寓意少年成长“向真、向善、向美、向上”以普及促提高、以提高带普及，加强长沙市各中小学生美育、德育素质教育，一起为孩子们搭建展示才艺的大舞台，以孩子们多姿多彩的艺术表演，献礼中华人民共和国成立 70 周年。（易 佩）

【第七届“艺术长沙”双年展】 2019 年 12 月 7 日，第七届“艺术长沙”双年展举办，分湖南省博物馆、长沙博物馆、湖南省谭国斌当代艺术博物馆三个展区同步展出，为观众带来一场历史与艺术碰撞、文化与美学融合、经典与前卫并行的当代艺术盛宴。“艺术长沙”双年展湖南省博物馆展区举办油画展和综合作品展，长沙博物馆展区举办个人艺术展，湖南省谭国斌当代艺术博物馆展区举办当代水墨展，三个展区形成由南向北依次参观的“三馆一线”艺术之旅。该展览由湖南省博物馆馆长段晓明担任总策划，湖南省博物馆副馆长、研究员陈叙良担任总策展人。三个展区分别由三联生活周刊杂志社原副主编舒可文、武汉合美术馆执行馆长鲁虹、北京画院副院长吴洪亮担当执行策展人。10 位艺术家的作品应邀参展，包括罗中立、段建伟的当代油画展，杨茂源、何岸、梁远苇的综合艺术作品展，李津、刘庆和、武艺的当代水墨艺术展，王迈、傅瑶的个人艺术展。“艺术长沙”双年展作为推动本土文化与世界文化交流互鉴的重要平台，是长沙建设国际文化名城的有益探索，是建立和打造文化名城和艺术重镇的有力举措。由中

2019 年 12 月 7 日，第七届“艺术长沙”双年展开幕式

市文化旅游广电局 供图

南出版传媒集团、湖南美术出版社主办，美仑美术馆承办的“艺术长沙”平行展也同期举办，特邀女性艺术家陈淑霞、尹秀珍参与。（易　佩）

【“我和我的祖国·夏之恋”长沙市艺术惠民文艺晚会首演】 2019年6月1日，“夏之恋”长沙市艺术惠民活动在长沙滨江文化园进行首场演出。为进一步让文化艺术惠及更多市民群众，结合长沙市滨江文化园流动人口多、文化底蕴深的特点，长沙市整合长沙歌舞剧院、长沙市湘剧保护传承中心、长沙市花鼓戏保护传承中心、长沙市群众艺术馆等专业艺术院团力量，在长沙滨江文化园广场推出“夏之恋”长沙市艺术惠民露天文艺晚会，除遇特殊天气，每周末晚都为市民带来文艺演出。长沙滨江文化园是长沙市计划打造的11个文化惠民演出基地之一。为使长沙市送戏下乡文化惠民工作有效融入15分钟文化生活圈，2019年，长沙市在全市9个区县（市）打造11个文化惠民演出基地，包括开福区长沙音乐厅、雨花区长沙实验剧场、天心区湘江剧场、天心区太平街老戏园、芙蓉区都正街剧场、望城区雷锋影剧院、岳麓区长沙非遗展示馆、雨花区非遗展示馆、长沙县星沙实验剧场、浏阳市欧阳予倩大剧院、宁乡市宁乡大剧院。（李典琼）

【“我和我的祖国·秋之颂”长沙市艺术惠民音乐会】 2019年9月13日，“我和我的祖国·秋之颂”长沙市艺术惠民系列晚会启动式音乐会在长沙滨江文化园文化广场举行。该次演出由长沙市委宣传部、湖南省演艺集团、长沙市文化旅游广电局主办，长沙交响乐团承办，长沙音乐厅、长沙滨江文化园管理中心协办。演出由长沙交响乐团团长、音乐总监、国家一级指挥肖鸣执棒，长沙交响乐团歌剧中心独唱演员刘洋真理、黄丽园、刘文婷、黎明、吴楠子、吴骏担任演唱，长沙交响乐团歌剧中心合唱团、中南大学合唱团担任合唱，青年指挥家银玉灿担任合唱指挥，长沙交响乐团担任演奏。音乐会曲目丰富多彩，既有经典红色作品，又有少数民族乐曲及当下流行的歌曲，兼顾庄严雄伟与青春活力。交响合唱《红旗颂》拉开了音乐会的序幕，晚会演奏了《祖国颂》《保卫黄河》。管弦乐《瑶族舞曲》、内蒙古民歌《鸿雁》，具有浓郁的少数民族风情。流行歌曲《传奇》为中秋之夜增添浪漫。（李典琼）

【长沙交响乐团2019年度重大活动】 2019年4月30日，2019年度长沙交响乐团活动举行。2019年是省市共建长沙交响乐团的第一年。通过举办系列活动，旨在加快建设长沙交响乐团成为具有世界影响、中华气派、湖湘风格、长沙特色的一流交响乐团的步伐。2019年，长沙交响乐团推出普及性惠民演出、主题性高端演出、推广性交流演出等重大艺术活动，加快建设长沙交响乐团成为具有世界影响、中华气派、湖湘风格、长沙特色的一流交响乐团的步伐。长沙交响乐团团长肖鸣对2019年度长沙交响乐团重大活动安排计划进行了介绍，包括普及性惠民演出、主题性高端演出、推广性交流演出以及后续工作安排。普及性惠民演出，突出公益性与普及性，开展“星城乐韵”主题惠民音乐会、“长沙之夜”露天音乐会、2019“交响音乐进校园”演出、2019“雅韵三湘·艺润四水”演出等系列演出。“长沙之夜”露天音乐会于2019年7月、9月在长沙滨江文化园露天广场，搭建露天舞台，举办5场不同主题的交响乐惠民演出，吸引市民了解交响乐，培养长沙交响乐团粉丝群，促进交响乐的普及与推广，打造以“长沙”为名的交响乐惠民品牌活动。促成与谭盾的首次合作，主办谭盾与长沙交响乐团专场音乐会，另外，还主办湖南省庆祝中华人民共和国成立70周年大型交响合唱音乐会、2019中国交响乐峰会及长沙交响乐团专场音乐会、2020长沙新年音乐会、2020年湖南新年音乐会、2019“雅韵三湘·音乐经典”演出、聘请国际知名指挥大师尼古拉·朱利亚尼为桂冠指挥并举行专场音乐会等演出活动。推广性交流演出，借助名家力量，结合交流活动，在国内国际舞台展现长沙形象，进行日本京都“世界文化交流节”演出、“国之瑰宝”——大型交响合唱《通道转兵组歌》巡演暨于海“我们的国歌”讲座、庆祝中俄建交70周年交响音乐会——中俄乐团联合演出及中俄文化艺术季长沙交响乐团巡演等交流演出。长沙市根据《省市合作共建长沙交响乐团协议》，在经费支持、场馆支持、资源共享等方面全力支持长沙交响乐团发展。（李典琼）

【长沙市杜鹃花艺术月】 2019年12月12日晚，由中共长沙市委宣传部、长沙市文化旅游广电局主办的2019媒体艺术之都·长沙市杜鹃花艺术月活动启动，在为期一个月的时间里，以市属专业艺术单位为主体，联动部分省直院团、各区县（市）文艺团队，在长沙音乐厅、梅溪湖国际文化艺术中心大剧院、长沙实验剧场、湘江剧院、湖南省博物馆、湖南省谭国斌当代艺术博物馆、李自健博物馆等艺术场馆举行九大主体活动，推出上百场文艺演出、音乐会、讲座、展览等形式多样的惠民活动，涵盖传统戏曲、音乐会、话剧、舞剧、曲艺、朗诵、合唱、讲座、展览等多个艺术门类，全面展示市专业院团、优秀艺术人才、特色艺术展览的艺术成果。杜鹃花艺术月活动以“文化惠万民　艺术雅长沙”为主题，以公益性惠民活动为主，通过高品质艺术活动开展，满足市民高雅艺术需求，提升城市艺术品位，以文艺为品质长沙建设贡献力量。艺术月期间，九大主体活动包括：“飞行在音乐世界的使者”交响音乐会暨2019媒体艺术之都·长沙市杜鹃花艺术月开幕式、“戏韵长沙”专业舞台艺术精品展演、“青春长沙”长沙市“杜鹃花奖”戏剧大赛、“人文长沙”系列艺术讲座、“艺韵长沙”系列艺术展览活动、“争鸣长沙”人艺艺术团系列演出、“雅韵长沙”高端剧场精品演出活动、“悦艺长沙”区县（市）文化惠民演出、2019 媒体艺术之都·长沙市杜鹃花艺术月闭幕式暨颁奖晚会。重点活动有：长沙交响乐团“飞行在音乐世界的使者”交响音乐会、市花鼓戏保护传承中心新创花鼓戏《瓜子红》首演、曹汝龙湘剧艺术 60 周年专场演出、长沙歌舞剧院民乐民歌音乐会、第七届“艺术长沙”展览、“杜鹃花奖”戏剧大赛、人艺艺术团系列演出、长沙音乐厅、梅溪湖大剧院引进的高端演出等。（李典琼）

【冬之韵·长沙第四届国际音乐艺术季】 冬之韵·长沙第四届国际音乐艺术季于 2019 年 10—12 月举行，此次国际音乐季秉持高规格、高标准、国际化的原则，汇聚了中国、意大利、德国、乌克兰、美国、波兰、加拿大、奥地利等多个国家艺术家和艺术团体，带来 30 余场各具特色的精品演出，容纳交响乐、室内乐、独奏、声乐、民乐等多种演出形式，重点有意大利多克莱夫交响乐团音乐会（开幕式）、长沙交响乐团城市交响峰会系列演出（德国班贝格交响乐团）、乌克兰国家交响乐团跨年音乐会（闭幕式）等演出。（易 佩）

【红色主题交响音乐会】 2019 年 12 月 5 日，由湖南省直属机关工会委员会主办，湖南省演艺集团承办，湖南省委办公厅联合工会、省直七片工会协办的“献礼中华人民共和国成立 70 周年·省直工会送高雅艺术进机关下基层”红色主题交响音乐会，由中国音协管乐学会主席、国家一级指挥家于海执棒长沙交响乐团在湖南省委礼堂奏响。在中国音协管乐学会主席、国家一级指挥家于海先生的执棒下，长沙交响乐团与青年小提琴演奏家任嫣，还有长沙交响乐团歌剧中心的优秀青年歌唱家们先后带来中国作曲家吕其明先生的代表作品讴歌伟大祖国繁荣景象的交响诗《红旗颂》、委婉动听的中国凄美经典爱情曲目小提琴独奏《梁祝》精编版、女生独唱《春天的芭蕾》、男女声重唱《我和我的祖国》等诸多的经典曲目。（易 佩）

2019 年媒体艺术部·长沙市杜鹃花艺术月“杜鹃花奖”湘剧专场演出

市文化旅游广电局 供图

【群众文艺优秀节目展演】 2019 年 9 月 23 日，由长沙市委宣传部、长沙市文化旅游广电局主办的庆祝中华人民共和国成立 70 周年“欢乐潇湘 品质长沙”群众文艺优秀节目展演活动在长沙实验剧场举行。《圆梦大中华》《盛世中华好日子》《以人民为中心》《鸡咯咯鸭嘎嘎》《宁乡剁辣椒红》《礼》《分类效应》《初心》《母亲的故事》《血红的名册》《召唤》《相伴五星红旗》12 个从各区县（市）复赛专场中挑选出的节目陆续上演。情景舞《召唤》讲述了普通士兵从披上戎装奋战沙场，到褪下戎装不改初心的故事，将“若有战，召必到”的信念演绎得淋漓尽致；舞蹈《血红的名册》以陈树湘英勇事迹为背景，生动讴歌了先烈们不忘初心，不怕牺牲的革命精神，大气磅礴、撼动人心；歌伴舞《分类效应》紧扣现实生活，用朴实无华的歌词、轻松明快的舞蹈倡导垃圾分类新时尚，普及垃圾分类知识；少儿舞蹈《鸡咯咯鸭嘎嘎》表演细腻、活泼可爱，将乡间、田野欢乐祥和的生动画面呈现在舞台上；舞蹈《初心》演绎了脱贫攻坚路上，共产党人的初心和使命；女声小组唱《母亲的故事》细细诉说着湖湘传奇、星城故事，唱出了人们对这片土地的热爱。该场晚会所有节目均为近两年长沙市群众文艺原创作品，具有鲜明的长沙地方特色。老百姓自编自创、自导自演已然成为“欢乐潇湘 品质长沙”活动的最大亮点。该活动每年一次，以人民群众为主角，把“草根”当明星，是长沙市群众文化重要品牌活动之一。

（易 佩）

文化遗产保护

【概况】 2019 年，长沙市加快构建文化遗产保护体系。全市新增博物馆 4

家、全国重点文物保护单位5处、省级文物保护单位19处。完成汉长沙国王陵桃花岭墓园环境整治一期工程，推进贾谊故居二期工程。实施16处不可移动文物保护工程，对295件馆藏文物进行科技保护，征集文物96件（套）。长沙市博物馆年接待观众约150万人次，长沙简牍博物馆完成游客服务中心建设，正式挂牌“故宫研究院长沙简牍研究中心”。长沙市考古所考古调查773万平方米、勘探182万平方米、出土文物1100余件。长沙市非物质文化遗产传承发展，评选出10名长沙市优秀青年非遗传承人，评定17家首批长沙市示范性非遗展示馆、传习所。长沙市非遗馆组织花鼓戏、长沙弹词、皮影戏等各类非遗演出154场。雨花非遗馆入选文化和旅游部《非遗与旅游融合优秀案例》▲。湘绣传承人江再红被评为“全国五一巾帼标兵”；湘绣传承人郤建美获国务院特殊津贴；江氏正骨术传承人江林被评为“全国中医药杰出贡献奖”。完成《长沙市红色革命文物名录》编制工作，长沙县、浏阳市入选第一批国家革命文物保护利用片区。

（陆明榜　刘　婷）

▶ **阅读延伸**：雨花非遗馆“非遗＋旅游”融合优秀案例

雨花非遗馆位于长沙南城，运营面积2.4万平方米，通过“文化打好旅游牌，旅游用好文化牌”互动利用，打造吃、住、行、游、购、娱、赏、学、养、会于一体的现代服务业集聚区，推动文化旅游产业共生共融共兴，成为非遗人安居乐业、爱好者研学旅游的福地，成为文化供给侧改革的先行者。该馆由郭存勇先生于2015年自费投入近亿元创立，并成立湖南雨花非遗文化传播有限公司，积极推进非物质文化遗产的保护与传承。运营四年来，已成为中华优秀传统文化创造性转化与创新性发展的成功案例，2018年，该馆被评为国家文化消费试点品牌和文化消费十大地标、国家文化消费试点工作先进单位，在提升中国文化软实力方面，展现中华文化永久魅力和时代风采。该馆以“集聚＋创新”为建馆理念，让非遗与市场接轨，通过打造中国具有示范效应的集产业、旅游、宣传、教育四大功能于一体的非遗综合创新发展平台，在帮助手艺人脱贫的同时振兴传统文化。以免租和奖励等形式邀请非遗项目入驻，通过与非遗项目原生地创建合作社的形式，委托农户生产加工非遗产品，再通过湖南雨花非遗馆的平台推广，走向市场，打造全国聚集非遗项目数量多、非遗传承人集中的场馆。馆内聚集非遗项目359个，聚集非遗传承人200余名，聚集非遗产品万余种。帮助16名非遗传承人成功申报代表性非遗项目，开设非遗传习所17家，研发非遗研学体验项目30个。接待全国中小学生10万人次，接待市民游客40万人次，开展非遗进校园活动30余场、非遗进社区80余场、文化惠民活动300余场。连续三届举办“世界文化和自然遗产日”活动，举办“传承人春晚”“我们的节日——中秋”等传统文化主题活动。创建大学生创业基地10个，创造直接经济价值500万余元。创建湖南省巾帼巧手创业就业孵化基地入驻企业16家，带动5000余人就业，其中女性4000余人，精准帮扶建档立卡贫困户400余人，被评为国家非物质文化遗产服务业标准化试点、湖南省传统文化研学旅行服务业标准化试点、全国中小学生研学实践教育基地、湖南省非物质文化遗产展示基地，得到中新社、新华社以及《人民日报》《光明日报》等主流媒体报道500余次，成为湖湘文化新名片。作为民营企业投资运营的非遗主题场馆，雨花非遗馆得到各级政府重视，被纳入长沙市重点文化项目。以雨花非遗馆为主体的“中国雨花非遗民俗艺术特色街区”是长沙市打造“东亚文化之都”的重要组成部分，迎接国家文化部、宣传部等部门调研，成为全国各地考察、学习典范。创新开发“非遗＋市场”“非遗＋教育”“非遗＋旅游”“非遗＋展示展销”“非遗＋演艺经纪”“非遗＋科技”的模式，形成“吃非遗、玩非遗、学非遗、买非遗、赏非遗”的业务体系，打造“非遗大舞台”“非遗夜市”和“非遗书院”。雨花非遗馆拥有非遗展示项目110个，可以同时容纳1500人参观体验，1000人现场观看演出，其中“非遗大舞台”由长沙市文化旅游广电局送戏曲演出50场。截至2019年年底，接待全国各地政务考察调研230余批次，开展外事文化交流活动70余场，与中国台湾文化交流数十场。接待日本、韩国、乌干达、巴勒斯坦、越南等15个国家的官员及媒体研修班、体育交流团，承办参加“东亚文化之都”“世界非遗博览会”“美国拉斯维加斯茶叶展”“中国—亚欧博览会”等国内外大型展会活动，成为外宾和市民参观互动的热点。

（吕红绰）

表 43

2019 年公布的长沙市新增全国重点文物保护单位一览表

序号	公布编号	名称	类别	时代	级别	批次	公布时间	区域	地址
1	8-0000-5-019	秋收起义文家市会师旧址：增补点	近现代重要史迹及代表性建筑	1930 年	国家	八	2019 年 10 月 7 日	浏阳市	长沙市浏阳市文家市镇
2	8-0397-3-200	桃树湾刘氏大屋	古建筑	清	国家	八	2019 年 10 月 7 日	浏阳市	长沙市浏阳市金刚镇
3	8-0655-5-139	湘雅医院及医学院早期建筑	近现代重要史迹及代表性建筑	1914—1947 年	国家	八	2019 年 10 月 7 日	开福区	长沙市开福区湘雅路街道办事处
4	8-0659-5-143	浏阳红一方面军活动旧址	近现代重要史迹及代表性建筑	1930 年	国家	八	2019 年 10 月 7 日	浏阳市	长沙市浏阳市小河乡田心村
5	8-0663-5-147	程潜公馆	近现代重要史迹及代表性建筑	1948 年	国家	八	2019 年 10 月 7 日	芙蓉区	长沙市芙蓉区白果园

（资料来源：市文化旅游广电局）

表 44

2019 年公布的长沙市新增省级文物保护单位一览表

序号	公布编号	名称	类别	时代	级别	批次	公布时间	区域	地址
1	10-28-1-028	外兴窑	古遗址	明	省	十	2019 年 2 月 28 日	望城区	长沙市望城区铜官街道办事处
2	10-37-2-004	吉王陵	古墓葬	明	省	十	2019 年 2 月 28 日	雨花区	长沙市雨花区跳马镇
3	10-43-3-001	达浒孔氏家庙	古建筑	明	省	十	2019 年 2 月 28 日	浏阳市	长沙市浏阳市达浒镇
4	10-45-3-003	六栋堂	古建筑	清	省	十	2019 年 2 月 28 日	浏阳市	长沙市浏阳市金刚镇
5	10-130-4-004	洗笔泉石刻	石窟寺及石刻	清	省	十	2019 年 2 月 28 日	望城区	长沙市望城区铜官街道办事处
6	10-136-5-006	毛泽东青年时代活动旧址——陈家老屋	近现代重要史迹及代表性建筑	1917 年	省	十	2019 年 2 月 28 日	浏阳市	长沙市浏阳市文家市镇
7	10-201-5-071	宋任穷故居	近现代重要史迹及代表性建筑	清	省	十	2019 年 2 月 28 日	浏阳市	长沙市浏阳市葛家镇
8	10-202-5-072	李志民故居	近现代重要史迹及代表性建筑	1906 年	省	十	2019 年 2 月 28 日	浏阳市	长沙市浏阳市葛家镇
9	10-206-5-076	焦达峰故居	近现代重要史迹及代表性建筑	清	省	十	2019 年 2 月 28 日	浏阳市	长沙市浏阳市龙伏镇
10	10-209-5-079	金九活动旧址	近现代重要史迹及代表性建筑	民国	省	十	2019 年 2 月 28 日	开福区	长沙市开福区通泰街街道办事处

续表 44

序号	公布编号	名称	类别	时代	级别	批次	公布时间	区域	地址
11	10–214–5–084	曾纪泽墓	近现代重要史迹及代表性建筑	清	省	十	2019 年 2 月 28 日	望城区	长沙市望城区雷锋镇
12	10–218–5–088	长沙会战——岳麓山抗战旧址群	近现代重要史迹及代表性建筑	1936—1946 年	省	十	2019 年 2 月 28 日	岳麓区	长沙市岳麓区橘子洲街道办事处
13	10–219–5–089	长沙会战——影珠山抗战旧址群	近现代重要史迹及代表性建筑	1942 年	省	十	2019 年 2 月 28 日	长沙县	长沙市长沙县福临镇
14	10–240–5–110	潮宗街教堂	近现代重要史迹及代表性建筑	1923 年	省	十	2019 年 2 月 28 日	开福区	长沙市开福区通泰街街道办事处
15	10–245–5–115	清华大学临时大学旧址	近现代重要史迹及代表性建筑	1937 年	省	十	2019 年 2 月 28 日	岳麓区	长沙市岳麓区中南大学内
16	10–248–5–118	湖南大学早期建筑群（增补点）	近现代重要史迹及代表性建筑	1947 年	省	十	2019 年 2 月 28 日	岳麓区	长沙市岳麓区湖南大学内
17	10–249–5–119	湘雅医院早期建筑群（增补点——湘雅医院办公大楼）	近现代重要史迹及代表性建筑	1951 年	省	十	2019 年 2 月 28 日	开福区	长沙市开福区湘雅路街道办事处
18	10–253–5–123	湖南人民革命大学早期建筑群	近现代重要史迹及代表性建筑	1953 年	省	十	2019 年 2 月 28 日	岳麓区	长沙市岳麓区西湖街道办事处
19	10–258–5–128	湖南师范大学早期建筑群	近现代重要史迹及代表性建筑	1956 年	省	十	2019 年 2 月 28 日	岳麓区	长沙市岳麓区橘子洲街道办事处

（资料来源：市文化旅游广电局）

表 45　　2019 年长沙市示范性非遗展示馆、传习所一览表

项目名称	传习所、展示馆
湘 剧	长沙市湘剧保护传承中心
长沙花鼓戏	长沙市花鼓戏保护传承中心
徐长兴烤鸭制作技艺	徐长兴烤鸭制作技艺传习所
褚桂亭太极拳	褚桂亭太极拳传习所
传统木结构建筑营造技艺	湖南祇园
湘 绣	长沙市湘绣研究所
湘 绣	天利湘绣展示馆

续表 45

项目名称	传习所、展示馆
湘　绣	金球湘绣传习所
长沙金井绿茶制作技艺	长沙绿茶制作技艺传承基地
望城皮影戏	靖港皮影戏传习所
陶蔬恋窖藏罈子菜	窖藏罈子菜技艺传习所
长沙花鼓戏（浏阳）	浏阳市花鼓戏剧团
宁乡花鼓戏	宁乡花鼓戏传习所
密印寺传说故事	密印寺传说故事传习所
长沙玉和醋传统酿醋技艺	长沙玉和醋传统酿醋技艺传习所
非遗项目集中展示	天心非物质文化遗产展示馆
非遗项目集中展示	湖南雨花非遗馆

（资料来源：市文化旅游广电局）

【“非你莫属”长沙市优秀青年非遗传承人评选活动】　2019年，长沙市组织开展“非你莫属”长沙市优秀青年非遗传承人评选活动，该活动分为宣传造势、网络投票、网络推广、专家评审、媒体公示5个阶段，在为期8天的网络投票阶段，投票链接阅读量突破202万人次，参与投票人数42万人次。此次评选活动，受到下至社区远至海外华人华侨的关注与支持，充分激发年轻传承人的传承热情，营造社会非遗保护的良好氛围。　（易　佩）

【“非遗大师面对面”活动】　2019年8月29日，由湖南省文明办指导，长沙市文化旅游广电局主办、长沙市非物质文化遗产保护中心（长沙市非遗展示馆）承办、《潇湘晨报》杂志社执行承办的“非遗大师面对面”活动在长沙市非遗展示馆举行。“杨裕兴的面，奇峰阁的鸭，德园的包子真好吧，火宫殿样样有，有饭有菜有甜酒，还有白糖盐醋藕”活动现场，长沙童谣的传承人蔡颖强带着小朋友们吟诵老长沙童谣。该活动是2019年寻找非遗小传人公益活动之一，到现场的百余名小朋友在6月14日推出的寻找非遗小传人万人网络测评中脱颖而出，答对了测评中的全部题目。小朋友们在8名非遗大师的指导下，体验并完成中华泥书、剪纸、金杵面塑、湘剧脸谱绘制、望城纸扎、长沙棕叶编、陶瓷烧制、长沙童谣等非遗项目创作，获组委会联合颁发的非遗小传人社会实践荣誉证书。　（易　佩）

【贾谊故居开展“文化遗产日”活动】　2019年6月9日，一场经典诵读活动在贾谊故居前院举行。参加活动的小朋友在讲解员的统一安排下依次签到领取汉服，讲解员带领所有小朋友参观贾谊故居，并典诵读《过秦论》选段。通过此次经典诵读活动，提高学生对经典古文的学习兴趣、学生的欣赏水平以及审美情趣。　（易　佩）

【长沙2项目入选2019“文化和自然遗产日”优秀案例】　2019年6月8日，国家文化和旅游部非遗司及相关机构在广州召开2019年“文化和自然遗产日”优秀案例发布会，集中发布非遗与旅游融合、国家级非遗代表性项目保护实践、传统工艺振兴三个方面的优秀案例。湖南有3个项目入选（其中2个长沙项目）。分别是：“湖南长沙：非遗馆让非遗项目活态发展”入选非遗与旅游融合优秀案例，传统中医药文化（九芝堂传统中药文化）、抬阁（长乐抬阁故事会）入选国家级非遗代表性项目保护实践优秀案例。　（易　佩）

【芙蓉区举行文化和自然遗产日活动】　2019年6月4日，“非遗保护中国实践——2019年芙蓉区‘文化与自然遗产日’非遗宣传展示活动”在湖南省茶叶博物馆举行，省文旅厅党组成员、副厅长、省文物局局长陈远平出席活动。演出期间，安排了3轮非物质文化遗产知识普及抢答环节，让居民群众在观看歌舞节目同时又增长了非遗知识，活动现场还请来了湖南省茶叶博物馆的茶艺师表演了精彩的茶艺。与此同时，芙蓉区非物质文化遗产项目成果展览也吸引了众多市民，设置了在湖南省茶叶博物馆一楼大厅的20块展板，以鲜活生动的形式，宣传普及非物质文化遗产知识。芙蓉区历史人文深厚，有长沙玉楼东六大传统湘菜制作技艺、徐长兴烤鸭制作技艺、长沙甘长顺传统手工米粉及五大炒码制作技艺、刘氏烧烫伤疗法等文化遗产项目列入市级保护名录。展览将持续6天。该次活动由芙蓉区文旅体局主办，芙蓉区文化馆、湖南省茶叶博物馆、湖南和平解放史事陈列馆、芙蓉区文管所承办。（易　佩）

【长沙举办文化和自然遗产日系列活动】 2019年6月8日是中国“文化和自然遗产日”。为进一步提高人民群众非遗保护意识，传承、弘扬湖湘优秀传统文化，营造非遗保护的良好社会氛围，2019年“文化和自然遗产日”，省文化和旅游厅将分别在省文化馆、雨花非遗馆开展以“非遗保护·中国实践”为主题的全省非遗宣传展示主场活动。2019年“文化和自然遗产日”非遗宣传展示活动的主题为“非遗保护·中国实践”。湖南主场活动由省文化和旅游厅主办，分为静态展览区和动态展示区两大部分，其中，省文化馆以静态展览为主，雨花非遗馆以动态展示为主。（易　佩）

【长沙市第六批28个市级非遗代表性项目获授牌】 2019年6月8日，是中国第三个“文化和自然遗产日”，2019年非遗活动主题为“非遗保护，中国实践”。2019年“文化和自然遗产日”长沙市非物质文化遗产宣传展示活动，在位于橘子洲的长沙市非物质文化遗产展示馆举行，活动为长沙市第六批28个市级非遗代表性项目进行授牌。该活动由长沙市委宣传部指导，长沙市文化旅游广电局主办。现场设置有展演区、活动区、展示区，通过多彩的形式，展示长沙非遗保护工作取得的重要成果和优秀实践案例，让市民、游客亲身体验非遗魅力，共同参与、关注和保护文化遗产。（易　佩）

表46　长沙市第六批市级非物质文化遗产代表性项目

序号	项目类别	项目代码	项目名称	申报地区和单位
1	民俗	X	浏阳祭孔大典	浏阳市文化馆
2	传统音乐	Ⅱ	浏阳洞阳山道教音乐	浏阳市洞阳书院
3	曲艺	Ⅴ	浏阳弹词（长沙弹词拓展项目）	浏阳市文化馆
4	传统戏剧	Ⅳ	春华皮影	长沙县文化馆
5			宁乡木偶戏	宁乡市文化馆
6	传统体育、游艺与杂技	Ⅵ	浏阳青面狮表演	浏阳悦武堂
7			浏阳王家拳	浏阳武术协会、浏阳悦武堂
8	传统美术	Ⅶ	靖港纸扎	望城区万龙福手工艺制品有限公司
9			长沙篆刻	岳麓印社、长沙画院
10			望城传统炭画（合并到长沙炭精画项目）	望城区高塘岭街道西塘街社区居民委员会（新增为长沙炭精画保护单位）
11	传统技艺	Ⅷ	青山竹编	长沙县文化馆
12			谷山砚雕刻技艺	长沙谷石传承雕刻艺术有限公司
13			陶蔬恋窖藏罈子菜	湖南陶蔬恋农业科技开发有限公司
14			靖港八大碗	望城区靖港镇芦花江传统小吃店

续表 46

序号	项目类别	项目代码	项目名称	申报地区和单位
15	传统技艺	Ⅷ	南一门老料法饼制作技艺	湖南省南一门南北特食品有限公司
16			传统木构建筑营造技艺	湖南省祇园名贵苗木有限公司
17			浏阳木活字印刷术	浏阳小河乡益兴堂活字印刷馆
18			浏阳牛胶膏传统制作技艺	湖南张太傅食品科技有限公司
19			德胜斋浏阳茴饼制作技艺	浏阳市德胜斋文化创意有限公司
20	传统技艺	Ⅷ	榫卯结构小木作技艺	长沙市禧相连家具有限公司
21			长沙甘长顺传统手工米粉及五大炒码制作技艺	长沙市饮食集团长沙杨裕兴有限公司
22			郭福娭毑小钵子甜酒	望城区靖港镇郭福娭毑小钵子甜酒店
23			怡华楼祖传杠子面	湖南怡华楼餐饮管理有限公司
24			高家甜酒酿造技艺	宁乡市文化馆
25	传统医药	Ⅸ	祖塔喉科医术	宁乡市文化馆
26			江公膏药制作技艺	长沙江氏健康产业有限公司
27			刘氏烧烫伤疗法	长沙市芙蓉区文化馆
28			李氏正骨术	长沙洪山正骨医院

（资料来源：市文化旅游广电局）

【长沙加入海上丝绸之路申遗城市联盟】 2019年5月13日，2019海上丝绸之路保护和联合申报世界文化遗产城市联盟（以下称“海丝申遗城市联盟”）联席会议在南京召开。会上签署《海上丝绸之路保护和联合申报世界文化遗产城市联盟章程》，长沙作为首个内陆省份城市正式加入海丝申遗城市联盟。 （易 佩）

【国际博物馆日长沙主题活动】 “国际博物馆日”由国际博物馆协会（ICOM）发起，旨在促进全球博物馆事业的健康发展，吸引全社会公众对博物馆事业的了解、参与和关注的活动，时间定在每年的5月18日，每年确定一个主题，2019年5月18日“国际博物馆日”主题为“Museums as Cultural Hubs:The Future of Tradition（作为文化中枢的博物馆：传统的未来）”。2019年是第43个国际博物馆日，5月18日，文化和旅游部党组成员、国家文物局党组书记、局长刘玉珠一行参观调研长沙简牍博物馆和长沙博物馆。5月18日晚，“星城·星博之夜”在长沙博物馆举行。一群身着汉代服饰的演员，敲击着青铜大铙古乐器，奏响《迎宾曲》《楚商》《竹枝词》《太平盛典》等古曲。当晚，长沙博物馆“哇哦博物馆”儿童展览体验也在馆内举行。通过展览和对博物馆台前幕后工作的探索，激发了孩子们的好奇心和对博物馆的兴趣。通过博物馆日的活动吸引更多的人走进博物馆，关注这座城市的过去与历史，与现实的空间产生联系，加深公众对博物馆作为“文化中枢”的理解和认同。5月17日，为庆祝第43届国际博物馆日和2019年湖南省社科普及主题活动周，《华夏印记——砖瓦·简牍·钱币展》在长沙简牍博物馆开幕。展览共分“史出有名”“史书有道”“史艺双揖”三个部分，通过纪年砖瓦、简牍、钱币这些中国历史文化的重要载体来叙述中国历史的客观发展脉络，以期复原古代中国社会的“各种生活场景”，并通过砖瓦、简牍、钱币上的字体、图形说明这些文化载体的史料和艺术双重价值。5月18日，在贾谊故居前院，一场“成人礼”汉服表演活动在庄重古雅的伴奏中拉开帷幕。此次活动主要以古代成人礼“男子加冠、女子及笄、拜谢父母养育之恩”3项内容作为主要展示。古人以男子20岁、女子16岁为成人的年龄门槛，冠礼基本上在此时举行。5月17日，由长沙近现代文物保护管理中心举办的2019

船山讲坛系列讲座第一讲在船山学社旧址内开讲。来自长沙学院马克思主义学院的原院长周执前为现场观众带来了题为《湖南自修大学与早期马克思主义中国化》的精彩讲座。（易　佩）

【第三届“一带一路”青年创意与遗产论坛】 2019年3月31日，第三届“一带一路”青年创意与遗产论坛在长沙开幕，旨在促进“一带一路”沿线国家媒体艺术城市与青年创意人才的交流合作。该届论坛由联合国教科文组织、联合国教科文组织协会世界联合会、中国联合国教科文组织全国委员会、长沙市人民政府、南京市人民政府共同主办。论坛围绕“一带一路”倡议和文化“走出去”战略，在长沙举办的主体活动包括开幕式、“原本长沙”媒体艺术展演、“一带一路”青年创意与遗产论坛、长沙加勒比电影展、中外青年联谊会、体验长沙媒体艺术驻留项目、长沙印象考察等。此次论坛搭建平台，帮助参加论坛的青年代表加强文化交流，传承丝路精神，讲述丝路故事，推动丝路合作，为弘扬“一带一路”沿线国家的传统友谊做出努力，为携手打造人类命运共同体做出贡献。（易　佩）

【中国博物馆协会城市专委会第十一届年会在市博物馆举办】 2019年11月5—7日，中国博物馆协会城市专业委员会第11届学术年会在市博物馆举办，全国31家会员单位百余名代表参加会议。各城市博物馆围绕“新时代城市博物馆的责任、使命与担当”这一主题，共议共享各自“文化记忆”，激发发展活力。该会议集结79篇研究性论文，出版论文集《成长与活力——中国博物馆协会城市博物馆专业委员会论文集》《记忆与活力城市博物馆的魅力论文集》两本。（刘　婷　易　佩）

【湘城讲坛系列讲座】 2019年，长沙博物馆继续“湘城讲坛”“湘城之旅”品牌锻造，向儿童友好型博物馆发展。与湖南省文物考古研究所联合推出的湘城讲坛“发现湖南”系列讲座，场场爆棚，公众考古在博物馆焕发出新魅力、新活力。2019年长沙市博物馆举办湘城讲坛23场，其中15场进行了网络直播，在线观看量100万余人次。湘城之旅导赏共举办12场。举办“哇哦，博物馆！”儿童展览专场教育活动201场、“穿越小达人”主题趣味参观活动127场、开展魅力古城之陶瓷之旅研学导览课程93堂、围绕特开展青少年精品导览64场，举办艺术品导赏与美术创作体验活动21场。被评为“湖南省优秀科普基地”。

（刘　婷　易　佩）

表47　国家级非物质文化遗产项目代表性传承人名录

序号	姓名	性别	出生年月	项目名称	备注
1	刘爱云	女	1938年5月	湘绣	国家级第一批
2	曾金贵	男	1938年3月	长沙湘剧	国家级第三批
3	曹汝龙	男	1949年7月	长沙湘剧	国家级第三批
4	钟自奇	男	1956年12月	浏阳花炮制作技艺	国家级第三批
5	柳建新	女	1951年9月	湘绣	国家级第四批
6	江再红	女	1968年3月	湘绣	国家级第四批
7	曹明珠	男	1949年11月	菊花石雕	国家级第五批
8	刘坤庭	男	1963年8月	长沙窑铜官陶瓷烧制技艺	国家级第五批
9	邱少求	男	1931年6月	浏阳文庙祭孔古乐	国家级第五批

（资料来源：市文化旅游广电局）

表 48　　省级非物质文化遗产项目代表性传承人名录

序号	姓名	性别	出生年月	所在地区或单位	项目名称	备 注
1	杨天福	男	1942 年 1 月	宁乡县玉潭镇玉兰步行街 73 号	麻山锣鼓	省级第一批
2	陈继武	男	1970 年 10 月	浏阳市才常路 146 号	菊花石雕	省级第一批
3	黄蔚德	男	1951 年 10 月	湖南庆泰烟花制造有限公司	浏阳花炮制作技艺	省级第一批
4	左季纯	女	1945 年 4 月	长沙市伊飞湘绣有限公司	湘绣	省级第二批
5	陈玉莲	女	1955 年 2 月	长沙市湘剧保护传承中心	湘剧	省级第三批
6	贺艾云	女	1947 年 10 月	长沙市花鼓戏保护传承中心	长沙花鼓戏	省级第三批
7	毛　珊	女	1973 年 10 月	伊飞湘绣有限公司	湘绣	省级第三批
8	黄　笛	女	1969 年 11 月	长沙沙坪金球湘绣有限公司	湘绣	省级第三批
9	秦石蛟	男	1938 年 3 月	望城区文化馆	民间剪纸（望城）	省级第三批
10	王文定	女	1952 年 9 月	长沙市湘绣厂	长沙棕叶编	省级第三批
11	罗志勇	男	1963 年 9 月	长沙市湘剧院	湘剧	省级第四批
12	刘志广	男	1962 年 8 月	望城区铜官窑广华鑫陶艺文化发展有限公司	长沙窑铜官陶瓷烧制技艺	省级第四批
13	江　林	男	1952 年 9 月	浏阳市骨伤科医院	浏阳江氏正骨术	省级第四批
14	李　艳	女	1962 年 4 月	湖南省湘绣研究所	湘绣	省级第四批
15	许菊云	男	1948 年 9 月	长沙饮食集团玉楼东有限公司	湘菜烹饪技艺	省级第四批

（资料来源：市文化旅游广电局）

表 49　　市级非物质文化遗产项目代表性传承人名录

序号	姓名	所在地区或单位	项目名称	备 注
01-01	敖耀寰	长沙市工人文化宫	长沙谜语	市级第一批
01-02	汪　辉	长沙市湘剧传承保护中心	湘剧	市级第一批
01-03	黄耀华	长沙市湘剧传承保护中心		市级第一批
01-04	彭若君	湖南星沙湘绣城	湘绣	市级第一批
01-05	邬建美	美伦湘绣		市级第一批
01-06	罗利香	湖南省湘绣研究所		市级第一批

续表 49

序号	姓名	所在地区或单位	项目名称	备 注
01-07	彭望球	铜官冶陶坊陶艺厂	长沙窑铜官陶瓷烧制技艺	市级第一批
01-08	张仕其	长沙饮食集团杨裕兴有限公司	杨裕兴鸡蛋面及五大油码制作技艺	市级第一批
01-09	吕望国			市级第一批
02-01	王美莲	长沙花鼓戏传承保护中心	长沙花鼓戏	市级第二批
02-02	李国安	长沙饮食集团杨裕兴有限公司	杨裕兴鸡蛋面和五大油码制作技艺	市级第二批
02-03	周海泉	天心区	巫家拳	市级第二批
02-04	周佳霖		长沙棕叶编	市级第二批
02-05	王 炜	雨花区	长沙谜语	市级第二批
02-06	喻继贤			市级第二批
02-07	羊定国	开福区	八拳	市级第二批
02-08	佘建辉	岳麓区	天顶杂技	市级第二批
02-09	朱国强	望城区靖港古镇皮影艺术博物馆	望城影戏	市级第二批
02-10	胡建	望城区新康乡	新康木雕	市级第二批
02-11	周旭	湖南省望城区麻石公司	丁字湾麻石雕刻技艺	市级第二批
02-12	吴乐华	长沙县双江镇双江村街上组	长沙县双江滚灯车	市级第二批
02-13	周长树	长沙县金井镇金井茶厂	长沙绿茶制作工艺	市级第二批
02-14	陈江柱	长沙县	腊八豆制作工艺	市级第二批
02-15	熊梦鹤	长沙市树木岭航空路紫薇苑	长沙快板	市级第二批
02-16	陈克辉	长沙县长龙街道湘峰村	长沙山歌	市级第二批
02-17	卢炳辉	浏阳世纪红烟花制造销售有限公司	浏阳花炮制作工艺	市级第二批
02-18	李舟	浏阳市永和菊花石工艺美术有限公司	浏阳菊花石雕刻工艺	市级第二批
02-19	王娜娜	浏阳市文化馆	浏阳文庙祭孔音乐	市级第二批
02-20	张文清	浏阳市文化馆	浏阳客家山歌	市级第二批
02-21	李武伟	浏阳市五福堂酒业	浏阳小曲酒法酿造技艺	市级第二批
02-22	高天佑	浏阳市花鼓戏剧团	浏阳花鼓戏	市级第二批
02-23	高佩山	宁乡沩山乡	沩山擂茶	市级第二批
02-24	姜红兵	宁乡县黄材镇	黄材山歌	市级第二批

续表 49

序号	姓名	所在地区或单位	项目名称	备 注
02-25	阳许华	宁乡县流沙河	宁乡对子花鼓	市级第二批
02-26	周忠瑞	宁乡县大屯营镇	周氏双龙舞	市级第二批
03-01	谭建国	长沙市湘剧保护传承中心	湘剧	市级第三批
03-02	莫雪美	湖南省湘绣研究所	湘绣	市级第三批
03-03	宋志辉	长沙开福区志辉湘绣公司	湘绣	市级第三批
03-04	雍起林	望城铜官窑雍起林陶艺园	长沙窑铜官陶瓷烧制技艺	市级第三批
03-05	谭异超	长沙望城区铜官镇	长沙窑铜官陶瓷烧制技艺	市级第三批
03-06	张明星	浏阳市	长沙弹词	市级第三批
03-07	王志敏	天心区	长沙弹词	市级第三批
03-08	余小平	长沙县	长沙山歌	市级第三批
03-09	杨世德	长沙县	长沙山歌	市级第三批
03-10	李建均	宁乡市	麻山锣鼓	市级第三批
03-11	周招弟	雨花区	洞井龙舞	市级第三批
03-12	毛甲玉	长沙市花鼓戏保护传承中心	长沙花鼓戏	市级第三批
03-13	冯正和	长沙市花鼓戏保护传承中心	长沙花鼓戏	市级第三批
03-14	何志明	望城区	望城皮影戏	市级第三批
03-15	宋伟军	浏阳市	浏阳皮影戏	市级第三批
03-16	秦岭春	华夏剪纸博物馆	望城剪纸	市级第三批
03-17	彭泽林	开福区	捞刀河刀剪制作技艺	市级第三批
03-18	吴干军	开福区	捞刀河刀剪制作技艺	市级第三批
03-19	何谷良	长沙饮食集团长沙火宫殿有限公司	火宫殿八大传统小吃制作技艺	市级第三批
03-20	马力	长沙饮食集团长沙火宫殿有限公司	火宫殿八大传统小吃制作技艺	市级第三批
03-21	黄小平	长沙市天心区棕艺堂佳霖编织坊	长沙棕叶编	市级第三批
03-22	胡立东	长沙玉和酿造有限公司	长沙玉和醋传统酿醋技艺	市级第三批
03-23	沈宗武	宁乡市	唐市金银首饰加工技艺	市级第三批
03-24	蔡颖强	开福区	长沙童谣	市级第三批
03-25	尹海军	雨花区	长沙谜语	市级第三批
03-26	龚阳初	宁乡市	密印寺传说故事	市级第三批

续表 49

序号	姓名	所在地区或单位	项目名称	备 注
03-27	周毅	雨花区	长沙古琴艺术	市级第三批
03-28	吴金刚	长沙县	北山布龙	市级第三批
03-29	卞定福	望城区	望城花鼓戏	市级第三批
03-30	羊 帆	开福区	八拳	市级第三批
03-31	汪国义	开福区	湖南埃山子午棍	市级第三批
03-32	吴学光	开福区	自然门功夫	市级第三批
03-33	曾强胜	长沙市岳麓区麒麟太极拳馆	褚桂亭太极拳	市级第三批
03-34	余安仁	长沙市太乙游龙拳武学研究会	太乙游龙拳	市级第三批
03-35	赵双午	雨花区	湖南柔术	市级第三批
03-36	文志飞	长沙市天心区太平街老秤店	手工杆秤制作	市级第三批
03-37	李科洪	宁乡市	唢呐制作技艺	市级第三批
03-38	杨奇	宁乡市	麻山鼓制作技艺	市级第三批
03-39	李正才	宁乡市	流沙河土花猪饲养技术	市级第三批
03-40	彭雪辉	宁乡市	宁乡四碟加工技艺	市级第三批
03-41	梁长进	浏阳市	浏阳夏布	市级第三批
03-42	谭智祥	浏阳市	浏阳夏布	市级第三批
03-43	梁源根	浏阳市	浏阳油纸伞制作工艺	市级第三批
03-44	李忠国	浏阳市	浏阳油纸伞制作工艺	市级第三批
03-45	王金山	浏阳市	浏阳豆豉传统手工技艺	市级第三批
03-46	黄迪全	浏阳市	浏阳豆豉传统手工技艺	市级第三批
03-47	黄隆根	浏阳市	浏阳手工造纸制作技艺	市级第三批
03-48	彭长林	浏阳市	浏阳油饼制作技艺	市级第三批
03-49	罗俊扬	开福区	长沙棕编	市级第三批
03-50	黄刚	开福区	湘绣用线漂染技艺	市级第三批
03-51	刘灿庄	开福区	药用湘艾	市级第三批
03-52	李祝意	雨花区	雨花区手工棕垫制作技艺	市级第三批
03-53	刘上四	雨花区	堆字匾牌制作技艺	市级第三批

（资料来源：市文化旅游广电局）

新闻出版

【全民阅读活动】　2019年，长沙市新闻出版行业策划开展“书香长沙·2019世界读书日”“红书签·爱满星城”全民阅读等公益活动，开展书香地铁、书香校园阅读推广活动，美丽星城书香四溢，安排300万元扶持实体书店发展，表彰一批示范性农家书屋、书香民营企业、全民阅读体验基地，进一步规范内部资料编印秩序，完成1419家出版发行单位年检工作。

【版权保护】　2019年，长沙市新闻出版行业举办首届马栏山版权保护论坛，推进软件正版化工作，开展“剑网2019”专项行动，全社会版权保护意识和自觉性增强。新增5家版权密集型培育企业，总数25家，推动马栏山视频版权交易平台和版权服务中心平台挂牌运行，完成版权交易额7200万元，助力版权产业发展，出台作品著作权登记补助办法，作品登记比2018年增长9.2%，前三季度软件著作权登记比2018年增长23.7%。

【印刷企业入园发展】　2019年，长沙市新闻出版产业升级与产业扶持一体化，推动印刷企业入园发展，进行智能化改造，印刷产业结构得以优化，龙头企业保持高速发展势头，与中国印工协签订战略框架合作协议，推动长沙印博会提质升级，协调市工信、财政等部门，争取各类扶持资金900万元，制定行政审批指南，简化审批流程，下放行政审批权，落实“一件事一次办”。

【第26届长沙图书交易会】　2019年，在市委宣传部的指导下，组织举办第26届长沙图书交易会，从省展览馆移师湖南国际会展中心举办，展位总面积由原来的1.6万平方米增加到2.2万平方米，国际标准展位由230余个增加到400余个，参展商700余家，交易会实现交易额19亿码洋，比2018年增长12%。此届长沙图书交易会展现中华人民共和国成立70周年长沙市出版业的新形象，表彰长沙市第四批示范性农家书屋、十佳书香民营企业、长沙市全民阅读体验基地，图书交易会期间，湖南卫视、湖南经视、《长沙晚报》、长沙电视台、红网、星辰在线等媒体全方位报道交易会。

【农家书屋】　2019年，为发挥农家书屋作为公共文化服务平台作用，树立农家书屋典型，助力乡村振兴战略实施，在全市范围内组织开展第五批示范性农家书屋评选工作，印发《关于做好长沙市农家书屋创新示范工作的通知》，推动农家书屋达标规范，评选出芙蓉区东岸街道望龙社区等14家示范性农家书屋。为推动全民阅读活动广泛深入开展，解决部分务工农民阅读需求，营造全民读书、终身学习的良好社会氛围，在全市开展长沙市十佳书香民营企业评选活动，评选出湖南省西湖建筑集团有限公司等十个民营企业为第四批长沙市十佳书香民营企业，这些企业涵盖房地产、建筑、文化传播、生态农业、实体书店、零部件设计、化工、印刷包装等方面，共同特点是企业领导班子及成员高度重视全民阅读活动，有健全的职工读书学习制度，有专门的职工书屋，藏书量均达到500册以上。根据省委宣传部下达长沙市农家书屋创新实践项目任务，结合市农家书屋工程建设工作实际，明确芙蓉区、天心区、开福区、雨花区、望城区、高新区和浏阳市、宁乡市重点开展农家书屋阅读示范活动，岳麓区、长沙县重点开展农家书屋评估定级活动，各区县紧密结合本地农家书屋工作实际，充分发挥区位和资源优势，认真开展农家书屋创新示范工作。根据中央宣传部领导指示，市委宣传部领导调研被称为“博士村”的浏阳沙市镇秧田村农家书屋工作，总结秧田村科学管理，以创新的方法运行好农家书屋，借助农家书屋平台，延续千年古村人才勃兴的经验，并将经验总结报省委宣传部。

（本栏撰稿　曾艳华）

广播影视

【概况】　2019年，长沙市文化旅游广电局落实“大排查、大管控、大整治”百日行动工作要求，按照全市庆祝中华人民共和国成立70周年广播电视安全保障工作会议精神，对长沙移动、电信、联通等运营商及全市各网络视听节目制作单位及时排查，清理各类安全隐患，对照安全生产条目清单，抓安全生产责任落实，按照“排查、交办、督查、复查”四个步骤，有效地防范和遏制安全事故的发生。建立全市网络视听节目持证和备案单位名册和信息，完善监管事项清单，完善了检查对象名录库，组织各网络视听节目制作单位积极上报优秀网络视听节目、网络产业发展项目，为长沙的网络视听事业发展争做积极贡献。推进媒体融合，获省局推荐参评“全国新闻出版广播影视系统先进集体”。推动媒体融合向纵深发展，入驻今日头条、澎湃新闻发帖近1000条，新湖南《长沙文化海报》专栏发布海报227期（头条29期）。年内在中央级媒体发稿30余篇，省级媒体60余篇，市级媒体发稿400余篇。完成全市9个县级融媒体中心挂牌运营，浏阳市融媒体中心获“全国地方融媒体发展十大建设样板中心”“全国最具影响力县级融媒中心”。完成省级广电“数字广播电视户户通工程”，宁乡市老粮仓电视发射台获得省级节目无线数字化覆盖建设先进单位。开展“庆祝中华人民共和国成立70周年优秀电视剧百日展播”工作，组织全省广播电视公益广告大赛获“优秀组织机构”奖。（陆明榜　刘　婷）

【“庆祝中华人民共和国成立70周年”主题电视剧展播】　2019年，按照全省传媒机构管理工作会议和网络视听

表 50　　长沙市广播、电视基本情况表

	单位	1978 年	1985 年	1990 年	1995 年	2000 年	2005 年	2010 年	2015 年	2018 年	2019 年
市台平均日播音时间	分′ 秒″		10'45"	11'30"	16'30"	37'40"	88'96"	139'71"	147'14"		
市电台覆盖率	%		76.00		95.00	95.00	96.88	99.14	99.41	99.76	100
县（市）区广播台、站	个	5	5	5	5	4	4	4	4	4	4
市电视台每周播出时间	分′ 秒″		16'00"	56'00"	42'00"	206'30"	858'12"	1060'47"	1114'78"		
市电视台覆盖率	%		23.60	90.00	98.00	97.30	97.88	98.49	98.91	99.73	100

（资料来源：市统计局）

节目管理工作会议部署，要求各播出机构认真落实宣传管理责任，执行宣传管理制度，抓责任落实，落实广电总局和省局组织开展的“庆祝中华人民共和国成立 70 周年优秀电视剧百日展播”工作，从 8 月中旬至 11 月底的 100 天时间，展播期间，全市各电视台共播出《燃烧》《共产党人刘少奇》等电视剧 82 部 3103 集，其中市台各频道展播 38 部 1303 集，各区县（市）融媒体中心展播 44 部 1800 集。

（易　佩）

【公益广告集中展播】　2019 年，市文化旅游广电局加强公益广告播出情况监管，指导安播（监测）中心每月对各播出机构的公益广告进行监看并通报播出情况，推进公益广告精品制作和播出工作，重点围绕“庆祝中华人民共和国成立 70 周年”、安全生产等主题开展公益广告集中展播。2019 年 1—10 月全市各播出机构累计制作公益广告 572 条次，播出 231999 条次，播出时长 3203 小时。组织各播出机构参加湖南省 2019 年度广播电视公益广告大赛，鼓励各播出机构生产出一批导向正确、创意新颖、制作精良的公益广告，并选送 10 条精品公益广告参赛，有 4 条公益广告获奖，长沙市广播电视台和浏阳融媒体中心获优秀播出机构，长沙市文化旅游广电局被评为优秀组织机构。　（易　佩）

【广播电视宣传管理】　2019 年 11 月 14 日，长沙市文化旅游广电局组织召开全市广播电视宣传和网络视听节目管理工作会议，长沙市文化旅游广电局、长沙市广播电视局以及各区县（市）分管负责人参会，加强对市媒体宣传导向的管理，并明确媒体融合的新形势下宣传管理工作方向。

（易　佩）

【电影放映】　2019 年，商业电影与公益电影统筹兼顾，全年商业影院票房 8.74 亿元，比 2018 年增长 8.6%，占全省票房 45%，举办加勒比电影展，加勒比联盟驻华大使致函感谢，组织公益电影放映月活动，放映公益电影 22158 场，压缩电影院开办审批时限，规范点播影院管理，争取上级电影专项资金 2526 万元。　（曾艳华）

【全国市县媒体融合发展研讨会在浏阳举行】　2019 年 12 月 13—14 日，以“廿廿之年、唯变不变”为主题的首届中国市县媒体融合发展研讨会暨原创节目经验交流会在浏阳市举行，开展系列研讨交流活动，与会专家畅谈媒体融合创新之道，给中国市县媒体融合之路拂来新风。该次活动由中国电视艺术家协会、湖南省广播电视局指导，中国电视艺术家协会市县电视委员会主办，中国市县电视台原创节目交流中心、湘鄂赣城市广播电视联盟、浏阳市融媒体中心承办，全国各地 140 余名市县媒体大咖参与分享交流。中国电视艺术家协会副巡视员冯怀中、湖南省广播电视局副书记、副局长毛良才、长沙市文化旅游广电局副局长黎政、浏阳市副市长李翔等领导出席会议。中央党校文史教研部高级经济师郭全中、中南大学计算机学院党委书记陈志刚、湖南师范大学新闻与传播学院院长尹韵公等专家在首届中国市县媒体融合发展研讨会发表主题演讲。此次活动为期两天，包括首届中国市县媒体融合发展研讨会、手机台发展分享交流会等行业交流活动，并于 12 月 13 日晚上、14 日上午分别举行湘鄂赣城市广播电视联盟第六届年会、全国市县台原创节目经验交流会等活动。全国市县台原创节目经验交流会上，福建省尤溪县融媒体中心主任张敏、央视《舌尖上的中国》《创新中国》导演胡博、湖南电视台都市频道总监李越胜、湖北洪湖市融媒体中心《味道洪湖》编导吴琪、新疆库尔勒市融媒体中心编导马悦等行业精英分别进行专题讲座或经验介绍。湖南省广播电视局副书记、副局长毛良才在发言中表示，县级融媒体中心要不断开展技术创新和内容提炼，保持开放性和包容性，主动接入政府治理大数据，主动对接省市主流媒体平台，拓展发展空间。　（易　佩）

史志档案

·党史研究·

【概况】　2019 年，长沙市委党史研究室充分运用长沙丰富的党史资源优势，深化党史研究、建好党史场馆、做实党史资政、注重党史宣教，完成党史征编任务。完成市本级征编工作和上级编撰任务，开展专题研讨活动。承担主编《中国共产党长沙历史（1921—1949）（修订本）》《浏阳革命斗争史（1921—1949）》《湘赣边秋收起义》《红军两次攻打长沙》《湘鄂赣革命根据地》，参编《湘江之问》《湖湘红色遗址遗迹通览（长沙篇）》等书，全部完成初稿并送中共湖南省委党史研究院与湖南人民出版社审定。编印《长沙党史》2019年季刊4期。发挥网络党史宣教功能。2019年度长沙党史网站更新1200余条，图片近1000余幅。公众号推送信息100余条。先后在网站和公众号上开辟垃圾分类环保宣传、深入学习贯彻习近平新时代中国特色社会主义思想、“我和我的祖国·庆祝中华人民共和国成立70周年”、纪念缪伯英诞辰120周年等专栏。累计访问量50万人次。打造红色资源名片。2019年市委党史研究室全力推进工程建设、项目招投标、陈列布展设计、文物征集、讲解员招录培训等工作；协调解决大院遗留的文物商店搬迁、市博物馆宿舍隔离、清水塘水体治理、毛泽东杨开慧故居维修、道路园林提质改造、安防监控完善等问题。2019年7月1日，中国共产党长沙历史馆按市委要求如期竣工开馆。推进大党史工作格局。抓好区县（市）党史资料征集编撰、研究、宣传教育的业务建设，组织各区县（市）党史部门主要负责人参加全省党史干部专题培训班，深入学习习近平新时代中国特色社会主义思想，研讨交流党史工作、《湖湘红色基因文库》编纂工作。2019年11月，在各区县（市）开展近一个月时间的党史暨党史联络工作调研。强化党史联络服务。发挥长沙市中共党史专家智库和党史学会的作用，党史联络组积极协助党史部门开展部门史、口述史、乡镇（村）史（志）、专题史征编，注重发挥党史联络组老干部“亲历、亲见、亲为”的“三亲”特殊优势，组织开展党史、中华人民共和国史、改革开放史“三史”宣传。汇编《回忆与思考（第十一辑）》，通过评审并出版印刷。按照省党史联络《回忆录》第24辑征文要求，超额完成“湖南农业发展”专辑征编任务。加强机关自身建设。落实“一岗双责”制度、严格党内政治生活等方面，让党支部在落实党建工作责任制和谋划推进党史工作中发挥引领作用。根据单位发展情况及时成立党总支，设立长沙党史馆支部、离退休老干支部。机关党员到开福区清水塘街道清水塘社区开展“党史进社区”共建活动，年内向社区赠送党史书籍和杂志1100余册，通过红色书屋为社区居民了解党史、学习党史提供便利。（胡　慧）

【中国共产党长沙历史馆开馆】 2019年7月1日，省委常委、市委书记胡衡华宣布开馆，党史馆对外开放。党史馆是一座综合性革命历史场馆，总占地面积约4万平方米，其中“长岛人歌动地诗——中国共产党长沙历史陈列”展览面积近2000平方米，由序厅和“建党先声、苍茫大地主沉浮”“浴血奋斗、峥嵘岁月铸丰碑”“探索前进、革命建设开新局”“改革开放、高歌猛进奔小康”“逐梦前行、阔步奋进新时代”“群星璀璨、名人荟萃展风采”六大展厅构成，纵览中国共产党长沙历史恢宏百年的篇章，彰显长沙党史浓墨重彩的特质。至2019年年底，该馆共接待观众近30万余人次，市委组织部、市直机关工委分别授予“长沙市党员教育培训示范基地”“长沙市直机关党员教育基地”称号，社会各界予以“共产党人的精神家园”“心中的精神地标”等高度评价。该馆的建设，为全省红色纪念场馆建设起到良好的示范作用。

2016年9月长沙党史馆（后定名“中国共产党长沙历史馆”，以下简称“党史馆”）建设被批准立项，2017年12月定址中共湘区委员会旧址大院，同期，党史馆布展设计施工项目按程序完成招投标。2018年3月至10月，经过反复打磨大纲、深度发掘史料、审慎拟制方案、广泛征求意见，12易其稿的《长岛人歌动地诗——中国共产党长沙历史陈列》内容设计方案形成送审稿，呈请省委宣传部组织专家审定。2018年12月26日，根据获批的内容设计方案，党史馆建设正式全面启动。2019年，党史馆建设工作全方位展开。内容专家团队与形式设计团队齐心协力，历经80余天的奋战，经过10余次工作推进会，紧扣设计方案，进行充分讨论，不断修改完善，于3月中旬汇成形式设计方案，并先后呈送市委和省委宣传部审定，获批进入正式布展阶段。4—6月，经过近100天紧张的施工，“长岛人歌动地诗——中国共产党长沙历史陈列”布展如期完成。施工期间，党史馆院内环境综合整治、中共湘区委员会旧址修缮和技术用房改建工作同步推进，整个馆内面貌焕然一新。推进内容和形式设计工作的同时，文物征集工作有序开展。市委办公厅向全市印发《关于支持长沙市委党史研究室做好党史文物征集工作的通知》，市委党史研究室成立党史文物征集小组，及时与市直机关单位、各区县（市）联系对接，并深入企业、军队、民间，争取各方协助支持。利用新闻媒体同步报道文物背后的故事，号召全市人民共同参与征集工作。通过赠予、调拨、借调等方式，共征集实物、图片资料4000余件（个、张），其中1100余件（个、张）用于展陈。（孙逸桦）

【管理职能拓展】 2019年，市委党史研究室对长沙党史部门的机构性质、职能职责及单位名称深入研究，向编办申请增加反击历史虚无主义业务管理职能。先后开展“深刻领会习近平新时代中国特色社会主义思想的历史地位和丰富内涵”“深入学习习近平总书记关于意识形态工作的重要讲话精神”“加强意识形态工作，反对历史虚无主义”三个专题的理论中心组学习活动。以“掌握意识形态主导权，反对历史虚无主义”和“在共同繁荣中铸牢中华民族共同体意识”为主题，开展意识形态专题形式政策学习教育，增强党员干部在党史工作中抓好意识形态工作的能力。（胡 慧）

【党史联络工作】 2019年，市委党史研究室积极服务党史联络组老领导学习中共十九大和十九届二中、三中、四中全会精神及习近平新时代中国特色社会主义思想，学习习近平关于党史和党史工作的重要指示精神。联络组老同志协助市委党史研究室做好中国共产党长沙历史馆陈列方案和文物征集、《湖湘红色基因文库（长沙卷）》的史料征集和编写及审核审查工作。组织召开庆祝中华人民共和国成立暨长沙和平解放70周年座谈会，并在征文基础上编辑出版《回忆与思考（第十二辑）》。结合“不忘初心、牢记使命”主题教育和革命传统教育的开展，组织全体老干部参观了中国共产党长沙历史馆。联络组老干部以中华人民共和国成立70周年、长沙和平解放70周年等重大活动为契机，继续发挥“三亲”优势，开展形式多样的党史宣讲活动。市委党史联络组和党史研究室联合完成9个区县（市）的党史暨党史联络工作调研，助推党史融入基层党建。组织召开2019年长沙市党史暨党史联络工作年会。（葛 浪）

【《中共长沙市委工作纪事》（2019卷）编撰出版】 2019年3月，市委办公厅发出《关于做好中共长沙市委工作纪事（2019卷）编纂组稿工作的通知》（以下简称《纪事》）。《纪事》2019卷从领导关怀、要论选编、星城风采、决策回眸、执政纪要、基层组织、群英荟萃、文献辑览、大事记述9大部分记录了长沙市委和各级党组织领导广大干部群众实现基本现代化的历史实践和成就。《纪事》2019卷由市委办公厅和市委党史研究室经多次编撰工作会议，多方协作，2019年10月之前完成全书的初稿校对和审稿，并于2019年10月出版。（胡 慧）

【《长沙重点工程建设项目纪实（2019）》编撰出版】 2019年4月2日，长沙市委党史研究室会同长沙市发展和改革委员会、长沙市重点建设项目事务中心，邀请全市30余家重点工程相关单位的有关负责人员，召开编撰《长沙重点工程建设项目纪实2019》征编工作会，提出要求，明确任务。截至5月下旬，完成基本资料的收集。《长沙重点工程建设项目纪实2019》由湖南大学出版社公开出版，收录全市145个重大项目建设情况，主要编录项目计划中的投资额度大、带动效应明显的重大项目，涵盖了基础设施建设、社会民生、服务业、高新技术产业等12个领域。

（胡 慧）

【围绕重大主题开展系列活动】 2019年，市委党史研究室开展缪伯英诞辰120周年相关纪念活动，承担学术研讨会的论文征稿、撰写、审稿评选等工作。9月20日，“以身许党、敢为人先——缪伯英生平思想学术研讨会”的论文评审会在市委党史研究室召开，9月27日，“以身许党、敢为人先——缪伯英生平思想学术研讨会”在长沙县召开。同日，缪伯英故居重新对外开放。2019年8月28日，市委党史研究室、长沙市档案馆联合举办纪念中华人民共和国成立70周年暨长沙和平解放70周年——“人民的胜利”展览；同时协助长沙市人大布展《长沙人大历史陈列》。10月30日，市委党史研究室、市委党史联络组联合组织召开庆祝中华人民共和国成立70周年暨长沙和平解放70周年座谈会。

（胡 慧）

【党史文化讲堂】 2019年10月21日，长沙市中共党史学会第一届第四次会员代表大会暨长沙党史文化沙龙（第四期）在长沙党史馆召开。湖南省委党史研究室原主任、省政府参事室参事张志初以《毛泽东诗词与湖湘文化》为题作主旨演讲。张志初以“屈贾、忧患、忠诚、担当、求是、图强”这六个关键词从毛泽东诗词鉴赏的角度浓缩概括了湖湘文化精神，并指出湖湘文化在塑造毛泽东思想与人格的同时，也造就了精美绝伦、独领风骚的毛泽东诗词。（胡 慧）

【党史题材文学作品《半条被子》推出】 2019年，市委党史研究室注重推出党史题材文学作品，为了深入挖掘“半条被子”的故事，市委党史研究室副主任蒋志飞（笔名志在飞）多次到故事发生地湖南省汝城县沙洲村考察，并到北京对故事发掘者罗开富进行深入采访，结合党史材料，考究故事逻辑，最终完成《半条被子》长篇小说、电影剧本、歌曲、广播剧。2019年10月21日，在习近平总书记发表纪念红军长征胜利80周年的三周年纪念日，长篇小说《半条被子》在汝城县委人民会堂举行首发式，根据小说改编并拍摄的同名电影同时在汝城县委人民会堂首映，并在全国院线公映。2019年11月21—24日，电影《半条被子》被第28届金鸡百花电影节民族影展选为开幕影片。（胡 慧）

·地方志工作·

【概况】 2019年，长沙市地方志工作按照党中央关于编史修志的重要指示和国务院《地方志工作条例》《全国地方志事业发展规划纲要》以及湖南省人民政府办公厅《关于进一步加强新时期地方志工作的意见》，完成全年工作目标和任务。《长沙年鉴2018》被评为中国出版协会综合特等奖，《长沙年鉴2019》被评为“中国精品年鉴”。承办第二届走向世界的中国方志文化国际学术研讨会暨第九届中国地方志学术年会，为长沙赢得良好的国际声誉。第四次全国地方志工作经验交流会在浏阳举行，长沙市和浏阳市地方志工作经验向全国推广。

【机构改革】2019年机构改革中，长沙市地方志办公室更名为长沙市地方志编纂室，仍为市政府直属正县级事业单位，行政职能未剥离。内设综合处、市志处、年鉴处、业务指导处，人员编制为23名，领导职数为1正2副。长沙市下设9个区县（市）的地方志工作机构，在该轮机构改革后均为党史、地方志、档案三家合一，均保留地方志编纂室牌子，地方志方面的行政职能均未剥离。

【市志编修】 2019年，长沙市地方志编纂室研究制定《〈长沙市志（1988—2012）〉编纂“攻坚年”“决胜年”活动实施方案》，明确以创中国精品志书为目标，2019年为市志编纂攻坚年，2020年为市志编纂决胜年。单位以二轮市志编纂为工作重心，全员参与修志，单位一把手亲自总纂，其他班子成员分别联系一个编辑室，干部职工根据个人情况参与各编纂室的编纂、审稿、校对工作。志稿评审和交流优质高效。继续严抓分纂稿的评审，5个编辑室狠抓编审质量和进度，加大志稿审阅和讲评力度，高质高效完成年度计划。年内共收到法院、国土局、国税局、财政局、住建委、规划局、环保局、金融办、市证监局、水文局、各开发园区等90余家市志承编单位提交的初稿和修改稿500万余字，出具书面评审意见100余份约40万字，召集主笔当面讲评修改意见。加快分志初稿的验收步伐。在严把志稿政治关、保密关、史实关、体例关、资料关、文字关前提下，加强催交和协调，不拖不延不滞，及时进入验收程序，按照“合格一个验收一个”原则，年内共完成市财政局、市金融办、市证监局、市水文局等58家承编单位82个章节志稿验收。至2019年年底，验收合格的志稿约500万字，完成总体任务77%。解决横不缺项问题。在清理篇目中发现市贸促会、市会展办等单位没有参与市志编写，经沟通协调，取得各单位的支持配合。解决“老大难”问题。对长沙铁路、盐业公司、中石油石化、移动电信联通、邮电等滞后不动的“老大难”单位加大攻坚力度，党组主要领导和分管领导多次分别到广州铁路集团总公司和广铁长沙办事处协调修志工作，并由市政府办公厅召开广铁长沙办事处中石化长沙分公司、电信长沙分公司等11家修志滞后单位协调会，起到较好的推动和促进作用。解决效率低、质量差问题。分别组织开发园区、经济体制改革单位修志人员召开编写讲评会；开展单位修志人员业务培训，由中国地方志指导小组专家、单位一把手讲授地方志编写知识，精品志书要求和总纂修改示例。采取总纂与分纂同步推进方式保质量保进度。在加强分纂稿验收过程中，将已验收合格志稿汇编成册，从全单位精选12名编辑交叉审稿，最后汇总由一把手总纂，促进志稿质量提高。

【年鉴编纂】 2019年，《长沙年鉴》优化框架设计，突出特点特色。根据年度特点，通过处室研讨，形成篇目初稿，吸收专家意见，对部分篇目进行适当调整，使篇目归属不断规范，力图全面展现长沙的年度特色与中心工作。优化组稿模式，落实要素组稿。向全市170余家组稿单位印发年鉴组稿通知，下发条目撰写要求，提供各类条目撰写要素模板。优化组稿指导，丰富组稿内容。编辑部宏观把握全市经济社会发展脉络，结合年度大事记资料及主流媒体关注，重点采集全市经济社会发展“大、特、要、新、热”等重要条目信息近百条，优化形成组稿指导意见。优化培训样式，邀请专家授课，组织召开全市地方志工作推进暨业务培训会。优化审稿流程，打磨稿件质量。做实审校基础，优化审校流程。年鉴稿送全办人员进行审校，并统一收集审稿意见后送编辑部，各编辑吸收年鉴编撰的意见和建议，使年鉴编撰质量进一步提升。严把审校关口，邀请专家审稿。稿件送全市有关军事、历史、法治、经济、政治方面的5名专家进行审核，严把政治关、保密关、数据关等送全国年鉴专家审稿，按精品年鉴专家组评审意见修改反馈。压实编辑责任，做到通审通校。各编辑对全书进行通读审校，发现问题，找出问题，解决问题，提升年鉴编纂质量。指导长沙市各区县（市）综合年鉴编纂出版。

【资料年报工作】 2019年，长沙市地方志资料年报完成2017年度年报资料整理归档工作，移交手续齐全，共入库120家单位年报资料。召开全市地方志工作业务培训会，参训人员160余名，并印发2018年编写年报注意事项以及编写要求；平时注重业务指导和催交，截至2019年12月，收到101家单位年报资料，完成年报资料的审查。2019年上报的地方志资料主要收录2018年全市机构改革，改革开放40年以来各行各业主要发展成就、长沙产业链建设、智能制造研究、农业农村现代化、人才新政落实、强化民生优生等方面资料，整个年报的内容、行文规范等方面的质量有所提升。

【特色志书编纂】 2019年，长沙市地方志编纂室将精品意识贯穿于乡镇简志编纂出版工作全过程，严把政治关、史实关、体例关、文字关，认真仔细对志稿进行审核与校对。根据省志委2019年3月反馈的评审意见，开展四轮审阅志稿工作，查漏补缺，完善内容。推进省级以上开发区修志工作，特别是对未出版的省级以上开发区，不定期进行督促指导，协助解决修志中遇到的实际困难和问题。8月，《长沙国家高新技术产业开发区志（1988—2012）》公开出版，至此，已公开出版3部开发区志。至12月底，雨花经开区志、金霞经开区志、天心经开区志、隆平高科技园志、浏阳经开区志已出样书并完成出版前审校。至12月底，各开发区基本按图志编纂方案要求，组织发动，收集资料，组稿编写。长沙高新区、金霞经开区、长沙经开区3个园区完成初步排版设计。名镇名村名山志编纂稳步推进。注重对已启动此项工程的单位做好业务指导，确保修志进度，扩大辐射范围，吸引更多有条件的基层参与名镇名村志编修。对《大瑶镇志》《靖港镇志》《梅花小区志》进行审读，从篇目设置、体例规范等方面提出评审意见并提出书面评审意见，协助《靖港镇志》申报全国名镇志文化工程。新增浏阳市秧田村启动名村志编修。《岳麓山风景名胜志》《沩山风景名胜志》完成终审，进入出版程序。

【地情资源开发利用】 2019年，长沙市地方志编纂室紧紧围绕长沙市经济社会发展，不断提高全市地方志机构服务意识，督促指导各区县（市）深入开展地情资料研究与开发，充分发挥本土历史文化资源优势。市本级出版《点墨长沙》三、四卷，完成该书全套出版，点校清同治《长沙县志》。探讨新方志理论，研究绘画与方志的交叉衍生文化，扩展方志的文化外延，扩大地方志在社会上的传播和影响。

【方志文化宣传】 2019年，长沙市地方志编纂室联合靖港镇政府共同主办地方志文化进靖港古镇宣传活动，通过专题大会、互赠书籍、地方志知识抢答赛、向居民游客发放资料等方式宣传地方志文化。在机关周边悬挂横幅、发放宣传资料，引导普通民众走近地方志，了解地方志。各区县（市）地方志系统除了采用横幅、电子显示屏、微信、门户网站、赠送书籍等常规方式进行宣传外，结合年鉴发行、年度人物与事件评选等主题进行多方位宣传造势，推动地方志文化宣教。雨花区在洞井街道植物园社区开展地方志文化宣传活动；宁乡市开展2期暑假史志档案文化开放教育活动，引导青少年涵养家国情怀；天心区在公共信息宣传平台对《名人与天心》《天心地名纪胜》等地情作品进行选载；岳麓区开通微信公众号《岳麓故事》，讲述岳麓悠久历史和地方文化。 （本栏撰稿 曾牧野）

·档案工作·

【概况】 2019年，根据《关于长沙市机构改革涉改处级事业单位调整的通知》精神，原长沙市档案局（市档案馆）承担的行政职能划入市委办公厅，市委办公厅对外加挂市档案局牌子，市档案馆调整为市委办公厅所属正处级公益类事业单位。2019年，市档案馆加强与有关部门的衔接理顺职能，办理3人的转隶手续，确保局、馆改革工作顺利进行。2019年6月底，根据市编办印发《长沙市档案馆职能配置、内设机构和人员编制规定》文件精神，核定市档案馆全额拨款事业编制35名，内设6个部室，明确机构改革后市档案馆的职能定位。

【“全国示范数字档案馆”创建】 2019年，市档案馆对照测试指标表5大类150余项测试项目，完成1000余页终测材料的准备。完成数字档案库房改造项目建设，主要指标达到B级机房标准。规范电子档案数据管理，年内接收电子档案41571卷475654件，归档文件60857件，合计536511件，馆藏档案数字化率96.4%。按照市委办公厅要求，完成政务内网二期保密机房和保密网络接入区建设，通过分级保护测试。建设离线光盘数据库，刻录蓝光光盘350余张，做好档案数据的异地异质备份工作，确保电子档案数据安全。2019年10月，国家档案局派专家到馆进行“国家示范数字档案馆”系统初测，认为具备测试条件。

【档案接收征集】 2019年，市档案馆根据国家档案局有关要求，修订《档案接收进馆制度》，使进馆范围、档案整理质量标准和档案移交程序更加完善。依法做好各机关、团体、企事业单位和其他组织档案移交进馆工作，对机构改革涉及部门和单位的档案状况进行摸底，做好撤销机构档案的接收进馆工作。年内接收43家单位的档案进馆，案卷共4.5万卷、归档文件6307盒计6.8万件，坚持落实实体档案和电子档案同步进馆。其中，市法制办的行政复议档案、市委组织部的干部死亡档案、安监局的行政许可和事故处罚档案、长沙公证处的公证档案作为专业档案进馆。2019年是市档案馆开展非物质文化遗产档案征集的第3年。全年完成湖南省级非遗项目玉和醋的影像资料拍摄、口述采访等工作，截至2019年12月，市档案馆已将非遗中心保存的国家级、省级和市级共68个非遗项目、127个项目传承人的申报材料全部征集进馆。征集到慈善、环保等有代表性的3家公益机构自成立以来形成各种文字材料和光盘、声像、荣誉实物材料共2523件进馆；征集到长郡中学建校以来形成的教学档案、实物档案和声像档案等目录10.7万条、原文图像10.3万件的电子数据进馆；征集到长沙市文史专家陈先枢著作或参与编著的作品64本、知青历史资料44本、历史照片863张，以及长沙市人大、政协会议和党代会的会议视频资料、纪念长沙改革开放40周年纪录片视频资料等进馆，长沙记忆数据库内容更加丰富。

【档案编研展览】 2019年8月，市档案馆联合市委党史研究室在档案馆一楼展厅推出高质量的固定展《人民的胜利——纪念中华人民共和国成立70周年暨长沙和平解放70周年专题展》，通过200余件珍贵档案、党史资料和图片，完整还原长沙和平解放历史，该展览被纳入全市庆祝中华人民共和国成立70周年暨长沙和平解放70周年系列活动，并在长沙档案信息网上同步推出全景式网上观展。开展以来，该展览已接待多个批次团队参观，为全市“不忘初心、牢记使命”主题教育增添了新内容。市档案馆系统整理馆藏抗战档案，发挥档案在抗战历史研究中的重要作用，继续参与国家档案局项目——《抗日战争档案汇编》系列丛书的编研。其中《长沙市档案馆藏日本罪行与惩治战犯档案汇编》一书已通过湖南省档案局复审、国家档案局终审程序，正式出版。《长沙抗日战争善后与祭悼英烈档案汇编》一书编纂工作已启动，该书纳入2019年度国家重点档案保护与开发任务，初稿已提交湖南省档案馆进行复审。市档案馆全年策划组织多场爱教活动，不断丰富爱国主义教育基地的应有内涵。先后开展“以档案为窗、探非遗精彩”的大学生社会实践活动、“开学第一课——童声嘹亮，红心向党”小学生研学活动、“红领巾”寻访老长沙主题活动之旅、市内外党组织主题党日活动等，通过这些活动，为社会打开一扇了解长沙历史、接触档案文化、增强爱国主义教育的窗口。以建馆60周年为契机，市档案馆拍摄制作市档案馆宣传片，展示新时代档案馆风采。

【档案查阅利用】 2019年，档案查阅窗口热心接待咨询、查阅档案信息的群众，年内共接待人民群众查阅档案4273人次，调用档案7982卷。其中，为中纪委和国家监委到长沙办案调阅相关档案120余卷，复印文件1000余页。为方便群众利用政府现行公开文件，编印《2018年长沙市委市政府惠民政策汇编》并免费发放。查阅窗口得到利用单位及群众的好评，年内收到表扬留言43篇、锦旗1面。

【档案安全】 2019年机构改革后，市档案馆将档案的安全保管和利用职能相剥离，增设保管保护部，强化档案馆的保管职能，档案馆“五位一体”的功能更加清晰。年内完成8个库房30万余卷档案的清查移交，这是档案馆暨搬迁新馆以来，首次大规模进行“换血式”清查。根据需要对8万余卷档案的存放位置进行调整，对8个库房的门锁进行更换。每层库房安排1名库房管理员，负责档案出入库管理，定期巡查库房，做好详细记录。修复破损档案2万页，年内未发生安全责任事故。

【长沙市档案馆数字档案库房建设项目通过验收】 2019年3月28日，长沙市档案馆数字档案库房建设项目验收会议在市档案馆8楼会议室召开，中南大学、湖南大学、湖南省档案局5位专家，市发展改革委、市财政局等单位代表参加会议。与会专家听取项目情况汇报，审阅项目建设资料，实地察看建设情况，一致认为该项目建设完成合同规定内容，主要性能指标达到电子信息系统B级机房标准，同意项目通过验收。该项目极大地提升市馆数字档案库房的标准化等级，为创建“全国示范数字档案馆”打下坚实的基础。

【《长沙市档案馆藏日军罪行与惩治战犯档案汇编》编纂出版】 2019年4月，国家档案局主持编印的“抗日战争档案汇编”项目、长沙市档案馆编纂的《长沙市档案馆藏日军罪行与惩治战犯档案汇编》出版。该书严格按照国家档案局《抗日战争档案汇编编纂规则》实施。全书分为日军罪行、惩治战犯两部分，真实记录日本帝国主义侵犯长沙的罪行，反映抗战胜利以后长沙地区调查日本罪行与惩治日本战犯这一重大史实，发挥档案在抗战史料研究中的重要作用。

【人民的胜利——纪念中华人民共和国成立70周年暨长沙和平解放70周年专题展】 为纪念中华人民共和国成立70周年、长沙和平解放70周年，2019年8月28日，长沙市档案馆、中共长沙市委党史研究室联合推出《人民的胜利——纪念中华人民共和国成立70周年暨长沙和平解放70周年专题展》在市档案馆一楼展厅开展。为进一步深化展览的教育功能，开展当天同步举行“开学第一课——童声嘹亮，红心向党”爱国主义教育实践活动，长沙市实验小学班级及家长代表参加活动，中小学生通过档案、党史了解长沙红色故事。

（本栏撰稿 杨 佳）

文化交流

【第三届“中国福”城市文化交流活动在长沙举办】 2019年5月9日，第三届“中国福”城市文化交流活动在中国共产党长沙历史馆举办，国内外福文化研究专家学者和全国8个以“福”命名的城市嘉宾代表参加活动。

2019年5月9日，第三届“中国福”城市文化交流活动在中国共产党长沙历史馆举办

市文化旅游广电局 供图

该活动由长沙市开福区主办，活动为期两天，包括福地参观、夜看开福和“厚德开福”主题论坛等环节，旨在深入挖掘“中国福”文化内涵，弘扬和传承福文化，搭建全国以“福”命名的城市间的交流平台，实现经济与文旅融合发展。中国福文化研究专家、湖南省政协文教卫体和文史委主任毛学军介绍，福文化贯穿华夏文明始终，湖湘文化作为中华文化的重要组成部分，始终与福同行。作为此次活动举办地的长沙市开福区，不仅是屈贾之乡、楚汉名城的发祥地，也是四大名绣之一湘绣的发源地，涌现出很多“中国好人”，成为开福的一张文化名片。开幕式上，原创情景剧《福地往事》以毛泽东、杨开慧在开福清水塘革命工作生活的场景故事为原型，以情景剧、音乐演绎、视频演绎等形式，讲述伟人在开福的往事，用革命化的爱情，讲述伟大事业的幸福；《花鼓新唱：开福身边好人多》以极具湖南特色的花鼓曲艺，让现场嘉宾快速融入情景；由著名播音艺术家卢莎莎、荣斌等携手湖南师范大学等院校的学生合唱团队，演绎原创大型音诗画节目《文化同心、圆梦幸福》，以气势磅礴的语言与视听效果，展现新时代的中国福文化。活动现场，8个中国福文化城市联盟的领导和与会嘉宾，用取自8个城市的母亲河流的水，共同浇灌象征着幸福圆满的幸福同心树。“福”文化城市联盟举行交接仪式，接旗方为第四届“中国福”城市文化交流活动举办单位新疆福海县，活动举办时间为2020年1月。

（易　佩）

【韩国龟尾市代表团到长沙市图书馆参观】 2019年12月18日，长沙市图书馆接待韩国龟尾市代表团一行到访参观交流。长沙市与龟尾市于1998年10月缔结友好城市，此次到访的龟尾市代表团包括龟尾市政府国际协力系长申贤淑、招商投资系长施炳渊等5人。代表团一行在长沙市图书馆参观了视障文献阅览室和新三角创客空间等特色阅览室。长沙图书馆馆长王自洋特别向代表团介绍了长图多元文化馆内的友好城市文献专区以及长图开展的系列韩国文化活动，申贤淑系长惊叹于长图丰富多彩的韩国文化交流活动，并称赞长沙市图书馆在两市友好交流中起到的积极作用。本着“交流文化，增进友谊，共同发展”的原则，长沙市与龟尾市图书馆于2018年建立友好图书馆关系，此次交流活动进一步推动两市在文化领域的友好交流，并定期开展文献互赠等系列图书馆交流活动。

（易　佩）

【中俄首次联袂演出《黄河大合唱》】 2019年7月18日，庆祝中华人民共和国成立70周年、中俄建交70周年暨“黄河大合唱”首演80周年大型交响合唱音乐会，在长沙音乐厅举办。长沙交响乐团特邀俄罗斯爱乐乐团，联合组成120人的交响乐团，汇同长沙交响乐团歌剧中心合唱团与长沙市直机关星辰合唱团超过200人的合唱团队共同演绎。音乐会由国家一级指挥、长沙交响乐团团长肖鸣携手俄罗斯著名指挥家德米特里·菲拉托夫共同执棒，著名歌唱家黄华丽、周楠，青年歌唱家王耀宏、黎明担任音乐会领唱，国家一级演员王立民担任朗诵，长沙市直机关星辰合唱团、长沙交响乐团歌剧中心合唱团担任合唱，易松、银玉灿担任合唱指挥，刘清担任主持，长沙交响乐团、俄罗斯爱乐乐团联合演奏。音乐会上半场演出俄罗斯经典作品，下半场演出《黄河大合唱》。这是中国的交响乐团与俄罗斯的交响乐团首次联袂演出《黄河大合唱》。

（易　佩）

【唐代长沙窑瓷器南京展出】 2019年5月16日，由南京市博物总馆主办，南京市博物馆、长沙博物馆承办的“海丝路上的妙彩唐风——长沙博物馆藏唐代长沙窑瓷器特展”在南京市博物馆多功能展厅开展。此次展览所展示的190件（套）唐代长沙窑瓷器，均为长沙博物馆多年考古发掘、采集成果。器物类型丰富，涵盖了当时社会生活的方方面面。该展览是南京市博物馆与长沙博物馆展览交流的合作成果，也是南京市博物总馆近年来举办“海丝”主题系列展览的重要组成部分。通过专题展示，让广大观众了解长沙窑在唐代“海上丝绸之路”上的重要地位。

（易　佩）

【长沙简牍博物馆与故宫研究院等单位展开深度合作】 2019年6月25日，长沙简牍博物馆最新合作成果新闻发布会在长沙召开。长沙简牍博物馆与故宫研究院、西泠印社、北京师范大学等单位强强联合，取得重大研究进展，产生一批最新合作成果，进一步夯实了长沙简牍博物馆作为简牍专题文物保护、研究、展览、学术交流中心的地位。文化部原副部长兼故宫博物院原院长、故宫研究院院长、中华诗词学会会长郑欣淼，长沙市委常委、宣传部部长高山，湖南省文物局副局长江文辉等领导，故宫研究院古文献研究所所长、研究员王素，北京师范大学历史学院教授、青年长江学者张荣强等专家出席活动。发布会上，举行了“故宫研究院长沙简牍研究中心”揭牌仪式，标志着故宫博物院与长沙简牍博物馆的合作进入一个新的阶段。与此同时，长沙简牍博物馆还与北师大历史学院签订人才培养、学术交流及相关领域的合作协议。除双方合作开展馆藏简牍的整理、研究之外，计划在未来派遣相关研究人员、专家学者，在这里举办简牍学及相关领域的学术讲座、专题报告，介绍该领域学术研究和学科发展的动态，协助提升博物馆的学术研究水平。《长沙走马楼吴简书法研究》一书也在发布会上亮相，改书从长沙简牍博物馆馆藏数万枚走马楼孙吴简牍中，精选164种，其中不少是第一

次公开披露的珍贵简牍，以满足广大书法爱好者的需要。（易 佩）

【2019中外著名城市交响乐团“长沙峰会”】 为展示城市交响乐团发展成果，总结城市交响乐团成功经验，加强城市交响乐团之间交流合作，贡献交响乐团在城市发展中的智慧力量，推动省市共建长沙交响乐团改革和发展，2019年10月24—25日，长沙市举办2019中外著名城市交响乐团“长沙峰会”。峰会由中国交响乐发展基金会、中国音乐家协会管乐学会、湖南省演艺集团、长沙市委宣传部、长沙市文化旅游广电局共同主办，长沙交响乐团、长沙音乐厅负责具体承办工作。峰会期间，特邀德国班贝格交响乐团开展祝贺长沙峰会专题音乐会。

（李典琼）

2019年10月24—25日，2019中外著名城市交响乐团“长沙峰会”举办

市文化旅游广电局 供图

文旅产业

【概况】 2019年，长沙市文化旅游广电局注重发展夜间经济，形成以“五一商圈”为核心的夜间经济示范区，非遗夜市、湘江夜游等特色品牌不断挖掘，长沙被评为夜间经济十强城市。发展乡间经济，长沙县浔龙河村被评为“全国乡村旅游重点村”。浏阳市文家市镇、望城区铜官小镇和长沙县果园镇入选首批湖南省十大特色文旅小镇。发展网间经济，文和友、茶颜悦色、太平街、解放西等成为“网红打卡地”，长沙新晋全国网红城市。打造马栏山视频文创产业园、国家文化广告产业园、后湖国际艺术区等一批文化产业园区，园区内聚集规模以上文化企业1017家，文化园区总产出超过2100亿元。其中马栏山视频文创产业园新引进企业648家，完成投资65亿元，获批国家级文化和科技融合示范基地，举办2019中国新媒体大会。做优旅游景区，滨江文化园、新华联铜官窑古镇、田汉文化园被评为AAAA级景区；渔人码头、雨花非遗馆、长沙县紫竹山被评为AAA级景区；长沙方特·东方神画、月亮岛休闲公园盛大开园；湘江欢乐城冰雪世界即将运营；截至2019年底，华谊兄弟电影小镇开园至今接待游客超100万人次。做精特色街区，白沙液街、潮宗街、黄兴路等30余条特色街区备受市民游客青睐。消费试点提优，在全国率先出台文旅消费政策意见，开展2019年引导和扩大文化和旅游消费提升行动，评选“十大文旅消费示范区（点）”等40个项目，评定139家企事业单位获1820万元旅游发展专项资金奖励。

（陆明榜 刘 婷）

【第五届湖湘动漫月在长沙启动】 2019年9月10日，中国·长沙2019第五届湖湘动漫月暨长沙（国际）动漫游戏嘉年华活动在华谊兄弟（长沙）电影小镇启动。此届湖湘动漫月以“产业新生态、漫创新生活”为主题，持续至10月9日，集中展示湖南本土和海内外动漫游戏产业领域的新成果、新业态、新气象。动漫月期间举办长沙（国际）动漫游戏嘉年华1个主题展会，中国·长沙首届动漫游戏产业分享会等5场行业高端论坛，第五届“竞游潇湘”电子竞技联盟大赛等6场动漫游戏比赛，动漫游戏人才引进交流会等2个产业人才交流会，第三届红橘子动漫舞台剧巡演等15个配套活动，以及第五届常德夏日动漫盛典等10场市州分展会。该届湖湘动漫月共有1000余家国内外动漫游戏机构和企业参展参会，覆盖原创动漫、衍生品、动漫影视、动漫出版、动漫餐饮、动漫教育、动漫科技等多个领域，本届湖湘动漫月不仅是动漫展会与文旅景点的首次融合，也是文化和旅游融合发展的生动实践。湖南省委宣传部副部长、省文化和旅游厅党组书记禹新荣表示，活动对于打造在国内具有重要影响的动漫游戏产业专业化的展览、展示和交流平台，不断提高湖南动漫游戏产业、文化旅游产业的知名度和美誉度有着积极意义。湖南推进文化和旅游强省建设，动漫游戏产业发展势头喜人，2019年上半年全省动漫游戏及相关业务总产值160亿元。湖湘动漫月活动已连续举办4届，累计拉动湖南省动漫游戏产业年度增加超80亿元，同时吸引大批动漫游戏人

才回湘发展。（易 佩）

【《关于进一步激发文化和旅游消费潜力的意见》学习贯彻专题会议】 2019年8月30日，长沙市文化旅游广电局召开专题会议，深入学习贯彻国务院办公厅印发的《关于进一步激发文化和旅游消费潜力的意见》，并安排部署长沙市2019年度引导和扩大文旅消费提升行动相关工作。会议提出：长沙要争创国家文化和旅游消费示范城市，向建设国际消费中心城市迈进。全市各文旅行政部门和文旅企业要在进一步激发文化和旅游消费潜力中唱好主角、走在前列、积极作为。通过在“三间”（夜间、乡间、网间）、“三区”（景区、园区、街区）、“三创”（文化创意、科技创新、品牌创建）上挖潜力，进一步优化供给、打造品牌、做强主体，促进长沙文旅消费转型升级，做到基本文旅消费有保障、多元文旅消费有选择、高档文旅消费有供给。会议部署长沙市2019年度引导和扩大文旅消费提升行动项目和示范区申报工作，湖南文和友集团、Play House酒吧、湖南酷贝岛景区运营管理有限公司、湖南雨花非遗馆、长沙县果园镇等单位和企业代表围绕夜间经济、乡间经济、网间经济、新业态融合经济等进行经验介绍和交流。为促进文旅消费有序升级，2019年长沙市评选“十大夜间经济”“十大乡间经济”“十大网间经济”示范项目各10个以及文旅消费示范区10个。

（易 佩）

【文旅融合发展】 2019年，长沙市坚持改革发展、融合发展、创新发展，持续提高文化产业高质量发展水平。市委宣传部在全市现代服务业十大产业牵头部门综合考核中被评为一等奖。产业融合发展。全年实现旅游总收入2000亿元，比2018年增长12%。方特·东方神画主题公园“开门迎客”，自2019年7月开园以来游客80万人次、旅游收入逾1亿元；宁乡炭河古城成为游客浏览胜地。湘江欢乐城、后湖国际艺术园等重大文化项目加速推进；铜官窑国家考古遗址公园陈家坪保护展示工程、浔龙河生态艺术小镇（二期）、长沙国王陵桃花岭一期工程建设完成，启动长沙戏剧艺术中心提质改造项目。雨花非遗馆入选全国非遗与旅游融合十大优秀案例，3个乡镇入选2019湖南十大特色文旅小镇。产业平台建设。马栏山视频文创产业园引进企业648家、完成投资65亿元，获批国家文化和科技融合示范基地和国家广电总局首家5G高新视频多场景应用实验室；推动长沙天心文化（广告）产业园、中国（长沙）创新设计产业园、浏阳河文化产业园提质升级；出台创意烟花、动漫游戏专项扶持政策，分2批开展文化产业专项资金项目申报工作，立项支持201个项目；深化国家文化消费试点，办好阳光娱乐节、第四届长沙文创十大工匠“金手指”传人评选、第五届湖湘动漫月等消费引导型节会活动；申创国家文化旅游消费示范城市，全国文化和旅游消费工作推进会暨文化和旅游消费工作培训班推介长沙经验。（贺明明）

文化市场管理

【概况】 2019年，长沙市推进“一件事一次办”改革，全年窗口受理事项293件，办结290件，无行政违法行为。市文化旅游广电局被评为长沙市落实“谁执法谁普法”责任制工作优秀单位、“2019年宪法进宾馆（景区）活动优秀组织单位”。举办第七届阳光娱乐节，组织开展百万游客赏长沙、十万群众进歌厅等七大系列活动，近千家企业参与。强化执法监管，治理更科学。完成1669家网吧、476家娱乐场所、45家星级饭店和415家旅行社的监管服务工作。佳兴世尊酒店是2019年全省唯一成功创建的五星级酒店。全年出动执法检查5.2万人次，检查经营单位1.9万家，受理各类投诉举报800余件，为游客挽回经济损失160余万元。全市1639个村（社区）全部建成“扫黄打非”工作站，市文化市场综合行政执法局被评为“2017—2019年度全国文化市场综合执法优秀案卷办案单位”，连续七年被评为全国“扫黄打非”工作先进集体。筑牢安全底线，守土更尽责。全年文化旅游市场无重大事故和负面舆情，未发生因履职不到位引起的较大文物安全事故。严格落实意识形态工作责任制，抓好广播电视宣传引导和安全播出工作，年内未发生意识形态问题和安全播出责任事件（事故），市局被评为“国庆70周年广播电视行业安全保障工作先进集体”。（陆明榜 刘 婷）

【2019年文物保护暨消防安全培训班】 2019年11月17—24日，长沙市文化旅游广电局联合西北大学举办2019年度文物保护暨消防安全培训班。参加此次培训的人员有各区县（市）文旅广（体）局相关负责人、市直文博单位安全工作负责人、部分全国重点文物保护单位和省级文物保护单位管理机构安全工作负责人、2018年度优秀文物保护员代表、局机关相关负责人，共60余人。所有参训学员严格遵守法律法规和各项规章制度，按要求完成学习心得体会，为长沙市文旅融合、文物保护工作提出建议。（易 佩）

【长沙市文化市场综合行政执法局挂牌成立】 2019年9月25日，长沙市文化市场综合行政执法局挂牌成立。市政府副秘书长厉江华，市委组织部副部长杨俊，市文化旅游广电局党组副书记、局长杨长江，市文化旅游广电局党组书记李文格，市文化旅游广电局党组成员、市文化市场综合行政执法局局长吴洪出席揭牌仪式。

（何吉多）

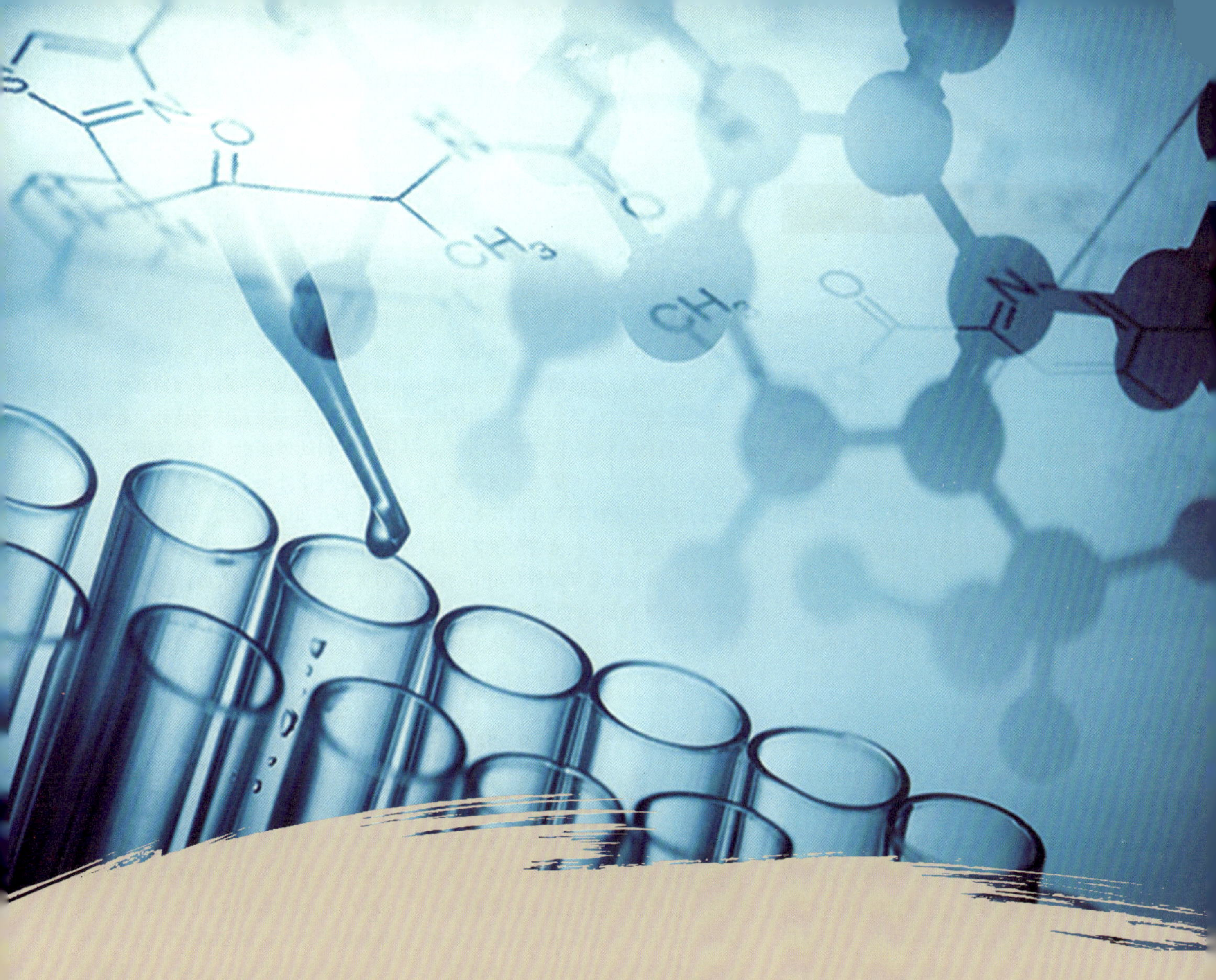

卫生健康

HYGIENE AND HEALTH

编辑　吴丫丫

医疗机构

【概况】 截至2019年年底，长沙市辖区内有注册登记的各级各类医疗卫生机构4633个，其中三级医院28家、二级医院45家、社区卫生服务中心82个、社区卫生服务站213个、乡镇卫生院99个、村卫生室1295个。全市医疗卫生机构实有病床8.12万张，在岗职工10.31万人，其中卫生技术人员8.59万人。平均每千人口有卫技人员10.23人、每千人口执业医师数3.85人、每千人口护士数4.88人、每千人口床位数9.68张，居中部省会城市前列，高于全国平均水平。全市医疗卫生机构总诊疗人次5446.05万人次，门急诊人次数5183.98万人次，出院人数269.36万人次，分别较2018年增长9.21%、8.93%和2.63%。全年采供血56.33吨。出动救护车7.66万次。全年出生人口10.43万人，符合政策生育率97.89%，出生人口性别比106.49。乙类传染病发病率225.9/10万，无甲类传染病发生，无传染病暴发流行。孕产妇死亡率7.68/10万，5岁以下儿童死亡率4.36‰，均低于全国平均水平。全市居民健康素养水平25.1%，较2018年底提高3.9个百分点。

2019年，长沙市把深化医药卫生体制改革作为保障和改善民生的重要举措，完善医疗服务体系建设，深化医院管理、医保支付、医药购销等环节改革，加强医疗机构规范管理，推进健康管理关口前移，全市深化医改工作取得良好效果，多次接受国务院医改办、国家卫生健康委、国家医保局、财政部、人社部等部门检查和调研，均获肯定，并在全省医改工作推进会及中国医改十年评价暨湖南的经验与政策评估研讨会上作经验交流发言。长沙公立医院综合改革成效明显，受到国务院真抓实干表彰奖励。

【机构改革】 2019年3月，根据《长沙市机构改革方案》及《长沙市卫生健康委员会职能配置、内设机构和人员编制规定》，将市卫生和计划生育委员会、市爱国卫生运动委员会办公室、市老龄工作委员会办公室的职责，以及市安全生产监督管理局的职业安全健康监督管理职责整合，组建市卫生健康委员会（以下简称“市卫生健康委”），是市政府工作部门，为正处级。市卫生健康委机关内设办公室、党建工作处、人事处、规划发展与信息化处、财务处、行政审批与政务服务处（法规处）、体制改革处、疾病预防控制处、医政医管处、基层卫生健康处、科技教育处（国际合作处）、综合监督处（食品安全标准与监测处）、药物政策与基本药物制度处、老龄健康处、妇幼健康处、卫生应急办公室（职业健康处）、人口监测与家庭发展处、宣传处、保健处、中医处（长沙市中医药管理局）、爱国卫生工作处、机关党委、离退休人员管理服务处23个处室。有行政编制77名、全额拨款事业编制7名。

【公立医院改革】 按照省市统筹、同步推进、部门协作的原则，推进长沙市辖区内政府、部队、部门和企事业单位举办的二级以上公立医院改革。2019年，全市公立医院药占比（不含中药饮片）25.31%，持续控制在30%以内；百元医疗收入（不含药品收入）消耗的卫生材料费20.46元，低于省里要求控制的23.34元标准；门诊次均费用下降0.55%，住院次均费用增幅2.13%，低于全市经济增长水平（远低

表51　　长沙市卫生事业基本情况统计表

指标	单位	1978年	1985年	1990年	1995年	2000年	2005年	2010年	2015年	2018年	2019年	2019年比2018年（±%）
卫生机构数	个	1195	1403	1346	1100	1036	1519	2655	4661	4523	4633	2.4
#医院、卫生院	个	248	291	297	205	263	260	255	284	331	336	1.5
床位数	张	12976	13743	18349	21378	20590	27395	42629	66036	77253	81242	5.2
#医院、卫生院	张	11036	11503	14766	17594	17281	25501	39983	59927	69913	73664	5.4
卫生工作人员	人	21583	29620	34190	37115	36225	37711	59738	84857	98486	103086	4.7
#卫生技术人员	人	16068	21611	26307	27553	27460	28943	48791	69634	81548	85866	5.3
#执业医师和执业助理医师数	人	7247	10187	12423	12107	12345	12088	18258	25599	30793	32286	4.8

（资料来源：市统计局）

于10%的控制目标）；医疗服务收入（不含药品、耗材、检查、化验收入）占医疗收入比例35.89%，高于省里要求的31.8%，医务人员积极性提高。明确全市公立医院党建工作重点任务，开展市直各医院班子集中换届，落实党委领导下的院长负责制。实施现代医院管理制度，分别确定宁乡市人民医院、长沙市第一医院为国家和市级现代医院管理制度试点单位。全市59家二级以上公立医院及社会力量举办的非营利性医疗机构制定医院章程。深化公立医院薪酬制度改革，在市直公立医院实行医院主要负责人年薪制，增强公立医院分配自主权，对符合规定的高层次人才，实行协议工资制。健全以公益性为导向的考核评价机制，统筹编内外人员待遇，编内外人员同岗同薪同待遇得到逐步推进。长沙县被评为湖南省2019年度公立医院综合改革真抓实干成效明显地方。

【分级诊疗】 2019年，长沙市坚持分片负责、分工协作、分类推进医联体建设，市级公立医院建立医疗联合体79个。搭建心电远程会诊、影像远程诊断、病理远程诊断平台53个，市一医院完成长沙市心电诊疗平台建设。建立医联体双向转诊绿色通道机制，医联体内牵头医院向基层医疗卫生机构、接续性医疗卫生机构下转患者7496例数，较2018年增加50.5%。长沙市被评为“城市医联体建设试点城市”。深化县域综合医改，按照“县强、乡活、村稳，上下联、信息通”的思路，出台《关于进一步落实基层医疗卫生服务能力建设的若干政策措施的通知》，优化资源配置，整合服务体系，提升基层医疗卫生服务能力。推行紧密型乡村卫生一体化管理，将乡村医生纳入乡镇卫生院统一聘用管理，并为乡村医生购买养老保险和医疗保险，有效解决乡村医生准入退出以及养老保障等问题。开展家庭医生签约服务，全市建立家庭医生签约服务团队1480个，签约服务人数177.27万人，其中建档立卡贫困户签约率100%。探索医防融合模式，三级综合医院全面开设高血压专科门诊，县级综合医院全面开设高血压专病门诊，乡镇卫生院全面开设高血压规范门诊。长沙县被评为“湖南省高血压医防融合试点县”。基层首诊、双向转诊、急慢分治、上下联动的分级诊疗格局初步形成。全市县域内就诊率90%，其中浏阳市逾95%。

【医改配套改革举措】 2019年，长沙市深化医保总控付费方式改革。建立以病种分值为核心，以“总量控制、额度分配、月度预拨、年度决算”为结算办法的医保总额控制体系，编制《长沙市医疗保险病种分值表》，实施病种708个。规范住院单病种包干结算管理，实施脑卒中（脑出血、脑梗死）等5个病种单病种包干结算，在湖南省人民医院马王堆院区等16家医院开展脑卒中等5个病种急性期后两级康复治疗住院单病种包干结算工作。取消医用耗材加成。市医保局、市卫生健康委、市财政局联合印发《关于长沙市公立医疗机构取消医用耗材加成同步调整医疗服务价格实施方案》，从2019年12月31日24时起全市公立医疗机构全面取消医用耗材加成，所有单独面向患者收费的医用耗材，全部以实际购进价格为基础实行“零差率”销售。坚持医药费用总量控制，优化医药费用结构，理顺医疗服务价格比价关系，重点调整护理、手术、诊查、治疗等859个项目价格，实现区县（市）同城同等级（类别）同价格。强化行业综合监管。率先全省启动监督机构规范化建设，完善市县乡村四级监督执法体系，加强医疗市场、药具市场、广告市场监管，打击医药购销不正之风和损害病人利益行为。

【“健康长沙”建设PPP项目协议签约仪式】 2019年5月7日在长沙市第一医院举行，标志着“健康长沙”建设PPP项目落地和实施。长沙市委常委、常务副市长舒行钢，省国开行副行长于新杰出席签约仪式并讲话。长沙市卫生健康委党组书记、主任周敏，市医疗健康投资管理有限公司董事长李锦光，分别代表市人民政府、市医疗投签订“健康长沙”建设PPP项目协议。“健康长沙”建设PPP项目综合授信200亿元，主要建设内容包括医院（含综合医院、专科医院）、基层医疗机构、公共卫生机构业务用房新建、改扩建、装修改造及医疗设备

2019年5月7日，“健康长沙”建设PPP项目协议签约仪式在长沙市第一医院举行

市卫生健康委　供图

购置和医疗大数据等70个子项目，以市场化、产业化方式推进长沙卫生健康服务网络体系建设，对于缓解当前医疗卫生发展难题、加快卫生健康事业发展速度、提高人民群众健康福祉具有重大意义。该次签约项目在银行授信规模、项目覆盖层级、融资运营机制等方面均在全国属于首创，具有探索创新价值和推广示范意义。

【安全可控技术区域智慧医疗建设】2019年，长沙市以打造长沙城市超级大脑、建设新型智慧城市为契机，深化与长城医疗、腾讯公司合作，出台《长沙市安全可控技术区域智慧医疗建设三年实施方案（2019—2021年）》，采取政府购买服务方式，利用自主可控技术，依托健康医疗大数据，分阶段、分步骤推进智慧医疗项目建设和应用，实现系统平台之间、部门信息之间、上下医院之间、各个医院之间的数据互联共享，打造全市标准统一、互联共享的基于自主可控技术的区域智慧医疗体系，满足人民群众多层次、多样化的健康需求。年内，长沙县县级医院与基层医疗机构实现互联互通，市中医医院、市一医院开展智慧医疗应用场景深化试点。

疾病预防控制

【概况】 2019年，长沙市围绕“健康长沙”主题，强化“守土有责、守土负责、守土尽责”的责任意识，守住疾病防控底线，各项防病工作稳步实施。传染病疫情总体平稳，无甲类传染病疫情发生。科学高效处置突发公共卫生事件，所有事件均得到及时有效处置，未发生次生、衍生事件。免疫规划疫苗接种率95%以上，通过国家卫生健康委监督局疫苗管理飞行检查。艾滋病、结核病等重点传染病防治工作推进。寄生虫病、地方病、病媒生物防制成效显著，通过国家消除疟疾技术评估。成立长沙市职业健康检查质控中心，超额完成职业卫生项目工作，选派2名专技人员完成湖南省医用辐射防护监测援藏任务。加强幼儿园、中小学的疾病防控工作，完成2万余名学生的近视、常见病及健康危害因素调查。建设一批高质量健康支持性环境，6个健康支持性环境获全国推广。编写长沙市首份《长沙市卫生与人群健康状况报告》。市疾控中心开展高通量二代基因测序，获得100条流感/禽流感病毒全基因片段，在实验室技术上取得突破。

【急性传染病及重点疾病防控】2019年，长沙市乙类传染病发病率225.9/10万，无甲类传染病发生，无传染病暴发流行。长沙市实施联防联控，严密防范重大公共卫生风险。市卫生健康委、市教育局联合制定印发《长沙市学校、托幼机构疾病预防控制指导手册（2019版）》。完成第一届中国—非洲经贸博览会卫生应急保障工作，开展洪涝灾害卫生应急演练和培训，做好汛期卫生应急保障工作。市爱卫会各成员单位开展以防蚊灭蚊为主的爱国卫生运动，防范应对登革热疫情。科学稳妥处置多起传染病疫情。市县两级加强联合，全力应对，科学防控，高效处置登革热疫情，疫情处置及时规范，病例得到妥善救治，未出现重大负面舆情。有序应对流感流行季节呼吸道传染病防控工作。强化监测预警，完成霍乱、手足口病、狂犬病、流感等重点传染病监测工作，及时开展疫情分析及风险评估，完成疫情月分析12期、风险评估报告11期。强化综合干预，有效发挥艾防示范区引领作用。按照国务院防治艾滋病工作委员会办公室统一部署，长沙市被确定为第四轮全国艾滋病防治综合示范区。多部门联合印发《长沙市艾滋病病人治疗补助实施方案》，维持艾滋病治疗补助标准，鼓励区县增设治疗门诊，提升抗病毒治疗的可及性。重新制定《长沙市艾滋病病毒职业暴露处理方案》。加强对艾滋病疫情的追踪管理、高危人群干预与监测、科普宣传等综合防控措施。在《长沙晚报》及各大主流媒体开展“12·1”世界艾滋病日宣传，在岳麓山开展防艾志愿者倡导现场活动。发挥大学生志愿者、HIV感染者志愿者、非政府社会组织等作用，开展高危人群干预工作。强化筛查督导，发挥结核病服务体系作用。启动实施结核病防治改革试点工作。制定出台《长沙市肺结核防治改革试点工作方案》，推动综合治理体系、疾病控制体系、医疗救治体系、质量保障体系4个方面改革，开展结核病患者经济负担研究调查。落实肺结核患者发现、耐药筛查、结核病合并HIV筛查、患者治疗管理、督导与健康教育等各项防控措施，及时、规范、有效处置学校结核病疫情，各项考核指标均达到要求。6月，组织开展结核病防治职工职业技能竞赛活动，在10月举办的全省技能竞赛中取得优异成绩，市疾控中心田斌获湖南省“五一劳动奖章”。

【免疫规划】 2019年，长沙市启动实施数字化预防接种门诊建设工作。制定《长沙市预防接种数字化门诊建设实施方案》，市级安排专项经费，建设完成70家数字化门诊，为接种对象提升接种体验。推行疫苗代储代运。开展疫苗代储代运工作，完善合作机制和运行机制，有效发挥第三方公司冷链专业性、容量充足性、运送保险性、温度监控实时性、全程溯源性等优势，提升服务效能。探索全链条信息化管理，协调省预防接种信息系统与长沙市疫苗储运信息化管理系统的对接和疫苗接种实时扫码校验、全程追溯试点。开展预防接种知识宣传。在开福区洪山桥社区卫生服务中心开展全省“4·25”全国儿童预防接种日大型活动，宣传预防接种知识。市疾控中心联合《长沙晚报》举办献礼中华人民共和国成立70周年长沙免疫规划成就展。规范高效提供预防接

种服务。预防接种告知制度和新生入学、入托查验接种证制度全面实施。各区县（市）免疫规划疫苗接种率95%以上，均达到省级要求。开福区对辖区中小学生、65周岁及以上老年人开展流感疫苗免费接种，长沙县对健康扶贫老年人开展免费流感和肺炎疫苗接种，惠民政策取得实效。

【职业病防控】 2019年，长沙市深化重点行业领域职业病危害专项治理，有效防范职业病危害事件发生。开展尘肺病患者随访与回顾性调查工作，完成中华人民共和国成立以来3975例职业性尘肺病患者的随访与回顾性调查，其中：存活1057例、死亡2722例、失访196例、失访率4.93%。开展工作场所职业病危害因素监测，截至2019年12月31日，全市867家用人单位完成职业病危害项目申报，审核通过811家，监测734家用人单位的工作场所职业病危害因素，完成省卫生健康委下达任务。坚持预防为主，对新建、扩建、改建放射诊疗建设项目依法严格进行卫生审查，全年审核批复职业病危害放射防护预评价报告19件，保障放射诊疗工作人员、患者和公众的健康权益。组织实施职业性放射性疾病监测、医疗卫生机构医用辐射防护监测、非医疗机构放射性危害因素监测工作。推进尘毒危害专项治理，建立辖区内相关行业领域职业健康基础信息台账。组织开展第17个《中华人民共和国职业病防治法》宣传周活动。全市各级卫生、人社、总工会等部门和用人单位，以“健康湖南，职业健康先行”为主题，开展主题宣讲活动27次、宣传咨询活动56次、警示教育活动967次，印发宣传材料49150份，出动宣传人员1784人，宣传受众人数5.2万人。

【精神卫生与心理卫生服务】 2019年，长沙市以关注民生为宗旨，加强精神卫生管理工作，在册患者管理率、规范管理率、面访率、服药率均达省级工作要求。启动实施国家社会心理服务体系建设试点工作。召开全国社会心理服务体系建设试点工作启动会议，市卫生健康委联合15个部门印发《长沙市全国社会心理服务体系建设试点实施方案》，成立试点工作领导小组、跨部门专家组，开展培训，启动长沙市社会心理服务体系建设第一批11项重点项目，从建立健全社会心理服务网络、加强心理服务人才队伍建设、健全行业组织管理等方面推进社会心理服务体系建设。长沙市公安系统心理健康服务工作在全国社会心理服务体系建设试点工作经验交流培训会上作经验交流。

【血吸虫病及地方病防控】 2019年，长沙市推进综合防控措施，全年完成查螺3555.12万平方米，药物灭螺356.36万平方米，翻耕灭螺92公顷，沟渠硬化4.5千平方米，灭蚴153.7万平方米；人群查病11288人，人群化疗556人；检测8~10岁儿童甲状腺容积600人，监测尿碘2700份，入户采集检测盐样2700份；8~12岁学生氟斑牙调查796名，成人氟骨症监测100人，学生尿氟监测100人，超额完成各项工作任务，全市未发现一例急性血吸虫病病例，钉螺面积持续压缩，未发现阳性钉螺；碘缺乏病、饮水型氟中毒持续保持消除状态。

【慢病防控与健康教育】 2019年，长沙市推进慢病防控实力提升。岳麓区挂牌省级慢性病综合防控示范区，全市实现省级慢性病综合防控示范区全覆盖；雨花区、浏阳市通过国家慢性病综合防控示范区现场验收，长沙市慢性病综合防控示范区挂牌档次和数量居全省首位。城市癌症早诊早治项目连续多年获省级肯定。慢性病及危险因素监测、肿瘤防治、儿童口腔窝沟封闭、脑卒中防治、心血管病防治等项目工作推进。以宣教阵地为平台，发挥新旧媒体引导作用。在《长沙晚报》开办健康专栏、专刊，以重点疾病、重点卫生日宣传为契机，刊发健康教育专版50期。借助京湘合作机制，在北京市疾控中心专家指导下，编印首期长沙市卫生与人群健康状况报告。借助已建成的规范化健康教育室、健康巡讲基地开展健康教育大讲堂活动，逐步形成长沙健康教育与促进工作品牌。长沙市健康教育骨干代表湖南省参加国家促进与教育专业机构技能竞赛获二等奖。

基层卫生

【概况】 2019年，按照“保基本、强基层、建机制”的总体要求，深化基层卫生综合改革，推进基层医疗卫生服务体系建设，增强基层医疗卫生服务能力，基层就医条件持续改善、服务管理不断优化，群众满意度和获得感提升。基层卫生网络体系不断完善，全市设置乡镇卫生院84个，承担公共卫生职责村卫生室1319个；社区卫生服务中心95个，社区卫生服务站249个，全市“1530”服务圈基本形成，方便城乡居民在家门口享受到优质的医疗卫生服务。在人员配备上，全市乡镇卫生院、社区卫生服务中心在岗职工12269人，其中执业（助理）医师4259人、注册护士4338人，配置全科医生1110人。在岗乡村医生1354人，其中具有执业（助理）医师780人，占比58%。

【基层卫生服务能力建设】 2019年，长沙市出台《关于进一步落实基层医疗卫生服务能力建设若干政策措施的通知》，通过强化政府责任，建立健全机制，促进全市基层卫生综合改革推进。在宁乡市启动紧密型县域医共体试点，在雨花区跳马镇卫生院实施紧密型乡村卫生一体化试点，乡村医生和患者获得感“双提升”。规范开展“优质服务基层行”活动，创建“推荐标准”并获国家通报表扬机构27所，占全省总数一半以上。12所社区卫生服务中心（乡镇卫生院）通过湖南省社区医院建设试点评审评估。开展实施基层医疗卫生机构规范化建设三年行动，市财政投入3000万元，从房屋设施、设备配置、人员配备、服务功能、运行管理等方面对基层医疗卫生机构实施规范化建设。全年新改扩建乡镇卫生院9所、社区卫生服务中心7所、村卫生室60所，总建设面积7.48万平方米。率先全省实施行政村卫生室标准化建设“清零”行动，将23所设置在乡村医生自家或租用房屋的村卫生室搬迁至由村集体提供的业务用房中，有序促进村卫生室房屋公有制。加强基层卫生人才能力提升同质化培训，开展B超、影像、检验、药学、院感等医技人员专题培训5期，完成国家、省级、市级各类基层人员培训5800余人次，乡村医生培训实现全覆盖。

【基本公共卫生服务】 2019年，长沙市以量化绩效管理为核心，以做真做实为目标，提升基本公共卫生服务均等化水平。率先全省试点推进以高血压为突破口的慢性病医防融合工作，基层医疗机构高血压专病门诊和血压监测点建设实现全覆盖。截至2019年年底，全市电子健康档案覆盖率84.02%；高血压、糖尿病等慢性病患者健康管理分别为47.78万人和17.37万人；为51.04万名65岁及以上老年人提供健康体检；适龄儿童国家免疫规划疫苗接种率保持在95%以上，各项指标完成情况均处于全省前列。推进家庭医生签约服务，全市组建家庭医生团队1480个，177.27万名城乡居民与家庭医生团队建立稳定的健康管理服务关系。

【健康扶贫】 2019年，长沙市开展健康扶贫三大攻坚专项行动，开展健康扶贫问题整改，推进大病集中救治、慢病签约服务、重病兜底保障“三个一批”行动计划，落实“基本医保＋大病保险＋扶贫特惠保＋医疗救助＋医院减免＋政府兜底”6重保障制度、贫困人口县域内住院先诊疗后付费及“一站式”结算政策，在全市推行农村贫困人口家庭医生签约服务，开展健康扶贫政策宣传，保障贫困人口享有基本医疗卫生服务。据湖南省健康扶贫信息管理系统统计，全市29种大病累计救治25108人次，其中定点医院救治24990人次，大病专项定点医院救治率99.53%；4种慢病（贫困人口高血压、糖尿病、重型精神病、结核病）患者23174人，其中已签约服务23174人，签约服务率100%；贫困人口总救治79194人，其中县域内救治77907人，县域内就诊率98.37%。据长沙市健康扶贫“一站式”结算系统统计，建档立卡贫困人口100%参保，共135673人；基本医保报销127391人次、32256.44万元；大病保险补偿6339人次、1779.62万元，医疗救助116678人次、8861.41万元；扶贫特惠保补偿4914人次、522.72万元；医院减免16070人次、29.47万元；政府兜底46725人次、2376.8万元；住院费用综合报销比例93.29%，居全省前列。

2019年12月25日，2019年健康中国（湖南）行长沙站在长沙县安沙镇时中中心小学举行，长沙市卫生健康委、长沙市疾控中心、长沙县卫生健康局3家单位联合送上健康大礼包

市卫生健康委　供图

妇幼保健

【概况】 2019年，长沙市机构活产数108370人，户籍活产数73289人，住院分娩率100%，孕产妇死亡率6.82/10万，5岁以下儿童死亡率4.3‰，婴儿死亡率2.66‰，出生缺陷总发生率175.51/万，活产出生缺陷总发生率148/万。在全省妇幼健康工作会议上，长沙市就“强保障优服务——创新实施重点民生实事项目”作典型发言；在2019年湖南省出生医学证明培训会议上，长沙市作出生医学证明管理工作经验介绍。

【妇幼健康体系建设】 2019年，长沙市构建市、县两级妇幼健康综合服务体系，落实国家和省妇幼保健机构绩效考核和体制机制创新试点工作任务，指导长沙县开展国家妇幼保健机构体制机制改革创新试点；加强妇幼健康服务机构标准化、规范化和信息化建设，长沙县妇幼保健院通过二级甲等妇幼保健院复核评审，望城区妇幼保健院创建为二级妇幼保健院，宁乡市妇幼保健院投入8.5亿元新建。

推进妇幼健康服务联合体建设，建立健全以市妇幼保健院为龙头，9个区县（市）妇幼保健院（所）为骨干，13家二级以上公立医院、15家民营医院、1家戒毒所为分支，68家街道社区卫生服务中心、55家乡镇卫生院为网底的162家长沙市妇幼健康服务联合体；推进优质妇幼健康服务资源下沉，联合体内资源共享、上下贯通，整体效能提升，保障母婴安全和满足老百姓的健康需求。加强妇幼健康专业人才队伍建设，重点加强产科医生、助产士、妇幼保健员等紧缺人才的培养。市级举办各类业务培训班22期，6000余人次参加培训。

【妇幼健康管理】 2019年，长沙市夯实妇幼健康服务管理。规范母婴保健专项技术服务管理。严格母婴保健技术服务机构和人员准入，严格依法执业、持证上岗，举办2期市级母婴保健专项技术人员岗位培训班，参训人员665人，考试合格率99.7%。严格审批流程和标准，对2019年新申报母婴保健技术的长沙宁儿妇产医院、长沙普瑞生殖与遗传专科医院进行规范审批。严格出生医学证明管理。清理近5年全市取消助产资质的机构，开展专项督导15次；全市签发出生医学证明114264张，废证率0.18%，未发现违规办证现象。开展妇幼健康工作督导及信息质量控制，严格妇幼信息质控评估。保障母婴安全。2019年，全市户籍孕产妇死亡5例。将母婴安全控制工作纳入卫生健康重点考核指标，强化妊娠风险评估与管理。推进市县两级危重孕产妇、危重新生儿救治中心建设，健全红色预警及危急重症孕产妇转诊三级网络。对红色预警和不宜继续妊娠孕妇实施市县两级联合管理，多例高危、危重孕产妇得到危重孕产妇救治中心全力诊治，获良好妊娠结局。严格按照“一例一报、一报一审、一审一考”开展孕产妇死亡评审，加强对评审结果的分析和运用。市级开展妊娠风险知识培训6次，培训人员1500余人，市、县两级新生儿救治中心开展急救演练16次。规范新生儿复苏管理，医疗机构成立新生儿复苏小组、开展新生儿复苏院内培训和考核，新生儿复苏团队能力加强。开展妇幼健康宣传教育。健全市、县、乡、村四级妇幼健康教育网络，定期开展辖区妇幼健康教育质量控制与评估，市级抽查20所孕妇学校基本达标，抽查孕妇学校必修课程的孕期健康教育平均参与率79.4%，母婴保健核心知识知晓率91.3%。印发12期《长沙市妇幼健康信息简报》与2期长沙市健康民生项目专刊。开展妇幼健康教育进社区、进学校活动270期，推广使用省市妇幼健康微信公众号，长沙市健康民生项目公众号关注人数30万人；通过微信、宣传折页、网络等形式宣传妇幼健康服务政策和知识。

【妇幼公共卫生服务】 2019年，长沙市加强孕产妇及儿童健康管理。在长沙县、宁乡市试点推广使用国家母子健康手册电子版，截至2019年年底，全市发放母子健康手册3651本，手册使用率100%；孕产妇系统管理率96.59%，3岁以下儿童保健系统管理率92.03%，7岁以下儿童健康覆盖率96.4%。每月开展孕产妇及0~6岁儿童健康管理电子档案抽查工作，加强流动孕产妇管理，确保基本公共卫生服务均等化服务。强化儿童卫生保健工作。加强对辖区托幼机构卫生保健工作的管理与指导，确保托幼机构卫生保健人员持证上岗。2019年，新上岗人员培训633人，实际参加考核607人，合格521人，通过率85.83%。全市营养性疾病儿童由托幼机构保健人员和社区儿童保健专干实行双重专案管理。为548016名儿童进行0~6岁儿童眼保健和视力检查，目标人群覆盖率219.2%。开展0~18岁儿童营养与健康调查项目。规范开展中国0~18岁儿童营养与健康系统调查与应用项目，举办市级项目技术培训班，协调长沙市教育局，以岳麓区妇幼保健所为主体，组成9个区县（市）妇幼保健机构全面参与的联合调查队，在试点县岳麓区对辖区3738名0~18岁儿童进行规范调查。做好“艾梅乙”重大公共卫生服务项目。全市艾滋病产妇用药率94.4%，所生婴儿抗病毒用药率100%。梅毒感染产妇用药率97.51%，规范治疗率83.58%，梅毒感染孕产妇所生活产儿随访率100%，预防用药率98.62%。乙肝感染孕产妇所生活产儿乙肝免疫球蛋白注射率99.91%，母婴阻断成功率99.3%。

【“两癌”检查及产前筛查】 2019年，作为省市重点民生实事项目，召开专题会议，制定实施方案，举办项目培训班，及时跟踪问效。健全省、市、县、乡四级妇幼健康机构、综合医院、专科医院、基层医疗卫生机构等在内的省市重点民生实事项目服务网络，阳性病例提供专门绿色检查通道，做到筛查、诊断、治疗、随访和管理等服务有效衔接、无缝对接。“两癌”检查人群由35~64岁农村和城镇低保适龄妇女扩展到全市所有的35~64岁妇女，免费检查经费由140元增至200元。全年为189380名适龄妇女提供宫颈癌和乳腺癌检查服务，其中35~64岁农村和城镇低保适龄妇女103716名，目标人群覆盖率118.3%。发现宫颈癌前病变1316人、宫颈癌105人，宫颈癌前病变检出率695.79/10万，宫颈癌检出率55.52/10万；发现乳腺不典型增生13人、乳腺癌172人，乳腺癌前病变检出率6.87/10万，乳腺癌检出率90.85/10万。为70570名孕产妇提供免费产前筛查服务，目标人群覆盖率164.12%。产前筛查高危人群干预诊断率98.59%，妊娠结局随访率100%，诊断出73例染色体异常和开放性神经管出生缺陷胎儿，全部终止妊娠，有效避免严重缺陷儿出生。

【出生缺陷综合防控】 2019年，长沙市构建出生缺陷三级综合防控体系，做到出生缺陷一、二、三级预防有机衔接。全省唯一实施健康民生项目，开展孕妇外周血胎儿游离 DNA 产前筛查、新生儿遗传性耳聋基因检测、新生儿多种遗传代谢病串联质谱筛查、结构性畸形筛查和干预治疗的免费服务和目标人群的全面服务。强化全人群、全生命周期和全生育过程服务，率先全国、全省唯一将孕前优生健康检查进行提标扩面，项目内容增加孕前男女双方艾滋病、地贫筛查、男性血常规、血糖检查 4 项检查；检查标准由每对 240 元提标到每对 400 元。开发健康民生项目信息系统，对象关注“长沙市健康民生项目”微信公众号，进行身份信息登记，在网上直接领券，到医院直接进行免费检查。在孕产妇血清学免费筛查的基础上，实施孕产妇无创产前基因检测。全年完成无创产前基因检测 86757 人，发现 21 三体、13 三体、18 三体高风险和其他染色体异常 727 例；完成新生儿遗传性耳聋基因检测 92375 例，发现新生儿耳聋异常基因携带者 4472 例。全年免费孕前优生健康检查项目完成 67034 人，目标人群覆盖率 94.02%，实验室室间质评合格率 94%；完成免费婚前医学检查 68873 人，婚检率 93.81%；完成新生儿多种遗传代谢疾病筛查 92656 人，目标人群覆盖率 185.31%。

卫生监督执法

【概况】 2019 年，长沙市以重点难点问题为导向，创新监管体制机制，推动基层执法体系建设和规范化建设，开展医疗服务多元化监管试点工作，全市卫生健康综合监督执法水平提升。全市办理各类卫生违法案件 1298 件，其中一般程序案件 941 件、吊销“医疗机构执业许可证”8 起、吊销“医师执业证书”3 起、吊销诊疗科目 1 起。1 件行政处罚案件被评为“全国卫生监督执法先进典型案例”，2 个监督微课作品获国家一等奖。长沙市卫生计生综合监督执法局被湖南省卫生健康委评为“2019 年度依法办事示范窗口”。

【监督执法体系建设】 2019 年，长沙市强化行业综合监管。坚持统筹推进、惩防并举，在行业监管、业务工作、民生项目、党风廉政、便民服务等方面，进一步梳理和完善相关政策文件和规章制度，率先全省启动监督机构规范化建设，完善市、县、乡、村四级监督执法体系。开展医疗服务多元化监管试点。通过强化行业自律，加强部门联合执法，探索“专家 + 监督”方式和精准普法模式，加速推进智慧卫监信息化建设，完善工作制度，开展法治医院创建和警示教育等举措，规范医疗服务市场秩序，试点工作成效初显。

【医疗执业监督】 2019 年，长沙市整治医疗服务市场。打击非法行医。开展打击非法医疗美容、口腔医疗机构专项整治、城乡接合部非法行医专项整治等行动。全年查处无证行医黑诊所 108 起，罚没款 128.07 万元，没收药品 479.5 箱，没收医疗器械 90 件，吊销“医师执业证书”3 起，向公安机关移送案件 6 起。开展扫黑除恶专项斗争。全市出动监督执法人员 4968 人次，检查医疗机构 346 家，收集非法行医、医托等线索 222 条，办理案件 182 起，罚没款 137.67 万元。整治医疗行业乱象。开展近视防治、保健市场乱象、眼科质量和打击“黑救护车”“号贩子”“医托”等专项检查，严厉查处违法违规行为。加强医疗废物监管。全市检查医疗机构 4242 家，立案查处 116 家。针对因医疗废物、医疗污水处置不规范已被处罚的医疗机构，开展不定期突击检查，确保工作实效。强化放射卫生监管。开展放射卫生、个人剂量监测等专项检查。全市办理放射卫生类行政处罚案件 34 起，罚没款 5.36 万元。严厉打击“两非”（非医学需要的胎儿性别鉴定、非医学需要的人工终止妊娠）。开展母婴保健、人类辅助生殖技术服务机构等专项检查。全市查处计划生育类案件 30 起，罚没款 25.05 万元。规范病原微生物实验室生物安全监管工作。组织开展 2 次病原微生物实验室生物安全专项检查，检查单位 194 家（次），责令改正 73 家（次），给予警告行政处罚 5 家。

【传染病防治监督】 2019 年，长沙市加强传染病防治监督工作，开展传染病疫情报告控制、医院感染管理、消毒产品、预防接种等监督执法工作。全方位开展消毒产品专项整治工作，全市出动卫生监督员 1710 人次，检查各类消毒产品经营单位 1364 家次，医疗卫生机构 1127 家次，检查消毒产品 8425 个次，针对消毒产品整治立案查处 31 宗，罚款金额 4.65 万元。推进全市传染病防治分类监督综合评价工作，评价各级各类医疗卫生机构 654 家。开展接种单位疫苗管理系列监督检查工作，着重对市级疾病预防控制机构开展监督检查，全市监督检查医疗卫生机构 306 家次，下达卫生监督意见书 245 份，发挥卫生监督三级网络的作用。2019 年，开展传染病防治监督抽查工作，国家卫生计生监督平台对 206 家检查机构（19 家二级以上医院、9 家一级医院和 178 家其他医疗机构）下达双随机抽查任务，在检查中发现 26 家单位存在违法行为，均已立案查处，罚款金额共 7.15 万元。开展病原微生物实验室生物安全管理专项检查工作，检查涉及医疗卫生机构、科研教学机构、出入境检疫机构、第三方检测机构和生物制品（药品）生产企业 194 家（次），给予警告行政处罚 5 家。

【公共场所和学校卫生监管】 2019 年，长沙市加强公共场所卫生监管。全市办理行政处罚案件 270 起，罚款 45.23 万元。对全市 8803 家单位开展量化分级工作，其中 A 级单位 146 家。开展住宿场所、游泳场所、

清洗消毒、文峰美容美发等专项整治。自2019年6月26日起在全市范围内推行公共场所卫生许可告知承诺制，落实“先审批后核查”原则，简化群众办事流程。加大学校卫生监管力度。完成辖区内全部中、小学校的学校卫生综合监督评价工作（共871所），实现国家卫生监督“十三五”规划确定的目标要求。开展军队幼儿园专项检查、近视防治监督、“三考”保障、校园及周边综合整治、学校饮用水卫生专项整治、食品安全“护苗”行动6次专项行动，消除学校卫生安全隐患。被湖南省卫生计生综合监督局评为“湖南省学校卫生执法工作先进单位”和“湖南省公共场所卫生执法工作先进单位”。

【食品安全保障】 2019年，长沙市加强餐具饮具集中消毒服务机构监管，检查单位152家次，下达监督执法文书157份，出动监督执法人员406余人次，出动执法车辆101余车次。实验室检测集中消毒餐饮具样品600批次，合格率97.8%；现场感官检测747套，合格率99.73%。采取多种形式开展食品安全标准跟踪评价工作。各级卫生健康行政部门均在官网链接食品安全国家标准跟踪评价及意见反馈平台，宣传食品安全国家标准和地方标准，并发动相关单位、企业、广大群众通过平台反馈针对食品安全标准的意见和建议，全年通过平台反馈修改意见10余条。采取问卷调查和座谈访谈等形式及时征集相关食品监管部门、行业协会（学会）、生产经营者等针对食品安全标准的意见和建议。在食品安全宣传周活动期间，宣传相关食品安全国家标准和地方标准。

【饮水安全保障】 2019年，长沙市强化市政供水、农村集中式供水、二次供水、学校分质供水等单位监管。全年全市监督覆盖集中式供水单位120余家、二次供水单位1159家，抽检二次供水样品107批次，合格104批次，合格率97.2%。监督抽检农村集中式供水单位样品205批次，合格176批次，合格率85.85%。监督检查其他供水单位如现制现售饮用水等156家。严格处罚违法行为，办理生活饮用水行政处罚案件43起，罚没款10.46万元。开展农村集中式供水单位专项检查。重点巡查农村集中式供水单位或设施的水质净化消毒设施的配备与运行、日常水质自检、供管水人员健康体检等情况。开展城区集中式供水单位卫生监督。全市城区范围内有8家集中式供水单位，其中6家市政供水单位、2家小型集中式供水，对城区集中式供水单位持续实施季度监督模式，开展针对性监督指导。推进学校分质供水卫生许可工作，以市政供水为原水，取得分质供水卫生许可的学校由2018年底的65家上升至244家，许可率70%，较2018年有大幅提升。

中医药事业

【概况】 2019年，长沙市中医药工作以巩固“全国基层中医药工作先进市”创建成果为目标，加强中医药传承创新与发展，提升基层中医药服务能力，强化内涵建设，促进全市中医药事业发展。截至2019年年底，全市有各级各类中医医疗机构465家，其中中医医院15家，中医门诊部、诊所450家；全市31个二级以上综合医院均开设中医病房；全市85个乡镇卫生院、93个社区卫生服务中心均开设中医科和中药房，1290个村卫生室（社区服务站）均有1名中医或能西会中的乡村医生。

【基层中医药建设】 2019年，长沙市以巩固全国基层中医药工作先进单位创建工作为主线，形成以“中医院为龙头，乡镇卫生院、社区卫生服务中心为主体，社区卫生服务站、村卫生室为网底，社会办医疗机构为补充”的基层中医药网络。巩固全国基层中医药工作先进单位创建工作，宁乡市通过全国基层中医药先进单位复评。实施基层中医药服务能力提升工程，将新建和改建的乡镇卫生院（社区卫生服务中心）纳入“提质改扩”项目计划，完成中医馆建设项目8个。100%乡镇卫生院和社区卫生服务中心均建设中医馆，按标准设置中医科、中药房，配备中医诊疗设备，建成具有中医特色的中医馆，中药饮片配备不少于300种。全市各基层医疗机构中医药服务量逐步达到30%以上。

【中医药内涵建设】 2019年，长沙市加强中医重点专科建设。组织对14个省级重点中医专科建设单位进行中期评估，督查重点专科的临床医疗技术、人才培养、科研等。构架多种医联体模式。4个市县级中医医院采取5种医联体模式强化人才支撑、技术支撑、信息支撑。浏阳市中医医院与13家基层医疗卫生机构建立医联体，并推动院内制剂在紧密型医联体中的使用，在医联体中调剂使用特色制剂27.24万元。长沙市中医医院与11家基层医疗卫生机构建成医联体，宁乡市中医医院与医共体单位探索“共建病房”模式，芙蓉区、雨花区、开福区和省中医药大学第二附属医院开展中医联盟。开展改善医疗服务行动计划、中医医院医疗质量持续改进等活动，巩固等级评审。长沙市中医康复医院（长沙市按摩医院）通过二甲复评审。5家中医医院开展中医医院章程试点工作。探索中医药健康养老服务新模式，在长沙中医康复医院、长沙汉爵中西医康复医院探索开展医养结合、康养结合。开展医疗专项业务督查和培训。市中医医疗、中医药事、中医护理3个质量控制中心开展专项督查6次、业务培训4次，通过护理技能竞赛、中药饮片专项督查，对辖区内各级医疗机构进行业务指导和督查，促进中医医疗服务能力提升。集中开展“保健”市场乱象百日行动，专项督查养生保健场所和各中医医疗机构，出动卫生监督员300余人次，检查中医医疗机构、中医备案诊所和养生保健店铺203家，检查社区、农村集市等重点区域70个，开展宣传活动26次，与社区街道开展协作执法43次。开展中医医疗机构专项督查，开展传染病专项、医疗执业行为监管专项督查2次，中医医疗机构立案9起。查处中医诊所非法执业和超范围执业案件10个。

【中医药人才培养】 2019年，长沙市开展第二批名中医和首届名中药师评选，评选出9个名中医和3个名中药师，建设9个名中医（中药师）传承工作室，并开展师带徒工作。开展基层中医名科建设，确定乡镇卫生院和社区卫生服务中心13个基层中医名科。开展中医药适宜技术培训，市区县中医药适宜技术推广基地重点培训市、县、乡三级业务骨干，区县（市）对乡镇卫生院、社区卫生服务中心医务人员和乡村医生实行全员培训，其中市级组织4批次中医药适宜技术培训，培训900余人次。组织开展全市职业技能竞赛针灸大赛，并选拔优秀选手开展集训，参加省级职业技能竞赛针灸大赛，分别获团体二等奖、个人奖一等奖、个人奖二等奖和单项奖一等奖。做好中医医术确有专长人员医师资格考核报名工作，全市151人经省中医药管理局审查考核合格。加强全市中医类别全科医生注册管理，培训第二批中医类别全科医生转岗培训学员50名，全部在基层医疗卫生机构注册。浏阳市骨伤科医院江林获全国中医药杰出贡献奖。

医政管理

【概况】 2019年，长沙市医疗管理工作围绕深化医改、健康长沙建设等中心任务，推进医疗服务能力提升、改善医疗服务水平、分级诊疗制度建设、强化医疗机构监管、改进医疗行业作风等工作。长沙市三医院、长沙市口腔医院通过湖南省三甲医院评审，望城区妇幼保健院创建为二级妇幼保健院，浏阳市永安镇、镇头镇卫生院创建为二级综合医院。市直7家医院被评为全国“改善医疗服务群众满意的医疗机构”，并在全国典型经验交流会上推广。

【医疗服务体系建设】 2019年，长沙市规范医疗质量控制管理。举办医疗质量管理培训班，培训全市300名医疗管理干部。完成市级质控中心换届（调整）工作，全市设立34个医疗质量控制中心。加快急危重症救治体系建设，长沙市一医院、长沙市三医院、长沙市四医院、长沙市中医医院、浏阳市人民医院、宁乡市人民医院被评为省级胸痛、卒中中心，长沙市中心医院被评为国家级胸痛、卒中中心。加强院前急救体系建设，长沙市120指挥调度系统终端项目全部完成建设，长沙市120急救培训中心建成并投入使用，完成城区五大急救分中心建设。实施进一步改善医疗服务行动计划。加强预约诊疗、远程医疗、临床路径等5项制度建设，全市二级及以上医疗机构全部开展预约诊疗，9家三级医院开展分时段预约就诊；市直4家综合医院全面开展日间手术、多学科诊疗（MDT）。提高疾病应急救助基金补助标准，救助262人次，支付158万余元。二级及以上公立医疗机构全面推行6S管理，强化医疗行为的规范化与同质化。落实“一少、三多、两转变、三重点”（少写；多看、多说、多做；从教室向病房转变、从电脑旁向病床转变；重点做好病情观察、危重患者个案护理、各项护理技术操作），推进基层医疗机构开展优质护理服务。举办长沙市“十行状元、百优工匠”护理技能竞赛活动，参加湖南省青年护士岗位技能训练和竞赛获团体总分全省第一名。强化医疗服务能力提升。开展各类专科培训26次，培训5000余人次。组织开展2019年“中国医师节”“国际护士节”等庆祝活动，评选“优秀医师”100名、“德艺双馨优秀医师”10名、“优秀护士”100名、“优秀护理管理者”10名，营造尊医重卫良好氛围。

2019年8月16日，长沙市庆祝2019年中国医师节暨优秀医师颁奖活动在长沙市公共卫生中心举行

市卫生健康委 供图

【医疗机构行业监管】 2019年，长沙市启动三级公立医院绩效考核，加强对医疗质量、运营效率、持续发展、满意度评价4个方面55项具体指标监测与评估，逐步构建科学规范的考核评价体系。推进落实“放管服”改革。落实二级及以下医疗机构设置审批与执业登记“两证合一”，在医疗机构、医疗技术等准入和行政许可流程日程比原来提速30%，下放浏阳市、宁乡市专科医院审批权限。持续规范医疗核心要素管理。加强医疗机构、医务人员事中事后监管，完成2.1万名医师护士电子化注册管理和医师定期考核工作。完成全市52家相关医疗机构年度校验工作。加强医疗技术临床应用信息化监管，建立医疗技术临床应用黑名单制度，全市33家医疗机构申请备案。加强辅助药品、抗菌药物、抗肿瘤药物等临床应用监管力度和麻醉药品、第一类精神药品等特殊药品管理，全市综合医院住院和门诊抗菌药物使用率、抗菌药物使用强度均低于全省平均水平。推动“巡查、点评、约谈、处罚、通报”5项制度常态化运行，全年开展专项检查11次并进行点评，约谈医疗机构20家次。开展不良执业行为专项整治行动，将医疗机构不良执业行为纳入医疗机构年度考核及校验内容，强化结果应用。开展卫生健康行业作风整治专项行动。开展医药购销领域和医疗服务中不正之风专项治理，市卫生健康委与医保、市场监管等部门联合开展医保、医疗广告等专项整治。

【“平安医院”建设】 2019年，长沙市完善“三防四室”（三防即人防、物防、技防，四室即警务室、投诉接待室、调解室、监控室）建设。全市25所医院建立警务室，每个警务室至少配有1名专职民警和若干辅警。全市二级以上医院均建立投诉接待室和调解室，公示投诉电话，统一投诉渠道，明确专人负责，第一时间有效化解纠纷，部分重点医院设立统一投诉处理中心，做到“一站式”投诉。二级以上医院均设有监控室，实行24小时监控，重点医院基本实现医疗场所监控摄像全覆盖，并安装“一键式”报警装置，重要部位安装与110联网的报警装置。各医院按标准配备专（兼）职安保人员，实行24小时不间断巡逻。市卫生健康委与市公安局联合印发《关于进一步加强我市医疗机构安全保卫工作的实施意见》，构建市、县级、属地公安、卫健和医院三方警医联动机制建设，对医院突发性事件进行分级应急响应处置。加大医疗安全隐患排查力度，医院通过建立警务室或与就近派出所建立常态联络机制等，发现问题立即报告。对各类涉医情报信息，及时通报公安、综治部门，迅速有效处置，打击涉医案件和医托等行为。构建省市、区县、街道、医院的四级医疗纠纷调解体系。2019年，长沙医调中心接待群众咨询184人次，受理调解案件90起，结案74起，其中成功调解56起，调解成功率75%，涉及补赔偿金额637.09万元。市卫生健康委被评为全国创建“平安医院”活动表现突出集体。

【血液管理】 2019年，长沙市坚持“采适量、供及时、用合理、保安全”的基本工作方针，加强血液质量安全管理和临床合理用血管理，推进献血屋规范化建设，开展无偿献血优质服务行动。取消互助献血，开展区县及高效团体预约献血，开展长沙市首届公务员无偿献血周活动及“6·14”世界献血者日、无偿献血志愿者联谊等大型公益宣传及感恩回馈活动。全年采集血液56.33吨，无偿献血16万人次，与2018年同期基本持平，血液供应比2018年增长1.34%，长沙千人口献血率19.57。通过持续开展核酸检测、常态审核及临床科学用血督查指导等工作，全年血液检测、血液供应零差错、零事故，全市临床用血得到及时安全供应。长沙市连续6届被评为“全国无偿献血先进市”。

【实验室生物安全管理】 2019年，长沙市加强实验室生物安全监督管理。对新申报的22家病原微生物实验室办理备案登记。开展生物实验室生物安全培训，培训医疗卫生、出入境检疫、制药、生物技术、食品检测、质量监测等相关实验室人员500余人。全市实验室生物安全工作运行平稳，未发生实验室生物安全事故。

药政管理

【概况】 2019年，长沙市各级公立医疗机构在药品、医用耗材及检验试剂集中采购、管理和使用方面严格贯彻执行上级有关政策，国家基本药物制度实施。在省对全市药政工作和基本药物制度实施情况绩效考核中，天心区、长沙县和宁乡市代表长沙市接受考核，分别取得全省第一名、第二名和第十一名。

【基本药物制度】 2019年，长沙市按照《国务院办公厅关于完善国家基本药物制度的意见》相关要求，督促各级卫健行政部门和医疗机构做好《国家基本药物目录（2018年版）》的宣传、培训和实施工作。通过省网平台及各医疗机构上报的财务数据，掌握全市各级公立医院基本药物配备使用比例等采购基本情况及市级公立医院药占比、耗占比等数据情况，结合省、市绩效考核要求，对全市各级公立医疗卫生机构全面执行国家基本药物制度情况不定期开展督查指导，及时掌握调度工作进度，确保各级医疗卫生机构基本药物配备使用比例达到省里规定要求。省检后，按照省里制定的基本药物绩效考核标准，对全市未参加省检的区县（市）基层医疗机构基本药物实施情况进行绩效考核，各区县（市）均按要求落实基本药物制度和其他药物政策。

【药品采购管理】 2019年，长沙市开展药品配备使用情况监测分析。选取

51家医疗卫生机构开展药品配备使用情况监测分析工作，截至2019年年底，完成药品编码比对和数据上报，为下一步监测公立医疗卫生机构药品配备使用情况做好前期准备工作，得到省卫健委药政处好评。规范备案采购药品工作。做好备案药品的上报备案及挂网采购工作，完成市管14家二级、三级医院共472个药品品规备案审批工作，保障基层临床用药需求。完成50种补充药品议价工作，解决基层临床用药需求。做好短缺药品信息直报和监测。全市各级各类公立医疗卫生机构全部纳入国家短缺药直报平台进行药品短缺信息上报，为国家、省、地市、县四级短缺药品信息监测体系的建立，以及国家、省两级及时统筹协调和分类有效应对药品短缺问题奠定基础。在原有4个省级短缺药监测哨点的基础上新增10个省级短缺药监测哨点，各单位按时在省级平台上报短缺药监测信息。

【医用耗材管理】 2019年，长沙市组织第二轮低值耗材及检验试剂备案采购工作，对2019年度申报的500个品规进行审议和挂网。根据机构职能调整，市卫生健康委与市医保局完成低值医用耗材及检验试剂招采职能及相关资料的移交工作。按照《省卫生计生委关于印发湖南省公立医疗机构高值医用耗材阳光挂网采购实施方案的通知》要求，全市公立医疗机构高值医用耗材实行网上采购。

【药学人员培养】 2019年，长沙市组织召开长沙市短缺药品供应保障和基层医疗机构药事管理相关政策培训会议，全市240余名药政、药学人员参加，通过开展业务培训提升全市药学人员业务水平。

医学科研教育

【概况】 2019年，长沙市构建以2个国家级重点专科、38个省级重点专科（建设项目）、15个市级重点学科（建设项目）、48个市级重点专科为核心的医学重点学（专）科体系。全年立项科研课题国家级7项、部（省）级49项、市（厅）级108项。获国家级技术发明奖4项，省科技奖4项，中华类医学奖1项，获发明专利7项，实用新型专利20项。加大全科医生培养，截至12月31日，全市注册全科医生1600余人。

【医学科研】 2019年，长沙市推进重点学（专）科建设。落实考核评价机制，以评促建，以评促改。组织对市级医学重点学科、医学重点专科、医学研究所进行年度建设工作集中考核答辩。市一医院制订“领军学科发展计划”，重点打造3~5个医院领军学科。市四医院建立学科发展院级、市级、省级三级联动机制，确定2019—2021年院级医学重点学科建设项目，形成有序的学科梯队发展模式。加大科卫协同、省市联合科研项目实施力度，加强科研项目培育，组织做好科研课题的申报立项。市妇幼保健院成为国家自然科学基金依托单位。市一医院获批湖南省艾滋病防治临床医疗技术示范基地。市三医院加大湖南省老年骨与关节（数字骨科）临床医疗技术示范基地和湖南省感染性疾病合理用药临床医疗技术示范基地建设。市口腔医院实现国家自然科学基金立项的历史性突破。全市各单位医疗卫生技术人员任市级以上专业学术委员会委员1465人，其中：任国家级专业学术委员会委员145人、任省级专业学术委员会委员742人、任市级专业学术委员会委员578人；任国家级学术刊物编委8人次、任省级学术刊物编委6人次、任市级学术刊物编委2人次。主办国家级继教班及学术会议26次，省级继教班及学术会议104次。各单位发表医学论文1766篇，其中SCI论文50篇、核心期刊404篇。加强卫生健康科普宣传。开展健康行为倡导、疾病预防干预、健康早教等科普宣传活动。在“科技活动周”“科普日”等期间，开展巡回科普讲座及健康促进系列活动。通过进社区、进学校、进乡镇、进机关开展讲座、义诊咨询、健康宣教等，提高老百姓健康意识和科学素养。

【医学教育】 2019年，长沙市完善全科医生培养制度建设，出台《长沙市关于进一步建立健全全科医生培养与使用激励机制的实施细则》。市一医院创建成为省全科医生转岗培训基地，与市中心医院共同构建两翼齐飞的格局。两家医院完成全科门诊、全科独立病房设置，全科医疗、教学能力和容量提升。市三医院、宁乡市人民医院被评为“湖南省助理全科医生培训优秀培训基地”。市三医院助理全科医生培训工作作为省优秀代表，多次受省内外卫生健康部门和医疗机构邀请作经验介绍。市卫生职业学院把全科概论列入必修课程引进课堂。开展全科师资培优工作，组织住院医师规范化培训基地、助理全科医生培训基地、基层全科医生实践基地的20名骨干全科师资到台湾深造学习。11月，长沙市一医院牵头成立长沙市医学会全科专业委员会，组织编写出版全科医生继续医学教育培训系列教材《全科医生常见疾病诊疗规范》《全科医生基本技能实训教程》。全年招录住院医师规范化培训全科专业学员22名、助理全科医生培训学员107名、全科转岗培训学员223名、农村订单定向免费医学生8名。推进医教协同发展。长沙市口腔医院与湖南中医药大学建立紧密型附属关系，长沙市第三医院与湖南中医药大学建立非直属型协作关系，中南大学湘雅公共卫生学院研究生联合培养基地、湖南师范大学公共卫生研究生培养创新实践基地、预防医学专业大学生创新创业教育实践基地、分子流行病学湖南省重点实验室研究基地落户市疾病预防控制中心，10名专业人才被聘为研究生指导老师。

【境外研修】 2019年，长沙市拓宽境外学习交流通路，全年有13人获省卫生健康委2020年度出国（境）访学研修资格。申报国家外专局项目3个，组织市属医疗卫生单位技术骨干60人到以色列、美国、日本访学研修，其中以色列和美国培训项目获国家经费资助9.28万美元。选派107人到美国、英国、爱尔兰、德国、意大利、日本、丹麦、泰国、新加坡等国家和地区交流学习，选派80余人到中国台湾地区研修。

健康促进

【概况】 2019年，长沙市爱国卫生工作坚持政府领导、部门协作、群众动手、社会参与、依法治理、科学指导，以卫生创建、病媒生物防制和群众性爱国卫生运动为抓手，推动卫生基础设施建设，改善城乡环境卫生面貌，提高群众文明卫生意识，完成全年各项工作任务。

【卫生创建】 2019年，长沙市创建各级各类卫生先进单位227个，比2018年增加20%，其中：湖南省卫生镇8个、湖南省卫生村64个、湖南省文明卫生单位10个、长沙市卫生镇7个、长沙市卫生村90个、长沙市卫生社区13个、长沙市文明卫生单位28个。长沙县金井镇、果园镇，浏阳市北盛镇、大围山镇、中和镇、文家市镇和宁乡市夏铎铺镇7个镇申报创建2017—2019年周期国家卫生镇，并通过技术评估。浏阳市作为全市首个申报创建国家卫生城市的县级市，申报创建2018—2020年周期国家卫生城市并通过全国爱卫会暗访评估。开展全市医疗卫生机构厕所整洁专项行动，到2019年底全市各级各类医疗卫生机构的厕所实现卫生厕所全覆盖。

2019年4月28日，市卫生健康委联合岳麓区卫生健康局在岳麓区王家湾步步高广场举行爱国卫生月现场宣传活动　　市卫生健康委　供图

【病媒生物防制】 2019年，长沙市10个区县（市）共聘请10家专业病媒生物防制公司，投放各类药物200余吨，科学完成春秋两季集中灭鼠和夏秋季“三灭”活动，将城区病媒生物密度控制在国家C级标准内。长沙市率先全省聘请专业第三方评估公司对各区县（市）病媒生物控制效果进行评估，通过开展6大项14次评估，各专业病媒生物防制公司服务质量提升。长沙市率先全省出台《农村乡镇病媒生物防制标准》，明确乡镇病媒生物防制责任和标准；通过以奖代补形式完成10个病媒生物防制设施建设示范小区（街区）建设，各区投入资金完成3万余个毒饵盒建设。6月6日世界害虫日，长沙市卫生健康委组织长沙市有害生物行业协会和20余家病媒生物防制公司为城区200户居民提供免费上门除四害防制服务；9月27日，开展庆国庆敬老爱老公益除虫害活动，组织10余家病媒生物防制公司为全市20家养老机构提供以灭蚊为主的免费除四害防制服务，相关模式得到中国卫生有害生物防制协会和湖南省爱卫办肯定。

【爱国卫生运动系列活动】 2019年4月，以“共推厕所革命、共促健康生活”为主题，开展第31个爱国卫生月系列活动。4月28日，市卫生健康委联合岳麓区卫生健康局在岳麓区王家湾步步高广场举行爱国卫生月现场宣传活动。9月中下旬，以“干干净净迎国庆、健健康康度佳节”为主题，在全市开展迎国庆爱国卫生大扫除，活动以公共区域整治行动、小区（单位）大扫除活动、居家卫生清扫活动、病媒生物防制活动为重点，开展全域环境卫生治理，清理蚊蝇滋生地，为控制登革热疫情暴发夯实基础。

（本栏撰稿　钟玲俐）

体　育

SPORTS

编辑　周海波

场馆建设

【概况】 2019年，长沙市体育场馆设施建设取得进展。建成600处全民健身工程、20个健身驿站、7条健身步道（总长度65千米）、2个体育公园（芙蓉区东驿公园和雨花区狮子山公园）。探索建成10套无人值守的社区智慧健身房。

【长沙国际体育中心项目建设】 2019年，长沙市政府两次召开项目建设工作推进会议，明确国际体育中心项目采用“EPC+BOT”的建设模式。2月，长沙市国际体育中心项目建设指挥部挂牌成立，指挥部办公室设在市体育馆。聘请专业咨询公司对项目模式、财务、法务等工作进行把关。通过政府购买服务聘请湖南锦鑫瀚邦建设工程管理有限公司制订项目实施方案。3月27日，长沙市政府批复由市自然资源规划局将市城投集团名下的国际体育中心建设项目用地收回，并将公共体育场馆建设用地划拨至市体育局。体育馆经政府采购招标程序确定由长沙市规划设计院对该项目进行规划调整论证，形成具体调规论证方案，上报市自然资源规划局。原立项批复总投资35.6亿元，总建筑面积18.84万平方米，压缩至25亿元左右，新的立项论证报告报市发改委并组织专家论证。市体育局将贺龙体育中心西南侧体育局老院区2公顷土地交政府处置。体育馆通过询价等相关程序，选定湖南锦鑫瀚邦建设工程管理有限公司对老院区2公顷土地及国际体育中心10.67公顷商业用地进行土地资产评估。

【222所中小学体育场馆暑假免费开放】 2019年，长沙市免费开放222所中小学校的体育场馆。较2018年141所大幅增加。学校开放的场地包括体育馆、田径场、足球场等。学校体育场馆每天开放时间在5小时以上，时间由学校根据放假时间和实际情况确定。开放对象以本校学生为主，此外还包括学区内学生、学校周边社区居民、企事业单位和社会组织。学生可凭本校学生证或学籍手册、社区居民凭社区委员会发放的“出入证”和身份证入校使用体育场馆。单位及社会团体需提前向学校申请和预约。

（本栏撰稿　段　龙）

群众体育

【概况】 2019年，长沙市区县（市）创建特色品牌活动成效明显，芙蓉区“龙舟赛”、望城区“铁三赛”、开福区“幸福跑”、岳麓区“马拉松”等常态化开展。暑期免费开放游泳场所26家、培训场所61家，受益人次近17万。举办29期社会体育指导员培训班，1345人结业获颁二级证书。联合长沙晚报推出15期《星城体育全民健身》专栏报道，新华社专题刊发《长沙：做最“实”“惠”的全民健身》。启动第五次国民体质监测工作，完成省局交办的4476份数据采集任务。出台《2019长沙市体育协会工作指导意见》。新增A级体育协会8家，A级体育协会占比超过45%。（段　龙）

【首届智力运动会】 2019年11月16日，2019长沙市首届智力运动会在长沙理工大学金盆岭校区体育馆拉开帷幕。本届智力运动会设国际象棋、国际跳棋、五子棋、象棋、围棋、桥牌6个大项，50小项比赛项目，设50枚金牌。长沙市各区县的10支代表团及各级棋牌类协会、学校派出1000余名运动员参加比赛。2019长沙市首届智力运动会是在全面推进全民健身和践行健康中国国家战略的背景下，举办的一次智力运动综合性体育赛事，是长沙市首次将五棋一牌项目进行集中比赛，所设的比赛项目都具有广泛的群众基础，普及性、趣味性、参与性强，丰富群众参与体育运动的内容和形式。（段　龙）

【纪念“五四”运动100周年活力跑】 2019年5月4日，“不忘初心·青春绘制中国梦”纪念“五四”运动100周年活力跑在长沙县松雅湖湿地公园鸣枪开跑。1000余名青年马拉松爱好者在松雅湖畔参赛。活动由湖南省体育局主办，长沙市体育局、长沙县人民政府承办，长沙县文化旅游广电体育局、长沙县松雅湖管理局协办，湖南翼腾体育文化发展有限公司执行。活动分别设置男子10千米活力乐跑、男子5千米迷你跑、女子10千米活力乐跑、女子5千米迷你跑4个组别，由国际友谊林出发，环绕松雅湖景区一圈全程10千米。（段　龙）

【中国传统体育国际锦标赛】 2019年6月7日，2019中国传统体育国际锦标赛在长沙市望城区月亮岛足球文化园开幕，来自中国、美国、马来西亚、新加坡、菲律宾等国家和地区的10余支队伍、280名选手参赛。2019中国传统体育国际锦标赛由世界休闲组织中国分会民俗休闲专业委员会主办，长沙体育产业经营有限公司、湖南盛东文化传媒有限公司、长沙龙运传统体育文化有限公司运营推广。赛事设舞龙、舞狮、鼓艺、舞麒麟4个项目，在两天内进行传统舞龙（双龙、单龙）、传统鼓艺、传统舞狮比赛（南狮采地青）、传统麒麟比赛（单麒麟、双麒麟）、国际关圣宫南狮比赛（高桩、自选）5个单元的比赛。其中，来自长沙的湖南师大附中星城实验学校双龙队将参加传统舞龙（双龙）竞赛，中南大学留学生舞龙队参加传统舞龙（单龙）竞赛，长沙湘江科技中等职业学校参加传统鼓艺竞赛。首届中国传统体育国际锦标赛诞生，并落户长沙市。（段　龙）

【第五次国民体质监测走进幼儿园】 2019年，长沙市第五次国民体质监测队于10月10—16日到芙蓉区、雨花区、天心区抽取7个幼儿园，对3~6岁幼儿520人进行体质测试。测试内容包括身高、体重、坐位体前屈、立定跳远、10米折返跑、网球掷远、双脚连续跳、走平衡木等项目，通过对幼儿以上测试，体质监测指导员了解幼儿们的体质情况。体能发展的状况和水平是衡量幼儿身体发展和健康水平的重要指标，也是影响幼儿心理发展的一个重要因素，对幼儿素质教育起着重要作用和深远意义。

（段 龙）

【湖南省首个游泳进校园试点项目启动】 2019年7月5日，由湖南省体育局、湖南省教育厅主办的2019年全国青少年体育冬夏令营（湖南站）暨湖南省青少年“体育·新时代”游泳夏令营系列活动——“大爱湖南，泳动青春”游泳进校园项目在博才梅溪湖小学北校区启动，是湖南省首个游泳进校园试点项目。游泳进校园项目落户学校，为孩子们在课堂中学会游泳、掌握溺水应急救护知识、增强安全意识等提供了更多的便利、更好的条件。

（周义娟）

竞技体育

【概况】 2019年，市体育局组队参加全省青少年体育锦标赛，获金牌193枚、银牌168枚、铜牌169枚，总分7189分，保持金牌总数和团体总分两项全省第一名，青少年体育持续保持全省优势地位。

举办长株潭娄U12青少年篮球赛、湘江马拉松赛暨长沙市第52届春季马路赛跑、鄂湘赣皖城市冠军杯足球赛、长沙U15国际友好城市青少年足球邀请赛、全市足球、篮球、羽毛球青少年俱乐部比赛，承办第二届全国青少年运动会击剑比赛预赛（体校组和社会俱乐部组）、全省青少年男子足球锦标赛（甲组）。

出台《长沙市优秀教练员工作室管理办法（试行）》，评选3个优秀教练员工作室。首次创办田径、足球“精英训练营”“冬夏令营”，面向全市选拔优秀运动员，邀请专家教练员指导带训，向省局运动队输送优秀运动员12名。新增省级体育传统项目学校10所。

协调勇胜篮球俱乐部主场落户长沙城区。在2019全国男子篮球联赛中，勇胜男篮代表长沙取得第四名的优异成绩。

【第29届全国体育舞蹈锦标赛】 2019年11月23日，“锦鲲杯”第29届全国体育舞蹈锦标赛暨第五届中华体育舞蹈公开赛开幕式在长沙市举行。大赛由国家体育总局社会体育指导中心、中国体育舞蹈联合会、湖南省体育总会和长沙市体育局主办，锦鲲国际集团独家总冠名并承办。来自全国20余个省市区、248支队伍、4000名国内顶尖体舞选手同场竞技。经过长达4天的鏖战，侯垚/庄婷第4次夺得职业组拉丁舞冠军，邱禹铭/魏丽颖第3次将A组标准舞冠军奖杯纳入囊中。

【第27届中日韩青少年运动会】 2019年8月24日，第27届中日韩青少年运动会在长沙市举行开幕式。日本体育代表团团长森冈裕策、韩国体育代表团团长金泽千和中国体育代表团团长卿尚霖先后致辞，三国运动员代表上台宣誓。开幕式文体表演以“青春长沙”为表演主题，分为“海天相望”“源远流长”“律动东亚”“长风长歌”4个篇章。中日韩青少年运动会宗旨是“友谊、进步、未来”。赛会始于1993年，每年举办一届，轮流在中国、日本、韩国举办。运动会设有田径、手球、足球、篮球、排球、乒乓球、羽毛球、网球、软式网球、橄榄球10个项目，参赛队伍除中国、日本、韩国三国国青队外，长沙市作为承办城市也派出代表队参加竞技。

【首届空手道公开赛】 2019年11月30日，长沙市首届空手道公开赛在北雅中学举行。此次赛事由长沙市体育局举办，长沙市空手道运动协会承办，长沙市北雅中学、长沙市麓道体育文化有限公司协办，湖南省德柔堂体育文化发展有限公司执行。永州唐手武道馆、长沙县泉塘中学、湖南师范大学博才实验中学、长沙县中南第二小学、长沙麓道体育、长沙市二十一中等省内7支代表队上百名运动员参赛。开幕式上，全体运动员进行空手道基本功展示。永州唐手武道馆代表队进行空手道表演。

【2019国际篮联三人篮球亚洲杯】 2019年5月22日，2019国际篮联三人篮球亚洲杯预选赛在长沙市举行。此次三人篮球亚洲杯是继2015年男篮亚洲杯后，洲际篮球赛事再一次落户长沙。三人制篮球每队有4名队员，人员在比赛中可随时更换。比赛时间短，每场10分钟。计分规则：三分线内进球算1分，罚球算1分，三分线外进球则算2分。取胜条件分为两种，比赛打完10分钟，得分高的队伍获胜，或在不到10分钟的时间里，率先得到21分的球队获胜。本次比赛共有亚洲、大洋洲的23个国家和地区的队伍、约100名运动员同场竞技。中国女队派出的迪拉娜·迪里夏提、王丽丽、吴迪、张家赫，均是WCBA球员，其中迪拉娜·迪里夏提是雅加达亚运会女子三人篮球冠军成员。男队中，陈培东、李浩楠为职业球员，刘恒驿、郑毅是大学生球员。在最后一天的争夺中，中国男队分别迎战中国台北队、澳大利亚队和哈萨克斯坦队，最终夺得季军，创下亚洲杯男子组的最佳战绩，郑毅还入选此次赛事男子组的最佳阵容。

【拳击协会成立】 2019年6月30日，长沙市拳击协会召开第一届会员大会第一次会议，来自全市各体育公司、拳击馆所、健身中心、拳击运动爱好者等60名会员参会。会议听取长沙市拳击协会筹备工作报告，审议通过长沙市拳击协会《章程》《会费标准》《选举规程》等文件，选举产生第一届理事会成员、监事会成员以及第一届协会机构。长沙市拳击协会是长沙市拳击行业唯一一家推动、普及、发展拳击运动的市级行业协会，协会以提高拳击运动竞技水平任务为工作内容。（本栏撰稿 段 龙）

体育产业

【概况】 2019年，长沙市体育产业总产值279.8亿元，增加值117.83亿元，完成体育彩票销售13.9亿元（含浏阳、宁乡）。联合市发改、财政等职能部门，制定和完善社会资本投资体育赛事活动和场馆建设的体彩公益金补助办法，社会资本投建的高新区全民健身中心、雨花区东山全民健身中心、长沙县乐运魔方等成为市民健身好去处。压缩“一件事一次办”的行政审批时间。媒体足球邀请赛、足球旅行季等活动深受群众喜爱，千龙湖、沙市镇运动休闲小镇稳步发展。长沙贺龙体育中心举办世界激光跑巡回赛、传奇明星足球挑战赛、“玛丽莱杯”全国青少年足球邀请赛、“贺龙杯”全国少儿趣味田径运动会总决赛，承接张杰、林俊杰、周杰伦、谭咏麟等5场演唱会和年博会、春季服装展、汽车博览会、羊绒皮草时尚服装暨名优食品展4场展会活动，配电系统提质升级获市发改委立项。

【2019长沙国际马拉松赛】 2019年，长沙国际马拉松升级为“世界田径路跑银标赛事”。此次比赛由中国田径协会、湖南省体育局、长沙市人民政府主办。赛事设马拉松、半程马拉松和欢乐跑3个比赛项目。10月27日7时30分鸣枪开赛，国家体育总局田径运动管理中心社会活动部主任、中国田径协会副秘书长水涛，奥运冠军、中国奥委会专家委员会委员王义夫，省人大常委会党组副书记、副主任王柯敏，省体育局党组书记、局长李舜出席开幕式。埃塞俄比亚Abdi Asefa Kebede以2小时10分钟23秒的成绩获男子组马拉松冠军，埃塞俄比亚Tigist Teshome Ayanu以2小时31分钟43秒的成绩夺得女子组马拉松冠军。此次马拉松参赛人数8000人，半程马拉松参赛人数1.2万人，欢乐跑参赛人数4000人。2019年长沙国际马拉松报名人数创历史新高，直接经济收入1.281亿元，较2018年增加20.85%。

【ITF世界女子网球巡回赛长沙望城站】 2019年9月2日，长沙市委副书记、市人民政府市长、湖南湘江新区党工委书记胡忠雄宣布ITF世界女子网球巡回赛长沙望城站开赛。此次赛事设女子单打和双打两个项目，比赛为期1周，赛事奖金6万美元。这是长沙市首次承办国际专业网球赛事，来自中国、俄罗斯、澳大利亚、法国等26个国家和地区的近百名职业选手参赛。斯托亚诺维奇单打折桂，中国组合蒋欣玗/汤千慧双打夺魁。

【望城国际铁人三项赛】 2019年9月1日，2019长沙·望城国际铁人三项赛开赛。该届赛事以奥运标准设置1.5千米公开水域游泳、50千米自行车、10千米跑步3个项目，设国际职业精英组、全程分龄组、骑跑两项组、游泳单项组4个组别，来自美国、澳大利亚、加拿大、墨西哥、葡萄牙、德国、罗马尼亚、斯洛伐克8个国家的22名职业选手和近1000名中国“铁三”爱好者参加。澳大利亚选手马克思·纽曼以1小时56分钟25秒的成绩夺得国际职业精英组男子组冠军；美国女子选手劳伦·高斯以2小时17分钟54秒卫冕。

【长沙市篮协换届选举】 2019年1月20日，“携手新时代·奋进新征程”2018长沙市篮球协会年度工作会议暨换届选举大会在长沙曙光798召开，社会各界及会员代表200人参会。长沙、株洲、湘潭、娄底4市体育部门在会上签署成立U12城市体育联盟，并举行首个赛事U12城市篮球公开赛，为10~12岁的青少年搭建赛事与体育文化交流平台。长沙市、株洲市、湘潭市、娄底市4市体育部门在会上签署成立U12城市体育联盟，推进构建区域体育协同发展，发展区域特色体育产业及区域体育IP，实现“资源共享、赛事联办”。U12城市体育联盟发布联盟首个赛事——U12城市篮球公开赛。（本栏撰稿 段 龙）

人民生活

PEOPLE'S LIFE

编辑　吴丫丫

人口家庭

·计划生育·

【概况】 2019年，根据全员人口信息平台统计（按计划生育考核年度的统计口径，与市统计局统计口径不一致），长沙市全年出生人口10.43万人，符合政策生育率97.89%，与2018年度省认定值97.75%相比，提高0.13个百分点，出生人口性别比106.49，与2018年度省认定值109相比，下降2.51个比点，完成全市人口计生工作责任指标。全年生育服务到位率86.5%，查处“两非”（非医学需要的胎儿性别鉴定、非医学需要的人工终止妊娠）案件25例，母婴室应建尽建364个。

【计划生育服务管理】 2019年，长沙市坚持实行人口计划生育工作目标管理责任制，2月，市委常委会议专门听取全市卫生计生工作情况汇报，审议通过长沙市2018年度人口计生考核评估结果，与各区县（市）签订《2019年度计划生育目标管理责任书》，明确年度目标任务。开展两次全员人口数据核查并通报，全市全员人口数据质量大幅提高，绝大部分区县（市）与公安数据匹配率均95%以上，其中望城区、长沙县、雨花区、浏阳市全员人口与公安匹配数据质量均逾96%。加大“两非”打击力度，全市查处“两非”案件25例，2019年度全市出生人口性别比106.49，达到正常值水平。改革优化群众办事流程，严格执行生育服务登记首接责任制，全面兑现承诺制办证，推广生育登记“一站式”服务等便民举措，确保老百姓办事“最多只跑一次”，办证受理环境得到优化，全年办理生育登记和发放生育服务证88357人（本），实现生育登记“零投诉”，生育服务落实到位率86.5%。

【计划生育技术服务】 2019年，长沙市开展爱心助孕特别行动，形成“政府主导、政策推动、社会参与、专家支撑、项目运作”工作机制，惠及全市计划生育失独家庭和广大不孕不育家庭。开展爱心助孕义诊10场次，2112个不孕不育和失独家庭接受健康宣传教育和义诊，为1705个家庭发放价值2400元的爱心卡，1638个家庭享受爱心助孕服务，14个失独家庭得到免费援助，1727个家庭得到优惠援助。中国计划生育协会将长沙市围绝经期取环项目纳入国家农村中老年妇女生殖健康促进项目首批3个试点市之一。在全省率先推出免费避孕药具“微信下单，快递上门”服务，向社会公示1728个村级、196家医疗机构发放点、180台药具自助发放机点位，发放避孕药具32103盒。

【家庭发展能力】 2019年，长沙市运用信息手段提升计划生育奖励扶助

表52　2019年长沙市人口自然变动情况统计表

地区	年末总户数（户）	年末总人口（人）	全年出生人数（人）	全年死亡人数（人）	年出生率（‰）	年死亡率（‰）	年自然增长率（‰）
总计	2430565	7382401	91202	57928	12.43	7.90	4.53
市区	1286731	3643794	50394	25277	14.00	7.02	6.98
芙蓉区	141617	426994	4546	2932	10.68	6.89	3.79
天心区	193614	506621	7023	4361	14.01	8.70	5.31
岳麓区	286306	803944	13044	4634	16.39	5.96	10.44
开福区	201105	515391	6807	4801	13.33	9.40	3.93
雨花区	265815	738450	9749	4925	13.36	6.75	6.61
望城区	198274	652394	9225	3624	14.33	5.49	8.84
县（市）	1143834	3738607	40808	32651	10.93	8.74	2.18
长沙县	277275	818383	10750	6127	13.23	7.54	5.69
浏阳市	414552	1491285	15382	13840	10.31	9.27	1.03
宁乡市	452007	1428939	14676	12684	10.26	8.87	1.39

（资料来源：市统计局）

工作水平。5月，长沙市计划生育奖励扶助智能信息系统完成验收，在全市推广应用。全年全市确认计生奖扶对象435694人（其中农村奖扶60032人、特别扶助10744人，城镇奖励261987人、保健费发放对象94123人、老年护理补贴6354人、专项补助307人、城市低保户计生家庭扶助2147人），市县两级发放资金39931.43万元，计划生育利益导向项目资金使用情况连续8年考核优秀。工作获省卫生健康委肯定，在全省人口监测与家庭发展工作会议上作经验介绍和推广。落实计生家庭服务制度。以计划生育特殊家庭服务为重点，实现家庭医生签约、就医绿色通道和"双岗"联系人3项制度全覆盖。全面落实家庭医生签约服务，签约服务实现全覆盖。市、县两级公立医疗机构为计生特殊家庭开通绿色通道，提供优先就诊、优先检查、优先住院和门急诊免挂号费等服务，计生特殊家庭成员因病入住市级定点医院无陪护病房，免除其住院陪护费。推行大病重病住院护理补贴，全年落实计生特殊家庭住院护理补贴2059人次，发放资金255.86万元，资金发放到位率100%，长沙市被评为全省计生特殊家庭住院护理补贴先进市州。关注计生特殊家庭对物质帮扶和精神抚慰的双重需要，落实双岗联系人制度。通过结对帮扶、联谊活动、生日聚会、节假日走访慰问等活动，帮助她们重新融入社会、重燃生活热情。（本栏撰稿 钟玲俐）

·婚姻家庭·

【概况】 2019，长沙市登记结婚47787对，比2018年下降7.95%；登记离婚23380对，比2018年下降3.08%。长沙市有婚姻登记机构9个。开展全市婚姻登记员培训班，参训人员89人次，颁发婚姻登记员证书12本，年检婚姻登记员62人，规范婚姻登记业务3项。指导雨花区开展汉式集体婚礼婚俗改革活动，协助省民政厅、省交通电台开展"2019国潮集体婚礼"活动，推动婚俗改革。参与全国支持社会力量发展普惠托育服务专项行动，采集上报6家托幼机构改扩建项目，申报纳入2020年普惠托育服务专项行动项目，增加全市3岁以下婴幼儿普惠性托育服务有效供给。推动"双万"（日均人流量1万人次、面积1万平方米）公共场所母婴设施建设。全市建成母婴室364个，所有应配置母婴设施的公共场所全部配置，配置率100%。（李文祥 钟玲俐）

2019年9月28日，湖南首届国潮集体婚礼在长沙举行　　市民政局 供图

【"星城家事"婚调工作】 2019年，市妇联组织对2018年"星城家事"婚姻家庭调适服务四级平台项目进行督导、考核和评估，通过实地走访和召开调研座谈会，形成《推进"星城家事"婚调工作 构建和谐家庭关系》调研报告，召开长沙市"星城家事"四级婚姻家庭调适服务平台研讨推进会，共同探索当地婚姻家庭矛盾多元化解工作创新。全年全市各级婚调委争取年度专项经费256万元，建立各级婚调委、婚调站点959个，其中市级5个、区县（市）21个、乡镇（街道）119个、村（社区）819个。全年全市各级婚调点接受咨询5276余对，调解2868对，劝和1281对，劝和率44.6%；各地婚调委召开婚调工作经验交流会、婚姻家庭辅导师训练营、婚调三级平台培训会等各类专题培训29场次，覆盖婚调员近1600名；《中国妇运》进行经验刊登。（刘晶彦）

【湖南首届国潮集体婚礼】 2019年9月28日在长沙举行，由湖南省民政厅主办、湖南广播电视台指导、长沙市民政局协办，民政部社会事务司副司长徐建中，湖南省民政厅党组书记、厅长唐白玉等领导为国潮婚礼典册揭幕。70对身着中式传统礼服的新人，在橘子洲头举行国潮集体婚礼。著名文化学者、中南大学文学与新闻传播学院教授杨雨现场讲述古典诗词里的美好爱情，民俗专家阎晋修为70对新人宣读《家风第一课》。（李文祥）

·殡葬管理·

【概况】 2019年，长沙市火化遗体42929具，城乡平均火化率91.2%，火化率提升11个百分点。全年新开工建设农村公益性墓地7个，截至2019年年底，全市建成乡镇农村公益性墓地54个。开展违法违规私建住宅式墓地等突出问题专项摸排、禁止场外治丧等"八个严禁"殡仪服务改革，督促区县开展红白理事会培训，开展殡改宣传月活动，组织各区县（市）开展宣传活动30余场次，接待媒体记者25批次，参与群众2万余人次。妥善处理无名和疑难遗体181具，其中处理积压库存的

无名及疑难遗体106具。高标准完成中国人民政治协商会议第九届全国委员会副主席毛致用专项殡葬事务工作，获省委、市委的通报表扬。

【殡葬改革】 2019年，在长沙市已经实现强制火化乡镇全面覆盖的基础上，稳步提高城乡平均火化率。加大殡葬文化宣传力度，倡导丧事简办，推进移风易俗。加强农村公益性墓地建设，持续推进惠民殡葬和节地生态安葬。巩固殡葬领域突出问题专项整治行动“回头看”工作成果，压紧压实责任，推动整改措施落实。总结推广殡葬信息化建设经验，推进“互联网+殡葬服务”，推广使用全省殡葬管理服务信息平台。

【长沙6个墓园被定为祭扫观测点】2019年清明节期间，湖南革命陵园等全省6个墓园被确定为民政部观测点，长沙市金陵城市绿化墓园等全省17个墓园被确定为省民政厅观测点。省民政厅要求，全省各级民政部门应严格执行清明节祭扫观测点制度，各观测点要加强应急值守，全面掌握祭扫情况，妥善处理突发事件。长沙有6个墓园被确定为2019年清明节祭扫观测点。其中，湖南革命陵园、湖南唐人万寿园、望城区茶亭镇（东城）农村公益性墓地被确定为民政部观测点，长沙市金陵城市绿化墓园、长沙潇湘陵园、长沙市上善园园林式公墓被确定为省民政厅观测点。

【全省红白理事会会长师资培训班】2019年9月23—25日在长沙举行，由湖南省民政厅举办、省殡葬协会承办。全省各市州、县市区民政局分管局长或事务科（股）室（中心）、殡管所（执法大队）负责人、部分乡镇负责人、部分村红白理事会会长180余人参加培训。培训班邀请省文明办创建指导处做文明节俭操办婚丧喜庆事宜工作解读，山东省阳信县民政局、沂水县马站镇、陕西省大荔县民政局介绍殡葬改革和婚丧习俗改革经验，长沙市民政局作农村公益性公墓建设管理经验介绍。厅基政处、事务处分别就村规民约修订、红白理事会章程制定、红白事现场安全监管进行授课。培训期间，全体学员实地考察长沙县高桥镇农村公益性公墓。

（本栏撰稿　李文祥）

就业创业

【概况】 2019年，长沙市人民政府出台《关于做好促进就业工作的实施意见》，推出22条举措、46项补贴政策，配套制定求职创业补贴、就业见习管理等实施细则，调整市就业和农民工工作领导小组成员，支出就业资金2.38亿元。全年城镇新增就业14.77万人，城镇登记失业率继续控制在3%以内。

坚持分类施策，针对重点群体特点做细做实公共就业服务，将春风行动、全国大中城市高校毕业生巡回招聘等七大专项服务活动覆盖全年，落实城市特殊困难群体“五帮扶”活动，促进重点群体稳定就业。全市举办各类招聘会600余场，失业人员再就业4.66万人，就业困难对象实现就业2.05万人，新增农村劳动力转移就业2.4万人。

加大创业服务和扶持力度，认定湖南大学国家大学科技园等市级创业孵化基地44家，扶持创业带动就业项目200个，发放创业补贴资金2927万元。出台职业技能提升行动“1+2+4+8”系列政策，从失业保险基金提取专项资金10.2亿元，开展大规模职业技能培训，计划3年时间培训15万人次以上，全年完成补贴性培训5.8万人次。

建立就业形势监测分析会商机制，统筹开展部门数据分析、企业参保数据比对、问卷调查、实地走访，监测体系覆盖全市重点企业、重点群体。全年开展用工座谈、用工调查8次，调查企业600余家次，妥善解决伟创力、长丰猎豹、众泰汽车等重点困难企业员工二次就业、稳岗补贴等问题，为实施就业政策和防范失业风险做大量基础工作。

【“创业服务三湘行”系列活动】2019年，为落实湖南省“创业服务三湘行”活动精神，提升创业服务质量，营造创新创业良好氛围，长沙市创业指导中心常态化开展各类创业服务活动。走访调研初创企业。2月，长沙市创业指导中心深入初创企业，仔细了解企业生产经营状况、项目推进情况、扶持资金使用情况，对企业发展中遇到的困惑和期盼提出合理化建议，并详细介绍长沙市创业扶持政策，鼓励企业用好、用足优惠政策，整个活动累计走访20余家企业。组织股权投资与中小企业发展培训。7月11日，由长沙市创业指导中心主办、湖南省股权投资协会承办的“创业服务三湘行——股权投资与中小企业发展”培训在长沙市浦发金融大厦举办，逾30名中小企业创始人和负责人参会。通过培训，创业者们进一步了解到多层次资本市场的机遇、股权投资如何助力企业发展，VC、PE机构的投资逻辑、如何撰写商业计划书和设计股权激励机制等实操技能。开展标杆企业游学。11月21日，长沙市创业指导中心组织开展“创业服务三湘行——标杆企业游学”活动，长沙市创业导师童世琦和长沙市初创企业代表一行30余人参加。参观学习长沙两家本土上市企业——御家汇集团和湖南华凯文化创意股份有限公司。举办创新创业大讲堂。11月29日，长沙市人力资源和社会保障局举办“创业服务三湘行——创新创业大讲堂”活动。活动特邀市人力资源和社会保障局就业促进处处长肖丽娜、上海市汇业（长沙）律师事务所主任王刚、湖南天地人律师事务所合伙人陈芳和湖南科智信财税咨询有限公司总经理邹平4位专家为200余位长沙市创新创业带动就业项目负责人进行专题讲座。

【参加第二届全国创业培训讲师大赛】 2019年5月21日至6月25日，由省人力资源和社会保障厅指导、市人力资源和社会保障局主办、市创业指导中心承办的第二届全国创业培训讲师大赛长沙市选拔赛举办。大赛以“创业培训 创新引领”为主题。长沙市选拔赛自启动以来，市人力资源和社会保障局组织动员，发动宣传，全市73名创业培训讲师参与，邀请6名国家级创业培训师指导和评定。大赛全程设置启动仪式、初赛、决赛、精英训练营、创业主题交流5个环节，设综合能力竞赛和单项能力竞赛两个竞赛内容。长沙市选拔赛中，长沙县非凡职业培训学校的彭声木讲师获大赛个人综合能力竞赛一等奖，由吴轩辕、贺焱、聂云3位讲师团队创作的《预测你的启动资金》获课程设计作品竞赛一等奖。在省级比赛中，长沙市选手获个人综合能力竞赛和课程设计作品竞赛双料冠军，蝉联两届省级比赛冠军，市人力资源和社会保障局获大赛优秀组织奖。在国家级比赛中，长沙市选手获课程设计作品竞赛一等奖1个、二等奖1个、三等奖2个，个人综合能力竞赛三等奖2个、优胜奖1个，吴轩辕、彭声木获全国SYB创业培训师资格，长沙市实现国家级培训师零的突破。

【2019年“春风行动”专场招聘活动】 2019年1月下旬至3月底，长沙市人力资源和社会保障局根据企业用工需求和劳动者就业需要，组织各区县（市）、园区人社部门以及各级公共就业服务部门在全市和省内贫困地区开展“春风行动”专场招聘活动252场（比2018年增加42场），参加企业9882家次，累计提供岗位20万余个，发放春风卡等宣传资料11.6万份，提供公共就业创业服务16.8万人次，现场达成就业意向4.7万人，提供劳动维权和法律援助8710人次，组织参加职业技能培训250人。

【2019年“高校毕业季”就业服务专项活动】 2019年6月中下旬，2019年长沙市“高校毕业季”就业服务专项活动开展。6月12日，首场活动——湖南工业职业技术学院专场招聘会在湖南工业职业技术学院举行。全市人社部门重点对2019届高校毕业生及往届离校未就业、困难高校毕业生推送对应的就业创业政策和就业服务信息，联动开展2019年进校园专项活动，其中，市本级举办招聘会1场、就业讲座1场，各区县（市）人力资源和社会保障局分别组织专项活动，40余场进校园招聘活动达成就业意向4600余人。

【第七届全国大中城市联合招聘高校毕业生长沙巡回招聘活动】 2019年11月9日在长沙人才市场举办，全国15个省份的193家企业参加，提供各类就业岗位746个，需求人数4813人，2000余名高校毕业生参加。招聘会由长沙市人力资源和社会保障局主办、长沙市人力资源公共服务中心承办。招聘会现场，举行第七届“人才杯”简历制作大赛颁奖仪式，湖南工商大学大四学生周湘获简历大赛一等奖。简历大赛评选过程中，三一集团、威胜集团、远大科技、蓝思科技等29家企业的人力资源负责人向236名参赛选手发出面试邀请。活动主办方在现场设立政策宣传咨询台，宣传推介人才新政和人力资源公共服务相关内容，解答落户、补贴、就业等问题。

（本栏撰稿 向庆冬）

表53　长沙市年末分行业单位从业人数统计表

单位：人

指标	1978年	1985年	1990年	1995年	2000年	2005年	2010年	2015年	2018年	2019年	2019年比2018年（±%）
总　计	563950	744994	845916	914026	684907	729738	1105562	1304623	1194467	1368477	14.6
#国有经济	367858	513354	605100	677857	535949	360468	414172	329500	308315	366128	18.8
集体经济	196092	231623	237748	207917	88107	47315	48184	21235	14484	16802	16.0
按行业分											
（一）农、林、牧、渔业	—	—	—	—	—	3004	505	1062	1090	986	−9.5
（二）采矿业	—	—	—	—	—	11610	9954	3804	264	388	47.0
（三）制造业	—	—	—	—	—	168420	305091	372613	268864	268376	−0.2
（四）电力、热力、燃气及水生产和供应业	—	—	—	—	—	7573	16147	8133	8018	8571	6.9
（五）建筑业	—	—	—	—	—	122285	169912	241895	226245	218270	−3.5
（六）批发和零售业	—	—	—	—	—	45294	66543	79853	72043	80041	11.1
（七）交通运输、仓储和邮政业	—	—	—	—	—	30442	28120	49916	42423	62607	47.6

续表 53

指标	1978年	1985年	1990年	1995年	2000年	2005年	2010年	2015年	2018年	2019年	2019年比2018年(±%)
（八）住宿和餐饮业	—	—	—	—	—	31889	44017	35210	28155	29959	6.4
（九）信息传输、软件和信息技术服务业	—	—	—	—	—	10518	16945	22901	22319	32259	44.5
（十）金融业	—	—	—	—	—	23398	53141	64388	71587	101878	42.3
（十一）房地产业	—	—	—	—	—	23064	41564	48848	50012	52632	5.2
（十二）租赁和商务服务业	—	—	—	—	—	16334	21333	28772	33370	41320	23.8
（十三）科学研究和技术服务业	—	—	—	—	—	24270	38114	45681	51353	63594	23.8
（十四）水利、环境和公共设施管理业	—	—	—	—	—	7530	17171	10618	11316	12395	9.5
（十五）居民服务、修理和其他服务业	—	—	—	—	—	2417	5205	5447	5410	7006	29.5
（十六）教育	—	—	—	—	—	83364	109835	101389	112492	157029	39.6
（十七）卫生和社会工作	—	—	—	—	—	34838	57216	68254	76191	85705	12.5
（十八）文化、体育和娱乐业	—	—	—	—	—	15737	19224	22307	22004	25635	16.5
（十九）公共管理、社会保障和社会组织	—	—	—	—	—	67751	85525	93532	91311	119826	31.2
（二十）国际组织	—	—	—	—	—	—	—	—	—	—	—

（资料来源：市统计局）

脱贫攻坚

【贫困人口概况】 截至2019年年底，长沙市有贫困村84个，建档立卡贫困人口4.69万户13.57万人，已脱贫4.46万户13.1万人，未脱贫2226户4309人，贫困发生率0.1%，2019年脱贫6764人。

【精准扶贫】 2019年，长沙市投入专项扶贫资金1.97亿元，比2018年增长2.7%，统筹各类资金7.64亿元投入脱贫攻坚工作。

易地扶贫搬迁 按照搬迁一户、稳定脱贫一户的原则抓好后续帮扶，长沙县为全部搬迁户免费安装太阳能光伏发电系统，为每户增收5000元每年；宁乡市通过落实“三交、三免、三不变、三解决”政策，基本解决搬迁户生活保障问题。产业扶贫，统筹安排专项资金1.1亿元，实施产业扶贫项目625个，实现对有产业发展能力和意愿的贫困户全覆盖。

教育扶贫 出台《2019年长沙市义务教育阶段控辍保学实施方案》，建立健全“三帮一”劝返复学台账制度（即学校、家长、当地政府三方面共同帮助一名学生，劝返到学校，完成义务教育阶段学业），妥善安排适龄残疾儿童入学，全市建档立卡贫困家庭学生辍学率为零。严格落实教育扶贫资助政策，发放22272名建档立卡贫困家庭学生春季教育扶贫资助2067.3万元，其中义务教育阶段学生补助金1055.4万元。

社会保障兜底 组织开展兜底保障对象年审工作，重新认定保障兜底脱贫对象13310户29825人，累计发放兜底保障对象补助资金1.17亿元。

健康扶贫 全面消除卫生室“空白村”和乡村两级机构人员“空白点”，基层医疗机构标准化建设实现全覆盖。全面落实“三个一批”（大病集中救治一批、慢病签约服务管理一批、重病兜底保障一批）行动计划，大病集中救治10306人、慢病签约服务53966人、重病兜底保障3838人，落实先诊疗后付费及“一站式”结算政策，救治贫困患者79185人次，实际报销比例92.01%。

危房改造 全面开展房屋危险性鉴定和标识，共鉴定4类重点对象房屋11万余户。全面推进存量危房改造，排查农村存量危房756户，已全部完成改造。

就业扶贫 举办就业扶贫专场招聘会54场、专项培训40次、职业介绍2.47万人次、就业创业指导1.28万人次、就业创业培训5491人次，认定就业扶贫车间127家，开展贫困家庭“两后生”（初中之后毕业的和高中之后毕业的学生）技能培训327人，新增贫困劳动力转移就业1065人。

金融扶贫　联合蚂蚁金服发展农村普惠金融，依托大数据构建信贷评分规则和决策体系，有效防范小额信贷呆坏账问题，累计向小农户发放无抵押无担保小额贷款逾9亿元。道路交通，市级投入补助资金2400万元，建成精准扶贫道路160千米。其他专项（行业）扶贫工作均按年度计划有序推进。

支持深度贫困地区　省委常委、市委书记胡衡华两次到龙山县调研指导，市长胡忠雄、市委副书记朱健、副市长李蔚先后率队到龙山县指导推进，有“携手奔小康行动”任务的各区县（市）主要领导多次到帮扶县开展互访活动。制订年度对口帮扶和“携手奔小康行动”工作计划，突出抓好产业扶贫、就业扶贫、民生事业和基础设施帮扶工作。安排对口帮扶龙山县项目305个，投入帮扶资金2.33亿元；实施“携手奔小康行动”帮扶项目77个，投入帮扶资金逾1.01亿元，其中长沙县安排资金2000万元帮扶阮陵县，浏阳市安排资金1200万元帮扶邵阳县，宁乡市支持新化县1000万元，芙蓉区支持麻阳县1200万元，开福区支持城步县1800万元，天心区支持通道县1626万元，雨花区支持桑植县1298万元。宁乡市与新化县开展城乡建设用地增减挂钩合作金额1.7亿元。

【社会力量扶贫】　2019年，长沙市制定扶贫日活动方案，开展扶贫宣传、“户帮户亲帮亲　互助脱贫奔小康”、“最美扶贫人物”评选表彰等活动。市慈善会、市扶贫办联合组织“精准扶贫公益计划”募捐活动，联合17个扶贫村、7家村级合作社和社会组织，发起24个精准扶贫项目，募集扶贫资金1034万元。长沙市“户帮户亲帮亲互助脱贫奔小康”暨“雨花助学·阳光筑梦”公益晚会通过义卖蜂蜜和现场爱心捐赠，为8户贫困户募捐助学资金3.6万元和4000元日用物资。宁乡市向30名深度贫困户代表发放“千企联千户”及“千手爱心基金”募捐的价值30万元爱心款和爱心物资。针对“户帮户亲帮亲 互助脱贫奔小康”活动确定的3654名重点帮扶对象，利用“中国社会扶贫网”新增发布贫困需求信息1778项，对接成功927项、881件物品、71520元资金。浏阳市引导1371位党员、致富带头人为1419户贫困户圆心愿、促增收、教技能、帮就学、扶志气，对接4262例物资需求、6985例爱心服务需求。罗奥等7人被评为2019年湖南省“最美扶贫人物”。参加湖南省“时代新人说——我和祖国共成长”脱贫攻坚主题演讲大赛，获优秀组织奖，选手陈思含获二等奖，彭仕强获三等奖。

【扶贫对象动态调整】　2019年，长沙市根据省扶贫办的统一部署，严格按程序开展扶贫对象动态调整。年中动态调整新增80人（整户新增69人、单个贫困人口补录11人）、清退14户55人、稳定脱贫综合回退14人；年底动态调整脱贫人口标识2985户6764人，贫困人口新识别76人、整户清退22户96人、单个清退5人、返贫7人、人口回退3人。年底录入脱贫监测户706户1789人；边缘户926户2270人。

【扶贫干部培训】　2019年，长沙市选派驻村工作队662个、工作队员1552人，组织结对帮扶干部3.7万余人，对贫困人口100人以上的村和所有贫困户实现全覆盖。着重扶贫干部分级分类培训，围绕驻村帮扶、产业扶贫、专项扶贫资金管理、建档立卡、扶贫政策宣讲等主题开展培训32场17673人次。其中长沙市级培训3次、望城区培训2次、长沙县9次、浏阳市培训3次、宁乡市培训8次、雨花区培训3次、天心区4次。

（本栏撰稿　岳娴雯）

移民开发

【概况】　2019年，长沙市收到各类移民资金9039.34万元，其中用于移民直补2588.04万元（直补人口43134人），淹地不淹房的连带影响人口口粮补贴140.41万元，用于移民后扶项目建设6310.89万元。完成2017年6个重点移民村验收，确定8个移民村纳入2019年整村推进重点移民村建设。全年编制4个批次的移民项目计划，申报移民项目525个，包括农田水利配套、道路交通、安全饮水、搬迁安置、新农村建设、移民培训、生产开发等项目，涉及移民资金6310.89万元。全市库区油茶、茶园、蔬菜、小水果等移民产业基地面积逾2.8万公顷，吸纳移民就业6000余人，移民人均纯收入保持年均增长9%以上。新建水库移民搬迁安置工作推进。完成黑麋峰抽水蓄能电站工程移民安置验收，推进湖南省椒花水库工程。湖南省椒花水库工程建设征地涉及搬迁人口2670人。在全面开展实物调查和移民安置调查的基础上，完成移民安置规划大纲评审和移民安置规划报告审批。

【移民培训】　2019年，长沙市开展各类移民培训，培训移民1099人，其中农业技能培训714人、就业技能培训385人。全年推荐17人参加省库区移民事务中心举办的各类移民培训班，包括电梯安装与维修班3人、育婴员班2人、植保无人机班10人、致富带头人培训班2人。

【移民资金监管】　2019年，为强化水库移民资金管理，消除监管死角和盲区，解决水库移民资金既要管好、又要用好的问题，推进内部审计、移民政策稽查、监测评估、绩效评价和纪检“4+1”的监管模式，推进监管常态化。

内部审计　开展水库移民资金内部审计，对维护财经纪律、完善监督机制、加强系统管理、提高移民资

金使用效益发挥重要作用。在各区县（市）自审的基础上，长沙市成立内审工作领导小组，聘请第三方开展重点区县（市）审计，开展内审工作。针对内审问题，及时下发整改通知，按照“一单四制”的要求，建立问题清单和整改台账，确保整改到位。

政策稽查　近年来，长沙市开展移民后期扶持政策实施稽查工作，与内审呼应配合，交叉进行，实现全覆盖。重点稽查政策执行问题、规划管理问题、计划管理问题、项目管理问题、资金使用管理问题、档案管理问题等。全年稽查组对浏阳市、长沙县2018年后扶政策实施情况进行稽查。稽查组对长沙市大中型水库后期扶持政策实施和监督检查开展情况给予肯定，并对下一步工作提出意见和建议。

监测评估　以项目实施和资金使用情况为对象，委托第三方对各个区县（市）开展移民后期扶持政策实施情况监测评估工作，年年实现全覆盖。通过查阅材料、走访调研、实地查勘、典型解剖、抽样调查等，收集有关数据和资料，全面了解监测评估对象移民项目资金计划落实情况。2019年，完成2018年长沙市大中型水库现状农村移民、非农业户口移民、淹地不淹房人口等连带影响人口和相关后期扶持项目的监测评估。同时对长沙市重点移民村整村推进建设情况开展专项检测评估，并单独形成专项监测评估报告。

绩效评价　2019年，借助第三方力量开展独立评价，对移民后扶资金使用管理进行全面“体检”和总体评价。组织各区县（市）及时召开绩效评价情况反馈会，对提出的问题立行立改，确保移民资金管理使用更加规范、高效。提升绩效评价质量，将绩效评价的结果作为来年调整移民资金的重要依据，通过在全市范围内通报并启动绩效评价问责机制等手段强化绩效评价结果的运用。

【避险解困资金专项审计】　2019年6月24日—7月24日，长沙市对2017年长沙市大中型水库移民避险解困资金进行专项审计。专项审计的范围为2017年长沙市大中型水库移民避险解困资金3746万元（建房补助费2536.7万元，配套项目资金1209.3万元），其中：长沙县55户163人326万元，涉及6个乡镇26个村；浏阳市235户781人1562万元，涉及20个乡镇82个村；宁乡市329户929人1858万元，涉及18个乡镇81个村。避险解困移民619户，建房补助费2536.7万元。审计组入户随机调查实际抽取101户，根据入户调查及查阅一户一档资料表明所抽移民户属于该次补助范围，补助标准符合安置情况，资金全部及时到账。避险解困移民档案管理较规范，未发现伪造、虚报等问题。宁乡市和浏阳市有配套项目110个，审计组随机调查实际抽取项目24个，其中基础设施类19个、农田水利类5个，涉及后扶资金418.35万元，实际拨付406.35万元。通过现场实地调查、测量、询问村民、查阅相关资料，发现资金计划执行和管理情况良好，无挤占、挪用、贪污、截留、滞留等情况，所属县、乡镇无计提和收取费用。

【移民美丽乡村建设】　2019年，长沙市编制美丽乡村总体规划、整村推进实施方案。长沙县江背镇五福村挖掘“长寿、富贵、康宁、好德、善终”五福文化内涵，坚持田园社区、现代农业和休闲旅游深度融合，构建田园综合体，打造乡村新兴产业亮点。浏阳市古港镇梅田湖村以紫阳湾移民主题屋场为核心，利用整村推进资金，打造出既融入该村旅游大格局但又相对封闭的景区，成立全村190户移民共同参与的紫阳湾移民合作社，实行村级引领、公司运营、全体移民参与，布局游乐设施以及垂钓、四季果蔬、赏花、采摘等田园综合体项目，真正让移民受益。望城区桥驿镇黑麋峰村扶持峰北土地合作社、朝蓬种植专业合作社、古驿名峰旅游发展有限公司、长沙银松苗木有限公司等基地的基础设施建设，形成以黄金茶、高山水果、苗木、旅游服务等为主的特色产业，带动移民人均增收1000余元。

【椒花水库移民集中安置区项目开工】
2019年11月26日，椒花水库移民集中安置区项目开工活动在浏阳市达浒镇举行。省委常委、市委书记胡衡华宣布项目开工，市委副书记、市长、湖南湘江新区党工委书记胡忠雄出席，市领导夏建平、黎春秋、李蔚、廖建华出席。椒花水库工程是国家《水利改革发展“十三五”规划》的大型水库新建项目，是一座以城镇供水、防洪为主，兼顾灌溉和下游生态环境补水的大（2）型水库。坝址位于浏阳河上游大溪河流域左岸一级支流椒花河下游，建成后有效解决浏阳河下游40万余居民和3个重点园区的用水问题。椒花水库工程建设需搬迁安置移民2806人，涉及浏阳市、长沙县14个乡镇。其中规划集中安置人口2245人。按照分步推进的思路，现阶段先期启动达浒集镇和大围山复兴路两个集中安置区。

（本栏撰稿　刘铁伟）

收入消费

【城镇居民生活状况分析】　2019年，长沙城镇居民人均可支配收入55211元，比2018年增长8.7%，剔除价格因素影响，实际增长5.6%；人均消费支出39516元，比2018年增长7.5%，剔除价格因素影响，实际增长4.4%。

居民收入　工资性收入是城镇居民可支配收入增长的主要来源。2019年，长沙城镇居民人均工资性收入30505元，比2018年增长10.3%，占可支配收入的55.3%。工资性收入增长的主要原因：长沙市落实各项稳就业政策，稳定和扩大就业，加强公共就业服务，出台22条措施促进就业，就业形势稳中向好，促进工资性收入增长；长沙再次提高最低工资标准，企业在政府的薪酬政策指导下，增加员工薪金；长沙劳动力职业技能培训力度加大，务工人员综合素质和专业技能提高，工资水平随之相应上涨，拉动劳动力市场整体工资水平上升。经营性收入稳步增长。长沙城镇居民人均经营净收入7914元，比2018年增长11.6%，对城镇居民人均可支配收入增长的贡献率18.6%。经营净收入增长的主要原因：长沙市开展“营商环境优化年”活动，减税降费等措施到位，居民自主经营收入上涨幅度提升；支持小微企业发展的融资、税收优惠政策、创业扶持政策的出台，普惠性减税与结构性减税并举，减轻小微企业税费负担，对全市经营净收入的增长起到积极作用；经济转型升级和经济制度等改革的进一步深化，服务业快速发展，尤其是“互联网+”在城镇的普及，“线上+线下”的商品销售模式日益增多，长沙城镇居民从第三产业中获得的净收入增加。财产净收入持续增长。长沙城镇居民人均财产净收入7096元，比2018年增长2.8%，对城镇居民人均可支配收入增长的贡献率4.4%。财产净收入增长的主要原因：随着居民可支配收入的增加，投资理财观念的日趋成熟，投资理财渠道拓展，越来越多的城镇居民选择将手里的闲钱用来投资理财，带动居民财产性收入的增加；长沙经济发展吸引大量外来人口，推动房屋租赁市场升温，房屋租赁需求增长，居民房租收入增加促进财产净收入的增长。转移净收入增长较快。长沙城镇居民人均转移净收入9697元，比2018年增长6.2%，对城镇居民人均可支配收入增长的贡献率12.8%。转移净收入增长主要有4点原因：长沙企业退休人员基本养老金“15连调”，人均增加养老金145元，政策惠及33.6万名企业退休人员，其中市本级25.1万人；城乡居民养老保险基础养老金“14连调”，1月1日起，长沙市城乡居民基本养老保险基础养老金增加10元，惠及全市近80万名城乡居保

表54　长沙市城镇居民家庭生活调查主要指标统计表

指标	单位	2019年	2018年	2019年比2018年（±%）
一、调查户数	户	570	570	0.0
家庭人口数	人	1835	1828	0.4
#就业人口数	人	948	956	−0.8
二、平均每户人口	人	3.22	3.20	0.6
平均每户就业人数	人	1.66	1.68	−1.2
平均每一就业者负担人数	人	1.94	1.90	2.1
三、人均总收入（未扣除生产费用）	元	68120	62873	8.3
人均可支配收入	元	55211	50792	8.7
四、人均消费支出	元	39516	36775	7.5
（1）食品烟酒	元	10188	9523	7.0
（2）衣着	元	2564	2399	6.9
（3）生活用品及服务	元	3049	2836	7.5
（4）医疗保健	元	2820	2569	9.8
（5）交通通信	元	5037	4706	7.0
（6）教育文化娱乐	元	7361	6877	7.0
（7）居住	元	7628	7040	8.4
（8）其他用品和服务	元	869	827	5.1

（资料来源：市统计局）

待遇领取人员；长沙城乡低保标准再次提高，由每人每月550元提高到每人每月650元，增幅18.2%，所有区县（市）全部按照每人每月650元的标准进行补差救助，惠及低保与特困供养对象近13万人；长沙进一步保障人民群众大病保险待遇，城乡居民大病保险全面提标，长沙城乡居民大病保险年度累计补偿金限额从20万元提高到30万元，普通参保人员大病保险支付比例在原来的基础上提高5个百分点。

居民消费 2019年，长沙城镇居民八大类消费呈普涨格局，其中居住、生活用品及服务、交通通信较2018年涨幅均扩大5个百分点以上，分别为8.4%、7.5%、7%。生活用品和服务消费支出增速加快，注重居住消费体验。长沙城镇居民人均生活用品及服务消费支出3049元，较2018年增长7.5%，增速加快6.6个百分点。其中家具及室内装饰品、家用纺织品增长较快，分别为19.5%、24.6%。家庭服务中家政服务人均支出105元，增速7%，家政服务提供更加整洁干净的家庭环境，节省业主大量清洁打扫时间，为市民们追求高品质的精神文化消费提供更多时间。交通通信较快增长，消费潜力巨大。长沙城镇居民人均交通通信消费支出5037元，较2018年增长7%，拉动交通通信快速增长的主要原因是交通费用的上涨。城镇居民汽车购买力提高，人均汽车拥有量和汽车品质提升，促进交通工具和交通工具用燃油费用的增长。加之长沙地铁轨道系统的逐渐完善，居民出行更加便捷，促进交通消费支出增长。教育消费增长，拉动文教娱支出增长7%。长沙城镇居民人均教育文化娱乐消费支出7361元，较2018年增长7%，其中教育消费支出4192元，比2018年增长35.9%，增速较2018年提高5.6个百分点。教育支出中的成人教育、小学教育和学前教育支出分别为1120元、927元、825元，成人教育支出占比高的主要原因是在知识技术快速更新、岗位竞争日益激烈的当下，长沙市城镇居民越来越注重个人的教育投入和文化水平的提升，不断投入到再教育中以提高自身竞争力；小学教育和学前教育支出较高与校外教育参与率的提高密不可分，为获得更为优质的教育资源提高孩子的核心竞争力，很多家长在校外为孩子报名各种兴趣班、学习班。医疗保健稳步增长，健康意识逐渐提高。城镇居民人均医疗保健消费支出2820元，较2018年增长9.8个百分点，在消费支出中占比7.1%。城镇居民医疗保健消费支出增长的主要原因是居民将被动就医转变为主动预防，更多的人通过购买营养滋补品和保健器具提高身体体质。

城镇居民生活质量提高 居民家庭生活水平提高，居住条件优化。长沙城镇居民人均居住消费支出7628元，比2018年增长8.4%。城镇居民居住消费需求逐渐从生活需求、交往需求转变为健康需求、审美需求，在房屋维修装潢和家用智能电器投入增加，居住环境改善，居住条件提升。耐用消费品拥有量持续增长。截至2019年年底，城镇居民平均每百户家庭拥有家用汽车62台、洗衣机109台、电冰箱（柜）108台、空调253台。（蒋佳妮）

【农村居民生活状况分析】 2019年，长沙农村居民人均可支配收入32329元，比2018年名义增长8.8%，扣除价格因素影响，实际增长5.7%；长沙农村居民人均生活消费支出23090元，比2018年名义增长10.2%，扣除价格因素影响，实际增长7.1%。

农村居民收入 2019年，长沙农村居民四大类收入全面增长。工资性收入较快增长。长沙农村居民人均工资性收入20110元，比2018年增长10.9%，增速较2018年提高2.4个百分点，拉动可支配收入增长6.7个百分点，对农村居民人均可支配收入的贡献率75.7%。从收入来源看，工资性收入占人均可支配收入的比重62.2%，是农村居民收入的主体。2019年，长沙市以稳定和扩大就业为目标，落实各项稳就业政策，加强公共就业服务，推进重点群体就业。对企业加强政策支持，加大资金投入，帮助企业降低用工成本，依托企业稳定就业；落实“春风行动”“展翅行动”等就业帮扶政策，督促相关部门开展就业技能培训。经营净收入稳步增长。长沙农村居民人均经营净收入9040元，比2018年增长5%，拉动可支配收入增长1.5个百分点，对农村居民人均可支配收入的贡献率16.5%。从收入来源看，经营净收入占农村居民人均可支配收入的比重28%，是农村居民增收的第二大来源。受“非洲猪瘟”、宏观经济下行等因素影响，农村居民经营净收入增速略有下滑，但整体增长仍然平稳。长沙提高现代农业发展水平，推进“一县一特”建设、新型农业经营主体培育和“互联网+农业”发展，提升农业现代化水平，农品浏香、宁乡味道、长沙绿茶等地区品牌发展，农业经营户依托电商平台、消费扶贫等方式销售农产品，促进农村居民增产增收。财产净收入增长。长沙农村居民人均财产净收入由2018年的386元提高至472元，比2018年增长22.2%，增速较2018年提高13.9个百分点。其中，利息收入和红利收入比2018年上升明显。长沙增进民生福祉，发展村级新型集体经济，出台多项支农惠农政策，农业生产趋向规模化，乡村农产品加工业、旅游业及休闲农业加快发展，盘活闲置土地、房屋等资源，望城区盘龙岭村实行整村土地流转，全村养殖“荷花虾”促进农村居民增收；宁乡市湖溪塘村成立湖欣土地流转合作社，实施土地集约化经营，发展农业产业园、休闲农庄等。农业产业化带动土地经营权转让增加农民财产性收入。转移净收入增加。长沙农村居民人均转移净收入2708元，比2018年增长4.5%，占农村居民人均可支配收入的比重8.4%。1月1日起，

城乡居民基本养老保险基础养老金增加10元，由每人每月188元调整为每人每月198元，实现“14连调”，惠及全市近80万名城乡居保待遇领取人员，农村居民养老保险、合作医疗补助等发放到位；推进农村劳动力就业转移，加强技能培训，增加农村居民外出寄回带回收入，增强居民的幸福感和获得感。

农村居民消费支出　2019年，长沙农村居民人均生活消费支出23090元，比2018年增长10.2%。从消费结构看，八大类生活消费支出全面增长，食品烟酒、衣着、居住、生活用品及服务、交通通信、教育文化娱乐、医疗保健、其他用品和服务分别增长9.6%、6.9%、11.9%、8.6%、9.2%、12%、8.9%、10.7%。食品消费合理搭配，注重营养均衡。长沙农村居民人均食品烟酒支出5859元，比2018年增长9.6%，恩格尔系数25.4%，比2018年下降0.1个百分点，农村居民消费升级，饮食追求营养健康，愿意花费更多钱在豆类、奶类、干鲜瓜果类、糖果糕点类等营养丰富的食品支出上。农村居民人均消费豆类37元，比2018年增长13.6%，人均消费奶类231元，比2018年增长9.1%，人均消费干鲜瓜果类415元，比2018年增长10.3%，人均消费糖果糕点类144元，比2018年增长11%。衣着消费追求品质与个性。全年全市农村居民人均衣着消费1257元，比2018年增长6.9%。其中，衣类人均消费支出1019元，比2018年增长6.8%，鞋类人均消费支出238元，比2018年增长7.6%。居住支出增加，居住条件优化。长沙农村居民人均居住消费支出4780元，比2018年增长11.9%，其中，住房维修及管理人均消费支出709元，比2018年增长5.6%。家庭器具追求品质，生活用品及服务支出增长明显。长沙农村居民生活用品及服务消费人均支出1456元，比2018年增长8.6%，截至2019年年底，长沙农村居民平均每百户家庭拥有洗衣机105.2

表55　　农村住户调查主要指标统计表

指标	单位	2019年					2018年
		全市	望城区	长沙县	浏阳市	宁乡市	全市
一、调查户数	户	310	70	70	70	70	310
家庭常住人口	人	1126	287	243	255	246	1124
平均每户人口	人	3.63	4.10	3.47	3.64	3.51	3.60
二、人均总收入（未扣除生产费用）	元	42948	38444	40090	63381	32708	41947
三、人均总支出	元	39802	36241	37033	54205	30926	41749
（一）消费支出	元	23090	23014	22803	20295	23319	20959
1. 食品烟酒	元	5859	6274	5629	5015	5944	5344
2. 衣着	元	1257	1173	1470	1033	1146	1176
3. 居住	元	4780	4935	4759	4197	4502	4271
4. 生活用品及服务	元	1456	1336	2180	1003	1422	1341
5. 交通通信	元	4146	3636	3466	4025	4456	3797
6. 教育文化娱乐	元	3990	3974	4262	3147	4298	3563
7. 医疗保健	元	1318	1411	834	1589	1267	1210
8. 其他用品和服务	元	284	276	203	287	284	257
（二）生产经营费用支出	元	7697	2210	1387	25044	500	9017
农民人均可支配收入	元	32329	35106	34582	34562	29338	29714
四、自有现住房建筑面积	平方米	58.05	51.52	45.68	64.75	62.73	59.40

（资料来源：市统计局）

台、电冰箱108.1台、空调170.3台、微波炉19.7台。人均家具及室内装饰品消费支出474元，比2018年增长45%，人均家用纺织品消费161元，比2018年增长53.2%，人均个人用品消费支出221元，比2018年增长28%。交通通信消费支出稳步增长。长沙农村居民人均交通通信消费支出4146元，比2018年增长9.2%，每百户农村居民家庭拥有51.9辆家用汽车和295.5部移动电话。其中，人均交通工具消费支出1819元，人均交通费支出171元，人均交通工具用燃料消费支出979元，分别增长33.7%、58.4%、6.3%。教育文化娱乐消费支出增长较快，农村居民更加注重子女和自身的教育。长沙农村居民人均教育文化娱乐支出3990元，比2018年增长12%。其中，人均教育支出2403元，比2018年增长12.2%，人均文化娱乐消费支出1586元，比2018年增长11.7%。医疗保健消费支出稳步增长，健康意识增强。长沙农村居民人均医疗保健支出1318元，比2018年增长8.9%，其中，人均医疗服务消费支出855元，比2018年增长13.6%。（孙本正）

社会保险

【概况】 2019年，长沙市启动全民参保计划，确保社保断档补缴高峰平稳过渡，全市养老、失业、工伤、生育保险参保人数分别为629.7万人、165.97万人、157.6万人、188.07万人。工伤保险新开工项目参保率100%，社会保险由制度全覆盖向人群全覆盖转变。企业退休人员养老金、城乡居民基础养老金待遇分别实现“15连调”“14连调”，失业保险金标准提高到每月1309~1445元，工伤保险各类待遇平均增幅5%，全年发放社保待遇197.5亿元。开展社保基金管理风险专项检查，创新引入第三方审计机构参与。办好群众关心的民生实事，省市重点民生实事20个项目39个指标全面完成。开展民生工程“回头看”，清查近3年102类民生实事项目。坚持实绩导向，评选2018年“一圈两场三道”工作成绩突出的单位和个人150个，发放奖金402万元。出台全市人社扶贫督评工作方案，加大系统扶贫工作的推进落实力度。认定省、市就业扶贫基地90个，建设就业扶贫车间127家，开展职业介绍、就业创业指导培训4.11万人次，开发扶贫公益性岗位安置就近就业1281人，完成贫困家庭“两后生”技能培训327人，新增贫困劳动力转移就业1065人，累计转移建档立卡贫困劳动力就业3.69万人，转移就业率78.85%。强化社保扶贫兜底，落实困难群众参保资助政策，为6.24万人缴纳养老保险费，养老待遇代缴率、发放率均100%。规范工伤认定流程，推进工伤认定、劳动能力鉴定法治化、标准化。（向庆冬）

【城乡居民基本养老保险基础养老金调整】 2019年1月1日起，根据《长沙市人民政府关于提高城乡居民基本养老保险基础养老金和给予城乡低保人员缴费补助的通知》，长沙市城乡居民基本养老保险基础养老金增加10元，由每人每月188元调整为每人每月198元，全市城乡居民基本养老保险基础养老金调待工作完成，实现“14连调”，惠及全市近80万名城乡居保待遇领取人员。（向庆冬）

【企业退休人员基本养老金调整】 2019年1月1日起，长沙市为2018年12月31日前已按规定办理退休手续并按月领取基本养老金的退休人员（含退职人员）调整增加基本养老金。调整标准为每人每月增加基本养老金50元，再按本人缴费年限（含视同缴费年限，不含折算工龄）每满一年月基本养老金增加3元，缴费年限不满1年的记为1年。对2018年12月31日前年满70周岁以上（含70周岁）至80周岁以下的退休人员每人每月增加基本养老金20元，对2018年12月31日前年满80周岁以上（含80周岁）的退休人员每人每月增加基本养老金30元。企业退休人员7月基本养老金以及1—6月调整增加的部分7月底全部发放到位。根据《湖南省人民政府关于完善企业职工基本养老保险省级统筹制度的通知》，从2019年7月1日起，社保经办机构代发的各项代发项目单独立户建账，与基本养老金分开测算和发放，从7月起，长沙市企业退休人员每月的基本养老金与相关代发项目在不同时段到账。7月，长沙市完成企业退休人员基本养老金调整工作，调待政策惠及33.6万名企业退休人员，其中市本级25.1万人。该次调整人均增加养老金145元，调整后全市企业退休人员月人均基本养老金2600元，市本级企业退休人员月人均基本养老金2870元。自2005年以来，长沙市连续15年调整企业退休人员基本养老金。（向庆冬）

【医疗保障】 2019年，长沙市持续提高医保待遇水平。统筹提高大病待遇水平。大病筹资标准增加至每人每年65元，降低大病保险起付线，年度最高补偿额提高至30万元；全面取消贫困人口大病医疗费用封顶线。完善门诊医疗费用政策。城居门诊统筹报销比例提高至70%；将高血压、糖尿病医保政策范围内的门诊费用纳入医保报销范围，不设起付线。完善特殊病种门诊政策。特门病种增加至45种，首次将苯丙酮尿症等罕见病纳入特门范围。落实医疗救助和健康扶贫工作要求。建档立卡贫困人口住院医疗救助取消病种限制，救助比例提高至70%；实施特殊病种门诊救助，政策范围内个人自付费用1000元以上的，按50%予以救助，年度最高支付额度8000元；建档立卡贫困户住院救助比例提高至70%。

强化医保监管力度 增强监管力量。组建医保联合监管队伍、医保专家库、社会监督员队伍。加强内部风险防控。建立初审、复审、终审的多岗联审机制，建立“一公开双随

2019 年 8 月 14 日，2019 年度长沙市本级补充工伤保险签约仪式举行

市人力资源和社会保障局　供图

机”和“办、审、定”三分离制度。创新医保监管制度。制定欺诈骗保行为的认定标准和调查处理路径，出台举报奖励办法和投诉举报处理规程；制定“负面清单”制度、“红黑榜”制度。引入第三方力量参与监管。引入某会计师事务所，参与监管案件的深度查处；引入某数据科技有限公司，与长沙市公安局联合建立“反医疗欺诈大数据”实验室。2019 年，长沙市处理定点医疗机构 307 家次，其中解除协议 14 家、暂停协议 28 家；处理定点零售药店 314 家次，其中解除协议 164 家、暂停协议 24 家。追回并拒付各项违约费用 7986.59 万元。

优化营商环境　放宽定点医疗机构准入条件，建立专家现场评审机制。开展“审核攻坚战”，进一步优化审核流程。将 14 项医保经办职能，下放至各区县（市）。同时全面梳理医保政务服务事项，启动业务流程再造，实现“最多跑一次”办结率 95%。优化异地就医备案和结算流程，探索“互联网 + 医保”新模式，7 月率先全省实现医保卡线上支付。（曾晴岚）

【长沙市本级补充工伤保险协议】2019 年 8 月 14 日，2019 年度长沙市本级补充工伤保险签约仪式举行。市人力资源和社会保障局分管领导，市工伤保险服务中心负责人及相关科室人员，人保财险长沙分公司、中华联合保险长沙分公司、中国人寿保险长沙分公司 3 家联合共保体负责人 30 余人参加签约仪式。签约双方在创新方式、拓展领域、提升服务上达成新的共识与合作，该次签约开启长沙市多层次、深维度工伤保险合作模式。自开展补充工伤保险工作以来，累计支付 2953 个工伤案件，其中 2019 年度支付 1784 个工伤案件；工伤职工及其单位在原有工伤待遇基础上多受益 1802 万元，其中 2019 年度多受益 1012 万元。（向庆冬）

【长沙市电子社保卡】2019 年，长沙市作为全国电子社保卡第二批试点城市、湖南省首个电子社保卡试点城市，开通电子社保卡五大申领渠道（长沙人社 APP、智慧人社 APP、支付宝 APP、工银融 e 联 APP、长沙银行 e 钱庄 APP）。长沙市利用智慧人社服务，建立人社服务线上线下大厅、“12333”综合性服务热线、社保自助服务一体机、微信支付宝平台、社保卡等便民服务渠道，人社政务服务“最多跑一次”实现率 90%，人社业务网上办理 70% 以上，促进移动互联网与人社公共服务深度融合。2019 年，累计制作社保卡 713.87 万张，签发电子社保卡 160 万张，实现就诊、查询和结算等功能。（向庆冬）

【长沙市“千人帮千企·养老保险缴费费率过渡试点政策推进会”】2019 年 1 月 28 日在长沙召开，就贯彻落实养老保险缴费费率过渡试点政策进行安排部署。根据《长沙市养老保险缴费费率过渡试点实施细则》规定，只要是园区（基地）内的正常参保企业，都可以享受到养老保险缴费费率过渡试点政策。企业用工人数在 2000 人以下的，经审批同意第一年养老保险单位缴费费率按 14% 执行，此后每年度养老保险单位费率增加 1%，直到过渡至全省统一费率；企业用工人数在 2000 人以上（含 2000 人），经审批同意第一年养老保险单位缴费费率按 12% 执行，此后每年度养老保险单位费率增加 1%，直到过渡至全省统一费率。如吸纳“4050”大龄人员（女性满 40 岁以上，男性满 50 岁以上）就业占全体员工比重在 15% 以上的企业，实施过渡费率后，每年可申请只提高 0.5%，逐步过渡到全省统一费率。2019 年，全市园区（基地）企业养老保险单位缴费费率由 19% 下调至 12% 或 14%，有 3523 家企业纳入试点，基本实现应享尽享。（向庆冬）

【2019 年长沙市“12333”全国统一咨询日活动】2019 年 3 月 29 日，长沙市人力资源和社会保障局联手中国工商银行股份有限公司长沙分行、长沙银行，共同举办以“智慧人社 智慧服务”为主题的 2019 年长沙市“12333 全国统一咨询日”活动暨电子社保卡首发仪式。活动设置电子社保卡首发仪式、智慧人社服务体验、“12333”活动互动等环节，通过现场演示、现场签发、亲身体验、采访互动等方式，推行电子社保卡的发放，展示人社政务服务“一张网、一张表、一个厅、跑一次”的改革成效。（向庆冬）

2019年6月12日，“工伤保险走进扶贫车间”主题宣传活动在长沙开展

市人力资源和社会保障局 供图

【“工伤保险走进扶贫车间”主题宣传活动】 2019年6月12日在长沙开展，活动由市、区县（市）两级联动，同步开展，从6月12日开始，为期一周的时间，深入扶贫车间宣讲工伤保险政策，在全市集中宣传工伤保险。活动通过发放宣传资料，集中宣讲社会保险法、工伤保险条例及各项政策规定，并就群众关注重点，对工伤保险待遇、工伤康复、工伤预防，安全生产法、职业病防治法、建筑行业参保等相关政策进行宣讲。活动深入到长沙县、望城区、浏阳市等地扶贫车间，与当地人社部门联动，形成宣传合力，推动工伤保险参保工作。（向庆冬）

【长株潭城市群人社服务一体化社会保障卡专项工作】 2019年6月20日，长株潭三市人社信息部门负责人及相关人员到长沙市人力资源和社会保障局，参加长株潭城市群社会保障卡专项工作推进会。会上，三市人社信息部门详细讨论前期业务梳理、实地调研、归纳总结形成的长株潭三市社保卡通办细则，重点研究解决三市通办社保卡的申办材料、人员领卡激活、社保卡归属管理、生物特征信息采集、社保卡鉴权与基础信息调取等关键事项中的难点问题。下一步，三市人社相关部门继续协同落实会议精神，优化办卡流程。协调省社保卡管理中心，完善社保卡管理平台鉴权认证服务和基础信息调用接口，为三市人社业务系统，尤其为实现长株潭三市人力资源市场一体化、退休养老认证便捷化、工伤认定服务统一化、就业创业公共服务一体化、社保关系即时转移接续等业务办理提供准确的、无差异的持卡人基础信息和卡片状态信息，为持卡人身份统一鉴权、待遇正常入卡提供基础性保障。2019年，三市签订《长株潭城市群人社服务一体化工作方案》，建立长株潭城市群人社服务一体化发展联席会议制度，并实现异地就医即时结算、社会保障实体卡三市通办、省内企业养老保险关系及时转移。（向庆冬）

【四市共同签署《四省会城市养老保险金异地重复领取协查处置合作协议》】 2019年12月5日，长江中游城市群四省会城市人社工作一体化发展第七届会商会在合肥召开。会上，武汉、长沙、南昌、合肥四市共同签署《四省会城市养老保险金异地重复领取协查处置合作协议》，建立养老保险金异地重复领取协查处置工作联席会议制度。未来，每个城市安排一名联络员，负责对接联络以及协调社保经办机构处理具体事务，四市将不定期召开联席会议查处跨市冒领、异地重复领取。协查处置养老保险金异地重复领取是该次长江中游城市群4个省会城市“会面”的重要工作。4个省会城市达成共同协议，将建立参保人员信息数据比对机制，依托金保工程社会保险基金监管系统，以参保者个人身份证作为唯一的参保标识，通过定期数据更新和比对，避免重复参保行为发生。对于已经发生的重复参保行为，4个省会城市社会保险经办机构协调，通过参保缴费记录进行核实，高效便捷处理重复参保问题。（向庆冬）

社会救助

【概况】 2019年，长沙市有城乡低保4.8万户9.2万人（城市低保14213户21774人，农村低保34054户70598人，其中精准扶贫社会保障兜底脱贫对象13801户28885人），特困人员2.9万人，临时救助1.3万户，城市困难帮扶1.2万户。累计发放社会救助资金约7亿元，其中低保金约3.64亿元，特困供养基本生活保障金约2.7亿元，临时救助资金约2883万元、城市困难帮扶资金3679万元。出台《长沙市民政局关于印发〈2019年长沙市社会救助专项治理工作方案〉的通知》，开展专项治理，走访在册低保、特困、残疾人等658户，同时随机抽查走访60户非贫困户和困难边缘户。从2019年10月1日起，将低保标准由每人每月550元提升至每人每月650元；特困人员救助供养基本生活标准由每人每月715元提升至每人每月845元。对低保、特困等特殊困难群体发放7个月临时价格补贴，发放资金1786.59万元。出台《关于开

展城市特殊困难群体帮扶活动的实施方案》，对城市特殊困难群体，采取急难、医疗、住房、就业和基本生活帮扶的“五帮扶”专项措施，走访摸排118289户，其中，本市户籍94467户、非本市户籍23822户，帮扶12057户，发放3679.18万元。下发《关于进一步加强和改进临时救助工作的通知》，进一步规范对象界定、救助标准、救助程序等内容。为全自理散居特困人员购买住院期间的照料护理保险，为半自理、全护理散居特困人员配备照料护理人，建立特困人员“一人一档”分类管理档案。

【流浪救助】 2019年，长沙市出台《长沙市加强和改进生活无着的流浪乞讨人员救助管理工作的实施方案》，完善救助管理制度。开展救助和托养机构专项检查，规范救助站管理和救助程序。开展“救助站开放日”活动及“寒冬送温暖”“夏季送清凉”专项救助行动，全年救助流浪乞讨人员19417人次，救助支出1951.79万元。

【慈善救助】 2019年，长沙市出台《大力推进全市基层慈善组织建设的实施意见（试行）》，指导80个乡镇（街道）建立慈善分会、117个村（社区）成立慈善工作服务站。制定《长沙市慈善总会专项基金管理暂行办法》，专项基金和冠名基金总量158余支，基金总额逾2000万元。举办长沙市首届大型公益慈善嘉年华活动发出《关于汇聚慈善力量助力脱贫攻坚》的倡议，号召社会各界主动参与精准扶贫活动中来，认领30余个项目，募集资金3000万余元。“99公益日”，联合145家（个）社区、精准扶贫村、社会组织、养老服务机构等单位，发起152个筹款项目，获120万人次网友的爱心捐赠和腾讯公益基金会的配捐支持，募集善款1.16亿元；募捐总量是2018年的1.7倍、2016年首次参与时的25倍，在全国285家公募机构中排名第四位，首次实现筹款过亿元的历史性突破，创造互联网公益的“长沙模式”。

【“百万爱心暖万家”公益救助活动】 2019年1月25日在长沙启动。活动由市民政局提供福彩公益金240万元，通过政府采购公开招投标的方式采购粮油22127份，每份包括10千克优质大米、2.5升菜籽油和3千克面条，分批配送到全市389家社区雷锋超市后，通过雷锋超市发放给全市城乡2万余户低保和特困家庭（主要是病、残、年老体弱、丧失劳动能力等家庭）。

【长沙市心理援助热线开通】 2019年3月8日，长沙市卫生健康委副主任吴敏泉、疾控处处长杨学文一行到长沙市第九医院对长沙市心理援助热线考核验收，标志着长沙市心理援助热线开通。长沙市心理援助热线是依托长沙市第九医院精神卫生专业资源优势建设的公益热线。热线服务范围包括：面向公众提供心理健康教育和精神心理卫生相关知识，鼓励有心理问题的来电者寻求专业的治疗并提供精神心理卫生机构的转介服务，为抑郁、有自杀倾向和遭遇其他心理危机的来电者提供心理支持，降低高危来电者自杀风险等。热线聘请10名资深精神（心理）卫生专家担任督导，拥有一支由26名精神科医护人员组成的专业接线员队伍，全体接线员都接受系统培训并获得热线接线员资格认证，能在来话者处于心理危机状况下或感到极度困难时给予心理支持与帮助。热线拥有完备的录音、数据存储和业务管理系统，周一至周五8:00至20:00运行，同时开通4条咨询线路，后期将根据服务需求量增加热线运行时间及线路数量。自2018年12月试运行以来，为近百名来电者提供精神心理卫生相关知识与心理支持，帮助10余名来电者转介至专业的精神心理卫生机构。

【长沙市首届大型“公益慈善嘉年华”活动】 2019年11月9日在橘子洲景区举行，活动由市文明办、市民政局、团市委、市妇联指导，长沙慈善会、岳麓区民政局、岳麓山风景名胜区橘子洲景区管理处主办。该届嘉年华采用“慈善+体验互动”的创新方式，分为“游·橘洲”“善·长沙”“颂·湘江”“说·公益”四大公益板块，通过公益宣讲、公益集市、公益展示、公益徒步等形式，引导社会公众参与公益慈善事业，推动形成全民参与、共享共赢的公益慈善新局面，打造具有全国影响力的地标性公益品牌。20余家公益机构、100余名志愿者、3000余名爱心市民在橘子洲百米喷泉广场，打卡赢奖品、徒步健身体、游戏交朋友、义卖筹善款，以“慈善+体验互动”的方式参与。

（本栏撰稿　李文祥）

社会福利

【概况】 2019年，长沙市拨付孤儿保障资金1192万元，其中市本级孤儿保障资金565万元、省级资金241万元、中央资金386万元，保障679名孤弃儿童的基本生活。5月30日，长沙市儿童福利院开工建设，项目规划床位1000张，计划总体投资3.38亿元。10月起长沙市开展第二轮孤儿提标，从原有的集中供养孤儿每人每月1650元提升至每人每月1950元，散居孤儿从每人每月1100元提升至每人每月1300元。12月27日，联合市中级人民法院等12部门出台《关于进一步提升农村留守儿童和困境儿童保障水平的通知》，推进村级儿童之家、基层儿童福利关爱保障体系建设，做好事实无人抚养儿童保障工作，将事实无人抚养儿童群体纳入儿童福利保障范围。开展覆盖全市50名儿童福利工作人员、170名乡镇（街道）儿童督导员、1568名村（社区）儿童主任的轮训。

2019年，按照困难残疾人生活补贴每人每月120元和重度残疾人护理补贴每人每月80元的标准，发放残疾人两项补贴1.31亿元，惠及残疾人

10.5万余人。印发《长沙市2019年残疾人两项补贴重点民生实事项目实施方案》，确保资金按月及时规范精准发放。全市社区精神康复试点16家，运行13家，其中2019年新建设2家。到社区药物救助点、各精神康复机构、街道卫生服务中心等40余个场所，为8000余名精神障碍患者家属进行精残政策政策宣讲。开展家属照护知识培训20场次、2700余人，并完成省民政厅2019第一期精神障碍社区康复服务培训班。

【福彩公益】　2019年，长沙市销售福利彩票23.09亿元，较2018年下降16.67%，低于全省17.7%的降幅水平。举办长沙福彩2019年“百万爱心暖万家”公益救助活动，安排240万元福彩公益金采购粮油，救助城乡特困对象2万人次。组织全市视频票销售厅开展“公益视频票·端午献真情”活动，投入21.68万元走访慰问社区贫困家庭、敬老院老人2000余人。

【芙蓉区举行区社会福利中心项目运营签约仪式】　2019年2月25日，长沙市芙蓉区人民政府与上海人寿堂养老服务（集团）有限公司（以下简称“人寿堂养老集团”）举办区社会福利中心委托运营项目签约仪式。芙蓉区委副书记、区长周春晖等出席签约仪式。长沙市芙蓉区社会福利中心项目以公建民营的运营模式，与人寿堂养老集团开展合作。该中心东临合平路，南邻滨河路，兼备养老服务机构与社区护理医院的功能，项目占地3.33公顷，总建筑面积6.2万平方米。项目整体总投资3亿元（含主体建筑工程，装修、设备购置及安装工程等），其中由中标单位负责部分的总投资1.6亿余元，计划为社会提供养老床位1000余张，是长沙市最大的医养结合养老民生项目。

【长沙市首个儿童福利院开工建设】2019年5月30日，长沙市首个儿童福利院开工建设。省委常委、市委书记胡衡华，湖南省民政厅副厅长张自银，副市长李蔚等出席见证。长沙市财政局、市发展改革委、市住建局等有关单位负责人受邀观摩仪式。长沙市第一社会福利院百余名工作人员携20余名孤弃儿童代表到建设现场。长沙市儿童福利院是长沙市“十三五”重点民生建设项目。该项目选址雨花区石马村，规划用地面积6.53公顷，建筑面积约4.12万平方米，设计床位1000张，预计项目投资3.38亿元，2020年6月完成主体工程建设，2020年12月建成投入使用。建成投入使用后，原本同时承担着儿童福利院和社会养老机构职责的长沙市第一社会福利院，将孤弃儿童收养职能转至长沙市儿童福利院。服务对象由原来的孤弃儿童，扩展至特需儿童、困境儿童、留守儿童等群体。

（本栏撰稿　李文祥）

住房保障

【公租房和人才公寓建设】2019年，长沙市公租房的建设计划指标，由原来的2000套通过追加项目等方式增加到9031套，争取中央和省级资金6.08亿元。公租房建设任务超额完成，全年公共租赁住房计划2000套，实际完成9031套，完成率451.55%。人才公寓项目推进。全年人才公寓新开工1660套，完成率166%。长沙市人才公寓在2018年开工10492套的基础上再开工3个项目1660套，为支持园区产业发展、提供产业配套、园区招商引资提供支撑。（夏梅元）

【公租房运营管理】　2019年，长沙市授权各区通过购买服务方式进行运营管理，解决各单位管理力量薄弱的问题。建立健全公租房维修管理制度，加强公租房违规整治力度，对全市所有公租房小区采取定期巡查检查。确保保障房小区的安全管理，全市保障房小区未出现安全问题。截至2019年年底，全市达到入住条件的公租房88318套，已分配入住83019套，入住率94%。市本级已交付使用政府产权类公共租赁住房小区20个、13956套，已分配入住13721套，入住率98.3%；全年应收租金1203.12万元，实收907.32万元，租金收缴率75.41%。（夏梅元）

【住房租赁试点】　2019年，长沙市申报成为财政部、住建部组织的中央财政支持住房租赁市场发展试点城市，中央将每年给予长沙8亿元，3年共24亿元的奖补资金。成立长沙市培育和发展住房租赁市场领导小组机构，领导小组办公室设在长沙市住房和城乡建设局，建立每月调度、季度讲评、不定期督查等工作推进机制。各区县（市）、园区由分管领导牵头，相关部门和企业负责人组成协调工作小组负责落实试点任务。制定出台配套政策，印发《长沙市中央财政支持住房租赁市场发展试点实施方案》，明确试点目标，将试点任务分解到各区县（市）人民政府、园区管委会和市直各相关单位，明确责任单位、完成时限。出台《长沙市人民政府办公厅关于印发长沙市租赁住房房源筹集暂行办法的通知》，明确租赁住房房源筹集途径、支持政策，该暂行办法出台得到住建部、财政部和省住建厅、省财政厅高度评价。领导小组办公室印发《中央财政支持住房租赁市场发展试点长沙市租赁住房奖补项目申报与评审实施细则》，明确奖补项目的组织主体、申报程序。2019—2021年，长沙市计划筹集租赁住房7.75万套，任务已经分解下达到各区县（市）政府、园区管委会，并纳入年度绩效考评。与建设银行湖南省分行签订住房租赁及数字房产平台战略合作协议，推进住房租赁系统平台建设，通过构建“住房+互联网+金融”的全方位服务体系，为市民提供住房“一站式”综合服务，共建“数字房产”大数据平台，实现政务服务和金融服务的无缝对接，促进住房租赁市场的健康发展。（夏梅元）

【住房公积金管理】 2019年，长沙市新增住房公积金开户单位4405家，新增开户职工24.99万人，完成归集147.49亿元，比2018年分别增长11.13%、2.65%、20.34%；发放个人住房贷款19969户，个贷金额87.69亿元；提取住房公积金81.25亿元，比2018年增长15.61%，占当年归集额的55.09%；完成业务收入14.15亿元，实现增值收益6.98亿元，比2018年分别增长18.23%、20.51%。

归集扩面 规范缴存基数。规范市本级行政事业单位工作人员（含聘用制人员）缴存，将绩效考核奖、文明城市奖和综合治理奖3项奖金收入纳入其住房公积金缴存基数，保障职工合法权益；将新市民等灵活就业人员最高月缴存额调整至1200元，最低不得低于长沙市住房公积金年审文件公布的月最低缴存额；重点梳理各渠道反馈的单位应缴不缴公积金的有关投诉，全年处理欠缴、未缴公积金有关投诉400余起，通过行政执法手段促使其规范开户缴存，新增开户单位40家，开户人数近3332人，新增月缴存额逾96万元，补缴住房公积金逾130万元。加强政策宣传。在《中国建设报》、红网、《长沙晚报》等媒体发布相关报道20余篇，通过自有微信公众号推送《网络热点月报》12篇次，分中心、各管理部均通过进企业、进园区、进楼盘、建立企业QQ或微信群等形式宣讲公积金政策，扩大影响力。

优化营商环境 推出服务新举措。试点开通住房公积金托收业务，方便企业开户缴存住房公积金；为企业开辟绿色通道、集中上门办理，延伸住房公积金服务触角。调整最低缴存比例。为进一步减轻企业负担，倡导缴存单位根据实际经营情况自主选择住房公积金缴存比例，经市管委会审议通过并报省政府同意，将长沙市住房公积金最低缴存比例由8%调整至5%。规范企业降比缓缴。全年核实审批7家企业缓缴住房公积金申请，为企业节约成本支出437.78万元。

风险防控 加强内部稽核。组织大额提取交叉专项稽核，对单笔提取逾15万元的业务进行交叉复核检查；新增网上提取业务专项稽核，对网厅、微信公众号等渠道办理的提取业务开展内部稽核，防范出现新的业务风险点。开展业务标准化检查。围绕各服务网点是否严格执行缴存、提取、贷款政策，业务办理标准是否一致，业务全城通办是否全部实现等问题，组成检查小组深入分中心、管理部实地检查，听取意见建议，督促实现全中心业务办理标准化、规范化。做好信息公开工作。在《长沙晚报》、中心官方网站、微信公众号公开《长沙市住房公积金2018年年度报告》，并对住房公积金年度报告进行专题解读，接受媒体、缴存职工监督，推动制度透明运行；主动在官网、服务大厅公开政务服务事项，公示办事流程、办理要件、办结时限。出台政策打击骗提骗贷。发布《长沙住房公积金骗提骗贷违规行为处理办法》，对骗提骗贷行为的认定、调查处理和资金追回进行详细规定。助力扫黑除恶。配合省市关于扫黑除恶专项斗争有关工作，将发现的涉嫌骗提的业务线索提交市公安局并配合调查。6月，市公安机关捣毁黑中介，抓获犯罪嫌疑人6名，收缴虚假公章、虚假不动产权证、虚假购房合同、虚假发票、虚假婚姻证明等若干，刑事拘留2人。

构建全方位线上服务体系 综合服务平台使用率提高。全年“12329”热线总呼叫量近61万人次，人工接入量30万人次，投诉率0.12%，满意率99.73%；微信公众号累计关注人数62.83万人，占正常缴存职工的一半；网上业务大厅个人版注册人数21.1万人；网上业务大厅单位版CA签约注册13802家。全年，中心回复各类信件留言1876条，微信公众号智能机器人客服接待职工咨询43620人次，中心营销QQ回复缴存单位和网厅个人用户咨询24904条，中心官网发布各类新闻及消息297篇。推进业务线上办理。偿还长沙住房公积金管理中心贷款提取、离职提取、退休提取、低保提取、出境定居提取、租房提取等提取业务可通过网上业务大厅、微信公众号等在线办结；单位汇缴、补缴业务、单位职工开户业务、封存业务、调基业务、调比业务、职工基本信息维护业务可通过网上业务大厅单位版在线办结。全年通过网上业务大厅、微信公众号受理在线提取61308笔，审批通过54126笔，审批总金额5.79亿元。协调、跟踪处理全国住房公积金异地转移接续平台转移业务12196笔（转出业务2661笔、办结2032笔；转入业务9535笔，办结8277笔）；处理市政府“互联网+政务服务”平台住房公积金相关业务3117笔。

（杨　婷）

退役军人事务

【机构改革】 长沙市退役军人事务局是该轮机构改革新组建部门，2019年1月20日挂牌成立，为正处级市政府工作部门。职能职责主要为：市民政局的双拥、优抚和烈士褒扬、退役士兵安置、军休管理服务及市人社局的军转干部安置、企业军转干部解困、自主择业军转干部服务管理等。内设机构8个：办公室（政策法规处、思想政治权益维护处）、规划财务处、军队转业干部移交安置处、退役士兵移交安置处、就业创业处、军休服务管理处、双拥工作处、优抚和褒扬纪念处，另设机关党委（人事处）。核定编制33名（含工勤编1名），实有人员30人（含工勤人员1人）；核定局长1名，副局长3名；核定正科级领导职数9名，副科级领导职数9名；核定编外合同制人员3名。从市民政局、市人力资源和社会保障局划转14家二级事业单位，核定事业编制320名，编外合同制人员41名。

（李　竟）

【退役军人服务保障体系建设】 2019年，按照有机构、有编制、有人员、有经费、有保障的要求，市、县、乡、

村四级退役军人服务“两中心两站”覆盖面100%。长沙市退役军人服务中心为副县级公益一类事业单位，内设综合管理部、信访接待部、职业培训部、待遇保障部、信息档案部5个部门，核定全额拨款事业编制21名。长沙高新区、各区县（市）及下属乡镇(街道)、村（社区）成立服务中心（站）1738个，落实人员476人、经费2115.4万元、场地31256平方米，各级服务保障机构分层级履行职责、在探索中运行,初步构建起“横向到边、纵向到底、覆盖全员、专业规范”的退役军人服务保障体系。（李　竟）

【接收安置】　2019年，长沙市接收各类退役军人。其中：计划安置军转干部人数占全省总数27.3%，100%安置在党政机关和全额拨款事业单位；由政府安排工作退役士兵人数占全省16.7%，100%安置在事业单位和国有企业；军休干部人数占全省64%；做好随军随调家属安置；自主择业军转干部人数占全省自主择业总数的49.8%；自主就业退役士兵若干名；办理军队干部转改文职人员落户若干名。（李　竟）

【双拥工作】　2019年,长沙市围绕服务军地建设改革,做好拥军优属、拥政爱民工作。1月31日,组织召开军政座谈会。开展驻长沙部队春节、“八一”期间的慰问工作,发放慰问金(物资),省委常委、市委书记胡衡华带队走访长沙舰,深化城舰共建。在全省率先出台《长沙市现役军人和残疾军人有关优待暂行办法》,明确现役军人和残疾军人在乘坐公共交通工具及参观游览公园、博物馆、名胜古迹等方面的优待政策,对被中央军委授予荣誉称号、立功受奖的长沙籍及驻长沙部队现役军人给予奖励。发放驻长沙部队立功官兵奖励及随军家属未就业生活补助,对驻长沙部队官兵发放奖励物资,对驻长沙部队随军家属发放未就业生活补助。开展“走边关、暖军心”活动,到海口、三沙等边防海岛,看望慰问长沙籍官兵,发放慰问金。（李　竟）

【就业创业服务】　2019年，长沙市首次开展“送政策、送服务、送岗位”进军营活动，设市级主会场和6个区县分会场，设立招聘对接、政策咨询、优待服务、就创业讲座4个专区，30余家企业及培训机构参会，提供医药医疗、汽车检测与维修、商贸物流、机械加工、物业管理、销售管理等2100余个就业岗位，并邀请优秀就业创业导师为退役军人分析就业创业现状及趋势。举办2次退役军人暨随军随调家属专场招聘会，邀请273家用人企业参加，提供就业岗位，吸引退役军人及家属参加招聘会，在现场达成就业意向。组织开展军转干部适应性培训，部分计划分配营职以下及专业技术（含团职）军转干部参加市级培训，部分自主择业军转干部参加省级培训。鼓励退役军人参加职业技能培训和高职扩招，退役士兵按照自愿参加、自选专业、免试免费的原则参加。整合资源开展创业扶持，20家军创企业项目入选2019年度长沙市创新创业带动就业项目评选，获164万元创业扶持资金；用好创业小额担保贷款政策，退役军人享受小额担保贴息贷款；继续开展退役军人“双带双促”活动，安排1000万元财政资金扶持企业80余家。（李　竟）

【优抚优待】　2019年,长沙市以解优抚对象生活难、医疗难、住房难为核心,落实各项政策，完成伤残评定，拨付抚恤经费，拨付老党员生活补助，拨付义务兵优待金。开展退役军人及其他优抚对象走访慰问，在春节、“八一”、“9·30”烈士纪念日等重要时间节点发放慰问信、年画，走访慰问对象、烈士家属，发放慰问金。开展信息采集、悬挂光荣牌工作。开展优抚数据核查工作。依托优抚医院、光荣院开展重点优抚对象短期疗养。开展“关爱功臣、送医送药”医疗巡诊活动两次,免费发放药品,惠及优抚对象。（李　竟）

【帮扶解困】　2019年,长沙市完成企业军转干部解困工作,走访慰问企业军转干部,发放慰问费;完成企业军转干部医疗救助及死亡一次性救助审核发放，受理申报资料，拨付救助金额；完成在职企业军转干部数据管理、待遇核发等工作。落实退役士兵权益待遇，下拨自主就业退役士兵一次性经济补助、转业士官待安置期间生活补助费、伤病残退役士兵建房补助。开展下岗（失业）退役士兵再就业解困帮扶。落实部分退役士兵社保补缴政策,相关数据指标居全省前列。（李　竟）

【军休军供】　2019年,长沙市落实军休干部“两个待遇”,及时分配并下拨各类军休经费约7.49亿元。发放“庆祝中华人民共和国成立70周年”纪念章111枚。推进基础设施建设,完成南湖军休所加装电梯、雅塘冲军休所服务用房的装修改造、市军供站附属楼提质改造等项目。加强军休文化建设,组织军休干部参加“庆祝中华人民共和国成立70周年”全国军休干部文艺会演,《永远的老兵》节目获全国南部片区军休干部文艺会演优秀节目奖、市直工委文艺节目比赛金奖。长沙军供站负责长沙南站的新兵转运工作,接待过往部队,做到无错供、无晚供、无漏供,完成军供保障任务。（李　竟）

【优秀退役军人典型】　2019年，长沙市选树一批优秀退役军人典型，发挥榜样力量，营造全社会尊崇退役军人的良好氛围。李剑川、徐佐林被评为全国模范退役军人，李剑川被评为全国“最美退役军人”。甘厚美、曾俊杰、梅国栋、陈荣、于勇、汤国华、王润虎、张蔚全、王健、郑卫、魏美林11人被评为全省模范退役军人；其中，甘厚美事迹获省委书记杜家毫批示，被评为湖南省优秀共产党员等。长沙市委宣传部、长沙市退役军人事务局、长沙警备区政治工作处主办长沙市2019年度“最美退役军人”评选宣传活动，梅国栋、朱豫刚等10人获评，省委常委、市委书记胡衡华会见，20余家省、市主流媒体报道。

（李　竟）

【首届“最美退役军人”发布仪式】 2019年12月13日，长沙发布2019年度“最美退役军人”。发布仪式前，省委常委、市委书记胡衡华率市委、市政府和长沙警备区领导在警备区前坪会见10位“最美退役军人”。长沙警备区政治工作处联合长沙市委宣传部、市退役军人事务局在马栏山文创园举行2019年度“最美退役军人”发布仪式。省退役军人事务厅副厅长邓燕飞、湖南广播电视台副台长冯锦、副市长唐向阳及省军区、警备区等军地领导出席，驻长沙部队官兵代表、军休老干部代表、退役军人代表、退役军人工作单位干部职工300余人参加。该次发布仪式是长沙市举行的首届“最美退役军人”发布仪式，共表彰“最美退役军人”10名：甘厚美、徐佐林、李剑川、朱豫刚、于勇、梅国栋、郭立彬、魏美林、周慧（女）、曾俊杰。

（张运年）

社区建设

【概况】 2019年，长沙市健全城乡社区治理体系，加快推进基层社会治理现代化。为基层减负，严格实行社区工作准入制度，推动14个部门整改23个事项。在岳麓区金茂社区、芙蓉区西湖社区开展国际社区建设工作，完成基础服务设施的双语化改造，完善社区服务体系，提升社区服务能力。推动村务公开栏“亮栏”行动，全市884个农村村务公开形式更加规范，内容更加完善，程序更加严格，村务公开民主管理水平提升。指导天心区、岳麓区、芙蓉区分别创建全国、全省社区治理和服务创新实验区。全市24个社区被评为“全省城市和谐社区”、12个农村被评为“全省农村幸福社区”。打造80个市级和谐社区建设示范社区、50个农村幸福社区建设示范村。开展全市优秀村规民约（居民公约）、优秀社区工作法、最具人气社区公共服务中心征集遴选活动，全市评选出60个优秀案例。推动“三社联动”社区服务供需对接机制，提升多元主体参与服务能力，全年打造47个社区服务类示范案例。在社区推行错时服务，社区服务阵地全年开放，提升社区综合服务设施利用效率，方便居民群众办事、享受社区服务。加快农村社区建设试点，全年打造135个农村社区试点村，农村社区建设覆盖率85%。指导全市村、社区普遍制订修订价值引领、合法合规、群众认可、管用有效的村规民约、居民公约，推荐10个优秀案例被评为全省优秀村规民约100强，并有1个优秀案例被评为全省十佳。召开长沙市第四届“三社联动”社区服务供需对接会，全市634个社区、210家社会组织参与对接，整合发布5000万元项目资源。

【社工工作】 2019年，长沙市有社会工作机构131家，全市持证社工6300人，建有158个乡街社工站，有16个社工站被评为湖南省社会工作创新项目。全年培训3933人，1224人通过考试。邀请社工领域知名学者、专家对社工人才开展继续教育培训10场，培训1200余人次。投入140万元政府购买为老、困境人群、留守儿童等5个社会工作服务项目，投入290万元对38个“三社联动”社工类项目进行资金扶持和专业指导。出台《全国志愿服务信息系统推广使用工作方案》，发动区县（市）、社区、社工机构开展志愿者、志愿服务组织注册和服务时长记录工作，系统中注册志愿者8万人。

【第四届“三社联动”社区服务供需对接会】 2019年4月3日在长沙召开。湖南省民政厅副厅长陈慈英、长沙市人民政府副秘书长戴建文等出席对接会。该届“三社联动”社区服务供需对接会由长沙市民政局主办，主题是“搭建新型项目推动平台，强化三社联动服务实效”，旨在进一步推动“三社联动”供需高效对接，打通“三社联动”过程中的供需匹配障碍，强化服务实效。634个社区、210家社会组织参加对接会，现场发布5000万元左右项目资源，845个项目达成签约意向。

（本栏撰稿　李文祥）

社会组织管理

【概况】 2019年，长沙市登记社会组织5540家，其中社会团体1507家、民办非企业单位4005家、基金会28家。市本级登记社会组织1136家，其中社会团体551家、民办非企业单位566家、基金会19家，建设社会组织孵化基地13个。完成社会组织年检，实际参加年度检查896家，参检率93.4%，年检结论中，有762家合格，合格率79.5%；117家基本合格，占比12.2%，并抽查56家市本级社会组织。开展“扫黑除恶”专项工作及打击整治非法社会组织和社会组织非法行为。核实办理由深圳市民政局转交的3起个人涉嫌违法开展公开募捐线索；排除2家社会组织涉黑涉恶的嫌疑，依法取缔涉黑涉恶非法组织“宁乡市桩机协会”并交由检察院立案进行侦查。印发《关于紧贴实际抓好市民政局直管社会组织党组织“不忘初心、牢记使命”主题教育的通知》，成立3个指导小组对市民政局83家直管社会组织党组织主题教育工作进行全面联系指导，组建联合党支部39家。全市有139个社会组织投身到脱贫攻坚工作中，制订扶贫工作计划175个，累计开展扶贫项目162个，参与人员6147人，投入资金3611.47万元，受益人数6万余人。

【全市社区社会组织“三基”建设观摩交流暨工作座谈会】 2019年10月12日在天心区召开。市委常委、组织部部长张宏益，市委组织部副部长、市委“两新”工委书记杨俊等出席会议，各区县（市）委“两新”工委书记、民政局局长及部分街道党工委书记参加会议。与会人员现场观摩青园街道“幸福青园”社会组织和社会组织党组织培育基地、湖南李丽心灵教育中心党支部、新开铺街道“红船连心桥”社会组织培育基地。在座谈交流会上，天心区“两新”工委、岳麓区桔子洲街道党工委、开福区清水塘街道党工委作经验交流发言，肖剑锋就《长沙市社区社会组织“党建基地、培育基地、服务基地”工作提示》进行政策解读。会上，陈昌佳作表态发言，张宏益作讲话。

【社会组织精准扶贫活动】 2019年10月30日，由中共长沙市社会组织综合党委、市社会组织管理局、市社会组织促进会主办，市民政局机关第二支部全体党员、部分社会组织、社会组织党组织参与的“不忘初心、牢记使命”社会组织精准扶贫活动在浏阳市大围山镇浏河源村举行。浏河源村位于浏阳市大围山镇东部，因地处浏阳河源头而得名，占地面积72.2平方千米，是浏阳市面积第一大村，该村辖44个村民小组，764户2658人。浏河源村有建档立卡贫困户98户，贫困人口281人。建档立卡贫困户中因病致贫59户，因学致贫25户，因缺劳动力致贫13户，因灾致贫1户。为实现浏河源村脱贫摘帽后的持续致富，浏河源村的扶贫联点单位长沙市民政局2019年初成立“长沙市慈善基金会浏河源民政脱贫攻坚公益基金”，基金主要用于浏河源村的扶贫帮困、助医助学、助残助孤、产业发展、奖励扶持等公益慈善事业。自基金成立以来，已资助浏河源村留守儿童和困难学生10余名、特困家庭2户，奖励贫困大学生8名。据不完全统计，精准扶贫活动当日，向浏河源民政脱贫攻坚公益基金捐赠现金47.54万元，捐赠书籍、眼镜等物品7万余元，现场慰问20户建档立卡的贫困户代表。相关社会组织与浏河源村开展农副产品销售、结对帮扶助学等项目对接，为有需求的困难群众验光配镜。

（本栏撰稿　李文祥）

民族宗教事务

【长沙市民族宗教事务局机构改革】 2019年3月31日，根据《中共湖南省委办公厅湖南省人民政府办公厅关于印发〈长沙市机构改革方案〉的通知》，经长沙市委机构编制委员会研究并报市委批准，调整市民族宗教事务局（以下简称“市民宗局”）体制机制和机构编制。部门领导体制机制调整。调整前是市政府工作部门，调整后市民宗局仍作为市政府工作部门，由市委统战部统一领导和管理。人员编制调整。核减副局长领导职数1名，核增副处长（副主任、乡科级副职）领导职数2名。调整后，市民宗局机关领导职数为：局长1名，副局长2名；处长（主任、乡科级正职）领导职数5名（含机关党支部专职副书记1名），副处长（副主任、乡科级副职）领导职数4名。

【少数民族群众服务】 2019年，长沙市民宗局规范清真肉食补贴发放方式，做好内六区相关人员的信息采集工作。按照市场经济运行规则，取消相关企业清真冷藏补贴。落实有关政策，为644名高考学生办理高校招生优惠加分资格审核手续，完成34名公民申请变更民族成分的审批手续，达到省民宗委提出的“零差错，零投诉”要求。开展全市清真企业摸底统计工作，指导市民族联谊会进行换届，完成少数民族界别政协委员提案的办理工作。强化少数民族流动人口服务管理工作，出台《长沙市少数民族流动人口服务管理方案》，在继续深化与新疆驻湖南工作组合作的同时，与甘肃临夏及青海化隆、循化县签订合作协议书，拓展共建共管平台。联合市城管局、市市场监督管理局举办到长沙少数民族务工经商“诚信经营示范店”“诚信经营先进个人”评选表彰活动，分别表彰15个示范店和先进个人。帮助新疆籍在长沙经营干货生意的商户追回货款400万余元，维护少数民族群众的合法权益。设立长沙市少数民族群众法律咨询服务站，为少数民族群众免费提供专业的法律咨询意见，普及法律法规，维护民族团结和社会和谐，进一步巩固长沙市作为全国少数民族流动人口示范城市成果。

【民族团结进步创建工作】 2019年9月27日，在全国民族团结进步表彰大会上，长沙市民宗局、雨花区牛角塘社区、浏阳市公安局被国务院评为“全国民族团结进步模范集体”，长沙市公安局刑侦支队沈靖翔被评为“全国民族团结进步模范个人”。创新推进民族团结进步创建活动，拓展创建层次、创建范围，雨花区牛角塘社区和高桥大市场验收挂牌为全国民族团结进步创建活动示范单位和全省民族团结进步创建活动示范企业，望城一中完成全省民族团结进步教育基地申报工作，中南大学56度中南工作室、芙蓉区韭菜园街道军区社区、开福区湘雅路街道新湘路社区、雨花区井湾子街道井湘社区和望城区高塘岭街道中南社区5个社区创建为市级民族团结进步创建活动示范社区。全省民族团结进步创建工作互观互检暨现场推进会在长沙召开，长沙市介绍工作经验，实地观摩的示范点获与会人员的好评。市民宗局加强少数民族干部培养工作，协同市委统战部举办第12期少数民族干部培训班。在国庆70周年等重要纪念日以及民族传统节日等，组织开展民族团结宣传教育和交流活动，增进各民族同胞对伟大祖国的认同。

【宗教基础信息工作】 2019年，长沙市民宗局结合机构改革，调整和完善市民族宗教工作领导小组，明确各成员单位的具体职责，形成工作规则，从制度上进一步完善工作联动机制。建立健全互联网宗教事务管理协调机制、舆情监测机制，成立网络舆情应急工作组，市委网信办加强涉宗教类舆情监测处置。建立驻长沙高校及属地党委、政府在资源上共建共享、在摸排预警上联防联控、在打非抵渗上互联互动机制。联合市教育局制定下发《关于抵御和防范宗教向校园渗透的工作方案》，对涉境外的学校间交流活动严格把关。协助市委统战部举办第二期宗教界人士培训班，加强对宗教界代表人士意识形态安全教育，发挥其在意识形态领域的特殊作用；加强网络宗教事务管理；强化对区县（市）意识形态工作指导监管，正确应对宗教网络舆情，及时处置涉及宗教领域负面舆情事件。加大“三级宗教工作网络和两级责任制”构建力度，各级履行宗教工作主体责任意识明显增强，工作队伍日臻完善，基层宗教工作无人抓、无人管的问题得到根本解决。

【民族宗教工作法治化建设】 2019年，长沙市民宗局指导宗教界开展“五进五好”主题活动，组织宗教界讲爱国故事活动，表彰一批“五进五好”先进场所和先进个人，逢重大节日、重大活动各宗教活动场所举行升国旗仪式成为常态，在场所显眼位置张贴宣传画展示社会主义核心价值观、中共十九大及十九届四中全会精神、习近平总书记关于宗教工作的论述、《宗教事务条例》等内容的宣传画刊成为场所标配。支持宗教团体全面履行《宗教事务条例》赋予的职能职责，发挥桥梁和内部管理作用，指导市道协完成换届工作。强化教风建设，指导市佛教协会、市道教协会、市基督教“两会”分别召开教风建设研讨会、财务管理经验现场交流会，针对各教别存在的教风问题提出具体的整改措施，帮助宗教界全面加强自身建设，规范内部管理。推进民间信仰与中国优秀传统文化深度融合，制定下发《关于征集传承发展提升民间信仰优秀传统文化典型案例的通知》，并到各个场所实地调研，形成特色亮点和典型示范，丰富民间信仰场所的中国文化内涵，推动乡村文明建设。

市民宗局制定下发《长沙市2019年度民族宗教普法依法治理工作实施方案》，明确开展民族宗教法规政策宣传月活动时间与主要内容，打造“谁执法谁普法”年度重点特色项目，推动社会主义核心价值观教育和法治宣传教育相融合。编印发放《民族宗教工作干部知识手册》3000本，开设公众号“长沙市民宗局普法宣教平台”，线上线下相结合，方便民宗工作干部学习教育和查阅资料。加强民族宗教政策法规培训，举办全市民族宗教工作干部培训班，区县（市）民宗干部、乡镇分管领导、统战专干以及高校统战专干等240余人参训；举办全市宗教团体和宗教活动场所负责人法规政策培训班，结合培训举行市宗教团体法规政策知识竞赛，市宗教团体副秘书长（副总干事）以上人员和宗教活动场所负责人230余人参加。全年全市开展民族宗教政策法规宣讲培训40余场，6000余人次参训，实现民族宗教工作干部，各街镇负责宗教工作的分管领导、统战委员，村（社区）党支部书记和联系宗教工作专干，以及宗教教职人员和有影响的民间信仰活动场所负责人全覆盖。加强“互联网+政务服务”工作，组织召开全市民族宗教政务服务事项“四级九统”标准化梳理工作会议，实现区县事项一致，市县两级统一的目标。按照市审批局安排，完成政务服务一体化平台填报工作，实现民族宗教政策法规及行政审批工作质的提升。

针对中央宗教工作督查组反馈的相关问题，结合乡村振兴及扫黑除恶专项工作有关要求，开展宗教工作整改“回头看”。先后下发《关于依法开展整治违法违规宗教建筑问题的通知》《关于进一步做好宗教活动场所过多过滥治理的工作方案》等文件，明确“关停并转拆”的治理措施，关闭2处，拆除18处，停建2处。开展基督教私设聚会点的治理。3月，提前启动对已完成治理的基督教私设聚会点的“回头看”，针对出现反弹或治理工作仍未完全到位的8处聚会点进一步整改，并以暗访的形式再次督查，整改落实到位。强化佛道教商业化和大型露天造像的治理。组织宗教界人士学习《关于进一步治理佛道教商业化问题的若干意见》，纠正个别景区在宗教场所收取门票的错误做法。望城区采取水泥浇灌的方式完成桥驿镇泽星山庄露天宗教造像的治理，宁乡市完成密印寺周边环境的相关整治，移除密印寺红线范围外的造像6座，千手观音配套群像的补办手续工作有序申报中。打击境外宗教渗透，全年妥善处置非法宗教活动及利用宗教渗透事件10起。治理伊斯兰教领域“沙化”“阿化”“清真”概念泛化问题，全市506家清真企业全部整改到位。强化安全责任，推进宗教活动场所危房修缮，按照宗教领域安全隐患“一单四制”要求，做好安全隐患治理工作。（本栏撰稿　周　宜）

应急管理

EMERGENCY
MANAGEMENT

编辑　刘盼盼

防灾减灾

【长沙市应急管理局挂牌成立】 2019年1月22日，长沙市应急管理局挂牌成立。市委常委、常务副市长舒行钢，市应急管理局党组副书记、局长胡春山，市应急管理局党组书记骆正平为长沙市应急管理局揭牌，市委组织部副部长王瑜珲宣布市应急管理局班子配备方案，市政府副秘书长涂文清主持挂牌仪式，市应急管理局班子成员，正、副调研员和局机关各处室、高新分局、监察支队负责人参加挂牌仪式。按照《长沙市机构改革方案》，长沙市应急管理局作为市政府的工作部门，整合原市安监局的职责、市政府办的应急管理职责、市公安局的消防管理职责、市民政局的救灾职责、原市国土资源局的地质灾害防治职责、市林业局的森林防火相关职责、市地震局的地震灾害应急救援职责、原市水务局的水旱灾害防治相关职责，以及防汛抗旱、减灾、抗震救灾、森林防火、安全生产等指挥部（委员会）的职责，加挂长沙市防汛抗旱指挥部办公室牌子。（黎　建）

【防汛抗旱】 2019年，湘江长沙段遭遇有观测记录以来洪水位排第八位的洪水袭击，湘江长沙站水位超警时间长达198小时，最大流量26300立方米/秒，超过历史最大流量。全市有效地做好防汛抗洪各项工作，实现未垮一库、未溃一垸、未决一堤、未死一人，完成市委、市政府防汛抗旱工作目标，取得防汛抗旱工作的全面胜利，得到国务委员、国家防总总指挥王勇的肯定。灾前预防准备充分。市委、市政府明确2019年防汛工作由水利部门牵头。市防指根据机构改革职能职责调整情况，及时修订预案，及时组织动员，层层压实责任，确保不因机构改革造成工作断档。开展3次市、县、乡三级拉网式隐患排查，投入3000万元对主要防汛物资进行补充，组织山洪灾害危险区和中小水库下游等区域的群众开展防灾避灾实战演练257次，参与人数2.2万人次，实现山洪灾害易发区演练全覆盖。综合减灾成效明显。迎战高位洪水期间，市防指调度海事部门对湘江长沙段全面禁航，调度橘子洲景区及时封园，安全转移兴马洲、洪家洲、磨盘洲等江心洲岛居民1042人；提前调度各类水工程，预留防洪库容2.56亿立方米；调度湘江枢纽闸门全开，降低河道起涨水位2.5米；调度浏阳河、捞刀河、沩水沿线闸坝，拦蓄洪水总量0.56亿立方米，显著减轻防洪压力；派出专家组77批386人次，处置麓山垸滨湖路涵闸险情、望城白沙垸渗水等主要险情12处。防旱抗旱科学有效。8月、9月降水显著偏少，市防指科学分析旱情形势，及时发布预警信息，组织对山塘水库、渠道和抗旱机埠、电力线路等设施设备进行全面检查检修，开展各灌区干支渠清淤疏浚、砍青除杂工作，强化对全市水库、重点水闸的科学调度，及时关闭沩水部分闸坝，并在八曲河、沙河等内河及时拦蓄水源，全市投入抗旱人员1.2万余人、抗旱资金2987.8万元，全市水利工程蓄水与历年持平，确保长沙市未出现旱灾。（刘铁伟）

【森林防火】 2019年，长沙市通过拓展宣传载体、强化巡查守卡、严格火源管控、倡导文明祭扫等方式，全市经受住晴、热、高温等高火险天气的严峻考验，未出现重大森林火灾事故。尤其是国庆特护期，全市启动二级响应，强化管控，确保高温干旱情况下的全市平安。（黎　建）

【地质灾害防治】 2019年，长沙市排查地灾隐患点814处，核销隐患点57处，累计申请下达各区县（市）市级地灾应急资金300万元，省级地灾资金67万元，有效指导全市40处地质灾害应急处置工作，全年无一例因地质灾害造成人员伤亡。（谭江涛）

【地震监测】 截至2019年12月31日，仪器记录长沙市行政区域内发生2次地震，最大震级2.5级；年度测震和前兆资料连续率99%以上；长沙台分析处理全球地震事件772次，邵阳台分析处理全球地震事件748次，桃源台分析处理全球地震事件115次（9月恢复运行）；完成地球物理场观测数据零异常报告和周报；完成地震监测和地球物理场观测相关报告；核实“3·21”岳麓区雨敞坪镇”“5·27”雨花区鄱阳丰园”“10·30”长沙经开区地震宏观异常，向居民做好宣传和释疑；加强地震预测研究，落实地震趋势月会商；新购气氡仪投入运行，新购不间断电源1套投入使用；配备2套仪器配件；完成仪器升级改造和软件学习培训；做好地震仪器运维，完成DSQ型水管倾斜仪、VP型宽频带倾斜仪、SSY伸缩仪传感器等60次运维，有效确保仪器连续运行率；完成测震和地球物理场观测仪器相关标定曲线绘制和报告；做好2019年度全国、全省测震和地球物理场观测资料评比；开展流动台野外观测4次。（魏　箐）

【宁乡发生2.5级地震】 2019年7月19日0时3分38秒，宁乡发生2.5级地震，长沙市地震局展开应急处置，第一时间联系当地政府了解人员伤亡和财产损失情况，发布震情，向市委、市政府报告震情信息，成立地震考察工作组前往宁乡大成桥镇开展考察。综合当地政府报告和现场考察结果，此次地震造成大成桥镇青泉、梅鸣、永盛、大成村有震感，其中大成村震感明显，地震没有对建筑物产生破坏，没有人员伤亡、财产损失，震区生产生活秩序正常，社会保持稳定。（牛兆伟）

【地震应急救援】 2019年，长沙市完成《长沙市地震应急预案（征求意见稿）》；通过政府购买服务的方式，继续与长沙蓝天救援队和大爱无疆开展科普宣传和应急演练的合作，支持

2019年4月18日，2019年防震减灾综合演练在麓山国际实验学校举行。图为学生们演练震后有序撤离 丁 岩 供图

和引导社会力量参与防震减灾活动，市地震局为长沙蓝天救援队第12期学员开展"防震减灾，你我同行"主题防震减灾知识培训，为第13期学员开展"携手蓝天，防震减灾"主题地震科普讲座；市地震局与大爱无疆公益文化促进会联合组织为期2天的"儿童安全守护者"讲师培训班，包含有地震逃生与自救等7个课程。（魏 箐）

【防震减灾示范点创建】 2019年，长沙市长郡双语实验中学等12所学校被授予"2019年度长沙市防震减灾科普教育示范学校"称号，保留长沙市第二十一中学等10所学校"2017年度长沙市防震减灾科普教育示范学校"称号；仰天湖中建小学、四方坪小学等2所小学被评为"2019年度湖南省防震减灾科普教育示范学校"；开福区新竹二小申报创建国家级防震减灾科普教育示范学校；周南秀峰中学参加省地震局组织的第二届防震减灾知识竞赛并获得优秀奖；岳麓区梅溪湖街道润龙社区、开福区新河街道三角洲社区、天心区暮云街道丽发社区3个社区获得"2019年度长沙市地震安全示范社区"称号；响应《长沙市乡村振兴战略规划（2018—2022）》，加强农村防灾减灾救灾能力建设。浏阳市张坊镇蒙华铁路杨林集中安置区和宁乡市大屯营靳江源集居点获得"2019年度长沙市农村民居地震安全工程示范点"称号。（魏 箐）

【防震减灾综合演练】 2019年4月18日，长沙市地震局、市应急管理局和市教育局在麓山国际实验学校（国家防震减灾科普教育示范学校）联合举行防震减灾综合演练。此次演练有麓山国际高中部三个年级44个班共2500余名师生参加，市地震局副局长杜福来、市教育局安全处胡光林等负责人到场指导，长沙市蓝天救援队参与演练，市地震局监测中心架设地震流动监测点实时监测，省安全职业技术学院组织教师观摩演练。演练共用时3分58秒，主要分紧急避险、快速疏散、操场集合、伤员处理、救援送医5个阶段。此次防震减灾综合演练，增强学校应急疏散组织指挥能力，促进学生初步掌握应急避险正确方法和紧急疏散程序，提高广大学生在突发公共事件下的应急反应能力。（丁 岩）

【防震减灾宣传】 2019年，长沙市地震局联合市教育局召开全市示范学校座谈会，相关代表单位做创建典型发言和交流，会议颁发2018年度国家级、2017年度省级、2018年度市级防震减灾科普示范学校奖牌。制订多平台联动全方位防震减灾宣传和应急演练实施方案，号召各示范学校、社区自主组织"5·12""7·28""10·13"防震减灾科普宣传，全市有78所学校和24个社区响应。在湖南大学等17所学校、黄郡港社区等6个社区举行防震减灾宣传和应急演练，联合市应急局、市教育局在国家防震减灾科普示范校麓山国际实验学校联合举办2019年防震减灾综合演练。联合蓝天救援队在长沙滨江文化园音乐厅举办"防震减灾，造福长沙"地震科普讲座，市地震局参加湖南省减灾委主办，省应急管理厅、省地震局和长沙市人民政府承办的"5·12"集中宣传活动启动仪式。联合湖南大学保卫处在东方红广场开展安全生产、防震减灾宣传日活动，市地震局、市教育局、青园中信小学在全省首届防震减灾科普大会上作防震减灾科普典型交流报告，开展"应急避险科普课堂进革命老区校园"活动。微信公众号累计关注15275人、在线12132人，发布震情服务72条、地震应对25672条、科普服务28268条，信息查询853096次，信息推送88380条。购买省防灾体验馆体验券300张赠送给国家级示范学校，组织学生进行防灾减灾体验等多种形式防震减灾科普宣传、应急演练和体验，成效显著。依托科普基地扩大对中小学生防震减灾知识普及。长沙市示范性综合实践基地地震专题教育馆接待学生1.1万余人次，芙蓉区素质教育基地地震体验中心接待5403人，长沙地震局科普基地专题讲解接待60余人。（魏 箐）

【湖南省2019年"5·12"全国防灾减灾日集中宣传活动在长沙市举行】 2019年5月12日为全国第11个防灾减灾日，主题"提高灾害防治能力，构筑生命安全防线"。当日，湖

南省2019年“5·12”全国防灾减灾日集中宣传活动在岳麓区润龙社区先锋广场举行。在活动现场，通过模拟家庭电器老化发生火灾，开展高层电梯住宅火灾疏散应急演练，通过模拟社区居民居家和学校春游发生的紧急突发事件，演出综合减灾示范社区情景剧和校园春游自救互救话剧，让参加活动人员和市民群众体验应急救援过程，感受防灾救灾的重要性。8支应急救援队伍组织开展的防灾减灾游戏、有奖知识问答、防灾减灾救灾装备展示体验，市应急、消防救援、气象、地震、卫健、交通、工信、林业、水利、住建、科技等市减灾委成员单位及相关社会组织的宣传咨询活动，吸引不少市民学习应急知识，体验应急救援，提高应急能力。（黎　建）

【突发环境事件应急预案编制与演练】 2019年，长沙市完成市一级突发环境事件应急预案备案48家企业。完成《长沙市饮用水水源地突发环境事件应急预案》《长沙市突发环境事件应急预案》的重新编制与发布工作。制定《长沙市生态环境局值班工作制度》，12月14日、15日实施重污染天气黄色、橙色预警及应急响应。开展长沙市2019年突发环境事件应急演练。2019年参与处理7起突发环境事件。未发生一般以上突发环境事件，未造成生态破坏、环境质量下降或引发群体性事件。（张　茜）

【全市防汛抗旱和森林防灭火工作会议】 2019年4月4日召开。省委常委、市委书记胡衡华出席会议并强调，要坚持以人民为中心的发展思想，时刻绷紧安全稳定这根弦，强化保安全保稳定的使命感和责任感，坚决抓好防汛抗旱和森林防灭火等各项工作，确保社会大局稳定和人民群众生命财产安全。市领导夏建平、舒行钢、刘长进、李蔚、廖建华出席会议。（刘铁伟）

安全生产

【概况】 2019年，长沙市安全生产形势总体稳定。1—12月，全市发生各类生产安全事故72起，死亡94人，受伤68人，经济损失6755.65万元。与上年同期相比，增加事故9起，上升14.5%；死亡人数增加27人，上升40.3%；增加受伤人数23人，上升37.8%。发生较大事故3起，死亡9人（含浏阳市镇头镇“2·9”较大道路交通事故，死亡3人，经调查该事故为非生产经营性道路交通事故），较大事故起数与2018年同期持平，死亡人数减少2人；重大生产安全事故1起，死亡13人，受伤13人。

【安全执法检查】 2019年1—11月，长沙市应急管理局机关执法检查生产经营单位207个，下发责令改正指令书130份、行政处罚20件、21.5万元，推进“强执法防事故”行动，责令6个单位停产停业整顿。按季度编印“安全生产执法排行榜”4期、“关停企业曝光台”12批1157家企业。对各单位执法情况进行分类统计、量化对比、分析经验、点评问题，传导工作压力。修订出台《长沙市安全生产监督管理办法》。推行行政执法公示制度、执法全过程记录制度、重大执法决定法制审核制度等系列执法制度。加强安全生产违法线索通报、案件移送与协查，对重大行政处罚案件每案进行合法性审查和集体讨论，及时公示安全生产行政处罚决定书。开展“打非治违”和“三大行动”（大排查、大体检、大整治）。共曝光典型隐患1037个，挂牌督办重大隐患38个。组织开展危险化学品生产储存企业和化工园区（集中区）的安全风险辨识与隐患排查工作；在441家规模以上工贸企业开展安全生产模块化管理试点创新工作，并按步骤实施有限空间作业、粉尘防爆专项整治。全市组织执法行动24638次、出动执法人员65648人次、检查生产经营单位3万余家次、责令停产整顿企业69家、取缔非法生产经营建设单位187家、提请关闭企业687家。

【科学规划高危产业布局】 2019年，长沙市全年非煤矿山关闭退出19家，实施2家煤矿关闭工作；牵头制定《长沙市烟花爆竹产业发展规划（2019—2025）》；湘隆基地、浏阳基地完成验收，651仓库二期14栋仓库均已完成主体工程建设。推进危化企业“退城入园”，城区的5家生产企业全部关闭；带储存设施经营的5家危化经营企业已搬迁4家。安全生产巡查考核。制定并实施《2019年长沙市安全生产巡查工作方案》，9月开始对长沙高新区、9个区县市、8个市直部门开展驻点巡查，共提交巡查报告18份，下达巡查整改通知18份，交办体制机制问题28条，重点抽查64家企业，交办安全隐患（问题）522处。

【安全宣教】 2019年，长沙市应急管理局创新安全生产月宣教，组织开展“自律的员工最美丽——企业班组安全早会”摄影作品评选活动、“2019湖南（长沙）应急装备博览会暨应急安全创新论坛”等5个系列宣教活动。规范教培考管理。加强对培训机构的监管执法，审核、指导考试机构468个报班计划和273场24566人次的考试。宣教实训基地建设。指导各区县（市）基本建成了26处集宣教、培训、体验于一体的基地（中心）。创新宣教模式。打造全市安全宣传“中央厨房”，结合各媒体的独特优势，构建宣教媒体战略合作框架。

【安全事故调查】 2019年，长沙市应急管理局牵头组织浏阳市镇头镇“2·9”较大道路交通事故等4起事故的调查处理。对长沙县路口镇“2·8”道路交通事故等2起影响较大的一般事故进行挂牌督办。共立案

6起，对4家责任单位、2名责任个人（含协助高新分局办案1家责任单位、1名责任个人）进行行政处罚，行政处罚122.01万元，9人受到政务、党纪处分，2人被移送司法机关。

【全市加油站双层罐改造安全生产警示教育会议】　2019年4月22日，长沙市应急管理局、长沙市商务局联合召开全市加油站双层罐改造安全生产警示教育会议。市安委办主任、市应急管理局局长胡春山，市商务局副局长黄立斌，相关区县（市）应急管理局、市商务局分管负责人，有关油罐安装（拆除）、清洗、回收企业负责人和涉改加油站负责人130余人参加会议，市应急局调研员梁明孝主持会议。会议在通报分析了2018年、2019年在长沙发生的2起油罐事故案例，对抓好当前加油站双层罐更新改造安全生产工作提出具体要求，要求涉改单位进一步提高思想认识，强化双层罐改造的风险管理、狠抓企业主体责任的落实，安全稳妥地推进全市加油站地下油罐更新改造工作。

【长沙市暨雨花区2019年安全宣传咨询日活动】　2019年6月16日，长沙市暨雨花区2019年安全宣传咨询日活动在雨花区黎托街道保利MALL举行。长沙市政府办公厅副秘书长卢兴映，长沙市安委办主任、市应急管理局局长胡春山等领导，长沙市、雨花区安委成员单位和市区两级社会应急救援队，雨花区各街镇及企业代表等300余人参加活动。活动分内外场同时进行。内场紧扣安全主题，以“平安你我共同守护”“安全就在我们身边”“应急救援枕戈待旦”三大板块串联，通过脱口秀、快板、歌舞等方式呈现。全场启动“安全宣教进社区·平安幸福千万家”系列宣教活动；通报表彰“自律的员工最美丽——企业班组安全早会”获奖摄影作品；同时，还对代表长沙参加“全国首届社会救援力量技能竞赛”获奖的社会救援组织进行表彰。活动外场设置安全生产咨询台25个，向市民发放安全知识宣传单和宣传品，解答市民关于安全的各类疑问；设置展板62块，向市民宣传各类安全知识，并以各类安全生产典型事故案例，警示市民注意身边的危险，提高安全意识和防范技能。展示体验区展示的各类高科技设备，让市民了解到科技对安全生产和应急救援的支撑作用。

（本栏撰稿　黎　建）

卫生应急

【概况】　2019年，长沙市卫生应急工作以卫生应急体系建设为“主体”，以突发公共卫生事件处置、突发事件紧急医学救援为“两翼”，推进卫生应急规范化、信息化、准军事化“三化”，主动适应公共安全新形势和新要求，提升卫生应急软、硬实力，全市卫生应急工作推进。推进卫生应急体系建设。制定《长沙市突发公共卫生事件卫生应急预案》。梳理全市卫生应急力量基本情况，建立完善卫生应急救援专家库、卫生应急救援队伍库、突发事件典型案例库、卫生应急物资储备库，加强卫生应急储备物资的清查、盘点，及时根据需要补充添置消毒、检测、防护设备等物资，对突发公共卫生事件卫生应急物资装备及储备情况定期巡检，实施动态管理。

【突发公共卫生事件处置】　2019年，长沙市加强对呼吸系统疾病、肠道传染病、自然疫源性疾病的监测，定期开展疫情分析及形势研判。全年全市报告突发公共卫生事件相关信息93起，其中未分级事件83起、一般级别事件10起。完成疫情动态分析12期，开展风险评估报告11期。高效开展突发公共卫生事件处置。9—11月，及时规范处置2起登革热当地暴发疫情。省、市、区三级疾控中心联合开展流行病学调查，制定专门疫情处置方案，科学划定疫区范围，实行核心区、警戒区分类管理，市区合力共同推动落实综合防控措施，疫情得到有效处置。

【卫生应急保障及紧急医学救援】　2019年，长沙市做好大型活动医疗保障及应急演练，参与医疗保障及应急演练任务58次，派出现场医务人员433人次，出动救护车155车次。做好首届中非经贸博览会卫生应急保障。做好2019长沙国际马拉松赛医疗保障工作，34台急救车辆现场医疗救助3000余人次，确保赛事全程零死亡。及时开展紧急医学救援工作，市120急救中心全年派车76630次，110联动11449次，122联动228次，119联动134次，参与突发公共事件应急医疗救援104次。在全省卫生应急工作会议上，市疾控中心、市120急救中心被评为“湖南省卫生应急突出贡献集体”，市疾控中心、市一医院3人被评为“湖南省卫生应急先锋”。

【卫生应急能力提升】　2019年，长沙市强化培训和演练。开展重点急性传染病监测、学校易发传染病防控、基层传染病防控等培训工作，针对院前常见病、多发病及突发事件紧急医学救援实行每月一次培训，提升院前急救医生现场诊疗水平及突发事件现场医疗救援的处置能力。开展各类卫生应急演练活动。11月7—8日，开展长沙市洪涝灾害卫生应急模拟演练，并对洪涝灾害卫生应急工作进行现场培训。推进公众急救知识技能普及试点工作。成立长沙市公众急救知识技能推广普及工作领导小组，市120急救中心和宁乡市人民医院作为全省首批公众急救知识技能普及试点单位，多形式、多层次、多频次开展培训和急救知识普及活动，针对不同受众开展急救培训和知识宣讲。通过组织开展暑期急救知识培训班、急救知识进学校、进社区、进机关等活动，全年开展急救知识普及培训30期，培训民众3000余人次。组织开展“5·12”防灾减灾集中宣传活动。

（本栏撰稿　钟玲俐）

消　防

【概况】　2019年，长沙市发生火灾706起，死亡14人，伤31人，直接财产损失4851.2万元，与2018年同期相比，火灾起数下降36%，亡人数下降6.7%，伤人上升55%，直接财产损失下降32%。

【长沙市消防救援支队挂牌成立】　2019年12月30日，长沙市消防救援支队以及各区县（市）消防救援大队、消防救援站挂牌成立。支队机关下设16个处室，下辖14个消防救援大队、40个消防救援站，拥有消防指战员2320人，消防救援车辆328台，消防救援船艇1搜，消防救援设备11.5万件（套）。

【战训业务】　2019年，长沙市消防救援支队被消防救援局表彰为执勤训练工作先进支队，为湖南省消防救援总队获全国首届“火焰蓝”比武团体第五输送7名教练员、9名运动员，获得全省通信大比武综合第一名和总队区域性比武对抗赛三连胜。先后组建水域、山岳、地质、重型工程机械等7大类、42支专业救援队伍，开发火灾防控智能管理和灭火救援智能指挥“两大系统”，其“15分钟制作二维正摄图、1小时内制作三维图”的灾害现场制图能力达到全国领先水平。在湘江长沙段、长沙油库、梅溪湖艺术中心等重点场所开展大型综合演练10次，在国金中心、梅溪湖振业城开展超高层建筑火灾救援实战演练、地下建筑机械排烟和泡沫全淹没技术测试2次，组织地震、抗洪拉动演练6次，组织救援战例讲评28次，完成单位熟悉1423次，全面提升了队伍攻坚能力。全市消防救援队伍共接处警情1.28万起，出动车辆2.06万台次，出动人员12.6万人次，抢救被困人员1369人，疏散人员5148人，挽回经济损失超25亿元，成功处置芙蓉曙光厂房火灾、衡东山火增援、浏阳碧溪烟花爆炸等急难险重任务，做好第一届中非经贸博览会、国庆70周年等重大安保工作。“学雷锋模范消防大队”望城大队受邀参加国庆70周年阅兵式，蒋爱兵获得中华人民共和国成立70周年纪念章，1人被评为公安部消防局“巾帼建功标兵”，1人立二等功，44人立三等功。

表56　　2019年长沙市分地区火灾基本情况统计表

地区	2019年火灾“四项指数”				2019年火灾“四项指数”与2018年同比（±%）			
	起数（起）	死人（人）	伤人（人）	损失（万元）	起数	死人	伤人	损失
全市	706（含市本级2起）	14	31	4851.2	−36.1	−6.7	55	−31.5
芙蓉区	44	2	2	122.9	−63.6	净增2人	净增2人	−39.3
天心区	53	4	7	203.3	−43.0	5.7	250	−52.7
岳麓区	99	1	1	116.3	−29.8	净增1人	0	−70.0
开福区	40	0	1	654	−25.9	净减5人	−83.3	−52.2
雨花区	50	2	1	756.2	−55.0	1	−80	41.8
高新区	25	0	2	74.1	4.2	−1	100	−66.4
经开区	27	1	0	881.2	−41.3	净增1人	0	1368.6
长沙县	49	1	3	652	−46.7	−6.7	50	−67.6
望城区	53	0	4	438	−18.5	0	100	−55.6
宁乡县	154	1	2	474.6	6.2	−0.5	100	108.3
浏阳市	110	2	8	478.6	−48.4	净增2人	净增8人	−27.9

（资料来源：市消防救援支队）

【防火监督】 2019年，长沙市消防救援支队落实《消防安全责任制实施办法》，提请市政府颁布《安全生产和消防工作考核办法》，全面实施《住宅物业消防安全管理办法》，组织对各县（市）政府、行业部门开展安全生产和消防工作考核。年内，支队摸排消防安全重点单位4316家，发布消防安全承诺书7145份，摸清重点单位1460个消控室、3108名操作人员持证上岗底数。开展“防风险保平安迎大庆”专项整治，对13个重点领域（商场市场、“多合一”场所、劳动密集型企业、公共娱乐场所、群租房、宾馆饭店、高层建筑、文博单位、养老院、医院、寄宿制学校、工业园区、施工工地）、七大突出问题（电动自行车、电取暖器具、电气火灾、消防产品、消防车通道、醇基燃料、瓶装液化气）开展消防安全专项治理，年内检查单位2.56万家，督促整改火灾隐患3.34万处，查封611家，“三停”202家，罚款1216万元，拘留8人，受理查处投诉举报案件2085起。开展消防安全“排雷行动”，按照“一单四制”要求，全年完成重大火灾隐患立案85家、销案16家，其中以市消安委名义交办11家，提请市政府挂牌督办9家，向省消安委上报2家。

【消防基础建设】 2019年，长沙市消防救援支队推动将消防站建设继续列入政府重大项目投资计划和重点民生实事项目，纳入县（市）政府、职能部门责任管理和绩效考核问责内容，印发《消防站装修标准图文册》，确保基础建设既提速度、又保质量。年内，浏阳金阳、经开龙华、星沙产业园3个消防站驻队执勤，望城区月亮岛、长沙县安沙、湘江新区洋湖、公交武广、公交洋湖垸5个消防站全面建成，芙蓉区张公岭、开福区鹅秀、雨花区洞井、天心区暮云、宁乡市高新、高新区中心、岳麓区麓山门7个消防站主体完工，全市10个消防取水设施建成投入使用，基础建设保持与城市建设同步推进。特勤三中队培训基地项目完成立项、可研报告编制及初步设计方案评审。美美公馆129套公寓房完成装修、家具家电采购，高林仕家60套公寓房办理不动产证。

【消防宣传教育】 2019年，长沙市消防救援支队全面构筑全民消防宣传格局，联合市教育部门开设学校消防安全大讲堂，为全市1706所中小学校编制消防知识课件，在全市建设11个学校消防科普教育馆，打造长沙特教学校、长沙市示范性综合实践基地、湖南师大附中梅溪湖中学“三个”校园消防宣传样板。围绕“防范火灾风险、建设美好家园”主题，在“3·15”权益日、“5·12”防灾日等假日时段、节庆时节开展大型消防宣传130场次，在“119”消防宣传月活动中，举办水陆空协同作战水域综合救援演练、全市首届微型消防站大比武、开通全省首列消防宣传地铁专列、消防车巡游宣传、全民大宣传“五大”主题活动。持续深耕有20年历史的电视专栏《火线》和连续播出4年的FM93.8《消防公益指数》专栏，制作消防题材儿童情景剧《芒果学堂》，拍摄获全国三等奖的消防公益广告。与中央、省、市级媒体建立长效合作机制，推送新闻素材1100余条，制作播出专题节目23期，其中全年在中央电视台发稿41篇、《应急管理报发稿》29篇、省市级媒体发稿2365条。开展重点人员消防安全培训、微型消防站专项培训、社区消防宣传大使在行动、消防宣传车周末进社区等“四大”系列活动，全年培训活动1200场次，培训人员超过20万人次。

【典型案例】 2019年7月19日21时52分，位于长沙市长沙县湖南万容固废有限公司厂房发生火灾，长沙市消防救援支队指挥中心接到报警后先后调派长沙县、经开、东岸、榔梨、特一、特二、星沙产业园、大托、战保、黄兴10个中队24辆消防车，168名消防指战员赶到现场处置，经过20个小时的奋力扑救，大火被基本扑灭。此次火灾过火面积约为1000平方米，无人员伤亡。

2019年8月2日20时41分，长沙市芙蓉区人民路与曙光路交汇处的人民中路曙光园区废弃厂房发生火灾。长沙市消防救援支队指挥中心接到报警后，先后调集五里牌、五一广场、定王台、高桥、东岸、特一、同升、特二、战保、工程机械10个中队30台消防车、182名指战员参战，经过4个小时扑救，大火被完全扑灭。此次火灾过火面积约500平方米，无人员死亡。

2019年12月10日14时50分，位于宁乡市夏铎铺的长沙锐信管业有限公司室外HTP管堆垛发生火灾，长沙市消防救援支队指挥中心接到报警后，先后调派宁乡、蓝月谷、东方红、雷锋、特勤一、战保、特勤二、重型机械工程8个大中队20台消防车186名消防指战员赶至现场处置，经过4个小时的扑救，现场明火被扑灭。此起火灾过火总面积共约350平方米，无人员伤亡。

（本栏撰稿 黎 双）

区县概况

OVERVIEW OF DISTRICTS AND COUNTIES

编辑　陈晓红

芙蓉区

【概况】 芙蓉区辖湘湖、定王台、韭菜园、文艺路、朝阳、五里牌、马王堆、荷花园、东屯渡、火星、东岸、马坡岭、东湖13个街道和隆平高科技园（正县级），其中湘湖地区既设街道办事处，又设管理局（副县级）。全区面积43.88平方千米，2019年年末户籍总人口42.7万人，常住人口58.29万人，人口出生率10.68‰，人口死亡率6.89‰，人口自然增长率3.79‰。

地区生产总值1126.32亿元，比2018年增长8%。其中，第一产业实现增加值0.005亿元，比2018年下降79.8%；第二产业实现增加值143.02亿元，比2018年增长5%；第三产业实现增加值983.29亿元，比2018年增长8%。第一、二、三产业的比例为0：12：88。地方一般公共预算收入32.76亿元，比2018年增长11.6%，其中，区级税收22.35亿元，比2018年增长22.3%；非税收入10.41亿元，比2018年下降6%。

农林牧渔业总产值128万元，比2018年下降81.3%。水产品产量54吨，蔬菜总产量6吨。

规模以上工业总产值132.38亿元，比2018年下降3.9%。实现规模以上工业增加值38.21亿元，比2018年增长3.6%。全区规模以上独立核算工业企业实现利润2.17亿元，实现利税总额3.22亿元。

社会消费品零售总额955.77亿元，比2018年增长9.7%。分行业看，批发业实现零售额218.2亿元，比2018年增长9.7%；零售业实现零售额624.14亿元，比2018年增长9.5%；住宿业实现零售额14.87亿元，比2018年增长5.2%；餐饮业实现零售额98.56亿元，比2018年增长11.4%。全年亿元以上商品交易市场12个，完成商品成交额395.3亿元，排名前三位的是湖南省三湘南湖大市场、马王堆海鲜水产批发市场、湖南黄金之城珠宝有限公司（黄金之城珠宝交易中心），共实现交易额295.77亿元。

固定资产投资367.96亿元，比2018年增长8.5%，其中非房地产投资290.32亿元，比2018年增长20.33%。全年施工项目759个，建成投产667个。全区铺排的116个重点项目中，可纳入统计口径的有103个，其中有投资发生的项目共68个，占全部重点项目的66%，完成全年投资179.38亿元，占全年预计投资的127.1%。全年完成房地产开发投资77.64亿元，比2018年下降35.7%。商品房销售面积98.39万平方米，比2018年下降6.4%，其中住宅完成销售面积84.27万平方米，比2018年增长2.4%；完成商品房销售额56亿元，比2018年下降46.4%，其中完成住宅销售额38.17亿元，比2018年下降47.2%。 （邓　斌）

【产业发展】 2019年，芙蓉区推进产业发展，华智生物、长沙现代服务业产业园等一批重大产业项目建成投产。推进社会投资遗留项目帮扶，14个项目取得实质性进展，新楚敬天广场等7个项目实现开复工，盘活闲置土地46.67公顷；盘活存量资金4.8亿元，实现经营性资产处置收入1.44亿元。高端产业驱动力进一步加强。隆平高科技园、省金融创新特色产业园被评为省服务业示范集聚区。楼宇总量800万平方米，完成惠农大厦等一批老旧楼宇改造，新引进楼宇企业800家。国金中心全年客流量近3500万人次，实现销售43亿元，税收近4亿元。隆平生物种业产业园签约，入选全市“科创四谷”战略。营商环境优势不断凸显。出台优化营商环境“二十条”，实施“五大行动”，兑现政策扶持资金4115万元，减税降费19.8亿元。企业开办注销实现“一分钱不花、一天内办好、一站式服务”，新增商事主体1.6万户。组建区行政执法局，成为全国首个探索实施“一个章子管审批、一个部门管执法”双重改革的行政区。 （邓　斌）

【城市建设】 2019年，芙蓉区加强城市建设，聚焦“行业服务”，优化营商环境，优化工程建设领域服务。全区完成公开招标项目35个，邀请招标1个，小额工程抽签项目66个，监理抽签项目30个，设计抽签项目9个。受理施工图审查申请173笔，办结160笔；其中房建项目消防设计审查受理152笔，办结135笔。通过优化办事流程、缩短审图时限、代付审图费用等方式，累计为企业申报施工图审查及消防设计审查实施购买服务118笔，为企业节约审图费用70万余元，有效降低企业成本，减轻企业负担。先后解决湖南马王堆建筑工程有限公司银行账户冻结问题；湖南对外建设集团有限公司未结案官司影响企业发展等问题，主动为企业排忧解难。通过推行符合条件的设计施工总承包，招标信息百分百公开，全面推行全过程电子化交易，落实规范政府投资项目小额工程施工单位库改革等一系列举措，有效优化芙蓉区建安企业的差距营商环境，构筑公平竞争发展的廉洁诚信体系。对辖区内在建项目开展违法转包分包专项打击和标后稽查工作，抽检10个项目，下达3份整改通知书。通过公开抽选、竞争性谈判确定13个项目的设计单位。督促落实龟山路北段和火炬路等断头路、瓶颈路建设。育才二小、东郡小学改扩建工程落实装配式建筑推广要求。优化小区物业督导服务。芙蓉区第一季度实现公租房租赁补贴186户，提前完成市对区下达的175户工作任务。为蔡锷路等8个区棚改重点工程项目提供房源保障1000余套，芙蓉区新建商品房批准预售面积35.32万平方米，新建商品房网签面积47.97万平方米，成交均价10052元/平方米。落实“一圈两场三道”任务。根据市对区下达的年度任务，全面完成芙蓉区“一圈两场三道”年度工作任务。加快房产处遗进程。芙蓉区有国有处遗项目52个，累计完成43个，剩余9个项目已完成相关基础工作，制定处置方案，取得市处遗办下发的交办通知书。浏阳河人行景观桥（汉桥）项目被评为湖南省优质工程和芙蓉奖，长沙市芙蓉区浏阳河东岸风光带建设项目投资与设计施工总承包获得全国优质工程奖。（邓　斌）

【楼宇经济】　2019年，芙蓉区推进楼宇招商，引进花旗银行、兴业证券等8家传统金融机构区域总部和盈亚证券投资咨询全国性总部。打造专业特色楼宇，长房国际大厦授牌“房产总部大楼”，全区专业特色楼宇6栋。推进老旧楼宇提质改造，香泽南湖大厦、惠农大厦等老旧楼宇旧貌换新颜。国金中心实现销售额45亿元，成为高端商贸“新高地”。省金融创新特色产业园、隆平高科技园入选湖南省第三批服务业示范集聚区。（邓　斌）

【社会事业】　2019年，芙蓉区民生实事考核指标提前完成芙蓉区低保家庭人均救助水平，远超全省人均245元/月的考核标准，在全市走在前列，考核指标提前超额完成。2019年纳入考核指标的4家社区居家养老服务中心完成建设，芙蓉区社会福利中心基本完成主体建设，区敬老院特护区改造全部完成，残疾人2项补贴按时发放。双向发力养老事业提质升级。引入上海人寿堂公司参与运营及建设，项目主体建设基本完成，样板间建设及装修施工稳步推进，新增养老床位1600张，成为全省标杆性养老中心。结合“一圈两场三道”建设积极打造“15分钟生活圈”。芙蓉区投入福彩公益金用于支持辖区养老事业发展，新建4个社区居家养老服务中心，全区有社区居家养老服务中心32家，引入养老服务机构7家，养老床位670张，实现社区居家养老服务中心全覆盖，基本满足老年人家门口的养老需求。下拨社区惠民资金为社区居民提供各项便民服务。7月下旬开展社区专职工作人员竞争性增补，充实基层社区力量。对73个社区的社区服务需求调查，引进全市专业化社工机构承接社区的社会化服务，全年落地52个服务项目。组织全区395名社区工作人员参加全国社工师考前培训班，通过培训，芙蓉区社工考试通过率高出全国平均水平。（邓　斌）

【“三大攻坚战”】　2019年，芙蓉区推进“三大攻坚战”。防范化解重大风险。政府债务风险基本可控，区城投、棚改两家平台公司完成“撤并转”，非法集资等专项整治成效明显。精准脱贫。统筹抓好区外对口帮扶、区内精准救助。投入2950万元，实施对口扶贫项目32个，麻阳苗族自治县、龙山县靛房镇实现脱贫摘帽。加大特殊困难群体保障力度，“八大慈善救助”发放救助金2000万余元，惠及1.6万人次。污染防治。中央环保督察及“回头看”、省级环保督察反馈问题整改到位。坚决打赢“蓝天保卫战”，二氧化硫、PM_{10}等主要污染物浓度有效降低。率先全市启动燃气锅炉低氮改造，氮氧化物排放有效减少。浏阳河芙蓉段出境断面（黑石渡）年均水质稳定保持III类，水质达标率100%。（邓　斌）

【“一件事一次办”政务服务改革工作】　芙蓉区推进“一件事一次办”政务服务改革工作，推行“一窗办”“一网办”“一次办”“就近办”“承诺办”“免费办”“满意办”“帮代办”等政务服务事项。截至2019年10月10日，芙蓉区累计办结行政审批事项2.86万件，新增商事主体12195户。推进“一网办”。截至2019年年底，芙蓉区依申请类事项的网上办比例达到98%，区行政审批服务局157项行政审批事项可全部实现“网上办”，长沙市“互联网+政务服务”一体化平台全市实施推广工作进度芙蓉区名列全市第一位。推进“一次办”。开设“一件事一次办”专窗和新办企业水电气报装综合窗口，提供建筑工程项目及商业企业用户的水电气报装业务，实行“一窗受理、一网通办、并联审批”，把涉及多个部门的“一堆事”，整合成76个区级“一件事一次办”套餐服务项目，通过窗口内部流转核验，实现一次告知、一次表单、一次联办、一次办好，一次办比例达到99%。率先实现具有芙蓉特色的“我要开旧书店”“我要办小超市、便利店”“我要办卫生许可证”等业务最快2小时内受理办结。推进“就近办”。芙蓉区下放街道联办食品销售“一件事一次办”事项现场办结762项，小餐饮现场办结455项，办理时限压减90%以上。推进“承诺办”。在全省率先推行“小餐饮和食品经营许可、公共场所卫生许可”等13个事项“申请人承诺制”审批模式，最快可现场或当天完成全部审批手续并拿到相关证照，实现开户即开业。芙蓉区35%的行政审批事项已实现即来即办。推进“免费办”。实行提供打印复印和快递送件免费服务，实行企业开办证照办理和印章刻制免费及90分钟内送章上门惠民利企举措，节省企业群众时间成本和制度性成本。推进“满意办”。全面惩治在大厅招揽业务的非法中介人员，召开中介服务机构规范管理会议，建立非法中介黑名单，签订递交承诺书，取消中介服务窗口。推进“帮代办”。2019年累计全程帮代办办理个转企95户，1—7月受理帮代事项为5000件，8—9月受理帮代事项2500件，月增长率75%，办结率、满意率均100%。（邓　斌）

【芙蓉区政府与芬兰寒克雅奇公司签订合作协议】　2019年11月6日，芙蓉区人民政府与芬兰寒克雅奇公司在上海虹桥金古源豪生酒店签订合作协议。芬兰宏卡公司总裁Mr. Pasi Kivel等相关负责人，芙蓉区政府副区长黄金国，湖南北欧投资管理有限公司董事长唐勇，芙蓉区商务局主要负责人参加签约仪式。芬兰宏卡公司是一家成立于1967年的欧洲跨国上市公司，是国际知名的高品质蛋白质膳食和脂肪制造商，是欧洲农业畜废处理行业的龙头企业，该企业专门以动物屠宰废弃物、餐厨垃圾等为主要原料进行循环再生利用。该公司在欧洲有超过1.16万名员工，2018年营业收入约32亿欧元。在未来3~5年内，该公司计划在湖南长沙、永州、常德、衡阳等地投资建设5个循环经济生态产业园，主要建设内容为芬兰寒克雅奇环保循环经济产业链以及全自动化生猪屠宰生产线等，单个产业园项目的投资额约2.5亿欧元，总投资额约12.5亿欧元。经过芙蓉区的积极引进，芬兰宏卡公司中国区总部计划落户长沙市芙蓉区，范围辐射全国，其未来总部建设内容有：科技研发和控制中心，含中央控制中心、环保循环研发中心、环保循环标准研发中心、畜禽病疫动物处理研究中心；国际商务服务中心，含教育培训中心、循环经济展示中心即游客参观中心、国际商务接待中心；具有北欧风格及生活氛围的北欧风情商业街，北欧低碳人才社区，含北欧国际幼儿园、人才社区、社区服务中心，投资规模约30亿元。（彭　昆）

【长沙CBD高端楼宇推介会】 2019年2月26日，长沙CBD高端楼宇推介会举办，上海、武汉等地对长沙有投资意向的50余家企业高管受邀参加推介会。长沙市芙蓉区位于主城区东部，区内人流、物流、资金流、信息流高度密集。推介会上，长沙市芙蓉区委副书记、区长周春晖简要介绍芙蓉区优越的地理位置以及区内优良的营商环境和长沙国金中心、世茂广场、佳兆业广场3家高水准AAAAA级写字楼。芙蓉区商务和旅游局局长详细介绍长沙市和芙蓉区优良的投资环境及高端楼宇推介会期间的区级奖励政策，国金中心、世茂广场、佳兆业广场3家楼宇的代表介绍各自项目亮点以及该次活动商家推出的特惠条款。推介会上，长沙国金中心与湖南特音电子有限公司、华为技术有限公司、成都携程旅行社有限公司长沙分公司、支付宝（中国）网络技术有限公司湖南分公司及口碑（上海）信息技术有限公司、中科聚信信息技术（北京）有限公司举行签约仪式。推介会举办期间，受邀客商点赞芙蓉区作风务实，所推介的项目软硬件设施及服务均可代表长沙最高水准，具有投资潜力，希望后续能与芙蓉区及3个项目方保持联系，争取落户长沙CBD。（李淑静）

【芙蓉区社会福利中心项目运营签约仪式举行】 2019年2月25日，长沙市芙蓉区人民政府与上海人寿堂养老服务（集团）有限公司（以下简称“人寿堂养老集团”）举办长沙市芙蓉区社会福利中心委托运营项目签约仪式。长沙市民政局副局长范凤芝，芙蓉区委副书记、区长周春晖，区委常委、常务副区长谭雄伟，副区长彭尚松、黄金国，区民政局局长陈洪林，区商务局局长戴静，人寿堂养老集团董事长冯强等出席签约仪式。长沙市芙蓉区民政局社会福利中心项目将以公建民营的运营模式与人寿堂养老集团开展合作。长沙市芙蓉区社会福利中心东临合平路，南邻滨河路，兼备养老服务机构与社区护理医院的功能，项目占地3.33公顷，总建筑面积6.2万平方米。该项目整体总投资约3亿元（含主体建筑工程，装修、设备购置及安装工程等），其中由中标单位负责的部分总投资1.6亿余元，计划为社会提供养老床位1000余张，是长沙市最大的医养结合养老民生项目。该项目2019年4月主体竣工，预计2020年8月投入运营。（蔡　琼）

【芙蓉区“红色CEO”智享汇开班】 2019年5月6日，芙蓉区“红色CEO”智享汇开班，来自芙蓉区各行各业的30名优秀企业家成为首批学员。一个以党建引领企业高质量发展，为全区企业家提供“充电成长”的平台成立。首批学员从全区361个党组织所覆盖的552个“两新”组织的出资人（负责人）中遴选，经“两新”组织自行申报、街道初步筛选、区级资格把关等多个环节，最终择优选出。他们当中，既有来自建筑、民营医院等传统行业，又有互联网、节能环保等新兴领域，都是“发展较稳定、党建基础好”的“两新”组织，行业具有典型性且实现了科学互补。“红色CEO”智享汇采取导师授课、红色研学、民企参观、企业家论坛等形式，打造“课堂教学+研学实践”“导师辅导+学员传承”的模式，构建起多维度、立体化、专属性的党员教育精品课程，提供持续“充电成长”的平台，在“两新”组织中播撒“党的种子”，激活红色引擎，培育一支有开拓精神、前瞻眼光、国际视野的企业家队伍，带动形成企业蓬勃发展的态势。活动特聘请知名党史专家、经济学者、高校教授、红色革命基地老党员、优秀企业党组织负责人等担任授课教师。学员每周五集中上课，课程包括常规类、定制类课程和拓展类项目。每位学员须积满必修课70个学分，选修课30个学分，并提交合格的小论文后方可结业。（沈梦艳）

【国金中心楼宇服务站挂牌成立】 2019年10月11日，国金中心楼宇服务站在湖南第一高楼长沙IFS国金中心33楼挂牌成立。芙蓉区委副书记、区长周春晖，区委常委、组织部部长何溪桥，副区长黄金国出席授牌仪式，区商务局、区金融事务中心、区现代服务业发展中心主要负责人及MFG等相关政府、企业、媒体近100位嘉宾参加活动。该服务站可提供19项政务服务事项及多项党务服务、商务服务等政务服务清单，让办事企业一目了然。“需要变更营业执照”“寻找办公场地”“有贷款需求”“企业人才如何落户”等服务，凡是楼宇及驻楼企业有需求的均可到楼宇服务站登记咨询，相关区直部门、街道及楼宇运营方均安排了工作人员对接需求，并逐一对接解决。楼宇服务站还将为驻楼企业提供广阔的展示窗口、融洽的

互动平台，组织开展一系列惠企惠民服务活动，让企业和员工更具归属感和幸福感。（周　游）

【2019“越夜越精彩 芙蓉我最红”颁奖典礼】　2019年12月4日晚，芙蓉区“越夜越精彩，芙蓉我最红”颁奖典礼在IFS国金中心西北广场举行，长沙市副市长谭勇，长沙市商务局副局长毛鹏程，芙蓉区委副书记、区长周春晖，芙蓉区委副书记蒋红波，芙蓉区委常委、宣传部部长伍艳飞，芙蓉区副区长黄金国及相关区直部门、获奖企业代表和各类新闻媒体200余人出席颁奖典礼。2019年，国务院办公厅印发《关于进一步激发文化和旅游消费潜力的意见》，提出多项激发文化和旅游消费潜力的政策举措，发展夜间经济成为激发文旅消费的重要举措。芙蓉区作为中心城区充分发挥自身优势，落实长沙市人民政府办公厅《关于加快推进夜间经济发展的实施意见》，出台各种措施，繁荣夜间经济，促进消费发展，结合芙蓉区的商业生态，展开全行业、创新性夜经济探讨，在进一步挖掘城市消费潜力上形成强劲动力。“越夜越精彩，芙蓉我最红”夜经济之星评选活动暨抖音挑战赛自9月启动，吸引上千家商家及数万消费者的参与，他们通过拍摄具有芙蓉区夜经济亮点特色的短视频并上传抖音，小视频亮点、笑点不断，抖音网络传播量435.4万人次。通过评选，IFS国金中心、徐记海鲜等10家优秀企业获“芙蓉夜经济之星”10位夜经济消费者获“芙蓉我最红·红人奖”。同时芙蓉区推选出8张芙蓉夜经济名片及30家芙蓉夜经济示范门店，为市民夜间消费提供指导。芙蓉区加快搭建夜间消费平台、营造消费空间、丰富消费形式，提高城市设施的综合利用率、改善夜经济企业经营环境等举措，打造3个市级、8个区级夜间经济示范街区和30个夜间经济示范门店，形成一波“打卡芙蓉网红店，宣传芙蓉夜经济”的火爆氛围，实现消费者和商家在夜色之下，互联网之上的双向互动良好局面。2019年前三季度，芙蓉区实现夜间经济营业额约200亿元，日均消费数14.8万人次。

（沈梦艳）

表57　2019年芙蓉区主要经济指标与2018年比较统计表

单位：亿元

指标名称	地　区 生产总值	农林牧渔业 总产值	社会消费品 零售总额	一般公共 预算收入	公共财政 支　出	城镇居民人均可 支配收入（元）
2018年	1326.73	0.02	890.42	103.80	53.71	54354
2019年	1126.32	0.01	955.77	99.96	58.88	59033
2019年比 2018年增长（%）	8.0	−81.3	9.7	1.34	9.64	8.6

说明：表中部分统计数据已根据相应统计制度要求作了修正　　（资料来源：芙蓉区地方志编纂室）

天心区

【概况】　天心区下辖坡子街、城南路、裕南街、金盆岭、赤岭路、新开铺、青园、文源、桂花坪、大托铺、黑石铺、先锋、暮云、南托14个街道，土地面积137.4平方千米。2019年年末户籍人口50.66万人，常住人口66.6万人，人口出生率14.01‰，死亡率8.7‰，人口自然增长率5.31‰。

地区生产总值1080.64亿元，比2018年增长8.5%。分产业看，第一产业实现增加值1.45亿元，下降4.8%；第二产业实现增加值324.89亿元，增长7.2%；第三产业实现增加值754.3亿元，增长9.2%。第一、二、三产业分别拉动GDP增长0个、2.4个和6.1个百分点，三次产业对GDP增长贡献率分别为-0.1%、28.5%和71.6%。一般公共预算收入142.33亿元，比2018年增长3.2%，其中地方一般公共预算收入46.19亿元，增长11.8%。一般公共预算支出63.19亿元，增长4.2%。

农林牧渔业增加值1.52亿元，比2018年下降5.2%，其中农业增加值1.22亿元，下降7.1%；牧业增加

值 0.11 亿元，增长 14%；渔业增加值 0.12 亿元，增长 6%；农林牧渔服务业增加值 0.07 亿元，下降 13.4%。全年粮食总产量 8082 吨，比 2018 年下降 0.5%，其中稻谷产量 7803 吨，下降 1.4%；蔬菜产量 36758 吨，下降 9.1%。

工业增加值比2018年增长3.7%，其中规模以上工业增加值增长 3.4%。全区具有建筑业资质等级的独立核算企业 78 家（不包括劳务分包企业），其中特级 4 家、一级 40 家。全年完成建筑业总产值 1143.11 亿元，比 2018 年增长 21%；实现建筑业增加值 209.47 亿元，增长 9.9%。

社会消费品零售总额 603.51 亿元，比 2018 年增长 9.7%，占全市社会消费品零售总额比重为 11.5%。按行业分，批发业零售总额 59.83 亿元，增长 7.2%；零售业零售总额 456.36 亿元，增长 9%；住宿业零售总额 6.03 亿元，增长 11.1%；餐饮业零售总额 81.29 亿元，增长 15.5%。

固定资产投资比上年增长 10%。全区计划总投资超过 5000 万元的在建项目(不含房地产开发)109 个，完成投资占固定投资总额的 41.2%。分产业看，第二产业完成投资增长 74.9%，其中工业投资增长 76.8%；第三产业完成投资增长 2.1%。

【机构改革】 2019 年 3 月 5 日，天心区召开深化机构改革动员大会，标志全区机构改革工作全面进入实施阶段。3 月 20 日，湖南首家区级企业服务中心——天心区企业服务中心投入使用。该中心负责惠企政策的梳理、宣传和咨询，为企业提供政策兑现“一站式”办理服务，以及负责整合社会化服务资源，开展涉企公共服务活动，为重点产业建设项目提供行政审批、供电、供水、供气、排水、通信、网络等公共服务事项“帮代办”服务。此外，该中心为企业提供财务、法律、税务、人才、资本、市场开拓、科技成果转化等全方位服务。同日，天心区委网络安全和信息化委员会办公室、天心区工业和信息化局、天心区民族宗教事务局、天心区文化旅游体育局、天心区应急管理局等多个涉改单位完成机构挂牌。该轮机构改革后，天心区设置区本级党政机构 35 个，其中区委机构 9 个，区政府工作部门 26 个。

【项目建设】 2019 年，天心区铺排重大项目 152 个，产业项目投资占比 35%。推动出台绿心地区科教地产发展政策，收储退出工业企业用地 66.67 公顷。推进征拆工作，完成签约 1236 户，腾地 76.2 公顷，火宫殿一期、太平街等 23 个项目扫尾清零。成立国内首个园企产销对接服务中心，聘请全球招商顾问 11 名。推行一把手招商、以商招商、协会招商，引入 5 个 500 强项目：五矿集团在湘总部大楼项目、浪潮集团（中部）总部基地、珠海依云综合体项目、长沙森活家商贸流通项目、中交一公局（长沙）建设投资项目，引入总部项目 20 个，155 家注册在区企业转入税收关系。以“楼长制”助推楼宇经济，引进各类优质税源企业 380 家，新增亿元楼宇 2 栋，总数 18 栋，为内五区最多。

【产业发展】 2019 年，天心区优化产业结构，出台“生产性服务业发展 28 条”，推动六大重点产业发展，打造中部一流现代生产性服务业创新集聚区。实现服务业增加值比 2018 年增长 10%，金融业完成税收 40 亿元，占全部税收的 32%。土地出让收入占综合财力仅 1 成左右，初步走出一条摆脱土地财政依赖、以现代服务业为引领的高质量发展之路。壮大园区平台：天心经开区整合升格为正县级园区，共引进苏州千视通视觉科技股份有限公司总部、湖南万码互联信息技术有限公司总部等优质产业项目 57 个，完成技工贸总收入 265 亿元。地理信息产业园获批省级特色产业园，集聚企业 132 家，实现产值 21 亿元；地理空间大数据应用中心（二期）完成建设，天心阁大数据研究院挂牌成立。人力资源服务产业园产值逾 25 亿元。文化（广告）产业园新进企业 107 家，产业升级加快推进。激活发展潜力：天心区出台“创新型城区”建设若干政策，联手长沙理工大学等高校和企业成立天心区科技创新联盟。全社会 R&D 投入比 2018 年增长 26.7%，高新技术产业总产值比 2018 年增长 8%，完成技术合同成交额 13.6 亿元，完成率排名内五区第一位。

【社会事业】 2019 年，天心区完成省、市、区 23 项重点民生实事项目，城镇新增就业 1.2 万人，失业再就业 4900 人。新增养老床位 600 张，桂花坪街道被评为全国乡镇（街道）劳动争议调解综合示范单位。区街社区三级退役军人服务机构全部挂牌成立，赤岭路街道被评为省退役军人工作模范单位。推动医保支付改革，发放各类救助保障资金 3100 万元。落实“房住不炒”政策，提升住房保障水平，累计提供公共租赁住房 2684 套。新改扩建中小学、幼儿园 49 个，新增学位 6000 个。引进优质教育资源，长郡外国语实验中学、雅礼外国语学校、长郡天心实验学校初中部投入使用，编外合同制教师待遇全面提升。开展全民健身项目 740 项次，全区全民健身运动参加人数 55 万人次。全年发展社会体育指导员 383 人，年末拥有各级社会体育指导员 3113 人，健身辅导站 14 个，公共体育场地 1033 个。爱尔眼科总部基地项目封顶，长沙市第三医院荣膺三级甲等综合医院，填补了天心区“三甲”空白。全年建立电子健康档案 488625 份，建档率 73.6%。管理 65 岁以上常住居民 28909 人，高血压、糖尿病规范管理人数分别为 34657 和 13429 人，慢性病规范化管理率均达 74% 以上。区级注册卫生技术人员 7508 人，比 2018 年增加 357 人，其中医生 2952 人，比 2018 年增加 70 人；护师护士 4556 人，比 2018

年增加287人。建成标准化村、社区综合文化中心5个。

【“三大攻坚战”】　2019年，天心区推进“三大攻坚战”。加强风险防控。坚持控总量、化存量、调结构，全区隐性债务、关注类债务完成化解进度，平台公司市场化转型基本完成，南湖公司全面回归市城发集团。开展“除虫护花”专项行动，整治非法集资行为，清退资金858.6万元。推进扶贫攻坚。全区313户建档立卡贫困户稳定脱贫。持续加大怀化通道县、龙山洛塔乡、浏阳富溪村对口扶贫力度，全年累计投入帮扶资金2600万余元，铺排锥栗种植、中蜂养殖、“侗嫂”等“两业”扶贫项目25个，解决就业1100余人。加强污染防治。打好蓝天、碧水、净土、静音保卫战，完成柏加河涵洞口整治等污染防治项目34个。落实“六控十严禁”措施，安装家庭油烟净化器7328台，完成燃气锅炉低氮改造109台。违法图斑整改率全市最高。黑臭水体基本消除，饮用水水源保护区水质100%达标。办结中央、省环保督察和“回头看”信访交办件404件。

【天心优化营商环境30条】　2019年2月11日，天心区营商环境优化暨项目建设推进大会召开，发布《长沙市天心区“营商环境优化年”实施方案》（简称“天心营商环境30条”）。全区铺排重大项目152个。在地铁1号线开通以“璀璨天心，营商赢商”为主题的天心营商环境专列，利用地铁车厢的媒体优势，图文并茂展示天心区“四最”营商环境，推广企业服务和招商引资热线，推介展示天心区三大板块、七大重点产业、重点楼宇分布和企业服务平台。乘客能通过扫描车厢内的二维码观看“天心营商环境30条”视频解读，了解天心区惠企营商政策。“天心营商环境30条”从流程再造、效能革命、权益保护、企业帮扶等方面着手细化规则，如提高企业开办时效，建立工商注册“凡有先例皆可为”制度，实施瞪羚计划，着力帮助解决企业“融资难、融资贵”问题，探索设立文创、人工智能、大数据、康养、人力资源等“四新经济”产业发展基金，建立非公有制经济领域维权联席会议制度，设置企业服务中心，建立政企交流制度等，着力打造最方便的服务环境、最赚钱的投资环境、最安全的创业环境、最亲清的政商环境。

【“绿心”工业企业全部退出】　2019年12月，天心区“绿心”地区最后一家工业企业退出。按照2017年中央环保督察组反馈湖南省意见中的要求，2018年年底前天心经开区应退出工业企业361家，占长沙市绿心退出企业的2/3以上。天心区实施“一企一策”“一对一”服务，做好停产搬离、对接服务、协调汇报工作。2018年完成绿心地区退出工业企业352家，2019年12月，“绿心”地区工业企业清零。面对园区腾出186.67公顷土地，天心区以“生态优先”理念，实施“凤凰涅槃　未来之城”产业规划，明确“一带、一谷、一小镇”（万家丽路现代服务业产业带、天心数谷和地理信息小镇）的产业空间布局规划，已拥有地理信息（大数据）产业园、人力资源服务产业园、人工智能产业园三大绿色科技产业园，聚集企业300余家。

【区长企业接待日】　2019年3月1日，天心区率先全省将每月第一个工作日设为“区长企业接待日”，目的是搭建一个企业与政府零距离、面对面沟通的平台，政府部门与企业建立常态化、制度化的沟通联系机制，及时解决企业在政策兑现、经营发展过程中遇到的具体困难和问题，为企业做大做强服好务、护好航。同时，区政府开通24小时热线，企业可通过“0731-85812345”天心区企业服务和招商引资热线反映企业运行中的任何困难和建议，也可提前通过热线以及tx85812345@163.com企业服务邮箱等形式填写《天心区“企业接待日”登记表》，申请参加“区长企业接待日”。2019年，“区长企业接待日”共举办10

表58　　2019年天心区主要经济指标与2018年比较统计表

单位：亿元

指标名称	地区生产总值	农林牧渔业增加值	社会消费品零售总额	一般公共预算收入	一般公共预算支出	城镇居民可支配收入（元）
2018年	1019.15	1.47	550.40	137.91	60.67	54476
2019年	1080.64	1.52	603.51	142.33	63.19	59159
2019年比2018年增长（%）	8.5	−5.2	9.7	3.2	4.2	8.6

说明：地区生产总值、各产业增加值绝对数按现价计算，增长速度按可比价计算　　（资料来源：天心区地方志编纂室）

期，接待企业46家，收集企业问题诉求137个，解决70个。

【“夜间经济服务中心”成立】 2019年9月7日，湖南省首个“夜间经济服务中心”——天心区夜间经济服务中心在黄兴南路步行街中心广场启动运行。五一商圈黄兴路步行街、太平老街、解放西路酒吧街、坡子街等特色街区交错，春天百货、王府井、悦方、悦荟、海信等大型商场相邻，公共交通四通八达，形成业态集中、场景丰富的“15分钟消费圈”。该区“夜间经济服务中心”通过设立“夜间管家”，开通公共服务热线，建立多方协调联动机制，释放商（协）会服务能力，整合相关部门职能职责，随时为市民和游客提供便民医疗、便民公共雨伞、便民信息咨询等服务，及时协调处理各类问题。该中心成立后，着力营造“四最”（最方便、最赚钱、最安全、最亲清）营商环境，激活文化旅游的潜在市场，丰富服务经济新业态，增加社会就业，带动社会经济增长。

【“有事好商量”被评为全国优秀案例】 2019年12月27日，天心区推行的“有事好商量”基层协商议事机制创新案例从全国近4000件案例中，被评为优秀案例。“有事好商量”就是发挥好党组织的组织、协调、领导作用，整合辖区内各单位、物业公司、小区业委会等多方力量，打造一个群众意见收集、梳理、协商、解决的平台。推行“有事好商量”基层协商议事机制后，天心区打造190个“15分钟党群学习服务圈”，在414个网格搭建以社区、小区党组织为核心的协商议事机构，在355个封闭式小区、70个社区物业小区筹建业委会、监事会，房屋质量、违章搭建、住改商及电梯质量、二次供水、物业费收缴、小区治安等物业小区常见问题纠纷得以细化、分流。2019年，物业类纠纷在网格中的协调处理率96%，解决问题2100余件。

（本栏撰稿 李 强 袁 敏）

岳麓区

【概况】 岳麓区辖岳麓、橘子洲、望月湖、银盆岭、观沙岭、西湖、望城坡、望岳、咸嘉湖、梅溪湖、天顶、坪塘、洋湖、学士、含浦15个街道办事处，莲花、雨敞坪2个镇，并设岳麓高新区和岳麓山大学科技园岳麓分园创业服务中心，岳麓山风景名胜管理局（包括麓山景区、橘子洲景区和望月湖公园）。全区土地总面积545.57平方千米，2019年年末户籍人口80.4万人，常住总人口95.8万人。人口出生率16.39‰，死亡率5.96‰，自然增长率10.44‰。

地区生产总值1288.2亿元，比2018年增长8.8%。其中第一产业增加值10.4亿元，比2018年下降5.4%；第二产业增加值337.94亿元，比2018年增长8.6%；第三产业增加值939.86亿元，比2018年增长9.1%。一般公共预算收入139.74亿元，比2018年增长19.54%，一般公共预算支出65.26亿元，比2018年增长11.3%。全区城镇居民人均可支配收入58948元，比2018年增长9%。

农林牧渔业总产值15.75亿元，比2018年下降5.9%。其中农业产值12.42亿元，比2018年下降5.6%；林业产值5620万元，比2018年下降8.6%；畜牧业产值1.13亿元，比2018年下降12.3%；渔业产值9052万元，比2018年增长4.9%；农林牧渔服务业产值7295万元，比2018年下降11.9%。全年粮食总产量63236吨，出栏肉猪1831吨，肉禽出笼36.3万羽，水产品产量5631吨。

工业增加值比2018年增长11.5%，其中规模以上工业增加值比2018年增长11.5%。全区建筑业增加值125.55亿元，比2018年增长1%，完成建筑业总产值559.93亿元，比2018年下降1.3%；全年房地产开发投资438.07亿元，比2018年增长22%；商品房销售面积483.25万平方米，比2018年增长14.7%，商品房销售额573.19亿元，比2018年增长28.3%。

社会消费品零售总额441.26亿元，比2018年增长10.2%。全年接待国内外旅游者2558.17万人次；旅游总收入305.01亿元。

固定资产投资比2018年增长11.3%。全年进出口总额（海关口径）29.6亿元（折合4.24亿美元），比2018年增长70.6%。全年新增市场主体23174个，纳税过亿元的企业23家，税收过亿元楼宇9栋，新增高新技术企业60家、“四上”企业（指规模以上工业、有资质的建筑业、房地产开发经营业、限额以上批发和零售业、限额以上住宿和餐饮业、规模以上服务业法人单位）93家；引进投资100亿元以上产业项目2个、投资10亿元以上产业项目15个。

【城乡建设】 2019年，岳麓区加快新城拓展和旧城改造，完成麓山水泥厂、满帮华中物联港、白鹤安置房等项目征拆22个，腾地298.67公顷，妥善安置征拆群众7800人。完成有机棚改12万平方米，建成社区公园3个，改造垃圾收集站60座，城区128个社区和农村建制村实现垃圾分类减量全覆盖。改建公共厕所60座，疏浚地下管网700千米，新增农村通自来水人口7700人。建成电力“630攻坚”配网项目436个，建成5G基站超1000个。地铁4号线载客运营，3号线试运行，6号线和湘雅路过江通道加快建设，彩虹路、北津城路等13条瓶颈路建设加快推进。潇湘大道南延长线加快建设，长株潭（长沙、株洲、湘潭）“一体化”建设推进。岳宁大道、学士路南延长线通车，农村公路通车里程达1226千米，农村集镇实现公交全覆盖，城乡“半小时经济圈”基本成型。

【社会事业】 2019年，岳麓区有区属中学17所，小学75所，幼儿园193所。全区投入学生免费入学和资助经费2147.86万元，所有义务教育阶段103456人次学生全部享受免杂费入学，全年接收外来务工人员子女18311

名，全年新建和启动新建学校 8 所（其中楼盘配套学校 2 所），扩建学校及幼儿园 14 所（完成建设 7 所），提质建设维修改造 60 余所中小学运动场及校园。全区拥有群众业余文艺团体 243 个，区级文化馆 1 个，公共图书馆 21 个（含 20 个社区、村图书分馆），街道、镇文体站 17 个。农村有线电视用户 13338 户，146 个社区（村）公共文化服务中心、93 个示范性文体活动中心。

【社会保障】 2019 年，岳麓区有各类医疗卫生机构 804 个，新增 73 个，卫生技术人员 14614 人，床位 9512 张，新增 198 张。全年合法生育率 98.8%，出生婴儿男女性别比为 109.4 ∶ 100，计划生育免费技术服务到位率 100%。全区有公办敬老院 3 家，有床位 482 张，入住老人 210 人。拥有各类社区服务设施 527 个，街道社区服务中心 15 个，社区公共服务中心 117 个。全年发放城乡居民最低生活保障金 2870.4 万元，居民得到政府最低生活保障 77435 人次，城市和农村低保对象月人均发放保障金分别达 457.6 元和 313.8 元。失业人员再就业 5492 人，农村劳动力转移就业 500 人，城镇零就业家庭实现动态就业援助 100%。全区参加企业职工基本养老保险人数 17.59 万人，基本养老金社会化发放率 100%；参加城乡居民养老保险人数 11.3 万人。参加区本级城镇职工基本医疗保险人数 10.03 万人，参加区本级城乡居民医疗保险人数 29.5 万人，基本医疗保险覆盖率 97.2%。

【“三大攻坚战”】 2019 年，岳麓区推进“三大攻坚战”。加强污染防治，完成中央环保督察“回头看”、省级环保督察反馈问题的整改。严格落实“六控十严禁”措施，加强渣土运输“两点一线”监管，工地扬尘在线监控实现全覆盖。改造高校食堂、老旧小区油烟处理设备，关闭“散乱污”企业 62 家，空气质量改善率走在全市前列。落实河长（湖长）制，腾退坪塘砂石基地，完成小区雨污分流改造 43 个，实施西湖识水湾、湖南大学北校区等片区雨污分流改造，城区集中式饮用水水源地水质达标率 100%，洋湖获批国家湿地公园，“一江两河”流域水环境持续改善。绿心区域工业企业悉数退出。治理重点企业噪声，声环境达到功能区要求。防范化解重大风险。超额完成年度政府隐性债务化解任务，上级直投支持本级发展的政府债券 11.7 亿元，债务风险绿色可控。区属平台公司压减至 2 家，麓山控股、含浦科教公司市场化转型推进。开展打击“三贷”专项整治，化解非法集资隐患 9 起。对口帮扶精准脱贫。派出第二批帮扶队员进驻龙山县洗洛镇，新实施援建项目 23 个，产业扶贫、就业扶贫、教育扶贫成效明显，429 户、1348 人脱贫奔小康，助推全镇脱贫出列。新结对帮扶浏阳市田溪村，助力乡村旅游产业发展，支持村组公路建设，巩固了全村整体脱贫成果。

【金茂梅溪湖国际广场获都市人居奖】 2019 年 4 月 16 日，世界高层建筑与都市人居学会（简称 CTBUH）公布第 17 届年度 CTBUH 奖获奖名单，长沙金茂梅溪湖国际广场获都市人居奖——街区 / 总体规划尺度杰出奖，这是湖南省唯一的获奖建筑。世界高层建筑与都市人居学会（CTBUH）于 1969 年成立，是专注于高层建筑和未来城市的概念、设计、建设与运营的非营利机构。该奖旨在表彰为高层建筑和都市人居的进步做出杰出贡献，以及在可持续方面取得最高与最广泛成就的高层建筑项目。金茂梅溪湖国际广场于 2013 年开工，位于岳麓区梅溪湖国际新城核心位置。交通设施便利，配套资源丰富，东倚中南地区档次高的文化艺术平台国际文化艺术，南临 200 公顷梅溪湖景，西靠省级重点中学，北接城市主干道梅溪湖路，地理位置优越。

【湖南美术馆开馆】 2019 年 9 月 28 日，庆祝中华人民共和国成立 70 周年湖南美术馆开馆首展、第六届全国画院美术作品展开幕式在湖南美术馆举行。首展以“美丽中国”为主题，以中华人民共和国 70 年辉煌成就、特别是中共十八大以来党和国家取得的伟大成就为创作主题，以表达人民心声、体现人民情感、满足人民审美需求、彰显时代精神为创作指向，以多向度的观察视角和多样化的艺术语言谱写新时代中国美术的新篇章。湖南美术馆位于湘江西岸、岳麓山下，潇湘大道与靳江路交会处，毗邻中南大学，与橘子洲头隔水相望，占地面积 5 万平方米，建筑面积 2.47 万平方米，总投资 3.98 亿元。由展览区、公共服务区、学术研讨区、藏品管理区、办公区等区域组成，其中展厅总面积 7200 平方米，展线可达 1800 延米，最大展厅面积近 1000 平方米，展厅最高净空 8 米，采用国家重点美术馆标准进行展览流线规划，和国际一流专业美术馆智能化灯光系统设计。湖南美术馆于 2012 年 5 月立项，历经 7 年设计和建设，于 2019 年 9 月 28 日向社会开放。

【岳麓科创港运营】 2019 年 12 月 27 日，岳麓山国家大学科技城科创产业项目集中签约暨岳麓科创港启用仪式举行。作为大科城综合性科创服务平台，岳麓科创港致力于打造高技术服务业的聚集地，通过构建全生命周期的科创服务链条，将高校科研成果快速转化为社会生产力，让各类创新主体、服务主体融合发展，各类要素自由配置，形成创新创业的高地。从直接服务一个企业，到通过一个平台服务成千上万家企业，将快速推进区域产业、人才与创新资源的集聚、裂变与输出，助力全市、全省产业高质量发展。岳麓科创港由原岳麓区科创大厦提质改造而成，总面积 1.6 万平方米，用玻璃肋、拉网版、钢结构、清水砼等简朴的材料与工艺，重新构

建一个绿色生态、开放共享的立体空间，塑造出一种独特的科创风格与现代气质，科创港致力于服务大科城、全市、全省的科创企业，重点布局科创政务、知识产权、技术转移、仪器共享、科技金融、科创活动、科创人才、上市辅导、国际合作、财税法商十大服务。运营当天，大科城推委会先后与北京极地加科技有限公司、武汉光谷咖啡创投有限公司、湖南数定智能科技有限公司等签订合作协议书，湘江新区管委会、岳麓区政府亦先后与多家科技公司签订合作协议。

（本栏撰稿　周义娟）

表 59　　2019 年岳麓区主要经济指标与 2018 年比较统计表

单位：亿元

指标名称	地　区 生产总值	农林牧渔业 总产值	社会消费品 零售总额	一般公共预算 收　入	一般公共预算 支　出	城镇居民人均 可支配性收入(元)
2018	1120.23	15.50	400.60	116.90	58.61	54090
2019	1288.20	15.75	441.26	139.74	65.26	58948
2019 年比 2018 年增长（%）	8.8	−5.9	10.2	19.54	11.3	9.0

（资料来源：岳麓区地方志编纂室）

开福区

【概况】　开福区辖 2 区 1 园 1 局 1 中心（金霞经济开发区、开福高新区、青竹湖生态科技产业园、洪山管理局、金霞保税物流中心）、16 个街道（望麓园、清水塘、湘雅路、伍家岭、新河、东风路、通泰街、四方坪、芙蓉北路、洪山、月湖、浏阳河、秀峰、捞刀河、沙坪、青竹湖）。全区总面积 188 平方千米，其中建成区面积约 80 平方千米，耕地面积 3.02 千公顷。2019 年年末户籍人口 52 万余人，常住人口 88 万余人。人口出生率 13.33‰，死亡率 9.4‰，人口自然增长率 3.93‰。

地区生产总值 1006 亿元，增长 7.3%。其中第一产业实现增加值 1 亿元，比 2018 年下降 15%；第二产业实现增加值 144 亿元，比 2018 年增长 2.8%；第三产业实现增加值 861 亿元，比 2018 年增长 8.2%。三次产业结构比为 0.1∶14.3∶85.6。第一、二、三次产业分别拉动 GDP 增长 0 个、0.4 个、6.9 个百分点，三次产业对地区生产总值增长的贡献率分别为 –0.2%、5.9%、94.3%。一般公共预算收入 129.9 亿元，比 2018 年下降 0.04%；其中税收收入完成 112.9 亿元，比 2018 年下降 1.13%。完成地方一般公共预算收入 45.05 亿元，比 2018 年增长 12.67%。居民人均可支配收入 58334 元。入选 2019 年全国高质量发展百强区。

农林牧渔业总产值 2.05 亿元，比 2018 年下降 15.2%。其中，完成农业产值 1.4 亿元，比 2018 年下降 1.1%；完成林业产值 104 万元；完成牧业产值 0.46 亿元，比 2018 年下降 43.8%；完成渔业 0.13 亿元，比 2018 年下降 18.3%。全年粮食种植面积 2.12 千公顷，粮食总产量 1.34 万吨。生猪出栏 1.53 万头，家禽出笼 6.85 万羽，水产品产量 825 吨。

规模以上工业产值比 2018 年增长 6.8%，较 2018 年同期上升 0.5 个百分点；规模以上工业增加值比 2018 年增长 8%。全年工业总产值过亿元的企业 22 家，完成工业总产值 73.8 亿元，占全部规模工业总产值的 73.4%。全年股份制企业完成工业总产值 81.6 亿元，占全部规模工业总产值的 81.1%。全年新增规模工业企业 13 家。

社会消费品零售总额 811.2 亿元，比 2018 年增长 10%。其中，限额以上企业零售额比 2018 年增长 9.8%，限额以下企业及个体户零售额比 2018 年年增长 10.1%。按行业分组，批发业零售额增长 11.8%；零售业零售额增长 9.6%；住宿业零售额增长 5%；餐饮业零售额比 2018 年增长 10.6%。中西药品销售、粮油销售、网络汽车销售为全区的行业特色。

固定资产投资比 2018 年增长 10.3%。其中，产业投资 192.4 亿元、增长 46.9%。全区房地产开发投资 186.7 亿元，增长 30.4%；商品房销售面积 147.97 万平方米，下降 18.3%；其中住宅销售面积 109.24 万平方米，下降 24.5%；商品房销售额 167.3 亿元，下降 18.7%。　（杨　杰　陈　蓉）

【社会事业】　2019 年，开福区有区属中学 10 所（含九年一贯制学校 3 所），在校学生 17786 人；小学 54 所（含教学点），在校学生39571人；幼儿园161所，其中公办园31所，局属公办园20所，在园幼儿33452人。小学适龄儿童入学率100%，小学升初中入学率100%。全区投入学生免费入学和资助经费7144.13万元，全区所有义务教育阶段117836人次学生全部享受免杂费入学，执行公办教育收费标准的108018人次学生全部享受“一费制”（含课本费、教辅资料费和作业本费）全免入学。接收外来务工人员子女10040名，占全区中小学生人数的19%，全部享受免杂费、免“一费制”入学。全年补助83人次农村家庭经济困难寄宿学生生活费。新建和启动新建学校4所（其中楼盘配套学校4所），扩建学校2所、农村学校附属幼儿园0所，并对37所中小学进行了运动场提质建设、校园文化建设和维修改造。拥有群众艺术表演团队146个，文化馆1个，街道文化站16个，示范性社区（村）综合文化服务中心82个。有图书馆19个。公共文化服务不断完善，建成31个农家书屋，区图书馆图书总藏量705千册。全年开展全民健身项目100余次，全民健身运动参加人数20万余人。全区有各类医疗卫生机构456个，新增44个，其中一级及以上医院28个，疾病预防控制机构3个。床位9128张。

（杨　杰　陈　蓉）

【社会保障】　2019年年末，开福区城镇登记失业率2.45%；全年新增城镇就业人员8990人，失业人员再就业6064人，就业困难人员就业2746人，农村劳动力转移就业350人；城镇零就业家庭实现动态就业援助100%。参加企业职工基本养老保险人数11.9万人，基本养老金社会化发放率100%；参加城乡居民养老保险人数4.3万人。全区拥有敬老院1家，床位75张，入住老人72人。拥有各类社区服务设施227个，街道社区服务中心16个，社区公共服务中心90个。全年发放城乡居民最低生活保障金3617.32万元，居民得到政府最低生活保障81838人次，其中城市居民最低生活保障58353人次，农村居民最低生活保障23485人次。城市和农村低保对象月人均发放保障金分别达468元和377元。（杨　杰　陈　蓉）

【“三大攻坚战”】　2019年，开福区推进“三大攻坚战”苏托垸污水处理厂项目10.07公顷49天实现签约、腾地同步完成，山鹰潭片区46.67公顷53天实现签约清零，夸特纳斯项目15.13公顷90天实现从签约到开工建设。新增潮宗街、北正街、西园北里等“网红”地标，五一商圈全面提质，西长街水产畜禽市场关停搬迁，月湖等5个老旧社区美丽“蝶变”，城市有机更新持续稳步推进。创新开展城市特殊困难群体帮扶，发放专项资金1100万余元，帮扶困难群众4000余户，《人民日报》专题报道推介。国控、省控监测考核断面水质优良率首次全部达到100%，“一江三河”水质稳定在Ⅲ类以上，浏阳河三角洲水质自动监测站被评为全国“最美水站”，河湖长制全面落实，碧水攻坚效果显著。在全市率先推行“街道吹哨、部门报到”机制，社区治理经验在全国推介，连续15年保持全省“平安区县”称号，群众获得感、幸福感、安全感持续提升。

（杨　杰　陈　蓉）

【第三届“中国福”城市文化交流活动在开福区举行】　2019年5月9日，第三届“中国福”城市文化交流活动开幕式在开福区清水塘中共湘区委员会旧址举行。活动为期两天，包括开幕仪式、福地参观、夜看开福、主题论坛等环节。全国8个以“福”命名的城市嘉宾代表齐聚开福，共同挖掘中国“福”文化，开展“福”文化交流活动，推动各城经济与文旅融合发展。长沙市政协党组书记、主席文树勋出席并宣布第三届“中国福”城市文化交流活动开幕，开福区委副书记、区长刘拥兵致欢迎辞，开福区委副书记谢伟峰作开福区城市推介。开幕式上，上演了原创情景剧《福地往事》、花鼓新唱《开福身边好人多》等文艺节目，来自江西安福县、福建福鼎市、云南福贡县、新疆福海县、贵州福泉市、山东福山区、广西永福县的嘉宾代表与开福区“身边好人”、道德模范、群众代表观看演出。5月10日，举行“厚德开福”主题论坛与好人事迹巡讲巡演。岳麓书院原院长朱汉民以福文化为主题进行演讲，8位来自中国福城市的代表做交流发言，敬业奉献中国好人张卫社、助人为乐中国好人袁亮坤、邓学东的事迹进行展演。（陈　蓉）

【开福区“幸福向北”马栏山上芒果汽车全民跑举行】　2019年4月20日，“幸福向北”马栏山上芒果汽车全民跑暨开福区全民健身节启动仪式在“中国V谷”马栏山文创园内举行。活动由长沙开福区政府、中国（长沙）马栏山视频文创产业园主办，开福区文化旅游体育局、马栏山文创园招商合作局、开福区月湖街道承办。市体育局党委委员、工会主席钟国林，长沙开福区委副书记、区长刘拥兵出席活动。此次活动全程7千米，分为男子组和女子组，省内外近3000名跑步爱好者参赛。来自湘潭大学的林鑫以19分43秒的成绩获男子组冠军，甄燕南以21分58秒的成绩获女子冠军。整场活动通过《都市大直播》在湖南都市频道进行直播，芒果TV全程同步网络直播。全民健身节期间，区属机关、街道、社区及辖区企业、体育健身社团陆续组织开展100余场群众性体育健身活动或赛事。全民健身“每季有主题，每月有赛事，每周有活动”，全区参与的体育爱好者和市民群众在10万人次以上。（陈　蓉）

【农安小区朝正美苑竣工验收】　2019年4月30日，由开福城投集团实施的朝正美苑农民安置房项目通过整体竣工验收。该项目为长沙市最大的农民安置房项目，项目总用地面积23.87公顷，由28栋18~34层住宅，多栋2~5

层临街商业门面、邮政用房、物业管理用房、社区用房，1所九年制义务教育学校，1所幼儿园，2个地下车库等部分组成，可提供安置指标5831个、安置房源4584套。该项目分房后可安置朝正垸片区在外过渡的被拆迁群众近3000户。（陈　蓉）

【马栏山众创园党群服务中心建设】2019年，洪山街道按照楼宇商圈建党委（党总支），企业单位建支部的原则，积极与马栏山众创园进行对接，推进楼宇党建工作开展，在众创园建立党建+统战模式的集党建服务、社会服务、企业服务“三位一体”的党群服务阵地和“1+4”e星实践创新基地，2019年12月，选举成立众创园党总支（功能型）。此次马栏山众创园党群服务中心建设，旨在围绕马栏山视频文创园与月湖文创小镇、广电集团持续深入开展共建，实现资源信息共享，形成共商共建共享的区域化党建格局，以进一步加强对入驻企业的党建工作指导，在企业内深挖“口袋党员”，把分散的党员联合起来进行教育、管理，培养更多优秀党员。并且将利用场地影响力和品牌知名度，联合企业协会举办普惠性的群众活动，提升商圈党员干事创业的精气神，激发城市基层党建活力。（陈　蓉）

【“中华人民共和国的记忆”档案宣传活动】2019年6月12日，开福区档案馆围绕2019年“6·9”国际档案日宣传主题“中华人民共和国的记忆”，联合区文明办在月湖公园东广场开展一系列宣传活动。学生文艺演绎、学者授课解析、居民真情回忆，从国家、社会、家庭3个方面展示开福区70年所取得的伟大成就。宣传文字资料与珍贵照片均来自馆藏档案资源，记录和见证了中国飞跃发展的足迹。随着市民对档案工作认识的不断提高，支持和参与到城市档案与家庭档案的建设，形成丰富的传播载体，发出赞美祖国的强音。省档案馆副馆长蔡振武、省文明办副主任熊科文，市委办公厅副主任、档案局局长吕发祥、市文明办副主任丁德喜、市档案馆副馆长陈艳芳，区委常委、区委办主任张春雄，区委常委、宣传部部长舒全球等参加活动。（陈　蓉）

【开福城投集团子公司城北投公司获全国“2018年度中债优秀发行人奖”】2019年1月16日，在2019年债券市场投资策略论坛暨2018年中债优秀成员表彰大会上，开福城投集团子公司城北投公司获“2018年度中债优秀发行人奖”。该奖项在全国范围内有17家企业获得，城北投公司为全国唯一一家受此荣誉的AA级企业，为湖南省唯一一家获奖企业。（陈　蓉）

表60　2019年开福区主要经济指标与2018年比较统计表

单位：亿元

指标名称	地　区生产总值	农林牧渔业总产值	社会消费品零售总额	一般公共预算收入	地方一般公共预算收入	城镇居民人均可支配收入（元）
2018年	1045	2.20	737.5	134.9	40.88	53621
2019年	1006	2.05	811.2	129.9	45.05	58334
2019年比2018年增长（%）	7.3	−15.2	10	−0.04	12.67	8.8

说明：根据第四次经济普查结果，对地区生产总值及相关指标的历史数据进行了修订　（资料来源：开福区地方志编纂室）

雨花区

【概况】雨花区辖12个街道、1个乡级镇，辖区有省级工业园区1个（长沙雨花经济开发区）、市级物流产业园区1个（雨花区电子商务产业园区）。土地总面积292.2平方千米。2019年年末户籍总人口73.84万人，常住人口94.98万人。人口出生率13.36‰，死亡率6.75‰。人口自然增长率6.61‰。

地区生产总值2075.77亿元，比2018年增长7.7%。其中，第一产业实现增加值5.35亿元，比2018年下降2.2%；第二产业实现增加值1118.9亿元，比2018年增长6.4%；第三产业实现增加值951.51亿元，比2018年增长9.4%。一、二、三次产业分别拉动GDP增长0个、3.6个、4.1个百分点，三次产业对GDP增长的贡献率分别为-0.1%、46.6%、53.5%。一般公共预算收入158.13亿元，比2018年下降0.1%。其中，地方一般公共预算收入61.36亿元，比2018年增长12.2%。一般公共预算支出91.61亿元，比2018年增长7.8%。城镇居民人均可支配收入59375元，比2018年增长8.9%。主要指标稳居中部省会城区前列，综合实力、投资潜力、新型城镇化质量分别位居全国百强区第29位、第14位、第16位，工业实力排名全国百强区第20位；综合竞争力排名全国百强区第17位。

农林牧渔服务业总产值5.56亿元，比2018年下降2.4%。其中，农业总产值5.18亿元，比2018年下降2%；牧业总产值0.08亿元，比2018年下降9.1%；渔业总产值0.09亿元，比2018年增长1.1%；农业服务业总产值0.21亿元，比2018年下降8.4%。

规模以上工业实现增加值比2018年增长5.5%；其中雨花经开区规模以上工业增加值增长13.5%。具有建筑业资质等级的独立核算企业完成建筑业总产值1912.53亿元，比2018年增长12.6%；其中在外省完成的产值1246.67亿元，比2018年增长19.2%。建筑业实现增加值比2018年增长5.5%；房屋施工面积17698.53万平方米，比2018年增长13.7%。

社会消费品零售总额827.85亿元，比2018年增长8.8%，增速较2018年提升0.4个百分点。其中，城镇实现消费品零售额813.45亿元，比2018年增长8.7%；乡村实现消费品零售额11.4亿元，比2018年增长15%。大型商品交易市场稳定发展，全区拥有亿元以上商品交易市场11个。

固定资产投资比2018年增长10.9%，其中房地产开发投资增长9.4%。商品房销售面积355.01万平方米，比2018年增长29.6%，其中住宅销售面积316.21万平方米，增长36.4%；实现商品房销售额363.82亿元，增长25.7%，其中住宅销售额304.42亿元，增长29.9%。

【商事制度改革】 2019年，长沙市雨花区持续推进商事制度改革。在全省率先推出企业开办证照、印章、税务、银行开户、社保“5合1”，推行一套材料、一窗登记、一日完成、零成本办结的“1110”并联式集成办理服务新模式，结合一网通办、电子化服务、全程免费、容缺登记等举措，率先实现“零成本+1日办结”。全区新增市场主体29012户，改革后比2018年增长58%，平均每个工作日新增“老板”64人以上。推进“一件事一次办”改革，增设“一件事一次办”综合窗口，实现“按部门、按事项设窗”到“一窗受理”的转变；下放部分食品、医疗器械经营许可事项，将服务送到群众家门口；实施食品经营许可告知承诺制，进一步简化审批环节、提高办事效率。准确及时对接“全国企业登记身份管理实名验证系统”，增加窗口工作人员9名，积极应对实名验证系统上线初期出现的工作量激增情况。推进“无纸化”“零见面”的企业登记全程电子化审批服务，办理11955家电子化业务；与创业园区协作实施集群注册，推广“一照多址”备案制度，托管集群企业5597户。按照依法合理、便捷高效、企业自治、风险可控原则，核准办结简易注销企业1530户。全面实施企业名称自主申报，引导和帮助群众进行名称自主申报，自主申报企业名称14928个。全区市场主体179448户，位居全省区县（市）第一位；每万人拥有市场主体数约1934户，位居中部省会城区第一位。

【优化营商环境】 2019年，雨花区出台优化营商环境25条，打造营商环境雨花样板。完成政府机构改革，行政效能进一步提升，营商环境进一步优化。在全省率先实行企业开办“一套材料、一窗登记、一日完成、零成本办结”的“1110”模式，实现企业开办“一日办结”“费用全免”，新增企业13834户，其中5月份改革后新增企业10015户，增长59.8%，平均每个工作日新增企业64家。雨花作为长沙样本区迎接国家发改委营商环境测评。在全市率先打造13个政务服务“全科综合窗”、7个“专科综合窗”，实行无差别受理，全面推进“只进一张门、办成所有事”。在全省率先启动部门联合抽查“双随机一公开”改革，覆盖市场监管、生态环境、交通运输、农业农村、文化旅游等重点领域，规范了事中事后监管。在全市率先构建公共信用信息平台，累计发布信用信息4万余条。开展企业（项目）服务日，建立健全企业诉求交办机制，为企业（项目）解决诉求问题200余个。着力解决企业融资、用工等问题，帮助企业争取政策资金2.7亿元、获金融机构贷款授信200亿余元，为企业发布岗位信息1.9万余个。完善中小企业公共服务体系，区中小微企业公共服务中心获“2019年度国家中小企业公共服务示范平台”称号。为企业减税37.02亿元、节省参保费1.1亿元，兑现区级产业扶植奖励6000万余元、园区产业扶植奖励1600万余元。在全省率先成立区总商会商事调解中心，设立全省首个24小时法院。办理知识产权行政执法案件84件、商标侵权案件38件，企业申请专利4061件，企业合法权益保障更加有力。全区“四上”企业856家，高新技术企业327家，市级智能制造试点企业42家，和顺石油IPO上市获证监会审核通过。完成第四次全国经济普查，普查总量超过2018年快报数。市场主体总量17.7万余户，每万人拥有市场主体1913户，均位居全省区县（市）第一位。

【产业项目建设】 2019年，雨花区抓好省、市、区重点项目，完成重大项目投资272亿元，为年度计划的130%，其中产业投资增长25%。全市重大产业项目观摩连续3年排名中心城区第一位。持续发力“一主一特”产业链，新能源汽车及零配件产业链实现产值320亿元、增长9%，智能工业型机器人及传感器产业链实现营业收入102亿元、增长27%。比亚迪新能源乘用车生产线智能化改造、湖南工业4.0创新中心、大族激光研究院、可孚智慧医疗（一期）、大捷智能、精一自动化投入运营，长步道（二期）

主体工程完工。实施服务业占比提升两年计划，服务业占GDP比重提高1个百分点。长沙高铁会展新城、中国（长沙）创新设计产业园获批全省第三批服务业示范集聚区，湖南商会大厦、万博汇云谷、御溪国际等商务楼宇纳入“三百工程”重点楼宇库，税收5000万元以上楼宇达15栋，商务楼宇去库存35万平方米。引进盒马鲜生、中铝国际、红星美凯龙爱琴海购物公园等500强企业（项目）9个。金屏社区、新田村市级乡村振兴示范创建工作有序开展。

【城乡建设与管理】 2019年，雨花区推进城乡建设与管理，高铁会展新城片区10个项目征拆清零，绿地长沙城际空间站建设加快推进。红星片区首开区拆迁腾地、合作开发前期工作有序推进，步步高星城天地、华悦广场等项目进展顺利。雅塘片区雅塘冲路（韶山南路至曙光路段）完成建设，车站南路、环线小学加快征拆。南部融城片区提质改造跳茅线、白金公路等县乡道30千米，硬化村组道路42千米。完成农村“五治”无害化厕所改造3037户，打造金屏小微水体示范片区，垃圾分类减量示范村创建率100%，创建美丽屋场10个、美丽庭院50个。地铁4号线开通试运营，湘府路快改工程主线竣工通车，高升路、侯照路、柳树塘路等13条市政道路完成建设，沙湾路（曲塘路至长沙大道）、梓园路、洞和路、同升湖路等道路完成提质改造。长仪棚改项目实现腾地，汽制、大吉、省机械化（一期）等棚改项目签约清零。提质改造老旧小区10个。新建15分钟生活圈64个，新（改）建农贸市场15个、停车场20个、新增停车泊位8339个，新（改）建人行道58.66千米、自行车道93.5千米、健身步道6.5千米、文化步道1.2千米。建成牛栏山公园（一期）、红一方面军红色文化主题公园等公园5个。完成电网“630”攻坚年度任务。做实城管环保网格，依托网格平台处置各类问题46万件。全面推进垃圾分类，完成93座老旧站厕改造，144个社区（筹委会）实现垃圾分类“全覆盖”，完成生活垃圾减（控）量年度目标。火车南站在全国率先开通地铁免检通道、网约车通道、城市航站楼，“智慧站区”建设有序推进。

【社会事业】 2019年，雨花区有普通高中4所，初中学校15所，普通小学72所；幼儿园228所，增加28所。普通高中在校生4195人，初中在校生21674人，普通小学在校生88243人，幼儿园在园幼儿40170人。全区各类民办学校160所，在校学生43214人。小学适龄儿童入学率100%，初中适龄人口入学率100%，高中阶段教育毛入学率100%。落实义务教育保障资金13.11亿元，增长23.22%。义务教育阶段合格学校建设2所。

完成省公共文化服务体系三年行动计划任务，打造示范性社区文化服务中心5个，全区艺术表演团体22个，文化馆1个。拥有公共图书馆（区级）1个，图书分馆（含街道、社区两级）11个。拥有档案馆1个，已开放各类档案1.3万卷（件）。

投放全民健身器材72处。开展全民健身项目34项次，全区全民健身运动参加人数60.9万人。全区有体育场地面积265万平方米，比2018年增加65万平方米，拥有体育馆19座，增加7座。

【社会保障】2019年，雨花区有医疗卫生机构612个。卫生技术人员18831人，比2018年增长2.7%，注册护士3261人，增长15.3%。医院、卫生院55个，床位1510张；社区卫生服务中心11个，床位607张；拥有疾病预防控制中心（防疫站）、卫生监督机构、妇幼保健院各1个。新增家庭医生社区工作室25个，在全市率先探索医保基金专业化监管模式。新增就业1.88万人，比2018年增长2.01%。其中，城镇新增就业1.63万人，增长4.93%。年末城镇登记失业率2.06%，实现失业人员再就业6538人。统筹推进低保提标、城市特殊困难群体帮扶、特困人员供养等工作，落实特困人员住院、门诊等费用兜底保障。城镇职工基本养老保险参保人数23.01万人，城乡居民社会养老保险参保人数6.61万人，工伤保险参保人数17.99万人，失业保险参保人数15.6万人，生育保险参保人数16.3万人。完善退役军人管理服务保障体系，落实双拥优抚安置政策。各类收养性社会福利单位收养人员1032人，共有床位数1426张。城镇各种社区服务设施1027个，其中综合性社区服务中心134个。筹集社会福利资金307.07万元，直接接受社会捐赠160万元。全年发放城镇居民最低生活保障经费为2138.93万元，城镇居民得到政府最低生活保障人数为3603人；发放农村居民最低生活保障经费409.59万元，农村居民得到政府最低生活保障人数为888人，农村低保覆盖率100%。持续推进全国居家和社区养老服务改革试点，新建民办养老机构2家、社区居家养老服务中心6个。川河苑、桃花苑等保障住房项目完成分房。

【“三大攻坚战”】 2019年，雨花区推进“三大攻坚战”。消化关注类债务8.08亿元，偿还隐性债务1.9亿元，政府性债务风险总体可控。区属国有企业市场化转型迈出坚实步伐，区城投公司被评为全省区县首家信用AA+级平台公司。坚决打击非法集资，化解非法集资苗头8起。落实“房住不炒”要求，房价保持整体平稳。全面落实“两不愁三保障”，推进产业扶贫、就业帮扶等措施。发展水果种植、容器苗种植、蜜蜂养殖等项目30个，惠及贫困户961人。加强技能培训和就业服务，实现244人稳定就业。做好桑植县、龙山县石牌镇、浏阳市社港镇和镇头镇对口帮扶，被评为“湖南省携手奔小康先进单位”。全面落实“六控十严禁”举措，燃气锅炉低氮改造132台，清理整治“散乱污”企业51家，实施老旧小区餐饮油烟治理1万户，建成园区大气污染防治监控平台，空气质量综合指数排名中心城区前列。全面落实“河长制”，石碑大港智能化末端排口投入使用，劳动路北污水提升泵站主体工程完工，时代阳光大道北幅截污干管扩容工程启动建设，花桥污水处理厂（三期）加快征拆，水环境质量持续改善。圭塘河水质年平均值近十年来首次达到Ⅳ类标准。浏阳河（雨花段）、双溪港、官桥撇洪渠水质稳定达到Ⅲ类。水利部组织14家央媒对圭塘河流域综合治理经验做法进行推介，中央电视台《新闻联播》对雨花区黑臭水体治理进行采访报道。水清、岸绿、景美的圭塘河成为雨花一张亮丽的名片。实现绿心规划优化调整，工业企业退出后续工作进展顺利。洞株路快速化改造有序实施，农村公路全面提质，石燕湖村、新田村等民宿产业发展，民宿带动花卉苗木转型发展，助推全域旅游发展。

【中国（雨花）创新设计战略联盟成立】 2019年10月18日，中国（雨花）创新设计战略联盟成立大会在中国长沙创新设计产业园召开。创新设计战略联盟是经长沙市雨花区科学技术领导小组同意，由中国电建集团中南勘测设计研究院有限公司、中机国际工程设计研究院有限责任公司等6家单位共同发起的区域性战略协作组织。36家高技术服务企业、行业组织、科研院所、社会团体加入该组织。该联盟以提升创新设计能力为使命，以高技术服务、创新设计企业和区域支柱产业的创新设计需求为导向，着力提升企业创新设计能力，推动创新驱动发展。会议通过联盟章程，选举联盟第一届理事长、副理事长和秘书长单位，选举中国电建集团中南勘测设计研究院有限公司、中机国际工程设计研究院有限责任公司为理事长单位，选举长沙智能机器人研究院有限公司、长沙航空职业技术学院等17家单位为副理事长单位；选举中国长沙创新设计产业园为秘书长单位。新当选的理事长和秘书长单位致辞。雨花区人民政府副区长刘江红出席大会并致辞。刘江红表示，联盟要创新引领发展，将战略联盟变成企业获取竞争优势的工具，为盟内企业的创新设计发展打造坚实的服务平台；要设计改变未来的生活、生产、生态，要加强跳马“绿心”生态保护，打造环境优美、宜居宜业、精致精美、人见人爱的品质雨花；雨花经开区、区政府办、区发改局、区教育局、区科技局、区卫健局、区科协、各街镇等相关负责人共同见证联盟成立。

【（韶山）智能制造产业园开工建设】 2019年12月26日，长沙雨花经开区与韶山高新区携手打造的“飞地园区”项目——长沙雨花经开区（韶山）智能制造产业园开工建设。“飞地园区”项目位于韶山高新区旅游主干道东方红路两厢，总规划面积4公顷，建筑面积近30万平方米，投资逾20亿元，分两期实施。项目集独栋、双拼、钢构厂房、多层厂房及高层厂房多元建筑形态于一身，囊括生产、办公、科研、中试、孵化、培训、体验等多功能于一体。项目竣工投产后，将重点承接长沙雨花经开区人工智能传感器及机器人、航天航空、新能源汽车及零部件与其他战略性新兴产业及配套服务产业。“飞地园区”项目将有效填补韶山高新区高端智能制造产业空白，形成产业集聚效应。项目建成后，将吸引25~30家国内外智能制造细分市场龙头企业和近300家相关联上下游配套企业入园，有效助推雨花经开区“一主一特”产业可持续发展；扩容韶山市高新区智能制造产业链，促进“先进制造产业、机器人产业、数字产业”的“三主”产业格局形成，实现机器人产业零的突破，推动传统制造业数字化改造，成为省内“飞地经济”园区的新高地、新名片、新标杆。

【长沙湘府路快速路建成通车】 2016年9月，长沙城区第二条快速化道路——湘府路快改工程启动建设。湘府路快速化改造工程西起湘江大道新开铺路，东至浏阳河西岸。项目主线为双向6车道快速路，地面辅路双向6~8车道，全长11.85千米，设计时速80千米。辅道为城市主干路，包括高架段、隧道段和地面道路段，全长11.95千米，设计时速50千米，双向4~8车道。全线已安装电子警察全程监控，禁止大货车、非机动车和行人等进入隧道、快速化桥梁和匝道。湘府路高架桥主要采用钢板组合梁结构，全线2326片钢板组合

2019年9月28日，长沙湘府路快速路建成通车　　雨花区地方志编纂室　供图

梁，其中韶山路以西段820片。湘府路隧道2.4千米，为长沙最长最宽位于主干道下方的地下隧道。2019年9月28日，湘府路快改项目花候路以西主线桥梁、隧道通车试运行。该项目全线建成后，与万家丽路高架通过全互通立交连接构成长沙“小三环”。从河西的西二环经湘府路大桥沿快速路向东行驶，通过花侯路定向左转匝道，经红旗路到长沙火车南站，全程无红绿灯，以每小时70千米的速度从湘府路大桥东引桥出发一路向东行驶用时10分钟到达花侯路。从长沙县星沙到湖南湘江新区的洋湖湿地公园大约30千米车程只需半个多小时。在不出现道路拥堵的情况下，从省政府到高铁南站的通行时间将由原来的半个多小时缩短至不足十分钟。

【长沙曙光路全线通车】 2019年2月2日，长沙曙光路（车站路—雅塘冲路）建成通车，历时两年建设的曙光路下穿南二环的施工结束，长沙城南著名的“断头路”得以打通，南起香樟路，北至五一大道，与芙蓉路、韶山路平行的纵贯城中心的南北向干道曙光路全线拉通，长沙又多一条纵贯城中心南北的干道。曙光路南延后，跨过京广铁路，与韶山路、新建路、车站路、香樟路、东二环形成路网，它的全线通车方便了周边桔园小区、王家冲小区、民政学院等居民的出行，缓解韶山路和南二环的交通压力。曙光路（车站路—雅塘冲路）项目全长820米，北起车站路，南至雅塘冲路，为城市次干道，其中曙光路跨京广铁路桥是项目重难点控制性工程，它分主线桥和辅道桥两幅设计，跨越京广线以后，主线桥下穿南二环，辅道桥与南二环平交，主桥为双向6车道，桥宽32.5米，辅桥为单向2车道，桥宽8米。下穿南二环隧道采用双向4车道设计，地道宽度26.5米至34米，全长183米。曙光路新开通路段限速每小时40千米，曙光路下穿南二环的涵洞，禁止货车在早上7时到晚上10时通行。

【首批全国产化激光切割机实现“雨花造”】 2019年10月12日，首批全国产化激光切割机在长沙雨花经济开发区下线。宽3米、长9米的双平台激光切割机，28秒时间，一块1毫米厚的大钢板切割成一块0.2米长、0.15米宽的工件，工件上出现圆形、方形、齿轮等20种不同图案。此次下线的“LION”系列激光切割机，由湖南大族智能装备有限公司历时4个月的研发生产，核心器件均实现国产化，为“长沙智造”再添新名片，意味着更多全国产激光“剪裁师”将实现雨花打造。

【克明面业成为全国粮食领域技术创新中心】 长沙市雨花区“中国百佳粮油企业”克明面业股份有限公司是国家农业产业化龙头企业，是国内大宗面制品加工领域集技术装备、产品研发与产业化技术示范于一体的领先高科技民营企业，拥有“陈克明”面条、“五谷道场”非油炸方便面等众多面食品牌。克明面业是“中国面业第一股”，该公司应国家“科技兴粮”发展战略号召，注重面条工程化技术的研究、创新。公司科研团队不断研发“陈克明”面条挂面生产工艺。获国家授权专利81件，省部级科技成果3项，并获国家级科技进步二等奖1项；“陈克明”面条的挂面加工技术优化研究和营养强化挂面生产技术研究与开发通过湖南省粮食局和湖南省科学技术厅省级科技成果鉴定。克明面业创新性推出“五谷道场”产品非油炸刀削面等数款新品，提升产品口味和形态，为“五谷道场”的产品赋加“轻食”概念，诉求轻盈体态、减轻肠胃负担，将非油炸的健康属性具象化。2019年5月21日，全国粮食科技活动周启动仪式上，国家粮食和物资储备局首次评定全国粮食领域技术创新中心3家，授牌南京财经大学“国家粮食产后服务技术创新中心”、

表61　2019年雨花区主要经济指标与2018年比较统计表

单位：亿元

指标名称	地　区 生产总值	农林牧渔 业总产值	社会消费品 零售总额	一般公共预算 收　入	一般公共预算 支　出	城镇居民人均可支 配收入（元）
2018年	1888.16	8.24	761.24	158.31	84.99	54522
2019年	2075.77	5.56	827.85	158.13	91.61	59375
2019年比2018年增长（%）	7.7	−2.4	8.8	−0.1	7.8	8.9

（资料来源：雨花区地方志编纂室）

安徽燕庄油脂有限责任公司“国家粮食产业（芝麻加工）技术创新中心”、克明面业股份有限公司“国家粮食产业（小麦面条制品）技术创新中心”。雨花区克明面业股份有限公司小麦面条制品，成为国内高端挂面第一品牌。

【“美好70年·雨花幸福‘视’”短视频大赛】 2019年9月9日，长沙市雨花区委宣传部、雨花区互联网信息办公室启动“美好70年·雨花幸福‘视’”——网络新媒体视频大赛活动，以“中国梦·生活美——财富、品质、幸福新雨花”为主题，讴歌祖国、讴歌新时代，展现人民群众文明行为，讲述雨花故事，宣传城市形象和文明典型，推动精神文明建设，汇聚网络正能量。以全民参与的形式，用视频表达人民对祖国的深情祝福，向祖国母亲70华诞献礼，持续推进“产业项目建设年”“营商环境优化年”工作。截至9月25日活动结束，大赛组委会收到超过120余个短视频作品，主题围绕讴歌祖国、讴歌新时代，展现美好雨花、讲述雨花故事。大赛组委会依据作品内容是否符合主题，体现正能量、点赞数排名等标准，综合专家评审团打分，最终评选出一等奖2名、二等奖4名、三等奖8名、优秀奖56名。11月27日，“美好70年·雨花幸福‘视’”短视频大赛颁奖仪式在雨花区委网信办举行，雨花区委常委、宣传部部长余宏卿，区委网信办主任易方顿、副主任常晖，腾讯大湘网副总编辑曾力力出席活动，并为大赛一、二、三等奖颁奖。

（本栏撰稿　刘科明）

望城区

【概况】 望城区辖10个街道（其中雷锋街道交由高新区托管），5个镇，98个行政村、19个农村社区、32个城市社区。全区总面积969平方千米，耕地面积31.33千公顷。2019年年末户籍人口60.12万人（不含雷锋街道），常住人口44.4万人，其中少数民族3.2万人。人口出生率14.33‰，人口死亡率5.49‰，人口自然增长率8.84‰。

是年，望城区被评为国家生态文明建设示范区，连续3年进入中国工业百强区，连续7年入选全国综合实力和投资潜力百强区。望城经开区被评为国家知识产权示范园区、第四批国家绿色园区、中国经济营商环境十大创新示范区。

地区生产总值809.23亿元（含雷锋街道），比2018年增长8.8%。其中第一产业增加值47.89亿元，增长4%；第二产业增加值294.03亿元，增长10.6%；第三产业增加值467.31亿元，增长8.2%。第一、二、三次产业分别拉动GDP增长0.2个、3.9个、4.7个百分点，三次产业对GDP增长的贡献率分别为2.5%、44.4%、53.1%。三次产业结构调整为5.9 ∶ 36.3 ∶ 57.8。工业对经济增长的贡献率31%，拉动GDP增长2.7个百分点，全部工业增加值占GDP比重22.6%，较2018年下降0.1个百分点。一般公共预算收入103.16亿元，比2018年增加12.85亿元，增长14.2%。地方一般公共预算收入58.09亿元，比2018年增加8.43亿元，增长17%；全区一般公共预算支出110.32亿元，比2018年增加14.74亿元，增长15.4%。全体居民人均可支配收入43956元。其中，城镇居民人均可支配收入51213元，增长8.5%，农村居民人均可支配收入35106元，增长8.9%。城乡居民人均消费支出27078元。

农林牧渔业总产值83.06亿元，比2018年增长4%。其中，农业产值54.42亿元，增长3.8%；林业产值1.44亿元，增长5.8%；牧业产值15.01亿元，下降6.6%；渔业产值6.33亿元，增长30.8%；农林牧渔服务业产值5.87亿元，增长6.7%。年末，全区总播种面积95.06千公顷。全年粮食播种面积50.62千公顷，其中水稻播种面积46.55千公顷。全年粮食产量34.02万吨，其中水稻总产量32.37万吨。全年蔬菜播种面积31.13千公顷，蔬菜产量110.18万吨；茶叶产量0.07万吨，增长17.6%；水果产量4.51万吨，增长5.1%。全年出栏肉猪40万头，肉类总产量3.54万吨。水产品产量2.91万吨，增长22.9%。

工业增加值比2018年增长11.3%，其中规模以上工业增加值增长11.3%。在规模以上工业中，望城经开区工业增加值增长15.4%。年末规模以上工业企业359家，其中新增规模以上工业企业40家。在规模以上工业中，食品制造业产值182.8亿元，占规模以上工业的比重为20.4%；有色金属冶炼和压延加工业产值107.61亿元，占比12.%；非金属矿物制品业产值94.27亿元，占比10.5%；电力生产和供应业产值25.45亿元，占比2.8%。

社会消费品零售总额398.84亿元，比2018年增长15.3%。按行业统计，批发业25.15亿元，下降4.4%；零售业345.97亿元，增长20.2%；住宿业2.94亿元，下降34.6%；餐饮业24.78亿元，下降9.3%。全年完成外贸进出口总额100493万美元，比2018年增长43.7%。其中进口总额48968万美元，比2018年增长23%，出口总额51525万美元，比2018年增长71%。全年完成邮政业务总量1.03亿元，比2018年增长10.6%。全年完成电信业务总量8.39亿元，年末移动电话用户78.83万户。

固定资产投资比2018年增长11.7%。全区计划总投资超过5000万元的在建项目（不含房地产）214个，完成投资占固定资产投资总额的67.6%。

【城区环境建设】 2019年，望城区推进城区环境建设，编制《望城区国土空间总体规划（2019—2035年）》，“三区三线”划定推进，城规、土规、产业规划加快融合。编制电力、消防等专项规划，启动白箬铺镇规划

及21个村庄规划编制，开展斑马湖片区及重点道路交叉口城市设计。月亮岛公园对外开放；启动“绿色城市”建设项目17个，绿色面积新增42公顷；完成棚改653户。高铁西城启动建设，长益扩容高速、常益长高铁长沙段加快建设，月亮岛路普瑞隧道顺利贯通，石长铁路联络线正式开通，优化公交线路6条，乔口、茶亭等3个公交首末站完成建设。望城水厂三期扩建工程建成通水。220千伏谷山变电站等6个电力“630攻坚”项目完成建设，500千伏望城变和220千伏望北变、铜官变加快建设。推进市容秩序专项整治和拆违控违，规范流动摊贩、店外经营、户外广告7000余处，依法拆除违章建筑27.4万平方米。“城管机器人”智能识别系统、智慧渣土管理系统相继投入运行，莲湖市场智慧农贸成为生鲜市场管理新模式。创建市级垃圾分类减量示范小区33个。通过全国文明城市复检。落实征拆调标政策，完成征拆项目68个，腾地800公顷；加大限价商品房在建、配建项目建设力度，多渠道解决限价商品房指标存量问题。全面加强国土管理，整治违建别墅75栋、大棚房74.75公顷，盘活各类闲置土地76.12公顷，报批土地377.53公顷。

【社会事业】 2019年，望城区有普通中学29所，中等职业中学1所，小学74所，公办和普惠性幼儿园占85.8%。普通中学专任教师3021人，中等职业中学专任教师159人，小学专任教师1866人。普通中学在校学生人数26801人，中等职业中学在校学生2595人，小学在校学生数50091人。当年学龄儿童入学率100%；初中升学率99.4%；高中升学率92%。全年完成国家级、省级、市级以及区级各类重大体育赛事59场，送戏下乡135场，送电影下乡1881场，送图书下乡3200余册，举办庆祝中华人民共和国成立70周年各类庆祝活动100余场，“万人同唱爱国歌曲快闪”阅读量、播放量6000万余次。建成市级示范性村（社区）文化服务中心15个，全面完成“一圈两场三道”建设任务123处，全民健身工程覆盖率100%。年末拥有各类医院、卫生院、社区卫生服务中心39个，床位4036张，卫生技术人员4337人，其中执业医师1982人，执业助理医师人。婴儿死亡率由2010年的5.6‰下降到2019年的3.19‰。城镇新增就业8586人，城镇登记失业率2.32%，农村劳动力转移就业2801人。建成居家养老服务中心3家、敬老院照料护理区5家、村级儿童之家20家，帮扶城市特困群体对象1114户，城乡低保保障标准提标至每人每月650元、特困人员保障标准提标至每人每月845元，企业、城乡居民养老保险待遇实现九连调。城乡居民医保实现“应参尽参”，门诊统筹报销比例提高至70%。社会治理网格化建设推进，采集上报信息结案率98.28%，比2018年提高13.07%；“12345”市民服务热线办结率100%。成立全市首家打击传销普法教育基地。全国首创“中央厨房＋移动餐车”农村集体聚餐远程监管新模式。化解信访积案33件，国庆信访特护期实现进京非访“零登记”。

【乡村振兴】 2019年，望城区清查核实农村集体资产20.07亿元，农村集体经济组织成员资格界定基本完成，设置脱薄奖、台阶奖、增幅奖、突出贡献奖分层激励，村级集体经济不断壮大。突出“一县一特”产业发展，重点发展蔬菜和荷花虾产业。基本建成高标准设施蔬菜示范园，新改建标准化蔬菜生产基地1333.3公顷，邹学校院士专家工作站挂牌，蔬菜种植企业、加工企业累计126家、5家。荷花虾产业链建设取得新成效，文和友小龙虾研究院建成投运，望联农业和乔口荷花虾交易市场加快建设，率先发布荷花虾养殖、烹饪、视觉、质量溯源系列标准，建成荷花虾生产基地4666.6公顷。实施高标准农田建设2000公顷，提质改造农村公路110千米、安保工程100千米，新增农村通自来水人口2.8万人，大众垸防洪整治、大众垸水系连通、沩水流域综合治理等项目加快实施，铜官灌区茶亭片区、格塘灌区高效节水灌溉项目完成建设，沟渠清淤196千米、塘坝增蓄419处、骨干机台更新改造57处。

【“三大攻坚战”】 2019年，望城区守住隐性债务不新增、借新还息不发生、“三保”资金不断链底线，债务风险总体可控。推进融资平台整合转型，区级平台公司由14家整合至3家；拓宽融资渠道，新增一般债券6500万元、专项债券9.89亿元；打击和处置非法集资不法行为5起。突出解决“两不愁三保障”和安全饮水问题。发放残疾人“两项补贴”1387.8万元，资助贫困学生16016人次，完成农村危房改造计划384户，“一站式”医疗结算报销比例89%，实施扶贫产业项目160个，下拨产业扶贫资金1812.6万元，全区建档立卡贫困户脱贫887人；推进龙山县洗车河镇、农车镇对口帮扶，实施扶贫项目38个，落实帮扶资金2550万元。中央、省级生态环保督察及“回头看”问题全部整改到位，污泥与生活垃圾协同焚烧二期、灰渣填埋场建设加快推进，桥驿固废场1.5千米防护区村民搬迁第一批完成签约拆房。在建工地扬尘治理、秸秆焚烧整治显成效，空气质量优良率82.5%。截污治污和老城区雨污分流改造启动实施，建成管网53.9千米，望城第一污水处理厂、12个乡镇污水厂扩容提标工程建成投产。全面落实“河长制”“湖长制”，洞庭湖生态环境整治推进，完成河湖“清四乱”10处，“一江七河两湖库”特别是沩水国控断面水质持续达到Ⅲ类。

【优化营商环境】 2019年，望城推进“营商环境优化年”建设，建设以“省心、省时、省钱”为核心的“极省”营商环境，落实“一提一降三保证”26条举措、五大专项行动，向园区下放266项行政职权，成立“望城BSC”（商事服务中心），为企业打通信息交流的渠道，推动区内企业供需对接，促成零仓储、零物流、零损耗、零距离的“四零采购”，降低经营成本，系列举措真正让企业得到实惠。全年新增商事主体10998户，其中新增企业4632户，增长38.19%，望城经开区被评为中国经济营商环境十大创新示范区。《人民日报》、新华社、《经济日报》等中央、省、市及境外主流媒体进行报道，新华社全球通稿《长沙望城区努力打造“极省”营商环境》，被译为英语、法语、德语等10余种语言，望城“极省”营商环境享誉全球。

【51个重大项目集中签约】 2019年7月31日，国家级望城经济技术开发区举行2019年重大产业项目招商签约仪式，此次签约重点项目包括杉杉能源、立邦涂料、飞鹿股份、恒茂高科、百菲乳业、科速电子等，涉及智能制造、电子信息、云计算、新材料、食品加工等多个领域。51个项目总投资128.31亿元，其中500强、上市公司11家，龙头企业6家。现场签约项目20个，投资35亿元项目1个，20亿元项目1个，10亿元项目1个，1亿元以上项目12个，5000万元以上项目5个，呈现出涉及行业广、技术层次高、创新能力强的特点。作为长沙最年轻的国家级园区，望城经开区在产业基础、区位交通、营商环境等方面有着独到的优势，园区将先进制造业作为经济发展的第一选择和主攻方向，聚焦“两主一特”集中发力，致力打造有色金属、智能终端、电商3个千亿元级产业集群，拓展新材料、原辅料药两个百亿级产业集群，培育新一代半导体战略性产业集群，努力推动制造业高质量发展。为望城经开区高质量发展注入强劲动力。

【湘江大道北延线二期开工建设】 2019年7月26日，湘江大道北延线二期工程项目举行开工动员仪式。该项目起点顺接湘江大道北延线一期，往北跨新河，下穿岳临高速，终点顺接誓港大道，全长约7.55千米。道路等级为城市主干道，设计车速为60千米/小时，双向六车道。采用PPP融资模式实施，由望城区城投集团、湖南交水建集团和湖南路桥集团共同投资，预计2020年年底主线建成通车。

【比亚迪长沙厂华为手机批量下线】 2019年9月9日，比亚迪电子长沙工厂生产的首批华为手机在望城经开区长沙智能终端产业园下线。项目从签约到首台手机下线用时70天，创下新的“望城速度”，成为长沙工业发展的新地标、新名片，促进湖南电子信息产业发展，推动制造业向价值链中高端跃升，成为经济新的增长点。长沙智能终端产业园由世界500强企业华为和比亚迪联手打造，产业园按照德国工业4.0标准，面向未来20年发展，规划产能1.5亿台智能终端设备和泛网络产品。比亚迪电子工厂占地17.3公顷，总建筑面积26万平方米，全面投运后实现年产4000万台。

【庆祝中华人民共和国成立70周年系列主题宣传活动】 为庆祝中华人民共和国成立70周年，望城区开展“壮丽70年·奋斗新时代”主题宣传，《人民日报》、新华社、《光明日报》、中央电视台等央媒纷纷聚焦望城，推出反映望城经济高质量发展的报道，《湖南日报》《长沙晚报》分别以4个整版推出图文专题，全面展示望城70年的发展成就。在城市规划展览馆推出“砥砺奋进、名望之城”大型发展成就图片展，展现望城人民接力探索、接续奋斗的故事和场景，布置地铁4号线罐子岭站“初心回望　使命新城”望城发展成就展厅，受众5万余人。区融媒体中心制作的《雷锋家乡望城万人快闪同唱爱国歌曲，为中华人民共和国打call》全网点击量逾6000万次。国庆期间，广大干部群众集中收看阅兵庆典、居民自发组织为祖国庆生吃面等活动，系列活动吸引中央、省市20余家媒体集聚报道。

【“与雷锋同行”中国音协轻骑兵走进望城】 2019年3月5日，在学雷锋纪念日56周年之际，中国文联、中国音乐家协会响应习近平总书记提出的做新时代“红色文艺轻骑兵”的号召，“与雷锋同行”中国音乐家协会新兴音乐群体轻骑兵走进雷锋家乡望城，觅湖湘文脉、寻雷锋足迹，用文艺传承红色文化。金山、李思宇、王紫菲等青年艺术家们到雷锋路社区与群众亲密互动，同唱《寻找“吴发询”》等学雷锋主题新歌曲，吸引附近群众积极踊跃参与。当晚，“与雷锋同行”中国音乐家协会新兴音乐群体轻骑兵还在望城雷锋大剧院为雷锋家乡人民带来一场喜闻乐见的视觉、听觉盛宴。中央电视台新闻联播、湖南卫视、湖南经视对活动进行报道。

【望城荷花虾成长为扶贫特色产业】 依托环洞庭湖区丰富的水域资源和优良的自然环境，望城乔口镇盘龙岭村实行整村土地流转，打造独具特色的“荷花＋龙虾”生态综合种养基地，全村荷花虾养殖面积191.3公顷，以“赏荷花、吃龙虾、当创客、住民宿、解乡愁”为主线，打造产业链，整合资源，带动83户贫困户全部脱贫，村集体经济年均收入在20万元以上。望城推广“农业企业＋土地合作社＋农户”模式，严格保护水体，集约利用土地，加强种苗研究，形成乔口盘龙岭、苏蓼垸、翻身垸等小龙虾养殖示范片10余个，以养殖为基础，协同做好“精养”“活市”“加工”“宣游”文章，发布《望城荷花虾标准（试行版）》、品牌宣传片、品牌标识形象等，携手湖南知名品牌文和友推进荷花虾标准化、产业化、品牌化发展，作为扶贫产业、富民产业重点扶植，截至2019年年底，全区荷花虾养殖面积4666.6公顷，估算综合产值20亿元。

【望城新的社会阶层人士联合会成立】 2019年12月5日，望城区新的社会阶层人士联合会（下称“望新社”）成立大会暨第一届会员大会召开，选举产生第一届理事会，搭建起联系、引导、培养、安排、使用全区新的社会阶层代表人士的平台。“望新社”拥有会员77名，涵盖民营企业和外资企业管理技术人员、中介组织和社会组织从业人员、自由职业者及新媒体从业人员4个类别，其中“两代表一委员”占23.4%，“80后”占50%，本科及以上学历占62.9%，长沙新社会阶层组织“百人会”成员5名，全市“70年70人·同心耀星城”优秀党外代表人士1名，中共党员3名。成立“望新社”，旨在把新的社会阶层人士有效组织起来，开展“行动学习法”，发挥各自的资源、资金、信息、技术等优势及社会影响力，为经济社会发展奉献智慧和力量。

【望城区首个党建文化园开园】 2019年1月4日，望城区首个党建文化园建成，向公众开放。党建文化园依托雷锋公园建设，将党性教育融入休闲景观，寓教于乐，寓教于景。党建广场设有社会主义核心价值观雕塑、中国梦雕塑、中国共产党历届全国代表大会宣传栏、习近平用典宣传栏、中共十九大报告宣传栏、改革开放40年重大成果宣传栏等宣传载体，全面宣传阐释国家领导人的执政理念、国家发展大政方针和改革成就；清心廊道结合原有的巨型算盘景观，巧妙植入廉政文化的设计元素，打造廉政学习园地；初心亭广场利用全园的几何中心，结合场地的现状特色，围绕原有的五角星亭在周边添加了党旗、不忘初心牢记使命及名人展示牌，激励全体党员以永不懈怠的精神状态和一往无前的奋斗姿态，奋勇前行。

【雷锋纪念馆被评为“全国学雷锋活动示范点”】 2019年3月，中宣部授予雷锋纪念馆“全国学雷锋活动示范点”荣誉称号。雷锋纪念馆以传播雷锋精神为立馆之本，2018年提质改造后重新对外开放，2018年、2019年游客接待量均超200万人次，截至2019年年底，累计接待游客4400万余人次。该馆制定8项免费服务政策，坚持开展“雷锋精神六进”巡讲活动，举办流动展览5000余场次，发放关于雷锋的宣传资料，足迹遍布20余个省市的80余个县市，受众100万人次。结对学雷锋友好共建单位300余家。该馆以志愿服务为载体，成立正兴学雷锋志愿服务中心，打造正兴学雷锋志愿者联盟，发展正兴学雷锋志愿服务队11支，志愿服务项目6个，累计招募员志愿者2000余人，常年在馆服务的志愿者近200人，构建全社会关注、支持、参与学雷锋活动的生动局面。 （本栏撰稿　张姣美）

表62　　2019年望城区主要经济指标与2018年比较统计表

单位：亿元

指标名称	地　区生产总值	农林牧渔业总产值	社会消费品零售总额	一般公共预算收入	一般公共预算支出	人均可支配收入（元）	
						城镇居民	农村居民
2018年	671.42	70.5	196.07	90.31	95.58	47201	32232
2019年	809.23	83.06	398.84	103.16	110.32	51213	35106
2019年比2018年增长（%）	8.8	4.0	15.3	14.2	15.4	8.5	8.9

说明：2018年地区生产总值数据根据国家核算制度和望城区第四次全国经济普查结果进行了修订，增长速度按可比价计算

（资料来源：望城区地方志编纂室）

长沙县

【概况】 长沙县辖13个镇、5个街道办事处，有114个行政村、96个社区。全县面积1756平方千米，其中耕地面积51.5千公顷。2019年年末户籍人口81.8万人（城镇人口76.17万人），常住人口110.94万人。人口出生率13.2‰，死亡率7.5‰，人口自然增长率5.7‰。年均气温18.1℃，年内最高气温39.1℃，最低气温-1.4℃；年降水量1333.3毫米。

地区生产总值1709.96亿元，比2018年增长8.2%。其中，第一产业增加值74.16亿元，比2018年增长3.8%；第二产业增加值879.03亿元，比2018年增长8.3%；第三产业增加值756.77亿元，比2018年增长8.5%。三次产业结构比为4.3：51.4：44.3。财政总收入406.1亿元，比2018年增长13.9%。其中，一般公共预算收入110.43亿元，比2018年增长8.04%。公共财政预算支出186.3亿元，比2018年增长9.2%。城乡居民人均可

支配收入43920元，比2018年增长9.2%；城乡居民人均消费支出29761元，比2018年增长8%。排名县域经济与县域综合发展百强第四位，稳居县域经济基本竞争力、中国中小城市综合实力百强排名第五位，首次入围中国工业百强县（市）前十强、位居第8位；长沙经开区营商环境指数位居全国经开区第8位，长沙县上升至全国营商环境百强县第12位，均位居中部第一位。

农林牧渔业增加值77.84亿元，比2018年增长4%。其中：农业增加值56.87亿元，增长4.7%；林业增加值2.83亿元，增长6%；畜牧业增加值12.84亿元，下降1%；渔业增加值1.62亿元，下降3%；农林牧渔服务业增加值3.67亿元，增长7%。农作物播种面积12.33万公顷，粮食总产量49.7万吨，下降0.4%；蔬菜产量100.5万吨，增长16.2%；水果产量7.4万吨，增长3.9%。肉类总产量6.4万吨，下降16.2%。水产品产量1.4万吨，下降0.5%。排名中国茶业百强县（第11位），“长沙绿茶”被评为国家地理标志产品。新建高标准农田3600公顷，高标准农田累计25.2千公顷，农业机械化水平80.3%；新增1家国家级龙头企业，全县各类新型农村合作经济组织2201家。

全县有长沙经济技术开发区、长沙临空经济示范区、黄花综合保税区3个国家级开发园区，另有星沙产业基地、榔梨产业基地、黄花产业基地、汨罗产业园、长鄱产业园、埃塞（湖南）工业园等产业园。全县规模以上工业产值2516.7亿元，比2018年增长8.5%；规模以上工业增加值601.8亿元，比2018年增长10%。工程机械、汽车及零部件、电子信息产业三大支柱产业规模工业总产值2177.7亿元，占全县规模工业产值的86.5%，比2018年增长9.4%。其中，汽车及零部件产业产值661.5亿元，比2018年下降20.6%。工程机械产业产值1256.2亿元，比2018年增长29.7%。电子信息产业产值260.6亿元，产值比2018年增长37.4%。三一集团装备板块终端销售额逾1000亿元，三一重工位居全球工程机械三强。长沙经济技术开发区位居全国经开区17强。全县工业投资345.1亿元，工业技改投资102.23亿元。新增国家高新技术企业128家，年末总数407家。

社会消费品零售总额570.8亿元，增长9.8%。按行业分，批发行业零售额45.2亿元，零售业零售额504.4亿元；住宿行业7.2亿元，餐饮业零售额14亿元。房地产开发投资245.9亿元，比2018年增长38.6%。商品房销售面积323.2万平方米，增长5.2%；商品房销售额222.5亿元，增长24.6%。全年接待游客1600万人次，旅游综合收入168亿元。田汉文化园被评为国家AAAA级旅游景区，年末全县有AAA旅游景区7处，AAAA级旅游风景区2处。邮电通信业务总量16.2亿元，比2018年下降1.2%。

固定资产投资比2018年增长11%。其中第一产业完成投资占全社会固定资产投资的1.6%；第二产业完成投资占全社会固定资产投资的37.5%；第三产业完成投资占全社会固定资产投资的60.9%。全年1亿元以上投资项目306个。到位外资9.3亿美元，引进省外境内资金116.1亿元。

是年，长沙县被评为“中国最具幸福感城市（县级）”、“国家卫生县城”、全国“七五”普法中期先进县、全省外贸先进县、全省美丽乡村建设先进县市区等，入选“中国县域旅游竞争力百强县”、全国“开展人居环境整治成效明显的地方”、中国茶业百强县（第11位）、国家第一批革命文物保护利用片区，“流动党员管理服务全链条机制”被评为“全国城市基层党建创新最佳案例”，“探索乡村振兴新模式”被评为“2019中国改革年度案例”。

【城乡建设】 2019年，长沙县启动《长沙县国土空间总体规划（2019—2035年）》编制，完成星沙海绵城市、“15分钟示范生活圈”等专项规划编制。“一圈两场三道”建设获实效，建成“15分钟生活圈”11个，新建停车场5个、农贸市场3处，建成人行道38千米、自行车道22千米、健身和历史文化步道9.5千米。完成1~6区旧城改造。建设绿色城市约31.13公顷，全面提质三一路、锦绣路等10条城区道路，生态公园二期以及龙塘水体公园对外开放。完成自然村通水泥（沥青）路146千米，新改建农村公路171.6千米。完成水塘垸（一期）防洪大堤提质改造、榔梨梨江港上调蓄湖和高排箱涵建设，治理白沙河、金井河（青山段）、蒲塘河，新建改造排渍泵站24处、涵闸40处。白石洞水库大坝主体完工。扩建星沙、榔梨、黄花水厂，新增农村通自来水人口2.2万人，全县供水水质合格率100%。电网建设投资15.2亿元，新增变电容量59.7万千伏安。创建省级乡村振兴示范村2个、市级示范镇1个、市级示范村16个。黄花镇、金井镇入选全国综合实力千强镇，金井镇、果园镇被评为国家卫生乡镇。全县城镇化率68.66%。

【项目建设】 2019年，长沙县围绕长沙经开区、临空经济区、黄花综保区、会展经济区等重大平台，铺排市级以上重大项目194个，实际投资517.03亿元，其中产业项目134个，实际投资410.54亿元；新建项目91个，实际投资216.33亿元。三一智联重卡、大陆集团中央电子工厂、铁建重工第三产业园、索恩格新能源汽车技术全球研发中心、蓝思科技黄花生产基地等项目在建；中南源品干细胞科技园、圆通速递华中管理区总部基地、顺丰电商产业园等项目投产运营；引进永旺梦乐城、7.0T超高场核磁共振、广东商会、宝湾物流等重大项目92个，总投资846.89亿元。区块链安全监测中心、“星沙指数”、数字关防工程等项目推进，星沙区块链产业园获批“湖南省大数据产业园”。

【社会事业】 2019年，长沙县教育事业支出23.34亿元；新增学位4050个，22所义务教育标准化学校创建达标，超大班额全部化解。福临镇中心小学被全国红军小学建设工程理事会命名为“中国工农红军湖南长沙陈树湘红军小学”。各类全日制学校205所（不含幼儿园），其中职业中专8所、普通高中10所、乡镇农校3所、初级中学38所、小学144所、特殊教育学校1所。幼儿园325所（含公办幼儿园57所）。初中入学率、初中巩固率均、小学学龄人口入学率、巩固率均为100%。免除11.8万人次学生杂费，义务教育阶段学生杂费免除率100%。资助各级各类贫困学生金额1631万元。全县文化设施面积154.5万平方米；有文化站20个、文化馆1个、公共图书馆1个、电影院17个、国家综合档案馆1个。全年送戏下乡95场、电影3603场。提质改造村（社区）综合文化服务中心20个，县文化馆被评为第八届全国服务农民、服务基层文化建设先进集体，阳高社区入选全国“书香社区”发现活动名单。长沙县入选国家第一批革命文物保护利用片区，杨开慧纪念馆被评为“全国爱国主义教育示范基地”，陈树湘、缪伯英、杨立三故居完成修缮并对外开放，影珠山抗战遗址公园入选省级海峡两岸交流基地。广播综合人口覆盖率、电视综合人口覆盖率均100%。有线电视用户3.9万户，有线电视入户率10.1%。

全县有各类卫生机构561个，其中医院、卫生院40个，卫生防疫和防治机构1个，妇幼卫生保健机构1个，社区服务中心（站）8个。卫生人员8723人，其中执业医师、执业助理医师2741人，注册护士4632人，卫生防疫和防治机构卫生技术人员79人，妇幼卫生机构卫生技术人员620人。各类卫生机构拥有病床5811张，每千人拥有病床数6张，每千人拥有卫生技术人员数9人。投资24.4亿元的县人民医院主体动工，建设紧密型医联体26个，村卫生室标准化建设全覆盖。高血压医防融合项目推进，长沙县被定为全国疾病预防控制信息化建设试点县。

【社会保障】 2019年，长沙县公共财政预算支出186.3亿元，其中教育支出23.34亿元，医疗卫生支出11.1亿元，社会保障和就业支出9.2亿元。新增城镇就业17221人，各类城镇下岗失业人员实现就业再就业4300人，帮助就业困难人员再就业1449人。年末城镇登记失业率3%。各类养老机构26个，社会福利收养性单位床位数5115张，收养1795人。城乡居民基础养老金率先全省逾200元，低保标准和特困供养标准分别提高至650元、845元。大病保险报销额度提高至30万元/年，特殊慢病门诊病种增加至44种。在全省率先将高血压、糖尿病门诊用药纳入医保报销。年末参加全县劳动保障部门企业职工基本养老保险人数51.7万人，参加城镇职工基本医疗保险人数23万人，参加失业保险参保人数17.6万人。救助困难群体19万人次，发放低保13.6万人次，其中，城镇低保对象4878户次8012人次；农村低保对象62095户次128376人次。

【“三大攻坚战”】 2019年，长沙县推进“三大攻坚战”，坚持县内脱贫攻坚与对口帮扶两手抓，聚焦“两不愁三保障”，全年建档立卡贫困户脱贫148人。认定就业扶贫车间12家，提供岗位592个，吸纳贫困劳动力就业96人。铺排产业扶贫项目213个，带动贫困户4223户次。持续推进沅陵县、龙山县对口帮扶，投入资金3060万元，实施扶贫项目16个。开展防控化债专项行动，抓实平台公司转型，政府性债务风险基本可控。拓宽融资渠道，新增政府债券额度23.6亿元。严厉打击非法金融活动，提前化解非法集资风险8起。坚决杜绝中央、省级环保督察及“回头看”信访交办问题反弹，查处各类环境违法行为6080起。完成老旧小区家庭餐厨油烟净化5000户，取缔散乱污企业133家，规模以上餐饮服务单位油烟在线监控、汽车4S店智能电表安装全覆盖，主要农作物秸秆综合利用率85%以上，加油站双层罐改造和油气回收在线监测系统建设工作经验在全省推介。全年空气质量优良天数提高4.6个百分点，空气质量改善率居全市第一位。严格落实“河长制”管理责任，清理河湖“四乱”问题103个，创建样板河湖17条，松雅湖被评为“长江经济带美丽河流（湖泊）”和全省“最美河湖”。完成双桥港、花园港、土桥撇洪渠等排口截污以及梨江港、画田撇洪渠、板仓湖湿地等水体整治，提标扩建城南、星沙以及8座乡镇污水处理厂，污水日处理能力扩至76万吨，城镇污水集中处理率98.2%。浏阳河、捞刀河长沙县段总体水环境质量达到地表水Ⅲ类标准，县级以上集中式饮用水水源地水质达标率100%。新增绿化造林面积533.33公顷，7个村（社区）被评为国家森林乡村。开展地块管理及再利用、涉镉企业排查整治等专项工作，完成耕地环境质量类别划分试点，成为全省首个重点行业企业用地调查试点县。

【15个项目集中开工】 2019年3月19日，长沙县、长沙经济技术开发区举行重大产业项目集中开工动员活动，顶立科技智能热工装备及特种复合材料产业化项目等15个县区项目集中开工，总投资约60亿元。长沙经济技术开发区管委会主任张庆红宣布项目开工，长沙县委副书记、县长张作林主持。区县领导贺代贵、周志远、常利民、袁钊、张湘鸿、谭浩然、肖靖、康勇参加开工活动。此次集中开工的15个项目主要包括先进制造产业、现代服务业以及重点项目配套工程等。其中，长沙经济技术开发区项目8个，包括顶立科技智能热工装备及特种复合材料产业化项目，金岭机

床年产500台数控机床建设项目，美美（长沙）食品沙茶酱、蛋糕及咖啡饮品加工生产项目，山河智能山河工业城（二期）项目，开阳科技智能制造产业园项目，长沙欧宝特电子工程中心、实验室新同州置业汽车零部件标准厂房项目，住友橡胶一期扩建项目。长沙县项目7个，包括长沙百联购物公园、碧桂园·漓湘悦商务中心、湖南湘绣产业科技教育园、宝典文化园项目、PC建筑装配生产线技改项目、湖南信息科学职业学院升本扩征项目、长沙慧润农科新城科普基地。

2019年9月17日，杨开慧故居入选“全国爱国主义教育示范基地”

长沙县地方志编纂室　供图

【索恩格新能源汽车技术全球研发中心开建】　2019年5月8日，索恩格新能源汽车技术全球研发中心和索恩格工业园二期项目在长沙经开区开建，总投资近10亿元。省委常委、市委书记胡衡华宣布项目开工，索恩格汽车部件（中国）有限公司总裁孙国忠出席。索恩格新能源汽车技术全球研发中心项目定位于建设成为索恩格的全球研发中心、试制中心和性能测试中心；索恩格工业园二期项目致力于能量回收加速辅助系统电机的研发和规模化生产，年工业产值10亿元以上。两个项目建设将填补湖南新能源汽车高压电机研发、生产的空白。

【杨开慧故居入选“全国爱国主义教育示范基地”】　2019年9月17日，中宣部新命名39个全国爱国主义教育示范基地，杨开慧故居入选，系长沙县首个“全国爱国主义教育示范基地”。杨开慧故居始建于清代乾隆末年，是毛泽东夫人杨开慧童年、少年时代成长及后来从事革命活动的地方，位于长沙县开慧镇开慧村板仓屋场。故居有大小房间36间，占地约1400平方米。截至2019年年底，杨开慧故居是全国首批百家红色旅游经典景区之一，湖南省重点烈士纪念建筑物保护单位，湖南省文物保护单位，湖南省廉政文化教育基地，湖南省园林式单位，国家AAAA级旅游景区，湖南省首批爱国教育基地，湖南省妇女儿童爱国主义教育基地，湖南省统一战线教学基地，长沙市党员教育基地等。

【陈树湘故居、杨立三故居、缪伯英故居集中开放】　2019年9月26—27日，修缮后的陈树湘故居、杨立三故居以及缪伯英故居对外免费开放。原中共党史研究室副主任张树军出席缪伯英故居开放仪式，湖南省委原副书记文选德宣布重新修复后的缪伯英故居对外开放，中共党史人物研究会秘书长张琦、省委党史研究院院长胡振荣、省妇女联合会主席姜欣以及缪伯英亲属出席缪伯英故居开放仪式。长沙经开区党工委书记、长沙县委书记沈裕谋出席开放仪式并致辞。

陈树湘是长征中断肠明志的红三十四师师长，其故居位于福临镇枫树湾。1905年1月25日，陈树湘出生于地主林成祖家西北偏房的一间杂屋里。2019年年初，经多方考证后，对陈树湘出生地进行部分还原修复，修缮后的建筑分为杂物及工房的三进式院落，占地总面积4733.33平方米，建筑面积270平方米。

缪伯英是中国共产党第一个女党员，故居位于开慧镇飘峰村。整个景区占地近2公顷，故居占地面积约1230平方米，游客中心占地约300平方米。故居始建于清道光十年（1830），院落房屋坐东朝西，建筑面积约740平方米，有各类大小房间28间。2005年7月14日故居公布为长沙市文物保护单位，同年8月完成修缮并对外开放，2011年1月被公布为湖南省省级文物保护单位，2019年再次提质修缮。

杨立三是人民军队后勤工作的奠基人，其故居位于金井镇金龙村石壁湖旁，始建于清朝嘉庆年间，原为合院式建筑，整体为“凹”形布局，建筑坐西朝东，土木结构，土砖墙，小青瓦，坡屋顶。1927年杨家在此佃居，1954年故居被洪水冲垮，现存建筑为洪水后复建。2019年9月26日，总投资1800万元、修缮后的杨立三故居对外开放，占地面积4400平方米，建筑面积736平方米，内设杨立三生平事迹陈列，以“人民军队的后勤奠基人”为主题，分树立信仰、建功立业、鞠躬尽瘁、永远怀念4个部分，全面总结和展示杨立三生平事迹和崇高精神。2019年，杨立三故居被授予“长沙县爱国主义教育基地”。

【长沙县被评为“2019中国最具幸福感城市（县级）”】　2019年11月25日，“2019中国幸福城市论坛”在广

州举行，长沙县委副书记、县长张作林代表长沙县出席论坛并作《大美星沙一路幸福》主旨演讲。论坛现场发布2019中国城市幸福感调查报告，长沙县再次被评为“最具幸福感城市（县级）”。该县始终坚持以人民为中心的发展理念，人民群众的获得感、安全感和幸福感不断提升。作为湖南省工业实体经济的排头兵，超过30家世界五百强企业落户长沙县，全县工业总产值超过3000亿元。特别是随着黄花综保区、长沙临空经济示范区相继获批设立，与长沙经济技术开发区形成区域内三大国家级平台，助力全县开放型经济崛起，2018年外贸总量占全省1/6。地区生产总值、工业总产值、固定资产投资、社会消费品零售总额、财政总收入年均保持10%左右的增长，居民人均可支配收入4.3万元。

【县域经济与县域综合发展排名全国第四位】 2019年12月16日，第19届全国县域经济基本竞争力前100名和全国县域经济与县域综合发展前100名县（市）名单揭晓，长沙县在县域经济与县域综合发展排名中从2018年的第五位晋升至第四位，同时连续两年稳居全国县域经济基本竞争力排名第五位。2019年，长沙县经济高质量发展，与前十强竞争县市对比，多项指标具有优势，居民收入增速排名第一位，地区生产总值增速、投资增速排名第二位，消费增速排名第四位。

【长沙县档案馆被评为全国档案系统先进集体】 2019年12月23—24日，在北京召开的全国档案工作暨表彰先进会议上，长沙县档案馆被评为“全国档案系统先进集体”。长沙县档案馆成立于1958年，2000年获授全县爱国主义教育基地，2012年投入1.8亿元在星沙文体中心新建高标准档案馆。新馆总建筑面积1.34万平方米，规划馆藏量70万卷（册），可以满足长沙县未来50年档案保管保护需求。新馆科学配置有智能无轨密集架、恒温恒湿精密空调、气体灭火消防系统、风淋和空气净化系统、24小时视频监控等先进智能化设施设备，智能化水平和安防技术水平走在全省前列。截至2019年年底，长沙县档案馆投入1300万元开发数字档案管理系统，以国家综合档案馆为主导、县直机关和乡镇参与，以实体集中和数据整合相结合的档案管理体系，实现全县档案数据资源共建共享。

【阳高社区被评为全国“书香社区”】 2019年9月24日，中国图书馆学会公布2019年“书香社区”发现活动名单，泉塘街道阳高社区入选全国“书香社区”（全国仅14个），系全省唯一入选社区。阳高社区成立于2011年3月；同年4月，星城国际小区图书室（阳高社区图书馆）成立，2012年升级为市图书馆星城国际分馆。2019年起，阳高社区推进“书香社区”建设，以党建为龙头，以星城国际图书馆为中心，开启家庭篇、小区篇、校园篇、企业篇四大篇章及共享书角、书香走廊、流动书吧三大板块建设，同时动员和支持各类驻辖区单位、社区居民和社会组织等社会力量参与社区文化建设，打造品质书香社区。5月，在社区居委会、辖区商业中心、物管中心等设置8个共享书角，每月定期更新书角书籍，并将每周三定为“读书日”。

【数字长沙县地理空间框架建设项目获2019年地理信息产业优秀工程金奖】 2019年7月24—26日，由中国地理信息产业协会主办的2019中国地理信息产业大会在珠海举办。在25日举行的2019地理信息产业优秀工程表彰及颁奖仪式上，由长沙县自然资源局负责实施的数字长沙县地理空间框架建设项目获2019年地理信息产业优秀工程金奖，全国排名第九位。项目于2014年11月由湖南省国土资源厅批复立项，2016年10月启动，2018年6月完成试运行，2018年12月1日通过验收。项目一期总投入6838.99

表63　2019年长沙县主要经济指标与2018年比较统计表

单位：亿元

指标名称	地区生产总值	农林牧渔业总产值	社会消费品零售总额	地方财政收入	公共财政预算支出	城乡居民人均可支配收入（元）
2018年	1509.3	104.5	519.9	356.4	170.5	40226
2019年	1709.96	123.3	570.8	406.1	186.3	43920
2019年比2018年增长（%）	8.2	3.8	9.8	13.9	9.2	9.2

说明：地区生产总值、各产业增加值绝对数按现行价格计算，增长速度按不变价格计算　（资料来源：长沙县地方志编纂室）

万元，按照同平台、统标准、共网络、享数据的市县一体化模式，建成一库、一平台、一网络支持环境、五体系和十应用服务业务系统，为长沙县建设与发展提供科学权威的地理空间数据支撑。项目提供基础版、政务版和公众版，其中公众版对市民开放。

【松雅湖被评为长江经济带美丽河流（湖泊）】 2019年3月26日，长沙县松雅湖在“助推绿色发展 建设美丽长江”全国引领性劳动和技能竞赛2018年度竞赛考核评比中被评为“长江经济带美丽河流（湖泊）”。松雅湖国家湿地公园总面积365公顷，其中水域面积274.4公顷，全部为湿地保育区和生态红线范围，库容838万立方米，是湖南省最大的城市生态湿地湖泊。2017年起，长沙县以河长制湖长制为抓手，持续加大治水力度，松雅湖水质不断优化。2019年年初，在湖南省河长办组织开展的“水美家乡——美丽河湖”评选活动中，松雅湖入选湖南省30条“美丽河湖”名单。

（本栏撰稿　周进银）

浏阳市

【概况】 浏阳市辖4个街道、27个镇、1个乡，323个行政村（社区），区内另设浏阳经开区、制造产业基地、两型产业园、大围山国家森林公园4个园区，全市总面积5007.75平方千米。耕地面积772.4千公顷。2019年年末户籍户数41.46万户，总人口149.13万人，常住人口135.13万人。人口出生率10.31‰，死亡率9.27‰，人口自然增长率1.03‰。年平均气温18.1℃，年内极端最高气温38.8℃，极端最低气温-0.8℃。年降水量1508.6毫米。

地区生产总值1408.8亿元，比2018年增长9.2%。其中第一产业增加值107.8亿元，第二产业增加值716.3亿元，第三产业增加值584.7亿元，分别增长3.8%、10.3%和8.8%。三次产业对经济增长的贡献率依次为2.9%、59.5%和37.7%，分别拉动经济增长0.3个百分点、5.5个百分点和3.5个百分点；三次产业结构比为7.7：50.8：41.5。

农林牧渔业总产值184.4亿元，增长3.8%。其中，农业产值104.5亿元，增长4%；林业产值24.4亿元，增长7.5%；牧业产值40.2亿元，下降0.4%；渔业产值3.9亿元，增长3.1%；农林牧渔服务业产值11.4亿元，增长7.4%。粮食播种面积79.8千公顷，比2018年增加1.3%，其中稻谷播种面积74.73千公顷，增加5.7%，优质稻种植面积所占比重为74.8%；蔬菜播种面积41.12千公顷，增长3.3%；油料种植面积31.58千公顷，下降2.2%。全市粮食总产量55.13万吨，增长0.7%；蔬菜总产量133.08万吨，增长3.9%。完成造林面积4200公顷，森林抚育面积10667公顷，年末实有封山育林面积114666公顷，年度活立木总蓄积量1522万立方米，与2018年持平。生猪出栏112万头，下降20.5%；山羊出栏41.2万只，下降20.2%；家禽出笼828.23万羽，增加14.2%；肉类总产量11.12万吨，下降17%。水产品总产量1.96万吨，下降0.1%，其中鲜鱼产量1.85万吨，下降3%。

工业增加值增长11.1%。规模以上工业企业927家，实现规模工业总产值增长11.6%，实现规模工业增加值增长11.4%。经开区工业总产值增长14.1%，财税收入47.8亿元（含土地出让金，下同），增长25.6%。高新区工业总产值增长12.5%，财税收入21.87亿元，增长31.46%。46家生物医药企业产值增长6.3%；128家机械制造企业产值增长4.7%；18家电子信息企业产值增长18.8%。

固定资产投资增长12%。其中工业投资增长8.5%。引进项目209个，其中亿元以上项目64个，10亿元以上项目14个，50亿元以上项目4个。外商直接投资实际到位资金3.2亿美元，增长9.8%，实际到位省外境内资金102亿元，增长15.6%。投资59.18亿元的椒花水库项目启动，投资320亿元的惠科（国内首条大尺寸OLED生产线）项目动工，建筑行业实现增加值34.8亿元，增长2%。拥有资质建筑企业42家，实现建筑业产值63.75亿元，增长6.9%。房地产业实现增加值45.91亿元，增长0.8%。拥有房地产企业85家，实现房地产投资额56.8亿元，增长22.73%；商品房销售面积146.4万平方米，下降10.73%。

社会消费品零售总额387.2亿元，增长11%。按消费形态统计，批发业实现商品零售额29.4亿元，增长15.8%；零售业实现商品零售额311.6亿元，增长10.5%；住宿实现商品零售额3.7亿元，增长9.8%；餐饮业实现商品零售额42.5亿元，增长11.7%。出口额13.63亿美元，增长16.9%，其中，鞭炮烟花3.08亿美元，下降4.4%；机电产品6.05亿美元，下降2.3%。进口额6.85亿美元，下降10%。接待旅游人数3002万人次，增长6.8%；旅游产业收入310.8亿元，增长6.4%。创建“湖南省全域旅游示范区”；申报第二批国家全域旅游“智慧旅游”示范项目；湘赣边秋收起义红色研学旅行项目补助等2个项目入选2019年湖南省红色文化旅游支持项目。在全国百强县排名中，浏阳县域综合发展、县域经济基本竞争力分别排名第10位、第12位；中国工业百强县排名第11位。营商环境百强县第25位，被评为“全国消费品工业‘三品’示范城市”“2019中国投资环境质量十佳县（市、区）”。

【社会事业】 2019年，浏阳市有普通小学305所（含教学点），教职员工5433人，全年招生19184人，在校学生108949人，毕业16368人；普通初中52所，教职员工3177人，全年招生16335人，在校学生48547人，毕业15468人；普通高中15所，教职员工2021人，全

年招生9564人，在校学生26382人，毕业7641人；中等职业学校6所，教职员工627人，全年招生4409人，在校学生12731人，毕业2985人；特殊教育学校1所，全年招生32人，在校学生216人，毕业16人。

有文化馆站38个、艺术表演团体31个，艺术表演观众21万人次。全市广播综合人口覆盖率96%，电视综合人口覆盖率98.8%，年末公共图书馆藏书45.21万册。全市拥有卫生机构59个，其中医院57所。卫生机构床位数9883张，卫生技术人员8809人，其中执业（助理）医师4216人。年内诊疗657万人次，年内治愈率70%。产妇住院分娩率100%，婴儿死亡率2.3‰，5岁以下儿童死亡率3.94‰。共组织县级以上运动会8次，参加活动人数9万人次。运动员在各项比赛中获国家级奖牌27枚、省市级奖牌143枚。

【社会保障】 2019年，浏阳市城乡居民人均可支配收入43253元，增长9.2%，其中农村居民人均可支配收入34562元，增长8.7%；城镇居民人均可支配收入50345元，增长8.5%。城乡居民人均生活消费支出25980元，增长9.6%，其中农村居民人均消费支出20295元，增长8.8%，城镇居民人均消费支出30620元，增长9%。全市参加城镇职工基本养老保险人数13万人；城镇职工基本医疗保险的参保人数16万人；失业保险参保人数10.9万人。城乡居民基本养老保险参保人数94万人，城乡居民基本医疗保险参保人数119.2万人，参保率98.9%。全市拥有各种社会福利收养性单位40个，床位4681个。全年发放城乡居民最低生活保障经费11619万元，城乡居民最低生活保障人数28767人，城乡低保对象人均月补差标准分为469.95元和378.87元。

【“三大攻坚战”】 2019年，浏阳市推进“三大攻坚战”，按照隐性债务化解实施方案，督促各债务单位按时偿还到期债务，按期化解隐性债务，三类债务之和有序下降，债务风险可防可控。全年偿还到期债务94.1亿元，其中化解隐性债务10.73亿元。运用“六个一批”缓释到期隐性债务风险，高息隐性债务全部整改到位，全市隐性债务平均利率低至5.45%。城区空气质量优良以上天数348天，比上年增加9天；全年空气质量优良率95.3%，城镇生活污水处理率94.79%，浏阳河出境断面水质均值稳定达到Ⅱ类。实施产业扶贫项目113个，全年实现脱贫3615人，贫困发生率下降至0.12%。

【浩吉铁路浏阳段建成通车】 2019年10月，浩吉铁路（原蒙华，下同）浏阳段建成通车，全长1813.54千米，设计最高时速120千米。浩吉铁路北起内蒙古鄂尔多斯东乌铁路浩勒报吉站，途经蒙、陕、晋、豫、鄂、湘、赣7省区，终点到达江西省吉安市。在湖南境内途经华容县、君山区、云溪区、岳阳楼区、岳阳经开区、临湘市、岳阳县、平江县、浏阳市。其中浏阳段96.89千米，途经9个乡镇（街道）50个村（社区），沿线设8站，是湖南省省内里程最多的县级城市。2015年4月28日，古港镇、淳口镇同时启爆，全长10.7千米的蒙华（浩吉）铁路连云山隧道项目开钻，浩吉铁路浏阳段开工建设。2017年6月21日，连云山隧道贯通，是浩吉铁路全线第一个贯通的特长隧道。2018年6月20日，大围山隧道贯通。2月20日，浩吉铁路浏阳段开始铺设铁轨。3月13日，浩吉铁路浏阳段架梁任务全部完成。6月13日，浩吉铁路浏阳段铺轨工作全部完成。7月15日下午3时，浩吉铁路浏阳牵引变电所一次性送电成功，是浩吉铁路全线首座启动送电的牵引变电所。9月3日，浩吉铁路浏阳段通过武汉铁路局试验车组对线路、通信、信号、接触网等系统的动态测试。浩吉铁路是首条在浏阳过境并设站的大铁路。

【纪念欧阳予倩130周年诞辰系列活动】 2019年是中国现代戏剧艺术泰斗欧阳予倩诞辰130周年。11月8日晚，浏阳市纪念欧阳予倩130周年系列诞辰活动暨第六届欧阳予倩艺术节开幕。当晚，三幕世态喜剧《油漆未干》上演。11月8—15日，举行纪念欧阳予倩130周年诞辰艺术交流座谈会、欧阳予倩生平展、优秀剧目惠民演出、浏阳非遗展等活动。1889年5月30日，欧阳予倩出生于浏阳县城营盘巷（现朝阳社区梅花小区），一生编导话剧、京剧、桂剧、歌剧、舞剧、默剧141部，电影16部，著述论文、评论、随笔258篇，是中国著名戏剧艺术家、教育家，中国话剧奠基人，1949年应中共中央邀请参加中国人民政治协商会议筹备会议，当选为常委，11月任中央戏剧学院院长。1960年当选为全国文联副主席、剧协副主席、舞协主席。

【浏阳市入选第二批国家农业绿色发展先行区】 2019年4月8日，农业农村部办公厅下发《关于开展第二批国家农业绿色发展先行区评估确定工作的通知》，由农业农村部、国家发展和改革委员会、科技部、财政部、自然资源部、生态环境部、水利部、国家林业和草原局8部委启动第二批国家农业绿色发展先行区评估确定工作，经浏阳市人民政府积极组织申请、省级择优遴选、部委评估复核确认浏阳市耕地、水、气候、生物等重要农业资源底数清晰，化肥农药使用科学合理、农业废弃物资源化利用充分、农产品质量安全等达到申报条件要求。9月16日，农业农村部发出公告公示第二批国家农业绿色发展先行区名单，共41个，浏阳市入选。

【沿溪镇沙龙村被评为全国第九批“一村一品”示范村】 2019年9月24日，农业农村部公布第九批“一村一品”示范村镇名单，浏阳市沿溪镇沙龙村榜上有名。“一村一品”是指在

2019年9月14日，浏阳市沿溪镇沙龙村被评为全国第九批"一村一品"示范村

浏阳市地方志编纂室　供图

一定区域范围内，以村为基本单位，按照国内外市场需求，发挥本地资源优势，通过推进规模化、标准化、品牌化和市场化建设，使一个村（或几个村）拥有一个（或几个）市场潜力大、区域特色明显、附加值高的主导产品和产业。沙龙村地处长沙市万亩蔬菜种植核心示范区，2019年全村蔬菜产业种植面积达到253.33公顷，培育蔬菜品种70余个，产值7000万元，产品远销香港等地。同时，沙龙村采用"合作社＋基地＋贫困户"模式，吸纳大量当地村民在蔬菜基地发展产业和务工，着力打造乡村服务型村级集体经济样板区。截至2019年年底，浏阳市有6个全国"一村一品"示范村镇，分别为永安镇坪头村（永安超米）、淳口镇狮岩村（冠湘竹木）、大围山镇（大围山梨）、高坪镇高坪社区（茄子）、普迹镇书院新村（爽健毛豆）以及第九批入选的沿溪镇沙龙村（南瓜、莴笋）。

【浏阳河入选全国示范河湖建设名单】　2019年11月11日，水利部官网发布《水利部办公厅关于开展示范河湖建设的通知》，启动全国示范河湖建设，计划用一年左右时间，通过实施系统治理和综合治理，建设一批"河畅、水清、岸绿、景美、人和"的示范河湖。浏阳河入选全国首批17个示范河湖建设名单，是湖南唯一入选河湖。浏阳河发源于浏阳市大围山，由大溪河和小溪河两个源流合流于浏阳城东10千米处双江口，绕浏阳城区一路向西，经浏阳市镇头镇入长沙县，在长沙市开福区马厂以南注入湘江，浏阳河是湘江一级支流，全长234.8千米，流域面积4665平方千米。2017年，浏阳市全面启动河长制，长沙市委常委、浏阳市委书记黎春秋任浏阳市（区、县）级浏阳河第一河长，建立由市、（镇）乡、村三级河长全覆盖的责任体系，加大对域内河流治理，2018—2019年清理整治"四乱"问题107个。浏阳河流域内长沙市和各县市区累计安排各类治理资金70亿元，铺排项目320余个。围绕"截污、提标、监管、调水"，综合施策、标本兼治，流域水环境治理取得显著成效，大溪河官渡段被评为湖南省"美丽河湖"样板河流。达浒镇书香村等5个村（社区）创建长沙市级小微水体管护示范片区。2019年，浏阳市镇头镇金牌村浏阳河出境断面水质年度均值达到Ⅱ类，2019年1—10月，浏阳河10个国、省控断面水质优良率100%。

【沿溪镇沙龙村被评为全国乡村治理示范村】　2019年12月3日，农业农村部公示全国乡村治理示范村镇候选名单，拟认定100个乡镇为全国乡村治理示范乡镇、拟认定1000个村为全国乡村治理示范村。湖南5个镇、50个村入选。其中沿溪镇沙龙村入选。沿溪镇沙龙村村域面积12.6平方千米，全村辖33个村民小组，1678户，共7028人。1998年，沙龙村率

表64　2019年浏阳市主要经济指标与2018年比较统计表

单位：亿元

指标名称	地区生产总值	农林牧渔业总产值	社会消费品零售总额	一般公共预算收入	财政总支出	居民人均可支配收入（元）
2018年	1342.1	158.8	348.8	113.3	124.6	39608
2019年	1408.8	184.4	387.2	128.4	142.1	43253
2019年比2018年增长（%）	9.2	3.8	11	13.3	14.1	9.2

说明：地区生产总值、各产业增加值绝对数按现行价格计算，增长速度按不变价格计算　　（资料来源：浏阳市地方志编纂室）

先在浏阳市开展土地流转工作，当年流转土地10公顷。然后通过招商引资，引进企业对村集体土地进行开发经营。通过20年的发展，产业实现振兴，2018年，人均纯收入达到3万元以上。多年来，沙龙村在文明建设方面。沙龙村村民自觉抵制歪风陋习，做到婚事新办、丧事简办，全村的移风易俗工作全面推进。在环境卫生整治方面，沙龙村实施垃圾分类；组织小微水体民间义务巡查；实现河道小微水体通畅、水清、岸青、景美，全村蓝天碧水的目标。提升农村粪便无害化处理和资源利用水平，截至2019年年底，全村实现改造旱厕465个。房屋地基实施建新拆旧的原则，杜绝一户多宅的乱象，同时，积极做好复垦调规工作，引导村民建房风格，控制建房建筑面积，按村规民约多占必须缴纳有偿使用费。通过多措并举，该村治房工作得到有效推进。

（本栏撰稿　唐继武）

宁乡市

【概况】　宁乡市辖25个乡镇、4个街道，220个村，54个社区。县域总面积2906平方千米，耕地面积95.83千公顷。2019年年末户籍人口142.89万人，常住人口133.84万人。人口出生率10.26‰，死亡率8.87‰，人口自然增长率1.39‰。年内最高气温39.1℃，最低气温-1.5℃，年降水量1329毫米。

地区生产总值1069.1亿元，比2018年增长9.1%。其中，第一产业增加值111.54亿元，增长3.5%；第二产业增加值455.73亿元，增长10.7%；第三产业增加值501.83亿元，增长8.6%。三次产业结构比为10.4：42.6：46.9。全年完成一般公共预算收入88.03亿元，比2018年增长9.2%。其中地方一般公共预算收入53.81亿元，增长13.8%；税收收入74.26亿元，增长11.5%。公共财政预算支出105.21亿元，增长9.6%。城乡居民人均可支配收入38168元，比2018年增长9.4%。城镇居民人均可支配收入4.69万元，增长8.4%；农村居民人均可支配收入29338元，增长8.7%。第19届县域经济基本竞争力排名前移3位，居全国百强第25位，中部第3位；县域经济与县域综合发展排名前移5位，居第18位。

农林牧渔业总产值188.41亿元，比2018年增长3.4%。其中农业产值110.92亿元，增长4.4%；林业产值7.36亿元，增长6.3%；牧业产值53.62亿元，下降0.4%；渔业产值5.02亿元，增长3%；农林牧渔服务业产值11.49亿元，增长7.5%。全年粮食种植面积10.49万公顷，比2018年下降0.2%。全年粮食总产量68.18万吨，比2018年增长0.5%；烟叶0.51万吨，下降5.6%；蔬菜156.29万吨，增长3.2%；出栏肉猪112.8万头，下降19.4%；出笼家禽3301万羽，增长15.4%。推进宁乡花猪百亿元产业，改扩建万头花猪养殖场5家，出栏花猪22万头，宁乡花猪品牌价值19亿元。建成高标准农田1640公顷、循环农业示范点43个，新认证农产品“三品一标”88个。

工业增加值比2018年增长11.4%，其中规模工业增加值增长11.7%。全市规模工业实现主营业务收入1381.02亿元，比2018年增长15.1%；利润总额131.52亿元，增长6.7%；利税总额168.82亿元，增长7.2%。

全市园区（三区五园）规模以上工业产值比2018年增长11.7%，占全部规模工业的90.5%；增加值增长16.2%，占全部规模工业的90.7%。食品加工、储能材料、智能终端、装备制造、新材料、孕婴童及时尚鞋服六大主导产业产值比2018年增长15.2%，占全部规模工业比重81.2%；增加值比2018年增长14.6%，占全部规模工业比重81.2%。全社会建筑业增加值41亿元，比2018年增长2%。44家具有资质等级的总承包和专业承包建筑业企业实现总产值89.53亿元，增长10.9%；房屋建筑施工面积112.68万平方米，下降76.3%；竣工面积195.66万平方米，增长10.5%。

社会消费品零售总额401.43亿元，比2018年增长11.5%。完成邮政行业业务总量1.22亿元，比2018年增长11.9%。固定资产投资比2018年增长10.2%。

推进灰汤国家旅游度假区和A级旅游景区整改，举办年味宁乡等系列节会活动。华强方特开园，宁邦广场建成营业，沩山被评为夏季避暑旅游目的地。全年接待海内外游客2300.55万人次，比2018年增长4.1%；实现旅游收入310.26亿元，增长2.5%。房地产业增加值74.45亿元，增长2.2%。房地产开发投资比2018年下降3.5%；商品房销售面积235.9万平方米，下降11.6%。新建商品房销售210万平方米。新增服务业限上企业115家，实现服务业增加值390亿元。年末金融机构本外币各项存款余额831.44亿元，比年初增加91.88亿元，比2018年增长12.4%。外贸进出口总额首次逾10亿美元。

全市拥有高新技术企业和生产高新技术产品的企业246家，全年实现高新技术产值1061.1亿元，比2018年增长9.7%。全年申请专利2528件，增长4.2%，其中发明专利625件；授权专利1571件，增长5.0%，其中发明专利授权153件。申报国家、省、市各级科技项目259项，转化科技成果355项。年末全市有国家级高新技术产业化基地1个、国家级农业科技园区1个、国家级科技企业孵化器1个、博士后科研工作站4家、院士工作站5家、国家级工业设计中心1家、国家级企业技术中心4家，省级重点实验室1个、省级科技企业孵化器3个、省级企业技术中心27家、省级工程技术研究中心16家、省市众创空间4个。

全年新引进产业项目126个，合同引资670.96亿元；其中工业项目100个，合同引资463.16亿元。实际到位省外境内资金113.74亿元，增长16.6%；实际到位境外资金4.14亿美元，增长9.6%。举办对话西线工业走廊论坛2期、英才大会4场，举办首届宁乡市长质量奖评选活动，完成第四次全国经济普查。新增智能化改造企业（车间）120家、高新技术企业75家。新增规模工业企业73家、税收过千万元企业10家；格力大型中央空调建成投产，三一重起年产值逾100亿元，邦普循环建成国家级企业技术中心，星邦重工被评为国家小巨人企业。经开区获批省工业项目承诺制审批改革示范试点，高新区获批省级储能材料特色产业园。

2019年，宁乡市再次被评为中国全面小康十大示范县市。获批国家现代农业产业园、国家农业科技园、国家农村产业融合发展示范园和湖南省农产品标准化示范县。沩山乡被评为省农业产业强乡。全国文明城市创建通过省级测评，获批全国新时代文明实践中心建设试点县。智慧城市建设获全球智慧城市大会提名奖，综合影响力位列全国百强县第14名。大成桥镇入选全国乡村治理示范镇，夏铎铺镇被评为国家卫生乡镇，流沙河镇被评为省卫生镇。创建全国健康素养促进示范县，全国基层中医药工作先进单位。

【农村环境建设】 2019年，宁乡市加强农村环境建设，全面开展垃圾分类示范村创建，全市垃圾减量35%。深化黑臭水体治理、河湖“清五乱”行动，有效管护小微水体4万处，打造样板河30条，实现河（湖）长制全覆盖。整治非法采砂洗砂点172处。拆除空心房5964户。打造美丽屋场65个，创建陈家桥村、靳江村等一批“五治”示范村。大成桥镇入选全国乡村治理示范镇，夏铎铺镇被评为国家卫生乡镇，流沙河镇被评为省卫生镇。新型村级集体经济壮大。推进农村集体产权制度改革，清理核实集体资产22.57亿元。流转土地4.33万公顷，新增土地合作社81家、农业合作社202家，培养新型职业农民3000人，建成供销惠农服务中心（社）223家。全市涉农村（社区）全部实现去薄脱空，59个村集体收入超15万元。基础设施不断完善。处险小型水库9座，加固小型水闸40座，整修山塘168口，清淤维修干渠160千米。新增农村通自来水人口3.9万人，农村改水改厕103127座。提质农村道路1154千米，改造危桥33座，建成安防工程150千米，成功创建省级四好农村路示范县。实施“政府送树、群众栽树”造绿行动，生态复绿533.33公顷，义务植树300万株。新增节能路灯1.2万盏。

【城区建设】 2019年，宁乡市加强城区建设，启动国土空间总体规划，编制金洲新城及六大片区规划，完成城市消防、电力和中小学建设布点专项规划。推进沩水45.6千米堤防建设，完成沩丰水坝拆除重建和东沩溪、朝阳溪、历泉河防洪闸等防洪工程。长益高速复线、金唐公路二期等重点工程加快推进。文体南路、华强大道、流沙巷公路和老毛公路竣工通车。推进“一圈两场三道”建设，完善15分钟生活圈20个，新改建农贸市场3家、生鲜门店5家、停车场11处，建设“三道”32.9千米。启动物业小区垃圾分类和餐厨垃圾收运。创建文明停车示范街10条、市容精品示范路6条；拆除违建11.4万平方米，整治违规广告牌234处，维修市政道路4万平方米，栽植花卉苗木95.5万株。治超工作获省治超办通报表扬。全市全年城镇生活垃圾无害化处理率100%，饮用水源水质达标率100%。全市万元GDP能耗比2018年下降5.45%。

【社会事业】 2019年，宁乡市有普通中小学306所，中职学校8所，特教学校1所。在校中小学生159861人，其中高中学生38750人（含中职学生14921人），初中学生38703人，小学学生82110人，特教学生298人。全市中小学教职工10215人，其中专任教师9641人。全市有幼儿园341所，在园幼儿39855人，教职工3472人，其中专任教师1600人。2019年适龄儿童入学率达到100%，九年义务教育完成率100%，小学升学率100%。高考一本上线1553人，上线率18.7%；二本上线3995人，上线率48.2%，上线人数、上线率、录取人数、录取率居全省农村县市前列。中考合格率96.3%，比2018年提高0.2个百分点。

全市拥有广播电台1座，电视发射台和转播台1座，广播、电视综合人口覆盖率99.5%，有线电视用户9万户。公共图书馆1座，藏书量25万册；24小时自助图书馆3个。提质村（社区）综合文化服务中心20家，更新农家书屋书籍1万余册，开展送戏下乡活动77次、图书流动服务200余场、公益电影放映4480场次；开展“你读书・我买单”“文化艺术健康科普进万家”等读者活动63场，举办2019“年味宁乡”喜乐会启动式、“辉煌历程 美好宁乡 岁月如歌”原创音乐作品会、“我和我的祖国”文艺惠民巡演、庆祝中华人民共和国成立70周年系列群众文体活动等大型活动。创作《红色宁乡我的家》《宁乡剁辣椒红》等作品40余个。年末有160余家群众文艺团队。全市有体育场馆14座，400米田径场16个，乡镇门球场20个，拥有20个体育协会；新建80处全民健身工程点、1个智慧健身驿站。

【民生保障】 2019年，宁乡市有医院、卫生院56个，市直医卫单位8个，乡镇卫生院29个，街道卫生服务中心4个，民营医院17个。全市医疗机构床位总数8153张，其中市直医疗单位3800张，乡镇卫生院3283张。在编在岗卫生工作人员3801人，执业医师及执业助理医师3123人（含临聘人员），注册护士3221人（含临聘人员）。全年孕产妇住院分娩率100%，

死亡率15.49/10万，5岁以下儿童死亡率5.5‰。全年完成35项省市重点民生实事。完成棚改900户。建成村级居家养老中心4所，提质乡镇敬老院9所。年末全市参加城镇职工基本养老保险人数17.03万人，参加城乡居民基本养老保险人数77.66万人；参加城镇职工基本医疗保险人数12.05万人，参加城乡居民基本医疗保险人数107.27万人；参加失业保险人数7.28万人，领取失业保险金人数0.11万人；参加工伤保险人数11.06万人，其中参加工伤保险的农民工4.56万人；参加生育保险人数9.52万人。年末，全市享受城市居民最低生活保障1072人，享受农村居民最低生活保障15575人，享受农村特困人员救助供养10754人，全年临时救助5188户。新增城镇就业11208人，新增农村劳动力转移就业7450人，失业人员再就业3434人，其中就业困难人员再就业1287人，零就业家庭实现动态清零，就业援助率100%。年末城镇登记失业率为2.88%。

【“三大攻坚战”】 2019年，宁乡市筹措化债资金，债务总额减少55亿元。获批财政部建制县隐性债务风险防控试点县，争取置换债券41.5亿元，政府隐性债务平均利率降至5.22%，减少利息支出1.8亿元。4家国有平台公司市场化转型稳步推进，实现经营收入78.41亿元、利税8.43亿元。严打非法金融活动，依法处置高风险机构19家，清退资金9000万元。污染防治。关停“散乱污”企业131家，整顿混凝土搅拌站21家，提质改造加油站52座，实施垃圾秸秆禁烧、烟花鞭炮禁燃限放，全年优良天数318天，优良率87.1%。建成经开区回用水厂、高新区工业污水处理厂和3座乡镇污水处理厂，完成城区生活污水处理厂和东城污水处理厂扩容，污水日处理能力22.7万吨。新改建化粪池327座，疏浚下水道170千米，整治“四溪一渠”劣V类入沩排口108个，基本实现城区化粪池、黑臭水体和劣V类排口整治动态清零，饮用水水源地水质100%达标，沩水、靳江水质全年稳定在Ⅲ类以上。整改环保督察反馈问题225个。非煤矿山整治有序推进；治理重金属污染耕地666.67公顷、调整种植结构6566.67公顷。被评为首批省级生态文明建设示范市。精准脱贫。突出产业扶贫和就业扶贫，建成扶贫车间76个，实施产业扶贫项目168个，新增贫困劳动力转移就业420人，改造贫困户危房1578户，新增脱贫960户2108人。对口帮扶新化县、龙山县咱果乡取得新成效。

【宁乡市创建“三无城市”】 2019年，宁乡以行政审批服务效能提速为目标，推进“三无城市”创建（无证明城市、无收费园区、无跑腿审批）。7月1日，“一件事一次办”系统上线试运行。年内分两批实现345项事项一次告知、一窗受理、一端办结。2019年“一件事一次办”共受理办件61万余件，办结率100%。推行“无证明城市”，精简“一件事一次办”材料。累计精简证明材料299项，通过无证明系统开具证明1.3万份。构建人口信息、法人信息、宏观经济、证照等基础库，覆盖140万自然人、9万余法人的基本信息，编制136类证照目录，归集32万余份电子证照。开发近100个实时接口，支撑“一件事一次办”所涉及的不同业务系统的协同处理。在业务办理过程中，系统自动归集用户所有证明材料，形成“调用—入库—沉淀—复用”的共享机制，实现证明材料一次入库、随调随用、重复使用。推进“无收费园区”，降低“一件事一次办”成本。从6月1日起，实行打印、复印免费服务，每年可为办事群众节约费用约90万元；实行企业开办首套印章免费，企业开办实现“证、照、章”同发，每年可为企业节约成本180万元。实行婚姻登记和公安照相业务免费，每年可减少群众办事费用110万元。590项“不见面审批”事项免费快递送达，占“最多跑一次”事项53%，每年可为群众办事减少费用30万元。5月1日起，宁乡经开区和高新区不再向企业收取任何有关涉企费用，每年可为企业减少生产成本5000万元。实行“联合勘验”，压缩审批时间1/3以上。推动“无跑腿审批”，实现“一件事一次办”快办。实行线上“一次登录、一网通办”和线下“一窗受理”，实现工业项目审批网办、快办。通过“智慧宁乡”APP和微信公众号，实现预约查询、证照寄送、在线支付等功能，2019年注册使用人数20万余人，覆盖市民日常生活的方方面面。开发掌上园区平台，设置工业项目审批、政策兑现、分类办事、涉企政策4个板块。成立市本级和园区企业服务中心，建立乡镇帮代办队伍，为企业和群众提供全流程帮代办服务，实现一个项目、一员代办、一次办结，企业办事“零跑腿”，群众办事“零距离”。

【智慧城市建设】 宁乡市是湖南省首个县级智慧城市建设试点、“互联网+监督”试点、“互联网+政务”试点、“公安警务大数据”试点，其新型智慧城市自2016年启动建设，以“一个体系架构、一张天地一体的栅格网、一个通用功能平台、一个数据集合、一个城市运行中心、一套标准”的“六个一”为指导原则推进建设。至2019年年底，实现通过智慧政务、平安城市、智慧城管、城市运营中心等项目建设，高效整合各类感知数据、行业数据、业务运行数据和网络空间数据，并进行深度挖掘和综合应用，实现对城市运行状态的全面感知、态势预测及事件预警，为领导决策提供辅助支撑，为部门服务提供业务协同，为城市治理提供资源信息，实现建一个平台管理整个城市；整合各类城市服务应用，打造“智慧宁乡”微信公众号和APP，市民用一部手机轻松实现各类政务服务和生活服务事项的在线办理；运用“互联网+”技术和大数据技术实现工业项目审批下放园区，助推营商环境不断优化。宁乡智慧城市建设累计迎接各级考察学习400余批次、各级媒体报道200余次。2019年4月18日，“中国信息年鉴2019年会暨第四届新型智慧城市建设创新实践大会”在宁乡市召开，宁乡市新型智慧城市建设影响力进一步扩大。9月，2018—2019中国新型智慧城市建设与发展综合影响力评估结果公布，宁乡被评为转型升级优秀智慧城市。11月19日（当地时间），在西班牙巴塞罗那举办的全球智慧城市大会上，宁乡获全球智慧城市大会信息惠民与城市服务提名奖。12月20—21日，“第十届中国物联网产业与智慧城市发展年会”在北京举行，宁乡获2019中国智慧城市创新成果奖。

【宁乡现代农业产业园升级为国家现代农业产业园】 2019年12月，国家现代农业产业园建设工作领导小组办公室公示第二批国家现代农业产业园认定名单，宁乡现代农业产业园被评为国家现代农业产业园。宁乡市现代农业产业园2017年获批创建国家现代农业产业园，总面积426.54平方千米，包括大成桥、双凫铺、老粮仓、流沙河4个乡镇和1个国家级农业科技园，农业人口21.03万人。围绕宁乡花猪和优质稻两大主导产业，铺排宁乡花猪品牌提升、宁乡花猪和粮食精深加工、农旅融合等项目。建立“一区一场一心一站一库”（国家级宁乡花猪保护区、保种场、保护中心、种公猪站、冷冻基因保存库）宁乡花猪保种体系，并建成资源场1个，一级扩繁场3个。宁乡花猪加工采用全自动、全密封、零排放模式，研发宁乡花猪等深加工产品49种。通过“线上+线下”双模式，2019年出栏宁乡花猪20万头，销售精深加工产品9000余吨，产品加工转化率80%，产业总产值21亿元。采取主体农庄和绿色生态融合发展模式，着力开发多样化、多功能的休闲农业产品，打造湘都花猪跳水、流沙河花猪特色小镇、宁乡花猪文化创意园等项目，2019年接待乡村休闲、农耕文化、研学旅行等游客200万余人次。

【“宁乡花猪”品牌打造】 宁乡花猪是全国四大生猪地方名种之一，养殖历史悠久。近年，宁乡市加大宁乡花猪保种力度，致力打造宁乡花猪“双百工程”（到2022年实现“出栏100万头、产值100亿元”），坚持政府引导、龙头带动、市场运作，宁乡花猪品牌影响力有效提升，先后被评为中国百强农产品区域公用品牌、湖南省十大农业区域公用品牌、长沙市十大农业品牌，获中央电视台《味道》《中国影像方志》《我们走在大路上》等栏目推介。2019年1月5日，中国邮政发行第四轮《己亥年》生肖猪年邮票一套2枚，全套邮票面值为2.4元。“宁乡花猪”邮局入选全国“己亥”生肖猪年邮票原地，长沙地区的《己亥年》生肖猪年邮票首于2019年1月5日在宁乡市举行。2019年6月4日，宁乡市现代农业产业园办公室与广州铁路局和永达传媒合作，第一列“宁乡花猪”号高铁冠名列车在长沙火车南站上线运行。2019年9月，宁乡花猪文化展示展览馆建成，面积700平方米，分追根溯源、华贵族群、壮写华章、复兴之路等部分，对宁乡花猪文化进行深入挖掘和系统展示。其品牌价值，由2017年的10.6亿元增长到2019年的19.02亿元。

【新沩丰坝建成投入使用】 2019年10月1日，重建的沩丰坝水闸及音乐喷泉建成投入使用。沩丰坝位于湘江一级支流沩水中游，地处城郊街道沩丰坝村，始建于1955年，2018年5月15日启动拆除，当年8月开始重建。沩丰坝除险加固工程被纳入国家大中型水闸除险加固计划，除险加固后，工程由景观拦河闸、右岸冲沙闸、左岸灌溉闸等建筑物组成，闸轴线总长236.9米。水闸工程规模为中型工程，主要建筑物级别为2级，次要建筑物为3级，防洪标准按30年一遇洪水设计，100年一遇洪水校核，消能防冲标准按30年一遇洪水设计。水闸设计洪水流量4570立方米/秒，校核洪水流量6560立方米/秒。建成后，沩丰坝闸址控制流域面积约2078平方千米，水闸正常蓄水位45.79米，库区正常水位库容280万立方米，城市供水日平均取水16万吨，高峰时期日取水20万吨，灌溉农田约8000公顷。

2019年12月，宁乡现代农业产业园升级为国家现代农业产业园

宁乡市地方志编纂室　供图

【宁乡市获“中国营商环境百佳试点县市”称号】 2019年5月，国家信息中心成立“中国县域营商环境研究”课题组，研究制定“2019中国县域营商环境调查评价指标体系”。11月，宁乡市被授予“2019年度中国营商环境百佳试点县市”称号。2019年，宁乡市减税降费落实到位，全年减税降费11亿元，惠及全市2.84万单位纳税人和20.9万自然人。打造“三无城市”，精简证明材料299项，公布“一件事一次办”事项345项，实现“不见面审批”事项590项，推行“三印”免费服务。2019年市民之家政务大厅累计接待办事群众241.1万人次，接受咨询51.2万人次，受理事项189.9万余件，办结事项189.4万件，办结率99.72%。新增市场主体2.7万户，总数逾10万户。完成第三次国土调查，新建供水管网25千米、燃气管网30千米，全市供电能力提升至80万千瓦。举办人才招聘活动50场次，为81家企业零成本引进人才近5000人。开展“三抓两促”“三比三看”和产业项目建设百日大会战，持续掀起产业项目建设热潮。实施营商环境十大专项行动，办结营商环境相关问题115个，县域营商环境位列全国第34位。

【宁乡获批全国新时代文明实践中心建设试点县】 2019年10月11日，中央宣传部、中央文明办在北京召开深化拓展新时代文明实践中心建设试点工作电视电话会议，明确450个县（市、区）为第二批全国新时代文明实践中心试点，宁乡被纳入全国试点建设范围。2018年8月，宁乡市作为省级试点县（市、区）启动新时代文明实践中心建设试点工作。2019年1月5日，宁乡市举行新时代文明实践中心和新时代文明实践志愿服务队总队揭牌仪式，长沙市首个“新时代文明实践中心”在宁乡成立。宁乡以市域为整体，新时代文明实践中心为引领，组建理论宣讲、文体艺术、科学普及、教育教学、社会慈善、普法宣传、农业技术、医疗卫生、文明劝导、网络文明十大实践志愿服务分队，市、乡镇（街道）、村（社区）为单元，29个乡镇（街道）成立新时代文明实践所，278个村（社区）成立新时代文明实践站，构建起“1+10+29+278”的志愿服务体系，创新推出“心星相印”模式，以“齐心共建、爱心帮扶、贴心服务、暖心传播、精心呈现、连心桥梁”六心为主要工作指标，以群众满意度为主要依据，由老百姓评定出心目中的“星级实践志愿服务队伍、星级实践志愿者、星级实践基地、星级实践产品、星级实践活动、星级实践站所”。至2019年年底，宁乡建立37个县级文明实践基地、200余个机关企事业文明实践基地以及300余个镇村文明实践基地，打造了理论宣讲平台、教育服务平台、文化旅游服务平台、科技与科普服务平台及健身体育服务平台。

【宁乡市被评为“中国县域旅游竞争力百强县”】 2019年5月，中国信息协会信用专业委员会、竞争力智库等机构在京联合发布《2018中国县域旅游竞争力报告》，发布中国县域旅游竞争力百强县名单，宁乡入选。近年，宁乡市结合自身优势，打造自然清新的生态环境、特色的人文风情、完备的全域旅游模式，推进“14830”工程（即创建1个全域旅游示范区、打造4个核心旅游区、提质8个A级景区、培育30个乡村旅游示范点），登上“2016最美中国榜”，并被评为“2017中国最具竞争力旅游城市”“2018湖南市域旅游经济增长质量综合排名前十”“2018中国最具魅力文化旅游城市”。2019年，宁乡不断擦亮旅游名片：长沙方特东方神画开园，少奇故里、关山古镇、炭河古城、湘都生态园开发研学旅游，花明楼、沙田红色旅游，沩山被评为中国（湖南）“夏季避暑旅游目的地”；实施精准营销：举办宁乡市文化旅游节开幕式，全年开展“春踏花径、夏嬉山水、秋收硕果、冬品丰年”19个旅游节会，组织“生日免票游宁乡”活动，发布“心宁之乡，美好时光”旅游宣传口号和形象LOGO。2019年累计接待游客2300.6万人次，旅游总收入310.3亿元。

（本栏撰稿　高　丽）

表65　　2019年宁乡市主要经济指标与2018年比较统计表

单位：亿元

指标名称	地区生产总值	农林牧渔业总产值	社会消费品零售总额	一般公共预算收入	公共财政预算支出	人均可支配收入（元）	
						城镇居民	农村居民
2018年	961.82	164.77	360.17	80.60	95.98	43269	26985
2019年	1069.10	188.41	401.43	88.03	105.21	46900	29338
2019年比2018年增长（%）	9.1	3.4	11.5	9.2	9.6	8.4	8.7

说明：地区生产总值、各产业增加值绝对数按现价计算，增长速度按可比价计算　（资料来源：宁乡市地方志编纂室）

人 物

PEOPLE

编辑　吴丫丫

全国“五一劳动奖章”获得者

【龙继红】 女，1962年4月出生，本科学历，中共党员，长沙市芙蓉区大同小学校长。她先后担任芙蓉区8所小学校长24年，让薄弱学校变强校，让育英学校、育才学校、大同小学3所名校再创辉煌。所带学校连续22年获教育局年终绩效考核一等奖。举办全国优秀校长论坛、省特级教师首届论坛等50余场，接受各级各类媒体报道近300次，接待美国、英国及国内等参观团队共千个惠及数万人，率先创建首届全国文明校园、全国语言文字示范校、全国现代教育技术实验校、国家外语实验校、省生态文明示范校、“两型”示范学校等，获国际国内各级各类集体荣誉奖400余项，策划“纪念抗战胜利70周年”活动成为中央电视台《开学第一课》展播。2016年8月她到拆迁重建、情况复杂的大同小学，仅用3个月带领师生创生文化校园，改变湖南“靠公司、耗资高、重装修”的格局。办好70年首届校庆主题教育活动，建成现代化校史馆，创建全国文明校园经验作为全国唯一一所中小学被《焦点访谈》专题报道。近两年她排除万难，近300次通宵达旦、废寝忘食，让大同小学高位跨越式发展。她带领育英小学全体语文教师用8年时间开展《日记小列车》作文教学实践研究，破解作文难题，成为享誉三湘的教研品牌，被评为“湖南省首批教育科学学科语文实验基地”（全省唯一小学）。带领育才三校开发四类三层共49门魅力园体验课程，在全国第四届校长大会发言展示，并获教育部教育改革经典案例奖、湖南省第四届基础教育教学成果二等奖等。主持全国教育规划教育部重点课题《小学生职业体验式公民素养教育研究》，2019年10月结题。指导市、区校长工作室40位校长成长。她获湖南省首届正高级教师，主持研究课题33个，撰写著作3本，发表论文39篇，作专题讲座136场。她担任市人大代表，心系教育民生，建言教师编制配备、“进校园”乱象、“三点半”难题、化解“大班额”等都得以解决。身为国家督学、马云乡村教师公益领航校长、市名校长工作室首席名校长、市特级教师农村工作站站长等，指导数百名校长的成长。多年来行走在乡村、薄弱学校，足迹遍及内蒙古、新疆、广西、湖南诸多省份100余所贫困山区农村学校，帮他们问诊学校课程建设、乡村教师素质提升、校园文化建设等，用智慧和心血践行“公平优质教育”。2019年被中华全国总工会授予全国“五一劳动奖章”称号，被湖南省委、湖南省人民政府授予湖南省先进工作者称号。

【吴平辉】 1972年出生，研究生学历，中共党员，长沙火车南站地区综合管理办公室党工委书记、主任。1991年参加工作，曾立二等功一次、三等功六次。先后被评为湖南省长沙市“铁路建设工作优秀个人”、长沙市雨花区“攻坚克难突击手”，2017年获中央综治委、中央组织部专文嘉奖，带领单位先后被评为“2013—2016年度全国社会治安综合治理先进集体”“全国青年文明号”“中国青年志愿服务‘暖冬行动’优秀志愿服务组织”“湖南省文明窗口单位”等。2014年以来，他始终坚持以习近平新时代中国特色社会主义思想为指导，坚持以旅客为中心，牢固树立站区一盘棋的思想，围绕“扮靓湖南窗口，打造全国标杆”的工作目标，干在前头，创新治理，走在前列，形成共商共建共治共享的站区综合治理格局，站区秩序好转，出行环境改善，服务水平提升，旅客安全感、获得感、满意度增强，长沙火车南站地区成为全国的标杆示范。联合铁路地方98家单位一体协同联动，建立公安武警“十位一体”联勤联动指挥中心，建设网格化服务管理智慧平台，打造站区综合治理联勤联动工作模式，在2017年全国社会治安综合治理工作会议上代表全国高铁站区作典型介绍，在全国“雪亮工程”工作推进会上面向全国推介。坚持依法治理、源头治理、系统治理和综合治理相结合，连续5年实施8个“百日整治”行动；组织开展“品质站区”“最靓窗口”“最严管理”等15个专项治理行动；建立“日碰头”“周总结”“月考评”工作机制；启动特护期值守维护模式应对客流高峰；全国率先推进“智慧站区”建设，开通启用高铁旅客进地铁免安检专用通道及网约车、共享汽车专区，旅客出行体验不断增强，广州、杭州等高铁站区专程组织到站区学习交流。坚持一线工作法，坚持带领带头干，坚持主动服务旅客。每天进行“步行看站区”，每个月带领站区党员干部做一天志愿者服务旅客，连续5年的节假日都在站区工作岗位上坚持调度，服务2.6亿名旅客实现安全便捷舒适满意出行。2019年被中华全国总工会授予全国“五一劳动奖章”称号，被湖南省委、湖南省人民政府授予湖南省先进工作者称号。

【李完小】 1966年10月出生，湖南岳阳人，中共党员，研究员职称，1988年哈尔滨工业大学机械制造工艺及自动化专业本科毕业，1988年9月参加工作。湖南航天环宇通信科技股份有限公司董事长兼总经理、湖南省第十二届政协委员、长沙市第十五届人大代表、湖南省工商联常委。他先后参与国家重大科技专项4项、国家“十三五”装备预研共用技术项目1项、承担省级及以上科技计划项目3项，入选湖南省“5个100工程”重大项目2项及众多高新装备单机型号的研制，为北斗、高分、载人航天、风云、神舟、嫦娥、天宫等空间飞行器，C919、CR929众多国家级重大专项配套，获专利授权13项；曾获国家国防科技进步奖二等奖两次、省国防科技进步三等奖一次、军队科技进步三等奖一次，是唯一一位被评为月球探测突出贡献者并两次受到中央政治局常委集体接见的的民营企业代表，被评为湖南省国防系统开发先进工作者、中国航天机电集团劳动模范、长沙高新区优秀企业家等，获中国航天工业总公司航天奖等；入选中组部第四批国家“万人计划”科技创业领军人才，入选科技部创新人才推进计划科技创新创业人才，是湖南省科技创新创业团队带头人、长沙市科技创新创业领军人才、湖南省第十二届政协委员、长沙市第十五届人大代表。他专注航空航天高难度型号微波通信、卫星通信与雷达、航空航超精密特种机构、全系列的卫星通信天线与航空航天工艺装备、航空航天复合材料制件与智能化装备领域攻坚克难，部分技术及产品达到国内领先水平或填补国内空白。带领科研团队全力攻克超高频率紧缩场、各类天线子系统、大飞机高难度大尺寸复杂结构的复材成型装备等系统航空航天工艺装备的核心技术。李完小所在湖南航天环宇通信科技股份有限公司主要从事高端微波通信与航空航天复合材料装备的配套，是湖南省优秀的民参军高新技术企业，拥有湖南省航空复合材料零部件智能化工艺装备工和程技术研究中心、省市级企业技术中心，是湖南省“专精特新”小巨人企业。他热心社会公益，积极捐款捐物，承担相应的社会责任和义务，资助岳阳县公田镇东淇村5人完成大学学业，每年支持岳阳县第四中学10名贫困学生至完成高中学业，资助岳阳县乡村桥梁建设投入40万余元，抗洪救灾捐款等各类捐赠多次，尽力为企业周边及社会提供数百个就业岗位。2019年被中华全国总工会授予全国“五一劳动奖章”称号，被湖南省委、湖南省政府人民政府授予湖南省劳动模范称号。

（本栏撰稿　陈劲飞）

全国优秀共青团员、共青团干部

【邓港华】 1997年5月出生，大专学历，共青团员，自由职业。他主动加入2017年助力脱贫攻坚行动，协助扶贫干部走访慰问，发放扶贫物资。常以“家人”的身份与留守老人和儿童深入交流，对深度贫困的家庭还自发捐款捐物，传递亲情般的温暖。他响应大学生返乡创业号召，参加新型职业农民培训，学习“水稻+”生态种养模式及相关专业知识，流转3.33公顷农田进行小龙虾与水稻相结合的生态养殖项目并取得显著成效，让更多的青年大学生看到新型农业的可观前景，带动部分在外想返乡创业的青年的积极性。他响应政府防汛防旱工作号召，2018年加入所在镇团委组织的“青年突击队”，参加防汛冲锋舟的运输和安放工作，轮班值守河堤，奋战在防汛一线。在镇党委团委的带领下，“青年突击队”多次组织环境卫生义务清扫工作，与其他突击队成员一起完成马路清扫工作，表现优秀，得到组织与群众的认可与肯定。被评为2019年度全国优秀共青团员。

【彭弈韬】 1997年1月出生，大专学历，共青团员，开福区青穗青少年公益发展中心理事长。2016年，他读大二时注册长沙市开福区青穗青少年公益发展中心，成为大学生注册公益社会组织的难得案例。他利用17个城乡社区和学校的青年之家阵地，开展助力青少年成长服务系列志愿服务活动，累计服务4200余人次。联合长沙民政职院组建儿童保护团队，到湘西深度贫困山区，举办9期儿童成长营，服务5000余人。组织实施的开福区困境青少年帮扶项目，开展小组、个案服务419人次，帮助16名“问题少年”回归正常生活。2017—2019年，他带领团队参加湖南省大学生创新创业大赛，用获得的15万元创业扶持金为湘西古丈县中寨等村落搭建4个儿童服务站和图书馆。他通过“大学生志愿服务联盟”引导数万名志愿者投身志愿服务，组织长沙民政职院等高校培育17家志愿服务团队，在长沙35个城乡社区开展落地服务，时长累计逾10万小时。他发起的春运“暖冬行动”，累计组织志愿者5000余人次，连续3年为“返乡”旅客服务，受团中央、铁路总公司表彰。他的事迹被《中国青年报》等中央和省、市媒体报道40余次，被评为中国大学生自强之星提名奖、长沙好人和十佳“优秀共青团员”、开福区道德模范等，被评为2019年度全国优秀共青团员。

【吴海芸】 女，1978年1月出生，硕士研究生学历，中共党员，天心区少先队总辅导员、长沙市少工委副主任，兼任湖南省少先队副总辅导员，担任全国少工委“中国辅导员”公众号“红辅说队事”栏目主持人。她从事少先队工作及少年儿童教育工作25年，曾被评为“全国优秀共青团干部”“全国优秀少先队辅导员”“全国双学双有优秀工作者”“湖南省教研优秀个人”“长沙市十佳少先队辅导员”“长沙市优秀教育工作者”“长沙市青年岗位能手”等，担任长沙市共青团系统“名团干专家库”成员、“向日葵”青少年思想引领计划宣讲团成员和长沙市吴海芸少先队名师工作室主持人。她撰写的近39篇论文、活动案例被发表，其中2018年第4期《辅导员》杂志以她为封面人物，对其进行专题报道；她注重工作创新，搭建“两平台、三重点、四途径”的工作模式，推行“知行合一”的工作队伍培养机制和“片组微课题”少先队理论研究体系建设；她策划并承办湖南省教育厅主办“我是接班人”网络大课堂之“劳动‘慧’向未来”系列课程，获得社会广泛赞誉。被评为2019年度全国优秀共青团干部。

（本栏撰稿　刘　柱）

全国最美退役军人 全国模范退役军人

【李剑川】 1966年4月出生，1987年入伍，中共党员，2014年退役，湖南中部创新集团董事长。退役后运用在部队所学创办无人机研发制造企业，在消防无人机、水上救援无人机等领域攻克系列技术难关，获得显著成绩并填补国内相关领域技术空白。曾获中国无人机系统技术创新产品奖、中国无人机产业个人杰出贡献奖、世界无人机大会金狮奖，2019年被评为全国最美退役军人、全国模范退役军人、长沙市2019年度最美退役军人。

【徐佐林】　1952年5月出生，1972年12月入伍，中共党员，军队退休干部。20世纪80年代中期以来，到军内外演讲3000余场，7次应邀到酒泉卫星发射中心演讲，2014年、2015年随“中国梦”演讲团分别到美国加州大学、哈佛大学和英国牛津大学、剑桥大学演讲。2013年安置到长沙市雨花军休所后，每年宣讲近百场，他的演讲贴近基层、贴近群众。曾获全国军休干部演讲朗诵比赛一等奖、长沙市最美基层宣讲人等。2019年被评为全国模范退役军人、长沙市2019年度最美退役军人。

（本栏撰稿　李　竞）

其他先进人物

【全国“人民满意的公务员”获得者于勇】　1982年7月出生，中共党员，三级警督，长沙市公安局特巡警支队作战训练大队副大队长。从警15年，他先后9次完成抗震救灾、反恐维稳等重大任务，参与处置“5·27”等多起重大涉黑涉恶案件抓捕工作，先后立一等功1次、三等功3次、嘉奖2次，被授予全国“人民满意的公务员”“全国青年岗位能手”等称号。2008年汶川大地震发生后，他第一时间向上级提交请战书，迅速投身抗震救灾第一线，随后又赶到成都执行执勤任务，整整45天夜以继日、风餐露宿，却从不叫苦叫累。2015年3月，长沙特警要派队到新疆执行反恐维稳任务，尚在筹备婚礼的于勇推迟婚期，主动报名。在新疆喀什的3个多月里，他作为勤务小组负责人一直坚守在维稳处突第一线，完成265次护校、110次卡点武装盘查等行动，查获“三非”嫌疑人42名，在他和战友的坚守下，当地没有发生一起暴力恐怖事件。2019年6月25日，他作为全省仅有的两名被评为全国“人民满意的公务员”的公安民警，在人民大会堂受到习近平总书记等党和国家领导人的会见。

（包　宇）

【2019年“中国好人榜”长沙地区获奖人物】　中国好人榜是由中央文明办、全国总工会、共青团中央、全国妇联组织开展的“我推荐我评议身边好人”活动所产生，群众身边的敬业奉献、诚实守信、助人为乐、孝老爱亲、见义勇为五类道德模范月度榜单。长沙市2019年度有10人入选“中国好人榜”，他们中有“最美妻子”照顾瘫痪丈夫33年 用心兑现爱的誓言的李泉秀、残疾社工勇救煤气中毒群众的汤俊杰、诚信经营热心公益的陈金华、热心公益的文艺工作者26年捐资千万元献爱心的谢晓钢、4次援藏用责任担起湘藏桥的伍国强的先进事迹，在全市产生广泛而深远的影响。“中国好人榜”推荐评选活动，把雷锋精神融入长沙精神的血脉，用真情诠释“好人之城 厚道长沙”，在全市涌现许多品德高尚、事迹突出、社会形象好、群众认可度高的好人模范，在全社会营造学习好人、宣传好人、关爱好人的浓厚氛围，把先进典型人物的榜样力量转化为全市上下干事创业、勇争一流的生动实践，为建设现代化长沙做出重大贡献。

（李　婷　何　军）

表66　2019年“中国好人榜”长沙地区获奖人物一览表

序号	姓名	事迹	入选时间	所属类别
1	申如意	“90后”孝女带着病母上大学	2019年1月	孝老爱亲
2	汤俊杰	残疾社工勇救煤气中毒群众	2019年2月	见义勇为
3	谢晓钢	热心公益的文艺工作者26年捐资千万元献爱心	2019年3月	助人为乐
4	甘　蓓	护士列车上紧急施救摔伤老人	2019年4月	见义勇为
5	谢向前	成立助残机构，为30名残障人士提供就业	2019年5月	助人为乐
6	陈金华	诚信经营，热心公益	2019年6月	诚实守信
7	陈　旭	坚持13年开展志愿服务	2019年7月	助人为乐
8	李泉秀	长沙“最美妻子”照顾瘫痪丈夫33年，用心兑现爱的誓言	2019年10月	孝老爱亲
9	伍国强	浏阳汉子4次援藏，用责任担起湘藏桥梁	2019年11月	敬业奉献
10	李　赞	从医26载，致力乳腺癌术后修复重建	2019年12月	敬业奉献

（资料来源：市文明办）

附　录

APPENDIX

编辑　陈晓红

重要文献

在市委十三届九次全体会议暨经济工作会议上的讲话

湖南省委常委、长沙市委书记 胡衡华

（2019 年 12 月 24 日）

这次会议的主要任务是，以习近平新时代中国特色社会主义思想为指导，全面贯彻落实中共十九届四中全会、中央经济工作会议和省委十一届九次全会、省委经济工作会议精神，总结 2019 年经济工作，分析当前经济形势，部署 2020 年经济工作。

一、深入学习贯彻中共十九届四中全会精神，加快推进治理体系和治理能力现代化

中共十九届四中全会，是我们党在“两个一百年”奋斗目标历史交汇点上召开的一次具有开创性、里程碑意义的重要会议。前不久，省委十一届九次全会以决议形式提出了贯彻落实四中全会精神的意见，为我们提供了有力指导。全市各级各部门要提高政治站位，把学习贯彻四中全会精神作为当前首要政治任务来抓，推动四中全会精神在长沙落地生根，为现代化建设提供有力制度保障。

*（一）要在把握精神实质中抓好贯彻落实。*中共十九届四中全会首次系统总结我国国家制度和国家治理体系显著优势，首次系统描绘中国特色社会主义制度图谱，首次系统阐述坚持和完善中国特色社会主义制度、推进国家治理体系和治理能力现代化的总体要求、总体目标和重点任务，旗帜鲜明地全面回答了应该“坚持和巩固什么、完善和发展什么”这个重大政治问题，深化了对中国特色社会主义规律的认识，为开辟“中国之治”新境界提供了制度保障、科学指南和基本遵循。我们要深入学习、认真领会四中全会的精神实质，深刻把握中国特色社会主义制度和国家治理体系建立、完善、发展的历史逻辑、理论逻辑、实践逻辑，推动四中全会精神进企业、进农村、进机关、进学校、进社区，切实增强贯彻落实的政治自觉、思想自觉和行动自觉。

*（二）要在践行“两个维护”中抓好贯彻落实。*实践证明，中国特色社会主义制度和国家治理体系是以马克思主义为指导、植根中国大地、具有深厚中华文化根基、深得人民拥护的制度和治理体系，具有强大生命力和巨大优越性。越是形势复杂、风险增多、挑战严峻，越要发挥党中央集中统一领导的定海神针作用，越要从“两个维护”的政治高度坚持中国特色社会主义制度。全市广大党员干部要切实增强政治敏锐性和政治鉴别力，坚定不移地坚持中国特色社会主义根本制度、基本制度、重要制度，在想问题、作决策、抓落实中自觉对标对表。各级领导干部要发挥“关键少数”作用，带头维护制度权威，带头抓好制度执行，以实际行动带动全社会自觉尊崇制度、严格执行制度、坚决维护制度，不折不扣落实好中央和省委、省政府各项决策部署。

*（三）要在提升治理效能中抓好贯彻落实。*四中全会《决定》概括的 13 个方面制度，是长期实践探索形成的制度成果的系统集成，既明确了各项制度必须坚持的根本点，也明确了完善发展的着力点，同时也作出工作部署。当前，长沙正处于现代化建设的关键时期，要把制度优势更好转化为治理效能，确保四中全会确定的各项目标任务在长沙落实到位。要以制度建设为重点，以完善治理为主题，以推进治理体系和治理能力现代化为目标，坚决落实党的领导制度体系，充分发挥党总揽全局、协调各方的领导核心作用；加快建设现代化经济体系，推动全市经济高质量发展；完善民生保障体系、文化创新发展机制，不断满足人民对美好生活的需要；完善社会治理体制机制，推动社会治理社会化、法治化、智能化、专业化；落实生态文明制度体系，建设更高水平的美丽长沙。

*（四）要在强化能力本领中抓好贯彻落实。*推进治理体系和治理能力现代化，要有与之相适应的高素质专业化干部队伍作保障。全市各级党组织要建立源头培养、跟踪培养、全程培养的素质培养体系，加强党员干部的思想淬炼、政治历练、实践锻炼、专业训练，提高贯彻落实中央和省委、省政府决策部署的能力水平。要建立健全干部实践锻炼激励保障机制，创新干部交流轮岗机制，注重在基层一线培养锻炼干部，对有潜力的优秀年轻干部要放到吃劲岗位、重要岗位经受磨炼，引导广大干部在实践中经风雨、见世面、壮筋骨、长才干。要完善干部考察识别、选拔任用配套制度，树立正确用人导向，把制度执行力和治理能力作为干部选拔任用的重要依据，激励全市上下为推进治理体系和治理能力现代化贡献智慧和力量。

二、全年全市经济稳中有进、稳中提质，高质量发展取得重大进展

2019年，全市上下深入学习贯彻习近平新时代中国特色社会主义思想，全面落实新时代党的建设总要求，坚决贯彻落实党中央决策部署和省委、省政府工作要求，坚持稳中求进工作总基调，聚焦现代化长沙和“三个中心”建设目标，深入实施创新引领开放崛起战略，大力推动高质量发展，扎实做好“六稳”工作，经济社会保持平稳健康发展良好态势。预计全年地区生产总值增长8%，规模工业增加值增长8.8%，地方一般公共预算收入接近千亿元、增长8%以上，主要经济指标增速高于全国全省平均水平、好于预期。

（一）“两个年”活动成果丰硕。“产业项目建设年”活动强力推进，省“五个100”项目任务超额实现，5家世界500强首次落户，中联智慧产业城、三一智联重卡和道依茨发动机、惠科第8.6代超高清新型显示器件、比亚迪新能源动力电池、荷兰夸特纳斯（长沙）国际食材集采集配加工中心等一批战略项目开工建设，格力智能装备产业园、长沙智能终端产业园等一批重大项目竣工投产，上市公司达到68家，“智能制造之城”成为长沙闪亮名片。“营商环境优化年”活动深入开展，减税降费、简政放权、“四到服务”成效显著，长沙入选全国万家民企评价营商环境十佳城市，被评为中国国际化营商环境建设标杆城市，在全国优化营商环境经验交流现场会上作典型发言。

（二）“三大攻坚战”取得关键成效。城市特殊困难群体帮扶全面启动，脱贫攻坚、对口帮扶完成年度目标，体现了省会担当。生态环保督察反馈问题整改落实有力推进，蓝天、碧水、净土保卫战深度发力，“一江六河”水质创有监测记录以来最好水平。盘活沉淀资金、存量资产、可用资源加速推进，轨道集团去平台、市场化转型有力实施，城发集团成功组建。坚决落实中央“房住不炒”要求，房地产市场保持平稳健康发展。

（三）城乡发展质量稳步提升。长株潭城市群一体化发展持续深化，合作实事高质量完成。城市体检深入开展，城市“双修”、有机更新、电网建设“630攻坚”扎实推进，地铁4号线试运营，城市承载力、影响力、带动力进一步增强。乡村振兴战略深入实施，集体经济“薄弱村”清零，多项工作入选全国性试点示范，乡村人居环境质量、产业发展质量、社会治理水平明显提升。

（四）改革开放实现新突破。中央和省委各项改革部署全面落实，机构改革顺利完成，“放管服”、财税、园区等改革成效突出。开放通道、平台、机制建设不断提速，中非经贸博览会、长沙国际工程机械展等重大活动成功举办，长沙入选首批陆港型国家物流枢纽，进出口总额增速居全国省会城市前列，开放发展迈入“快车道”。

（五）“不忘初心、牢记使命”主题教育扎实开展。严格按照中央、省委部署，聚焦主题主线，牢牢把握总要求、根本任务、具体目标、重点措施和作风要求，一体推进学习教育、调查研究、检视问题、整改落实，围绕发展所需、改革所急、稳定所忧、群众所盼的问题搞调研、抓整改，八个方面专项整治取得实效，一批突出问题得到有效解决，党员干部受到触及灵魂的教育，人民群众看到实实在在的变化。

一年来，面对风险挑战明显上升的复杂局面，特别是在减税降费力度空前、政府债务风险严控、财政支出刚性增长的背景下，我们坚持高质量发展不动摇、聚焦“两个年”不折腾、推进“三大攻坚战”不懈怠，实干苦干，攻坚克难，不断刷新“长沙速度”、释放“长沙力量”、彰显“长沙形象”，取得了令人鼓舞的发展成就、形成了凝心聚力的发展氛围、巩固了奋勇争先的发展势头。实践证明，长沙的干部队伍有定力、有担当、有韧劲，顶得上、扛得住、打得赢，值得充分肯定、高度信赖。

在看到成绩的同时，我们也要清醒地认识到面临的困难和问题。经济高质量发展的基础还不牢固，工业稳增长压力仍然很大，创新驱动有待加强，新经济培育壮大有待提速，交通物流中心建设离预期目标还有差距；风险隐患依然较多，大气污染防治有待进一步加力，一些地方、一些领域安全生产责任落实不到位、隐患排查不到位、问题整改不到位，浏阳“12·4”事故以及事故发生以后的问题教训极其深刻；干部队伍贯彻新发展理念、推进内涵式发展能力水平有待进一步提升。对这些问题，我们要高度重视，采取有力措施，切实加以解决。

三、坚定发展信心、保持战略定力，准确把握明年经济工作的总体要求

2020年是全面建成小康社会和“十三五”规划收官之年，是实现第一个百年奋斗目标关键之年，也是完成市第十三次党代会目标任务关键之年，做好经济工作意义重大、责任重大。我们要胸怀中华民族伟大复兴的战略全局和世界百年未有之大变局，科学把握经济形势，主动抢抓重大机遇，从容应对风险挑战，推动经济在高质量发展大道上阔步前行。

（一）要在理性分析外部环境中坚定发展信心。从国际看，当前世界仍处在国际金融危机后的深度调整期，世界大变局加速演变的特征更趋明显，全球经济增长持续放缓，动荡源和风险点显著增多。尽管中美第一阶段经贸协议已经达成，但美国将我国视为主要战略竞争对手、进行全方位遏制打压的图谋不会改变，中美经贸摩擦具有长期性、复杂性、反复性，可能给长沙经济发展、进出口、科技创新等带来一些不确定性影响。但从实践来看，中美经贸摩擦只要处理得当，完全可以化危为机。我们要坚持用辩证思维看待国际经济形势变化，扎扎实实做好工作预案，集中精力办好自己的事，化压力为动力、变不利为有利，打开发展新天地，开创发展新局面。从国内看，我国正处在转变发展方式、优化经济结构、转换增长动力的攻关期，结构性、体制性、周期性问题相互交织，“三期叠加”影响持续深化，面临有效需求趋弱、区域发展分化、企业经营困难等诸多挑战，经济下行压力加大。但是，这些都是前进中的问题。我国发展仍处在重要战略机遇期，经济稳中向好、长期向好的基本趋势没有改变。我们有以习近平同志为核心的党中央的坚强领导，有中国特色社会主义制度的显著优势，有雄厚的产业基础、超大的内需市场、庞大的人才资源，完全有条件、有能力、有信心战胜各种风险挑战、解决各种矛盾问题，迎来更加光明的发展前景。

（二）要在牢牢把握重大机遇中坚定发展信心。宏观政策带来重大利好。明年中央逆周期调节力度进一步加大，积极的财政政策大力提质增效，财政支出规模扩大、结构优化、重点更加突出，1万亿元专项债提前下达；稳健的货币政策更加灵活适度，流动性保持合理充裕，制造业中长期融资明显增加，社会融资成本有望降低。同时，中央正在抓紧研究出台提升产业基础能力和产业链水平的政策。中部崛起迎来历史机遇。习近平总书记主持召开推动中部地区崛起工作座谈会并发表重要讲话，强调中部地区崛起势头正劲、大有可为，要推动中部地区崛起再上新台阶，为中部地区崛起注入了强大动力。中央促进中部地区高质量发展政策即将出台。城市发展进入新的时代。中央明确提出要增强中心城市和城市群等经济发展优势区域的经济和人口承载能力，并即将实施一系列政策，包括促进人力资源优化配置、实行建设用地资源倾斜、保持能源消费双控弹性等。长沙作为“一带一路”重要节点城市、长江经济带中心城市、“一带一部”首位城市和省会城市，完全可以牢牢抓住、用好用足这些机遇，推动发展更上一层楼。

（三）要在深度挖掘自身优势中坚定发展信心。形成了高度统一的发展共识。这些年，长沙保持战略定力，一心一意抓实体经济、抓产业项目，摆脱了对房地产的依赖、对土地财政的依赖，走出了一条制造业高质量发展的新路子。以制造业立市、兴市、强市，已在全市形成高度共识。形成了坚实有力的产业基础。工程机械具备打造世界级先进制造业集群实力，新材料、食品、电子信息、汽车等千亿产业形成集群优势，“三智一自主”战略布局为抢占新一轮技术和产业变革制高点赢得了主动，以人工智能为代表的未来产业加速崛起，这些都为高质量发展奠定了坚实基础。形成了更具活力的营商环境。湖南湘江新区、岳麓山大学科技城、马栏山视频文创园等重大平台深入建设，房价洼地、人才高地效应不断彰显，“制造业高质量发展20条”全面实施，这些都将显著提升长沙营商环境优势。我们要把优势转化为生产力、竞争力、影响力，推动经济发展形成更大的势能。

做好2020年经济工作，要以习近平新时代中国特色社会主义思想为指导，全面贯彻中共十九大和十九届二中、三中、四中全会及中央、省委经济工作会议精神，深入贯彻习近平总书记在推动中部地区崛起工作座谈会上的重要讲话和对湖南工作的重要讲话指示精神，增强“四个意识”、坚定“四个自信”、做到“两个维护”，坚持稳中求进工作总基调，坚持新发展理念，坚持以供给侧结构性改革为主线，坚持以改革开放为动力，以省委“全面小康决胜年”为引领，以“推动制造业高质量发展”为抓手，深入实施创新引领开放崛起战略，加快建设现代化经济体系，坚决打赢“三大攻坚战”，全面做好“六稳”工作，持续推进产业项目建设、营商环境优化，统筹推进稳增长、促改革、调结构、惠民生、防风险、保稳定，保持经济持续健康发展，确保全面建成小康社会和“十三五”规划圆满收官。

市委提出，2020年全市地区生产总值增长8%左右，规模工业增加值增长8.5%左右，地方一般公共预算收入增长6.5%；单位GDP能耗下降2%，城市空气质量优良天数比例达80%。确定这样的预期目标和约束性指标，主要是贯彻新发展理念，体现高质量发展要求，既提振发展信心，又做到切实可行。

实现以上目标，必须把握以下几点：（一）坚持稳中求进。突出稳字当头、积极进取，全力以赴做好“六稳”工作，推动高质量发展取得新成效，以稳中求进应对稳中有变、巩固稳中向好。

（二）坚定不移贯彻新发展理念。新时代抓发展，决不能再回到简单以GDP增长率论英雄的老路上去，决不能再回到以破坏环境为代价搞所谓发展的做法上去，更不能再回到粗放式发展的模式上去。要紧紧扭住新发展理念推动发展，解决好各种不平衡不充分问题，实现更高质量、更有效率、更加公平、更可持续的发展。

（三）更加注重存量优化。当前城市经济发展已进入存量优化阶段，转型发展、提升能级是内在要求，需要我们在资源资产资金盘活、产业转型升级、园区提质提标、城市更新改造等方面，深挖存量潜力、提升存量效益，促进各类资源要素合理流动配置、高效整合利用，走出一条内涵式发展之路。对于当前长沙来说，就是要突出抓好“三资”存量优化，加快盘活沉淀资金、存量资产、可用资源；突出抓好产业存量优化，加快推动传统产业转型升级，促进已布局的产业项目早日达产达效，围绕核心项目吸引配套项目入驻，鼓励企业技术改造、资产重组、制度变革和加强管理；突出抓好园区存量优化，加快推动园区集约化、专业化、特色化发展和二次开发。

（四）着力抓重点、补短板、强弱项。抓牢制造业高质量发展这个重中之重，补齐创新驱动、交通物流的短板，解决现代服务业发展水平不高的问题，让发展动能更强、后劲更足。

（五）坚守底线。强化忧患意识、斗争精神，坚决守住安全生产、社会稳定、环境保护、民生工作底线，防范化解重大风险，集中精力办好长沙的事，牢牢把握工作主动权。

四、精准施策、持续发力，全面推动高质量发展取得更大成效

做好2020年经济工作，要立足全局，突出重点，统筹推进，推动高质量发展行稳致远。主要任务是六个方面。

（一）大力推动制造业高质量发展。“制造业高质量发展20条”已出台，关键是抓好落实。要聚焦率先打造国家智能制造中心，打好产业基础高级化、产业链现代化攻坚战。更加聚焦产业链建设。紧盯“三智一自主”、22条产业链，精准招商，引进更多补链延链强链项目。抓好企业二次招商，挖掘存量项目潜能，打造更多“核心＋配套”项目组合。做好产业项目建设服务保障，确保重大项目早开工、早建成、早达产。推动新一代信息技术与制造业深度融合发展，促进制造业加速向数字化、网络化、智能化方向转型升级。大力发展服务型制造，引导制造业企业延伸服务链条、创新服务模式，由提供产品向提供全生命周期管理转变，由提供设备向提供系统解决方案转变。更加聚焦科技创新驱动。加强重大创新平台建设，推动国家制造业创新中心、国家产业创新中心、国家技术创新中心、国家工业设计研究院建设取得重大突破。开展制造业强基行动，推动核心零部件研制、工业应用软件研发取得实质突破。加快“八大应用场景”落地，实现以好场景引好项目、聚好项目。更加聚焦市场主体培育。持续抓好企业“入规、升高、上市、扩面”工作，加快实施领军企业“登峰”行动、中小企业“拔尖”行动、小微企业“强身”行动，提升企业核心竞争力、抗风险能力。大力发展“四新经济”，进一步壮大新动能、做大新经济。强化品牌建设，塑造一批特色品牌、自主品牌、知名品牌。更加聚焦金融资本支撑。做强产业投资基金，着力解决有前景、有潜力的重大产业项目融资需求。做大产业支持基金，优化“母子”基金架构，打通快投直投渠道，健全“募投管退”机制，带动更多社会资本服务产业发展。鼓励银行增加制造业中长期贷款，发展便利续贷业务和信用贷款，更好缓解民营企业和中小微企业融资难融资贵问题。更加聚焦人才队伍建设。落实落细“人才政策22条”，突出高精尖缺导向，加快从国内外引进一批高层次人才、技术技能人才和高水平创新创业团队。大力发展职业教育，推动职校人才培养和企业联动、与行业联合、同园区联结，更好满足产业发展需要。大力弘扬劳模精神、工匠精神、企业家精神，加大人才表彰奖励力度，在全市营造尊重人才、厚待人才的浓厚氛围。

（二）坚决打好“三大攻坚战”。要一步一个脚印，把“硬骨头”啃下来，把“硬任务”拿下来。全面完成脱贫攻坚任务。加大产业扶贫、就业扶贫力度，全面解决贫困人口“两不愁、三保障”问题，确保贫困户如期脱贫。建立稳定脱贫长效机制，及时做好返贫人口和新发生贫困人口帮扶。尽心尽力抓好城市特殊困难群体帮扶工作，确保小康路上一个不掉队。全力支持龙山县及7个国家级贫困县奔小康。扎实推进污染防治攻坚。坚持方向不变、力度不减，突出精准治污、科学治污、依法治污，强化源头防控，推动生态环境质量持续好转。坚决打赢“蓝天保卫战”，突出治臭氧、治$PM_{2.5}$，强化“六控十禁”措施，巩固提升大气污染防治成果，确保城市空气质量优良天数比例达80%。全力打好碧水保卫战，强化“一江六河”综合治理，抓好雨污分流，进一步提升水环境质量。扎实推进净土保卫战，抓好土壤污染治理与修复，保障土壤环境安全。有效防范化解重大风险。遏制隐性债务增量，确保政府债务风险可控。牢固树立“三资”经营理念，多措并举盘活财政资金、国企资金，多方联动盘活国企股权、闲置楼宇资产，多管齐下盘活闲置土地、特许经营权资源，最大限度发挥、提升经济效益。同时，要促进“三资”管理制度化、规范化、常态化。积极争取专项债券额度，切实保障重大项目资金需求。牢固树立过“紧日子”思想，坚决压缩一般性支出，从严控制“三公”经费，切实保障重点领域财政支出。

（三）全面提升城市核心竞争力。要聚焦打造承载力、竞争力更强的中心城市，进一步提升规划建设管理水平。做大城市发展能级。围绕增强长株潭城市群经济和人口承载能力，高水平完成城市国土空间总体规划编制，谋划好2035年长沙高质量发展战略蓝图。加快推进长株潭城市群一体化发展，办好合作实事，更好发挥省会引领辐射带动作用。抓好重点板块建设。高质量推进湖南湘江新区、长沙临空经济示范区建设，进一步做强核心增长极。把握黄花机场T3航站楼和第三跑道建设、渝长厦高铁建设契机，加快推进高铁新城、金阳新城建设，推动新兴增长极加速崛起。强化城市承载能力。加快推进道路提质，扎实抓好交通枢纽、公交都市、智慧交通建设，着力建设人民满意交通强市。加快推进电网建设，着力建好坚强智能电网、泛在电力物联网，率先打造两网融合示范城市。电力是经济发展的先行官。过去，长沙电力发展与经济发展有些脱节。2017年10月，我们与省电力公司达成一致，启动第一轮“630攻坚”，将长沙电网供电能力提升到720万千瓦。去年，我们又启动第二轮“630攻坚”，将供电能力提升到800万千瓦。所以，今年夏天长沙没有出现拉闸限电。今年，我们又启动第三轮“630攻坚”，建设一批骨干网、配电网，到明年实现供电能力达到1000万千瓦。最近，我和市长到省电力公司表示感谢，同时启动现代化长沙智慧电网建设三年行动。省电力公司拿出310亿元，实施12项工程，建设5个示范区，推动长沙全面建成国际一流城市配电网，同时推动以5G为主的新一代信息技术与电力深度融合，打造泛在电力物联网。全市各级各部门要从战略高度认识新三年行动的重大意义，强化合作意识、担当意识，全力支持、全力配合、全力服务，为新三年行动顺利推进提供坚强保障。抢抓数字经济发展机遇，加快布局建设5G、人工智能、工业互联网、物联网等新型基础设施，优化提升“城市大脑”，全力打造新型智慧城市标杆。提升城市宜居水平。纵深推进城市体检、城市设计、城市“双修”、城市有机更新，加强存量住房改造提升，做好老旧小区、棚户区、城中村改造，打造“一圈两场三道”升级版，加快推进儿童友好型城市建设，让城市更美好。推进乡村全面振兴。以农村人居环境整治、新型村级集体经济发展为抓手，深入推进“五个振兴”和农业农村现代化，让乡村振兴成果惠及广大农民群众。统筹抓好农村厕所革命、垃圾分类减量、污水综合治理、农房建设管理、乡风文明培育，确保“五治”工作取得更大成效。加快推进发展壮大新型村级集体经济新三年行动，进一步创新村级集体经济发展机制、发展路径、发展模式，用好村级集体经济发展收益，打造更多集体经济富裕村、发达村。

（四）培育壮大现代服务业。要坚持生产性服务业与生活性服务业一起抓，进一步提升服务业附加值、贡献力。加快发展高技术服务业。推动研发设计、检验检测、信息技术、知识产权等高技术服务业朝专业化方向发展，向价值链高端延伸，为制造业转型升级提供有力支撑。加快发展现代物流。以建设陆港型国家物流枢纽为契机，大力发展多式联运、航空货运，进一步提升中欧班列（长沙）运能运效，壮大快递物流、电商物流、保税物流、冷链物流，为产业发展提供有力支撑。加快发展现代金融。加大政策倾斜力度，推动更多金融企业落户长沙，打造业态丰富、功能强大、影响广泛的区域性金融中心。引导推动金融机构与企业开展全方位合作，提升金融服务实体经济能力。加快发展创新创意产业。推动创新资源、创意资源向岳麓山大学科技城、马栏山视频文创园集聚，打造具有重大引领效应的创新创意高地。加快发展生活性服务业。发挥资源优势，培育教育、健康、文化、旅游等服务，为高品质生活提供更多优质供给。

（五）强力推进更高水平改革开放。要向改革要动力，向开放要活力。持续优化营商环境。落实好国家各项减税降费政策，进一步清理涉企收费，降低企业用电、用气、物流等成本，让企业轻松上阵、轻装前进。坚持“两个毫不动摇”，保障民营企业依法平等使用资源要素、公开公平公正参与竞争、同等受到法律保护，推动民营企业改革创新、转型升级、健康发展，让民营经济创新源泉充分涌流，让民营企业创造活力充分迸发。牢固树立保护知识产权就是保护创新的理念，不断完善知识产权保护体系，大幅提高侵权法定赔偿额上限，让侵权者付出沉重代价，让创新者放心大胆创造。开展文件执行不到位、承诺兑现不到位和政策变化、规划变更导致企业受损等突出问题治理，让企业诉求件件有回音、有着落。深入推进市场化改革。推进园区整合，促进园地融合，鼓励园区开展“亩产论英雄”改革，打造“产城人”融合发展升级版。优化调整国有资本布局，完善国有资产监管体制，加快推进城发集团重组改革，深度推进轨道集团市场化发展，全面推进湘江集团、交通集团等市属国企市场化改革，做强做优做大国有资本。深化财税体制、科技体制、物流口岸、农业农村等改革，进一步激活发展潜能。全面打造开放新高地。围绕深度融入“一带一路”建设、长江经济带发展、粤港澳大湾区建设，拓展陆上、空中、水上、网上国际通道，加快打造四小时航空经济圈。支持企业开拓多元化出口市场，推动优质产能走向世界大舞台。高水平办好各类重大活动，进一步提升城市影响力。

（六）有效保障改善民生。要深入践行以人民为中心的发展思想，着力解决好人民群众最直接最关心最现实的利益问题。突出稳就业。坚持就业优先战略和积极就业政策，突出抓好高校毕业生、退役军人、农民工等重点群体就业工作，加大就业困难人员托底帮扶力度，确保零就业家庭动态清零，实现更充分更高质量就业。突出稳物价。更加注重运用市场办法，遏制部分食品价格过快上涨，重点加强猪肉、粮油、水果、副食品等生活必需品价格监测预测预警，做好市场供需衔接，保证物价水平处于合理区间。“两节”是物价最敏感的时期，要做好监测、监管和物资投放，保证物价稳定。突出稳平安。推进市域社会治理现代化，构建共建共治共享社会治理新格局。深入开展扫黑除恶专项斗争，强化“打伞破网”“打财断血”，保持对黑恶势力严打高压态势。牢固树立安全发展理念，严格落实安全生产责任制，深入开展安全生产风险隐患排查治理，坚决遏制重特大事故。

坚持党对经济工作的集中统一领导，是中国特色社会主义制度的一大优势，也是推动经济高质量发展的必然要求。要把党的领导贯穿到经济工作全过程、各方面、各环节。要提高政治站位。坚持从政治上谋划、部署、推动经济工作，强化省会意识、省会责任、省会担当，全力推动党中央决策部署和省委、省政府工作要求在长沙落地生根。要强化攻坚精神。把主题教育激发出来的精气神转化为抓改革、促发展、保稳定的强大动力，在攻坚克难中践行初心使命、体现担当作为。要扎实做好“十四五”规划编制工作，研究推出一批重大政策、重大项目、重大改革。要锤炼实干作风。把心思用在干事创业上，把功夫下在察实情、出实招、办实事、求实效上，让群众和企业有更多实实在在的获得感。这里还要特别强调，全面从严治党永远在路上。要坚持把党的政治建设摆在首位，统筹推进党的各项建设，以钉钉子精神整治四风，以零容忍态度惩治腐败，进一步巩固风清气正的良好政治生态。

做好明年经济工作，任务艰巨，责任重大。让我们紧密团结在以习近平同志为核心的党中央周围，在省委、省政府的坚强领导下，敢于担当、勇于争先，真抓实干、埋头苦干，奋力谱写新时代长沙高质量发展新篇章！

政府工作报告（摘要）

——长沙市第十五届人民代表大会第五次会议通过

长沙市市长　胡忠雄

（2020年1月9日）

一、2019年工作回顾

2019年，我们在省委、省政府和市委的坚强领导下，坚持以习近平新时代中国特色社会主义思想为指导，认真贯彻中共十九大和十九届二中、三中、四中全会精神，自觉践行新发展理念，深入实施创新引领开放崛起战略，着力建设现代化长沙和“三个中心”，不忘初心、牢记使命，攻坚克难、砥砺奋进，完成了市十五届人大四次会议确定的目标任务。全市地区生产总值增长8%（预计数，下同）；规模以上工业增加值增长8.8%；固定资产投资增长10%；社会消费品零售总额增长10%；地方一般公共预算收入增长8%；全体居民人均可支配收入增长8.8%，高质量发展取得重大进展，为庆祝中华人民共和国成立70周年交出了合格答卷。

——长沙智能制造装备产业集群获批国家首批战略性新兴产业集群，智能制造成为闪亮名片。

——长沙连续12年蝉联中国最具幸福感城市，“一圈两场三道”让幸福在老百姓家门口升级。

——长沙入选全国万家民企评价营商环境十佳城市，被评为中国国际化营商环境建设标杆城市。

——长沙位列中国十大夜间经济影响力城市第3，成为国内外游客喜爱的网红城市。

——长沙获国家级科技奖22项，居全国前列，高新技术企业突破3000家，创新能力居78个国家创新型城市第8位。

——长沙市场主体突破100万户，每万人拥有市场主体数居中部省会城市首位，三一集团销售收入突破1000亿元。

——长沙进出口总额保持40%以上的高速增长，增速居全国省会城市首位，开放发展迈入“快车道”。

——长沙251项高频事项实现全链条“一件事一次办”，“我的长沙”APP上线运行，群众和企业办事更加便捷。

——长沙轨道交通运营里程突破100千米，日均客运量突破100万乘次，市民公交出行幸福指数居全国第4。

——长沙26个国、省控监测考核断面水质优良率首次全部达到100%，“一江六河”水质创有监测记录以来最好水平。

一年来，着重抓了八个方面的工作：

（一）紧盯“三大攻坚战”。防范化解重大风险攻坚战扎实推进。坚持控总量、化存量、调结构，三项债务之和持续压减，隐性债务化解任务超额完成，政府债务风险总体可控。平台公司“撤并转”加快推进，清理整合融资平台公司121家，市轨道集团去平台、市场化转型成为全省样板。充分发挥专项债稳增长的作用，争取政府新增债券额度249.2亿元、企业债券42.7亿元。重拳整治套路贷、校园贷、非法高利放贷，立案打击非法集资46起，全社会尤其是校园金融环境更加健康。精准脱贫攻坚战深入实施。市内精准脱贫、市外对口帮扶“两个战场”统筹推进，全市6764名建档立卡贫困户实现脱贫，13.6万贫困人口实现饮水安全，新增贫困劳动力转移就业1065人，改造农村危房1359户，累计发放兜底保障对象补助资金7.3亿元；实施龙山县等8个国家级贫困县扶贫项目379个，投入资金3.1亿元。污染防治攻坚战全面开展。生态环境垂直管理改革基本完成，监管执法始终保持高压态势。中央生态环保督察及“回头看”、省级环保督察反馈问题扎实整改，绿心地区工业企业全部退出，169个年度污染防治项目全面完成。严格落实“六控十严禁”措施，主城区完成餐饮单位油烟净化1.5万家，提质改造加油站地下油罐320座，SO_2、PM_{10}等主要污染物平均浓度持续下降，空气质量优良率75.3%。新改扩建城区污水处理厂4家，新增污水日处理能力39.5万吨；集中式饮用水水源保护区水质达标率100%；浏阳河入选全国示范河湖建设名单。

（二）紧盯现代产业发展。制造业高质量发展迈出坚实步伐。深入开展产业项目建设年活动，规模以上工业增加值增速位居全国省会城市前列，“五个100”项目任务超额完成。智能制造统领产业转型升级，“三智一自主”产业布局基本完成，智能制造试点企业达668家，开放道路智能驾驶长沙示范区正式启用，入选国家首批5G城市。产业链发展成效显著，22条工业新兴及优势产业链完成

投资875亿元，工程机械产业链总产值首破2000亿元，新增规模以上工业企业311家。重大项目支撑有力，新引进2亿元以上重大项目162个；三一智联重卡、中联智慧产业城等百亿元级项目开工建设，格力大型中央空调、五矿国家新能源材料产业基地等战略性项目建成投产。现代服务业转型升级加速推进。“四上”服务业单位5411家，增长9.7%。金融业持续壮大，新增上市公司2家、过会企业2家。物流业加快发展，京东、苏宁电商湖南总部投产，快递业务量增长45%，社会物流总额3.6万亿元。商贸业稳步增长，五一商圈、红星商圈及金星路商业街区提质升级，亿元楼宇增至45幢。会展业影响扩大，全球高端制造业大会、国际工程机械展、“一乡一品”国际商品博览会等重大会展举办，会展业成交额超1100亿元。现代农业“一县一特”产业格局初步形成。新型农业经营主体2.8万家，国家级农业龙头企业增至10家，新增“三品一标”99个，农产品加工业总销售收入突破2500亿元。六大特色农业产业链加快建设，宁乡花猪全产业链产值超过30亿元，长沙绿茶、浏阳油茶、望城蔬菜、花卉苗木综合产值均较大幅度增长，小龙虾产业养殖面积和综合产值实现翻番，“一县一特”品牌效应明显增强。长沙县、浏阳市、宁乡市分别进位全国县域经济百强县第4、第10和第18位。

（三）紧盯营商环境优化。行政效能持续提速。深入实施营商环境优化年活动，纵深推进简政放权，编制公布权力清单、公共服务事项清单等6张清单，再次下放市级权限136项、取消权力事项10项，“一网通办”系统上线试运行，“12345”市民服务热线获全国政务热线“最佳管理效率奖”。“三即承诺制”改革成功试点并在全市推广，“3545”改革目标全面实现，企业开办审批、不动产登记、工业投资房建项目审批分别控制在2个、5个、44个工作日以内。芙蓉区成立24小时上门服务的流动审批和楼宇服务站。岳麓区率先全省设立水电气综合窗口。宁乡市打造“无证明”“无收费园区”“无跑腿审批”的“三无城市”。长沙经开区、雨花经开区等实现企业开办“一日办结、零费用”。实体经济成本不断降低。坚决落实减税降费政策，全年为市场主体减税217亿元，社保降费31.5亿元；减少电费支出10.5亿元，累计为企业转贷超30亿元。试行工业用地“弹性年期出让”，为企业降低前期土地投入成本50%。企业家合法权益有效保护。建立政企常态化沟通制度，设立民营企业信访专窗，实施企业合法权益保护十大举措，开展企业家权益保护专项行动，有效为企业挽回损失。惠企政策有力落实。搭建涉企政策发布平台，全面公开惠企政策，提供政策咨询、资金申报等全方位、一站式服务，兑现奖补政策资金30.4亿元。

（四）紧盯改革开放创新。重点改革加速推进。10项重点攻坚改革、41项国家和省级改革试点顺利实施。市县两级政府机构和36家承担行政职能的事业单位改革圆满完成，市场监管等5支综合执法队伍组建成型。国资国企改革成效明显，组建市城发集团，关闭、整合、转型“僵尸”企业8家，湘船钢构等2家国企混合所有制改革顺利实施，国企退休人员社会化管理全国试点稳步推进，市属国企资产总额突破1.2万亿元，增长20%以上。基层治理改革走在全国前列，“互联网＋群防群治”平台被评为全国智慧司法“十大创新案例”，天心区“一统三化”基层治理改革成为全国典型。开放高地加速崛起。开放平台不断夯实，高桥市场采购贸易方式试点通过国家验收，进境水果指定监管场地获批运营，长沙北铁路海关监管区正式运行，跨境电商综试区交易额增长130%以上。开放通道有效拓展，入选首批陆港型国家物流枢纽，获批中国快递示范城市，新开通国际客货运航线11条，首度开通跨境电商全货运航线，中欧班列（长沙）发运量增长189%，排名全国第五位，长沙新港汽车滚装码头投入运行，结束湘江不能滚装运输商品汽车的历史。开放主体持续壮大，有外贸实绩企业增加500家以上，进出口总额1亿美元以上外贸企业达41家，增长71%。交流合作日益深化，深度参与长江中游城市群、湘赣边等区域合作，首届中非经贸博览会、第三届“一带一路”青年创意与遗产论坛成功举办，世界计算机大会永久落户，被评为国际门户城市。创新驱动持续增强。创新平台纷纷落户，中国工业与应用数学学会总部、国家工程实验室马栏山研究院、岳麓山工业创新中心、湖南工业4.0创新中心挂牌成立。创新活力竞相迸发，知识产权运营服务体系建设领先全国，万人有效发明专利拥有量达34件，居省会城市第六位。创新成果加快转化，技术合同成交额233亿元，增长61.2%，高新技术产业增加值占地区生产总值比重达30%。

（五）紧盯重大平台提质。湖南湘江新区引领效应彰显。经济发展质量提升，主要经济指标增速均高于省、市平均水平；新引进长远锂科等投资50亿元以上项目8个、百度阿波罗智行等500强企业项目21个，新增智能制造示范企业106家。片区建设品质提升，后湖片区水环境及社区提质改造全面完成，大王山、高铁西城等片区建设加快。科创主体活力提升，中西创投岳麓中心签约揭牌，岳麓山国家大学科技城引进标志性平台和企业40余家，新增科创企业900余家，总数超过3000家。金融发展水平提升，湘江金融中心新入驻金融机构及配套企业129家，湘江基金小镇新增基金机构80家，基金管理总规模2215亿元；长沙湘江资产管理有限公司成立。园区主力军作用凸显。经济贡献提升，园区规模以上工业增加值占全市比重突破60%，重大产业项目投资、税收分别占全市的70%和80%左右。集聚效应增强，长沙高新区先进制造业产值增长60%以上，获批全国第二个国家网络安全产业园；长沙经开区工程机械产业产值增长30%；

宁乡经开区智能家电产业税收增长38%。动能转换加快，浏阳经开区惠科项目填补全省高清显示面板制造空白；望城经开区华为智能终端项目成为企业强强联合、共克时艰的典范；马栏山视频文创产业园新引进企业648家，完成投资65亿元，获批国家文化和科技融合示范基地，成功举办2019中国新媒体大会；长沙人力资源服务产业园迈入“国家队”行列。示范区支撑能力增强。国家临空经济示范区加快发展，引进养天和医药物流园等航空偏好型项目30余个，顺丰电商产业园建成投产，黄花综保区进出口总额实现翻番。“两型社会”示范区建设加快，长株潭“三干两轨四连线”等20项重点合作实事稳步推进；南部融城片区引进产业项目108个、基础设施投资52亿元，湖南人工智能产业园成功落地，地理空间大数据应用中心二期、长步道产业基地等投入使用，片区建设迈出坚实步伐。

（六）紧盯品质城市升级。宜居品质全面提升。城市空间结构不断优化，六大片区等重点区域城市设计、功能布局日益完善。城市基础建设持续加强，芙蓉南路快速化改造、湘雅路过江通道加快建设，湘府路快速道（河东段）实现通车；地铁4号线试运营，3号线、5号线试运行；汽车南站综合交通枢纽试运营，长沙西站铁路枢纽建设加快推进；市一水厂、市七水厂、望城水厂、雷锋水质净化厂一期新改扩建全面完成；改造老旧小区50个，获批全国城镇老旧小区改造试点；城市“双修”和新型城镇化综合试点取得阶段性成效；获批全国首批城市体检评估试点城市；高铁会展新城国际会议中心和配套工程全面动工，吾悦广场、会展星街等建成运营，高铁南站率先打造智慧站区。“清洁长沙”行动成效明显，生活垃圾分类实现社区全覆盖，湿垃圾处理项目运行，城区环卫基础设施“三改”全面完成，改造老旧站厕489座，配置环保新能源环卫车辆180台，橘子洲新能源智能化环卫保洁示范基地建成，城市文明水平持续提升。宜业环境不断改善。创业平台加快集聚，建成国家级创新创业平台7个、省级众创空间18家，湘江基金小镇一期建成，岳麓科创港投入使用。综合配套功能更加完善，电力“630攻坚”成效明显，1000千伏特高压变电站启动建设，500千伏浏阳变电站顺利投产，供电能力提升至800万千瓦。立体交通网络更加健全，浩吉铁路浏阳段全线贯通，长益高速复线主体工程基本完工，宁韶、江干高速开工建设，黄花机场扩建工程加速推进。宜游魅力更加彰显。大力发展全域旅游，精心打造旅游景点，方特主题乐园开业，月亮岛作为市民公园开放，湘江欢乐城加快建设，新增新华联铜官窑古镇、雨花非遗馆等6个国家AAA级以上旅游景区，全市接待国内外游客1.7亿人次，旅游总收入突破2000亿元。国家生态园林城市创建步伐加快，新增绿地450公顷，新建公园70个，人均公园绿地面积12平方米，森林覆盖率55%，洋湖湿地公园晋升国家级，促成省植物园免费开放。太平街、潮宗街、坡子街、白果园化龙池等成为“网红”地标。

（七）紧盯乡村振兴战略。农村人居环境逐步改善。农村“五治”扎实推进，农村旱厕全面清零，改造无害化厕所22万户；垃圾分类减量行政村覆盖率提高至92.8%；清理“一户多宅”“空心房”8784户，建成农民集中居住示范点10个；新改建乡镇污水处理厂39座；1542个村（社区）建立红白理事会、修订村规民约，人情风、请吃风得到遏制。新型村级集体经济不断壮大。农村集体产权制度改革深入推进，清理核实集体资产226.1亿元，集体经济组织成员身份确认工作基本完成。铺排“四型”集体经济项目352个，年收入5万元以下的集体经济“薄弱村”全面清零。农村基础设施更加完善。建设高标准农田13.8千公顷，完成农村公路安防设施建设800千米，所有建制村全部通客运班线、光纤宽带。完成红旗水库、道源水库应急处险和乔口水闸、沩丰水闸除险加固工程，启动椒花水库、清江水厂建设，新增农村通自来水人口11.9万人。乡村振兴20个示范镇、200个示范村创建扎实推进。

（八）紧盯民生社会事业。民生实事全面完成。高质量完成以“一圈两场三道”建设为重点的市10件民生实事。“15分钟生活圈”实现城区全覆盖，公办幼儿园新改扩建和社区居家养老服务中心、敬老院照料护理区建设顺利完成，区县（市）社会福利中心建设全面启动，新生儿多种遗传代谢疾病筛查、青少年儿童视力筛查、农村公路和自然村通水泥沥青路建设任务超额完成，小微水体管护试点片区、村（社区）综合文化中心、公园、全民健身工程建设全面完成，棚户区、小餐饮“透明厨房”改造目标全面实现。同时，全面完成省定民生实事任务。社会保障更加有力。城镇新增就业14.8万人，城镇登记失业率控制在3%以内。城乡低保标准提高至每人每月650元，居民养老保险基础养老金上调至每人每月198元，企业、城乡居民养老保险待遇分别实现“15年、14年连调”，对1.4万户城市特殊困难群体实行“五帮扶”。坚决落实“房住不炒”，低房价优势转化为创新创业竞争优势；新建公租房9031套，被评为全国住房租赁试点城市。科教事业蓬勃发展。完成小区配套幼儿园移交64所，公办和普惠性民办园占比85.2%；新扩建义务教育学校32所，新增学位4.7万个，义务教育阶段大班额基本消除；长沙卫生职业学院新校区建成，商贸旅游职院入围中国“双高计划”；在长高校新增两院院士7人；长沙成为全国“智慧教育示范区”首批试点。健康长沙加速建设。“健康长沙”建设PPP项目深入实施，新改扩建乡镇卫生院16个、村卫生室83个，市四医院滨水新城院区基本建成。城乡居民医保财政补助标准实现“九连调”，门诊统筹报销比例提高至70%。文体事业欣欣向荣。公共文化场馆及机

构免费接待5000万人次；长沙县、浏阳市入选首批国家革命文物保护利用片区。成功举办中日韩青少年运动会、世界女子网球巡回赛，长沙国际马拉松赛升级为“国际田联铜标赛事”。社会治理强力推进。“平安长沙”建设不断深化，扫黑除恶专项斗争成效显著，打掉涉黑犯罪组织17个、涉恶犯罪集团41个；禁毒和打击传销工作大力推进。流动人口管理成效明显，化解信访积案难案229件，出色完成急难险重救灾救援任务，雷锋派出所入选全国首批“枫桥式公安派出所”。国家食品安全示范城市创建持续推进，食品抽检合格率达98.2%。重要民生商品保价稳供。农民工欠薪案件动态清零。其他事业协调推进。第四次全国经济普查全面开展。连续五届蝉联“中国慈善城市”。民族宗教、社科普及、供销、移民、粮食、职工维权、青年双创、妇女儿童等工作取得新进展，港澳台侨、机关事务、公积金、地方志、档案、气象、水文、人防、地震、残联、文联、红十字等工作发挥新作用。

过去一年，我们深入开展“不忘初心、牢记使命”主题教育，聚焦解决制约长沙发展和老百姓最急最忧最盼的问题，完成问题整改1000余个，取得实实在在的成效。各民主党派、工商联、无党派人士围绕中心、服务大局，参政议政、建言献策，有力推动长沙高质量发展。实行市领导领办民生建议和重点提案，办理人大代表建议357件、政协提案410件，办复率100%。加强法治政府建设，依法审查规范性文件325件、政府合同229件，依法办理行政复议案件535件、行政应诉案件610件；完成公共资源交易4521宗，交易额2224亿元；加大重大政策落实、重点项目建设、重点民生资金使用审计监督力度，市本级完成审计项目84个，资金收缴财政6.2亿元。基本完成对政府工作部门和直属单位的巡察工作。加强国防后备力量建设，深化民兵调整改革，支持军队军事政策制度改革，健全退役军人管理服务保障体系，落实双拥优抚安置，军政军民团结更加巩固。

为者常成，行者常至。各位代表，过去一年，全市上下在同心同德中奋力奔跑，在群策群力中奋勇攻坚，长沙发展行稳致远、欣欣向荣。这些成绩的取得，是省委、省政府和市委坚强领导的结果，是市人大及其常委会和市政协监督支持的结果，是全市上下团结拼搏的结果。在此，我代表市人民政府向全市各族人民，向各民主党派、工商联、无党派人士和人民团体，向驻长部队、武警官兵、政法干警、消防救援和民兵预备役人员，向所有关心、支持和参与长沙发展的各界人士，表示诚挚感谢和崇高敬意！

安不忘危，兴不忘忧。我们也清醒地看到发展中存在一些问题和不足：制造业转型升级有待加快，外向型经济和现代服务业短板仍较明显；全社会研发投入不足，科技成果就地转化率不高；环境污染问题没有得到根本性解决，大气、水、土壤污染治理任务仍然较重；教育、医疗、养老等民生保障与群众期待还有差距；安全生产监管能力和水平亟待提升；城市精细化管理还需加强；农业农村基础依然薄弱，农民增收渠道有待拓宽；政府治理体系和治理能力与发展需求不相适应，营商环境有待进一步优化，干事创业的精气神有待进一步提振。对此，我们将高度重视，采取有效措施，切实加以解决。

二、2020年工作重点

今年是全面建成小康社会和“十三五”规划收官之年，长沙的未来机遇和挑战同在，发展与风险并存。从机遇看，我国经济稳中向好、长期向好的基本趋势没有改变，国家坚持宏观政策要稳、微观政策要活、社会政策要托底的政策框架，逆周期调节力度不断加大，技术创新、减税降费等方面的政策支持将会叠加发力；省委、省政府高度重视和支持省会城市高质量发展，创造条件让长沙更好地发挥示范引领、辐射带动作用；全市22条产业链持续壮大，重大项目作用逐步显现，智能制造和现代服务业“双轮驱动”基础不断强化，经济社会平稳运行的支撑更加有力。总之，长沙仍然处于重大战略机遇期。从挑战看，我国正处在转变发展方式、优化经济结构、转换增长动力的攻关期，结构性、体制性、周期性问题相互交织，受“三期叠加”、经济下行压力加大和三大攻坚战任务仍然艰巨等影响，长沙推动经济高质量发展与生态高水平保护的统筹需要持续加强，防范债务风险和稳定投资增长的矛盾需要重点破解，应对先进城市竞争与带动区域共同发展的关系需要协同推进。我们一定要保持定力、激发活力、创新动力、形成合力，积极应对各种风险挑战，保持高质量发展良好势头，加快现代化长沙建设进程，努力展现省会城市更大担当、彰显幸福长沙更大作为！

今年政府工作的总体要求是：以习近平新时代中国特色社会主义思想为指导，全面贯彻中共十九大和十九届二中、三中、四中全会精神，认真落实习近平总书记在推动中部地区崛起工作座谈会上的讲话和对湖南工作的重要讲话指示精神，增强“四个意识”、坚定“四个自信”、做到“两个维护”，坚持稳中求进工作总基调，坚持新发展理念，坚持以供给侧结构性改革为主线，坚持以改革开放为动力，以省委“全面小康决胜年”为引领，以“推动制造业高质量发展”为抓手，深入实施创新引领开放崛起战略，深入推进现代化长沙和“三个中心”建设，坚决打赢三大攻坚战，全面做好“六稳”工作，持续推进产业项目建设和营商环境优化，统筹推进稳增长、促改革、调结构、惠民生、防风险、保稳定，促进经济社会高质量发展，确保全面建成小康社会和“十三五”规划圆满收官。

全市经济社会发展的主要目标是：地区生产总值增长8%左右；固定资产投资增长9%；规模以上工业增加值增长8.5%左右；社会消费品零售总额增长10%；地方一般公共预算收入增长6.5%；全体居民人均可支配收入增长

8%；单位地区生产总值能耗下降2%，税收占财政收入比重、减排任务完成省定指标；城镇登记失业率控制在4%以内，居民消费价格指数103.5左右。

为实现上述目标，重点抓好以下十个方面工作：

（一）全力推动制造业高质量发展。坚持做优增量、盘活存量，抓紧抓实“七大工程”，打好产业基础高级化、产业链现代化攻坚战。持续深耕智能制造。紧紧围绕“三智一自主”精准发力，加快“八大应用场景”落地，加强战略性、网络型基础设施建设，新建5G基站15500个，促进新一代信息技术与制造业深度融合发展。大力发展超高清视频、人工智能、大数据、检验检测等新兴产业，着力推动工程机械、汽车及零配件、食品等传统产业加速向数字化、网络化、智能化转型升级。深入推进服务型制造创新发展，引导制造业企业延伸服务链条、创新服务模式，由提供产品向提供全生命周期管理转变，由提供设备向提供系统解决方案转变。努力将工程机械打造为世界级先进制造业集群，将电子信息、新材料等打造为国家先进制造业集群。争创国家新一代人工智能创新发展试验区。提升产业链现代化水平。常态化完善“两图两库两池两报告”；打造更多的产业链技术服务平台，引导支持产业联盟建设，提升本地配套率，促进产业链大中小企业共生共荣；优化22条产业链，加快发展现代金融、现代物流等产业链，推动先进制造业和现代服务业深度融合。持续推进“五个100”项目，抓好企业二次招商，挖掘存量项目潜能，打造更多“核心＋配套”项目组合；强化项目建设全流程管理，启动隆平生物种业产业园一期建设，加快三一智联重卡、中联智慧产业城、舍弗勒、夸特纳斯等项目建设，完成惠科项目主体工程，实现天际汽车长沙新能源、8英寸集成电路装备验证工艺线、比亚迪动力电池等项目投产。促进园区提质增效。提升国家级园区“两主一特”、省级园区“一主一特”发展水平，完善以亩均投资、亩均增加值、亩均税收为主的园区考核体系，促进园区特色化、差异化发展。完善园区管理体制，加强园区优化整合，推进省级以上园区开展相对集中行政许可权和处罚权改革试点，确保市、区县（市）两级行政审批权限对省级以上园区放权到位。完善园区功能配套，打造“产城人”融合发展升级版。支持长沙高新区创建国家新型工业化基地，支持国家级经开区开发建设主体上市。强化制造业发展要素保障。完善“人才政策22条”配套措施，设立高层次人才信贷风险补偿基金，发挥好人力资源服务产业园平台作用，引进海外人才100名。推进土地二次开发和集约节约利用，切实保障重大项目建设用地供给。提升电网供电和服务能力，实施“两网融合”发展三年行动计划，打造现代化智慧电网。提升金融服务能力，支持松井新材、红星冷链等企业上市；做大产业支持基金，优化“母子”基金架构，实现22条产业链基金全覆盖；增加制造业中长期融资，为企业提供更加便捷高效的资本服务。制造业高质量发展是长沙的立市之本，我们将绵绵用力、久久为功，培植高质量发展的厚实基因。

（二）全力打赢“三大攻坚战”。一步一个脚印，把“硬骨头”啃下来，把“硬任务”拿下来。全面实现精准脱贫。加大“两业”扶贫力度，落实特殊贫困人口兜底保障政策，全面解决贫困群众“两不愁三保障”问题，逐村逐户对账销号，确保如期实现所有贫困户脱贫。认真开展脱贫攻坚普查，全力做好返贫人口和新发生贫困人口的监测及帮扶，有效保障贫困边缘人口生产生活，建立巩固脱贫长效机制，实现更高水平、更高质量的精准脱贫。全力支持龙山等8个国家级贫困县全面脱贫，圆满完成帮扶任务。扎实推进污染防治。突出精准治污、科学治污、依法治污，推动生态环境质量持续好转。积极配合中央第二轮生态环保督察和省级环保督察“回头看”，持续推进三轮环保督察反馈问题整改落实。加强绿心地区退出工业用地盘活、产业转型、配套建设，推进生态修复，加大生态补偿力度。坚决打赢蓝天保卫战，聚焦臭氧、$PM_{2.5}$污染防治，保持“六控十严禁”高压态势，完成燃气锅炉低氮改造，空气优良率达80%。着力打好碧水保卫战，深入落实河湖长制，实施省级以上工业园区、排口、饮用水水源保护专项整治；推进“一江六河”、县管河流和小微水体综合治理，实现市、县管河流干支流同步治理、水质同步达标；抓好龙王港、石碑大港、杨家湾、红旗渠等综合整治，完成苏托垸污水处理厂新建工程，加快新开铺、开福、岳麓等污水处理厂改扩建工程。扎实推进净土保卫战，加强土壤污染地块管控与治理修复，加快黑麋峰环保主题公园建设。大力开展静音保卫战，重点加强交通、建筑施工、社会生活和工业噪声污染防治。有效防范化解重大风险。强化政府债务限额管理与预算管理，全面完成年度政府性债务化解目标。大力促进轨道集团市场化发展，全面推进城发集团、湘江集团、交通集团等市属国企市场化改革。发挥好专项债券的撬动作用，充分激活民间投资，多措并举盘活国有资产、资源和资金，着力扩大有效投资。加大非法集资防范教育、案件预防和打击力度，坚决守住不发生区域性风险、不引发系统性风险的底线，有效防控金融风险，让老百姓的“钱袋子”更安全。

（三）全力促进更高水平改革开放创新。坚持以改革开放和创新驱动为两个轮子，破解发展难题、厚植发展优势。强化重点改革攻坚。深入推进供给侧结构性改革，在“巩固、增强、提升、畅通”上下功夫。深化国资国企改革，鼓励支持市属国企推进混合所有制改革，积极完善现代企业制度，推动国资监管从管企业向管资本转变。不断深化财政管理体制改革，全面推进国库集中支付电子化管理改革。统筹推进综合医改、城市公共空间管理体制、供销合作社、公共资源交易、集体林权制度等改革。提高对外开放水平。加快跨境电商试点工作向全市推广，扩大高桥市场采购贸易方式试点成果，实现跨境电商交易额15亿美元。建成霞凝港区三期工程南片区并投入运营，加快推进霞凝港区新港铁路专用线、铜官港区二期建设；推动中欧班列（长沙）高质量运行，新开通5条以上国际全货运航线，形成稳定的国际物流通道。推进智慧口岸建设，压缩通关时间，降低通关成本，推动中国（长沙）国际贸易“单一窗口”功能向国际贸易全链条延伸。深度融入“一带一路”，扩大对非经贸合作，支持建设中非经贸孵化基地，助力工程机械、电子信息、医疗器械等优势产能“走出去”。加强国际人文交流，擦亮世界媒体艺术之都、东亚文化之都名片，让长沙与世界精彩互动。增强科技创新能力。集聚全球创新资源，加快培育创新生态链，持续推进国家自主创新示范区建设。深化市校、企校融合发展，加强与知名高校合作，共建科研平台、共促科研创新、共享科研成果，实现技术合同成交额260亿元以上。加强知识产权协同保护体系建设，严厉打击知识产权侵权行为，给创新创造装上“防护网”。推动区域协同发展。坚定不移推进长株潭城市群一体化发展，带头办好30项重点合作实事，实现芙蓉大道、洞株公路、潭州大道快速化改造路段建成通车。积极融入长江经济带、中部地区崛起战略，促进长江中游城市群省会城市融合发展。主动对接粤港澳大湾区发展，嫁接科技创新和优质金融资源，打造内陆城市与粤港澳深度合作示范区。全力推动设立国家级湘赣开放合作试验区。努力在区域协同发展中更好地展示长沙做为、彰显长沙担当、做出长沙贡献。

（四）全力推进营商环境持续优化。贯彻落实国务院《优化营商环境条例》，建立优化营商环境“双对标、指标长”制度，打造更具吸引力、创造力和竞争力的营商环境。大力提升政务服务效能。纵深推进“四个一”“四个办”，基本实现政务事项“一件事一次办”全覆盖。落实政府权责清单制度，推动行政审批事项应减尽减、审批权限应放尽放。切实增强“互联网+监管”能力，全面推行“双随机、一公开”监管。推进规划用地“多审合一、多证合一”改革，实行建设项目“多评合一、多验合一”改革。强化“三集中三到位”，推进“综合窗”改革全面落地，推动个人和法人事项“任意窗口无差别受理”。大力推广“三即”承诺制，实现企业开办审批材料不超过7份、环节不超过4个、时间压缩到1个工作日以内和“零收费”，工业投资房建项目审批时限压减到40个工作日以内。着力激发市场主体活力。积极营造高品质创业创新生态，推进大众创业、万众创新，推动市场主体扩总量、优结构，催生更多初创型、创新型企业。持续抓好企业“入规、升高、上市、扩面”，大力培育和引进“独角兽”企业、行业领军企业。智能化改造企业突破1000家，高新技术企业达3300家以上，“四上”企业突破1万家。倾力支持民营经济发展。深入落实中央支持民营企业改革发展“28条”，完善鼓励民营企业发展政策体系，健全涉企政策听取企业家意见制度。不折不扣落实减税降费政策，切实降低企业制度性交易成本和用地、用电、用水、用气、融资、物流等要素成本，支持民营企业从业人员职称评定。有序推进“僵尸企业”处置，实现社会资源优化配置。放宽民营企业市场准入，支持民营企业进入交通基础设施、市政公用事业、生态环境保护等领域。保护企业家合法权益，建立政府部门和国有企业拖欠账款问题约束惩戒机制，依法惩治侵犯民营企业投资者、管理者和从业人员合法权益的违法犯罪行为。大力弘扬企业家精神，加强民营企业家培训，促进民营企业家健康成长。争创全国民营经济示范城市。让民营企业家在长沙放心投资、舒心创业、安心发展。

（五）全力提速发展现代服务业。聚焦新产业、新业态、新模式、新技术，推动生产性服务业向专业化和价值链高端延伸、生活性服务业向高品质和多样化升级。大力发展总部经济。支持各类总部经济承载平台建设，瞄准“三类500强”企业和行业领军企业，新增综合型、功能型、成长型等各类企业总部30家以上。支持“和包支付”应用推广，加快打造“移动支付第三城”。加快发展楼宇经济。全面推进闲置楼宇、烂尾楼处置工作，充分盘活闲置资源资产；实行“一楼一策”，加大产业导入力度，创新服务管理模式，落实考核评价机制，提升楼宇入驻率、注册率、纳税率，打造更多亿元楼宇。突出发展物流经济。进一步做优物流园区、做强物流企业、打开物流通道，高质量推进陆港型国家物流枢纽建设，高起点谋划、建设“一场两港四站”，高标准编制公路交通、港口、物流口岸三大专项规划。加快霞凝货场一级铁路物流基地、高铁物流基地建设，推动京东亚洲一号、唯品会湖南总部、国美电商总部建设，社会物流总费用占地区生产总值比重降至14.6%，快递业务量增长40%以上。加快推进红星市场迁建及周边路网建设。融合发展文旅经济。建设湘江西岸都市休闲文化旅游长廊，推进耀邦故里创建国家AAAAA级景区，支持望城、浏阳、宁乡创建国家全域旅游示范区；游客接待人数增长11.5%、旅游总收入增长12%。创建国家文化和旅游消费示范城市，促进消费转型升级，大力培育新兴消费，不断改进服务体验，打造区域性国际消费城市。积极发展会展经济。做大做强会展产业，提升展会品牌化、市场化、专业化、国际化水平。办好移动互联网岳麓峰会、“一带一路”青年创意与遗产论坛、中部农博会等重大展会，会展收入增长10%。持续发展夜间经济。融合历史文化和现代科技元素，推进五一商圈、红星商圈和金星路等商业街区业态升级、环境改造。支持黄兴路步行街申报创建国家级试点，建设更多夜间经济示范街区、门店，打造国内夜间经济标杆城市，让星城之夜更加绚丽多彩、璀璨夺目。

（六）全力建设湖南湘江新区和重大片区。把握时代要求，坚守战略定位，打造落实新发展理念的示范区。推动湖南湘江新区走在全国新区前列。强化科技创新驱动，瞄准高端制造业和高技术服务业，打造智能驾驶之城、中部检测之都；以“一城一区一园”为重点，加快智能网联汽车产业发展，完成车路协同“两个100”二期工程建设，争创国家级车联网先导区，实现人工智能科技城首开区开园，加快建设驱动未来的“湘江智谷”。提升片区建设水平，加快建设高铁西城片区、大王山南片区，持续推进梅溪湖（二期）、月亮岛、洋湖等片区开发；启动夏鹃路隧道、梅浦联络线等工程，完成麓景路南延隧道主体建设，实现湘府路（河西段）快速化改造、潇湘大道南延长线、新学士路西延线建成通车。推进项目建设提速，推动商汤科技等项目落地，加快湘江鲲鹏、满帮华中物联港、人和未来、卓伯根等项目建设，启动通航小镇建设，实现湘江欢乐城开园。铺排重大项目585个，完成投资1300亿元以上，努力打造中部地区崛起新增长极。加快岳麓山国家大学科技城内涵式发展。巩固提升麓山南路、后湖等区域环境治理成果，营造宜学、宜居、宜创的浓郁气质；充分发挥高校优势，打造校际协同创新体；大力引进培育标志性平台、企业，力争科技型企业突破4000家；抓好国家产教融合建设试点，加大5G和人工智能在大科城的应用，努力打造全国最美大学城、领先科技城、一流创业城。促进马栏山视频文创产业园高质量发展。大力扶持电子竞技、视频制作、数字出版等产业发展，积极引进腾讯、优酷、爱奇艺等头部企业。高标准建设马栏山新媒体学院，打造视频产业人才集聚地。加快核心区项目建设，重点推进“空中巴士”、星城光塔、月湖文创小镇等建设，实现湖南创意设计总部大厦竣工使用。新增注册企业500家以上，完成投资100亿元以上，实现产值380亿元，努力打造具有全球影响力的“中国V谷”。瞄准“四小时航空经济圈”建设临空经济示范区。加快黄花综保区建设，打造进口药品产业园，提速跨境电商产业园建设，运营综保区进出口商品展示交易中心，实现进出口总额增长40%以上。推进区港一体化，依托黄花机场改扩建和T3航站楼建设，加快金阳新城片区发展，申报空港型国家物流枢纽。支持红土航空等企业发展，推动长沙山太、机场综合配套服务区等项目开工，推进丰树、奥凯等项目建设。新引进项目250余个，完成投资60亿元以上，努力打造航空偏好型产业发展高地。提质提速高铁会展新城建设。坚持产业高端发展与配套功能完善并重，推动高铁经济、会展经济、临空经济融合发展，进一步释放对长株潭城市群的带动辐射作用。启动一乡一品总部基地（一期）、长沙国际交流区（一期）、浏阳河国际文化科创基地建设，如期完成国际会议中心及相关配套工程；实现东四线、东六线全线建成通车，新引进产业项目200个以上，完成投资120亿元以上，努力打造中部会议会展高地。聚焦金融科技加快湘江金融中心建设。支持金融科技发展，加强龙头企业培育和初创企业孵化；做大做强基金小镇，继续办好湘江金融峰会，新引进持牌金融机构、金融科技企业、基金机构、专业服务机构100家以上，努力打造全国一流的科技普惠金融中心。稳步推动南部融城片区建设发展。进一步完善顶层设计，理顺基础设施投入体制机制，加快实施中意路城市化改造、伊莱克斯大道西延线建设，启动新韶山南路南延长线建设，加快湘雅五医院建设。推进片区产业转型，大力发展未来智能、高端服务业、文旅康养等产业，新引进项目120个以上，完成投资100亿元以上，努力打造最具特色的产业新城、最具品质的生态绿城。

（七）全力完善宜居长沙综合功能。以创建“中国人居环境奖”为抓手，补齐发展短板，不断提升城市宜居水平。提升城市规划设计。完成国土空间总体规划编制，加强城市总体设计和规划管控，实现全域自然资源统筹管理。完成长株潭都市区及金阳新城、金洲新城战略规划，编制综合交通、历史文化名城保护、自然保护地体系、水安全保障等专项规划。提升城市承载能力。加快长宁线一期前期工作，启动地铁1号线北延一期、2号线西延二期建设，实现3号线、5号线运营；启动兴联路过江通道建设，加快万家丽路北延线快速化改造及湘雅路过江通道、金阳大道三期、金唐公路二期建设；实现长益高速复线通车，加快宁韶、江干高速建设；协同做好长赣、常益长等铁路及高铁西站铁路枢纽建设。提升城市管理水平。加强城市精细化管理，综合治理市容环境，强化主次干道重点部位、重点时段管理，着力解决乱搭乱建及违规夜市、违法占道等顽疾。持续推进生活垃圾分类全覆盖体系建设，全面构建分类投放、收集、运输、处理全链条。完成灰渣填埋场主体建设，加快建设污泥与生活垃圾清洁焚烧二期主体工程，打造市治大院等垃圾分类样板。加快创建国家节水型城市。深化群众性精神文明建设，巩固文明城市创建成效。提升城市整体风貌。纵深推进城市体检，加强城市更新和存量住房改造提升，实施优化城市人居环境三年行动计划，启动“城中村”改造3个，改造棚户区5116户，完成老城区有机更新片区6个。高品位营造水景观，保护修复湿地，打造10条美丽河流。创建国家生态园林城市，实施园林绿化景观微改造，建设社区公园、街角花园20个，加快生态廊道建设，加强古树名木和自然保护地保护，让广大市民推窗见景、开门见绿、出门进园。

（八）全力实施乡村振兴战略。深化农业供给侧结构性改革，带动农民增收和乡村振兴，加速农业农村现代化。全面深化农村人居环境综合整治。持续推进农村“五治”，无害化厕所覆盖率超过90%；行政村垃圾分类减量覆盖率100%；市级乡村振兴示范镇村全面清除“一户多

宅”“空心房”；完善常住人口2000人以上农村集镇的生活污水设施建设，打造小微水体管护示范片区30个；持续改善乡风家风民风。继续实施农村饮水安全巩固提升工程，提质改造农村饮水单村工程30个。加快防洪保护圈建设，推进大众垸、敢胜垸等防洪综合整治，完成黄材、金井水库除险加固；加快椒花水库建设，启动大坝塘水库建设前期工作。扎实推进农业现代化。突出“一县一特”，促进一、二、三产业深度融合，推动蔬菜、花猪、小龙虾、绿茶、油茶、花卉苗木等特色农业产业在生产基地、产业链发展等方面较快增长，培育新型农业经营主体1000家以上、农产品生产基地20个，新增“三品一标”55个以上；力争农产品加工业总销售收入突破2700亿元。加快长沙县国家现代农业示范园、浏阳市两型产业园、宁乡市国家农村产业融合发展示范园建设，支持7个省级特色产业小镇发展。大力发展新型村级集体经济。启动实施三年行动计划，引导发展“四型”经济，推动新型村级集体经济与文旅、康养、电商等产业深度融合，探索更多村级集体经济发展新模式、新方式，实施新型村级集体经济发展重大项目300个以上。提高“薄弱村”认定标准，消除年集体经济收入10万元以下的“薄弱村”100个。用好用活农村“四块地”，全市耕地流转面积占家庭承包耕地面积比重55%以上，更好推动农村土地资源变资产、资产变资本、资本变资金。

（九）全力改善民生福祉。发挥政府作用保基本民生，突出关键时点、困难人群，加快补齐民生短板。提升社会保障水平。推进更充分更高质量就业，重点抓好高校毕业生、退役军人、返乡农民工等群体就业。提高城乡居民养老保险基础养老金和大病医疗保险标准，取消建档立卡贫困人口大病医疗费用封顶线。提高城乡低保、特困供养等对象社会救助水平，深入开展城市特困群体“五帮扶”。抓好“菜篮子”工程，促进生猪稳产保供，遏制部分食品价格过快上涨，保证物价水平处于合理区间。办好人民满意教育。基本完成义务教育标准化学校建设，着力解决进城务工人员子女上学难问题。深化产教融合，提升职业院校质量与内涵，启动湖南信息职院、幼儿师范高等专科学校新校区建设，支持长沙卫生职业学院、商贸旅游职院、职业技术学院建设特色高职院校。支持长沙学院建设特色鲜明的高水平应用型大学。全面推进智慧教育，规范管理民办学校，严格管理培训机构，突出提升中小学、幼儿园安全防范水平。着力减轻中小学教师、学生和家长负担，让老师安心、学生静心、家长舒心。解决“一老一小”难题。实施社区养老服务三年行动计划，完成困难老年人家居适老化改造，规范养老机构管理，推进医养结合发展，提升养老服务质量。支持社会力量发展普惠托育服务，加强儿童青少年视力监测预防及儿童福利院建设，实现残疾儿童康复救助全覆盖。优化公共文化供给。推进戏剧艺术中心、贾谊故居二期修复工程建设，推动雨花非遗馆提档升级，提质公共文化基础设施。提升长沙交响乐团等文化品牌，推出更多讴歌新时代的精品力作。办好“春之声”长沙国际音乐艺术季活动，开展免费电影放映、送戏下乡、全民阅读，推动文化志愿服务走基层、进社区。增强群众健康体质。深入实施“健康长沙”建设PPP项目，建成市一医院新住院大楼等一批公共医疗服务项目；大力推进基层医疗卫生机构规范化建设，实现行政村卫生室标准化建设全覆盖；支持市、县医院重点临床学科建设，提高家庭医生签约服务质量；推进“三医联动”，落实药品采购“两票制”和价格联动办法；推进分级诊疗和医联体建设，上线电子健康卡等智慧医疗应用系统；加强重大慢性病防治，减轻患者用药负担。推进国际体育中心建设，建成足球场80片，办好国际马拉松、国际网球公开赛、第九届全民健身节，创建全民运动健身模范市。完善住房保障体系。坚持“房住不炒”，健全稳地价、稳房价、稳预期长效管理调控机制，始终保持相对较低房价优势。推进住房租赁试点城市建设，筹集租赁房源2.5万套，发放租赁补贴2000户，重点保障特困户、新市民、被征地农民住房需求。发挥好住房公积金支持中低收入群体购房作用。全面提升民生领域服务质量，努力让城市更有温度、生活更有温情、市民更有温暖。

（十）全力构建社会治理新格局。整合各类资源，引导各方参与，创新共建共治共享机制，确保人民安居乐业、社会安定有序。创新基层治理。探索党建引领的基层治理新模式，深化网格化管理和服务，进一步夯实基层社会治理基础。统筹城乡一体的基层治理新体系，坚持城乡并重，实行自治、法治、德治相结合，推动社区、社会组织和社会工作专业人才“三社联动”，切实提升社区管理和物业服务水平，力争实现农村社区全覆盖。健全完善人民调解、行政调解、司法调解“三调联动”的工作新机制，加强社会心理服务和危机干预，构建有机衔接、协调联动、高效便捷的矛盾纠纷多元化解机制，推动信访积案化解，将矛盾化解在基层。严格市场监管。强化食品安全专项攻坚，确保农产品质量安全。狠抓“四品一械”安全，深化特种设备领域“打非治违”专项行动。规范砂石市场，加强商品混凝土管理，提升新建商品房质量。深入实施“质量提升18条”，开展第二届市长质量奖评选，推进质量强市建设。强化应急管理。牢牢守住安全生产底线，重点排查整治烟花爆竹、交通运输、危化品等行业安全隐患，严格落实企业主体责任，全面提升安全生产监管能力和水平。加快应急救援基地、人防设施建设，加大“全灾种”消防救援装备配置，完成17个消防站建设。加强精准气象预报系统建设，提升地震灾害预防水平。建设平安长沙。深化“互联网+群防群治”，进一步发挥“星城园丁”、“96111”便民服务桥等平台作用，推进“大钥匙工程”

建设，提高社会治安立体化、智能化、精准化水平。持续深化扫黑除恶专项斗争，有力震慑黑恶势力犯罪；加快创建禁毒示范城市，打好禁毒人民战争；依法打击违法犯罪和传销组织。进一步加强社区矫正工作。引导依法文明养犬。发挥群团组织、社会组织作用，支持工会、共青团、妇联、科协、文联、红十字会、慈善会等广泛参与社会治理，建设人人有责、人人尽责、人人享有的社会治理共同体。

加强国防动员工作和后备力量建设，落实民兵调整改革，推进“一年两次征兵两次退役”改革，支持军队军事政策制度改革落地。高标准建好市、县两级民兵训练基地。全面普及国防安全和爱国主义教育，做好退役军人服务管理工作。深入开展双拥共建活动，争创全国双拥模范城“七连冠”，不断巩固军政军民团结良好局面。科学谋划和编制“十四五”规划。抓好粮食生产和第七次全国人口普查。深化民族团结进步创建工作。推进长沙台湾经济文化交流。擦亮“侨商侨智聚长沙”活动品牌。完成新一轮地方志编纂工作。加强档案数字化建设。

三、着力加强政府治理能力现代化建设

民之所望，施政所向。我们将始终坚持为人民服务、对人民负责、受人民监督，全面推进政府治理体系和治理能力现代化，把制度优势更好转化为治理效能，建设人民满意的服务型政府。

（一）建设为民政府。坚持以人民为中心，全心全力为老百姓办好事、办实事。把群众关切的事办好。紧盯群众切身利益问题，大力推进“七有”工作，实现义务教育大班额全面消除、中小学幼儿园100%设置护学服务岗、农民工工资无拖欠、事实无人抚养儿童全部纳入儿童福利保障体系，确保零就业家庭动态清零，解决好群众的操心事、烦心事、揪心事。把群众期盼的事办成。顺应人民群众对美好生活的向往，着力改善生态环境、优化交通出行、提升文明素养、完善公共服务，加快建设儿童友好型、老年关爱型城市，着力创建国家食品安全示范城市，不断满足群众对清新空气、清澈水质、清洁环境等生态产品的迫切需求，努力让长沙天更蓝、地更绿，让老百姓吃得更放心、出行更便捷、生活更舒适，切实把民生工作做到老百姓的心坎上。把群众受益的事办实。重点办好10件民生实事：一是打造“一圈两场三道”升级版，扩面提质“15分钟生活圈”130个。二是开展政府补贴性职业培训5万人次，实现城镇新增就业13.7万人。三是增加公办幼儿园学位3万个、义务教育学校学位4万个。四是每个乡镇卫生院（社区卫生服务中心）配备全科医生2名，完成孕产妇免费血清学产前筛查4.3万人，开展农村和城镇低保适龄妇女“两癌”免费检查8万人。五是新改建农村公路1000千米，打通城区瓶颈路、断头路20条。六是完成城镇老旧小区提质改造100个、既有多层住宅加装电梯600台、天然气改造10000户。七是新增农村自来水入户人口10万人，新改建农村户用无害化厕所19万座。八是建好社区养老服务设施100家，完成区县（市）社会福利中心主体工程建设7个。九是建设标准化村（社区）综合文化服务中心100个，完成文化惠民演出1000场。十是提质改造村级儿童之家35个，完成扶残助学2000人。同时，全面完成省民生实事任务。民生工作永远在路上，我们将发扬钉钉子精神，一锤接着一锤敲，一事接着一事办，用政府的辛苦指数换取群众的满意指数。

（二）建设法治政府。坚持以法治推动善治，加快“全国法治政府建设示范市”创建步伐，基本建成法治政府。强化科学决策。坚持民主集中制，落实“三重一大”决策制度，加强重大决策事项调查研究、科学论证，对事关群众切身利益的重大事项实行社会听证，不断提高政府决策科学化、民主化、法治化水平。加强规范性文件、重大行政执法决定及政府合同合法性审查，全面推行政府法律顾问、公职律师制度，严格防范重大行政决策法律风险。强化依法行政。自觉尊法学法守法用法，确保政府工作始终在法治轨道上运行。加强政府立法队伍建设，切实提高立法质量和效率。深化行政执法体制改革，最大限度减少不必要的行政执法事项。探索实行跨领域跨部门综合执法，推动执法重心下移。全面推行行政执法“三项制度”，加强信息互通共享，规范执法自由裁量权，做好行政复议和行政应诉工作，让公平正义的阳光照亮每个角落。强化政务公开。持续推进行政决策、执行、管理、服务、结果“五公开”，实行政务办事公开全覆盖，加强和规范政府信息主动公开。严格公开程序，实现权力运行可查询、可追溯，做到政府运行与政务公开相一致。加强政务信息资源规范化、标准化、信息化管理，对外公开政务信息全部在政务门户网公布。完成市级政务热线整合，提高“12345”市民服务热线、市长信箱、问政长沙等平台运行和服务水平，做到民有所思、政有所为。

（三）建设数字政府。以数字化引领政府治理现代化，系统提升行政效能。完善数字设施。加快建设“新型智慧城市示范城市”，重点推进城市数据大脑及智慧应用建设，打造城市“智能中枢”。着力推进政务信息化系统集成和对接，构建纵向贯通、横向协同、全面覆盖、统一接入的数字政府体系。大力支持信息安全产业园发展，切实加强信息产业和产业关键领域安全设施建设，打造具有长沙特色的数字安全产业。推动数字共享。统筹政务和社会数据资源归集、融合、共享，加快全市数据资源共享平台建设，建成人口、法人、经济信息、地理空间等基础数据库和电子证照、社会诚信等专题数据库，打通“数据壁垒”、融通“信息孤岛”。推进数据资源向社会开放，加强对数据资源的分级分类安全管理，保障信息安全，真正让数字活起来、用起来。加快数字运用。推动政府数字化转型，广泛运用互联网、大数据、人工智能、区块链等技术手段实施行政管理，切实增强各级干部利用数据推进工作的本领。完善“互联网＋政务服务”一体化平台功能，强化数据留痕、数据关联、数据分析，打造应用场景，赋能经济社会发展。建好用好“我的长沙”APP，构建功能丰富、使用方便、覆盖广泛的城市综合服务移动平台，实现500项政务服务、200项公共服务和社会服务“指尖办”，着力打造24小时“不打烊”的数字政府。

（四）建设廉洁政府。全面落实从严治党主体责任，一体推进不敢腐、不能腐、不想腐，强化权力运行监督制约，确保党和人民赋予的权力始终为人民谋幸福。做到干部清正。巩固深化“不忘初心、牢记使命”主题教育成果，切实加强党风廉政建设，全面从严、一严到底，让铁规铁纪成为政府工作人员的自觉遵循。坚决贯彻中央八项规定及实施细则精神，以打歼灭战的决心向违规收送红包礼金、“提篮子”“打牌子”等顽疾开刀，坚决杜绝形式主义、官僚主义，打造持廉守正、勤政为民的干部队伍。做到政府清廉。聚焦“关键少数”，加强对政府系统领导干部和重点岗位人员的监督，强化经济责任审计，创新监管手段，促进依法用权、秉公用权、廉洁用权。聚焦关键领域，加强风险防控，杜绝权力寻租，实现公共权力规范运行、公共资金安全使用、公共资产有效监管、公共资源阳光交易、公共工程廉洁建设。聚焦关键问题，牢固树立过“紧日子”思想，坚决压缩一般性支出，从严控制“三公”经费。做到政治清明。加强政治建设，严守政治纪律和政治规矩，坚决贯彻党中央国务院、省委省政府和市委各项决策部署，确保政令畅通、令行禁止。依法接受人大法律监督、工作监督，自觉接受政协民主监督，认真执行人大及其常委会的各项决定、决议，高质量办好人大代表建议、意见和政协提案；主动接受监察、司法、群众和舆论监督，自觉接受巡察监督，强化审计和统计监督。坚持厚爱严管结合、激励约束并重，旗帜鲜明为担当者担当、为负责者负责、为实干者撑腰，让干部更敢担当、干事更有底气，形成规规矩矩的上下级关系、干干净净的同事关系、清清爽爽的政企关系。

奋斗成就历史，实干创造未来。让我们更加紧密地团结在以习近平同志为核心的党中央周围，在省委、省政府和市委的坚强领导下，不忘初心、牢记使命，只争朝夕、不负韶华，唱响高质量发展主旋律，谱写现代化长沙新篇章，为全面建成小康社会、实现人民对美好生活的向往做出新的更大贡献！

名词解释

▲三个中心：即国家智能制造中心、国家创新创意中心、国家交通物流中心。

▲一圈两场三道：“一圈”即“15分钟生活圈”，“两场”即停车场、农贸市场，“三道”即人行道、自行车道、历史文化步道。

▲一江六河：即湘江长沙段，浏阳河、捞刀河、沩水、沙河、龙王港、靳江河。

▲六控十严禁：“六控”即控尘、控煤、控车、控油、控排、控烧；“十严禁”即严禁渣土车、混凝土搅拌车、运砂车等各类车辆带泥上路，严禁违法倾倒渣土，严禁工地裸露黄土，严禁重污染天气下土石方施工，严禁燃烧散煤，严禁燃放烟花爆竹，严禁露天焚烧垃圾，严禁露天烧烤，严禁露天焚烧秸秆，严禁拖拉机等高排放车辆进城。

▲“五个100”项目：即100个重大产业项目、100个重大科技创新项目、100个重大产品创新，引进100个500强企业、100个科技创新人才。

▲三智一自主：即智能装备、智能网联汽车、智能终端，自主可控及信息安全。

▲三品一标：即无公害农产品、绿色食品、有机农产品和农产品地理标志。

▲6张清单：即长沙市市本级权力清单、公共服务事项清单、“最多跑一次”事项清单、“四办”事项清单、“特别程序”事项清单、中介服务事项清单6张清单。

▲三即承诺制：即“拿地即开工”“开户即开业”“交房即交证”。

▲“3545”改革：即将企业开办、不动产登记、工业投资建设的房屋建筑项目审批时间压缩至3个、5个、45个工作日内。

▲弹性年期出让：即根据工业用地产业生命周期和企业发展状况，在土地使用权出让最高年限范围内，实行差别化土地使用权出让年限。

▲一统三化：即通过党对城市基层的集中统一领导，推进党群服务标准化、城市管理网格化、社会治理协同化。

▲三干两轨四连线：“三干”即潭州大道快速化改造、芙蓉南路快捷化改造、洞株公路快捷化改造；“两轨”即长沙地铁3号线南延工程、长株潭城际铁路运行优化；“四连线”即潇湘大道—滨江路、新韶山路—昭山大道、昭云大道—云峰大道、湘潭大道—铜霞路连接线。

▲城市“双修”：即生态修复、城市修补。

▲城区环卫基础设施“三改”：即城区公厕改造、垃圾中转站改造、环卫车辆新能源改造。

▲电力“630攻坚”：即《长沙市电网供电能力提升三年行动计划（2018—2020年）》明确的电网“主干网架”提质、“骨干网架”补短、“城乡配网”升级三大工程建设，确保到2020年，长沙电网建设改造投资规模约150亿元，满足1000万千瓦负荷下安全供用电需求。

▲农村“五治”：即在农村开展治厕、治垃圾、治房、治水、治“风”工作。

▲“四型”集体经济项目：即土地合作型、资源开发型、物业经营型、乡村服务型村级集体经济项目。

▲五帮扶：即对特殊困难群体实施基本生活帮扶、医疗帮扶、急难帮扶、住房帮扶和就业帮扶。

▲中国“双高计划”：即中国特色高水平高职学校和专业建设计划拟建单位名单。

▲七大工程：即《中共长沙市委关于深入贯彻落实习近平总书记在推动中部地区崛起工作座谈会上的重要讲话精神大力推动制造业高质量发展的若干意见》明确的新旧动能转换工程、科技创新引领工程、市场主体培育工程、开放高地构筑工程、优秀人才集聚工程、营商环境优化工程、载体提质升级工程。

▲八大应用场景：即智能网联汽车、工业互联网、智慧城市、智慧医疗、移动支付、分享经济、区块链、创意经济。

▲两图两库两池两报告：即产业全景图、现状图，产业链客商库、项目库，资金池、人才池，产业发展报告、产业招商报告。

▲人才政策22条：即《长沙市建设创新创业人才高地的若干措施》，从人才引进培育、人才创新创业、人才体制机制创新、人才服务保障等方面明确22条政策措施。

▲两网融合：即承载电流的坚强智能电网与承载数据流的泛在电力物联网，相辅相成、融合发展，形成强大的价值创造平台，共同构成能源流、业务流、数据流“三流合一”的能源互联网。

▲“两业”扶贫：即就业扶贫和产业扶贫。

▲两不愁三保障：即到2020年稳定实现农村贫困人口不愁吃、不愁穿，农村贫困人口义务教育、基本医疗、住房安全有保障。

▲“双对标、指标长”制度：即对标杭州、对标国家营商环境评价指标标杆城市，建立营商环境指标长负总责制度。

▲“四个一”“四个办”：“四个一”即只上一张网、只看一张表、只进一个厅、最多跑一次；“四个办”即网上办、一次办、就近办、帮代办。

▲三集中三到位：即一个行政机关的审批事项向一个处室集中，行政审批处室向政务服务中心集中，审批事项向网上办理集中；保障进驻政务服务中心的审批事项到位，审批权限到位，办理事项网上电子监察到位。

▲综合窗：即推进“前窗综合受理、后台分类审批、综合窗口出件”的政务服务新模式，达到分类整合办事窗口、人员、业务，优化办事流程、提高窗口办事效率的目的。

▲入规：即引导培育规模以下企业纳入规模以上企业，包括当年产品销售收入2000万元以上（含）的工业企业、年主营业务收入2000万元以上的限额以上批发业企业、年主营业务收入500万元以上的限额以上零售业企业和年主营业务收入200万元以上的限额以上住宿餐饮业企业。

▲升高：即科技型中小微企业成长为高新技术企业。

▲“四上”企业：即规模以上工业企业、资质等级建筑业企业、限额以上批零住餐企业、规模以上服务业企业。

▲一场两港四站：“一场”即长沙黄花国际机场，“两港”即霞凝港、铜官港，“四站”即货运北站、老火车站、高铁南站、高铁西站。

▲一城一区一园：即人工智能科技城、国家智能网联汽车（长沙）测试区、湖南省检验检测特色产业园。

▲四块地：即耕地、林地、宅基地、集体建设用地。

▲三医联动：即医疗卫生体制改革、医保体制改革与药品流通体制改革联动，俗称医疗、医保、医药改革联动。

▲药品采购“两票制”：即2017年1月各综合医改试点省（区、市）、公立医院改革试点城市开始推行药品采购从药厂卖到一级经销商开一次发票、经销商卖到医院再开一次发票的“两票”办法，有效减少流通环节。

▲四品一械：即药品、餐饮食品、保健食品、化妆品、医疗器械。

▲质量提升18条：即《长沙市关于开展质量提升行动的实施意见》，聚焦增加食品药品优质供给、提升农产品供给质量、促进消费品提质升级、增强制造业质量竞争力、提升建设工程质量水平、推动服务业提质增效六大领域，着力解决人民生活和长沙发展最关心、最迫切的质量问题。

表 67 2019 年长沙市委重要文件（长发）一览表

文号	文件标题	发文日期
长发〔2019〕1 号	中共长沙市委 长沙市人民政府 关于落实农业农村优先发展要求加快推进乡村振兴的实施意见	4 月 1 日
长发〔2019〕2 号	中共长沙市委 长沙市人民政府 关于学前教育深化改革规范发展的实施意见	1 月 8 日
长发〔2019〕3 号	中共长沙市委 长沙市人民政府 关于长沙市市政党政机关机构设置的通知	1 月 16 日
长发〔2019〕9 号	中共长沙市委印发《关于加强党的政治建设十条措施》的通知	3 月 18 日
长发〔2019〕10 号	中共长沙市委 长沙市人民政府 关于全面深化新时代教师队伍建设改革的实施意见	7 月 30 日
长发〔2019〕13 号	中共长沙市委印发《关于开展“不忘初心 牢记使命”主题教育的实施方案》的通知	9 月 10 日
长发〔2019〕14 号	中共长沙市委关于深入贯彻落实习近平总书记在推动中部地区崛起工作座谈会上的重要讲话精神 大力推动制造业高质量发展的若干意见	9 月 30 日
长发〔2019〕15 号	中共长沙市委 长沙市人民政府印发《关于深化改革加强食品安全工作的实施方案》的通知	12 月 21 日

（资料来源：市委办公厅秘书三处）

表 68 2019 年长沙市委办公厅重要文件（长办发）一览表

文号	文件标题	签发日期
长办发〔2019〕1 号	中共长沙市委办公厅 长沙市人民政府办公厅 关于印发《长沙市机构改革实施方案》的通知	2 月 25 日
长办发〔2019〕2 号	中共长沙市委办公厅 长沙市人民政府办公厅 关于印发《长沙市市属文化企业国有资产监督管理暂行办法》的通知	1 月 16 日
长办发〔2019〕9 号	中共长沙市委办公厅 长沙市人民政府办公厅 关于进一步加强城市轨道交通建设发展的若干意见	7 月 1 日
长办发〔2019〕10 号	中共长沙市委办公厅 长沙市人民政府办公厅 印发《关于支持长沙学院建成特色鲜明的高水平应用型地方大学的意见》的通知	12 月 16 日
长办发〔2019〕12 号	中共长沙市委办公厅 长沙市人民政府办公厅 印发《关于推动公共法律服务体系发展的实施意见》的通知	12 月 31 日

（资料来源：市委办公厅秘书三处）

表 69　　2019 年长沙市委办公厅重要文件（长办）一览表

文号	文件标题	发文日期
长办〔2019〕3 号	中共长沙市委办公厅 长沙市人民政府办公厅 关于印发《长沙市"营商环境优化年"实施方案》的通知	2 月 13 日
长办〔2019〕4 号	中共长沙市委办公厅 长沙市人民政府办公厅 关于深入推进"产业项目建设年"活动的通知	2 月 13 日
长办〔2019〕9 号	中共长沙市委办公厅 长沙市人民政府办公厅 印发《关于深化审评审批制度改革鼓励药品医疗机械创新的实施意见》的通知	2 月 19 日
长办〔2019〕11 号	中共长沙市委办公厅 长沙市人民政府办公厅 关于印发《长沙市党政领导干部安全生产责任制实施细则》的通知	2 月 20 日
长办〔2019〕12 号	中共长沙市委办公厅 长沙市人民政府办公厅 关于 2018 年度全市人口和计划生育工作评估与奖惩情况的通报	2 月 20 日
长办〔2019〕15 号	中共长沙市委办公厅 印发《关于推进城市基层党建重点工作的实施意见》的通知	3 月 7 日
长办〔2019〕90 号	中共长沙市委办公厅 关于成立岳麓山国家大学科技城委员会的通知	7 月 23 日
长办〔2019〕91 号	中共长沙市委办公厅 印发《关于加强村党组织书记队伍建设的实施办法》的通知	9 月 3 日
长办〔2019〕97 号	中共长沙市委办公厅 长沙市人民政府办公厅 印发《关于加强新旧代人民政协党的建设工作的实施意见》的通知	9 月 24 日
长办〔2019〕98 号	中共长沙市委办公厅 长沙市人民政府办公厅 关于印发《长沙市推进国有企业退休人员社会化管理工作实施方案》的通知	10 月 19 日

（资料来源：市委办公厅秘书三处）

表 70　　2019 年长沙市政府重要文件（政府令）一览表

文号	文件标题	签发日期
138	关于下放工业投资建设项目审批权限的决定	7 月 25 日
139	关于修改和废止部分市政府规章的决定	9 月 16 日
140	长沙市安全生产监督管理办法	11 月 19 日

（资料来源：市政府办公厅新闻信息处）

表 71　　2019 年长沙市政府重要文件（长政发）一览表

文号	文件标题	发文日期
长政发〔2019〕1 号	关于 2019 年《政府工作报告》主要目标任务实施责任管理的通知	1 月 11 日
长政发〔2019〕2 号	关于长沙市中心城区禁止和限制燃放烟花爆竹的通告	1 月 22 日
长政发〔2019〕3 号	关于做好促进就业工作的实施意见	2 月 18 日
长政发〔2019〕4 号	关于印发长沙市兵役登记实施办法（试行）的通知	3 月 12 日
长政发〔2019〕5 号	关于取消和承接一批行政权力事项的通知	8 月 13 日

续表 71

文号	文件标题	发文日期
长政发〔2019〕6 号	关于划定禁止使用高排放非道路移动机械区域的通告	8 月 27 日
长政发〔2019〕8 号	关于保护长沙饮水工程（株树桥水库引水）设施的通告	9 月 16 日
长政发〔2019〕9 号	关于依法严厉打击传销行为的通告	9 月 24 日
长政发〔2019〕10 号	关于开展农村宅基地和集体建设用地房地一体权籍调查的通告	12 月 12 日

（资料来源：市政府办公厅新闻信息处）

表 72　　2019 年长沙市政府重要文件（长政办发）一览表

文号	文件标题	签发日期
长政办发〔2019〕2 号	关于促进长沙临空经济示范区发展的若干意见（试行）	1 月 18 日
长政办发〔2019〕3 号	印发《关于加快高技术服务业发展的若干措施》的通知	1 月 18 日
长政办发〔2019〕4 号	关于印发《长沙市现役军人和残疾军人有关优待暂行办法》的通知	1 月 25 日
长政办发〔2019〕5 号	关于印发《长沙市政府投资建设项目维护管理移交办法》的通知	1 月 23 日
长政办发〔2019〕8 号	关于进一步建立健全全科医生培养与使用激励机制的实施细则	3 月 7 日
长政办发〔2019〕11 号	关于支持“长沙·中国隆平种业硅谷”加快建设发展的意见	3 月 12 日
长政办发〔2019〕12 号	关于促进园区改革和创新发展的实施意见	3 月 14 日
长政办发〔2019〕13 号	关于支持工业互联网平台建设和应用若干政策的通知	4 月 23 日
长政办发〔2019〕14 号	关于印发《长沙市推进“一件事一次办”改革进一步提高行政审批服务效能实施方案》的通知	4 月 24 日
长政办发〔2019〕15 号	关于推进社会公益事业建设领域政府信息公开的实施意见	4 月 28 日
长政办发〔2019〕16 号	关于加快推进公用移动通信基站规划建设的意见	5 月 17 日
长政办发〔2019〕17 号	关于加快推进人工智能产业发展的意见	6 月 20 日
长政办发〔2019〕18 号	关于加快推进长沙市“一县一特”农业产业发展的实施意见	6 月 21 日
长政办发〔2019〕20 号	关于印发《长沙市促进驻长高校知识产权在长转化若干措施》的通知	7 月 4 日
长政办发〔2019〕21 号	关于印发《长沙市进一步扩大利用外资促进经济高质量发展若干措施（试行）》的通知	7 月 10 日
长政办发〔2019〕22 号	关于印发《长沙市企业投资建设项目告知承诺制审批实施办法（试行）》的通知	7 月 15 日
长政办发〔2019〕23 号	关于印发《长沙市建设项目区域评估评审工作实施方案（试行）》的通知	7 月 15 日
长政办发〔2019〕24 号	关于印发《支持电子商务产业发展的若干措施》的通知	7 月 15 日
长政办发〔2019〕25 号	关于印发《长沙市支持快递业发展十条措施》的通知	7 月 17 日
长政办发〔2019〕26 号	关于调整支持工业企业智能化技术改造若干政策有关问题的通知	7 月 18 日

续表 72

文号	文件标题	签发日期
长政办发〔2019〕30 号	关于印发《长沙市加快网络安全产业发展三年行动计划（2019—2021 年）行动计划和若干政策》的通知	7 月 31 日
长政办发〔2019〕32 号	关于印发《长沙市举报涉嫌非法集资线索奖励办法、工程建设施工现场非道路移动机械排气污染防治实施办法和行政执法三项制度》的通知	8 月 22 日
长政办发〔2019〕34 号	关于做好承接省级土地管理权限下放改革试点工作的通知	8 月 29 日
长政办发〔2019〕35 号	关于印发《长沙市加快新一代半导体和集成电路产业发展若干政策》的通知	9 月 20 日
长政办发〔2019〕36 号	关于优化建设领域营商环境促进建筑业高质量发展的实施意见	9 月 25 日
长政办发〔2019〕37 号	关于印发《长沙市高精尖人才领跑工程实施细则》等“长沙人才政策”配套细则（办法）的通知	9 月 26 日
长政办发〔2019〕39 号	关于支持检察机关依法开展公益诉讼工作的意见	10 月 8 日
长政办发〔2019〕40 号	关于印发《长沙市国际（地区）航空货运航线航班发展管理暂行办法》的通知	10 月 15 日
长政办发〔2019〕41 号	关于印发《长沙市深化北斗应用若干政策》的通知	10 月 17 日
长政办发〔2019〕42 号	关于进一步促进“四新”经济发展的意见	10 月 18 日
长政办发〔2019〕44 号	关于印发《长沙市深化长台经济文化交流合作行动计划（2019—2020 年）》的通知	10 月 31 日
长政办发〔2019〕45 号	关于推进生态廊道建设的实施意见	11 月 5 日
长政办发〔2019〕46 号	关于进一步激发文化和旅游消费潜力创建国家文化和旅游消费示范城市的实施意见	11 月 5 日
长政办发〔2019〕47 号	关于加快推进夜间经济发展的实施意见	11 月 17 日
长政办发〔2019〕48 号	关于印发《长沙市政务数据资源管理暂行办法》的通知	11 月 20 日
长政办发〔2019〕49 号	关于印发《长沙市智慧教育行动计划（2019—2022 年）》的通知	11 月 20 日
长政办发〔2019〕51 号	关于印发《长沙市加快先进储能材料产业发展三年（2020—2022 年）行动方案》的通知	12 月 2 日
长政办发〔2019〕53 号	关于印发《长沙市政务服务事项动态管理办法》的通知	11 月 28 日
长政办发〔2019〕55 号	关于印发《长沙市残疾儿童康复救助实施办法》的通知	12 月 13 日
长政办发〔2019〕56 号	关于印发《长沙市突发事件信息报告规定》的通知	12 月 17 日
长政办发〔2019〕59 号	关于印发《长沙市租赁住房房源筹集暂行办法》的通知	12 月 29 日
长政办发〔2019〕60 号	关于促进长沙商贸流通产业高质量发展创建国际消费城市的实施意见	12 月 30 日

（资料来源：市政府办公厅新闻信息处）

统计资料

表 73　　长沙市国民经济和社会发展主要指标统计表

指标	单位	2018 年	2019 年	2019 年比 2018 年（±%）
土地面积	平方千米	11816.0	11816.0	持平
年末总人数	万人	728.86	738.24	1.3
市区人口	万人	355.75	364.38	2.4
县（市）人口	万人	373.10	373.86	0.2
从业人员	万人	480.43	489.95	2.0
# 农村劳动力	万人	90.40	87.13	−3.6
# 职工人数	万人	119.45	136.85	14.6
地区生产总值	亿元	10405.63	11574.22	8.1
第一产业	亿元	318.41	359.69	3.2
第二产业	亿元	4090.09	4439.32	7.9
# 工业	亿元	2965.26	3254.95	9.1
第三产业	亿元	5996.81	6775.21	8.4
人均地区生产总值	元	129481	139877	4.9
固定资产投资总额	亿元			10.1
地方一般公共预算收入	亿元	879.71	950.23	8.0
一般公共预算支出	亿元	1300.79	1425.98	9.6
耕地面积	千公顷	273.56		
农林牧渔业总产值（现价）	亿元	526.92	607.70	3.2
# 农业	亿元	332.75	378.23	3.7
农业机械总动力	万千瓦	607.60		
粮食产量	万吨	215.52	215.68	0.1
棉花产量	吨	367	300	−18.3
油料产量	吨	97406	98465	1.1
猪牛羊肉产量	吨	352315	284150	−19.3
水产品产量	吨	92595	98698	6.6
建筑业总产值（现价）	亿元	4976.46	5469.21	9.9
社会消费品零售总额	亿元	4169.24	4589.40	10.1
普通高校在校学生数	人	635950	665860	4.7

续表 73

指标	单位	2018 年	2019 年	2019 年比 2018 年（±%）
普通中学在校学生数	万人	39.88	41.77	4.7
小学在校学生数	万人	62.22	66.65	7.1
医院卫生院数	个	331	336	1.5
执业医师和执业助理医师数	人	30793	32286	5.2
医疗病床数	个	77253	81242	4.8
城市居民人均可支配收入	元	50792	55211	8.7
农村居民人均可支配收入	元	29714	32329	8.8

说明：

1. 从 2012 年起，原一般预算收入和一般预算支出改名为公共财政预算收入和公共财政预算支出。2013 年公共财政预算收入同口径增长 23.8%；

2. 因统计方法制度改革，从 2013 年起取消农民人均纯收入统计指标，城市居民人均可支配收入调整为城镇统计口径，2012 年以前为城市统计口径，与往年数据不具可比性；

3. 根据第四次全国经济普查结果对 1993—2019 年社会消费品零售总额数据进行了调整；

4. 因国土详查原因，2019 年耕地有关数据暂缺

（资料来源：市统计局）

表 74

长沙市地区生产总值统计表

单位：万元

地区	地区生产总值		第一产业		第二产业		第三产业	
	2019 年	2019 年比 2018 年（±%）	2019 年	2019 年比 2018 年（±%）	2019 年	2019 年比 2018 年（±%）	2019 年	2019 年比 2018 年（±%）
全市	115742214	8.1	3596879	3.2	44393229	7.9	67752106	8.4
芙蓉区	11263188	8.0	52	−79.8	1430206	5.0	9832930	8.0
天心区	10806445	8.5	14498	−4.8	3248922	7.2	7543025	9.2
岳麓区	12882000	8.8	103954	−5.4	3379407	8.6	9398639	9.1
开福区	10060860	7.3	10436	−15.0	1440483	2.8	8609941	8.2

续表 74

地区	地区生产总值		第一产业		第二产业		第三产业	
	2019 年	2019 年比 2018 年（±%）	2019 年	2019 年比 2018 年（±%）	2019 年	2019 年比 2018 年（±%）	2019 年	2019 年比 2018 年（±%）
雨花区	20757656	7.7	53544	−2.2	11189024	6.4	9515088	9.4
望城区	8092347	8.8	478942	4.0	2940350	10.6	4673055	8.2
长沙县	17099645.04	8.2	741630	3.8	8790315	8.3	7567700.043	8.5
浏阳市	14088486.5	9.2	1078397	3.8	7163406	10.3	5846683.499	8.8
宁乡市	10691033.1	9.1	1115427	3.5	4557331	10.7	5018275.104	8.6

（资料来源：市统计局）

表 75　　长沙市邮电基本情况统计表

金额单位：万元　面积单位：万平方米

指标	单位	2018 年	2019 年	2019 年比 2018 年（±%）
邮电业务量				
邮电业务总量	万元			
邮政业务总量	万元	1128892.535	1552122	37.5
电信业务总量	万元	6438950.7	10063800	55.5
函件	万件	1351	1317	−2.5
报刊期发数	万份	91	78	−14.3
年末固定电话用户	万户	156.38	157.67	0.8
年末移动电话用户	万户	1337.07	1307.45	−2.2
年末互联网用户	万户	328.17	379.10	15.5

（资料来源：市统计局）

表 76　　全国三十五个城市主要经济社会指标（2019 年）统计表

城市名称	地区生产总值（亿元）			
	2019 年	位次	比 2018 年（±%）	位次
长　沙	11574.22	14	8.1	1
郑　州	11589.70	13	6.5	20
太　原	4028.51	29	6.6	19
合　肥	9409.40	16	7.6	7
武　汉	16223.21	7	7.4	10
南　昌	5596.18	25	8.0	2
石家庄	5809.90	24	6.7	17
南　宁	4506.56	27	5.0	31
成　都	17012.65	6	7.8	5
西　安	9321.19	18	7.0	12
贵　阳	4039.60	28	7.4	10
昆　明	6475.88	20	6.5	20
兰　州	2837.36	31	6.0	28
乌鲁木齐	3413.26	30	6.5	20
西　宁	—	—	7.5	8
呼和浩特	2791.46	32	5.5	30
银　川	—	—	6.3	25
沈　阳	6470.30	21	4.2	34
长　春	5904.10	23	3.0	35
哈尔滨	5249.40	26	4.4	33
福　州	9392.30	17	7.9	3
海　口	1671.93	33	7.5	8
南　京	14030.15	10	7.8	5
杭　州	15373.00	8	6.8	14
广　州	23628.60	4	6.8	14
济　南	9443.40	15	7.0	12
北　京	35371.30	2	6.1	27
上　海	38155.32	1	6.0	28
天　津	14104.28	9	4.8	32
重　庆	23605.77	5	6.3	25
大　连	7001.70	19	6.5	20
青　岛	11741.31	12	6.5	20
宁　波	11985.10	11	6.8	14
深　圳	26927.09	3	6.7	17
厦　门	5995.04	22	7.9	3

说明：1. 空缺数据未收集到，后同；

2. 全国其他城市数据取自相关资料，最终数据以各地统计局发布为准

续表 76

城市名称	第一产业增加值（亿元）			
	2019 年	位次	比 2018 年（±%）	位次
长　沙	359.69	10	3.2	12
郑　州	140.90	24	−4.9	34
太　原	42.48	30	2.1	19
合　肥	291.90	15	1.7	24
武　汉	378.99	9	3.0	13
南　昌	212.89	21	2.9	15
石家庄	449.50	7	1.6	25
南　宁	507.27	5	5.3	4
成　都	612.18	2	2.5	17
西　安	279.13	18	4.3	6
贵　阳	161.34	23	5.6	1
昆　明	270.29	19	5.5	2
兰　州	51.68	29	5.5	2
乌鲁木齐	27.69	31	2.1	19
西　宁	—	—	4.2	7
呼和浩特	114.21	25	1.2	28
银　川	—	—	2.0	22
沈　阳	284.00	17	3.8	9
长　春	348.10	11	2.1	19
哈尔滨	569.50	3	2.6	16
福　州	526.47	4	3.8	9
海　口	71.18	28	−1.4	32
南　京	289.82	16	0.7	29
杭　州	326.00	13	1.9	23
广　州	251.37	20	3.9	8
济　南	343.10	12	1.3	27
北　京	113.70	26	−2.5	33
上　海	103.88	27	−5.0	35
天　津	185.23	22	0.2	31
重　庆	1551.42	1	3.6	11
大　连	458.50	6	3.0	13
青　岛	409.98	8	1.6	25
宁　波	322.30	14	2.3	18
深　圳	25.20	33	5.2	5
厦　门	26.49	32	0.7	29

续表 76

城市名称	第二产业增加值(亿元)			
	2019 年	位次	比 2018 年(±%)	位次
长　沙	4439.32	13	7.9	5
郑　州	4617.00	12	6.2	15
太　原	1518.64	26	5.9	18
合　肥	3415.30	16	7.7	8
武　汉	5988.88	5	6.5	12
南　昌	2653.82	20	8.0	4
石家庄	1831.70	25	2.1	32
南　宁	1044.97	29	4.4	26
成　都	5244.62	8	7.0	10
西　安	3167.44	18	7.6	9
贵　阳	1496.67	27	8.2	3
昆　明	2078.75	24	4.6	24
兰　州	945.38	30	1.9	33
乌鲁木齐	906.14	31	1.1	34
西　宁	—	—	6.1	17
呼和浩特	823.84	32	2.2	31
银　川	—	—	6.4	13
沈　阳	2178.60	23	2.4	30
长　春	2495.40	21	5.3	20
哈尔滨	1127.30	28	3.1	29
福　州	3830.99	15	7.8	6
海　口	276.00	33	3.6	27
南　京	5040.86	9	6.7	11
杭　州	4875.00	11	5.0	21
广　州	6454.00	4	5.5	19
济　南	3265.20	17	7.8	6
北　京	5715.10	7	4.5	25
上　海	10299.16	2	0.5	35
天　津	4969.18	10	3.2	28
重　庆	9496.84	3	6.4	13
大　连	2799.80	19	11.9	1
青　岛	4182.76	14	4.7	23
宁　波	5782.90	6	6.2	15
深　圳	10495.84	1	4.9	22
厦　门	2493.99	22	9.7	2

续表 76

城市名称	第三产业增加值（亿元）			
	2019 年	位次	比 2018 年（±%）	位次
长　沙	6775.21	13	8.4	6
郑　州	6831.80	12	7.1	21
太　原	2467.39	29	7.1	21
合　肥	5702.20	17	7.8	17
武　汉	9855.34	8	8.2	11
南　昌	2729.47	27	8.4	6
石家庄	3528.70	22	9.8	1
南　宁	2954.32	26	5.2	31
成　都	11155.86	6	8.6	4
西　安	5874.62	15	6.8	25
贵　阳	2381.59	30	7.0	23
昆　明	4126.84	19	7.7	18
兰　州	1840.30	32	8.4	6
乌鲁木齐	2479.43	28	8.4	6
西　宁	—	—	9.3	2
呼和浩特	1853.41	31	7.3	20
银　川	—	—	6.5	27
沈　阳	4007.60	20	5.2	31
长　春	3060.60	25	1.0	35
哈尔滨	3352.60	24	5.2	31
福　州	5034.84	18	8.3	10
海　口	1324.75	33	8.8	3
南　京	8699.47	10	8.6	4
杭　州	10172.00	7	8.0	14
广　州	16923.23	3	7.5	19
济　南	5835.10	16	7.0	23
北　京	29542.50	1	6.4	28
上　海	27752.28	2	8.2	11
天　津	8949.87	9	5.9	30
重　庆	12557.51	5	6.4	28
大　连	3743.30	21	2.9	34
青　岛	7148.57	11	8.0	14
宁　波	5879.90	14	7.9	16
深　圳	16406.06	4	8.1	13
厦　门	3474.56	23	6.6	26

续表 76

城市名称	规模以上工业增加值	
	2019 年比 2018 年（±%）	位次
长　沙	9.1	2
郑　州	6.1	15
太　原	4.5	21
合　肥	8.6	4
武　汉	4.4	22
南　昌	8.5	6
石家庄	1.3	32
南　宁	1.0	33
成　都	7.8	7
西　安	6.9	9
贵　阳	6.3	12
昆　明	4.8	19
兰　州	2.0	30
乌鲁木齐	1.7	31
西　宁	6.5	10
呼和浩特	2.3	29
银　川	6.0	16
沈　阳	2.8	27
长　春	6.2	13
哈尔滨	2.5	28
福　州	8.7	3
海　口	3.2	25
南　京	7.0	8
杭　州	5.1	17
广　州	5.1	17
济　南	4.2	23
北　京	3.1	26
上　海	0.4	35
天　津	3.4	24
重　庆	6.2	13
大　连	16.1	1
青　岛	0.6	34
宁　波	6.4	11
深　圳	4.7	20
厦　门	8.6	4

续表 76

城市名称	固定资产投资	
	2019 年比 2018 年（±%）	位次
长　沙	10.1	10
郑　州	2.8	24
太　原	10.2	8
合　肥	9.0	14
武　汉	9.8	13
南　昌	10.2	8
石家庄	6.2	20
南　宁	9.9	12
成　都	10.0	11
西　安	1.1	29
贵　阳	1.5	28
昆　明	2.8	24
兰　州	−4.7	31
乌鲁木齐	2.0	27
西　宁	2.6	26
呼和浩特	5.2	22
银　川	−6.2	32
沈　阳	13.2	5
长　春	−19.0	34
哈尔滨	7.3	19
福　州	9.0	14
海　口	−15.4	33
南　京	8.0	18
杭　州	11.6	7
广　州	16.5	3
济　南	12.6	6
北　京	−2.4	30
上　海	5.1	23
天　津	13.9	4
重　庆	5.7	21
大　连	−19.8	35
青　岛	21.6	1
宁　波	8.1	17
深　圳	18.8	2
厦　门	9.0	14

续表 76

城市名称	房地产开发投资额（亿元）	
	2019 年比 2018 年（±%）	位次
长　沙	11.2	13
郑　州	2.8	23
太　原	31.3	2
合　肥	1.9	25
武　汉	6.7	17
南　昌	2.5	24
石家庄	−14.2	33
南　宁	32.1	1
成　都	14.9	8
西　安	−2.1	30
贵　阳	19.3	5
昆　明	13.9	10
兰　州	−5.8	31
乌鲁木齐	−16.8	34
西　宁	−0.4	28
呼和浩特	0.6	27
银　川	−6.7	32
沈　阳	17.9	6
长　春	12.6	11
哈尔滨	6.1	19
福　州	25.9	3
海　口	−21.1	35
南　京	6.2	18
杭　州	10.7	14
广　州	14.8	9
济　南	9.7	15
北　京	−0.9	29
上　海	4.9	20
天　津	12.5	12
重　庆	4.5	21
大　连	3.3	22
青　岛	21.5	4
宁　波	7.3	16
深　圳	15.9	7
厦　门	1.7	26

续表 76

城市名称	地方一般公共预算收入（亿元）			
	2019 年	位次	比 2018 年（±%）	位次
长 沙	950.23	14	8.0	5
郑 州	1222.53	13	6.1	13
太 原	386.62	28	3.6	17
合 肥	745.99	17	4.7	15
武 汉	1564.12	9	2.3	21
南 昌	476.08	24	3.1	18
石家庄	569.10	23	9.5	2
南 宁	370.93	29	6.3	12
成 都	1483.00	10	7.9	6
西 安	702.55	19	2.6	20
贵 阳	417.26	27	1.4	23
昆 明	630.03	22	5.8	14
兰 州	233.23	31	−0.1	28
乌鲁木齐	472.46	25	3.1	18
西 宁	101.79	35	9.5	2
呼和浩特	203.12	32	−0.8	29
银 川	154.70	34	−10.7	34
沈 阳	730.30	18	1.3	24
长 春	420.00	26	−12.1	35
哈尔滨	370.90	30	−3.5	32
福 州	668.08	21	−1.8	31
海 口	185.34	33	9.1	4
南 京	1580.03	8	7.5	8
杭 州	1966.00	6	7.7	7
广 州	1697.21	7	4.0	16
济 南	874.20	15	7.2	9
北 京	5817.10	2	0.5	27
上 海	7165.10	1	0.8	25
天 津	2410.25	4	14.4	1
重 庆	2134.90	5	−5.8	33
大 连	692.80	20	−1.6	30
青 岛	1241.70	12	0.8	25
宁 波	1468.50	11	6.4	11
深 圳	3773.21	3	6.5	10
厦 门	768.32	16	1.8	22

续表 76

城市名称	一般公共预算支出（亿元）			
	2019 年	位次	比 2018 年（±%）	位次
长　沙	1425.98	14	9.6	15
郑　州	1910.56	10	8.3	20
太　原	610.62	30	12.6	9
合　肥	1122.67	17	11.7	10
武　汉	2237.10	7	15.9	2
南　昌	834.11	25	10.9	12
石家庄	1053.40	19	5.9	25
南　宁	787.71	27	12.9	8
成　都	2006.80	8	9.2	16
西　安	1250.44	15	8.6	17
贵　阳	718.72	28	15.1	3
昆　明	820.86	26	8.5	19
兰　州	460.40	31	−1.1	32
乌鲁木齐	620.28	29	−6.0	35
西　宁	328.04	34	10.3	14
呼和浩特	421.66	32	18.2	1
银　川	346.60	33	−4.6	34
沈　阳	1048.20	20	8.6	17
长　春	896.00	24	0.2	31
哈尔滨	1101.10	18	14.4	4
福　州	952.17	22	3.0	26
海　口	265.18	35	11.3	11
南　京	1658.60	12	8.2	21
杭　州	1953.00	9	13.7	6
广　州	2865.12	6	14.3	5
济　南	1197.30	16	7.0	22
北　京	7031.00	2	0.3	30
上　海	8179.28	1	−2.1	33
天　津	3508.71	5	13.0	7
重　庆	4847.80	3	6.8	23
大　连	1016.30	21	1.5	28
青　岛	1576.60	13	1.1	29
宁　波	1767.90	11	10.9	12
深　圳	4551.03	4	6.2	24
厦　门	914.65	23	2.5	27

续表 76

城市名称	金融机构存款余额（亿元）(本外币)			
	2019 年	位次	比 2018 年（±%）	位次
长 沙	21048.45	13	13.0	3
郑 州	24461.23	11	7.7	17
太 原	13117.20	22	6.5	19
合 肥	16417.25	18	4.7	28
武 汉	28658.90	10	8.8	14
南 昌	12096.80	25	12.7	5
石家庄	15051.70	19	13.0	3
南 宁	10718.32	28	6.2	22
成 都	39828.00	6	5.3	26
西 安	23340.84	12	9.8	8
贵 阳	11979.46	26	4.9	27
昆 明	14909.26	20	9.5	11
兰 州	8875.50	30	0.7	35
乌鲁木齐	8927.50	29	5.4	25
西 宁	4020.89	34	6.2	22
呼和浩特	5918.89	31	2.0	33
银 川	4027.40	33	8.3	15
沈 阳	18869.50	15	6.3	21
长 春	12681.90	23	9.7	9
哈尔滨	12353.10	24	6.4	20
福 州	1547.91	35	10.9	6
海 口	4949.36	32	0.9	34
南 京	35536.08	8	2.9	31
杭 州	45287.00	5	13.8	2
广 州	59131.20	4	7.9	16
济 南	18646.10	16	3.1	30
北 京	171062.30	1	8.9	12
上 海	132820.27	2	9.7	9
天 津	31788.78	9	2.6	32
重 庆	39483.20	7	7.0	18
大 连	14633.60	21	4.5	29
青 岛	17876.33	17	10.9	6
宁 波	20857.81	14	8.9	12
深 圳	83942.45	3	15.7	1
厦 门	11609.60	27	5.6	24

续表 76

城市名称	住户存款（亿元）			
	2019 年	位次	比 2018 年（±%）	位次
长　沙	6600.39	17	16.0	12
郑　州	7957.04	13	11.1	26
太　原	5252.08	22	10.1	28
合　肥	4712.40	23	16.4	11
武　汉	8992.96	10	14.4	14
南　昌	3659.00	25	15.2	13
石家庄	7630.00	14	17.9	4
南　宁	3960.31	24	11.8	24
成　都	14901.00	6	13.4	20
西　安	9553.29	9	14.0	18
贵　阳	3164.12	28	11.6	25
昆　明	5355.45	21	9.6	31
兰　州	3594.48	26	10.0	29
乌鲁木齐	3171.71	27	10.5	27
西　宁	1548.93	33	7.8	33
呼和浩特	2391.64	29	10.0	29
银　川	1867.01	31	12.1	21
沈　阳	8337.60	11	14.4	14
长　春	5889.10	20	17.8	5
哈尔滨	6291.80	19	16.6	9
福　州	969.13	34	19.2	2
海　口	1839.69	32	7.6	34
南　京	8105.88	12	17.2	7
杭　州	11901.30	8	16.7	8
广　州	17980.56	3	12.0	23
济　南	6438.10	18	14.2	16
北　京	38781.76	1	19.3	1
上　海	33295.40	2	16.5	10
天　津	12639.64	7	17.6	6
重　庆	17860.40	4	12.1	21
大　连	—	—	—	—
青　岛	6755.00	16	14.2	16
宁　波	7475.47	15	13.9	19
深　圳	16010.77	5	19.0	3
厦　门	2325.25	30	8.1	32

续表 76

城市名称	金融机构贷款余额（亿元）（本外币）			
	2019 年	位次	比 2018 年（±%）	位次
长　沙	21248.71	14	15.7	4
郑　州	26476.78	11	19.5	1
太　原	14063.12	21	10.6	24
合　肥	15854.83	19	11.1	23
武　汉	32114.31	10	14.3	9
南　昌	14047.32	22	15.9	2
石家庄	11406.70	29	12.1	17
南　宁	13964.35	23	15.9	2
成　都	36464.00	7	11.7	19
西　安	22436.65	12	12.8	14
贵　阳	14141.31	20	13.1	11
昆　明	17854.43	17	9.5	26
兰　州	12272.83	26	8.9	29
乌鲁木齐	7817.82	31	11.7	19
西　宁	5347.69	34	−1.3	35
呼和浩特	8599.35	30	6.4	31
银　川	5359.54	33	6.1	32
沈　阳	16811.90	18	12.5	16
长　春	13096.40	24	13.2	10
哈尔滨	12181.80	27	10.0	25
福　州	2000.54	35	13.0	13
海　口	6220.53	32	7.9	30
南　京	33585.88	9	15.2	6
杭　州	42245.00	5	15.4	5
广　州	47103.31	4	15.0	7
济　南	18768.70	15	11.2	22
北　京	76875.60	2	9.1	27
上　海	79843.01	1	9.0	28
天　津	36141.27	8	6.0	33
重　庆	37105.02	6	14.7	8
大　连	12526.30	25	4.0	34
青　岛	18209.95	16	13.1	11
宁　波	22187.24	13	11.3	21
深　圳	59461.39	3	12.7	15
厦　门	11800.90	28	11.8	18

续表 76

城市名称	社会消费品零售总额（亿元）			
	2019 年	位次	比 2018 年（±%）	位次
长　沙	4589.40	15	10.1	4
郑　州	4671.52	14	9.5	8
太　原	1952.81	23	7.8	16
合　肥	3234.51	19	8.7	11
武　汉	7449.64	6	8.9	9
南　昌	2369.33	21	11.2	2
石家庄	3545.40	18	8.3	13
南　宁	2307.41	22	4.2	30
成　都	7478.40	5	9.9	5
西　安	—	—	6.0	25
贵　阳	1380.41	28	6.2	23
昆　明	3056.57	20	9.7	6
兰　州	1454.94	26	7.6	19
乌鲁木齐	1389.19	27	2.6	33
西　宁	592.59	30	5.0	28
呼和浩特	1646.53	25	2.7	32
银　川	—	—	6.2	23
沈　阳	4479.60	16	10.6	3
长　春	—	—	3.9	31
哈尔滨	—	—	5.6	26
福　州	5120.26	13	9.6	7
海　口	785.58	29	4.7	29
南　京	6135.74	9	5.2	27
杭　州	6215.00	8	8.8	10
广　州	9975.59	3	7.8	16
济　南	5162.20	12	8.1	14
北　京	27318.90	1	7.5	20
上　海	13497.21	2	6.5	22
天　津	5516.05	10	−0.3	35
重　庆	8667.34	4	8.7	11
大　连	—	—	1.8	34
青　岛	5234.20	11	8.1	14
宁　波	4473.70	17	7.7	18
深　圳	6582.85	7	6.7	21
厦　门	1731.85	24	12.2	1

续表 76

城市名称	实际使用外商直接投资（亿美元）			
	2019 年	位次	比 2018 年（±%）	位次
长 沙	63.74	8	10.3	17
郑 州	44.05	12	4.6	24
太 原	0.97	31	1025.8	1
合 肥	33.92	15	5.0	23
武 汉	123.09	3	12.6	13
南 昌	37.72	14	8.1	20
石家庄	16.20	22	8.8	19
南 宁	3.10	29	120.4	5
成 都	80.40	4	11.8	15
西 安	70.57	7	11.1	16
贵 阳	17.80	20	13.0	12
昆 明	6.49	26	23.3	8
兰 州	—	—	—	—
乌鲁木齐	0.07	32	180.0	2
西 宁	0.00	33	0.0	28
呼和浩特	—	—	—	—
银 川	2.00	30	177.3	3
沈 阳	16.50	21	15.3	10
长 春	3.30	27		
哈尔滨	3.30	27	0.0	28
福 州	9.40	23	12.3	14
海 口	6.72	25	164.0	4
南 京	41.01	13	6.4	22
杭 州	61.30	9	14.0	11
广 州	71.43	6	8.1	20
济 南	22.40	18	23.8	7
北 京	142.10	2	−17.9	30
上 海	190.48	1	10.1	18
天 津	47.32	11	3.0	25
重 庆	23.65	16	−27.2	31
大 连	8.70	24	−67.5	32
青 岛	58.40	10	0.7	26
宁 波	23.60	17	19.7	9
深 圳	78.09	5	0.2	27
厦 门	19.45	19	25.0	6

说明：1. 长春实际利用外资总量与往年不可比，没有增速；2. 厦门实际使用外商直接投资为 134.16 亿元，表中数据按汇率将人民币折算成美元，2018 年人民币汇率为 1 美元兑 6.8985 元人民币，增长速度按人民币统计口径计算

续表 76

城市名称	进出口总额（亿元·海关口径）			
	2019 年	位次	比 2018 年（±%）	位次
长　沙	2002.03	19	56.4	1
郑　州	4129.91	14	0.6	23
太　原	1119.56	21	3.1	20
合　肥	2221.20	18	9.5	12
武　汉	2440.20	17	13.7	8
南　昌	1061.77	24	34.8	2
石家庄	1178.80	20	28.4	3
南　宁	747.79	27	1.0	22
成　都	5822.70	9	16.9	7
西　安	3243.06	15	−1.8	28
贵　阳	286.36	30	18.8	5
昆　明	909.71	26	0.3	24
兰　州	119.41	34	−10.4	34
乌鲁木齐	512.64	28	−0.1	26
西　宁	26.38	35	−15.6	35
呼和浩特	124.30	33	6.5	17
银　川	157.60	32	−6.4	31
沈　阳	1072.80	23	9.0	13
长　春	995.80	25	−5.6	30
哈尔滨	251.50	31	19.9	4
福　州	2525.80	16	3.2	19
海　口	331.38	29	−2.9	29
南　京	4828.15	12	11.8	9
杭　州	5597.00	11	6.7	16
广　州	9995.81	4	1.9	21
济　南	1103.30	22	17.9	6
北　京	28663.50	3	5.4	18
上　海	34046.82	1	0.1	25
天　津	7346.03	6	−9.1	33
重　庆	5792.78	10	11.0	11
大　连	4352.78	13	−7.5	32
青　岛	5925.60	8	11.2	10
宁　波	9170.30	5	6.9	14
深　圳	29773.86	2	−0.6	27
厦　门	6412.89	7	6.9	14

说明：贵阳、昆明进出口总额为 41.51 亿美元和 131.85 亿美元，表中数据按汇率将美元折算成人民币，2019 年人民币汇率为 1 美元兑 6.8985 元人民币；增长速度按美元统计口径计算

续表 76

城市名称	# 出口额（亿元）			
	2019 年	位次	比 2018 年（±%）	位次
长　沙	1396.43	17	69.9	1
郑　州	2678.25	13	3.9	21
太　原	651.72	21	−1.7	26
合　肥	1392.45	18	15.7	7
武　汉	1362.30	19	7.1	16
南　昌	645.78	22	43.0	2
石家庄	655.10	20	14.6	9
南　宁	363.91	24	2.5	23
成　都	3309.80	10	20.6	5
西　安	1730.21	16	−11.6	34
贵　阳	210.06	28	21.0	4
昆　明	248.62	27	−5.7	29
兰　州	71.83	33	−4.6	28
乌鲁木齐	334.36	25	−7.5	32
西　宁	11.77	35	7.6	13
呼和浩特	63.50	34	13.6	10
银　川	104.40	31	−18.1	35
沈　阳	315.90	26	−7.7	33
长　春	148.60	29	−2.6	27
哈尔滨	119.80	30	15.7	7
福　州	1802.00	15	9.0	12
海　口	86.33	32	28.4	3
南　京	3006.85	12	20.2	6
杭　州	3613.00	7	5.7	18
广　州	5257.98	4	−6.2	31
济　南	622.50	23	5.2	20
北　京	5167.80	5	6.1	17
上　海	13720.91	2	0.4	25
天　津	3017.81	11	−5.9	30
重　庆	3712.92	6	9.4	11
大　连	1914.80	14	1.2	24
青　岛	3411.90	9	7.4	15
宁　波	5969.60	3	7.6	13
深　圳	16708.95	1	2.7	22
厦　门	3528.71	8	5.7	18

说明：贵阳、昆明出口额为 30.45 亿美元和 36.04 亿美元，表中数据按汇率将美元折算成人民币，2019 年人民币汇率为 1 美元兑 6.8985 元人民币；增长速度按美元统计口径计算

续表 76

城市名称	# 进口额（亿元）			
	2019 年	位次	比 2018 年（±%）	位次
长　沙	605.60	22	32.1	3
郑　州	1451.66	15	−5.0	29
太　原	467.84	25	10.6	17
合　肥	828.75	18	0.4	23
武　汉	1077.90	16	23.3	7
南　昌	415.99	26	23.8	6
石家庄	523.62	23	51.1	1
南　宁	383.88	27	−0.3	27
成　都	2512.90	9	12.3	16
西　安	1512.85	14	12.4	15
贵　阳	76.30	31	13.1	13
昆　明	661.08	21	2.8	22
兰　州	47.58	34	17.9	8
乌鲁木齐	178.28	29	17.4	10
西　宁	14.61	35	−28.1	35
呼和浩特	60.70	32	0.0	25
银　川	53.20	33	29.8	4
沈　阳	756.90	19	17.9	8
长　春	847.10	17	−6.1	30
哈尔滨	131.70	30	24.0	5
福　州	723.80	20	−8.9	31
海　口	245.04	28	−10.6	32
南　京	1821.30	13	0.3	24
杭　州	1984.00	12	8.5	18
广　州	4737.83	4	12.7	14
济　南	480.80	24	39.6	2
北　京	23495.70	1	5.3	21
上　海	20325.91	2	−0.1	26
天　津	4328.22	5	−11.2	33
重　庆	2079.86	11	13.8	12
大　连	2437.98	10	−13.3	34
青　岛	2513.70	8	16.9	11
宁　波	3200.60	6	5.8	20
深　圳	13064.92	3	−4.7	28
厦　门	2884.18	7	8.3	19

说明：贵阳、昆明出口额为 11.06 亿美元和 95.83 亿美元，表中数据按汇率将美元折算成人民币，2019 年人民币汇率为 1 美元兑 6.8985 元人民币；增长速度按美元统计口径计算

续表 76

城市名称	城市居民消费价格指数 (%)	
	2019 年	位次
长 沙	102.9	13
郑 州	103.1	7
太 原	102.7	18
合 肥	102.9	13
武 汉	103.2	6
南 昌	102.8	16
石家庄	102.7	18
南 宁	103.4	1
成 都	102.8	16
西 安	102.7	18
贵 阳	102.7	18
昆 明	102.3	31
兰 州	102.2	33
乌鲁木齐	102.0	35
西 宁	102.5	26
呼和浩特	102.6	24
银 川	102.2	33
沈 阳	102.4	29
长 春	102.9	13
哈尔滨	102.6	24
福 州	102.5	26
海 口	103.3	3
南 京	103.1	7
杭 州	103.1	7
广 州	103.0	10
济 南	103.3	3
北 京	102.3	31
上 海	102.5	26
天 津	102.7	18
重 庆	102.7	18
大 连	102.4	29
青 岛	103.3	3
宁 波	103.0	10
深 圳	103.4	1
厦 门	103.0	10

续表 76

城市名称	城镇居民人均可支配收入（元）			
	2019年	位次	比2018年（±%）	位次
长　沙	55211	9	8.7	7
郑　州	42087	23	7.8	21
太　原	36362	33	8.0	17
合　肥	45404	20	9.5	2
武　汉	51706	12	9.2	3
南　昌	44136	21	8.1	15
石家庄	38550	27	8.4	13
南　宁	37675	32	6.8	30
成　都	45878	19	8.9	4
西　安	41850	24	8.1	15
贵　阳	38240	28	8.9	4
昆　明	46289	17	7.7	23
兰　州	38095	30	8.8	6
乌鲁木齐	42667	22	6.4	32
西　宁	34846	34	7.4	24
呼和浩特	49397	13	6.1	34
银　川	38217	29	7.4	24
沈　阳	46786	15	6.2	33
长　春	37844	31	7.0	29
哈尔滨	40007	25	5.8	35
福　州	47920	14	7.8	21
海　口	38977	26	7.9	19
南　京	64372	6	8.5	10
杭　州	66068	3	8.0	17
广　州	65052	4	8.5	10
济　南	51913	11	7.3	26
北　京	73849	1	8.6	9
上　海	73615	2	8.2	14
天　津	46119	18	7.3	26
重　庆	28920	35	9.6	1
大　连	46468	16	6.7	31
青　岛	54484	10	7.2	28
宁　波	64886	5	7.9	19
深　圳	62522	7	8.7	7
厦　门	59018	8	8.5	10

续表 76

城市名称	农村居民人均可支配收入（元）			
	2019 年	位次	比 2018 年（±%）	位次
长 沙	32329	4	8.8	26
郑 州	23536	11	8.7	27
太 原	18377	20	9.0	24
合 肥	22462	13	10.2	6
武 汉	24776	9	9.4	15
南 昌	19498	17	9.1	22
石家庄	15853	26	9.2	20
南 宁	15047	30	10.2	6
成 都	24357	10	10.0	8
西 安	14588	31	9.8	10
贵 阳	17275	23	10.4	3
昆 明	16356	24	9.8	10
兰 州	13605	32	10.0	8
乌鲁木齐	21448	14	9.3	18
西 宁	12577	33	9.4	15
呼和浩特	18974	19	10.4	3
银 川	15282	28	7.9	31
沈 阳	18124	22	9.6	14
长 春	15455	27	8.6	28
哈尔滨	18238	21	7.7	32
福 州	21320	15	9.8	10
海 口	16116	25	8.3	30
南 京	27636	6	9.4	15
杭 州	36255	2	9.2	20
广 州	28868	5	10.9	1
济 南	19454	18	9.1	22
北 京	—	—	—	—
上 海	33195	3	9.3	18
天 津	24804	7	7.5	33
重 庆	15133	29	9.8	10
大 连	19974	16	10.3	5
青 岛	22573	12	8.4	29
宁 波	36632	1	8.9	25
深 圳	—	—	—	—
厦 门	24802	8	10.7	2

（资料来源：市统计局）

组织机构及负责人

中国共产党长沙市委员会

书　记　　胡衡华
副书记　　胡忠雄
　　　　　朱　健（2019.01 任）
常　委　　张迎春（女，2019.02 止）
　　　　　蔡亭英
　　　　　钟　钢
　　　　　夏建平
　　　　　黎春秋
　　　　　高　山（2019.08 止）
　　　　　谭小平
　　　　　张宏益
　　　　　曹友华
　　　　　廖建华（女，2019.12 任）
　　　　　舒行钢（2019.04 止）
秘书长　　夏建平（2019.07 止）
　　　　　廖建华（女，2019.12 任）
副秘书长　曹再兴（2019.09 止）
　　　　　彭治华
　　　　　谭慧慧（女）
　　　　　李建贵
　　　　　蒋洪波（兼，2019.07 止）
　　　　　刘　晖
　　　　　洪　健
　　　　（援藏，正县职 2019.07 止）
　　　　　莫小佳（兼）
　　　　　段　宁（兼，2019.07 任）

市委工作机构

市委办公厅

主　任　　廖建华（女，2019.12 任）
　　　　　曹再兴（2019.09 止）
副主任　　彭治华（2019.12 任）
市委机要局局长、市委保密办主任
　　　　　郭　逵
市纪委市监委派驻市委办公厅纪检监察组组长　吴　强
副主任　　吕发祥
　　　　　刘晓蓉（女）

市委组织部

部　长　　张宏益
常务副部长　刘　汇
副部长　　王瑜珲
副部长　　杨　俊
　　　　　易敏华
　　　　　张白云（女，兼）
市纪委市监委驻市委组织部纪检监察组组长　刘业奉
副部长　　罗玉环（女，兼）

市委宣传部

部　长　　高　山（2019.11 止）
常务副部长　赵柏林
副部长　　朱锦辉
　　　　　郭润葵
　　　　　（女，兼 2019.02 止）
　　　　　莫小佳（兼）
　　　　　李卫政
市纪委市监委驻市委宣传部纪检监察组组长　郭　峻（女）
二级调研员　刘玉龙
四级调研员　胡述斌

市委统一战线工作部

部　长　　谭小平
常务副部长　刘映群
副部长　　王国平
　　　　　饶福明
　　　　　袁义和（兼）
　　　　　丁　文
　　　　　刘佳勇
市纪委监委驻市委统战部纪检监察组
组长　　　唐宇航

市委政法委员会

书　记　　钟　刚
常务副书记　任安良
副书记　　胡亚军
　　　　　梅国栋
　　　　　周琼芝
　　　　　闵　文
市纪委市监委驻市政法委纪检监察组
组长　　　易达春
政治部主任　李丽萍
委　员　　邵云辉
　　　　　王伟峰
　　　　　曹军辉
　　　　　孙　泉
　　　　　彭杰鸿

市委政策研究室（市委改革办、市委财办）

市委政策研究室主任、市委财办主任
　　　　　段　宁（2019.08 任）
市委政策研究室主任、市委财办主任
　　　　　蒋红波（2019.08 止）
市委改革办常务副主任（正县职）
　　　　　吴德峰
班子成员、副县职干部
　　　　　熊俭贵
市委改革办专职副主任
　　　　　曾向阳
市委政策研究室副主任
　　　　　欧阳浩
　　　　　周　敏

市委网络安全和信息化委员会办公室（市互联网信息办公室）

主　任　　莫小佳
副主任　　刘艳军（女）
　　　　　周明熙

市委外事工作委员会办公室（市政府外事办公室、市政府港澳事务办公室）

主　任　　郑力虎 (2019.02 任）
副主任　　缪　画（女 ,2019.02 任）
　　　　　钟发丽（女 ,2019.02 任）
　　　　　孔亦平 (2019.02 任）
　　　　　刘新明 (2019.02 任）
　　　　　张青松 (2019.02 任）

市委机构编制委员会办公室

主　任　　彭民安
副主任　　刘智强
　　　　　周艳芳（女）
　　　　　李哲学

市委台湾工作办公室（市政府台湾事务办公室）

主　任　　袁义和
副主任　　张克清
　　　　　王劲锋（2019.04 止）
　　　　　袁湘鄂

市直属机关工作委员会

书　记　　夏建平
　　　　　（2019.01 任，2019.07 止）
　　　　　廖建华
　　　　　（女，2019.12 任）
常务副书记　易权吉
副书记　　梁　敏（女）
　　　　　胡金文
　　　　　徐克娇
委　员　　陈国胜

委员、市直纪工委书记
丁柏平
委　员　易红玉（女）
市直工会工委主任
杨　敏
委员、机关党总支书记
范建斌
委　员　龚科生

市委巡察工作领导小组办公室（巡察组）

巡察办主任　秦国良
巡察组组长　易亮伦
李卓民
刘小虎
高　杰
杜　强（2019.05 任）
胡维龙（2019.11 任）
巡察办副主任
李　茜
王友明
巡察组副组长
宋　冶
李靖浪
陈平世
黄益文
龙志忠
沈泽林
张　忠
杨志强

市委老干部局

局　长　罗玉环（女）
副局长　全晶莹（女）
邓国强
唐安石
艾明旺

市委直属事业单位

市委党校（长沙行政学院）

校（院）长　朱　健（兼）
常务副校（院）长
陈芳辉
副校（院）长　郑军武
彭友元
刘国杰
杨名兴
教育长　汤新华

长沙晚报社（集团公司）

党委书记、社长、总编辑，长沙晚报传媒集团有限公司党委书记、董事长
李鹏飞（2019.07 任）
党委副书记、副社长、副总编辑，长沙晚报传媒集团有限公司党委副书记、总经理　徐　辉（2019.07 任）
党委副书记、副社长、副总编辑，长沙晚报传媒集团有限公司党委副书记、副总经理　董小林（2019.07 任）
党委委员、副社长、副总编辑
庄居湘（女）
党委委员、副社长、副总编辑
肖和平（女）
党委委员、副社长、副总编辑
李万寅
党委委员、副社长、副总编辑，长沙晚报传媒集团有限公司党委委员、副总经理　孙德宝（2019.07 任）
党委委员、副社长、副总编辑
胡建红
长沙晚报传媒集团有限公司党委委员、纪委书记
黄　华（女，2019.07 任）
长沙晚报传媒集团有限公司党委委员、副总经理
周　艺（2019.07 任）
长沙晚报传媒集团有限公司党委委员、副总经理
刘韶林（2019.07 任）

市接待服务中心

主　任　许　凡
副主任　蒋莉冰
郑　曦

市委党史研究室

主　任　宋俊湘
副主任　蒋志飞
李　敏（女）

部门管理的部分事业单位

市档案馆

党组书记、馆长
袁健康（2019.04 任）
党组副书记、副馆长
陈艳芳（2019.04 任）
党组成员　何立根（2019.04 任）
党组成员、副馆长
金　科（2019.04 任）
马　强（2019.04 任）

刘少奇同志纪念馆（刘少奇故里管理局）

党组书记　刘　晖
党组副书记、局长
聂　勇
副局长　易锦君
黄　可
熊学爱（女）
彭明建

长沙市人民代表大会

长沙市人大常委会党组

党组书记　谢卫东（2019.12 任）
党组书记　程水泉（2019.12 止）
党组副书记　赵建强
党组成员　黄佳惠
芮英姿
罗衡宁
张智勇
袁黎明
柳美景

长沙市第十五届人大常委会

主　任　程水泉（2019.12 辞职）
副主任　赵建强（2019.12 辞职）
王国海
黄佳惠
芮英姿（女）
罗衡宁
张智勇
袁黎明
秘书长　柳美景
副秘书长　李增加
孔玉成（2019.12 任）
赵凡存（2019.12 止）
戴志敏（2019.12 止）
浣俊懿
张建华（2019.12 任）
委　员　丁志良
文卫红
石莉波（女）
叶　妙（女）
冯　斌
任安良

委　员　　刘有良（女）
刘映群（女）
许尚农
杜中塔
李丽雄（女）
李素娥（女）
陈　慧（女）
陈兴平
罗玉环（女）
易田宏
周　伟
周松波（2019.11 逝世）
周锦民
赵凡存
赵柏林
郭为波（女）
涂克平
浣俊懿
蒋华玲（女）
戴志敏（女）
于安全
黄吉邦
凡　志（2019.01 补选）
刘　汇（女，2019.01 补选）
周宏兆（2019.01 补选）

市人大各专门委员会

民族华侨外事委员会
主任委员　杜中塔（2019.12 止）
副主任委员　彭罗生
委　员　包咏鸿
李丽雄（女，兼）
陈　慧（女，兼）
刘彩云（女，兼）
洪也凡（兼）
能　静（女，兼）
黄克刚（兼）
毛冰花（女，兼）
陆家兴（兼）
阿迪力·麦麦提吐热（兼）
罗映红（兼）

监察和司法委员会（2019 年 1 月 11 日长沙市第十五届人民代表大会第四次全体会议决定将长沙市第十五届人民代表大会内务司法委员会更名为长沙市第十五届人民代表大会监察和司法委员会。原长沙市第十五届人民代表大会内务司法委员会主任委员、副主任委员、委员职务相应更名为长沙市第十五届人民代表大会监察和司法委员会主任委员、副主任委员、委员职务，其名单不再提请本次大会审议通过）
主任委员　陈兴平
副主任委员　段海波
委　员　陈　旷（2019.08 止）
王均全（兼）
任安良（兼）
李世红（兼）
李应国（兼）
张　帅（兼）
李　娜（女，兼）
屈志峰（兼）
戴道国（兼）
戴　煜（兼）

财政经济委员会
主任委员　丁志良
副主任委员　邹国兴
余　勇（2019.04 任）
喻　敏（女）（2019.04 止）
委　员　刘金文（女，兼）
刘跃华（兼）
汤朝阳（兼）
罗　跃（兼）
周锦民（兼）
黎洪武（兼）
裴小芳（女，兼）

教育科学文化卫生委员会
主任委员　涂克平
副主任委员　范金枝（女）
委　员　李素洁（女，兼）
李素娥（女，兼）
邹永新（兼）
张　艳（女，兼）
罗炜豪（兼）
赵小中（兼）
赵柏林（兼）
石壮志（兼）
朱跃华（兼）
刘德文（兼）
周　璟（女，兼）

农业与农村委员会
主任委员　易田宏
副主任委员　全裕高
副主任委员　蒋文京（女）
委　员　胡　明
田扩军（兼）
冯　斌（兼）
吕新光（兼）
郭为波（女，兼）
彭席文（兼）
朱起志（兼）
贺雪辉（女，兼）
盛　波（兼）
彭焕新（兼）

环境与资源保护委员会（2019 年 1 月 11 日长沙市第十五届人民代表大会第四次全体会议决定将长沙市第十五届人民代表大会城乡建设环境与资源保护委员会更名为长沙市第十五届人民代表大会环境与资源保护委员会。原长沙市第十五届人民代表大会城乡建设环境与资源保护委员会主任委员、副主任委员、委员职务相应更名为长沙市第十五届人民代表大会环境与资源保护委员会主任委员、副主任委员、委员职务，其名单不再提请本次大会审议通过）
主任委员　文卫红
副主任委员　张书振
副主任委员　杨建华
委　员　龙凤舞（兼）
许尚农（兼）
李志兵（兼）
李国军（兼）
高兵良（兼）
陈　铭（兼）
肖泽锦（兼）
周　杨（兼）
聂志强（兼）

法制委员会
主任委员　周　伟
副主任委员　尹忠东
高晓宇（女，2019.12 任）
委　员　文志纯（兼）
叶　妙（女，兼）
刘有良（女，兼）
李建国（兼）
李群素（女，兼）
贺湘林（兼）
邓文胜（兼）
兰立波（兼）

委 员 刘筱泉（女，兼）
杨 玻（兼）

社会建设委员会（2019年1月11日长沙市第十五届人民代表大会第四次全体会议决定设立）
主任委员 黄吉邦（2019.01任）
副主任委员 朱丽华（女）（2019.04任）
委 员 周宏兆（兼）
徐 煦（兼）
常应祥（兼）
陈石红（兼）
喻 辉（兼）
陈 帅（兼）
杨 凡（兼）
石莉波（女，兼）
梁 军（兼）
罗丽芬（女，兼）

市人大常委会工作机构

办公厅
主 任 柳美景
副主任 李增加
罗小确
陈 旷（女，2019.08任）

研究室
主 任 于安全
副主任 文 明
陈日冬

选举任免联络工作委员会
主 任 戴志敏（2019.12任）
周松波
（2019.11逝世）
副主任 张建华（2019.12止）
彭金城

法制工作委员会（2019年12月26日长沙市第十五届人民代表大会常务委员会第二十八次会议决定：长沙市人民代表大会常务委员会法规工作委员会更名为长沙市人民代表大会常务委员会法制工作委员会）
主 任 周 伟（兼）
副主任 尹忠东（兼）
高晓宇（女，兼）
（2019.12月任）

信访办公室
主 任 蒋华玲
副主任 任伟洪

预算工作委员会（与市人大财政经济委员会合署办公）
主 任 黄吉邦（2019.04止）
副主任 朱丽华（2019.04止）

长沙市人民政府

市 长 胡忠雄
常务副市长 舒行钢（2019.04止）
夏建平（2019.06任）
副市长 唐向阳
李 蔚
刘明理
邱继兴
廖建华（女，2019.12止）
谭 勇（2019.10任）
秘书长 张能峰
副秘书长 蒋集政
卢兴映
涂文清
康小平（2019.01止）
杨小林
王体泽
厉江华
戴建文
喻志军（兼，2019.05止）
肖思源
张跃先
黄军其（兼，2019.05任）

市人民政府办公厅
党组书记 张能峰
党组副书记、主任
蒋集政
市纪委市监委驻市政府办公厅纪检监察组组长 文振中
副主任 陶 琼
丁财喜
谭 海

市发展和改革委员会
党委书记、主任
夏文斌
党委副书记、副主任，市两型社会建设服务中心党组书记、主任（兼）
熊景业（2019.03任）
党委委员、副主任
周东义（2019.01任）
卞佑明（2019.01任）
胡圣国
王启玮
党委委员 郝玉仑（2019.01任）
市纪委市监委驻市发展改革委纪检监察组组长、市发展改革委党委委员
宋志元
党委委员、工会主席
张国华
党委委员、副主任
杨建强
易 鹰（2019.01任）
陈建华
雷光裕
龙 文（2019.01任）
肖 波
党委委员、副主任（挂职）
刘 震

市教育局
党委书记、局长
卢鸿鸣
党委副书记、副局长
孙传贵
党委委员、副局长
邓 芸（女）
缪雅琴（女）
党委委员、长沙教育工会主席
陈仕强
党委委员、机关党委书记
胡慎信（2019.05止）
副局长 杨庆江
党委委员、主任督学
周 灿（女）
市纪委市监委驻市教育局纪检监察组组长、党委委员
谢小红（女，2019.03任）

市科学技术局
党组书记、局长
郭 塨（2019.01任）
党组成员、副局长
宋新和
张 凯

党组成员、副局长
周一平
党组成员、总工程师
盛湘饶
副局长 陶 红
党组成员 杨 婵（2019.01任）

市工业和信息化局

党组书记、局长
康小平（2019.01任）
党组副书记、副局长
周双恺
（2019.01任党组成员、副局长，2019.04任副书记）
党组成员、副局长
吴宏亮（2019.01任）
党组成员 欧卫兵（2019.01任）
党组成员、总经济师
熊祥林（2019.01任）
市纪委市监委驻市工信局纪检监察组组长、党组成员
廖 岚（2019.01任）
党组成员、副局长
陈海波（2019.04任）
副局长 张 芬（女，2019.11任）

市民族宗教事务局

党组书记、局长
罗 伟
党组成员、副局长
彭晓军
何水军（2019.03任）
王自书
党组成员 刘立新
党组成员、副局长
张晓鸣

市公安局

党委书记、局长、督察长
唐向阳
党委副书记、常务副局长
车丽华
党委副书记、副局长
何正良
党委委员、副局长
李湘江（女）
欧益科
党委委员、副局长
徐波跃
韦树恒
党委委员、政治部主任、特巡警支队政委
陈定佳
（2019.04任特巡警支队政委）
市纪委市监委驻局纪检监察组组长、党委委员、第一副督察长
孔蓉晖
省公安厅特勤局党委委员、长沙市公安局党委委员
周湘亚（兼，2019.01任）
调研员 李进良
副调研员 甘再龙
副调研员 周子林

市民政局

党委书记、局长
陈昌佳
党委副书记、副局长
伍仁华
党委委员、副局长
贵志平
（2019.05任调研员）
范凤芝（女）
党委委员、工会工委主任
张龙洋
市纪委市监委驻市民政局纪检监察组组长、党委委员 奉蓓蕾（女）
党委委员、副局长
何 飞
周义中（2019.07任）

市司法局

党委书记、局长
尹小英（女）
党委副书记、副局长
杨建辉（2019.09任）
骆正平（2019.01止）
副局长 贝先明
党委委员、政治部主任
彭文学
党委委员、副局长
孙美秀（女）
张 智（女，2019.01任）
荀飞正
喻中文（2019.11止）
陈 涛
（2019.01任，2019.04止）
市纪委市监委驻局纪检监察组组长、党委委员 钟 楠

市财政局

党组书记、局长
肖正波
市纪委市监委驻市财政局纪检组长、党组成员 师大学
党组成员、副局长
熊清溪
张学峰
党组成员、工会主席
唐元立
党组成员、副局长
李玮玮
李 孟

市人力资源和社会保障局

党委书记、局长
张白云（女）
党委委员、副局长
钟建辉（女）
陈英庶
副局长 周柏清
党委委员、副局长
戴崇华（女）
党委委员 鲁爱民
党委委员、副局长
李德清
党委委员、总会计师
肖建国
党委委员、副局长
谭明江
市纪委市监委驻局纪检监察组组长、党委委员 卢勇辉
党委委员、副局长
邓 勇

市自然资源和规划局

党组副书记、局长
冯意刚（2019.01任）
党组书记 陈晓阳（2019.01任）
党组成员、副局长
张 斌（2019.01任）
程展鹏（2019.01任）
王慧芳（女，2019.01任）

党组成员、副局长
罗国良（2019.01 任）
舒桂秋
（2019.01 任，2019.04 止）
刘国梁（2019.01 任）
段 宁
（2019.01 任，2019.07 止）
总规划师 解 成（2019.01 任）
党组成员 曾发祥（2019.01 任）
黎小宇（女，2019.01 任）
市纪委市监委驻局纪检监察组组长、党组成员 苏启丰（2019.01 任）

市生态环境局（2019.11 协助省生态环境厅管理）

党组书记、局长
潘胜强（2019.01 任）
党组副书记、副局长
李中秋（2019.01 任）
党组成员、工会主席兼局机关党委书记
邓 峰（2019.01 任）
市纪委市监委驻局纪检监察组组长、党组成员 向建州（2019.01 任）
党组成员、副局长
赵玲芳（女，2019.01 任）
刘英杰（女，2019.01 任）

市住房和城乡建设局

党组书记、局长
王伟胜（2019.01 任）
党组副书记、副局长
袁国棋（2019.01 任）
党组成员 冯先强（2019.01 任）
党组成员、副局长
胡汉清（2019.01 任）
市纪委市监委驻局纪检监察组组长、党组成员
贾保全（2019.01 任）
党组成员、副局长
赵志宏（2019.01 任）
陈杰刚（2019.01 任）
杜湘晖（2019.01 任）

市交通运输局

党委书记、局长
胡岳龙
党委副书记、副局长，改任市交通运输局调研员（2019.03 任）
罗齐宏
党委委员、副局长
李 宏
欧 璟（女）
杨忠文
陈 湘
党委委员、工会工委主任
李柯宁
党委委员 程 林
市纪委市监委驻市交通运输局纪检监察组组长、党委委员
王本楼
总工程师 王 磊
副局长 张 军（兼，2019.05 任）

市水利局

党组书记、局长
曹 彪
党组副书记、副局长
孙 沅
党组成员、副局长
袁自力
党组成员 欧阳广才
党组成员、总工程师
王力新
市纪委市监委驻市水利局纪检监察组组长、党组成员 熊 力
党组成员、副局长
喻小丽（女）
党组成员、工会工委主任
肖索夫
党组成员、副局长
王佳良
张水平

市农业农村局

党组书记、局长
吴石平
党组副书记、副局长
李雪龙（2019.03 止）
党组成员、副局长
尹莉亚（女）
毛 晓
市纪委市监委驻市农业农村局纪检监察组组长、党组成员
黄威重
党组成员、总农艺师
廖命忠
党组成员、副局长
黄志强
副局长 陈 锦
党组成员、副局长
刘 军
党组成员 邓西京
市委农办副主任
周兴发

市商务局

党委书记、局长
高 伟
党委副书记、副局长
陈再坤
副局长 毕丽颖（女，2019.04 止）
党委委员、副局长
毛鹏程
汪东华
市纪委市监委驻市商务局纪检监察组组长、党委委员 孙兴红
党委委员、副局长
黄立斌
党委委员、工会工委主任
张德春
党委委员 刘利华
党委委员、副局长
孙春华

市文化旅游广电局

党组副书记、局长
杨长江（2019.01 任）
党组书记 李文格（2019.01 任）
党组副书记、副局长
彭 勇（2019.01 任）
党组成员、副局长
曾卫军（2019.01 任）
黎 政（2019.01 任）
谭 旭（2019.09 任）
党组成员 郭学稳（2019.01 任）
党组成员、副局长
廖双寅（2019.01 任）
党组成员、市文化市场综合行政执法局局长 吴 洪
（2019.01 任副局长，2019.09 副局长止，任文化执法局局长）
党组成员 隆建光（2019.01 任）

党组成员　　贺平生（2019.01任）
党组成员、副局长
　　李小军（2019.01任）
　　余　岚（女，2019.01任）
市纪委市监委驻局纪检监察组组长、党组成员　　杨倩之（女，2019.01任）
党组成员、副局长
　　岳　锋（2019.01任）
党组成员　　曹　凛（2019.01任）

市卫生健康委员会
党组书记、主任
　　周　敏（女，2019.01任）
党组副书记、副主任
　　王新良（2019.01任）
党组成员、副主任
　　吴敏泉（2019.01任）
党组成员、市计划生育协会常务副会长　　胡　平（2019.01任）
党组成员、副主任
　　刘明章（2019.04止）
　　邓云其（2019.01任）
副主任　　欧志明（2019.01任）
党组成员、副主任
　　袁　湘（女，2019.01任）
　　厉卫东（2019.01任）
副主任　　刘傲扬
　　（女，2019.01任，2019.03止）
党组成员、副主任
　　李淑环（女，2019.01任）
　　刘　伟（2019.01任）
市纪委市监委驻市卫生健康委员会纪检监察组组长、党组成员
　　易立民（2019.01任）

市审计局
党组书记　　李伟群
局　长　　陈剑文
党组成员、总审计师
　　关士麟
党组成员、工会主席
　　钟宏杰
党组成员、副局长
　　曹　旨
　　肖　汉

市退役军人事务局
党组书记、局长
　　荣爱华(2019.01任)
党组成员、副局长
　　伍玉明(2019.01任)
　　杨为锦(2019.01任)
　　詹萍萍（女，2019.11任）

市应急管理局
局长、副书记
　　胡春山（2019.01任）
党组书记　　骆正平（2019.01任）
党组成员、副局长
　　钟才发（2019.01任）
　　李建勋（2019.01任）
　　李志兵（2019.12止）
　　刘金泽（2019.01任）
　　段建军（2019.01任）
　　喻志珊（2019.01任）
党组成员　　郭朋芳（2019.01任）
党组成员、副局长
　　唐五一（2019.01任）

市国有资产监督管理委员会
党委书记、主任
　　王雄文
党委副书记、副主任
　　陈　军
总经济师　　唐鉴明
党委委员、工会工委主任
　　钱　军
党委委员、副主任
　　杨能武
市纪委市监委驻市国资委纪检监察组组长、党委委员　　石素军（2019.08任）
党委委员、副主任
　　刘新春

市林业局
党组书记、局长
　　唐曙光
党组副书记、副局长
　　李　伟（2019.01任）
党组成员、副局长
　　谭景长
党组成员、总工程师
　　恭映璧
党组成员　　缪赐立（2019.01任）
党组成员　　陶晓明
　　谢欣荣
党组成员、副局长
　　周　浩
党组成员、副局长
　　张红民（挂职龙山县）

市市场监督管理局
党组书记　　陈　旭（2019.01任）
局　长　　张庆和（2019.01任）
党组副书记、副局长
　　比干则勇（2019.01任）
　　潘　虹（2019.01任）
党组成员、副局长
　　李有富（2019.01任）
　　谢　辉（女，2019.01任）
　　陈明南（2019.01任）
　　钟　卫（2019.01任）
市纪委市监委驻市市场监督管理局纪检监察组组长、党组成员
　　陈智恺（2019.01任）
党组成员、副局长
　　彭　进（女，2019.01任）
　　肖志杰（2019.01任）
　　金　雷（2019.01任）
　　罗　昶（2019.01任）
　　张　炼（2019.01任）
　　耿良安（2019.01任）
党组成员　　曾秋初（2019.01任）
党组成员、总工程师
　　龚　军（2019.01任）
党组成员、副局长
　　肖　磊（2019.01任）
　　宋小军（2019.01任）

市体育局
党委书记　　易　冒（2019.01任）
局　长　　李　平
党委书记　　李文格（2019.01止）
党委委员、副局长
　　杨亿明
党委委员、工会主席
　　钟国林
党委委员、副局长
　　李德安
党委委员、机关党委书记
　　黄太焱
党委委员、副局长
　　覃事平

市统计局
党组书记、局长
　　肖正波（2019.06止）
党组书记　　缪晨光（2019.07任）

局　长　　汤建尧

(2019.07 提名局长人选 ,2019.08 任）

党组成员、副局长

张罗先

韦　薇（女）

党组成员　赵安明

党组成员、总统计师

胡建中

党组成员、副局长

曹敬波

市城市管理和综合执法局

党组书记、局长

邓鹏宇（2019.01 任）

党组副书记、副局长

赵建军（2019.01 任）

党组成员、副局长

黄　哲（2019.01 任）

胡　刚（2019.01 任）

党组成员　庄湘衡（2019.01 任）

赵会华（2019.01 任）

党组成员、副局长

张明亮（女，2019.01 任）

市纪委监委驻局纪检监察组组长、党组成员　罗晓群（女，2019.01 任）

党组成员、副局长

袁海燕（女，2019.01 任）

市机关事务管理局

党委书记、局长

张　权

党委委员、副局长

黄　灿

党委委员、工会主席

何见明

党委委员、副局长

夏寿利

陈　亮

市政府研究室

党组书记、主任　王德志

党组成员　李守红

党组成员、副主任

彭文滋

马　琤

蒋志国

市金融工作办公室

党组书记、主任

李晓斌

党组成员　李建武

党组成员、副主任

段永松

易　红（女）

白　晓（2019.07 任）

市人民防空办公室

党组书记、主任

王世平（2019.01 止）

李志坚（2019.01 任）

党组成员　谭园春

罗　峰

党组成员、副主任

王业平

党组成员　汤立新

党组成员、副主任

周吉民（2019.03 止）

张良欣

副主任　凡　志（兼，2019.12 任）

市信访局

党组书记、局长

喻志军（2019.06 止）

黄军其（2019.06 任）

党组成员、副局长

肖金平

刘加利

梁琼生

陈　艳（女）

肖　劲（兼）

杨运雄

杨大公

市医疗保障局

党组书记、局长

谭　果（2019.01 任）

党组成员、副局长

谭志国（2019.01 任）

魏　敏（女，2019.01 任）

喻其林（2019.09 任）

易学思（2019.11 任）

市知识产权局

党组书记、局长

孙　进

党组成员、副局长

张　立

徐拥军

黄向红

市行政审批服务局

党组书记、局长

魏华松

党组成员、副局长

黄文彬

李祥龙

陈　波 (2019.04 任）

马绍铁（2019.11 任）

市数据资源管理局

党组书记、局长

张　武（2019.01 任）

党组成员、副局长

易石军（2019.07 任）

周娟平（女，2019.07 任）

市人民政府物流与口岸办公室

党组书记、主任

杨　莉（女，2019.01 任）

党组成员、副主任

吴照舒（2019.01 任）

张中文（2019.07 任）

市城市人居环境局

党组书记、局长

周　飞（2019.01 任）

党组成员、副局长

黄家兴（2019.01 任）

胡智慧（2019.03 任）

李昌贵（2019.01 任）

党组成员　庄大林（2019.01 任）

党组成员、副局长

潘　宏（2019.01 任）

党组成员　苏自立（2019.01 任）

党组成员、副局长

卢　军（2019.01 任）

市政府直属事业单位

市公共工程建设中心

党组书记、主任

席超波（2019.04 任）

党组副书记、副主任

李　航（2019.04 任）

党组成员、副主任

马泽谦（2019.04 任）

刘和平（2019.04 任）

党组成员、总工程师

刘学武（2019.04 任）

党组成员、副主任
熊翠玲（女，2019.04 任）

市地方志编纂室
党组书记、主任
王习加
党组成员、副主任
姚　兰（女）
张列群（女）
贺国成
肖清平

市供销合作总社
党委书记、理事会主任
杜　强（2019.05 止）
余学辉（2019.05 任）
党委副书记、理事会副主任
陈谷良
党委委员、理事会副主任
谢乐兵（2019.01 退休）
党委委员、监事会主任
伍春强
党委委员、理事会副主任
文朝阳
党委委员　孙玉楼
党委委员、理事会副主任
杨　立（女）

长沙公共资源交易中心
党组书记　戴中平
主　任　黄　锋
党组成员、副主任
周集中
张福新

市广播电视台
党委书记、台长、总编辑；集团公司党委书记、董事长
曾　雄（2019.07 任）
党委副书记、副台长、副总编辑；集团公司党委副书记、总经理
潘开政（2019.07 任）
党委副书记、集团公司党委副书记
杨先成
党委委员、副台长、副总编辑
刘运喜
周国强
党委委员、副台长、副总编辑；集团公司党委委员、副总经理
于　海（2019.07 任）
党委委员　胡蓉华
吴文广
集团公司党委委员、纪委书记
吴源清（2019.07 任）
集团公司党委委员、副总经理
彭　宇（2019.07 任）
余　江（2019.07 任）

长沙住房公积金管理中心
党组书记、主任
彭欢首
党组成员、副主任
高北平
马保华
党组成员、总会计师
周子荣
党组成员、副主任
申志勇
党组成员　朱发军

市优化营商环境协调事务中心
党组书记、主任
刘莉霞（女）
党组成员、副主任
谭正林
彭维强

市人民政府驻北京联络处
党组书记、主任
雷曙超
党组副书记、副主任
刘加强
党组成员、副主任
肖　劲
党组成员、四级调研员
丁　艳（女）

部门管理的部分事业单位

市公路建设养护中心
党委书记、主任
浣灿勇（2019.04 任）
党委委员、副主任
李志丰
（2019.04 任，2019.07 止）
党委委员　刘利民（2019.04 任）
黎　明（2019.04 任）
党委委员、副主任
彭跃能（2019.04 任）
万　军（2019.04 任）

市水运事务中心
党委书记、主任
张科正（2019.04 任）
党委委员、副主任
文博徽（2019.04 任）
党委委员　胡晓东（2019.04 任）
柳英平（2019.04 任）
党委委员、副主任
胡　宇（2019.04 任）

长沙高铁新城管理委员会
党工委书记（兼）
沈裕谋
党工委副书记、主任
唐建新
党工委副书记（挂职）
邹　刚
副主任　姚　军
郭　勇
宋尊德

市人民政府驻深圳办事处
主　任　齐　益
副主任　何立成
李　琼（女）

市会展工作管理办公室
党组书记、主任
陈树中
党组成员　彭有求
党组成员、副主任
张熙坤
罗庆龙

市湘江综合枢纽工程办公室
党委书记、主任
丑金科
党委委员、副主任
杨文华（2019.09 任）
吴君主（2019.11 任）

市人民政府驻上海联络处
主　任　苏　准
副主任　张　莺（女）

垂直管理单位

国家税务总局长沙市税务局

党委书记、局长
　　文延风
党委副书记、副局长
　　陈友谊
党委委员、副局长
　　刘　进
　　邹　志
　　谭元奎
　　袁　斌
　　钱秀芳
　　陶佼如
　　梁　建
　　黄书惕
　　刘国锋
　　钟奇伟
党委委员、纪检组组长
　　蒋亚平
党委委员、总经济师
　　李伯成
党委委员、总会计师
　　潘　斌
　　沈　俊

市邮政管理局

党组书记、局长
　　张　军
党组成员、副局长、纪检组组长
　　赵红卫

市烟草专卖局（市烟草公司）

党组书记、局长、经理
　　吴奇林
党组成员、副局长
　　罗稳刚
党组成员、副经理
　　何命军
党组成员、纪检组组长
　　吴　波
党组成员、副经理
　　刘　智（女）
总会计师　　罗　晖（2019.03 任）

星沙海关

党委书记、关长
　　曹传清
纪检组组长　汤　浩
副关长　　梅　青
　　周　波

市气象局

党组书记 、局长
　　戴科良
党组成员 、副局长
　　匡方毅
党组成员 、纪检组长
　　周建坤
党组成员 、副局长
　　李仁鹏

市水文局

党组书记、局长
　　张海如
党组成员、副局长、总工程师
　　易瑾瑜
党组成员、副局长
　　李京伟
党组成员、纪检组组长、工会主席
　　曾　专
党组成员、副局长
　　付　军
副调研员　　刘玉辉

国家统计局长沙调查队

党组书记、队长
　　张般海
党组成员、纪检组组长
　　聂根深
党组成员、副队长
　　何秋萍（女，2019.03 止）
　　廖晓明
副队长　　袁忠文

国网长沙供电公司

总经理、党委副书记
　　李艺波
党委书记、副总经理
　　孟　军
党委副书记、副总经理
　　刘朝阳
党委委员、副总经理
　　姚震宇
党委委员、副总经理、工会主席
　　周弘明
党委委员、纪委书记
　　王　颖
总工程师　　邓　铭
党委委员、星电集团董事长、党委书记
　　周卓敏

党委委员、总会计师
　　陈　翔
党委委员、副总经理
　　李　卫

中国邮政集团公司长沙市分公司

党委书记、总经理
　　刘伟光
副总经理、工会主席
　　刘　为
纪委书记、副总经理
　　周　斌
副总经理　　黄　冰
　　古建明

中国电信股份有限公司长沙分公司

党委书记、总经理
　　江乘东
副总经理　　王金华
　　姜向梅（女）
纪委书记　　蒋勤俭
副总经理　　秦永俊
　　韩　磊
总经理助理　刘勇攀

中国移动通信集团湖南有限公司长沙分公司

党委书记、总经理
　　李　波
副总经理　　曾卫华（2019.09 任）
纪委书记　　李安英（女，2019.09 任）
副总经理　　王有才
　　张晓滨
　　余　光（2019.03 止）
　　胡震宇
　　（2019.03 任，2019.09 止）

中国联合网络通信有限公司长沙市分公司

党委书记、总经理
　　伍文亮
党委副书记　王　燕（女）
党委委员、湖南联通纪委驻长沙市分公司
纪检组组长　周亚鹏
党委委员、副总经理
　　张量伟
　　袁　来
　　李　辉（女，2019.04 止）
　　陈　立（2019.11 止）
　　王新绩（2019.11 任）

中国石化湖南长沙石油分公司

经理、党委副书记
朱建红
党委书记、纪委书记、副经理
潘振芳
副经理 毛远弟
姜 航
闵 冰（女，2019.05 止）
苏金晟（2019.06 任）

中国石油湖南长沙销售分公司

党委书记、总经理
陈 赛
党委副书记、纪委书记、工会主席
李枝德
副总经理 石 磊
杨新梅
肖 博

中央储备粮宁乡直属库有限公司

党委书记、总经理
许 飞
纪委书记 祝 勋
副总经理 杨文风
邓小辉（女）

中央储备粮长沙直属库有限公司

党委书记、总经理
欧阳支援
纪委书记 欧阳辉
副总经理 陈 强
刘文洁（女）
王 波

中国人民政治协商会议长沙市委员会

政协长沙市第十二届委员会

主 席 文树勋
副主席 石长松
龚振湘
段安娜（女）
彭继球
袁志恒
邓自力
文丽霞（女）
朱建军
李 平（女）
秘书长 谭 志
副秘书长 张业军
王文华
汤建尧（兼）
张庆和（兼）
常 委（按姓氏笔画排列）
丁 文（女）
马 庆
马运山
文丽霞（女）
文树勋
王文华
王永宏
王国平
王剑平
王清华（女）
邓文莉（女）
邓自力
石长松
刘 丽（女）
刘 磊（女）
刘丹军
刘华富
刘良春
刘慧扬（女）
匡涛涛（女）
孙中民
朱世平
朱建军
汤建尧
何金松
吴石平
吴安定
张业军
张庆和
张晓琴（女）
张铁光
张蔚秋（女）
李 平（女）
李卫政
李天赐
李兰宏
李光焰
李德胜
杨先志
杨庆江
杨余飞
陈 忞
陈昉青
陈昌佳
陈剑文（女）
周 敏（女）
常 委（按姓氏笔画排列）
周至仁（女）
国 晖
易 冒
易 静（女）
易介兵
易权吉
易敏华
臬 燕（女）
欧阳侨（女）
段安娜（女）
祝珍明
贺志勇
赵雪峰
钟小珍（女）
唐日清
唐志浩
夏放群
徐勇斌（女）
徐美辉（女）
袁志恒
郭昊巍（女）
陶 红（女）
高清福
曹孟良
梁 粮
黄 锋
黄晓丹
黄逸强
龚振湘
喻 辉
彭继球
曾 理（女、侨联界）
曾常清
蒋 林
蒋言斌
蒋铁祥
谢丽华（女）
释圣辉
释坚愿（女）
鲁劲松
熊冬华
谭 志

政协各专门委员会工作部门

办公厅

主 任 谭 志
副主任 王文娟（女）
黄 起

提案委员会：

主 任　高清福

副主任　钟志明

易 健

王习加（兼）

朱 江（女，兼）

许团生（兼）

易 静（女，兼）

周艳芳（女，兼）

钟阿丽（女，兼）

段军如（兼）

郭旻嶷（女，兼）

彭欢首（兼）

彭治华（兼）

蒋集政（兼）

经济科技委员会

主 任　王清华（女）

副主任　金晓辉

刘丹军（兼）

刘裕纯（兼）

刘 婧（女，兼）

李天赐（兼）

李范坤（兼）

李建龙（兼）

吴金生（兼）

张明刚（兼）

张铁光（兼）

陈 黎（兼）

夏利锋（兼）

莫一平（兼）

曾常清（兼）

文教卫体和文史委员会

主 任　陈 忞

副主任　谢雯晟

杨庆江（兼）

迟美桦（女，兼）

易石平（兼）

彭丽君（女，兼）

谭 旭（兼）

法制群团和民族宗教委员会

主 任　梁 粮

副主任　袁治伟

王自书（兼）

邓文莉（女，兼）

匡涛涛（女，兼）

李 坤（兼）

副主任　李湘江（兼）

陈昌佳（兼）

陈剑文（女，兼）

郑 军（兼）

钟小珍（女，兼）

骆正平（兼）

祝允明（兼）

赵雪峰（兼）

委员学习联络委员会（港澳台侨和外事委员会）

主 任　谢丽华（女）

副主任　易 红（女）

刘 斌（兼）

张晓琴（女，兼）

陈再坤（兼）

陈昉青（兼）

宋俊湘（兼）

易 冒（兼）

枭 燕（女，兼）

袁义和（兼）

曾 昕（兼）

缪 画（女，兼）

蔡跃武（兼）

农业和农村委员会

主 任　郑耀频

副主任　黄耀仪

（女，2019 年 10 月任）

人口资源环境委员会

主 任　朱世平

副主任　舒干峰

乔伟玲（女，兼）

李中秋（兼）

李 军（兼）

何 玄（女，兼）

陈晓阳（兼）

赵建军（兼）

胡世梯（兼）

胡再明（兼）

贺志勇（兼）

袁国棋（兼）

谢军能（兼）

窦祝平（兼）

研究室

主 任　李德胜

副主任　郑志华

湖南湘江新区

市委副书记、市长，湖南湘江新区党工委书记　胡忠雄

市委常委，湖南湘江新区党工委副书记、管委会主任

张迎春（女，2019.02 止）

党工委委员、管委会副主任

罗社辉

刘中杰

凌勤杰

管委会二级巡视员

戴中亚

中共长沙市纪律检查委员会
长沙市监察委员会

省纪委常委，市委常委、市纪委书记、市监委主任

蔡亭英

市纪委常务副书记、市监委副主任

邱俊杰

市纪委副书记、市监委副主任

刘金文

熊冬华

市纪委常委、市监委委员

陈建新

邓和平

肖波静

市纪委常委　瞿 浩

市监委委员　丁晓波

胡飞虎

长沙市中级人民法院

党组书记、院长

肖新平

党组成员、副院长

黎 军

邹剑钧

周芳乐

副院长　邓文莉

党组成员、工会主席

刘显杰

党组成员、副院长、长沙知识产权法庭庭长　范登峰

市纪委市监委驻市中院纪检监察组组长、党组成员　陈立民

党组成员、政治部主任
贺旭琼

长沙市人民检察院

长沙市人民检察院

党组书记、检察长
王勋爵
党组副书记、副检察长
姚湘中
李宗戈
副检察长　祝珍明
党组成员、机关党委书记、工会主席
薛乐基
党组成员、星城地区人民检察院检察长
盛　磊
党组成员、副检察长
周亚红（女）
张青春（挂职）
宋宽馀（2019.01 任）
市纪委市监委驻市检察院纪检监察组组长、党组成员　李　勇
党组成员、政治部主任
石　华

开发区

长沙高新技术产业开发区

党工委书记 周庆年
党工委副书记、管委会主任
谭　勇（2019.11 止）
党工委副书记
陈志红
党工委委员、管委会副主任
陈大庆
党工委委员、总工会主席
杨金林
党工委委员、人大政协联络办主任
江从平
党工委委员（挂）
李平波
党工委委员、纪工委书记
彭欣荣
党工委委员、管委会副主任
崔　晓（女）
帅　军（2019.03 任）
党工委委员（挂）
尹汉锋（2019.06 止）
管委会副主任（挂）、长沙市公安局高新区分局局长、督察长
漆曙光

长沙经济技术开发区

党工委书记　曾超群（2019.01 止）
沈裕谋（2019.03 任）
党工委副书记、管委会主任
张庆红
党工委副书记
贺代贵
党工委委员、纪工委书记
周志远
党工委委员、副主任
常利民
袁　钊
张湘鸿
肖　靖（2019.06 止）

宁乡经济技术开发区

党工委书记、宁乡市委书记
周　辉
党工委副书记、管委会主任
张　毅（2019.02 任）
党工委副书记
黄　瑶
党工委委员、管委会副主任
刘　辉
党工委委员、纪工委书记
刘颖鹏（2019.07 止）
洪　健（2019.07 任）
管委会副主任
黄　梁
党工委委员　吴　宏
（挂职，2019.06 止）

浏阳经济技术开发区

党工委第一书记
黎春秋（兼）
党工委书记　郭力夫
党工委副书记、主任
谈文昌
党工委副书记、副主任
寻院豪
党工委委员、副主任
何六生
党工委委员　胡汉圣
党工委委员、副主任
罗其胜
伍建明
党工委委员、纪工委书记
肖赛男（女）
党工委委员、副主任
喻　辉（挂职）

望城经济技术开发区

党工委书记　周　剀
党工委副书记、管委会主任、兼铜官园
党工委书记　郑以仁
党工委委员　李小平
党工委委员、管委会副主任
佘浩宇
党工委委员、纪工委书记
谭利辉
党工委委员、管委会副主任
姚罗光
肖　逸
调研员　李新宇

黄花综合保税区

县委常委、党工委书记、管委会主任
王国良
党工委委员、管委会副主任
孟立祥
办公室（政策法规研究室）主任
郑旭辉（2019.11 任）
规划建设局副局长（主持工作）
江　澄
投资促进局局长
陈　洁（女）
企业服务局局长
任永胜
口岸事务局局长
向　春
纪工委副书记
刘京昌
办公室（政策法规研究室）副主任（主持工作）　唐建辉（女，2019.11 止）

隆平高科技园

党工委书记、芙蓉区委副书记（挂职）
卓精华
党工委副书记、管委会主任
缪晨光（2019.08 止）

党工委副书记、管委会主任
易新宇（2019.09 任）
党工委委员、管委会副主任
罗 辉
党工委委员、纪工委书记
刘 彪（2019.03 任）
党工委委员、管委会副主任
曾 敏（2019.03 任）
副县级干部、工会联合会主席
阳林艳

天心经济开发区

党工委书记 吴 江 （2019.11 任）
天心区委常委（挂职）、天心经开区管委会（新）筹建委员会主任（2019.11 止），天心经开区党工委副书记、管委会主任（2019.11 任）
贺国权
天心经开区管委会（新）筹建委员会成员 侯烛天（2019.11 止）
天心经开区管委会（新）筹建委员会成员（2019.11 止），天心经开区党工委委员、管委会副主任（2019.11 任）
刘正文

长沙金霞经济开发区

区委常委、党工委书记
李国军
管委会主任 康镇麟
党工委副书记、管委会副主任
刘熙宇
曾 理
党工委委员、纪工委书记
荣爱华（2019.01 止）
党工委委员（兼）、青竹湖生态（科技）产业园党工委书记
吴正豪
管委会副主任
杨 智
党工委委员（兼）、青竹湖生态（科技）产业园党工委副书记、管委会主任 、开福高新区党工委（筹）书记
宋奇志
党工委委员（兼）、金霞保税物流中心党工委书记 裴文欢
党工委委员（兼）、金霞保税物流中心党工委副书记、管委会主任
侯凌新
党工委委员（兼）、开福高新区管委会（筹）主任 樊 伟
党工委委员、纪工委副书记
胡仕勇
党工委委员、招商合作局局长
张中文（2019.09 止）

长沙雨花经济开发区

区委常委、党工委书记
郭四军
党工委副书记、管委会主任
曾红鹰（女）
党工委委员、管委会副主任
李剑刚
邓 波
党工委委员、工会联合会主席、企业党委书记 傅建辉
党工委委员、纪工委书记
姜泽红
党工委委员、纪检监察室主任
李逾之

浏阳高新区

党工委书记，浏阳经开区党工委委员、管委会副主任（挂），永安镇党委第一书记（兼） 喻 辉
党工委副书记、管委会副主任
赵志武
党工委委员、副书记（挂）
陈训武
党工委委员、工会联合会主席
蒯正红（女）
党工委委员、管委会副主任
张 露（女）
党工委委员、纪工委书记
黄才胜
党工委委员（挂）、企业党委委员、专职副书记
宋 孟

岳麓高新区

党工委书记 屈志峰
党工委副书记、管委会主任
罗 政（2019.10 任）
党工委副书记、管委会副主任
刘正文（2019.03 止）
党工委委员、管委会副主任
张俊雄（2019.03 止）
管委会常务副主任
苏文斌
管委会副主任
方胜昔（女）
张 驰（2019.03 任）
舒 拉
纪工委书记、管委会副主任
厉雅硕
管委会副主任
吴清萍（女）
向成承（女，2019.03 任）

马栏山（长沙）视频文创园

党工委书记 廖建华（兼）
党工委副书记、管委会主任
邹犇淼
党工委委员、管委会副主任
黄 燕（女）
蹇桂军

市属高校

长沙学院

党委书记 刘沛林
党委副书记、院长
杨小云
党委副书记 屈林岩
副院长 王永宏
党委委员、副院长
刘世昌
党委委员、纪委书记
杨兴龙（2019.11 止）
党委委员、副院长
胡石明
周明侠
张世英

长沙商贸旅游职业技术学院

党委书记 王小平（2019.04 止）
党委副书记、院长
刘国华
党委副书记 李 晖
党委委员、副院长
徐庆良
崔德明
党委委员、纪委书记
金立槟
党委委员、副院长
谢早春

长沙职业技术学院

党委书记　彭惊雷
党委副书记、院长
　　喻友军（2019.07 任）
党委副书记　陈　涛
党委委员、副院长
　　王虎成
党委委员、纪委书记
　　胡湘梅（女）
党委委员、副院长
　　罗慧玲（女）
　　肖新田

长沙卫生职业学院

党委书记　罗文章
党委副书记、院长
　　喻友军（2019.06 止）
党委委员、副院长
　　屈　刚（2019.07 止）
　　彭宏伟
党委委员、纪委书记
　　李　毅
党委委员、副院长
　　宾映初
　　曹伏明（2019.07 任）
　　王华英（女，2019.07 任）

湖南信息职业技术学院

党委书记　赵兴舟
党委副书记、院长
　　陈剑旄
党委副书记　李　立（2019.06 止）
党委委员、副院长
　　高　鸿
　　朱焕桃
副院长　刘志红（女）
党委委员、副院长
　　苏基协
　　余求根
党委委员、纪委书记
　　姚庆武

群众团体

市总工会

主　席　芮英姿（女）
党组书记、副主席
　　周宏兆
副主席、党组副书记
　　匡涛涛（女）
副主席、党组成员
　　鲁承钢
市纪委市监委驻市总工会纪检监察组组长、市总工会党组成员
　　刘安瑜
副主席、党组成员
　　汪中会
经费审查委员会主任、党组成员
　　向　欣（女）
副主席（挂职）
　　赵本纲
副主席（兼职）
　　张晓庆（女）
副主席（兼职）
　　黄海兰

共青团长沙市委员会

党组书记、书记
　　叶　妙（女）
党组成员、副书记
　　赵雪峰
　　周　坤
　　康　然（2019.07 援藏）
党组成员、市青少年宫主任
　　李　明（女）
副书记　刘飞米（挂职，2019.09 任）
　　邓意麒
　　（女，兼职，2019.09 任）
　　何　平
　　（女，兼职，2019.09 任）
　　曹　裕
　　（女，兼职，2019.09 任）

市妇女联合会

党组书记、主席
　　文　方（女）
党组成员、副主席
　　周小春（女）
党组成员、副主席
　　钟小珍（女）
副主席　石莉波（女）
副主席（挂职）
　　关媛媛（女）
副主席（兼职）
　　李群素（女）
　　宁联芳（女）
　　周虹妤（女）

市科学技术协会

名誉主席　（以姓氏笔画为序）
　　于起峰　中国科学院院士
　　印遇龙　中国工程院院士
　　陈晓红（女）
　　中国工程院院士
　　罗　安　中国工程院院士
　　周宏灏　中国工程院院士
　　钟　掘（女）
　　中国工程院院士
名誉主席　桂卫华　中国工程院院士
主　席　谭蔚泓（兼）
党组书记、副主席
　　李范坤
党组成员、副主席
　　王　准
　　易　方
　　夏立新（2019.07 任）
副主席（兼）（以姓氏笔画为序）
　　刘东波
　　刘建湘
　　孙　勇
　　杨伟军
　　胡　斌
　　胡石明
　　莫一平
　　高　尚（女）
　　常利民
　　盛湘饶
　　戴　煜

市归国华侨联合会

党组书记　王国平
主　席　陈　慧（女）
党组成员、副主席
　　刘　斌（女）

市残疾人联合会

党组书记、理事长
　　刘增三
党组成员、副理事长
　　曾　军
党组成员、副理事长
　　任铁强
　　左锡涛

市台湾同胞联谊会

会　长　白树仁（兼）

副会长　　　陈昉青
秘书长　　　彭众评

市文学艺术界联合会

党组书记、副主席
　　　　　　王　俏（女）
主席（兼）　汤素兰（女）
党组副书记、副主席
　　　　　　谢胜文
党组成员、副主席
　　　　　　周永康
　　　　　　唐　樱（女）

市红十字会

会　长　　　刘明理（2019.12 任）
专职副会长　唐俊杰
副 会 长　　肖思源
　　　　　　郭润葵
　　　　　　缪雅琴
　　　　　　李玮玮
　　　　　　刘　伟
　　　　　　鲁承钢
　　　　　　崔向东
秘书长　　　黎跃刚

市社会科学界联合会

党组书记（兼）
　　　　　　朱锦辉（2019.04 止）
　　　　　　李卫政（2019.04 任）
党组副书记、主席（院长）
　　　　　　吴安定
党组成员、副主席（副院长）
　　　　　　王锡财
　　　　　　赵景利（女）
　　　　　　吴昌伟

中国国际贸易促进委员会长沙支会（中国国际商会长沙商会）

党组书记、会长
　　　　　　肖　玮
党组副书记、副会长
　　　　　　黄继东
党组成员、副会长
　　　　　　赵向东
　　　　　　罗业健

民主党派·工商联

民进长沙市第十二届委员会

主任委员　　李　平
副主任委员　李素娥（女，专职）
　　　　　　邹国兴
　　　　　　李正元（女）
　　　　　　龚中良
秘书长　　　兰德泉

民盟长沙市第十六届委员会

主任委员　　张庆和
副主任委员　李兰宏（2019.04 任）
　　　　　　刘志红（女）
　　　　　　陈迪夫
　　　　　　邱忠献
　　　　　　鲁劲松

农工民主党长沙市第十三届委员会

主任委员　　龚振湘
副主任委员　周锦民
　　　　　　吴小宁
　　　　　　邓文莉（女）
　　　　　　谢文军
秘书长　　　易介兵

九三学社长沙市第八届委员会

主任委员　　汤建尧
副主任委员　刘有良（女、专职）
　　　　　　邓立新
　　　　　　何贤锋
　　　　　　曹　前

民革长沙市第十四届委员会

主任委员　　朱建军
副主任委员　冯　斌（专职）
　　　　　　蒋　林（兼）
　　　　　　康镇麟（兼）
　　　　　　刘激扬（女，兼）
秘书长　　　张蔚秋（女）

民建长沙市第十四届委员会

市政协副秘书长、民建长沙市委主任委员、岳麓区副区长
　　　　　　李　舜（女）
民建长沙市委副主任委员
　　　　　　李丽雄（女，专职）
民建长沙市委副主任委员、友谊咨询投资有限公司董事长
　　　　　　张海岸
民建长沙市委副主任委员、长沙大学教授　杨余飞

致公党长沙市第六届委员会

主任委员　　王国海
副主任委员　枭　燕
　　　　　　吴晓佳
　　　　　　邓雪琴
　　　　　　黄　锋

长沙市工商业联合会（总商会）

第一副主席（副会长）
　　　　　　丁　文（兼）
专职副主席（副会长）
　　　　　　张明刚
　　　　　　刘立红（女）
　　　　　　田桂元（女）
兼职副主席　马　晓
　　　　　　孔朝阳
　　　　　　毛　铁
　　　　　　王聪球
　　　　　　刘祥华
　　　　　　朱红玉（女）
　　　　　　汤国华
　　　　　　吴学愚
　　　　　　沈　科
　　　　　　陈志强
　　　　　　周晓州
　　　　　　周晓辉
　　　　　　周新华
　　　　　　罗　伟
　　　　　　罗丽芬（女）
　　　　　　姜学军（女）
　　　　　　唐未德
　　　　　　梁　伟（女）
　　　　　　盛　波
　　　　　　黄文宝
　　　　　　彭红娜（女）
　　　　　　戴立忠
　　　　　　王巨涛
　　　　　　王藏兵
　　　　　　付　超
　　　　　　刘　丽（女）
　　　　　　刘英姿（女）
　　　　　　孙昌军
　　　　　　张聚东
　　　　　　李天赐
　　　　　　李志兵
　　　　　　李雅璇（女）
　　　　　　邹永新
　　　　　　陈　露
　　　　　　周卓君（女）
　　　　　　陈细和

兼职副主席　周　宇
易敬平
罗　晓（女）
罗碧波
郑小平（女）
柳　植
段军如
钟自敏
唐　靓
夏志宏
陶　明
黄　韬
黄建龙
黄晓丹
彭孟武
曾　左
章显旺
蔡跃武
谭建钢
李　航
谭振明
潘俊钢
霍浩森
秘书长　李　俊（女）

区县（市）

芙蓉区

中共芙蓉区委员会
书　记　于新凡
副书记　周春晖
陈计伟（2019.07 止）
蒋红波（2019.07 任）
卓精华（挂职）
常　委　周　虔（女，2019.03 止）
刘文立
伍艳飞（女）
谭雄伟
何元良（2019.12 止）
易新宇（2019.09 止）
王长陵（女）
喻志刚
何溪桥（女，2019.03 任）
刘洪波（2019.11 任）
方学文（2019.12 任）

区人大常委会
主　任　廖铁成
副主任　宋晋武
陈忍冬
严国益
马京沙（女）
罗尔曼（女）

区人民政府
区　长　周春晖
副区长　谭雄伟
彭尚松
章晓波
黄金国
梁汝岚（女）
刘　宪
李学军（2019.01 任）

区政协委员会
主　席　郑　明
副主席　范伟民
洪曙光（兼）
谢志鹏
杨爱斌（女）
陈　庆（兼）

天心区

中共天心区委员会
书　记　朱东铁
副书记　黄　滔
朱远红（女）
蒋红波（挂职，2019.01 止）
常　委　张界贻
曾卫国
黄文先
周志军
苏宏洲 (2019.12 止）
贺国权（挂职，2019.11 止）
刘　向
肖雄伟
侯向宇
周永顺（2019.12 任）

区人大常委会
主　任　于　献（女）
副主任　李　曦（女）
颜小平（女）
谭文敏（瑶族）
邱忠献
张少林

区人民政府
区　长　黄　滔
副区长　周志军
王海军
洪孟春
肖向东
黄　会（女）
许　波
张　建

区政协委员会
主　席　夏艳兰（女）
副主席　彭泽南
黎小玲（女）
陈　劲（女，兼）
罗超纲
（兼，2019.12 止）
赵英华
彭元强
（兼，2019.12 任）

岳麓区

中共岳麓区委员会
书　记　周志凯
副书记　周　凡
刘　亮
常　委　李雪龙
彭利芝（女）
蔡　锋
罗予武
张铁炎
杨利成
屈志峰（挂职）
伍少林
潘旺明

区人大常委会
主　任　胡杰夫
副主任　王剑鸣
林俐俐（女）
曾跃平（女）
江　南
张　淳

区人民政府
区　长　周　凡
副区长　蔡　锋
李　舜（女）
谭应林

副区长　　刘雄辉
　　　　　张永久
　　　　　王　剑
　　　　　王海潮（2019.09 任）

区政协委员会
主　席　　袁精华
副主席　　曾高杰
　　　　　喻英姿（女）
　　　　　刘　平
　　　　　卜茂荣
　　　　　彭首志

开福区

中共开福区委员会
书　记　　沈裕谋（2019.04 止）
　　　　　曹再兴（2019.08 任）
副书记　　刘拥兵（2019.12 止）
　　　　　谢伟峰
常　委　　欧干军
　　　　　黎　明
　　　　　邹犇淼（挂职）
　　　　　蔡　冰
　　　　　张春雄
　　　　　舒全球
　　　　　何惠风（女）
　　　　　晏成方
　　　　　马运动（2019.05 止）
　　　　　李国军（挂职）
　　　　　张贻龙（2019.05 任）

区人大常委会
主　任　　许振勤
副主任　　王颂交
　　　　　袁政国（挂职）
　　　　　李光华
　　　　　袁剑英（女）
　　　　　罗伟明
　　　　　周桂林

区人民政府
区　长　　刘拥兵（2019.12 止）
副区长　　蔡　冰
　　　　　廖　勇
　　　　　易文斌
　　　　　朱　江（女）
　　　　　蒋　君（2019.09 止）
　　　　　杨光华
　　　　　李　杨

副区长　　张胜良（2019.09 任）

区政协委员会
主　席　　熊建伟
副主席　　杨　艳（女）
　　　　　焦　灿
　　　　　廖耀群（兼）
　　　　　林永红（女）
　　　　　鲁碧君（女，兼）

雨花区

中共雨花区委员会
书　记　　张　敏
副书记　　刘素月（女）
　　　　　陈永高
常　委　　王清政
　　　　　龚　畅
　　　　　王维宁（2019.11 止）
　　　　　邹春林
　　　　　郭四军
　　　　　余宏卿
　　　　　周海毅
　　　　　成　钢
　　　　　刘端平
　　　　　王明玖（2019.11 任）

区人大常委会
主　任　　龚景顺
副主任　　谢爱龙
　　　　　杨　平（女）
　　　　　杨仕斌
　　　　　叶　松（女，2019.12 止）
　　　　　李劲松
　　　　　莫志刚（2019.12 任）

区人民政府
区　长　　刘素月（女）
常务副区长　邹春林
副区长　　黄健元
　　　　　陈怀宇
　　　　　王明玖（2019.12 止）
　　　　　刘江红
　　　　　易　静（女）
　　　　　蔡泽敏
　　　　　吴平辉（2019.12 任）

区政协委员会
主　席　　冯聪龙

副主席　　康长萍（女）
　　　　　彭可佳
　　　　　周凌云（女）
　　　　　廖云伟
　　　　　罗艳辉（女）

望城区

中共望城区委员会
书　记　　孔玉成（2019.12 止）
　　　　　刘拥兵（2019.12 任）
副书记　　范焱斌
　　　　　张　毅（2019.01 止）
　　　　　余学辉（2019.05 止）
　　　　　喻志军（2019.05 任）
常　委　　彭保刚
　　　　　周志辉
　　　　　姚建刚
　　　　　苏春光
　　　　　戴水文
　　　　　喻霞元（女）
　　　　　陶建军
　　　　　伍少林（2019.12 止）
　　　　　肖三军（2019.12 任）

区人大常委会
主　任　　喻金平
副主任　　文菊华（女）
　　　　　丁四明
　　　　　陈亮伟
　　　　　邓建华

区人民政府
区　长　　范焱斌
副区长　　周志辉
　　　　　苏敏芳
　　　　　刘洪波（2019.11 止）
　　　　　凌泽民
　　　　　聂　荣
　　　　　周正茂
　　　　　易文龙
　　　　　杨钦涵（2019.11 任）

区政协委员会
主　席　　骆志平
副主席　　凌立霞（女）
　　　　　严毅夫
　　　　　蔡　锋
　　　　　李建龙（兼）
　　　　　张锰辉

长沙县

中共长沙县委员会

书　记　曾超群（2019.03 止）
　　　　沈裕谋（2019.03 任）
副书记　张作林
　　　　周　虔（女，2019.03 任）
常　委　杨应龙
　　　　胡维龙（2019.11 止）
　　　　刘　重（2019.12 任）
　　　　沈　光
　　　　赖坤明
　　　　王国良（挂职）
　　　　陈晓成（2019.12 止）
　　　　王永军（2019.12 任）
　　　　谭浩然
　　　　杨　溢（女）
　　　　黄　波
　　　　邹　刚
　　　　白　玉（挂职，2019.12 止）

县人大常委会

主　任　李建章
副主任　周安伟
　　　　曹艳萍（女）
　　　　彭军其
　　　　唐俊兴
　　　　曹伟兴

县人民政府

县　长　张作林
副县长　杨应龙
　　　　白　玉（挂职，2019.12 止）
　　　　彭迟平
　　　　喻名团
　　　　毛　葵
　　　　黄泽红（女）
　　　　彭正球
　　　　康　勇

县政协委员会

主　席　王益枝
副主席　郭艳红（女）
　　　　李楚屏（女）
　　　　陈沃辉（驻会）
　　　　张小春

浏阳市

中共浏阳市委员会

书　记　黎春秋
副书记　吴新伟
　　　　邱山东
常　委　吴　敏（2019.12 止）
　　　　邓　凡（2019.01 止）
　　　　秦跃平
　　　　周文舜
　　　　邓阳锋
　　　　郭　瑞（女）
　　　　戴武明
　　　　尹乐平
　　　　李爱民

市人大常委会

主　任　吴　震
副主任　刘　旭（女）
　　　　刘仙娥（女）
　　　　张友根
　　　　杨　智
　　　　陈　清

市人民政府

市　长　吴新伟
常务副市长　吴　敏（2019.12 止）
副市长　邓　凡（挂职 2019.06 止）
　　　　邓雪琴（女）
　　　　詹萍萍（女 2019.11 止）
　　　　沈学军（2019.12 止）
　　　　周耀辉
　　　　王坤球
　　　　屈湘水（2019.12 止）
　　　　李　翔（2019.11 任）

市政协第九届委员会

主　席　李家喜
副主席　张葵红（女）
　　　　谢建国
　　　　廖伟平（女）
　　　　谢鹤林
　　　　刘来宏（女）

宁乡市

中共宁乡市委员会

书　记　周　辉
副书记　付旭明
　　　　刘永红（2019.09 止）
常　委　张　武（2019.01 止）
　　　　王湘云
　　　　彭　娟（女）
　　　　刘　强（2019.01 任）
　　　　彭　韬
　　　　刘俊武
　　　　钟利仁
　　　　李佑明
　　　　郑　旗（挂职）
　　　　刘继帅
　　　　蒋　君（2019.09 任）

宁乡市人大常委会

主　任　喻亚军
副主任　周泽祥
　　　　熊志扬
　　　　闵志平
　　　　刘骥扬
　　　　张　莹（女）

宁乡市人民政府

市　长　付旭明
常务副市长　王湘云
副市长　冯智君
　　　　陈德奇
　　　　文　平
　　　　贺立权
　　　　黄　勇
　　　　李　磊

宁乡市政协委员会

主　席　刘永红（2019.09 任）
副主席　彭曦明（女）
　　　　李　纯（女）
　　　　杨志武
　　　　曾含玲（女）
　　　　胡　宇（女）

《长沙年鉴（2020）》组稿人员

（名字按篇目顺序）

王成亮　安国瑞　吕红绰　贺孝武　周红波　罗定豪　黄　汀　谭彦颐
羊芬芬　黄　胜　贺明明　曾艳华　阳照烈　肖　琼　向庆冬　宋万能
郁阳阳　殷　锟　唐剑宇　丁　林　罗松明　罗晨曦　文　彤　李　晶
周　妍　李　末　骆颖哲　袁　晶　刘忠诚　侯小贝　何雅琪　廖　亮
刘稳振　盛　敏　周　倩　彭　磊　周新建　唐铁瑜　丑　帅　刘　柱
刘晶彦　刘孙波　陈边城　雷传红　彭众评　刘延喜　董　浩　肖　湘
郭芳芳　包　宇　罗　娜　刘俞汝　薛颖丰　邓宇洋　彭振辉　项胜秋
吴　慧　李　华　谭江涛　刘胜涛　郭　磊　刘哲君　刘泽霖　尹江健
刘志辉　彭玲涵　岳娴雯　颜梦玲　刘铁伟　周　妮　廖　劼　石慧琼
蔡　茂　臧　勇　何梦秋　童　蕙　刘浒斌　蓝　海　刘　刚　唐　嵘
田小群　彭亚利　欧阳犇　聂　娟　曹玥兆　张　彬　罗海萍　龙　灿
王斯人　李　行　彭新伟　陈登奇　谭　拓　李红亮　颜　彪　程彩明
阳爱萍　刘芳芳　易　佩　廖　帅　刘　强　邵　敏　肖　云　张　茜
游伟民　唐　灿　吴　婵　寇冠乔　易　彬　李倩倩　吴素云　黄　亮
廖　沛　陈柄丞　刘塑琪　周　密　袁　杜　陶　鹏　张文香　袁村平
肖　婧　刘　艳　王雨佳　谭江涛　李　敏　龙梓冈　胡功明　陈泽宇
罗汉果　卢晓晴　张　璞　鲁沙沙　袁　露　陆明榜　刘　婷　何吉多
胡　慧　孙逸桦　葛　浪　洪　磊　杨　佳　李典琼　任　云　罗炯炯
钟玲俐　段　龙　李文祥　曾晴岚　龙　苏　杨　婷　李　竟　周　宜
黎　建　魏　箐　黎　双　邓　斌　李　强　周义娟　陈　蓉　刘科明
张姣美　周进银　唐继武　高　丽　陈劲飞　何　军

索引

说明：

一、本索引分主题索引和表格索引。

二、主题索引中文标目按汉语拼音音序排列（大事记、组织机构及负责人、概况条目、彩页除外），数字和字母开头的标目排在前面；标目后的数字表示内容所在的页码，数字后的英文字母a、b、c分别表示该页码的左、中、右栏；类目、分目、专稿标题用黑体字表明。

三、表格索引，以表格题名为标目，仅标注所在页码，不标注分栏。索引按照表格在全书中的先后顺序排列。

主题索引

字母与数字

"1+3"区域联动环保应急演练 207a
"12345"市民服务热线 078c
12个优质加工贸易项目落户黄花综保区 277b
15个项目集中开工 483c
2018—2019年度长沙市优秀青少年科技创新人才奖 115a
2019"越夜越精彩 芙蓉我最红"颁奖典礼 466a
2019北京世园会"湖南日"长沙绿色产业推介会活动 175b
2019北京世园会"山水洲城、快乐长沙"文化旅游推介会 240b
2019固态电池技术、智能装备与市场应用研讨会在宁乡举办 190a
2019国际篮联三人篮球亚洲杯 432c
2019国际商事法律合作论坛 264a
"2019海外创新人才长沙行"合作对接大会 286b
2019湖南（长沙）网络安全·智能制造大会 191b
"2019湖南与央企对接合作活动"长沙专场活动 148c
2019互联网岳麓峰会 191a
2019年"春风行动"专场招聘活动 438b
2019年"高校毕业季"就业服务专项活动 438b
2019年"中国好人榜"长沙地区获奖人物 497c
2019年国家长江中下游（长沙）水稻新品种展示示范观摩会 173b
2019年国家知识产权示范城市工作培训班在长沙举行 164b
2019年湖南工业4.0创新中心投入运营暨人工智能及机器人产业链交流对接会 286a
2019年湖南省职业教育宣传活动周启动仪式 372b
2019年湖南—粤港澳大湾区投资贸易洽谈周——市场采购贸易广州对接会 259c
"2019年检验检测产业链质量提升行动暨产销对接会"活动 293b
2019年全国"美丽河湖"网络主题采访活动 323b
2019年全国科普日长沙主场活动 114c
2019年文物保护暨消防安全培训班 416c
2019年亚太绿色低碳发展高峰论坛在长沙召开 325a
2019年院士专家工作站评审 114c
2019年长沙农民丰收节主体活动 108c
2019年长沙市"12333"全国统一咨询日活动 446c
2019年长沙市"黄炎培职业教育奖"创业规划大赛 372a
2019年长沙市科学技术学术年会 115b
2019年长沙市青少年机器人竞赛 115a
2019年长沙市社会科学普及主题活动周启动式 116a
2019年长沙市新时代学雷锋扶残助残"善行四十佳"评选活动 123b

2019 年长沙市中小学生艺术展 393b
2019 年中国动物园协会中南、西北协作区年会 176a
2019 年中外著名城市交响乐团“长沙峰会” 415a
2019 年仲裁员大会 138c
2019 年重大产业项目招商 276b
2019 世界计算机大会在长沙举办 190c
2019 首场长沙高新区中意技术合作推介会 268a
2019 首届“湘智论坛”暨中德人工智能学术交流会在长沙举行 293b
2019 夏铎铺石仑关社科普及乡村行 116c
2019 湘江金融发展峰会在湘江新区举办 297b
2019 长沙国际马拉松赛 433a
2019 中国（浏阳）烟花爆竹交易展示会 194c
2019 中国（长沙）国际工程机械设计大赛 186a
2019 中国（长沙）国际工程机械展览会 185c
2019 中国国际轨道交通和装备制作产业博览会在长沙举办 186b
2019 中国航天大会在长沙举行 281c
2019 中国伦理学大会在长沙召开 117b
2019 中国森林旅游节第 11 届中国(浏阳）大围山国际杜鹃花节推介会 175a
2019 中国新媒体大会“县级融媒体中心建设与发展专题研讨” 045c
2019 中国休闲旅游博览会在长沙举办 241a
222 所中小学体育场馆暑假免费开放 431a
4 家企业获批 2019 全省“上云上平台”标杆企业认定 289a
51 个重大项目集中签约 480a
56 万吨花桥污水处理厂改扩建 312b
5G 建设 190b
7-ELEVEn 湖南省特许经营签约仪式 200c
eBay 与长沙高新区战略合作备忘录签约仪式 202c
ITF 世界女子网球巡回赛长沙望城站 433b

A

阿治曼中国城被认定为首批国家级国际营销服务公共平台 261c
爱国卫生运动系列活动 429c
安宁疗护试点 218b
安全保卫工作 144a
安全可控技术区域智慧医疗建设 420a
安全生产 458b
安全事故调查 458c
安全宣教 458c
安全执法检查 458b

B

白沙品牌合作生产 188b
“百行进万企”融资对接工作 222b
“百万爱心暖万家 448b
版权保护 407a
办结案件纪律处分执行情况专项检查 089c
帮扶解困 451b
帮扶困难台胞 119c
宝能黄花智慧保税供应链中心及华中区域总部项目开工 277c
保　险 231a
比亚迪 e3 下线 287a
比亚迪电子长沙工厂首批华为手机下线 276b
比亚迪宁乡动力电池生产基地项目开工建设 291a
比亚迪长沙厂华为手机批量下线 480b
避险解困资金专项审计 441a
便民生鲜农产品供应体系建设 200b
·殡葬管理· 436c
殡葬改革 437a
病媒生物防制 429b
不忘初心、牢记使命”主题教育 042b
部队日常管理 143b

C

长步道机器视觉光电产业生产基地项目落户 285b
长赣铁路建设 250b
长沙“PK”体系与 40 余家企业、机构集中签约 191c
长沙“两型社会”建设 330b
“长沙·中国隆平种业硅谷”发展规划及政策发布会 172c
“长沙·中国隆平种业硅谷”发展规划制订 279c
“长沙·中国隆平种业硅谷”专项政策发布 279b
长沙 2 项目入选 2019“文化和自然遗产日”优秀案例 399c
长沙 6 个墓园被定为祭扫观测点 437a
长沙 CBD 高端楼宇推介会 465a
长沙博物馆 389b
长沙参加 2019 山东（济南）国际旅游交易会 240c
长沙城区中小学幼儿园整治工作总结会 370a
长沙导游在省导游大赛中获奖 242c
长沙儿童友好型城市建设 333c
长沙方特东方神画开园 237c
长沙方言 033a
长沙概览 026a
长沙高铁片区首个大型农贸市场开张 200c
·长沙高新技术产业开发区· 266b
·长沙高新技术产业开发区隆平高科

技园· 278b
长沙高新区获批国家级网络安全产业园区 268c
长沙工程机械、商用车后市场博览会 272a
长沙共青团青年讲师团示范宣讲活动 109c
长沙国际体育中心项目建设 431a
长沙黄花国际机场被评为民航打赢“蓝天保卫战”示范机场 253c
长沙黄花国际机场中转服务转型升级 254a
长沙黄花综保区获批为进境食用水生动物指定监管场地 277c
·长沙黄花综合保税区· 276c
长沙灰汤温泉国家级旅游度假区 237b
长沙加入海上丝绸之路申遗城市联盟 401a
长沙简读博物馆举办志愿者风采大赛 386a
长沙简牍博物馆 390a
长沙简牍博物馆与故宫研究院等单位展开深度合作 414c
长沙交响乐团2019年度重大活动 394b
·长沙金霞经济开发区· 283a
·长沙经济技术开发区· 269a
长沙经开区营商环境指数位居中部第一位 271c
长沙警备区 140a
长沙居知识产权运营服务体系建设获评优秀 163b
长沙举办文化和自然遗产日系列活动 400b
长沙卷烟厂 187c
“长沙蓝”青少年生活垃圾分类志愿服务夏令营 108b
长沙米粉 216c
长沙民营经济改革创新发展示范区申报 103c
长沙农村青年人才“领头雁”台湾培训学习活动 108b
长沙农商银行 230a
长沙企业参加“海交会”揽才 056c
长沙企业科创板上市培训班 234c
长沙青年麓山论坛 108a
长沙青年志愿者参与社会治理推进大会 109b
长沙全民艺术普及活动 385b
长沙群众文艺走基层活动 385a
长沙入选全国首批“智慧教育示范区”创建区域 371a
长沙入选生物医药20强城市 189b
长沙商贸旅游职业技术学院 373b
长沙市“产业项目建设年”工作纪实 008a
长沙市“千人帮千企·养老保险缴费费率过渡试点政策推进会” 446c
长沙市“一县一特”电商消费扶贫和农产品产销对接活动 203b
长沙市“营商环境优化年”工作纪实 009a
长沙市“政务云”一期建设项目验收大会 213c
长沙市2019年“十行状元·百优工匠”技能竞赛活动 106b
长沙市2019年高技能人才项目配套支　持 056a
长沙市2019年检验检测产业链质量提升行动 161c
《长沙市安全生产监督管理办法》修订 126b
长沙市被评为“中国快递示范城市” 204b
长沙市被评为“中国十大夜经济影响力城市” 201b
长沙市本级补充工伤保险协议 446a
长沙市残疾人联合会 122b
长沙市残联第六届主席团第三次会议 123c
长沙市城管执法局所属3家事业单位挂牌 315c
长沙市城区排水事务中心挂牌 312c
长沙市城市管理和综合执法局挂牌 315b
长沙市创建全国智慧教育示范区工作研讨会 370c
长沙市大中专学生模拟职场系列活动 375c
《长沙市档案馆藏日军罪行与惩治战犯档案汇编》编纂出版 413b
长沙市档案馆数字档案库房建设项目通过验收 413b
长沙市第12届“福满星城”购物消费节 201a
长沙市第六批28个市级非遗代表性项目获授牌 400c
长沙市第七次少代会 109c
长沙市第三个全国科技工作日活动 115a
长沙市电子社保卡 446b
长沙市杜鹃花艺术月 394c
长沙市防范非法集资咨询服务工作站揭牌 234b
长沙市妇女联合会 110a
长沙市高铁参加全国“互联网+”大学生创新创业大赛 375c
长沙市高校参加全国职业院校赛事 375c
长沙市工程机械行业协会成立 185b
长沙市工商业联合会（总商会） 102b
长沙市归国华侨联合会 117b
长沙市红十字会 124a
长沙市获“2019中国招商引资最具国际竞争力城市”等大奖 257c
长沙市机构改革动员大会 038c
长沙市机器人与传感器产业技术创新战略联盟大会 287a
长沙市基层纪检监察领导干部工作实务培训班 092c
长沙市纪检监察系统领导干部工作实务培训班 092a
长沙市暨雨花区2019年安全宣传咨

询日活动 459a
长沙市教育系统“星城杯”教师教学竞赛 381c
长沙市巾帼创新创业大赛 112a
长沙市酒店行业安全 WiFi 专项宣贯暨酒店个性化电视推介会 214a
长沙市举行第 17 届“世界水日”纪念活动 323b
长沙市开展“蓝天保卫战”工作纪实 006a
长沙市科协十二届二次全委会 114b
长沙市科学技术协会 113a
长沙市篮协换届选举 433c
长沙市老干部文学艺术联合会成立 060a
长沙市遴选出第二批市级卓越教师 380c
长沙市隆平高科技园企业联合会成立 279b
《长沙市陆生野生动物放归管理办法试行》出台 324b
长沙市民办学校审批信息发布及政策吹风会 379c
长沙市民用建筑节能(65%设计标准)《保温材料(墙体、楼面)推荐构造做法》发布 325c
长沙市民族宗教事务局机构改革 453b
长沙市命名第四届第一批名师工作室 381a
长沙市农业农村局挂牌 170a
长沙市企事业科协联合会成立 115b
“长沙市企业海外利益保护促进会”成立 263b
长沙市汽车产业链暨德系汽车零部件招商推介会 271b
长沙市侨联第十届四次全委(扩大)会议 118b
长沙市青年志愿者联合会第三次会员代表大会 109b
长沙市庆祝第 35 个教师节 382b
长沙市群众艺术馆 391a
长沙市人民代表大会 061a
长沙市人民检察院 554
长沙市人民政府 069a
长沙市入选第一批陆港型国家物流枢纽 204a
长沙市入选全国家政服务业提质扩容“领跑者”行动重点推进城市 217b
长沙市设立第四批名师农村中小学工作站 381b
长沙市社会科学界联合会 115b
长沙市社会科学界联合会社会组织行业委员会成立大会 116c
长沙市生态环境保护行业协会成立 328c
长沙市生态环境局挂牌 328c
《长沙市湿地保护条例》颁布 126a
长沙市实验小学新校区投入使用 369c
长沙市食品药品检验所新址投入使用 161c
长沙市市场监督管理局挂牌成立 158c
长沙市首个儿童福利院开工建设 449a
长沙市首个廉洁文化示范点——秧田耕读文化园挂牌 092a
长沙市首个人防安全教室挂牌 144c
长沙市首个社区少工委成立 107c
长沙市首家农安小区自助图书馆入驻坪塘街道 392a
长沙市首届大型“公益慈善嘉年华”活动 448b
长沙市水利局挂牌成立 178c
长沙市司法局挂牌 137c
长沙市台湾同胞联谊会 119b
长沙市文化旅游广电局挂牌成立 384a
长沙市文化市场综合行政执法局挂牌成立 416c
长沙市文联设立会员服务中心 122a
《长沙市文明行为促进条例》施行 046b
长沙市文学艺术界联合会 120a
长沙市乡村振兴战略工作纪实 005a
长沙市消防救援支队挂牌成立 460a
长沙市心理援助热线开通 448b
长沙市义务教育质量监测结果应用经验全国推介 371a
长沙市银行业保险业支持制造业发展 221c
长沙市应急管理局挂牌成立 456a
长沙市与华为签署共建鲲鹏计算产业合作协议 191b
长沙市在全国第十届残运会暨第七届特奥会获奖 123a
“长沙市哲学社会科学研究基地——雷锋职业精神研究中心”授牌 375c
长沙市知识产权质押融资风险补偿资金启动 163a
长沙市智慧文旅“旅游业统计”系统在全省推广 241a
长沙市中级人民法院 553
长沙市中小学中华经典诵写讲系列大赛活动 371b
长沙市重大产业项目建设流动观摩会 266b
长沙市住房和城乡建设局挂牌 301c
长沙市自然资源和规划局挂牌 300a
长沙市总工会 105a
长沙市总工会被评为全国 2019 年春运“情满旅途”活动先进集体 106b
长沙首批文艺名家工作室评选 121c
长沙首批重点人才工程入选人才代表座谈会 057a
长沙曙光路全线通车 477a
·长沙天心经济开发区· 280c
长沙图书馆 388b
长沙推进基层综合文化服务中心建设做法在全国作典型经验交流 387b
长沙卫生职业学院 374c
长沙西站 250c
长沙县 481a
长沙县被评为“2019 中国最具幸福感城市(县级)” 484c
长沙县档案馆被评为全国档案系统先进集体 485b

长沙县果园镇浔龙河村评为全国美丽宜居示范村、五星级“两型”示范村 319b
长沙县开慧镇慧润民宿获 2018 中国旅游影响力乡村民宿 TOP10 319c
长沙——香港文化旅游交流 236b
长沙湘府路快速路建成通车 476c
长沙新华联铜官窑景区参加 2019 亚洲文化旅游展 240b
长沙新增 78 家跨境电商试点企业 202b
长沙学院 372b
长沙移动发售省内首批 5G 商用手机 215b
长沙移动开通第一批 5G 试商用站点 215a
长沙移动配合天心区政府开通智慧街区 5G 网络 214c
长沙移动与湖南运达签订 5G 战略合作协议 215b
长沙移动与九龙仓签订 5G 智慧商场战略合作协议 214c
长沙音乐厅 390c
长沙银行 229c
长沙银行与华融湘江银行理财业务“净值化”转型 222b
·长沙雨花经济开发区· 284a
长沙雨花经开区（韶山）智能制造产业园开工建设 286b
《长沙雨花经开区知识产权托管工作方案》发布 286c
长沙在全国旅游厕所革命工作现场推进会作典型发言 241b
长沙职业技术学院 374a
长沙仲裁委员会互联网仲裁平台上线 138b
长沙仲裁委员会影视文化仲裁院揭牌 138b
《长沙重点工程建设项目纪实（2019）》编撰出版 410b
长沙组队参加 2019 年湖南技能大赛·全省国有林场职业技能竞赛 175c
长沙组团参加 2019 年首尔国际旅游产业博览会 240c
长沙组团参加 2019 中国国际服务贸易交易会 259c
长望浏宁开展中小学教师高级职称评审权下放试点 382a
长株潭“两型社会”试验区 329a
长株潭城际铁路建设 250c
长株潭城际铁路与石长铁路联络线建设 250a
长株潭城市群人力资源市场一体化 055c
长株潭城市群人社服务一体化社会保障卡专项工作 447a
长株潭城市群一体化发展市长联席会议 039a
长株潭生态绿心保护 332a
长株潭生态绿心区（长沙部分）生态公益林补偿标准 324a
长株潭一体化建设 330a
材料工业 189b
财　政 149c
财政管理 151a
财政票据管理 152a
财政审计 155a
·财政收支· 149c
·财政统发工资· 151b
采购监管执法 152c
参加第 17 届中国国际人才交流大会 057a
参加第二届全国创业培训讲师大赛 437c
参政议政 094a
参政议政 095c
参政议政 097a
参政议政 098a
参政议政 098c
参政议政 099c
参政议政 101b
参政议政 102b
参政议政 118b
餐饮业发展 216c
残疾人环境改善 123a
残疾人康复服务 122c
曹汝龙从艺 60 周年研讨会在北京举行 122b
测土配方施肥 172b
茶　叶 171c
拆违控违整治攻坚 314c
产业发展 463b
产业发展 467b
产业发展推进 146a
产业技术创新战略联盟建设 352a
产业链建设 181c
产业链招商 256b
产业项目建设 474c
产业项目建设年““营商环境优化年”工作推进讲评会 039a
产业招商 296b
常益长铁路建设 250a
场馆建设 431a
陈树湘故居、杨立三故居、缪伯英故居集中开放 484b
·成品油经营· 206c
城管综合业务执法 314c
城建行政审批 302c
城建重大项目建设 302b
城区“小升初”民办初中首次实行微机派位 370a
城区环境建设 478c
城区建设 490b
城区市容秩序管控 314a
城市出租汽车 310a
城市磁浮运营 310b
城市地铁运营 310a
城市公交 309c
城市规划设计 301a
城市建设 295b
城市建设 301c
城市建设 463c
城市开放发展新形象塑造 051b

城市绿色货运配送 248c
城市网约出租车 310a
城乡建设 299a
城乡建设 469c
城乡建设 482b
城乡建设与管理 475a
城乡居民基本养老保险基础养老金调整 445b
城镇居民生活状况分析 441c
城镇小区配套幼儿园整治 369b
程潜 47 件遗物入藏长沙博物馆 386a
惩治腐败 089b
出生缺陷综合防控 423c
畜牧业 176c
畜禽养殖禁养区管理 176c
“传家训·立家规·扬家风”宣传 111b
传染病防治监督 424c
传统文化 032a
传统小产品扶持 193b
“创业服务三湘行”系列活动 437c
春节运输 247b
慈善救助 448a
促进祖国和平统一工作 095b

D

打击传销 160b
打击骗取出口退税和虚开增值税专用发票违法行为 154b
大事记 011
大飞机地面动力学联合实验室签约暨湖南飞机起降系统研发平台项目启动 283c
大气污染防治 326b
大气污染监控平台投入使用 285b
大湾区企业走进金霞跨境电商重大项目签约活动 257c
大围山国家森林公园 237a
大围山森林公园获“全省十佳森林公园” 313c
大型食品生产企业体检式预警检查 273b
大中专毕业生就业创业 367c
大众点评必吃街落地 217a
代表建议 067c
档案安全 413a
档案编研展览 412c
档案查阅利用 413a
·档案工作· 412b
档案接收征集 412b
党风廉政建设 091b
党风政风监督员和特约监察员聘任（请）会议 091b
党建引领 059a
党史联络工作 410a
党史题材文学作品《半条被子》推出 410c
党史文化讲堂 410b
·党史研究· 408c
党外代表人士队伍建设 047c
党外知识分子工作 047c
党校教育 060b
党校科研 060c
党校培训 060b
党员领导干部廉洁从政警示教育大会 089a
党政机构改革 052c
党组织及党员队伍状况 041c
·道　路· 303b
道路景观亮化 309b
德赛电池（长沙）有限公司投产 276a
邓港华 496a
地方课程编制 367c
地方立法 126a
·地方志工作· 410c
地情资源开发利用 412a
地铁 3 号线、5 号线一期工程试运行 311a
地铁 4 号线全覆盖 216a
地铁 4 号线一期工程试运营 311a
地铁筹资融资 310c
地铁经营开发 310c
地下管线管廊建设 302b
地震监测 456c
地震应急救援 456c
地质地貌 027a
地质灾害防治 456b
第 11 届中国第三方检测实验室发展论坛暨展览会在长沙举办 293c
第 14 届中国（浏阳）国际花炮文化节 194c
第 19 个“全民国防教育日”主题实践活动 142b
第 19 期钱学森论坛暨 2019 长沙空间信息产业国际博览会 282b
第 21 届中国中部（湖南）农业博览会 208c
第 26 届长沙图书交易会 407a
第 27 届中日韩青少年运动会 432b
第 29 届全国体育舞蹈锦标赛 432b
第八轮巡察全部进驻 091a
第二个国家网络安全产业园区落户长沙 190c
第二届 FUE 时尚文化节暨 2019 女性创新创业（长沙）发展论坛 111c
第二届长沙律师节 137c
第二届中国新材料产业发展大会暨 2019 长沙新材料产业博览会在长沙举行 189c
第二批非国有博物馆授牌仪式 386c
第九轮巡察工作动员部署会 091a
第七届“艺术长沙”双年展 393c
第七届全国大中城市联合招聘高校毕业生长沙巡回招聘活动 438c
第七届长沙阳关娱乐节 385a
第七轮巡察工作启动 090c
第三届“一带一路”青年创意与遗产论坛 046a
第三届“一带一路”青年创意与遗产论坛 402a
第三届“中国福”城市文化交流活动在开福区举行 472b

第三届“中国福”城市文化交流活动在长沙举办 413c
第三届浏阳花炮“技艺匠人”评选活动 194b
第三届全国异地长沙商会联席会议暨长沙招商推介会举行 103b
第四届“三社联动”社区服务供需对接会 452b
第五次国民体质监测走进幼儿园 431c
第五届“感动星城·十大魅力教师”评选 381c
第五届湖湘动漫月在长沙启动 415b
第五届中国果业品牌大会 173b
第一届长沙市优秀网络文艺作品评选 121b
典型案例 461c
“点亮中国夜经济版图”长沙首发仪式 240a
“点赞祖国· 祝福香港”主题快闪活动 109a
电力服务 196a
电力工业 195c
电力供应 195c
电网建设 195c
电影放映 408b
电子商务 201c
电子商务示范基地建设 202a
电子信息产业 190a
电子政务 079b
电子政务服务标准化试点项目通过国家标准委评估 080b
鼎盛投公司与湖南教建集团签署战略合作协议 288c
冬之韵·长沙第四届国际音乐艺术季 395a
“洞见5G，布局未来”智能制造产业融合峰会在长沙举办 103c
“对非合作三年行动计划”落实 263a
对口协商 084b
对台交流 058a
对台事务 057b
对外承包工程 261a
对外贸易 258a
对外经济 034c
对外劳务合作 261b
对外投资结构 260c
对义务教育民办学校开展专项审计 379b
多党合作事业发展 047a

E

二次供水管理 312a
二手房交易 244
二维码标准地址门牌推行 129b

F

房地产业 245a
法　治 125a
法　院 133a
法治政府建设 127c
方志文化宣传 412a
防范非法集资宣传教育活动 234a
防范化解重大风险 151a
防火监督 461a
防雷安全监管 364b
防汛抗旱 456a
防灾减灾 456a
防震减灾示范点创建 457a
防震减灾宣传 457b
防震减灾综合演练 457b
房地产开发 244
房地产开发企业诚信体系建设 244
房地产市场管理 244
房地产市场政策调控 244
房屋安全管理 245
“放管服”改革 078a
“非你莫属”长沙市优秀青年非遗传承人评选活动 399a
·非税收入管理· 152 a
“非遗大师面对面”活动 399a
“非洲猪瘟”防控 177a
分级诊疗 419a
“奋战六十天　项目大攻坚”重点产业项目系列开工 285c
扶贫对象动态调整 440b
扶贫干部培训 440b
芙蓉区“红色CEO”智享汇开班 465b
芙蓉区 463a
芙蓉区举行区社会福利中心项目运营签约仪式 449a
芙蓉区举行文化和自然遗产日活动 399c
芙蓉区社会福利中心项目运营签约仪式举行 465b
芙蓉区政府与芬兰寒克雅奇公司签订合作协议 464c
“服务产业发展工作站”成立 161c
服务代表履职 067b
“服务发展年”主题活动 114c
服务非公经济发展 047b
服务国家总体外交重要部署 051a
服务企业发展 166b
服务外包 259a
服务中心 043b
服务中心 059b
服务中心工作 083a
福彩公益 449a
妇联改革任务 110c
妇联主题活动 111b
妇女儿童公益服务项目 110c
妇女儿童合法权益维护 113b
妇女儿童维权服务 110b
妇幼保健 422c
妇幼公共卫生服务 423b
妇幼健康管理 423a
妇幼健康体系建设 422c
附　录 498a

G

改革创新 043c

改革创新　296a
改革试验　331a
干部队伍建设　042b
港澳委员交流　085c
高层次人才分类认定　056a
高等教育　372b
高考录取　367b
高桥大市场市场采购贸易方式试点通过联合验收　259b
高桥大市场市场采购贸易方式试点推介会　260a
高温天气新闻发布会　364c
高校知识产权转化　163b
高新技术企业培育　358a
高新技术企业数量逾 1100 家　268c
格力电器长沙冰箱洗衣机项目签约　257a
个人所得税改革　153b
耕地保护　322a
工业·建筑业　180a
工程机械工业　185a
工会基层组织建设　106a
“工伤保险走进扶贫车间”主题宣传活动　447a
工业和建筑业　034a
工业互联网　190b
工业经济运行　181a
工业园区转型提质　181c
工作流程简化　166a
公　路　248a
公　安　128c
公安大数据智能化建设　129b
公共场所和学校卫生监管　424c
公共法律服务　135c
·公共交通·　309c
公共文化　384a
公交都市建设　309c
公立医院改革　418c
公路建设　248a
公路养护　248a
公司运营　285b
公务员管理　042c
公益广告集中展播　408a
公益诉讼　132b
公益项目　124a
公租房和人才公寓建设　449b
公租房运营管理　449b
·供　气·　311b
·供　水·　311c
供水基础设施建设　312a
供销合作　204c
供销合作社综合改革　204c
供销企业改革　205b
固定资产投资　034b
关爱女性系列公益项目　113a
关于加强党的政治建设十条措施　040a
《关于进一步激发文化和旅游消费潜力的意见》学习贯彻专题会议　416a
《关于全面深化新时代教师队伍建设改革的实施意见》出台　382c
《关于推进生态廊道建设的意见》出台　324a
关于学前教育深化改革规范发展的实施意见　039c
《关于振兴工业实体经济扶植奖励办法政策兑现实施细则》施行　285b
管理职能拓展　409c
管网清淤　312b
贯彻《中国共产党纪律检查机关监督执纪工作规则》《监察机关监督执法工作规定》培训班　090a
广播电视宣传管理　408a
广播影视　407c
规范民办学校办学行为　379c
规范性文件管理　128a
规范中等职业学校办学行为　371c
规划设计　300a
轨道集团实现“去平台、市场化”148b
轨道交通建设　310b
国测生物获“创客中国”湖南省中小微企业创业创新大赛二等奖　291b
国际博物馆日长沙主题活动　401a
国际贸易“单一窗口”应用全覆盖　165b
国家级开发区　266b
国家生态园林城市创建　322b
国家水稻分子育种研发基地一期工程投入使用　280a
国家重大政策措施落实情况跟踪审计　155a
国金中心楼宇服务站挂牌成立　465c
·国库集中支付·　151b
国内贸易　034b
国内首批全国产化激光切割机下线　287a
国土空间规划编制　300b
国土空间规划管控　300c
国土生态修复　322b
国网湖南电科院电网设备检测中心项目开工　293b
国有企业改革　148b
国有资产监督管理　148a
国资国企审计　155b
国资监管机制创新　148a

H

海　关　165c
海绵城市建设　302a
海外联谊活动　117c
韩国龟尾市代表团到长沙市图书馆参观　414a
行政复议与应诉　128b
行政区划　030c
行政审判　134a
行政审批与政务服务　328b
行政诉讼集中管辖改革　135b
行政执法指导监督　128c
航　空　252b
浩吉铁路建设　249c
浩吉铁路浏阳段建成通车　487b
何立伟作品展在北京举行　122a
和谐劳动关系构建　105b

"和阅"联盟成立 388b
荷兰夸特纳斯（长沙）国际食材集采集配加工中心项目开工 187b
荷兰夸特纳斯·长沙国际食材集采集配加工中心项目启动 283c
核与辐射和固体废弃物污染防治 327a
红色旅游 339a
红色主题交响音乐会 395b
宏观经济管理 146a
宏观经济谋划 146a
后勤保障建设 143c
湖南（长沙）装备与制造走进柬埔寨展览展示活动 262a
湖南跨境电商体验中心在长沙启动 203a
湖南美术馆 391c
湖南美术馆开馆 470c
湖南农业大学优卓牧业奶牛特色产业基地授牌仪式举行 187b
湖南欧标化妆品有限公司投产 273b
湖南省2019年"5·12"全国防灾减灾日集中宣传活动在长沙市举行 457c
湖南省第四届物联网行业峰会 102a
湖南省首个汽车滚装码头试运行 254c
湖南省首个游泳进校园试点项目启动 432a
湖南省首块中大尺寸液晶显示屏下线 273c
湖南省中小学体育美育现场推进会 371a
湖南首个健康管理研发中心落户 282a
湖南首届国潮集体婚礼 436c
湖南首例以村民委员会为被告的行政诉讼案 135a
湖南湘江地平线人工智能研究院揭牌 296b
湖南湘江新区 294a
湖南湘江智能科技创新中心与腾讯达成战略合作 297a
湖南移动5G数字化产业联盟暨5G启动会 215a
湖南最大特种机器人综合产业基地落户 286a
"互联网+群防群治"平台搭建 129a
"互联网+政务服务"一体化平台上线运行 080a
户外广告管理 315a
花鼓戏《瓜子红》演出 392c
华尔街之路国际公司股权诈骗案 130a
华为HUB仓项目、京东湖南亚洲一号两大项目开工 276a
华夏印记——砖瓦·简牍·钱币展 116b
华域视觉项目接受长沙观摩团检阅 289a
环保督察问题整改 327c
环保宣传 324a
环境监测 328b
环境监管 328a
环境优化 296c
环境执法检查 328a
环境质量 321a
环境状况 321a
"皇家气象——沈阳故宫清代宫廷生活用品展"在长沙开展 386b
黄花综保区实现"1210"保税备货模式常态运营 277c
黄兴南路步行街创建国家级试点步行街 200a
辉煌70年侨与祖国共成长座谈会 119a
会议品牌发展 208a
会展合作交流 208b
会展业 207b
·婚姻家庭· 436a
货物贸易 258a
货运物流 248c
获5项国家级荣誉 276c
获批中国长沙人力资源服务产业园 282a
获授牌湖南省人工智能产业园 282c
获长沙市年度项目观摩双第一 273c
"霍金与乔治的宇宙"科普展 386b

J

机构编制 052a
机构编制监督检查 054c
机构编制信息化建设 054c
机构改革 162a
机构改革 411a
机构改革 418b
机构改革 450c
机构改革 467a
机构调整 062b
机构职能调整 366c
机关党风廉政建设 050c
机关党建 049b
机关党组织和党员队伍状况 049c
机关基层党建 050a
机关政治建设 049c
基本公共卫生服务 422a
基本药物制度 427c
基层党建工作 042a
基层妇联组织建设 111a
基层建设 143b
基层社科联和社科普及基地骨干培训会 116c
基层卫生 421c
基层卫生服务能力建设 421c
基层治理创新 129a
基层中医药建设 425b
基础教育 368b
"激扬青春 放飞梦想"纪念五四运动100周年主题演讲会 091c
急性传染病及重点疾病防控 420b
疾病预防控制 420a
集体林权制度改革调研 174c
集中委派民主监督员 084c
·计划生育· 435a
计划生育服务管理 435a
计划生育技术服务 435c

纪检监察体制改革 040b
纪念“五四”运动 100 周年活力跑 431c
纪念欧阳予倩 130 周年诞辰系列活动 487c
技术市场 353b
技术研发平台 339a
既有多层住宅增设电梯 245
家家幸福安康工程 111b
家庭发展能力 435c
·家政服务· 217b
家政服务业信用体系建设 217b
贾谊故居开展“文化遗产日”活动 399b
价格服务 157c
价格改革 157b
价格管理 157b
价格监测 157c
价格监督执法 160c
驾培管理 248a
监督执法体系建设 424b
监督执纪 089a
监管机制创新 159b
监所检察 131b
监狱管理 136c
检　察 131a
减税降费 153a
“建设现代化长沙智慧电网三年行动计划”合作协议签订 196b
建置区划 028c
建置沿革 028c
建筑工程安全管理 196c
建筑工程扬尘防治 196c
建筑工程质量管理 197a
建筑行业诚信体系建设 197c
建筑行业执法 197c
建筑节能 325a
建筑垃圾治理试点 325c
建筑企业优化转型 197a
建筑市场监管 197b
建筑业 196b
健康促进 429a
健康扶贫 422b
“健康长沙”建设 PPP 项目协议签约仪式 419c
交　通 246a
交房交证改革 244
交通行业事业单位改革 247c
交通行政执法 248b
交通和邮电 034b
交通建设投资 247a
交通银行湖南省分行 228c
交通运输信息化 248c
椒花水库移民集中安置区项目开工 441c
教师政策性待遇落实 380c
教师资格认定全程网办 382b
教学管理 060c
教　育 365a
教育督导 367a
教育和科学技术 035a
教育民生服务 367b
教育资助 367a
教职工备案制管理改革 380a
接待到访台胞 119c
接收安置 451a
接受监督 133b
节能管理 324c
节能减排 324c
戒毒工作 136c
金　融 034c
金芒果地理标志产品国际博览会 163c
金茂梅溪湖国际广场获都市人居奖 470b
金　融 219a
“金融风险”防范和化解 221a
金融服务 103a
金融服务经济 220a
金融集市新场地启用及上市服务工作站揭牌 272b
金阳新城公交线路全线开通 288c
紧缺急需人才需求目录编制 055c
进口货物“两步申报” 165c
经济管理 145a
经济服务 057c
经济普查 156a
经济社会发展 033c
经济社会发展调研 085b
经济体制改革 040c
经济责任审计 155b
经济政策调研 146b
经济作物结构调整 172a
经贸合作 255a
经贸促进 262b
精神卫生与心理卫生服务 421a
精准扶贫 103b
精准扶贫 439a
竞技体育 432a
境外高层次人才引进 336b
境外交流与合作 368a
境外经济技术合作 260b
境外经贸园区建设 261a
境外科技合作 336c
境外研修 429a
“九三青训营”第一期主题培训班启动 102a
九三学社长沙市委员会 101b
救护培训“百千万”工程 124b
就业创业 437b
就业创业服务 451b
居民服务业 216b
居民线上学习资源拓展 378a
橘洲智能洁净项目 315a
聚焦保障和改善民生开展监督 067a
聚焦城市品质提档升级开展监督 067b
聚焦经济高质量发展开展监督 067a
卷烟生产 188a
卷烟营销 206b
卷烟质量控制 188b
决策部署 038c
决策部署研究 080c
军　事 139a
军史编研工作推进暨业务培训会 142a

军休军供 451c

K

开发区 265a
开放道路智能驾驶长沙示范区启用 298a
开放型平台建设 166c
开福城投集团子公司城北投公司获全国“2018年度中债优秀发行人奖” 473c
开福区“幸福向北”马栏山上芒果汽车全民跑举行 472c
开福区 471a
科技成果 352a
科技成果对接活动 353c
科技创新 192b
科技创新 358a
科技创新创业大赛 361b
科技服务 360a
科技和产业体系创新 331c
科技活动周 361a
科技奖励 353a
科技精准扶贫 360 c
科技平台 339a
科技社团发展 114a
科技特派员 360a
科技与“营商环境年”建设 336a
科技与金融融合 336a
科技政策体系 335c
科普阵地建设 361c
科协系统改革 114a
科学规划高危产业布局 458c
科学技术 334a
科学技术普及 361a
可再生能源建筑应用 325b
克明面业成为全国粮食领域技术创新中心 477c
客户服务 213b
客户服务 214c
客货运输 247a
客货运输 248b
课后服务推行 369c
空气质量 321a
控告申诉检察 132a
控制燃煤污染 324c
口岸管理 164c
口岸基础设施建设 164c
口岸检疫监测 166a
口岸营商环境优化 165a
跨国并购 260c
跨境电商 202b
跨境电子商务综合试验区线上综合服务平台上线 165b
跨境网络犯罪第一案“部924专案” 130b
跨域立案改革 134c
快递产业 203c
矿政管理 149b
困难职工帮扶 105c

L

·垃圾处理· 312c
垃圾分类 312c
“垃圾分类我先行 美家美妇在行动”巾帼志愿者服务队授旗仪式 112a
蓝天保卫战 314b
劳动模范表彰 106a
劳动仲裁 138a
老干部队伍概况 059a
老干部工作 059a
老干部文化养老建设 059b
老龄健康 218a
雷锋纪念馆被评为“全国学雷锋活动示范点” 481c
离退休干部待遇落实 059c
李剑川 496c
李完小 495c
理论武装 044a
力合科技挂牌成立院士专家工作站 114c
历史文化 030a
立法机制完善 066a
立法调研 066b
联合国儿童基金会官员考察长沙市妇女儿童之家 113b
联通电信双线机房建成 216a
联谊活动 111a
粮食仓储设施建设 205c
粮食经营业态创新 206a
粮食生产 171b
粮食应急保障 206a
粮食质量安全监管 206a
旅　游 235a
粮油购销 205c
粮油经营 205c
“两癌”检查及产前筛查 423c
两岸交流平台建设 057c
两所市属高职院校搬迁新校区 375b
两项目获国家技术发明奖 293c
“两型”标准认证 332a
“两型”建设 332a
“两型”教育宣传 333b
“两型”示范创建 332c
亮点品牌 043c
林　业 173c
林业产业发展 174c
林业系统机构改革 174b
刘仲华成为湖南茶业界首位中国工程院院士 280c
·浏阳高新技术产业开发区· 287b
浏阳河入选全国示范河湖建设名单 324b
浏阳河入选全国示范河湖建设名单 488b
浏阳花炮传统小型产品团体标准发布 194b
·浏阳经济技术开发区· 273c
浏阳经开区入选中国生物医药20强园区 275a
浏阳市 486a

浏阳市入选第二批国家农业绿色发展先行区 487c
《浏阳市推动花炮产业高质量发展十条》实施 194a
浏阳烟花献礼国庆 70 周年 195a
浏阳永安苗圃红花檵木盆栽获银奖 176a
流浪救助 448a
龙继红 495a
龙头企业 202a
隆平高科技园入选 2019 年国家现代农业产业园创建名单 279c
隆平高科技园应急救援队授旗成立 280b
隆平生物种业产业园项目签约 280a
隆平水稻博物馆 391c
楼宇经济 464a
路政执法 248b
落实降费减负政策 152a
落实重大改革任务 151b
旅 游 034c
旅游厕所建设与改造 241b
旅游管理 241a
旅游推介 240a
旅游业态 339a
旅游资源 236c
“律回网”总部落户长沙 263c
律师工作 136a
绿色城市建设 313b
绿色发展促进政策制定 331a
绿色化发展 172b
绿色建筑 325b
绿色通道支付 151c
“绿心”工业企业全部退出 468b
绿心地区工业企业退出任务完成 283a

M

马栏山众创园党群服务中心建设 473a
慢病防控与健康教育 421b
媒体融合 045a
美好 70 年·雨花幸福‘视’”短视频大赛 478a
美丽乡村建设 315c
免疫规划 420c
缅怀田汉系列活动 387a
民 族 033b
民办教育 379a
民办学校“法治体检” 379b
民办学校分类登记 379c
民兵训练 141b
民商事审判 133c
民生保障 490c
民生及专项资金审计 155b
民生实事 076a
民事行政检察 132a
“民心桥”建设 058b
民主党派·工商联 093a
民主监督 084c
民主评议“最多跑一次”改革 084c
民族团结进步创建工作 453c
民族宗教工作 047c
民族宗教工作法治化建设 454a
民族宗教事务 453b
木材进口与销售 174c

N

纳税服务 154a
南雅蓝月谷学校竣工交付 273b
能源保障 146c
能源项目建设 324c
年度重要会展 207b
年鉴编纂 411b
宁乡“亚热带地区映山红种质资源收集及优良变异品种选择与繁育技术研究”获评省级科研成果 176b
宁乡发生 2.5 级地震 456c
·宁乡高新技术产业园区· 289b
“宁乡花猪”品牌打造 492b
宁乡花猪产业发展 176c
宁乡获批全国新时代文明实践中心建设试点县 493a
·宁乡经济技术开发区· 272b
宁乡市 489a
宁乡市被评为“中国县域旅游竞争力百强县” 493c
宁乡市创建“三无城市” 491b
宁乡市获“中国营商环境百佳试点县市”称号 493a
宁乡市食品及农产品加工制造产业专家指导委员成立 273c
宁乡现代农业产业园升级为国家现代农业产业园 492a
农 业 167a
农 业 034a
农安小区朝正美苑竣工验收 472c
农产品品牌建设 178a
农产品质量安全整治 178a
农产品质量安全追溯体系构建 178a
农产品质量监管 177c
农产品质量建设 170b
农村电商 202b
农村改革 040c
农村环境建设 489a
农村教师公费定向培养师范生招生 381a
农村居民生活状况分析 443b
农村人居环境改善 318b
农村生态建设 323c
农村危房改造 318b
农机管理 178a
农机培训 178b
农机专业化合作组织 178c
农技推广 171b
农家书屋 407b
农科园获批国家农村产业融合发展示范园 273a
农民工工资实名制 197b
农田水利 178c
农业科技服务体系建设 360b
农业新技术开发 360a
女职工培训学校新址揭牌 106b

P

·排水与污水处理· 312b
培根铸魂、明德引领”岳麓区社科普及主题活动 116b
培育科技创新创业人才 336b
彭弈韬 496b
片区招商 256c
贫困人口概况 439a
品牌建设 200b
品牌提升工程 177c
“平安医院”建设 427a
“平安长沙”建设 126c
普惠性幼儿园发展 369a
普通高中大班额消除 370a

Q

其他先进人物 497a
“企业产销对接服务中心”成立 282a
企业孵化平台 339b
企业服务 182a
企业家权益保护 127a
企业人力资源管理专干暨调解员培训 138a
企业退休人员基本养老金调整 445b
企业组团亮相国际性工程机械盛会 288b
气　象 364a
气　候 027b
气象服务和保障 364a
气象现代化建设 364a
汽车及零部件工业 186c
强化履职保障 067c
侨　务 047a
“侨胞之家”授牌仪式 119b
侨海工作 100c
侨益维护 118a
清洁低碳技术推广 332b
“清洁长沙”行动 314c
庆祝人民政协成立70周年系列活动 083a
“庆祝中华人民共和国成立70周年”主题电视剧展播 407c
庆祝中华人民共和国成立70周年系列活动 045b
庆祝中华人民共和国成立70周年系列主题宣传活动 480b
区县概况 462a
区县（市） 558
区域合作 146c
区域科技合作 336c
区域粮食安全保障系统建设 146c
区域粮油品牌建设 206a
区域生态环境共治体制机制建设 331b
区域位置 027a
区长企业接待日 468c
权籍工作 149a
全国“人民满意的公务员”获得者于勇 497a
全国“五一劳动奖章”获得者 495a
全国第12届书法篆刻作品展 393a
全国食品安全宣传周湖南启动仪式在浏阳举行 161b
“全国示范数字档案馆”创建 412b
全国市县媒体融合发展研讨会在浏阳举行 408b
全国首创一手房办税“一次不用跑” 154c
全国首个“税务小蓝帽”汽车办税服务通道启用 154b
全国首家5G新时代文明实践基地揭牌 216b
全国首例专利快速确权维权远程联合审理在长沙开庭 164a
全国文化和旅游消费工作推进暨培训会在长沙召开 242b
全国优秀共青团员、共青团干部 496a
全国最美退役军人、全国模范退役军人 496c
全民科学服务 114a
全民阅读活动 407a
全民阅读图书馆服务 387c
全民终身学习活动周 378b
全省红白理事会会长师资培训班 437a
全省经作林果业生产机械化现场演示会 178c
全省首个5G及人工智能应用场景示范街区建成 215c
全市“不忘初心、牢记使命”主题教育工作会议 039b
全市44个乡村被评为“国家森林乡村” 176b
全市党风廉政建设和反腐败工作情况通报会 091b
全市防汛抗旱和森林防灭火工作会议 458a
全市纪检监察干部参加全员培训专项测试 091c
全市加油站双层罐改造安全生产警示教育会议 459a
全市科协系统深化改革 115a
全市企业上市（挂）牌联席会议 234c
全市气象防灾减灾应急联席会议 364b
全市社科工作会议 117a
全市社区社会组织“三基”建设观摩交流暨工作座谈会 452c
全市优化侨资企业营商环境座谈会 118c
拳击协会成立 432c
群众体育 431b
群众团体 104a
群众文艺轻骑队走进跳马镇 386a
群众文艺优秀节目展演 395c

R

燃气安全检查 311b
燃气安全宣传 311c
人才工作 042c
人才人事 055a
人大常委会建设 062c

人大立法工作 066a
人防工程建设与维护管理 144a
人防行政执法 144b
人防宣传教育 144b
人工智能政策和智能联网汽车测试规则体系发布 187a
人口分布 033b
人口和民族宗教 033b
人口家庭 435a
人口密度 033b
人口自然变动 033b
人民的胜利——纪念中华人民共和国成立 70 周年暨长沙和平解放 70 周年专题展 413c
人民防空 144a
人民生活 434a
人民生活和社会保障 035b
人民调解 136b
人事任免 067c
人　物 494a
日常监督 089b
融资扶持 193c
肉菜追溯体系建设 200b

S

“三大攻坚战” 464b
“三大攻坚战” 468a
“三大攻坚战” 470a
“三大攻坚战” 472b
“三大攻坚战” 475c
“三大攻坚战” 479c
“三大攻坚战” 483b
“三大攻坚战” 487a
“三大攻坚战” 491a
“三区”支教征文活动 382b
三一云谷项目签约仪式 272a
三一智联重卡项目开工暨道依茨发动机项目签约开工动员活动 185a
三一重起 SAC16000S 全地面起重机下线 291a
扫黑除恶 129c
扫黑除恶 133c
扫黑除恶专项斗争工作推进会 090a
森林防火 456b
“闪信 +”送达模式使用 134c
商贸流通 199a
商事制度改革 474a
上级支持 146b
上汽大众长沙工厂 100 万辆车下线 272a
韶山）智能制造产业园开工建设 476b
少数民族群众服务 453b
舍弗勒大中华区第二研发中心落户 297a
设计审查 301b
社保非税征管职责划转 153b
社工工作 452b
社会保险 445a
社会保障 470a
社会保障 472a
社会保障 475b
社会保障 483b
社会保障 487a
社会服务 095a
社会服务 096b
社会服务 097c
社会服务 098c
社会服务 099c
社会服务 100b
社会服务 101c
社会福利 448c
社会监督 131b
社会教育 378a
社会救助 447c
社会力量扶贫 440a
社会事业 464a
社会事业 467c
社会事业 469c
社会事业 471c
社会事业 475b
社会事业 479a
社会事业 483a
社会事业 486c
社会事业 490b
社会组织管理 452c
社会组织精准扶贫活动 453a
社科普及进高校活动暨天心区社科理论教育服务中心基地挂牌仪式 116b
社情民意信息工作 085b
社区建设 452a
社区矫正 137b
社区教育课程资源开发 379a
社区养老“雨花模式”被《新闻联播》推介 218c
涉铁项目 251a
深化产教融合成立职教集团 371c
深化区县（市）国库集中支付改革 151c
深化增值税改革 153a
商贸服务业 198a
“神经修复学与干细胞研究中心”成立 189a
审　计 154c
审计成果运用 155c
审计能力建设 155c
审批流程与制度改革 149b
生活垃圾焚烧发电 313a
生态环境 320a
生态建设 322a
生态系统保护和修复 327a
生态与民生科技创新 358c
生物医药产业 188c
声环境质量 321c
省级开发区 278b
省级民生实事项目 076a
省级普通话抽测工作 367c
师资建设 380a
施工许可管理 196b
施工招投标管理 196b
石燕湖森林公园被评为“全国森林康养基地试点建设单位” 175c
实验室生物安全管理 427c

实战训练 143a
食品安全保障 425a
食品工业 187b
食药安全风险管控 159b
食药安全监管执法 159c
史迹遗存 032a
史志档案 408c
市场公平竞争维护 160b
市场监督管理 158a
市场经营 211c
市场经营 214b
市场开拓 193a
市第十五届人民代表大会第四次会议 063a
市妇女儿童社会组织服务中心 111a
市红十字会组织建设 124c
市级“巾帼文明岗”创建 112c
市级机构改革人员转隶及部门“三定”工作业务培训会 055a
市级民生实事项目 076b
市纪委市监委派驻机构述职述廉述责会议 091b
市林木种苗基地和市生态动物园被评为“湖南省生态文明教育基地”175b
市侨联承办第五届侨商侨智聚三湘活动 119a
·市容管理· 314a
市社科联参加全国城市智库联盟第五届年会 117a
市十五届人大常委会第二十八次会议 065b
市十五届人大常委会第二十二次会议 063b
市十五届人大常委会第二十六次会议 064c
市十五届人大常委会第二十七次会议 065b
市十五届人大常委会第二十三次会议 063c
市十五届人大常委会第二十四次会议 064a
市十五届人大常委会第二十五次会议 064b
市属高校 555
市属高职院校入围教育部高等职业教育创新发展行动计划 375b
市属高职院校入围省级一流专业群建设 375b
市数据资源管理局成立 079b
市图书馆长沙警备区分馆开馆 141c
市委编办机构改革 054b
市委全面深化改革委员会第一次会议 038c
市委十三届八次全体会议 039b
市委十三届九次全体会议暨经济工作会议 039c
市委外事工作委员会成立 051a
市委巡察工作领导小组会议 091a
市委政协工作会议 084a
市委政研究室机构改革 048a
市文化旅游产业人才培训班 242a
市文化旅游市场管理工作会议 241c
市域精品旅游景区线 237c
市长办公会议 073b
市政道路建设与改造 309a
市政府常务会议 071a
市政府全体（扩大）会议 071a
市政基础设施建设 302b
市政协委员构成 083a
市直机关工委机构改革 049b
市志编修 411a
事业单位法人监管 054c
事业单位改革 052c
适龄妇女“两癌”免费检查民生实事项目 112b
收入消费 441c
收入征管 150c
首笔 1900 万元信贷风险补偿基金贷款发放 288b
首个“轨道＋物业”上盖项目开工 311a
首个跨境电商“双 11”启动 278a
首个民盟传统教育基地挂牌 096c
首个民盟中央传统教育基地挂牌 096c
首届“最美退役军人”发布仪式 452a
首届城市烟花发展论坛在大瑶镇举行 195a
首届国际（长沙）农田生态种养发展论坛 173a
首届空手道公开赛 432b
首届廉政法治微电影评选 268b
首届烟花小产品新品发布会暨艳阳天烟花之夜活动 195a
首届智力运动会 431b
首届中国—非洲经贸博览会 261b
首列扫黑除恶宣传地铁专列投入运营 130a
首列长沙产有轨电车下线 186c
首批 241 名林业科技人才信息库（专家库）建设完成 176a
首批 86 套公租房交付使用 289a
首批客户感知体验师 216a
首批全国产化激光切割机实现“雨花造” 477b
首批新能源环卫车投入使用 313a
首台“长沙产”格力大型中央空调机组在宁乡经开区下线 257b
首张非道路移动机械号牌发出 327b
书香长沙·2019 世界读书日活动 387c
蔬　菜 171c
数据资源管理 079c
数字长沙县地理空间框架建设项目获 2019 年地理信息产业优秀工程金奖 485c
双拥工作 451a
双拥活动 143c
水　路 254a
水　果 172a
水　文 027a
水产业 177b
水产种业工程 177b
水环境质量 321b

水利监管 179a
水利建设 179a
水利民生工程 179b
水生态建设 323a
水污染防治 326a
水域生态环境保护 323a
水运安全保障 254b
水政管理 254b
水质治理 322c
税　务 152c
司法服务 134b
司法改革 041a
司法行政 135c
司法体制改革 127b
司法综合配套改革 134c
思想建设 094c
思想建设 096a
思想建设 097c
思想建设 098b
思想建设 099b
思想建设 100b
思想建设 101c
四大项目集中签约 292c
四市共同签署《四省会城市养老保险金异地重复领取协查处置合作协议》 447b
松雅湖被评为长江经济带美丽河流（湖泊） 486a
“送法上门”服务座谈会 119a
索恩格新能源汽车技术全球研发中心开建 484a

T

台胞服务 057c
台胞联谊活动 120a
谭盾《敦煌·慈悲颂》2019 中国巡演登陆长沙 393a
潭州大道快速化改造工程（连塘路—莲坪大道段）开工 297c
唐代长沙窑瓷器南京展出 414a
特　载 001a
特色小（城）镇 318b
特色志书编纂 411c
特赦案件 135b
特殊教育 368c
特种设备、重点工业产品监察 160a
提案工作 084c
体　育 430a
体育产业 433a
体制改革 040a
天心区 466a
天心优化营商环境 30 条 468a
调查研究 048c
调研成果 080b
调研交流 085b
铁　路 249a
铁建重工盾构机首次出口南美 185a
铁路安全隐患整治 251a
铁路春运服务 252b
铁路建设协调服务 251b
通　信 211c
通道建设 164c
“同等待遇”落实 057b
统　计 156a
统　战 046c
统计方法创新 156b
统计基层基础建设 156c
统计资料 519
突发公共卫生事件处置 459b
突发环境事件紧急预案编制与演练 458a
土地供应 244
土地节约集约利用 322b
土地资源管理 148c
土壤污染防治 326c
推动长沙儿童友好型城市建设 110b
推动制造业高质量发展 039c
推进“三大基地”建设 188c
推进智能制造聚力食品安全现场观摩会 161a
退役军人服务保障体系建设 450c
退役军人事务 450c
脱贫攻坚 439a

W

娃哈哈桶装水生产基地投产 187b
外事·中国港澳地区事务 051a
外事及中国港澳事务管理服务 051c
完善征管系统 152a
网络安全 213a
网络建设 212b
网络建设 214b
网上档案服务 368a
网上信访和信访信息化工作 081c
望城国际铁人三项赛 433c
望城荷花虾成长为扶贫特色产业 480c
·望城经济技术开发区· 275b
望城区 478a
望城区首个党建文化园开园 481b
望城新的社会阶层人士联合会成立 481a
为农服务 205a
违反中央八项规定精神问题查处 089b
围绕重大主题开展系列活动 410b
《沩水流域休闲度假旅游带总体规划》编制出台 236b
维护消费者权益 161a
卫生创建 429a
卫生健康 417a
卫生监督执法 424a
卫生应急 459b
卫生应急保障及紧急医学救援 459c
卫生应急能力提升 459c
文　化 383a
文化、卫生和体育 035a
文化场馆 388b
文化创意 193a
文化交流 413c
文化市场管理 416b
文化事业管理体制改革 041a
文化遗产保护 395c

文旅产业 415a
文旅融合发展 416a
文旅夜经济体验活动 240b
文明创建 044b
文艺工作成果 120c
文艺惠民工程 121a
文艺活动开展 121a
文艺交流活动 120c
文艺名家建设 120c
“我的长沙”APP 上线 080a
“我和我的祖国·秋之颂”长沙市艺术惠民音乐会 394a
“我和我的祖国·夏之恋”长沙市艺术惠民文艺晚会首演 394a
我和我的祖国——省会大学生文艺会演 384c
污染防治 326a
吴海芸 496c
吴平辉 495b
“五老”助力垃圾分类 059c
武警湖南省总队工作组考核预选标兵中队 144a
武警长沙支队 142c
物流产业链构建 204a
物流产业招商 204a
物流业 203c
物业服务 245
物业小区生活垃圾分类 245

X

县域经济与县域综合发展排名全国第四位 485a
现代农民培训 171a
乡村产业发展 317b
乡村产业建设 317a
乡村产业调度 315c
乡村规划 301a
乡村旅游 339b
乡村振兴 317c
乡村振兴 479b
乡村振兴示范镇村 318b
乡镇污水处理 319a
湘城讲坛系列讲座 402c
湘江大道北延线二期开工建设 480a
湘江流域环境公益诉讼案 135a
湘江智谷·人工智能科技城项目建设 293a
湘剧《田老大》获省“五个一工程”奖 392b
湘能楚天电力产业园项目开工 285c
向日葵”青少年思想引领计划进校园活动 108a
向特约监察员通报半年度工作情况 090a
项目建设 295a
项目建设 467b
项目建设 482c
项目建设和品牌培育 379a
消　防 460a
消防基础建设 461a
消防设计审查 301c
消防宣传教育 461b
消火栓管理 309a
“潇湘信用”供应链金融平台上线 274c
校外培训机构专项治理工作在教育部会议交流 379b
新的社会阶层人士统战工作 046c
新年音乐会 392c
“新丝路”行动计划走进港澳 108b
新沩丰坝建成投入使用 492c
新闻出版 407a
新闻宣传 044b
新型城镇化试点 318a
新型贸易业态发展 166c
新型研发机构 339c
新型职业女农民培育 112c
信　访 081a
信访法治建设 081c
信访服务 081b
信息服务 080c
星邦重工 GT ZZ46J 曲臂式高空作业平台下线 291a
“星城家事”婚调工作 436b
“星城园丁”APP 启用，首次抓获网上逃犯 131a
星沙产业基地划转长沙经开区 270c
刑事检察 131c
刑事审判 133c
徐佐林 497a
宣　传 043a
宣传部机构改革 043a
学前师资能力建设 369b
学校安全 369b
血吸虫病及地方病防控 421b
血液管理 427b
“寻根之旅”海外华裔青少年夏令营 118c
巡察工作 090b
浔龙河村入选首批全国乡村旅游重点村 339c

Y

烟　叶 172a
烟草工业 187c
·烟草专卖· 206b
烟花爆竹业 192a
沿溪镇沙龙村被评为全国第九批“一村一品”示范村 487c
沿溪镇沙龙村被评为全国乡村治理示范村 488c
阳高社区被评为全国“书香社区”485b
应急管理 455a
杨开慧故居入选“全国爱国主义教育示范基地” 484a
洋湖、金洲湖国家湿地公园获全省湿地公园质量管理优秀单位 313c
洋湖湿地公园晋升国家级 313b
·养老服务· 217c
养老顾问服务签约仪式暨集市嘉年华活动 218b

药品采购管理 427c
药学人员培养 428a
药政管理 427c
业务发展 211a
“夜间经济服务中心”成立 469a
“一带一路”投资合作 260c
“一件事一次办”改革 078b
“一件事一次办”政务服务改革工作 464b
“一圈两场三道”建设项目 076c
“一圈两场三道”执法 314b
“一乡一品”全球采购商专项对接会 203b
医改配套改革举措 419b
医疗保障 445c
医疗服务体系建设 426b
医疗机构 418a
医疗机构行业监管 427a
医疗执业监督 424b
医学教育 428c
医学科研 428b
医学科研教育 428a
医用耗材管理 428a
医政管理 426a
依法监督 066b
依法履职 067b
依法统计 157a
依法治理与普法宣传 136b
依法治市 127c
宜家长沙商场开业 201b
移民开发 440c
移民美丽乡村建设 441b
移民培训 440c
移民资金监管 440c
遗体器官捐献与造血干细胞捐献工作 124c
艺术创作与展示 392a
意识形态工作 045b
银 行 222a
“银耀星城”展示馆建成开馆 060a
引才引智 055a
饮水安全保障 425a
印刷企业入园发展 407a
营商环境 257a
营商环境优化 102c
营商环境优化 159a
用地保障 149a
优抚优待 451b
优化出口 193b
优化税收营商环境 154a
优化营商环境 474b
优化营商环境 479c
优化营商金融环境 220c
优秀教育人才引进绿色通道开通 380b
优秀退役军人典型 451c
优质中小学建设 369a
邮 政 210c
邮政服务能力建设 211c
邮政企业管理 211b
油料生产 171c
“有事好商量”被评为全国优秀案例 469a
渔业水域生态环境保护 323a
“与雷锋同行”中国音协轻骑兵走进望城 480c
与省标准院签订共建国家技术标准创新基地（长株潭）战略合作协议 292c
与香港、澳门地区的交流合作 051c
与中国外运股份有限公司达成战略合作 165b
雨花区 473a
语言文字达标验收工作 367c
预建基干民兵党组织 141c
预算执行 150b
预算执行 151c
·园林绿化· 313b
园区 23 家企业入选首届全省互联网企业 50 强榜单 268c
园区第七届运动会 273c
园区改革发展 266a
园区首所十二年一贯制学校奠基 288c
原产地签证书自助打印 165c
“院士专家长沙行”暨中国工程院“互联网”+行动计划（2035）项目中期研讨会 298c
院士专家长沙行 056c
“岳麓·创讲堂”开讲 109a
·岳麓高新技术产业开发区· 291b
岳麓科创港运营 470c
岳麓区 469b
岳麓山风景名胜区 237a
阅读延伸：雨花非遗馆“非遗+旅游”融合优秀案例 396a
“阅天下·邂逅图书馆之美”活动 388a
“云剑”行动 129c

Z

再生资源回收 200a
在全省率先试点推行个体工商户全程电子化登记 268b
在市委十三届九次全体会议暨经济工作会 499a
在职中小学教师违规补课专项整治 380b
噪声污染防治 326c
战训业务 460b
招商活动 256b
招商引资 103a
招商引资 256a
征地拆迁 244
征管转型 153c
整治形式主义官僚主义 8 条措施出台 090a
证 券 234a
政策调控 192a
政策研究 048a
政策研究 080b
政法委与综治 126c
政府采购管理 152b
·政府采购监督管理· 152b

政府采购信息化建设 152b
政府工作报告（摘要）——长沙市第十五届人民代表大会第五次会议通过 504a
政府投资管理 146a
政府投资审计 155b
政府网站建设 079a
政务服务 077a
政务公开 077a
政务云建设 080a
政协常委会议 083c
政协全体会议 083b
政协宣传 083b
政治合同审查管理 128b
政治监督 089a
政治协商 084b
支持经济发展 149c
知识产权保护 162b
知识产权犯罪侦查支队成立 130c
知识产权服务 163a
知识产权管理 162a
知识产权检察 132c
知识产权审判 134a
知识产权运营 162b
知识产权综合执法 162c
执法监督 126c
执法监督 149b
执行工作 134b
职工合法权益维护 105c
职业病防控 421a
职业教育 371c
职业卫生技术服务中心成立 288b
职业院校发展 371c
职业院校教师培训 372a
职业院校竞赛成绩 372a
质量建设 192c
质量强市建设 160c
“致公·云畅班”开班 101a
“智汇湘江·筑梦启航”湘江基金小镇开园 296c
智慧城市建设 079b
智慧城市建设 491c
智慧校园“一卡通”项目合作伙伴签约仪式 370b
智能“云柜”启用 135a
智能网联与智慧交通融合 129c
智能制造业快速推进 181b
“智涌潇湘”2019 AI Cloud 生态大会在梅溪湖国际文化艺术中心举行 298b
中德智能制造合作企业对话活动在湘江新区举办 297b
中俄首次联袂演出《黄河大合唱》 414a
中共长沙市纪律检查委员会　长沙市监察委员会 088a
《中共长沙长沙市委工作纪事》(2019卷）编撰出版 410a
中国（雨花）创新设计战略联盟成立 476a
中国（长沙）跨境电子商务综合试验区启动 283b
中国（长沙）跨境电子商务综合试验区启动仪式 202c
中国（长沙）—日本（名古屋）汽车零部件供应商投资说明会 271a
中国博物馆协会城市专委会第十一届年会在市博物馆举办 402b
“中国产业地标”系列节目之《长沙:从工程机械到智能制造》播出 186b
中国传统体育国际锦标赛 431c
中国电信2019新兴ICT生态圈合作伙伴峰会 214a
中国电信5G商用发布会 213c
·中国电信股份有限公司长沙分公司· 211c
中国工商银行长沙分行 224c
中国工业与应用数学学会总部办公基地揭牌 271a
中国共产党长沙历史馆开馆 409b
中国共产党长沙市第十三届纪律检查委员会第四次全体会议 089a
中国共产党长沙市委员会 037a
中国共产党长沙市委员会 542
中国共产主义青年团长沙市委员会 106c
中国国际食品餐饮博览会 216a
中国国民党革命委员会长沙市委员会 094a
中国建设银行湖南省分行 227c
·中国联合网络通信有限公司长沙市分公司· 215c
中国民生银行长沙分行 229a
中国民主促进会长沙市委员会 097c
中国民主建国会长沙市委员会 097a
中国民主同盟长沙市委员会 095b
中国农工民主党长沙市委员会 098c
中国农业发展银行湖南省分行营业部 224a
中国农业银行长沙分行 226b
中国人民财产保险股份有限公司长沙市分公司 231b
中国人民银行长沙中心支行 222b
中国人民政治协商会议长沙市委员会 082a
中国人寿保险股份有限公司长沙市分公司 232a
“中国石化公众开放日”（湖南石油站）活动 207a
中国太平洋财产保险股份有限公司长沙中心支公司 233b
中国新能源及智能汽车产业投资联盟项目对接会在长沙举行 186c
中国信息通信研究院中南基地揭牌 271b
·中国移动通信集团湖南有限公司长沙分公司· 214b
中国艺术新视界巡展 386b
中国银行湖南省分行 226c
中国长沙人力资源服务产业园授牌 056b
中国致公党长沙市委员会 099c
中华人民共和国成立70周年长沙市

经济社会发展成就综述 002a
“中华人民共和国的记忆”档案宣传活动 473b
中华优秀地方剧目展演 387b
中联智慧产业城项目建设 267c
中美创投大会 336b
中南爱晚家居材料城招商发布会 288a
中南汽车世界、黄兴海吉星国际农产品物流园入选“中国商品市场综合百强” 204a
中南源品干细胞科技园开园 189a
中日韩企业交流中心长沙分中心入驻挂牌市贸促会 264a
中小学红色经典表演大赛 384c
中小学生减负措施 369c
中央扫黑除恶小组进驻长沙实地督导 090b
中药材 172a
中医药内涵建设 425c
中医药人才培养 426a
中医药事业 425b
种植业 171b
仲 裁 138a
重大科技创新项目建设 358b
重大项目建设 206b
重大项目建设 297c
重点领域改革 146b
重点领域体制改革 041b
重点流域水环境整治 326b
重点片区规划实施 300c
重点提案办理 085a
重要会议 063a
重要会议 071a
重要会议 083b
重要会议 089a
重要文献 499a
主题宣传 043b
主题主题 562
助力营商环境优化 047a
助推中欧班列提速增效 166b
住 宿 216b
住房保障 449b
住房贷款业务 245
住房公积金管理 450a
住房租赁试点 449c
·住宿餐饮· 216b
专卖监管 206b
专题协商 084b
专项经营 206b
专职人民武装干部训练 142a
资金管理 151c
资料年报工作 411c
资源环保审计 155c
资政信息 048b
自然地理 027a
自然资源 028b
自然资源调查 322a
宗 教 033c
宗教基础信息工作 453c
综合行政执法改革 041c
综合治税 166a
走访慰问台胞 119c
族兴新材获“湖南省科学技术进步奖” 291b
组 织 041c
组团参加第十三次省妇代会 110b
组织机构及负责人 542
组织建设 094b
组织建设 096a
组织建设 097c
组织建设 098b
组织建设 099b
组织建设 100a
组织建设 101b
组织建设 102b
组织全国中小学教师资格考试面试 381a
“祖国颂”庆祝中华人民共和国成立70周年群众合唱比赛 384b

表格索引

表 1 长沙市行政区划变动统计表 031
表 2 2019 年长沙市主要经济指标占湖南省的比重统计表 036
表 3 2019 年长沙市人大代表优秀建议一览表 068
表 4 2019 年长沙市 10 件民生实事完成情况表 077
表 5 2019 年长沙市政协优秀提案一览表 085
表 6 2019 年长沙市文艺名家工作室一览表 121
表 7 长沙市固定资产投资分类别增长统计表 147
表 8 2019 年长沙市财政预算收、支情况统计表 150
表 9 2019 年长沙市税务局税种收入统计表 153
表 10 2019 年长沙市各种物价指数统计表 157
表 11 长沙市农业总产值统计表 168
表 12 长沙市农作物产品产量统计表 169
表 13 长沙市肉类、牛奶、禽蛋、水产品产量统计表 170
表 14 2019 年长沙市规模以上工业增加值统计表 182
表 15 2019 年长沙市规模以上分行业工业增加值统计表 182
表 16 长沙市主要工业产品产量统计表 184
表 17 长沙市资质建筑业基本情况统计表 197
表 18 长沙市社会消费品零售总额统计表 199
表 19 2019 年长沙市重点会展项目一览表 209
表 20 长沙市金融、保险情况表 221
表 21 2019 年长沙市旅游产业发展情况表 236
表 22 长沙市红色旅游资源一览表